DIREITO PENAL
Parte Geral

ALEXANDRE ROCHA A. DE MORAES

DIREITO PENAL

Parte Geral

2ª edição revista e ampliada

Belo Horizonte

2025

©2021 Editora Fórum Ltda.
2025 2ª edição

É proibida a reprodução total ou parcial desta obra, por qualquer meio eletrônico, inclusive por processos xerográficos, sem autorização expressa do Editor.

Conselho Editorial

Adilson Abreu Dallari	Floriano de Azevedo Marques Neto
Alécia Paolucci Nogueira Bicalho	Gustavo Justino de Oliveira
Alexandre Coutinho Pagliarini	Inês Virgínia Prado Soares
André Ramos Tavares	Jorge Ulisses Jacoby Fernandes
Carlos Ayres Britto	Juarez Freitas
Carlos Mário da Silva Velloso	Luciano Ferraz
Cármen Lúcia Antunes Rocha	Lúcio Delfino
Cesar Augusto Guimarães Pereira	Marcia Carla Pereira Ribeiro
Clovis Beznos	Márcio Cammarosano
Cristiana Fortini	Marcos Ehrhardt Jr.
Dinorá Adelaide Musetti Grotti	Maria Sylvia Zanella Di Pietro
Diogo de Figueiredo Moreira Neto (*in memoriam*)	Ney José de Freitas
Egon Bockmann Moreira	Oswaldo Othon de Pontes Saraiva Filho
Emerson Gabardo	Paulo Modesto
Fabrício Motta	Romeu Felipe Bacellar Filho
Fernando Rossi	Sérgio Guerra
Flávio Henrique Unes Pereira	Walber de Moura Agra

FÓRUM
CONHECIMENTO JURÍDICO

Luís Cláudio Rodrigues Ferreira
Presidente e Editor

Coordenação editorial: Leonardo Eustáquio Siqueira Araújo / Aline Sobreira de Oliveira
Revisão: Gabriela Sbeghen
Capa e projeto gráfico: Walter Santos
Diagramação: Formato Editoração

Rua Paulo Ribeiro Bastos, 211 – Jardim Atlântico – CEP 31710-430
Belo Horizonte – Minas Gerais – Tel.: (31) 99412.0131
www.editoraforum.com.br – editoraforum@editoraforum.com.br

Técnica. Empenho. Zelo. Esses foram alguns dos cuidados aplicados na edição desta obra. No entanto, podem ocorrer erros de impressão, digitação ou mesmo restar alguma dúvida conceitual. Caso se constate algo assim, solicitamos a gentileza de nos comunicar através do *e-mail* editorial@editoraforum.com.br para que possamos esclarecer, no que couber. A sua contribuição é muito importante para mantermos a excelência editorial. A Editora Fórum agradece a sua contribuição.

Dados Internacionais de Catalogação na Publicação (CIP) de acordo com ISBD

M827d   Moraes, Alexandre Rocha Almeida de
           Direito penal: parte geral / Alexandre Rocha Almeida de Moraes. – 2. ed. rev. e ampl. –. Belo Horizonte: Fórum, 2025.
           609p. 17x24cm

           ISBN impresso 978-85-450-0797-5
           ISBN digital 978-85-450-0813-2

           1. Direito penal – parte geral. 2. Ciência penal completa. 3. Política criminal. I. Título.

CDD: 345
CDU: 343.2

Ficha catalográfica elaborada por Lissandra Ruas Lima – CRB/6 – 2851

Informação bibliográfica deste livro, conforme a NBR 6023:2018 da Associação Brasileira de Normas Técnicas (ABNT):

MORAES, Alexandre Rocha Almeida de. *Direito penal*: parte geral. 2. ed. rev. e ampl. Belo Horizonte: Fórum, 2025. 609p. ISBN 978-85-450-0797-5.

Dedico esta obra, como sempre, ao Ministério Público do Estado de São Paulo, que me realiza, me resgata e me completa, em testemunho de gratidão.

Dedico também aos Doutores Dirceu de Mello e Francisco Camargo Lima, meus exemplos de professores.

Agradeço a todos os alunos que de alguma forma contribuíram para esta obra, com gratidão especial ao meu filho e Advogado Gabriel Taralli Rocha de Moraes.

Uma homenagem especial, com carinho e amor, ao meu irmão Guilherme Rocha Almeida de Moraes, que sempre me faz uma pessoa melhor.

Eu vi um menino correndo
Eu vi o tempo
Brincando ao redor
Do caminho daquele menino
Eu pus os meus pés no riacho
E acho que nunca os tirei
O sol ainda brilha na estrada
E eu nunca passei
Eu vi a mulher preparando
Outra pessoa
O tempo parou pra eu olhar
Para aquela barriga
A vida é amiga da arte
É a parte que o sol me ensinou
O sol que atravessa essa estrada
Que nunca passou [...]
(Força Estranha, Caetano Veloso)

SUMÁRIO

APRESENTAÇÃO 15

PRIMEIRA PARTE
CONCEITOS FUNDAMENTAIS

I
INTRODUÇÃO: AS DIFERENTES VELOCIDADES DO DIREITO PENAL 19

1	Noções fundamentais do Direito Penal	26
1.1	História do Direito Penal	35
1.2	Escolas penais	48
1.3	Relação entre Direito Penal e outros ramos	57
2	Conceito e finalidade	64
3	Classificação	67
3.1	As diferentes classificações do Direito Penal	67
3.2	Infração penal: crime e contravenção	68
4	Características da Lei Penal	70
5	Fontes	73

II
PRINCÍPIOS GERAIS DO DIREITO PENAL 81

1	Princípios *versus* regras	81
2	Princípios fundamentais do Direito Penal	83
2.1	Princípios explícitos do Direito Penal	84
2.1.1	Princípio da legalidade	84
2.1.2	Princípio da dignidade humana	87
2.1.3	Princípio da proteção de bens jurídicos	89
2.1.4	Princípio da intervenção mínima	93
2.1.5	Princípio da responsabilidade pessoal	93
2.1.6	Princípio da culpabilidade ou responsabilidade subjetiva	94
2.1.7	Princípio da isonomia	98
2.1.8	Princípio da individualização da pena	99
2.2	Princípios implícitos	100
2.2.1	Princípio do *ne bis in idem*	100
2.2.2	Princípio da ofensividade	102
2.2.3	Princípio da insignificância	104
2.2.4	Princípio da alteridade ou transcendentalidade	108
2.2.5	Princípio da autorresponsabilidade e Princípio da Confiança	108
3	Princípios processuais penais e aspectos penais	109

| 4 | Colisão e ponderação de princípios e o princípio dos princípios: a proporcionalidade | 114 |

III
LEI PENAL NO TEMPO ... 123
1	Introdução	123
2	Tempo do crime: teoria da atividade	125
3	Sucessão de leis no tempo e extra-atividade	126
4	Leis temporárias e excepcionais	134

IV
LEI PENAL NO ESPAÇO ... 137
1	Introdução	137
2	Territorialidade da lei penal	138
3	Lei penal no espaço	140
4	Extraterritorialidade da lei penal	141
5	Imunidades e lei da migração	144
6	Pena cumprida e sentença estrangeira	152

V
HERMENÊUTICA PENAL E CONFLITO APARENTE DE NORMAS ... 155

VI
DISPOSIÇÕES FINAIS ... 169

SEGUNDA PARTE
TEORIA GERAL DO CRIME

I
A TEORIA GERAL DA INFRAÇÃO PENAL ... 173
1	Conceito	173
2	Escolas de dogmática penal: o conceito analítico do crime	175
2.1	Introdução: do causalismo ao finalismo	176
2.2	Apresentação do sistema funcionalista	183
3	Sujeitos do crime	195
3.1	Sujeito ativo	195
3.2	Sujeito passivo	196
4	Objetos do crime	198
5	Classificação dos crimes	201
5.1	Quanto à duração da ofensa ou lesão ao bem (consumação)	201
5.2	Quanto à conduta (ação ou omissão)	203
5.3	Quanto à determinação dos elementos típicos	203
5.4	Quanto à dependência ou autonomia entre os tipos	204
5.5	Quanto à quantidade de autores ou sujeitos ativos	205

5.6	Quanto à possibilidade de fracionamento da conduta	205
5.7	Quanto à qualidade dos autores ou sujeitos ativos	206
5.8	Quanto ao grau de intensidade do ataque ao bem jurídico	207
5.9	Quanto ao processo causal	210
5.10	Quanto à unidade ou pluralidade dos atos típicos (número de condutas no tipo penal)	210
5.11	Quanto às formas básicas de realização das etapas *iter criminis*	211
5.12	Quanto ao número de bens jurídicos lesionados	212
5.13	Quanto ao elemento volitivo	213
5.14	Quanto ao resultado	215
5.15	Quanto à unicidade ou não do tipo penal	216
5.16	Condicionamento à punibilidade	217
5.17	Quanto à consequente pena aplicada	217
5.18	Quanto ao potencial ofensivo	218
5.19	Outras classificações e terminologias	219

II
ELEMENTOS DO CRIME 223

1	Da conduta	223
1.1	Da conduta dolosa	227
1.2	Da conduta culposa	233
1.3	Da conduta comissiva e omissiva	244
2	Do resultado	249
3	Relação de causalidade	250
4	Tipicidade	260
4.1	Conceito, adequação típica, classificações	260
4.2	Consumação e tentativa: o *iter criminis*	267
4.3	Institutos correlatos: desistência, arrependimento e crime impossível	272
4.3.1	Desistência voluntária e arrependimento eficaz	272
4.3.2	Arrependimento posterior	274
4.3.3	Crime impossível	275
4.4	Do erro de tipo	279
4.4.1	Do erro de tipo essencial	279
4.4.2	Do erro de tipo acidental	283
4.4.3	Erro determinado por terceiro (art. 20, §2º do CP)	289

III
ANTIJURICIDADE OU ILICITUDE 291

1	Estado de necessidade	294
2	Legítima defesa	297
3	Estrito cumprimento do dever legal	304
4	Exercício regular de direito	305
5	Causas supralegais: consentimento do ofendido	306

IV
DA CULPABILIDADE 309

1	Introdução..............	309
2	Imputabilidade, inimputabilidade e semi-imputabilidade	312
2.1	Menoridade penal.............	313
2.2	Doença mental ou desenvolvimento incompleto ou retardado	315
2.3	Embriaguez................	320
3	Potencial consciência da ilicitude	323
4	Exigibilidade de conduta diversa..............	327
4.1	Coação moral irresistível	328
4.2	Obediência hierárquica	329
5	Emoção e paixão	330
6	Causas supralegais	331

V
DO CONCURSO DE PESSOAS 339

1	Regras gerais.............	339
2	Autoria e coautoria	342
3	Participação.............	344
4	Comunicabilidade e incomunicabilidade de condições, elementares e circunstâncias	351
5	Teoria do domínio do fato	353
6	Teoria do domínio da organização criminosa (e autoria de escritório)	359

TERCEIRA PARTE
TEORIA GERAL DA SANÇÃO PENAL

I
CONCEITOS GERAIS DA PENA............... 367

1	Fundamento do direito de punir e teorias da pena	367
2	Espécies de sanção e diferentes consequências.............	391
3	Conceitos e características da pena	393
4	Das penas em espécie	394
4.1	Pena de multa.............	394
4.2	Penas restritivas de direitos............	400
4.2.1	Introdução............	400
4.2.2	Regras para a substituição...........	401
4.2.3	(Re)Conversão................	405
4.2.4	Espécies................	407
4.3	Penas privativas de liberdade	412

II
DA COMINAÇÃO DAS PENAS PRIVATIVAS DE LIBERDADE 419

1	1ª etapa: as circunstâncias judiciais (pena-base)	422

2	2ª etapa: as circunstâncias atenuantes e agravantes	427
2.1	Das agravantes	428
2.2	Da agravante da reincidência	432
2.3	Das atenuantes	436
3	3ª etapa: as causas de aumento e de diminuição da pena	439
4	Do concurso de crimes	442
4.1	Concurso material	444
4.2	Concurso formal	447
4.3	Crime continuado	454

III
EXECUÇÃO DA PENA PRIVATIVA DE LIBERDADE E INSTITUTOS CORRELATOS 463

1	Finalidades e natureza	463
2	Princípios e competência	465
3	Direitos e deveres do condenado e órgãos da execução penal	468
4	Execução das penas privativas de liberdade	473
4.1	Sistema progressivo	475
5	Institutos da execução penal	485
6	Suspensão condicional da execução da pena	490
6.1	Introdução: história e conceito	490
6.2	Requisitos e classificação	496
7	Livramento condicional	502
8	Efeitos da condenação	509
9	Reabilitação	524

IV
MEDIDAS DE SEGURANÇA 527

1	Histórico, espécies e requisitos	527
2	Execução da medida de segurança	535
3	Sociopatas, psicopatas e os "inimigos"	539

V
DA AÇÃO PENAL 547

1	Introdução	547
2	Espécies de ação penal	548
3	Discricionariedade da ação penal pública	554
4	Justiça penal negociada e utilitarismo penal	560

VI
DA PUNIBILIDADE 569

1	Introdução	569
2	Causas genéricas do Código Penal	572
2.1	Morte do agente	572
2.2	Anistia, graça e indulto	573

2.3	*Abolitio criminis*	576
2.4	Prescrição, decadência e perempção	576
2.5	Renúncia do direito de queixa ou perdão aceito pelo ofendido	577
2.6	Retratação do agente	579
2.7	Perdão judicial	580
3	Prescrição penal	582
3.1	Introdução: história e conceito	582
3.2	Espécies	585
3.3	Prazos prescricionais	590
3.4	Causas suspensivas e interruptivas	592
3.5	Penas pecuniárias, restritivas de direitos e medidas de segurança	596

REFERÊNCIAS 599

APRESENTAÇÃO

O presente livro é fruto da experiência da docência na graduação e pós-graduação já há quase 20 anos. Mas, antes de tudo, era antigo sonho que começou desde as primeiras pesquisas no Mestrado da PUC/SP.

Tenho a pretensão de discutir a dogmática penal em conjunto com a política criminal e a criminologia, despertando nos leitores a necessária ideia de uma ciência penal completa, tão conciliável com esse tempo social.

Logicamente me inspiro nos clássicos, porque independentemente da reforma da Parte Geral em 1984, impossível produzir ciência penal e fomentar um juízo crítico sem Nelson Hungria, Roberto Lyra, Tobias Barreto, entre outros. Mas também fiz questão de me inspirar em vários penalistas contemporâneos, como se fosse uma homenagem singela a todos que nos ensinam diuturnamente.

Esta nova edição vem atualizada e ampliada, contendo novos entendimentos dos Tribunais Superiores e correções de jornadas naturais de uma obra que trata de tema das ciências humanas e que estão em constante mudança e transformação.

Mas, como não poderia deixar de registrar, esta obra, que vem em formatos diferentes, em uma parceria com a Editora Fórum, visando fomentar o maior acesso possível àqueles que não possuem recursos, é antes de tudo uma homenagem aos alunos do passado e do presente, que tanto me instigaram com perguntas e dúvidas e tanto me ensinaram nessa jornada da vida.

O autor

PRIMEIRA PARTE

CONCEITOS FUNDAMENTAIS

INTRODUÇÃO: AS DIFERENTES VELOCIDADES DO DIREITO PENAL

A palavra *lei*, segundo a sua etimologia mais provável, refere-se à ligação, liame, laço, relação, o que se completa com o sentido nuclear de *jus*, que invoca a ideia de jungir, unir, ordenar, coordenar. Daí a sempre nova lição de um antigo brocardo: *ubi societas, ibi jus* (onde está a sociedade está o Direito).

Conforme escólio de Von Liszt, "é a vida, e não o Direito, que produz o interesse; mas só a proteção jurídica converte o interesse em bem jurídico". Segundo o jurista alemão, "a necessidade origina a proteção, e, variando os interesses, variam também os bens jurídicos quanto ao número e quanto ao gênero".[1]

Como a norma é justamente filha de uma decisão política, seria preciso identificar nos textos legais em vigor quais modelos de Estado e qual contexto político-social pautou a tomada de decisões que continuam, de forma não necessariamente harmônica, a produzir efeitos enquanto válidas.

Além disso, é crucial compreender quais valores eram defendidos em determinada época e qual moral média coletiva imperava, máxime porque o Direito Penal constitui um conjunto de regras construído em tempos não essencialmente uniformes.

A moral de um povo pode ser facilmente medida pela incidência do Direito. O mínimo ético[2] de uma sociedade é proporcional ao Direito vigente: quanto maior a necessidade do uso do Direito, maior o indício de que o povo está moralmente em crise.

É plausível, portanto, a suposição de que quanto menor a necessidade do uso do Direito, mais elevada está a virtude dos homens de determinada sociedade. E, no simples dizer de Guillebaud, "quando uma sociedade perde pontos de referência, quando os valores compartilhados – e, sobretudo, uma definição elementar do bem e do mal – se

---

[1] VON LISZT, Franz. *Tratado de Direito Penal Allemão*. Tradução de José Hygino Duarte Pereira. [s.l.]: F. Briguet & C., 1899. t. I. p. 94.

[2] "A teoria do "mínimo ético" consiste em dizer que o Direito representa apenas o mínimo de Moral declarado obrigatório para que a sociedade possa sobreviver. Como nem todos podem ou querem realizar de maneira espontânea as obrigações morais, é indispensável armar de força certos preceitos éticos, para que a sociedade não soçobre. A Moral, em regra, dizemos adeptos dessa doutrina, é cumprida de maneira espontânea, mas como as violações são inevitáveis, é indispensável que se impeça, com mais vigor e rigor, a transgressão dos dispositivos que a comunidade considerar indispensável à paz social" (REALE, Miguel. *Lições preliminares de direito*. 27. ed. São Paulo: Saraiva, 2013. p. 42).

desvanecem, é o Código Penal que os substitui",³ ainda que a um custo altíssimo para as liberdades individuais.

Justamente por isso, é preciso reconhecer, com arrimo em Lyra, que "no Direito Penal, primeiro historiar, depois conceituar [...]".⁴

Nesse sentido, sem o conhecimento do processo histórico do Direito e do nascimento da lei, dizia Hungria, o "jurista pode incorrer em sérios anacronismos ou equívocos".⁵

E, como se sabe, o anacronismo, do grego ἀνά ("contra") e χρόνος ("tempo") é o erro em cronologia, é a falta de consonância ou correspondência com uma época.

Barreto recorda poeticamente que:

> Platão dissera que não há ciência do que passa; veio o espírito moderno e redarguiu convicto: só há ciência do que é passageiro, pois tudo que pode ser objeto científico, o homem, a natureza, o universo em geral, não é um estado perene, mas o fenômeno de uma transição permanece de uma contínua passagem de um estado a outro estado.⁶

Logo, é preciso questionar: qual o retrato da projeção humana nesse tempo? Que configuração social e que Direito Penal estão sendo projetados, criados e praticados, já que "para falarmos em contemporaneidade, é mister uma análise filosófica do tempo em que vivemos".⁷

Para começar essa jornada de identificação e conhecimento desse tempo social, defendemos aqui o estudo do Direito Penal a partir de uma perspectiva da *Ciência Penal Total*, conjugando *Política Criminal, Criminologia* e *Dogmática penal*.

Batista recorda, com muita propriedade, que ao longo do século XX, "neste amplo mosaico de tendência e movimentos, competitivos ou antagônicos, houve um fenômeno só explicável por uma interdição metodológica: nenhum diálogo entre política criminal, criminologia e nossa disciplina".⁸ Segundo ele, o tecnicismo jurídico e o neokantismo seriam os fundamentos para esse isolamento que não mais se justifica nessa era de pós-modernidade.

Com efeito, Criminologia, Política Criminal e Direito Penal representam três importantes momentos de uma completa Ciência Penal total: o explicativo-empírico (Criminologia), o decisional (Política Criminal) e o normativo (Direito Penal).

A esses momentos, Gomes e Cervini agregam o instrumental (Direito Processual Penal) e o executivo (Direito de Execução Penal), enfatizando que "o saber empírico e saber normativo não podem seguir seus caminhos distanciados".⁹

---

[3] SILVA SÁNCHEZ, Jesús-María. *A expansão do direito penal*: aspectos da política criminal nas sociedades pós-industriais. Tradução de Luiz Otavio de Oliveira Rocha. São Paulo: Revista dos Tribunais, 2002. Série As Ciências Criminais no Século XXI. v. 11. p. 59.

[4] LYRA, Roberto. *Guia do ensino e do estudo de direito penal*. Rio de Janeiro: Revista Forense, 1956. p. 17.

[5] HOFFBAUER, Nélson Hungria. *Comentários ao Código Penal*. 3. ed. Rio de Janeiro: Forense, 1955. v. 1. t. 1. p. 72-73.

[6] BARRETO, Tobias. *Introdução ao estudo do direito*: política brasileira. São Paulo: Landy, 2001. p. 62-63.

[7] BONFIM, São Paulo. *Discurso de Abertura do I Congresso Mundial do Ministério Público*. 2000. Disponível em: http://www.emougenotbonfim.com/portuguese/index.htm. Acesso em: 2 maio 2020.

[8] BATISTA, Nilo. *Introdução Crítica ao direito penal brasileiro*. Rio de Janeiro: Revan, 2004. p. 16.

[9] GOMES, Luiz Flávio; CERVINI, Raúl. *Crime organizado*: enfoques criminológico, jurídico (Lei 9.034/95) e político-criminal. São Paulo: Revista dos Tribunais, 1995. p. 21.

Enquanto a Política Criminal trabalha com as estratégias e meios de controle social da criminalidade, tomando o fenômeno "crime" como um valor,[10] a Criminologia representa um conjunto de ciências que, com empirismo, estudam o crime como disfunção social e o Direito Penal (dogmática), tomando o crime como um ente jurídico (ilícito), imputa ao agente uma sanção pela violação da norma.

Basileu Garcia, um clássico penalista, distinguia, a partir do objeto e do método, a dogmática das demais ciências penais:

> É graças a esses dois elementos – objeto e método, que a Ciência do Direito Penal se distingue das outras ciências penais, não jurídicas, mas, como são geralmente designadas – causal-explicativas: a Antropologia Criminal, a psicologia Criminal, a Sociologia Criminal etc... Essas disciplinas são também ciências penais, porque estudam o crime, os meios de coibi-lo e, além disso, e principalmente, o delinqüente. Estudam-nos, entretanto, no campo dos fatos ou fenômenos naturais – antropológicos, psicológicos, sociológicos etc – ao passo que a Ciência do Direito Penal, deixa de lado a delinqüência como fenômeno, se preocupa com as regras de direito formuladas para preveni-la ou combatê-la. Adotam aquelas ciências naturais ou causal-explicativas o método indutivo, que procura descobrir as causas dos fenômenos, servindo-se da observação e, quanto possível, da experimentação, método esse complemento diverso do adotado pela Ciência do Direito Penal, disciplina normativa e jurídica por excelência, a ser aprofundada com os processos lógicos que veiculam o raciocínio.[11]

Von Liszt é autor da expressão "Ciência Penal Total", embora defendesse a separação entre Dogmática e Política Criminal. Isso, ressalta Díez Ripollés,

> acarretou, sem que fosse essa a pretensão de seu formulador, um descuido generalizado em relação à segunda, objeto passível de todo tipo de críticas sobre sua acientificidade; a medida como essa evolução se operou é confirmada por propostas como a de Roxin, que, tempos mais tarde, só se vê em condições de propor contribuições ou diretivas político-criminais *dentro* da própria teoria jurídica do delito, que constitui a matéria de reflexão jurídico-penal por excelência.[12]

Von Liszt, em rigor, admite a existência de quatro ciências relativas ao crime e à sua repressão: Criminologia, Direito Penal, Política Criminal e Política Social.[13]

A busca da Ciência Penal Total, ou, na expressão de Jimenez de Asúa, da "enciclopédia penal",[14] é ainda mais essencial neste tempo social acelerado pela revolução dos

---

[10] Firmadas essas premissas, "concebe-se a Política Criminal não como método de trabalho, mas como conjunto de princípios de orientação do Estado na sua luta eficiente contra a criminalidade, através de medidas aplicáveis aos criminosos e com o menor custo social possível" (MORAES, Alexandre Rocha Almeida de. *Direito penal racional*: propostas para a construção de uma teoria da legislação e para uma atuação criminal preventiva. Curitiba: Juruá, 2016. p. 14).

[11] GARCIA, Basileu. *Instituições de direito penal*. 4. ed. São Paulo: Max Limonad, 1976. v. I. t. I. p. 09-10.

[12] DÍEZ RIPOLLÉS, José Luis. *A racionalidade das leis penais*: teoria e prática. São Paulo: Revista dos Tribunais, 2005. p. 78-79.

[13] Ao lado das outras já mencionadas, "à política social toca suprimir ou limitar as condições sociais do crime, escreve o notável jurista alemão, a política criminal só tem que ver com o delinquente individualmente considerado" (9). A política criminal ocupa-se com a repressão do crime; a política social tem em vista as medidas preventivas, os meios de evitá-lo" (SODRÉ DE ARAGÃO, Antonio Moniz. *As três escolas penais*: clássica, antropológica e crítica. 5. ed. Rio de Janeiro: Livraria Freitas Bastos S.A., 1952. p. 408-409).

[14] BONFIM, Edilson Mougenot; CAPEZ, Fernando. *Direito penal*: parte geral. São Paulo: Saraiva, 2004. p. 23.

meios de comunicação e por uma dogmática cada vez mais funcionalista e orientada para as consequências.

Isso porque é possível compreender como as grandes transformações sociais ao longo da história pautaram diversos modelos de política criminal nos últimos séculos: a revolução mercantil e o colonialismo dos séculos XV e XVI caracterizaram o modelo puramente inquisitorial de Direito Penal e Processual Penal; a revolução industrial e o neocolonialismo dos séculos XVIII e XIX deram azo a um modelo de Direito Penal conhecido como iluminista; já a revolução tecnológica dos meios de comunicação e a globalização formam esse momento do Direito Penal de incerteza, que, para muitos, constitui o "Direito Penal de Emergência".[15]

A pós-modernidade transformou as relações pessoais e profissionais, assim como os respectivos vínculos em algo efêmero, raso e líquido. Na modernidade, o amanhã era igual ao ontem: programável e sólido. Na pós-modernidade, vive-se de incertezas e riscos incontroláveis. Não é possível calcular exatamente o que vai acontecer e não se sabe as consequências de uma escolha ou da tomada de decisões.

Os tradicionais mecanismos de controle social, sejam as agências formais (Direito Civil, Direito Tributário, Direito Administrativo etc.), sejam as informais (família, religião, escola etc.), cumpriam um papel, tornando, de certa forma, o uso do Direito Penal mecanismo de disciplina mais secundário, subsidiário e fragmentário.

Contudo, se as demais formas de controle social não desempenham mais o mesmo papel, quem vai ser caixa de ressonância? O Direito Penal.

Essa é uma das razões, como se verá ao longo deste livro, para a *hipertrofia legislativa em matéria criminal*.

Além disso, como mencionamos, sendo a norma filha de uma decisão política, evidentemente que o modelo de Estado influencia a Política Criminal.

Um modelo de Estado pouco interventor tende a produzir um Direito Penal mínimo. Ocorre que as antigas Cartas Constitucionais e os modelos de Estado com tendências de limitação do próprio poder do Estado deram lugar a cartas constitucionais dirigentes, inspiradas em modelos de Estado de Bem-Estar Social. Essas cartas dirigentes, ao contrário de simplesmente limitarem o Estado, passaram a legitimar a punição. As novas cartas constitucionais, na tentativa de refundar a sociedade, são afirmativas, inclusivas e protetoras dos direitos das minorias e vulneráveis, buscando, incessantemente, a redução das desigualdades sociais.

A Constituição da República de 1988 é um exemplo típico: ao lado das regras tradicionais de proteção do indivíduo investigado e processado (legalidade, anterioridade da lei penal, contraditório, ampla defesa, devido processo legal etc.), convivem normas que exigem a punição rigorosa de crimes denominados de hediondos,[16] novos gestores da moral média (ambientalistas, movimento feminista, idosos etc.), além de novos imperativos que denotam a necessidade de proteção dos interesses sociais, coletivos e

---

[15] MORAES, Alexandre Rocha Almeida de. O direito penal de emergência. *In*: MORAES, Alexandre Rocha Almeida de *et al*. (Coord.). *Direito penal avançado*: homenagem ao professor Dirceu de Mello. Curitiba: Juruá, 2015. p. 17-37.

[16] "Art. 5º [...] XLIII – a lei considerará crimes inafiançáveis e insuscetíveis de graça ou anistia a prática da tortura, o tráfico ilícito de entorpecentes e drogas afins, o terrorismo e os definidos como crimes hediondos, por eles respondendo os mandantes, os executores e os que, podendo evitá-los, se omitirem".

difusos (meio ambiente, ordem tributária, segurança viária, incolumidade e segurança públicas, sistema financeiro etc.). Nesse sentido, afirma Luisi:

> As Constituições promulgadas nos últimos decênios se caracterizam pela presença no elenco de suas normas de instâncias de garantia de prerrogativas individuais, e concomitantemente de instancias que traduzem imperativos de tutela de bens transindividuais ou coletivos. Ou seja: os princípios do *Rechtsstaats* e, ao mesmo tempo do *Sozialstaats*. Os primeiros configuraram-se em preceitos asseguradores dos direitos humanos e da cidadania. Os segundos se fazem presentes na tutela dos valores sociais.[17]
> O *Rechtssaats*, produto das idéias iluministas dos séculos XVII e XVIII configura-se normativamente a partir da vigência das constituições americanas do segundo quartel no século XVIII e da constituição francesa de 1791. A sua Tonica, é a afirmação dos direitos do homem e do cidadão e a limitação do papel do Estado a garantir a efetivação e eficácia dos mencionados direitos, principalmente no que concerne a inviolabilidade da liberdade individual e da propriedade.
> Mas a liberdade no campo da economia e o direito da propriedade *"lê plus absolue"* geraram uma sociedade profundamente injusta, com evidentes e chocantes desigualdades. O *Sozialstaats* traduz normativamente as ideologias que preconizam a presença do Estado para, superando as distorções desigualitárias geradas pelo Estado liberal, garantir a todos o indispensável ao atendimento das necessidades materiais básicas.[18]

Considerando-se, portanto, a significação do modelo de "Estado Social e Democrático de Direito", como pretender um Direito Penal mínimo em um contexto de Estado máximo? Como podemos pretender um Direito Penal subsidiário e fragmentário no contexto de uma Carta Constitucional programática, extensa e analítica? Ao contrário de ser *ultima ratio*, cada vez mais o Direito Penal se transforma na principal ou na única instância de controle da vida em sociedade.

Não bastassem essas razões para justificar uma inflação legislativa penal, muitas vezes de forma simbólica, desarrazoada e desproporcional, essa é a época da emergência e do risco.

A *revolução tecnológica e dos meios de comunicação*, como todas as grandes revoluções, trouxe bônus: facilidades na vida privada, oportunidades e novos horizontes de negócios e o acesso potencial à quantidade absurda de informação. De outra parte, trouxe ônus: a vivência da desgraça, das tragédias e da insegurança foi potencializada.

Institucionalizou-se uma geração dependente de medicamentos controlados e de terapia, uma era de protagonismo da indústria da segurança privada e dos discursos públicos panfletários em prol da segurança pública, porque a vivência, sem a referência clara de tempo e espaço, de todas as dores e mazelas em tempo real, generaliza a sensação de impotência, de medo, institucionalizando a chamada *sociedade de riscos*.

Em uma sociedade complexa, contingente, com inúmeras possibilidades de escolhas, pautada pela revolução dos meios de comunicação, que também tornam o futuro incerto e inseguro, os indivíduos estão cada vez mais vulneráveis.

---

[17] LUISI, Luiz. *Os princípios constitucionais penais*. 2. ed. Porto Alegre: Sérgio Antonio Fabris Editor, 2003. p. 11.
[18] LUISI, Luiz. *Os princípios constitucionais penais*. 2. ed. Porto Alegre: Sérgio Antonio Fabris Editor, 2003. p. 11-12.

Beck delineia a diferença entre a antiga sociedade industrial e a pós-modernidade, que ele define como sociedade do risco:

> o conceito de sociedade industrial pressupõe o predomínio da "lógica da riqueza" e sustenta a compatibilidade da distribuição de riscos, enquanto o conceito de sociedade de risco sustenta a incompatibilidade da distribuição de riqueza e de riscos e a concorrência entre suas lógicas.[19]

A sociedade de risco é – em contraste com todas as épocas anteriores – marcada fundamentalmente pela impossibilidade de imputar externamente as situações de perigo. Enquanto as culturas e fases anteriores se viam – efetivamente e das mais variadas formas – ameaçadas, "a sociedade pós-moderna se vê, ao lidar com riscos, confrontada consigo mesma".[20]

Na sociedade pós-moderna, os riscos são simultaneamente produzidos para evitá-los, gerando novos riscos:

> na sociedade de risco, a autogeração das condições sociais de vida torna-se problema e tema (de início, negativamente, na demanda pelo afastamento dos perigos). Se os riscos chegam a inquietar as pessoas, a origem dos perigos já não se encontrará mais no exterior, no exótico, no inumano, e sim na historicamente adquirida capacidade das pessoas para a autotransformação, para a autoconfiguração e para a autodestruição das condições de reprodução de toda a vida neste planeta.[21]

O risco mudou de natureza e escala, como se, demasiadamente generalizado (risco social), se tornasse tão inseguro e incerto, ou que, demasiadamente elevado (risco tecnológico maior), se tornasse incalculável.

Ost, nesse sentido, aponta um dilema: "como precaver-se do risco, na medida em que, infigurável, logra as nossas capacidades de avaliação, ou que, demasiado grande, desencoraja as nossas capacidades ético-políticas de responsabilização?".[22]

O princípio de precaução, que recebe hoje as suas primeiras traduções jurídicas, surge assim como a forma contemporânea da prudência em face de um risco transformado: "a maneira contemporânea de assumir as promessas do futuro, de aceitar a aposta do futuro numa sociedade confrontada com riscos maiores e irreversíveis".[23]

Essa é a equação da formatação da sociedade de riscos: uma sociedade tecnológica, cada vez mais competitiva, que passou a deslocar para a marginalidade muitos indivíduos, os quais imediatamente são percebidos pelos demais como fonte de riscos pessoais e patrimoniais.[24]

---

[19] BECK, Ulrich. *Sociedade de risco*: rumo a uma outra modernidade. Tradução de Sebastião Nascimento. São Paulo: Ed. 34, 2010. p. 232.

[20] BECK, Ulrich. *Sociedade de risco*: rumo a uma outra modernidade. Tradução de Sebastião Nascimento. São Paulo: Ed. 34, 2010. p. 275.

[21] BECK, Ulrich. *Sociedade de risco*: rumo a uma outra modernidade. Tradução de Sebastião Nascimento. São Paulo: Ed. 34, 2010. p. 275.

[22] OST, François. *O tempo do direito*. Tradução de Maria Fernanda de Oliveira. Lisboa: Instituto Piaget, 1999. p. 343.

[23] OST, François. *O tempo do direito*. Tradução de Maria Fernanda de Oliveira. Lisboa: Instituto Piaget, 1999. p. 344.

[24] PRITTWITZ, Cornelius. O direito penal entre direito penal do risco e direito penal do inimigo: tendências atuais em direito penal e política criminal. *Revista Brasileira de Ciências Criminais*, São Paulo, v. 47, mar./abr. 2004. p. 44.

Em outras palavras, a sensação subjetiva de insegurança gera reação irracional e irrefletida por parte dos atingidos que buscam, na lei penal, a resposta imediata para toda e qualquer dor.

Uma sociedade obcecada pelo controle dos riscos nada mais é que uma sociedade obcecada por segurança, não sendo sem motivo a tão comum referência a uma série de circunstâncias sempre precedidas da expressão "segurança" para significar a minimização dos riscos em relação a determinada situação, tal como ocorre com "segurança econômica", "segurança alimentar", "segurança nuclear", "segurança social" e "segurança pública". Parece, entretanto, que quanto mais se busca a segurança, paradoxalmente, mais cresce a insegurança.[25]

Esse tema e suas consequências ao Direito Penal, recorda Alflen da Silva,

> foram amplamente analisados e criticados pela Escola de Frankfurt, originariamente por Prittwitz, o qual já observava o surgimento de um "Direito Penal do risco" (*riskostrafrecht*) que, longe de aspirar conservar o seu caráter fragmentário, como *ultima ratio*, tem se convertido em *sola ratio*, mais precisamente um Direito Penal expansivo.[26]

Uma breve excursão histórica permite a compreensão da transformação da noção de risco e da heurística do medo.

Na primeira fase – na sociedade liberal do século XIX –, o risco assume a forma de acidente: acontecimento exterior e imprevisto, acaso, golpe do destino, é simultaneamente individual e repentino. Em um segundo momento, a história do risco vê a emergência da noção de prevenção que se traduz em atitude coletiva, racional e voluntarista, que se destina a reduzir a probabilidade de ocorrência e a gravidade de um risco mensurável.

Já no início do século XX, nos primórdios do Estado de Bem-Estar social, a utopia científica e a técnica de uma sociedade "dona de si mesma" confirmaram-se em todos os aspectos: prevenção das doenças, prevenção dos crimes (defesa social), prevenção dos acidentes (ciências de segurança), prevenção da miséria e da insegurança social (seguranças sociais).

Isso tudo alterou profundamente a dogmática penal e processual penal, com instrumentos de *criminalização em estágio prévio* (punição de atos preparatórios, adoção de novos crimes de perigo abstrato, extensão do conceito de omissão imprópria etc.) e, mais do que isso, evidenciou que o Direito Penal contemporâneo, em todo o Ocidente, trabalha com *diferentes velocidades* ou se revela por meio de distintas políticas criminais para coibir diferentes formas de delinquência.

É, pois, evidente que há diferentes "velocidades do Direito Penal",[27] marcadamente por conta de Políticas Criminais com parâmetros bem diferenciados.

A primeira, pautada no modelo liberal-clássico, traduz a ideia de um Direito Penal da prisão por excelência, com manutenção rígida dos princípios político-criminais

---

[25] FABRETTI, Humberto Barrionuevo. *Segurança pública*: fundamentos jurídicos para uma abordagem constitucional. São Paulo: Atlas, 2014. p. 9.
[26] SILVA, Pablo Rodrigo Alflen da. *Leis penais em branco e o direito penal do risco*: aspectos críticos e fundamentais. Rio de Janeiro: Lumen Juris, 2004. p. 93-94.
[27] Neste sentido, ver: SILVA SÁNCHEZ, Jesús-María. *A expansão do direito penal*: aspectos da política criminal nas sociedades pós-industriais. Tradução de Luiz Otavio de Oliveira Rocha. São Paulo: Revista dos Tribunais, 2002. Série As Ciências Criminais no Século XXI. v. 11.

iluministas e garantistas sob a ótica do investigado; a segunda contempla a flexibilização proporcional de algumas garantias penais e processuais, conjugada com a adoção de penas não privativas de liberdade (penas alternativas, institutos despenalizadores, justiça negociada etc.); já a terceira velocidade, por sua vez, representaria um Direito Penal da pena de prisão concorrendo com uma ampla relativização de garantias político-criminais, regras de imputação e critérios processuais, que constituem o modelo de "Direito Penal do inimigo", voltados para os crimes violentos, hediondos, para a criminalidade organizada e para o terrorismo.[28]

Essa classificação de Silva Sánchez, ainda que possa pecar por generalizações ou por sistemas não exatamente similares, apresenta, de imediato, uma vantagem relevante: enxergar que uma segunda velocidade de Direito Penal ou, mais precisamente, um modelo pautado pela flexibilização de garantias penais e processuais, pela solução alternativa do processo e pela negociação tenha contaminado todo o Ocidente, sobretudo em países que não tinham a tradição da barganha.

Além da deformalização (flexibilização das garantias penais, processuais e execucionais), da hipertrofia legislativa irracional de forma descodificada, do simbolismo com a proteção deficiente de bens jurídicos, da adoção indiscriminada do princípio da precaução e excessiva antecipação da tutela penal e da evidente explosão carcerária, houve claro rompimento do paradigma do Direito Penal de primeira velocidade (indivíduo) pelo conceito de *macrocriminalidade* (novas feições do crime organizado e do terrorismo).[29]

Portanto, para iniciar o estudo do Direito Penal contemporâneo, além de historiar e conceituar, será preciso compreender os diferentes tipos de delinquência, assim como os diferentes modelos de políticas criminais, visto que gerarão premissas e consequências completamente distintas.

1 Noções fundamentais do Direito Penal

Há diferença entre *moral* e *direito*? Tudo que é imoral ou amoral deve ser protegido pelo Direito Penal? Fundamental entender as diferenças entre moral e direito, sob a perspectiva de Kant, para se responder a essas questões retóricas e permitir um juízo crítico de que não é missão do Direito Penal tutelar a moral.

Ainda que por vezes valores protegidos pelo Direito Penal também digam respeito a valores morais vigentes, a moral é claramente subjetiva, variando de acordo com classes, tempos sociais e sempre conforme uma escala muito própria de valores.

Nem tudo que é jurídico é moral. O incesto é considerado no Ocidente como imoral, mas no Brasil ele não é crime. Em outros países o incesto é crime.

O aborto ser criminalizado diz respeito a algo que extravasaria o espectro de proteção do Direito Penal?

---

[28] SILVA SÁNCHEZ, Jesús-María. *A expansão do direito penal*: aspectos da política criminal nas sociedades pós-industriais. Tradução de Luiz Otavio de Oliveira Rocha. São Paulo: Revista dos Tribunais, 2002. Série As Ciências Criminais no Século XXI. v. 11. p. 148.

[29] MORAES, Alexandre Rocha Almeida de. *Direito penal do inimigo*: a terceira velocidade do direito penal. Curitiba: Juruá, 2008. p. 230.

O suicídio pode ser propriamente imoral, todavia, ele não é crime no Brasil, mas tão somente a instigação, o auxílio ou o induzimento ao suicídio. Já em alguns países, a tentativa de suicídio é crime. Aliás, a autolesão de modo geral não é punida, exceto a autolesão para fraudar seguro.[30] Nesse caso, contudo, o agente não está preocupado com a própria integridade física. O bem da vida que está sendo protegido é o patrimônio da seguradora.

Por isso é relevante ter em perspectiva as distinções entre *moral* e *direito* sob a perspectiva kantiana:

Direito	Moral
Heteronomia	Autonomia
Bilateralidade	Unilateralidade
Exterioridade	Interioridade
Coercibilidade	Incoercibilidade

Se nem tudo que é moral é protegido pelo direito, qual critério deve-se adotar para a seleção dos bens que devem ser protegidos pelo direito?

Parte-se da premissa do *tridimensionalismo de Miguel Reale*[31] para explicar a questão:

Norma ↔ Valor ↔ Fato

- Aspecto normativo: o Direito como ordenamento (dogmática).
- Aspecto fático: o Direito como fato.
- Aspecto axiológico: o Direito como valor.

Segundo a Teoria Tridimensional do Direito, o fato social é sempre o ponto de partida na formação da noção do Direito. O Direito se caracteriza por sua estrutura tridimensional, na qual fatos e valores dialetizam, ou seja, obedecem a um processo dinâmico.

Será a sucessão de fatos na sociedade que consolida os valores no meio social que, quando caros, demandam proteção jurídica.

O Direito, pois, surge das necessidades fundamentais das sociedades humanas, que são reguladas por ele como condição essencial à sua própria sobrevivência.

Como há muito já ensinava Von Ihering:

---

[30] "Art. 171. [...] §2º [...] V – Fraude para recebimento de indenização ou valor de seguro: destrói, total ou parcialmente, ou oculta coisa própria, ou lesa o próprio corpo ou a saúde, ou agrava as consequências da lesão ou doença, com o intuito de haver indenização ou valor de seguro".

[31] Os adeptos de Reale devem ter em mente o ordenamento jurídico em seu todo. Essa visão tridimensionalista exige um método. O método de Reale é o método lógico-dialético (aberto, dinâmico, múltiplo e prospectivo), pois trabalha com valores positivados. A ciência do Direito nestes termos é prática e não apenas teórica (neste sentido: REALE, Miguel. *Lições preliminares de direito*. 27. ed. São Paulo: Saraiva, 2013. p. 49).

a essência do direito é a realização prática. Uma regra do direito que jamais foi realizada ou que deixou de o ser, não merece mais este nome, transformou-se numa rodagem inerte que não faz mais trabalho algum no mecanismo do direito e que se pode retirar sem que disso resulte a menor transformação.[32]

A sociedade, como lembra Reale, "deve viver o Direito e como tal reconhecê-lo. Reconhecido o Direito, é ele incorporado à maneira de ser e de agir da coletividade. O certo é, porém, que não há normas jurídica sem um *mínimo de eficácia*, de execução ou aplicação no seio do grupo".[33]

O Direito autêntico não é apenas declarado, mas reconhecido e vivido pela sociedade como algo que se incorpora e se integra na sua maneira de conduzir-se. A regra de direito deve, por conseguinte, ser formalmente válida e socialmente eficaz.[34]

Como sintetiza Reale, a regra jurídica deve, normalmente, reunir os três seguintes requisitos de validade: "a) *fundamento* de ordem axiológica; b) *eficácia social*, em virtude de sua correspondência ao querer coletivo; e c) *validade formal* ou *vigência*, por ser emanada do poder competente, com obediência aos trâmites legais".[35]

Lassalle, há tempos, já dizia o mesmo sobre qualquer Carta Constitucional:

> Quando podemos dizer que uma *constituição escrita é boa e duradoura?* A resposta é clara e parte logicamente de quanto temos exposto: Quando essa constituição escrita *corresponder* à *constituição real* e tiver suas raízes nos *fatores do poder que regem o país*. Onde a constituição *escrita* não corresponder à *real*, irrompe inevitavelmente um conflito que é impossível evitar e no qual, mais dia menos dia, a constituição escrita, a folha de papel, sucumbirá necessariamente, perante a constituição real, e das verdadeiras forças vitais do país.[36]

No mesmo sentido, Romero asseverava com propriedade que "o Direito, porém, é uma disciplina da *liberdade*, modelando-a no conflito com a liberdade dos outros; dirige-se à sociedade, cuja existência garante e regulariza. E a regulariza não pela compaixão, pela piedade, pela caridade, e sim pela pena, pela coação".[37]

Por que somente as necessidades fundamentais consolidadas em valores que deveriam ser protegidas pelo Direito Penal? Porque se trata do ramo do Direito que afeta o direito de liberdade e que tem a coercibilidade exercida por meio da sanção ou pena privativa da liberdade da pessoa.

Quando se abre qualquer manual ou curso de Direito Penal, uma das primeiras coisas constatadas é a assertiva de que o Direito Penal é regido pelo *Princípio da Subsidiariedade ou Intervenção Mínima*, isto é, justamente por ser o mais drástico ramo do direito para impor uma sanção, deveria ser excepcional.

Ele afeta o direito de liberdade e, mais do que todos os demais ramos do Direito (Direito Civil, Direito Tributário, Direito Administrativo etc.), estigmatiza, etiqueta

---

[32] VON IHERING, Rudolf. *A luta pelo direito*. 21. ed. Rio de Janeiro: Forense, 2002. p. 39-40.
[33] REALE, Miguel. *Lições preliminares de direito*. 27. ed. São Paulo: Saraiva, 2013. p. 115.
[34] REALE, Miguel. *Lições preliminares de direito*. 27. ed. São Paulo: Saraiva, 2013. p. 112-113.
[35] REALE, Miguel. *Lições preliminares de direito*. 27. ed. São Paulo: Saraiva, 2013. p. 115.
[36] LASSALLE, Ferdinand. *A essência da Constituição*. 6. ed. Rio de Janeiro: Lumen Juris, 2001. p. 33.
[37] ROMERO, Sílvio. *Ensaio de filosofia do direito*. 2. ed. São Paulo: Landy, 2001. p. 143.

o sujeito e gera consequências penais e extrapenais para além de um processo ou investigação.

O Direito Penal afeta os direitos políticos e a capacidade eleitoral, as condições de emprego e relações trabalhistas, ainda que isso signifique, na prática, uma espécie de preconceito social. Ele gera uma espécie de coisificação da pessoa como "criminosa" não somente aos olhos da Justiça Criminal, mas para a toda sociedade de maneira geral.

Justamente por isso que todos os manuais e cursos de Direito Penal dizem, em termos ideais, que o Direito Penal deveria ser a *ultima ratio*.

O que dizer, então, da constatação de que ele tem sido utilizado, sistematicamente nas últimas décadas, como a principal forma de controle social? Como explicar a hipertrofia legislativa, o caos normativo e o excesso de novos crimes? Como justificar a neocriminalização ocorrida em todo o Ocidente nos últimos tempos que vem transformando o Direito Penal em principal instância de controle social ou em *sola ratio*?

O Direito é um produto cultural da humanidade, como dizia Tobias Barreto, e não um projeto abstrato para educar um povo.

Somente dizemos que o Direito é um dos mecanismos de controle social (importante objeto de estudo da Criminologia), porque supomos que os demais mecanismos formais (outros ramos do Direito) e informais (família, religião, escola, vizinhança etc.) podem cumprir o papel da disciplina da vida em sociedade, tornando o Direito Penal, em especial, prescindível.

Sem embargo, o Direito Penal é, por excelência, um *raio-x da* ética *do povo* e de um tempo social.

Ele escancara o que não foi possível resolver por meio de outras instâncias com menor custo social, assim como explicita a moral média de uma comunidade em determinado tempo.

Quanto maior a moral média de uma população, quanto maior o compromisso autônomo de fazer o justo e respeitar o próximo, menos precisaremos da heteronomia do Direito, da coercibilidade da sanção penal para obrigar as pessoas a respeitarem determinados valores.

Ao contrário, se estamos utilizando o Direito Penal de forma desenfreada como a principal instância de controle social, entre outras explicações, talvez seja possível afirmar que os tradicionais mecanismos de controle já não cumprem seu papel e que talvez a moral média das pessoas seja insuficiente para tornar o Direito Penal fragmentário.

Logo, se o Direito serve apenas como um dos instrumentos da vida em sociedade, deveríamos compreender que sociedade é essa que demanda esse tipo de regulação jurídica.

Parece até pueril imaginar que o Parlamento algum dia tenha pensado: "vamos criminalizar a intolerância de raça no uso do elevador social", imaginando, hipoteticamente, que alguém seria racista desse modo. A Lei nº 7.716/89 somente contém uma norma penal incriminadora nesse sentido porque os valores sociais não foram suficientes para resolver isso espontaneamente, porque era preciso simbolicamente explicitar o racismo de fatos praticados nesse contexto.[38]

---

[38] "Art. 11. Impedir o acesso às entradas sociais em edifícios públicos ou residenciais e elevadores ou escada de acesso aos mesmos: Pena: reclusão de um a três anos".

Somente existe uma lei penal, com toda carga simbólica da heteronomia do Direito Penal, dizendo que é crime discriminar alguém por etnia, raça, em termos ou casa de massagem,[39] porque é preciso reconhecer que fatos assim, de herança histórica da escravidão, ainda se fazem presentes na história nacional, explicitando aquilo que se denomina racismo estrutural.

O feminicídio ter, inicialmente, se tornado um qualificador do homicídio,[40] dando um tratamento diferente à mulher vítima de violência doméstica ou de gênero e, posteriormente, ter se transformado com o advento da Lei nº 14.994/2024 em crime autônomo com pena mínima de 20 anos, somente enfatiza que a sociedade brasileira é tradicionalmente machista e patriarcal, demandando uma exasperação obrigatória no crime contra a vida de mulheres.[41]

O maior mecanismo informal de disciplina e de socialização primária do ser humano é a família. E, não por acaso, foi necessário no Brasil criminalizar condutas que atentam contra interesses da criança (Lei nº 8.069/90), contra o idoso (Lei nº 10.741/03), contra a mulher, criando inclusive um microssistema específico de proteção (Lei nº 11.340/06).

Evidente que há um núcleo duro de crimes previstos em todos os países: homicídio, roubo, furto etc., mas há também que se considerar aquilo que a doutrina chama de *crimes de plástico*, previstos em alguns países de modo peculiar. Justamente por isso leva-se em conta o excesso de proteção e as razões do uso desmedido do Direito Penal, que, repita-se, na pós-modernidade assumiu contornos de principal instância da disciplina social.

Este livro se propõe a ser mais do que um livro sobre a dogmática[42] penal em vigor, em especial, a Parte Geral do Código Penal brasileiro.

A partir de uma perspectiva do tridimensionalismo de Miguel Reale e de uma concepção de Ciência Penal completa,[43] buscamos fomentar o estudo conjugado da dogmática com a Política Criminal, criando a consciência crítica das causas e razões, entre outras, da hipertrofia legislativa, do caos normativo e do uso indiscriminado do Direito Penal como mecanismo de controle social.

Por ora, basta dizer que o Estado estabelece sanções, procurando tornar invioláveis os bens que protege: a mais severa das sanções é a pena, estabelecida para o caso de inobservância de um imperativo, que se dará para os sujeitos responsáveis na forma

---

[39] "Art. 10. Impedir o acesso ou recusar atendimento em salões de cabeleireiros, barbearias, termas ou casas de massagem ou estabelecimento com as mesmas finalidades. Pena: reclusão de um a três anos".

[40] "Art. 121. [...] §2º [...] VI – contra a mulher por razões da condição de sexo feminino: Pena – reclusão, de doze a trinta anos. §2º-A Considera-se que há razões de condição de sexo feminino quando o crime envolve: I – violência doméstica e familiar; II – menosprezo ou discriminação à condição de mulher. (Incluído pela Lei nº 13.104, de 2015)".

[41] "Art. 121-A. Matar mulher por razões da condição do sexo feminino: Pena – reclusão, de 20 (vinte) a 40 (quarenta) anos. §1º Considera-se que há razões da condição do sexo feminino quando o crime envolve: – violência doméstica e familiar; II – menosprezo ou discriminação à condição de mulher. (Incluído pela Lei nº 14.994, de 09.10.2024)".

[42] De origem grega, o dogma significa aquilo que parece. Na acepção comum, o dogma é o ponto fundamental e indiscutível de uma doutrina religiosa e, por extensão, qualquer disciplina ou sistema científico. A dogmática consiste na tendência científica de estudar o direito positivo vigente de modo sistemático e dedutivo. Não é possível a sua elaboração à margem do direito em vigor. A dogmática constitui um processo unitário de descobrimento e ordenação dos conceitos de Direito Penal, ordenação e unificação características e toda construção científica (BRUNO, Aníbal. *Direito penal:* parte geral. 2. ed. Rio de Janeiro: Forense, 1959. v. 1. t. I. p. 41).

[43] Expressão cunhada por Franz Von Liszt (*Tratado de Direito Penal Allemão*. Tradução de José Hygino Duarte Pereira. [s.l.]: F. Briguet & C., 1899. t. I).

de penas privativas da liberdade, penas restritivas de direito e penas pecuniárias. Aos indivíduos que cometam crimes, mas que não sejam capazes de entender o que fizeram e/ou de se conterem, o Estado utiliza um instrumento similar à sanção: as medidas de segurança.[44]

As sanções estarão contempladas naquilo que se denomina "preceito secundário da norma", valendo ressaltar que o Estado estabelecerá, nos preceitos primários, justamente as normas jurídicas com a finalidade de combater as infrações penais (crimes e contravenções): serão as normas penais incriminadoras.

A todo esse conjunto de normas jurídicas dá-se o nome de *Direito Penal*.

Vale ressaltar, desde já, que a filosofia é a primeira das ciências humanas a se importar com a arte de pensar e a arte de ensinar. O Direito também decorre da filosofia (a ideia de existência de sociedade, núcleo de poder com determinada ordenação, a ideia de um ordenamento jurídico etc.).

Como criação filosófica, o Direito Penal cria a ideia de crime, de sanção penal e de normas que vão permitir interpretar e aplicar corretamente as normas penais.

Aliás, boa parte dos conceitos do Direito Penal são conceitos filosóficos, e não criados pelo próprio Direito Penal, como se dá, por exemplo, com o conceito da tentativa de praticar um crime.[45]

Para que todas as discussões filosóficas e científicas ingressem no ordenamento de forma eficaz, parte-se da premissa de que o todo, ou seja, o ordenamento jurídico funciona de forma completa e harmônica, como um verdadeiro sistema.

A introdução do pensamento sistemático, no final do século XIX, trouxe, sem dúvida, enormes avanços à doutrina do crime. Antes de prosseguirmos, entretanto, faz-se necessário estabelecer em que consiste um "sistema" e, em seguida, o que se deve entender por "sistema penal".[46]

O Direito também constitui um sistema, cumprindo-lhe, em tese, a missão de garantir as expectativas normativas ou a confiança dos destinatários no cumprimento das normas de conduta. Como ele somente garante as expectativas, no caso de violação, a aplicação da sanção reafirmaria a ideia das expectativas e manutenção da vigência do sistema e ordenamento. Como destaca Estefam:

> Com respeito à doutrina geral do crime, pode-se dizer que o sistema penal representa um conjunto de elementos, cuja interação, segundo determinadas teorias e por meio de um conjunto de normas (princípios e regras), forma o conceito analítico de crime. Como dizíamos acima, a construção de um pensamento sistemático tem ocupado grande parte dos trabalhos científicos em Direito Penal. Argumenta-se que tal forma de pensar permite

---

[44] A etiqueta "Direito Penal" é criticada por Basileu Garcia exatamente pela insuficiência da locução em "não abranger um dos dois grandes grupos de providências de combate à criminalidade – o das medidas de segurança, cuja natureza preventiva as distingue das penas, de finalidade primordialmente repressiva. Pretende-se que seria mais apropriado dizer Direito Criminal" (GARCIA, Basileu. *Instituições de direito penal*. 4. ed. São Paulo: Max Limonad, 1976. v. I. t. I. p. 03).

[45] "Art. 14. Diz-se o crime: [...] II – tentado, quando, iniciada a execução, não se consuma por circunstâncias alheias à vontade do agente. Parágrafo único – Salvo disposição em contrário, pune-se a tentativa com a pena correspondente ao crime consumado, diminuída de um a dois terços".

[46] ESTEFAM, André. *Direito penal*: parte geral (arts. 1º a 120). 10. ed. São Paulo: Saraiva, 2021. p. 207-209.

uma aplicação segura e previsível do Direito Penal, evitando-se o acaso e a "loteria" nas decisões dos tribunais.[47]

Na feliz síntese de Luhmann, o Direito "é um sistema especializado na generalização congruente de expectativas normativas".[48] O sistema do Direito seria constituído, na concepção *luhmanniana*, com a função de reduzir a complexidade apresentada pela sociedade, por meio da generalização de expectativas normativas com vistas a manter o sistema estável.

O ordenamento jurídico é capaz de lidar com todo e qualquer tipo de conflito de interesse social. No entanto, as mudanças sociais ocorrem em uma velocidade muito maior que as mudanças no ordenamento. Para isso, há certos mecanismos de integração (princípios gerais do Direito, costumes, analogia) do ordenamento jurídico.

Tal ordenamento é completo, pois mesmo que não preveja todas as situações, o Direito tem capacidade de solucionar aquele problema por meio da integração.

O ordenamento jurídico é um todo coeso e harmônico, ou seja, dentro dele não há um tipo de conflito insuperável entre as normas. Todos podem ser solucionados pelos mecanismos do próprio Direito (regras de interpretação, como "lei especial derroga lei geral, lei mais nova derroga lei mais antiga" etc.).[49]

Quando falamos em ordenamento jurídico, máxime em um contexto de produção excessiva de leis extravagantes, é preciso consignar: ele é composto pelo Código Penal e por toda a legislação fora do Código Penal, algumas sob a forma de microssistemas jurídicos[50] e que contêm normas penais incriminadoras.

O *Código Penal brasileiro* está dividido em *Parte Geral* (art. 1º ao 120), contendo as regras gerais aplicáveis aos crimes previstos na *Parte Especial* (art. 121 ao 359-H) e a todos os crimes previstos nas *leis extravagantes*, exceto se houver disciplina específica sobre o mesmo assunto, uma vez que neste caso vale a regra da especialidade (*lex specialis derogat legi generali*).[51]

O Código Penal foi promulgado sob a forma de um *decreto-lei*,[52] espécie normativa hoje inexistente à luz do art. 59 da Constituição Federal. Isso porque ele foi promulgado

---

[47] ESTEFAM, André. *Direito penal*: parte geral (arts. 1º a 120). 10. ed. São Paulo: Saraiva, 2021. p. 207-209.
[48] LUHMANN, Niklas. *Sociologia do Direito I*. Rio de Janeiro: Biblioteca Tempo Universitário, 1983. v. 75, *passim*.
[49] BOBBIO, Norberto. *Teoria do ordenamento jurídico*. Brasília: Editora UNB, 1999. p. 199.
[50] Há algum tempo juristas reconhecem a inviabilidade dos monossistemas, seja pela hipertrofia legislativa decorrentes da edição de inúmeras leis especiais, seja porque elas tem uma feição mais próxima das realidades concretas da vida, mais acessíveis às nem sempre racionais demandas do Parlamento e do Executivo: "criaram-se microssistemas jurídicos que, da mesma forma como os planetas giram com autonomia própria, sua vida é independente; o Código é como o sol, ilumina-os, colabora em suas vidas, mas já não pode incidir diretamente sobre eles". E lembra a brilhante comparação feita por Wittgenstein aplicada ao Direito segundo a qual o Código "é o centro antigo da cidade, a que se acrescentaram novos subúrbios, com seus próprios centros e características de bairro. Poucos são os que se visitam uns aos outros; vai-se ao centro de quando em quando para contemplar as relíquias históricas" (LORENZETTI, Ricardo Luis. *Fundamentos do direito privado*. Tradução de Vera Maria Jacob de Fradera. São Paulo: RT, 1998. p. 45). No mesmo sentido, alerta Dotti, que "essas certeiras observações e comparações decorrem do surgimento dos microssistemas em todos os ramos do ordenamento jurídico. Relativamente ao sistema penal, a diversificação dos interesses populares e as franquias constitucionais e legais de um Estado de Direito Democrático, assim como ocorre em nosso País, criaram núcleos com identidades peculiares (DOTTI, René Ariel. *Curso de direito penal*: parte geral. 6. ed. Rio de Janeiro: Forense, 2018. p. 273-274).
[51] "Art. 12. As regras gerais deste Código aplicam-se aos fatos incriminados por lei especial, se esta não dispuser de modo diverso".
[52] Decreto-Lei nº 2.848, de 7.12.1940.

no contexto social da década de 40 do século passado, durante a Ditadura do então Presidente Getúlio Vargas (Estado Novo), com o Congresso fechado. Da mesma forma, o que se denomina de Lei de Contravenções penais, espécie, ao lado dos crimes, de infração penal, está contemplada também em um decreto-lei.[53] Ainda, no mesmo sentido, o Código de Processo Penal, que contém as regras e o direito adjetivo, também se encontra nessa mesma espécie normativa hoje equivalente à lei.[54]

Tais premissas são fundamentais para se compreender que, quando se olha para um crime, aqui por vezes chamado de "tipo penal", deve-se ter em mente, ao interpretar seus elementos, interesses e bens protegidos, e penas cominadas em abstrato, em qual tempo foi pensado e quando ingressou no ordenamento jurídico: se não houver remissão de uma lei logo abaixo indicando uma alteração posterior, significa que ele foi pensado, planejado e entrou em vigor no contexto da sociedade e do tempo social da década de 40 do século passado.

Daí se depreende que o Código Penal foi profundamente alterado, com uma considerável modificação de sua Parte Geral em 1984, assim como se compreende outra razão para a elaboração de tantas legislações extravagantes desde então.

O Código de 1940 teve origem no projeto de José de Alcântara Machado, submetido ao trabalho de uma comissão revisora composta de *Nélson Hungria Hoffbauer, Vieira Braga, Narcélio de Queirós* e *Roberto Lyra*, com contribuições do então Ministro da Justiça *Antônio José da Costa e Silva*.

Os maiores expoentes – Nelson Hungria e Roberto Lyra, como se verá, eram defensores de duas diferentes escolas de Política Criminal, respectivamente, as escolas Clássica e Positivista, o que permitiu um pensamento plural ao Código Penal brasileiro, em especial no que toca à teoria do crime e das penas: "os clássicos consideram *crimes* e os positivistas *criminosos*", dizia Lyra.[55]

Quando elaboraram a parte especial, os títulos e respectivos capítulos foram pensados em uma sequência lógica que se inicia pelos crimes contra a pessoa, sendo o primeiro deles o crime contra a vida – homicídio.

Esses detalhes são importantes para se entender como um sistema codificado procura manter uma harmonia, coesão e proporcionalidade na forma de proteção dos bens da vida (que serão tratados à frente como bens jurídicos) e como isso foi se perdendo ao longo das últimas décadas por diferentes motivos, além dos já destacados, propiciando uma enorme quantidade de infrações penais em leis extravagantes.

O *silogismo jurídico* do Direito Penal é diferente e invertido: o legislador subentende na norma penal incriminadora o que não deve ser feito e o que ele está protegendo. Ao dizer "matar alguém", entende-se que não se deve matar alguém porque a vida é o bem protegido e, se alguém matar alguém, logo fará jus à pena cominada no preceito secundário da norma.

Ocorre que a identificação dos interesses protegidos está cada vez mais difícil, seja pela enorme inflação legislativa que dificulta a identificação dos interesses protegidos, seja pela ainda existência de crimes que não mais se coadunam com esse tempo social

---

[53] Decreto-Lei nº 3.688, de 3.10.1941.
[54] Decreto-Lei nº 3.689, de 3.10.1941.
[55] LYRA, Roberto. *Novíssimas escolas penais*. Rio de Janeiro: Borsoi, 1956. p. 385.

e com os valores da sociedade contemporânea, seja pela necessidade de proteção de novos interesses coletivos e transindividuais, como o meio ambiente, a ordem tributária, o sistema financeiro etc.

De qualquer sorte, é crucial repisar que o direito é produto cultural da humanidade, razão pela qual o olhar crítico para qualquer criminalização, seja sob a perspectiva do excesso do Estado, seja sob a deficiência da proteção, pressupõe saber em que época foi feita.

Isso auxiliará a entender como uma legislação profundamente decodificada produz normas assistemáticas, incongruentes e desproporcionais.

A título ilustrativo, constata-se no §3º do art. 121 a figura do homicídio culposo, praticado sem intenção, em regra por imperícia, imprudência e negligência, com penas, logicamente, baixas de detenção, de um a três anos, assim como o crime de ameaça, contemplado no art. 147, com penas detenção de um a seis meses, ou multa. Ambos foram pensados e construídos com a realidade social da década de 40 do século passado. Logo, bastaria se pensar, por exemplo, quem tinha arma de fogo para ameaçar naquele tempo ou o que era imprudência naquela época para se constatar o quanto as normas ficaram anacrônicas.

De outra parte, a Lei nº 8.069/90 (Estatuto da Criança e do Adolescente – ECA) prevê, por exemplo, no art. 243, a entrega de bebida alcoólica a adolescente com penas de dois a quatro anos de detenção. Causar culposamente a morte de uma criança, por imprudência ou negligência, pode gerar penas de um a três anos, enquanto permitir que o filho de 17 anos consuma substância alcoólica gera penas de 2 a 4 anos.

Assim como esses exemplos desproporcionais, o Direito Penal contemporâneo terá, por exemplo, situações esdrúxulas e exageradas, seja no tocante à proteção, seja no tocante ao tamanho das penas: a) molestamento intencional de toda espécie de cetáceo tem penas de dois a cinco anos de reclusão;[56] b) produzir açúcar em sua própria casa de forma clandestina tem pena de seis meses a dois anos de detenção;[57] c) maltratar plantas ornamentais tem pena de três meses a um ano de detenção.[58]

A desproporcionalidade, a falta de congruência, a falta de harmonia do sistema se deve muito pela produção de normas de forma descodificada. Este é um dos subprodutos maléficos da hipertrofia legislativa. Um sistema descodificado gera penas assistemáticas, crimes com penas desproporcionais e uma clara sensação de violação daquilo que a sociedade reputa, em termos axiológicos, como os interesses mais importantes a ponto de demandarem a proteção do Direito Penal.

Entender as mudanças sociológicas permite, por exemplo, entender qual o modelo de sociedade que existia e para que momento se desenvolve. "Mulher honesta", "mulher virgem", casamento da vítima de estupro com o criminoso extinguindo sua punibilidade, o tratamento dos crimes contra a dignidade sexual como se fossem bons costumes revelam porque a sociedade brasileira consegue aprender, por meio do Direito Penal e de sua constante evolução e modificação histórica, que está numa transição de

---

[56] Arts. 1º e 2º da Lei nº 7.643/84.
[57] Art. 1º, "b" do Decreto-Lei nº 16/1966.
[58] Art. 49 da Lei nº 9.605/95.

um modelo machista e patriarcal para um modelo pluralista e de igualdade de gênero, colocando a dignidade humana como premissa fundamental.

Quando não se entende a história, os erros são repetidos. Ninguém consegue profetizar seu destino e entender seu contexto social sem saber de onde veio.

É justamente por isso que, com propriedade, Lyra dizia:

> no Direito Penal, primeiro historiar, depois conceituar, porque os conceitos básicos evoluíram com a história, em função dela. O conceito depende da história. Para chegar ao conceito atual é preciso percorrer e marcar o campo em que o objeto do estudo teve origem e desenvolvimento.[59]

1.1 História do Direito Penal

Analisando-se os períodos da evolução histórica do Direito Penal e superado o período da vingança (tempos primitivos até o século XVIII), percebe-se, para fins didáticos, que as Escolas que marcaram os períodos Humanitário ("o homem deve conhecer a Justiça") e Científico ou Criminológico ("o Direito deve conhecer o homem") retratam as profundas transformações e influências sofridas pela dogmática penal, seja no tocante à teoria do delito, seja nas concepções acerca das finalidades da pena.[60]

A pena veio antes do Direito Penal. Foi ela que o originou. Todas essas fases foram incorporando uma à outra, construindo aos poucos o papel do Direito Penal.

No começo dos tempos, cada ser humano queria que seu interesse prevalecesse sobre os demais, fazendo com que houvesse uma reação pela outra parte, que tentava impedir que aquela pessoa tivesse aquele grau de prevalência. Era pura e simplesmente uma vingança, sem organização.

A *fase da vingança privada* teve um marco com um mínimo de organização no Código de Hamurabi, do século XXIII a.C. Foi o primeiro texto escrito de conteúdo jurídico que tratava de crimes e penas, mesmo sem uma ordem social.

Esse código era muito mais ético do que jurídico, valendo destacar alguns aspectos: a) "olho por olho, dente por dente", prevendo uma absoluta paridade entre ofensa e retribuição, que seria feita pelo próprio particular (ex.: se um construtor matasse sem querer o filho do proprietário, este último poderia matar o filho do construtor também); b) maior contribuição era, pois, a previsão de que o ofensor poderia cobrar o direito do ofendido, podendo indenizá-lo pelo ocorrido, entrando em acordo (composição).[61]

Como leciona Aragão,

> o ôlho-*por* ôlho, *dente-por-dente*, se era uma lei bárbara pela sua implacável crueldade, é, todavia, o produto do desenvolvimento social em que já palpita e se descobre um evidente fundo de equidade. Mas a aplicação dêste princípio continuava a enfraquecer a tribo, porque aumentava o número dos mutilados que ficavam mais ou menos incapazes para a guerra

---

[59] LYRA, Roberto. *Guia do ensino e do estudo de direito penal*. Rio de Janeiro: Revista Forense, 1956. p. 17.
[60] MORAES, Alexandre Rocha Almeida de. O direito penal de emergência. *In*: MORAES, Alexandre Rocha Almeida de *et al*. (Coord.). *Direito penal avançado*: homenagem ao professor Dirceu de Mello. Curitiba: Juruá, 2015. p. 5.
[61] NORONHA, Fernando. *Direito das obrigações*. 2. ed. São Paulo: Saraiva, 2007. v. 1. p. 528.

externa, sempre freqüente, com os povos vizinhos. Daí surge a ideia de indenizar-se o mal por meio de uma transação pecuniária, a *compositio*.[62]

Ao longo da história pós-romana e anteriormente ao Brasil-Colônia, é possível identificar quatro sistemas jurídicos que merecem destaque, exatamente por terem influenciado a elaboração de um Direito Penal em nosso país, a saber: a) o Direito germânico; b) o Direito do reino visigótico; c) o Direito islâmico na Península Ibérica; e d) o Direito Penal Canônico.[63]

O *direito penal germânico*, de natureza consuetudinária, caracterizou-se pela vingança privada e pela composição, além de conhecerem a vingança de sangue. A reação era feita individualmente ou por meio do grupo familiar (*Sippe*), dando lugar à Faida (*feithu*), em que o agressor era entregue à vítima ou aos seus parentes para que exercessem o direito de vingança.[64]

No Brasil, houve evidente influência exercida pelo direito penal germânico às regras penais do novo continente, como a composição, a pena pecuniária (multa), o banimento, o confisco e a perda de bens, além do ideal de uma aplicação igualitária da lei (*ewa*) e do surgimento de institutos como a revelia e o flagrante delito, além da importância dada ao testemunho.[65]

Já o *sistema penal visigótico* foi relevante para a formação do brasileiro pelos seguintes aspectos: submissão à lei, desenvolvimento do Estado, surgimento da pena pública, responsabilidade subjetiva, diversidade de tratamento penal, relação de crimes e penas e fortalecimento da jurisdição.[66]

Os registros das antigas práticas penais brasileiras indicam a influência do *Direito islâmico*:

> seguindo tal linha de orientação, o tipo de processo era inquisitorial; o juiz não é a figura neutra em relação ao confronto das partes e à iniciativa da produção de prova, e o réu passa a ser visto como um objeto, indigno de proteção e misericórdia. Sob tal ótica, o terror sofrido pelo acusado não resulta das prescrições da lei, porém dos métodos de apuração da verdade praticados pelo tribunal. O herege é perseguido e o poder espiritual da Igreja interfere nos assuntos do Estado e muitas vezes se confunde com o poder temporal. Ilícitos penais são julgados pelo clero, fazendo surgir doutrinas como o Cesaropapismo, que teve seu auge na Reforma Gregoriana.[67]

---

[62] "Ao invés do castigo idêntico impunha-se um castigo equivalente, que não importava mais na reprodução do mal que se queria evitar e punir, não só em benefício dos indivíduos, como da própria coletividade. Mas êste sistema tinha de modificar-se com o correr dos tempos, porque a idéia da reparação pecuniária, absorvendo em si a idéia da pena, só é realizável nas épocas primitivas de igualdade econômica. A civilização, com as suas desigualdades sociais, criando classes distintas de ricos e de pobres, torna impraticável e impossível a pena pecuniária tôdas as vêzes que ela recair e ser paga por indivíduos miseráveis e insolventes, entre os quais se contavam os maiores celerados" (SODRÉ DE ARAGÃO, Antonio Moniz. *As três escolas penais*: clássica, antropológica e crítica. 5. ed. Rio de Janeiro: Livraria Freitas Bastos S.A., 1952. p. 33-34).

[63] DOTTI, René Ariel. *Curso de direito penal*: parte geral. 6. ed. Rio de Janeiro: Forense, 2018. p. 281.

[64] NUCCI, Guilherme de Souza. *Curso de direito penal*: parte geral. 4. ed. Rio de Janeiro: Forense, 2020. p. 37.

[65] DOTTI, René Ariel. *Curso de direito penal*: parte geral. 6. ed. Rio de Janeiro: Forense, 2018. p. 282.

[66] DOTTI, René Ariel. *Curso de direito penal*: parte geral. 6. ed. Rio de Janeiro: Forense, 2018. p. 283.

[67] DOTTI, René Ariel. *Curso de direito penal*: parte geral. 6. ed. Rio de Janeiro: Forense, 2018. p. 284-285.

No mesmo sentido, o *Direito romano* contou, de início, com a prevalência do poder absoluto do *pater famílias*, aplicando as sanções que bem entendesse ao seu grupo. Na fase monárquica, lembra Nucci, vigorou o caráter sagrado da pena, firmando-se o estágio da vingança pública.[68]

Antes da formação dos Estados, surgiram as religiões (primeiras organizações sociais conhecidas). Quando a religião passou a agregar à vida das pessoas, passou a reger suas vidas. Assim, o poder religioso foi o primeiro núcleo de poder (esboço para um futuro Estado).

Esses núcleos de poder religiosos passaram a editar regras de conduta (*direito canônico*), pautadas em uma teoria de concessão de poder divino, ou seja, os sacerdotes receberiam das divindades o poder de impor regras comportamentais a todos. Quem não respeitasse tais regras estaria pecando e passando a estar sujeito às consequências.[69] Nessa fase, os sacerdotes eram os próprios legisladores, criando normas e aplicando as penas em nome do poder divino. As penas eram aplicadas para satisfazer as divindades e purificar a alma do pecador.

Para que os Estados pudessem ser formados, eram necessários soberanos que asseguravam seu poder por meio de regras de proteção por eles impostas. Foi desse modo que surgiu a fase da vingança pública. O objetivo dessa vingança era garantir a segurança do soberano, por meio da previsão de penas bastante severas como mecanismo de intimidação social.

O marco de passagem da vingança divina para a vingança privada ocorreu na *Grécia Antiga*, a partir da criação da figura de um soberano que não estava ligado à estrutura da ordem religiosa. Esse soberano, em teoria, não teria o poder de editar as regras porque Júpiter não permitia, verdadeiro resquício de poder divino.[70]

A partir do momento em que o soberano se estabeleceu, ele passou a ser aceito como autoridade suprema.

Surgem assim os primeiros conceitos de Estado, que poderiam editar regras obrigatórias e impor sanções para os que as violassem.

Destarte, a maioria dos doutrinadores acredita que o Direito Penal teria surgido na Grécia. Foi também na Grécia antiga que surgiram os pensadores (como Aristóteles e Platão), que tiveram diversas ideias que estão presentes na atualidade, como a própria noção de "culpabilidade", isto é, de um juízo de reprovação social incidente sobre o fato e seu autor.

Contudo, o aludido *direito canônico*, predominando na Idade Média, perpetuou o caráter sacro da punição, que continuava severa e intimidatória, entretanto, ao menos, havia o intuito corretivo, visando à regeneração do criminoso.

A religião e o poder estavam profundamente ligados nessa época, e a heresia implicava crime contra o próprio Estado. Assim, na Europa medieval, o Estado concebeu-se, em termos religiosos, como Estado "confessional-cristão", e isso justificava,

---

[68] NUCCI, Guilherme de Souza. *Curso de direito penal*: parte geral. 4. ed. Rio de Janeiro: Forense, 2020. p. 36.
[69] OLIVEIRA, Patrícia Elias Cozzolino de. *A proteção constitucional e internacional do direito à liberdade de religião*. São Paulo: Verbatim, 2010.
[70] BITENCOURT, Cezar Roberto. *Falência da pena de prisão*: causas e alternativas. 4. ed. São Paulo: Saraiva, 2011. p. 23.

inclusive em termos religiosos, o Direito Penal. O delito era visto como uma forma de pecado, e a pena era justificada como exigência de justiça, análoga ao castigo divino.⁷¹

Além disso, nossos filósofos também passaram a ver a pena como um instituto, e não como um fato qualquer da vida. Para Aristóteles, a pena seria um meio de defesa social por meio da intimidação. Eles dividiram os crimes entre públicos e privados, conforme a predominância dos interesses a serem defendidos: se fosse do Estado, seria público; se fosse do particular, seria privado. Esse conceito foi importante para a ideia de ação penal pública (movida pelo Estado) e ação penal privada (ação predominante de interesse da vítima).⁷²

No *Estado Romano* viveu-se inicialmente uma fase de vingança (Lei das 12 Tábuas), que trazia um mínimo de repressão penal. Tal lei trazia a divisão de crimes em públicos (repressão pelo Estado) e privados (repressão pelos particulares). Os romanos passaram a valorar o elemento subjetivo do crime, ou seja, os motivos pelos quais o crime foi cometido (premeditação, erro, dolo, culpa etc.) e "a pena passou a ser tratada como meio de correção (meio de ressocializar, recuperar aquele que cometeu o crime)".⁷³

No período da Idade Média surgiram os (micro) Estados (sociedade feudal). Assim, não havia nenhum Estado expressivo, sem organizações complexas e centralizadas.

Em algum momento a sociedade começou, sobretudo com o crescimento das vilas e concentração dos mercados, a ver cada vez mais a necessidade da substituição da vingança privada ou fundada em crendices, tabus e dogmas religiosos por uma espécie de vingança pública.

As características do denominado "Direito Penal romano" forjaram-se consoante suas formas de governo, a saber: Monarquia, República e Império. Nesse traçado, foi marcante a influência da expansão territorial na conformação de suas regras jurídicas.

O antigo Direito Penal romano desenvolve-se a partir da simbiose da disciplina doméstica, da disciplina militar e da ação policial direta. A distinção dessa disciplina em relação ao Direito Privado foi se acentuando, paulatinamente, a partir de uma noção de tutela da ordem da sociedade e do governo.⁷⁴

A fase monárquica vai da fundação de Roma, em 753 a.C., até o ano de 509 a.C. Em que pesem as lendas a respeito, Roma surgiu enquanto fortificação militar para defesa de invasões dos povos etruscos, o que mais tarde culminou por ocorrer, durando por volta de um século. A Monarquia romana cuida-se de um período marcado por invasões e misticismo. A ordem social – estratificada e dominada pelos patrícios, que eram os grandes proprietários rurais – lastreava-se nos vínculos com os sucessivos monarcas, os quais, segundo se acreditava, possuíam origem divina. Nesse sentido, a

---

⁷¹ NUCCI, Guilherme de Souza. *Curso de direito penal*: parte geral. 4. ed. Rio de Janeiro: Forense, 2020. p. 38.
⁷² PIERANGELI, José Henrique; ZAFFARONI, Eugenio Raul. *Manual de direito penal brasileiro*: parte geral. 11. ed. São Paulo: Revista dos Tribunais, [s.d.]. p. 225.
⁷³ NORONHA, Edgard Magalhães. *Direito penal*. 24. ed. Atualização de Adalberto José Q. T. de Camargo Aranha. São Paulo: Saraiva, 1986. v. 1. p. 13.
⁷⁴ BRANDÃO, Cláudio. *Curso de direito penal*: parte geral. Rio de Janeiro: Forense, 2010. p. 28. Sobre o tema, cf. MOMMSEN, T. *El derecho penal romano*. Tradução de P. Dorado. Madrid: La España Moderna, 1905. v. I. p. 17 e ss.; no mesmo sentido: SOLER, Sebastián. *Derecho penal argentino*. Buenos Aires: El Ateneo, 1940. t. I. p. 45.

ordem jurídica mesclava-se com a religião,⁷⁵ sendo o rei simultaneamente o sacerdote. À época, o Direito era costumeiro, formalista e com caráter sagrado.

Após sete reis, segundo consta, a Monarquia finda com a expulsão do rei etrusco Tarquínio, em 509 a.C., pelos patrícios. Nesse momento, funda-se a República, que perdurou até 27 a.C. Após a expulsão de Tarquínio, a elite romana, representada pelos patrícios, passou a exercer o poder por meio de uma complexa estrutura, separando a religião das atividades estatais. A principal instituição da República foi o Senado, responsável pela condução política romana. Composta de patrícios, os quais ocupavam a função de modo vitalício, o Senado romano passou a comandar os rumos da coletividade. Ademais, indicavam os magistrados, que exerciam funções executivas e judiciárias. Tendo em vista que o direito era fundamentalmente costumeiro, o poder destes últimos foi enorme.

A transmutação do paradigma jurídico baseado nos costumes em direção a um sistema legal, no entanto, começa a se desenhar, ainda que timidamente, ao fim da República, com a edição das *leges Corneliae e Juliae.*⁷⁶ Em outras palavras, é no declínio republicano que se tenta impor regramentos de modo mais incisivo, por meio de leis. A disputa entre patrícios e os demais grupos sociais, contudo, ocasionou o fim da República, marcando a ascensão do exército ao poder. A época do Império (27 a.C. a 476 d.C.) foi marcada por ampla tentativa de reorganização social, política e econômica, em todo o vasto território sob domínio romano. A pacificação de províncias e a adoção de medidas populistas, durante o Alto Império, garantiram o apogeu político romano, o que é revertido durante o Baixo Império, diante da crise política e econômica decorrente, entre outros fatores, da baixa produtividade agrícola ocasionada pelo fim da expansão territorial e pela crise em razão da manutenção de excessivos gastos militares.

Durante o período imperial romano, o direito permaneceu precipuamente com caráter pretoriano. Nesse período, surgem os *crimina extraordinária*, categoria intermediária entre os delitos públicos e privados, mas mais aproximada dos primeiros, fundada nas ordenações imperiais, decisões do Senado ou interpretação dos magistrados.⁷⁷ Isso demonstra que durante toda a Roma antiga não vigorou o princípio da legalidade. Como referido, a codificação justiniana⁷⁸ decorre da decadência de Roma. No *Corpus Iuris Civilis*, regras penais são encontradas nos livros 47 e 48 do *Digesto*, IX do *Codex* e IV das *Institutas*.

O *Direito Penal comum*, bem pontua Nucci, "vigente em várias regiões da Europa medieval, girava em torno das bases fornecidas pelo direito romano, germânico e canônico, logo, nada a se elogiar, sob o ponto de vista humanístico".⁷⁹

---

[75] VON LISZT, Franz. *Tratado de direito penal alemão*. Tradução de José Higino Duarte Pereira. Campinas: Russell, 2003. t. I. p. 78.

[76] FRAGOSO, Heleno Cláudio. *Lições de direito penal*: parte geral. Rio de Janeiro: Forense, 2003. p. 34.

[77] VON LISZT, Franz. *Tratado de direito penal alemão*. Tradução de José Higino Duarte Pereira. Campinas: Russell, 2003. t. I. p. 82.

[78] Sobre o tema, cf. BRANDÃO, Cláudio. *Lições de história do direito canônico e história do direito em perspectiva*. Belo Horizonte: D'Plácido, 2017. p. 149 e ss.; SOUZA, Luciano Anderson de. *Direito penal*: parte geral. 3. ed. São Paulo: Revista dos Tribunais, Thomson Reuters, 2022. v. 1. p. 87-89.

[79] NUCCI, Guilherme de Souza. *Curso de direito penal*: parte geral. 4. ed. Rio de Janeiro: Forense, 2020. p. 39.

Os grandes filósofos contratualistas, como Rousseau, Kant, Locke, em breve síntese, explicaram a transição do *Estado de Natureza para o Estado de Direito* por meio de uma convenção: o *pacto ou contrato social*.

Todos renunciaram à parcela de sua liberdade, reconhecendo a autoridade de um ente fictício chamado Estado, que passou a ter o poder de disciplinar e o monopólio do direito de punir.

Ocorre que os primeiros modelos de Estado de Direito se deram justamente no período feudal (Idade Média), no Ocidente, por meio das Monarquias Absolutistas, com a clara confusão entre Estado e Igreja e, como anotado, sem nenhuma preocupação com a dignidade humana.

A Igreja e o Estado forjaram um tipo de legislação que já não era mais vingança privada, mas vingança pública. Deve-se frisar, entretanto, que, antes da chegada de Cabral, aqui já vigorava um direito consuetudinário, praticado nas tribos indígenas. João Bernardino Gonzaga deteve-se cuidadosamente no assunto, na obra *O direito penal indígena ou de povos originários*, em que aponta a mescla de costumes, mitos e tabus observados pelos silvícolas, assim como seus usos e regras jurídicas.

Na visão do autor, o índio brasileiro era pouco misericordioso[80] e extremamente vingativo. Argumenta que, para o aborígine, a retaliação mostrava-se sempre obrigatória, "de cunho sagrado, e nada autoriza a crer que atendesse ao requisito da culpabilidade". Em apoio à sua tese, cita, dentre outros, os relatos de Evreux ("[...] entre todos os vícios a que estão sujeitos estes bárbaros, sobressai a vingança, que nunca perdoam, e praticam logo que podem, embora as boas aparências com que tratam seus inimigos reconciliados [...]"); e Thevet ("[...] jamais se conseguirá reconciliar o ofendido com o ofensor. Essa obstinação adquirem e conservam os índios, de pais a filhos. Vê-los-eis ensinar as crianças [...] a vingar-se dos inimigos, ou a morrer, de preferência a perdoar a quem quer que seja").[81]

Esse conjunto de regras consuetudinárias, no entanto, nada influiu em nossas leis penais. Por esse motivo, inclusive, Sílvio Romero[82] declarou que a história do Direito brasileiro constitui um capítulo do Direito português na América.

As *Ordenações do Reino*, com clara influência do Direito Canônico e do Direito Romano, ficaram conhecidas como Ordenações Afonsinas (1446-1521), Ordenações Manuelinas (1521-1603) e Ordenações Filipinas (1603-1824).

As Ordenações portuguesas sintetizaram o esforço legislativo para compilar as várias fontes do direito positivo. A sua época é demarcada pelos anos que vão desde 1446 até 1750, quando tal sistematização passou a ser reclamada não somente quanto às fontes nacionais, como também relativamente às estrangeiras, a exemplo do Direito Canônico e do Direito Romano.

---

[80] Nesse aspecto, o autor discorda de Assis Ribeiro e de historiadores que vislumbravam, nos costumes indígenas, senso de justiça e misericórdia.

[81] GONZAGA, João Bernardino. *O direito penal indígena*: à época do descobrimento do Brasil. São Paulo: Max Limonad, 1970. p. 105.

[82] Sílvio Romero nasceu em 21.4.1851, na cidade de Lagarto, Sergipe. Conterrâneo de Tobias Barreto e seu contemporâneo na Faculdade de Direito do Recife (quando Romero ingressou, Barreto cursava o quarto ano), formaram a "Escola do Recife". Mais tarde, já deputado federal, contribuiu na elaboração do Código Civil de 1916.

As primeiras Ordenações foram as *Afonsinas*, cuja designação presta homenagem a D. Afonso V (1432-1481), duodécimo rei de Portugal e conhecido como O Africano. Elas foram concluídas no segundo semestre de 1446 e eram divididas em cinco livros, os quais eram subdivididos em títulos e estes, em parágrafos.[83]

Seguiram-se as Ordenações *Manuelinas*, durante o reinado de D. Manuel I (1469-1521), chamado O Venturoso. As Ordenações Afonsinas tinham atendido a urgente necessidade de sistematização do sistema legal português. Restavam, no entanto, os problemas de seu efetivo conhecimento e vigência em todo país. Os cinco volumes que as compunham tornavam bem demorada e onerosa a sua cópia, obstáculos que impediam a sua difusão pelo reino.

> O sistema das Ordenações Manuelinas era o mesmo adotado pelo diploma antecedente, i.e., a distribuição de toda a matéria em cinco livros, títulos e parágrafos. O trabalho de divulgação foi sobremodo facilitado pelo aparecimento da imprensa que chegou em Portugal no ano de 1487. Uma Colecção de Leis Extravagantes, de Duarte Nunes de Leão, foi aprovada em 1569.[84]

Desde o período do Descobrimento do Brasil (1500) até a constituição do Império (1824), as Ordenações do Reino regulavam a vida no Brasil Colônia, especialmente as Ordenações *Filipinas*,[85] em que se constatavam penas infamantes, cruéis e que serviam de exemplo intimidatório, violando a dignidade humana, conjugadas com o papel da Igreja Católica, que, pretendendo o monopólio do sagrado, criminalizava condutas que ofendessem a religião católica (Título I – criminalização da heresia; Título II – criminalização da negação ou blasfêmia a Deus ou aos Santos; e Título III – criminalização da feitiçaria).

São notórios o rigor e a iniquidade do Livro V das Ordenações Filipinas. Penas cruéis eram cominadas a infrações muitas vezes sem maior importância. Esse Livro V, também conhecido como *Libris Terribilis*, continha, em essência, a intimidação pelo terror, com a imposição de penas infamantes e cruéis, como a morte precedida de tortura, morte para sempre, mutilação, marca de fogo, açoite, degredo, entre outras, sendo certo que a pena de morte era aplicada de distintas formas:[86]

---

[83] DOTTI, René Ariel. *Curso de direito penal*: parte geral. 6. ed. Rio de Janeiro: Forense, 2018. p. 246-247.

[84] DOTTI, René Ariel. *Curso de direito penal*: parte geral. 6. ed. Rio de Janeiro: Forense, 2018. p. 246-247.

[85] As Ordenações Filipinas eram compostas por cinco livros: o primeiro versa sobre as atribuições, direitos e deveres dos magistrados e oficiais da justiça; o segundo define as relações entre o Estado e a Igreja, os privilégios dos eclesiásticos e da nobreza, assim como os direitos e isenções fiscais de ambos; o terceiro trata das ações cíveis e criminais; o quarto legisla sobre o direito privado e individual – isto é, das coisas e pessoas –, estabelecendo regras para contratos, testamentos, tutelas, formas de distribuição e aforamento de terras; e o último e quinto livro – de que se trata aqui – é dedicado ao direito penal, estipulando os crimes e suas respetivas penas. Constata-se evidente desproporção das penas com o delito (claro poder de intimidação do Estado), acentuada diferença de classes (plebeus e nobres), além de diversas jurisdições (Justiça, Clero, Fazenda, Interesses Diretos da Coroa etc.), embora o monopólio total da função jurisdicional pela Coroa tenha se concretizado através das ordenações reais (as Ordenações Afonsinas, de 1446-1447, as Ordenações Manuelinas, de 1521, e as Ordenações Filipinas, de 1603).

[86] "O legislador finalizava a descrição da maioria dos comportamentos incriminados com a expressão morra por ello, ou morra por isso. Não só as condutas mais graves, como o crime de lesa-majestade (Título VI), a falsificação de moeda (Título XII), o estupro (Título XVIII), o homicídio (Título XXXV), o roubo (Título LXI) ou o falso testemunho (Título LIV) eram sancionadas com a pena capital, mas outras como a feitiçaria (Título III), a bigamia (Título XIX) e o ato de, 'em desprezo do Rey', quebrar ou derrubar alguma imagem de sua semelhança

morte natural cruelmente ("com todo o cortejo das antigas execuções, o que dependia da ferocidade do executor, e capricho dos Juízes, que neste ou em outros casos tinham arbítrio"); morte natural de fogo ("a queima do réu vivo, mas por costume e prática antiga primeiramente se dava garrote aos réus, antes de serem lançados às chamas"); morte natural ("expiava o crime, sendo enforcado no Pelourinho, seu cadáver era levado pela confraria da Misericórdia, e no cemitério sepultado"); e morte natural para sempre ("o padecente ia à forca da cidade, onde morria, e ficava pendente até cair podre sobre o solo do patíbulo, insepulto, despindo-se seus ossos da carne, que os vestia: ali se conservaram até a tarde do 1º de novembro, e conduzidos pela Confraria da Misericórdia em suas tumbas, para a Igreja, e no dia seguinte os soterravam").

Outrossim, além de não haver uma Parte Geral disciplinando as regras e princípios aplicáveis, contemplava, conjuntamente, normas penais e processuais, como se fossem um único Código.

Havia também clara confusão entre crime, moral e pecado,[87] e as penas eram impostas com total arbítrio pelo julgador, com clara e evidente sociedade de castas:

> a desigualdade de tratamento entre os delinquentes. A discriminação levava em conta diversos fatores, tais como religião, nacionalidade (os judeus e mouros recebiam tratamento degradante – Título XCIV – "dos mouros e judeus, que andam sem sinal") e, notadamente, condição social (p. ex., Título LXXX – item 10, sob a rubrica "Privilégios").[88]

Assim, além de bárbaras e atrozes,[89] as penas eram desiguais: influía na sanção a qualidade ou condição da pessoa, pois se puniam diversamente os nobres e os plebeus: "a arbitrariedade também imperava no tocante à aplicação da pena, como se vê no título 1º em que se mandava punir os hereges com as penas determinadas pelo Direito, mas sem esclarecer qual era esse direito aplicável".[90]

Tão grande era o rigor das Ordenações, com tanta facilidade elas cominavam a pena de morte, que se conta haver Luís XIV interpelado, ironicamente, o embaixador português em Paris, querendo saber se, após o advento de tais leis, alguém havia escapado com vida.

---

ou armas reais postas em sua honra e memória" (ESTEFAM, André. *Direito penal*: parte geral (arts. 1º a 120). 10. ed. São Paulo: Saraiva, 2021. p. 62-65).

[87] Punia-se com morte, por exemplo, quem dormisse com mulher casada (Título XXV). Apenava-se com determinação de utilizar capela de chifres o marido condescendente (12). Também era crime, embora sancionado com pena pecuniária e degredo, o ato de "arrenegar, descrer, ou pezar de Deos, ou de sua Santa Fé, ou disser outras blasfêmias [...]".

[88] ESTEFAM, André. *Direito penal*: parte geral (arts. 1º a 120). 10. ed. São Paulo: Saraiva, 2021. p. 63.

[89] Tiradentes foi a maior de suas vítimas. Da sentença que o condenou: "Com baraço e pregão seja levado pelas ruas públicas desta cidade ao lugar da forca, e nele morra morte natural para sempre e que, separada a cabeça do corpo, seja levada à Vila Rica, onde será conservada em poste alto junto ao lugar de sua habitação, até que o tempo a consuma; que seu corpo seja dividido em quartos e pregados em iguais postes pela estrada de Minas nos lugares mais públicos, principalmente no da Varginha e Cebolas; que a casa de suas ruínas, levando um padrão em que se conserve para a posteridade a memória de tão abominável réu e delito, e que ficando infame para seus filhos e netos lhe sejam confiscados seus bens para a Corte e Câmara Real". Tiradentes está nos hinos e estátuas. Infames são os seus carrascos" (LYRA, Roberto. *Direito penal normativo*. 2. ed. Rio de Janeiro: José Konfino, 1977. p. 38).

[90] MARQUES, José Frederico. *Tratado de direito penal*. Campinas: Millennium, 1997. v. I. p. 115.

A evolução, entretanto, foi-se operando com o passar dos tempos, e, em plena vigência das Ordenações Filipinas em Portugal, espíritos adiantados pugnaram pela renovação das leis. O eminente português Pascoal José de Melo Freire dos Reis, professor da Universidade de Coimbra, de mentalidade vigorosa e culta, viveu na época em que apareceu o tratado de Beccaria, quando, em toda parte, se discutiam os escritos de Montesquieu, Rousseau e Voltaire.

Ao longo da história, ciclos de grande rigor do Estado, de excessos e extremismos propiciam grandes revoluções e transformações em todas as instituições sociais, inclusive no Direito.

A propaganda individualista, desenvolvida quase simultaneamente na França e nos Estados Unidos, estava em efervescência.

Foi assim, por meio da Revolução Francesa, como resistência aos excessos das Monarquias absolutistas, que o iluminismo inspirou um novo tempo, inclusive, para o Direito Penal: o denominado *Direito Penal de inspiração iluminista*.

Tais ideias produziram resultados para o desenvolvimento de uma ampla mudança legislativa penal – movimento codificador –, iniciada ainda no final do século XVIII. Na Rússia, em 1767, Catarina II, em suas instruções dirigidas à comissão encarregada da elaboração de um novo Código Penal, acolheu-as integralmente; o Código de Toscana, de Leopoldo II, de 1786; o Código Penal da Baviera, de 1813 (de autoria de Feuerbach, inspirado por Kant). Na França, surgem os Códigos Penais de 1791 e o de 1810, Código de Napoleão, o qual revelou grande influência nas codificações ocidentais posteriores. No Brasil, editou-se o Código Penal do Império, de 1830. Na Bélgica, o diploma de 1867, e, na Itália, o de 1889.[91] Nesse contexto, lembra Dotti,

> muitos escritores famosos do século XVIII, além de Cesare Bonesana, conhecido como Marquês de BECCARIA, interessaram-se profundamente pelas questões da justiça criminal. Entre eles podem ser referidos: Jean Jacques ROUSSEAU (1712-1778) (O contrato social, 1762); Charles-Louis de Secondat, conhecido por Barão de MONTESQUIEU (1689-1755) (O espírito das leis, 1748); VOLTAIRE (1694-1778) (O preço da justiça e da humanidade, 1777); Jeremy BENTHAM (1748-1832) (Introdução aos princípios morais na legislação, 1780); Immanuel KANT (1724-1804) (Crítica da Razão Pura, 1788) e Georg Wilhelm Friedrich HEGEL (1770-1831) (Filosofia dos Direitos, 1821).[92]

Todos foram cruciais para desencadear um Direito Penal mais humanitário.

Mas o *Marquês de Beccaria* sempre representou um símbolo do movimento humanitário iniciado no século XVIII: combateu as penas cruéis, a tortura, o arbítrio judicial, o absurdo de certas incriminações e a desigualdade das penas determinadas pela classe social do delinquente. Baseando-se nos princípios do contrato social, do direito natural e do utilitarismo, Beccaria inspirou-se na filosofia estrangeira, sobretudo em Montesquieu, Hume e Rousseau. Como alguns dos pensadores franceses da época, Beccaria foi contratualista, igualitário, liberal, individualista, usou e abusou da dedução,

---

[91] SOUZA, Luciano Anderson de. *Direito penal*: parte geral. 3. ed. São Paulo: Revista dos Tribunais, Thomson Reuters, 2022. v. 1. p. 87-89.

[92] DOTTI, René Ariel. *Curso de direito penal*: parte geral. 6. ed. Rio de Janeiro: Forense, 2018. p. 249.

sem procurar o contato com a realidade, o que muitas vezes o distanciara dos fatos e o levara a questionados exageros.[93]

Inspirado pela revolução e toda a influência europeia, D. Pedro II promulgou no Brasil, em 1824, a primeira Constituição do mundo a ter princípios penais e processuais penais, ou seja, a primeira vez que regras do Direito Penal ganhavam *status* de normas constitucionais.

Evidente que nem todos eram sujeitos de direito. Escravos e mulheres não tinham espaço naquele tempo social. De qualquer sorte, obviamente que a Constituição do Império influenciou o Código Criminal de 1830, assim como o Código de Processo Criminal de 1832.

Assim, o *Código Criminal do Império*, repetindo o espírito da Constituição de 1824, não podia deixar de acolher tais ideias, que lhe imprimiriam o cunho do liberalismo. Se, entretanto, havia para a sua elaboração esse manancial excelente, que era o art. 179 da Carta Política, poderia o legislador vir a ser menos propício na redação ou na sistematização que desse aos textos, na preferência às orientações que se pudessem propor ao seu espírito, no exame e escolha dos modelos legislativos de outros povos. Nem isso se deu.

Existiam já a esse tempo e influíram grandemente na estruturação do Código Criminal o Código da Baviera, de 1813, e o Código francês de 1810. É também da época o Código organizado por Livingstone para a Louisiana, região que mais tarde se integrou aos Estados Unidos.

Esses foram os padrões de que se serviu o legislador. Prepararam Clemente Pereira e Bernardo Pereira de Vasconcelos cada um o seu projeto, e ambos foram levados em consideração. Mas as comissões legislativas que os examinaram tomaram em mais constante apreço o de Bernardo de Vasconcelos. Os trabalhos, a princípio bastante demorados, precipitaram-se em 1830.[94]

Roberto Lyra[95] enumerou algumas de suas virtudes:

> 1) no esboço de indeterminação relativa e de individualização da pena, contemplando já os motivos do crime, só meio século depois tentado na Holanda e, depois, na Itália e na Noruega; 2) na fórmula da cumplicidade (codelinquência como agravante) com traços do que viria a ser a teoria positiva a respeito; 3) na previsão da circunstância atenuante da menoridade, desconhecida, até então, das legislações francesas e napolitana, e adotada muito tempo após; 4) no arbítrio judicial, no julgamento de menores de 14 anos; 5) na responsabilidade sucessiva, nos crimes por meio de imprensa, antes da lei belga e, portanto, é esse sistema brasileiro e não belga, como é conhecido; 6) a indenização do dano *ex delicto* como instituto de direito público, também antevisão positivista; 7) na imprescritibilidade da condenação.[96]

---

[93] FERRI, Enrico. *Princípios de direito criminal*. 2. ed. Campinas: Bookseller, 1999.p. 08.

[94] GARCIA, Basileu. *Instituições de direito penal*. 4. ed. São Paulo: Max Limonad, 1976. v. I. t. I. p. 116-120.

[95] Nascido em 19.5.1902, e falecido 80 anos depois, Roberto Lyra Tavares foi um dos nossos maiores juristas no século passado. Hungria o chamou de "diamante da mais pura água". Formou-se em Direito, aos 18 anos de idade. Ingressou no Ministério Público do então Distrito Federal, em 1929, onde ocupou o cargo de Procurador-Geral de Justiça. Tornou-se famoso não só como penalista, mas como grande tribuno do Júri. Destacou-se, ainda, no magistério. Entre suas obras, há clássicos, como *Comentários ao Código Penal*, que escreveu juntamente com Hungria, Fragoso, Aníbal Bruno e outros, e *Teoria e prática da Promotoria Pública* (Penteado, *Grandes juristas brasileiros*).

[96] LYRA, Roberto. *Introdução ao estudo do direito criminal*. Rio de Janeiro: Ed. Nacional, 1946. p. 89. Grifo no original.

Ao elenco acima, outras duas características podem ser acrescidas, quais sejam, a criação do sistema do dia-multa e a clareza e a concisão de seus preceitos.

Evidente que o Texto não era perfeito, como não é qualquer obra humana. Magalhães Noronha assim sintetizou seus defeitos:

> Não definira a culpa, aludindo apenas ao dolo (arts. 2º e 3º), embora no art. 6º a ela já se referisse, capitulando mais adiante crimes culposos (arts. 125 a 153), esquecendo-se, entretanto, do homicídio e das lesões corporais por culpa, omissão que veio a ser suprida pela Lei n. 2.033, de 1871. [...] Espelhara-se também na lei da desigualdade no tratamento iníquo do escravo. Cominava penas de galés e de morte. [...] Não separa a Igreja do Estado, continha diversas figuras delituosas, representando ofensas à religião estatal.[97]

O Código Criminal do Império foi promulgado em 16.12.1830 e publicado em 8.1.1831. Compunha-se de quatro "partes": I) Dos Crimes e das Penas; II) Dos Crimes Públicos; III) Dos Crimes Particulares; IV) Dos Crimes Policiais. A Parte I fazia as vezes de Parte Geral. As Partes II e III correspondiam à Parte Especial do Código. A Parte IV definia as contravenções penais.

A Parte Geral (ou "Parte I") recebeu, como já ressaltado, grande influência de Beccaria, como se nota na sua emblemática denominação: *Dos crimes e das penas*, de modo semelhante ao "pequeno grande livro" do Marquês. Continha dois títulos: I) *Dos crimes*, subdividido em quatro capítulos: I) *Dos crimes e dos criminosos* (arts. 1º a 13); II) *Dos crimes justificáveis* (art. 14); III) *Das circumstancias aggravantes e attenuantes dos crimes* (arts. 15 a 20); e IV) *Da satisfação* (arts. 21 a 32); e II) *Das penas*, com seu capítulo único: "Da qualidade das penas, e da maneira como se hão de impôr e cumprir" (arts. 33 a 64). Encerrava-se a "Parte Geral" com as disposições gerais (arts. 65 a 67).

O Código de 1830 refletiu os fundamentos econômicos do Estado. Apesar da abolição constitucional da pena de açoites, ela era cominada aos escravos. Justificava o crime do senhor contra o escravo e isentava da pena, "quando o mal consistir no castigo moderado" (art. 14, §6º). Reputava moderado o castigo se consistisse em cinquenta por dia (art. 60). O número era praticamente ilimitado pelo arbítrio na violência e no endereço dos golpes. Aliás, ninguém podia fiscalizar a execução nos "sagrados limites" dos feudos. Gritos e depois gemidos cansados eram a rotina. O castigo só parava para evitar que o escravo morresse, desfalcando o patrimônio anticristão. Nem o recurso de graça suspendia a aplicação dos açoites.[98]

A abolição da escravatura (1888) influiu mais na ordem econômica do que a Proclamação da República (1889). Mas a República acendeu as luzes do século para a vanguarda.

O problema é que desde 1830 a legislação somente foi revista, em termos codificados, com o Código Criminal republicano de 1890, que para muitos nasceu já defasado em anacrônico ante os novos valores e mudanças da sociedade que começava a se industrializar.

---

[97] NORONHA, Edgard Magalhães. *Direito penal*. 24. ed. Atualização de Adalberto José Q. T. de Camargo Aranha. São Paulo: Saraiva, 1986. v. 1. p. 56.
[98] LYRA, Roberto. *Direito penal normativo*. 2. ed. Rio de Janeiro: José Konfino, 1977. p. 44.

O *Código Penal republicano* não podia, pois, refletir conquistas fundamentais. Operou na fachada, sem trepidação maior nos alicerces. Conservadores e reacionários continham a audácia de reformistas e revolucionários. O Código de 1890 reproduziu, em muitos casos textualmente, o de 1830, o que comprova as semelhanças das bases. Batista Pereira, incumbido, sob a monarquia, de elaborar projetos, aproveitou-o ao ser confirmada a missão sob a República.

Estruturava-se em quatro livros: a) Livro I: Dos Crimes e das Penas; b) Livro II: Dos Crimes em Espécie; c) Livro III: Das Contravenções em Espécie; e d) Livro IV: Disposições Gerais.

O Livro I, correspondente à Parte Geral, compreendia seis títulos: a) Título I: *Da applicação e dos effeitos da lei penal* (arts. 1º a 6º); b) Título II: *Dos crimes e dos criminosos* (arts. 7º a 23); c) Título III: *Da responsabilidade criminal; as causas que dirimem a criminalidade e justificam os crimes* (arts. 24 a 35); d) Título IV: *Das circumstancias aggravantes e attenuantes* (arts. 36 a 42); e) Título V: *Das penas e seus effeitos, da sua applicação e modo de execução* (arts. 43 a 70); e f) Título VI: *Da extincção e suspensão da acção penal e da condemnação* (arts. 71 a 86).

O pós-guerra de 1914-1918 atingiu raízes sociais com reflexos diretos ou indiretos no Brasil. Daí, leis complementares e modificadoras do código de 1890 e, sobretudo, leis especiais de reação político-social (1921, 1927, 1935, 1938, 1942).[99]

Na tradição legislativa brasileira, cada diploma que sucedeu outro promoveu uma revisão da legislação extravagante para o efeito de consolidar as leis especiais num mesmo corpo normativo. Como leciona Dotti,

> Assim ocorreu quando se editou o Código Criminal do Império (1830) ao revogar as leis que traduziam resquícios das Ordenações do Reino de Portugal e compendiou textos avulsos, com exceção das normas incriminadoras que deveriam ficar à margem do Código: a) os crimes de responsabilidade; b) os crimes puramente militares; c) os crimes contra o comércio não especificados no Código; e d) os crimes contra a polícia e economia particular das povoações (art. 308). O CP de 1890 também realizou uma consolidação declarando pelo art. 412 que ficavam revogadas as disposições em contrário. O CP de 1940 procedeu da mesma forma, mas deixou por conta da legislação especial os crimes: a) contra a existência, a segurança e a integridade do Estado; b) contra a guarda e o emprego da economia popular; c) de imprensa; d) de falência; e) de responsabilidade; f) militares (art. 360). O CP de 1969 adotou o mesmo critério, excepcionou os diplomas que cuidariam dos crimes: a) contra a segurança nacional e a ordem política e social; b) de falência; c) de imprensa; d) relativos às telecomunicações; e) relativos à greve; f) de responsabilidade; e g) militares (art. 406).[100]

Fora dos momentos em que se promulgaram os referidos códigos, só existe um exemplo de efetiva e sistemática *Consolidação das Leis Penais*,[101] exatamente com o

---

[99] LYRA, Roberto. *Direito penal normativo*. 2. ed. Rio de Janeiro: José Konfino, 1977. p. 45.
[100] DOTTI, René Ariel. *Curso de direito penal:* parte geral. 6. ed. Rio de Janeiro: Forense, 2018. p. 96-97.
[101] "A Consolidação (do latim, *consolidatio*, de consolidarei, que significa fortalecer, unir, tornar sólido) é a reunião de leis esparsas em um só corpo legislativo, dispostas numa ordem uniforme. A codificação é também uma reunião organizada de leis, num único texto ou corpo, em forma de Código e relativa a determinado ramo jurídico ou relações jurídicas da mesma natureza, estabelecendo princípios harmônicos segundo critérios objetivos. Porém, diversamente da simples consolidação, o objetivo da codificação é a sistematização de princípios e regras relativos

Decreto nº 22.213/1932, e foi realizada pelo Desembargador Vicente Piragibe. Como se sabe, a Consolidação Vicente Piragibe não abrangeu os crimes de responsabilidade do Presidente da República e os crimes puramente militares, bem como determinados ilícitos de interesse dos Estados.[102]

Da mesma forma como o fenômeno contemporâneo, produziu-se tanta legislação extravagante que, em 1932, Vicente Piragibe teve a ideia de construir uma espécie de consolidação das leis penais, que, de certa forma, fomentou a cultura da necessidade da revisão e nova codificação: daí surge o trabalho da Comissão organizada por Alcântara Machado, que juntou, como dito, dois grandes expoentes do Direito Penal nacional: Nelson Hungria e Roberto Lyra.

Toda essa mudança do Direito contemporâneo nacional até a edição do atual Código Penal, de conformação com a Carta Constitucional de 1988, é importante frisar, se deve à ideia de um Direito Penal mais humanitário, subproduto da Revolução Francesa.

Daí a grande importância desse símbolo ou manifesto escrito por Beccaria em Milão, no ano de 1764. Como acentua Garcia, foi "o primeiro grito da consciência pública para a reforma do Direito penal, que se encontrava em profundo atraso, assinalando-se pela crueldade das sanções, que eram requintadamente desumanas".[103]

Desse fato, desse manifesto e desse tempo histórico surgiu o que mais tarde foi denominado Escola Clássica do Direito Penal.

Em síntese, a história do Direito Penal é explicada a partir desse singelo resumo:

- **Fase primitiva** (primeiros grupos humanos até fins do século XVIII) – Divide-se em:
  - **Direito consuetudinário** (vingança privada, vingança divina e vingança pública);
  - **Direito Penal moderno** (Direito Penal do Estado – penas infamantes e cruéis).
- **Fase humanitária** (do fim do século XVIII a fins do século XX – Escolas Clássica e Positiva).

O atual Código Penal é, como já dissemos, eclético, pois concilia sob seu texto o pensamento neoclássico e o positivismo, como bem salienta a Exposição de Motivos: "nele, os postulados clássicos fazem causas comum com os princípios da escola Positiva".

A redação original, aliás, sofreu, em sua parte geral, profunda reforma em 1984.

No ano de 1977, em razão da superlotação carcerária, a Lei nº 6.416 introduziu significativas modificações no sistema de penas do Código de 1940, o que não foi bem recebido nos meios jurídicos.[104] Nesse sentido, em 1984, com a nomeação de Ibrahim Abi-Ackel como ministro da Justiça – que havia sido relator da referida lei no Congresso –, constituíram-se comissões para a reforma da legislação processual, logo estendidas também para a lei penal.[105]

à matéria de um ramo de Direito" (DOTTI, René Ariel. *Curso de direito penal:* parte geral. 6. ed. Rio de Janeiro: Forense, 2018. p. 249).

[102] DOTTI, René Ariel. *Curso de direito penal:* parte geral. 6. ed. Rio de Janeiro: Forense, 2018. p. 96-97.

[103] GARCIA, Basileu. *Instituições de direito penal.* 4. ed. São Paulo: Max Limonad, 1976. v. I. t. I. p. 43-44.

[104] TOLEDO, Francisco de Assis. *Princípios básicos de direito penal.* São Paulo: Saraiva, 1994. p. 66.

[105] Sobre esse histórico, cf. TOLEDO, Francisco de Assis. *Princípios básicos de direito penal.* São Paulo: Saraiva, 1994. p. 66 e ss.

Por conseguinte, em 1980, sob a presidência de Francisco de Assis Toledo, foi formada comissão para a reforma da Parte Geral do Código Penal, composta de Miguel Reale Júnior, Ricardo Antunes Andreucci e Rogério Lauria Tucci, professores da Faculdade de Direito da USP, além de René Ariel Dotti, Francisco Serrano Neves e Hélio Fonseca. O resultado do trabalho se converteu na Lei nº 7.209/1984, a qual instituiu uma nova Parte Geral para o Código Penal de 1940. Simultaneamente, e imbuída dos mesmos ideais, foi aprovada a Lei nº 7.210/1984, isto é, a Lei de Execução Penal.

A Reforma de 1984, de inspiração finalista, acolheu o princípio da culpabilidade em toda sua extensão, tendo introduzido inovações quanto ao erro, às excludentes de ilicitude e à omissão, além de corrigido problemas revelados pela legislação anterior quanto à relação de causalidade e à imputabilidade penal. O mais significativo do diploma, não obstante, foi o tratamento referente ao sistema de penas, humanizado e racionalizado em três espécies (privativas de liberdade, restritivas de direitos e multa) e conformado em sua aplicação consoante a culpabilidade. Demais disso, reintroduziu-se o sistema dos dias-multa.[106]

Após a reforma de 1984, foi promulgada a Constituição de 1988, de influxo garantista. Apesar de reveladora de pontuais contradições em seu extenso texto, a Carta, no geral, consagrou um sistema penal assegurador da liberdade cidadã, em conformidade com o momento político imediatamente posterior à ditadura militar. Por conta do período longo de ditadura militar, a dogmática penal contemporânea passou a ser vista, lecionada e discutida, inicialmente, sob a ótica exclusiva do garantismo negativo, como se funcionasse como uma nova visita aos princípios consagrados desde o iluminismo penal. Boa parte desses princípios foram construídos, aliás, no contexto da construção da Escola clássica.

1.2 Escolas penais

Ferri, o criminalista de maior expressão da Escola Positiva, foi quem cunhou esse título – "Escola Clássica Criminal" – para a grande corrente científica que se propagou na Alemanha, França e em outros países.

Desde então, a designação original – Escola Jurídica Italiana – foi substituída pela denominação *Escola Clássica*, como se tornou conhecida na Europa e no resto do mundo, não obstante também fosse chamada de "primeira escola" ou "escola idealista". Pode ser dividida em dois períodos: a) teórico ou teórico-filosófico (Cesare Bonesana, Marquês de Beccaria); e b) prático ou ético-jurídico (Francesco Carrara e Enrico Pessina).

Asúa assim condensa os postulados mais importantes dos clássicos: a) método essencialmente especulativo; b) imputabilidade baseada no livre-arbítrio e culpabilidade moral; c) delito como ente jurídico, segundo a fórmula de Carrara; d) pena como um mal e como meio de tutela jurídica (caráter retributivo); e) princípio da legalidade dos delitos e das penas (*nullum crimen, nulla poena sine lege*); f) definição detalhada e taxativa das circunstâncias modificativas do crime, notadamente as agravantes; g) mais atenção

---

[106] SOUZA, Luciano Anderson de. *Direito penal*: parte geral. 3. ed. São Paulo: Revista dos Tribunais, Thomson Reuters, 2022. v. 1. p. 98-99.

ao crime do que à pessoa do agente – "o juiz, conhecendo a maldade do fato, não pode considerar a maldade do homem".[107]

Garcia, analisando tais características, salienta que

> para se apreenderem os dados essenciais acerca da escola Clássica, é útil analisar a definição do delito que Carrara propôs e que centraliza os postulados capitais dessa escola: "Delito é a infração da lei do Estado promulgada para proteger a segurança dos cidadãos, resultante de um ato externo do homem, positivo ou negativo, moralmente imputável e politicamente danoso".[108]

Além de Carrara, o movimento teve como precursores Romagnosi (*Genesi del Diritto Penale*) e Rossi (*Tratatto di Diritto Penale*), cuja orientação político-social fundamental, como observa Dotti, constituiu

> uma reação contra os excessos de uma justiça penal medieval e arbitrária, consubstanciadas na pesquisa e estabelecimento dos fundamentos e os limites do poder de punir do Estado; na reação contra as penas cruéis e infamantes, propugnando pela abolição da pena de morte e outras penas corporais; na reivindicação de um sistema de garantias para o acusado durante o processo e na fase de execução.[109]

Há que se observar que essa corrente de pensamento penal influenciou o Código Zanardelli, de 1889, o primeiro Código Penal da Itália unida, de substrato liberal, alcunhado em homenagem ao político italiano de mesmo nome, isto é, Giuseppe Zanardelli, então ministro da Justiça.

Já o período científico (criminológico) deu lugar à *Escola Positiva* fundada por Lombroso, Garofalo e Ferri. Aproxima-os o método, os grandes princípios diretivos, mas cada qual conserva a sua individualidade e, embora sem exclusivismo, escolhe campos de trabalho diversos. Lombroso é principalmente antropólogo, Ferri, sociólogo e Garofalo, jurista; o primeiro estuda, de preferência, o homem delinquente; o segundo, o crime como fato social; e o terceiro, as aplicações da nova doutrina ao Direito.[110] Na célebre classificação de criminosos desenvolvida por Lombroso e aplaudida pelos demais positivistas, havia, ao lado do criminoso louco, habitual, ocasional e passional, a famigerada figura do *criminoso nato*,[111] uma variedade particular da raça humana! Diz-se que fora em 1871, ao abrir o crânio de um criminoso chamado Vilela e verificar determinadas anomalias, que Lombroso teve sua inspiração.[112]

No Brasil, o primeiro crítico de Lombroso, como reconheceu Jiménez de Asúa, foi Tobias Barreto, o qual, depois de ler *O homem delinquente*, concluiu:

---

[107] JIMÉNEZ DE ASÚA, Luis. Las escuelas penales. *El criminalista*, v. IV. p. 100.
[108] GARCIA, Basileu. *Instituições de direito penal*. 4. ed. São Paulo: Max Limonad, 1976. v. I. t. I. p. 86.
[109] DOTTI, René Ariel. *Curso de direito penal:* parte geral. 6. ed. Rio de Janeiro: Forense, 2018. p. 257-258.
[110] FERRI, Enrico. *Princípios de direito criminal*. 2. ed. Campinas: Bookseller, 1999. p. 10-11.
[111] A expressão "criminoso nato" não foi criada por Lombroso, mas por Cubí y Soler, em 1844, como assinala Jiménez de Asúa (JIMÉNEZ DE ASÚA, Luis. *Tratado de Derecho Penal*. [s.l.]: [s.n.], 1950. t. II. p. 90, nota 39).
[112] BONFIM, Edilson Mougenot; CAPEZ, Fernando. *Direito penal:* parte geral. São Paulo: Saraiva, 2004. p. 79.

O conhecimento exato do criminoso não se compõe somente de dados psicológicos, fornecidos pela observação interna, direta ou indireta, mas é igualmente certo que não se compõe só de dados craniométricos, dinamométricos, oftalmoscópicos e todos os mais epítetos sesquipedais, de que sói usar a tecnologia medical.[113]

Para fins didáticos, os princípios fundamentais do positivismo criminológico são:

a) fazer o Direito Penal partir da consideração do homem criminoso, na sua realidade biológica e social (o criminoso, biológica ou psiquicamente, é um anormal);
b) tomar o crime como realidade fenomênica, fato do homem em sociedade, episódio de comportamento condicionado por fatores antropológicos, físicos e sociais, e basear sua concepção jurídica no aspecto biológico e sociológico, uma vez que o crime constitui sempre uma infração ao Direito;
c) basear a responsabilidade penal na responsabilidade social (Ferri), ou, conforme a mais recente orientação, na perigosidade criminal do agente. Esse critério não só se justifica, mas especializa a sanção oposta ao crime (a vontade do homem é determinada por influências de ordem física, psíquica e social, eliminando-se, assim, o livre-arbítrio);
d) fazer da sanção anticriminal, não castigo de culpabilidade, segundo a antiga exigência de retribuição, mas instrumento de defesa social, pela recuperação do criminoso ou pela sua segregação, nos casos de desajustes invencíveis.[114]

No campo político-social, a Escola Positiva afirmou a necessidade de se restabelecer o equilíbrio entre os direitos do indivíduo e os do Estado, pois, segundo Ferri,

se a Idade Média tinha visto somente o delinquente e a Escola Clássica tão somente o homem, a realidade impunha ter em conta o homem delinquente, não desconhecendo no delinquente os direitos insuprimíveis do homem, mas não esquecendo nunca a insuprimível necessidade da defesa social contra o delinquente.[115]

A Escola Positiva, enfim, caracterizou-se pela ampliação do método indutivo de observação e de experiência das ciências físicas e naturais. Na medida em que a História, a Filosofia e a Economia deixaram de constituir as fontes centrais e muitas vezes exclusivas para o conhecimento do homem e suas circunstâncias, operou-se uma notável transformação nos métodos de estudo dos problemas jurídicos. A Sociologia, a Antropologia e a Psicologia viriam enriquecer os dados necessários às investigações, abrindo novos caminhos para rever conceitos e propostas de solução dos problemas humanos e sociais.[116]

Criando novos horizontes para o Direito Penal (*I Nuovi Orizzonti del Diritto e Della Procedura Penale* – 1884), Ferri, *v.g.*, negava a existência do livre-arbítrio e concordava que o criminoso não é um ser normal, mas deveria ser qualificado por suas anormalidades físicas e psíquicas, como tipo representativo de raças primitivas ou da que atualmente vive em estado selvagem. "A repressão deve atender, essencialmente, ao estado de

---

[113] Barreto, *Menores e loucos apud* LYRA, Roberto. *Introdução ao estudo do direito criminal*. Rio de Janeiro: Ed. Nacional, 1946. p. 113.
[114] BRUNO, Aníbal. *Direito penal: parte geral*. 2. ed. Rio de Janeiro: Forense, 1959. v. 1. t. I. p. 105-106.
[115] FERRI, Enrico. *Princípios de direito criminal*. 2. ed. Campinas: Bookseller, 1999. p. 64-65.
[116] DOTTI, René Ariel. *Curso de direito penal: parte geral*. 6. ed. Rio de Janeiro: Forense, 2018. p. 259.

periculosidade, que se afere não somente pelas circunstâncias da prática criminosa como também pelas características de anti-sociabilidade do agente. A pena é expressão de três finalidades principais – a eliminatória, a repressiva e a reparadora (cf. *Teoria dell'Imputazione e la Negazione del Libero Arbitrio* – 1876)",[117] embora possa sintetizar sua função essencial na defesa social.

Garcia explicava as divergências das escolas, aduzindo que, enquanto a preocupação da Escola Clássica com a pessoa do criminoso era acidental e secundária, na Escola Positiva ela era primordial. "A escola Clássica estuda o delito como uma entidade jurídica. A escola Positiva dá maior importância ao delinqüente que ao delito. Para ela, a periculosidade do delinqüente é dominante na fixação dos problemas relativos à prevenção e à repressão".[118] Foi o que sintetizou Lyra: "os Clássicos consideram crimes e os positivistas criminosos. Os socialistas cuidam de homens".[119]

A diferença marcante entre a Escola Clássica e a Escola Positiva não se encontra, contudo, nas conclusões particulares. A diferença profunda e decisiva, adverte Ferri, está no *método*: dedutivo e de lógica abstrata, para a escola Clássica e indutivo e de observação dos fatos, para a Escola Positiva: "aquela tendo por objeto 'o crime' como entidade jurídica; esta, ao contrário, 'o delinquente' como pessoa, revelando-se mais ou menos socialmente perigosa pelo delito praticado".[120]

Hungria, ao balancear as diferenças, já antevia os *movimentos mistos*, influenciados concomitantemente por características tidas como positivas de ambas as escolas:

> Ao excesso de objetivismo, substituía-se o excesso de subjetivismo. A escola clássica focalizava o crime e deixava na sombra o criminoso; a escola positiva invertia as posições: o criminoso era trazido para o palco, enquanto o crime ficava na retrocena. O classicismo fazia do crime uma entidade abstrata, e outra coisa não fazia do criminoso o positivismo, que, com a suas generalizações apressadas, achou de classificar apriorísticamente tipo de delinqüentes, na absurda tentativa de comprimir a infinita variedade do psiquismo humano dentro de quadros esquemáticos. Na ulterior evolução jurídica, entretanto, afirmou-se a tendência transacional. Nem a predominância do elemento objetivo, nem a do elemento subjetivo, mas a conjugação de ambos. A fórmula unitária foi assim fixada: retribuir o mal concreto do crime com o mal concreto da pena, na concreta personalidade do criminoso.[121]

---

[117] FARIA, Antonio Bento de. *Código Penal brasileiro (comentado)*. Rio de Janeiro: Record, 1961. v. I. p. 42.

[118] GARCIA, Basileu. *Instituições de direito penal*. 4. ed. São Paulo: Max Limonad, 1976. v. I. t. I. p. 79.

[119] LYRA, Roberto. *Novíssimas escolas penais*. Rio de Janeiro: Borsoi, 1956. p. 385. Ainda segundo Lyra, "O corpo de doutrina da escola socialista em Direito penal deve partir destes postulados: a) na sociedade dividida em classes, a ordem jurídico-penal baseia-se na defesa dos interesses individuais ou grupais dominantes; b) as causas propriedade ditas da criminalidade relevante são sociais; c) a criminalidade relevante não provém do mau funcionamento da sociedade e sim da má organização dessa mesma sociedade (oficialização das injustiças sociais); d) a responsabilidade deve basear-se na periculosidade contra a sociedade e a humanidade; e) as sanções devem ser meios de defesa efetiva e direta da sociedade e da humanidade" (LYRA, Roberto. *Direito penal normativo*. 2. ed. Rio de Janeiro: José Konfino, 1977. p. 23); o mesmo Lyra lembrando Van Hamel assim distinguiu, em frase que ficou célebre, o papel da Escola Clássica e da Escola Positiva: "A Escola Positiva exorta a Justiça a conhecer os homens. Não há criminosos, mas crimes, disseram os clássicos [...]" (LYRA, Roberto. *Novas Escolas Penaes*. Rio de Janeiro: Est. Graph. Canton & Reile, 1936. p. 258).

[120] FERRI, Enrico. *Princípios de direito criminal*. 2. ed. Campinas: Bookseller, 1999. p. 64.

[121] HOFFBAUER, Nélson Hungria. *Comentários ao Código Penal*. 3. ed. Rio de Janeiro: Forense, 1955. v. 1. t. 1. p. 99.

As duas escolas mencionadas apregoam visões diferentes do fundamento da responsabilidade penal e divergem quanto ao conceito de crime e finalidade da pena. Essas escolas deram origem a movimentos ecléticos como a *Terza Scuola Italiana* (Escola Técnico-Jurídica) e a Escola Moderna Alemã.

A chamada *Terza Scuola* surgiu justamente com o propósito de unificar as principais tendências dos movimentos anteriores e teve como principais fundadores Carnevale (1861-1941) e Alimena (1861-1915).[122]

Já para combater a abundância de doutrinas e os males que acarretariam ao sistema, surgiu na Itália a grande reação marcada historicamente pela conferência de Arturo Rocco na Universidade de Sassari, em 15.1.1910. Esse novo movimento também se originou da crise gerada pela orientação dos positivistas italianos de subordinar o Direito Penal às investigações criminológicas: nascia, assim, a Escola Técnico-Jurídica.[123]

Os adeptos da Escola Técnico-Jurídica rejeitavam a Filosofia e outras disciplinas de conhecimento do homem para se fixar no estreito círculo do estudo do Direito Penal em função da exegese do direito positivo, reduzindo-o a um estéril verbalismo, segundo seus críticos. O movimento nasceu como reação à crise determinada pelo positivismo criminológico na Itália e nos demais países que receberam a sua influência. Por essa visão sectária, os representantes desse movimento foram chamados de "meros gramáticos do Direito".[124]

Santoro Filho registra, ainda, que a Escola Técnico-Jurídica se assemelha à Escola Clássica, negando, no entanto, o livre-arbítrio como fundamento para a responsabilidade penal. Assume seu lugar a imputabilidade, que consiste na capacidade de entender e querer, assim como no método puramente dedutivo e lógico-abstrato, realçando a necessidade de construção de um método técnico-jurídico, um sistema de princípios de Direito Penal.[125]

Já em 1889, quase contemporaneamente à publicação do Código Zanardelli, surgiu a terceira escola ou Escola Crítica, arrimada na concepção unitária ou integral do Direito, cuja fundação é atribuída a Von Hamel, Von Liszt e Prins: tratava-se da moderna escola alemã, também chamada de "Escola Moderna", "Positivismo Crítico", "Escola Sociológica" e "Escola da Política Criminal".[126]

Essa corrente não representa um meio de conciliação entre as duas escolas anteriores, mas já institui um *sistema eclético*. Embora fundamentada no princípio da responsabilidade individual e na distinção entre responsáveis e irresponsáveis (Escola Clássica), aceita a gênese natural do delito e o determinismo psicológico em contraste com o princípio da liberdade (Escola Positiva).[127]

---

[122] DOTTI, René Ariel. *Curso de direito penal:* parte geral. 6. ed. Rio de Janeiro: Forense, 2018. p. 263.

[123] Além de Rocco, tinha Manzini (1872/1957) como um dos principais expoentes (*apud* DOTTI, René Ariel. *Curso de direito penal*: parte geral. 2. ed. Rio de Janeiro: Forense, 2004. p. 158).

[124] DOTTI, René Ariel. *Curso de direito penal:* parte geral. 6. ed. Rio de Janeiro: Forense, 2018. p. 265-266.

[125] SANTORO FILHO, Antonio Carlos. *Bases críticas do direito criminal*. Leme: Editora de Direito, 2000. p. 35-36.

[126] "Sob a liderança de VON LISZT (1851-1919), surgiu na Alemanha, a partir de 1888, a Escola de Política Criminal. O evento coincidiu com a criação, em 1889, da União Internacional de Direito Penal, reunindo, além de Liszt, o belga Adolphe PRINS e o holandês Gerard van HAMEL" (*apud* DOTTI, René Ariel. *Curso de direito penal:* parte geral. 6. ed. Rio de Janeiro: Forense, 2018. p. 263).

[127] FARIA, Antonio Bento de. *Código Penal brasileiro (comentado)*. Rio de Janeiro: Record, 1961. v. I. p. 43.

Daí, no acertado dizer de Bento de Faria, resultam os principais fundamentos da referida escola eclética: a) dirigibilidade dos atos do homem como base da imputabilidade; b) coação psicológica como determinante da natureza da pena; c) defesa social como objetivo da penalidade.[128]

Segundo Noronha, suas principais características são: a) método lógico-jurídico para o Direito Penal experimental para as ciências penais; b) distinção entre imputável e inimputável, sem se fundar, porém, no livre-arbítrio, e sim na determinação normal do indivíduo; c) aceitação da existência do estado perigoso; d) crime como fato jurídico e como fenômeno natural; e) luta contra o crime por meio não só da pena, mas também de medidas de segurança.[129]

Perceba-se que, conforme referido, nesse momento histórico, as preocupações dos estudiosos voltam-se precipuamente para a contenção da criminalidade. Von Liszt, no entanto, influenciado que fora pelas lições de Merkel e, principalmente, Ihering, preocupa-se em ordenar o ramo jurídico-criminal consoante determinada lógica, ou fins, dotando-o de racionalidade, cuja base fundamental é princípio da legalidade. Essa é a premissa de seu *Programa de Marburgo: a ideia de fim no Direito Penal*, publicado em 1882.

Por influência desse pensador austríaco, criou-se, em 1888, a União Internacional do Direito Penal, entidade científica que congregava estudiosos das ciências criminais, precursora da atual Associação Internacional de Direito Penal – AIDP. Outros autores de destaque da Escola de Política Criminal foram Adolphe Prins, na Bélgica, Gerard van Hamel, na Holanda, e Carl Stoos, na Suíça.[130]

Cabe ainda destacar o *movimento correcionalista* fundado por Roeder, em que o Direito passa a ser visto como um conjunto de condições dependentes da vontade livre, para cumprimento do destino do homem. No tocante à pena, revela-se uma novidade: "se o fim é corrigir a vontade má do delinquente, deve ela durar o tempo necessário – nem mais, nem menos – para se alcançar esse objetivo. Será, pois, consequentemente indeterminada".[131]

Santoro Filho, no entanto, ressalva que o correcionalismo comporta, em verdade, duas escolas baseadas em proposições bastante distintas: a) a primeira fase, cujos maiores expoentes foram Krause e Roeder, assume os caracteres da Escola Clássica, na medida em que admite o livre-arbítrio e a responsabilidade moral do autor do crime; o delito é fruto de uma vontade deformada e pervertida, que pode, assim, ser corrigida; b) a segunda fase tem como sua maior figura Montero, que, aderindo às concepções positivistas, "adotou o determinismo, a responsabilidade social pelo delito. Ora, se não há responsabilidade pessoal, mas social, a sociedade deve propiciar ao delinquente a sua melhora de correção, pois não há homens incorrigíveis, mas incorrigidos".[132]

---

[128] FARIA, Antonio Bento de. *Código Penal brasileiro (comentado)*. Rio de Janeiro: Record, 1961. v. I. p. 44.
[129] NORONHA, Edgard Magalhães. *Direito penal*. 24. ed. Atualização de Adalberto José Q. T. de Camargo Aranha. São Paulo: Saraiva, 1986. v. 1. p. 40.
[130] SOUZA, Luciano Anderson de. *Direito penal*: parte geral. 3. ed. São Paulo: Revista dos Tribunais, Thomson Reuters, 2022. v. 1. p. 110
[131] NORONHA, Edgard Magalhães. *Direito penal*. 24. ed. Atualização de Adalberto José Q. T. de Camargo Aranha. São Paulo: Saraiva, 1986. v. 1. p. 33.
[132] SANTORO FILHO, Antonio Carlos. *Bases críticas do direito criminal*. Leme: Editora de Direito, 2000. p. 36-37.

Vale destacar que o Código Penal brasileiro de 1969, que não chegou a entrar em vigor, previa pena relativamente indeterminada para os criminosos habituais e por tendência, de origem correcionalista.

Além desses movimentos, outras variações influenciaram as legislações, a dogmática penal e, sobretudo, a forma de se conceber as finalidades da pena.

A chamada *Escola Humanista*, fundada por Vicente Lanza, foi uma dessas variações, que, no dizer de Santoro Filho, pregava que

> O sentimento é o núcleo fundamental da conduta, o que implica a eleição da violação da consciência humana como critério principal para a incriminação de comportamentos. Com este postulado, subordina o direito penal à moral, pois tudo que lesiona nossos sentimentos morais deve ser considerado crime. [...] A pena, para a Escola Humanista, tem finalidade predominantemente educativa, pois, segundo LANZA, "ou é educação ou não tem razão de ser", chegando a ponto de confundir os conceitos de imputabilidade e educabilidade: o ineducável é inimputável e, portanto, não merecedor de pena.[133]

Já o "idealismo", segundo o mesmo autor, originou-se da corrente filosófica contemporânea denominada idealismo romântico:

> Trata-se de corrente de pensamento que tem por principais características ser transcendental, isto é, ligada ao ponto de vista Kantiano, que fizera do "eu penso" o princípio geral do conhecimento, e absoluta, pois o "eu" ou o "espírito" é considerado o princípio de tudo, nada havendo fora dele. De acordo com estes postulados, a escola penal idealista entende que o ato humano pertence ao espírito do homem, é fruto deste espírito. Assim, o crime pertence a quem o praticou, independentemente de tratar-se de imputável ou inimputável, devendo por ele ser responsabilizado. A pena, para o idealismo, possui uma função unicamente educativa, devendo ser individualizada para cada caso, com duração indeterminada.[134]

O percurso pelas escolas constitui premissa essencial para se aquilatar futuras assertivas: a) como ciclos de maior ou menor rigorismo se alternam, tendo sempre a finalidade da pena no papel principal; b) como institutos já utilizados no passado são retomados na concepção de um "Direito Penal do Inimigo"; c) como a história do Direito Penal, por si só, é capaz de indicar acertos e desacertos para orientação de futuras políticas criminais.

Bonfim e Capez, em uma alusão ao pensamento de Marques sobre as grandes correntes de pensamento e escolas penais, sintetizam os equívocos dos extremismos dos movimentos:

> De um rápido balanço das escolas e correntes penais, a conclusão a que se chega é a de que três das mais importantes e significativas diretrizes penalistas pecaram por excessos e extremismos. Na escola clássica, houve a hipertrofia metafísica, visto que ela se preocupou apenas, com o homem abstrato, sujeito de direito, e elaborou suas construções com o método dedutivo do jusnaturalismo; na escola positiva, reponta a hipertrofia naturalista, uma vez que sua preocupação foi o estudo do homem como ser contingente, como elemento da vida

---

[133] SANTORO FILHO, Antonio Carlos. *Bases críticas do direito criminal*. Leme: Editora de Direito, 2000. p. 38.
[134] SANTORO FILHO, Antonio Carlos. *Bases críticas do direito criminal*. Leme: Editora de Direito, 2000. p. 39.

cósmica sujeito às leis físicas que regem o universo, sem olhar para o princípio espiritual da pessoa humana; na escola técnico-jurídico, houve a hipertrofia dogmática, como estudo apenas de relações jurídicas secas e sem conteúdo, em função exclusivamente do direito positivo e do *jus scriptum*.[135]

Afora os equívocos e extremismos, o fato é que tais movimentos influenciaram profundamente as teorias do delito, como se verá. Nesse aspecto, Noronha salienta que

> se fala em Neoclassicismo, abrangendo a chamada Escola Humanista e, para muitos, a Técnico-Jurídica; em Neopositivismo, com as denominadas Escolas Constitucionalista italiana, Socialista, Pragmática e do Idealismo, sendo duvidosa a exatidão da situação dessas correntes, que, aliás, apresentam diferenças de vulto, tal seja o representante invocado.[136]

Portanto, é preciso repisar, ao se discutir as Escolas de Política Criminal, as diferenças principais entre elas.

A frase da Escola Clássica é: que o ser humano, indivíduo, homem, conheça a lei. A ideia da Escola Clássica de autopoiese normativa:[137] o jurista é aquele que estuda puramente a dogmática penal, sua aplicação, interpretação, sem qualquer influência das demais ciências que também estudam o delito ou o delinquente. Os métodos lógico-abstrato e dedutivo sofrem, portanto, uma reviravolta quando se confrontam os postulados da Escola Positiva.

Aqui, com o método indutivo, com experimentos, experiência, lastro empírico em outras ciências (antropologia, medicina, estatística, sociologia criminal e outras), o positivista quer valorizar a figura humana. Aqui está a gênese da *Criminologia*, que, como mencionado, não busca verdades do dever-ser ou postulados dogmáticos, mas, ao contrário, quer servir de suporte para a tomada de decisões de Política Criminal, inclusive para a construção da dogmática penal. Em breve síntese, esse o quadro comparativo das principais escolas e do movimento eclético:

---

[135] BONFIM, Edilson Mougenot; CAPEZ, Fernando. *Direito penal*: parte geral. São Paulo: Saraiva, 2004. p. 101.

[136] NORONHA, Edgard Magalhães. *Direito penal*. 24. ed. Atualização de Adalberto José Q. T. de Camargo Aranha. São Paulo: Saraiva, 1986. v. 1. p. 41.

[137] Não obstante sustentar um purismo dogmático, alertava Hungria "não é ciência penal a que somente cuida do *sistema* ósseo do direito repressivo ou se limita a tessituras aracnídeas de lógica abstrata, fazendo de um código penal, que é a mais frisante expressão da moral prática de um povo, uma teoria hermética, uma categoria de idéias hirtas, um seco regulamento burocrático, uma árida tabela de aduana. Ciência penal não é só a sistematização hierática da lei, mas, antes de tudo, e acima de tudo, a revelação do seu *espírito*, a compreensão do seu *escopo*, para ajustá-la a fatos humanos, a almas humanas, a episódios do espetáculo dramático da vida. O crime não é somente uma abstrata noção jurídica, mas um fato do mundo sensível, e o criminoso não é um impessoal 'modelo de fábrica', mas trecho flagrante da humanidade. A ciência que estuda, interpreta e sistematiza o direito penal não pode fazer-se cega à realidade, sob pena de degradar-se numa sucessão de fórmulas vazias, numa platitude obsedante de mapa mural de geometria" (HOFFBAUER, Nélson Hungria. *Comentários ao Código Penal*. 3. ed. Rio de Janeiro: Forense, 1955. v. 1. t. 1. p. 97).

Escola Clássica	Escola Positiva	Escola Eclética
Final do séc. XVIII.	Final do séc. XIX.	Escola Intermediária (França e Itália);
Defesa do Estado Democrático Liberal, contra o Estado Absolutista;	Liberalismo. Caos. Situação social e jurídica desumana;	Direito Penal Neoclássico com princípios positivistas;
Atividade repressiva legítima se exercida nos termos da lei positiva;	Fim do Iluminismo. Racionalismo cede lugar à ciência;	Dogmática Penal sem especulações excessivas de ordem político-filosófica ou científica;
Princípio da Legalidade, abolição da tortura e do processo inquisitório;	Busca de explicação para o crime;	Criminologia, Filosofia e Sociologia orientam o Direito Penal.
Preocupação filosófica e sentido liberal e humanitário;	Crime visto como fenômeno humano e social;	
Posicionamento definido: Conceito de crime, poder punitivo, responsabilidade criminal e pena;	Ideias positivistas: busca de teoria científica que explicasse as causas que levam o homem a delinquir;	
Crime é ato de vontade livre (livre-arbítrio);	Lombroso: Criminoso, anomalias orgânicas (selvagem, primitivo e violento) – deficiência afetiva (louco moral);	
Responsabilidade Moral – Culpa subjetiva;	Defesa do determinismo, responsabilidade legal, crime como fenômeno sócio-humano, medida de segurança;	
Pena criminal retributiva ao mal causado, sem função utilitária;	Determinismo – Crime não é ato de vontade, mas determinado por constituição biopsíquica do indivíduo;	
Crime é infração à Lei do Estado; Crime é pura criação jurídica. Beccaria, Kant e Carrara.	Responsabilidade Social – Indivíduo age determinado endogenamente, portanto, a responsabilidade é social ou legal;	
	Delito fenômeno natural – Direito Penal, além dos aspectos jurídicos, deve investigar as causas da delinquência;	
	Medida de Segurança (MS) – Se não age com liberdade, desaparece a culpabilidade e, portanto, não cabe pena, mas sim MS em razão da periculosidade;	
	Erro: Atrelar o crime a uma causa biológica – pois não há causa única para a delinquência e os fatores exógenos preponderam como causa;	
	Mérito: Deu origem à Criminologia.	

Esses movimentos e escolas influenciaram, inequivocamente, a dogmática penal, embora convivam, em termos de Política Criminal e nos novos postulados e institutos que influenciam a teoria do crime, com as novas escolas funcionalistas, conforme se aventará.

Por ora, é preciso consignar que não é mais possível supor nesse tempo social o estudo da dogmática penal completamente isolado das demais ciências que se debruçam sobre o conhecimento do crime, vítima, criminoso e mecanismos de controle social, assim como é impossível até mesmo interpretar e aplicar o Direito Penal desconhecendo sua relação com os demais ramos do Direito.

1.3 Relação entre Direito Penal e outros ramos

Há uma relação natural entre o Direito Penal (material e substantivo) e o *Direito Processual Penal* (instrumental e adjetivo). A forma de se investigar um crime, os ritos e as regras para se deduzir uma pretensão em juízo quando se constata a prática de uma infração penal e toda a forma de defesa, exercício do contraditório e decisão da causa, serão regidos pelo Processo Penal.

Antigamente, o Direito Processual não era considerado autônomo. Além disso, havia a divisão em Direito Penal Substantivo (Direito Penal em si, pelo ordenamento geral que prevê os crimes, as sanções etc.) e Direito Penal Adjetivo (Processo Penal, ou seja, o procedimento por qual eu poderia impor, a quem cometeu um crime, aquela sanção).

O mesmo ocorria na esfera civil. No entanto, há algumas décadas o Direito Processual começou a ser considerado um ramo autônomo, tendo um desenvolvimento científico peculiar e próprio.

O Processo Penal é então o meio pelo qual eu vou poder aplicar a lei penal ao caso concreto. As regras processuais vão moldar os princípios pelos quais serão aplicadas as sanções penais.

Boa parte dessas regras e princípios hoje possui caráter constitucional.

O ordenamento jurídico brasileiro é escalonado, ou seja, há uma hierarquia entre as diferentes normas.

A Constituição Federal funda o Estado e, entre outras coisas, traça as regras de competência dos entes federativos para legislar, inclusive, em matéria penal.

Sempre que surge uma nova ordem constitucional, surge também um novo Estado. Ao mudar um texto constitucional se altera toda uma ordem social, mudando completamente princípios e regras existentes.

Assim, todas as regras de Direito Penal editadas por normas infraconstitucionais devem guardar uma compatibilidade com o texto constitucional, sob pena de não terem sido recepcionadas ou sob pena de serem declaradas inconstitucionais por via de controle concentrado (ação direta de inconstitucionalidade) ou incidental (como causa de pedir numa ação para um caso específico). De outra parte, a compatibilidade somente existirá se houver uma mudança na própria Constituição, sendo certo, no entanto, que há um núcleo duro que não se sujeita ao poder constituinte derivado (de produzir emendas à Constituição), as chamadas cláusulas pétreas.

Portanto, existem regras que não podem ser objeto sequer de emendas constitucionais. Se a CF está no ápice dos postulados do país, trazendo a organização do Estado, os princípios e muitas outras coisas, estão aí também os postulados que regram o Direito Penal.

Desse modo, o legislador penal precisa sempre estar atento à CF, sobretudo no que diz respeito àquilo que o constituinte sequer pode modificar.

Isso ocorre porque toda norma jurídica infraconstitucional necessita de causalidade constitucional, isto é, a perfeita harmonização entre o texto normativo menor e o texto legislativo maior. Sem ela, a lei é uma natimorta. Nesse sentido, dentre os princípios fundamentais, existem vários que influenciam diretamente o Direito Penal (personificação da pena, ou seja, ninguém pode cumprir a sanção penal no lugar do sentenciado; princípio da legalidade penal – só a lei pode criar crime e prever a respectiva pena; princípio da irretroatividade da lei penal sancionatória – a lei penal nova não pode retroagir para prejudicar o réu, mas apenas para beneficiá-lo, dentre outros).

Desde 1824, iniciou-se uma tradição de constitucionalização de princípios básicos do Direito Penal e Processual Penal.

Logo, é fundamental o estudo do Direito Penal em conformidade com a *Constituição*.

A Carta de 88, no entanto, não apresenta somente um viés de *garantismo negativo* ou de limitação do poder de punir do Estado. Ela também rompe a dialética exclusivamente iluminista, legitimando direitos sociais e difusos que funcionam, sob a ótica de um *garantismo social ou positivo*, como verdadeiros mandados de criminalização, exigindo do legislador infraconstitucional a devida proteção jurídica.

O Direito Penal clássico que protegia bens *individuais* ou preponderantemente individualizáveis (dívida, patrimônio, integridade física) convive, por força da nova ordem constitucional, com bens chamados de *transindividuais*: difusos, coletivos e individuais homogêneos.

Será, portanto, exatamente na Constituição que se encontram os limites do Estado para punir, legislar em matéria criminal, assim como para legitimar o legislador a criminalizar condutas em conformidade com os bens da vida ali protegidos.

Além disso, a Constituição de 1988 conjuga e legitima diferentes políticas criminais, como já mencionamos na introdução:

a) o *Direito Penal Clássico* está ainda bastante explícito em diversas normas, entre as quais o art. 5º, que, simultaneamente, contempla regras de proteção, legitimando a atuação do legislador infraconstitucional, assim como regras penais e processuais penais para limitação do poder de punir do Estado:

I – homens e mulheres são iguais em direitos e obrigações, nos termos desta Constituição;
II – ninguém será obrigado a fazer ou deixar de fazer alguma coisa senão em virtude de lei;
III – ninguém será submetido a tortura nem a tratamento desumano ou degradante;
IV – é livre a manifestação do pensamento, sendo vedado o anonimato;
VI – é inviolável a liberdade de consciência e de crença, sendo assegurado o livre exercício dos cultos religiosos e garantida, na forma da lei, a proteção aos locais de culto e a suas liturgias;

VIII – ninguém será privado de direitos por motivo de crença religiosa ou de convicção filosófica ou política, salvo se as invocar para eximir-se de obrigação legal a todos imposta e recusar-se a cumprir prestação alternativa, fixada em lei;
IX – é livre a expressão da atividade intelectual, artística, científica e de comunicação, independentemente de censura ou licença;
X – são invioláveis a intimidade, a vida privada, a honra e a imagem das pessoas, assegurado o direito a indenização pelo dano material ou moral decorrente de sua violação;
XI – a casa é asilo inviolável do indivíduo, ninguém nela podendo penetrar sem consentimento do morador, salvo em caso de flagrante delito ou desastre, ou para prestar socorro, ou, durante o dia, por determinação judicial;
XII – é inviolável o sigilo da correspondência e das comunicações telegráficas, de dados e das comunicações telefônicas, salvo, no último caso, por ordem judicial, nas hipóteses e na forma que a lei estabelecer para fins de investigação criminal ou instrução processual penal;
XIII – é livre o exercício de qualquer trabalho, ofício ou profissão, atendidas as qualificações profissionais que a lei estabelecer;
XIV – é assegurado a todos o acesso à informação e resguardado o sigilo da fonte, quando necessário ao exercício profissional;
XV – é livre a locomoção no território nacional em tempo de paz, podendo qualquer pessoa, nos termos da lei, nele entrar, permanecer ou dele sair com seus bens;
XVI – todos podem reunir-se pacificamente, sem armas, em locais abertos ao público, independentemente de autorização, desde que não frustrem outra reunião anteriormente convocada para o mesmo local, sendo apenas exigido prévio aviso à autoridade competente;
XVII – é plena a liberdade de associação para fins lícitos, vedada a de caráter paramilitar;
XVIII – a criação de associações e, na forma da lei, a de cooperativas independem de autorização, sendo vedada a interferência estatal em seu funcionamento;
XIX – as associações só poderão ser compulsoriamente dissolvidas ou ter suas atividades suspensas por decisão judicial, exigindo-se, no primeiro caso, o trânsito em julgado;
XX – ninguém poderá ser compelido a associar-se ou a permanecer associado;
XXI – as entidades associativas, quando expressamente autorizadas, têm legitimidade para representar seus filiados judicial ou extrajudicialmente;
XXII – é garantido o direito de propriedade;
XXVII – aos autores pertence o direito exclusivo de utilização, publicação ou reprodução de suas obras, transmissível aos herdeiros pelo tempo que a lei fixar;
XXIX – a lei assegurará aos autores de inventos industriais privilégio temporário para sua utilização, bem como proteção às criações industriais, à propriedade das marcas, aos nomes de empresas e a outros signos distintivos, tendo em vista o interesse social e o desenvolvimento tecnológico e econômico do País;
XXXII – o Estado promoverá, na forma da lei, a defesa do consumidor;
XXXV – a lei não excluirá da apreciação do Poder Judiciário lesão ou ameaça a direito;
XXXVI – a lei não prejudicará o direito adquirido, o ato jurídico perfeito e a coisa julgada;
XXXVII – não haverá juízo ou tribunal de exceção;
XXXVIII – é reconhecida a instituição do júri, com a organização que lhe der a lei, assegurados:
a) a plenitude de defesa;
b) o sigilo das votações;
c) a soberania dos veredictos;
d) a competência para o julgamento dos crimes dolosos contra a vida;
XXXIX – não há crime sem lei anterior que o defina, nem pena sem prévia cominação legal;
XL – a lei penal não retroagirá, salvo para beneficiar o réu;

XLI – a lei punirá qualquer discriminação atentatória dos direitos e liberdades fundamentais;
XLII – a prática do racismo constitui crime inafiançável e imprescritível, sujeito à pena de reclusão, nos termos da lei;
XLV – nenhuma pena passará da pessoa do condenado, podendo a obrigação de reparar o dano e a decretação do perdimento de bens ser, nos termos da lei, estendidas aos sucessores e contra eles executadas, até o limite do valor do patrimônio transferido;
XLVI – a lei regulará a individualização da pena e adotará, entre outras, as seguintes:
a) privação ou restrição da liberdade;
b) perda de bens;
c) multa;
d) prestação social alternativa;
e) suspensão ou interdição de direitos;
XLVII – não haverá penas:
a) de morte, salvo em caso de guerra declarada, nos termos do art. 84, XIX;
b) de caráter perpétuo;
c) de trabalhos forçados;
d) de banimento;
e) cruéis;
XLVIII – a pena será cumprida em estabelecimentos distintos, de acordo com a natureza do delito, a idade e o sexo do apenado;
XLIX – é assegurado aos presos o respeito à integridade física e moral;
L – às presidiárias serão asseguradas condições para que possam permanecer com seus filhos durante o período de amamentação;
LI – nenhum brasileiro será extraditado, salvo o naturalizado, em caso de crime comum, praticado antes da naturalização, ou de comprovado envolvimento em tráfico ilícito de entorpecentes e drogas afins, na forma da lei;
LII – não será concedida extradição de estrangeiro por crime político ou de opinião;
LIII – ninguém será processado nem sentenciado senão pela autoridade competente;
LIV – ninguém será privado da liberdade ou de seus bens sem o devido processo legal;
LV – aos litigantes, em processo judicial ou administrativo, e aos acusados em geral são assegurados o contraditório e ampla defesa, com os meios e recursos a ela inerentes;
LVI – são inadmissíveis, no processo, as provas obtidas por meios ilícitos;
LVII – ninguém será considerado culpado até o trânsito em julgado de sentença penal condenatória;
LVIII – o civilmente identificado não será submetido a identificação criminal, salvo nas hipóteses previstas em lei;
LIX – será admitida ação privada nos crimes de ação pública, se esta não for intentada no prazo legal;
LX – a lei só poderá restringir a publicidade dos atos processuais quando a defesa da intimidade ou o interesse social o exigirem;
LXI – ninguém será preso senão em flagrante delito ou por ordem escrita e fundamentada de autoridade judiciária competente, salvo nos casos de transgressão militar ou crime propriamente militar, definidos em lei;
LXII – a prisão de qualquer pessoa e o local onde se encontre serão comunicados imediatamente ao juiz competente e à família do preso ou à pessoa por ele indicada;
LXIII – o preso será informado de seus direitos, entre os quais o de permanecer calado, sendo-lhe assegurada a assistência da família e de advogado;

LXIV – o preso tem direito à identificação dos responsáveis por sua prisão ou por seu interrogatório policial;
LXV – a prisão ilegal será imediatamente relaxada pela autoridade judiciária;
LXVI – ninguém será levado à prisão ou nela mantido, quando a lei admitir a liberdade provisória, com ou sem fiança;
LXVII – não haverá prisão civil por dívida, salvo a do responsável pelo inadimplemento voluntário e inescusável de obrigação alimentícia e a do depositário infiel;
LXVIII – conceder-se-á *habeas corpus* sempre que alguém sofrer ou se achar ameaçado de sofrer violência ou coação em sua liberdade de locomoção, por ilegalidade ou abuso de poder;
LXIX – conceder-se-á mandado de segurança para proteger direito líquido e certo, não amparado por *habeas corpus* ou *habeas data*, quando o responsável pela ilegalidade ou abuso de poder for autoridade pública ou agente de pessoa jurídica no exercício de atribuições do Poder Público;
LXXIV – o Estado prestará assistência jurídica integral e gratuita aos que comprovarem insuficiência de recursos;
LXXVIII – a todos, no âmbito judicial e administrativo, são assegurados a razoável duração do processo e os meios que garantam a celeridade de sua tramitação
§1º As normas definidoras dos direitos e garantias fundamentais têm aplicação imediata.

b) *Política de Segunda Velocidade*: a Constituição previu em seu art. 98, inc. I, a política criminal negociada, regulamentada posteriormente pela Lei nº 9.099/95 (com os institutos despenalizadores da transação penal e suspensão condicional do processo, respectivamente nos arts. 76 e 89 da lei, e que, mais tarde, instituiu ambiente para a criação do acordo de não persecução penal, previsto no art. 28-A do Código de Processo Penal):

Art. 98. A União, no Distrito Federal e nos Territórios, e os Estados criarão:
I – juizados especiais, providos por juízes togados, ou togados e leigos, competentes para a conciliação, o julgamento e a execução de causas cíveis de menor complexidade e infrações penais de menor potencial ofensivo, mediante os procedimentos oral e sumaríssimo, permitidos, nas hipóteses previstas em lei, a transação e o julgamento de recursos por turmas de juízes de primeiro grau; [...].

c) *Política mais rigorista ou de enfrentamento de inimigos*, como se dá com a política de crimes hediondos e equiparados, bem como as ações de grupos armados contra o Estado Democrático de Direito:

XLIII – a lei considerará crimes inafiançáveis e insuscetíveis de graça ou anistia a prática da tortura, o tráfico ilícito de entorpecentes e drogas afins, o terrorismo e os definidos como crimes hediondos, por eles respondendo os mandantes, os executores e os que, podendo evitá-los, se omitirem;
XLIV – constitui crime inafiançável e imprescritível a ação de grupos armados, civis ou militares, contra a ordem constitucional e o Estado Democrático;
§2º Os direitos e garantias expressos nesta Constituição não excluem outros decorrentes do regime e dos princípios por ela adotados, ou dos tratados internacionais em que a República Federativa do Brasil seja parte.
§3º Os tratados e convenções internacionais sobre direitos humanos que forem aprovados, em cada Casa do Congresso Nacional, em dois turnos, por três quintos dos votos dos

respectivos membros, serão equivalentes às emendas constitucionais. (Incluído pela Emenda Constitucional nº 45, de 2004).

Da mesma forma como as Constituições antigas limitavam o poder de direito, os tratados internacionais antigos também assim o faziam, como exemplo, o denominado Pacto de San José da Costa Rica[138] ou Convenção Interamericana de Direitos Humanos.

De outra parte, a nova redação do §3º da Constituição deu, como se verá, novo *status* aos Tratados e Convenções Internacionais, que passaram, inclusive, a legitimar novas criminalizações para crimes considerados graves, como a corrupção (Convenção de Mérida)[139] e o crime organizado (Convenção de Palermo).[140]

Esse tema, que será oportunamente revisto no tratamento das fontes de produção do Direito Penal, tem relevância por conta do *status* de emendas à Constituição dado aos tratados de direitos humanos que se submetem à disciplina do §3º do art. 5º e são posteriores à Emenda nº 45/04.[141]

Nesse esteio, há evidente relevância do estudo conjunto com o *Direito Penal Internacional*. Como a globalização trouxe também uma "criminalidade globalizada" e transnacional, é necessário ter mecanismos penais de repressão a essa criminalidade que afeta territórios e países diversos, como se constata nos crimes de terrorismo, de guerra, no genocídio, no tráfico internacional de drogas, armas e pessoas, entre outros.

O Direito Penal, como se vê, tutela os bens jurídicos mais relevantes para os seres humanos, que se alastram para todas as demais áreas do Direito (crimes ambientais, contra as relações de consumo, contra crianças e adolescentes etc.). Todo ramo das ciências jurídicas tem os interesses mais importantes.

Do mesmo modo, inúmeros elementos dos tipos penais presentes nas normas penais incriminadoras dependerão de interpretações constantes em outros ramos do direito, sem prejuízo da convivência de temas comuns, não obstante a independência das instâncias.

Assim se dá, por exemplo, com o *Direito Administrativo*, em que, no aspecto sancionador (v. Lei nº 8.429/92), muito se aproxima do Direito Penal e o influencia.

Primeiramente, a função de aplicar o Direito Penal é uma função administrativa. Quem investiga o crime é uma autoridade administrativa. Quem acusa o réu é o membro do Ministério Público, como regra (autoridade administrativa). Toda a movimentação da máquina do Estado para a aplicação do Direito Penal configura uma função administrativa.

Além disso, existe a Lei de Execução Penal (Lei nº 7.210/84) que rege o cumprimento das penas, e boa parte de seu funcionamento se dá com regras de um direito administrativo sancionador.

---

[138] Decreto nº 678, de 6.11.1992.
[139] Decreto nº 5.687, de 31.1.2006.
[140] Decreto nº 5.015, de 12.3.2004.
[141] Os tratados anteriores à emenda, quando versarem sobre direitos humanos, terão hierarquia supralegal nos termos da orientação imprimida pelo STF (HC nº 87.585-TO e RE nº 466.343-SP, j. 03/12/2008; ver nesse sentido: MAZZUOLI, Valério; MARINONI, Luiz Guilherme. *Controle de Convencionalidade*. Brasília: Gazeta Jurídica, 2013. Por último e no plano monográfico, v. FERREIRA, Marcelo Ramos Peregrino. *O controle de convencionalidade da Lei da Ficha Limpa*: direitos políticos e inelegibilidades. Rio de Janeiro: Lumen Juris, 2015).

No entanto, há um contrafluxo que vem da circunstância em que o Direito Penal tutela a Administração Pública. Existem crimes, tanto no Código Penal (arts. 312 a 319 do CP) quanto na Legislação Extravagante (*ex vi* Lei nº 8.666/93) que tratam de crimes contra a Administração Pública e protegem a probidade e a moralidade administrativas.

O relacionamento do Direito Penal com o Direito Privado, como o *Direito Civil*, é muito similar às colocações referentes ao Direito Administrativo.

O Direito Penal se liga a vários conceitos que vêm do Direito Privado (cônjuge, matrimônio, crimes contra a família etc.) e, por vezes, questões prejudiciais implicarão a suspensão do processo criminal, para se aferir se houve ou não a efetiva prática de um crime (como exemplo, na discussão da existência de crime anterior para configuração do crime de bigamia).

Vale ressaltar, aliás, que não há diferenças de natureza ontológica entre um ilícito civil e criminal, vez que os dois ferem o ordenamento jurídico. A diferença é meramente formal, de eleição do legislador. Um é penal, pois previsto no campo do Direito Penal e o outro previsto no campo civil. Convém, porém, registrar que nem todo o ilícito civil gera ilícitos penais, pois estes dependem de lei expressa que os considerem como tais, porém todo ilícito penal gera um ressarcimento civil e, havendo condenação no crime, deverá haver condenação também no cível (art. 91).[142]

Do mesmo modo, o antigo *Direito Comercial*, hoje tratado de empresarial, se encontra inexoravelmente com regras do Direito Penal, eis que ele oferece uma proteção mais forte aos bens jurídicos mais relevantes previstos no Código Civil ou em uma relação empresarial (patrimônio) e comercial (crimes que tutelam as dívidas de créditos etc.).

Além do natural relacionamento do Direito Penal com outros ramos do Direito, será inevitável para a formação de um verdadeiro estudioso e cientista em matéria criminal o suporte da *Criminologia* (estudos multidisciplinares – psicologia, sociologia, estatística etc., com método indutivo e experimental, voltado a estudar o criminoso, a vítima, o crime em si e os diferentes mecanismos de controle social) e de outras ciências afins, como: a) *medicina legal* (emprego de conhecimentos médicos para a aplicação do Direito Penal, ou seja, eu me valho dos conhecimentos da medicina para aplicar corretamente o Direito Penal, como a perícia para comprovar um ferimento no crime de lesão corporal); b) *criminalística* (aplicação de várias ciências em prol da eficiência da investigação criminal, como os exames de impressões digitais, de balística forense etc.); c) *psiquiatria e psicologia forenses* (que têm por objetivo o estudo dos distúrbios mentais em face dos problemas judiciários, fornecendo subsídios, por exemplo, para comprovar a imputabilidade ou a capacidade de um agente que cometeu um crime de ser responsabilizado e responder com pena).

---

[142] Art. 91, CP: "São efeitos da condenação: I – tornar certa a obrigação de indenizar o dano causado pelo crime".

2 Conceito e finalidade

Frederico Marques define Direito Penal como

> o conjunto de normas que ligam ao crime, como fato, a pena como conseqüência, e disciplinam também as relações jurídicas daí derivadas, para estabelecer a aplicabilidade das medidas de segurança e a tutela do direito de liberdade em face do poder de punir do Estado.[143]

Ele vem da reunião de normas jurídicas pelas quais o Estado proíbe determinadas condutas sob ameaça de uma sanção penal, estabelecendo ainda os princípios gerais para a aplicação das penas e das medidas de segurança. Em outras palavras: vamos lidar com o saber do Direito Penal, sendo este uma ciência tipicamente normativa, ou seja, o objeto de saber do Direito Penal é o estudo da norma jurídica/ordenamento e dos meios e métodos utilizados para sua interpretação.

Cabe ao Direito Penal regular as sanções a serem impostas àquele que praticou o ato. E o Estado como detentor *jus puniendi* não pode agir de forma arbitrária. Justamente por isso, de certa forma, os conceitos encontrados na Doutrina sobre o Direito Penal já agregam essa premissa.

Vale, no entanto, ressaltar que a definição pode se dar sob diferentes perspectivas: é possível definir o Direito Penal, por exemplo, sob o aspecto formal, sociológico, entre outros.

Sob o *aspecto formal*, o Direito Penal é o conjunto de normas que qualifica certos comportamentos humanos como infrações penais, definindo os seus agentes e fixando as sanções a ser-lhes aplicadas. Sob o *aspecto material*, o Direito Penal significaria a repressão aos comportamentos considerados altamente reprováveis que afetam os bens da vida indispensáveis à sua própria conservação.

Já sob o *enfoque sociológico*, Direito Penal é mais um instrumento (ao lado dos demais ramos do direito) de controle social de comportamentos desviados, visando assegurar a necessária disciplina social, bem como a convivência harmônica entre os membros do seu grupo.

O Direito Penal é um ramo do Direito Público interno. Invariavelmente, o Direito Penal não cria a ilicitude da coisa. O que é conduta ilícita? É ilícita toda conduta contrária ao Direito. Se a conduta é ilícita, a ela deve estar ligada uma sanção.

Assim, as condutas descritas como crime são ilícitas por si mesmas. Então, o Direito Penal, como regra, apenas valora a gravidade do ilícito (aplica uma sanção mais grave que as demais). No caso do homicídio, há uma tutela do Direito Penal além do Direito Civil, pois protege um bem jurídico de maior relevância e com consequência mais gravosa.

Firmadas tais premissas, pode-se defini-lo *como o conjunto de normas que lidam com a infração penal (delitos e contravenções) como fato à pena como consequência, disciplinando também as relações jurídicas daí derivadas para estabelecer a tutela do direito de liberdade e os limites do poder punitivo do Estado.*

Mas para que serve, a que se presta ou qual a finalidade do Direito Penal?

---

[143] MARQUES, José Frederico. *Tratado de direito penal.* Campinas: Millennium, 1997. v. I. p. 13-14.

Os *funcionalistas* (funcionalismo teleológico e funcionalismo sistêmico) defendem a ideia de que o Direito Penal é funcionalmente orientado para as consequências, como se atrelassem à dogmática distintas concepções da Política Criminal, ora para assegurar bens jurídicos indispensáveis, valendo-se das medidas de Política Criminal (Claus Roxin); ora para resguardar a norma, o sistema, o Direito posto, atrelado aos fins da pena (Günther Jakobs).

Em todo espaço de convivência humana existem conflitos, pois cada ser humano tem suas ideias, propostas, desejos e objetivos de vida. Acontece que muitas vezes essas ideias diversas acabam se colidindo. Desse modo, é necessário se socorrer de um grupo radiador de poder e da capacidade desse núcleo de editar normas de convivência para permitir uma organização da convivência social.

Essa é uma criação do próprio Direito, e seu processo de formação ocorre a partir de um mecanismo de escolha, ou seja, há diversas escolhas para se fazer, entre as quais a decisão político-criminal por parte de um Estado em proteger determinados bens daquela forma. O respeito a essas regras de convivência fixadas, inclusive pelo Estado, é o que distingue uma sociedade organizada, o modelo de Estado de Direito, da barbárie e do Estado de Natureza.

A partir do momento que alguma regra não é respeitada, o Estado deve agir, em nome de todos que se submetem às regras do Estado de Direito e têm expectativas de que ele esteja em plena vigência, aplicando uma sanção, seja com a finalidade de retribuição, seja como ideia de prevenção: para que outros não mais façam o mesmo, para que todos continuem acreditando na mediação e disciplina estatal, para que o indivíduo que errou se arrependa e demonstre condições de voltar ao convívio social e, eventualmente, para segregar e inocuizar alguém explicitamente perigoso ao tecido social.

Nesse sentido, o Direito Penal tem *finalidade tanto repressiva, quanto preventiva*.

Como veremos, a norma penal é, em regra, aplicada a todos de forma indistinta, sendo certo que eventuais distinções em sua aplicação serão decorrentes do princípio da isonomia ou igualdade material que permite excepcionalmente discriminações positivas, para situações fáticas distintas que legitimam a diferenciação.[144]

Mas não é o fato de ser oponível *erga omnes* (para todos) que torna a norma penal efetivamente cumprida. Além da legitimação e ressonância social, ou seja, da aceitação daquela proteção como um reflexo dos valores de uma comunidade e tempo social, a norma será cumprida por força da efetividade da aplicação de sua consequência: a sanção penal.

Quando se viola uma conduta moral, apesar da reprovação da sociedade, não há uma sanção. Já na norma jurídica, o seu descumprimento gera uma consequência manifestada na forma de uma sanção ou ordens ordenatórias: administrativas (multas ou outras medidas do poder de polícia administrativa, como o fechamento de um estabelecimento); civis (decorrentes de regras das responsabilidades civis – dever indenizatório pelo dano causado, por exemplo); e sanções penais que, como se verá, além das modalidades específicas (privativa de liberdade, restritiva de direitos e pecuniária), gerarão outras consequências e efeitos mais rígidos para qualquer cidadão.

---

[144] Ver nesse sentido: BANDEIRA DE MELLO, Celso Antônio. *O conteúdo jurídico do princípio da igualdade*. São Paulo: Malheiros, 2013.

Logo, a *sanção penal* é a mais grave de todas as sanções previstas e se encontra no topo da hierarquia sancionatória, porque lida com um dos bens jurídicos mais importantes da pessoa: a liberdade. Esse direito fundamental é inerente à pessoa humana.

A sanção penal deve ser um instrumento de reserva: se as sanções civis e administrativas se mostrassem suficientes para controlar qualquer comportamento, não seriam necessárias as sanções penais.

Além disso, a sanção penal também é um instrumento seletivo, ou seja, deve ser utilizada seletivamente. Isso quer dizer que ela só deve ser empregada para a proteção daqueles bens jurídicos que são mais relevantes para a sociedade.

Todas essas premissas a respeito do conceito e finalidade do Direito Penal e das normas penais permitem uma conclusão lógica e a fixação de algumas questões relevantes: há evidentes *limites para o Estado* exercer o seu poder de punir.

Como um ramo do Direito que deveria ser, em termos ideais, a *ultima ratio*, o *jus puniendi* será limitado.

Haverá *limitações temporais* (a prescritibilidade dos crimes como regra, ou seja, um limite temporal para o Estado exercer o poder de punir); *limitações espaciais* (como regra, somente será aplicável a norma penal brasileira para crimes cometidos em território nacional);[145] *limitações de forma ou modais* (há uma premissa no exercício do poder de punir decorrente de tratados internacionais e dos fundamentos da República brasileira, qual seja, o *respeito* à *dignidade da pessoa humana*).[146]

Em síntese, no modelo de Estado de Direito, há evidente monopólio do poder-dever de punir do Estado, que tem, contudo, limites para seu exercício.

Parte da doutrina, no entanto, levanta uma exceção a esse monopólio do poder punitivo estatal: a regra prevista no art. 57 da Lei nº 6.001/73 (Estatuto do Índio):

> Art. 57. Será tolerada a aplicação, pelos grupos tribais, de acordo com as instituições próprias, de sanções penais ou disciplinares contra os seus membros, desde que não revistam caráter cruel ou infamante, proibida em qualquer caso a pena de morte.

No entanto, assim como se dá com a possibilidade excepcional do exercício da ação penal por um particular,[147] não se trata de mitigação do monopólio do *jus puniendi*, mas sim de delegação, feita por norma jurídica construída pelo próprio Estado. Prova disso, por exemplo, é a existência do crime de exercício arbitrário das próprias razões.[148]

De qualquer sorte, como bem ressalta Dotti, em face do reconhecimento de uma cultura própria dos índios, pode-se afirmar que o dispositivo anteriormente transcrito foi recepcionado pela Carta Política de 1988 que não admite penas cruéis (art. 5º, XLVII, "e"):

---

[145] Art. 5º, CP: "Aplica-se a lei brasileira, sem prejuízo de convenções, tratados e regras de direito internacional, ao crime cometido no território nacional".

[146] CF: "Art. 1º A República Federativa do Brasil, formada pela união indissolúvel dos Estados e Municípios e do Distrito Federal, constitui-se em Estado Democrático de Direito e tem como fundamentos: [...] III – a dignidade da pessoa humana".

[147] Como o instituto da legítima defesa prevista no art. 25 do CP.

[148] "Art. 345. Fazer justiça pelas próprias mãos, para satisfazer pretensão, embora legítima, salvo quando a lei o permite: Pena – detenção, de quinze dias a um mês, ou multa, além da pena correspondente à violência".

com efeito, a CF consagra a existência de áreas de reserva da cultura indígena ao declarar que são reconhecidos aos índios sua organização social, costumes, línguas, crenças e tradições, além dos direitos originários das terras que tradicionalmente ocupam (art. 231). Por outro lado, tanto os índios como as suas comunidades são partes legítimas para ingressar em juízo em defesa de seus direitos e interesses (CF, art. 232).[149]

Em outras palavras, trata-se de exercício regular de direito autorizado pelo próprio Estado, o que reafirma seu monopólio do poder de punir.

3 Classificação

3.1 As diferentes classificações do Direito Penal

Os dicionários definem a "classificação" como a reunião de objetos em classes e nos grupos respectivos, segundo um sistema ou método.

James Duff Brown, bibliotecário nascido em Edimburgo, inspirado em alguns filósofos gregos, como Aristóteles, foi um dos primeiros a escrever livros sobre biblioteconomia e o criador do único sistema de classificação geral da Inglaterra, estabelecendo, pois, que a classificação nada mais é que um processo mental constantemente executado de forma consciente e inconsciente por qualquer ser humano, ainda que não reconhecido como tal. Esse processo mental de separação, contudo, deve ter alguma utilidade prática.

No caso das classificações do Direito Penal, elas se prestam a facilitar a compreensão de seu estudo e metodologicamente separar os objetos de estudo nas respectivas categorias.

Assim, distingue-se Direito Penal *objetivo* e Direito Penal *subjetivo*. O primeiro como o conjunto de leis penais em vigor no país; já o Direito Penal subjetivo seria o direito de punir (*jus puniendi*) do Estado.

Da mesma forma, classifica-se o Direito Penal em *comum* ou *especial*: o primeiro é aplicado a todas as pessoas em geral e funda-se no Código Penal e na legislação especial extravagante, como a Lei de Drogas (Lei nº 10.343/06), Código de Trânsito (Lei nº 9.503/97) etc.; já o Direito Penal especial, cuja aplicação depende da justiça ou jurisdição especial, diz respeito ao Direito Penal Militar (CPM – Decreto-Lei nº 1.001/69), Direito Eleitoral (Lei nº 4.737/65), aos crimes de responsabilidade[150] (Lei nº 1.079/50) etc.

Há ainda na doutrina clássica uma distinção entre Direito Penal *substantivo* e *adjetivo*, para distinguir o Direito Penal do Direito Processual Penal.

De igual modo, há uma discussão filosófica relevante, como se verá oportunamente, na distinção entre Direito Penal *do fato versus* Direito Penal *do autor*.

O primeiro, por excelência, um Direito Penal de culpabilidade, de penas, de caráter retrospectivo e focado em punir o agente pelo que ele fez; o segundo, um Direito Penal de periculosidade, sobretudo de medidas de segurança, prospectivo e focado em neutralizar o agente não propriamente pelo que fez, mas pelo perigo que representa e pelo que ele pode vir a fazer.

---

[149] DOTTI, René Ariel. *Curso de direito penal:* parte geral. 6. ed. Rio de Janeiro: Forense, 2018. p. 624.
[150] A expressão "crimes de responsabilidade" é inadequada, pois há uma espécie de sanção política e o órgão que o aplica é o legislativo e não o judiciário.

3.2 Infração penal: crime e contravenção

Assim, como já aventado brevemente, a infração penal (gênero) se divide em crimes (ou delitos) e contravenções penais.

A diferença entre os dois é exclusivamente de grau, ou seja, o crime é tratado de forma mais severa do que a contravenção. Não há, portanto, diferença ontológica entre crime e contravenção; a distinção é puramente formal, presente no art. 1º do Decreto-Lei nº 3.914/41:

> **Crime ou delito** é a infração penal a que a lei comina pena de reclusão ou detenção, isolada ou cumulativamente com a pena de multa.
>
> **Contravenção** é a infração penal a que a lei comina pena de prisão simples ou de multa, quer isoladamente, ou alternativa ou cumulativamente.

Todos os tipos penais (crimes/delitos) preveem, como regra, pena privativa de liberdade (reclusão ou detenção, sendo que alguns deles trazem as penas de forma alternativa, com a possibilidade de aplicação de simples multa), enquanto as contravenções penais (chamadas pela doutrina clássica de "crimes-anão") preveem apenas como exceção (prisão simples e, como regra, a pena de multa ou pecuniária).

Vale, contudo, ressaltar algumas distinções importantes feitas a partir de escolhas do então legislador:

a) os crimes podem ser de ação penal pública, condicionada ou incondicionada, ou de ação penal privada (CP, art. 100); já as contravenções penais são sempre de ação penal pública incondicionada (LCP, art. 17);

b) é punível a tentativa de crimes (CP, art. 14, II), o que não se dá nas contravenções (LCP, art. 4º);

c) os crimes podem ser dolosos ou culposos (CP, art. 18); nas contravenções, basta seja a conduta voluntária (LCP, art. 3º), embora parte da doutrina, como nós, entendamos que o dispositivo deva ser lido em conformidade com a reforma finalista da Parte Geral do Código Penal que exige, como regra, o dolo como elemento volitivo;

d) aos crimes aplicam-se os princípios do erro de tipo e de proibição (CP, arts. 20 e 21); às contravenções, somente se aplica o erro de direito (LCP, art. 8º), ou seja, mais um exemplo da desatualização das normas gerais em comparação à reforma de 1984 que alterou a teoria do erro;

e) a lei penal brasileira se aplica tanto aos crimes praticados no Brasil (CP, art. 5º) como àqueles cometidos no exterior (CP, art. 7º), mas somente às contravenções cometidas em território nacional (LCP, art. 2º);

f) o limite de cumprimento das penas privativas de liberdade decorrentes de crime é de quarenta anos (CP, art. 75); das contravenções é de cinco (LCP, art. 10);

g) com relação aos crimes, a duração do *sursis* pode variar de dois a quatro anos e, excepcionalmente, de quatro a seis anos (CP, art. 77); para as contravenções, o limite é de um a três anos (LCP, art. 11).

Além disso, há três tipos de penas privativas de liberdade *a) reclusão; b) detenção; c) prisão simples*, esta última somente aplicável às contravenções penais.

Haverá outras peculiaridades entre crimes e contravenções, como as já mencionadas, mas é preciso dizer que essas diferenças em relação aos crimes[151] se devem muito mais a um tratamento específico dado pela Lei de Contravenções Penais, que obsta, pelo Princípio da Especialidade, a aplicação das regras gerais do Código Penal.[152]

Importante frisar que a definição de infração penal da Lei de Introdução ao Código Penal brasileiro é hoje reputada anacrônica e defasada, porque seria possível a definição de uma infração penal, inclusive de um delito, sem que fosse contemplada no preceito secundário da norma uma pena privativa de liberdade.

Tal questão foi objeto de uma polêmica quando da nova redação do crime de porte de drogas para consumo próprio, art. 28 da Lei nº 11.343/06, dada a redação do preceito secundário da norma:

> Art. 28. Quem adquirir, guardar, tiver em depósito, transportar ou trouxer consigo, para consumo pessoal, drogas sem autorização ou em desacordo com determinação legal ou regulamentar será submetido às seguintes penas:
> I – advertência sobre os efeitos das drogas;
> II – prestação de serviços à comunidade;
> III – medida educativa de comparecimento a programa ou curso educativo.

Na ocasião, parte da doutrina entendeu que a Lei de Drogas teria descriminalizado o porte de drogas e condutas assemelhadas para uso pessoal. Contudo, pacificou-se o entendimento em sentido contrário, ou seja, de que houve simples despenalização, eis que a definição de crime não estaria cingida ao art. 1º da LICP, em que nenhuma das correntes que busca conceituá-lo (formal, material, analítica) leva em consideração a consequência jurídica, ou melhor, se há previsão da pena privativa de liberdade como sanção ao mesmo. Ademais, o próprio Código Penal prevê que as penas restritivas de direito ou alternativas são autônomas em relação à pena privativa de liberdade, tendo existência própria, como bem delimita o art. 44.

Atualmente, diante da iminente decisão da Suprema Corte no julgamento do Recurso Extraordinário nº 635.659 que pretende diferenciar, com mais segurança jurídica, a figura do usuário do traficante, passou a se entender que o porte, especificamente, de *Cannabis sativa L.*, vulgarmente conhecida como maconha, configuraria mero ilícito administrativo, não obstante não haver qualquer disciplina jurídica do procedimento que deve ser adotada a partir de então.[153]

---

[151] Punição tentativa (art. 14, parágrafo único, CP) e extraterritorialidade da lei penal (art. 7º, CP).

[152] "Art. 12. As regras gerais deste Código aplicam-se aos fatos incriminados por lei especial, se esta não dispuser de modo diverso".

[153] No RE nº 635.659, com repercussão geral reconhecida, no qual se discute a inconstitucionalidade do art. 28 da Lei de Drogas, o Ministro Relator, Gilmar Mendes, em sessão realizada no dia 20 de agosto de 2015, afirmou que a norma se revela incompatível com a Constituição Federal. Ele votou no sentido da declaração de inconstitucionalidade sem redução de texto, de modo a se interpretar suas providências como medidas de natureza civil e administrativa (e não mais, portanto, como sanções penais). De acordo com o Ministro, a criminalização conduz à estigmatização do usuário e põe em risco medidas de prevenção e redução de danos. Observou, ainda, que a norma estabelece sanção desproporcional e ofensiva ao direito à personalidade, além de se tratar de fato que causa dano eminentemente privado, e não coletivo. Acrescentou, outrossim, que, nos casos

4 Características da Lei Penal

As normas penais são divididas em *normas incriminadoras*, ou seja, aquelas que contemplam o tipo penal, prevendo uma conduta e suas respectivas sanções; *normas penais não incriminadoras ou permissivas*, isto é, normas que tornam lícitas condutas que em um primeiro momento são definidas como crime (legítima defesa, estado de necessidade etc.); e *normas penais explicativas*, que permitirão a interpretação autêntica e literal, eis que são destinadas a esclarecer algo, trazendo conceitos e extensão da tipicidade, como se dá com o conceito de funcionário público pra fins jurídico-penais (art. 327, CP).

As normas penais incriminadoras, como mencionado, são compostas de um preceito primário contemplando a conduta penalmente proibida e um preceito secundário, contemplando a sanção penal.

Nesse aspecto, a norma penal é *imperativa, geral, impessoal e exclusiva*.

Imperativa, pois, praticado o crime, ela impõe sanções. Genérica ou geral, eis que está destinada a todos, indistintamente, que se encontrem na mesma situação fática e teórica; impessoal, pois está destinada a todos que possuam a mesma capacidade; e exclusiva, porque só ela pode criar crimes e prever as respectivas sanções, não obstante, como se verá, certas normas conterem o conteúdo por vezes preenchido por normas de natureza infralegal, como se dá com as normas penais em branco heterogêneas.

Normas penais em branco são disposições cuja sanção é determinada, permanecendo indeterminado o seu conteúdo; sua exequibilidade depende do complemento de outras normas jurídicas ou da futura expedição de certos atos administrativos.

Como leciona Hungria,

> Há certas leis penais que dependem, para sua exeqüibilidade, do complemento de outras normas jurídicas *in fieri* ou da futura expedição de certos atos administrativos (regulamentos, portarias, editais). É o que se chama "leis penais em branco", "cegas" ou "abertas". Contêm a *sanctio* (comunicação de pena), mas o *proeceptum* (ou, pelo menos, a precisa fixação deste) é remetido à *lex ferenda* ou futuro ato administrativo. A pena é cominada à transgressão (desobediência, inobservância) de uma norma (legal ou administrativa) a emitir-se *in futuro*.[154]

A origem da norma penal em branco (*blankettstrafnormen*) teve lugar com o penalista alemão Karl Binding,[155] que empreendeu a primeira teorização sobre tais normas e estava diretamente relacionada com a autorização dada por um órgão legislativo superior para que um órgão legislativo inferior complementasse a norma principal.

---

de prisão em flagrante por tráfico de drogas, a apresentação imediata do preso ao juiz deverá ser obrigatória, de modo a evitar que o fato seja indevidamente capitulado como tráfico. Os Ministros Edson Fachin e Luís Barroso acompanharam, em parte, o Relator, pois consideraram a inconstitucionalidade apenas no que diz respeito à "maconha", mantendo a norma penal no que diz respeito ao porte de outras substâncias psicoativas. Houve pedido de vista, o qual interrompeu o julgamento. Por fim, por maioria ficou estabelecido que até 40 gramas de maconha ou seis plantas fêmeas caracterizam o usuário, diferenciando-o do traficante. A decisão ainda prevê sanções administrativas, como advertência e participação em programas educativos, em vez de penas criminais.

[154] HOFFBAUER, Nélson Hungria. *Comentários ao Código Penal*. 3. ed. Rio de Janeiro: Forense, 1955. v. 1. t. 1. p. 96.
[155] BINDING, Karl. *Die Normen Und Ihre Ubertretung, Eine Untersuchung Uber Die Rechtmassige Handlung Und Die Arten Des Delikts*. 2. ed. Leipzig: Wilhelm Engelmann, 1890. v. II, 1.

Mais à frente, Mezger[156] amplia o conceito, para admitir que o complemento da norma em branco pudesse ser dado não apenas pela própria lei que a criasse, mas também por outra legislação de mesmo nível hierárquico ou outra de nível superior ou mesmo inferior à lei penal complementada, sem que isso acarretasse maiores consequências, pois se tratava de técnica legislativa externa própria desses tipos.

Elas se classificam em norma penal em branco homogênea (ou em sentido amplo) e norma penal em branco heterogênea (ou em sentido estrito).

As *normas penais em branco em sentido lato* são aquelas em que o complemento é determinado pela mesma fonte formal da norma incriminadora (como exemplo, o conceito de preservação permanente para preenchimento dos elementos de alguns crimes previstos na Lei nº 9.605/98 e que se encontra no Código Florestal).

Parte da doutrina subdivide essa espécie de *norma penal em branco em homóloga ou homovitelina* (mesmo estatuto, *v.g.*, art. 327, CP) e *heteróloga ou heterovitelina* (estatutos diferentes).

Já a *norma penal em branco em sentido estrito* é aquela cujo complemento está contido em norma procedente de outra instância legislativa.

Exemplo clássico de uma norma penal em branco heterogênea é o tráfico de drogas, eis que o preenchimento do elemento "drogas" no art. 33 da Lei nº 11.343/06 depende do conteúdo preenchido por ato administrativo infralegal do Ministério da Saúde, especificamente da Anvisa.

Greco entende que a norma penal em branco em sentido estrito é inconstitucional, porque quem está dando o seu conteúdo não é o legislador, mas o Executivo, que estaria usurpando a função do legislador.[157]

Contudo, a doutrina majoritária entende que foi o Legislativo que deu essa autorização ao Executivo, até porque, no exemplo das drogas, é impossível ao legislador prever todas as possibilidades (cada vez que surgisse uma droga nova, o legislador teria que acrescentar na lei, contemplando uma norma gigantesca).

Há, por fim, aquilo que alguns autores chamam de *lei penal em branco em sentido constitucional*. Trata-se dos mandados de criminalização, ou seja, dos preceitos constitucionais que determinam ao legislador ordinário que criminalize determinado comportamento.[158]

Assim, por exemplo, o art. 5º, XLII, da CF, determina que o *racismo será considerado crime* (inafiançável e imprescritível). Quando a Carta de 1988 foi promulgada, não havia lei penal tipificando o racismo. O ato, portanto, não era criminoso até então. Isso somente ocorreu quando, em 1989, editou-se a Lei nº 7.716/89, e, com ela, o legislador ordinário cumpriu a ordem do constituinte, atendendo ao mencionado mandado de criminalização. Um dos últimos mandados expressos de criminalização cumpridos

---

[156] MEZGER, Edmund. *Tratado de derecho penal*. Buenos Aires: Hammurabi, 2010. p. 397.

[157] "O conteúdo da norma penal poderá ser modificado sem que haja uma discussão amadurecida da sociedade a seu respeito, como acontece quando os projetos de lei são submetidos à apreciação de ambas as casas do Congresso Nacional, sendo levada em consideração a vontade do povo, representado pelos seus deputados, bem como a dos Estados, representados pelos seus senadores, além do necessário controle pelo Poder Executivo, que exercita o sistema de freios e contrapesos" (GRECO, Rogério. *Curso de direito penal*: parte geral. 22. ed. Rio de Janeiro: Impetus, 2020. v. 1. p. 71-72).

[158] ESTEFAM, André. *Direito penal*: parte geral (arts. 1º a 120). 10. ed. São Paulo: Saraiva, 2021. p. 93.

pelo nosso legislador foi o terrorismo, conduta que somente passou a ser validamente tipificada em nosso ordenamento jurídico com a Lei nº 13.260/2016, atendendo ao comando inserido no art. 5º, XLIII, da CF.

Vale ressaltar aquilo que se entende como *lei penal incompleta* ou *lei penal em branco às avessas, ao revés ou invertida*, isto é, o fenômeno inverso ao da lei penal em branco, ou seja, aquela *lei determinada no preceito e indeterminada na sanção*: nesse caso, o complemento normativo diz respeito à sanção, e não ao conteúdo proibido, que está determinado, como se dá, por exemplo, na Lei nº 2.889/56, que trata dos crimes de genocídio.[159]

Parte da doutrina ainda a classifica como *norma penal em branco ao quadrado*, na hipótese em que ela requer um complemento que, por sua vez, deve também ser integrado por outra norma: como na hipótese do art. 38 da Lei nº 9.605/98, que pune as condutas de destruir ou danificar floresta considerada de prevenção permanente, sendo certo que o conceito de floresta de preservação permanente é obtido no Código Florestal, que, entre várias disposições, estabelece uma hipótese em que a área de preservação permanente será assim considerada após declaração de interesse social por parte do Chefe do Poder Executivo.[160]

Os *tipos remissivos*, segundo Nucci, não configurariam norma penal em branco, visto que esta depende de um complemento externo à lei penal onde o tipo incriminador foi criado (art. 304 do CP, art. 307 da Lei nº 9.503/97, art. 244-A do ECA, art. 176 da Lei nº 11.101/05).[161]

De qualquer sorte, a lei penal, ademais, se destina a reger fatos futuros. Ela, como regra, não retroage. No entanto, há uma exceção assemelhada à questão da analogia, pois a lei penal poderá retroagir se for em benefício do réu.

Há diferentes correntes quanto à possibilidade de retroatividade da norma em branco: a) a primeira sustenta que a alteração do complemento da norma penal em branco deve sempre retroagir, desde que mais benéfica para o acusado, tendo em vista o mandamento constitucional (a lei posterior, que de qualquer modo favorecer o agente, aplica-se aos fatos anteriores) e o direito de liberdade do cidadão;[162] b) a segunda entende que a alteração da norma complementadora, mesmo que benéfica, terá efeitos irretroativos, por não admitir a revogação das normas em consequência da revogação de seus complementos;[163] c) a terceira, por sua vez, ensina que só tem importância a variação da norma complementar na aplicação retroativa da lei penal em branco quando esta provoca uma real modificação da figura abstrata do direito penal, e não quando importe a mera modificação de circunstância, que, na realidade, deixa subsistente a norma penal;[164] d) a última corrente, que nos parece a mais acertada, defendida inclusive pelo STF, sustenta que a alteração de um complemento de uma norma penal em branco homogênea sempre teria efeitos retroativos, vez que a norma complementar, como lei ordinária que é, também foi submetida a rigoroso e demorado

---

[159] CUNHA, Rogério Sanches. *Manual de direito penal*: parte geral. 8. ed. Salvador: JusPodivm, 2020. p. 112.
[160] CUNHA, Rogério Sanches. *Manual de direito penal*: parte geral. 8. ed. Salvador: JusPodivm, 2020. p. 113.
[161] NUCCI, Guilherme de Souza. *Curso de direito penal*: parte geral. 4. ed. Rio de Janeiro: Forense, 2020. p. 96.
[162] COSTA JÚNIOR, Paulo José da. *Curso de direito penal*. 12. ed. São Paulo: Saraiva, 2010. p. 37.
[163] MARQUES, José Frederico. *Tratado de direito penal*. Campinas: Millennium, 1997. v. I. p. 82.
[164] MIRABETE, Júlio Fabbrini. *Manual de direito penal*: parte geral. 23. ed. São Paulo: Atlas, 2006.

processo legislativo. A situação, contudo, inverte-se quando se tratar de norma penal em branco heterogênea. Nesse caso, a situação se modifica para comportar duas soluções. Quando a legislação complementar não se reveste de excepcionalidade, como é o caso das portarias sanitárias estabelecedoras das moléstias cuja notificação é compulsória, que, pela sua característica, se revogada ou modificada, poderá conduzir também à descriminalização. Já na legislação complementar de caráter excepcional, como no caso das portarias de ordem econômica (tabelamento de preços), pela sua característica, se revogada ou modificada, não conduz à descriminalização.[165]

A norma penal é, em regra, *ordinária*, ou seja, destinada a viger por tempo indeterminado (até que seja revogada ou alterada por outra lei); por vezes pode ter caráter de *vigência temporária ou excepcional*, quando destinada a viger em situações emergenciais ou excepcionais (Estado de sítio, situação de calamidade pública),[166] oportunidade em que terá vigência durante determinado tempo apenas.

Em síntese, essas são as características gerais de uma norma penal:

- Exclusividade: somente a norma penal define crimes e comina penas (princípio da legalidade).
- Imperatividade/Coercibilidade: a norma penal é imposta a todos, independentemente de sua vontade, sob pena de sanção; assim, praticada uma infração penal, o Estado deverá buscar a aplicação da pena.
- Generalidade: a norma penal vale para todos (*erga omnes*).
- Impessoalidade: a norma penal é abstrata, sendo elaborada para punir acontecimentos futuros, e não para punir pessoa determinada.

Vários segmentos da doutrina, desde Beccaria,[167] sustentam que a norma penal deve ser, inclusive, clara, taxativa, dando segurança jurídica ao destinatário da norma, diminuindo o arbítrio do Estado e assegurando, como se verá, concretamente o princípio estruturante da reserva legal em matéria penal. Resta enfrentar o seguinte dilema desse tempo social: como prever normas completamente claras e taxativas quando se enfrentam novas formas de criminalidade, como o crime de colarinho branco, o terrorismo e a criminalidade organizada? Ademais, como enfrentar esse dilema se a própria fonte da produção das leis deixou de ser exclusivamente a lei, como veremos?

5 Fontes

O termo "fontes" provém do latim *fons* e *fontis*, que implica o conceito de nascente de água. Entende-se por fonte tudo o que dá origem, o início de tudo.

No Direito, fonte nada mais é que a origem do Direito, suas raízes históricas, de onde se cria (*fonte material*) e como se aplica (*fonte formal*), ou seja, o processo de produção das normas. A fonte material do Direito (ou de produção ou de criação) representa

---

[165] STF – Primeira Turma – HC nº 73168 – Rel. Min. Moreira Alves – DJ 15/03/1995 e STF – Segunda Turma – HC nº 68904 – Rel. Min. Carlos Velloso – DJ 03/04/1992; no mesmo sentido: CUNHA, Rogério Sanches. *Manual de direito penal*: parte geral. 8. ed. Salvador: JusPodivm, 2020. p. 149.

[166] CP: "Art. 3º A lei excepcional ou temporária, embora decorrido o período de sua duração ou cessadas as circunstâncias que a determinaram, aplica-se ao fato praticado durante sua vigência".

[167] BECCARIA, Cesare. *Dos delitos e das penas*. São Paulo: Martin Clarets, 2001.

como surge a norma do Direito Penal (origem e criação). Em regra, somente a União está autorizada a produzir, a criar Direito Penal, com a ressalva do art. 22, parágrafo único, da CF.[168]

O art. 22 da CF descreve as matérias que são privativas da União. No inc. I encontra-se o Direito Penal. Há uma abertura trazida por esse mesmo artigo que afirma que "lei complementar poderá delegar aos estados membros a iniciativa legislativa para tratar de temas específicos, dentre aqueles arrolados neste artigo". Assim, em tese, os estados poderiam, por exemplo, criar tipos penais de crimes contra patrimônios. No entanto, nunca foi editada nenhuma lei complementar em face da permissão trazida pela regra.

A lei é elaborada por um processo que envolve Legislativo e Executivo. Como já assinalamos, há limites quanto ao poder de legislar e ao conteúdo contido nas normas jurídicas, valendo ressaltar: a) a própria Constituição Federal, por meio do processo legislativo de observância obrigatória, dos seus princípios (aos quais as leis não podem contrariar); b) os padrões sociais médios (valores e princípios sociais), eis que, para a lei ser válida, ela precisa ser razoável (princípio da razoabilidade), ou seja, o conteúdo da lei deve ser socialmente adequado, não podendo trazer valores contrários aos vigentes na sociedade.

Ainda no que se refere às fontes formais, elas poderão ser diretas ou indiretas: a fonte formal direta é *lei*, ou seja, a lei tanto cria o Direito quando o exterioriza. Já as fontes formais indiretas decorrem de uma regra do art. 4º da LINDB: "Quando a lei for omissa, o juiz decidirá o caso de acordo com a *analogia, os costumes e os princípios gerais de direito*".

A analogia, como método de integração, será tratada no capítulo relativo à interpretação do Direito Penal.

Já os *costumes* representam espécies de fontes formais mediatas, consistentes nos comportamentos uniformes e constantes pela convicção de sua obrigatoriedade e necessidade jurídica. Em outros termos: são práticas sociais rotineiras e gerais, cuja observância com todos leva a uma consciência coletiva de sua obrigatoriedade, ou seja, é uma prática social arraigada.

Em matéria penal, são utilizados para a definição de certos conceitos do Direito Penal, em especial naquilo que denominará elementos normativos do tipo, que permitem e demandam um juízo de valor (exemplo: ato obsceno, cuja acepção será definida tanto pelo contexto social, quanto pelos costumes).

Jamais um costume será incriminador. De outra parte, há uma dissidência clássica no poder de um costume revogar uma infração penal: 1ª posição (majoritária) – não tem esse poder, porque de acordo com a LINDB (Decreto-Lei nº 4657/42), aplicável a todos os ramos do Direito, a lei terá vigência até que outra a modifique ou revogue;[169] 2ª

---

[168] "Art. 22. Compete privativamente à União legislar sobre: I – direito civil, comercial, *penal*, processual, eleitoral, agrário, marítimo, aeronáutico, espacial e do trabalho; Parágrafo único. Lei complementar poderá autorizar os Estados a legislar sobre questões específicas das matérias relacionadas neste artigo. A competência residual do Estado, nos casos de direito penitenciário, por exemplo, se deu na edição da Lei nº 12.906/08 pelo Estado de São Paulo, disciplinando o monitoramento eletrônico".

[169] Art. 2º: "Não se destinando à vigência temporária, a lei terá vigor até que outra a modifique ou revogue".

posição (minoritária) – sim, sendo perfeitamente possível o costume revogador em caso de perda de eficácia social, como se daria com a contravenção penal do jogo do bicho.

Dotti, por exemplo, sustentando uma espécie de descriminalização informal, defende que a Lei nº 12.015/09, que alterou a redação do art. 229 do CP, descriminalizou, implicitamente, o delito de manter casa de prostituição, na medida em que passou a exigir, como elemento objetivo do tipo, a condição da exploração sexual, assim como sustenta o mesmo para a contravenção penal de jogo do bicho (LCP, art. 58 e Decreto-Lei nº 6.259/44):

> A atividade do próprio Poder Público na exploração de jogos de azar retirou, em verdade, do "jogo do bicho" sua primitiva feição contravencional, tornando-a prática rotineira de ostensiva aceitação popular".[170] Mas tal orientação tem sido modificada pelo STJ, diante do entendimento de que "o sistema jurídico brasileiro não admite possa uma lei perecer pelo desuso, porquanto, assentado no princípio da supremacia da lei escrita (fonte principal do direito), sua obrigatoriedade só termina com sua revogação por outra lei. Noutros termos, significa que não pode ter existência jurídica o costume *contra legem*.[171]

Prevalece a primeira corrente de forma amplamente majoritária, até mesmo pelos *Princípios da Legalidade* e *da Segurança Jurídica*.[172]

No Direito Penal, a relevância dos costumes será, portanto, de cunho interpretativo, como se infere, por exemplo, da expressão "repouso noturno" para fins de aumento da pena do crime de furto:

> Art. 155. Subtrair, para si ou para outrem, coisa alheia móvel:
> §1º A pena aumenta-se de um terço, se o crime é praticado durante o repouso noturno.

Já os *princípios gerais do Direito* representam premissas extraídas do ordenamento jurídico ou notadamente da Constituição. O ordenamento jurídico lida com a ideia de que não há regras que não possam ser solucionadas, pressupondo a ausência de antinomias, como se verá na discussão dos métodos de interpretação da lei penal.

Nesse sentido, os princípios gerais de direito representariam o direito que vive na consciência popular.

Uma questão relevante contemporânea diz respeito ao papel dos *tratados internacionais* como fonte do Direito, sob a perspectiva da teoria dos Mandados de Criminalização, desde o advento da Emenda Constitucional nº 45/2004.

Para a maioria da doutrina, os tratados não constituem propriamente fontes do Direito, não obstante poderem criar disposições penais, compromissos e mandados de penalização que criam compromissos de neocriminalização aos signatários.

A partir da EC nº 45/2004, os tratados devem ser ratificados pelo Presidente e aprovados pelo Congresso Nacional. Após o referendo, o tratado será interiorizado e, quando o Congresso Nacional o ratifica, ingressa no ordenamento jurídico como norma,

---

[170] DOTTI, René Ariel. *Curso de direito penal*: parte geral. 6. ed. Rio de Janeiro: Forense, 2018. p. 179; no mesmo sentido: RT 621/334 e Jutacrim; 81/504; 82/46385/325 e 85/484.

[171] DOTTI, René Ariel. *Curso de direito penal*: parte geral. 6. ed. Rio de Janeiro: Forense, 2018. p. 179.

[172] Nesse sentido: STJ, Rel. Min. Adhemar Maciel, RT 7157539; STJ, rel. Min. Assis Toledo, RT 666/376, rel. Min. Edson Vidigal, RT 705/387.

podendo, inclusive, ter *status* constitucional (quando versar sobre direitos humanos e for posterior à referida EC).

A distinção em tratar os tratados como fonte ou critério de interpretação tem profunda relevância, por exemplo, no que toca à prescritibilidade do crime de tortura.

A Constituição Federal adotou como regra a prescritibilidade e, em caráter excepcional, disciplinou no art. 5º, incs. XLII e LXIV, os crimes imprescritíveis, nada falando sobre a tortura, como se dá, de modo geral, no direito estrangeiro:

> XLII – a prática do racismo constitui crime inafiançável e imprescritível, sujeito à pena de reclusão, nos termos da lei; [...]
> XLIV – constitui crime inafiançável e imprescritível a ação de grupos armados, civis ou militares, contra a ordem constitucional e o Estado Democrático; [...].

Ocorre que o Brasil é signatário de um tratado internacional, denominado Estatuto de Roma,[173] que justamente estabelece que a tortura é crime imprescritível. O Estatuto de Roma foi ratificado com quórum comum, logo, tem *status* infraconstitucional, porém, supralegal. Há, portanto, um conflito aparente de normas.

A Constituição, ao silenciar sobre o tema, estipula que o crime de tortura prescreve. Mas, por outro lado, o Estatuto de Roma determina a sua imprescritibilidade. Qual norma deve prevalecer? Há três correntes a respeito desse tema: 1ª) deve prevalecer a CF/88, pois Tratado Internacional de Direitos Humanos ratificado com quórum comum é infraconstitucional (o STF adotou esse entendimento quando julgou o pedido de revisão da Lei de Anistia); 2ª) deve prevalecer o Estatuto de Roma, pois é mais favorável aos direitos humanos (princípio do *pro homine*); 3ª) a tortura prescreve, eis que a imprescritibilidade prevista nos tratados é incompatível com o Direito Penal de conformidade com o Estado Democrático de Direito.

Entendemos que como premissa de respeito à dignidade humana, a segunda posição parece ser a mais adequada, embora não seja a majoritária, que tem entendido que os tratados não podem criar norma incriminadora ou ampliar o poder de punir do Estado, mas tão somente podem ser utilizados como critério de interpretação e, quando muito, como mandados de criminalização para que o Congresso legisle no mesmo sentido.

Além da questão referente ao novo papel dos tratados e convenções internacionais, a EC nº 45/2004 trouxe outra grande inovação, autorizando uma espécie de ativismo judicial denominada *súmula vinculante*, prevista no art. 103-A, CF,[174] que vai muito além

---

[173] Decreto nº 4.388, de 25.9.2002.
[174] "Art. 103-A. O Supremo Tribunal Federal poderá, de ofício ou por provocação, mediante decisão de dois terços dos seus membros, após reiteradas decisões sobre matéria constitucional, aprovar súmula que, a partir de sua publicação na imprensa oficial, terá efeito vinculante em relação aos demais órgãos do Poder Judiciário e à administração pública direta e indireta, nas esferas federal, estadual e municipal, bem como proceder à sua revisão ou cancelamento, na forma estabelecida em lei. §1º A súmula terá por objetivo a validade, a interpretação e a eficácia de normas determinadas, acerca das quais haja controvérsia atual entre órgãos judiciários ou entre esses e a administração pública que acarrete grave insegurança jurídica e relevante multiplicação de processos sobre questão idêntica. §2º Sem prejuízo do que vier a ser estabelecido em lei, a aprovação, revisão ou cancelamento de súmula poderá ser provocada por aqueles que podem propor a ação direta de inconstitucionalidade. §3º Do ato administrativo ou decisão judicial que contrariar a súmula aplicável ou que indevidamente a aplicar, caberá reclamação ao Supremo Tribunal Federal que, julgando-a procedente, anulará o ato administrativo ou cassará a decisão judicial reclamada, e determinará que outra seja proferida com ou sem a aplicação da súmula, conforme o caso".

da simples estabilidade de julgamentos repetitivos sobre o mesmo assunto pacificado pelas "Súmulas".[175]

É certo que o *ativismo judicial*, que, de certa forma, viola o *Princípio da Separação de Poderes*, já tem sido constatado em matérias penais e processuais penais há algum tempo.[176] Nesse aspecto, aliás, Hungria bem ponderava que "deixar ao livre alvedrio ou variável critério dos juízes a aplicação do que eles, fora da lei, entendem por direito, seria fazer da justiça uma incerteza e uma constante ameaça à segurança dos direitos individuais e sociais".[177]

Ao tradicional aparelho político-representativo do Estado, ressalta Bobbio, agregam-se funções econômicas orientadas à valorização dos diversos setores do capital, e essa mudança de conotações nas relações entre "político" e "econômico" representou justamente a origem da crise dos princípios fundamentais do Estado de Direito:

> a) do princípio da supremacia do poder legislativo; b) da legalidade da atividade executiva do Estado, que há de se dar segundo as formas preestabelecidas da lei universal e abstrata; c) do controle de legitimidade, isto é, da conformidade com a lei, exercido pela atividade judiciária.[178]

No que concerne à Política Criminal, vale ilustrar o teor da Súmula nº 714 do STF que extrapola e muito as funções típicas jurisdicionais: é concorrente a legitimidade do ofendido, mediante queixa, e do Ministério Público, condicionada à representação do ofendido, para a ação penal por crime contra a honra de servidor público em razão do exercício de suas funções.

Não obstante esse entendimento sumulado não ter caráter vinculante, a nova redação do art. 103-A permitirá, em tese, que o Direito Penal passe a ter também como fonte originária ou, ao menos, fonte material secundária[179] os precedentes vinculantes, inclusive, por força da regra do art. 927 do Código de Processo Civil, que já vem sendo aplicada no âmbito do Superior Tribunal de Justiça.[180]

---

[175] A CF de 1946, pelo art. 119, III, atribuía ao Supremo Tribunal Federal a competência para julgar, em recurso extraordinário, as causas decididas em única ou última instância por outros tribunais ou juízes quando, na decisão recorrida, a interpretação da Lei federal invocada for diversa da que lhe haja dado qualquer dos outros tribunais ou o próprio Supremo Tribunal Federal (art. 101, III, "d"). E para assegurar efetividade àquele dispositivo, há muito tempo se impunha a necessidade de uma súmula da jurisprudência predominante do STF. Já o Regimento Interno do STF estabelece: "A jurisprudência assentada pelo Tribunal será compendiada na Súmula do Supremo Tribunal Federal" (art. 102, *caput*). "Qualquer dos Ministros do STF pode propor a revisão da jurisprudência assentada em matéria constitucional e da compendiada na 'Súmula', procedendo-se ao sobrestamento do feito, se for necessário" (Reg. STF, art. 103).

[176] O magistrado mais perigoso é o que tem talento para disfarçar o arbítrio, valendo-se daquelas "opiniões humanas que flutuam em torno da imobilidade da lei", dizia Lyra (LYRA, Roberto. *Guia do ensino e do estudo do direito penal*. Rio de Janeiro: Revista Forense, 1956. p. 46).

[177] HOFFBAUER, Nélson Hungria. *Comentários ao Código Penal*. 3. ed. Rio de Janeiro: Forense, 1955. v. 1. t. 1. p. 78.

[178] BOBBIO, Norberto; MATTEUCCI, Nicola; PASQUINO, Gianfranco. *Dicionário de política*. 6. ed. Brasília: UNB, 1994. v. I. p. 405-406.

[179] NUCCI, Guilherme de Souza. *Curso de direito penal*: parte geral. 4. ed. Rio de Janeiro: Forense, 2020. p. 120.

[180] "Art. 927. Os juízes e os tribunais observarão: I – as decisões do Supremo Tribunal Federal em controle concentrado de constitucionalidade; II – os enunciados de súmula vinculante; III – os acórdãos em incidente de assunção de competência ou de resolução de demandas repetitivas e em julgamento de recursos extraordinário e especial repetitivos; IV – os enunciados das súmulas do Supremo Tribunal Federal em matéria constitucional e do Superior Tribunal de Justiça em matéria infraconstitucional; V – a orientação do plenário ou do órgão especial aos quais estiverem vinculados. §1º Os juízes e os tribunais observarão o disposto no art. 10 e no art. 489, §1º,

Essa previsão, aliás, já tem precedente no sentido de vislumbrar o próprio Supremo Tribunal Federal extrapolando a aplicação e interpretação do Direito, como se verificou na Ação Direta de Inconstitucionalidade por Omissão (ADO) nº 26 e no Mandado de Injunção nº 4.733, ações protocoladas pelo Partido Popular Socialista e pela Associação Brasileira de Gays, Lésbicas e Transgêneros (ABGLT).

Na ocasião, o STF decidiu que até que sobrevenha lei emanada do Congresso Nacional destinada a implementar os mandados de criminalização definidos nos incs. XLI e XLII do art. 5º da Constituição, as condutas homofóbicas e transfóbicas, reais ou supostas, que envolvam aversão odiosa à orientação sexual ou à identidade de gênero de alguém, por traduzirem expressões de racismo, compreendido este em sua dimensão social, ajustam-se, por identidade de razão e mediante adequação típica, aos preceitos primários de incriminação definidos na Lei nº 7.716/89, constituindo, também, na hipótese de homicídio doloso, circunstância que o qualifica, por configurar motivo torpe (art. 121, §2º, I, *in fine*).

Entendeu-se, portanto, que o conceito de racismo, compreendido em sua dimensão social, projeta-se para além de aspectos estritamente biológicos ou fenotípicos, pois resultaria, enquanto manifestação de poder, de construção de índole histórico-cultural motivada pelo objetivo de justificar a desigualdade e destinada ao controle ideológico, à dominação política, à subjugação social e à negação da alteridade, da dignidade e da humanidade daqueles que, por integrarem grupo vulnerável e por não pertencerem ao estamento que detém posição de hegemonia em dada estrutura social, são considerados estranhos e diferentes, degradados à condição de marginais do ordenamento jurídico e expostos, em consequência de odiosa inferiorização e de perversa estigmatização, a uma injusta e lesiva situação de exclusão do sistema geral de proteção do direito.

Em rigor, não obstante defendermos a criminalização de toda conduta de ódio e intolerância, difícil aceitar que se tratou de mera interpretação e não propriamente de produção originária de norma penal incriminadora.[181]

Em síntese, a Emenda Constitucional nº 45/2004 trouxe profundas novidades que vêm transformando a clássica noção de fontes materiais do Direito Penal, seja no tocante à hermenêutica, seja no que diz respeito ao seu poder de criminalizar ou excluir a criminalização.

---

quando decidirem com fundamento neste artigo. §2º A alteração de tese jurídica adotada em enunciado de súmula ou em julgamento de casos repetitivos poderá ser precedida de audiências públicas e da participação de pessoas, órgãos ou entidades que possam contribuir para a rediscussão da tese. §3º Na hipótese de alteração de jurisprudência dominante do Supremo Tribunal Federal e dos tribunais superiores ou daquela oriunda de julgamento de casos repetitivos, pode haver modulação dos efeitos da alteração no interesse social e no da segurança jurídica. §4º A modificação de enunciado de súmula, de jurisprudência pacificada ou de tese adotada em julgamento de casos repetitivos observará a necessidade de fundamentação adequada e específica, considerando os princípios da segurança jurídica, da proteção da confiança e da isonomia. §5º Os tribunais darão publicidade a seus precedentes, organizando-os por questão jurídica decidida e divulgando-os, preferencialmente, na rede mundial de computadores".

[181] Sustentando a tese do STF, Dworkin trabalha na perspectiva de uma resposta correta para cada caso, construindo a "tese da integridade do Direito", segundo a qual, diante do que denomina casos difíceis, os juízes não elaboram uma lei inteiramente nova, mas a interpretariam, buscando descobrir quais os princípios morais que serviram de fundamento para esta e, depois, atualizando esses princípios, aplicam-nos ao caso sob julgamento. Utiliza o arquétipo do romancista (juiz) que é convidado para escrever um capítulo de um romance que já foi escrito por outros. Ele não possui liberdade ampla, mas deve continuar a trama com os personagens já presentes (DWORKIN, Ronald. *Uma questão de princípio*. Tradução de Luis Carlos Borges. São Paulo: Martins Fontes, 2000. p. 175-266).

Doutrina tradicional	Doutrina contemporânea
1. Imediata: Lei. 2. Mediata: Costumes e princípios gerais de direito.	1. Imediata: Lei e atos administrativos complementares de normas penais em branco. *Divergência*: Constituição, tratados internacionais, súmulas e precedentes vinculantes para normas incriminadoras. 2. Mediata: Costumes e princípios gerais do Direito.

PRINCÍPIOS GERAIS DO DIREITO PENAL

1 Princípios *versus* regras

Um princípio, no acertado escólio de Bandeira de Mello:

> é um mandamento nuclear de um sistema, verdadeiro alicerce dele, disposição fundamental que se irradia sobre diferentes normas, compondo-lhes o espírito e servindo de critério para a sua exata compreensão e inteligência, exatamente para definir a lógica e racionalidade do sistema normativo, no que lhe confere a tônica de lhe dá sentido harmônico.[182]

Aliás, a feitura de um sistema codificado, lembra Bobbio, "não é apenas a reunião de disposições legais, relativas a determinado assunto. Codificar o direito é coordenar as regras pertinentes às relações jurídicas de uma só natureza, criando um corpo de princípios dotados de unidade e deduzidos sistematicamente".[183]

Nessa compreensão da reunião sistematizada de regras e princípios, uma questão clássica que se coloca, sobretudo para fins de hermenêutica, é se há distinções entre regras e princípios.

Certo é que o caráter normativo dos princípios passou por um lento processo de evolução na doutrina, vislumbrando-se três fases: a jusnaturalista, a juspositivista e a pós-positivista. Nas duas primeiras fases não se conferia aos princípios a natureza de norma de Direito.

Na primeira fase, os princípios funcionavam como alicerces do Direito, como fontes de inspiração, como máximas fundamentais, possuindo, em face do sistema jurídico, importante dimensão "ético-valorativa", embora desprovidos de normatividade.

Na fase positivista, os princípios passaram a ser considerados fontes normativas de caráter secundário e subsidiário, derivados da própria lei.

Somente na fase pós-positivista passaram a ser reconhecidos com caráter normativo, como bem ressalta Bertoncini:

---

[182] BANDEIRA DE MELLO, Celso Antônio. *Curso de direito administrativo.* 17. ed. São Paulo: Malheiros, 2004. p. 451.
[183] BOBBIO, Norberto. *Teoria do ordenamento jurídico.* Brasília: Editora UNB, 1999. p. 34-35.

A normatividade dos princípios [...] foi afirmada precursoramente em 1952 por Crisafulli. [...] Afirma Crisafulli a dupla eficácia dos princípios – imediata e mediata (programática) –, asseverando tratar-se de normas a certas condutas publicistas ou mesmo particulares. Reconhece que essa espécie normativa tanto pode ser expressa no ordenamento jurídico como pode ser implícita, desempenhando relevante papel na interpretação do Direito. É fonte axiológica da qual derivam normas particulares e, por um outro prisma, norma a que se pode chegar através de um processo inverso, de generalização. Portanto, da regra particular até chegar-se ao vetor principiológico. Crisafulli, sem dúvida desempenhou papel fundamental na elaboração da doutrina da normatividade dos princípios.[184]

Nesse novo sentido e dimensão, Dworkin acentua que

Enquanto as regras impõem resultados, os princípios atuam na orientação do sentido de uma decisão. Quando se chega a um resultado contrário ao apontado pela regra é porque ela foi mudada ou abandonada; já os princípios, ainda que não prevaleçam, sobrevivem intactos. Um determinado princípio pode prevalecer em alguns casos e ser preterido em outros, o que não significa sua exclusão. Assim como os aplicadores do Direito devem seguir uma regra considerada obrigatória, também devem decidir conforme os princípios considerados de maior peso, ainda que existam outros, de peso menor, apontado em sentido contrário.[185]

Essa discussão ganha grande relevância no contexto das novas cartas constitucionais de modelos de Estado Social e Democrático que assentam regras e princípios constitucionalizando o Direito Penal. Nesse esteio, Luisi esclarece que

ao incorporar os princípios do Estado liberal do Estado social, e ao conciliá-los, as Constituições modernas renovam, de um lado, as garantias individuais, mas introduzem uma série de normas destinadas a tornar concretas, ou seja, "reais", a liberdade e a igualdade dos cidadãos, tutelando valores de interesse geral como os pertinentes ao trabalho, à saúde, à assistência social, à atividade econômica, ao meio ambiente, à educação, à cultura etc.[186]

Verifica-se que os princípios refletem os valores, em sede do ordenamento jurídico, resguardados na sociedade, os seus fins maiores. Assim se dará também no Direito Penal, que, como acentua Barroso,

sendo explícitos ou implícitos, os princípios buscam a unidade e harmonização do sistema. Deste modo, são verdadeiros guias ao intérprete, a quem compete à identificação do princípio maior que rege o tema apreciado e aqueles que dão maior especificidade, para que a regra a ser aplicada seja corretamente interpretada. Finalmente, pode-se afirmar que os princípios desempenham as funções de: a) exprimir valores; b) harmonizar o sistema jurídico; c) conduzir a atividade do intérprete.[187]

---

[184] BERTONCINI, Mateus Eduardo Siqueira Nunes. *Princípios de direito administrativo brasileiro*. São Paulo: Malheiros, 2002. p. 36.
[185] DWORKIN, Ronald. *Levando os direitos a sério*. Tradução de Nelson Boeira. São Paulo: Martins Fontes, 2007. p. 42-43.
[186] LUISI, Luiz. *Os princípios constitucionais penais*. 2. ed. Porto Alegre: Sérgio Antonio Fabris Editor, 2003. p. 9.
[187] BARROSO, Luís Roberto. *Interpretação e aplicação da Constituição*. 6. ed. São Paulo: Saraiva, 2004. p. 327.

Consigne-se que parte da doutrina, como Estefam, distingue "postulados" de regras ou princípios, a partir de três diferentes parâmetros: a) nível (regras e princípios são objeto de aplicação, enquanto postulados seriam orientações para aplicação das regras e princípios; b) destinatários (postulados somente se dirigem ao aplicador da lei, enquanto regras e princípios vinculam todas as pessoas e o próprio Estado); c) relacionamento (regras e princípios implicam-se reciprocamente, enquanto os postulados não conflitam com qualquer regra).[188]

A partir dessa premissa, o autor trata a igualdade, a razoabilidade e a proporcionalidade como postulados, o que nós, na presente obra, tratamos como princípios.

Os postulados podem ser divididos em hermenêuticos e aplicativos.

Dos primeiros, desponta o da unidade do ordenamento jurídico, que tem como subpostulados o da coerência e o da hierarquia.

A necessidade de se delimitar o conteúdo da dignidade humana (sobreprincípio) dentro da própria Constituição Federal deriva, por exemplo, do postulado da unidade do ordenamento jurídico.

2 Princípios fundamentais do Direito Penal

O poder privativo do Estado de punir,[189] no contexto do Estado de Direito, possui, como já mencionado, limitações. Para viver em sociedade o homem teve que renunciar a certos direitos e à parcela de sua liberdade, mas a ideia de se submeter a uma disciplina rígida que afete o direito de liberdade sujeitando, inclusive, alguém à pena de prisão deve respeitar logicamente uma ordem principiológica que começa com os próprios fundamentos e objetivos da república:

> Art. 1º A República Federativa do Brasil, formada pela união indissolúvel dos Estados e Municípios e do Distrito Federal, constitui-se em Estado Democrático de Direito e tem como fundamentos:
> I – a soberania;
> II – a cidadania;
> III – a dignidade da pessoa humana;
> IV – os valores sociais do trabalho e da livre iniciativa;
> V – o pluralismo político. [...]
> Art. 3º Constituem objetivos fundamentais da República Federativa do Brasil:
> I – construir uma sociedade livre, justa e solidária;
> II – garantir o desenvolvimento nacional;
> III – erradicar a pobreza e a marginalização e reduzir as desigualdades sociais e regionais;
> IV – promover o bem de todos, sem preconceitos de origem, raça, sexo, cor, idade e quaisquer outras formas de discriminação.

---

[188] ESTEFAM, André. *Direito penal*: parte geral (arts. 1º a 120). 10. ed. São Paulo: Saraiva, 2021. p. 133.

[189] Em rigor, como bem acentua Nucci, o Estado não possui um direito de punir, mas um poder-dever de punir, sempre que o crime ocorre e é devidamente comprovado pelas vias legais. Logo, não se trata de um direito, exequível ou não, conforme critérios discricionários. (NUCCI, Guilherme de Souza. *Curso de direito penal*: parte geral. 4. ed. Rio de Janeiro: Forense, 2020. p. 03).

Como bem ressalta Nucci, os princípios configuram "mandados de otimização, caracterizados pela aptidão de serem satisfeitos em graus variados, além do que a medida de sua satisfação não depende apenas das viabilidades fáticas, mas também das alternativas jurídicas".[190]

Bonfim e Capez ressaltam, com razão que

> os princípios constitucionais (*tragende Konstituonsprizipien*) e as garantias individuais de vem atuar como balizas para a correta interpretação e o justo emprego das normas penais, não se podendo cogitar de uma aplicação meramente robotizada dos tipos incriminadores, ditada pela verificação rudimentar da adequação típica formal, descurando-se de qualquer apreciação ontológica do injusto. Dentre esses princípios contendores da pretensão punitiva, destaca-se o da dignidade humana (*Grundsatz der Menschenwürde*), inserto na Constituição Federal brasileira na art. 1º, III. Nenhuma previsão legal de infração penal pode sobreviver ao controle vertical de constitucionalidade se o conteúdo da disposição for claramente atentatório ao princípio da dignidade humana.[191]

Tanto esses objetivos e fundamentos, quanto outros consagrados na Constituição Federal e em Tratados Internacionais (explícitos e implícitos) terão aplicabilidade imediata e integrarão o sistema do Direito Penal.[192]

2.1 Princípios explícitos do Direito Penal

2.1.1 Princípio da legalidade

> CF, Art. 5º [...]: XXXIX - não há crime sem lei anterior que o defina, nem pena sem prévia cominação legal.
> CP, Art. 1º Não há crime sem lei anterior que o defina. Não há pena sem prévia cominação legal.

Ao traçar que não haverá crime, leia-se "infração penal" (abrangendo crimes e contravenções penais), sem lei anterior que o defina, a Constituição Federal e o Código Penal adotam a clássica concepção de consagrar a reserva legal como estrutura do Direito Penal.[193]

A origem histórica do princípio da legalidade, para parte da doutrina, estaria no Direito Romano;[194] outra corrente sustenta em documentos, como o *Bill of Rights*

---

[190] ALEXY, Robert. *Teoria dos direitos fundamentais*. Tradução de Virgílio Afonso da Silva. 2. ed. 4. tir. São Paulo: Malheiros, 2011. p. 111.

[191] BONFIM, Edilson Mougenot; CAPEZ, Fernando. *Direito penal*: parte geral. São Paulo: Saraiva, 2004. p. 114-115.

[192] "Art. 5º [...] §1º As normas definidoras dos direitos e garantias fundamentais têm aplicação imediata. §2º Os direitos e garantias expressos nesta Constituição não excluem outros decorrentes do regime e dos princípios por ela adotados, ou dos tratados internacionais em que a República Federativa do Brasil seja parte".

[193] Registre-se que parte da doutrina distingue a legalidade da reserva legal: Flávio Monteiro de Barros sustenta que o princípio da legalidade não se confunde com reserva legal, tomando a lei em sentido estrito (BARROS, Flávio Augusto Monteiro de. *Direito penal*. 2. ed. São Paulo: Saraiva, 2001); a doutrina majoritária sustenta que o princípio compreende a reserva de lei (art. 1º) e a anterioridade da lei penal (art. 2º).

[194] O Direito Penal Público romano se inicia com a *Lex Valeria* (509 a.C.), que submeteu ao requisito da confirmação popular (*iudicium populi*) as sentenças condenatórias à pena capital prolatada por magistrados contra cidadãos romanos que recorressem à *provocatio ad populum*.

(Inglaterra, 1689) e a Declaração de Direitos da Virgínia (EUA, 1776) e até mesmo na Carta de João Sem Terra.[195] O Direito Penal brasileiro, majoritariamente, entende que é uma decorrência da Revolução Francesa e que os textos normativos constitucional e infraconstitucional seguem, por exemplo, o art. 9º da Convenção Americana de Direitos Humanos.[196]

Frederico Marques, por seu turno, entende que as origens "do princípio de reserva legal das normas punitivas encontram-se no Direito medieval, mormente nas magníficas instituições do Direito ibérico (século XII)".[197]

O primeiro diploma a positivá-lo foi o Código Penal francês, de 1810. No Brasil, foi ele contemplado em nossa Constituição Imperial (1824), art. 179, n. II. O Código Criminal do Império (1830) declarava, em seu art. 1º: "não haverá crime, ou delito (palavras sinônimas neste Código) sem uma lei anterior, que o qualifique". O Código Penal da República de 1890 também o previa em seu art. 1º. O princípio tem fundamento histórico no Iluminismo, notadamente no contrato social, pelo qual os cidadãos concordariam em abrir mão parcialmente de sua liberdade apenas em nome do bem comum.[198]

A deflagração desse ideário durante o Iluminismo deve-se a Beccaria, o qual, em 1764, em *Dos delitos e das penas*, defendeu que a previsão incriminatória haveria de se lastrear na lei, em decorrência do contrato social, com escopo de se evitar o abuso de poder. Além de larga disseminação na Europa, sua obra foi traduzida para o inglês em 1767 e, por conta disso, também influenciou a Revolução Americana.[199]

Esse princípio e regra constituem uma real limitação estatal de interferência na esfera de liberdade individual, compreendendo inúmeras acepções e significados.

Entre eles, expressas nos próprios dispositivos, não haverá penas, incluídas as medidas de segurança como espécie, sem prévia cominação legal.[200] Além disso, compreende: a) *somente a lei em sentido estrito* (*lege scripta*), produzida pela União (art. 22, inc. I, CF), por meio do processo legislativo que compreende o parlamento, atuando,

---

[195] A Magna Carta britânica de 1215 (Magna *Charta Libertatum*, outorgada pelo Rei João Sem-Terra, em 15 de junho de 1215, como o marco inicial das declarações internacionais garantidoras do princípio da anterioridade da lei), em sua cláusula 48, garantia que "Ninguém poderá ser detido, preso ou despojado de seus bens, costumes e liberdades, senão em virtude de julgamento por seus pares segundo as leis do país".

[196] Art. 9º, CADH – Princípio da Legalidade e da Retroatividade: "Art. 33. Se o ofendido for menor de 18 anos, ou mentalmente enfermo, ou retardado mental, e não tiver representante legal, ou colidirem os interesses deste com os daquele, o direito de queixa poderá ser exercido por curador especial, nomeado, de ofício ou a requerimento do Ministério Público, pelo juiz competente para o processo penal".

[197] MARQUES, José Frederico. *Tratado de direito penal*. Campinas: Millennium, 1997. v. I. p. 181.

[198] ESTEFAM, André. *Direito penal*: parte geral (arts. 1º a 120). 10. ed. São Paulo: Saraiva, 2021. p. 145.

[199] BECCARIA, Cesare. *Dos delitos e das penas*. Trad. Paulo M. Oliveira. Rio de Janeiro: Nova Fronteira, 2011. p. 28, *passim*.

[200] Há entendimento doutrinário minoritário que discorda da assertiva, pois considerando a finalidade curativa da medida de segurança, não estaria submissa ao princípio da legalidade (TOLEDO, Francisco de Assis. *Princípios básicos de direito penal*. 5. ed. 17. tir. São Paulo: Saraiva, 2012). Ressalte-se que o art. 3º do Código Penal Militar não foi recepcionado pela Constituição Federal, visto que sua redação prevê aplicação de medida de segurança regulada por lei vigente ao tempo da execução da sentença. De qualquer sorte, o Supremo Tribunal Federal acolheu em sua jurisprudência o entendimento segundo o qual os princípios penais estendem-se às medidas de segurança. Foi assim que, no julgamento do HC 84.219 (rel. Min. Marco Aurélio), nosso Pretório Excelso reconheceu que a proibição de *penas* de caráter perpétuo, contida no art. 5º, XLVII, da CF, também deve ser observada em matéria de medidas de segurança. Por conta disso, há de se aplicar a estas o limite de cumprimento de pena do art. 75 do CP (trinta anos). Note-se que, para o STJ, o tempo máximo de duração das medidas de segurança corresponde à pena máxima cominada no tipo penal (Súmula 527).

vedando, assim, a produção de Direito Penal por meio de medidas provisórias;[201] b) *a lei precisa ser anterior aos fatos que busca incriminar (lege praevia)*, ressalvada a retroatividade benéfica, como se verá no próximo capítulo;[202] c) *a lei anterior precisa ser escrita*, vedando-se o costume incriminador, que somente pode servir como parâmetro interpretativo, como já mencionado; d) *a lei precisa ser, na medida do possível, restrita*, vedado, como já assinalado, o método de integração da analogia quando desfavorável ao réu *(lege stricta)*;[203] e) *a lei precisa ser, como regra, certa, precisa e taxativa (lege certa)*;[204] f) *a lei precisa ser, em termos ideais, necessária*.[205]

Em síntese, há premissas fundamentais em decorrência da legalidade penal, quais sejam, proibir a retroatividade da lei penal *(nullum crimen nulla poena sine lege praevia)*, proibir a criação de crimes e penas pelos costumes *(nullum crimen nulla poena sine lege scripta)*; proibir o emprego da analogia para criar crimes *(nullum crimen nulla poena sine lege stricta)*; e proibir incriminações vagas e indeterminadas *(nullum crimen nulla poena sine lege certa)*.

Somente a lei pode instituir crimes e prever as respectivas sanções, o que implica recordar o questionamento sobre a constitucionalidade das normas penais em branco heterogêneas.

Seria possível, como já mencionado, que uma norma penal em branco heterogênea, como a Lei de Drogas, viole a legalidade penal?

O conteúdo de uma norma penal em branco é preenchido por outra norma, no caso da Lei de Drogas por uma norma de outra hierarquia.[206] Não obstante haver entendimento minoritário sustentando a inconstitucionalidade,[207] a ampla maioria, com

---

[201] Historicamente prevalece, por uma interpretação gramatical do art. 62, §1º, inciso I, "b", da CF, que a medida provisória não se preta nem para a produção de normas penais não incriminadoras, mas há entendimento minoritário, capitaneado por Luiz Flávio Gomes (*Direito penal*: parte geral: teoria constitucionalista do delito. São Paulo: Revista dos Tribunais, 2004. v. 3. p. 130), que admite para tratar de direito penal não incriminador, como se deu, por exemplo, com a medida provisória aplicável no Estatuto do Desarmamento e admitidas pelos Tribunais Superiores (Nesse sentido: "A Medida Provisória 417, que deu nova redação ao art. 30 da Lei 10.826/2003, promoveu a prorrogação do prazo para o dia 31 de dezembro de 2008 para os possuidores de arma de fogo de uso permitido ainda não registrada, não abarcando, por conseguinte, a conduta de possuir arma de fogo de uso proibido ou restrito ou com numeração raspada" – STF, HC nº 110.301/RS, Rel. Min. Gilmar Mendes, j. 13/03/2012). A competência privativa da União em legislar, ademais, foi reafirmada na Súmula 722 do STF: São da competência legislativa da União a definição dos crimes de responsabilidade e o estabelecimento das respectivas normas de processo e julgamento.

[202] Portanto, a lei penal deve preexistir ao fato, não podendo retroagir, no esteio do art. 5º, XL, CF e art. 2º, CP, consagrando o *princípio da irretroatividade da lei penal* – "a lei penal não retroagirá, salvo para beneficiar o acusado" (art. 5º XL). Assim, em benefício do acusado, a lei penal terá ultra atividade. A lei penal mais severa não retroagirá em nenhuma circunstância.

[203] Atentar para a discussão principiológica da ofensividade em Direito Penal.

[204] Uma lei certa e precisa, visto que os destinatários da norma, que aderiram ao pacto social, têm o direito à segurança jurídica, ou seja, devem saber de antemão o que é permitido ou proibido, inclusive para que tenham expectativas normativas que fazem parte do conceito de viver em sociedade segundo regras. Recorde-se que, embora formalmente haver legalidade no Código Penal nazista de Mezger, materialmente havia uma norma profundamente vaga e aberta que permitia o completo arbítrio do Estado, interpretando como quisesse o que atentaria contra o povo alemão (em 28 de junho de 1935, o regime nazista acabou por eliminar o princípio da legalidade *(nullum crimen nulla poena sine lege)* através da nova redação dada ao parágrafo 2º do Código Penal alemão: "Será punido todo aquele que cometa um fato que a lei declare punível ou que mereça uma pena segundo a ideia básica de uma lei penal ou segundo o são sentimento do povo").

[205] Desdobramento lógico do princípio da intervenção mínima que será discutido à frente.

[206] Portaria nº 344 da Anvisa – ligada ao Poder Executivo, autorizada pelo Decreto nº 5912/2006.

[207] "O conteúdo da norma penal poderá ser modificado sem que haja uma discussão amadurecida da sociedade a seu respeito, como acontece quando os projetos de lei são submetidos à apreciação de ambas as casas do Congresso

arrimo nos Tribunais Superiores, defende sua constitucionalidade, desde que o núcleo essencial da conduta esteja descrito na norma incriminadora e que o ato complementador exerça sua função dentro dos limites de sua competência técnica, estrutural e funcional. Logo, o regulamento da norma penal em branco também deve observar a legalidade e a anterioridade da lei penal.

De igual modo, o art. 14 da Lei nº 10.826/2003 é norma penal em branco, que exige complementação por meio de ato regulador, com vistas a fornecer parâmetros e critérios legais para a penalização das condutas ali descritas.[208]

A reserva legal precisa, portanto, de todos esses atributos e é preciso recordar que quanto mais se exige do tipo, quanto mais fechado, descritivo e meramente declarativo, mais segurança jurídica existe. Ao contrário, quanto mais uma norma penal incriminadora é vaga, quanto mais aberta, quanto mais remissões dinâmicas e imprecisões se verificarem, mais se aumenta o arbítrio do Estado, mais se prestigia a segurança coletiva em detrimento das liberdades individuais e da segurança jurídica.

O problema da possibilidade de muitas intepretações para um tipo aberto reside, mesmo em tempos de normalidade democrática, em ficar refém de juízos valorativos irrazoáveis, desproporcionais, ideológicos e até mesmo intolerantes.[209]

Como buscar a precisão, a taxatividade e a certeza absoluta, contudo, diante de novas formas de criminalidade, como o terrorismo, a criminalidade econômico-financeira e a delinquência organizada?

Enfim, o delineamento jurídico desse princípio foi feito por Feuerbach: *nullum crimen, nulla poena sine praevia lege*[210] e traz consigo fundamentos *de caráter político, democrático e jurídico*:

- Fundamento político: impede o poder punitivo com base no livre-arbítrio.
- Fundamento democrático: o parlamento, representante do povo, deve ser o responsável pela criação de crimes.
- Fundamento jurídico: uma lei prévia e clara produz importante efeito intimidativo.

2.1.2 Princípio da dignidade humana

Sarlet define a dignidade da pessoa humana como:

> A qualidade intrínseca e distintiva de cada ser humano que o faz merecedor do mesmo respeito e consideração por parte do Estado e da comunidade, implicando, neste sentido, um complexo de direitos e deveres fundamentais que assegurem a pessoa tanto contra

---

Nacional, sendo levada em consideração a vontade do povo, representado pelos seus deputados, bem como a dos Estados, representados pelos seus senadores, além do necessário controle pelo Poder Executivo, que exercita o sistema de freios e contrapesos" (GRECO, Rogério. *Curso de direito penal:* parte geral. 22. ed. Rio de Janeiro: Impetus, 2020. v. 1. p. 23).

[208] V. nesse sentido: RHC 35260/PI, Rel. Ministro Antonio Saldanha Palheiro, Sexta Turma, julgado em 14/11/2017, DJe 21/11/2017; RHC 51739/DF, Rel. Ministro Rogerio Schietti Cruz, Sexta Turma, julgado em 02/12/2014, DJe 17/12/2014; HC 108190/SP, Rel. Ministro Jorge Mussi, Quinta Turma, julgado em 25/08/2009, DJe 08/09/2009.

[209] Vale, aliás, ressaltar, que o STF sumulou inclusive entendimento do não cabimento de recurso extraordinário por contrariedade ao princípio constitucional da legalidade, quando a sua verificação pressuponha rever a interpretação dada a normas infraconstitucionais pela decisão recorrida (Súmula nº 636, STF).

[210] Código Penal da Baviera de 1813.

todo e qualquer ato de cunho degradante e desumano, como venham a lhe garantir as condições existenciais mínimas para uma vida saudável, além de propiciar e promover sua participação ativa corresponsável nos destinos da própria existência e da vida em comunhão dos demais seres humanos.[211]

Tratando-se de expresso mandamento e fundamento da República Federativa do Brasil (art. 1º, III, CF), contemplada em inúmeros tratados internacionais, a dignidade humana é mais que uma regra, sobreprincípio ou princípio: trata-se de uma verdadeira limitação ao poder de punir do Estado.

O Estado não pode fazer o que ele quer, ele deve legislar e respeitar a dignidade humana no processo de criminalização, de investigação, na obtenção de provas e tramitação processual e na imposição da sanção penal.

Assim, há direitos invioláveis à dignidade humana, como se dá com a vedação da tortura como meio de obtenção de prova (art. 5º, III e XLIII), a vedação de penas de morte (exceto em caso de guerra declarada, nos termos do art. 84, XIX, CF), de caráter perpétuo, de trabalhos forçados, de banimento e cruéis (art. 5º, XLVII).

Ademais, em outras passagens na Constituição Federal, constata-se a expressão de outros elementos que integram a dignidade da pessoa humana, como no art. 5º, incs. VI (inviolabilidade da liberdade de consciência e de crença), VIII (não privação de direitos por motivo de crença ou convicção), X (inviolabilidade da vida privada, honra e imagem), XI (inviolabilidade de domicílio), XII (inviolabilidade do sigilo de correspondência), XLVII (vedação de penas indignas), XLIX (proteção da integridade do preso) etc.

Em síntese, como bem acentua Piovesan, esse princípio fundamental da Constituição se irradia para todo o ordenamento jurídico, inclusive para toda a dogmática e Política Criminal:

> A dignidade da pessoa humana, [...] está erigida como princípio matriz da Constituição, imprimindo-lhe unidade de sentido, condicionando a interpretação das suas normas e revelando-se, ao lado dos Direitos e Garantias Fundamentais, como cânone constitucional que incorpora as exigências de justiça e dos valores éticos, conferindo suporte axiológico a todo o sistema jurídico brasileiro.[212]

Dignidade da pessoa humana é uma noção com cunho filosófico que remonta à nota distintiva do ser humano diante dos demais seres levada a efeito na Grécia Antiga (*e.g.*, Protágoras, Platão e Aristóteles), o que foi retomado posteriormente por Santo Agostinho (354-430), fundamentalmente na obra *De libero arbítrio*, que trata do motivo pelo qual a divindade concede aos homens o livre-arbítrio. Segundo seu pensamento, o ser humano, enquanto sujeito de direitos e deveres, é capaz de escolher livremente

---

[211] SARLET, Ingo Wolfgang. *A eficácia dos direitos fundamentais*. 2. ed. Porto Alegre: Livraria do Advogado, 2001. p. 60.

[212] PIOVESAN, Flávia. *Direitos humanos e o direito constitucional internacional*. 4. ed. São Paulo: Max Limonad, 2000. p. 54.

como agir, escolhendo as boas ou más ações. Dessa maneira, livre-arbítrio consistiria na capacidade de autodeterminação.[213]

Kant e Hegel, nos séculos XVIII e XIX, consolidaram a tese, mais próxima de sua configuração moderna, propondo, aquele, que o homem é o fim de todas as coisas e, nessa medida, não pode ser meio ou instrumento.

A noção atualmente empregada à dignidade da pessoa humana advém do humanismo renascentista e do Iluminismo, em que pese, como visto, ser possível encontrar suas remotas raízes na Antiguidade greco-romana e na teologia cristã medieval. Sua incorporação definitiva na linguagem jurídica, entretanto, é ainda mais nova, derivando da segunda metade do século XX, como resposta às práticas desumanas observadas na Segunda Grande Guerra. Trata-se em sua acepção moderna de uma noção fruto da reação, na consciência ético-jurídica dos povos, contra todo tipo de atrocidade cometida por um homem contra seu semelhante.[214]

Estefam, acertadamente, distingue dignidade humana e dignidade da pessoa humana: aquela se situa no âmbito da raça humana, situando-a como merecedora de respeito e proteção de caráter universal; esta, a seu turno, se refere ao indivíduo, enquanto ser singular e centro de referência e imputação no ordenamento jurídico, e foi a fórmula encampada pela Constituição brasileira de 1988.[215]

Além de se irradiar por toda a disciplina jurídica e aplicação do direito, vale ressaltar que, para fins penais, o princípio serve como *limitador da atividade legislativa* (art. 22, I, CF), restringindo qualquer forma de criminalização ou deficiência de proteção que afete a dignidade humana, assim como serve como *vedação na criação de sanções infamantes*, vexatórias, degradantes ou cruéis (art. 5º, XLVII, CF).

2.1.3 Princípio da proteção de bens jurídicos

Bem, em um sentido muito amplo, é tudo o que se nos apresenta como digno, útil, necessário, valioso.[216]

Cumpre notar, como ressaltava Von Liszt, que, de um lado, sob diferentes modelos de Estado e Constituições (Estado sacerdotal, Escola comercial, monarquia absoluta, república democrática etc.), muito diverso pode ser o valor do mesmo bem; e, de outro lado, que, quando não bastam os efeitos do direito privado em consequência da irreparabilidade do bem jurídico (vida, honra da mulher etc.), a punição da lesão impõe-se com certa regularidade em diversos tempos e em diversos povos.[217]

Foi Paul Johann Anselm Ritter von Feuerbach, no ano de 1801, em Giessen, com a obra *Lehrbuch des gemeinen in Deutschland gültigen peinlichen Rechts*, o precursor da teoria do bem jurídico. Crítico da concepção formulada por Feuerbach, Johan Michael

---

[213] SOUZA, Luciano Anderson de. *Direito penal*: parte geral. 3. ed. São Paulo: Revista dos Tribunais, Thomson Reuters, 2022. v. 1. p. 67.
[214] ESTEFAM, André. *Direito penal*: parte geral (arts. 1º a 120). 10. ed. São Paulo: Saraiva, 2021. p. 141-143.
[215] ESTEFAM, André. *Direito penal*: parte geral (arts. 1º a 120). 10. ed. São Paulo: Saraiva, 2021. p. 141-143.
[216] TOLEDO, Francisco de Assis. *Princípios básicos de direito penal*. 5. ed. 17. tir. São Paulo: Saraiva, 2012. p. 16.
[217] VON LISZT, Franz. *Tratado de Direito Penal Allemão*. Tradução de José Hygino Duarte Pereira. [s.l.]: F. Briguet & C., 1899. t. I. p. 303-304.

Franz Birnbaum foi quem, pela primeira vez, identificou nos bens jurídicos o conteúdo material do delito.[218]

A partir da publicação, em 1834, do artigo Über *das Erfordernis einer Rechtsverletzung zum Begriff des Verbrechens*, seu ensaio sobre a tutela da honra, Birnbaum sustenta que o delito não lesiona direitos subjetivos, mas bens jurídicos (*Rechtsgut*). Sua teoria funda-se na ideia de que os bens jurídicos não se encontram inseridos no próprio Direito, mas na natureza e no contexto social, vale dizer, na coletividade, podendo ou não serem reconhecidos dignos de tutela penal pelo legislador ordinário.[219]

Com o declínio da Revolução Industrial no final do século XIX, o positivismo jurídico ganhou força e, gradativamente, abandonou-se a ideia de se operar o Direito sobre bases externas a ele próprio. O purismo dogmático do positivismo foi responsável pela construção de uma dogmática, independentemente da avaliação de seu conteúdo.[220]

Dessa forma, o positivismo jurídico que marcou esse período histórico influenciou o próprio Direito Penal, que, a partir de então, passa a identificar como bem jurídico-penal tudo aquilo que assim o fosse identificado pelo legislador.[221]

Todavia, a precisa delimitação do que venha a ser um bem jurídico-penal talvez seja uma tarefa inalcançável, criando um ambiente para legitimação de normas anacrônicas, bens artificiais que por vezes acentuam as desigualdades sociais e que não revelem os interesses mais importantes de determinado contexto social.

O conceito de bem jurídico pode, então, ser construído nos termos seguintes, com a ressalva de ser impossível a formação positiva fechada:

> São todos os interesses essenciais para a existência digna das pessoas e que antecedem a própria existência do direito, os quais derivam da própria natureza humana e da sedimentação cultural das relações sociais dialéticas fundamentais, selecionando mediantes processos democrático com a finalidade de assegurar a preservação da sociedade e a plena participação e integração das pessoas, e seu completo desenvolvimento, estejam ou não previstos expressamente na Constituição, devendo tal verificação ser feita por exclusão, negando-se enquadramento típico quando ocorrer afrontar à dignidade humana e as seus princípios constitucionais derivados.[222]

E, como já mencionada, a pós-modernidade, a crise das tradicionais agências de controle, a globalização, a revolução dos meios tecnológicos, a necessidade de tutela de bens transindividuais, as novas formas de criminalidade e a institucionalização da era do risco acentuaram profundamente a hipertrofia legislativa, com a produção de considerável carga de Direito Penal meramente simbólica sem atentar ao princípio sob estudo.

De certa forma, as escolas funcionalistas, ao atrelarem a dogmática penal à Política Criminal, passaram a explicitar a ideia de relevância de bens jurídicos: a própria

---

[218] TURESSI, Flávio Eduardo. *Justiça penal negociada e criminalidade macroeconômica organizada*. Salvador: JusPodivm, 2019. p. 26.
[219] ANDRADE, Manuel da Costa. *Consentimento e acordo em direito penal*. Coimbra: Coimbra, 1991. p. 51 e ss.
[220] BECHARA, Ana Elisa Liberatore Silva. *Bem jurídico-penal*. São Paulo: Quartier Latin, 2014. p. 99.
[221] TURESSI, Flávio Eduardo. *Justiça penal negociada e criminalidade macroeconômica organizada*. Salvador: JusPodivm, 2019. p. 27.
[222] BONFIM, Edilson Mougenot; CAPEZ, Fernando. *Direito penal*: parte geral. São Paulo: Saraiva, 2004. p. 316.

culpabilidade passou a ser entendida em termos de Política Criminal, legitimada quando voltada para a reafirmação do Estado de Direito (Jakobs) ou para a proteção dos bens constitucionalmente relevantes (Roxin):

> Bem jurídico é um ente material ou imaterial haurido do contexto social, de titularidade individual ou metaindividual reputado como essencial para a coexistência e o desenvolvimento do homem em sociedade e, por isso, jurídico-penalmente protegido. Deve estar sempre em compasso com o quadro axiológico vazado na Constituição e com o princípio do Estado Democrático e Social de Direito. A ideia de bem jurídico fundamenta a ilicitude material, ao mesmo tempo em que legitima a intervenção penal legalizada.[223]

Nesse sentido, esse princípio passou a ser visto como uma decorrência de um modelo de Direito Penal constitucional e democrático, constituindo um limite material ao poder punitivo do Estado, obstando, por consequência, a criminalização de questões éticas e morais e reivindicando uma releitura dos tipos existentes, como se dá, por exemplo, com o crime do art. 229 do Código Penal.[224]

Concordando com Juarez Cirino, Nucci entende que o conceito de bem jurídico serve como critério de criminalização de condutas e, inclusive, como objeto de proteção penal. Essa dúplice visão, segundo ele, deve ser conformada com o princípio da intervenção mínima.[225]

O princípio da proteção do bem jurídico traz para a discussão – pelo menos no contexto em que foi introduzido pela teoria do Direito Penal voltado para as consequências – um pressuposto tanto crítico, quanto de conteúdo para a aferição de uma correta legislação penal, ressalta Hassemer:

> Ele enuncia precisamente que uma ameaça penal contra um comportamento humano é ilegítima, sempre que não possa lastrear-se na proteção de um bem jurídico. A partir deste ponto de vista, o Direito penal manifesta-se como instrumento de controle social que só pode ser acionado para a proteção necessária de elementares interesses humanos, e desde que instrumentos menos lesivos e com resultados equivalentes não estejam disponíveis. Este princípio apresenta-se para a política criminal, campo onde ele mais almeja influir, tanto mais rico em conseqüências quanto mais ele consiga apontar e restringir como "bens jurídicos" penalmente relevantes somente objetos palpáveis, concretos e delimitáveis. Conceitos como "saúde popular", "condições funcionais do mercado de capitais", "economia popular" ou "moralidade sexual coletiva" não trazem nenhuma pitada político-criminal; eles servem para fundamentar tudo e nada ao mesmo tempo. Bens jurídicos modelares segundo o paladar do princípio em apreço são de outro calibre. Trata-se dos interesses primários da pessoa à vida, à saúde, à liberdade, à propriedade, ou seja, bens jurídicos individuais. Bens jurídicos universais, ao contrário – principalmente quando enunciados tão vagamente como

---

[223] PRADO, Luiz Regis. *Bem jurídico-penal e Constituição*. 4. ed. São Paulo: Revista dos Tribunais, 2009. p. 44.

[224] "Art. 229. Manter, por conta própria ou de terceiro, estabelecimento em que ocorra exploração sexual, haja, ou não, intuito de lucro ou mediação direta do proprietário ou gerente. Registre-se que esse tipo somente trata de parte maiores e capazes, não havendo que se falar em proteção, portanto, da dignidade humana ou sexual, mas tão somente de valores éticos e morais como os 'bons costumes' da sociedade da década de 40 do século passado".

[225] NUCCI, Guilherme de Souza. *Curso de direito penal*: parte geral. 4. ed. Rio de Janeiro: Forense, 2020. p. 20.

os que acabamos de mencionar –, necessitam passar pelo teste que afere se eles, em última instância, remeter-se a interesses concretos e justos de pessoas concretas.[226]

Cedo começou a ser formulada a indagação crítica acerca do bem jurídico legítimo de tal Direito Penal, até que, em 1968, o 47º Congresso Alemão de Juristas, e, em 1969, o legislador, extraíram as consequências práticas:

> desconsideraram as ameaças de pena contra figuras como adultério, homossexualidade entre adultos, atos libidinosos com animais, induzimento à prostituição e restringiu os delitos sexuais aos dois únicos bens jurídicos aceitáveis: liberdade sexual e proteção da juventude.[227]

A teoria do bem jurídico, que se consubstancia em verdadeiro princípio ou postulado, impõe, portanto, limites – positivos e negativos – para o poder-dever de punir estatal, já que condiciona a atividade legislativa concernente à criação de normas penais incriminadoras que efetivamente causem lesão a bens jurídicos dotados de dignidade penal.

Os *limites negativos*, ou seja, a vedação de criminalização de bens que não reflitam os valores mais importantes e que acabem por tutelar questões éticas, morais, religiosas etc., constituem uma faceta do *garantismo negativo*, ou seja, de vedação dos excessos do Estado.[228]

De outra parte, a doutrina, há algum tempo, indica os *limites positivos*, subproduto de um *garantismo positivo* ou *social*, com vedação da proteção deficiente de bens relevantes previstos na Constituição: trata-se da *teoria dos mandados de criminalização*.

A referida teoria, isto é, a identificação dos instrumentos previstos na Constituição para oferecer proteção adequada e suficiente a alguns direitos fundamentais, diante de lesões ou ameaças vindas de agentes estatais ou de particulares, é assim definida por Ponte: "os mandados de criminalização indicam matérias sobre as quais o legislador ordinário não tem a faculdade de legislar, mas a obrigatoriedade de tratar, protegendo determinados bens ou interesses de forma adequada e, dentro do possível, integral".[229]

O ambiente propício para a existência dessas ordens de criminalização é o do Estado Democrático de Direito, pois essas cláusulas de penalização só se justificam num sistema no qual a supremacia constitucional e a separação de poderes se apresentem de maneira efetiva e não apenas formal: "os mandados se justificam num regime de normalidade institucional e democrática, própria dos Estados de Direito, ou Democráticos de Direito, nos quais há distinção entre normas constitucionais e leis ordinárias e entre os exercentes dos poderes legislativo e executivo".[230]

---

[226] HASSEMER, Winfried. *Três temas de direito penal*. Porto Alegre: Publicações Fundação Escola Superior do Ministério Público do Rio Grande do Sul, 1993. p. 204.

[227] HASSEMER, Winfried. *Três temas de direito penal*. Porto Alegre: Publicações Fundação Escola Superior do Ministério Público do Rio Grande do Sul, 1993. p. 32-33.

[228] FERRAJOLI, Luigi. *Direito e razão*: teoria do garantismo penal. Tradução de Ana Paula Zomer, Fauzi Hassan Choukr, Juarez Tavares e Luiz Flávio Gomes. São Paulo: Revista dos Tribunais, 2002.

[229] PONTE, Antonio Carlos da. *Crimes eleitorais*. São Paulo: Saraiva, 2008. p. 152.

[230] GONÇALVES, Luiz Carlos dos Santos. *Mandados expressos de criminalização e a proteção de direitos fundamentais na Constituição brasileira de 1988*. Belo Horizonte: Fórum, 2007. p. 308; o autor defende que são cláusulas pétreas (p. 193).

Os mandados de criminalização constituem, pois, uma das faces da proteção dos direitos fundamentais, criando um papel para as sanções penais e para a relação entre o Direito Penal e a Constituição, e uma nova leitura para o princípio da proteção de bens jurídicos.[231]

2.1.4 Princípio da intervenção mínima

Também denominado de princípio da subsidiariedade, da fragmentariedade e de *ultima ratio*, ele tem o significado de explicitar que o Direito Penal, em termos ideais, somente estaria legitimado a agir quando houvesse o fracasso dos demais ramos do direito e mecanismos de controle social, acrescido da relevante lesão ou perigo concreto de lesão aos bens jurídicos tutelados.

Em outras palavras, teria o Direito Penal por características a subsidiariedade (o Direito Penal intervém em abstrato somente quando ineficazes os demais ramos do direito – *ultima ratio*) e a fragmentariedade (o Direito Penal intervém em concreto somente quando houver relevante lesão ou perigo de lesão ao bem jurídico tutelado).

Binding, em 1902, foi o primeiro a se referir ao caráter fragmentário do Direito Penal, com o sentido de lacunas a serem preenchidas pela proteção de bens jurídicos, sentido diverso do assumido atualmente, de postulado positivo da intervenção penal.[232]

Sabendo-se que a sanção penal é a mais grave prevista dentro do ordenamento jurídico e para que não haja uma banalização do uso desse mecanismo radical de controle e disciplina, idealiza-se a ideia de utilização do Direito Penal como reserva, como instrumento excepcional e necessariamente suficiente.

De qualquer modo, quando se constata que foram produzidas mais de 800 normas penais incriminadoras desde 1988 e que há mais de 170 leis extravagantes contendo norma penal incriminadora no país,[233] a questão que se coloca, como já aventado nos capítulos iniciais, é que é missão do penalista moderno compreender as causas do uso indiscriminado do Direito Penal, que tem se tornado nesse tempo social a principal instância de controle social.

2.1.5 Princípio da responsabilidade pessoal

Também denominado de *princípio da intranscendência, alteridade ou da personificação da pena* (art. 5º, XLV, CF), essa garantia veda que a pena ultrapasse a pessoa do criminoso, ou seja, o sentenciado é o único responsável pelo integral cumprimento da sanção penal. Assim, ninguém pode cumprir a pena em nome de outra pessoa.

---

[231] O Supremo Tribunal Federal, no julgamento da ADIn nº 3112, através do Ministro Gilmar Mendes, reconheceu a existência de mandados de criminalização na CF, próprios do dever de proteção estatal: "Os mandatos constitucionais de criminalização atuam como limitações à liberdade de configuração do legislador penal e impõem a instituição de um sistema de proteção por meio de normas penais [...] Outras vezes cogita-se mesmo de mandatos de criminalização implícitos, tendo em vista uma ordem de valores estabelecida pela Constituição. Assim, levando-se em conta o dever de proteção e a proibição de uma proteção deficiente ou insuficiente (*untermassverbot*), cumpriria ao legislador estatuir o sistema de proteção constitucional penal-adequado" (STF, ADI nº 3112/DF, Tribunal Pleno, Relator Ministro Ricardo Lewandowski, *DJe* de 26/10/2007).

[232] MIR PUIG, Santiago. *Derecho penal*: parte general. Montevideo-Buenos Aires: B de F, 2005. p. 128.

[233] KOSMANN, Jônatas. O *caráter polifuncional da pena e os institutos despenalizadores*: em busca da Política criminal do legislador brasileiro. Orientador: Alexandre Rocha Almeida de Moraes. Monografia (Conclusão de Curso de Direito) – Faculdades Atibaia (FAAT), Atibaia, 2012.

Proíbe-se o castigo e a responsabilidade penal por fato de outrem, assim como o castigo coletivo.

É preciso consignar que o direito de reparação de dano (art. 387, IV, CPP) ou perdimento de bens (arts. 91 e 91-A, CP) podem ser estendidos a seus herdeiros nos limites da herança, mas o dispositivo é absoluto quanto à sanção penal.

Por conta das novas formas de criminalidade – econômico-financeira, terrorismo e organizada, inúmeras doutrinas e concepções teóricas vêm surgindo para alargar o espectro de responsabilização, o que para parte da doutrina iria atingir esse, assim como o princípio da responsabilidade penal subjetiva: teoria da cegueira deliberada,[234] expansão desmedida da omissão imprópria[235] e domínio da organização criminosa,[236] relativizando o alcance da regra do art. 29 do Código Penal, que será estudado oportunamente.[237]

2.1.6 Princípio da culpabilidade ou responsabilidade subjetiva

Não há responsabilidade penal sem um agente capaz, com potencial consciência da ilicitude, sendo dele exigível conduta diversa (*nullum crimen sine culpa*). O denominado princípio da culpabilidade é extraído dos elementos da culpabilidade.

Historicamente, o princípio da culpabilidade é originário da luta contra a repressão punitiva do Antigo Regime, a qual responsabilizava por delitos os parentes do autor, assim como punia indivíduos por fatos casuais ou fortuitos, em que o agente carecia de qualquer responsabilidade, ou, por fim, em casos nos quais detinha responsabilidade apenas indireta.[238]

Em nosso ordenamento jurídico, o princípio possui raiz constitucional (implícita), deduzindo-se do inc. LVII do art. 5º ("ninguém será considerado *culpado* até o trânsito em julgado da sentença penal condenatória") e do princípio da dignidade da pessoa humana (inc. III do art. 1º), o qual constitui seu fundamento axiológico.

Com a proclamação de princípio da norma em exame, observa Dotti,

---

[234] Segundo a teoria da cegueira deliberada, também conhecida como teoria do avestruz, ignorância deliberada, cegueira intencional ou provocada, *willful blindness, Ostrich Instructions* ou doutrina da evitação da consciência (*Conscious Avoidance Doctrine*), o agente que, de modo deliberado, se coloca em situação de ignorância, criando obstáculos, de forma consciente e voluntária, para alcançar um maior grau de certeza acerca da potencial ilicitude de sua conduta. Vale dizer, o infrator provoca o seu desconhecimento acerca do ilícito, de modo que sua ignorância deliberada passa a equivaler-se ao dolo eventual ou, até mesmo, à culpa consciente (RAGUÉS I VALLÈS, Ramon. Mejor no saber: sobre la doctrina de la ignorância deliberada em derecho penal. In: *Tendencias actuales em la teoría del delito*. Barcelona: Universitat Pompeu Fabra, 2013. p. 11).

[235] Art. 13, §2º, CP: "A omissão é penalmente relevante quando o omitente devia e podia agir para evitar o resultado. O dever de agir incumbe a quem: a) tenha por lei obrigação de cuidado, proteção ou vigilância; b) de outra forma, assumiu a responsabilidade de impedir o resultado; c) com seu comportamento anterior, criou o risco da ocorrência do resultado".

[236] MORAES, Alexandre Rocha Almeida de; NASSAR, Bruno Nazih Nehme. Autoria como um conceito aberto: teoria do domínio do fato, teoria da organização e o combate às novas formas de criminalidade no Brasil. *Revista Fronteiras Interdisciplinares do Direito*, v. 1, n. 1, 2019. Disponível em: https://revistas.pucsp.br/fid/article/view/41941#:~:text=(2019)%20%3E%20Moraes-,Autoria%20como%20um%20conceito%20aberto%3A%20teoria%20do%20dom%C3%ADnio%20do%20fato,formas%20de%20criminalidade%20no%20Brasil. Acesso em: 28 jul. 2020.

[237] Art. 29, CP: "Quem, de qualquer modo, concorre para o crime incide nas penas a este cominadas, *na medida de sua culpabilidade*".

[238] SOUZA, Luciano Anderson de. *Direito penal*: parte geral. 3. ed. São Paulo: Revista dos Tribunais, Thomson Reuters, 2022. v. 1. p. 77.

o legislador procura evitar os males da *versari in re ilicita etiam causus imputatur*, aforismo indicativo de que a responsabilidade penal prescindiria do elemento subjetivo, bastando a simples produção do resultado típico: quem praticava um ato ilícito devia responder penalmente por todas as suas consequências, mesmo as não previsíveis.[239]

Para que exista a censurabilidade na conduta do agente é necessário que ele

> Ao praticar a ação punível, não agiu de outro modo, conformando-se às exigências do direito, quando, nas circunstâncias, podia tê-lo, isto é, estava dotado de certa dose de autodeterminação e de compreensão (imputabilidade) que o tornava apto a frear, reprimir, ou a desviar sua vontade, ou o impulso que o impelia para o fim ilícito (possibilidade de outra conduta) e que, apesar disso, consciente e voluntariamente (dolo), ou com negligência, imprudência ou imperícia (culpa stricto sensu), desencadeou o fato punível.[240]

Atribui-se, em Direito Penal, um triplo sentido ao conceito de culpabilidade: *fundamento da pena* (a culpabilidade é um juízo de reprovação que recai sobre o agente do fato delituoso por ter agido contrariamente ao direito quando lhe era possível exigir um comportamento diverso); *medida da pena* (a culpabilidade é uma das circunstâncias analisadas pelo juiz na fase de dosimetria da pena, ou seja, no momento de aplicar a pena numa sentença penal condenatória) e conceito *contrário* à *responsabilidade objetiva* (significa que ninguém responderá por um resultado se não houver causado o resultado com dolo – intenção de cometer o crime – ou culpa – violação de um dever de cuidado).

Nesta última dimensão, não basta que o fato seja materialmente causado pelo agente, só podendo ser responsabilizado se o fato foi querido, aceito ou era previsível. Conforme se verá no estudo sobre a conduta como elemento do fato típico, desde a adoção do finalismo penal em 1984 com a reforma da Parte Geral do Código Penal, não há responsabilidade penal sem dolo ou culpa.

Assim, não obstante a responsabilidade ser pessoal, em Direito Penal ela precisa ser subjetiva. Esse é um dos temas mais importantes de Direito Penal. Como regra, todo crime será doloso e a punição a título de culpa (imprudência, imperícia ou negligência ou na forma da culpa consciente) será excepcional, ou seja, deve estar expressa no texto legal.

Justamente por isso que atos reflexos, completamente involuntários e decorrentes de casos fortuitos ou força maior não terão relevância para o Direito Penal.

Há, no entanto, ao menos alguns poucos dispositivos que relativizam essa regra principiológica, prevendo uma espécie de responsabilidade objetiva como medida de política criminal para evitar uma injusta impunidade: a embriaguez não acidental completa e a rixa qualificada.[241]

Segundo a legislação, no art. 28, inc. II, do Código Penal, o embriagado, quando agente, é punido nos casos em que a sua embriaguez é voluntária ou culposa, já que o embriagado, querendo ou não, tem consciência do que faz (antes de beber), logo, ele é plenamente responsável por tal ato.

---

[239] DOTTI, René Ariel. *Curso de direito penal:* parte geral. 6. ed. Rio de Janeiro: Forense, 2018. p. 163.
[240] TOLEDO, Francisco de Assis. *Princípios básicos de direito penal.* 5. ed. 17. tir. São Paulo: Saraiva, 2012. p. 223.
[241] "Art. 137. Participar de rixa, salvo para separar os contendores: Pena – detenção, de quinze dias a dois meses, ou multa. Parágrafo único – Se ocorre morte ou lesão corporal de natureza grave, aplica-se, pelo fato da participação na rixa, a pena de detenção, de seis meses a dois anos".

Na exposição de motivos do CP, a razão seria a aplicação da *actio libera in causa* (ação livre na causa): o ato transitório, revestido de inconsciência decorre de ato antecedente que foi livre na vontade, transferindo-se para esse momento anterior a constatação da imputabilidade e vontade.

Uma parte minoritária da doutrina defende que a aplicação desse conceito seria inconstitucional, já que, tendo em vista a perda total da capacidade de compreensão no momento do crime, levar em consideração o momento anterior à ingestão da substância seria aplicar a responsabilidade objetiva.

Para Nucci, por exemplo,

> A teoria da *actio libera in causa* apresenta nítida falha, quando é inserida no cenário da embriaguez voluntária ou culposa, salvo exceções. [...] A singela consagração da responsabilidade penal objetiva não pode ser pacificamente aceita. Torna-se necessário investir em soluções mais adequadas para o respeito ao princípio da culpabilidade, básico elemento no Estado Democrático de Direito. Parece-nos fundamental exigir, nos casos de embriaguez voluntária ou culposa, para a responsabilização criminal do agente, um mínimo de previsibilidade.[242]

No tocante ao crime de rixa, conforme se infere do parágrafo único do art. 137, os patamares mínimo e máximo da pena privativa de liberdade são alterados quando caracterizado o resultado morte ou lesão corporal de natureza grave. São três as teorias possíveis utilizadas para a penalização dos autores da rixa: teoria da solidariedade absoluta, teoria da cumplicidade correspectiva e, por último, a utilizada pelo Código Penal brasileiro, a teoria da autonomia.

Na teoria da solidariedade absoluta, todos responderiam pela ocorrência de lesão grave e/ou homicídio, independentemente de o autor ser ou não identificado, respondendo todos os rixosos igualmente. A teoria da cumplicidade correspectiva penalizaria todos igualmente somente no caso de não identificação do autor responsável pela gravidade da rixa, desse modo, todos os contendores seriam penalizados pela lesão corporal e/ou homicídio, porém essa pena seria mais branda, fixada entre aquele que se aplicaria ao autor e ao partícipe. E, por fim, a teoria da autonomia (adotada pelo CP), que desvincula o crime de rixa da lesão corporal e do homicídio, sendo punida por si mesma, e, caso haja tais resultados ditos acima, somente o qualificaria, respondendo só o autor pela lesão grave ou morte, caso identificado.

A doutrina é, portanto, dividida, parte defendendo ser inconstitucional, por punir a todos pelo crime qualificado, independentemente de quem tenha realizado as lesões ou o homicídio, punindo pelo simples fato de participarem da rixa; parte, porém, sustenta que se trata de responsabilidade penal subjetiva, pois afirmam que as consequências da rixa são previsíveis, entram nela possuindo o *animus rixandi* e mesmo que não visem ao agravamento da rixa, a incentivaram, sendo completamente previsível tal, desse modo, ocorrendo culpa por parte dos rixosos.

---

[242] NUCCI, Guilherme de Souza. *Curso de direito penal*: parte geral. 4. ed. Rio de Janeiro: Forense, 2020. p. 104.

Vale, por fim, ressaltar importante discussão sobre a possibilidade de responsabilização penal de pessoas jurídicas em matéria ambiental, contra a ordem econômica, financeira e economia popular, previstas na Constituição Federal.[243]

Essa norma não tinha eficácia, pois não constava nenhuma outra lei que tratasse do assunto. Tratava-se da lei penal em branco, na qual não consta o complemento da lei.

Por isso os legisladores precisavam de outra norma para tratar do assunto e lhe dar aplicabilidade, sendo certo que isso somente foi feito na Lei de Crimes Ambientais (Lei nº 9.605/98).[244]

O STF, adotando a teoria da realidade, entendeu possível a responsabilização da pessoa jurídica na esfera penal no caso de crimes ambientais.[245] Porém, citando o §3º do art. 225 da CF/88, entendeu que não era necessário haver responsabilização de pessoas físicas para se punir penalmente as pessoas jurídicas por crimes de ordem ambiental. Essa pena não ultrapassa, necessariamente, a pessoa jurídica da empresa se, porventura, alguns sócios, minoritários, que não tiveram responsabilidade alguma e até agiram contra a decisão não recebem a pena, mas devem suportar os efeitos da condenação.

Entretanto, o STF, em acórdão publicado em 30.10.2014, decidiu que o art. 225, §3º, da Constituição Federal não condiciona a responsabilização penal da pessoa jurídica por crimes ambientais à simultânea persecução penal da pessoa física em tese responsável no âmbito da empresa, afirmando que a norma constitucional não impõe a necessária dupla imputação.[246] Seguindo essa orientação, o STJ mudou de entendimento e passou

---

[243] A Constituição da República Federativa do Brasil, em seu art. 173 diz "Ressalvados os casos previstos nesta Constituição, a exploração direta de atividade econômica pelo Estado só será permitida quando necessária aos imperativos da segurança nacional ou a relevante interesse coletivo, conforme definidos em Lei. §5º A lei, sem prejuízo da responsabilidade individual dos dirigentes da pessoa jurídica, estabelecerá a responsabilidade desta, sujeitando-a às punições compatíveis com sua natureza, nos atos praticados contra a ordem econômica e financeira e contra a economia popular". E no art. 225, §3º, exara que: "as condutas e atividades consideradas lesivas ao meio ambiente sujeitarão os infratores, pessoas físicas ou jurídicas, a sanções penais e administrativas, independentemente da obrigação de reparar os danos causados".

[244] "Art. 3º As pessoas jurídicas serão responsabilizadas administrativa, civil e penalmente, conforme o disposto nesta Lei, nos casos em que a infração seja cometida por decisão de seu representante legal ou contratual, ou de seu órgão colegiado, no interesse ou benefício da sua entidade. Parágrafo único: A responsabilidade das pessoas jurídicas não exclui a das pessoas físicas, autoras, co-autoras ou partícipes do mesmo fato. [...] Art. 21. As penas aplicáveis isolada, cumulativa ou alternativamente às pessoas jurídicas, de acordo com o disposto no art. 3º, são: I – multa; II – restritivas de direitos; III – prestação de serviços à comunidade. Art. 22. As penas restritivas de direitos da pessoa jurídica são: I – suspensão parcial ou total de atividades; II – interdição temporária de estabelecimento, obra ou atividade; III – proibição de contratar com o Poder Público, bem como dele obter subsídios, subvenções ou doações. §1º A suspensão de atividades será aplicada quando estas não estiverem obedecendo às disposições legais ou regulamentares, relativas à proteção do meio ambiente. §2º A interdição será aplicada quando o estabelecimento, obra ou atividade estiver funcionando sem a devida autorização, ou em desacordo com a concedida, ou com violação de disposição legal ou regulamentar. §3º A proibição de contratar com o Poder Público e dele obter subsídios, subvenções ou doações não poderá exceder o prazo de dez anos. Art. 23. A prestação de serviços à comunidade pela pessoa jurídica consistirá em: I – custeio de programas e de projetos ambientais; II – execução de obras de recuperação de áreas degradadas; III – manutenção de espaços públicos; IV – contribuições a entidades ambientais ou culturais públicas".

[245] STF, RE nº 548181, Rel. Min. Rosa weber, j. 29/10/2014.

[246] STF, rel. Min. Rosa Weber, RE nº 548181/PR, 1.ª T. Extraia-se, aliás, do Informativo nº 566 do STJ: "É possível a responsabilização penal da pessoa jurídica por delitos ambientais independentemente da responsabilização concomitante da pessoa física que agia em seu nome. Conforme orientação da Primeira Turma do STF, 'O art. 225, §3º, da Constituição Federal não condiciona a responsabilização penal da pessoa jurídica por crimes ambientais à simultânea persecução penal da pessoa física em tese responsável no âmbito da empresa. A norma constitucional não impõe a necessária dupla imputação' (RE 548.181, Primeira Turma, DJe 29/10/2014). Diante dessa interpretação, o STJ modificou sua anterior orientação, de modo a entender que é possível a responsabilização penal da pessoa jurídica por delitos ambientais independentemente da responsabilização concomitante da pessoa física que agia

a decidir que "é possível a responsabilização penal da pessoa jurídica por delitos ambientais independentemente da responsabilização concomitante da pessoa física que agia em seu nome".[247]

Outro entendimento doutrinário, sustentando a teoria da ficção, afirma que a responsabilidade penal da pessoa jurídica vai em oposição à teoria finalista, teoria do crime adotada no nosso país e que, por isso, não pode se punir penalmente as empresas e demais pessoas jurídicas. Vale dizer, para esse posicionamento, somente seria possível responsabilizar objetivamente a pessoa jurídica, como mais uma exceção ao princípio da culpabilidade.

Hoje, já pacífica a ideia de responsabilidade penal, há de se reconhecer que a pessoa jurídica também pode figurar como vítima de crime de calúnia, pela imputação falsa da prática de crime ambiental.

2.1.7 Princípio da isonomia

O princípio da isonomia ou igualdade material está previsto no art. 5º, *caput*, da CF,[248] e no art. 24 da Convenção Americana de Direitos Humanos.[249]

A Constituição não trata da igualdade pura e formal. Ao contrário, ela coloca na condição de garantia fundamental a igualdade material, permitindo discriminações positivas de modo a colocar situações previamente distintas em igualdade.

A discriminação negativa é a intolerância. Já discriminação positiva é uma ação afirmativa do Estado, seja por políticas públicas, seja com tratamentos distintos na Política Criminal, quando constatadas vulnerabilidades, hipossuficiências e desigualdades que demandam especial proteção, como se dá com a mulher vítima de violência doméstica, a pessoa com deficiência, a criança e o adolescente em situação de risco, a pessoa idosa, a mulher gestante, entre outros.

Repita-se: essa igualdade não é apenas formal, mas substancial, ou seja, deve-se tratar os iguais de maneira igual e os desiguais de maneira desigual na medida de sua desigualdade.[250] Exemplos podem ser vistos em vários estatutos protetivos como o ECA, Estatuto do Idoso, Lei Maria da Penha, mas também na especial exasperação da pena para pessoas em condições vulneráveis (art. 61, CP), prazos especiais para prescrição (art. 115, CP) ou até mesmo para se obter, por exemplo, o regime aberto domiciliar quando do cumprimento da pena privativa de liberdade, como se dá no art. 117 da Lei de Execução Penal.[251]

---

em seu nome. Precedentes citados: (RHC 53.208-SP, Sexta Turma, DJe 1º/6/2015; HC 248.073-MT, Quinta Turma, DJe 10/4/2014); e (RHC 40.317-SP, Quinta Turma, DJe 29/10/2013. RMS 39.173- BA, Rel. Min. Reynaldo Soares da Fonseca, j. 6/8/2015, DJe 13/8/2015)".

[247] STJ, rel. Min. Reynaldo Soares da Fonseca, RMS nº 49721/PA, 5ª T., *DJe* de 27.05.2016.

[248] "Art. 5º Todos são iguais perante a lei, sem distinção de qualquer natureza, garantindo-se aos brasileiros e aos estrangeiros residentes no País a inviolabilidade do direito à vida, à liberdade, à igualdade, à segurança e à propriedade, nos termos seguintes".

[249] Art. 24, CADH: "Todas as pessoas são iguais perante a lei. Por conseguinte, têm direito, sem discriminação, a igual proteção da lei".

[250] Ver nesse sentido: BANDEIRA DE MELLO, Celso Antônio. *O conteúdo jurídico do princípio da igualdade*. São Paulo: Malheiros, 2013.

[251] "Art. 117. Somente se admitirá o recolhimento do beneficiário de regime aberto em residência particular quando se tratar de: I – condenado maior de 70 (setenta) anos; II – condenado acometido de doença grave; III – condenada com filho menor ou deficiente físico ou mental; IV – condenada gestante".

Aliás, além das discriminações positivas claramente justificadas nesse dispositivo legal, no que toca ao inc. III (condenada com filho menor ou deficiente físico ou mental), deve-se dar interpretação extensiva aos filhos menores dependentes dos pais, já que não se justifica uma desigualdade de gênero nesse aspecto.

2.1.8 Princípio da individualização da pena

Reza a Constituição Federal, em seu art. 5º, XLVI, como corolário do princípio da isonomia, que "a lei regulará a individualização da pena".

Daí a razão da inadmissibilidade da padronização da pena. Cada crime é um crime e cada criminoso é um criminoso, de modo que a cada autor de um crime corresponde uma pena, com todas as circunstâncias e consequências que envolvem o contexto fático e pessoal.

A individualização da pena atravessa três etapas distintas: a) legislativa; b) judiciária; e c) executória.

Em um primeiro momento, considerando a importância do bem jurídico penalmente protegido, até para que se obedeça a uma coerência endonormativa do sistema de proteção penal, o legislador estabelece os limites mínimo e máximo que constituirão o preceito secundário da norma penal incriminadora.

Em um segundo momento, diante de um fato específico, dentro desses limites previamente estabelecidos pelo legislador, atento à intensidade da censurabilidade, à conduta social, à personalidade do agente, aos motivos, às circunstâncias e consequências do crime, bem como ao comportamento da vítima, o magistrado elege a pena necessária e suficiente para a reprovação e prevenção do crime.

Finalmente, encontrada a pena adequada para o autor daquele crime, a sua execução deve ser individualizada, personalizada, ou seja, "ainda que dois ou mais réus, coautores de uma infração penal recebam a mesma pena, o progresso na execução pode ocorrer de maneira diferenciada".[252]

Constantes da Lei nº 7.210/84, podemos mencionar a classificação do condenado (art. 6º), o exame criminológico (art. 8º) e a progressão de regime (art. 112) como instrumentos explícitos de individualização.

Ao tratar do condenado e do internado, o Título II da LEP foi inaugurado por capítulo destinado à disciplina da classificação do sentenciado.

Dispôs, em seu art. 5º, que "os condenados serão classificados, segundo os seus antecedentes e personalidade, para orientar a individualização da execução penal".

Além disso, dispôs o art. 6º que "a classificação será feita por Comissão Técnica de Classificação que elaborará o programa individualizador da pena privativa de liberdade adequada ao condenado e ao preso provisório".

Ainda com o escopo de viabilizar a correta individualização da execução penal por meio da obtenção dos dados adequados à exata classificação, o mencionado diploma legal impôs a obrigatoriedade da realização de exame criminológico ao condenado à

---

[252] NUCCI, Guilherme de Souza. *Individualização da pena*. 5. ed. São Paulo: Revista dos Tribunais, 2012. p. 40.

pena privativa de liberdade, em regime fechado, e facultou a sua realização àqueles condenados a cumprir pena em regime semiaberto.

Como é cediço, nos termos do Código Penal e da LEP, o ordenamento jurídico prevê três tipos de regime para o cumprimento da pena privativa de liberdade, os regimes aberto, semiaberto e fechado, que deve ser fixado pelo juiz ao proferir a sentença e pode ser alterado em sede de execução pela soma ou unificação de penas ou, ainda, em sede de acordo de colaboração premiada.

Ainda que tradicionalmente se fale em três regimes (fictícios) de cumprimento da pena privativa de liberdade, há quem sustente que o regime disciplinar diferenciado, por ter natureza jurídica plúrima (art. 52, LEP), pode também ser classificado como quarta hipótese.

A última redação dada ao art. 112 da Lei de Execução Penal (Lei nº 7.210/84), alterada pelas Leis nº 10.792/03 e nº 13.769/18,[253] deve, como se sabe, ser conjugada com o art. 2º, §2º, da Lei nº 8072/90 (Lei de Crimes Hediondos), alterada pelas Leis nº 11.464/07 e nº 13.964/19.

Isso porque o advento de uma nova lei sempre provoca, além das modificações diretas, relevante reflexo em outros dispositivos, seja revogando-os tacitamente, seja impondo uma releitura, a fim de acomodá-los aos novéis preceitos. Daí o papel do intérprete. E daí a necessidade de se avaliar criticamente se as mudanças trazidas pela Lei nº 13.964/19, alterando, por exemplo, parte da Lei de Execução Penal no que toca à progressão de regime, cumprirá a verdadeira missão de conferir mais sensação de justiça e segurança à sociedade e fomentar uma concreta e efetiva individualização da pena.[254]

2.2 Princípios implícitos

2.2.1 Princípio do *ne bis in idem*

Trata-se de um princípio implícito do Direito Penal, profundamente relevante para fins de hermenêutica: ninguém poderá ser punido duas ou mais vezes pelo mesmo fato, assim como ninguém pode ser processado duas vezes pelo mesmo crime. Ainda nessa linha, ninguém poderá receber duas penas pela prática de um mesmo crime.

Em breve síntese, havendo diferentes tipos penais aplicáveis ao mesmo fato, por força desse princípio, deverá o operador do direito solucionar esse impasse aparente, por meio de regras de especialidade, absorção, subsidiariedade ou alternatividade.

---

[253] "Art. 112. A pena privativa de liberdade será executada em forma progressiva com a transferência para regime menos rigoroso, a ser determinada pelo juiz, quando o preso tiver cumprido ao menos um sexto da pena no regime anterior e ostentar bom comportamento carcerário, comprovado pelo diretor do estabelecimento, respeitadas as normas que vedam a progressão. §1º A decisão será sempre motivada e precedida de manifestação do Ministério Público e do defensor. §2º Idêntico procedimento será adotado na concessão de livramento condicional, indulto e comutação de penas, respeitados os prazos previstos nas normas vigentes. §3º No caso de mulher gestante ou que for mãe ou responsável por crianças ou pessoas com deficiência, os requisitos para progressão de regime são, cumulativamente: I – não ter cometido crime com violência ou grave ameaça a pessoa; II – não ter cometido o crime contra seu filho ou dependente; III – ter cumprido ao menos 1/8 (um oitavo) da pena no regime anterior; IV – ser primária e ter bom comportamento carcerário, comprovado pelo diretor do estabelecimento; V – não ter integrado organização criminosa. §4º O cometimento de novo crime doloso ou falta grave implicará a revogação do benefício previsto no §3º deste artigo".

[254] MORAES, Alexandre Rocha Almeida de. *A individualização da penal e o novo sistema progressivo*. Lei Anticrime: comentários à Lei 13.964/2019. 1. ed. 1 reimpr. Belo Horizonte; São Paulo: D'Plácido, 2020. p. 277-296.

Apesar de se tratar de um princípio implícito, no tocante à aplicação e dosimetria de penas, o Código Penal foi expresso sobre essa proibição ao menos quanto à aplicação das circunstâncias agravantes: "Art. 61. São circunstâncias que sempre agravam a pena, quando não constituem ou qualificam o crime".

Em verdade, como se verá, quando uma circunstância de fato já integra o conceito do crime ou o qualifica, não poderá incidir uma causa de aumento ou agravante similar, exatamente pela proibição *ne bis in idem*. Nesse sentido, a lição de Greco Filho:

> Destarte, o princípio de que ninguém pode ser julgado duas vezes pelo mesmo fato é um princípio constitucional implícito do processo penal, e implica na garantia de que quem foi devidamente julgado por determinado fato delituoso não mais poderá sê-lo, ainda que surjam novas provas, consistindo a coisa julgada em fato impeditivo do processo e de eventual condenação. Contudo, para que o instituto da coisa julgada atue como impeditiva do processo é preciso que a segunda demanda seja idêntica a primeira, ou seja, tenha o mesmo pedido, as mesmas partes e o mesmo fundamento jurídico do pedido.[255]

O mesmo dado fático não pode, pois, se subsumir a mais de uma categoria jurídica durante a aplicação da pena. Quando se nota a possível correspondência de determinada situação fática a mais de uma das categorias mencionadas, deve-se observar uma ordem de preferência que obedece ao seguinte critério da especialidade: a) as elementares sempre preferem as circunstâncias; b) as qualificadoras e privilégios preferem sobre as demais circunstâncias; c) as causas de aumento ou diminuição preferem as agravantes, atenuantes e circunstâncias judiciais; d) as agravantes e atenuantes preferem as circunstâncias judiciais.[256]

Firmadas tais premissas, vale destacar que não se reconhece a existência de *bis in idem* na aplicação da causa de aumento de pena pela transnacionalidade (art. 40, inc. I, da Lei nº 11.343/2006), em razão de o art. 33, *caput*, da Lei nº 11.343/2006 prever as condutas de "importar" e "exportar", pois trata-se de tipo penal de ação múltipla, e o simples fato de o agente "trazer consigo" a droga já conduz à configuração da tipicidade formal do crime de tráfico.[257]

De outra parte, ousamos discordar do entendimento segundo o qual a utilização concomitante da quantidade de droga apreendida para elevar a pena-base e para afastar a incidência da minorante prevista no §4º do art. 33 da Lei de Drogas, por demonstrar que o acusado se dedica a atividades criminosas ou integra organização criminosa, não configuraria *bis in idem*.[258]

---

[255] GRECO FILHO, Vicente. *Manual de processo penal*. 9. ed. São Paulo: Saraiva, 2018. p. 61.

[256] ESTEFAM, André. *Direito penal*: parte geral (arts. 1º a 120). 10. ed. São Paulo: Saraiva, 2021. p. 443-444.

[257] STJ, RHC 59063/SP, Rel. Ministro Jorge Mussi, Quinta Turma, julgado em 07/06/2018, DJe 01/08/2018; AgRg no REsp 1659315/RS, Rel. Ministro Reynaldo Soares Da Fonseca, Quinta Turma, julgado em 15/08/2017, DJe 25/08/2017; REsp 1391929/RJ, Rel. Ministro Ribeiro Dantas, Quinta Turma, julgado em 08/11/2016, DJe 14/11/2016; REsp 1392330/SP, Rel. Ministro Rogerio Schietti Cruz, Sexta Turma, julgado em 13/09/2016, DJe 20/09/2016; AgRg no AREsp 690252/SP, Rel. Ministro Sebastião Reis Júnior, Sexta Turma, julgado em 15/12/2015, DJe 02/02/2016; AgRg no AREsp 511055/SP, Rel. Ministro Felix Fischer, Quinta Turma, julgado em 20/08/2015, DJe 01/09/2015. (Vide Informativo de Jurisprudência N. 586) (Vide Súmula Anotada N. 607/STJ) (Vide Jurisprudência em Teses N. 60 – TESE 11).

[258] Tratando-se de hipótese diversa da Repercussão Geral - Tema 712/STF. Julgados: AgRg no HC 486465/MS, Rel. Ministro Jorge Mussi, Quinta Turma, julgado em 25/06/2019, DJe 02/08/2019; HC 491328/SP, Rel. Ministra Laurita Vaz, Sexta Turma, julgado em 18/06/2019, DJe 01/07/2019; AgRg no HC 505248/SP, Rel. Ministro Rogerio Schietti

Do mesmo modo, a utilização da reincidência como agravante genérica é circunstância que afasta a causa especial de diminuição da pena do crime de tráfico, e não caracteriza *bis in idem*.[259]

Outrossim, aplicada a redução prevista no acordo de colaboração premiada firmado com o Ministério Público, não é cabível a incidência de minorante da delação premiada unilateral, pois implicaria aplicar, duas vezes, causa de redução da pena com base no mesmo fato, o que configura *bis in idem* de benefícios.[260]

2.2.2 Princípio da ofensividade

O princípio da ofensividade ou lesividade (*nullum crimen sine iniuria*) exige que do fato praticado ocorra lesão ou perigo de lesão ao bem jurídico tutelado.

Para que se tipifique validamente uma conduta, então, é indispensável que haja ao menos uma relevante afetação (por dano ou por perigo) a um bem jurídico penalmente protegido. Isso desvela dupla função, sendo a primeira político-criminal, voltada ao legislador para o momento de criação do tipo incriminador, e a outra, interpretativa, voltada ao aplicador da lei, que há de a reconhecer *ex post factum*, aferindo-a ao analisar o caso concreto.[261]

Há na legislação penal inúmeros tipos chamados "crimes de perigo", que são crimes tutelados para prevenir riscos da ocorrência do crime, como exemplo, no art. 132 (expor a vida de alguém a perigo direto e iminente que gera uma tutela de risco e perigo concreto a vida).

Vale ressaltar que se aplica o princípio da ofensividade também a esses crimes.

Essa discussão é importante, por conta da distinção entre crimes de perigo abstrato e concreto e por conta da excessiva antecipação da tutela penal.

No tocante à distinção, nos *crimes de perigo abstrato*, o perigo não precisa ser comprovado, pois presumido absolutamente por lei, como se dá, por exemplo, com a atual redação do crime de embriaguez ao volante (art. 306, CTB). Em outras palavras, não se faz necessário comprovar que o agente estava concretamente colocando em risco a integridade física de alguém, bastando a constatação de que dirigia sob a influência de álcool para se presumir o perigo e, pois, a lesão ao bem jurídico "incolumidade pública" ou "segurança viária".

Cruz, Sexta Turma, julgado em 18/06/2019, DJe 27/06/2019; HC 510248/SP, Rel. Ministro Joel Ilan Paciornik, Quinta Turma, julgado em 30/05/2019, DJe 13/06/2019; HC 493865/RJ, Rel. Ministro Ribeiro Dantas, Quinta Turma, julgado em 30/05/2019, DJe 04/06/2019; HC 483227/SC, Rel. Ministro Felix Fischer, Quinta Turma, julgado em 12/03/2019, DJe 19/03/2019. (Vide Legislação Aplicada: Lei 11.343/2006 – Art. 33, §4º) (Vide Repercussão Geral - Tema 712).

[259] STJ, AgRg nos EDcl no AREsp 1024639/SC, Rel. Ministro Jorge Mussi, Quinta Turma, julgado em 10/04/2018, DJe 18/04/2018; HC 417234/RS, Rel. Ministra Maria Thereza de Assis Moura, Sexta Turma, julgado em 08/02/2018, DJe 26/02/2018; HC 391985/SP, Rel. Ministro Ribeiro Dantas, Quinta Turma, julgado em 27/06/2017, DJe 01/08/2017; HC 307476/SP, Rel. Ministro Joel Ilan Paciornik, Quinta Turma, julgado em 06/10/2016, DJe 17/10/2016; REsp 1575661/SC, Rel. Ministro Felix Fischer, Quinta Turma, julgado em 23/08/2016, DJe 02/09/2016; HC 336421/SP, Rel. Ministro Nefi Cordeiro, Sexta Turma, julgado em 28/06/2016, DJe 01/08/2016. (Vide Informativo de Jurisprudência N. 632) (Vide Jurisprudência em Teses N. 45 – Tese 6).

[260] STJ, AgRg no REsp 1875477/PR, Rel. Ministro Reynaldo Soares da Fonseca, Quinta Turma, julgado em 22/06/2021, DJe 28/06/2021.

[261] BITENCOURT, Cezar Roberto. *Tratado de direito penal*: parte geral. 29. ed. São Paulo: Saraiva, 2023. v. 1. p. 62.

Parte da doutrina nacional considera inconstitucionais os crimes de perigo abstrato ou presumido. Costuma-se afirmar que a caracterização da infração penal deve sempre depender da comprovação de que o comportamento do agente provocou, de fato, algum perigo ou ameaça a bens alheios. Por esse raciocínio, somente seria possível punir alguém por porte ilegal de arma de fogo se o instrumento bélico se encontrasse municiado (ou com munição de fácil alcance ou pronto uso); caso contrário, diante da impossibilidade de lesão a terceiros, o fato seria considerado irrelevante para o Direito Penal.

Muito embora seja a questão cercada de polêmica, acreditamos serem válidos os crimes de perigo abstrato ou presumido. Isto porque o legislador age conforme a Constituição quando seleciona condutas socialmente perniciosas e potencialmente lesivas, incriminando-as em seus estágios iniciais. Cuida-se de atividade legislativa, decorrente da soberania estatal, que não ofende a dignidade da pessoa humana ou a presunção de não culpabilidade, pelo contrário, trata-se de agir de modo preventivo, antes que a lesão ao bem esteja consumada. Com efeito, a maneira mais eficaz de prevenir o roubo ou o homicídio não é prender o assassino ou o ladrão, algo reconhecidamente necessário, mas evitar que ele saque a arma ou a dispare.[262]

Já nos *crimes de perigo concreto*, o perigo precisa ser comprovado, havendo um ônus ao órgão de acusação em comprovar que naquele caso concreto determinada pessoa estava em risco potencial. Isso se dá, por exemplo, no crime de condução de veículo automotor sem a devida habilitação (art. 309, CTB), eis que o próprio tipo exige a comprovação do perigo concreto.[263]

No que se refere à *criminalização em estágio prévio* ou excessiva antecipação da tutela penal, o já mencionado Direito Penal do risco,[264] fruto do conceito de *sociedade de riscos*,[265] pautado pela adoção indiscriminada do princípio da precaução, seja para proteção de bens difusos (como o meio ambiente), seja para coibir a criminalidade que atinge o tecido social de forma difusa (terrorismo, crime organizado etc.), tem se socorrido cada vez mais da criminalização de atos preparatórios[266] ou elevando atos preparatórios à categoria de crimes autônomos,[267] o que, para parte da doutrina, violaria o princípio da ofensividade[268] e configuraria um aspecto da nova política de *combate a inimigos*.[269]

---

[262] ESTEFAM, André. *Direito penal*: parte geral (arts. 1º a 120). 10. ed. São Paulo: Saraiva, 2021. p. 100.

[263] "Art. 309. Dirigir veículo automotor, em via pública, sem a devida Permissão para Dirigir ou Habilitação ou, ainda, se cassado o direito de dirigir, *gerando perigo de dano*".

[264] PRITTWITZ, Cornelius. O direito penal entre direito penal do risco e direito penal do inimigo: tendências atuais em direito penal e política criminal. *Revista Brasileira de Ciências Criminais*, São Paulo, v. 47, mar./abr. 2004.

[265] BECK, Ulrich. *Sociedade de risco*: rumo a uma outra modernidade. Tradução de Sebastião Nascimento. São Paulo: Ed. 34, 2010. 2010.

[266] Art. 5º, da Lei nº 13.260/16 (Lei Antiterrorismo): "Realizar atos preparatórios de terrorismo com o propósito inequívoco de consumar tal delito: Pena – a correspondente ao delito consumado, diminuída de um quarto até a metade".

[267] Lei nº 10.826/03 (Estatuto do Desarmamento): "Art. 14. Portar, deter, adquirir, fornecer, receber, ter em depósito, transportar, ceder, ainda que gratuitamente, emprestar, remeter, empregar, manter sob guarda ou ocultar arma de fogo, acessório ou munição, de uso permitido, sem autorização e em desacordo com determinação legal ou regulamentar: Pena – reclusão, de 2 (dois) a 4 (quatro) anos, e multa".

[268] Ver, nesse sentido, GOMES, Luiz Flávio. *O princípio da ofensividade no direito penal*. São Paulo: Revista dos Tribunais, 2002. Série As Ciências Criminais do Século XXI. v. 6.

[269] Ver nesse sentido: MORAES, Alexandre Rocha Almeida de. *Direito penal do inimigo*: a terceira velocidade do direito penal. Curitiba: Juruá, 2008.

Vale, por fim, ressaltar que o Direito Penal brasileiro passou, desde a regulamentação do art. 98, inc. I, da CF, com a Lei nº 9.099/95, a definir expressamente o conceito de "menor potencial ofensivo", criando uma presunção fictícia dos tipos penais que em regra vão permitir os institutos da transação penal (art. 76), composição civil (art. 74), submetendo-se ao rito do procedimento sumaríssimo contemplado na lei: as contravenções penais (independentemente das penas cominadas) e quaisquer crimes cujas penas máximas não sejam superiores a 2 anos (art. 61).

Quando a ofensividade for nula, no entanto, a ponto de ser taxada de insignificante, será tida como atípica, como se verá a seguir.

2.2.3 Princípio da insignificância

O denominado *princípio da insignificância ou da bagatela (imprópria)*, de construção doutrinária e jurisprudencial, e tido como um princípio implícito e decorrente da irrisória ofensividade ao bem jurídico, tem, segundo a atual jurisprudência dos Tribunais Superiores, o condão potencial de levar à atipicidade penal.

A Declaração Universal dos Direitos do Homem e do Cidadão, proclamada em 1789, na França, traz notável expressão do princípio da insignificância em seu art. 5º, ao dizer que a lei não proíbe senão as ações nocivas à sociedade, ou seja, se não houver prejuízo efetivo, relevante, não há que se falar na aplicação da lei.

No caso da insignificância, a interpretação com base em critérios de razoabilidade desconsidera determinado fato como obra criminosa, valorando-o como insignificante e, portanto, destituído de reprovabilidade.

A sistematização do princípio foi elaborada por Claus Roxin, em 1964, na obra *Política Criminal y Sistema del Derecho Penal*, partindo do velho adágio latino *minima non curat praetor*, no qual se pregou o Princípio da Insignificância como causa de excludente de tipicidade, embora, em 1903, Franz Von Liszt já falava sobre a necessidade de restaurar a máxima *minima non curat pretor* como norma, para barrar o crescimento desordenado do Direito Penal.

Para Roxin, o princípio permite excluir a tipicidade da maioria dos tipos cujo dano seja de pouca importância, ou seja, não apenas os patrimoniais. O autor buscou esclarecer que tanto a adequação social[270] quanto o Princípio da Bagatela devem ser usados como auxiliares interpretativos para restringir o teor literal da lei, trazendo nova interpretação.

As clássicas pesquisas de vitimização já indicam existir uma espécie de insignificância natural, quando a própria vítima decide, numa análise de custo-benefício, ser desnecessária a movimentação do Estado para a persecução penal.

---

[270] A teoria da adequação social significa que apesar de uma conduta se subsumir ao modelo legal não será considerada típica se for socialmente adequada ou reconhecida, isto é, se estiver de acordo com a ordem social da vida historicamente condicionada. O Superior Tribunal de Justiça (STJ) tem decisão em recurso repetitivo entendendo pela inaplicabilidade do princípio da adequação social ao crime previsto no art. 184, §2º, do Código Penal, o que também se encontra consolidado no enunciado de súmula nº 502 (Súmula 502, STJ: "Presentes a materialidade e a autoria, afigura-se típica, em relação ao crime previsto no art. 184, §2º, do CP, a conduta de expor à venda CDs e DVDs piratas"). Ver, neste sentido: WELZEL, Hans. *O novo sistema jurídico-penal*. 2. ed. Tradução de Luiz Regis Prado. São Paulo: Revista dos Tribunais, 2009. p. 31.

Não obstante, para os defensores do princípio, se em virtude da conduta não houver nenhuma gravidade ao bem jurídico (inexpressiva), não se justificaria a intervenção do Estado naquele caso. Esse princípio é polêmico, visto que a maioria da doutrina e da jurisprudência o repele, devido ao fato de não estar estabelecido até que ponto o fato deixa de ser considerado insignificante e passa a ser relevante. E, ademais, porque a insignificância depende do contexto social, fragilizando as expectativas normativas e podendo fomentar uma crise de legitimidade e confiança no Estado de Direito e, por consequência, o justiçamento privado.

O STF e STJ têm analisado o princípio da insignificância e reconhecido sua aplicabilidade em casos concretos em que se verifiquem quatro requisitos: a) mínima ofensividade da conduta, b) ausência de periculosidade social da ação; c) reduzido grau de reprovabilidade do comportamento; e d) inexpressividade da lesão jurídica produzida.[271]

O Superior Tribunal de Justiça, em complementação aos critérios objetivos do STF, também dispôs de uma série de requisitos subjetivos: a) extensão do dano, compreendendo a importância do objeto material para a vítima, sua situação econômica e o valor sentimental referente ao bem; b) circunstâncias e resultado do crime para determinar se houve lesão significativa ao bem jurídico; c) condições pessoais do ofendido; e d) condições pessoais do agente, que consiste em verificar a existência contumácia delitiva, que, na linguagem do Tribunal, não se confunde com a reincidência e nem mesmo com a reiteração delitiva.[272]

Para uma parte do STJ, o princípio da insignificância não se aplica ao criminoso habitual. Mas há no mesmo Tribunal uma 2ª corrente que diz que o princípio da insignificância independe de características subjetivas do agente.

De outra parte, o STJ já decidiu pela inaplicabilidade do princípio nos crimes ou contravenções penais praticados contra a mulher no âmbito das relações domésticas,[273] aos crimes contra a administração pública[274] e nos casos de transmissão clandestina de sinal de internet.[275]

Há certa polêmica nos *crimes fiscais*, ou seja, aqueles que têm por objeto tutelar a função arrecadatória do Estado, como a sonegação fiscal, a apropriação indébita previdenciária e o descaminho. Conforme já manifestado anteriormente, não se adota a compreensão de serem os crimes tributários crimes econômicos.

---

[271] Nesse sentido: STF HC nº 84687/MS. Relator(a): Min. Celso de Mello. Julgamento: 26/10/2004. Órgão Julgador: Segunda Turma. Publicação DJ 27-10-2006 PP-00063; e STJ HC nº 114.176/SP, Rel. Ministra Laurita Vaz, 5ª Turma, julgado em 18/11/2008, DJ 15/12/2008.

[272] Nesse sentido: HC 562.448, rel. Min. Nefi Cordeiro, 6ª T., j. 5-5-2020; AgRg no REsp 1.858.993, rel. Min. Reynaldo Soares da Fonseca, 5ª T., j. 5-5-2020; entre outros. De acordo com o STJ, a "contumácia ou habitualidade delitiva" diz respeito à prática constante ou persistente de infrações penais por parte do agente. Note que o termo utilizado pelo STJ não se confunde com o conceito de "crime habitual", o qual se refere a um delito único, cuja configuração requer a repetição de condutas no tempo (é exemplo de crime habitual o exercício ilegal da Medicina – previsto no art. 282 do CP). A habitualidade delitiva a que se refere o STJ pode ser revelada por, dentre outros, "procedimentos administrativos" ou "ações penais em curso".

[273] Súmula nº 589, STJ: "É inaplicável o princípio da insignificância nos crimes ou contravenções penais praticados contra a mulher no âmbito das relações domésticas".

[274] Súmula nº 599, STJ: "O princípio da insignificância é inaplicável aos crimes contra a administração pública".

[275] Súmula nº 606, STJ: "Não se aplica o princípio da insignificância a casos de transmissão clandestina de sinal de internet via radiofrequência, que caracteriza o fato típico previsto no art. 183 da lei 9.472/1997".

Nos últimos anos, prevalecia o entendimento de que o valor seria de 10 mil reais. Por maioria de votos, a 3ª seção do STJ decidiu, em março de 2018, por iniciativa do Min. Sebastião Reis, revisar o tema 157 dos recursos repetitivos e fixou em 20 mil reais o valor máximo para incidência do princípio da insignificância no caso de crimes tributários federais e de descaminho. O tema passou então a revelar a seguinte redação:

> Incide o princípio da insignificância aos crimes tributários federais e de descaminho quando o débito tributário verificado não ultrapassar o limite de R$20.000,00, a teor do disposto no artigo 20 da Lei 10.522/2002, com as atualizações efetivadas pelas Portarias 75 e 130, ambas do Ministério da Fazenda.[276]

Também incide o princípio da insignificância aos *crimes tributários federais e de descaminho* quando o débito tributário verificado não ultrapassar o limite de R$20.000,00 (vinte mil reais), a teor do disposto no art. 20 da Lei nº 10.522/2002, com as atualizações efetivadas pelas Portarias nºs 75 e 130, ambas do Ministério da Fazenda.[277]

Não se estende aos demais entes federados (Estados, Municípios e Distrito Federal) o princípio da insignificância no patamar estabelecido pela União na Lei nº 10.522/2002, previsto para crimes tributários federais, o que somente ocorreria na existência de legislação local específica sobre o tema.[278]

Para os demais crimes, tem se firmado o entendimento de não aplicação do princípio da insignificância quando os bens sejam superiores ao valor de um décimo do salário mínimo à época dos fatos.[279]

Vale ressaltar o que a doutrina europeia chama de *delito de acumulação*, segundo a qual crimes em que, ainda que a ofensa ao bem jurídico possa ser ínfima naquele caso, a soma de várias condutas torna o bem jurídico lesado e, assim, justifica a sua punição, como se dá nos crimes ambientais. Blanco Cordero, ademais, cita a classificação, mencionando seu uso por Silva Sánchez, para justificar a punição de pequenas quantias submetidas à lavagem de dinheiro, caso se defenda que o bem jurídico protegido é a ordem econômica, não se sujeitando, portanto, ao princípio da insignificância.[280]

---

[276] SOUZA, Luciano Anderson de. *Direito penal econômico*: fundamentos, limites e alternativas. São Paulo: Quartier Latin, 2012. p. 42 e ss.

[277] Tese revisada sob o rito do art. 1.046 do CPC/2015 - Tema 157). Julgados: AgRg no REsp 1877935/RS, Rel. Ministro Joel Ilan Paciornik, Quinta Turma, julgado em 23/02/2021, DJe 01/03/2021; AgRg no HC 549428/PA, Rel. Ministro Jorge Mussi, Quinta Turma, julgado em 19/05/2020, DJe 29/05/2020; RHC 106210/CE, Rel. Ministro Ribeiro Dantas, Quinta Turma, julgado em 06/08/2019, DJe 13/08/2019; AgRg no REsp 1722217/PR, Rel. Ministro Rogerio Schietti Cruz, Sexta Turma, julgado em 14/05/2019, DJe 23/05/2019; REsp 1709029/MG (recurso repetitivo), Rel. Ministro Sebastião Reis Júnior, Terceira Seção, julgado em 28/02/2018, DJe 04/04/2018; AREsp 1789051/MA (decisão monocrática), Rel. Ministro Felix Fischer, Quinta Turma, julgado em 12/03/2021, publicado em 16/03/2021. (Vide Informativo de Jurisprudência N. 622) (Vide Repetitivos Organizados por Assunto) (Vide Repetitivos - Tema 157).

[278] Nesse sentido: RHC 130853/SP, Rel. Ministro Nefi Cordeiro, Sexta Turma, julgado em 20/10/2020, DJe 26/10/2020; HC 535063/SP, Rel. Ministro Sebastião Reis Júnior, Terceira Seção, julgado em 10/06/2020, DJe 25/08/2020; AgRg no HC 549428/PA, Rel. Ministro Jorge Mussi, Quinta Turma, julgado em 19/05/2020, DJe 29/05/2020; RHC 119172/PI, Rel. Ministro Leopoldo de Arruda Raposo (Desembargador Convocado do TJ/PE), Quinta Turma, julgado em 17/12/2019, DJe 03/02/2020; RHC 106210/CE, Rel. Ministro Ribeiro Dantas, Quinta Turma, julgado em 06/08/2019, DJe 13/08/2019; HC 480916/SP, Rel. Ministro Antonio Saldanha Palheiro, Sexta Turma, julgado em 11/06/2019, DJe 21/06/2019. (Vide Informativo de Jurisprudência N. 540).

[279] STJ. AgRg no AREsp 651694/MG, Rel. Min. Felix Fischer, 5ª T, j. 07/05/2015, DJE 15/05/2015.

[280] BLANCO CORDERO, Isidoro. *El delito de blanqueo de capitales*. 4. ed. Navarra: Arazandi, 2015. p. 310-311.

Seguindo essa diretriz, firmou-se um entendimento de que o princípio da insignificância é inaplicável aos crimes cometidos contra a Administração Pública, ainda que o valor seja irrisório, porquanto a norma penal busca tutelar não somente o patrimônio, mas também a moral administrativa.[281]

Do mesmo modo, vem se firmando o entendimento de não aplicação do princípio da insignificância no caso de bem de inestimável valor sentimental,[282] no caso de furto de fios da rede de iluminação pública,[283] assim como no caso de concurso de pessoas[284] e no caso de acusados reincidentes.[285]

É preciso fazer uma ressalva importante: insignificância não se confunde com adequação social. Welzel enxergava a "adequação social" como causa de justificação,[286] sendo certo que somente em um segundo momento a tratou como excludente da própria tipicidade.

Apesar de pouco aplicada e reconhecida no Brasil,[287] a teoria (e para alguns, princípio) da *adequação social* significa que, apesar de uma conduta se subsumir ao modelo legal, não será considerada típica se for socialmente adequada ou reconhecida, isto é, se estiver de acordo com a ordem social da vida historicamente condicionada.

O princípio ou teoria da adequação social teria dois fundamentos: a) restringir o âmbito de abrangência do tipo penal, limitando a sua interpretação, e dele excluindo as condutas consideradas socialmente adequadas e aceitas pela sociedade; b) orientar o legislador quando da seleção das condutas que deseja proibir ou impor, com o fim de proteger os bens considerados mais importantes, assim como para exigir a descriminalização de condutas que já se adaptaram perfeitamente à evolução da sociedade e não guardam mais conformação com a moral média coletiva como algo que deva ser objeto de proteção. Em suma, teria a função de buscar um Direito Penal de intervenção mínima.

Há autores que propõem outra vertente do princípio da insignificância, que denominam *bagatela imprópria*, que se trataria de reconhecer a irrelevância penal de fatos delituosos pela desnecessidade da pena, segundo avaliação efetuada pelo juiz no caso concreto. O reconhecimento dessa tese não implicaria a atipicidade material da conduta, mas o afastamento da culpabilidade.

---

[281] Nesse sentido: AgRg no AREsp 487715/CE, Rel. Ministro Gurgel de Faria, Quinta Turma, julgado em 18/08/2015, DJe 01/09/2015; AgRg no REsp 1511985/PR, Rel. Ministro Felix Fischer, Quinta Turma, julgado em 20/08/2015, DJe 01/09/2015; APn 702/AP, Rel. Ministro João Otávio de Noronha, Corte Especial, julgado em 03/06/2015, DJe 01/07/2015; AgRg no REsp 1308038/SP, Rel. Ministro Sebastião Reis Júnior, Sexta Turma, julgado em 19/05/2015, DJe 29/05/2015; AgRg no AREsp 342908/DF, Rel. Ministro Marco Aurélio Bellizze, Quinta Turma, julgado em 18/06/2014, DJe 27/06/2014; AgRg no REsp 1382289/PR, Rel. Ministro Jorge Mussi, Quinta Turma, julgado em 05/06/2014, DJe 11/06/2014; AgRg no REsp 1102065/MS, Rel. Ministra Maria Thereza de Assis Moura, Sexta Turma, julgado em 19/04/2012, DJe 30/04/2012; HC 165725/SP, Rel. Ministra Laurita Vaz, Quinta Turma, julgado em 31/05/2011, DJe 16/06/2011. (Vide Informativo de Jurisprudência n. 473).

[282] STF. HC 107.615, Rel. Min. Dias Toffoli, j. 6-9-2011, 1ª T, DJE de 6-10-2011.

[283] STF. HC 118361, Rel. Min. Gilmar Mendes, 2ª T, j. 25/02/2014, DJe 14-03-2014.

[284] STF. HC 112.103, Rel. Min. Ricardo Lewandowski, j. 21-8- 2012, 2ª T, DJE de 21-10-2013.

[285] STF. HC 97.772, Rel. Min. Cármen Lúcia, j. 3-11-2009, 1ª T, DJE de 20-11-2009.

[286] WELZEL, Hans. *O novo sistema jurídico-penal*. 2. ed. Tradução de Luiz Regis Prado. São Paulo: Revista dos Tribunais, 2009. p. 64, nota nº 2.

[287] O Superior Tribunal de Justiça (STJ) tem decisão em recurso repetitivo entendendo pela inaplicabilidade do princípio da adequação social ao crime previsto no art. 184, §2º, do Código Penal, o que também se encontra consolidado no enunciado de súmula nº 502 (Súmula nº 502, STJ: "Presentes a materialidade e a autoria, afigura-se típica, em relação ao crime previsto no art. 184, §2º, do CP, a conduta de expor à venda CDs e DVDs piratas").

A exclusão da culpabilidade se basearia numa leitura da teoria funcionalista da culpabilidade, segundo a qual a aplicação da pena deve ser calcada não só na constatação de que o indivíduo podia agir de outro modo, mas na avaliação do cumprimento (ou satisfação) de necessidades preventivas (ou seja, verificar se a aplicação da pena atenderia ao postulado da prevenção de novos crimes).[288]

Citam-se, como exemplo, situações em que a vítima de lesão corporal, em casos de violência doméstica contra a mulher, afirma em juízo, convencendo o magistrado, que a despeito da agressão perpetrada pelo agente continuam juntos, em situação de convivência amorosa/familiar pacificada. Essa realidade, de acordo com o entendimento em análise, tornaria a aplicação de pena desnecessária. Assim, mesmo que o réu se revelasse culpado, caberia sua absolvição, dada a "irrelevância penal do fato". Essa tese, com a qual não aquiescemos, olvida, sobretudo, do caráter preventivo *geral* da pena (ou seja, sua eficácia intimidatória aos membros da coletividade). Essa finalidade preventiva geral da pena, embora passível de debates doutrinários, é reconhecida (implicitamente) na lei (CP, art. 59, *caput*).

De toda sorte, a tese é rechaçada pela jurisprudência, como se nota na Súmula 589 do STJ: "É inaplicável o princípio da insignificância nos crimes ou contravenções penais praticados contra a mulher no âmbito das relações domésticas".

2.2.4 Princípio da alteridade ou transcendentalidade

Tem como precursor Claus Roxin e significa que não é possível incriminar atitudes puramente subjetivas, ou seja, aquelas que não lesionem bens alheios. Se a ação ou omissão for puramente pecaminosa ou imoral, não apresenta a necessária lesividade que legitima a intervenção do Direito Penal.[289]

Por conta desse princípio, não se pune a autolesão, salvo quando se projeta a prejudicar terceiros, como no art. 171, §2º, V, do CP (autolesão para fraudar seguro); a tentativa de suicídio (nosso Código somente pune a participação no suicídio alheio – art. 122); o uso pretérito de droga (o porte é punido porque, enquanto o agente detém a droga, coloca em risco a incolumidade pública).

2.2.5 Princípio da autorresponsabilidade e Princípio da Confiança

Aquele que, de modo livre e consciente, e sendo inteiramente responsável por seus atos, realiza comportamentos perigosos e produz resultados lesivos a si mesmo arcará totalmente com seu comportamento, não se admitindo nenhum tipo de imputação a pessoas que o tenham eventualmente motivado a praticar tais condutas perigosas (ex.: o agente que incentiva desafeto a praticar "esportes radicais" não responde pelos acidentes sofridos pela vítima, que optou por fazê-lo livremente).

Essa ideia de *autocolocação em risco* será crucial para análise da imputação objetiva e de tema que será abordado à frente, denominado *ações penalmente neutras*.

Variável daquilo que trataremos no capítulo de concurso de agentes como ação penalmente neutra, alguns autores tratam como *princípio da confiança*.

---

[288] ESTEFAM, André. *Direito penal*: parte geral (arts. 1º a 120). 10. ed. São Paulo: Saraiva, 2021. p. 156-157.
[289] ESTEFAM, André. *Direito penal*: parte geral (arts. 1º a 120). 10. ed. São Paulo: Saraiva, 2021. p. 157.

Nesse esteio, uma pessoa não pode ser punida quando, agindo corretamente e na confiança de que o outro também assim se comportará, dá causa a um resultado não desejado (ex.: o médico que confia em sua equipe não pode ser responsabilizado pela utilização de uma substância em dose equivocada, se para isso não concorreu; o motorista que conduz seu automóvel cuidadosamente confia que os pedestres se manterão na calçada e somente atravessarão a rua quando não houver movimento de veículos, motivo pelo qual não comete crime se atropela um transeunte que se precipita repentinamente para a via trafegável).[290]

3 Princípios processuais penais e aspectos penais

Ainda que nas últimas décadas o Processo Penal tenha deixado de ser mero apêndice do Direito material, construindo-se uma ciência própria, há, entre vários princípios aplicados, alguns cruciais para um estudo sistemático do Direito Penal, como a presunção de não culpabilidade ou inocência, o devido processo legal e o princípio do juiz e promotor natural.

Tais temas se entrelaçam diretamente com o Direito Penal na medida em que se constata que as diferentes políticas criminais dependem do contido no preceito secundário da norma penal incriminadora ou em disciplina específica na Parte Geral do Código Penal ou da legislação extravagante.

Assim, as infrações de menor potencial ofensivo se sujeitarão aos benefícios da Lei nº 9.099/95; as infrações de médio potencial ofensivo permitirão, em tese, a substituição da pena privativa de liberdade por restritivas de direitos (arts. 43/48, CP), a aplicação do *sursis* (arts. 77/82, CP) ou *sursis* processual (art. 89, Lei nº 9.099/95) ou o acordo de não persecução penal (art. 28-A, CPP); e os crimes de alto potencial ofensivo terão disciplina específica para fins de livramento condicional (art. 83/90, CP), consequências da hediondez (Lei nº 8.072/90) e diferentes tratamentos na LEP (Lei nº 7.210/84), conforme premissas do direito material.

Da mesma forma, há temas comuns, tratados tanto no Código Penal quanto no Código de Processo Penal, como exemplo, a "ação penal" (arts. 100/106, CP e arts. 24/62, CPP).

Por isso a escolha de singela apresentação de alguns deles, com uma ressalva importante: quando um instituto tem, simultaneamente, natureza híbrida – penal e processual –, afetando direta ou mediatamente o direito de liberdade do indivíduo, deve seguir as regras específicas do Direito material.[291]

---

[290] ESTEFAM, André. *Direito penal*: parte geral (arts. 1º a 120). 10. ed. São Paulo: Saraiva, 2021. p. 160.
[291] Diante dessas normas, boa parte da doutrina entende e a jurisprudência do STJ é pacífica no sentido de não pode haver sua cisão, ou seja, aplicação dividida (HC nº 156477/AM, HC nº 182.714/RJ e HC nº 115131/RJ). Nesse caso, se a norma for prejudicial ao réu, não se pode aplicá-la de maneira imediata, nos moldes do art. 2º do CPP, ou seja, vigora o princípio da irretroatividade da lei, salvo para beneficiar o réu.

O *princípio da presunção de inocência ou de não culpabilidade* possui guarida constitucional (art. 5º, LVII),[292] assim como está presente no art. 8º, item 2, da Convenção Americana de Direitos Humanos.[293]

A extensão do significado contido na Constituição Federal e a própria constitucionalidade do art. 283 do CPP[294] não dizem respeito somente a questões de natureza processual: carregam, sim, questões clássicas sobre impunidade, eficiência da Política Criminal, a duração do processo como pena em si,[295] ou como vitimização secundária, além de um olhar necessariamente crítico sobre as mudanças recentes de posicionamento do STF por conta, sobretudo, de um tipo de criminalidade que não era objeto de tutela do Direito Penal clássico: a criminalidade econômico-financeira e os crimes contra o erário público.

Historicamente, a acepção e conformação constitucional desse princípio geravam as seguintes consequências: a) prisão somente após condenação definitiva (a prisão provisória seria excepcional somente em situações imprescindíveis);[296] b) a responsabilidade penal do acusado deve ser comprovada pelo órgão de acusação (art. 156, CPP); c) esse princípio é o que dá azo ao princípio *in dubio pro reo*.

Ademais, historicamente o STF entendia possível a execução provisória a partir da decisão condenatória em segunda instância.

Em 97% dos países do mundo a presunção de inocência vai sofrendo uma perda, ou seja, vai diminuindo a sua força, conforme a tramitação de um processo. Isso significa que, para quem é suspeito, a presunção de inocência é absoluta. Para quem é investigado, começa ela a diminuir um pouco; para quem é denunciado, ela diminui mais um pouco, porque um juízo de valor pelo Poder Judiciário por ocasião da análise da aptidão da ação penal; para quem é condenado em primeiro grau, com pleno exercício da ampla defesa e contraditório, a fumaça do bom direito dá espaço a uma certeza, eis que, na dúvida, o réu merece ser absolvido.

Com a condenação em segunda instância, um órgão colegiado, em um acórdão, faz o reexame das provas e do mérito, afastando a presunção inicial de não culpabilidade.[297]

Embora essa também fosse a tradição nacional, com o advento da Constituição Federal, passou-se a questionar essa práxis, sendo certo que o alargamento do *habeas corpus* para qualquer situação e a transformação dos excepcionais recursos especial e extraordinário como se tivessem natural efeito devolutivo ocasionou nova discussão do STF.

---

[292] "LVII – ninguém será considerado culpado até o trânsito em julgado de *sentença penal condenatória*".

[293] Art. 8º, item 2, CADH: "Toda pessoa acusada de delito tem direito a que se presuma sua inocência enquanto não se comprove legalmente sua culpa [...]".

[294] "Art. 283. Ninguém poderá ser preso senão em flagrante delito ou por ordem escrita e fundamentada da autoridade judiciária competente, em decorrência de prisão cautelar ou em virtude de condenação criminal transitada em julgado".

[295] CARNELUTTI, Francesco. *As misérias do processo penal*. Campinas: Edicamp, 2002.

[296] Prisão Preventiva (art. 312, CPP) e Prisão Temporária (Lei nº 7960/89). Consigne-se que há tempos, o STJ sumulou entendimento de que a prisão cautelar não viola o princípio da presunção de não culpabilidade: Súmula nº 9, STJ: "A exigência da prisão provisória, para apelar, não ofende a garantia constitucional da presunção de inocência".

[297] Nesse sentido, vale destacar os seguintes entendimentos sumulados: Súmula nº 7, STJ: "A pretensão de simples reexame de prova não enseja recurso especial"; Súmula nº 13, STJ: "A divergência entre julgados do mesmo Tribunal não enseja recurso especial"; Súmula nº 83, STJ: "Não se conhece do recurso especial pela divergência, quando a orientação do Tribunal se firmou no mesmo sentido da decisão recorrida".

No HC nº 68.72613, julgado em 28.6.1991, já sob o império da Constituição de 1988, em decisão unânime, o Pleno do STF decidiu que a ordem de prisão decorrente de sentença condenatória confirmada pela segunda instância não colide com a garantia constitucional da presunção de não culpabilidade.

Contudo, em 5.2.2009, com a composição plenária significativamente alterada em relação à que participou do julgamento do HC nº 68.72616, o STF promoveu a primeira mutação constitucional quanto ao alcance da garantia da presunção de não culpabilidade prevista no art. 5º, LVII, da CRFB, assentando uma interpretação diametralmente oposta à anteriormente fixada. No julgamento do HC nº 84.078, o Pleno do STF, por maioria de 7 votos a 4, suplantou o entendimento consolidado no HC nº 68.726. A Corte asseverou que a execução da sentença penal condenatória, na pendência de recursos excepcionais, é incompatível com o princípio da presunção de não culpabilidade, proibindo a prisão-pena antes do seu trânsito em julgado.

Quais novos fatos, além da própria composição da Suprema Corte, justificavam essa nova leitura? O crime de colarinho branco e os crimes contra a administração pública começaram a ser objeto de investigação da Polícia Federal e do Ministério Público e passaram a chegar, de forma indiscriminada, à análise das Cortes Superiores.

Em menos de oito anos, o STF reviu, portanto, sua jurisprudência duas vezes, a última delas em fevereiro de 2016, por ocasião do julgamento do HC nº 126.292, sustentando a tese até então consagrada em muitos países de que a execução provisória de Acórdão penal condenatório proferido em grau de apelação, ainda que sujeito a recurso especial ou extraordinário, não compromete a garantia prevista no art. 5º, LVII, da CF.

No segundo semestre de 2016, em sede de recurso extraordinário com repercussão geral e de ações declaratórias de constitucionalidade, o STF ratificou por duas vezes o entendimento sufragado no HC nº 126.292. Na ocasião, por 6 votos a 5, o Plenário do STF firmou o entendimento de que, confirmadas as condenações criminais pelas decisões de segundo grau (isto é, aquelas proferidas pelos Tribunais, em que questões de fato e de direito, analisadas pelo juiz de primeiro grau, já foram revistas por um colegiado), poder-se-á, desde logo, executar a pena de prisão, não sendo necessário, portanto, aguardar a interposição e tramitação dos recursos destinados aos Tribunais Superiores.

Não obstante, está pendente o julgamento das Ações Diretas de Constitucionalidade (ADCs nºs 43, 44 e 54), que visam à reforma do entendimento adotado por apertada maioria pela Corte em 2016, a partir do qual se autorizou a execução antecipada da pena após prolação de acórdão em segunda instância.

Como dito, mais do que as questões de ordem que subverteram a essência do *habeas corpus* e dos recursos aos Tribunais Superiores (que não têm efeito devolutivo, somente são conhecidos excepcionalmente, sem obstar que pudessem ter eventualmente efeito suspensivo), é preciso criticamente reconhecer que a colocação da burguesia e da aristocracia no banco dos réus vem transformando, e muito, a dinâmica processual nacional, gerando inequívocos reflexos na essência do fundamento do direito de punir.

Mais do que essa constatação, seria compulsório o respeito aos precedentes, ou seja, a vinculação do STF e do STJ aos seus próprios julgados em homenagem à segurança jurídica.

O art. 926, *caput*, do CPC estabelece que todos os tribunais têm o dever de uniformizar a sua jurisprudência e de mantê-la estável, íntegra e coerente. Tal obrigação visa a proporcionar a criação de um ambiente decisório mais coerente, isonômico e previsível, a exigir que os tribunais deem o exemplo, conferindo, como dito, aos destinatários das normas, o mínimo de segurança jurídica em suas expectativas normativas.

É sabido que há, em tramitação, uma Proposta de Emenda à Constituição no sentido de autorizar a prisão antes do trânsito em julgado (PEC nº 410/2018), que alteraria o texto do art. 5º, LVII, para prever que "ninguém será considerado culpado até a confirmação de sentença penal condenatória em grau de recurso". Mas é preciso reconhecer que se abriria um precedente perigoso para alterar aquilo que seria imutável na Constituição, por força do §4º do art. 60. De outra parte, há um caminho melhor, *constitucional*, e ele foi indicado ainda em 2011: pela proposta que ficou conhecida como *PEC dos Recursos*, articulada pelo então Ministro Cezar Peluso, *os processos terminarão depois do julgamento do juiz de primeiro grau e do tribunal competente*, modificando o *status* jurídico dos recursos aos tribunais superiores – STJ e STF –, transformando-os em ações autônomas.[298]

Já o *princípio do devido processo legal* (art. 5º, LIV, CF) significa, na política criminal clássico-iluminista, o fundamento sobre o qual todos os outros direitos de liberdade repousam. Não há pena sem processo (*nula poena sine judicio*).

Extraem-se desse clássico princípio duas principais acepções: a) o objetivo de assegurar o regular e justo andamento do processo judicial, por meio da instrução contraditória, do direito de defesa, do direito de ser citado, do duplo grau de jurisdição e da publicidade dos julgamentos, entre outras garantias; b) em sua segunda acepção, de cunho material, tem-se que "a essência do substantive *due process of law* reside na necessidade de proteger os direitos e as liberdades das pessoas contra qualquer modalidade de legislação que se revele opressiva ou destituída do necessário coeficiente de razoabilidade".[299]

Seu significado deve não só ser processual, como material, visto que esse princípio é o vetor que rege todo tipo de relacionamento entre Estado e cidadãos, controlando toda e qualquer postura do Estado diante da sociedade. Assim, ele é o princípio que rege a atuação estatal, instituindo limites e regras.

Ademais, extrai-se desse princípio a razoabilidade, ou seja, o controle dos atos feitos pelo Executivo (que deve estar de acordo com os valores sociais), alcançando também a lei, que não deve ser arbitrária. Dessa forma, pode-se dizer que o devido processo legal permite até mesmo o controle de conteúdo da lei, conforme a razoabilidade, ou a correspondência com a realidade social, segundo um padrão médio coletivo.[300]

---

[298] Proposta de Emenda à Constituição nº 15, de 2011.

[299] STF, ADIMC-1755/DF, rel. Min. Celso de Mello.

[300] O *subprincípio da correspondência com a realidade* impõe a periodicidade de códigos, revisão palatina da legislação em conformidade com os valores sociais, a indicação dos custos econômicos e sociais na justificativa do projeto de lei através de estudos empíricos, a necessidade e idoneidade, assim como a indicação dos mecanismos extrapenais que, conjuntamente com a lei buscarão proteger esse interesse, constituem essas diretrizes que devem orientar o processo de produção de leis penais (nesse sentido: MORAES, Alexandre Rocha Almeida de. *Direito penal racional:* propostas para a construção de uma teoria da legislação e para uma atuação criminal preventiva. Curitiba: Juruá, 2016. p. 40).

No tocante a esse princípio, é preciso consignar que ele vem sendo relativizado pelos institutos despenalizadores da Lei nº 9.099/95 e, mais recentemente, pelo acordo de não persecução penal introduzido no art. 28-A do CPP pela Lei Anticrime.

De igual forma, a ideia de que apenas o Judiciário poderá aplicar a pena, como corolário do *princípio da inafastabilidade da jurisdição* (art. 5º, XXXV),[301] de certa forma tem sido mitigado pela justiça penal negociada, ainda que se entenda que as medidas propostas na transação penal (art. 76, Lei nº 9.099/95) e ANPP (art. 28-A, CPP) não tenham caráter de sanção penal em sentido estrito, máxime por que não se adotou o *plea bargain* em sentido estrito. Do mesmo modo, o crime de responsabilidade é um delito de ordem política, razão pela qual o *impeachment* também não é tido como pena, mas sim como sanção política, o que justifica sua realização pela Câmara dos Deputados.

Vale, ademais, ressaltar o princípio do juiz e o do promotor natural, previstos no art. 5º, XXXVIII e LIII, CF.[302]

O *princípio do juiz natural* significa que ninguém será processado ou sentenciado a não ser pela autoridade competente. Quando alguém pratica um crime, o juiz competente para estabelecer esse crime já está estabelecido anteriormente à prática de tal delito, segundo as regras de delimitação da jurisdição e competência previstas na Constituição Federal, no Código de Processo Penal e nas Leis de Organização Judiciária.

No mesmo sentido, o art. 5º, LXI, da CF, preceitua que "ninguém será preso senão em flagrante delito ou por ordem expressa e fundamentada da autoridade competente, ressalvadas transgressões militares ou crime propriamente militar deferido em lei".

Já o discutido princípio do *promotor natural* tem enorme relevância na atualidade, máxime diante do monopólio, pelo Ministério Público, da ação penal pública (art. 129, I, CF) e diante das recentes reformas, criando a discricionariedade regrada da ação penal pública (*v.g.*, art. 28-A, CPP).

Para a doutrina, tratar-se-ia de princípio implícito (art. 5º, inc. LIII), derivado de princípios constitucionais expressos que são perfeitamente aceitos e aplicados no contexto da persecução penal.

Para Nucci, "o indivíduo deve ser acusado por órgão imparcial do Estado, previamente designado por lei, vedada a indicação de acusador para atuar em casos específicos".[303]

Já Capez defende que "ninguém será processado senão pelo órgão do Ministério Público, dotado de amplas garantias pessoais e institucionais, de absoluta independência e liberdade de convicção e com atribuições previamente fixadas e conhecidas".[304]

Nesse sentido, ofende o princípio do promotor natural a designação de membro do *parquet ad hoc*, ressalvados os casos, por lei, em que o chefe da instituição pode designar os respectivos membros.[305]

---

[301] "A lei não excluirá da apreciação judicial lesão ou ameaça de lesão".

[302] "XXXVII – não haverá juízo ou tribunal de exceção; [...] LIII – ninguém será processado nem sentenciado senão pela autoridade competente".

[303] NUCCI, Guilherme de Sousa. *Manual de processo penal e execução penal*. 11. ed. [s.l.]: [s.n.], [s.d.]. p. 81.

[304] CAPEZ, Fernando. *Curso de processo penal*. 27. ed. São Paulo: Saraiva, 2020. p. 72.

[305] A Lei nº 8.625 de 12.2.1993, que instituiu a Lei Orgânica Nacional do Ministério Público, dispõe no art. 10, inc. IX, os casos em que o Procurador-Geral de Justiça poderá designar membros do Ministério Público, nas seguintes hipóteses: a) exercer as atribuições de dirigente dos Centros de Apoio Operacional; b) ocupar cargo de confiança

Vale ressaltar que a aplicação desse princípio é limitada ao processo penal, ou seja, não viola o princípio do promotor natural a requisição de membros para atuar somente na fase inquisitória. Registre-se ainda a orientação sobre a criação de grupo especializado, como os Gaecos (grupos especiais de enfrentamento e combate ao crime organizado): "a criação de grupo especializado por meio de Resolução do Procurador-Geral da Justiça, com competência e membros integrantes estabelecidos previamente ao fato criminoso, não ofende o art. 29, IX da Lei 8.625/96, nem o princípio do Promotor Natural".[306]

A jurisprudência do Supremo Tribunal Federal, no sentido de que esse princípio implícito encontra ressonância constitucional, em essência, advoga a tese de que se trata de

> garantia de ordem jurídica destinada tanto a proteger o membro da Instituição, na medida em que lhe assegura o exercício pleno e independente de seu ofício, quanto a tutelar a própria coletividade, a quem se reconhece o direito de ver atuando, em quaisquer causas, apenas o Promotor cuja intervenção se justifique a partir de critérios abstratos e pré-determinados, estabelecidos em lei.[307]

4 Colisão e ponderação de princípios e o princípio dos princípios: a proporcionalidade

Nenhuma garantia fundamental, nenhum princípio constitucional pode ser absoluto. O contexto fático e a história, naturalmente, ensinam isso.

Como conciliar liberdade e segurança? Como é possível se pensar em efetividade do processo e garantias do acusado? Como não coisificar, simultaneamente, vítimas e réus, dado que a dignidade humana é princípio aplicável a todos de maneira indistinta?

Liberdade do acusado de um lado e vida das potenciais vítimas de outro; princípio da dignidade da pessoa humana no trato do "inimigo" e direito da coletividade à segurança. Enfrentar conflitos dessa natureza implica ponderação de interesses, questão altamente debatida entre constitucionalistas contemporâneos.

Mas fato é que os cenários de excesso de rigorismo e laxismo se alternam, e a história, como já alertou Veyne, parece cíclica.[308] A análise dos ciclos históricos do Direito Penal serve para afastar a ilusão de que um modelo dogmático ou de política criminal possa ser perene. Nesse sentido, a lição de Barreto é irretocável:

> A fixidez do direito, quer como ideia, quer como sentimento, é uma verdade temporária e relativa, se não antes uma verdade local, ou uma ilusão de ótica intelectual, devida aos mesmos motivos que nos levam a falar da fixidez das estrelas. [...] Platão dissera que não

---

junto aos órgãos da Administração Superior; c) integrar organismos estatais afetos a sua área de atuação; d) oferecer denúncia ou propor ação civil pública nas hipóteses de não confirmação de arquivamento de inquérito policial ou civil, bem como de quaisquer peças de informações; e) acompanhar inquérito policial ou diligência investigatória, devendo recair a escolha sobre o membro do Ministério Público com atribuição para, em tese, oficiar no feito, segundo as regras ordinárias de distribuição de serviços; f) assegurar a continuidade dos serviços, em caso de vacância, afastamento temporário, ausência, impedimento ou suspeição de titular de cargo, ou com consentimento deste; g) por ato excepcional e fundamentado, exercer as funções processuais afetas a outro membro da instituição, submetendo sua decisão previamente ao Conselho Superior do Ministério Público; h) oficiar perante a Justiça Eleitoral de primeira instância, ou junto ao Procurador-Regional Eleitoral, quando por este solicitado.

[306] STJ, REsp nº 495.928/MG, 5ª T., Rel. Min. José Arnaldo da Fonseca, DJ 2-2-2004.
[307] STF, HC nº 67.759-2/RJ, Plenário, Rel. Min. Celso de Mello, DJ de 01.07.1993.
[308] VEYNE, Paul. *Como se escreve a história*. Tradução de Alda Baltar e Maria A. Kneipp. Brasília: Edunb, 1982.

há ciência do que passa; veio o espírito moderno e redargüiu convicto: – só há ciência do que é passageiro, – pois tudo que pode ser objeto científico, – o homem, a natureza, o universo em geral, não é um estado perene, mas o fenômeno de uma transição permanente de uma contínua passagem de um estado a outro estado.[309]

A necessidade de tutela de bens, por vezes, paradoxalmente antagônicos, como a vida e a liberdade, não autorizaria uma leitura de que garantias penais e processuais seriam relativas? Seria, portanto, claramente ilegítima uma política criminal pautada nessa perspectiva?

Essas questões não são novas, como não o são os ciclos que permeiam o debate.

> Há sempre um *corsi* e *ricorsi* de história, amoldando-se aqui e ali, o Direito a uma nova realidade, ainda que por vezes seja operacionalizado por métodos ou idéias antigas, que poderão em dado momento constituir mais que novidade, mas solução ou, quando menos, busca de aperfeiçoamento.[310]

Alternam-se ciclos de repressão e de discursos garantísticos: do abolicionismo (criminologia radical e responsabilidade da sociedade, em que "a sobrevivência do capitalismo é o *sursis* elástico do facínora"),[311] ao "terrorismo penal" (movimento da "Lei e da Ordem", em que a sociedade militarizada pede licença para se expressar diante de uma verdade já prescrita).[312]

É acertado afirmar, como o fazem Shecaria e Corrêa Jr., que "o reconhecimento de uma hierarquia de importância entre os direitos fundamentais, bem como da existência de valores supremos na Constituição, poderia gerar maior racionalidade no sistema punitivo".[313] Contudo, inexistindo tal fórmula mágica, como resolver questões de ponderação de interesses, ainda mais com relativização da verdade hermenêutica?

Como bem acentua Ferraz Jr., "a hermenêutica não elimina as contradições, mas as torna suportáveis". Segundo ele, "a interpretação não é verdadeira nem por fidelidade ao pensamento do legislador nem por fidelidade aos fatores objetivos da realidade, mas à medida que serve congruentemente a uma relação de poder de violência simbólica".[314]

Se a verdadeira interpretação depende, grosso modo, da habilidade comunicativa, como encontrar a verdade na defesa da liberdade ou da vida, na dignidade da pessoa humana ou na segurança dos cidadãos? Enfim, tudo depende da boa persuasão, do contexto e da decisão política que deveriam ser conformados constitucionalmente.

Larenz, por exemplo, aduz que esses conflitos devem ser enfrentados "mediante uma 'ponderação' dos direitos ou bens jurídicos que estão em jogo conforme o 'peso'

---

[309] BARRETO, Tobias. *Introdução ao estudo do direito*. Recife: Landy, 2001. p. 62-63.
[310] BONFIM, Edílson Mougenot. *Direito penal da sociedade*. São Paulo: Oliveira Mendes, Livraria Del Rey Editora, 1997. p. 58.
[311] DIP, Ricardo; MORAES JR., Volney Corrêa Leite de. *Crime e castigo*: reflexões politicamente incorretas. Campinas: Millennium, 2002. p. 105.
[312] MORAES, Alexandre Rocha Almeida de. *Direito Penal do Inimigo:* a terceira velocidade do direito penal. Curitiba: Juruá, 2000. p. 254.
[313] SHECARIA, Sérgio Salomão; CORRÊA JR., Alceu. *Teoria da pena*. Finalidades, Direito positivo, jurisprudência e outros estudos de ciência criminal. São Paulo: Revista dos Tribunais, 2002. p. 56.
[314] FERRAZ JR., Tércio Sampaio. *Introdução ao estudo do direito*: técnica, decisão, dominação. 4. ed. São Paulo: Atlas, 2003. p. 309.

que ela confere ao bem respectivo na respectiva situação. Mas 'ponderar' e 'sopesar' é apenas uma imagem; não se trata de grandezas quantitativamente mensuráveis".[315]

Dworkin, sob o mesmo prisma, acentua que conflitos de regras se levam a cabo na dimensão da validez; já a colisão de princípios – como somente podem entrar em colisão princípios válidos – tem lugar além da dimensão de validez, na dimensão do peso. Nesse sentido:

> Os princípios possuem uma dimensão que as regras não têm – a dimensão de peso ou importância. Quando os princípios se intercruzam [...], aquele que vai resolver o conflito tem de levar em conta a força relativa de cada um. Esta não pode ser, por certo, uma mensuração exata e o julgamento que determina que um princípio ou uma política particular é mais importante que a outra frequentemente será objeto de controvérsia. Não obstante, essa dimensão é uma parte integrante do conceito de um princípio, de modo que faz sentido perguntar que peso ele tem e o quão importante ele é.[316]

A doutrina majoritária costuma empregar os seguintes critérios para diferenciar regras e princípios: (i) o caráter hipotético-condicional; (ii) o modo final de aplicação; (iii) o relacionamento normativo; (iv) o fundamento axiológico.

O critério do caráter hipotético-condicional consubstancia um critério formal, segundo o qual as regras são construídas por meio da descrição de uma hipótese e da atribuição de consequências. O critério do modo final de aplicação se refere à ideia de que a regra é aplicada de maneira absoluta ("tudo ou nada") e os princípios, de maneira gradual ("pouco a pouco").[317]

Já o critério do relacionamento normativo diz respeito à maneira como seriam dirimidas eventuais antinomias entre cada categoria de espécie normativa. Quando verificada entre regras, surgiria verdadeiro conflito, impondo que uma delas fosse invalidada quando contrariada por outra ou, então, se tornasse uma exceção, vendo seu alcance limitado. Por fim, o critério do fundamento axiológico se dirige a apontar que somente uma das espécies normativas – os princípios – seria apta a conferir razões valorativas para embasar a decisão e inspirar a aplicação de outras normas.[318]

Estefam, no entanto, ressalta os critérios científicos para distinção entre princípios e regras: (i) a natureza do comportamento prescrito; (ii) a natureza da justificação exigida; (iii) a medida de contribuição para a decisão. Segundo ele,

> Quanto à natureza do comportamento prescrito, as regras são imediatamente descritivas (por consubstanciarem obrigações, permissões ou proibições mediante a descrição da conduta a ser adotada) e mediatamente finalísticas; os princípios, pelo contrário, são diretamente finalísticos e secundariamente descritivos ou comportamentais (por estabelecerem um estado ideal de coisas para cuja realização requer-se a adoção de comportamentos).
> No que tange ao critério da natureza da justificação exigida, as regras, em face do molde em que costumam advir, com a descrição do comportamento, permitem uma aplicação ao caso

---

[315] LARENZ, Karl. *Metodologia da ciência do direito*. 3. ed. Lisboa: Fundação Calouste Gulbenkian, 1997. p. 575-576.
[316] DWORKIN, Ronald. *Levando os direitos a sério*. Tradução de Nelson Boeira. São Paulo: Martins Fontes, 2007. p. 42-43.
[317] ESTEFAM, André. *Direito penal*: parte geral (arts. 1º a 120). 10. ed. São Paulo: Saraiva, 2021. p. 126-127.
[318] ESTEFAM, André. *Direito penal*: parte geral (arts. 1º a 120). 10. ed. São Paulo: Saraiva, 2021. p. 126-127.

concreto que requer uma carga menor de justificação para sua incidência. Os princípios, de sua parte, por não prescreverem o comportamento exigido, demandam maior densidade argumentativa. No caso deles, a norma coloca em primeiro plano o elemento finalístico e não a situação fática, impondo um dever de demonstrar uma correlação entre o efeito da conduta a ser adotada e o atingimento ou realização do estado de coisas como ideal a ser atingido.

Com respeito ao critério da medida de contribuição para a decisão, os princípios não apontam soluções específicas, mas visam a contribuir – ao lado de outras razões – para que se atinja o estado ideal com a tomada da decisão. São, portanto, normas primariamente complementares e preliminarmente parciais. Já as regras têm o propósito de trazer uma solução específica e, nessa medida, servir de base para a prolação da decisão. São, nessa medida, normas preliminarmente decisivas e abarcantes.[319]

Firmadas tais premissas, diz o art. 5º, VIII, CF que "ninguém será privado de direitos por motivos de crença religiosa ou convicção filosófica ou política, salvo se invocar para exigência de obrigação legal a todos impostos e recusar de cumprir prestação alternativa fixada", mas não mais se permite o crucifixo sob a cabeça do Magistrado, como uma invocação divina para falar em nome de um Deus único nas salas de audiência.

A Constituição garante a privacidade e intimidade, mas autoriza a quebra do sigilo bancário, telefônico e até mesmo a interceptação telefônica e telemática.

Aceitando-se a ideia de que os princípios constitucionais não são absolutos, é preciso reconhecer que o garantismo penal negativo, justificado sob a ótica de um modelo de Direito Penal em que o Estado dialetizava com um acusado hipossuficiente e vulnerável, não existe mais na forma pura.

Querer advogar que a criminalidade urbana se identifica com a criminalidade organizada, mafiosa, globalizada, teorista e com o crime de colarinho branco é advogar em um tempo social que não mais existe.[320]

Segundo a lógica do *garantismo negativo*, de contenção dos excessos do Estado, é preciso limitar o *jus puniendi*. Em síntese, os princípios fundantes do *garantismo penal* são os seguintes:[321] 1) princípio da *retributividade* ou da sucessividade da pena em relação ao delito cometido; 2) princípio da *legalidade*: inviável se cogitar a condenação de alguém e a imposição de respectiva penalidade se não houver expressa previsão legal, guardando esta a devida compatibilidade com o sistema constitucional vigente; 3) princípio da *necessidade* ou da economia do Direito Penal: somente se deve acorrer ao Direito Penal quando absolutamente necessário, de modo que se deve buscar a possibilidade de solução dos conflitos por outros meios. É a *ultima ratio* do Direito Penal; 4) princípio da *lesividade* ou da ofensividade do ato: além de típico, o ato deve causar efetiva lesividade ou ofensividade ao bem jurídico protegido, desde que deflua da Constituição (direta ou indiretamente) mandado que ordene sua criminalização; 5) princípio da *materialidade*; 6) princípio da *culpabilidade*: a responsabilidade *criminal* é do agente que praticou o ato, sendo necessária a devida e segura comprovação da culpabilidade do autor; remanescendo dúvidas razoáveis, há se aplicar o aforismo *in dubio pro reo*; 7) princípio da *jurisdicionalidade*: o devido processo legal está relacionado

---

[319] ESTEFAM, André. *Direito penal*: parte geral (arts. 1º a 120). 10. ed. São Paulo: Saraiva, 2021. p. 128-129.

[320] Ucronia (ou "não tempo") é uma palavra-valise, substituindo *topia* da palavra utopia (do grego *u-topos* ou "sem lugar") por cronia (do grego *chronos*, "tempo").

[321] FERRAJOLI, Luigi. *Direito e razão*: teoria do garantismo penal. Tradução de Ana Paula Zomer, Fauzi Hassan Choukr, Juarez Tavares e Luiz Flávio Gomes. São Paulo: Revista dos Tribunais, 2002. p. 93.

diretamente também com a estrita obediência de que as penas de natureza criminal sejam impostas por quem investido de jurisdição à luz das competências estipuladas na Constituição; 8) princípio *acusatório* ou da separação entre juiz e acusação: numa frase significa *unicamente* que o julgador deve ser pessoa distinta da do acusador; 9) princípio do *encargo da prova*: ao réu não se deve impor o ônus de que é inocente, pois é a acusação quem tem a obrigação de provar a responsabilidade criminal do imputado; 10) princípio do *contraditório*: sendo inadmissíveis procedimentos *kafkianos*, deflui do devido processo legal que o réu tem o direito fundamental de saber do que está sendo acusado e que lhe seja propiciada a mais ampla possibilidade de, se quiser, rebater (ampla defesa) as acusações que lhe são feitas.[322]

Primeiramente, é preciso compreender que o garantismo de Ferrajoli fora construído em contexto muito específico:

> Em meados dos anos de 1970 a Itália sofria um momento extremamente difícil, em que existia a luta armada e o terrorismo, época essa denominada de "anos de chumbo", ocasião em que grupos com ideologias políticas utilizavam de condutas abusivas e forças desmedidas a fim de impor suas convicções. E nesse cenário ganhou destaque o garantismo penal, como ideal de transformação não apenas social em todos os seus âmbitos, mas notadamente na seara judicial, como forma de sinalizar e reprimir os alarmantes abusos previstos na própria legislação e praticados por aqueles que detinham o exercício do Direito.[323]
>
> O movimento Magistratura Democrática detinha claro intento revolucionário, caracterizado por uma corrente de magistrados explicitamente politizada, que auxiliou o enfrentamento pela via judiciária, como forma de superar a justiça até então pertencente apenas a uma classe de pessoas, tendo como premissa a constitucionalização do direito e a aplicação para toda a sociedade, fomentando o "degelo da constituição".[324]

Ademais, aceitando que parte desses princípios faz parte do que se denomina Direito Penal Constitucional no contexto de um Estado Social e Democrático de Direito e, pois, replicando as tradições clássico-iluministas,[325] forçoso reconhecer que há, como dito, diferentes tipos de delinquência que demandam diferentes tratamentos, reforçando a ideia de que é preciso enfrentar a colidência de princípios e interesses também sob diferente perspectiva democrática: da vítima, individualmente considerada, e difusa, sob a perspectiva dos direitos sociais e difusos.

Não à toa, há que se reconhecer uma dualidade de garantismos – positivo e negativo – que convivem no próprio texto constitucional brasileiro.

---

[322] FISCHER, Douglas. Garantismo penal integral (e não o garantismo hiperbólico monocular) e o princípio da proporcionalidade: breves anotações de compreensão e aproximação dos seus ideais. *Revista de Doutrina da 4ª Região*, Porto Alegre, n. 28, mar. 2009. Disponível em: http://www.revistadoutrina.trf4.jus.br/artigos/edicao028/douglas_fischer.html. Acesso em: 30 jul. 2020.

[323] BELTRAMIN, Sara Maria. O jogo processual penal e a ausência de equilíbrio na aplicabilidade da teoria do garantismo penal integral. Âmbito Jurídico. Disponível em: https://ambitojuridico.com.br/cadernos/direito-penal/o-jogo-processual-penal-e-a-ausencia-de-equilibrio-na-aplicabilidade-da-teoria-do-garantismo-penal-integral/. Acesso em: 30 jul. 2020.

[324] SOUZA, Leonardo Giardin de. Garantismo penal: o cavalo de Troia do sistema de justiça criminal brasileiro. *Revista do Ministério Público Militar*, Brasília, n. 28, p. 97-124, jul. 2018.

[325] BECCARIA, Cesare. *Dos delitos e das penas*. São Paulo: Martin Clarets, 2001.

A cultura de estruturar o Direito Penal e Processual com princípios orientadores deu ensejo a um modelo de dogmática constitucional que transcende a mera hermenêutica para se transfigurar em efetivos limites.[326]

De um lado, os princípios estruturais da legalidade (art. 5º, II) e da igualdade (art. 5º, *caput*) implicam a consagração do Direito Penal e Processual Penal iluministas. Além disso, a ênfase na proteção das garantias fundamentais e de dignidade da pessoa humana, consubstanciadas nos princípios do juiz e promotor naturais (art. 5º, XXXVII e LIII), na inocência presumida (art. 5º, LVII), no princípio do devido processo legal (art. 5º, LV),[327] nos princípios do contraditório (art. 5º, LV) e da ampla defesa (art. 5º, LV), na publicidade (art. 5º, LX, e art. 93, IX) e motivação das decisões como regras (art. 93, IX), na inadmissibilidade das provas ilícitas (art. 5º, LVI), geraram alterações de todo o sistema Processual Penal brasileiro e, de outra parte, representaram a adoção de postura do Supremo Tribunal Federal mais ativista e militante, contrariamente ao que advogam os defensores de um sistema puramente acusatório.[328]

De outra parte, no denominado *garantismo positivo*, esse dever de proteção (no qual se inclui a segurança dos cidadãos) representa a obrigação de o Estado, nos casos em que for necessário, adequado e proporcional em sentido estrito, restringir direitos fundamentais dos cidadãos.

Em síntese, essa discussão traz à tona o princípio dos princípios: o *princípio implícito da proporcionalidade*.

O princípio da proporcionalidade, de origem alemã, possui dois significados. A primeira acepção – a proibição da proteção excessiva do Estado em prol do indivíduo restringido em sua liberdade –, ou *simplesmente a proibição do excesso* (Übermassverbot), tem destinatário duplo: tanto o Poder Legislativo, que deve estabelecer penas proporcionais em abstrato à gravidade do delito, quanto ao magistrado, que deve impor ao autor do delito penas proporcionadas à sua concreta gravidade.

O princípio da proporcionalidade revela três exigências, que constituem seu conteúdo informador: necessidade, idoneidade e proporcionalidade em sentido estrito.[329]

A necessidade diz respeito à imprescindibilidade de utilização do aparato repressivo jurídico-penal para proteção de determinado interesse essencial para a convivência humana. Já a idoneidade, atinente à aptidão para alcance da finalidade proposta, consiste na possibilidade de efetiva tutela do bem jurídico por parte do Direito Penal.[330]

Por fim, a proporcionalidade *stricto sensu* significa que o *quantum* de pena deve ser mensurado a partir da intensidade de ataque ao bem jurídico tutelado.

---

[326] Nesse sentido: MORAES, Alexandre Rocha Almeida de. A política criminal pós-88: o Ministério Público e a dualidade entre garantismos positivo e negativo. *In*: SABELLA, Walter Paulo; DAL POZZO, Antônio Araldo Ferraz; BURLE FILHO, José Emmanuel (Coord.). *Ministério Público*: vinte e cinco anos do novo perfil constitucional. São Paulo: Malheiros, 2013. p. 750-779.

[327] Na acepção de cunho material, tem-se que "a essência do substantive *due process of law* reside na necessidade de proteger os direitos e as liberdades das pessoas contra qualquer modalidade de legislação que se revele opressiva ou destituída do necessário coeficiente de razoabilidade" (Min. Celso de Mello, STF, ADIMC-1755/DF).

[328] Nesse sentido, interessante questão dos poderes instrutórios e os "quadros mentais paranoicos" é levantada por Aury Lopes Junior (*Direito processual penal*. 9. ed. São Paulo: Saraiva, 2012. p. 138-142).

[329] GOMES, Mariângela Gama de Magalhães. *O princípio da proporcionalidade no direito penal*. São Paulo: Revista dos Tribunais, 2003. p. 82 e ss.

[330] GOMES, Mariângela Gama de Magalhães. *O princípio da proporcionalidade no direito penal*. São Paulo: Revista dos Tribunais, 2003. p. 126-127.

Perceba-se que esses critérios servem tanto ao legislador, no momento de escolha política de criação de um tipo penal e estabelecimento de sua resposta, como ao aplicador da lei, no momento de estabelecer a concreta sanção ao infrator penal.[331] Demais disso, decorre como consectário da proporcionalidade, a vedação de dupla punição pelo mesmo fato, imperando o ideário do *ne bis in idem*.[332]

Há, contudo, uma segunda acepção – *a proibição da proteção deficiente do bem jurídico* –, também conhecida como proibição de proteção insuficiente (*Untermassverbot*).[333]

Essa segunda acepção consagra o denominado *garantismo positivo ou social*, timidamente utilizado como fundamento para decidir pela jurisprudência pátria. Pioneiramente, a Suprema Corte brasileira, no Recurso Extraordinário nº 418.376-5, por meio do relator, o Ministro Gilmar Mendes, se pronunciou a respeito do tema:

> quanto à proibição de proteção insuficiente, a doutrina vem apontando para uma espécie de garantismo positivo, ao contrário do garantismo negativo (que se consubstancia na proteção contra os excessos do Estado) já consagrado pelo princípio da proporcionalidade. A proibição de proteção insuficiente adquire importância na aplicação dos direitos fundamentais de casos em que o Estado não pode abrir mão da proteção do direito penal para garantir a proteção de um direito fundamental.[334]

Feldens, em consonância com a acepção da vedação de proteção insuficiente do bem, e em conformidade à Teoria do Garantismo Positivo, apresenta três condicionantes da relação entre a Constituição e o Direito Penal: "1. A Constituição como limite material do Direito Penal; 2. A Constituição como fonte valorativa do Direito Penal; e, 3. A Constituição como fundamento normativo do Direito Penal incriminador".[335]

---

[331] Quanto ao aspecto de cominação legal de pena, recentemente, no âmbito do STJ, decidiu-se, por maioria, pela inconstitucionalidade do preceito secundário da norma do art. 273, §1º-B, V, do Código Penal – relacionada à falsificação, corrupção, adulteração ou alteração de produto destinado a fins terapêuticos ou medicinais – havendo como base o princípio da proporcionalidade. Observou-se uma dupla perspectiva de tal princípio na proteção dos bens jurídicos tutelados, ao indicar que "a intervenção estatal por meio do Direito Penal deve ser sempre guiada pelo princípio da proporcionalidade, incumbindo também ao legislador o dever de observar esse princípio como proibição de excesso e como proibição de proteção insuficiente". Sendo assim, concluiu-se que havia em tal preceito desproporção entre a relevância penal da conduta e a pena prevista, reforçando que "a restrição da liberdade individual não pode ser excessiva, mas compatível e proporcional à ofensa causada pelo comportamento humano criminoso" (cf. AI no HC 239.363/PR, rel. Min. Sebastião Reis Júnior, j. 26.02.2015, DJe 10.04.2015). No mesmo sentido, *e.g.*, o STF já decidiu com relação à pena abstratamente cominada em um caso de receptação: "o legislador brasileiro - ao cominar pena mais leve a um delito mais grave (CP, art. 180, 'caput') e ao punir, com maior severidade, um crime revestido de menor gravidade (CP, art. 180, §1º) - atuou de modo absolutamente incongruente, com evidente transgressão ao postulado da proporcionalidade" (cf. HC 92.525-MC/RJ, rel. Min. Celso de Mello, j. 31.03.2008).

[332] SOUZA, Luciano Anderson de. *Direito penal*: parte geral. 3. ed. São Paulo: Revista dos Tribunais, Thomson Reuters, 2022. v. 1. p. 78-80.

[333] STRECK, Lenio Luiz. *O princípio da proibição de proteção deficiente (untermassverbot) e o cabimento de mandado de segurança em matéria criminal*: superando o ideário liberal-individualista-clássico. Disponível em: http://www.leniostreck.com.br/site/wp-content/uploads/2011/10/1.pdf. Acesso em: 14 abr. 2020.

[334] Voto-vista do Ministro Gilmar Mendes, p. 688. Recurso Extraordinário nº 418.376-5/MS. José Adélio Franco de Moraes e Ministério Público do Estado do Mato Grosso do Sul. Relator: Ministro Marco Aurélio Mello, Relator para Acórdão: Ministro Joaquim Barbosa. Tribunal Pleno. 09 de fevereiro de 2006, DJ 23-03-2007. Disponível em: http://www.stf.jus.br/portal/jurisprudencia/listarJurisprudencia.asp?s1="proibição%20de%20proteção%20deficiente"&base=baseAcordaos. Acesso em: 01 dez. 2020.

[335] FELDENS, Luciano. *A Constituição penal*: a dupla face da proporcionalidade no controle de normas penais. 2. ed. Porto Alegre: Livraria do Advogado, 2012. p. 64-85; no mesmo sentido: GRECO, Rogério. *Curso de direito penal*: parte geral. 22. ed. Rio de Janeiro: Impetus, 2020. v. 1. p. 127-128.

Ao estabelecer no art. 5º, inc. XXXIX, o princípio da estrita legalidade, a Constituição delegou a decisão de descrever as condutas criminosas e sanções atribuíveis a tais condutas.

O princípio da legalidade – pilar universal dos sistemas penais democráticos – representa norma de garantia individual, confirmando a tradição legislativa desde a Carta Política do Império (1824, art. 179, §11) e das Constituições da República (1891, art. 72, §15; 1934, art. 113, §§26 e 27; 1937, art. 122, §13; 1946, art. 141, §29; 1967, art. 150, §16; 1969, art. 153, §16).

Na ótica do garantismo social, esse princípio importa no dever do Estado em legislar para proteger suficientemente bens jurídicos: nesse contexto surge a teoria dos mandados constitucionais de criminalização que impõe uma relação entre a Constituição e o Direito Penal visando à proteção de determinados bens jurídicos, considerada tutela de fins.[336] Foi assim que se deu na Alemanha:

> Na década de 60 do século passado, na obra de PETER LERCHE denominada *Habilitationschrift* – *Übermass und Verfassungsrecht*, a doutrina constitucionalista se deparou com um novo e complexo paradigma, que rompia com uma estrutura sólida da relação entre Poderes Constituídos e, da mesma forma, entre esses e a Constituição: questionava-se se o Poder Legislativo continuava, afinal, a ser um poder livre nos fins, ou se, pelo contrário, diante do estágio do Estado Social e Democrático de Direito, seria possível – e adequado – o desenvolvimento de uma doutrina "dos limites da liberdade de conformação ou, até, de uma doutrina da discricionariedade legislativa".[337]

Partia-se da nova feição das denominadas "Cartas dirigentes": buscava-se, pois, conformar a realidade fática – quase um "refazer o mundo" – por meio das normas constitucionais, as quais, além de terem eficácia imediata, vinculavam o Poder Executivo, Legislativo e Judiciário de maneira antes nunca experimentada na Ciência e na Prática Jurídica (busca efetiva de uma sociedade mais igualitária, justa e humana).[338]

Na Alemanha, a decisão paradigmática foi a *Schwangerschaftsabbruch I*, do Tribunal Constitucional Alemão, em 25.2.1975. Nela, julgou-se inconstitucional o §218, introduzido ao Código Penal Alemão pela 5ª Lei de Reforma do Direito Penal de 1974 (5. StrRG), o qual criava uma dirimente especial no aborto, sempre que realizado por um médico, com a concordância da grávida e desde que não tivessem passado doze semanas desde a concepção (se estivesse assim configurado, estaria excluída a antijuridicidade da conduta dos eventuais agentes).

Quando questionada a constitucionalidade da "Solução de Prazo" (a denominação faz menção ao período de 12 semanas a partir da gravidez em que seria lícito abortar) por 193 membros da Câmara Federal e por certos governos estaduais, o Tribunal

---

[336] FIGUEIREDO DIAS, Jorge de. *Temas básicos da doutrina penal*. Coimbra: Coimbra, 2001. p. 47.
[337] CANOTILHO, José Joaquim Gomes. *Constituição dirigente e vinculação do legislador*. 2. ed. Coimbra: Coimbra Editora, 2001. p. 12.
[338] MARQUES NETO, Agostinho Ramalho. *Canotilho e a Constituição dirigente*. 2. ed. Rio de Janeiro: Renovar, 2005. p.72.

Constitucional Federal Alemão (BverfG) passou à sua análise, sustentando, de forma inaugural, a existência de mandados constitucionais implícitos de criminalização.[339]

Isso restou muito claro no argumento de que, em caso extremo, se, a saber, a proteção ordenada constitucionalmente não puder ser alcançada de outra maneira, o legislador ordinário é obrigado a valer-se dos instrumentos do Direito Penal, a fim de proteger e garantir a vida em desenvolvimento.

Já no Brasil, o STF posicionou-se, pela primeira vez, acerca do tema, quando do julgamento do Recurso Extraordinário nº 418.376/MS. Discutia-se, em síntese, se a negativa de equiparação do instituto da união estável ao casamento, para fins de incidência da hipótese especial de extinção de punibilidade nos tipos penais componentes dos "crimes contra os costumes", consubstanciada no art. 107, inc. VII do CP, ocasionava uma violação ao art. 226, §3º, da CRFB de 1988.

Este, por sua vez, determinava que o Estado brasileiro deveria proteger, de modo especial, a família, e que, para efeitos de tal proteção, a união estável era reconhecida como entidade familiar da mesma forma que o casamento. O acórdão, por maioria, negou provimento ao recurso extraordinário, afastando o reconhecimento da união estável, bem como ressaltando que, inclusive, tal hipótese de extinção de punibilidade já havia sido revogada pela Lei nº 11.106/2005.

Nesse sentido, indagava-se qual seria o bem jurídico tutelado pela norma constitucional em tela, tendo defendido tratar-se da instituição da família. Prosseguindo na tese, aduziu-se que o reconhecimento de união estável e, por conseguinte, de incidência de hipótese normativa do Código Penal que ensejaria a extinção da punibilidade do agente permitiria blindar, por meio de norma penal benéfica, uma situação de fato repugnada pela sociedade, "caracterizando-se típica hipótese de proteção insuficiente por parte do Estado, num plano mais geral, e do Judiciário, num plano mais específico".[340]

Nos termos dessa doutrina e com base na jurisprudência da Corte Constitucional alemã, pode-se, pois, estabelecer a seguinte classificação do dever de proteção decorrente de valores previstos na Constituição para aplicabilidade dessa espécie de garantismo:

> a) Dever de proibição (*Verbotspflicht*), consistente no dever de se proibir uma determinada conduta; (b) Dever de segurança (*Sicherheitspflicht*), que impõe ao Estado o dever de proteger o indivíduo contra ataques de terceiros mediante adoção de medidas diversas; (c) Dever de evitar riscos (*Risikopflicht*), que autoriza o Estado a atuar com o objetivo de evitar riscos para o cidadão em geral, mediante a adoção de medidas de proteção ou de prevenção, especialmente em relação ao desenvolvimento técnico ou tecnológico.[341]

---

[339] SCALCON, Raquel Lima. Mandados constitucionais (implícitos) de criminalização? *UFRS*, Porto Alegre, 2009. p. 14. Disponível em: http://www.lume.ufrgs.br/bitstream/handle/10183/31323/000779559.pdf? Acesso em: 17 mar. 2020.

[340] Voto-vista do Ministro Gilmar Mendes, p. 688. Recurso Extraordinário n. 418.376-5/MS. José Adélio Franco de Moraes e Ministério Público do Estado do Mato Grosso do Sul. Relator: Ministro Marco Aurélio Mello, Relator para Acórdão: Ministro Joaquim Barbosa. Tribunal Pleno. 09 de fevereiro de 2006, DJ 23-03-2007. Disponível em: http://www.stf.jus.br/portal/jurisprudencia/listarJurisprudencia.asp?s1="proibição%20de%20proteção%20deficiente"&base=baseAcordaos. Acesso em: 11 mar. 2020.

[341] MENDES, Gilmar Ferreira. Os direitos fundamentais e seus múltiplos significados na ordem constitucional. *Revista Jurídica Virtual*, Brasília, v. 2, n. 13, p. 2-10, jun. 1999. p. 06-07.

LEI PENAL NO TEMPO

1 Introdução

Em que momento consideramos praticado um crime? Nem sempre o momento da prática da infração coincide com a consumação. No caso do homicídio, por exemplo, o agente pode ter efetuado os disparos em determinada data e a vítima somente vir a óbito meses depois. E se no momento da conduta o sujeito fosse menor de 18 anos, responderia perante a Justiça Criminal caso a vítima falecesse quando o agente já houvesse completado a maioridade?

E em hipóteses em que o crime é praticado e sua consumação se prolonga no tempo, como no sequestro? Em outras palavras, durante todo o tempo em que a vítima está em cativeiro, com sua liberdade restringida, o crime continua a ser praticado? E se houvesse uma mudança da lei nesse período, o sujeito responderia pela lei revogada ou pela lei nova? E se o sujeito fosse menor e completasse a maioridade durante o período de restrição da liberdade da vítima?

Essas questões relevantes, assim como outras referentes ao início dos prazos prescricionais dos crimes, à possibilidade de constatação de flagrância, dão conta da importância de se entender quais os parâmetros legais para se considerar o tempo em que o crime foi praticado.

Mais do que isso, diante do cenário normativo do Brasil – em que convivemos com constantes e sucessivas modificações legislativas em matéria penal – vai ser crucial para se compreender a questão relativa à sucessão das leis penais no tempo e as consequências para o sujeito com o advento de nova lei que deixa de considerar um comportamento como criminoso ou que simplesmente agrava ou melhora, com novo texto legal, situação anterior.

No tocante à eficácia temporal da lei, de maneira geral, como se sabe, a lei, produzida pela União (art. 22, I, CF), após votação no Congresso Nacional, depende de sanção presidencial.[342]

A elaboração da lei, conforme determina o art. 59 da Constituição, deve obedecer aos critérios fixados pela Lei Complementar nº 95/98.

---

[342] Ato pelo qual o Chefe de Governo, aprova e confirma uma lei, com ela, a lei está completa; para se tornar obrigatória, faltam-lhe a promulgação e a publicação.

Apresentado o *anteprojeto*, ou esboço de lei, a iniciativa da lei caberá a qualquer membro ou Comissão da Câmara dos Deputados, do Senado Federal ou do Congresso Nacional, ao Presidente da República, ao Supremo Tribunal Federal, aos Tribunais Superiores, ao Procurador-Geral da República e aos cidadãos, na forma e nos casos previstos na Constituição (CF, art. 61). Os projetos legislativos de natureza penal são normalmente assinados pelo Presidente da República ou membros do Congresso Nacional.

Como lembra Dotti, a *exposição de motivos*, que pode acompanhar a proposta legislativa, não é objeto de discussão pela Câmara dos Deputados ou Senado Federal, razão pela qual a aprovação do projeto não implica, necessariamente, a concordância com a natureza e os termos da justificativa apresentada.[343]

Efetuada a *votação*, pode ainda haver a recusa, total ou parcial, de um projeto de lei, denominado *veto* presidencial, porque o tomou como inconstitucional ou contrário ao interesse público (CF, art. 84, V).

O Poder Legislativo não está vinculado ao veto que será apreciado, em sessão conjunta da Câmara dos Deputados e do Senado Federal, dentro de 30 dias a contar de seu recebimento, só podendo ser rejeitado pelo voto da maioria dos Deputados e Senadores, em escrutínio secreto (CF, art. 66, §4º): se o veto não for mantido, o projeto de lei será enviado ao Presidente da República, para promulgação; se o chefe do Poder Executivo se omitir, a promulgação será feita pelo Presidente do Senado ou, se este não o fizer, pelo Vice-Presidente do Senado (CF, art. 66, §§5º e 7º).

Por fim, ocorrerá a *sanção* ou aprovação do projeto de lei pelo Presidente da República, com a respectiva *promulgação*, isto é, a conferência, pelo Presidente e, excepcionalmente, pelo Presidente do Senado do conhecimento oficial da existência da lei (CF, art. 66, §7º).

Devidamente promulgada[344] e *publicada* na imprensa oficial,[345] a lei penal entra em vigor, ressalvada, excepcionalmente, a previsão de *vacatio legis*,[346] ou seja, de período fixado para sua entrada em vigor, quando se deseja que ela seja plenamente conhecida pela sociedade.

De outra parte, até que seja revogada,[347] seja parcialmente (derrogação), seja totalmente (ab-rogação), ela continua a produzir efeitos, exceto se passar por controle de sua constitucionalidade pelo Poder Judiciário, seja por via incidental, seja por via de controle concentrado. Enfim, aquilo que parte da doutrina denomina de princípio da sucessividade.[348]

Ademais, é preciso consignar que nem sempre a revogação de uma lei se dá de maneira *expressa* (quando a lei, expressamente, determina a cessação da vigência da norma anterior), podendo, pois, também ocorrer de maneira *tácita* (quando o novo texto,

---

[343] DOTTI, René Ariel. *Curso de direito penal:* parte geral. 6. ed. Rio de Janeiro: Forense, 2018. p. 360-362.

[344] Ato pelo qual se atesta a existência da lei e se determina a todos que a observem; tem a finalidade de conferir-lhe o caráter de autenticidade; dela deriva o cunho de executoriedade.

[345] Ato pelo qual se torna conhecida de todos, impondo sua obrigatoriedade.

[346] Há divergência doutrinária quanto à retroatividade benéfica da lei neste período, como se verá a seguir.

[347] Trata-se de expressão genérica que traduz a ideia de cessação da existência de regra obrigatória, em virtude de manifestação, nesse sentido, do poder competente.

[348] NUCCI, Guilherme de Souza. *Curso de direito penal:* parte geral. 4. ed. Rio de Janeiro: Forense, 2020. p. 238.

embora de forma não expressa, é incompatível com o anterior ou regula inteiramente a matéria precedente).

Firmadas essas premissas, é preciso saber que a lei penal nasce para regular, como regra, os fatos praticados durante a sua vigência.

2 Tempo do crime: teoria da atividade

Em regra, vigora o princípio *tempus regit actum*, com a atividade da lei penal, como se dá, inclusive, na legislação processual penal.[349]

Quando, no tempo, o crime se considera praticado? Há doutrinariamente três teorias que podem ser adotadas por um ordenamento jurídico para resolver a questão: a) *teoria da atividade ou da ação*: no tempo da conduta (considera o momento do crime no momento em que a conduta prescreve o tipo penal – momento da conduta do indivíduo); b) *teoria do resultado ou do efeito*: no tempo da consumação, ainda que outro seja o da atividade (considera o momento do crime naquele em que se verifica o resultado lesivo decorrente da conduta); c) *teoria mista*, da *ubiquidade ou unitária*: reunião ou somatória das duas teorias anteriores.

Vale repisar que se por um lado o CP prevê crimes puníveis a título de tentativa (art. 14, parágrafo único), ele também prevê crimes de perigo (em que não se prevê o resultado).

O Código Penal brasileiro adotou, quanto ao tempo do crime, *a teoria da atividade*:

> Art. 4º Considera-se praticado o crime no momento da ação ou omissão, ainda que outro seja o momento do resultado.

Haverá, como se verá, enorme relevância na adoção desta teoria, em especial no que diz respeito à imputabilidade, à própria avaliação das circunstâncias do tipo penal, para eventual cabimento de anistia, assim como para a contagem do lapso prescricional, entre outros.

Segundo a doutrina amplamente majoritária, o horário de verão é transitório, fictício e possui finalidade de economizar energia. Portanto, ele é desconsiderado para se aferir se no momento da conduta alguém já era imputável (aplica-se, pois, o Estatuto da Criança e do Adolescente ao infrator que acabou de completar 18 anos em horário de verão).

Em se tratando de crime permanente – aquele cuja consumação se prolonga no tempo (como ocorre com o delito de extorsão mediante sequestro – art. 159 do CP) –, deve-se fazer uma observação: mesmo tendo a ação ou omissão se iniciado antes da maioridade penal, se o agente a prolongou conscientemente ao período de sua imputabilidade penal, terá aplicação o CP.

Do mesmo modo, com relação ao crime continuado (modalidade de concurso de crimes em que o sujeito comete vários delitos em continuidade delitiva – art. 71 do CP), somente receberam a incidência do Código Penal os fatos cometidos depois que o agente

---

[349] CPP, "Art. 2º A lei processual penal aplicar-se-á desde logo, sem prejuízo da validade dos atos realizados sob a vigência da lei anterior".

completar 18 anos de idade. As condutas cometidas antes disso serão consideradas atos infracionais e, portanto, submetidas às medidas socioeducativas previstas no Estatuto da Criança e do Adolescente (Lei nº 8.069/90), mas nesse caso não poderá ser levada em consideração a continuidade delitiva.

Isso porque, conforme entendimento já sumulado pela Suprema Corte, a lei penal mais grave aplica-se ao crime continuado ou ao crime permanente, se a sua vigência é anterior à cessação da continuidade ou da permanência (Súmula nº 711).

3 Sucessão de leis no tempo e extra-atividade

Em regra, como já mencionado, aplica-se a lei penal vigente ao tempo da prática da conduta criminosa, de acordo com o princípio do *tempus regit actum*. Quer-se dizer que a lei penal produzirá efeitos, via de regra, no período da sua vigência, de acordo com a lei vigente na época do fato, observada a legalidade penal:

> Art. 1º Não há crime sem lei anterior que o defina. Não há pena sem prévia cominação legal.

Contudo, diferentemente do processo penal, há exceções que podem ser resumidas em três princípios (legalidade no sentido de anterioridade; irretroatividade e retroatividade da lei mais benigna), explicitadas no art. 2º:

> Art. 2º Ninguém pode ser punido por fato que lei posterior deixa de considerar crime, cessando em virtude dela a execução e os efeitos penais da sentença condenatória.
> Parágrafo único – A lei posterior, que de qualquer modo favorecer o agente, aplica-se aos fatos anteriores, ainda que decididos por sentença condenatória transitada em julgado.

A extra-atividade (gênero) funciona na forma de retroatividade (aplicação da nova lei benéfica) e ultra-atividade (aplicação de lei revogada e mais benéfica), que constituem suas espécies. A regra da retroatividade benéfica, ademais, de *status* constitucional (CF, art. 5º, XL) e de tratado internacional (art. 9º do Pacto de San José da Costa Rica).

Imaginemos, por exemplo, que em janeiro de 2008 alguém tenha praticado um crime. A partir daí haverá uma investigação sobre o crime. Supondo que a sentença tenha sido dada em janeiro de 2012, condenando-se o réu às penas de 8 anos de reclusão. Ainda que haja coisa julgada, caso uma lei nova venha a desconsiderar aquela conduta como ilícita, haverá retroatividade e alcançará a situação anterior, rescindindo a própria coisa julgada, a condenação, as penas e os efeitos penais principais e secundários. Caso a lei nova seja somente mais benéfica no sentido de contemplar uma pena menor para o crime, ela também terá aplicabilidade retroativa. Agora, na hipótese de a lei nova ser prejudicial de qualquer forma àquele réu, a lei anterior, já revogada, produzirá efeito para aquele caso e para todos os fatos praticados sob sua vigência (ultra-ativa).

O Supremo Tribunal Federal tem adotado entendimento literal do princípio: "A lei nova é *lex in melius* e por isso deve retroagir, por força do disposto no art. 5º, inc. XL, da Constituição: a lei penal não retroagirá, salvo para beneficiar".[350]

---

[350] Precedentes: HHCC 110.040, Rel. Min. Gilmar Mendes, 2ª Turma, DJ e de 29/11/11; 110.317, Rel. Min. Carlos Britto, (liminar), *DJe* de 26/09/11, e 111.143, Rel. Min. Dias Toffoli (liminar), *DJe* de 22/11/11". (STF. HC nº 113717/SP. Rel. Luiz Fux. 1ª T. Julg. 26/02/2013).

Portanto, extraem-se dessas premissas três diferentes tipos de normas, quanto aos seus efeitos, na sucessão no tempo: a *novatio legis in mellius*, a *novatio legis in pejus* e a *abolitio criminis*.

Haverá *abolitio criminis* ou abolição de crime quando a lei nova deixa de considerar infração penal (delito ou contravenção penal) o fato anteriormente tipificado como ilícito penal. Nesse caso, o legislador retira a ilicitude da conduta, descriminalizando o ato que outrora era considerado delito.

O instituto da *abolitio criminis* está descrito no *caput* do art. 2º do Código Penal, sendo causa genérica de extinção de punibilidade (art. 107, III, do CP).

Há divergência doutrinária sobre a natureza jurídica da *abolitio criminis*, sendo que parte sustenta ser hipótese de exclusão da tipicidade, enquanto parte, conforme adotado pelo Código Penal, sustenta ser causa excludente da punibilidade.

Os efeitos da *abolitio criminis* são estabelecidos no Código Penal: ninguém poderá ser punido pelo fato de lei posterior ser considerada crime, cessando os efeitos da realização da pena e da execução. Assim, se alguém estiver preso por um crime, o réu será solto quando a lei entrar em vigor. Caso já tenha cumprido toda a pena, o antigo réu será considerado primário se vier a cometer um novo crime.

A *abolitio criminis* possui, pois, a extra-atividade, aplicando-se retroativamente, inclusive atingindo a coisa julgada.

Como há independência de instâncias, os efeitos civis decorrentes de uma prática de crime não impedem que uma condenação criminal seja executada no cível, mesmo que abolido o crime.[351]

Há uma divergência sobre a possibilidade de a *lei abolicionista retroagir no período de vacatio legis*. A corrente majoritária sustenta ser impossível, porque ela estaria desprovida de eficácia jurídica e social, constituindo mera expectativa de direito.[352] Já a segunda corrente, hoje minoritária, considera que, de acordo com a finalidade dada a *vacatio*, a lei pode, se mais benéfica, retroagir nesse estado, desde que o seu destinatário demonstre conhecimento.[353] Para esse segundo posicionamento, como a *vacatio* é instituída por lei infraconstitucional, não poderia afastar a aplicação do princípio constitucional da retroatividade benéfica, segundo Nucci.[354]

Recentemente, aliás, o art. 5º, §3º, da nova Lei de Falências (Lei nº 14.112, de 24.12.2020, que, nos termos do art. 7º, entrou em vigor após decorridos trinta dias de sua publicação oficial) disciplina que o disposto no art. 14 da Lei nº 13.105/15 (Código de Processo Civil) aplica-se de imediato aos processos pendentes, ressalvando expressamente, no entanto, que as disposições de natureza penal somente se aplicam aos crimes praticados após a data de entrada em vigor desta lei.

---

[351] Embora as responsabilidades civil e penal sejam autônomas e apuradas segundo critérios próprios, casos há em que a sentença penal (condenatória ou absolutória) tem repercussão para além do processo penal (civil, administrativo etc.), impedindo (em parte) a rediscussão da matéria objeto da sentença. Diz-se, então, que a decisão penal faz coisa julgada no cível, tornando indiscutível a matéria já decidida no âmbito penal. Isso, contudo, não se dá com a *abolitio criminis*, como lembra Queiroz. (QUEIROZ, Paulo. *Efeitos civis da sentença penal*. Disponível em: https://www.pauloqueiroz.net/efeitos-civis-da-sentenca-penal/. Acesso em: 31 jul. 2020).

[352] CUNHA, Rogério Sanches. *Manual de direito penal*: parte geral. 8. ed. Salvador: JusPodivm, 2020. p. 139.

[353] DOTTI, Rene Ariel. *Curso de direito penal: parte geral*. 6. ed. Rio de Janeiro: Forense, 2018. p. 369-370.

[354] NUCCI, Guilherme de Souza. *Curso de direito penal*: parte geral. 4. ed. Rio de Janeiro: Forense, 2020. p. 167.

Não obstante tal entendimento, o STJ já sumulou entendimento sobre a possibilidade de aplicação da *abolitio criminis* temporária prevista no Estatuto do Desarmamento.[355]

Não há que se confundir, no entanto, *abolitio criminis*, em que se dá uma supressão formal e uma supressão da matéria criminosa, *com princípio da continuidade normativo-típica*: nesta existe uma alteração formal com manutenção da matéria criminosa.

Foi exatamente o que ocorreu com o crime de atentado violento ao pudor, que, a partir da vigência da Lei nº 12.015/2009, deixou de estar no art. 214, mas todas as elementares passaram a integrar o tipo de estupro (art. 213).[356] O mesmo se deu, por exemplo, com o antigo crime de rapto violento (art. 219, CP), incorporado no crime de sequestro qualificado (art. 148, §1º, V, CP), pela Lei nº 11.106/05.[357]

Aplica-se, portanto, o princípio da continuidade normativo-típica quando uma lei é revogada, porém, a conduta ainda continua incriminada em outro dispositivo legal, não ocorrendo, nessa hipótese, a *abolitio criminis*. Nesse esteio, têm decidido os Tribunais Superiores:

> *Abolitio Criminis*. Inocorrência. Princípio da continuidade normativo-típica. Precedentes. [...]. 1. A jurisprudência desta Suprema Corte alinhou-se no sentido de que, nos moldes do princípio da continuidade normativo-típica, o art. 3º da Lei nº 9.983/2000 apenas transmudou a base legal de imputação do crime de apropriação indébita previdenciária para o Código Penal (art. 168-A), não tendo havido alteração na descrição da conduta anteriormente incriminada na Lei nº 8.212/90.[358]

Nesse mesmo sentido, decidiu o STJ:

> o princípio da continuidade normativa típica ocorre quando uma norma penal é revogada, mas a mesma conduta continua sendo crime no tipo penal revogador, ou seja, a infração penal continua tipificada em outro dispositivo, ainda que topologicamente ou normativamente diverso do originário.[359]

Já a *novatio legis in mellius* configura a nova lei que traz algum tipo de benefício ou que torna a lei penal menos rigorosa em relação àquela já existente. A situação do réu se torna menos gravosa.

---

[355] Súmula nº 513, STJ: "A 'abolitio criminis' temporária prevista na Lei 10.826/2003 aplica-se ao crime de posse de arma de fogo de uso permitido com numeração, marca ou qualquer outro sinal de identificação raspado, suprimido ou adulterado, praticado somente até 23/10/2005".

[356] A Lei nº 12.015/09, ao incluir no mesmo tipo penal os delitos de estupro e atentado violento ao pudor, possibilitou a caracterização de crime único ou de crime continuado entre as condutas, devendo retroagir para alcançar os fatos praticados antes da sua vigência, por se tratar de norma penal mais benéfica. Nesse sentido: HC 236713/SP, Rel. Ministra Laurita Vaz, Quinta Turma, julgado em 10/12/2013, DJe 03/02/2014; HC 211273/MS, Rel. Ministra Maria Thereza de Assis Moura, Sexta Turma, julgado em 29/08/2013, DJe 12/09/2013; HC 222041/SP, Rel. Ministro Jorge Mussi, Quinta Turma, julgado em 26/02/2013, DJe 12/03/2013; HC 203695/SP, Rel. Ministro Sebastião Reis Júnior, Sexta Turma, julgado em 28/08/2012, DJe 12/09/2012; AREsp 12700/AC (decisão monocrática), Rel. Ministro Marco Aurélio Bellizze, Quinta Turma, julgado em 09/06/2014, DJe 12/06/2014; REsp 1359778/MG (decisão monocrática), Rel. Ministro Moura Ribeiro, Quinta Turma, julgado em 11/06/2014, DJe 17/06/2014.

[357] Nesse sentido: STF. HC 101.035, voto do Rel. Min. Gilmar Mendes, j. 26-10- 2010, 2ª T, DJE de 22-11-2010.

[358] STF, AI nº 804466 AgR/SP. Rel. Min. Dias Toffoli. 1ª T. Julg. 13/12/2011; STF, HC nº 106155/RJ. Rel. p. Ac. Min. Luiz Fux. 1ª T. Julg. 04/10/2011; STJ, HC nº 217531/SP. Rel. Min. Laurita Vaz. T5. *DJe* 02/04/2013; STJ, HC nº 204416/SP. Rel. Min. Gilson Dipp. T5. *DJe* 24/05/2012.

[359] STJ, HC nº 187.471, Rel. Ministro Gilson Dipp, 5ª Turma, *DJe* 04/11/2011.

Imaginemos que uma lei foi publicada com um erro. Percebendo o erro, foi publicada uma nova lei com a devida retificação. A lei mudada, porém, entrou em vigor por um dia e será aplicada independentemente disso. Aliás, isso já ocorreu no passado, com o alegado descuido de se tirar o cloreto de etila da portaria da Anvisa. Nesse caso, é evidente que não houve mera lei benéfica, mas sim verdadeira *abolitio criminis* para todos os fatos anteriores até a inserção novamente como droga.

Ademais, a regra da retroatividade benéfica se aplica, logicamente, ao complemento das normas penais em branco homogêneas. Porém, na hipótese de normas penais em branco heterogêneas (conteúdo regulamentador infralegal), a questão será avaliar se o conteúdo da alteração da norma implica ou não a supressão do caráter criminoso ou se se trata de mera atualização.

Nucci, por exemplo, ressalta que o complemento da *norma penal em branco* tem, como regra, a *natureza intermitente*, ou seja, é feito para durar apenas por determinado período: "Quando o complemento for secundário (uma tabela de preços, por exemplo), a norma é ultra ativa; quando o complemento for fundamental para a compreensão do crime (drogas), ela pode retroagir para beneficiar o réu".[360]

O autor cita um exemplo excepcional de norma em branco que admitiria as duas possibilidades:

> a aplicação do art. 2º, tornando retroativo o complemento mais benigno ou a aplicação do art. 3º, tornando ultra-ativo o completo mais prejudicial, como se fora uma lei temporária. O exemplo dado estaria no art. 268, CP: caso a revogação seja da própria doença como contagiosa, haveria retroatividade; se simplesmente cessou o contágio de uma doença, seria uma norma temporária.[361]

De qualquer sorte, há diferentes posicionamentos doutrinários sobre o assunto: a) o primeiro, defendido por Paulo José da Costa Junior e Basileu Garcia, entende que sempre deve retroagir, desde que benéfico ao réu, isto é, havendo alteração da complementação e sendo favorável ao acusado, há retroatividade; b) o segundo, de que são adeptos Frederico Marques, Nelson Hungria, Magalhães Noronha e Damásio de Jesus, afirma que é irretroativa a mudança da complementação da lei penal em branco, inobstante ser benéfico ou maléfico, pois a norma penal não é revogada; c) o terceiro, sustentado por Júlio Fabbrini Mirabete, defende que somente haverá retroação da norma complementar no caso de haver uma real modificação na norma penal em branco, isto é, havendo modificação da conduta criminosa, há retroatividade; d) no quarto posicionamento, de que são partidários Fernando Capez e Luiz Régis Prado, as normas penais em branco sujeitam-se às regras gerais da sucessão de leis no tempo (irretroatividade e retroatividade), porém, é necessário verificar o critério de temporariedade no complemento da lei penal em branco, isto é, havendo a temporariedade (típico de normas de vigência temporária), haverá ultra-atividade, no entanto, inexistindo a temporariedade, haverá a retroatividade *in mellius*; e) já o quinto posicionamento, seguido por Alberto Silva Franco e pelo Supremo Tribunal Federal, entende que: 1) em se tratando de norma penal

---

[360] NUCCI, Guilherme de Souza. *Curso de direito penal*: parte geral. 4. ed. Rio de Janeiro: Forense, 2020. p. 159.
[361] NUCCI, Guilherme de Souza. *Curso de direito penal*: parte geral. 4. ed. Rio de Janeiro: Forense, 2020. p. 160.

em branco homogênea, sempre haverá efeitos retroativos; 2) em se tratando de norma penal em branco heterogênea, revestindo-se o complemento de excepcionalidade, não há retroatividade, no caso contrário, isto é, não havendo excepcionalidade no complemento da norma penal, incide a retroatividade.

Este último, como mencionado, parece ser o entendimento mais adequado.

Por fim, a *novatio legis in pejus*, por se tratar de uma lei nova prejudicial, que agravaria as penas da prática de um crime, como se deu, por exemplo, com vários crimes agravados pela Lei Anticrime,[362] só valerá para situações futuras, não podendo retroagir em nenhuma circunstância. Somente poderão ser punidas condutas ocorridas durante sua vigência.

Em síntese:

- Quando da prática do fato = fato atípico. Mas lei posterior passou a considerá-lo crime: irretroatividade.
- Quando da prática do fato = crime. Mas lei posterior aboliu o crime: retroatividade.
- Quando da prática do fato = crime. Mas lei posterior diminuiu a pena: retroatividade.
- Quando da prática do fato = crime. Mas lei posterior aumentou a pena: irretroatividade.

A quem incumbe aplicar a lei penal mais benéfica? Até a sentença, caberá ao juiz do processo; após a sentença e até o seu trânsito em julgado, a função vai competir ao Tribunal, já que em fase recursal; e, após o trânsito em julgado da pena (execução da pena), será aplicada pelo juiz das execuções penais.[363]

Do mesmo modo, o Supremo Tribunal Federal já enfrentou a questão da lei intermediária, ou seja, aquela que não era vigente ao tempo do fato nem ao tempo do julgamento, porém, vigorou durante o processo criminal. Em outros termos, a lei intermédia surge no interregno de tempo entre o fato criminoso e o julgamento e prevalecerá, caso seja mais favorável, às demais leis (do tempo do fato ou do julgamento).

> Lei penal no tempo: incidência da norma intermediária mais favorável. Dada a garantia constitucional de retroatividade da lei penal mais benéfica ao réu, é consensual na doutrina que prevalece a norma mais favorável, que tenha tido vigência entre a data do fato e a da sentença: o contrário implicaria retroação da lei nova, mais severa, de modo a afastar a incidência da lei intermediária, cuja prevalência, sobre a do tempo do fato, o princípio da retroatividade *in melius* já determinara.[364]

---

[362] *V.g.*, a nova redação do art. 157, §2º-B, CP, dada pela Lei nº 13.964/19, qualificando o crime se a violência ou grave ameaça é exercida com emprego de arma de fogo de uso restrito ou proibido, aplica-se em dobro a pena prevista no *caput* deste artigo. De outra parte, vale destacar, a nova regra inserida no crime de estelionato condicionando o crime à representação da vítima (art. 171, §5º, CP), por condicionar o exercício do poder de punir estatal, terá, a nosso sentir, aplicabilidade retroativa por ser mais benéfica. Da mesma forma, com a derrubada do veto presidencial pelo Parlamento, o homicídio passou a ser também qualificado quando o crime é praticado com emprego de arma de fogo de uso restrito ou proibido (inc. VIII incluído pela Lei nº 13.964, de 2019).

[363] Se ela demanda juízo de valor: deve-se utilizar o instituto da revisão criminal (essa é a interpretação mais adequada da Súmula nº 611 do STF: "Transitada em julgado a sentença condenatória, compete ao juízo das execuções a aplicação de lei mais benigna".

[364] STF. RE nº 418876/MT. Rel. Min. Sepúlveda Pertence. 1ª T. Julg. 30/03/2004.

Mencionamos tantos entendimentos jurisprudenciais sumulados, mas, diante da Emenda Constitucional nº 45/2004 criando o mecanismo da *súmula vinculante*, que, como assinalado, tem o poder vinculante e oponível *erga omnes*, como fica a retroatividade e ultra-atividade de súmula dessa natureza?

Em relação à *retroatividade da jurisprudência*, o entendimento majoritário, segundo Sanches, é da impossibilidade de retroação. Isto é, mudando o entendimento jurisprudencial, salvo se se tratar de recurso repetitivo, controle de constitucionalidade ou de súmula vinculante, não há que se falar em retroatividade. A propósito, "não se pode negar a possibilidade de retroatividade (benéfica) da jurisprudência quando dotada de efeitos vinculantes (presente nas súmulas vinculantes e decisões em sede de controle concentrado de constitucionalidade)".[365]

A título ilustrativo, a Suprema Corte já decidiu que a possibilidade de aplicação de Súmula Vinculante nº 24 a fatos anteriores a sua publicação não caracteriza aplicação retroativa *in malam partem*, aduzindo que não há que se falar em aplicação retroativa *in malam partem* do Enunciado nº 24 da súmula vinculante ("não se tipifica crime material contra a ordem tributária, previsto no art. 1º, incs. I a IV, da Lei nº 8.137/90, antes do lançamento definitivo do tributo") aos fatos ocorridos anteriormente à sua edição, uma vez que o aludido enunciado apenas consolidou interpretação reiterada do STF sobre a matéria.[366]

Assim, o STF entendeu ser possível a aplicação da Súmula Vinculante nº 24/STF a fatos ocorridos antes da sua publicação por se tratar de consolidação da interpretação jurisprudencial e não de caso de retroatividade da lei penal mais gravosa.[367]

Outrossim, o STJ tem, inclusive, decisões nas quais afasta a possibilidade de revisão criminal em virtude da mudança de orientação jurisprudencial sobre determinado tema:

> 1. Este Tribunal Superior de Justiça possui entendimento remansoso de que "o art. 621, inciso 1, do Código de Processo Penal, determina que caberá revisão criminal "quando a sentença condenatória for contrária a texto expresso da lei", o que não pode ser confundido com mudança de orientação jurisprudencial a respeito da interpretação de determinado dispositivo legal" (REsp 706.042/RS, Rel. Min. José Arnaldo da Fonseca, Quinta Turma, DJ 07/11/2005). 2. A análise de matéria constitucional não é de competência desta Corte, mas sim do Supremo Tribunal Federal, por expressa determinação da Constituição Federal. 3. Agravo regimental a que se nega provimento.[368]

Dotti, em sentido oposto, sustenta que a proibição da retroatividade da lei penal em prejuízo do réu deve ser entendida em sentido amplo, abarcando também a jurisprudência:

---

[365] CUNHA, Rogério Sanches. *Manual de direito penal*: parte geral. 8. ed. Salvador: JusPodivm, 2020. p. 145.
[366] RHC 122774/RJ, rel. Min. Dias Toffoli, j. 19.5.2015.
[367] Nesse sentido: RHC 83993/MS, Rel. Ministro Jorge Mussi, Quinta Turma, julgado em 15/08/2017, DJe 25/08/2017; RHC 61790/PR, Rel. Ministro Ribeiro Dantas, Quinta Turma, julgado em 13/12/2016, DJe 19/12/2016; HC 253655/SC, Rel. Ministro Nefi Cordeiro, Sexta Turma, julgado em 19/04/2016, DJe 28/04/2016; RHC 61672/RS, Rel. Ministro Lázaro Guimarães (Desembargador Convocado do TRF 5ª Região), Quinta Turma, julgado em 17/03/2016, DJe 28/03/2016; AgRg nos EDcl no AREsp 699517/SP, Rel. Ministro Gurgel de Faria, Quinta Turma, julgado em 15/12/2015, DJe 04/02/2016; RHC 38506/AM, Rel. Ministro Sebastião Reis Júnior, Sexta Turma, julgado em 27/10/2015, DJe 16/11/2015.
[368] STJ, AgRg no REsp nº 1447604/SC, Rel. Ministra Maria Thereza de Assis Moura, *DJe* 29/8/2014.

É que, embora a decisão de um tribunal não seja como a lei, cujos efeitos *erga omnes* vinculam diretamente e independente de um caso concreto, ela é a interpretação que da Lei se faz. Por isso, tal interpretação assume um lugar de importância igual ao significado da lei. A jurisprudência é a Lei na prática. Daí ser inadmissível que a alteração da jurisprudência retroaja para prejudicar o réu. E, logicamente, é admissível que a jurisprudência benigna retroaja para alcançar a situação jurídica do réu.[369]

Por outro lado, quando se trata de uma *lei interpretativa ou de uma norma penal meramente explicativa*, Nelson Hungria entende que elas não podem retroagir em desfavor do réu. Contudo, para Frederico Marques e Fernando Capez, a interpretação autêntica não cria nem inova o ordenamento jurídico, por isso, deve ser aplicada de forma *ex tunc*. A lei interpretativa "limita-se a estabelecer o correto entendimento e o exato alcance da regra anterior, que já deveriam estar sendo aplicados desde o início de sua vigência".[370]

Nas questões retóricas e nos dilemas inicialmente colocados neste capítulo, mencionamos a dificuldade de se compreender qual seria o cenário de mudança legislativa em crimes permanentes (cuja consumação se prolonga no tempo, como o sequestro). Do mesmo modo, existe o dilema para a ficção jurídica contemplada no art. 71 do Código Penal, que considera vários crimes de mesma espécie praticados nas mesmas circunstâncias de tempo, espaço e forma de agir, como um único crime em continuidade delitiva.

Havendo a modificação da lei quando ainda em prosseguimento a *prática de crime continuado ou permanente*, a lei nova é aplicada a toda a série de delitos praticados (caso seja crime continuado) ou para o crime permanente. Nesse sentido, o Supremo Tribunal Federal editou a Súmula nº 711:

> A lei penal mais grave aplica-se ao crime continuado ou ao crime permanente, se a sua vigência é anterior à cessação da continuidade ou da permanência.

Assim, enquanto a vítima está em cativeiro, o crime continua sendo executado e consumado, pois a vítima está sendo privada da sua liberdade, tal qual já assinalado pelo entendimento sumulado pelo STF (Súmula nº 711). Logo, se alguém estiver em cativeiro (10 anos) e mudar a lei penal (a partir de hoje, sequestro, 30 a 50 anos) ou um dos sequestradores completar a maioridade penal, aplica-se a lei nova mesmo que prejudicial, assim como responde o agente como penalmente imputável. Isso porque não cessou a permanência do crime, assim como não cessou o todo, considerado em termos fictícios, como continuidade delitiva.

Critério similar incide aos delitos habituais, que ensejam a reiteração de atos para sua configuração, como nos crimes de casa de prostituição (art. 229) ou de exercício ilegal da medicina, arte dentária ou farmacêutica (art. 282).

Duas leis penais de vigência sucessivas. A Lei A é em parte mais benéfica ao réu, salvo quanto ao tempo de prisão. Em contrapartida, a mesma lei trazia uma circunstância

---

[369] DOTTI, René Ariel. *Curso de direito penal*: parte geral. 6. ed. Rio de Janeiro: Forense, 2018. p. 359. No mesmo sentido: QUEIROZ, Paulo. *Direito penal*: parte geral. 13. ed. Salvador: JusPodivm, 2018. v. 1. p. 107.

[370] CAPEZ, Fernando. *Curso de direito penal*: parte geral. 24. ed. São Paulo: Saraiva, 2020. p. 61.

que agravava a pena. Já a Lei B revogou tal agravante. Seria possível utilizar de partes da Lei A e de partes da Lei B, isto é, fazer a *combinação de leis penais*?

Há, historicamente, uma divisão neste assunto: a primeira corrente, defendida por Nelson Hungria, Aníbal Bruno, Heleno Cláudio Fragoso, Eugenio Raul Zaffaroni, José Henrique Pierangeli, Costa e Silva, sustentava ser vedado, pois o juiz estaria usurpando a função do legislador, criando uma terceira lei (*lex tertia*), violando a Separação de Poderes;[371] a segunda corrente, defendida por Basileu Garcia, Damásio de Jesus, Frederico Marques, Celso Delmanto, Cezar Roberto Bitencourt, Rene Ariel Dotti, Bustos Ramirez, Francisco de Assis Toledo e Magalhães Noronha, defende que seria possível. Havia precedentes jurisprudenciais nesse sentido.[372]

A jurisprudência nacional sobre o assunto mostra-se dividida, mesmo no âmbito do Supremo Tribunal Federal (STF) – embora menos – ou no Superior Tribunal de Justiça (STJ). Na atual composição do STF, os ministros, majoritariamente, negam expressamente tal possibilidade (*e.g.*, ministros Gilmar Mendes,[373] Marco Aurélio,[374] Cármen Lúcia,[375] Ricardo Lewandowski[376] e Luiz Fux).[377] No entanto, por diversas vezes, aplicaram-na, utilizando eufemismos, como "mescla de sistemas", ou simplesmente entendendo haver retroatividade benéfica (neste sentido, *vide* decisões acerca das sucessivas leis sobre drogas, como HC nº 95.435). Já no STJ, no âmbito da 6ª Turma, costuma-se admitir expressamente a postura (ao contrário da 5ª Turma). Também há divergências nas cortes estaduais.

Isso também ocorreu por ocasião da mudança da redação do art. 366 do CPP:

> Se o acusado citado por edital, não comparece nem constitui advogado ficarão suspensos processos e o curso do prazo prescricional, podendo o juiz determinar a produção antecipada de provas consideradas urgentes e se o caso decretar a prisão preventiva do art. 312.

A nova Lei nº 9.271/96 tratou de matéria processual (suspensão do processo) e penal (suspensão da prescrição), sendo certo que boa parte dos magistrados combinaram a lei suspendendo os processos anteriores, sem, obviamente, suspender o curso da prescrição, gerando inequívoca impunidade à época.

Atualmente, porém, o Superior Tribunal de Justiça fixou precedente, sumulando a impossibilidade de combinação, como se extrai da Súmula nº 501:

> É cabível a aplicação retroativa da Lei nº 11.343/2006, desde que o resultado da incidência das suas disposições, na íntegra, seja mais favorável ao réu do que o advindo da aplicação da Lei nº 6.368/1976, sendo vedada a combinação de leis.

---

[371] STJ, HC nº 124782/ES, RHC nº 22407/PR.
[372] STF. RE nº 596152 RG/SP. Rel. p. Ac. Min. Ayres Britto. Pleno. Julg. 13.10.2011). No mesmo diapasão: "A causa de diminuição de pena prevista no art. 33 da Lei nº 11.343/2006, mais benigna, pode ser aplicada sobre a pena fixada com base no disposto no art. 12, caput, da Lei nº 6.368/76" (STF. HC nº 95435/RS. Rel. p. Ac. Min. Cezar Peluso. 2ª T. Julg. 21/10/2008).
[373] *V.g.*, HC 105.097, Rel. Min. Gilmar Mendes, j. 08.11.2011.
[374] *V.g.*, voto no RE 596.152, j. 13.10.2011.
[375] *V.g.*, HC 94.848, Rel. Min. Cármen Lúcia, j. 14.04.2009.
[376] *V.g.*, RE 600.817, Rel. Min. Ricardo Lewandowski, j. 07.11.2013.
[377] *V.g.*, EDcl no AgRg no HC 110.516, Rel. Min. Luiz Fux, j. 03.12.2013.

Consigne-se, finalmente, que o art. 2º, §2º, do Código Penal Militar é expresso ao vedar essa prática: "para se reconhecer qual a mais favorável, a lei posterior e a anterior devem ser consideradas separadamente, cada qual no conjunto de suas normas aplicáveis ao fato".

No caso de normas de caráter estritamente processual, é de lembrar, seguem a regra contida no art. 2º do CPP (*tempus regit actum*). Em outras palavras, o ato processual deve ser praticado de acordo com a lei vigente ao seu tempo, independentemente de ser ela mais ou menos rigorosa que a anterior. Assim, por exemplo, a norma que suprime um recurso tem natureza puramente processual, de modo que, se a decisão for proferida depois da revogação da norma, mesmo que o processo se tenha iniciado antes, o recurso suprimido não poderá ser interposto.

Em se tratando, contudo, de normas mistas ou híbridas, isto é, aquelas que possuem aspectos processuais *e penais*, não retroagirão, salvo se benéficas, respeitando-se, contudo, a coisa julgada. É o caso, por exemplo, de uma lei que passe a estabelecer uma condição de procedibilidade até então não exigida para determinado crime (como a exigência de representação nos crimes de lesão corporal dolosa leve e lesão corporal culposa, que passou a ser necessária com o advento da Lei nº 9.099/95 – art. 88). De igual modo, o acordo de não persecução penal (art. 28-A do CPP), que, embora seja medida de cunho pré-processual, e, portanto, anterior à denúncia, aplica-se aos processos que estavam em andamento quando entrou em vigor a lei, conquanto não tenha sido prolatada sentença.

Vale lembrar que, no que toca às medidas de segurança – espécies do gênero sanção penal –, os princípios constitucionais relativos à pena, entre os quais a retroatividade benéfica, devem ser estendidos. Não há dúvida de que a lei que versa sobre tais sanções é "lei penal", na exata dicção do art. 5º, XL, da CF, que proclama sua retroatividade, quando assumirem natureza favorável ao agente. Vale lembrar que o Supremo Tribunal Federal já reconheceu que os princípios penais se estendem às medidas de segurança.[378]

4 Leis temporárias e excepcionais

Ao lado da retroatividade benéfica da lei penal, as leis temporária e excepcional são espécies do gênero leis intermitentes[379] e configuram uma exceção à regra geral de atividade da lei penal, eis que são autorrevogáveis e ultra-ativas:

> Art. 3º A lei excepcional ou temporária, embora decorrido o período de sua duração ou cessadas as circunstâncias que a determinaram, aplica-se ao fato praticado durante sua vigência.

Mas, como se denota, o art. 3º representa a *ultra-atividade maléfica* autorizada por lei.

O fundamento para a ultra-atividade é, segundo Delmanto, que as leis "perderiam toda a sua força intimidativa, caso o agente já soubesse, de antemão que, após cessada

---

[378] Cf. HC 84.219, rel. Min. Marco Aurélio. E também: RE 628.658, rel. Min. Marco Aurélio, Tribunal Pleno, j. 5-11-2015.
[379] NUCCI, Guilherme de Souza. *Curso de direito penal*: parte geral. 4. ed. Rio de Janeiro: Forense, 2020. p. 175.

a anormalidade (no caso das leis excepcionais) ou findo o período de vigência (das leis temporárias) acabaria impune pela aplicação do princípio da retroatividade".[380]

Nesse sentido, as leis excepcionais ou temporárias possuem ultra-atividade, continuando a ser aplicadas após o fim do período de vigência da lei.

A *lei temporária* (também chamada lei temporária em sentido estrito) é aquela que tem prefixado no seu texto o tempo de sua vigência, enquanto a *lei excepcional* (ou temporária em sentido amplo) é a que atende a transitórias necessidades estatais, como guerras, calamidades, epidemias etc. Perdura por todo o tempo excepcional.

Uma corrente minoritária da doutrina sustenta que o art. 3º do CP não foi recepcionado pela Constituição, pois o texto não prevê essa exceção. Porém, prevalece na doutrina a ideia de que o referido dispositivo é compatível com a CF.

Um exemplo recente de lei temporária foi a Lei Geral da Copa (Lei nº 12.663/12), com previsão de tipos penais (arts. 30 a 33), com prazo de validade nos termos do art. 36: "Art. 36. Os tipos penais previstos neste Capítulo terão vigência até o dia 31 de dezembro de 2014".

---

[380] DELMANTO, Celso *et al*. *Código Penal comentado*. 8. ed. São Paulo: Saraiva, 2010. p. 90.

LEI PENAL NO ESPAÇO

1   Introdução

Tratar da lei penal no espaço significa definir qual a área de abrangência da lei sob a perspectiva territorial e espacial.

Em regra, como o território de um país está intimamente ligado ao exercício de sua soberania, lei penal vigora sobre todo o território onde o Estado justamente exerce essa soberania.

Não obstante, há situações em que essa regra não se mostra suficiente. Há situações em que, para o melhor combate à criminalidade, por conta do tipo de criminoso ou de vítima, mostra-se necessária a aplicação de leis fora do âmbito em que o Estado exerce sua soberania.

Há, portanto, princípios que se destinam a reger o âmbito de aplicação das leis penais no espaço.

A regra geral no Brasil e em outros países, como mencionado, se denomina *princípio da territorialidade*, ou seja, a lei penal aplica-se sobre todo o âmbito espacial brasileiro em que o Estado exerça sua soberania.

As mencionadas exceções dizem respeito a *princípios de extraterritorialidade*,[381] a saber:

- *Princípio da defesa (proteção ou real)* – significa que a lei penal do país vai se aplicar tendo em vista a nacionalidade do bem jurídico ofendido/afetado, ou seja, se o crime atinge um bem jurídico brasileiro, se aplica a lei penal brasileira onde quer que o crime tenha sido cometido (como exemplo, se um brasileiro é assassinado na Inglaterra, aplica-se a lei penal brasileira);
- *Princípio da nacionalidade (personalidade)* – por este princípio interessa a nacionalidade do autor ou sujeito ativo do crime. Assim, a lei penal brasileira se aplica a crimes praticados por brasileiros onde quer que ele ocorra (*v.g.*, brasileiro comete crime na Inglaterra, é aplicada a ele a lei penal brasileira); esse princípio se divide em *ativo* (o que interessa é a nacionalidade do autor ou sujeito

---

[381] Se a territorialidade é lei brasileira sendo aplicada no Brasil, na extraterritorialidade, a lei brasileira seria aplicada no estrangeiro, assim como na intraterritorialidade, a lei estrangeira seria aplicada no Brasil.

ativo do crime) e *passivo* (aplica-se se tanto ao autor quanto a vítima ou sujeito passivo do crime forem nacionais);
- *Princípio da justiça universal (cosmopolita)* – há formas de criminalidade que configuram um mal universal, afetando as ordens jurídicas de todos os países, razão pela qual há um interesse de todos os países para punir e prevenir. Por conta disso, não se leva em conta o local que foi cometido, a nacionalidade do autor ou do bem jurídico, mas o agente vai ser punido no país em que for detido (ex.: americano comete crime na China e acaba sendo detido no Brasil, ele será julgado de acordo com as leis brasileiras);
- *Princípio representação (princípio da bandeira ou subsidiário)* – trata-se de um princípio subsidiário, que significa que crimes praticados a bordo de aeronaves e navegações possuem um tratamento específico: crime cometido a bordo de embarcação civil é julgado no local em que ela se encontra (ex.: homicídio cometido na aeronave da Gol em território americano, será julgado de acordo com as leis americanas, salvo se for um crime cometido de passagem para outro destino[382] ou supondo que os EUA não se interessem pela punição do crime, excepcionalmente poderá ser aplicada a lei brasileira àquele crime. Assim, ele é subsidiário pelo fato de que, se houver omissão do país em que foi cometido, será aplicada de maneira complementar a lei do país em que se encontrava a aeronave).

2 Territorialidade da lei penal

O Brasil adotou por *princípio-regra* a *territorialidade relativa ou temperada pela intraterritorialidade*, no art. 5º do CP:

> Art. 5º Aplica-se a lei brasileira, sem prejuízo de convenções, tratados e regras de direito internacional, ao crime cometido no território nacional.[383]
> §1º Para os efeitos penais, consideram-se como extensão do território nacional as embarcações e aeronaves brasileiras, de natureza pública ou a serviço do governo brasileiro onde quer que se encontrem, bem como as aeronaves e as embarcações brasileiras, mercantes ou de propriedade privada, que se achem, respectivamente, no espaço aéreo correspondente ou em alto-mar.[384]
> §2º É também aplicável a lei brasileira aos crimes praticados a bordo de aeronaves ou embarcações estrangeiras de propriedade privada, achando-se aquelas em pouso no território nacional ou em vôo no espaço aéreo correspondente, e estas em porto ou mar territorial do Brasil.[385]

Essa territorialidade é relativa ou temperada, pois traz ressalvas: tratados, convenções e acordos internacionais, ou seja, exceções criadas por meio do Direito

---

[382] Crime cometido dentro do território nacional, a bordo de avião, que apenas sobrevoou o país não se aplica a lei penal brasileira, mas sim o instituto da "passagem inocente" aplicado quando a aeronave passa pelo território nacional apenas como passagem necessária para chegar ao seu destino.

[383] Princípio da territorialidade relativa ou temperada pela intraterritorialidade.

[384] Consigne-se que em alto-mar ou em espaços aéreos neutros nenhum país exerce soberania.

[385] Princípio da reciprocidade.

Internacional Público (ex.: crimes cometidos por agentes diplomáticos estrangeiros estão sujeitos a leis do país de origem do agente do crime, observado o princípio da reciprocidade para esses casos).

Ademais, é preciso definir, juridicamente, a extensão do território: o território nacional é o solo, o subsolo, as águas interiores, o mar territorial (12 milhas náuticas), a plataforma continental e o espaço aéreo correspondente a tudo isso.

Ocorre que o território nacional inclui tanto o espaço físico, quanto o espaço jurídico (ou por ficção, ou por equiparação). Nesse sentido, o art. 5º, §1º, do CP considera também juridicamente como território "as aeronaves públicas ou privadas e aquelas a serviço do governo onde quer que se encontrem e as aeronaves privadas quando não se encontrarem em espaço sujeito a soberania de outro Estado". Assim, crimes cometidos a bordo dessas embarcações estão sujeitos às leis penais brasileiras. Isso ocorre, entre outros fatores, pelo fato de que, em 14.9.1963, o Brasil subscreveu a Convenção de Tóquio, que cuida das infrações praticadas a bordo de aeronaves, aprovada pelo Decreto-Lei nº 479/69.

Já o §2º trata da regra da reciprocidade: "se aplica a lei penal brasileira aos crimes cometidos a bordo de aeronaves ou embarcações privadas estrangeiras que se encontrem em território nacional".

Consigne-se que as embaixadas não constituem extensão do território que representam, mas são invioláveis, como se verá.[386]

Há questões clássicas trazidas por Basileu Garcia, como os destroços do navio naufragado que continuam ostentando sua bandeira. Em alto-mar, um navio brasileiro e um navio chileno colidem e os sobreviventes fazem uma jangada com os destroços. Nessa jangada, um canadense mata um argentino. Que lei aplicar? A legislação não resolve esse problema. Basileu Garcia orienta que, na dúvida, deve-se aplicar o princípio da nacionalidade passiva.[387]

Da mesma forma, uma embarcação pública colombiana atraca em porto brasileiro. O marinheiro (colombiano) desce e pratica crime de estupro contra uma brasileira. Qual lei deverá ser-lhe aplicada? Depende da finalidade do agente ao descer do navio: se for pública, a lei colombiana, se for particular, a lei brasileira.[388]

---

[386] Se a embaixada fosse território estrangeiro, o criminoso só poderia ser entregue por meio de um processo de extradição, o que na prática não ocorre. Aplicam-se, também, aos agentes diplomáticos e consulares, aos membros do pessoal técnico-administrativo das embaixadas e dos consulados e aos funcionários de organizações internacionais. Agentes diplomáticos e consulares fazem jus a privilégios e imunidades junto às autoridades locais quando cumprem missão junto a representações de seu país no exterior, mas não gozam de qualquer imunidade em seu próprio país. Por exemplo, agentes diplomáticos brasileiros gozam de imunidades quando exercem funções em embaixada do Brasil no exterior, mas não estão imunes à jurisdição das autoridades brasileiras. Da mesma forma, agentes diplomáticos de determinado país gozam de imunidades quando cumprem missão junto à respectiva embaixada no Brasil, mas não estão imunes à jurisdição das autoridades de seu próprio país. Em suma, a inviolabilidade diplomática significa que a pessoa não está sujeita a prisão ou detenção, e o país hospedeiro deve tomar as precauções necessárias para proteger o diplomata, inclusive contra ataques à sua dignidade. O mesmo acontece com sua residência pessoal, suas correspondências e papéis, além, claro, da inviolabilidade do local da missão diplomática (embaixada ou consulado) e das correspondências e papéis diplomáticos. Já a imunidade é um pouco mais complexa. Ela significa que o agente diplomático não está sujeito a processos administrativos, civis ou penais no país hospedeiro, exceto em processos relacionados a propriedades imóveis particulares, sucessões (heranças), e atividades profissionais e comerciais exercidas por ele fora de suas funções diplomáticas.

[387] GARCIA, Basileu. *Instituições de direito penal*. 4. ed. São Paulo: Max Limonad, 1976. v. I. t. I. p. 224.

[388] GARCIA, Basileu. *Instituições de direito penal*. 4. ed. São Paulo: Max Limonad, 1976. v. I. t. I. p. 224.

3 Lei penal no espaço

Fixadas as premissas gerais da territorialidade física e jurídica, resta entender em que consiste o local do crime, isso porque um crime pode ser iniciado em um país, atravessar a fronteira, e ser consumado em outro país. Em outras palavras, tal qual a questão ligada ao tempo do crime (em que se adotou teoria da atividade no art. 4º), é preciso identificar qual teoria fora adotada no ordenamento jurídico brasileiro: atividade,[389] resultado ou ubiquidade.

No Brasil, nos termos do art. 6º do Código Penal, adotou-se a *Teoria da Ubiquidade* ou mista. Assim, considera-se como local do crime tanto o local em que a ação ou omissão foi praticada, quanto o local em que se produziu o resultado.

> Art. 6º Considera-se praticado o crime no lugar em que ocorreu a ação ou omissão, no todo ou em parte, bem como onde se produziu ou deveria produzir-se o resultado.

Observe-se que os princípios citados se complementam e não são autoexcludentes. Assim, todos os princípios são aplicados em conjunto.

Ressalvados os atos preparatórios do crime de terrorismo[390] ou de sabotagem,[391] será indispensável que no Brasil haja, pelo menos, o início da execução (mera cogitação ou mero ato preparatório praticado no Brasil não induz território nacional).

Essa regra do art. 6º será crucial para fixar a jurisdição nacional, sobretudo, nos *crimes a distância*, ou seja, quando o delito percorre pluralidade de Estados soberanos (aí surge um *conflito internacional de jurisdição*, aplicando-se a Teoria da Ubiquidade).

Não há que se confundir com as regras internas de delimitação da jurisdição nacional, chamadas de regras de competência. Em outras palavras, não há que se confundir os crimes a distância com *crimes plurilocais*.

No crime plurilocal, o delito percorre uma pluralidade de locais dentro de um mesmo Estado. Trata-se, pois, de um *conflito interno de competência*, que demanda a aplicação do art. 70 do CPP que adota a teoria do resultado:[392]

> Art. 70. A competência será, de regra, determinada pelo lugar em que se consumar a infração, ou, no caso de tentativa, pelo lugar em que for praticado o último ato de execução.
> §1º Se, iniciada a execução no território nacional, a infração se consumar fora dele, a competência será determinada pelo lugar em que tiver sido praticado, no Brasil, o último ato de execução.

---

[389] Hungria recorda que citada teoria ainda é por vezes chamada de "da residência", porque, em geral, o lugar da conduta coincide com o da residência do agente (HOFFBAUER, Nélson Hungria. *Comentários ao Código Penal*. 3. ed. Rio de Janeiro: Forense, 1955. v. 1. t. 1. p. 149).

[390] "Art. 5º, da Lei nº 13.260/16 (Lei Antiterrorismo): Realizar atos preparatórios de terrorismo com o propósito inequívoco de consumar tal delito: Pena – a correspondente ao delito consumado, diminuída de um quarto até a metade".

[391] Art. 15, §2º da Lei nº 77170/83 (Lei de Segurança Nacional): "Art. 15 Praticar sabotagem contra instalações militares, meios de comunicações, meios e vias de transporte, estaleiros, portos, aeroportos, fábricas, usinas, barragem, depósitos e outras instalações congêneres. Pena: reclusão, de 3 a 10 anos. [...] §2º Punem-se os atos preparatórios de sabotagem com a pena deste artigo reduzida de dois terços, se o fato não constitui crime mais grave".

[392] Vale consignar que no estudo do Processo Penal constatam-se exceções, como no caso da Lei nº 9.099/95, nos crimes de trânsito e de homicídio em que se adota a teoria da atividade pela facilidade da prova a ser colhida.

§2º Quando o último ato de execução for praticado fora do território nacional, será competente o juiz do lugar em que o crime, embora parcialmente, tenha produzido ou devia produzir seu resultado.

§3º Quando incerto o limite territorial entre duas ou mais jurisdições, ou quando incerta a jurisdição por ter sido a infração consumada ou tentada nas divisas de duas ou mais jurisdições, a competência firmar-se-á pela prevenção.

4 Extraterritorialidade da lei penal

Portanto, fixadas as premissas da territorialidade física e jurídica das questões atinentes à reciprocidade e à definição da teoria mista para adoção do local do crime para fins penais, resta analisar as exceções, ou seja, as hipóteses de extraterritorialidade previstas taxativamente no art. 7º do Código Penal.

> Art. 7º Ficam sujeitos à lei brasileira, embora cometidos no estrangeiro:
> I – os crimes:
> a) contra a vida ou a liberdade do Presidente da República;[393]
> b) contra o patrimônio ou a fé pública da União, do Distrito Federal, de Estado, de Território, de Município, de empresa pública, sociedade de economia mista, autarquia ou fundação instituída pelo Poder Público;[394]
> c) contra a administração pública, por quem está a seu serviço;[395]
> d) de genocídio, quando o agente for brasileiro ou domiciliado no Brasil;[396]
> II – os crimes:
> a) que, por tratado ou convenção, o Brasil se obrigou a reprimir;[397]
> b) praticados por brasileiro;[398]
> c) praticados em aeronaves ou embarcações brasileiras, mercantes ou de propriedade privada, quando em território estrangeiro e aí não sejam julgados.[399]
> §1º Nos casos do inciso I, o agente é punido segundo a lei brasileira, ainda que absolvido ou condenado no estrangeiro.[400]
> §2º Nos casos do inciso II, a aplicação da lei brasileira depende do concurso das seguintes condições:[401]
> a) entrar o agente no território nacional;[402]
> b) ser o fato punível também no país em que foi praticado;[403]

---

[393] O princípio da defesa ou real fundamenta esta hipótese de extraterritorialidade.
[394] Princípio da defesa ou real.
[395] Princípio da defesa ou real.
[396] Há divergência doutrinária quanto a esse dispositivo: uma corrente defende se tratar do Princípio da defesa ou real (majoritária); a segunda corrente, sustenta se tratar do Princípio da justiça universal; enquanto uma terceira defende a ideia de se tratar do Princípio da nacionalidade ativa.
[397] Princípio da justiça universal.
[398] Princípio da nacionalidade ativa.
[399] Aqui se encontra exatamente o conceito do princípio da representação.
[400] Extraterritorialidade Incondicionada.
[401] Os requisitos são cumulativos nessa Extraterritorialidade Condicionada.
[402] Relevante destacar que basta entrar, não sendo necessário permanecer. Não havendo prova que o sujeito entrou no país, não há justa causa para a ação penal, pois ausente essa condição de procedibilidade.
[403] A doutrina entende que esta alínea tem natureza de condição objetiva de punibilidade: pode haver processo, mas só pode haver condenação aqui se o fato for punível no outro país também.

c) estar o crime incluído entre aqueles pelos quais a lei brasileira autoriza a extradição;[404]
d) não ter sido o agente absolvido no estrangeiro ou não ter aí cumprido a pena;[405]
e) não ter sido o agente perdoado no estrangeiro ou, por outro motivo, não estar extinta a punibilidade, segundo a lei mais favorável.
§3º A lei brasileira aplica-se também ao crime cometido por estrangeiro contra brasileiro fora do Brasil, se, reunidas as condições previstas no parágrafo anterior:[406]
a) não foi pedida ou foi negada a extradição;
b) houve requisição do Ministro da Justiça.

Como se observa do dispositivo, o legislador brasileiro adotou hipóteses de extraterritorialidade incondicionada, condicionada e hipercondicionada.

Na *extraterritorialidade incondicionada*, quatro hipóteses independem de qualquer requisito ou condição para aplicação da lei nacional:

a) aplica-se a lei brasileira aos crimes cometidos contra a vida ou a liberdade do Presidente da República onde quer que ele se encontre;
b) aplica-se a lei penal brasileira aos crimes cometidos contra a fé pública da União, do DF, dos estados, dos municípios, autarquias, empresas públicas, sociedades de economia mista e fundações públicas;
c) aplica-se a lei penal brasileira aos crimes praticados contra a administração pública nacional por quem se encontre ao seu serviço;
d) aplica-se a lei penal brasileira aos crimes de genocídio[407] (crime com a característica de dizimar determinado grupo, segmento ou categoria de pessoas) quando o agente for brasileiro ou domiciliado no Brasil.

Todas elas consubstanciam fatos cuja gravidade reclama a adoção de providências, nos termos da legislação penal brasileira, independentemente de qualquer condição. Em tais situações é possível, em tese, que o agente responda por dois processos pelo mesmo fato, um no exterior e outro no Brasil, sobrevindo duas condenações. Se isso ocorrer, aplicar-se-á o art. 8º, que se funda no *princípio do non bis in idem* (o qual proíbe seja alguém condenado duas vezes pelo mesmo fato). Assim, a pena *cumprida* no estrangeiro: a) atenua a pena imposta no Brasil pelo mesmo crime, quando diversas; ou b) nela é *computada*, quando idênticas (detração).

Compartilhamos do entendimento de que, no primeiro caso (atenuação), cumprirá ao juiz das execuções penais, pautando-se pela proporcionalidade e gravidade das penas cominadas no Brasil e no exterior, ouvido o Ministério Público e a defesa, decidir pelo grau de atenuação. Quando se tratar de penas de idêntica espécie, o método de incidência da pena estrangeira naquela aplicada pela Justiça pátria será muito mais simples, baseando-se no desconto do tempo da pena cumprida lá fora no total da

---

[404] Da mesma forma, tem natureza de condição objetiva de punibilidade.
[405] O Brasil respeita a coisa julgada estrangeira.
[406] Há divergência doutrinária: 1ª corrente (Flávio Monteiro de Barros e Luiz Flávio Gomes) defende se tratar do Princípio da nacionalidade passiva; 2ª corrente (majoritária): Princípio da defesa ou real. De acordo com essa corrente o Brasil só não adota em nenhuma hipótese o Princípio da nacionalidade passiva. Trata-se aqui da denominada Extraterritorialidade Hipercondicionada.
[407] V. Lei nº 2.889, de 1º.10.1956.

pena imposta no Brasil, de modo que o sentenciado deverá cumprir apenas o tempo remanescente (detração).[408]

Já quanto à *extraterritorialidade condicionada,* a lei contempla três hipóteses:

a) os crimes que, por tratado ou convenção, o Brasil se obrigou a reprimir (ex.: tráfico internacional de pessoas, de armas, de entorpecentes, crime organizado etc.);
b) os crimes praticados por brasileiros no exterior – Princípio da Nacionalidade Ativa;
c) os crimes praticados a bordo de embarcações ou aeronaves privadas brasileiras que se encontrem em território estrangeiro e se ali não forem julgados – Princípio da Representação.

Já no §3º, a lei trata da *extraterritorialidade hipercondicionada*: aplica-se a lei brasileira ao crime cometido por estrangeiro contra brasileiro fora do Brasil (Princípio da Defesa), sujeitando-a a condições do §2º e mais duas condições: a) não ter sido pedida ou ter sido negada a extradição (denota o desinteresse do país em punir determinado indivíduo); e b) requisição do Ministro da Justiça.

O ingresso do agente no solo brasileiro é uma condição de procedibilidade, sem a qual não se pode dar início ao processo penal, não se vedando, entretanto, a possibilidade investigatória. As demais circunstâncias consistem em condições objetivas de punibilidade, sem as quais não se pode iniciar qualquer ato persecutório, nem mesmo investigativo.[409]

Consigne-se que não existe, por medida de Política Criminal, extraterritorialidade para contravenções penais. E, da mesma forma, por força da regra do art. 12 do Código Penal, quando uma lei extravagante trata especificamente sobre o tema, a regulação especial prevalece sobre a genérica do Código Penal, como se dá com a Lei nº 9.455/97 para os crimes de tortura:

> Art. 2º O disposto nesta Lei aplica-se ainda quando o crime não tenha sido cometido em território nacional, sendo a vítima brasileira ou encontrando-se o agente em local sob jurisdição brasileira.

No que diz respeito à extraterritorialidade da *Lei Penal Militar*, registre-se que o Código Penal Militar (Dec.-Lei nº 1.001/69) cuida do tema da extraterritorialidade em seu art. 7º, dispondo que:

> aplica-se a lei penal militar, sem prejuízo de convenções, tratados e regras de direito internacional, ao crime cometido, no todo ou em parte, no território nacional, *ou fora dele, ainda que, neste caso, o agente esteja sendo processado ou tenha sido julgado pela justiça estrangeira*

---

[408] V. ESTEFAM, André. *Direito penal*: parte geral (arts. 1º a 120). 10. ed. São Paulo: Saraiva, 2021. p. 188.
[409] No mesmo sentido: SOUZA, Luciano Anderson de. *Direito penal*: parte geral. 3. ed. São Paulo: Revista dos Tribunais, Thomson Reuters, 2022. v. 1. p. 164.

Em suma, adotou-se o princípio da extraterritorialidade incondicionada (ou irrestrita), o que se mostra plenamente justificável pelo fato de que os delitos militares cometidos no exterior interferem na defesa dos interesses nacionais.

O tema ganha especial relevância quando se tem em mente o envio de contingentes das Forças Armadas do Brasil para missões de paz da Organização das Nações Unidas em nações estrangeiras. Na hipótese de ocorrerem crimes militares em tais missões, será competente a Justiça Militar Federal, por intermédio dos Conselhos de Justiça integrantes da 11ª Circunscrição Judiciária Militar, sediada em Brasília.[410]

5 Imunidades e lei da migração

Importante ressaltar, ainda, questões que afetam a aplicação da lei nacional como se dá com as imunidades diplomáticas e parlamentares, além das regras específicas do Direito Internacional público quanto à extradição.

A fonte das *imunidades diplomáticas* e consulares são as Convenção de Havana de 1928 (Decreto nº 18.956/1929) e Viena (Decretos nº 56.435 e nº 61.078/67), e os autores vão responder de acordo com o seu país de origem.

No tocante a esse tipo de imunidade, a lei penal brasileira não será aplicada em determinadas circunstâncias para crimes cometidos em território nacional, se o autor do crime for portador de imunidade. Essa não aplicação da lei penal brasileira decorre das funções internacionais exercidas pelo autor do crime. Essa imunidade decorre de convenções (Viena, 1961).

Trata-se de um privilégio concedido a agentes estrangeiros que exerçam funções internacionais. Tal privilégio diz respeito à função exercida pela pessoa, e não à pessoa em si. Quem possui imunidade diplomática? Todos os agentes diplomáticos (embaixador, como todos aqueles que têm função executiva junto à embaixada), parentes dessas pessoas, aqueles que exercem cargos técnicos ou administrativos de embaixada (apenas estrangeiros). As imunidades diplomáticas também se estendem a todos aqueles que estão no país no exercício de funções internacionais (ONU, por exemplo) e aos chefes de Estado estrangeiros em visita ao Brasil e aos integrantes de suas comitivas.

De acordo com as Convenções acima indicadas, possuem imunidades diplomáticas, em caráter absoluto (isto é, com respeito a quaisquer infrações penais), os chefes das missões, denominados agentes diplomáticos, os quais compreendem os embaixadores e os núncios (nome designativo dos representantes do Estado do Vaticano), além dos chefes de missões especiais. Também as possuem os membros de sua família que com eles convivam, desde que não sejam nacionais do Estado acreditado (vale dizer, do país em que o diplomata se encontra), os funcionários administrativos e os técnicos das missões e seus familiares, desde que convivam e não sejam brasileiros ou tenham residência permanente no Brasil.[411]

Caso os *chefes das missões* sejam brasileiros, suas imunidades serão relativas, já que elas se restringirão a atos ligados ao exercício de suas funções.

---

[410] V. NEVES, Cícero Robson Coimbra; STREIFINGER, Marcello. *Apontamentos de direito penal militar*. [s.l.]: [s.n.], [s.d.]. v. 1. p. 68.

[411] ESTEFAM, André. *Direito penal*: parte geral (arts. 1º a 120). 10. ed. São Paulo: Saraiva, 2021. p. 177.

Os integrantes do "pessoal do serviço" das missões também possuem imunidade relativa. É de ver que, conforme já decidiu o STF, ficam excluídos da prerrogativa os "secretários particulares, datilógrafos, mordomos, criados ou motoristas, que constituem o pessoal 'não oficial'", quando nacionais do país acreditado.

As pessoas que contam com tais prerrogativas podem, ainda, se recusar a servir como testemunhas e a imunidade tem início quando o diplomata ingressa no país em que servirá e comunica sua qualidade, estendendo-se para depois de concluída a missão, na medida do necessário para que o diplomata possa retirar-se.

Assim, se um diplomata comete um crime de homicídio no Brasil, ele responderá por meio da lei de seu país. Outros agentes também são imunes, como cônsules (quando o crime for praticado no desempenho de suas funções consulares). Vale dizer que crimes cometidos no interior da embaixada estarão sujeitos às leis brasileiras (ex.: um político americano que pede asilo político e comete um homicídio dentro da embaixada brasileira responderá a partir da lei brasileira).

Não se deve confundir o agente diplomático com o *agente consular*. Os agentes consulares, em razão das suas funções meramente administrativas, não desfrutam de imunidade diplomática. A sua imunidade é restrita aos atos de ofício, por isso chamada de imunidade funcional relativa. Dentro desse espírito, tratando-se de crime comum, são punidos de acordo com a lei brasileira; já no caso de delito funcional, isto é, relacionado diretamente com a função consular, incide a imunidade, ficando sujeitos à lei do país de origem.[412]

As características das imunidades diplomáticas são: a) inviolabilidade pessoal (não ser preso, não ser obrigado a depor como testemunha); b) independência (independente em tudo o que se refere à sua qualidade de representante de um Estado estrangeiro); c) isenção de jurisdição (embora haja países que entendam que a imunidade penal não deva ser absoluta); d) inviolabilidade da habitação (sedes diplomáticas, como a área de uma embaixada); e) dever de cumprimento das leis do Estado onde estão servindo.[413]

A imunidade pode ser renunciada pelo Estado acreditante, mas jamais pelo diplomata (arts. 32, item 1, e 45, item 1, da Convenção de Viena).

Em outras palavras, as imunidades têm caráter irrenunciável, sendo vedado ao seu destinatário abdicar da sua prerrogativa, já que ela é conferida em razão do cargo (e não da pessoa). Não obstante, poderá haver renúncia, desde que expressa, por parte do Estado de origem do agente diplomático (denominado Estado acreditante), nos termos do art. 32, 1 e 2, do Decreto nº 56.435/65.[414]

Nesse sentido, o *agente diplomático*, por disposição expressa, não poderá ser objeto de nenhuma forma de detenção ou prisão,[415] sendo certo que essa se estenda à sua residência particular, seus documentos, correspondências e bens.[416]

---

[412] A Convenção de Viena sobre Relações Consulares (1963), incorporada ao nosso ordenamento através do Decreto nº 61.078/67, prevê que ainda que o agente consular esteja desempenhando atos diplomáticos, não lhe serão conferidas imunidades diplomáticas (art. 17, 1), possuindo imunidade apenas "pelos atos realizados no exercício das funções consulares" (art. 43, 1).

[413] NUCCI, Guilherme de Souza. *Curso de direito penal*: parte geral. 4. ed. Rio de Janeiro: Forense, 2020. p. 215-216.

[414] CUNHA, Rogério Sanches. *Manual de direito penal*: parte geral. 8. ed. Salvador: JusPodivm, 2020. p. 164.

[415] Art. 29 do Decreto nº 56.435/65.

[416] Art. 30 do Decreto nº 56.435/65.

Quanto às *imunidades parlamentares*, com a finalidade de o Poder Legislativo melhor desempenhar sua função, os parlamentares gozam de imunidades. Assim, tal imunidade também diz respeito ao cargo exercido.

Constitui exceção à regra da aplicação da lei penal todo crime ocorrido em território nacional. Há divergência na natureza jurídica: excludente do crime; excludente da pena; causa de incapacidade penal.

Tipos de imunidades se subdividem em materiais e formais.

As *imunidades materiais* (absolutas, substantivas, reais ou irresponsabilidades legais) dizem respeito a direito material (imunidade de natureza penal, civil, política e disciplinar).

Também chamada de imunidade substancial, material, real, inviolabilidade ou *indenidade* (*freedom of speech*), a imunidade parlamentar absoluta está prevista no art. 53, *caput*, da CF/88, nos seguintes termos: "Os Deputados e Senadores são invioláveis, civil e penalmente, por quaisquer de suas opiniões, palavras e votos".

Os deputados federais e os senadores gozam de imunidade parlamentar material, o que afasta a tipicidade de eventuais condutas, em tese, ofensivas à honra praticadas no âmbito de suas atuações político-legislativas (art. 53 da CF/1988), prerrogativa estendida aos deputados estaduais, a teor do disposto no art. 27, §1º, da CF/1988.[417]

Parte da doutrina ensina que a inviolabilidade não exclui apenas a responsabilidade civil e penal, alcançando, também, a administrativa e política.

Ela se refere à inviolabilidade do parlamentar no exercício do mandato por suas opiniões, palavras e votos. Ela se encontra disciplinada no art. 53, *caput*, art. 27, §1º, e art. 29, VI, da CF e não se estende a corréu sem essa prerrogativa, conforme entendimento sumulado pelo Supremo Tribunal Federal (Súmula nº 245).

Não obstante, a imunidade substancial não significa autorização plena para a realização de ofensas pessoais sem qualquer vínculo com a atividade política, conforme entendimento já sinalizado em diversas ocasiões pelo Supremo Tribunal Federal (STF).[418]

Existindo nexo entre a manifestação e o exercício da atividade parlamentar, ainda que a fala não seja proferida no interior das dependências do Congresso Nacional, far-se-á presente a imunidade material. A manifestação – oral ou escrita – pode ser realizada, por exemplo, em discursos na tribuna da Câmara dos Deputados ou do Senado Federal, durante discussões sobre projetos de lei, em relatórios apresentados nos trabalhos legislativos, em entrevistas jornalísticas, em declarações em qualquer meio de comunicação social, inclusive em redes sociais.

---

[417] Nesse sentido: HC 443385/GO, Rel. Ministro Ribeiro Dantas, Quinta Turma, julgado em 06/06/2019, DJe 11/06/2019; REsp 1694419/PA, Rel. Ministra Nancy Andrighi, Terceira Turma, julgado em 21/08/2018, DJe 14/09/2018; HC 353829/GO, Rel. Ministro Nefi Cordeiro, Sexta Turma, julgado em 28/06/2016, DJe 01/08/2016; APn 728/DF, Rel. Ministro Napoleão Nunes Maia Filho, Corte Especial, julgado em 17/12/2014, DJe 23/03/2015; HC 67587/MS, Rel. Ministro Felix Fischer, Quinta Turma, julgado em 20/03/2007, DJ 14/05/2007 p. 344; HC 29727/RJ, Rel. Ministro Gilson Dipp, Quinta Turma, julgado em 15/04/2004, DJ 24/05/2004 p. 304. (Vide Informativo de Jurisprudência N. 479). A imunidade parlamentar não beneficia o candidato, como já decidiu o STF (Pet 4.444 AgR, Rel. Min. Celso de Mello, j. 26-11-2008, P, DJE de 19-12-2008). No mesmo sentido, STF. Pet 4.617, Rel. Min. Cármen Lúcia, dec. monocrática, j. 3-8-2009, DJ de 7-8-2009).

[418] RTJ 104/441, Rel. Min. Aldir Passarinho; RTJ 112/481, Rel. Min. Soares Muñoz; RTJ 129/970, Rel. Min. Sepúlveda Pertence; RTJ 135/509, Rel. Min. Celso de Mello; RTJ 141/406, Rel. Min. Célio Borja; RTJ 155/396-397, Rel. Min. Celso de Mello; RTJ 166/844, Rel. Min. Carlos Velloso; RTJ 167/180, Rel. Min. Francisco Rezek; RTJ 169/969, Rel. Min. Celso de Mello; Inq. 810- QO/DF, Rel. Min. Néri da Silveira

Repita-se que a inviolabilidade, do ponto de vista criminal, constitui causa de exclusão da adequação típica; assim, por exemplo, eventual ofensa à honra de terceiros (calúnia, difamação ou injúria) decorrente de manifestação de parlamentar federal relacionada ao exercício de seu mandato será penalmente atípica. De qualquer sorte, o Supremo Tribunal Federal posicionou-se no sentido de que as imunidades materiais não são absolutas, o que permite a abertura de ação penal contra os parlamentares quando houver abuso das imunidades, por exemplo, proferir discurso de ódio.[419]

A natureza jurídica da imunidade absoluta é questão controvertida: há quem entende ser causa excludente do crime, causa de isenção de pena, causa de irresponsabilidade penal, causa de incapacidade pessoal penal ou simples fato atípico.[420]

A imunidade parlamentar inicia-se com a diplomação dos eleitos e perdura até o término do mandato.

Note-se que os chefes de Estado também possuem imunidade penal absoluta. A base desta imunidade é puramente política e deriva do fato de o chefe de Estado estrangeiro representar o seu país, pelo que não deve estar sujeito a uma lei estranha. Demais disso, usufruem da mesma prerrogativa os representantes da Organização das Nações Unidas (ONU) e de outros organismos internacionais como a Organização dos Estados Americanos (OEA).[421]

Já as *imunidades formais* (relativas ou processuais) dizem respeito ao procedimento. Isso significa que os parlamentares só podem ser presos em flagrante delito e por crime inafiançável (art. 53, §1º). Ocorrida a prisão nessas situações, o flagrante é encaminhado à casa legislativa e, em votação secreta, esta irá deliberar acerca da manutenção ou não da prisão.

Pode ocorrer, no entanto, que a sentença criminal seja proveniente de órgão jurisdicional estrangeiro, e, nesse caso, deverá ser *homologada no Brasil*, exigindo-se, para tanto, que esteja provado o seu trânsito em julgado (Súmula nº 420 do STF). Essa homologação compete ao STJ, nos termos do art. 105, I, "i", da CF/88 (incluído pela EC nº 45/2004), merecendo releitura o art. 787 do CPP, criado quando a atribuição era do STF.

A decisão de homologação da sentença estrangeira não atinge o seu mérito, vez que o Superior Tribunal de Justiça somente realiza um exame formal acerca do preenchimento dos requisitos elencados nos incisos do art. 788 do Código de Processo Penal.[422]

Os parlamentares somente poderão ser processados mediante prévia autorização do Senado ou da Câmara dos Deputados, conforme a casa. Tais agentes políticos possuem foro por prerrogativa de função.

A regra vale parcialmente para os deputados estaduais (art. 27, §1º, da CF), que, além das prerrogativas citadas, não possuem imunidades em Justiça Federal e Eleitoral. Quando preso em flagrante delito, caberá resolução pela Assembleia Legislativa.

Já no tocante ao parlamento municipal, os vereadores possuem imunidade limitada apenas aos limites do município e não possuem imunidades formais.

---

[419] STF, Inq. 3932, rel. Min. Luiz Fux, 1ª T., j. 21-6-2016
[420] CUNHA, Rogério Sanches. *Manual de direito penal*: parte geral. 8. ed. Salvador: JusPodivm, 2020. p. 164.
[421] SOUZA, Luciano Anderson de. *Direito penal*: parte geral. 3. ed. São Paulo: Revista dos Tribunais, Thomson Reuters, 2022. v. 1. p. 177.
[422] CUNHA, Rogério Sanches. *Manual de direito penal*: parte geral. 8. ed. Salvador: JusPodivm, 2020. p. 187.

Outrossim, em matéria criminal, o Presidente da República dispõe de irresponsabilidade relativa, no sentido de somente poder ser responsabilizado penalmente por fatos relacionados com o exercício da função, seja no seu desempenho, seja em razão dela (*in officio* ou *propter officium*) – art. 86, §4º. Trata-se de uma garantia constitucional que impede seja ele alvo de investigações e processos penais por fatos anteriores à função ou, ainda que praticados durante o mandato, que nada tenham a ver com o cargo exercido e, portanto, não tenham relação funcional.

Na esfera processual penal, o Presidente da República conta com: a) foro por prerrogativa de função perante o STF (art. 86, *caput*); b) obrigatoriedade de juízo prévio de admissibilidade da acusação perante a Câmara dos Deputados (art. 86, *caput*); c) imunidade prisional, só podendo ser preso por sentença condenatória transitada em julgado (art. 86, §3º).

O mesmo não se dá com os Governadores e Prefeitos que não possuem nenhuma imunidade penal, de tal maneira que respondem criminalmente por atos cometidos antes ou durante o desempenho da função, tenham ou não relação com o cargo ocupado.

Isso porque a cláusula da irresponsabilidade penal relativa e a imunidade prisional são prerrogativas conferidas exclusivamente ao Presidente da República. A única prerrogativa de que dispõem consiste no foro por prerrogativa de função, à medida que os Prefeitos Municipais serão julgados perante o TJ local (CF, art. 29, X), e os Governadores de Estado e do Distrito Federal serão processados originariamente no STJ (CF, art. 105, I, "a"). Interessante registrar que o STJ aplicou aos Governadores (e também aos Conselheiros de Tribunais de Contas) o entendimento do STF firmado na Ação Penal nº 937, ou seja, de que somente serão julgados no tribunal superior quando os fatos forem praticados durante a função e a ela estiverem relacionados.

Vale, por fim, mencionar, brevemente, algumas regras atinentes à *extradição*, previstas na Lei Geral de Migração (Lei nº 13.445/17).

Trata-se do instrumento de cooperação internacional no combate à criminalidade, pelo qual o Estado entrega o indivíduo acusado da prática de um crime ou já condenado a outro Estado que é o competente para julgá-lo e puni-lo.

Trata-se de uma das três medidas de cooperação internacional previstas na Lei de Migração, ao lado da transferência de execução de pena (arts. 100 a 102) e da transferência de pessoa condenada (arts. 103 a 105).

A extradição diz respeito ao país que a pede e é passiva quanto ao país do qual ela é solicitada. Funda-se em tratados e acordos internacionais,[423] e os princípios e regras que regem seu cabimento são:

- *Princípio da especialidade* (art. 96, I, da Lei nº 13.445/17) – significa que o extraditando não pode ser julgado no estrangeiro (no país que solicita a extradição) por fato diverso daquele que deu ensejo à extradição;
- *Princípio da identidade da norma* (art. 82, II) – só caberá extradição se o fato for considerado crime de acordo com ambas as leis;

---

[423] *V.g.* Código de Bustamante (Convenção de Santiago de Cuba).

- *Princípio da comutação* (art. 96, III) – o Brasil só aceitará a extradição quando o outro país se comprometer a adequar sua pena aos limites traçados pela CF brasileira (como a proibição de prisão perpétua);
- *Princípio da jurisdicionalidade* (art. 82, VIII) – está relacionado ao princípio do juiz natural. Assim, não caberá a extradição se o julgamento se der por um tribunal de exceção;
- *Princípio do ne bis in idem* (art. 82, V) – não caberá a extradição se o estrangeiro estiver sendo processado ou condenado no Brasil pelos mesmos fatos;
- *Princípio da reciprocidade* – o Brasil só pode autorizar a extradição se entre ele e o país solicitante tiver acordo de reciprocidade. Se não for signatário, só caberá extradição se o Brasil e o país firmarem acordo. Ademais, nos termos do art. 83, II, só caberá extradição se houver no país estrangeiro sentença penal condenatória definitiva com a imposição de pena privativa de liberdade ou decisão de prisão provisória do agente no país que requer a extradição. É imprescindível que haja um decreto de prisão processual (provisória), caso seja feita durante o curso da ação penal. Além disso, nos termos do art. 82, IV, não caberá a extradição se, no Brasil, a pena prevista para aquele crime for igual ou inferior a dois anos. Assim, o Brasil só autoriza a extradição se de acordo com a sua legislação for prevista pena privativa de liberdade de no mínimo dois anos.

Registre-se que nos termos do art. 5º, LI, da CF, o brasileiro nato não pode ser extraditado em nenhuma circunstância, havendo somente duas exceções ao naturalizado: a) se for pela prática de crime anterior à naturalização; e b) quando houver comprovado envolvimento do naturalizado na prática de tráfico de entorpecentes (o que só ocorre quando for definitivamente condenado, pelo princípio da presunção de inocência).

Outrossim, nos termos do art. 5º, LII, CF, não será concedida extradição ao estrangeiro por crime político ou de opinião. No entanto, a lei de extradição, no art. 82, VII, estende o alcance da CF, dizendo: nestes incluídos os de cunho religioso ou orientação filosófica.

Sobre esse aspecto, havia tradicional controvérsia quanto à conceituação do que seriam crimes políticos, tendo despontado três correntes fundamentais: a) *objetiva*, voltada à identificação do bem jurídico protegido, considerado o Estado; b) *subjetiva*, a qual se foca no fim perseguido pelo autor, quando de cunho político, independentemente do interesse tutelado; c) *mista*, eclética ou objetivo-subjetiva, a qual leva em conta tanto o bem jurídico tutelado quanto o fim que move o agente.[424]

Não obstante, culminou por prevalecer na doutrina e jurisprudência a corrente eclética. Segundo Reale Júnior, "o crime é político quando constitui ato de oposição à organização política ou social vigente contra a qual se arvora visando-se à sua modificação, reputada pelo Estado para manter o status quo". Não sendo permitida a extradição pelo ordenamento pátrio, caso o crime estiver associado a um crime comum, o Supremo Tribunal Federal poderá decidir sobre a prevalência do crime comum, de forma a autorizar o ato de extradição, conforme o art. 82, §1º, da Lei de Migração.[425]

---

[424] BRANDÃO, Cláudio. *Curso de direito penal*: parte geral. Rio de Janeiro: Forense, 2010. p. 114.
[425] REALE JÚNIOR, Miguel. *Instituições de direito penal*: parte geral. 4. ed. Rio de Janeiro: Forense, 2012. p. 113.

Há outras questões relevantes na Lei nº 13.445/17 que merecem destaque. O art. 82, III, por exemplo, destaca que não será concedida a extradição se o Brasil for igualmente competente no julgamento do fato; o art. 82, VI, diz que não será concedida se estiver extinta a punibilidade pela prescrição, de acordo com a lei mais favorável; e, na política clara de direitos humanos, o art. 82, IX, de forma coerente, ressalta não ser cabível a extradição se o extraditando for considerado oficialmente refugiado pelo governo brasileiro ou de asilo territorial.

Como funciona o processo de extradição?

No regime anterior, o Poder Executivo encaminhava os pedidos de extradição imediatamente ao STF. Com o advento da nova lei, o Executivo analisará se o pedido atinge os requisitos legais, e o arquiva caso não os atenda. Se entender que o pedido atende a esses requisitos, ele encaminhará o pedido ao STF.

Nos termos do art. 102, I, §3º, da CF, caberá ao STF a análise acerca da legalidade e da admissibilidade do pedido de extradição. Se o STF negar o pedido, a decisão é irrecorrível. Julgada procedente pelo STF e autorizada a entrada pelo órgão competente do Executivo no país estrangeiro, terá o prazo de 60 dias para retirar o extraditando do território nacional. Nesse caso, o Presidente pode deixar de executar essa decisão, nos termos do art. 92 do Estatuto do Estrangeiro.

Registre-se que a eventual entrega de um acusado ao Tribunal Penal Internacional (TPI) não é considerada extradição, pois esta, tecnicamente, importa na entrega de um indivíduo a um outro Estado, o que não é o caso do TPI, de maneira que as disposições constitucionais de vedação de extradição de nacionais não se aplicam neste caso.[426]

A extradição pode ser catalogada dos seguintes modos: a) *ativa*, quanto ao Estado que a solicita; b) *passiva*, quanto ao Estado que a concede; c) *voluntária*, quando presente a anuência do extraditando; d) *imposta*, em situações em que houver a oposição à medida por parte do extraditando; e) *reextradição*, quando o Estado requerente da extradição e que recebeu o indivíduo converte-se em requerido por um terceiro Estado para a entrega da pessoa visada.

A 1ª Turma do Supremo Tribunal Federal, por maioria de votos, já decidiu que brasileiro adquirente voluntário de nacionalidade estrangeira perde a originária, por renúncia, *ex vi* o disposto no art. 12, §4º, II, "b", da Constituição Federal.[427]

No caso concreto, a agente, nascida no Brasil, teve sua extradição requerida pelo governo dos Estados Unidos da América, onde foi acusada de ter assassinado o marido norte-americano no estado de Ohio, em 2007.

Note-se que, se o agente não for brasileiro nato ou naturalizado, poderá ser extraditado, ainda que seja casado com brasileira ou tenha filho brasileiro, consoante o teor da Súmula nº 421 do STF: "não impede a extradição a circunstância de ser o extraditando casado com brasileira ou ter filho brasileiro".

Por fim, a lei brasileira estabelece, ademais, a necessidade de assunção dos seguintes compromissos por parte do Estado requerente para que o País proceda à efetiva entrega do extraditando (art. 96): a) não submissão do extraditando a prisão ou processo por

---

[426] SOUZA, Luciano Anderson de. *Direito penal*: parte geral. 3. ed. São Paulo: Revista dos Tribunais, Thomson Reuters, 2022. v. 1. p. 179-182.
[427] STF, 1ª Turma, Extradição nº 1.462/DF, rel. Min. Roberto Barroso, m.v., j. 28.03.2017, DJe 29.06.2017.

fato anterior ao pedido de extradição; b) cômputo do tempo da prisão que, no Brasil, foi imposta por força da extradição; c) comutação da pena corporal, perpétua ou de morte em pena privativa de liberdade, respeitado o limite máximo de cumprimento de trinta anos; d) impossibilidade de entrega do extraditando, sem consentimento do Brasil, a outro Estado que o reclame; e) impossibilidade de consideração de qualquer motivo político para fins de agravar a pena; e f) não submissão do extraditando a tortura ou a outros tratamentos ou penas cruéis, desumanos ou degradantes.

Também por maioria dos votos, a 1ª Turma do STF definiu que, para fins de extradição, o país estrangeiro deve se comprometer a estabelecer o cumprimento de pena máxima de 30 anos de prisão para extraditandos que praticarem crimes até o advento da Lei Anticrime (Lei nº 13.964/2019). Ou seja, reconheceu-se a irretroatividade da lei penal mais gravosa, tendo em vista a alteração sofrida pelo art. 75 do Código Penal.[428]

Para singelo registro, a Lei nº 13.455/17 ainda trata de outros institutos, como a *deportação* (art. 50),[429] a *expulsão* (art. 54)[430] e a *repatriação* (art. 49 e casos de impedimento do art. 45).[431]

Sobre a transferência de presos, Dotti lembra o episódio da transferência de criminosos que o Brasil celebrou com o Canadá, a Argentina e o Chile, motivado pelo sequestro do empresário Abílio Diniz, cujos autores, em sua maioria, eram oriundos desses países. Por pressões internacionais, firmou-se primeiramente o tratado de transferência de presos entre o Brasil e o Canadá. O documento, assinado em Brasília (15.7.1992), foi aprovado pelo Decreto Legislativo nº 22, de 24.8.1993, e passou a valer a partir do Decreto nº 2.547, da Presidência da República (14.4.1998) (Código Penal, p. 110). Uma característica de um tratado desse tipo é o compromisso de reciprocidade.[432]

Por fim, cumpre mencionar que o Estatuto da Ordem dos Advogados do Brasil também garante a *imunidade ao advogado* em seu art. 7º, §2º: "O advogado tem imunidade profissional, não constituindo injúria ou difamação punível qualquer manifestação de sua parte, no exercício de sua atividade, em juízo ou fora dele, sem prejuízo das sanções disciplinares perante a OAB, pelos excessos que cometer".

A imunidade em favor do advogado, no exercício da sua atividade profissional, insculpida no art. 7º, §2º, do Estatuto da OAB (Lei nº 8.906/1994), não abrange o crime de calúnia, restringindo-se aos delitos de injúria e difamação.[433]

---

[428] STF, Extr. 1652/Governo do Chile, Relª. Minª. Rosa Weber, 1ª Turma, j. 19.10.2021, m.v.

[429] Instituto exclusivamente administrativo que decorre da mera circunstância de que o estrangeiro se encontra no Brasil de forma irregular.

[430] Será cabível quando o estrangeiro for condenado em sentença transitado em julgado por crime de genocídio, por crime contra a humanidade ou crimes de guerra e de agressão ou crime doloso passível de pena privativa de liberdade. Cumprida a pena, o estrangeiro será expulso do território nacional conjugada com o impedimento de reingresso por prazo determinado.

[431] Constitui a determinação de saída compulsória do Brasil da pessoa que apresentava algum tipo de impedimento para ingressar no território nacional.

[432] DOTTI, René Ariel. *Curso de direito penal:* parte geral. 6. ed. Rio de Janeiro: Forense, 2018. p. 418.

[433] Nesse sentido: RHC 100494/PE, Rel. Ministro Nefi Cordeiro, Sexta Turma, julgado em 12/02/2019, DJe 07/03/2019; RHC 93648/RO, Rel. Ministro Antonio Saldanha Palheiro, Sexta Turma, julgado em 07/08/2018, DJe 13/08/2018; RHC 82030/MS, Rel. Ministro Jorge Mussi, Quinta Turma, julgado em 22/08/2017, DJe 30/08/2017; RHC 34076/SP, Rel. Ministro Gurgel de Faria, Quinta Turma, julgado em 01/09/2015, DJe 15/09/2015; APn 732/DF, Rel. Ministra Nancy Andrighi, Corte Especial, julgado em 01/10/2014, DJe 16/10/2014; HC 258776/BA, Rel. Ministro Moura Ribeiro, Quinta Turma, julgado em 22/05/2014, DJe 27/05/2014.

Além disso, a expressão "desacato" inserida na redação do §2º do art. 7º teve sua eficácia suspensa por liminar concedida pelo STF na ADI nº 1.127-8, proposta pela Associação dos Magistrados Brasileiros.

No mais, no mesmo sentido do texto, preceitua o art. 142, I, do Código Penal, que não constitui injúria ou difamação punível a ofensa irrogada em juízo, na discussão da causa, pela parte ou por seu procurador. Aliás, a própria Constituição federal também roga, em seu art. 133, que "o advogado é indispensável à administração da justiça, sendo inviolável por seus atos e manifestações no exercício da profissão, nos limites da lei". A imunidade do advogado, dessa forma, não é propriamente um preceito constitucional superior a todas as garantias individuais asseguradas aos cidadãos brasileiros, entre as quais se incluem a honra e a dignidade, direitos esses dos quais o advogado não pode ser privado (neste sentido, STJ, REsp nº 988.380 e nº 932.334).

6 Pena cumprida e sentença estrangeira

Segundo o art. 96, inc. II da Lei nº 13.445/17, o país solicitante da extradição deve atingir a obrigação de deduzir no tempo de pena a ser cumprido pelo extraditando o período que ele cumpriu pena no Brasil.

Do mesmo modo, o art. 88 trata da *pena cumprida no estrangeiro* para evitar o *bis in idem*:

> Art. 8º A pena cumprida no estrangeiro atenua a pena imposta no Brasil pelo mesmo crime, quando diversas,[434] ou nela é computada, quando idênticas.

Evidente que a questão está relacionada a hipóteses de extraterritorialidade incondicionada. Assim, na hipótese do art. 7º, §1º, alguém poderá ser condenado duas vezes pelo mesmo fato em alguns casos.

Supondo que na Rússia alguém é condenado a dois anos de reclusão e para o mesmo crime no Brasil ele estará sujeito a uma pena de quatro anos. Assim, a parte da pena cumprida de dois anos na Rússia vai ser computada (deduzida) no montante de pena cumprido no Brasil.

Há de se notar que, se a pena cumprida for idêntica ou superior à imposta no Brasil, nada haverá de ser aqui executado, devendo ser reconhecida a extinção da punibilidade do agente pelo cumprimento de pena.

Vale lembrar que há três espécies de pena. Supondo, então, que na Rússia foi condenado à pena de multa e no Brasil à pena privativa de liberdade. Nesse caso, por se tratar de penas diversas, não haverá como fazer a compensação, mas se ele cumpriu alguma pena no exterior, esse cumprimento irá criar uma circunstância atenuante (minorar a pena) para a pena a ser cumprida no Brasil.

Há questionamento sobre a recepção desse dispositivo pela Constituição Federal.

A questão é polêmica, pois tanto o art. 7º quanto o 8º não foram explicitados no texto. Daí a relevância de se entender o princípio implícito que veda a dupla apenação,

---

[434] Trata-se de critério judicial, cuja decisão deve ser necessariamente fundamentada.

contemplado expressamente na Convenção Interamericana de Direitos Humanos (Pacto de San José da Costa Rica).

Não obstante, o STF, ao julgar *habeas corpus* em que o impetrante havia sido condenado na Suíça por lavagem de dinheiro e estava sendo processado pelo mesmo fato no Brasil, concedeu a ordem para trancar a ação penal em trâmite em razão da ofensa ao *non bis in idem*. De acordo com os ministros da 2ª Turma, a regra do art. 8º do CP deve ser interpretada à luz dos direitos assegurados pela Constituição Federal, pela Convenção Americana de Direitos Humanos e pelo Pacto Internacional de Direitos Civis e Políticos. Admite-se a abertura da ação penal no país apenas se o julgamento proferido no estrangeiro for considerado ilegítimo.[435]

Já o art. 9º do Código Penal trata, por sua vez, da *eficácia da sentença penal estrangeira*.

> Art. 9º A sentença estrangeira, quando a aplicação da lei brasileira produz na espécie as mesmas consequências, pode ser homologada no Brasil para:
> I – obrigar o condenado à reparação do dano, a restituições e a outros efeitos civis;
> II – sujeitá-lo a medida de segurança.
> Parágrafo único – A homologação depende:
> a) para os efeitos previstos no inciso I, de pedido da parte interessada;
> b) para os outros efeitos, da existência de tratado de extradição com o país de cuja autoridade judiciária emanou a sentença, ou, na falta de tratado, de requisição do Ministro da Justiça.

Um brasileiro cumpre pena na Alemanha por roubo (sentença penal condenatória no estrangeiro). Essa sentença gera efeitos, como brevemente mencionado, no Brasil. A sentença condenatória estrangeira gera efeitos no Brasil independentemente de qualquer situação ou requisito (basta a prova da existência dessa sentença para que ela gere determinados efeitos jurídicos), quais sejam: a) *reincidência* – art. 63 (é aquele que, após cumprir pena pela prática de um crime, comete um novo crime); b) *sursis* (suspensão condicional da pena – art. 77, I – não poderá haver suspensão da pena se alguém foi anteriormente condenado pela prática de outro crime); c) *individualização da pena* – art. 59 (um dos requisitos para a relevância da pena é o cometimento do crime por mais de uma vez – agravante de pena).

A revogação do *sursis* (CP, art. 81) e do livramento condicional (CP, arts. 86 e 87), que podem ter como fundamento a superveniência de uma condenação criminal, não depende, nestes casos, de homologação, mas de prova adequada.

Há, segundo a lei, duas hipóteses em que é necessária uma homologação no Brasil para gerar efeitos jurídicos, segundo o parágrafo único do art. 9º: a) produção de efeitos ou de consequências civis daquela sentença penal condenatória no Brasil. A sentença penal condenatória é um título executivo (isso vale também para a sentença penal condenatória estrangeira). Assim, é necessário indenizar e pagar pelos danos causados no estrangeiro. Para que essa sentença penal condenatória estrangeira gere efeitos no Brasil, necessitará de homologação; b) sentença penal do estrangeiro que aplica ao réu medida de segurança. CP tem sistema duplo binário. Se o agente é imputável, ele receberá pena. Mas se o agente é considerado inimputável (portador de deficiência

---

[435] HC nº 171.118/SP, Rel. Min. Gilmar Mendes, j. 12/11/2019.

mental, por exemplo), ele estará sujeito a medida de segurança. Assim, supondo no exemplo mencionado que um magistrado alemão tenha aplicado medida de segurança ao réu (brasileiro). O réu pede para cumprir a medida de segurança no Brasil. Para que gere efeitos no Brasil, deverá haver homologação no país.

Tal homologação está a cargo do Presidente do STJ (art. 105, I, "i", da CF), conforme o rito previsto nos arts. 787 a 790 do Código de Processo Penal. Quanto ao cumprimento de penas aplicadas no exterior, o mecanismo pelo qual cada país deve se valer é a extradição, já que se trata de assunto estritamente ligado à soberania de cada nação, de modo que cada Estado não deve delegar a outro o dever de cumprir penas criminais. A Lei de Migração autoriza excepcionalmente essa possibilidade, por meio dos institutos da transferência de execução de pena (ou extradição executória) e da transferência de pessoas condenadas – arts. 100 a 105.

Recentemente, o ex-jogador de futebol Robinho, condenado a nove anos de prisão e ao pagamento de 60 mil euros pela prática de crime contra a dignidade sexual em grupo contra uma vítima albanesa, ensejou uma nova leitura da legislação quanto ao cumprimento de pena.

Por se tratar de brasileiro nato que se encontrava em território nacional no momento do trânsito em julgado da condenação, não há dúvida quanto à impossibilidade de sua extradição para cumprimento de pena em território italiano.

Ocorre que, em novembro de 2017, entrou em vigor a Lei de Migração (Lei nº 13.445/17), a qual, em seus arts. 100 a 102, introduziu novos casos de homologação de sentença estrangeira, permitindo agora a autorização de cumprimento em solo brasileiro, também da condenação à pena de prisão. Deste modo, a partir do início de sua vigência, duas questões com repercussão no caso surgiram: se os arts. 100 a 102 da Lei de Migração se aplicariam a brasileiro nato e se esses dispositivos podem retroagir para alcançar crimes cometidos antes de sua entrada em vigor.

A rigor, a maioria maciça da doutrina entendia ser impossível, tanto a aplicação a brasileiros natos, quanto a retroatividade de uma norma que tem aspecto de direito material.

A rigor, uma das hipóteses de extraterritorialidade é a de brasileiros que cometem crime fora do Brasil, incidindo o chamado princípio da personalidade ativa. Nessa hipótese, contudo, o processo teria que ser reaberto no Brasil, submetido aos princípios da ampla defesa, contraditório e devido processo legal, retomando-se a persecução penal desde seu início.

No entanto, o STJ afastou a corrente que defendia uma interpretação literal do caput do art. 100 da Lei de Migração, afastando também a alegação de irretroatividade pela aplicação da Lei nº 13.445/2017 para um caso ocorrido em 2013, entendendo que a norma de cooperação internacional não tem natureza penal e, portanto, pode ser imediatamente aplicável seja em benefício, seja em prejuízo do extraditando.[436]

---

[436] STJ. Corte Especial. HDE 7.986-EX, Rel. Min. Francisco Falcão, julgado em 20/3/2024.

V

HERMENÊUTICA PENAL E CONFLITO APARENTE DE NORMAS

Hermenêutica, do grego *hermeneuein*, é teoria, doutrina e filosofia da interpretação, apta a tornar compreensível o objeto de estudo mais que sua simples aparência ou superficialidade. A palavra grega *hermeios* remete ao deus Hermes, que, segundo a mitologia grega, foi o descobridor da linguagem e da escrita. Assim, Hermes era tido como aquele que descobriu o objeto utilizado pela compreensão humana para alcançar o significado das coisas e o transmitir às pessoas.

O verbo "interpretar", segundo o dicionário, significa ajuizar a intenção, o sentido, a acepção ou simplesmente explicar ou aclarar o sentido de algo. A hermenêutica visa revelar, descobrir, perceber qual o significado mais profundo daquilo que está na realidade manifesta.[437]

Desde a Teoria da Exegese Bíblica de Danhamer (1654), a Hermenêutica passou por vários momentos: a Hermenêutica Romântica de Schleiermacher; a Hermenêutica Histórica de Dilthey; a Ontologia Hermenêutica de Heidegger; a Teoria Hermenêutica de Betti; a Hermenêutica Filosófica de Gadamer; a Hermenêutica Crítica de Apel e Habermas; e a Hermenêutica Fenomenológica de Paul Ricoeur.

Já a Hermenêutica Jurídica apresenta uma peculiaridade importantíssima, qual seja, permitir interpretar o ordenamento jurídico dando-lhe um novo significado, que, muitas vezes, não foi almejado pelo próprio legislador. Quando a lei ganha vida, entrando em vigor, passa a ter vontade própria, exatamente revelada pelo intérprete.

Uma das tarefas do cientista em matéria criminal será justamente destrinchar os elementos ou palavras que integram uma norma penal incriminadora, dando-lhes sentido, ampliando-se, quando possível, seu significado, confrontando com o ordenamento e enxergando uma intepretação sistemática, por exemplo.

A finalidade da interpretação é justamente extrair da norma o seu real significado. Isso será feito de diferentes formas.

No que toca à *origem*, ou seja, quanto ao sujeito que interpreta, a interpretação da norma penal poderá ser: autêntica, doutrinária ou jurisprudencial.

Diz-se *autêntica ou legislativa* a interpretação dada pela própria lei, isto é, quando, por meio das denominadas "normas penais explicativas", o texto legal confere um significado

---

[437] MAXIMILIANO, Carlos. *Hermenêutica e aplicação do direito*. 9. ed. Rio de Janeiro: Forense, 1979. p. 09.

próprio que servirá para preenchimento adequado de outras normas incriminadoras. Isso se dá, por exemplo, com o conceito de "funcionário público", para os crimes funcionais previstos no Código Penal (art. 327, CP), assim como o conceito de "cena de sexo explícito ou pornográfica", para os crimes que exteriorizam comportamentos criminosos de pedófilos previstos no Estatuto da Criança e do Adolescente (art. 241-E, ECA):

> Art. 327. Considera-se funcionário público, para os efeitos penais, quem, embora transitoriamente ou sem remuneração, exerce cargo, emprego ou função pública.
> §1º Equipara-se a funcionário público quem exerce cargo, emprego ou função em entidade paraestatal, e quem trabalha para empresa prestadora de serviço contratada ou conveniada para a execução de atividade típica da Administração Pública.
> §2º A pena será aumentada da terça parte quando os autores dos crimes previstos neste Capítulo forem ocupantes de cargos em comissão ou de função de direção ou assessoramento de órgão da administração direta, sociedade de economia mista, empresa pública ou fundação instituída pelo poder público.
> Art. 241-E. Para efeito dos crimes previstos nesta Lei, a expressão "cena de sexo explícito ou pornográfica" compreende qualquer situação que envolva criança ou adolescente em atividades sexuais explícitas, reais ou simuladas, ou exibição dos órgãos genitais de uma criança ou adolescente para fins primordialmente sexuais. (Incluído pela Lei nº 11.829, de 2008).

A hermenêutica jurídica de interpretação autêntica da lei também se verifica, por exemplo, em normas que estendem o significado de uma palavra, aquilo que se denomina também de norma de extensão da tipicidade, como se dá com as expressões "coisa móvel" nos crimes de furto[438] e "atividade comercial" nos crimes de receptação.[439]

A interpretação *doutrinária ou científica* é aquela dada pelos estudiosos e cientistas do Direito Penal, tal qual se dá em boa parte deste livro. Aliás, a exposição de motivos do Código Penal, como de qualquer outro texto legal, configura interpretação elaborada pelos estudiosos que participaram da elaboração da norma e, pois, tem caráter doutrinário e científico somente.

Já a interpretação *jurisprudencial* é aquela que se forma como subproduto das decisões reiteradas dos nossos tribunais.

Aliás, nesse aspecto, como brevemente mencionado no capítulo relativo às fontes do Direito Penal, há que se registrar que os precedentes jurisprudenciais ganham maior peso, em termos de hermenêutica e de persuasão, quando sumulados pelo STJ ou STF e, evidentemente, muito maior peso quando apresentam caráter vinculante, nos termos do art. 103-A, da Constituição Federal.

Quanto ao modo, seguindo os clássicos métodos de interpretação aplicáveis a todos os ramos do Direito, a hermenêutica se subdivide em gramatical, teleológica, histórica e sistemática.

---

[438] Art. 155: "§3º Equipara-se à coisa móvel a energia elétrica ou qualquer outra que tenha valor econômico".

[439] Art. 180: "§2º Equipara-se à atividade comercial, para efeito do parágrafo anterior, qualquer forma de comércio irregular ou clandestino, inclusive o exercício em residência".

Utiliza-se o método *gramatical* quando se leva em conta o sentido literal das palavras e, em matéria penal, essa forma mais pobre de interpretação faz sentido quanto mais objetiva for a palavra contida na norma penal.

O método *teleológico ou lógico* é utilizado quando se indaga a vontade ou intenção objetivada na lei, assim como o método *histórico* é, por vezes, utilizado quando se busca a gênese da própria norma.

Havendo conflito entre os tipos de interpretação, a teleológica deverá prevalecer sobre a literal e a histórica, de modo a favorecer uma visão mais humana e finalística da lei.

Fato é que, para um ordenamento jurídico, o método mais rico é o *sistemático*. Nele, a lei é interpretada com o conjunto da legislação, de forma sistêmica, com uma visão global ou mesmo considerando os princípios gerais de Direito.

Quanto ao resultado da interpretação, ferramenta profundamente utilizada em matéria penal, a hermenêutica pode ser meramente declarativa, extensiva, restritiva analógica ou progressiva.

Na *declarativa*, a letra da lei corresponde exatamente àquilo que o legislador quis dizer, não contemplando qualquer extensão ou restrição do significado da palavra.[440]

Na *extensiva* (*lex minus dixit quam voluit*), permite-se a ampliação do alcance das palavras para se obter a vontade do texto. Esse método é possível em matéria penal, com certa parcimônia, quando o próprio texto utiliza uma palavra genérica que, em determinado contexto, possibilita a extensão do significado.[441] Evidente que um modelo de Direito que exige sempre a prévia e restritiva previsão legal dos crimes e penas deve ser logicamente excepcional.[442]

Já a interpretação *restritiva*, por consequência, se reduz ao alcance das palavras para corresponder à vontade do texto. A título ilustrativo, o art. 28 do CP, ao tratar da embriaguez, voluntária ou culposa, pelo álcool ou substância de efeitos análogos, não excluiu a imputabilidade penal. Porém, a lei não atentou para o fato de que uma das espécies de embriaguez – patológica, ou seja, quando se transforma em doença, pode vir a excluir a imputabilidade penal, quando interferir totalmente na capacidade do indivíduo.

Na interpretação *progressiva (adaptativa ou evolutiva)*, por sua vez, exige-se do intérprete uma atualização dos diplomas normativos diante do avanço das ciências,

---

[440] As penas cominadas para os crimes de calúnia, difamação e injúria serão aumentadas de um terço, se qualquer dos crimes for praticado na presença de "várias pessoas". Ao se interpretar o termo, chega-se à conclusão de que "várias pessoas" são um conjunto de três ou mais pessoas. Isso porque há situações, conforme o art. 155, §4º, IV, CP em que a lei expressamente prevê a presença de duas ou mais.

[441] O STJ deu provimento a agravo, alterando decisão do TJ-DF que reconhecera a prescrição em condenação criminal em crime de injúria racial. Para o STJ, injúria racial é alcançada pela imprescritibilidade, por ser, extensivamente, uma prática de racismo (RESP nº 911.183, Rel. Min. Felix Fischer, Rel. p/acórdão Min. Jorge Mussi, 5ª Turma do STJ, j. 4-12-2008). Pode-se citar, ainda, o exemplo da proibição legal da bigamia, prevista no artigo 235 do Código Penal e em todos os crimes qualificados pelo resultado mais grave gerador da lesão corporal de natureza grave, a inclusão da lesão gravíssima.

[442] O art. 22. 2, do Estatuto de Roma preceitua, nesse sentido, que a "A previsão de um crime será estabelecida de forma precisa e não será permitido o recurso à analogia. Em caso de ambiguidade, será interpretada a favor da pessoa objeto de inquérito, acusada ou condenada".

argumento, por exemplo, utilizado pelo STF para, simultaneamente, aduzir que o conceito de raça inclui orientação sexual para fins de criminalização da homofobia.[443]

A lógica da lei, lembra Hungria citando Maggiore, "não é estática e cristalizada, mas dinâmica e evolutiva. Se o Direito é feito para o homem e não o homem para o Direito, o espírito que vivifica a lei deve fazer dela um instrumento dócil e pronto para satisfazer, no seu evoluir, as necessidades humanas".[444]

Ao lado dessas categorias, não pode ser esquecida, bem ressalta Sanches, a interpretação *sui generis* que pode ser classificada em exofórica e endofórica, dependendo do conteúdo que complementará o sentido da norma interpretada:

> Exofórica ocorre quando o significado da norma interpretada não está no ordenamento normativo. A palavra "tipo", por exemplo, presente no art. 20 do CP, tem seu significado extraído da doutrina (e não da Lei). Será endofórica quando o texto normativo interpretado toma de empréstimo o sentido de outros textos do próprio ordenamento, ainda que não sejam da mesma Lei. Esta espécie está presente na norma penal em branco.[445]

O STF tem admitido, nos últimos anos, o emprego da interpretação *conforme* à *Constituição*, de maneira a suprimir incoerências na legislação que enfraqueçam sua eficácia, ainda que o resultado fosse uma interpretação mais rigorosa de leis penais, ou seja, prejudiciais ao réu.[446] Valem ressaltar, nesse sentido, dois exemplos: a) não obstante a redação do art. 51, no caso de progressão de regime com pena privativa de liberdade cumulativa com multa, a progressão fica condicionada ao pagamento ou parcelamento da multa;[447] b) a tese adotada pelo Plenário no sentido de que, uma vez admitida a suspensão de processos penais que abordem a mesma questão jurídica ventilada em recurso extraordinário por força do reconhecimento de repercussão geral, deve implicar a suspensão do prazo prescricional, nos termos do art. 116, I, do CP.[448]

Desde já, é preciso consignar que a *interpretação analógica* não se confunde com a *analogia*, vedada em matéria criminal quando prejudicial ao réu, pela absoluta ausência de previsão legal. Na interpretação analógica, o resultado que se busca é extraído do próprio dispositivo, que, depois de enunciar exemplos, encerra de forma genérica, permitindo ao intérprete encontrar outros casos similares, como se observa no crime de homicídio:

> Art. 121. Matar alguém: [...]
> §2º Se o homicídio é cometido:
> I – mediante paga ou promessa de recompensa, *ou por outro motivo torpe*; [...]
> III – com emprego de veneno, fogo, explosivo, asfixia, tortura *ou outro meio insidioso ou cruel, ou de que possa resultar perigo comum*;

---

[443] Ação Direta de Inconstitucionalidade por Omissão (ADO) nº 26 e no Mandado de Injunção nº 4.733, ações protocoladas pelo PPS e pela Associação Brasileiras de Gays, Lésbicas e Transgêneros (ABGLT).
[444] HOFFBAUER, Nélson Hungria. *Comentários ao Código Penal*. 3. ed. Rio de Janeiro: Forense, 1955. v. 1. t. 1. p. 75.
[445] CUNHA, Rogério Sanches. *Manual de direito penal*: parte geral. 8. ed. Salvador: JusPodivm, 2020. p. 71.
[446] ESTEFAM, André. *Direito penal*: parte geral (arts. 1º a 120). 10. ed. São Paulo: Saraiva, 2021. p. 82-83.
[447] STF, EP 8, Rel. Min. Barroso, j. 1/07/2016.
[448] STF, RE nº 966.177, Rel. Min. Fux, j. 07/06/2017.

IV – à traição, de emboscada, ou mediante dissimulação *ou outro recurso que dificulte ou torne impossível a defesa do ofendido*; [...].

A primeira, como o nome diz, refere-se a método de interpretação possibilitado pelo próprio texto legal; já a *analogia* constitui método de integração de lacunas ou omissões involuntárias do legislador, que, como se verá, somente é utilizado para beneficiar o investigado ou réu.

Com efeito, as normas penais também apresentam lacunas que devem ser preenchidas pelos recursos supletivos para o conhecimento do direito (analogia, costumes e princípios gerais do direito).

A analogia consiste em aplicar a uma hipótese não prevista em lei a disposição relativa a um caso semelhante. Para que seja permitido o seu uso, exige-se a ocorrência dos seguintes requisitos: a) que o fato considerado não tenha sido regulado pelo legislador; b) este, no entanto, regulou situação que oferece relação de coincidência de identidade com o caso não regulado; c) o ponto comum às duas situações constitui o ponto determinante na implantação do princípio referente à situação considerada pelo julgador.

Em matéria criminal, contudo, essa regra de integração não se presta a criar normas penais incriminadoras (analogia *in malam partem*), pelo princípio estruturante da reserva legal.

Exemplo plausível de sua aplicação seria a hipótese de aborto de mulher vítima de violação sexual mediante fraude (art. 215, CP), que, por analogia ao estupro (analogia *in bonam partem*), seria, por esse método favorável de integração, permitido, nos termos do art. 128, II, CP. Ressalte-se que, tratando-se de matéria ou instituto de Direito Processual Penal, admite-se livremente o uso de analogia para suprir lacunas (art. 3º, CPP).

Há duas espécies de analogia: a) analogia *legis* que se verifica com a aplicação de *uma* norma existente a um caso semelhante; b) analogia *juris* que ocorre quando se baseia num *conjunto* de normas, visando retirar elementos que possibilitem sua aplicabilidade ao caso concreto não previsto, ou seja, trata-se do encontro e aplicação de princípios gerais do direito.

Ainda no que diz respeito à hermenêutica penal, vale adiantar tema que será a seguir detalhado, regras específicas de exegese do Direito Penal: o *conflito aparente de normas*.

Como se aventará, impossível, em Direito Penal, um sujeito responder por mais de um crime por um único fato praticado. Havendo um conflito de mais de uma norma aplicável, será o caso de se socorrer de princípios que funcionam como verdadeiras ferramentas de hermenêutica: *especialidade, subsidiariedade, consunção ou absorção e alternativa*.

O ordenamento jurídico é constituído por diversas normas, e para conferir congruência às normas simultaneamente em vigor nos socorremos de regras de interpretação e hermenêutica, somente sendo possível, pelo princípio da reserva legal, utilizarmos método de integração quando constatada uma lacuna ou omissão involuntária do legislador, quando a analogia é utilizada para favorecer o réu ou o investigado.

Para o Direito Penal, além dos métodos tradicionais, já mencionados, de interpretação, quando para um único fato penalmente típico constatarmos a possibilidade de aplicação de duas ou mais normas penais incriminadoras, estaremos diante de um conflito aparente de normas.

Haverá o conflito aparente de normas quando houver duas ou mais normas incriminadoras incidindo sobre o mesmo fato. Importante ressaltar que esse conflito é apenas aparente, pois seria inaceitável para o Direito Penal que para um único fato fosse atribuída a incidência de mais de uma norma, sob pena de violação do princípio do *non bis in idem*.[449]

Trata-se de um princípio implícito do Direito Penal profundamente relevante para fins de hermenêutica: ninguém poderá ser punido duas ou mais vezes pelo mesmo fato, assim como ninguém pode ser processado duas vezes pelo mesmo crime. Ainda nessa linha, ninguém poderá receber duas penas pela prática de um mesmo crime.

Em breve síntese, havendo diferentes tipos penais aplicáveis ao mesmo fato, por força desse princípio, deverá o operador do direito solucionar esse impasse aparente, por meio de regras de especialidade, absorção, subsidiariedade ou alternatividade.

Apesar de se tratar de um princípio implícito, no tocante à aplicação e dosimetria de penas, o Código Penal foi expresso sobre essa proibição ao menos quanto à aplicação das circunstâncias agravantes: "Art. 61. São circunstâncias que sempre agravam a pena, quando não constituem ou qualificam o crime".

Em verdade, como se verá, quando uma circunstância de fato já integra o conceito do crime ou o qualifica, não poderá incidir uma causa de aumento ou agravante similar, exatamente pela proibição *ne bis in idem*.

Para ilustrar melhor as hipóteses de vedação de dupla apenação e constatação do conflito aparente, imaginemos que Fulano mata Beltrano para furtar seus valores. Em que norma incriminadora se ajusta a conduta? De ver-se, porém, que o mesmo fato se amolda à figura típica do latrocínio, prevista no §3º, última figura, do art. 157, assim como poderia se adequar à norma do art. 121, §2º, V, 1ª figura (homicídio qualificado pela conexão teleológica).

E o agente que importa entorpecente sem autorização legal, pratica o crime de contrabando (art. 334, CP) ou de tráfico de drogas (art. 33, *caput*, da Lei nº 11.343/06)?

E o agente que, pretendendo matar a vítima, desfere golpes contra sua cabeça, causando-lhe, antes da morte, lesões corporais, deveria responder tanto pelo art. 129 quanto pelo art. 121?

Como se nota, em princípio, em todos esses exemplos, há duas normas incriminadoras descrevendo o mesmo fato. Trata-se justamente do *conflito aparente de normas*

---

[449] Alguns autores fazem referência a este princípio como *ne bis in idem*, ao invés de *non bis in idem*. Apesar de posições no sentido de que ambas as expressões estão corretas, Barja de Quiroga afirma que "el 'ne' o el 'non', 'es una circunstancia surgida del cambio al estilo directo. En términos generales, cabe decir que 'ne' es una conjunción que dá inicio a una oración final negativa, por lo tanto, subordinada y que se suele traducir 'para que no' o 'que no'. Ahora bien, si extraemos la oración subordinada del contexto y la convertimos en una oración principal, la conjunción subordinada se debe transformar en una simple negación, esto es, en 'non' y se traduce por 'no'. Esto es lo que ha ocurrido con la enunciación de este principio. En los textos aparece correctamente la conjunción 'ne', pero al sacarlo del contexto y enunciarlo como principio, el mantenimiento del 'ne' debe transformarse, como así se hizo, en 'non'. En otras palabras, si castellanizamos el principio, si partimos de 'ne', habremos de decir principio 'para que no (o 'que no') dos veces en (o por) lo mismo', mientras que si partimos de la conjunción 'non', diríamos principio 'no dos veces en (o por) lo mismo'. Así pues, si se enuncia como principio, parece que lo correcto es enunciarlo como principio non bis in idem" (LÓPEZ BARJA DE QUIROGA, Jacobo. *El principio non bis in idem*. Madrid: Dykinson, 2004. p. 17).

penais, também chamado concurso aparente de normas, concurso aparente de normas coexistentes, conflito aparente de disposições penais, concurso fictício de leis, concorrência imprópria, concurso ideal impróprio e concurso impróprio de normas.

São, portanto, pressupostos para a concorrência de normas: a) *unidade de fato* (o que diferencia do concurso de crimes que, como se verá, pressupõe a pluralidade fática); b) *pluralidade de normas em vigor*, identificando o mesmo fato como delituoso; c) *aparente aplicação de mais de uma norma* ao mesmo fato; d) *efetiva aplicação de somente uma* delas.

A unidade típica de ação em sentido estrito compreende as hipóteses em que o tipo penal exige a apreciação dos diversos atos em uma unidade de conduta. Há unidade típica de ação em sentido estrito, assim, quando a conduta do agente se limita a cumprir os pressupostos mínimos do tipo penal; quando os atos se caracterizam como atos típicos de um crime que exige a realização de diversos atos (delitos plurissubsistentes); ou quando se trata de crime permanente, habitual ou de tipo misto alternativo.

Frisamos que deverá haver pluralidade de normas em vigor, eis que, se estivermos diante de uma norma revogada e outra em vigor, de modo a se aquilatar a retroatividade ou ultra-atividade benéficas, estaremos diante da sucessão de leis no tempo.

Aliás, ao aplicar a sucessão de leis no tempo, inclusive averiguando eventual revogação ou derrogação, expressa ou tácita, não estamos propriamente diante de um conflito aparente de normas, não obstante, Nucci, de forma minoritária, advogar que se trata de outro princípio solucionador do conflito, denominado *Princípio da Sucessividade*.[450]

Constatado o conflito aparente de normas, a doutrina e a jurisprudência, de forma amplamente majoritárias, indicam os seguintes princípios que devem ser utilizados como critério de hermenêutica: a) *especialidade*; b) *subsidiariedade*; c) *consunção ou absorção*.

É de se registrar que parte da doutrina defende haver um quarto princípio, denominado *Princípio da Alternatividade*,[451] segundo o qual, nos *tipos mistos alternativos*, de ação múltipla ou conteúdo variado, a prática, pelo agente, no mesmo contexto fático de mais de um núcleo da mesma norma penal incriminadora, implicaria crime único.

O tráfico de drogas, por exemplo, é crime de ação múltipla, e a prática de um dos verbos contidos no art. 33, *caput*, é suficiente para a consumação da infração, sendo prescindível a realização de atos de venda do entorpecente.[452]

---

[450] Segundo Nucci, a lei posterior derroga a anterior, como se deu com o art. 3º, V da Lei nº 1.251/51 em confronto com o crime do art. 4º, VI, da Lei nº 8.137/90, explicitando hipótese de conflito aparente de normas resolvido pelo Princípio da Sucessividade. Embora discordemos desse entendimento por se tratar de tema de sucessão de leis no tempo, fica aqui o registro (NUCCI, Guilherme de Souza. *Curso de direito penal*: parte geral. 4. ed. Rio de Janeiro: Forense, 2020. p. 238).

[451] Como lembra Damásio, "entre os autores que o admitem, o princípio da alternatividade tem suscitado divergências quanto ao seu conteúdo. Assim, enquanto alguns o conceituam nos termos do texto (Nélson Hungria e José Frederico Marques), outros o afirmam existente quando duas disposições se repelem em face do mesmo fato (Magalhães Noronha e Oscar Stevenson), como no caso da infração patrimonial, que não poderá ser, simultaneamente, furto e apropriação indébita: ou a coisa foi entregue ao agente (apropriação indébita), ou ele a retirou *furtivamente*" (JESUS, Damásio Evangelista de. *Direito penal*. 37. ed. rev. e atual. por André Estefam. São Paulo: Saraiva, 2020. v. 1. p. 154).

[452] V. HC 332396/SP, Rel. Ministro Gurgel de Faria, Quinta Turma, julgado em 23/02/2016, DJe 15/03/2016; HC 298618/SP, Rel. Ministro Jorge Mussi, Quinta Turma, julgado em 27/10/2015, DJe 04/11/2015; AgRg no AREsp 397759/SC, Rel. Ministro Sebastião Reis Júnior, Sexta Turma, julgado em 04/08/2015, DJe 20/08/2015; AgRg no REsp 1360277/PR, Rel. Ministra Maria Thereza de Assis Moura, Sexta Turma, julgado em 26/08/2014, DJe 05/09/2014; AgRg no AREsp 303213/SP, Rel. Ministro Marco Aurélio Bellizze, Quinta Turma, julgado em 08/10/2013, DJe 14/10/2013; HC 225555/RJ, Rel. Ministra Laurita Vaz, Quinta Turma, julgado em 02/10/2012, DJe 09/10/2012. (Vide Informativo de Jurisprudência n. 569).

Essa regra, para parte da doutrina, não seria um princípio que soluciona o conflito aparente de normas, mas sim que solucionaria um conflito na mesma norma, razão pela qual não é apresentado como uma solução por todos. Vale, ademais, registrar que essa ideia de aplicar crime único, por exemplo, quando o agente, no mesmo contexto, transporta e vende drogas, não é aceita em alguns países,[453] que, em rigor, entendem haver pluralidade fática e, pois, concurso de crimes (cf. arts. 69, 70 ou 71 do CP).

Assim, seguindo a tendência da doutrina e jurisprudência nacionais, quem instiga ao suicídio e auxilia no suicídio comete um crime só. Da mesma forma, com a alteração da Lei nº 12.015/09,[454] que fundiu no estupro as elementares, antes separadas nos tipos dos arts. 213 e 214 do Código Penal, se o agente, no mesmo contexto, mediante violência, mantém conjunção carnal e pratica outro ato libidinoso contra a mesma vítima, estaria praticando um único crime.

Nos tipos mistos *alternativos*, as condutas previstas são fungíveis, tanto faz o cometimento de uma ou de outra, porque afetam o mesmo bem jurídico, havendo único delito, inclusive se o agente realiza mais de uma. Neles, o cometimento de mais de uma não resulta em mais de uma incriminação. Já nos tipos *cumulativos*, ao contrário, as condutas não são fungíveis porque atingem bens jurídicos distintos em suas titularidades. Poderiam estar descritas em tipos diversos, compondo cada qual um delito, mas, por critério legislativo, são reunidas em um único tipo, pelo que haverá tantos crimes quantas forem as condutas realizadas.

É preciso, contudo, ressaltar que o *tipo misto cumulativo*, diversamente, não autoriza a interpretação de um crime único. Ele se verifica quando a lei estabelece várias condutas nucleares que, se praticadas seguidamente, ainda que em contexto único, ensejam o concurso material. É o caso, por exemplo, do art. 198 do Código Penal, que pune as condutas de constranger alguém, mediante violência ou grave ameaça, a celebrar contrato de trabalho, ou a não fornecer a outrem ou não adquirir de outrem matéria-prima ou produto industrial ou agrícola. De qualquer sorte, a doutrina é pacífica no tocante aos demais princípios como parâmetros para solução do conflito aparente.

Outro exemplo clássico é o do art. 135 do CP, crime de omissão de socorro: "Deixar de prestar assistência, quando possível fazê-lo sem risco pessoal, à criança abandonada ou extraviada, ou à pessoa inválida ou ferida, ao desamparo ou em grave e iminente perigo; ou não pedir, nesses casos, o socorro da autoridade pública". Reúne fatos distintos e com distintas afetações em termos de titularidade do bem jurídico.

---

[453] O critério da alternatividade, tanto na construção de Binding quanto na de Liszt, contudo, é considerado supérfluo por grande parte da doutrina, notadamente nas doutrinas italiana e alemã (nesse sentido Grispigni, Maggiore Ranieri, Maurach, Jescheck, dentre outros. A título ilustrativo, veja: RANIERI, Silvio. *Manual de derecho penal*: parte general. Tradução do italiano de Manuale di diritto penale. v. I. parte generale. 4. ed. por Jorge Guerrero. Bogotá: Editorial Temis, 1975. t. II. p. 134-135). À conceituação feita por Binding se opõe o argumento de que as hipóteses de interferência entre normas concorrentes, em que essas mantém uma zona em comum e uma zona distinta, configura concurso formal de crimes, e não concurso aparente. Refuta-se a alternatividade de Liszt, por sua vez, por meio da alegação de não haver sequer que se falar em concurso aparente de normas quando dois preceitos são excludentes entre si, pelo que jamais poderiam ser aplicados conjuntamente.

[454] "Art. 213. Constranger alguém, mediante violência ou grave ameaça, a ter conjunção carnal ou a praticar ou permitir que com ele se pratique outro ato libidinoso: Pena – reclusão, de 6 (seis) a 10 (dez) anos. (Redação dada pela Lei nº 12.015, de 2009)".

De qualquer sorte, como mencionado, é pacífico que os seguintes princípios devem ser utilizados como critério de se solucionar o conflito aparente de normas: a) *especialidade*; b) *subsidiariedade*; c) *consunção ou absorção*.

O primeiro deles, *Princípio da Especialidade*, decorre da parêmia latina *Lex specialis derogat legi generali*, ou seja, a norma especial exclui a norma geral.

Esse princípio universal da hermenêutica,[455] por exemplo, indica que o crime de infanticídio é norma especial em relação ao homicídio; o crime de roubo será especial em relação ao furto; o crime de peculato, em relação ao furto etc.

Assim, imaginam-se uma lei que tutela determinado bem jurídico de forma geral e uma lei que trata de uma questão específica sobre o mesmo bem. No caso de conflito, a lei específica irá se sobrepor a outra.

A norma especial terá todos os elementos de uma norma geral, mas conterá também elementos especializantes, por vezes de forma expressa, por vezes, tácita.

Pode ocorrer que a descrição da norma mencione expressamente a não incidência do tipo penal genérico desde que realizado, também, o elemento especializador. No Código Penal brasileiro, podem-se vislumbrar os seguintes casos: a) a especialidade expressa genérica, contida no art. 12; e b) a especialidade expressa específica, encontrada, p. ex., no art. 177, §1º, em que o tipo penal de fraude e abusos na fundação ou administração de sociedade por ações (norma geral) resta excluído se houver lesão à economia popular.

Entretanto, a maioria dos casos é de especialidade tácita.

Também é interessante revelar que na relação de especialidade é indiferente se a norma especial é mais ou menos grave. Em outras palavras: sempre terá preferência o tipo especial, independentemente de ter pena mais ou menos severa.

Já o *Princípio da Subsidiariedade* (*Lex primaria derogat subsidiariae*), batizado por Hungria de "soldado de reserva",[456] diz respeito a uma relação de menor e maior gravidade: uma norma só será aplicável se não for aplicada outra mais grave, como se infere, explicitamente, por exemplo, do art. 132 do Código Penal.

A lei subsidiária é aquela de aplicação supletiva à principal, havendo, portanto, duas ou mais leis que tutelam o mesmo bem jurídico. A título exemplificativo, a vida é protegida pelo art. 121 (crime de homicídio) e o art. 132 (pune quem expõe a vida de outrem a perigo direto e iminente). Verifica-se que não há como praticar homicídio sem expor a vida de outrem a perigo iminente. Assim, apenas o grau de proteção trazido pelos crimes é diverso, visto que no primeiro se tutela a vida que está sendo ceifada e no segundo, apenas o risco.

Dessa forma, sempre se aplicará aquele que tem a maior abrangência de tutela do bem jurídico em detrimento do outro, que terá incidência supletiva, eis que a maior abrangência fatalmente indicará um crime mais grave.

A subsidiariedade pode ser *expressa ou tácita*.

---

[455] O disposto no art. 12 do CP, aliás, tem fundamento no princípio da especialidade. Tal dispositivo, entretanto, refere-se às regras do Código e das normas extravagantes, atribuindo prevalência a estas, se diversas das determinadas pelo estatuto codificado. Desta forma, se a lei especial, incriminando certos fatos, ou considerando determinadas figuras típicas sob ângulo diferente, ditar preceitos particulares para a sua própria aplicação, em contraposição às normas do Código, o conflito apenas aparente de normas será resolvido pelo princípio da especialidade.

[456] HOFFBAUER, Nélson Hungria. *Comentários ao Código Penal*. 3. ed. Rio de Janeiro: Forense, 1955. v. 1. t. 1. p. 147.

No art. 132, ela é expressa, visto que ele próprio afirma a aplicação do preceito secundário se o fato não constituir crime mais grave. Também será expressa ou explícita, *v.g.*, nos delitos dos arts. 249, 307, 238 e 239 do Código Penal – CP.

Mais difícil será identificar a subsidiariedade tácita ou implícita que, por vezes, inclusive, se confunde com hipóteses de consunção.

Temos a subsidiariedade tácita: a) *quando determinada figura típica funcionar como elemento constitutivo de outra* (é a relação que há entre o furto e o roubo que tutelam o patrimônio, sendo que o roubo, uma vez que constitui um furto com emprego de violência ou grave ameaça, é apenado de maneira mais severa); b) *quando determinada figura penal constituir qualificadora de outro crime* (crime de dano e crime de furto qualificado pelo rompimento de obstáculo, quando o agente, por exemplo, arromba uma porta da residência; nesse caso, o crime de dano (subsidiário) constitui uma forma qualificada de furto); c) *quando um crime for um meio prático de execução de outro crime* (a violação de domicílio é tipo subsidiário em relação ao furto praticado mediante invasão de uma residência).

Do mesmo modo, a ameaça (art. 147) é – tacitamente – crime subsidiário do constrangimento ilegal (art. 146).

De acordo com Bitencourt,

> o fundamento da subsidiariedade reside no fato de distintas proposições jurídico-penais protegerem o mesmo bem jurídico em diferentes estágios de ataque. Na lição de Hungria, "a diferença que existe entre especialidade e subsidiariedade é que, nesta, ao contrário do que ocorre naquela, os fatos previstos em uma ou outra norma não estão em relação de espécie e gênero, e se a pena do tipo principal (sempre mais grave que a do tipo subsidiário) é excluída por qualquer causa a pena do tipo subsidiário pode apresentar-se como soldado de reserva" e aplicar-se pelo *residum*.[457]

De qualquer modo, como assinalado, por vezes, uma situação se enquadra simultaneamente em mais de um princípio, ou seja, pode ser solucionado o conflito aparente por mais de um princípio, como se dá entre a subsidiariedade tácita e a consunção.[458]

O crime de colaboração com o tráfico, art. 37 da Lei nº 11.343/2006, é um tipo penal subsidiário em relação aos delitos dos arts. 33 e 35 e tem como destinatário o agente que colabora como informante, de forma esporádica, eventual, sem vínculo efetivo, para o êxito da atividade de grupo, de associação ou de organização criminosa destinados à prática de qualquer dos delitos previstos nos arts. 33, *caput* e §1º, e 34 da Lei de Drogas.[459]

---

[457] BITENCOURT, Cezar Robert. *Tratado de direito penal*. São Paulo: Saraiva, 2007. p. 249-250.

[458] Como se dá na relação do crime de furto e roubo que, simultaneamente, pode ser resolvido pela especialidade, subsidiariedade e consunção.

[459] Nesse sentido: AgRg no REsp 1738851/RJ, Rel. Ministra Maria Thereza de Assis Moura, Sexta Turma, julgado em 21/08/2018, DJe 30/08/2018; AgRg no REsp 1713928/RJ, Rel. Ministro Sebastião Reis Júnior, Sexta Turma, julgado em 16/08/2018, DJe 29/08/2018; AgRg no AREsp 798215/RJ, Rel. Ministro Nefi Cordeiro, Sexta Turma, julgado em 26/09/2017, DJe 04/10/2017; HC 224849/RJ, Rel. Ministro Marco Aurélio Bellizze, Quinta Turma, julgado em 11/06/2013, DJe 19/06/2013; REsp 1457118/RJ (decisão monocrática), Rel. Ministro Ribeiro Dantas, Quinta Turma, julgado em 25/03/2019, publicado em 27/03/2019; AREsp 1061277/SP (decisão monocrática), Rel. Ministro Rogerio Schietti Cruz, Sexta Turma, julgado em 31/10/2018, publicado em 07/11/2018 (Vide Informativo de Jurisprudência N. 527).

O *Princípio da Consunção ou Absorção* (*lex consumens derogat consumptae*), grosso modo, será aplicado quando um crime constitui meio necessário ou fase normal de preparação ou execução de outro crime. Na consunção, a norma definidora de um crime está compreendia em outra norma que é mais abrangente e que, por isso, é a aplicada ou aplicável. A lesão corporal (art. 129), por exemplo, é etapa necessária para o homicídio (art. 121).

No princípio da consunção há uma relação de crime-meio e crime-fim.

O exemplo mais clássico está na prática do estelionato (art. 171), por meio da fraude consistente em efetuar um pagamento por meio de cheque falsamente preenchido. O agente tem intenção patrimonial, mas, para atingir a consumação, pratica um crime contra a fé pública. Não obstante a pena ser menor, as Cortes Superiores defendem que se o cheque falsificado foi exclusivamente utilizado para a prática de determinado estelionato (esgotou sua potencialidade lesiva), será absorvido pelo crime do art. 171, mesmo que tenha pena maior que o estelionato. Nesse sentido, aliás, sumulou o STJ:

> *Súmula 17*: Quando o falso se exaure no estelionato, sem mais potencialidade lesiva, é por este absorvido.

Aplica-se o princípio da consunção ou da absorção quando o delito de falso ou de estelionato (crime-meio) é praticado única e exclusivamente com a finalidade de sonegar tributo (crime-fim).[460] Do mesmo modo, quando o falso se exaure no descaminho, sem mais potencialidade lesiva, é por este absorvido, como crime-fim, condição que não se altera por ser menor a pena a este cominada.[461]

Haverá, contudo, concurso de crimes e não absorção, quando o crime contra a fé pública não se exaurir na conduta final visada. Isso porque não há falar em princípio da consunção entre os crimes de falso e de estelionato quando não exaurida a potencialidade lesiva do primeiro após a prática do segundo.[462]

De igual modo, entende o STJ que o delito de estelionato não será absorvido pelo de roubo na hipótese em que o agente, dias após roubar um veículo e os objetos pessoais dos seus ocupantes, entre eles um talonário de cheques, visando obter vantagem ilícita, preenche uma de suas folhas e, diretamente na agência bancária, tenta sacar a quantia nela lançada. Isso porque a falsificação da cártula, no caso, não é mero exaurimento do crime

---

[460] V. AgRg no REsp 1313387/MT, Rel. Ministro Ribeiro Dantas, Quinta Turma, julgado em 10/10/2017, DJe 18/10/2017; AgRg no AREsp 1072977/DF, Rel. Ministro Reynaldo Soares da Fonseca, Quinta Turma, julgado em 03/08/2017, DJe 16/08/2017; HC 296489/SP, Rel. Ministro Nefi Cordeiro, Sexta Turma, julgado em 06/12/2016, DJe 16/12/2016; RHC 37268/RJ, Rel. Ministro Felix Fischer, Quinta Turma, julgado em 04/08/2016, DJe 17/08/2016; AgRg no REsp 1358520/DF, Rel. Ministro Sebastião Reis Júnior, Sexta Turma, julgado em 04/08/2015, DJe 20/08/2015; RHC 35626/PR, Rel. Ministro Ericson Maranho (Desembargador Convocado do TJ/SP), Sexta Turma, julgado em 05/02/2015, DJe 24/02/2015 (Vide Informativo de Jurisprudência n. 535).

[461] V. AgRg no REsp 1347057/PR, Rel. Ministro Ribeiro Dantas, Quinta Turma, julgado em 16/08/2016, DJe 24/08/2016; REsp 1378053/PR (recurso repetitivo), Rel. Ministro Nefi Cordeiro, Terceira Seção, julgado em 10/08/2016, DJe 15/08/2016; AgRg no REsp 1376275/PR, Rel. Ministro Ericson Maranho (Desembargador Convocado do TJ/SP), Sexta Turma, julgado em 03/03/2016, DJe 16/03/2016; REsp 1497041/PR, Rel. Ministro Rogerio Schietti Cruz, Sexta Turma, julgado em 17/11/2015, DJe 09/12/2015; AgRg no REsp 1274707/PR, Rel. Ministro Leopoldo de Arruda Raposo (Desembargador Convocado do TJ/PE), Quinta Turma, julgado em 01/10/2015, DJe 13/10/2015; AgRg no REsp 1317010/PR, Rel. Ministro Sebastião Reis Júnior, Sexta Turma, julgado em 04/08/2015, DJe 20/08/2015 (Vide Informativo de Jurisprudência n. 587).

[462] STF. HC 116.979 AgR, Rel. Min. Rosa Weber, j. 15-10-2013, 1ª T, DJE de 21-11-2013.

antecedente, porquanto há diversidade de desígnios e de bens jurídicos lesados.[463] Em suma, quando uma conduta se mostrar como etapa para a realização de outra conduta, diz-se que a primeira foi consumida pela segunda, restando apenas a punibilidade da última (ex.: as lesões corporais são consumidas pelo homicídio, se aquelas constituírem fase de realização deste). Logo, sempre o crime consumado absorve o crime tentado e, tradicionalmente, embora não seja pacífico,[464] o crime de dano absorve o delito de perigo quando protegem os mesmos bens jurídicos.

Segundo Asúa, a consunção pode produzir-se quando as disposições se relacionam: a) de imperfeição a perfeição (atos preparatórios puníveis, tentativa – consumação); b) de auxílio a conduta direta (partícipe – autor); c) de *minus* a *plus* (crimes progressivos) – quando o sujeito, para alcançar um resultado, passa por uma conduta inicial que produz um evento menos grave que aquele – o autor desenvolve fases sucessivas, cada uma constituindo um tipo de infração – ex., o crime de homicídio pressupõe um resultado anterior, qual seja, a lesão corporal causadora da morte; há um *minus* (lesão corporal) e um *plus* (morte). Esta absorve aquela e, em consequência, o crime de homicídio absorve o de lesão corporal (crime consuntivo e consumido); o crime de dano absorve o de perigo; o crime de sequestro é absorvido pela redução de alguém a situação análoga à de escravo (arts. 148 e 149); d) de meio a fim (crimes complexos, cf. art. 101, CP); e) de parte a todo (consunção de fatos anteriores e posteriores).[465]

As condutas absorvíveis, na relação consuntiva, são classificadas pela maior parte da doutrina em três grupos:

a) *da progressão criminosa em sentido estrito* – há progressão criminosa quando um tipo já realizado ainda se concretiza por meio da prática sucessiva de outra figura típica em que se encontra implicada; ex.: Fulano começa molestando uma pessoa (LCP, art. 65) e depois decide injuriá-la (CP, art. 140): neste caso a contravenção é absorvida pelo crime;[466]

b) *do fato antecedente não punível* – uma conduta menos grave precede a uma mais grave como meio necessário ou etapa normal de realização – ex.: é o que ocorre no caso de o sujeito ter em seu poder "instrumentos empregados usualmente na prática do crime de furto" (LCP, art. 25) e, em seguida, praticar uma subtração punível (art. 155, §4º, III; CP);

c) *do fato sucessivo não punível* – haverá o *postfactum* impunível quando um fato posterior menos grave é praticado contra o mesmo bem jurídico (em regra, esse fato posterior, denominado exaurimento, é impunível, mas há exceções).[467]

---

[463] Nesse sentido: REsp 1.111.754-SP, Sexta Turma, DJe 26/11/2012. HC 309.939-SP, Rel. Min. Newton Trisotto (Desembargador convocado do TJ-SC), j. 28/4/2015, DJe 19/5/2015.

[464] Pessoalmente, concordamos com Nucci, segundo o qual há sim hipótese em que o delito de perigo pode conviver com o de dano, máxime por terem bens jurídicos diferenciados, como se dá com a associação criminosa e o roubo, por exemplo (NUCCI, Guilherme de Souza. *Curso de direito penal*: parte geral. 4. ed. Rio de Janeiro: Forense, 2020. p. 104).

[465] JIMÉNEZ DE ASÚA, Luis. *Tratado de Derecho Penal*. [s.l.]: [s.n.], 1950. t. II. p. 471-472.

[466] Importante destacar que o crime progressivo pressupõe um só fato; a progressão criminosa, uma pluralidade de fatos cometidos de forma continuada.

[467] "Art. 317. Solicitar ou receber, para si ou para outrem, direta ou indiretamente, ainda que fora da função ou antes de assumi-la, mas em razão dela, vantagem indevida, ou aceitar promessa de tal vantagem: Pena – reclusão, de 2 (dois) a 12 (doze) anos, e multa. [...] §2º Se o funcionário pratica, deixa de praticar ou retarda ato de ofício, com

Assim, se após o furto o ladrão destrói a coisa subtraída, só responde pelo furto, e não pelo dano – art. 163.

É preciso consignar que o crime progressivo não se confunde com a progressão criminosa. Nesta, o agente *modifica seu intento* durante a execução do fato, isto é, inicia com um objetivo determinado (por exemplo: violar domicílio alheio), alterando-o durante o cometimento do fato (por exemplo: decide furtar um objeto encontrado no interior do imóvel em que ingressou). No crime progressivo, o agente possui, *desde o princípio*, o mesmo escopo e o persegue até o final, ou seja, pretendendo um resultado determinado de maior lesividade (*v.g.*, a morte de alguém), pratica outros fatos de menor intensidade (*v.g.*, sucessivas lesões corporais) para atingi-lo.[468]

Os dilemas, desafios de interpretação e de aplicação dos princípios, historicamente, levantam os questionamentos sobre a necessidade de regulação jurídica expressa dos princípios. O Anteprojeto de Nélson Hungria, de 1963, em seu art. 5º, tratava do concurso aparente de normas,[469] assim como o Projeto de Reforma do CP que tramita no Senado Federal (PLS nº 236/12) também fixa uma explícita regulação jurídica em seu art. 12.[470]

Não obstante, como bem acentua Schmidt, "o reconhecimento legislativo expresso de um princípio só é necessário quando a realidade se mostre injusta, ou seja, o princípio só será utilizado para tornar justa uma realidade que não é".[471] Quando se trata de simples ênfase ou de regulação supérflua na disciplina jurídica de princípios sobre a forma de regras gerais, corre-se o risco de engessar e, até mesmo, frustrar as expectativas do legislador.

Vale, por fim, consignar que a dúvida que pode eventualmente existir de qual princípio aplicar no caso de crimes complexos como o roubo, depende, como bem lembra Estefam, do caso concreto. Quando a relação que se apresenta entre os tipos penais conjugados no crime complexo for de meio e fim, haverá consunção; do contrário, haverá subsidiariedade. No caso citado acima, há relação de consunção, pois a lesão corporal é meio executório e, portanto, crime-meio, para a prática do roubo (crime-fim).[472]

---

infração de dever funcional, cedendo a pedido ou influência de outrem: Pena – detenção, de três meses a um ano, ou multa".

[468] ESTEFAM, André. *Direito penal*: parte geral (arts. 1º a 120). 10. ed. São Paulo: Saraiva, 2021. p. 200.

[469] "Art. 5º Quando a um mesmo fato podem ser aplicadas duas ou mais normas penais, atende-se ao seguinte, a fim de que só uma pena seja imposta: a) a norma especial exclui a norma geral; b) a norma relativa a crime que passa a ser elemento constitutivo ou qualitativo de outro é excluída pela norma atinente a este; c) a norma incriminadora de um fato que é meio necessário ou normal da fase de preparação ou execução de outro crime é excluída pela norma a este relativa".

[470] Há a ampliação para aplicação da lei penal no tempo, legalização do conflito aparente de normas e do crime de conteúdo misto alternativo. "Art. 12. Na aplicação da lei penal o juiz observará os seguintes critérios, sem prejuízo das regras relativas ao concurso de crimes: §1º Quando um fato aparentemente se subsume a mais de um tipo penal, é afastada a incidência: a) do tipo penal genérico pelo tipo penal específico; b) dos tipos penais que constituem ou qualificam outro tipo. Consunção criminosa §2º Não incide o tipo penal meio ou o menos grave quando estes integram a fase de preparação ou execução de um tipo penal fim ou de um tipo penal mais grave. §3º Não incide o tipo penal relativo a fato posterior quando se esgota a ofensividade ao bem jurídico tutelado pelo tipo penal anterior mais gravoso". O §4º traz a figura do crime de conteúdo variado, chamado também na doutrina de tipo penal de conduta múltipla. "§4º Salvo disposição em contrário, o tipo penal constituído por várias condutas, alternativamente, só incidirá sobre uma delas, ainda que outras sejam praticadas sucessivamente pelo mesmo agente e no mesmo contexto fático".

[471] SCHMIDT, Andrei Zenkner. Concurso aparente de normas penais. *Revista Brasileira de Ciências Criminais*, ano 9, n. 33, jan./mar. 2001.

[472] ESTEFAM, André. *Direito penal*: parte geral (arts. 1º a 120). 10. ed. São Paulo: Saraiva, 2021. p. 201-202.

DISPOSIÇÕES FINAIS

Há várias consequências jurídico-penais condicionadas ao fator tempo, entre elas a contagem dos prazos em direito material.

Os prazos fixos são contados a partir de seus termos iniciais (*a quo*) e finais (*ad quem*), sendo certo que, segundo a regra do art. 10, o dia do começo inclui-se no cômputo do prazo, além do que os dias, os meses e os anos são contados pelo calendário comum (Lei nº 810/49):

> Art. 10. O dia do começo inclui-se no cômputo do prazo. Contam-se os dias, os meses e os anos pelo calendário comum.

Diferentemente do prazo processual (art. 798, §1º, CPP),[473] em que é excluído o primeiro dia até o primeiro dia útil seguinte, assim como ocorre com o termo final, o prazo penal é peremptório e, como regra, não se interrompe. Se a contagem se iniciar no fim de um dia, esse dia é tomado como o primeiro dia do prazo. Da mesma forma, se o último dia cair em um feriado, esse será efetivamente o termo final do prazo penal.[474]

Também disciplinou o art. 11 que, nas penas privativas de liberdade e nas restritivas de direito, desprezam-se as frações de dia. E, nas penas de multa, desprezam-se as frações da moeda vigente (exegese evolutiva):

> Art. 11. Desprezam-se, nas penas privativas de liberdade e nas restritivas de direitos, as frações de dia, e, na pena de multa, as frações de cruzeiro.

Por fim, como já brevemente mencionado, a regra do art. 12 explicita o *Princípio da Especialidade*, prevendo que as regras gerais do Código Penal são aplicáveis aos fatos incriminados por lei especial, se esta não dispõe de modo diverso:

> Art. 12. As regras gerais deste Código aplicam-se aos fatos incriminados por lei especial, se esta não dispuser de modo diverso.

---

[473] Súmula nº 710, STF: "No processo penal, contam-se os prazos da data da intimação, e não da juntada aos autos do mandado ou da carta precatória ou de ordem".

[474] Nesse sentido, ver a Súmula nº 310 do STF: "Quando a intimação tiver lugar na sexta-feira, ou a publicação com efeito de intimação for feita nesse dia, o prazo judicial terá início na segunda-feira imediata, salvo se não houver expediente, caso em que começará no primeiro dia útil que se seguir".

Assim, a título ilustrativo, o prazo de prescrição do crime de porte de drogas (art. 28 da Lei nº 11.343/06) não segue a regra do art. 109, mas sim a regra específica da Lei de Drogas (art. 30); não se pune a tentativa de contravenção (art. 4º, LCP), e essa regra, por ser mais específica, prevalece sobre o parágrafo único do art. 14 do CP; a Lei de Tortura (Lei nº 9.455/97), em seu art. 2º, traz, por exemplo, regra específica de extraterritorialidade que prevalece sobre as regras gerais do CP (art. 7º) etc.

SEGUNDA PARTE

TEORIA GERAL DO CRIME

A TEORIA GERAL DA INFRAÇÃO PENAL

1 Conceito

Pode-se definir a infração penal (crime ou contravenção)[475] por diferentes critérios. Em geral, distingue-se o crime sob seu aspecto formal, material e analítico.

O Código de 1940, rompendo com a tradição dos Códigos de 1830[476] e de 1890,[477] não contém uma definição de crime. Aliás, seus autores seguiram a lição de Carrara, citado por Costa e Silva, em crítica ao Código de 1890: "o melhor Código tanto para magistrados togados, como para juízes leigos" é o que menos define. Assim, passou a ser papel da doutrina, segundo os mencionados critérios, definir infração penal.

Pelo *critério formal*, a infração penal é aquela definida pelo direito positivo, que corresponde ao fato ao qual a ordem jurídica associa a sanção penal como consequência. Leva em conta apenas o fator externo ao fenômeno criminal, ou seja, não considera a essência da conduta. Nessa visão, o crime é uma conduta contrária ao Direito e, pois, sujeita à pena. Esse modo de se conceituar o crime é, como se verá, defasado, uma vez que não traz nenhuma peculiaridade, fazendo apenas uma avaliação externa sobre o fato criminoso.

Já segundo o *aspecto material*, infração penal é a ação ou omissão imputável a uma pessoa, lesiva ou perigosa a interesse penalmente protegido, constituída de determinados elementos e eventualmente integrada por certas condições ou acompanhada de determinadas circunstâncias previstas em lei. Nesse sentido, o conceito contemporâneo e material de infração penal está intimamente ligado à ideia de proteção ao bem jurídico. A corrente material busca conceituar o crime partindo de sua essência, fazendo um verdadeiro juízo crítico dos processos de criminalização. O que justifica o sucesso seletivo da escolha do legislador é a relevância do fato social que contrasta com o ordenamento tendo em vista seu impacto social e, nesse aspecto, se encontram as razões da recente decisão do STF sobre a criminalização da homofobia.

Para a Teoria do Delito, importa, antes de tudo, um olhar dogmático, uma perspectiva da infração a partir de seu *conceito analítico*. Para tanto, decompõe-se a infração penal em

---

[475] Chamada, a nosso sentir, impropriamente pela doutrina majoritária de "crime anão ou crime liliputiano".
[476] "Art. 2º Julgar-se-ha crime, ou delicto: 1º Toda a acção, ou omissão voluntaria contraria às Leis penaes".
[477] "Art. 2º A violação da lei penal consiste em acção ou omissão; constitue crime ou contravenção".

suas partes constitutivas: fato típico, antijurídico, culpável e punível, variando, segundo diferentes concepções normativas doutrinárias, esses elementos como pressupostos para a existência do crime, ou simplesmente para a imposição de pena. Em outras palavras, as escolas de dogmática penal, ao estudarem separadamente cada um dos elementos do crime, adotarão um conceito bipartido, tripartite ou até quatro elementos distintos para que um fato seja criminoso.

O conceito analítico de crime é aquele que decorre da evolução da dogmática penal, notadamente alemã, a partir do final do século XIX. É doutrinariamente conhecido como *sistema Liszt-Beling-Radbruch*, em razão da contribuição desses três autores para sua construção.[478]

No Brasil, seguindo o caminho inicialmente trilhado por René Ariel Dotti e Damásio de Jesus, há vários juristas, como Júlio Fabbrini Mirabete e Fernando Capez, que se filiam ao entendimento segundo o qual crime é o fato típico e antijurídico. Outros, porém, como Heleno Cláudio Fragoso, Cezar Roberto Bitencourt e Francisco de Assis Toledo, estão entre os adeptos da tese segundo a qual crime é fato típico, antijurídico e culpável.[479]

Para uma análise natural desses elementos, é preciso consignar, desde já, que o *fato típico configura* a tipicidade penal, a conduta que gera um resultado lesivo ao direito e, portanto, com aparente contrariedade à norma.

A *antijuridicidade ou ilicitude* será a efetiva contrariedade da conduta ao Direito, porque, como se verá, não basta a tipicidade da conduta para haver caráter ilícito, já que o agente poderá, por exemplo, matar outra pessoa em legítima defesa.

Já a *culpabilidade* ou a capacidade de um agente ser responsável penalmente é tomada, no Brasil, como um pressuposto para impor pena em sentido estrito, composta pela imputabilidade (capacidade mental), potencial consciência da licitude (capacidade cultural do proibido) e exigibilidade de conduta diversa, ou seja, não estar sob coação moral irresistível nem sob obediência hierárquica.

Por fim, a *punibilidade* é a possibilidade jurídica de o Estado impor a sanção, funcionando no ordenamento jurídico brasileiro não como requisito do crime, mas sua consequência jurídica.

A evolução da ciência penal e de diferentes movimentos ou escolas de dogmática penal foram modulando os requisitos da teoria do delito e cada elemento integrante desses requisitos.

Perceba-se, então, que o cerne da disciplina jurídico-penal consiste na desvaloração de ações ou omissões humanas, tidas como significativamente perniciosas por uma dada sociedade, a ponto de merecerem as piores consequências legais possíveis. Referida apreciação negativa é levada a efeito em dois momentos essenciais: o de criação (momento de "criminalização primária") e o de aplicação da lei penal ("criminalização secundária").[480]

---

[478] SOUZA, Luciano Anderson de. *Direito penal*: parte geral. 3. ed. São Paulo: Revista dos Tribunais, Thomson Reuters, 2022. v. 1. p. 200-201.

[479] ESTEFAM, André. *Direito penal*: parte geral (arts. 1º a 120). 10. ed. São Paulo: Saraiva, 2021. p. 205.

[480] SOUZA, Luciano Anderson de. *Direito penal*: parte geral. 3. ed. São Paulo: Revista dos Tribunais, Thomson Reuters, 2022. v. 1. p. 221.

2 Escolas de dogmática penal: o conceito analítico do crime

Os principais movimentos do conceito analítico de crime ou as principais Escolas de dogmática penal ou, como prefere a maior parte da doutrina, os principais sistemas de dogmática são: clássica, finalista, neokantista, funcionalista.

"Um 'sistema', para utilizar a conhecida formulação de KANT, é a 'unidade dos múltiplos conhecimentos sob uma idéia', uma 'totalidade de conhecimentos ordenada sob princípios'".[481]

Roxin, desde a década de 1970 até os dias atuais, defende com ênfase o emprego do *pensamento sistemático*, enumerando-lhe algumas *vantagens*: a) *a facilitação do exame de casos* – o aplicador do direito, em face de um caso concreto, irá examinar cada requisito do crime de modo ordenado: 1) fato típico, 2) antijuridicidade, 3) culpabilidade (como pressuposto de aplicação da pena); b) *a ordenação do sistema como pressuposto de uma aplicação uniforme e diferenciada do direito* – a construção de um sistema dá bases seguras e uniformes, evitando uma solução improvisada e imprevisível dos problemas penais – a Justiça Penal deixa de ser uma "loteria"; c) *simplificação e melhor manuseabilidade do direito* – o aplicador do direito terá sua tarefa facilitada, pois conseguirá solucionar rapidamente os casos concretos (assim, por exemplo, diante de um caso de sonambulismo, no qual não existe conduta penalmente relevante, ficará dispensado o exame da tipicidade, antijuridicidade e da culpabilidade); d) *o contexto sistemático como diretriz para o desenvolvimento praeter legem do Direito* – a fixação de bases sistemáticas permite extrair fundamentos que extravasam os preceitos meramente legais, auxiliando na solução de problemas não antevistos pelo legislador.[482]

O ordenamento jurídico brasileiro, chancelado pelo modelo democrático de Estado, filia-se ao sistema romano-germânico, conhecido como *civil law*, seguindo a tradição do idealismo *platônico*, em que a legislação produzida se volta para a criação de um país ou uma sociedade ideal, alvitrando, nesse pensar, a criação de uma nova e ideal realidade.[483]

Evidentemente que as Escolas de Política Criminal, tratadas anteriormente (Clássica e Positivista), de alguma forma influenciam as doutrinas ou Escolas de Dogmática Penal, mas, é preciso dizer, tratam de objetos distintos. Seria oportuno dizer que somente recentemente, com os novos movimentos funcionalistas, Política Criminal, dogmática penal e, como se verá, teorias de penas se inter-relacionam, influenciando o conceito de infração penal e seus elementos integradores.

Passemos, pois, à evolução científica desses movimentos: da também denominada escola clássica ou causalista até as recentes concepções funcionalistas.

---

[481] ROXIN, Claus. *Funcionalismo e imputação objetiva no direito penal*. Tradução de Luís Greco. Rio de Janeiro: Renovar, 2002. p. 188.
[482] ROXIN, Claus. *Funcionalismo e imputação objetiva no direito penal*. Tradução de Luís Greco. Rio de Janeiro: Renovar, 2002. p. 188.
[483] BONFIM, Edilson Mougenot; CAPEZ, Fernando. *Direito penal*: parte geral. São Paulo: Saraiva, 2004. p. 02.

2.1 Introdução: do causalismo ao finalismo

A Ciência Penal tem construído seus fundamentos sob a nítida influência das diversas fases do desenvolvimento histórico do Direito Penal e suas respectivas escolas. Com a teoria do delito não poderia ter sido diferente.

A *teoria causal da ação* (ou naturalista), desenvolvida por Von Liszt, defendia que ação é a modificação do mundo exterior tendo como causa a vontade humana, ou seja, "causação do resultado por um ato de vontade, entendido como movimento corpóreo voluntário, isto é, com tensão (contração) dos músculos, determinada, não por coação mecânica, mas por idéias ou representações e efetuadas pela intervenção dos nervos".[484]

O sistema naturalista (também denominado causalista ou clássico) fora construído sob a influência do positivismo, para o qual a ciência era somente aquilo que se pode apreender por meio dos sentidos, o mensurável: "valores são emoções, meramente subjetivos, inexistindo conhecimento científico de valores. Daí a preferência por *conceitos avalorados*, emprestados às ciências naturais, à psicologia, à física, à sociologia".[485]

O conceito de ação surge "como o *genus proximum*, sob o qual se subsumem todos os outros pressupostos do crime".[486] É um conceito naturalista, pré-jurídico, que se esgota num movimento voluntário causador de modificação no mundo externo.[487] O sistema acaba com a seguinte feição: o tipo compreende os elementos objetivos e descritivos; a antijuridicidade, o que houver de objetivo e normativo; e a culpabilidade, o subjetivo e descritivo.

> O tipo é a descrição objetiva de uma modificação no mundo exterior. A antijuridicidade é definida formalmente, como contrariedade da ação típica a uma norma do direito, que se fundamenta simplesmente na ausência de causas de justificação. E a culpabilidade é psicologisticamente conceituada como a relação psíquica entre o agente o fato.[488]

Por fim, sintetiza Roxin,

> o sistema "clássico" do delito de Von Liszt e Beling, dominante no início do século, ainda hoje bastante influente no exterior, e cujas categorias permanecem correntes na atual dogmática

---

[484] VON LISZT, Franz. *Tratado de Direito Penal Allemão*. Tradução de José Hygino Duarte Pereira. [s.l.]: F. Briguet & C., 1899. t. I. p. 198.

[485] GRECO, Luís. Introdução à dogmática funcionalista do delito. Em comemoração aos trinta anos de 'Política Criminal e Sistema Jurídico-Penal' de Roxin. *Revista Brasileira de Ciências Criminais (RBCC)*, n. 32, out./dez. 2000. p. 136-137. Disponível em: http://www.mundojuridico.adv.br/documentos/artigos/texto076.doc. Acesso em: 20 jul. 2020.

[486] RADBRUCH, Der Handlungsbegriff. *In seiner Bedeutung für das Strafrechtssystem, Wissenschaftliche Buchgesellschaft*, Darmstadt, reedição de 1967 da obra 1904, p. 71-72 (apud GRECO, Luís. Introdução à dogmática funcionalista do delito. Em comemoração aos trinta anos de 'Política Criminal e Sistema Jurídico-Penal' de Roxin. *Revista Brasileira de Ciências Criminais (RBCC)*, n. 32, out./dez. 2000. p. 136-137. Disponível em: http://www.mundojuridico.adv.br/documentos/artigos/texto076.doc. Acesso em: 20 jul. 2020).

[487] VON LISZT, Franz. *Tratado de Direito Penal Allemão*. Tradução de José Hygino Duarte Pereira. [s.l.]: F. Briguet & C., 1899. t. I. p. 193; também adotam o conceito de Von Liszt: Bruno (BRUNO, Aníbal. *Direito penal*: parte geral. 2. ed. Rio de Janeiro: Forense, 1959. v. 1. t. I. p. 296) e Asúa (*Tratado de Derecho Penal*. 3. ed. Buenos Aires: Editorial Losada, 1965. t. III. p. 331).

[488] GRECO, Luís. Introdução à dogmática funcionalista do delito. Em comemoração aos trinta anos de 'Política Criminal e Sistema Jurídico-Penal' de Roxin. *Revista Brasileira de Ciências Criminais (RBCC)*, n. 32, out./dez. 2000. p. 136-137. Disponível em: http://www.mundojuridico.adv.br/documentos/artigos/texto076.doc. Acesso em: 20 jul. 2020.

alemã, partia do pressuposto de que injusto e culpabilidade se relacionavam um ao outro como o lado externo e interno do delito.[489]

Ainda segundo Roxin, o colapso dessa concepção especialmente clara e simples de crime teve seu início com o sistema neoclássico:

> começou-se uma reestruturação das categorias do delito, por causa de se ter reconhecido que o injusto nem sempre poderia ser explicado unicamente com base em elementos objetivos e que, por outro lado, a culpabilidade não se compunha exclusivamente de elementos subjetivos.[490]

O *sistema neokantiano* ou neoclássico do delito é, portanto, fruto da superação do paradigma positivista-naturalista dentro do Direito.

> Com a filosofia de valores do sudoeste alemão (Windelband, Rickert), ao lado das ciências naturais são revalorizadas as agora chamadas ciências da cultura, que voltam a merecer a denominação de ciência, sobretudo por possuírem um método próprio: o método referido a valores.[491]
> O pensamento chamado "neoclássico" surgiu pouco tempo depois do sistema anterior. A data que costuma ser apontada como seu marco é o ano de 1907, em que se deu a publicação da obra de Reinhard Frank sobre culpabilidade. O manual de Edmund Mezger, contudo, é tido como a obra que melhor sintetiza o sistema em questão.
> O sistema neoclássico diverge do anterior, em primeiro lugar, por seu aporte filosófico. Enquanto os clássicos tinham inspiração no positivismo de Augusto Comte, os neoclássicos se viram grandemente influenciados pelo neokantismo e pela filosofia de valores.
> O neokantismo, diferentemente do naturalismo (filosofia inspiradora do sistema clássico), procurou dar fundamento autônomo às ciências humanas (em vez de submetê-las ao ideal de exatidão das ciências naturais). Para o neokantismo, a peculiaridade das ciências humanas reside em que a realidade deve ser referida com base nos valores supremos de cada ciência.[492]

Duas foram as linhas neokantistas: a da Escola de Marburgo e a da Escola de Baden (ou Sudocidental alemã). A Escola de Marburgo, de cunho mais propriamente filosófico, ressaltava os aspectos éticos e de Justiça em torno do Direito. Entre seus expoentes, destacaram-se Cohen e Stammler. A Escola Sudocidental alemã, por sua vez, realçava o método jurídico, atrelado a *valores* que buscam determinados fins (teleologia), uma vez que o Direito se contextualiza pela realidade cultural.[493]

Substitui-se, portanto, a dogmática formalista – classificatória do naturalismo por um sistema teleológico ligado a valores.

---

[489] ROXIN, Claus. *Funcionalismo e imputação objetiva no direito penal*. Tradução de Luís Greco. Rio de Janeiro: Renovar, 2002. p. 198.
[490] ROXIN, Claus. *Funcionalismo e imputação objetiva no direito penal*. Tradução de Luís Greco. Rio de Janeiro: Renovar, 2002. p. 198-199.
[491] LARENZ, Karl. *Metodologia da ciência do direito*. 3. ed. Lisboa: Fundação Calouste Gulbenkian, 1997. p. 92 *et seq.*
[492] ESTEFAM, André. *Direito penal*: parte geral (arts. 1º a 120). 10. ed. São Paulo: Saraiva, 2021. p. 214.
[493] SOUZA, Luciano Anderson de. *Direito penal*: parte geral. 3. ed. São Paulo: Revista dos Tribunais, Thomson Reuters, 2022. v. 1. p. 113.

Ao invés de distribuir as elementares de acordo com critérios formais pelos diferentes pressupostos do delito, começou-se por buscar a fundamentação material das diferentes categorias sistemáticas, para que se pudesse, no passo seguinte, proceder à construção teleológica dos conceitos, de modo a permitir que eles atendessem à sua finalidade do modo mais perfeito possível.[494]

As duas teorias mais importantes que inspiraram o sistema neoclássico são a teoria causal ou naturalista da ação (Von Liszt) e normativa da culpabilidade ou psicológico-normativa (Frank).

Do ponto de vista intrassistêmico, nota-se grande inovação a respeito da culpabilidade. Frank agregou a ela a noção de reprovabilidade do ato. De acordo com este autor, a aplicação de uma pena somente se justifica quando o agente, podendo agir de outro modo, decidiu cometer o crime. O tipo, assim, é compreendido materialmente, deixando de ser a descrição de uma modificação no mundo exterior, para tornar-se descrição de uma ação socialmente lesiva e antijurídica. O tipo objetivo e avalorado tornou-se tipo de injusto, uma antijuridicidade tipificada,[495] que também comporta elementos subjetivos e normativos. A distinção entre tipo e antijuridicidade perde sua importância, florescendo em alguns autores[496] a teoria dos elementos negativos do tipo, que vê na ausência de causas de justificação um pressuposto da própria tipicidade.

Houve, ainda, quem dissesse equivocada a teoria, já que, ao afirmar que toda conduta humana é movida por uma finalidade, ficariam sem explicações os crimes culposos, nos quais o agente não possui intenção de produzir o resultado. Contra-argumenta-se, todavia, que mesmo no crime culposo há intenção na conduta do agente. Ocorre que sua finalidade não é a de produzir o resultado. Assim, por exemplo, se um motorista conduz seu veículo em alta velocidade e perde o controle do automóvel, atropelando alguém por imprudência, existiu intenção no comportamento (chegar mais cedo no destino, acelerar o carro para verificar sua potência etc.).[497]

De qualquer sorte, a antijuridicidade deixa de ser formal, ou uma contrariedade à norma, para tornar-se material: lesividade social.[498] "Com isso abriu-se espaço para a sistematização teleológica das causas de justificação e para a busca de seu fundamento, que era buscado em teorias que consideravam lícito o fato que fosse um justo meio,

---

[494] GRECO, Luís. Introdução à dogmática funcionalista do delito. Em comemoração aos trinta anos de 'Política Criminal e Sistema Jurídico-Penal' de Roxin. *Revista Brasileira de Ciências Criminais (RBCC)*, n. 32, out./dez. 2000. p. 136-137. Disponível em: http://www.mundojuridico.adv.br/documentos/artigos/texto076.doc. Acesso em: 20 jul. 2020.

[495] MEZGER Edmund. *Tratado de Derecho Penal*. Tradução de Rodriguez Muñoz. Madri: Editorial Revista de Derecho Privado, 1955, t. I, p. 364.

[496] GRECO, Luís. Introdução à dogmática funcionalista do delito. Em comemoração aos trinta anos de 'Política Criminal e Sistema Jurídico-Penal' de Roxin. *Revista Brasileira de Ciências Criminais (RBCC)*, n. 32, out./dez. 2000. p. 136-137. Disponível em: http://www.mundojuridico.adv.br/documentos/artigos/texto076.doc. Acesso em: 20 jul. 2020.

[497] ESTEFAM, André. *Direito penal*: parte geral (arts. 1º a 120). 10. ed. São Paulo: Saraiva, 2021. p. 222.

[498] GRECO, Luís. Introdução à dogmática funcionalista do delito. Em comemoração aos trinta anos de 'Política Criminal e Sistema Jurídico-Penal' de Roxin. *Revista Brasileira de Ciências Criminais (RBCC)*, n. 32, out./dez. 2000. p. 136-137. Disponível em: http://www.mundojuridico.adv.br/documentos/artigos/texto076.doc. Acesso em: 20 jul. 2020.

para um justo fim",[499] ou aquelas ações "mais úteis que danosas".[500] A culpabilidade torna-se, então, culpabilidade normativa: juízo de reprovação pela prática do ilícito típico, florescendo as discussões em torno do conceito de exigibilidade. Nesse sentido,

> A chamada teoria finalista, que dominou a discussão dogmática penal das primeiras duas décadas do pós-guerra, chega, por sua vez, a um novo sistema do Direito Penal. Seu ponto de partida é um conceito de ação diverso das antigas concepções sistemáticas, consideravelmente mais rico de conteúdo. Para ela, a "essência" da ação que determina a totalidade de estrutura do sistema, encontra-se no fato de que o homem através de uma antecipação mental, controla cursos causais e seleciona meios correspondentes no sentido de determinado objetivo, "supradeterminando-o finalisticamente".[501]

Hassemer, de sua parte, adverte que é evidente a ligação da *teoria finalista* da ação, assim como toda a dogmática penal do início da República Federal da Alemanha, com o ideário nazista:

> Isto é bastante compreensível, já que as bases da teoria remontam aos anos 30 e também ela sofreu os influxos do tempo em que se desenvolveu. Ainda que esteja totalmente excluído que a teoria finalista da ação tenha estimulado o nazismo ou engrossado o coro das escolas anti-liberais da era nazista, resta incontroverso que a acepção pessoal de ação e de anti-juridicidade, como cerne do pensamento penal finalístico, encontrava um correspondente contemporâneo, se bem que distorcido, no "Direito penal da vontade", elaborado pelo pensamento penal nazista.[502]

No tocante à mudança de paradigmas, o autor salienta que os alicerces "reais" da teoria tradicional sucumbem facilmente a indagações, acabando, segundo ele, em ridículo:

> É certo que, sobretudo na assim chamada "polêmica das escolas penais", na virada do século, muito já se debatera sobre os justos fins das penas, inclusive com o emprego de teoremas filosóficos inspirados nas ciências da natureza. Não menos certo é que, Franz Von LISZT, em seu "Programa de Marburgo", já esboçara os contornos de uma "ciência penal total", e com isto já teria abordado o sistema jurídico-penal de fora. Certo é também que os neo-kantianos e os neo-hegelianos tentaram emprestar ao Direito Penal suas próprias tradições filosóficas. Tudo isto, porém, diante das pretensões da teoria finalista, não passava de meros estilhaços.[503]

---

[499] GRECO, Luís. Introdução à dogmática funcionalista do delito. Em comemoração aos trinta anos de 'Política Criminal e Sistema Jurídico-Penal' de Roxin. *Revista Brasileira de Ciências Criminais (RBCC)*, n. 32, out./dez. 2000. p. 136-137. Disponível em: http://www.mundojuridico.adv.br/documentos/artigos/texto076.doc. Acesso em: 20 jul. 2020.

[500] GRECO, Luís. Introdução à dogmática funcionalista do delito. Em comemoração aos trinta anos de 'Política Criminal e Sistema Jurídico-Penal' de Roxin. *Revista Brasileira de Ciências Criminais (RBCC)*, n. 32, out./dez. 2000. p. 136-137. Disponível em: http://www.mundojuridico.adv.br/documentos/artigos/texto076.doc. Acesso em: 20 jul. 2020.

[501] ROXIN, Claus. *Funcionalismo e imputação objetiva no direito penal*. Tradução de Luís Greco. Rio de Janeiro: Renovar, 2002. p. 200.

[502] HASSEMER, Winfried. *Três temas de direito penal*. Porto Alegre: Publicações Fundação Escola Superior do Ministério Público do Rio Grande do Sul, 1993. p. 20-21.

[503] HASSEMER, Winfried. *Três temas de direito penal*. Porto Alegre: Publicações Fundação Escola Superior do Ministério Público do Rio Grande do Sul, 1993. p. 20-21.

Em síntese, como observa Greco, o sistema finalista tenta superar o dualismo metodológico do neokantismo, negando o axioma sobre o qual ele assenta:

> o de que entre ser e dever ser existe um abismo impossível de ultrapassar. A realidade, para o finalista, já traz em si uma ordem interna, possui uma lógica intrínseca: a lógica da coisa (*sachlogik*). O direito não pode flutuar nas nuvens do dever ser, vez que o que vai regular é a realidade.[504]

A primeira dessas estruturas que importa para o Direito, cuja lógica intrínseca ele deve respeitar, é a natureza finalista do agir humano.[505] "O homem só age finalisticamente; logo, se o direito quer proibir ações, só pode proibir ações finalistas".[506] Daí decorre, entre outras coisas, que o dolo deva pertencer ao tipo: o dolo é o nome que recebe a finalidade, é a valoração jurídica que se faz sobre essa estrutura lógico-real quando dirigida à realização de um tipo.[507]

É sobre o conceito de ação que se edifica todo o sistema. "A teoria da ação agora desenvolvida é a própria teoria do delito". Todas as categorias do delito referem-se a conceitos pré-jurídicos obtidos por mera dedução, confiando-se na lógica intrínseca do objeto que se vai regular.[508]

"O tipo torna-se a descrição de uma ação proibida – deixa de ser um tipo de injusto, tipificação de antijuridicidade, para tornar-se um tipo indiciário, no qual se enxerga a matéria de proibição (*Verbotsmaterie*)".[509] Como só se podem proibir ações finais, o dolo integra o tipo. Da mesma forma que os tipos são vistos formalmente como meras normas proibitivas, também as causas de justificação não passam de tipos permissivos que, por terem nas ações finalistas seu objeto, exigem o elemento subjetivo de justificação.

"O ilícito, materialmente, deixa de centrar-se no dano social, ou ao bem jurídico, para configurar um ilícito pessoal (*personales Unrecht*)",[510] consubstanciado fundamentalmente no desvalor da ação cujo núcleo, por sua vez, é a finalidade. A culpabilidade, portanto, torna-se juízo de reprovação calcado na estrutura lógico-real do livre arbítrio, do poder agir de outra maneira.[511] O homem, por ser capaz de comportar-se de acordo com o Direito, passa a ser responsável quando não age dessa forma.

---

[504] GRECO, Luís. Introdução à dogmática funcionalista do delito. Em comemoração aos trinta anos de 'Política Criminal e Sistema Jurídico-Penal' de Roxin. *Revista Brasileira de Ciências Criminais (RBCC)*, n. 32, out./dez. 2000. p. 136-137. Disponível em: http://www.mundojuridico.adv.br/documentos/artigos/texto076.doc. Acesso em: 20 jul. 2020.

[505] GRECO, Luís. Introdução à dogmática funcionalista do delito. Em comemoração aos trinta anos de 'Política Criminal e Sistema Jurídico-Penal' de Roxin. *Revista Brasileira de Ciências Criminais (RBCC)*, n. 32, out./dez. 2000. p. 136-137. Disponível em: http://www.mundojuridico.adv.br/documentos/artigos/texto076.doc. Acesso em: 20 jul. 2020.

[506] KAUFMANN, Armin. *Teoria da norma jurídica*. Rio de Janeiro: Editora Rio, 1976. p. 144.

[507] MORAES, Alexandre Rocha Almeida de. *Direito penal do inimigo*: a terceira velocidade do direito penal. Curitiba: Juruá, 2008. p. 95.

[508] WELZEL, Hans. *Direito penal*. Tradução de Afonso Celso Rezende. 1. ed. 2. tir. Campinas: Romana, 2004. p. 79-84.

[509] WELZEL, Hans. *Direito penal*. Tradução de Afonso Celso Rezende. 1. ed. 2. tir. Campinas: Romana, 2004. p. 79-84.

[510] Daí a famosa frase de Welzel (*Strafrecht*..., p. 62): "O ilícito é ilícito pessoal, referido a um autor" ("Unrecht ist täterbezogenes, personales Unrecht"); veja-se, no mesmo sentido: KAUFMANN, Armin. *Teoria da norma jurídica*. Rio de Janeiro: Editora Rio, 1976. p. 144, p. 145.

[511] Escreve Welzel: "A culpabilidade... fundamenta a reprovação pessoal contra o autor, por não ter deixado de praticar a ação antijurídica, apesar de tal lhe ser possível" (*Strafrecht*..., p. 138). Na doutrina nacional, necessário destacar Bitencourt (BITENCOURT, Cezar Roberto; MUÑOZ CONDE, Francisco. *Teoria geral do delito*. São Paulo: Saraiva,

Em síntese, para a teoria final da ação – criação de Hans Welzel –, a conduta humana é o exercício de uma finalidade e, por isso, a ação é um acontecer final, e não apenas causal.

A teoria finalista recebeu influência da teoria da ação de Samuel Von Puffendorf (1632-1694), expoente do Direito natural, que concebia, conforme o método analítico, como ação humana, somente aquela dirigida pelas específicas capacidades humanas, isto é, intelecto e vontade.[512]

Considerável parte da doutrina clássica associa o conceito tripartite de crime com a escola clássica ou causalista e o conceito bipartido com a escola funcionalista. Em rigor, a evolução científica demonstra que essas associações estão defasadas e anacrônicas.

O Brasil adotou, após a reforma da Parte Geral do Código Penal (Lei nº 7.209/84), tanto o conceito bipartido (infração penal é fato típico e ilícito, tornando a culpabilidade pressuposto para aplicação da sanção penal), quanto o finalismo penal, entre outros, deslocando o elemento volitivo (dolo e culpa) para a conduta que integra o fato típico: logo não há que se falar em fato típico ou em conduta penalmente relevante sem dolo e, excepcionalmente, culpa, como se verá.

Fato é que o Brasil adotou, portanto, um conceito bipartido, assim como o finalismo penal, advogando a tese de que toda a conduta penalmente relevante é, como regra, dirigida finalisticamente a um resultado. O quadro a seguir sintetiza a evolução e as diferenças dos elementos do crime para as duas escolas e que serão, nos próximos capítulos, analisados separadamente:

Teoria bipartida	Teoria tripartida
a) *Fato típico* (conduta dolosa/culposa, resultado, nexo e tipicidade);	a) *Fato típico* (conduta voluntária, resultado, nexo e tipicidade);
b) *Antijuridicidade* (ausência de causas justificantes);	b) *Antijuridicidade* (ausência de causas justificantes);
c) *Culpabilidade* (simples pressuposto de aplicação de pena: imputabilidade, potencial consciência da ilicitude e inexigibilidade de conduta diversa).	c) *Culpabilidade* (dolo ou culpa, imputabilidade e inexigibilidade de conduta diversa).

Ademais, essa associação defasada ou equivocada entre Escolas Clássica e Finalista, respectivamente, com um conceito analítico tripartite ou bipartite, revelam-se ainda mais insustentáveis com a influência dos novos movimentos funcionalistas, como se constata no Direito europeu.

Para Welzel, é importante acentuar, o crime continua sendo o injusto (fato típico e antijurídico) culpável (concepção tripartida). O injusto, entretanto, deixa de ser puramente

---

2000. p. 345) e Zaffaroni e Pierangeli (PIERANGELI, José Henrique; ZAFFARONI, Eugenio Raul. PIERANGELI, José Henrique. *Manual de direito penal brasileiro*: parte geral. São Paulo: Revista dos Tribunais. 11. ed. p. 539 *et seq.*).

[512] SOUZA, Luciano Anderson de. *Direito penal*: parte geral. 3. ed. São Paulo: Revista dos Tribunais, Thomson Reuters, 2022. v. 1. p. 227.

objetivo (em razão do ingresso do dolo ao lado da conduta) e a culpabilidade se torna exclusivamente normativa.

O fato típico, em razão do "deslocamento" do dolo (e da culpa), passou a ser integrado de: a) conduta (dolosa ou culposa); b) tipicidade; e c) resultado naturalístico e nexo de causalidade (nos crimes materiais ou de resultado). O nexo de causalidade baseava-se, segundo pensamento dominante, na teoria da equivalência dos antecedentes ou da *conditio sine qua non*.[513]

No que tange à antijuridicidade, a mudança sensível residiu na afirmação de que as causas de justificação deveriam conter não só requisitos objetivos, mas também subjetivos. Assim, por exemplo, age em legítima defesa aquele que repele injusta agressão, atual ou iminente, a direito próprio ou alheio, utilizando-se moderadamente dos meios necessários, desde que o faça *com a intenção* de salvaguarda de um direito seu ou de outrem.[514]

Hans Welzel verificou, ainda, que o dolo não poderia ser integrado por elementos de natureza normativa. Em seu conteúdo somente cabiam a consciência e a voluntariedade do ato ("dolo natural" ou "dolo neutro"). A consciência da ilicitude fora, então, "retirada" do dolo, mas mantida na culpabilidade.

O autor, ademais, propunha que o cerne da questão *não* era examinar se o agente possuía *consciência atual* da ilicitude do ato praticado, *mas sim se possuía consciência potencial* do caráter de ilicitude de seu comportamento. A modificação da natureza do dolo (de dolo normativo para dolo natural) e a manutenção da consciência (potencial) na culpabilidade fizeram com que ela se tornasse composta pela imputabilidade, pela potencial consciência da ilicitude e pela exigibilidade de conduta diversa.[515]

Imprescindível relembrar que as inovadoras ideias de Welzel resultaram em duas novas teorias: a *teoria finalista da ação* e a *teoria normativa pura da culpabilidade*, como dois dos pilares do sistema finalista.

Entende-se por teoria finalista da ação aquela que sustenta ser a conduta humana um acontecer *final*, e não meramente causal. A finalidade se mostra presente porque o ser humano, graças ao seu saber causal (conhecedor das leis da causa e efeito), pode direcionar seus atos para a produção de um resultado *querido*. Ação e finalidade, portanto, são inseparáveis.

Com a inserção do dolo e da culpa na seara do fato típico, a doutrina passou a estruturar de maneira diferenciada o fato típico do crime doloso e o fato típico do crime culposo.

O último era composto pelos seguintes elementos: a) conduta voluntária; b) resultado involuntário; c) tipicidade; d) relação de causalidade (material); e) quebra do dever de cuidado objetivo (dever de não lesar bens alheios, exigido de pessoas de mediana prudência e discernimento); e f) previsibilidade objetiva do resultado (possibilidade

---

[513] ESTEFAM, André. *Direito penal*: parte geral (arts. 1º a 120). 10. ed. São Paulo: Saraiva, 2021. p. 221-225.
[514] ESTEFAM, André. *Direito penal*: parte geral (arts. 1º a 120). 10. ed. São Paulo: Saraiva, 2021. p. 221-225.
[515] SOUZA, Luciano Anderson de. *Direito penal*: parte geral. 3. ed. São Paulo: Revista dos Tribunais, Thomson Reuters, 2022. v. 1. p. 228.

de antever o evento segundo o que normalmente acontece – *quod plerumque accidit* – e de acordo com o critério de uma pessoa de mediana prudência e discernimento).[516]

Vale acrescentar que o sistema finalista de Hans Welzel influenciou em boa parte a doutrina nacional, a partir da década de 1970, destacando-se os trabalhos de Luiz Luisi, René Ariel Dotti e Damásio de Jesus.

Aliás, não obstante as notórias críticas científicas, com as lições de Welzel, todos os elementos da culpabilidade continham natureza normativa, porquanto exprimiam um juízo de valor. Está aí a gênese do movimento funcionalista.

2.2 Apresentação do sistema funcionalista

Hassemer ressalta que o caminho seguido pelas ciências penais no período posterior à II Guerra teve consequências que em breve seriam percebidas:

> duas delas foram particularmente marcantes, a saber, o desinteresse pelos efeitos práticos das opções dogmático-penais, especialmente no campo da política criminal, e a tendência de formular enunciados normativos com a pretensão de solidez e de delimitação hermética (Jakobs e Roxin).[517]

Não somente as ciências penais, mas principalmente elas viram-se expostas nesses anos a fortes pressões de legitimação e mudança. Antes mesmo do início da década de 1970, já se delineavam novas tendências na sociedade da República Federal da Alemanha.[518]

Partindo da concepção sociológica, Günther Jakobs revela-se como um dos adeptos da nova escola do Direito Penal: a funcionalista.

Nos últimos anos, a concepção clássica do delito (Carrara), a concepção neoclássica do delito (neokantismo) e o sistema finalista do delito (Welzel) passaram a dialogar com a escola funcionalista dividida basicamente entre as seguintes orientações: o funcionalismo estrutural de Parsons (no Direito Penal identificado como teleológico, valorativo e "moderado", adotado por Roxin) e o funcionalismo sistêmico de Luhmann (no Direito Penal identificado como estratégico, normativista e "radical", adotado por Jakobs).[519]

A princípio, pode-se imaginar que a nomenclatura *funcionalismo penal* represente uma novidade para a moderna dogmática penal. Tal assertiva não corresponde integralmente à verdade, vez que o funcionalismo, ao menos na Europa, já vem sendo debatido e

---

[516] SOUZA, Luciano Anderson de. *Direito penal*: parte geral. 3. ed. São Paulo: Revista dos Tribunais, Thomson Reuters, 2022. v. 1. p. 228.
[517] HASSEMER, Winfried. *Três temas de direito penal*. Porto Alegre: Publicações Fundação Escola Superior do Ministério Público do Rio Grande do Sul, 1993. p. 16-17.
[518] HASSEMER, Winfried. *Três temas de direito penal*. Porto Alegre: Publicações Fundação Escola Superior do Ministério Público do Rio Grande do Sul, 1993. p. 27-28.
[519] Conde enfatiza que o principal representante desta tendência é efetivamente o penalista Günther Jakobs, que "tem renovado o arsenal conceitual e terminológico da dogmática jurídico-penal alemã com uma linguagem hermética e às vezes de difícil compreensão. Esse teórico fundamenta-se no planejamento funcionalista sistêmico, dentre outros, do sociólogo e teórico do Direito, NIKLAS LUMANN" (MUÑOZ CONDE, Francisco. *De nuevo sobre el 'Derecho Penal del enemigo'*. Buenos Aires: Hammurabi, 2005, p. 15).

estudado ao longo de vários anos, ocupando atualmente um lugar de destaque nas doutrinas alemã[520] e espanhola.[521]

Aliás, considerável doutrina afirma que Tobias Barreto foi o primeiro funcionalista brasileiro,[522] sendo forçoso reconhecer que a doutrina pátria que endossa tal pensamento já não é mais tímida.

O próprio Roxin destaca que o funcionalismo, em rigor, insere-se em um contexto metodológico ainda mais amplo, o da chamada jurisprudência dos valores (*Wertungsjurisprudenz*):

> esta pode ser entendida como o método segundo o qual as construções jurídicas devem ser conscientemente guiadas por determinados valores e finalidades. Toda jurisprudência dos valores tem, portanto, uma questão fundamental a resolver: de onde se retiram os valores sobre os quais se edificará o sistema?[523]

Segundo Roxin, "desde aproximadamente 1970 se vêm empenhando esforços bastante discutidos no sentido de desenvolver um sistema jurídico-penal 'teleológico-racional' ou 'funcional'".[524] Aliás, no ano de 1970, Roxin, *v.g.*, publicou na Alemanha a obra *Política criminal e sistema jurídico-penal*,[525] marco histórico na dogmática penal, vez que, a partir de então, deu-se uma verdadeira transformação na ciência do Direito Penal. O sistema jurídico-penal, diante do referido estudo, presenciou o nascimento de uma corrente doutrinária denominada funcionalista ou teleológico-racional: "esta nova concepção desenvolvida pelo mestre alemão sustenta a idéia de reconstruir a teoria do delito com base em critérios político-criminais".[526]

Trata-se de uma metodologia que, marcada pela preocupação pragmática e tida como reação à excessiva abstração do finalismo, em especial ao seu ontologismo, pretende orientar a dogmática penal segundo as funções político-criminais exercidas pelo Direito Penal, tornando-a funcional ou funcionalizando-a. Buscando tecer um marco diferencial

---

[520] Nesse sentido: Claus Roxin, Wolfgang Frisch, Hans-Ludwig Günther, Harro Otto, Bernd Schünemann, Günther Jakobs, dentre outros (*apud* PEREIRA, Flávio Cardoso. *Breves apontamentos sobre o funcionalismo penal*. Disponível em: http://guaiba.ulbra.tche.br/direito/penal/artigos/FUNCIONALISMO.PENAL.ROXIN.doc. Acesso em: 24 jun. 2020).

[521] Nesse sentido: Diego Manuel Luzón Peña, Santiago Mir Puig, Margarita Martinez Escamilla etc. (*apud* PEREIRA, Flávio Cardoso. *Breves apontamentos sobre o funcionalismo penal*. Disponível em: http://guaiba.ulbra.tche.br/direito/penal/artigos/FUNCIONALISMO.PENAL.ROXIN.doc. Acesso em: 24 jun. 2020).

[522] Zaffaroni, neste aspecto, destaca: "Mais de um século antes dos modernos 'sistêmicos', Tobias Barreto escreveu o seguinte parágrafo, que parece tirado literalmente de Luhmann: 'Todo sistema de forças vai atrás de um estado de equilíbrio; a sociedade é também um sistema de forças, e o estado de equilíbrio que ela procura, é justamente um estado de direito, para cuja consecução ela vive uma contínua guerra defensiva, empregando meios e manejando armas, que não são sempre forjadas, segundo os mais rigorosos princípios humanitários, porém que devem ser sempre eficazes. Entre estas armas está a pena'" (ZAFFARONI, Eugenio Raúl. Elementos para uma leitura de Tobias Bareto. *In*: ARAÚJO JUNIOR, João Marcello (Org.). *Ciência e política criminal em honra de Heleno Fragoso*. Grupo Brasileiro da Associação Internacional de Direito Penal. Rio de Janeiro: Forense, 1992. p. 183-184).

[523] ROXIN, Claus. *Funcionalismo e imputação objetiva no direito penal*. Tradução de Luís Greco. Rio de Janeiro: Renovar, 2002. p. 62-63.

[524] ROXIN, Claus. *Funcionalismo e imputação objetiva no direito penal*. Tradução de Luís Greco. Rio de Janeiro: Renovar, 2002. p. 205.

[525] ROXIN, Claus. *Política criminal e sistema jurídico-penal*. 2. ed. Tradução de Luís Grecco. Rio de Janeiro: Renovar, 2002.

[526] PEREIRA, Flávio Cardoso. *Breves apontamentos sobre o funcionalismo penal*. Disponível em: http://guaiba.ulbra.tche.br/direito/penal/artigos/FUNCIONALISMO.PENAL.ROXIN.doc. Acesso em: 24 jun. 2020.

entre o modelo finalista e o funcional-teleológico, Greco ilustra a hipótese da notória diferença entre o método finalista e o funcionalista:

> A definição de dolo eventual e sua delimitação da culpa consciente. WELZEL resolve o problema através de considerações meramente ontológicas, sem perguntar um instante sequer pela valoração jurídico-penal: a finalidade é a vontade da realização; como tal, ela compreende não só o que o autor efetivamente almeja, como as conseqüências que sabe necessárias e as que considera possíveis e que assume o risco de produzir. O pré-jurídico não é modificado pela valoração jurídica; a finalidade permanece finalidade, ainda que agora seja chamada de dolo.[527]

Já o método funcionalista, segundo Greco, formula a sua pergunta de modo distinto:

> Não lhe interessa primariamente até que ponto vá a estrutura lógico-real da finalidade; pois ainda que uma tal coisa exista e seja univocamente cognoscível, o problema que se tem à frente é um problema jurídico, normativo, a saber: o de quando se mostra necessária e legítima a pena por crime doloso? O funcionalista sabe que, quanto mais exigir para o dolo, mais acrescenta na liberdade dos cidadãos, às custas da proteção de bens jurídicos; e quanto menos exigências formular para que haja dolo, mais protege bens jurídicos, e mais limita a liberdade dos cidadãos.[528]

Em síntese, arremata Greco:

> o finalista pensa que a realidade é unívoca (primeiro engano), e que basta conhecê-la para resolver os problemas jurídicos (segundo engano – falácia naturalista); o funcionalista admite serem várias as interpretações possíveis da realidade, de modo que o problema jurídico só pode ser resolvido através de considerações axiológicas, isto é, que digam respeito à eficácia e à legitimidade da atuação do Direito Penal.[529]

Assim, de acordo com os funcionalistas, "são várias interpretações possíveis da realidade", o que vem confirmar os aspectos de complexidade e contingência da sociedade (variedade de escolhas) descritos por Luhmann.

Tal assertiva revela o retrato da mudança de paradigmas: a questão "o que é o Direito?" deu lugar ao dilema "para que serve o Direito?". Logicamente, essa transformação também se deu no Direito Penal, que passou a ter seus objetivos na busca da eficácia e eficiência. Como efeito primordial dessa mudança, o foco passou a ser o direito de punir, orientado funcionalmente para a prevenção da criminalidade.

---

[527] GRECO, Luís. Introdução à dogmática funcionalista do delito. Em comemoração aos trinta anos de 'Política Criminal e Sistema Jurídico-Penal' de Roxin. *Revista Brasileira de Ciências Criminais (RBCC)*, n. 32, out./dez. 2000. p. 136-137. Disponível em: http://www.mundojuridico.adv.br/documentos /artigos/texto076.doc. Acesso em: 20 jul. 2020.

[528] GRECO, Luís. Introdução à dogmática funcionalista do delito. Em comemoração aos trinta anos de 'Política Criminal e Sistema Jurídico-Penal' de Roxin. *Revista Brasileira de Ciências Criminais (RBCC)*, n. 32, out./dez. 2000. p. 136-137. Disponível em: http://www.mundojuridico.adv.br/documentos /artigos/texto076.doc. Acesso em: 20 jul. 2020.

[529] GRECO, Luís. Introdução à dogmática funcionalista do delito. Em comemoração aos trinta anos de 'Política Criminal e Sistema Jurídico-Penal' de Roxin. *Revista Brasileira de Ciências Criminais (RBCC)*, n. 32, out./dez. 2000. p. 136-137. Disponível em: http://www.mundojuridico.adv.br/documentos /artigos/texto076.doc. Acesso em: 20 jul. 2020.

Nesse sentido, o funcionalismo no Direito Penal tem como premissa básica o fato de que o Direito e, em especial o Direito Penal, é instrumento que se destina a garantir a funcionalidade e a eficácia do sistema social e dos seus subsistemas.

Mas como e com que norte se dará o uso desse instrumento?

As diferentes respostas importam em diversos modelos funcionalistas. As estruturas dessa corrente dogmática residem na teoria do consenso de Habermas e na teoria sistêmica de Luhmann, ambas arraigadas em Merton e Parsons. No âmbito do Direito Penal, essas respostas dividem-se em três linhas básicas:

a) *funcionalismo moderado*, voltado para a necessidade de que a Política Criminal possa penetrar na dogmática penal (Roxin);
b) *funcionalismo limitado*, segundo o qual o Direito Penal justifica-se por sua utilidade social, mas se vincula ao Estado Social e Democrático de Direito, com todos os seus limites – exclusiva proteção de bens jurídicos, princípio da legalidade, intervenção mínima, culpabilidade, dignidade e proporcionalidade[530] (Mir Puig);
c) *funcionalismo radical ou sistêmico*, representado pelo funcionalismo sociológico inspirado na Teoria dos Sistemas de Luhmann (Jakobs).[531] Para melhor compreender a transição que afeta a dogmática penal, ao menos na Europa, são necessárias algumas considerações prévias.

Como observa Borja Jiménez, desde o início dos anos 70 até o presente momento, a dogmática jurídico-penal revela uma nova tendência denominada funcionalista ou final-racional, cujo denominador comum se define por uma orientação na sistematização dos diversos conceitos e princípios do Direito Penal voltados para critérios de política criminal ou derivados dos fins próprios da pena, em especial, a prevenção geral.[532]

Roxin, uma das referências do funcionalismo, assinala que os defensores desse movimento concordam – apesar das muitas divergências – em pelo menos um ponto: a construção do sistema jurídico penal não deve vincular-se a dados ontológicos (ação, causalidade, estruturas lógico-reais, entre outros), mas sim orientar-se exclusivamente pelos fins do Direito Penal.[533]

A concepção funcionalista, como já assinalado, apresenta diversas tendências. Uma delas é representada pela obra de Günther Jakobs que, pautado em categorias sociológicas e orientado por critérios de prevenção geral, apresenta uma metodologia fortemente influenciada pelo instrumental da teoria dos Sistemas Sociais de Niklas Luhmann.

Afirma Borja Jiménez que, com esta concepção como ponto de partida, define-se

---

[530] GRECO, Luís. Introdução à dogmática funcionalista do delito. Em comemoração aos trinta anos de 'Política Criminal e Sistema Jurídico-Penal' de Roxin. *Revista Brasileira de Ciências Criminais (RBCC)*, n. 32, out./dez. 2000. p. 136-137. Disponível em: http://www.mundojuridico.adv.br/documentos/artigos/texto076.doc. Acesso em: 20 jul. 2020.

[531] SILVA SÁNCHEZ, Jesús-María. *Aproximación al derecho penal contemporáneo*. Barcelona: JM Bosch Editor S.A., 1992. p. 68-69.

[532] BORJA JIMÉNEZ, Emiliano. *Algunos Planteamientos Dogmáticos en la Teoría Jurídica del delito en Alemania, Italia y España*. Disponível em: http://www.unifr.ch/derechopenal/articulos/pdf/02_Rosario.pdf. Acesso em: 21 jul. 2020.

[533] ROXIN, Claus. *Funcionalismo e imputação objetiva no direito penal*. Tradução de Luís Greco. Rio de Janeiro: Renovar, 2002.

todas las categorías del delito en atención a la contribución que éstas prestan en orden al mantenimiento de la respectiva estructura social. En este contexto, el autor rechaza, como es lógico, tanto el método del naturalismo científico de la teoría clásica del delito como el modelo ontológico de la doctrina final de la acción.[534]

Desse modo, Jakobs irá adotar um novo conceito de ação:

la acción, por tanto, es expresión de un sentido. Esa expresión de sentido consiste en la causación individualmente evitable, esto es, dolosa o individualmente imprudente, de determinadas consecuencias; son individualmente evitables aquellas causaciones que no se producirían si concurriese una motivación dirigida a evitar las consecuencias.[535]

No dizer de Corsi, Esposito e Baraldi, o funcionalismo ou análise funcionalista sistêmica seria, portanto, o método científico que permite tomar cada fenômeno dado como contingente e como confrontável com outros. "O conhecimento se constrói através da confrontação do dado conhecido com as possíveis alternativas".[536] Em outros termos:

En el análisis funcionalista, todo fenómeno se convierte un problema que abre diversas posibilidades de unión. El análisis la describe la relación entre los problemas y sus posibles soluciones: los datos son problemas de dónde partir y las soluciones ofrecimientos para ellos son contingentes, pueden ser también diferentes. La función es, entonces, un esquema de confrontación entre varias soluciones a problemas, soluciones que aparecen como intercambiables en cuanto que son equivalentes con respecto a la función misma. El análisis consiste en tomar en consideración las soluciones funciones equivalentes con respecto al problema en cuestión.[537]

Qual a ideia de Jakobs e qual o contexto que justificava a procura de um novo suporte metodológico?

O próprio Jakobs responde, asseverando que depois das perversões do Direito ocorridas na Alemanha durante a época nacional-socialista e das experiências socialistas na República Democrática da Alemanha, seria pertinente que perante o Direito se adotasse "uma atitude isenta de ilusões, pois para qualquer outra atitude, o Direito, junto com sua ciência, tem sido comprometido com a política de modo demasiadamente evidente".[538]

De outra parte, Cornejo e Dalma destacam a influência do funcionalismo no atual contexto europeu. Segundo eles, essa corrente vem rompendo em definitivo com a até

---

[534] BORJA JIMÉNEZ, Emiliano. *Algunos Planteamientos Dogmáticos en la Teoría Jurídica del delito en Alemania, Italia y España*. Disponível em: http://www.unifr.ch/derechopenal/articulos/pdf/02_Rosario.pdf. Acesso em: 21 jul. 2020.
[535] JAKOBS, Günter: El concepto jurídico-penal de acción. Conferência realizada em Madri, maio 1992. Tradução de Manuel Cancio Melía, p. 14 (*apud* GRECO, *op. cit.*).
[536] CORSI, Giancarlo; ESPOSITO, Elena; BARALDI, Claudio. *Glosario sobre la Teoría Social de Niklas Luhmann*. Tradução de Miguel Romero Pérez e Carlos Villalobos. Coordenação de Javier Torres Nafarrete. Cidade do México: Universidad Iberoamericana, 1996. p. 86.
[537] CORSI, Giancarlo; ESPOSITO, Elena; BARALDI, Claudio. *Glosario sobre la Teoría Social de Niklas Luhmann*. Tradução de Miguel Romero Pérez e Carlos Villalobos. Coordenação de Javier Torres Nafarrete. Cidade do México: Universidad Iberoamericana, 1996. p. 86.
[538] JAKOBS, Günther. *Ciência do Direito e Ciência do Direito Penal*. São Paulo: Manole, 2003. Coleção Estudos de Direito Penal. Tradução de Maurício Antonio Ribeiro Lopes. v. 1. p. 02.

então predominante corrente finalista. Ilustram a transição com a questão do dolo, segundo o tratamento dado pelos funcionalistas:

> [...] estos autores entienden que el concepto de dolo, por tomar un elemento de la infracción punible, no es algo que pertenece a la naturaleza de las cosas, sino que para delinear el concepto de dolo tenemos que ver qué pretendemos conseguir castigando los delitos dolosos, ¿Por qué castigamos a los delitos dolosos con penas más severas que los delitos imprudentes? ¿Por qué nos disgustan los delitos dolosos más que los imprudentes? Todas estas ponderaciones, de necesidad de pena y de eficacia del derecho penal, son las que debemos utilizar para definir los conceptos que componen el sistema.[539]

No entanto, como se deu tal mudança de paradigmas? Havia espaço e contexto que permitissem a aceitação de transformações tão drásticas na dogmática penal?

Hassemer assinala que o modelo tradicional é insuficiente para resolver os atuais conflitos e demandas alçadas ao Direito Penal: "ou se renova o equipamento, ou se desiste da esperança de incorporar o Direito Penal na orquestra das soluções dos problemas sociais". O equipamento reputado como "obsoleto", segundo ele, pode ser assim enumerado:

> Os bens jurídicos individuais em concreto, vistos como núcleo do Direito Penal assim "modernizado", são simplesmente ridículos (a conversa agora é sobre vastos bens jurídicos universais, sobre "funções", sobre "grandes perturbações aos sistemas", conjuntos de múltiplos riscos);
> Os crimes de dano sobreviveram como tipo central da imputação penal (para nossa sensação constante de ameaça, parece mais razoável punir já o mero perigo abstrato);
> Os vetustos princípios da retribuição e da ênfase no fato punível tornam a vida moderna mais perigosa (hoje não podemos esperar que a criança caia no poço, é preciso desde antes prevenir);
> O princípio da responsabilidade individual torna-se anacrônico (o ilícito penal moderno resulta muito mais de processos entrelaçados e complexos de decisões);
> É preciso repensar o princípio do in dubio pro reo (um direito penal que pretenda apresentar-se adulto diante do mundo moderno, precisa ser capaz de agir com rapidez precisamente nas situações mais obscuras);
> Diferenciações normativas tais como tentativa/consumação, autoria/participação, dolo/culpa tornam-se incômodas, se não até mesmo contraproducentes para um Direito penal moderno (porque na luta contra a criminalidade moderna, torna-se necessária a utilização de estruturas de relevância e critérios de avaliação totalmente novos e adequados ao fim).[540]

Como em toda fase de transição, é natural que surjam críticas e que haja relutância em aceitar as anunciadas transformações. Alcover, de outra parte, citando Luhmann para justificar esta transição, ataca a concepção causalista:

---

[539] CERNUSCO CORNEJO, Juan José; DALMA, Gustavo Alfredo. *Principales enfoques del funcionalismo sistémico en la interpretación de la norma penal*. Disponível em: http://derechonatural.tripod.com/ponencias/cernuscodalma.htm. Acesso em: 21 jul. 2020.

[540] HASSEMER, Winfried. *Três temas de direito penal*. Porto Alegre: Publicações Fundação Escola Superior do Ministério Público do Rio Grande do Sul, 1993. p. 56.

En primer lugar, acusa al causalismo de un cierto determinismo ontológico. Intentar explicar un fenómeno social en base a sus efectos presupone, para Luhmann, una concepción determinista y metafísica del orden social. El mono-causalismo no existe en la realidad y, en el ámbito de lo social, diversas causas sociales pueden producir el mismo efecto, de la misma manera que un único bloque de causas puede producir diversos efectos.
Para superar la crisis del funcionalismo Luhmann propone redefinir el concepto de función en términos no causalísticos y en consecuencia tratar las causas y los efectos como simples variables, fungibles e intercambiables, y no como estructuras ontológicas.[541]

Repisando Greco, são, portanto, inequívocas as divergências entre o método finalista e o funcionalista. Enquanto o finalismo resolve a questão do dolo/culpa consciente por meio de considerações meramente ontológicas, sem perguntar um instante sequer pela valoração jurídico-penal, o funcionalismo formula a sua pergunta de modo distinto: "não lhe interessa primariamente até que ponto vá a estrutura lógico-real da finalidade; pois ainda que uma tal coisa exista e seja univocamente cognoscível, o problema que se tem à frente é um problema jurídico e normativo...".[542]

Em outras palavras, o finalismo, como doutrina ontologista, considera o ser capaz de prejulgar o problema valorativo; já o funcionalismo, como doutrina teleológica, é orientado para a realização de certos valores (Roxin) ou para a reafirmação do próprio Direito (Jakobs).

A linha defendida por Jakobs revela duas inegáveis marcas do pensamento luhmanniano: a) o vínculo do sistema social com todas as formas de comunicação; b) a noção de bem jurídico-penal.

Quanto ao primeiro aspecto, o próprio Jakobs assinala que

> o Direito Penal não se desenvolve na consciência individual, mas na comunicação. Seus atores são pessoas (tanto o autor como a vítima e como o juiz) e suas condições não são estipuladas por um sentimento individual, mas da sociedade. A principal condição para uma sociedade que é respeitosa com a liberdade de atuação é: personalização de sujeitos. Não trato de afirmar que deve ser assim, mas que é assim.[543]

O delito será, portanto, "falha de comunicação", enquanto a pena "é a própria manutenção da identidade social".[544]

---

[541] GIMÉNEZ ALCOVER, Pilar. *El Derecho en la Teoría de la Sociedad de Niklas Luhmann*. Barcelona: José Maria Basch Editor, 1993. p. 50-53.

[542] GRECO, Luís. Introdução à dogmática funcionalista do delito. Em comemoração aos trinta anos de 'Política Criminal e Sistema Jurídico-Penal' de Roxin. *Revista Brasileira de Ciências Criminais (RBCC)*, n. 32, out./dez. 2000. p. 136-137. Disponível em: http://www.mundojuridico.adv.br/documentos/artigos/texto076.doc. Acesso em: 20 jul. 2020.

[543] JAKOBS, Günther. *Sociedade, norma e pessoa*: teoria de um direito funcional. Tradução de Maurício Antonio Ribeiro Lopes São Paulo: Manole, 2003. Coleção Estudos de Direito Penal. v. 6; versão em espanhol: *Sociedad, norma, persona en una teoría de un Derecho penal funcional*. Tradução de Manuel Cancio Meliá e Bernardo Feijoó Sánchez. Bogotá: Universidad Externado de Colômbia: Centro de Investigaciones de Derecho Penal y Filosofia del Derecho, 1998. p. 44-45.

[544] JAKOBS, Günther. *Sociedade, norma e pessoa*: teoria de um direito funcional. Tradução de Maurício Antonio Ribeiro Lopes São Paulo: Manole, 2003. Coleção Estudos de Direito Penal. v. 6; versão em espanhol: *Sociedad, norma, persona en una teoría de un Derecho penal funcional*. Tradução de Manuel Cancio Meliá e Bernardo Feijoó Sánchez. Bogotá: Universidad Externado de Colômbia: Centro de Investigaciones de Derecho Penal y Filosofia del Derecho, 1998. p. 3-4.

Quanto ao segundo aspecto, valendo-se do suporte metodológico de Luhmann, o qual define o Direito como "generalização congruente de expectativas normativas" (v. capítulo anterior), Jakobs retira qualquer substancialidade da ideia de bem jurídico-penal e qualquer dimensão axiológica. Para ele, bem jurídico-penal corresponde à ínsita necessidade de se proteger a firmeza das expectativas normativas.[545]

Jakobs aduz que a constituição da sociedade se dá por meio de normas (regras de configuração) e não por determinados estados e bens (ainda que estes possam ser deduzidos, reflexamente, por meio das normas).[546]

Portanto, no âmbito de uma perspectiva funcional-social, o Direito Penal só garante uma coisa: que se contradiga toda expressão de sentido (provada num procedimento próprio de Estado de Direito) que revele a carência de validade da norma, ou seja, "do ponto de vista específico do Direito Penal, tão-somente existe a expectativa de que não haja culpabilidade".[547]

O próprio jurista alemão ilustra a importância da manutenção das expectativas normativas:

> Si se considera, por ejemplo, la norma primaria "no matarás", y se añade la norma secundaria "y si lo haces, serás castigado", no bastará, en caso de que haya homicidios en masa, que se pene también en masa; por el contrario, no deberán producirse homicidios masivos si se quiere que la realidad del Derecho no se vea afectada. Dicho sea de paso, no es posible llevar a cabo puniciones masivas ya por el hecho de que la coacción estatal es un recurso que no puede incrementarse indefinidamente. Por lo tanto, si la norma primaria sufre erosión, su vigencia acabó por una doble razón: nadie puede seguir tomando en serio la expectativa normativa, y no habrá sanción regular.[548]

Bacigalupo ressalta, dessa forma, a vantagem da perspectiva do *funcionalismo sistêmico*, salientando que a função do Direito Penal não é a consolidação de um estado de coisas, mas, sim, a configuração da identidade da sociedade. "O importante são as regras que estabelecem esta identidade, e não os bens ou situações".[549] Por isso, segundo ele, o Direito Penal tem a missão específica de garantir normas.

---

[545] JAKOBS, Günther. *Sociedade, norma e pessoa*: teoria de um direito funcional. Tradução de Maurício Antonio Ribeiro Lopes São Paulo: Manole, 2003. Coleção Estudos de Direito Penal. v. 6; versão em espanhol: *Sociedad, norma, persona en una teoría de un Derecho penal funcional*. Tradução de Manuel Cancio Meliá e Bernardo Feijoó Sánchez. Bogotá: Universidad Externado de Colômbia: Centro de Investigaciones de Derecho Penal y Filosofia del Derecho, 1998. p. 3-4.

[546] JAKOBS, Günther. *Sociedade, norma e pessoa*: teoria de um direito funcional. Tradução de Maurício Antonio Ribeiro Lopes São Paulo: Manole, 2003. Coleção Estudos de Direito Penal. v. 6; versão em espanhol: *Sociedad, norma, persona en una teoría de un Derecho penal funcional*. Tradução de Manuel Cancio Meliá e Bernardo Feijoó Sánchez. Bogotá: Universidad Externado de Colômbia: Centro de Investigaciones de Derecho Penal y Filosofia del Derecho, 1998. p. 11-13.

[547] JAKOBS, Günther. *Sociedade, norma e pessoa*: teoria de um direito funcional. Tradução de Maurício Antonio Ribeiro Lopes São Paulo: Manole, 2003. Coleção Estudos de Direito Penal. v. 6; versão em espanhol: *Sociedad, norma, persona en una teoría de un Derecho penal funcional*. Tradução de Manuel Cancio Meliá e Bernardo Feijoó Sánchez. Bogotá: Universidad Externado de Colômbia: Centro de Investigaciones de Derecho Penal y Filosofia del Derecho, 1998. p. 41-42.

[548] JAKOBS, Günther. *¿Qué protege el derecho penal: bienes jurídicos o la vigencia de la norma?* Mendoza: Ediciones Jurídicas Cuyo, 2001.

[549] BACIGALUPO, Enrique. *Direito penal*: parte geral. Tradução de André Estefam. Revisão de Edílson Mougenot Bonfim. São Paulo: Malheiros, 2005. p. 35-36.

As normas, por sua vez, autorizam a lesão a bens ou a modificação de situações quando isso se torna necessário para o desenvolvimento da sociedade: permite-se a produção de certos perigos com o tráfico automotor e a conversão de tais perigos em danos não se imputa ao autor que se manteve dentro dos limites do risco permitido.[550]

Trata-se, como se vê, de uma corrente doutrinária que atribui ao Direito Penal a função de estabilização da sociedade e que individualiza o fenômeno delitivo como uma *disfunção social*. É justamente o setor mais radical desse funcionalismo, segundo Hassemer,[551] que defende a ideia segundo a qual o Direito Penal protege exclusivamente a vigência das normas, e que danoso socialmente não é o fato que ofende o bem jurídico, senão o que contraria a validade da norma.

A estrutura social de normas, isto é, o sentido social da normatividade, é mais complexa que a representação linguística – formulada em forma de imperativos – da norma de comportamento.[552]

Desde a perspectiva da Teoria dos Sistemas, a normatividade é um aspecto da necessária estruturação do sistema social; o símbolo do "dever" significa a generalização temporal e social de expectativas: as expectativas normativas, ao contrário das cognitivas, são mantidas em caso de defraudação de maneira contrafática e a efeitos demonstrativos

> as expectativas cognitivas [...] se caracterizam por uma disposição – não necessariamente consciente, ao contrário, pela decisão de não aprender das defraudações. Desde logo, a distinção entre expectativas cognitivas e normativas depende completamente do meio social.[553]

Toda essa formulação funcionalista da teoria do delito, em que as distintas categorias se completam a partir do ponto de vista de sua funcionalidade para o sistema social de convivência, tem Jakobs como seu principal representante. Entendem, por exemplo, Bitencourt e Muñoz Conde que

> [...] em seu Tratado de 1984 expõe uma visão puramente tecnocrática do Direito penal e da Teoria do Delito, em que o caráter conflitivo da convivência social fica convertido num problema que tem que ser reduzido e resolvido nas categorias jurídicas, de forma puramente

---

[550] BACIGALUPO, Enrique. *Direito penal*: parte geral. Tradução de André Estefam. Revisão de Edílson Mougenot Bonfim. São Paulo: Malheiros, 2005. p. 35-36.

[551] "A absolutização do método funcional por Jakobs, sem as limitações do ontológico, levou Silva Sánchez a caracterizar esta teoria como funcional radical. Esta radicalização se encontra apoiada na missão do direito penal, diferente do funcionalismo moderado de Roxin, pois este orienta as categorias do sistema de direito penal a finalidades político-criminalista, enquanto Jakobs vê importância somente nas necessidades sistêmicas dirigidas para a função prevenção-integração, onde a violação de uma norma é disfuncional ao sistema, não porque cause dano a um bem jurídico, mas porque contradiz o modelo de orientação da norma. Esta contradição é um problema de imputação, em especial da imputação do comportamento típico e antijurídico" (*apud* BONFIM, Edilson Mougenot; CAPEZ, Fernando. *Direito penal*: parte geral. São Paulo: Saraiva, 2004. p. 282).

[552] MÜSSIG, Berdn. *Desmaterialización del bien jurídico y de la política criminal*: sobre las perspectivas y los fundamentos de uma teoría del bien jurídico crítica hacia el sistema. Tradução de Manuel Cancio Meliá e Enrique Peñaranda Ramos. Bogotá: Universidad Externado de Colombia, Centro de Investigaciones de Derecho Penal y Filosofía del Derecho, 2001. p. 35.

[553] MÜSSIG, Berdn. *Desmaterialización del bien jurídico y de la política criminal*: sobre las perspectivas y los fundamentos de uma teoría del bien jurídico crítica hacia el sistema. Tradução de Manuel Cancio Meliá e Enrique Peñaranda Ramos. Bogotá: Universidad Externado de Colombia, Centro de Investigaciones de Derecho Penal y Filosofía del Derecho, 2001. p. 39.

funcional. Desde esta perspectiva o delito se define como a frustração de expectativas normativas e a pena como a confirmação contrafática da vigência das normas infringidas.[554]

O tom crítico revela-se, sobretudo, na alegada indiferença quanto ao funcionamento do sistema em um Estado democrático ou em um Estado totalitário.[555]

Neste momento, abstraindo-se as críticas, imperioso reconhecer com Bonfim e Capez, que "mais importante do que situar o dolo e a culpa no fato típico ou na culpabilidade é resolver com justiça a situação concreta e executar um plano de atuação jurídico-penal visando a propiciar melhor convivência entre os membros da sociedade". Por isso, a dogmática e o tecnicismo jurídico passaram a ceder espaço para os fins superiores do Direito Penal e suas funções de incentivar e regular os comportamentos sociais: "as regras jurídicas passam a disputar sua antiga preponderância com a sociologia. Daí o nome 'teoria funcional'".[556]

Na concepção funcionalista de Jakobs, a ação aparece como parte da teoria da imputação (conduta do agente/infração à norma/culpabilidade), que, por sua vez, deriva da função da pena. Primeiro deve-se estabelecer quem deve ser punido por contrariar a estabilidade normativa: o agente é punido porque agiu de modo contrário à norma e de forma culpável. Para os funcionalistas, a imposição de pena terá, assim, o caráter de reestabilizar a norma, uma vez que sua função é justamente garantir essas expectativas. A pena terá a função de garantir a norma e, consequentemente, assegurar por via indireta essa expectativa.

É exatamente isso o que assevera Jakobs: "o funcionalismo jurídico-penal se concebe como aquela teoria segundo a qual o Direito Penal está orientado a garantir a identidade normativa, a garantir a constituição da sociedade".[557]

Em síntese, todas as vertentes do funcionalismo, por meio de sua doutrina racional-final, buscam despertar a ideia de que a formação do sistema jurídico-penal não pode vincular-se à realidade ontológica pregada pelo finalismo, devendo, de outra parte, guiar-se pelas finalidades do Direito Penal.[558]

Roxin associa a dogmática penal à Política Criminal legitimada para a proteção material dos bens constitucionalmente relevantes, Jakobs, partindo da premissa de que a função da pena é (re)afirmar a vigência da norma em favor da estabilização do sistema social, considera que a culpabilidade constitui "uma falta de fidelidade ao direito", justificando, pois, a imposição da pena.

---

[554] BITENCOURT, Cezar Roberto; CONDE, Francisco Muñoz. *Teoria geral do delito*. São Paulo: Saraiva, 2000. p. 11-12.
[555] BITENCOURT, Cezar Roberto; CONDE, Francisco Muñoz. *Teoria geral do delito*. São Paulo: Saraiva, 2000. p. 11-12.
[556] BONFIM, Edilson Mougenot; CAPEZ, Fernando. *Direito penal*: parte geral. São Paulo: Saraiva, 2004. p. 277-279.
[557] JAKOBS, Günther. *Sociedade, norma e pessoa*: teoria de um direito funcional. Tradução de Maurício Antonio Ribeiro Lopes São Paulo: Manole, 2003. Coleção Estudos de Direito Penal. v. 6; versão em espanhol: *Sociedad, norma, persona en una teoría de un Derecho penal funcional*. Tradução de Manuel Cancio Meliá e Bernardo Feijoó Sánchez. Bogotá: Universidad Externado de Colômbia: Centro de Investigaciones de Derecho Penal y Filosofia del Derecho, 1998. p. 11.
[558] JAKOBS, Günther. *Sociedade, norma e pessoa*: teoria de um direito funcional. Tradução de Maurício Antonio Ribeiro Lopes São Paulo: Manole, 2003. Coleção Estudos de Direito Penal. v. 6; versão em espanhol: *Sociedad, norma, persona en una teoría de un Derecho penal funcional*. Tradução de Manuel Cancio Meliá e Bernardo Feijoó Sánchez. Bogotá: Universidad Externado de Colômbia: Centro de Investigaciones de Derecho Penal y Filosofia del Derecho, 1998. p. 01.

Roxin, principal dissidente de Jakobs na atualidade, acentua que

> como avaliação genérica, pode-se dizer que a teoria da imputação de Jakobs impressiona por sua sólida fundamentação filosófico-sociológica. A verdadeira beleza do sistema de Jakobs está não só em sua teoria da imputação objetiva, mas nos reflexos que essa teoria provoca no restante da teoria do crime, e na precisão e harmonia com que cada problema é resolvido, sempre se levando em conta tais efeitos colaterais.[559]

E acrescenta:

> A especial originalidade metódica de sua concepção de sistema consiste em estruturar a dogmática jurídico-penal com base nos conceitos e categorias da teoria de sistemas sociais (em especial a de LUHMANN). No que toca ao conteúdo, a mais controvertida peculiaridade de sua teoria do crime está em deixar JAKOBS a culpabilidade ser completamente absorvida pelo conceito de prevenção geral, em consonância com sua teoria dos fins da pena. [...] Para JAKOBS, a culpabilidade não é algo objetivamente dado, mas simplesmente "adscrito" ao autor sem qualquer consideração às suas capacidades concretas, na medida daquilo que seja necessário para o "exercício de fidelidade ao direito".[560]

Batista também o elogia, aduzindo tratar-se de "uma elaboração teórica de altíssimo nível", ressalvando, contudo, que "poderá fazer sucesso nos países centrais, ricos, com baixa conflitividade social", uma vez que essa teoria seria de difícil aplicabilidade em países periféricos.[561]

No que pese a ressalva de Batista, imprescindível, ao menos para fomentar a reflexão, transcrever a observação de Hassemer:

> Se o Direito Penal, funcional, ocupa seu lugar entre os instrumentos de solução de conflitos, adaptado e ajustado aos demais fins políticos; se sua produção científica atual se dedica a produzir setores funcionais ao sistema e a eliminar as disfunções, então, tudo isto só faz sentido em estrita conformidade com as funções do sistema e dos respectivos subsistemas relevantes. De outra forma não pode ser, pois somente as funções do sistema podem assegurar a funcionalidade do conjunto e oferecer os critérios do que seja adaptado e do que seja inadaptado, do que reproduza e do que perturbe o sistema. Desde modo, a tradicional concepção do Direito Penal, que (ainda?) desconhece a diferença entre "função" e "fim", chega à temática dos fins da pena.[562]

É evidente que existem diversos e distintos movimentos e teorias funcionalistas que, em síntese, ganham força a partir da década de 1970, discutidas com ênfase na Alemanha e que buscam adequar a dogmática penal aos fins do Direito Penal. Percebem que o Direito Penal tem necessariamente uma missão preventiva e que seus institutos

---

[559] ROXIN, Claus. *Funcionalismo e imputação objetiva no direito penal*. Tradução de Luís Greco. Rio de Janeiro: Renovar, 2002. p. 130.
[560] ROXIN, Claus. *Funcionalismo e imputação objetiva no direito penal*. Tradução de Luís Greco. Rio de Janeiro: Renovar, 2002. p. 209.
[561] BATISTA, Nilo. *Novas Tendências do Direito Penal*. Rio de Janeiro: Revan, 2004, p. 20.
[562] HASSEMER, Winfried. *Três temas de direito penal*. Porto Alegre: Publicações Fundação Escola Superior do Ministério Público do Rio Grande do Sul, 1993. p. 52-53.

devem ser compreendidos de acordo com essa missão, ou seja, a conduta penalmente relevante, em termos dogmáticos, deve ser compreendida de acordo com a missão conferida ao Direito Penal ou simplesmente interpretada e pensada funcionalmente.

Em matéria de teoria do crime, o *funcionalismo*, independentemente da corrente doutrinária, contém dois componentes nucleares, lembra Estefam:

> 1) a teoria da imputação ao tipo objetivo (ou teoria da imputação objetiva), que condiciona a imputação de um resultado à criação de um perigo não permitido dentro do alcance do tipo.; 2) a expansão do conceito de culpabilidade para uma ideia de responsabilidade, resultando daí que aquela, como condição indispensável para imposição da pena, deve aliar-se a necessidades preventivas da sanção penal (a culpabilidade e as exigências de prevenção limitam-se reciprocamente, e alguém só será penalmente responsável, se ambas concorrerem simultaneamente).[563]

Para fins didáticos, os principais movimentos, teleológico e sistêmico, capitaneados, respectivamente, por Roxin e Jakobs podem ser assim sintetizados:

Funcionalismo teleológico	Funcionalismo sistêmico
Claus Roxin (Escola de Munique)	*Günhter Jakobs* (Escola de Bonn)
Crime: fato típico (conduta), ilícito e reprovável (imputabilidade, potencial consciência da ilicitude, exigibilidade de conduta diversa e necessidade da pena).	Crime: fato típico (conduta), ilícito e culpável (imputabilidade, potencial consciência da ilicitude e exigibilidade de conduta diversa).
• Roxin busca a reconstrução do Direito Penal com base em critérios político-criminais. • Missão do Direito Penal: proteção de bens jurídicos. Proteger os valores essenciais à convivência social harmônica. • Conduta: comportamento humano voluntário causador de relevante e intolerável lesão ou perigo de lesão ao bem jurídico tutelado.	• Para Jakobs, o Direito Penal deve visar primordialmente à reafirmação da norma violada e ao fortalecimento das expectativas de seus destinatários. • Missão do Direito Penal: assegurar a vigência do sistema. Está relativamente vinculada à noção de sistemas sociais (Niklas Luhmann). • Conduta: comportamento humano voluntário causador de um resultado violador do sistema, frustrando as expectativas normativas. A ação é produção de resultado evitável pelo indivíduo (teoria da evitabilidade individual). O agente é punido porque violou a norma e a pena visa reafirmar a norma violada.

Delineados os primeiros passos e elementos das concepções funcionalistas, passemos agora à análise desmembrada de cada elemento do que configura, em termos analíticos, crime no Brasil, a partir da reforma da Parte Geral de 1984, com as ressalvas dos novos movimentos e escolas funcionalistas.

---

[563] ESTEFAM, André. *Direito penal*: parte geral (arts. 1º a 120). 10. ed. São Paulo: Saraiva, 2021. p. 224-225.

3 Sujeitos do crime

3.1 Sujeito ativo

Quando se fala em sujeitos do crime, o Direito Penal (material)[564] está fazendo referência ao autor da infração penal (sujeito passivo) e às vítimas (sujeitos passivos).

A infração penal, como regra, será praticada por um único sujeito (unissubjetivo), podendo, eventualmente, ser praticada obrigatoriamente por mais de um sujeito (*crimes plurissubjetivos ou de concurso necessário*), como se dá na rixa (art. 137, CP), bigamia (art. 235, CP), associação criminosa (art. 288, CP) etc.

Enfim, o sujeito ativo do crime é aquele que realiza o fato descrito na norma penal incriminadora. É aquele cuja atividade é subsumível ao tipo legal incriminador.

Tal conduta típica poderá ser algo positivo (comissivo) ou negativo (omissivo). Poderão praticar a conduta apenas os humanos (animais não podem praticar, embora possam servir como instrumentos do crime praticado por um indivíduo).

Esta conduta, como dito, em regra, pode ser praticada por uma única pessoa, mas como se verá, poderá contar com a contribuição, cooperação, auxílio e participação de terceiros, que, pela regra de extensão do art. 29, CP,[565] que será estudada no capítulo "concurso de agentes", responderão na medida de sua contribuição e responsabilidade.

Como já mencionado, a conduta do sujeito ativo diz respeito a uma conduta humana, mas a Constituição Federal inovou prevendo a *responsabilidade penal da pessoa jurídica*, tanto para crimes ambientais, quanto para crimes contra a ordem econômica. O problema é que, em relação à ordem econômica, não houve lei penal infraconstitucional regulamentando o dispositivo. Em relação a crimes ambientais, a Lei nº 9.605/98 prevê a responsabilidade penal da pessoa jurídica pela prática de crimes, contemplando, inclusive, sanções específicas: suspensão das atividades, fechamento, multa e interdição temporária das atividades.

Assim, com o advento da Lei nº 9.605/98 (arts. 3º e 21 a 24)[566] e da CF (arts. 173, §5º, e 225, §3º),[567] o legislador ordinário adotou a hermenêutica que permite a incriminação

---

[564] Não confundir o sujeito ativo do crime, com o autor da ação penal que, em regra, é o Ministério Público (art. 129, inc. I, CF) e, excepcionalmente, a vítima ou seus representantes legais nos casos de ação penal privada.

[565] "Art. 29. Quem, de qualquer modo, concorre para o crime incide nas penas a este cominadas, na medida de sua culpabilidade. §1º Se a participação for de menor importância, a pena pode ser diminuída de um sexto a um terço. §2º Se algum dos concorrentes quis participar de crime menos grave, ser-lhe-á aplicada a pena deste; essa pena será aumentada até metade, na hipótese de ter sido previsível o resultado mais grave".

[566] Art. 3º, da Lei nº 9.605/98: "As pessoas jurídicas serão responsabilizadas administrativa, civil e penalmente conforme o disposto nesta Lei, nos casos em que a infração seja cometida por decisão de seu representante legal ou contratual, ou de seu órgão colegiado, no interesse ou benefício da sua entidade. Parágrafo único. A responsabilidade das pessoas jurídicas não exclui a das pessoas físicas, autoras, co-autoras ou partícipes do mesmo fato". Art. 21, da Lei nº 9.605/98: "As penas aplicáveis isolada, cumulativa ou alternativamente às pessoas jurídicas, de acordo com o disposto no art. 3º, são: I – multa; II – restritivas de direitos; III – prestação de serviços à comunidade". Art. 22, da Lei nº 9.605/98: "As penas restritivas de direitos da pessoa jurídica são: I – suspensão parcial ou total de atividades; II – interdição temporária de estabelecimento, obra ou atividade; III – proibição de contratar com o Poder Público, bem como dele obter subsídios, subvenções ou doações. §1º A suspensão de atividades será aplicada quando estas não estiverem obedecendo às disposições legais ou regulamentares, relativas à proteção do meio ambiente. §2º A interdição será aplicada quando o estabelecimento, obra ou atividade estiver funcionando sem a devida autorização, ou em desacordo com a concedida, ou com violação de disposição legal ou regulamentar. §3º A proibição de contratar com o Poder Público e dele obter subsídios, subvenções ou doações não poderá exceder o prazo de dez anos".

[567] Art. 173, §5º, CF: "A lei, sem prejuízo da responsabilidade individual dos dirigentes da pessoa jurídica, estabelecerá a responsabilidade desta, sujeitando-a às punições compatíveis com sua natureza, nos atos praticados contra

da pessoa jurídica nos crimes contra o meio ambiente, prevendo, no art. 3º da sobredita lei, a responsabilidade penal da pessoa jurídica.

Essa capacidade penal das pessoas jurídicas é fruto de algumas teorias que tentam explicar esse assunto, a partir da perspectiva da *ficção* (a pessoa jurídica não tem consciência e vontade própria, tratando-se de construção normativa fictícia que presume a capacidade e vontade) e da *realidade* (ou teoria organicista, que vê na pessoa jurídica um ser geral, tendo vontade própria e, portanto, de delinquir).

Na primeira hipótese, isto é, *responsabilidade por atribuição* (ou por fato de outrem), a pessoa jurídica é responsabilizada pela conduta delinquencial de seu membro.

Já com relação à teorização da *responsabilidade por ato próprio* (ou teoria orgânica), justifica-se a responsabilização penal por uma porosa noção de defeito da organização, o qual ensejaria a imputação moral por omissão de vigilância.

No primeiro caso, de responsabilização por fato de outrem, a empresa responde por ato de seu integrante. Além das dificuldades ínsitas de justificação de punição penal por ato de terceiro, pragmaticamente não se resolvem questões como falta de identificação do infrator, ou quando este age de forma inculpável, por exemplo.

No que diz respeito à teorização orgânica, fundamenta-se com uma abstrata ideia de *alter ego* empresarial, que revelaria a imputação do ente por omissão de vigilância. Cuida-se de ficção eminentemente utilitarista, a qual, novamente, responsabiliza a empresa por fato alheio.

A partir do momento em que a dogmática rompe a tradicional doutrina de considerar tão somente a conduta humana passível de ser penalmente relevante, surge, por consequência, o dilema de se entender que a pessoa jurídica também poderia ser, eventualmente, vítima de crime contra a honra, como calúnia, por exemplo.

Vale, ademais, ressaltar, que a maior parte dos crimes pode ser praticada por qualquer pessoa, sendo necessária apenas a capacidade geral (*crimes comuns*); todavia, determinados crimes exigem de seu sujeito ativo uma capacidade ou atributo especial, certa posição jurídica (funcionário público, médico) ou de fato (gestante, mãe, ascendente), e serão, como se verá no capítulo referente à "classificação dos crimes", denominados *crimes próprios ou especiais*.

Às vezes, faz-se necessária a capacidade especial do sujeito ativo para se valer de *normas permissivas de exclusão de crime ou isenção de pena*, como se dá no caso, por exemplo, do médico para praticar o aborto quando a gravidez resulta de estupro; da parte ou procurador da parte para gozar da imunidade judiciária; do ascendente ou descendente em certos crimes contra o patrimônio praticados sem violência ou grave ameaça.

3.2 Sujeito passivo

Já o sujeito passivo é o titular do bem jurídico lesado ou ameaçado de lesão pelo comportamento criminoso. Há possibilidade de existirem dois ou mais sujeitos passivos

---

a ordem econômica e financeira e contra a economia popular". "Art. 225, §3º, CF: "As condutas e atividades consideradas lesivas ao meio ambiente sujeitarão os infratores, pessoas físicas ou jurídicas, a sanções penais e administrativas, independentemente da obrigação de reparar os danos causados".

em um mesmo crime, e, às vezes, um imediato e outro mediato, como em vários crimes contra a Administração Pública.

O sujeito passivo será aquele que sofre as consequências da conduta (tendo seu bem jurídico lesado em virtude dessa conduta). Poderá ser tanto o ser humano, quanto a pessoa jurídica e o próprio Estado. Não podem ser vítimas de crime: os mortos, as coisas ou os animais.

Como o *Estado* tem o monopólio do direito de punir, ele será o *sujeito passivo formal ou constante*. O sujeito passivo material ou eventual será o titular do interesse penalmente tutelado – pessoa física, pessoa jurídica, coletividade destituída de personalidade jurídica ou todas as pessoas, como no caso de bens difusos (meio ambiente).

Também quanto ao sujeito passivo, em alguns casos, é preciso possuir uma qualidade ou condição especial para poder ser vítima, como se dá, em algumas situações, com recém-nascido, mulher, descendente, menor em idade escolar etc.

No tocante à *pessoa jurídica*, é preciso repisar, entende-se que pode ser sujeito passivo de certos crimes, como furto, dano, calúnia, na medida em que pode, inclusive, ser responsabilizada penalmente pela prática de crimes ambientais.

Os mortos, animais ou *coisas inanimadas* não podem ser sujeito passivo de delitos, podendo ser seu objeto material.

Podem ser sujeitos passivos eventuais de crimes: o ser humano, desde a concepção, a pessoa jurídica, o Estado, a coletividade e até entes sem personalidade jurídica.

O *civilmente incapaz* pode ser sujeito passivo de delitos, na medida em que pode ser titular de um bem jurídico tutelado por norma penal, como a vida e a integridade física, por exemplo. Já o *recém-nascido* também pode ser sujeito passivo de crime (ex.: infanticídio – CP, art. 123) e o mesmo se dá com o feto (sujeito passivo no crime de aborto – CP, arts. 124 a 127).

Os *entes sem personalidade jurídica*: certas entidades desprovidas de personalidade jurídica, como a família, apesar de não serem titulares de bens jurídicos, podem ser sujeitos passivos de infrações penais. Esse o entendimento majoritário da doutrina. Os crimes que possuam como sujeito passivo um ente sem personalidade jurídica são chamados de *crimes vagos* (p. ex., crimes contra a família).

a) Prejudicado ou lesado com o crime.

Não se pode confundir o sujeito passivo com o prejudicado pelo crime; este é toda pessoa que sofre prejuízo de natureza cível com a prática da infração. No homicídio, o sujeito passivo é o falecido; os prejudicados, aqueles que viviam a suas expensas. Na falsificação de moedas, o sujeito passivo é a coletividade, titular da fé pública, ao passo que o prejudicado é o indivíduo que recebeu a moeda falsa.

Por questão de decisão de Política Criminal, não se pune a autolesão, o que faz com que ninguém possa ser, simultaneamente, sujeito ativo e passivo do crime. Aliás, por vezes, há verdadeira confusão entre os sujeitos do crime (como na rixa no art. 137, CP), e a autolesão pode, quando muito, ser meio para a prática de um crime patrimonial (como na fraude à seguradora, prevista no art. 171, §2º, V, CP).

De qualquer sorte, como o Estado e a sociedade são sujeitos passivos constantes, impossível que alguém seja autor e vítima simultaneamente. Imagina-se, por exemplo, alguém vítima de furto, adquirindo o próprio produto furtado. Estaria sendo vítima e autor do crime de receptação (art. 180, CP)? Como dito, nesse caso, foi autor do crime de receptação e vítima de furto, mas o Estado e a sociedade, por excelência, são as vítimas da receptação por conta do significado de se adquirir algo clandestinamente que se sabe ser produto de crime anterior.

4 Objetos do crime

É preciso distinguir o objeto jurídico do crime do objeto material, que, por vezes, coincidem, mas significam coisas distintas.

Objeto jurídico é o bem-interesse protegido pela norma penal, é o que se visa tutelar quando se erige certa conduta como infração penal (*v.g.*, vida, integridade física, honra, patrimônio etc.). Foi o critério escolhido pelo legislador pátrio para dividir em capítulos a Parte Especial do CP. Não há crime sem objeto jurídico, pois, em face do princípio da lesividade, não há crime sem lesão ou perigo de lesão a bem jurídico.

Aqui é preciso fazer uma relevante colocação.

A evolução jurídico-penal, que remonta aos ideais da Ilustração, é a preliminar perquirição acerca do bem jurídico tutelado: "o fim de prover à segurança tutelando bens jurídicos é o que marca um limite racional à aspiração ética do direito penal".[568]

O Estado, dirá Hassemer, somente pode cercear da maneira mais drástica – com a sanção penal – um comportamento humano que ofenda de modo significativo um bem jurídico fundamental à convivência social, o qual não pode ser tutelado de outro modo menos gravoso.[569]

Esse é um critério essencial para a análise da referência material de uma incriminação que se consolidou na tradição da dogmática jurídico-penal.[570]

A noção de bem jurídico remonta à contraposição feita por Johann Michael Franz Birnbaum, em 1834, às ideias de Johann Anselm Ritter von Feuerbach de lesão a direitos subjetivos como núcleo material do delito, desenvolvidas por este último anos antes para fins de negar quaisquer fundamentações teocráticas no Direito Penal. Embora haja autores que vislumbrem em Feuerbach a origem do conceito de bem jurídico, adota-se o entendimento doutrinário majoritário de que a noção mais aproximada surgirá da crítica de Birnbaum às ideias daquele autor, uma vez que "bem" liga-se mais propriamente à ideia de objeto que a de direito.[571]

Sem utilizar a exata expressão "bem jurídico", Birnbaum amplia o espectro de consideração do conteúdo material do crime, desenvolvendo seu pensamento no sentido de que uma incriminação deve sempre estar baseada não em um direito, mas num objeto, de cunho liberal, valorado pelo Estado, representativo de interesses essenciais do indivíduo na vida social. Tal compreensão decorre do fato de que o Direito se baseia

---

[568] ZAFFARONI, Eugenio Raúl; PIERANGELI, José Henrique. *Manual de direito penal brasileiro*. São Paulo: Revista dos Tribunais, 2008. p. 90.

[569] HASSEMER, Winfried. ¿Puede haber delitos que no afecten a un bien jurídico penal? *In*: HEFENDEHL, Roland (Ed.). *La teoría del bien jurídico*: ¿fundamento de legitimación del derecho penal o juego de abalorios dogmático? Madrid: Marcial Pons, 2007. p. 95 e ss.

[570] MIR PUIG, Santiago. *Derecho penal*: parte general. Montevideo-Buenos Aires: B de F, 2005. p. 129.

[571] A respeito do tema, *e.g.*, CUNHA, Maria da Conceição Ferreira da. *Constituição e crime*: uma perspectiva da criminalização e da descriminalização. Porto: Universidade Católica Portuguesa, 1995. p. 30.

na razão humana e no contrato social, não se justificando, quer por uma ideia divina, quer natural.[572]

O primeiro autor a utilizar o termo "bem jurídico" foi Karl Binding, o qual, com uma visão positivista, entendia que o crime seria a lesão a um direito subjetivo do Estado, sendo o bem jurídico aquilo que a lei estabelecesse neste sentido. Ainda dentro dos ideais da escola positiva, mas numa linha naturalística-sociológica e procurando superar as críticas de mero formalismo na definição de Binding, Franz Von Liszt trouxe a compreensão de bens jurídicos como interesses sociais vitais, baseados em circunstâncias sociais concretas.[573]

A partir dos anos 20 do século passado, com o ideário neokantista, abandona-se o viés liberal do bem jurídico, ressaltando-se sua concepção teleológica, isto é, interpretando-o a partir de seu fim, que é visto nos valores comunitários. Tal se deu, pois essa doutrina fundamentou o conceito de ciência do espírito, como o Direito, no método, e não no objeto, dando lugar a uma filosofia axiológica.[574]

Com o fim da I Guerra, as concepções humanistas do jusnaturalismo de Hans Welzel, iniciadas nos anos 1930, foram retomadas. O autor alemão procura fundamentar o sistema delitivo consoante o ontologismo, a partir das estruturas lógico-objetivas, ou da natureza das coisas. A ação humana, que precede ao Direito, é uma estrutura lógico-objetiva fundamental, em razão da capacidade humana de previsão do resultado de seu agir: "é por isso que Welzel afirma que a estrutura ontológica da ação precede a qualquer regulamentação, constituindo estrutura que se há de respeitar ao querer regular condutas".[575]

Apesar de referenciar o bem jurídico como interesse vital da coletividade e do indivíduo, a teoria finalista de Welzel, não o destaca em sua construção. Todavia, possuiu o mérito de ter retomado a ideia de seu conteúdo material, ensejando as reflexões que vieram a seguir acerca da legitimidade da intervenção jurídico-penal. Nesse influxo, a compreensão do temário, entre concepções sociológicas, constitucionais ou sistêmicas, passou, principalmente, a demonstrar escora na Constituição: os bens jurídicos seriam concretizações de valores constitucionais relacionados aos direitos fundamentais.

Isso significa que o cerne do sistema valorativo é a pessoa humana. Nas palavras de Claus Roxin, bens jurídicos são então "realidades ou fins que são necessários para uma vida social livre e segura a qual garanta os direitos humanos e fundamentais do indivíduo, ou para o funcionamento do sistema estatal erigido para a consecução de tal fim".[576]

A sociedade do risco atual, com suas novéis problemáticas e necessidades, tem levado a um constante repensar da teoria do bem jurídico por parcela da doutrina. Por um lado, no sentido de sua utilização não mais como critério crítico e limitativo

---

[572] BECHARA, Ana Elisa L. Silva. O rendimento da teoria do bem jurídico no direito penal atual. *Revista Liberdades*, São Paulo, v. 1, n. 1, maio/ago. 2009. p. 17-18.
[573] BECHARA, Ana Elisa L. Silva. O rendimento da teoria do bem jurídico no direito penal atual. *Revista Liberdades*, São Paulo, v. 1, n. 1, maio/ago. 2009, p. 18.
[574] PRADO, Luiz Regis. *Bem jurídico-penal e Constituição*. 4. ed. São Paulo: Revista dos Tribunais, 2009. p. 33, nota de rodapé 20.
[575] WELZEL, Hans. *Derecho penal alemán*. Trad. Juan Bustos Ramírez e Sérgio Yáñez Pérez. Santiago de Chile: Editorial Jurídica de Chile, 1993.
[576] ROXIN, Claus. *Funcionalismo e imputação objetiva no direito penal*. Tradução de Luís Greco. Rio de Janeiro: Renovar, 2002. p. 448.

da tipificação penal, mas, ao revés, como justificativa para aumento do espectro de incidência do Direito Penal, como o faz, por exemplo, Bernd Schünemann, na Alemanha, e Luis Gracia Martín, na Espanha.[577] Assim é que se procura justificar dogmaticamente a tendência expansionista jurídico-penal.

De outra parte, a reflexão acerca do conceito desponta no sentido de abstrair dele como condição essencial para legitimidade de uma proibição penal, ou seja, uma incriminação poderia ter finalidade diversa da de proteção de bens jurídicos. É o entendimento, *e.g.*, de autores como Günther Stratenwerth, Günther Jakobs, Knut Amelung, Andrew von Hirsch e, mais recentemente, o posicionamento revelado por Roxin.

Jakobs, em sua visão funcionalista sistêmica, entende que o crime é um ato de infidelidade ao ordenamento jurídico, sendo a sanção penal uma resposta de reafirmação da vigência da norma vilipendiada pela prática ilícita.[578] Assim, os tipos penais, por meio do sistema de penas, protegem expectativas sociais de condutas, referenciadas nos papéis das pessoas num contexto social determinado, e não propriamente bens jurídicos.

Aliás, ainda sem maior desenvolvimento, o próprio Roxin já altera sua anterior compreensão crítica, embora, no geral, continue sustentando a teoria do bem jurídico.[579]

As propostas de abandono ou substituição da ideia de bem jurídico revelaram-se até o momento imprecisas e pouco harmoniosas, permeadas por conceitos vagos e utilitaristas, sem maior concretude conformadora de um critério seguro de limitação do arbítrio do Estado.

O melhor posicionamento, então, é o que não admite um crime sem bem jurídico tutelado, que é o fundamento necessário e constitucional tanto para conceber um dever de proteção como para determinar os limites à intervenção e seu cálculo preciso.

A noção do bem jurídico conduz a uma política criminal racional: o legislador penal deve medir suas decisões com critérios justos e claros, utilizando-os simultaneamente para sua justificação e crítica. Tudo que não tenha a ver com a proteção do bem jurídico deve ser excluído do âmbito de proteção do Direito Penal.[580]

Não obstante essa relevante discussão dogmática e, simultaneamente, de uma legítima política de criminalização, defendemos a ideia de necessária violação de bem jurídico para legitimar o direito penal de conformação constitucional. Nesse aspecto, todo tipo penal terá objeto jurídico que coincidirá com a lesão ou ameaça de lesão ao bem jurídico protegido.

Já o *objeto material* é o bem de natureza corpórea ou incorpórea sobre o qual recai a conduta criminosa. No homicídio, o corpo e a vida humana; na lesão corporal, o corpo ou a saúde da vítima; no furto, o bem subtraído.

---

[577] SCHÜNEMANN, Bernd. Sobre la dogmática y la política criminal Del derecho penal del medio ambiente. *Cuadernos de Doctrina y Jurisprudencia Penal*, Buenos Aires, v. 5, n. 9, 1999. p. 627-628; GRACIA MARTÍN, Luis. *Prolegómenos para la lucha por la modernización y expansión del derecho penal y para la crítica del discurso de resistencia*. Valencia: Tirant Lo Blanch, 2003, *passim*.

[578] JAKOBS, Günther. *Tratado de direito penal*: teoria do injusto penal e culpabilidade. Trad. Gercélia Batista de Oliveira Mendes e Geraldo de Carvalho. Belo Horizonte: Del Rey, 2009. p. 19 e ss., passim.

[579] ROXIN, Claus. *Derecho penal*: parte general. Trad. Diego-Manuel Luzón Peña, Miguel Díaz y García Conlledo e Javier de Vicente Remesal. Madrid: Civitas, 2008. t. I: Fundamentos. La estructura de la teoria del delito. p. 51 e ss.

[580] HASSEMER, Winfried; MUÑOZ CONDE, Francisco. *Introducción a la criminología y al derecho penal*. Valencia: Tirant Lo Blanch, 1989. p. 105. Ainda, nas precisas palavras de Reale Júnior: "Os valores fundamentais da Justiça e da liberdade exigem que o legislador, ao construir as normas incriminadoras, arcabouço do Direito Penal, tenha em vista os bens jurídicos considerados dignos de tutela. O bem jurídico preexiste à construção normativa, sendo objeto da escolha do legislador enquanto valor digno de tutela penal".

Por vezes, o sujeito passivo do delito pode se confundir com o seu objeto material, como no crime de lesões corporais (art. 129, CP). De notar-se que existem infrações que não possuem objeto substancial, como o crime de ato obsceno (art. 233, CP) e o de falso testemunho (art. 342, CP).

Há doutrinadores que sustentam que bens incorpóreos não podem ser objetos materiais do crime, visto que deveria haver uma alteração na realidade fática, física e real (o crime ser sentido) para que fosse crime. No entanto, esse não é o melhor entendimento e os bens incorpóreos podem, sim, ser objetos materiais do crime, como se dá, por exemplo, nos crimes de violação de direito autoral, em que o valor intelectual constitui um bem incorpóreo (art. 184, CP), assim como na dignidade da honra de alguém, como se verifica na calúnia (art. 138, CP).

5 Classificação dos crimes

Como já mencionamos, os dicionários definem a "classificação" como a reunião de objetos em classes e nos grupos respectivos, segundo um sistema ou método. Espera-se, no entanto, que esse processo mental de separação tenha alguma utilidade prática.

A utilidade de se ter uma visão geral das diferentes classificações do crime será identificar os momentos consumativos, os sujeitos do crime, entre outras características que, afinal, implicarão uma adequada compreensão e interpretação das normas penais incriminadoras e das respectivas divergências doutrinárias e jurisprudenciais.

Consigne-se que todas essas classificações serão revistas, oportunamente, por ocasião do estudo particularizado de cada um dos elementos que integram a infração penal em termos analíticos.

Passemos, pois, às principais classificações doutrinárias, apontando a finalidade dessas distinções.

5.1 Quanto à duração da ofensa ou lesão ao bem (consumação)

Instantâneo	Permanente	Instantâneo com efeitos permanentes	Eventualmente permanente
Consuma-se num instante ou momento determinado – ex.: homicídio, em que a morte ocorre num momento certo.	O momento consumativo se protrai no tempo – ex.: sequestro e cárcere privado.	Consuma-se num instante, mas o resultado é duradouro e independe da vontade do agente – ex.: homicídio, furto, bigamia etc.; são crimes instantâneos que se caracterizam pela índole duradoura de suas consequências, podendo afetar a fixação da pena-base nos termos do art. 59, CP.	É aquele que, de regra, é instantâneo, mas que, em determinadas circunstâncias, dependendo do seu *modus operandi*, se torna permanente – ex.: art. 155, §3º, crime de furto de energia elétrica, modalidade em que tal crime de furto se torna permanente, visto que, enquanto estiver ocorrendo a subtração do sinal, o crime estará se consumando.

Assim, a primeira classificação diz respeito à *consumação do crime*, ou seja, quando todos os elementos da norma penal incriminadora estão completos e com a duração da lesão e ofensa ao bem protegido por determinada norma. Nesse aspecto, identificar, por exemplo, que um crime é permanente, isto é, que sua consumação se prolonga no tempo, terá relevante utilidade para o cabimento da prisão em flagrante, para o início do prazo prescricional, para análise do tempo do crime, ou seja, se, inclusive, o agente era imputável ou não quando cessou a permanência.

De lembrar que há *crimes necessariamente permanentes* e *crimes eventualmente permanentes*. Os primeiros são os que têm sua consumação protraída no tempo como requisito essencial do tipo penal. A conduta típica é, por sua natureza, duradoura no tempo. É o caso do sequestro (CP, art. 148) e do plágio ou redução à condição análoga à de escravo (CP, art. 149).

Os eventualmente permanentes são aqueles cuja conduta típica pode ou não ser prolongada no tempo. Exemplo disto é a usurpação de função pública (CP, art. 328). O usurpador pode fazê-lo do modo instantâneo, como o particular que se faz passar por funcionário público por um breve período de tempo, ou de modo prolongado, quando o agente se finge funcionário público por vários dias. No último caso, há crime único (delito eventualmente permanente), servindo a persistência como circunstância judicial desfavorável (CP, art. 59, *caput*), isto é, como fator a justificar uma pena mais severa.

O delito de estelionato previdenciário (art. 171, §3º do CP), praticado pelo próprio beneficiário, tem natureza de crime permanente, uma vez que a ofensa ao bem jurídico tutelado é reiterada, iniciando-se a contagem do prazo prescricional com o último recebimento indevido da remuneração.[581]

De outra parte, o delito de estelionato previdenciário, praticado para que terceira pessoa se beneficie indevidamente, é crime instantâneo com efeitos permanentes, iniciando-se a contagem do prazo prescricional a partir da primeira parcela do pagamento relativo ao benefício indevido.[582]

Vale por fim ilustrar que o delito de extorsão mediante sequestro é de natureza permanente e sua consumação se opera no local em que ocorre o sequestro da vítima, com objetivo de obtenção da vantagem, e não no da entrega do resgate.[583]

---

[581] AgRg no AREsp 962731/SC, Rel. Ministro Reynaldo Soares da Fonseca, Quinta Turma, julgado em 22/09/2016, DJe 30/09/2016; AgRg no REsp 1571511/RS, Rel. Ministra Maria Thereza de Assis Moura, Sexta Turma, julgado em 18/02/2016, DJe 29/02/2016; AgRg no REsp 1287126/BA, Rel. Ministro Rogerio Schietti Cruz, Sexta Turma, julgado em 05/11/2015, DJe 23/11/2015; AgRg no REsp 1497147/SP, Rel. Ministro Leopoldo de Arruda Raposo (Desembargador Convocado do TJ/PE), Quinta Turma, julgado em 28/04/2015, DJe 13/05/2015; HC 247408/RJ, Rel. Ministro Gurgel de Faria, Quinta Turma, julgado em 07/04/2015, DJe 16/04/2015; AgRg no REsp 1478717/PE, Rel. Ministro Sebastião Reis Júnior, Sexta Turma, julgado em 18/11/2014, DJe 05/12/2014 (Vide Informativo de Jurisprudência n. 477).

[582] RHC 66487/PB, Rel. Ministro Nefi Cordeiro, Sexta Turma, julgado em 17/03/2016, DJe 01/04/2016; AgRg no REsp 1497147/SP, Rel. Ministro Leopoldo de Arruda Raposo (Desembargador Convocado do TJ/PE), Quinta Turma, julgado em 28/04/2015, DJe 13/05/2015; AgRg no REsp 1347082/RS, Rel. Ministro Moura Ribeiro, Quinta Turma, julgado em 21/08/2014, DJe 26/08/2014; AgRg no REsp 1271901/RJ, Rel. Ministra Laurita Vaz, Quinta Turma, julgado em 18/02/2014, DJe 07/03/2014; AgRg no REsp 1396403/SP, Rel. Ministro Sebastião Reis Júnior, Sexta Turma, julgado em 01/10/2013, DJe 14/10/2013; RHC 27582/DF, Rel. Ministra Maria Thereza de Assis Moura, Sexta Turma, julgado em 15/08/2013, DJe 26/08/2013.

[583] STF. HC 73.521, Rel. Min. Ilmar Galvão, j. 16-4-1996, 1ª T, DJ de 2-8-1996.

5.2 Quanto à conduta (ação ou omissão)

Crimes comissivos	Omissivos próprios ou puros	Omissivos impróprios ou comissivos por omissão
Núcleo do tipo é um agir, como no caso do homicídio e roubo.	Núcleo do tipo já explicita uma omissão, como no art. 135, CP.	Núcleo do tipo é uma ação, mas o agente comete por omissão em face do art. 13, §2º,[584] como seria a hipótese da mãe que mata o filho deixando de alimentá-lo.

Como se verá no próximo capítulo, ao se analisar especificamente a conduta criminosa em regra em Direito Penal, os crimes são *comissivos*, ou seja, são praticados por uma ação identificada no verbo ou ação central da norma penal incriminadora. Excepcionalmente, a própria norma prevê uma *omissão*, um deixar de fazer penalmente relevante.

Por vezes, inclusive, alguns crimes terão *conduta mista*, reunindo as duas espécies de comportamento (ação e omissão). O próprio tipo penal traz os dois comportamentos: uma ação seguida de uma omissão, como se constata, por exemplo, nos crimes previstos no art. 169, parágrafo único, II (apropriação indébita de coisa achada, também denominada de "crime a prazo")[585] e no art. 168-A, CP[586] (apropriação indébita previdenciária).

E, como se verá, a lei contempla no art. 13, §2º, CP, uma norma de extensão da tipicidade ou do proibido, contemplando hipóteses em que infrações inicialmente proibidas por um agir também serão por uma omissão: são os chamados crimes omissivos impróprios ou comissivos por omissão.

5.3 Quanto à determinação dos elementos típicos

Tipos fechados	Tipos abertos
Ex.: matar alguém – art. 121, do CP.	Ex.: praticar ato obsceno em lugar público, ou aberto ou exposto ao público – art. 233, do CP. O elemento "ato obsceno" exige interpretação.

Ao tratar da legalidade e reserva legal, explicitamos brevemente a distinção de tipos *abertos* e *fechados*. Quanto mais temos elementos meramente descritivos no tipo

---

[584] Art. 13, §2º, CP: "A omissão é penalmente relevante quando o omitente devia e podia agir para evitar o resultado. O dever de agir incumbe a quem: a) tenha por lei obrigação de cuidado, proteção ou vigilância; b) de outra forma, assumiu a responsabilidade de impedir o resultado; c) com seu comportamento anterior, criou o risco da ocorrência do resultado".

[585] Crime a prazo seria aquele que depende de determinado prazo para sua consumação, como o de apropriação de coisa achada (art. 162, inc. II, do CP) e o de lesão corporal de natureza grave com resultado de incapacidade para as ocupações habituais, por mais de trinta dias (art. 129, §1º, inc. I, do CP).

[586] "Art. 168-A. Deixar de repassar à previdência social as contribuições recolhidas dos contribuintes, no prazo e forma legal ou convencional: Pena – reclusão, de 2 (dois) a 5 (cinco) anos, e multa. §1º Nas mesmas penas incorre quem deixar de: I – recolher, no prazo legal, contribuição ou outra importância destinada à previdência social que tenha sido descontada de pagamento efetuado a segurados, a terceiros ou arrecadada do público; II – recolher contribuições devidas à previdência social que tenham integrado despesas contábeis ou custos relativos à venda de produtos ou à prestação de serviços; III – pagar benefício devido a segurado, quando as respectivas cotas ou valores já tiverem sido reembolsados à empresa pela previdência social".

penal, menos discricionariedade terá o intérprete e aplicador do direito, ou seja, um tipo mais fechado será mais taxativo, dando maior previsibilidade e segurança jurídica aos destinatários da norma. Ao contrário, tipos excessivamente abertos permitirão inúmeras valorações e diversas possibilidades de adequação de situações fáticas à norma, conferindo, de certa forma, arbítrio ao aplicador e ampla discricionariedade judicial e, por consequência, insegurança aos destinatários da norma.

5.4 Quanto à dependência ou autonomia entre os tipos

Tipos fundamentais (básicos/principais)	Tipos derivados (acessórios)	Tipos autônomos (*sui generis*)
Cuja existência independe de outro delito, como exemplo, o crime de furto.	Pressupõem a existência de outro delito anterior, como se dá com a receptação, o favorecimento real e o uso de documento falso.	Também chamados de derivação típica autônoma, porque somente mostram conexão criminológica com outro delito, mas se trata de uma variante independente, com uma nova hierarquia valorativa. Eles contêm todas as elementares de outro delito, porém não são casos agravados ou atenuados desse outro delito, mas são tipos autônomos, com sua própria classe de injusto, como é, por exemplo, o roubo em relação ao furto; o infanticídio em relação ao homicídio.

Considera-se, nessa classificação, a relação entre os delitos, se há ou não a dependência de outra infração para a sua configuração. Assim, tradicionalmente, distinguem-se os *crimes fundamentais ou principais* (aqueles que existem independentemente da ocorrência de outro delito), como os crimes *acessórios, parasitários ou derivados* (aqueles cuja ocorrência depende de um crime anterior). Parte da doutrina prefere distingui-los, inclusive, como os crimes de *fusão*, de *conexão* ou de *anexação* (delitos de fusão são aqueles que se relacionam a outro delito cometido anteriormente por terceiros, como o favorecimento pessoal, o favorecimento real e a receptação).[587]

Do mesmo modo, parte da doutrina utiliza a denominação *tipos autônomos* (*sui generis*) para fazer referências a tipos autônomos cujos elementos já se encontram em outro crime, tema que terá relevância no estudo do conflito aparente de normas.

---

[587] ZAFFARONI, Eugenio Raúl; BATISTA, Nilo; ALAGIA, Alejandro; SLOKAR, Alejandro. *Direito penal brasileiro*. 1. ed. Rio de Janeiro: Revan, 2017. v. 2. t. 2. p. 469.

5.5 Quanto à quantidade de autores ou sujeitos ativos

Crimes unissubjetivos (de concurso eventual)	Plurissubjetivos (de concurso necessário)	Falso tipo plurissubjetivo
Podem ser cometidos por uma só pessoa, como é o caso do homicídio.	Exige o tipo legal para sua configuração a presença de duas ou mais pessoas, como se dá nos crimes de rixa, associação criminosa e associação para o tráfico de drogas.	Geralmente são praticados por uma única pessoa, mas têm a pena aumentada quando praticados em concurso. A culpabilidade de todos os agentes é dispensável (ex.: no furto praticado por um maior de idade na companhia de um adolescente, incide a qualificadora de concurso de pessoas – art. 155, §4º, IV).

A regra é de que o crime possa ser praticado por uma única pessoa (crimes unissubjetivos). Mas, em alguns crimes, a lei obrigatoriamente exigiu mais de uma pessoa: trata-se dos crimes de concurso necessário ou plurissubjetivos.

Essa classificação será relevante por ocasião do estudo do tema "concurso de pessoas", haja vista nos crimes plurissubjetivos não ser necessária a pluralidade de agentes para a própria configuração do delito. Eles se subdividem em:[588] a) *crime plurissubjetivo de condutas convergentes ou bilaterais*: as condutas dos agentes devem se direcionar uma em direção à outra (bigamia); b) *crime plurissubjetivo de condutas paralelas*: as condutas dos indivíduos devem atuar paralelamente, possibilitando a prática delitiva (associação criminosa); c) *crime plurissubjetivo de condutas contrapostas* – as condutas dos agentes devem ir de encontro umas às outras, ou seja, se contraporem (rixa).

5.6 Quanto à possibilidade de fracionamento da conduta

Tipo unissubsistente	Tipo plurissubsistente
É o que se realiza com só um ato, como se dá com o crime de ato obsceno.	O que se perfaz com vários atos, como se dá com o roubo.

---

[588] Classificação também adotada por Rogério Sanches Cunha (*Manual de direito penal*: parte geral. 8. ed. Salvador: Juspodivm, 2020. p. 225). Cleber Masson usa outra denominação, denominando os crimes plurissubjetivos, em sua subdivisão e na mesma ordem acima mencionada, de crimes bilaterais ou de encontro; crimes de condutas coletivas ou de convergência de condutas paralelas e de crimes de condutas coletivas ou de convergência de condutas paralelas (MASSON, Cleber. *Direito penal*: parte geral (arts. 1º a 120). 14. ed. São Paulo: Método, 2020. v. 1. p. 176-177). Na obra *Direito penal brasileiro*, de Juan Carlos Olivé e outros, a subdivisão é feita entre os plurissubjetivos de convergência ou coincidência, em que a atuação de todos é uniforme para atingir um mesmo objetivo, como no constrangimento ilegal por coautoria, e plurissubjetivos de encontro, em que a intervenção de cada um é independente, como na advocacia administrativa (OLIVÉ, Juan Carlos; NUÑES PAZ, Miguel Ángel; OLIVEIRA, Willian Terra de; BRITO; Alexis Couto de. *Direito penal brasileiro*. Parte geral: princípios fundamentais e sistema. 2. ed. São Paulo: Saraiva, 2017. p. 259).

A grande relevância de se entender a quantidade de atos para a prática do crime diz respeito ao fracionamento dos atos de execução e o consequente cabimento da punição do crime tentado, como se verá em capítulo próprio.

O crime *unissubsistente* é aquele que se realiza com um único ato, como o desacato ou a injúria, ambos praticados verbalmente. A conduta não pode ser fracionada. A doutrina majoritária não admite tentativa desse tipo de crime, como ocorre, por exemplo, com a injúria verbal. Já o crime *plurissubsistente* é aquele cuja prática exige mais de uma conduta para sua configuração. Em outras palavras, a conduta do agente pode ser fracionada, possibilitando a interrupção da execução, por circunstâncias alheias à vontade do agente, e, com isso, a punição do *conatus* (modalidade tentada do crime).

5.7 Quanto à qualidade dos autores ou sujeitos ativos

Tipo comum/geral	Tipo especial /próprio	Tipo de própria mão
É aquele que pode ter como autor qualquer pessoa, não exigindo um atributo ou qualidade específica, como se dá no homicídio.	É aquele que exige uma determinada qualidade do sujeito ativo, como se verifica no autoaborto – apenas mulheres; infanticídio – apenas a mãe pode cometer esse crime; corrupção passiva – pode ser cometida apenas por funcionários públicos.	Neste caso, a conduta só pode ser praticada por quem possua aquela especial qualidade e de maneira direta, não admitido, pois, a coautoria, como se dá no crime de falso testemunho.

Essa classificação está relacionada à qualidade do autor ou do sujeito ativo. Os *crimes comuns* (praticados por qualquer pessoa) exigem apenas a capacidade geral. Já os *crimes próprios* exigem de seu sujeito ativo uma capacidade especial, certa posição jurídica (funcionário público, médico) ou de fato (gestante, mãe, ascendente do autor). Estes distinguem-se dos *crimes de mão própria ou de atuação pessoal* porque aqueles podem ser cometidos por um número limitado de pessoas, que podem valer-se de outras para executá-los, enquanto estes, embora possam ser praticados em regra por qualquer um, não admitem interposta pessoa (falso testemunho ou falsa perícia e usurpação de função pública).

Tanto os crimes próprios, quanto os crimes de mão própria exigem uma qualidade ou condição especial do sujeito ativo, mas somente os crimes próprios admitem coautoria. Os crimes de mão própria ou atuação pessoal, com relação ao concurso de pessoas, somente admitem a participação, sendo-lhes impossível a coautoria.

Vale registrar, como se verá, que será possível a uma pessoa que não possua o atributo especial, como ser funcionário público, praticar um crime em coautoria ou participar de um crime praticado por funcionário público, desde que saiba da condição funcional e o crime tenha sido praticado no exercício ou em razão da função pública, pela regra do art. 30 do Código Penal.

Alguns crimes, outrossim, exigem atributos especiais tanto do sujeito ativo, quanto do sujeito passivo, denominados por *crimes bipróprios* (como os delitos de maus-tratos e infanticídio).

Parte da doutrina também subdivide os crimes próprios em *a) puros*: determinada conduta só tem relevância se for praticada pela pessoa que possui aquela especial qualidade, ou seja, a mesma conduta, se praticada por terceiro, não será considerada crime (como se dá com o crime de advocacia administrativa em relação ao atributo "funcionário público"); *b) impuros*: a especial qualidade do sujeito ativo apenas desloca a tipicidade penal, gerando a desclassificação do crime: no peculato-furto (quando um funcionário público subtrai para si, se prevalecendo dessa qualidade, algo público), inexistindo a condição funcional, subsiste o crime de furto.

5.8 Quanto ao grau de intensidade do ataque ao bem jurídico

Tipo de lesão/de dano	Tipo de perigo	Tipos vagos
A lei exige, para consumação do crime, a efetiva lesão ao bem jurídico – ex.: homicídio, lesões corporais etc.	Consuma-se com a mera exposição do bem jurídico a perigo – ex.: perigo de contágio venéreo, rixa, incêndio etc.	Cujo sujeito passivo é genericamente a coletividade, como se dá, por exemplo, nos crimes de lesão a bens difusos e coletivos, como ao meio ambiente, ou quando não possuem vítima determinada, como se dá no crime de violação de sepultura.

Tocamos nesse tema por ocasião da discussão da adoção indiscriminada do princípio da precaução nesse contexto de sociedade de riscos.[589]

Para parte da doutrina, a distinção entre crimes de perigo e de dano constituiria uma lesão ao princípio da ofensividade penal, mas fato é que cada vez mais o legislador se socorre da fórmula de *criminalização em estágio prévio*.

No que se refere à *criminalização em estágio prévio* ou excessiva antecipação da tutela penal, o já mencionado Direito Penal do risco,[590] pautado pela adoção indiscriminada do princípio da precaução, seja para proteção bens difusos (como o meio ambiente), seja para coibir a criminalidade que atinge o tecido social de forma difusa (terrorismo, crime organizado etc.), tem se socorrido cada vez mais da criminalização de atos preparatórios[591] ou elevando atos preparatórios à categoria de crimes autônomos,[592] o

---

[589] BECK, Ulrich. *Sociedade de risco*: rumo a uma outra modernidade. Tradução de Sebastião Nascimento. São Paulo: Ed. 34, 2010.
[590] PRITTWITZ, Cornelius. O direito penal entre direito penal do risco e direito penal do inimigo: tendências atuais em direito penal e política criminal. *Revista Brasileira de Ciências Criminais*, São Paulo, v. 47, mar./abr. 2004.
[591] Art. 5º, da Lei nº 13.260/16 (Lei Antiterrorismo): "Realizar atos preparatórios de terrorismo com o propósito inequívoco de consumar tal delito: Pena – a correspondente ao delito consumado, diminuída de um quarto até a metade".
[592] Lei nº 10.826/03 (Estatuto do Desarmamento), "Art. 14. Portar, deter, adquirir, fornecer, receber, ter em depósito, transportar, ceder, ainda que gratuitamente, emprestar, remeter, empregar, manter sob guarda ou ocultar arma de fogo, acessório ou munição, de uso permitido, sem autorização e em desacordo com determinação legal ou regulamentar: Pena – reclusão, de 2 (dois) a 4 (quatro) anos, e multa".

que, para parte da doutrina, violaria o princípio da ofensividade[593] e configuraria um aspecto da nova política de *combate a inimigos*.[594]

Assim, o Direito Penal clássico, que tradicionalmente criminaliza sobre a forma *de danos*, com efetiva lesão ao bem jurídico (ex.: homicídio, furto etc.), cada vez mais convive com *tipos de perigo* (a lei quer impedir uma situação de risco ao bem jurídico). Esses crimes de perigo podem ser *individuais* (é o que expõe ao risco de dano o interesse de uma só pessoa ou de um limitado número de pessoas) ou *crimes de perigo coletivos* (atingindo um número indeterminado de pessoas).

Ademais, o perigo pode ser *presumido/abstrato* (é o considerado pela lei em face de determinado comportamento positivo ou negativo, isto é, a lei que o presume *juris et de jure*, como se dá com o crime de embriaguez ao volante no art. 306, CTB,[595] o porte de arma de fogo de uso restrito[596] e o tráfico de drogas)[597] ou *concreto* (é o que precisa ser provado, ou seja, incumbe ao órgão de acusação o ônus de comprovar que concretamente houve exposição a perigo, como se verifica no crime do art. 309, CTB.

Hungria teceu com propriedade a respeito do conceito de perigo enunciando as seguintes teorias: a) *teoria subjetiva* (Van Buri): segundo essa teoria, o perigo não passa de uma ideia, de uma hipótese mentalmente formulada, nada tendo de concreto, como a impressão de temor como uma representação mental; b) *teoria objetiva* (Von Liszt): o perigo é um dado que se extrai da realidade segundo um cálculo estatístico fundado na experiência e na observação dos fatos; c) *teoria mista ou integrativa* (Oppenheim): sustenta que o perigo é, ao mesmo tempo, um conceito objetivo e subjetivo, exigindo um juízo avaliativo ou uma previsão, um cálculo.[598]

Parte da doutrina ainda distingue os crimes de perigo em perigo atual x iminente. *Perigo atual* é aquele cujo perigo causado é contemporâneo à conduta do agente. O crime de desabamento ou desmoronamento do art. 256 do CP tende a ser de perigo atual, pois o desabamento de um prédio, quando ocorre, já coloca em perigo a vida, a integridade física ou o patrimônio de outrem. Já o crime de *perigo iminente* seria aquele cujo perigo está prestes a acontecer. O abandono de incapaz, do art. 133 do CP, na prática, pode se mostrar um crime de perigo iminente, já que, ainda que a pessoa sob cuidado não fique em perigo imediatamente, pode ficar depois de algum tempo sem cuidado.

---

[593] Ver: GOMES, Luiz Flávio. *O princípio da ofensividade no direito penal*. São Paulo: Revista dos Tribunais, 2002. Série As Ciências Criminais do Século XXI. v. 6.

[594] Ver nesse sentido: MORAES, Alexandre Rocha Almeida de. *Direito penal do inimigo*: a terceira velocidade do direito penal. Curitiba: Juruá, 2008.

[595] Nesse sentido: STJ, RHC 97585/SP, Rel. Ministra Maria Thereza de Assis Moura, Sexta Turma, julgado em 26/06/2018, DJe 02/08/2018; AgRg no AREsp 1241914/SP, Rel. Ministro Jorge Mussi, Quinta Turma, julgado em 19/06/2018, DJe 28/06/2018; AgRg no AREsp 1258692/MG, Rel. Ministro Rogerio Schietti Cruz, Sexta Turma, julgado em 07/06/2018, DJe 15/06/2018; AgRg no AREsp 1241318/PR, Rel. Ministro Joel Ilan Paciornik, Quinta Turma, julgado em 10/04/2018, DJe 25/04/2018; AgRg nos EDcl no HC 354810/PB, Rel. Ministro Reynaldo Soares da Fonseca, Quinta Turma, julgado em 17/10/2017, DJe 23/10/2017; RHC 80363/SP, Rel. Ministro Felix Fischer, Quinta Turma, julgado em 03/08/2017, DJe 10/08/2017. (Vide Informativo de Jurisprudência N. 466).

[596] STF. RHC 118.304, Rel. Min. Rosa Weber, j. 17-12-2013, 1ª T, DJE de 14-2-2014.

[597] GRECO FILHO, Vicente, Tóxicos. 13ª ed. São Paulo: Saraiva, 2009, p. 149.

[598] HOFFBAUER, Nélson Hungria. *Comentários ao Código Penal*. Rio de Janeiro: Forense, 1955. v. 2. p. 13-14.

Na Alemanha, há a denominação de crimes de aptidão, de perigo hipotético ou de crime de perigo abstrato-concreto. Referida teoria buscaria trazer uma nova classificação entre os quatro tipos de delitos acima descritos, sendo os *crimes de aptidão* aqueles em que o perigo seria parte do tipo, e não uma fundamentação da própria incriminação. Por isso, seriam diferentes dos crimes de perigo abstrato. Além disso, não exigiriam a demonstração de um perigo concreto, razão pela qual se diferenciariam dos crimes de perigo concreto. Referidos delitos seriam assim denominados por exigirem a aptidão e idoneidade da produção do resultado, ou seja, a potencialidade de causar o dano ao bem jurídico.[599] Exigir-se-ia, assim, a idoneidade para a produção do resultado, sem exigir sua comprovação caso a caso, mas a demonstração de que, pelo que ordinariamente acontece, a conduta era idônea para colocar o bem jurídico em risco.

Historicamente, os *crimes vagos* englobavam todos os tipos cujo sujeito passivo era genericamente a coletividade, como se dá, por exemplo, nos crimes de lesão a bens difusos e coletivos. Atualmente, parte da doutrina europeia utiliza a expressão "crimes de acumulação"[600] para se referir aos tipos supraindividuais (de caráter coletivo) ou *espiritualizados* (que transcendem a individualidade), como se dá nos casos dos tipos previstos na Lei nº 9.605/98.

Nesses casos, é possível que não se compreenda como pode uma conduta isolada causar relevante dano ou perigo de dano ao bem jurídico. No entanto, a lesão – ou o perigo de que ocorra – passa a ser compreendida quando se leva em conta não apenas a conduta de um agente, mas o acúmulo de condutas e resultados semelhantes caso não haja punições individuais.

Justamente por isso, lembra Sanches,

> para a parcela da doutrina, que a punição do agente ocorre sem que se observe o princípio da lesividade. Nos delitos de acumulação, com efeito, não se considera esse aspecto de lesão ou perigo de lesão sobre condutas unitárias, mas sobre a soma hipotética de condutas. Dada a natureza dos bens jurídicos protegidos por meio dessa espécie de delito, modifica-se a perspectiva sob a qual o princípio da lesividade pode limitar o poder punitivo.[601]

O que legitima a punição, portanto, é a soma de pequenas lesões ao bem jurídico coletivo. Os delitos de acumulação, isoladamente considerados, carregam, portanto, uma lesividade potencial, sem que seja possível coligir lesão ou perigo de lesão relevante ao bem jurídico a partir da conduta concreta.[602]

---

[599] ROXIN, Claus. *Derecho penal*. Parte general. Traducción de la 2ª edición alemana. Madrid: Thomsom Reuters, 2017. t. I. p. 411.

[600] Trata-se, em síntese, de uma norma de microlesões e de uma técnica de tipificação baseada em muitos atos. Nesse sentido, a acumulação é mais do que uma técnica legislativa, é também um fundamento para a justificação ou legitimação de condutas perigosas contra bens jurídicos coletivos (VON HIRSCH, Andrew; WOHLERS, Wolfgang. Teoría de bien jurídico y estructura del delito. Sobre los criterios de uma imputación justa. In: HEFENDEHL, Roland; VON HIRSCH, Andrew; WOHLERS, Wolfgang. *La teoría del bien jurídico: ¿Fundamento de legitimación del Derecho penal o juego de abalorios dogmático?* Madrid: Marcial Pons, 2016).

[601] CUNHA, Rogério Sanches. *Manual de direito penal*: parte geral. 8. ed. Salvador: JusPodivm, 2020. p. 229.

[602] DOTTI, René Ariel. *Curso de direito penal*: parte geral. 6. ed. Rio de Janeiro: Forense, 2018. p. 163.

5.9 Quanto ao processo causal

Tipo de forma livre	Tipo de forma vinculada
São aqueles que podem ser executados de diversas formas, como o crime de ameaça, que pode ser verbal ou escrita.	São aqueles que a lei diz exatamente a conduta que se comporta como crime, como se dá com o crime de curandeirismo.

Trata-se do critério de a lei penal prever ou não uma *forma determinada para a prática da infração penal*, sendo que só se configurará o delito se o sujeito ativo agir daquele modo específico para a realização típica.

Os crimes de forma vinculada ou casuística se subdividem em *forma vinculada cumulativa e forma vinculada alternativa*. No primeiro caso, o tipo penal exige que o sujeito incorra em mais de um verbo, necessariamente, para fins de consumação.

É o caso da apropriação de coisa achada (art. 169, parágrafo único, II, do CP), em que se pune: "quem acha coisa alheia perdida e dela se apropria, total ou parcialmente, deixando de restituí-la ao dono ou legítimo possuidor ou de entregá-la à autoridade competente, dentro no prazo de 15 (quinze) dias" (o primeiro ato é uma ação – apropriar-se da coisa achada – e o ato subsequente, necessário para a consumação, é uma omissão – deixar de restituir o bem ao dono, legítimo possuidor, ou deixar de entregá-lo à autoridade). Os crimes de forma vinculada alternativa são aqueles para os quais o tipo prevê várias ações ou omissões, deixando claro que o fato ocorre com o cometimento de qualquer uma delas. É o caso do crime de plágio (CP, art. 149), acima mencionado.[603]

5.10 Quanto à unidade ou pluralidade dos atos típicos (número de condutas no tipo penal)

Tipo simples	Tipo habitual	Misto alternativo	Misto cumulativo
Um único ato típico já configura o crime, sem qualquer necessidade de reiteração que, ocorrendo, implicará concurso de crimes, como o homicídio.	O crime exige a reiteração da mesma conduta reprovável, de forma a constituir um estilo ou hábito de vida, como se dá no curandeirismo; variável desse tipo seria o *crime profissional*, que se verifica quando o agente pratica ações com intenção de lucro, como no caso do rufianismo.	São os tipos que descrevem mais de uma conduta. Admitem, assim, que o fato criminoso seja realizado por uma ou outra das condutas previstas. Neles, as condutas previstas são fungíveis, tanto faz o cometimento de uma ou de outra, porque afetam o mesmo bem jurídico, havendo único delito, inclusive se o agente realiza mais de uma, como se dá no tráfico de drogas.	As condutas não são fungíveis, porque atingem bens jurídicos distintos em suas titularidades. Poderiam estar descritas em tipos diversos, compondo cada qual um delito, mas, por critério legislativo, são reunidas em um único tipo, pelo que haverá tantos crimes quantas forem as condutas realizadas. Um clássico exemplo: art. 135 do CP, crime de omissão de socorro.

---

[603] ESTEFAM, André. *Direito penal*: parte geral (arts. 1º a 120). 10. ed. São Paulo: Saraiva, 2021. p. 107.

A distinção entre *tipos simples* e *misto alternativos* (ou de conteúdo variado) ou *cumulativos* terá profunda relevância, como se verá, para se aplicar a regra ou princípio da alternatividade no conflito aparente de norma (tipo único) ou concurso de crimes (com soma ou exasperação das penas).

Assim, o *crime de ação múltipla, de ação plurinuclear, de conteúdo variado ou tipo misto será* o crime que possui mais de um núcleo do tipo, podendo ser dividido em alternativo ou cumulativo.

Em geral, o tipo penal incriminador revela apenas uma conduta proibida, correspondente a um verbo, dogmaticamente identificado como núcleo do tipo. É o caso da palavra "matar", no crime do homicídio, ou "subtrair", no delito de furto. Em referidas situações, está-se diante de um crime de ação única.

De outra parte, o *crime habitual* assim como o *crime profissional*, por exigirem uma reiteração da conduta, tomando isoladamente cada uma, não configurariam um fato relevante para o Direito Penal.

Parte da doutrina denomina, como mencionado, o crime profissional também como *crime mercenário*, ou seja, como sendo espécie de crime habitual realizado com intuito de lucro.[604] Para outra parcela, é o crime cometido por meio da profissão lícita do agente, como meio para realizar uma conduta criminosa.

5.11 Quanto às formas básicas de realização das etapas *iter criminis*

Tipo consumado	Tipo tentado
Todos os seus elementos foram integralmente praticados.	O crime se iniciou, ou seja, o agente praticou atos de execução, mas o crime não se completou por circunstâncias alheias à vontade do agente.

A relevância dessa classificação, a partir do momento em que o país adotou a Política Criminal como regra[605] de punição dos crimes na forma tentada, será a dosimetria das penas, eis que, conforme o parágrafo único do art. 14 do Código Penal, a pena será diminuída de 1/3 a 2/3.

Consigne-se, ademais, que o Direito Penal, desde a escola clássica de inspiração iluminista, não pune a cogitação do crime, tampouco os atos preparatórios, embora haja exceções na lei,[606] além de crimes que seriam atos preparatórios, mas que foram elevados à categoria de crimes autônomos.[607]

---

[604] CAPEZ, Fernando. *Curso de direito penal*: parte geral. 24. ed. São Paulo: Saraiva, 2020. p. 292.
[605] Nos termos do art. 4º da Lei de Contravenções Penais, por medida de Política Criminal, não se pune a tentativa de contravenção.
[606] Art. 5º, da Lei nº 13.260/16 (Lei Antiterrorismo): "Realizar atos preparatórios de terrorismo com o propósito inequívoco de consumar tal delito: Pena – a correspondente ao delito consumado, diminuída de um quarto até a metade".
[607] Também denominado "crime obstáculo", o STJ já usou o termo "tipo penal preventivo" para um crime obstáculo, o de porte de arma de fogo – HC nº 211.823-SP, Rel. Min. Sebastião Reis Júnior, julgado em 22/3/2012.

Há crimes que só admitem a forma tentada: são os de lesa-pátria. Estão previstos na Lei de Segurança Nacional, sendo exemplo o seu art. 11, eis que o próprio núcleo do tipo é "tentar desmembrar", de modo que só a conduta tentada é punida.

Já os *crimes de atentado ou de empreendimento* são aqueles em que o legislador equipara a forma tentada à forma consumada do delito, prevendo a mesma pena para ambas as modalidades, como se dá, por exemplo, com o art. 352 do CP, bem como o do art. 309 do Código Eleitoral.

A *tentativa pode ser branca ou cruenta*. Considera-se branca quando o objeto material (pessoa ou coisa sobre a qual recai a conduta) não é atingido (por exemplo, o homicida efetua os disparos e não atinge a vítima, que permanece incólume). Considera-se cruenta quando o objeto material é atingido.

Fala-se em *crime falho, tentativa perfeita ou acabada* quando o agente realiza todo o *iter criminis*, mas, ainda assim, não obtém a consumação do delito. Por exemplo, o homicida efetua vários disparos contra a última, esgotando a munição de seu revólver e, ainda assim, a vítima sobrevive.

Há outras classificações ligadas ao tema do *iter criminis*. É o caso do *crime impossível, quase crime, tentativa inadequada ou inidônea*. De acordo com o art. 17 do CP, "Não se pune a tentativa quando, por ineficácia absoluta do meio ou por absoluta impropriedade do objeto, é impossível consumar-se o crime".

O *crime exaurido* é uma expressão utilizada sempre que, depois da consumação, o bem jurídico sofre novo ataque ou ultimam-se as suas consequências. Assim, no crime de extorsão mediante sequestro (CP, art. 159), a privação da liberdade da vítima por tempo juridicamente relevante é suficiente para a consumação do crime. Se os sequestradores receberem a vantagem indevida, exigida como condição ou preço do resgate, diz-se que o crime está exaurido.

No falso testemunho (CP, art. 342), a consumação ocorre quando a testemunha mente ou oculta a verdade sobre fato juridicamente relevante. Se o depoimento falso for utilizado como elemento de prova na sentença, embasando uma injustiça, diz-se que o crime se exauriu, pois produziu suas últimas consequências.[608]

5.12 Quanto ao número de bens jurídicos lesionados

Tipo mono-ofensivo/uniofensivo	Tipo pluriofensivo
Lesão a um único bem jurídico.	Norma incriminadora contempla a lesão a mais de um bem jurídico.

Apesar de se tratar de classificação menos frequente na doutrina, podemos dividir as infrações penais, ainda, no tocante ao número de bens jurídicos ofendidos com a realização típica. Seriam as espécies de crime, segundo tal critério: a) *crime mono-ofensivo* – é aquele que atinge apenas um bem jurídico, como furto, que ofende o patrimônio; b) *crime pluriofensivo* – é aquele que viola mais de um bem jurídico. Podemos exemplificar com o latrocínio, que atinge o patrimônio e a vida.

---

[608] ESTEFAM, André. *Direito penal*: parte geral (arts. 1º a 120). 10. ed. São Paulo: Saraiva, 2021. p. 105.

Essa classificação tem sido relevante para um juízo crítico de crimes que protegem os mesmos interesses ou, ainda, por conta dos novos interesses envolvidos em crimes desse tempo social, como se dá com a criminalidade econômico-financeira e com o terrorismo.

Consigne-se que há *crimes de dupla subjetividade passiva*, ou seja, aqueles que possuem mais de um sujeito passivo imediato. É o caso do aborto sem consentimento da gestante (CP, art. 125) e de violação de correspondência (CP, art. 151), a título ilustrativo.

5.13 Quanto ao elemento volitivo

Doloso	Culposo	Preterdoloso

Esse assunto será amplamente enfrentado por ocasião do estudo da conduta, máxime por que, desde a reforma da Parte Geral do Código Penal em 1984, o elemento volitivo, qual seja, o dolo e, excepcionalmente, a culpa, passou a integrar a conduta com a adoção do finalismo penal.

Os *crimes dolosos*, segundo a regra do art. 18, inc. I, do Código Penal, ocorrem quando o agente tem intenção de praticar o resultado (dolo direto) ou quando assume o risco de produzir o resultado (dolo eventual e uma das hipóteses de dolo indireto). O dolo é a regra geral dos crimes no Direito Penal brasileiro.

No *dolo direto*, o sujeito ativo do delito perpetra a conduta com plena intencionalidade, isto é, querendo-a, o que pressupõe vontade e consciência na realização de conduta correspondente ao previsto em um tipo penal. Em outros termos, a ação ou a omissão é praticada visando-se ao resultado jurídico criminoso, ou seja, com conhecimento e desejo de atingimento do bem jurídico penalmente tutelado.

Já no *dolo eventual*, embora não deseje diretamente um resultado lesivo, o agente anui com ele, agindo apesar de considerar sua real possibilidade. O dolo eventual, ou indireto, não pode ser confundido com a culpa consciente, em que o sujeito, apesar de prever a possibilidade de ocorrência do resultado material, não acredita que tal se dará, confiando em sua aptidão para evitá-lo. O dolo eventual não deixa de ser espécie de dolo, devendo a infeliz expressão "assumir o risco de produção do resultado" ser interpretada como aceitação de sua ocorrência.

Por vezes, como se verá por ocasião do estudo de todos os elementos que integram a conduta, não basta a intenção ou o dolo genérico. Assim, para parte da doutrina, os crimes que contemplam também um dolo específico ou um elemento subjetivo especial do tipo podem se subdividir em duas diferentes classes:

- *De tendência interna transcendente de resultado cortado (separado)*: segundo Roxin, o segundo resultado posterior deve ser produzido como consequência da ação típica, sem uma conduta adicional do sujeito ativo. Roxin exemplifica com o crime de envenenamento previsto no Código Penal alemão, com resultado adicional de danos à saúde pública. É o caso de o resultado naturalístico, apesar de ser a intenção do agente (elemento subjetivo especial do tipo), depender da conduta de um terceiro.

- *De tendência interna transcendente mutilado (atrofiado) de dois atos*: o agente pratica a conduta para um resultado posterior, que não é necessário ser obtido para sua configuração. O resultado naturalístico, não exigido para a configuração do delito, depende da vontade do agente, por meio de *uma ação posterior*. Pode-se apontar o exemplo da moeda falsa, já que o tipo não exige que seja colocada no mercado para que o agente efetivamente se beneficie.

Roxin também denomina os crimes de tendência em *delitos de tendência interna peculiar ou intensificada*: o delito possui um elemento subjetivo que é inerente a um elemento típico ou determina a classe do crime. De forma mais simples, a doutrina os conceitua como aqueles cuja intenção do agente determina se o fato é típico ou atípico. É o caso da injúria, em que se exige a intenção e, mais ainda, o *animus injuriandi*, ou seja, que a intenção seja de ofender. O crime não se configura se a ideia foi fazer uma piada, por exemplo, ou uma crítica literária.[609]

De outra parte, ainda no que se refere aos crimes dolosos, segundo o jurista alemão, os *crimes de expressão* seriam os crimes cuja conduta expressam um processo interno ocorrido na mente do autor. O agente recebe uma informação e a interpreta, processa, praticando, então, a conduta típica. Roxin usa o exemplo do falso testemunho, em que o agente tem ciência de determinados fatos e, então, depõe de forma diversa. O crime não está na contradição entre o que o agente disse e a realidade (concepção objetiva), pois o agente pode ter percebido a realidade de forma diversa, mas entre a sua convicção íntima e sua manifestação ou entre o seu conhecimento dos fatos e sua atitude de calar-se (concepção subjetiva).

O *crime culposo*, segundo a regra do inc. II do mesmo dispositivo, verifica-se quando o sujeito dá causa ao resultado por imprudência, negligência ou imperícia (18, II).[610] Como se verá à frente, além dessa modalidade de culpa propriamente dita, a doutrina e jurisprudência, pacificamente, dividem a culpa também em consciente, na hipótese de o agente ter previsibilidade do resultado e confiar, honestamente e de forma leviana, em sua não ocorrência.[611]

Já o crime *preterdoloso* é uma das hipóteses de crime agravado pelo resultado: aquele em que a ação causa um resultado mais grave que o pretendido pelo agente; o sujeito quer um *minus* e a sua conduta produz um *majus*, de forma que se conjugam a ação dolosa antecedente e a culpa no resultado (consequente), como no exemplo da lesão corporal seguida de morte.

---

[609] ROXIN, Claus. *Derecho penal*. Parte general. Traducción de la 2ª edición alemana. Madrid: Thomsom Reuters, 2017. t. I. p. 316-318.

[610] Art. 18, CP: "Diz-se o crime: I – doloso, quando o agente quis o resultado ou assumiu o risco de produzi-lo; II – culposo, quando o agente deu causa ao resultado por imprudência, negligência ou imperícia. Parágrafo único – Salvo os casos expressos em lei, ninguém pode ser punido por fato previsto como crime, senão quando o pratica dolosamente".

[611] Não obstante não estar previsto no CP, o CPM contempla de forma explícita essa modalidade de culpa em seu art. 33, inc. II: "Diz-se o crime: [...] II – culposo, quando o agente, deixando de empregar a cautela, atenção, ou diligência ordinária, ou especial, a que estava obrigado em face das circunstâncias, não prevê o resultado que podia prever ou, *prevendo-o, supõe levianamente que não se realizaria ou que poderia evitá-lo*".

5.14 Quanto ao resultado

Materiais	Formais	Mera conduta (mera atividade)
São denominados crimes materiais aqueles em que há necessidade da verificação concreta de um resultado lesivo; dependem de um resultado naturalístico para se consumarem. Sem isso, o crime será apenas "tentativa". Exemplo: homicídio – se a pessoa morre, será homicídio, se não, apenas tentativa.	Eles contentam-se com a conduta, independentemente da verificação de um resultado naturalístico (dano). Exemplo: crime de ameaça (art. 147 CP). O objetivo de quem ameaça é gerar temor ao destinatário. Logo, até se vislumbra um resultado naturalístico, mas ele, como regra, é irrelevante para a consumação do crime, servindo ora como exaurimento (impunível), ora como causa majorante de pena, como se verifica no crime de corrupção (art. 317, §1º).[612]	Nesses crimes, sequer há a previsão de um resultado lesivo. Eles se diferenciam dos formais por não haver tal resultado lesivo. Exemplo: art. 150, CP, crime de violação de domicílio – ingressar em domicílio de outra pessoa à revelia do proprietário (não há resultado previsto no CP).

O resultado é um dos elementos que integram o fato típico e requisito para um fato ser criminoso. Mas é preciso distinguir resultado naturalístico de resultado jurídico ou normativo. *Resultado naturalístico* é alteração física no mundo exterior e perceptível pelos sentidos (a morte no homicídio; a diminuição patrimonial nos crimes contra o patrimônio etc.), o que permite de antemão compreender que nem todas as infrações terão resultado naturalístico.

No entanto, todos os crimes possuem *resultado normativo*, ou seja, lesão ou perigo de lesão ao bem jurídico tutelado pela norma.

Nesse sentido, a classificação tem relevância para fins de compreender se o crime tem ou não resultado naturalístico: *crimes materiais* (a lei prevê um resultado vinculado à conduta por um nexo causal – a consumação depende da ocorrência do resultado), *formais* (a lei prevê o resultado, mas não exige sua configuração para consumação do crime. Chama-se também de delito de consumação antecipada) e *de mera conduta* (a simples atividade corresponde à lesão do bem jurídico e consuma o delito).

Registre-se que os crimes materiais ou que produzem resultado naturalístico naturalmente demandam a produção de prova pericial, mas, acertadamente, a jurisprudência do STF é firme no sentido de que, nos delitos materiais, de conduta e resultado, desde que desaparecidos os vestígios, a prova testemunhal pode suprir o auto de corpo de delito.[613]

---

[612] Parte da doutrina, aliás, classifica como crime exaurido justamente aquele que depois de consumado atinge suas últimas consequências; estas podem constituir um indiferente penal ou condição de maior punibilidade; há o exaurimento do crime quando, após a respectiva consumação, o agente leva a prática a consequências ainda mais graves (ex.: prevaricação – supondo que o agente efetivamente consiga obter seu interesse pessoal; extorsão mediante sequestro).
[613] STF. HC 103.683, Rel. Min. Cármen Lúcia, j. 9-11-2010, 1ª T, DJE de 25-11-2010.

Esse tema é tão relevante para a consumação do crime que diversos entendimentos foram sumulados pelos Tribunais Superiores:

> Súmula Vinculante nº 24, STF: Não se tipifica crime material contra a ordem tributária, previsto no art. 1º, inciso I a IV, da Lei nº 8.137/90, antes do lançamento definitivo do tributo.
> Súmula nº 96, STJ: O crime de extorsão consuma-se independentemente da obtenção da vantagem indevida.
> Súmula nº 500, STJ: A configuração do crime do art. 244-B do ECA independe da prova da efetiva corrupção do menor, por se tratar de delito formal.
> Súmula nº 575, STJ: Constitui crime de conduta de permitir, confiar ou entregar a direção de veículo automotor a pessoa que não seja habilitada, ou que se encontre em qualquer das situações previstas no art. 310 do CTB, independentemente da ocorrência de lesão ou de perigo de dano concreto na condução de veículo.
> Súmula nº 645, STJ: O crime de fraude à licitação é formal, e sua consumação prescinde da comprovação do prejuízo ou da obtenção de vantagem.

5.15 Quanto à unicidade ou não do tipo penal

Crimes simples	Crimes complexos
Tipo penal único.	Reunião de condutas distintas que a lei considera como uma só, como se dá no crime de roubo, em que o tipo agrega os crimes de furto e lesão corporal ou ameaça.

Essa classificação será crucial para se entender o momento consumativo do crime, assim como será também para a modalidade de ação penal, nos termos do art. 101 do Código Penal.[614]

O tipo penal simples é aquele que tutela um único bem jurídico (furto). Da somatória de ambos, torna-se complexo, como se dá no crime de estupro (constranger alguém sob violência ou grave ameaça para relações sexuais ou prática de outros atos libidinosos). Isso, como dito, pode influenciar a natureza da ação penal, como, aliás, já decidiu o STF:

> Súmula nº 608: No crime de estupro, praticado mediante violência real, a ação penal é pública incondicionada.

Parte da doutrina distingue os crimes complexos em: a) *sentido lato* (amplo): quando um crime, em todas ou algumas das hipóteses contempladas na norma incriminadora, contém em si outro delito menos grave, necessariamente; não se condiciona à presença de dois ou mais delitos; basta um a que se acrescentam elementos típicos, que, isoladamente, configuram indiferente penal; neste caso, o delito de maior gravidade absorve o de menor intensidade penal; b) *sentido estrito*: é formado da reunião de dois ou mais tipos penais; o legislador apanha a definição legal de crimes e a reúne, formando uma terceira unidade delituosa (subsidiariedade implícita).

---

[614] "Art. 101. Quando a lei considera como elemento ou circunstâncias do tipo legal fatos que, por si mesmos, constituem crimes, cabe ação pública em relação àquele, desde que, em relação a qualquer destes, se deva proceder por iniciativa do Ministério Público".

5.16 Condicionamento à punibilidade

Incondicionados	Condicionados
Os que não subordinam a punibilidade a tais fatos.	São os que têm a punibilidade condicionada a um fato exterior e posterior à consumação, ou seja, há uma condição objetiva da punibilidade. Exemplos: art. 122, art. 236, parágrafo único etc.

Quanto à condição objetiva de punibilidade, os crimes são classificados em *incondicionados* ou *condicionados*. No primeiro caso, dependem de uma *condição objetiva de punibilidade*, como nos crimes tributários do art. 1º da Lei nº 8.137/90 (dependem da constituição definitiva do crédito tributário) e dos crimes falimentares (dependem da sentença que decrete a falência, conceda a recuperação judicial ou homologue o plano de recuperação extrajudicial); já nos *crimes incondicionados*, não há quaisquer condições objetivas de punibilidade para sua configuração e consumação.

5.17 Quanto à consequente pena aplicada

Simples	Qualificado	Privilegiado
É aquele que comporta o tipo penal básico (homicídio – matar alguém, previsto no art. 121, *caput*).	É aquele a que se adiciona uma circunstância que o torna mais grave (homicídio praticado por motivo torpe – art. 121, §2º, inc. I).	Acrescenta-se algo ao crime que o considera menos grave, como matar alguém por relevante valor social – art. 121, §1º.

A relevância dessa classificação, como se verá no capítulo referente à dosimetria de penas, diz respeito à forma adequada de se aplicar o sistema trifásico.

Isso porque, tratando-se de figuras simples e qualificadas, os patamares mínimos e máximos serão levados em consideração na primeira fase para aplicação das circunstâncias judiciais ou chamada pena-base (art. 59, CP).

Já no tocante à figura privilegiada, por se tratar de causa de diminuição de pena, expressa sob a forma de fração, incidirá na terceira fase da dosimetria, podendo, neste caso, ir aquém do mínimo. É preciso atentar que, por vezes, a doutrina se refere ao privilégio fazendo referência a um tipo específico que contém patamares mínimos e máximos menores e, neste caso, também será levado em consideração na primeira fase (art. 242, parágrafo único, CP). Tecnicamente, portanto, quando se fala em roubo qualificado, está-se fazendo referência aos §§2º-A e 3º do art. 157, exclusivamente; as demais hipóteses que contemplam causas de aumento de pena não constituem hipóteses de roubo qualificado.

5.18 Quanto ao potencial ofensivo

Menor potencial ofensivo (art. 61 da Lei nº 9.099)	Médio potencial ofensivo	Alto potencial ofensivo
É a infração penal de competência dos Juizados Especiais Estaduais e Federais (salvo regras de conexão), com pena máxima não superior a dois anos, cumulada ou não com multa. Para tais delitos, são cabíveis a transação penal e a suspensão condicional do processo.	É a infração penal com pena máxima superior a 2 anos, que permite, em tese, a suspensão condicional do processo – art. 89 da Lei nº 9099/95; o acordo de não persecução penal – art. 28-A, CPP, e penas máximas fixadas na sentença de até 4 anos, permitindo, em tese, a substituição da pena privativa de liberdade por restritiva de direitos, nos termos do art. 44 e seguintes do CP.	São os crimes hediondos assim rotulados pela Lei nº 8.072/90 e aqueles equiparados, assim nomeados pela própria CF, no art. 5º, XLIII: são delitos repugnantes, sórdidos, decorrentes de condutas que, pela forma de execução ou pela gravidade objetiva dos resultados, causam intensa repulsa, demandando reprimendas mais severas. Podem também se incluir, de modo genérico, todos os crimes praticados com violência ou grave ameaça à pessoa, assim como todos os crimes praticados por organizações criminosas (Lei nº 12.850/13), crimes contra o erário, além de considerável parte da criminalidade econômico-financeira.

Quando se olha para a aplicação das penas e consequências da prática de uma infração penal, o sistema descodificado impõe, atualmente, diversas dificuldades que demandam do estudioso do Direito Penal um estudo sistemático de toda a legislação.

O Direito Penal brasileiro passou, desde a regulamentação do art. 98, inc. I, da CF, com a Lei nº 9.099/95, a definir expressamente o conceito de "menor potencial ofensivo", criando uma presunção fictícia dos tipos penais que, em regra, vão permitir os institutos da transação penal (art. 76), composição civil (art. 74), submetendo-se ao rito do procedimento sumaríssimo contemplado na lei: as contravenções penais independentemente das penas cominadas e quaisquer crimes cujas penas máximas não sejam superiores a 2 anos (art. 61).

Assim, as infrações de menor potencial ofensivo se sujeitarão aos benefícios da Lei nº 9.099/95.

Já infrações de médio potencial ofensivo permitirão, em tese, a substituição da pena privativa de liberdade por restritivas de direitos (arts. 43 a 48, CP), a aplicação do *sursis* (arts. 77 a 82, CP) ou *sursis* processual (art. 89, Lei nº 9.099/95) ou o acordo de não persecução penal, instituto trazido ao CPP pela Lei Anticrime (Lei nº 13.964/19), contemplando, em tese, um acordo que pode gerar a extinção da punibilidade sem qualquer juízo de mérito condenatório para as infrações praticadas sem violência ou grave ameaça, além de outras restrições aos crimes cuja pena mínima em abstrato seja de até 4 anos (art. 28-A, CPP).

Já a classificação dos crimes de alto potencial ofensivo terá relevância para fins de livramento condicional (arts. 83 a 90, CP), consequências da hediondez (Lei nº 8.072/90)[615] e diferentes tratamentos na LEP (Lei nº 7.210/84), conforme premissas do direito material. Incluímos aqui todos os crimes rotulados como hediondos pela lei e assemelhados (tráfico de drogas, tortura e terrorismo), todos os crimes praticados com violência e grave ameaça (roubo, latrocínio, homicídio, extorsão, sequestro, tráfico de pessoas etc.).

5.19 Outras classificações e terminologias

Há, de forma difundida na doutrina e jurisprudência, outras classificações e terminologias que merecem algum registro e que gozarão de relativa relevância por ocasião de estudos específicos na teoria do delito no estudo sistemático do Direito Penal.

No que toca à classificação dos crimes para denominar aqueles cujo *iter criminis* perpassa mais de um local, abrangendo ou não mais de um país, como já mencionado por ocasião do estudo da territorialidade da lei penal, há que se diferenciar os crimes a distância dos crimes plurilocais, eis que uma definição trata da jurisdição e soberania nacional e outra de competência interna dentro do país.

O *crime a distância ou de espaço máximo* é a infração penal cujo *iter criminis* (caminho do crime, com suas fases de cogitação, preparação, execução, consumação e, ao final, eventual exaurimento) abrange mais de um país e, como já assinalado, segundo o Código Penal, deve ser compreendido sob a ótica da teoria da ubiquidade (art. 6º); já o *crime plurilocal* é aquele que percorre, em sua prática, mais de um lugar, mas dentro do mesmo território soberano. Sua importância se volta ao processo penal, especialmente para determinação da competência *ratione loci*, ou seja, a territorial (art. 70 e seguintes, do CPP).

No que toca ao conflito aparente de normas, a doutrina gosta de distinguir o denominado "crime progressivo" da chamada "progressão criminosa": o *crime progressivo* ocorre quando o agente, para chegar a um crime mais grave, passa por outro menos grave; o evento menos grave é absorvido pelo de maior gravidade, como se dá com a lesão corporal em relação ao homicídio, com o furto em relação ao roubo etc.; já na *progressão criminosa*, no curso da prática de um crime, o agente resolve praticar uma conduta mais grave: há, aqui, uma mudança no elemento volitivo ou subjetivo do agente (o agente que queria praticar um furto, mas com a reação da vítima decide ameaçá-la, praticando roubo).

Ainda no que se refere ao conflito aparente de norma, a doutrina denomina *crime subsidiário* aquele que Hungria denominava "soldado de reserva",[616] ou seja, aplicado subsidiariamente por implicar um grau menor de violação do bem jurídico. A análise, nesse caso, é feita em concreto, relação de *minus* e de *plus*, ou seja, de maior ou menor

---

[615] Hoje as consequências principais da hediondez se resumem: a) fixação do regime inicial fechado para cumprimento da pena privativa de liberdade; b) diferentes patamares para progressão dos regimes de cumprimento da pena nos termos do art. 112, da LEP; c) prazo de prisão temporária (Lei nº 7.960/89) de 30 dias prorrogável por igual período; d) não cabimento de qualquer tipo de perdão do Estado (anistia, graça e indulto); e) impossibilidade de concessão de liberdade provisória mediante fiança.

[616] HOFFBAUER, Nélson Hungria. *Comentários ao Código Penal*. 3. ed. Rio de Janeiro: Forense, 1955. v. 1. t. 1. p. 147.

intensidade. Havendo conflito aparente de normas, é levada em conta a análise do fato. O crime pode ser expressamente subsidiário, como ocorre com o art. 132 do Código Penal.

O art. 71 do Código Penal, ao tratar do concurso de crimes (pluralidade fática e ocorrência de diferentes lesões a bens jurídicos e, pois, mais de um crime), prevê o que se chama de continuidade delitiva ou *crime continuado*: há continuidade delitiva quando o agente, mediante mais de uma ação ou omissão, pratica dois ou mais crimes da mesma espécie e, pelas condições de tempo, lugar, maneira de execução e outras semelhantes, devem os subsequentes ser havidos como continuação do primeiro (CP, art. 71, *caput*).[617]

Já o denominado *crime multitudinário* é aquele cometido por uma reunião de pessoas, no clima de tumulto ou histeria coletiva, que torna os limites éticos dos indivíduos, temporariamente, menos rígidos. São, por exemplo, os casos de linchamentos de pessoas acusadas da prática de um crime que causa comoção na comunidade.[618]

O *crime de opinião (ou de palavra)* é aquele que se configura com o abuso da liberdade de expressão ou de pensamento, como o caso da difamação.

O Superior Tribunal de Justiça, por sua vez, já utilizou a expressão "crime gratuito" para se referir ao delito cometido sem motivo, o que não se confunde com o motivo fútil.[619]

Por sua vez, o *crime de* ímpeto é aquele cometido no calor da emoção, sem premeditação. É o que ocorre no caso de homicídio cometido sob o domínio de violenta emoção, logo após injusta provocação da vítima que, inclusive, configura uma figura privilegiada, com causa especial de diminuição de pena.

Os chamados *crimes funcionais* são os cometidos pelo funcionário público. Se for *funcional próprio*, só pode ser cometido pelo funcionário público, como a prevaricação. Por sua vez, o *funcional impróprio* consiste em conduta tipificada tanto para o particular (exemplo: apropriação indébita) quanto para o funcionário público, de forma especial (por exemplo: peculato-apropriação). Essa classificação pode ser mais bem entendida no tópico relativo aos crimes próprios, valendo destacar que o conceito de funcionário público para os crimes funcionais previstos no Código Penal encontra-se na norma penal explicativa contida no art. 327 do CP.[620]

Quanto ao meio empregado para a prática do crime, parte da doutrina gosta de distinguir o *crime de ação violenta* (aquele praticado com emprego de força física ou com grave ameaça) do *crime de ação astuciosa* (é o crime praticado por meio de astúcia, fraude ou engodo. É o caso do estelionato).

Já o chamado *crime remetido* é o delito cuja definição faz remissão ou referência a outro tipo penal. É o caso do crime de uso de documento falso (art. 304, CP) e genocídio (art. 1º da Lei nº 2.889/56).

---

[617] Art. 71, CP: "Quando o agente, mediante mais de uma ação ou omissão, pratica dois ou mais crimes da mesma espécie e, pelas condições de tempo, lugar, maneira de execução e outras semelhantes, devem os subsequentes ser havidos como continuação do primeiro, aplica-se-lhe a pena de um só dos crimes, se idênticas, ou a mais grave, se diversas, aumentada, em qualquer caso, de um sexto a dois terços".

[618] V. CARVALHO, Márcio Augusto Friggi de. *Crimes multitudinários*: homicídio perpetrado por agentes em multidão. Curitiba: Juruá, 2016.

[619] STJ, HC nº 369163/SP, Rel. Min. Joel Ilan Paciornik, 5ª Turma, *DJe* 06/03/2017.

[620] A Legislação Extravagante trata o conceito de funcionário público de forma específica, valendo ilustrar: Código Eleitoral (art. 283), Estatuto do Estrangeiro (Lei nº 10.467/02 – art. 337-D, *caput*), jurado no Tribunal do Júri (art. 445, CPP), dentre outros.

Como se verá por ocasião do estudo da tipicidade e, em especial, do art. 17 do Código Penal, chama-se *delito putativo ou crime impossível* quando o agente considera erroneamente que a conduta realizada por ele constitui crime, quando na verdade é um fato atípico, ou seja, fato irrelevante que só existe na imaginação do sujeito como supostamente criminoso.

Vários autores ainda usam a expressão crimes "transeuntes", diferenciando o *crime de fato transeunte* (*delicta facti transeuntis*), como aquele que não deixa vestígios, tornando desnecessária a realização do exame de corpo de delito (injúria verbal, ato obsceno etc.), do *crime de fato permanente* (*delicta facti permanentis*), como sendo aquele que deixa vestígios, tornando necessária a realização do exame de corpo de delito (estupro, falsidade de documento público, lesão corporal etc.).

Parte da doutrina também diferencia os *crimes da criminalidade de rua ou colarinho azul* (cometidos normalmente por pessoas economicamente menos favorecidas, com referência ao uniforme que era utilizado por operários norte-americanos no início do século XX, então chamados *blue-collars*, como o furto e o roubo), dos já notoriamente conhecidos *crimes do colarinho branco* (ou crime de paletó e gravata ou crime de escritório, praticados no âmbito da criminalidade econômico-financeira).[621]

De igual forma, cada vez mais infrações penais estão sendo praticadas por meios digitais ou eletrônicos, diante da revolução dos meios tecnológicos e de comunicação. Não obstante, pode-se falar em *crimes cibernéticos propriamente ditos* como aqueles em que o meio e o objeto material se identificam exclusivamente no sistema cibernético, como no caso da violação de dispositivo informático (art. 154-A do CP).

A doutrina europeia também distingue *crimes naturais* de *crimes de plástico*: denominam-se crimes naturais aqueles comportamentos que sempre foram, são e, provavelmente, serão no futuro infrações penais, violando bens jurídicos indispensáveis à convivência harmônica em sociedade, como exemplo, homicídio (crime contra a vida), estupro (crime contra a dignidade sexual) etc. "Já os crimes de plástico abrangem condutas que, no passado, configuravam um indiferente penal, porém, em razão do momento histórico e social, passa-se a sentir a necessidade de tipificação, como, por exemplo os crimes cibernéticos".[622]

Os *crimes de responsabilidade*, por sua vez, configuram infrações de ordem político-administrativa praticadas por determinados agentes, julgadas pelo Poder Judiciário e, impropriamente, pelo Poder Legislativo, como se verifica no processo de *impeachment*.[623]

Por fim, no tocante à legislação especial, vale destacar que há os *crimes eleitorais*, que se traduzem em infração contra o processo eleitoral e que coincidem com a competência geral da Justiça Eleitoral (independentemente de regras de conexão ou continência), assim como alguns autores usam as expressões "crimes federais" e "crimes estaduais", não obstante se tratar de impropriedade, já que haveria, no Brasil, crimes de competência da Justiça Federal e os de competência da Justiça Estadual.

---

[621] CUNHA, Rogério Sanches. *Manual de direito penal*: parte geral. 8. ed. Salvador: JusPodivm, 2020. p. 234.
[622] CUNHA, Rogério Sanches. *Manual de direito penal*: parte geral. 8. ed. Salvador: JusPodivm, 2020. p. 236.
[623] Atentar, contudo, para os crimes de responsabilidade previstos no art. 1º do Decreto-Lei nº 201/67 que se diferenciam com aqueles previstos no art. 85 da CF.

Do mesmo modo, os *crimes militares* podem ser classificados em *próprios* e *impróprios*: *crime militar próprio* é aquele que só possui tipificação no âmbito militar, como é o caso de deserção, previsto no art. 187 do CPM; já o *crime militar impróprio* é aquele que está previsto na legislação penal militar, mas possui tipificação também como crime não militar, como se dá com o furto e o homicídio.

Quanto ao caráter político, os crimes podem ser *comuns* ou *políticos*. Pelo critério ora exposto, crimes comuns são aqueles praticados sem propósitos políticos. Estes, por sua vez, são os cometidos com finalidades políticas (critério subjetivo) ou, ainda, aqueles delitos praticados contra o Estado, como unidade orgânica das instituições políticas e sociais (critério objetivo proposto por Hungria).

Não há, em nossa lei, definição de crimes políticos. Seria oportuno que o legislador suprisse esta lacuna, até porque os crimes políticos possuem peculiaridades materiais e processuais. Do ponto de vista do Direito Penal, é interessante lembrar que uma condenação definitiva por crime político não gera reincidência para fatos criminosos posteriormente cometidos (CP, art. 64, II). No campo do processo penal, os crimes políticos são de competência da Justiça Comum Federal (CF, art. 109, IV) e, quando prolatada sentença de mérito, não cabe apelação, mas recurso ordinário constitucional, julgado pelo Supremo Tribunal Federal (CF, art. 102, II, "b").

Estefam ressalta a classificação de Mário O. Folchi, denominada *crimes de impressão*, como aqueles que causam determinado estado anímico na vítima e que se dividem em *a*) delitos de inteligência: os que se realizam com o engano, como o estelionato; *b*) delitos de sentimento: incidem sobre as faculdades emocionais, como a injúria; *c*) delitos de vontade: incidem sobre a vontade, como o constrangimento ilegal.[624]

Já *crimes a prazo* são aqueles em que a lei prevê alguma circunstância que eleva a pena, cuja ocorrência depende do decurso de algum período de tempo. Exemplo típico é a lesão corporal qualificada pelo fato de a vítima ficar afastada de suas ocupações habituais por mais de trinta dias (CP, art. 129, §1º, I). Outro exemplo encontra-se no sequestro qualificado pela privação da liberdade superior a quinze dias (CP, 148, §1º, III).

Crimes de trânsito ou de circulação são os cometidos mediante a utilização de um veículo automotor. De ver que é preferível a denominação *delito de trânsito*, inclusive para efeito de se determinar a incidência ou não dos dispositivos penais do Código de Trânsito Brasileiro (Lei nº 9.503/97).

Infração penal *transeunte* (*delicta facti transeuntis*) é a que não deixa vestígios; *não transeunte* (*delicta facti permanentis*), quando os deixar. São crimes transeuntes, por exemplo, a calúnia (CP, art. 138), a difamação (CP, art. 139), a injúria (CP, art. 140), todos estes se praticados por meio verbal. Como exemplos de crimes não transeuntes podem-se citar o homicídio (CP, art. 121), o estupro (CP, art. 213), as lesões corporais (CP, art. 129).

A importância dessa classificação reside na seara processual penal. Isto porque, quando a infração penal deixar vestígios, torna-se obrigatória a realização do exame de corpo de delito (CPP, art. 158).[625]

---

[624] ESTEFAM, André. *Direito penal*: parte geral (arts. 1º a 120). 10. ed. São Paulo: Saraiva, 2021. p. 117.
[625] ESTEFAM, André. *Direito penal*: parte geral (arts. 1º a 120). 10. ed. São Paulo: Saraiva, 2021. p. 118.

ELEMENTOS DO CRIME

Ao se deparar com uma norma penal incriminadora, buscando interpretar e identificar cada um dos elementos que integram um tipo penal, a primeira coisa que constatamos, como regra,[626] é o *título do delito*, ou seja, a denominação jurídica do crime (*nomem juris*), que pressupõe todos os seus elementos.

A denominação jurídica é uma classificação genérica, referindo-se ao gênero de fatos, os quais recebem títulos particulares (ex.: o fato de matar alguém constitui crime inserido dentro do Título "Crimes contra a pessoa", no Capítulo "Crimes contra a vida", que é seu título genérico), sendo certo, ademais, que a classificação específica é justamente o título do delito ou *nomem juris*, como no exemplo – "homicídio".

Partindo da concepção analítica de delito, pode-se desmembrar e estudar, separadamente, cada um dos elementos constitutivos de crime: a) *Fato típico* (conduta comissiva/omissiva dolosa ou culposa, resultado jurídico e eventualmente naturalístico, nexo causal e imputação objetiva e tipicidade); b) *Antijuridicidade* (contrariedade formal e material ao direito, sem a constatação de qualquer causa justificante).

Passemos, dessa forma, ao estudo do primeiro dos elementos: a conduta.

1 Da conduta

Ressalvada a questão já indicada de excepcional responsabilidade penal da pessoa jurídica, a conduta, por excelência, *consiste na ação ou omissão humana consciente e dirigida a determinada finalidade*.

A *teoria finalista* afirma que a conduta é a ação ou omissão voluntária e consciente que importa em um comando de movimentação ou inércia do corpo humano voltado a uma determinada finalidade ou objetivo. Assim, a teoria finalista, adotada pelo ordenamento jurídico nacional, afirma que não há conduta sem uma finalidade, ou seja, necessariamente o elemento volitivo (*dolo e a culpa*) que antes estava na culpabilidade passa a integrar a conduta.

Para o funcionalismo, que não se ocupa de dados prévios ontológicos, a conduta deixa de ser a pedra angular da teoria do crime (espaço ocupado pela imputação), tornando-se sua conceituação tema de importância diminuída. É o que se deduz

---

[626] Excepcionalmente, o legislador não deu nome ou título ao crime, como se verifica no art. 247, CP, incumbindo à doutrina a missão de criá-lo como, neste caso, o "abandono moral".

pelas definições fornecidas no âmbito do sistema funcionalista: a realização de um comportamento individualmente evitável (teoria da evitabilidade individual) ou a exteriorização da personalidade humana (teoria personalista da ação).[627]

Inspirado em Welzel, pai do finalismo penal e precursor do funcionalismo, a dogmática penal foi evoluindo, entre outras coisas, para resolver um problema que parecia não ter sentido: a punição da tentativa. Como se verá, a tentativa representa o início de execução por parte do agente que não consegue consumar o crime, por circunstância alheia à sua vontade. A tentativa, tema avaliado e analisado por ocasião da tipicidade, carrega em si a ideia de vontade. Como poderia a conduta ser iniciada e não consumada por circunstâncias alheias à vontade do agente e justamente a vontade, ou o dolo, somente ser analisada por ocasião do elemento culpabilidade?

A regra do Direito Penal é, pois, que todo crime seja doloso, ou seja, que todo crime tenha a volição dirigida a um resultado pautado pelo dolo. No silêncio, a conduta é dolosa, porque a culpa, como se verá, estará expressamente prevista como punível em lei.

Em suma, seus elementos são: a) *um ato de vontade dirigido a uma finalidade*; b) *uma atuação positiva ou negativa dessa vontade no mundo exterior*; c) *a vontade abrangendo o objetivo pretendido pelo sujeito, os meios usados na execução e as consequências secundárias da prática.*

A conduta abarca, segundo essa concepção, dois momentos distintos relevantes: um *psíquico* e outro *mecânico*.

O momento psíquico está no intelecto, isto é, no planejamento interno do agente e que é penalmente irrelevante, pois não exteriorizável. Já o momento mecânico é justamente a exteriorização do pensamento.

Como se verá, o crime se consuma no momento em que a conduta do agente preenche integralmente os elementos que constam no tipo penal (tipicidade penal direta – conduta, nexo causal e resultado) e, por decisão de Política Criminal, como regra, não se punem qualquer pensamento, tampouco atos exteriorizáveis preparatórios que não configurem a prática da ação ou omissão nuclear do tipo penal.

Antes, contudo, de se aferir se a conduta relevante foi praticada por ação ou por omissão, se foi intencional ou culposa, é preciso enfrentar uma premissa: a base da conduta penalmente relevante para o Direito Penal *pressupõe um comportamento voluntário e consciente*.

A conduta será *voluntária* quando decorre da vontade da pessoa, da capacidade da pessoa de agir ou se omitir daquela ideia, em conformidade com seu livre-arbítrio. Assim, uma pessoa que age sob coação física e irresistível não pode ter, logicamente, uma conduta voluntária e, pois, relevante para o Direito Penal.

Em Direito Penal, é preciso dizer que há uma distinção entre a espontaneidade e a voluntariedade. O ato espontâneo surge da própria cabeça do agente, enquanto o ato voluntário pode sofrer influência, instigação ou induzimento de terceiro, desde que preservado o livre-arbítrio para agir. O Direito Penal não exige a espontaneidade da conduta para ser relevante: basta a voluntariedade.

---

[627] ESTEFAM, André. *Direito penal*: parte geral (arts. 1º a 120). 10. ed. São Paulo: Saraiva, 2021. p. 229.

Além da voluntariedade, a conduta pressupõe a consciência do agente: não estamos aqui falando de capacidade mental de entender o certo ou errado ou de autocontrole, mas sim estar consciente para a prática do ato.

Assim, a *consciência* está relacionada ao discernimento da pessoa, ou seja, à capacidade da pessoa de realizar um juízo moral de suas atitudes, bem como de analisar as consequências pelo seu ato. Isso porque, em se tratando de alguém inconsciente, como exemplo, em hipóteses de sonambulismo, ações em curto-circuito e gestos habituais ou mecânicos ou pessoa suscetível à perda da consciência pela hipnose, não há que se falar em conduta válida, pois estarão ausentes tanto a voluntariedade, quanto a consciência do ato.

O ato corresponde a um momento, uma fração da conduta. É como se o ato fosse a "cena" e a conduta o "filme", bem destaca Estefam.[628]

Firmadas tais premissas, são *causas de exclusão da conduta*: o caso fortuito ou força maior, pois o resultado independe da conduta voluntária e consciente do agente; a coação física irresistível,[629] pois ausente a voluntariedade; os resultados típicos decorrentes de atos reflexos, como um choque levado pelo agente que, como consequência, causa uma lesão numa pessoa que está ao seu lado, além das hipóteses mencionadas de inconsciência, como a hipnose e o sonambulismo que, logicamente, demandarão, no caso concreto, uma análise cuidadosa para se aferir a capacidade de deixar o agente, efetivamente, em estado de inconsciência.

A voluntariedade e consciência da conduta estão, portanto, intimamente ligadas à ideia de *livre-arbítrio*.

Nesse sentido, é importante destacar que novos estudos da neurociência pretendem questionar esse pressuposto de que todos possuem um livre-arbítrio. Historicamente, uma parte da criminologia (a criminologia marxista ou chamada de criminologia crítica ou radical)[630] possui uma lógica marxista de querer enxergar na sociedade um fator criminógeno que formata ou concorre para formar um criminoso.

Já a neurociência está propondo outra coisa: há estudos sobre o cérebro, com baixo suporte empírico (há pouquíssimos estudos ainda nesse sentido), que supostamente indicam que o inconsciente das pessoas reage e tomaria uma decisão antes do processo consciente. Estudos, como dito, raros, indicativos de que o mapeamento de alguns

---

[628] ESTEFAM, André. *Direito penal*: parte geral (arts. 1º a 120). 10. ed. São Paulo: Saraiva, 2021. p. 231.

[629] A coação moral irresistível exclui culpabilidade, isentando o agente de pena ou afetando a dosimetria de pena. (CP, art. 22 – Se o fato é cometido sob coação irresistível ou em estrita obediência a ordem, não manifestamente ilegal, de superior hierárquico, só é punível o autor da coação ou da ordem; CP, art. 65 – São circunstâncias que sempre atenuam a pena: III – ter o agente: c) cometido o crime sob coação a que podia resistir, ou em cumprimento de ordem de autoridade superior, ou sob a influência de violenta emoção, provocada por ato injusto da vítima).

[630] Baseada no marxismo ortodoxo, houve o nascimento da Chamada *Criminologia Crítica (ou Nova Criminologia ou ainda Criminologia Radical)* a partir dos anos seguintes a 1970. Esta teoria confrontava-se com o positivismo. Entendia que o papel das instituições e do próprio Estado deveria ser analisado de maneira mais apurada no que tange ao comportamento delitivo. A influência destas instituições e do Estado deteria marcante papel na prática delitiva de algumas pessoas, afetando a própria ideia de livre-arbítrio. (v. nesse sentido: MORAES, Alexandre Rocha Almeida de; FERRACINI NETO, Ricardo. *Criminologia*. Salvador: JusPodivm, 2019. p. 324-325; BARATTA Alessandro. *Criminologia crítica e crítica do direito penal*. 3. ed. Rio de Janeiro: Renavan, 2002).

cérebros desencadearia a exteriorização de uma conduta antes mesmo de uma tomada de decisão consciente.[631]

Além da duvidosa cientificidade, o livre-arbítrio sempre foi um pressuposto para se evitar a impunidade e a irresponsabilidade penal.

Conforme escólio de Hungria,

> A responsabilidade penal continua a ter por fundamento a responsabilidade moral, que pressupõe no autor do crime, contemporaneamente à ação ou omissão, a capacidade de entendimento e a liberdade de vontade, embora nem sempre a responsabilidade penal fique adstrita à condição de plenitude do estado de imputabilidade psíquica e até mesmo prescinda de sua coexistência com a ação ou omissão, desde que esta possa ser considerar *libera in causa ou ad libertatem relata*.
> A autonomia da vontade humana é um postulado de ordem prática, ao qual é indiferente a interminável e insolúvel controvérsia metafísica entre o determinismo e o livre arbítrio. Do ponto de vista ético-social, a autonomia da vontade humana é um *priori* em relação à experiência moral, como o princípio de causalidade em relação à experiência física. Sem o postulado da responsabilidade moral, o direito penal deixaria de ser uma disciplina de caráter ético para tornar-se mero instrumento de utilitarismo social ou de prepotência do Estado.[632]

Ademais, é forçoso reconhecer os perigos das possibilidades do mapeamento do cérebro nesse sentido: seria possível se imaginar, num futuro hipotético, a predisposição para um comportamento criminoso pedófilo, de violência doméstica, de crimes graves, dando azo a discussões de um Direito Penal excessivamente preventivo, que pune antes mesmo do pensamento,[633] ou mesmo ressuscitar fantasmas do passado que implicaram um dos maiores genocídios da história da humanidade que seria a esterilização, seleção humana e manipulação genética a fim de se evitar determinados tipos de criminosos em potencial.[634]

---

[631] Vale ressaltar que partes dos novos estudos das neurociências tem se mostrado relevante para a própria discussão da extensão da responsabilidade penal, culpabilidade e clássicas definições de livre-arbítrio. Nesse sentido: FEIJOO SÁNCHEZ, Bernardo; CANCIO MELIÁ, Manuel; WOLFGANG, Frisch; JAKOBS, Günther. *Derecho de la culpabilidade y neurociencias*. Pamplona: Civitas/Thomson Reuters, 2012.

[632] HOFFBAUER, Nélson Hungria. *Comentários ao Código Penal*. 3. ed. Rio de Janeiro: Forense, 1955. v. 1. t. 1. p. 208-209.

[633] MORAES, Alexandre Rocha Almeida de; ALCÂNTARA, Guilherme Gonçalves. Minority Report e as 'novas leis' penais: limites para a prevenção da prevenção. Presidente Prudente. *Intertemas: Revista da Toledo*, v. 21, p. 52-78, 2016.

[634] As Leis de Nuremberg (*Nürnberger Gesetze*) constituem um conjunto de leis antissemitas criadas pela Alemanha Nazi. Foram introduzidas em 15 de setembro de 1935 pelo Reichstag, numa reunião especial durante o comício anual em Nuremberg do Partido Nacional Socialista dos Trabalhadores Alemães (NSDAP). As duas leis foram as Leis para a Proteção do Sangue Alemão e da Honra Alemã, as quais proibiam os casamentos, as relações sexuais fora do casamento entre judeus e alemães, o emprego de mulheres alemãs com menos de 45 anos de idade em casas de judeus; e a Lei da Cidadania do Reich, a qual estabelecia que apenas aquelas pessoas com sangue alemão, ou sangue relacionado, eram elegíveis para serem cidadãos do Reich; os restantes eram classificados como sujeitos do estado, sem qualquer tipo de direitos de cidadania. Um decreto suplementar com as definições sobre quem era considerado judeu foi publicado a 14 de novembro, e a Lei da Cidadania do Reich entrou em vigor naquele dia. As leis foram expandidas a 26 de novembro de 1935 para incluírem os ciganos e os negros. Este decreto suplementar definia os ciganos como "inimigos do estado racial", a mesma categoria dos judeus.

1.1 Da conduta dolosa

Sendo, pois, voluntária e consciente, resta avaliar se a conduta, a partir da adoção do finalismo penal, foi praticada com dolo (regra geral no Direito Penal) e, excepcionalmente, por culpa (comportamento punível quando expressamente previsto no tipo legal).

Mas a voluntariedade não se confunde com a finalidade.

Se um atirador dispara contra um alvo sem a ciência de que o tiro atingirá homem por ele não visto (e este falece por conta do tiro), é certo – diz Welzel – que ele efetuou disparo final de treinamento; não disparo final de morte. É dizer: "a voluntariedade significa que um movimento corporal e suas consequências podem ser conduzidos a algum ato voluntário, sendo indiferente quais consequências queria produzir o autor", de maneira que "a finalidade é essencial a referência a determinadas consequências desejadas" e, sem ela, restaria "apenas a voluntariedade, que é incapaz de caracterizar uma ação de um conteúdo determinado".[635]

"A finalidade é [...] – dito de forma gráfica – 'vidente', e a causalidade é 'cega'". Ao escrever sobre as estruturas da ação, Welzel assevera que "a atividade final é uma atividade dirigida conscientemente em razão de um fim, enquanto o acontecer causal não está dirigido em razão de um fim, mas é a resultante causal da constelação de causas existentes em cada momento".[636]

Desejar e querer o resultado ou assumir o risco de produzi-lo. Essa a definição do dolo. Na sua forma mais pura, é a intenção de praticar o crime.

O *dolo* engloba a consciência da conduta e do resultado, a consciência da relação causal entre a conduta e o resultado e vontade de realizar a conduta e produzir o resultado.

Mas é preciso frisar: dolo não se confunde com o mero desejo. Porque no dolo, o agente quer o resultado delitivo como consequência de sua própria conduta ("eu vou te matar"); enquanto, no mero desejo, o sujeito quer que o resultado não advindo de sua conduta ocorra ("tomara que você morra").

Apesar de possuir raízes na ética aristotélica[637] e remontar às noções de *animus* e *dolus* erigidas em Roma, o desenvolvimento teórico do dolo é bastante tardio, vez que levado a efeito no período medieval e refinado apenas no século XIX. Fruto dessa evolução, basicamente, decorrem três teorias explicativas do dolo: a da vontade, a da representação e a do consentimento.

São três teorias, basicamente, que pautam a discussão do dolo, sendo que duas delas foram expressamente adotadas pelo ordenamento jurídico brasileiro no art. 18, I:

---

[635] WELZEL, Hans. *O novo sistema jurídico-penal*. 2. ed. Tradução de Luiz Regis Prado. São Paulo: Revista dos Tribunais, 2009. p. 33.
[636] WELZEL, Hans. *O novo sistema jurídico-penal*. 2. ed. Tradução de Luiz Regis Prado. São Paulo: Revista dos Tribunais, 2009. p. 31.
[637] ARISTÓTELES. Ética a *Nicômaco*. Tradução de Edson Bini. Bauru: Edipro, 2009. p. 93 e *passim*.

Teoria da vontade	Dolo é a consciência e a vontade de praticar a conduta e atingir o resultado. É quando o agente quer o resultado (CP).
Teoria do assentimento ou da aceitação	Dolo é a vontade de praticar a conduta com a aceitação dos riscos de produzir o resultado. O agente não quer, mas não se importa com o resultado (CP).
Teoria da representação ou da previsão	Dolo é a previsão do resultado. Para que haja dolo, basta o agente prever o resultado.

O Direito Penal, no Brasil, em relação ao dolo, diz que não basta simplesmente eu querer o resultado, equiparando o dolo direto (querer o resultado) com outro tipo de dolo, chamado de indireto, na espécie de dolo eventual, usando a expressão "assumiu o risco de produzir o resultado":

Art. 18. Diz-se o crime:
I – doloso, quando o agente quis o resultado ou assumiu o risco de produzi-lo; (Incluído pela Lei nº 7.209, de 11.07.1984).

Como, no caso concreto, o Estado fará prova dessa intenção do agente? Hungria, no mesmo sentido, questionava: "como reconhecer-se a *voluntas ad necem*? Desde que não é possível pesquisá-lo no 'foro íntimo' do agente, tem-se de inferi-lo dos elementos e circunstâncias do fato externo. O fim do agente se traduz, de regra, no seu ato".[638]

Elementos e circunstâncias que Muñoz Conde denomina "indicadores objetivos de uma decisão contra o bem jurídico".[639]

Nesse aspecto, como ensina Damásio, o dolo do agente deve ser verificado, "apreciando as circunstâncias do fato concreto e não perquirindo a mente do autor. Réu algum vai confessar a previsão do resultado, a consciência da possibilidade ou probabilidade de sua causação e a consciência do consentimento".[640]

Incluem entre os indicadores objetivos quatro de capital importância, segundo Damásio: "1º) risco de perigo para o bem jurídico implícito na conduta (ex.: a vida); 2º) poder de evitação de eventual resultado pela abstenção da ação; 3º) meios de execução empregados; 4º) desconsideração, falta de respeito ou indiferença para com o bem jurídico".[641]

Jiménez de Asúa, no mesmo sentido, dizia que, "para se saber se um delito é doloso ou preterintencional, analisando a presença ou falta de dolo quanto à morte, a justiça só tem um recurso: examinar o meio que o sujeito empregou".[642]

---

[638] HOFFBAUER, Nélson Hungria. *Comentários ao Código Penal*. 3. ed. Rio de Janeiro: Forense, 1955. v. 5. p. 49, n. 9.
[639] MUÑOZ CONDE, Francisco; GARCÍA ARÁN, Mercedes. *Derecho penal*. Parte General. Valencia: Tirant Lo Branch, 1996. p. 290.
[640] JESUS, Damásio Evangelista de. *Direito penal*. 37. ed. rev. e atual. por André Estefam. São Paulo: Saraiva, 2020. v. 1. p. 320.
[641] JESUS, Damásio Evangelista de. *Direito penal*. 37. ed. rev. e atual. por André Estefam. São Paulo: Saraiva, 2020. v. 1. p. 320.
[642] JIMÉNEZ DE ASÚA, Luis. *Princípios de derecho penal, la ley y el delito*. Buenos Aires: Abeledo-Perrot, 1962. p. 385-386.

Firmadas essas premissas quanto ao conceito, texto legal e forma de se avaliar no caso concreto, já é, pois, possível apresentar a principal classificação no tocante ao dolo: a distinção entre dolo direto e indireto.

O *dolo direto ou determinado* se verifica quando o agente quis o resultado (A quer matar B), sendo, a nosso sentir, que deveria ensejar uma reprimenda maior.

Já no dolo *indireto ou indeterminado*, a vontade se dirige à conduta, não ao resultado. Não visa resultado certo e determinado, podendo classificar-se como: a) *dolo alternativo* (o agente prevê uma pluralidade de resultados, como matar ou lesionar, e dirige sua conduta na busca de um ou outro, com igual intensidade; b) *dolo eventual* (em que o agente assume o risco, sabe que pode acontecer, sabe qual será o resultado e aceita produzi-lo). Não se importa se o resultado ocorrer (como na hipótese do sujeito que pega um revólver para limpar e acaba matando um amigo que se posta na frente da arma durante todo o trabalho de limpeza. O sujeito prevê o resultado e, sinceramente, não se importa se a vítima morrer).

Parte da doutrina também diferencia o dolo direto e indireto a partir de graus: *dolo de primeiro, segundo* e *terceiro graus*.

O dolo de primeiro grau seria o dolo direto, hipótese em que o agente, com consciência e vontade, persegue determinado resultado; o dolo de segundo grau (ou de consequências necessárias) seria, também, uma espécie de dolo direto, porém a vontade do agente se dirige aos meios utilizados para alcançar determinado resultado: "abrange os efeitos colaterais, de verificação praticamente certa, para gerar o evento desejado. O agente não percebe imediatamente esses efeitos colaterais, mas tem por certa sua superveniência, caso se concretize o resultado pretendido";[643] já o dolo de terceiro grau representaria a consequência da consequência necessária.

> Cita-se, como exemplo, alguém, querendo matar o piloto de um avião, coloca uma bomba para explodir a aeronave no ar, tendo, entre os passageiros uma mulher grávida. A morte do piloto faz parte do dolo de 1.º grau. A morte dos demais passageiros, dolo de 2.º grau. O aborto (da passageira gestante) seria o dolo de 3.º grau (consequência da consequência). Para nós, este dolo não existe. Ou o agente sabia que uma passageira era gestante, e o aborto se insere no âmbito do dolo de 2.º grau, ou não sabia e, nessa hipótese, não responde pelo crime de aborto, evitando-se responsabilidade penal objetiva, vedada no Direito Penal (admitida em outros ramos, como no Direito Civil).[644]

Não se pode confundir o dolo direito de segundo grau com o dolo eventual. No dolo de segundo grau, as consequências secundárias são *inerentes* aos meios escolhidos. No exemplo acima, o emprego da bomba resultará, obrigatoriamente, na morte do líder político e de seu motorista. Já no dolo eventual, que se verifica quando alguém assume o risco de produzir determinado resultado (embora não o deseje), o resultado *não é inerente* ao meio escolhido; cuida-se de um evento que pode ou não ocorrer.[645] A doutrina também utiliza outras terminologias para tratamento do dolo.

---

[643] CUNHA, Rogério Sanches. *Manual de direito penal*: parte geral. 8. ed. Salvador: JusPodivm, 2020. p. 260.
[644] CUNHA, Rogério Sanches. *Manual de direito penal*: parte geral. 8. ed. Salvador: JusPodivm, 2020. p. 260.
[645] ESTEFAM, André. *Direito penal*: parte geral (arts. 1º a 120). 10. ed. São Paulo: Saraiva, 2021. p. 250.

No *dolo cumulativo*, o agente pretende alcançar dois resultados em sequência, como se dá na já citada progressão criminosa.[646]

Já o *dolo geral* (erro sucessivo ou *aberratio causae*) diz respeito a uma espécie de erro sobre o nexo causal (*aberratio causae*), construção doutrinária em que o agente, pretendendo um resultado global, como matar a vítima de determinada forma, consegue o intuito criminoso, mas de maneira diversa. Por exemplo: um agente pretende matar a vítima por asfixia e, achando equivocamente que ela estaria morta, joga o corpo no rio, causando a morte por afogamento.

Parte da doutrina também usa as expressões "dolo de dano" (o agente quer o dano ao bem protegido ou assume o risco de produzi-lo) e "dolo de perigo" (o agente pretende não propriamente lesionar, mas quer ou assume o risco de colocar o bem em situação de perigo), que diz respeito muito mais aos bens jurídicos protegidos do que apresenta propriamente relevância para o estudo do dolo.

De outra parte, relevante distinção diz respeito ao dolo genérico e específico.

O *dolo genérico* (vontade de praticar a conduta típica presente na grande maioria dos crimes), por vezes, em alguns tipos específicos, também é complementado por um *dolo específico*, ou seja, por uma finalidade especial adicionada na lei, também denominada elemento subjetivo do tipo (ex.: o crime de maus-tratos, previsto no art. 136, CP, além do dolo genérico de praticar maus-tratos, somente estará configurado se preenchido o dolo específico. Normalmente, identifica-se quando o tipo tem esse elemento subjetivo ou o dolo específico por meio das expressões "com o intuito de", "com a finalidade de", "visando a" etc.).

Mencionamos anteriormente o conceito dado por Jiménez de Asúa também para identificação daquilo que se denomina *crime preterdoloso* ou *preterintencional*. Essa figura, uma das hipóteses de crime agravado pelo resultado, encontra-se implicitamente prevista no art. 19, CP:

> Art. 19. Pelo resultado que agrava especialmente a pena, só responde o agente que o houver causado ao menos culposamente.

Os crimes podem ter, eventualmente, um resultado agravador da pena, e isso se dá em quatro diferentes hipóteses: a) *crime doloso agravado dolosamente* (ex.: homicídio qualificado por motivo fútil);[647] b) *crime culposo agravado culposamente* (ex.: crime de incêndio qualificado pela morte);[648] c) *crime culposo agravado dolosamente* (ex.: homicídio na condução de veículo automotor, majorado pela omissão de socorro);[649] e d) *crime doloso agravado culposamente* (ex.: lesão corporal seguida de morte, prevista no art. 129, §3º, CP).

---

[646] Na progressão criminosa, no curso da prática de um crime, o agente resolve praticar uma conduta mais grave: há, aqui, uma mudança no elemento volitivo ou subjetivo do agente (o agente que queria praticar um furto, mas com a reação da vítima decide ameaçá-la, praticando roubo).

[647] "Art. 121. Matar alguém: Pena – reclusão, de seis a vinte anos. [...] §2º Se o homicídio é cometido: [...] II – por motivo fútil".

[648] Art. 250, §2º c/c art. 258 (segunda parte), CP: "No caso de culpa, se do fato resulta lesão corporal, a pena aumenta-se de metade; se resulta morte, aplica-se a pena cominada ao homicídio culposo, aumentada de um terço".

[649] "Art. 302. Praticar homicídio culposo na direção de veículo automotor: Penas – detenção, de dois a quatro anos, e suspensão ou proibição de se obter a permissão ou a habilitação para dirigir veículo automotor. §1º No homicídio culposo cometido na direção de veículo automotor, a pena é aumentada de 1/3 (um terço) à metade, se o agente: [...] III – deixar de prestar socorro, quando possível fazê-lo sem risco pessoal, à vítima do acidente".

Somente esta última hipótese é considerada preterdolosa.

Assim, o *preterdolo* ou *crime preterintencional* é aquele em que a conduta produz resultado mais grave que o pretendido pelo sujeito. O agente quer um *minus*, e seu comportamento gera um *majus*, de maneira que se conjugam o dolo na conduta (antecedente) e a culpa no resultado (consequente).[650]

Como já brevemente mencionado na discussão dos Princípios do Direito Penal, novas formas de criminalidade vêm demandando novos métodos de investigação e de produção e obtenção de provas, inclusive com novas doutrinas e concepções teóricas que implicam um alargamento da *responsabilização objetiva* em casos de concurso de agentes.

Esse alargamento tem gerado considerável discussão doutrinária e jurisprudencial sobre uma previsão de dolo em determinados casos, uma confusão entre culpa consciente e dolo eventual e uma extensão irrestrita da responsabilidade por omissão, como se verá com a *extensão do conceito de ingerência penal*.

Outros dois temas contemporâneos e relevantes se inserem nessa polêmica discussão: a teoria da *cegueira deliberada* e as *ações neutras em Direito Penal*, temas que serão revisitados por ocasião do estudo do concurso de pessoas.

Também conhecida como teoria do avestruz, *ignorância deliberada*, cegueira intencional ou provocada, *willful blindness, Ostrich Instructions* ou doutrina da evitação da consciência (*Conscious Avoidance Doctrine*), teve origem na Inglaterra, no julgamento do caso Regina *versus* Sleep, de 1861, sendo acolhida nos Estados Unidos e, seguindo a teoria do delito da *common law*, passou por refinamento doutrinário. Contudo, com a evolução da jurisprudência estadunidense, a cegueira deliberada tornou-se aplicada de várias formas, isto é, conforme as conveniências do caso concreto, deixando de apresentar um fundamento sistêmico pronto e acabado.

Nos Estados Unidos, em que a teoria do *willfull blindness* se desenvolveu de forma mais aguda, ela é utilizada como substitutivo do *knowledge* em certas situações, isto é, quando o agente: a) possui ciência da elevada probabilidade da existência de uma circunstância delitiva; b) adota medidas deliberadas para evitar se certificar do fato delitivo; ou c) não acredita na inexistência de uma circunstância ou fato delitivo.[651]

Vale dizer, o infrator provoca o seu desconhecimento acerca do ilícito, de modo que sua ignorância deliberada passa a equivaler-se ao dolo eventual ou, até mesmo, à culpa consciente.

Na Espanha, o Tribunal Supremo, no julgamento da *Sentencia* de 10.12.2000, restringiu-se à simples menção da cegueira deliberada, envolvendo o caso de um crime de receptação no qual o sentenciado havia transportado significativas quantidades de dinheiro em espécie a um paraíso fiscal. Alegou o acusado, naquela ocasião, que não tinha conhecimento acerca da origem ilícita do dinheiro, isto é, que era proveniente do tráfico de drogas.

---

[650] Nos crimes preterdolosos, como se verá oportunamente, *não existe a modalidade de crime tentado*. Isso acontece porque a tentativa só é admitida pela lei no caso dos crimes dolosos – quando o agente deseja o resultado.

[651] SOUZA, Luciano Anderson de. *Direito penal*: parte geral. 3. ed. São Paulo: Revista dos Tribunais, Thomson Reuters, 2022. v. 1. p. 322-323.

Tem sido aplicada na responsabilidade por atos de improbidade administrativa, previstos nos arts. 9º, 10 e 11 da Lei nº 8.429/92, prevalecendo que esses ilícitos são de natureza de direito administrativo sancionador.

E, se assim já reconhecida, há certa margem de aplicação no âmbito do direito administrativo sancionador, como nos casos da Lei Antitruste (Lei nº 12.529/2011) e da Lei Anticorrupção (Lei nº 12.846/2013).

Para parcela da doutrina, a cegueira deliberada é uma ampliação da *actio libera in causa*, perfazendo um modelo de responsabilidade objetiva à luz do Direito Penal do autor, pois o agente que recebe, adquire ou oculta o bem atuaria sem consciência e vontade para a prática delituosa.

Pelo princípio da materialização do fato (*nullum crimen sine actio*), o Estado só poderia incriminar condutas humanas voluntárias, isto é, fatos (e nunca condições internas ou existenciais). Em outras palavras, estaria, segundo Sanches, consagrado o Direito Penal do fato, vedando-se o Direito Penal do autor, consistente na punição do indivíduo baseada em seus pensamentos, desejos ou estilo de vida.[652]

Não obstante, haverá cegueira deliberada quando o réu suspeito do fato percebe a sua probabilidade, mas evita receber a confirmação final sobre ele, pois busca nisso a possibilidade de negar o conhecimento sobre o referido fato. Assim, a cegueira deliberada ocorre quando o agente cria conscientemente uma barreira para evitar que qualquer suspeita sobre a existência de determinado fato criminoso chegue ao seu conhecimento. Significa dizer, o indivíduo cria em si um intuito consciente de desconsiderar o fato criminoso, situação que permite concluir que o agente deveria estar ciente de elementos que indicavam a alta probabilidade da existência de tal fato criminoso.

Isso posto, embora tradicionalmente o conhecimento exija verdadeira ciência da existência de um fato em particular, as cortes federais americanas consolidaram em sua jurisprudência o entendimento de que também se configuraria o conhecimento sobre determinado fato quando uma pessoa está ciente da alta probabilidade de existência desse fato.

Nesse sentido, a teoria da cegueira deliberada foi criada como alternativa ao verdadeiro conhecimento e, posteriormente, como parte da definição de conhecimento, conforme se verá a seguir.

No julgamento da Ação Penal nº 470, o Supremo Tribunal Federal entendeu que o texto da Lei nº 9.613/98 admitia o dolo eventual em todas as formas de lavagem de dinheiro. Além disso, alguns dos Ministros da Suprema Corte invocaram a doutrina da cegueira deliberada, equiparando-a ao dolo eventual, para fundamentar seus votos: "a possibilidade de configuração do crime de lavagem de valores mediante dolo eventual, com apoio na teoria da cegueira deliberada, em que o agente fingiria não perceber determinada situação de ilicitude para, a partir daí, alcançar a vantagem pretendida".[653]

Em contrapartida, o tema *ações neutras*, inserido na discussão das escolas funcionalistas na Alemanha e em teorias de imputação objetiva, é fruto de debates sobre

---

[652] CUNHA, Rogério Sanches. *Manual de direito penal*: parte geral. 8. ed. Salvador: JusPodivm, 2020. p. 101.
[653] CRUZ, Pierpaolo Bottini. A cegueira deliberada no julgamento da Ação Penal 470. *Conjur*, 30 jul. 2013. Disponível em: https://www.conjur.com.br/2013-jul-30/direito-defesa-cegueira-deliberada-julgamento-acao-penal-470. Acesso em: 18 fev. 2020; STF, Ag. REsp nº 16.832, 5ª Turma, Rel. Min.l Joel Paciornik, j. 6/12/2018.

essa questão e se iniciou em meados da década de 1980, na dogmática penal alemã. Wohlleben dá notícia de que o termo "ações externamente neutras" surgiu em 23.1.1985 por meio de um acórdão do *Bundesgerichtshof*, em que o referido Tribunal denominou de neutras as ações de cumplicidade dos empregados de certa firma, uma vez que estes colaboraram internamente e com certa proximidade na realização pelo proprietário da empresa do crime de sonegação fiscal. Trata-se de tema relevante no estudo do concurso de pessoas, máxime na fixação dos contornos da tipicidade da participação delitiva.

A verificação da neutralidade da conduta dar-se-á na primeira etapa da análise da imputação objetiva, qual seja, a imputação do comportamento. Assim: deve o agente criar um risco; o risco criado deve ser não permitido (por violar normas de cuidado, dever normal de cautela derivado da experiência, resultado previsível, sendo exigível o cuidado); o risco não permitido deve contribuir causalmente para o resultado e o resultado deve estar dentro da abrangência da norma de cuidado (que fixa os limites do risco).

Afastada a tipicidade objetiva, a conduta é reputada neutra sem que se passe ao exame da tipicidade subjetiva (dolo). A título ilustrativo, um taxista que conduzisse um potencial terrorista sabendo que iria praticar um atentado em um edifício e não comunicasse qualquer autoridade estaria isento de responsabilidade porque sua conduta não teria dolo, porque não teria criado um risco socialmente proibido ou, simplesmente, porque sua conduta era penalmente neutra e, portanto, atípica.

1.2 Da conduta culposa

A culpa em sentido cível, ensejadora do dever de reparar o dano diante da constatada responsabilidade e como violação de um dever jurídico, imputável a alguém, em decorrência de fato intencional ou de omissão de diligência e cautela, compreende o dolo, que é a violação intencional ou de omissão do dever jurídico, e a culpa em sentido estrito, caracterizada pela imperícia, imprudência ou negligência, sem qualquer deliberação de violar um dever, como leciona Cahali.[654]

Dentre os partidários da noção de culpa civil subjetiva na doutrina brasileira, destacam-se Pontes de Miranda, que se refere à culpa como a "falta de devida atenção".[655] Aguiar Dias, para quem a culpa encontra-se inevitavelmente atrelada ao requisito moral, caracterizando-se pelo "desprezo, por parte do agente, do resultado previsível de sua conduta de inobservância da norma de comportamento".[656]

Em matéria criminal, como já indicado, há uma dissociação dos elementos com a clara distinção de dolo e culpa. A culpa, em sentido estrito, consiste em se alcançar um resultado antijurídico, não desejado, porém previsível, que poderia ter sido evitado se o agente tivesse dado a atenção necessária, com a cautela ordinária ao praticar determinado ato.

---

[654] CAHALI, Yussef Said. *Dano moral e sua reparação civil*. 4. ed. São Paulo: RT, 2011. p. 24.

[655] "Negligentia, desidia etc., e, nos textos, culpa, termo genérico, que pode empregar-se em sentido estrito, para se distinguir de *dolus*, é a falta de devida atenção" (MIRANDA, Pontes de. *Manual do Código Civil brasileiro*. Coordenação de Paulo de Lacerda. Rio de Janeiro: Jacintho Ribeiro dos Santos, 1927. p. 130).

[656] DIAS, José de Aguiar. *Da responsabilidade civil*. 11. ed. Rio de Janeiro: Renovar, 2006. p. 148-149.

O instituto da culpa possui raízes no direito romano (*Lex Aquilia*), mas somente mais tarde, por meio de *Senatus Consultus*, foi recepcionado pela repressão punitiva. A popularização da construção dogmática dos delitos culposos, no entanto, é recente. A categoria culposa tem sua razão de ser em espaços sociais nos quais se exige a observância de deveres objetivos de cuidado, tal como se nota em relação à produção industrial ou ao trânsito, fenômenos característicos, de forma crescente, nos séculos XIX e XX. No sistema do direito natural, *e.g.*, relevante era apenas o crime doloso, atribuindo-se à figura culposa o papel de quase *delictum*, ao qual se cominava uma *poena extraordinaria*.[657]

A primeira codificação penal brasileira, de 1830, não previu a punição a título de culpa, estabelecendo seu art. 3º que "não haverá criminoso, ou delinquente, sem má-fé, isto é, sem conhecimento do mal, e intenção de o praticar", fato que subsistiu até a edição da Lei nº 2.033, de 20.9.1870, quando passou a existir a previsão de crimes culposos no País.

Diversas teorias foram desenvolvidas para fundamentar a natureza da culpa. Entre essas, destaca-se a teoria do defeito intelectual, a teoria do vício da vontade e a teoria finalista da ação. Para a primeira teoria (século XVIII), a culpa consistiria em um defeito intelectivo, fruto da falta de reflexão do agente. Já a teoria do vício da vontade, de Carrara,[658] entendia a culpa como um problema volitivo, consistente na omissão voluntária em prever o previsível. Ambas as teorias, contudo, não possuem maior capacidade de rendimento. A teoria do defeito intelectual, por sua obscuridade, enquanto a teoria do vício da vontade, por sua insuficiência, não se explicando a culpa consciente.[659]

A *culpa*, em matéria criminal, constituirá sempre um elemento normativo do tipo penal que demandará do aplicador do direito uma valoração no caso concreto.[660]

Em matéria criminal, há uma excepcionalidade do crime culposo, como se infere do art. 18, parágrafo único, CP:

> Diz-se o crime: [...]
> II – culposo, quando o agente deu causa ao resultado por imprudência, negligência ou imperícia.
> Parágrafo único – Salvo os casos expressos em lei, ninguém pode ser punido por fato previsto como crime, senão quando o pratica dolosamente.

Como bem disserta Welzel,

> nós temos nos familiarizado com a maioria dos riscos ou perigos das ações diárias, que já não chegam como tais à nossa consciência. O dever objetivo de diligência não espera que

---

[657] TAVARES, Juarez. *Teoria do crime culposo*. Rio de Janeiro: Lumen Juris, 2009. p. 9.
[658] CARRARA, Francesco. *Programa do curso de direito criminal:* parte geral. Campinas: LZN, 2002. v. II. p. 80.
[659] SOUZA, Luciano Anderson de. *Direito penal*: parte geral. 3. ed. São Paulo: Revista dos Tribunais, Thomson Reuters, 2022. v. 1. p. 310-311.
[660] Por ocasião do estudo da tipicidade e dos elementos que integram a norma penal incriminadora, veremos que essas as palavras essenciais de uma norma penal ou simplesmente seus elementos podem ser classificados em: a) elementares objetivas, ou seja, são meramente descritivas e não demandam do intérprete nenhuma valoração; b) eventualmente elementos subjetivos ou dolo específico, como já mencionado; c) eventualmente elementos normativos do tipo que exigem uma valoração, ou seja, um juízo de valor contextualizado com o tempo social e circunstâncias do caso concreto, como se dá com os elementos da culpa propriamente dita.

evitemos em absoluto estes perigos "socialmente adequados", mas somente que não os aumentemos além da medida socialmente adequada.[661]

Nesse sentido, o crime culposo representa: a) *a conduta humana voluntária de fazer ou não fazer*; b) *a inobservância do cuidado objetivo manifestado pela negligência, imprudência ou imperícia*; c) *o resultado involuntário*; d) *o nexo de causalidade entre a conduta e o resultado penalmente típico*; e) *a ausência de previsão*; f) *a previsibilidade objetiva do resultado para a maioria média coletiva*.[662]

Exige-se, ainda, de todo delito culposo um resultado naturalístico involuntário, decorrente da violação objetiva do dever de cuidado. Por conseguinte, mister se faz analisar a *relação de causalidade* nas figuras culposas, as quais necessariamente são de dano ou de perigo concreto.

Como consequência, não se admite punição por *tentativa* em crime culposo, bem como não se pode cogitar de *compensação de culpas*. Neste último caso, se mais de um agente contribuiu para um evento lesivo recíproco – como em um acidente de trânsito no qual um motorista ultrapassa o sinal vermelho e outro se encontra na contramão de direção, vindo ambos a colidir, ferindo-se –, cada qual responde autonomamente por seu delito.

Em síntese, o processo de *adequação típica do crime culposo* envolve as seguintes etapas:

a) analisa-se qual o dever de cuidado objetivo na situação em que o fato ocorreu; b) verifica-se se o resultado produzido era objetivamente previsível; c) constatadas a quebra do dever de cuidado que a todos se impõe e a possibilidade de antever o resultado, segundo o que se espera de uma pessoa de mediana prudência e discernimento, o fato será considerado típico; d) a tipicidade é um indício da ilicitude do comportamento, que só não será antijurídico se praticado sob o amparo de alguma excludente de ilicitude; e) finalmente, analisa-se a previsibilidade subjetiva do resultado, ou seja, se o agente, conforme suas aptidões pessoais, podia antever o resultado produzido – se presente, o agente responderá pelo crime; se ausente, ficará excluída a culpabilidade.[663]

A falta de previsibilidade objetiva para qualquer pessoa, ou o que se denomina "homem médio", significa que o resultado não pode ser previsto e, nesse caso, não há que se falar em crime culposo, pois ação decorrente de caso fortuito, força maior ou simples fatalidade é irrelevante para o Direito Penal. Isso porque não poderia o legislador exigir de um agente uma previsibilidade que a maioria das pessoas, nas mesmas circunstâncias, não teria.

Esses elementos definidores da culpa, no entanto, dizem respeito à sua forma pura ou também denominada *culpa inconsciente*. Construiu-se na doutrina uma modalidade implícita de culpa intitulada consciente e que gera as mesmas consequências no ordenamento jurídico brasileiro, denominado de *culpa consciente*.

---

[661] Nesse sentido: WELZEL, Hans. *Direito penal*. Tradução de Afonso Celso Rezende. 1. ed. 2. tir. Campinas: Romana, 2004. Essa referência de Welzel traz consigo, a própria ideia que origina a teoria das ações neutras em Direito Penal, assim como a ideia de incremento de risco proibido, elemento da teoria da imputação objetiva.

[662] Para parte da doutrina, também integraria o conceito de culpa a relação de imputação objetiva.

[663] ESTEFAM, André. *Direito penal*: parte geral (arts. 1º a 120). 10. ed. São Paulo: Saraiva, 2021. p. 251.

Na *culpa consciente*, há uma avaliação errônea do agente, um erro de confiança, eis que ele vislumbra o resultado, ou seja, tem previsão do resultado, porém acredita que terá perícia suficiente para evitá-lo.

Já na *culpa inconsciente*, ou na culpa propriamente dita, o resultado é possível, mas o agente não o vislumbra, embora fosse previsível pela maioria das pessoas naquelas circunstâncias. É um erro de inteligência decorrente da:

- *Negligência* – omissão de um determinado procedimento, comportamento incauto ou falta de precaução (ex.: uma enfermeira adiciona arsênico na água a ser administrada a um paciente pensando ser açúcar);
- *Imprudência* – manifesto desprezo pelas cautelas, comportamento precipitado e afoito (ex.: um condutor impõe velocidade excessiva a um automóvel);
- *Imperícia* – trata-se de inabilidade, da falta de conhecimento técnico ou inobservância de uma regra ou protocolo técnico (ex.: uma pessoa que não sabe dirigir machuca alguém).

Embora a culpa inconsciente não esteja prevista expressamente no Código Penal, o Código Penal Militar, em seu art. 33, apresenta o conceito de ambas as modalidades, e explica, de forma bem didática, suas diferenças:

Art. 33. Diz-se o crime: [...]
II – culposo, quando o agente, deixando de empregar a cautela, atenção, ou diligência ordinária, ou especial, a que estava obrigado em face das circunstâncias, não prevê o resultado que podia prever ou, prevendo-o, supõe levianamente que não se realizaria ou que poderia evitá-lo.

Na culpa, a ação ou omissão do agente pode ser prevista, mas o resultado não é desejado; não há vontade, há falta de cuidado.

Nos crimes culposos, cuja modalidade deve ser prevista expressamente em lei, é possível a coautoria, mas não se admite tentativa.

A ação penal (denúncia) tem que apontar e descrever faticamente qual a modalidade de culpa (sob pena de inépcia da inicial), isto é, tem que estar explicitado como o sujeito agiu com imprudência, negligência ou imperícia. Mas, como dito, essa é somente uma das modalidades de culpa.

Repita-se, na culpa pura ou inconsciente o agente não tem nenhuma previsão do resultado. Ele sequer imagina o resultado, embora fosse previsível. E ele justamente não tem essa previsibilidade objetiva porque age por imprudência, negligência ou imperícia. Age com falta de cautela, de cuidado; é a falta de observância de diligência ordinária. É a inobservância de uma norma técnica que ele deveria seguir por conta de sua função. Qualquer diligência ordinária, qualquer homem médio ou a maioria média coletiva, em seu lugar, teria agido com cuidado e com uma diligência ordinária que evitaria o resultado.

Vale consignar, contudo, que em uma sociedade de riscos, tecnológica e industrializada, com o incremento de novos riscos para várias atividades, como produtos químicos, energia nuclear, tratamento de água potável etc., o grau de especialização de certos profissionais tem levado a modificar os patamares para valoração da culpa consciente e inconsciente, eis que para profissionais tão especialistas na gestão de novos riscos não seria razoável utilizar a forma de comparação com a maioria média coletiva.

Assim, quem trabalha em uma usina nuclear, um neurocirurgião, um atirador de elite etc., possuem, evidentemente, maior previsibilidade dos riscos e resultados possíveis e, pois, deve ser de certa forma modulada a análise do enquadramento no crime culposo, levando-se em consideração, também, as peculiaridades do sujeito ativo e sua capacidade de previsão para atividades muito arriscadas.

Binding, de outra parte, em obra magistral (*Die Normen*), pondera que, quanto mais imprescindível seja uma modalidade de comportamento humano, tanto maior será o risco que, em relação a ele, se deverá suportar, sem que disso resulte uma reprovação jurídica. Daí, então, se estabelece a linha demarcatória entre o fato culposo punível e o fato impunível causado pelo risco (atividade ou situação) juridicamente permitido.[664]

Na culpa consciente, diferentemente, o sujeito prevê concretamente o resultado, mas acredita, de forma leviana, que ele não irá acontecer.

Na construção doutrinária da culpa consciente, emprestaram-se as premissas da terceira corrente doutrinária sobre o "dolo" (teoria da representação ou da previsão): quando o sujeito prevê o resultado, mas de forma leviana acredita sinceramente que ele não vá ocorrer ou confia em sua aptidão de evitar o resultado, está presente a figura da culpa consciente.

O Código Penal, além de não fazer menção expressa a essa modalidade aceita de forma pacífica na doutrina e jurisprudência, não faz distinção dessa modulação para fins de classificação do crime: qualquer que seja a culpa, o crime será culposo.

Evidentemente que na dosimetria da pena é importante a caracterização do tipo de culpa e seu grau (leve, grave ou levíssima) para a fixação da pena-base (art. 59, CP).

Na evolução da dogmática penal, ademais, ainda que existam aqueles que considerem dispensável a graduação da culpa, e outros, até que a condenem, vários critérios foram e são utilizados para configurar e delimitar praticamente a *culpa temerária*.

A culpa temerária representa um tipo de culpa substancialmente elevado, determinante de uma moldura penal agravada. É indispensável que se esteja perante uma ação particularmente perigosa e de um resultado de verificação altamente provável à luz da conduta adotada, mas que se tem de alcançar, ainda, a prova autônoma de que o agente, não omitindo a conduta, revelou uma atitude particularmente censurável de leviandade ou de descuido perante o comando jurídico-penal.[665]

Já há alguns anos, o conceito tem sido inserido e mantido nos textos de alguns códigos penais europeus, como ocorre, *v.g.*, em Portugal, Alemanha, Itália e Espanha, embora a realidade brasileira, como mencionado, tenha se mostrado desinteressada na abordagem e no tratamento da questão dos graus da culpa.

O legislador europeu tem feito uso do conceito, quando, em determinados casos, não torna pressuposto da punibilidade a mera culpa simples, mas, tão somente, a forma qualificada, a culpa temerária. Ela surge, às vezes, em tipos legais básicos, outras vezes,

---

[664] BINDING, Karl. *La culpabilidade em derecho penal*. Montevideo: B de F; Júlio César Faria, 2009. p. 622.
[665] SANTANA, Selma Pereira de. *A culpa temerária*: contributo para uma construção no direito brasileiro. São Paulo: Revista dos Tribunais, 2005.

é empregada para qualificar o resultado, e tem servido, ainda, como exemplo-regra para casos especialmente graves.[666]

Além da culpa temerária, a dogmática estrangeira tem se debruçado sobre o instituto do *recklessness*.[667] Esse instituto de origem anglo-saxã, que tem seus contornos assemelhados ao dolo eventual e à culpa consciente, seria apto a englobar a trabalhosa distinção entre dolo eventual e culpa consciente:

Elemento subjetivo	Previsão	Vontade
Dolo direto	Prevê o resultado.	Quer realizar o resultado.
Dolo eventual	Prevê o resultado.	Assume o risco de produzir o resultado.
Culpa consciente (também chamada de culpa com previsão)	Prevê o resultado.	Não quer nem assume o risco de produzi-lo (acredita que pode evitá-lo).
Culpa inconsciente	Não há previsão do resultado (que era previsível).	Não quer nem assume o risco de produzir o resultado.

A distinção entre dolo eventual e culpa consciente possui forte relevo concreto na contemporaneidade, mormente em casos de trânsito, com destaque para situações de disputas automobilísticas ou embriaguez ao volante em que advém a morte de alguém.

Sob influxo muitas vezes midiático e de repercussão pública, lembra Silva Sánchez, nos quais, sob a bandeira de se "evitar injustiças" em uma sistemática legislativa que daria azo a "impunidades", perverte-se, por vezes, a dogmática penal, tratando muitas vezes como se dolosas fossem condutas culposas,[668] banalizando a própria ideia de dolo eventual.

Referidos casos denotam, então, a necessidade de reflexão técnica a respeito. Quanto a isso, forçoso notar que as teorias que buscaram delimitar esses âmbitos costumam fazê-lo geralmente por meio da discussão do dolo. Dito de outro modo, preferem alcançar um conceito de dolo eventual mais preciso, não problematizando a questão em torno da culpa consciente.

De qualquer modo, desvela-se razoável dividir tais teorias em dois grupos (atrelados, em maior ou menor medida, respectivamente, à vontade e à representação), para depois ser apresentada uma novel versão. As teorias da vontade de maior relevo são: a) do consentimento; b) da indiferença e c) da evitação não comprovada. Já as teorias de maior

---

[666] SANTANA, Selma Pereira de. *A culpa temerária*: contributo para uma construção no direito brasileiro. São Paulo: Revista dos Tribunais, 2005.

[667] Definimos *recklessness* diante de uma situação de imprudência ou temeridade: "aqui o fundamento da punição está na necessidade de observância de certos cuidados diante da imensa variedade de riscos presentes na sociedade atual" (REISS, Michel Wencland. *Tribunal Penal Internacional*: construindo o direito internacional penal. Belo Horizonte: D'Plácido, 2017. p. 128; ver também: SALES, Sheila Jorge Selim de. Anotações sobre o estudo da recklessness na doutrina penal italiana: por uma terceira forma de imputação subjetiva? *Revista Brasileira de Ciências Criminais*, v. 137, 2017).

[668] SILVA SÁNCHEZ, Jesús-María. *A expansão do direito penal*: aspectos da política criminal nas sociedades pósindustriais. Trad. Luiz Otavio de Oliveira Rocha. São Paulo: Revista dos Tribunais, 2002. p. 62-64.

destaque atreladas à representação são: a) do conhecimento; b) da possibilidade; c) da probabilidade; d) do risco; e) do perigo desprotegido.[669]

O primeiro grupo de teorias é daquelas relacionadas à vontade. Assim, inicialmente, e com o claro viés da escola clássica em apresentar a responsabilidade penal como escorada na imputabilidade moral e no livre-arbítrio humano, Carrara,[670] focando o consentimento, via, no dolo eventual, mais do que uma anuência, sim uma aprovação, um aspecto de agrado. A teoria do consentimento teve, não obstante, Mezger[671] como seu maior defensor. No mesmo influxo que Carrara nesse aspecto, para ele o dolo eventual consistiria na aprovação, no consentimento ou em algo que agrade o agente.

O segundo grupo de teorias é diametralmente oposto às teses da vontade, pois defende o critério da representação. No cerne dessa teoria, também conhecida como do conhecimento, Frank postula duas de suas conhecidas fórmulas a respeito do dolo eventual. A primeira afirma que atua com dolo eventual o agente que, embora não querendo o resultado, atue com a certeza (conhecimento) de sua produção. A segunda fórmula aponta para uma ideia de indiferença, qual seja, atua com dolo eventual o agente que reflete "ocorrendo A ou B, mesmo assim agirei".

A teoria da possibilidade fixa que o dolo eventual consiste na possibilidade de ocorrência do resultado, consoante Schmidhäuser. Em uma construção artificial, o autor culmina por eliminar a categoria da culpa consciente, pois entende que toda culpa seria inconsciente, o que não encontra respaldo na realidade. Outra tese da representação é a de Mayer e sua noção da probabilidade. Para ele, a mera possibilidade caracterizaria a culpa consciente, pois o dolo eventual exigia verdadeira probabilidade.[672]

Ademais, existem ainda teses denominadas do risco. É o caso do pensamento de Frisch,[673] para quem a distinção, entre dolo eventual e culpa consciente, é pautada no grau de seriedade do risco. Jakobs,[674] por sua vez, rechaçando o elemento volitivo, busca o critério na relação entre risco e resultado, para encontrar o grau de menosprezo à norma realizada pelo agente. As críticas às teorias do risco centram-se em seu artificialismo, praticamente rechaçando a postura do agente pela falta do elemento volitivo e redução do âmbito intelectual do dolo.

Ademais, merece menção o pensamento de Roxin,[675] o qual se denota como relevante para a compreensão da questão. Parte o professor de Munique de três quadros. Primeiramente, pode-se imaginar a situação em que o agente deseja o resultado, ou seja, o dolo direto, chamado dolo direto de primeiro grau, como expressão da vontade, com natureza descritivo-psicológica. A segunda hipótese é aquela em que o agente sabe

---

[669] SOUZA, Luciano Anderson de. *Direito penal*: parte geral. 3. ed. São Paulo: Revista dos Tribunais, Thomson Reuters, 2022. v. 1. p. 315-320.

[670] CARRARA, Francesco. *Programa do curso de direito criminal*: parte geral. Campinas: LZN, 2002. v. II. p. 82.

[671] MEZGER, Edmund. *Tratado de derecho penal*. Buenos Aires: Hammurabi, 2010. v. 2. p. 137 e ss.

[672] MAYER, Max Ernst. *Derecho penal*: parte general. Trad. Sergio Politoff Lifschitz. Montevideo-Buenos Aires: B de F, 2007. p. 327 e ss.

[673] FRISCH, Wolfgang. *La imputación objetiva del resultado*: desarrollo, fundamentos y cuestiones abiertas. Trad. Ivó Coca Vila. Barcelona: Atelier, 2015. p. 54 e ss.

[674] JAKOBS, Günther. *Tratado de direito penal*: teoria do injusto penal e culpabilidade. Trad. Gercélia Batista de Oliveira Mendes e Geraldo de Carvalho. Belo Horizonte: Del Rey, 2009. p. 461-462.

[675] ROXIN, Claus. *Derecho penal*. Parte general. Traducción de la 2ª edición alemana. Madrid: Thomsom Reuters, 2017. t. I. p. 424 e ss.

que produzirá o resultado e, ainda que não o deseje, atua. Nesse caso, ao contrário do apregoado no neokantismo, não se trata de dolo eventual, mas de dolo direto de segundo grau, justificado menos pelo elemento volitivo e mais pelo cognitivo. Finalmente, o último caso é o do dolo eventual, o qual ocorre quando o agente exclusivamente desconfia do resultado.[676]

Outra classificação bastante relevante da culpa diz respeito a tema a ser estudado no tópico "tipicidade". Trata-se da distinção entre *culpa própria* (aquela comum, em que o resultado não é previsto) e a *culpa imprópria*, ou seja, a *culpa decorrente de erro de tipo injustificável, indesculpável* e *inexcusável*.

O agente prevê o resultado e quer praticá-lo, mas um erro de percepção da realidade faz com que pratique uma infração penal. A hipótese clássica é do agente que, em temporada de caça, acredita estar atirando em um animal, mas, por equívoco, acaba atirando numa pessoa. Nesse caso, o art. 20 e seu parágrafo exigirão uma valoração para se aferir se, naquelas circunstâncias, qualquer pessoa também se equivocaria. Em caso positivo, não há crime por exclusão do dolo e da culpa e, em caso negativo, o agente responde pela culpa imprópria, isto é, pelo crime na forma culposa se previsto em lei.[677]

Essa modalidade de culpa decorrente de erro de tipo, e fruto da reforma finalista de 1984, é impropriamente uma culpa: em rigor, o agente age dolosamente em relação ao resultado, mas um erro de percepção gera um resultado diferente do esperado. Justamente pelo fato de a culpa decorrente de erro de tipo não justificável ser impropriamente uma modalidade culposa, exclusivamente nesta espécie seria possível a tentativa culposa.

Estefam apresenta interessante discussão a respeito da *culpa mediata* ou *indireta*, aduzindo que ela se verificaria com a produção indireta de um resultado de forma culposa. Imagine um assaltante que aborda um motorista parado no semáforo, assustando-o de tal modo que ele acelere o veículo impensadamente e colida com outro automóvel que cruza a via, gerando a morte dos envolvidos no acidente. Aquele que produziu a conduta inicial (o assaltante, no exemplo elaborado) não responderá pelo resultado indireto, a não ser que: 1) haja nexo causal entre sua conduta e o resultado posterior; e 2) o resultado final possa ser considerado um desdobramento previsível (o que de fato ocorreu no exemplo citado) e esperado (o que dependerá, na hipótese formulada, dos elementos do caso concreto).[678]

A discussão sobre a responsabilidade pelos crimes culposos tem sido sistematicamente revisitada pelas escolas funcionalistas, em especial a partir da teoria da imputação objetiva.

Segundo a teoria da imputação objetiva, não basta a relação causal para que se estabeleça o nexo causal, devendo haver um ingrediente normativo. Para a existência do nexo causal, é necessário que o agente crie uma condição de risco excepcional. Não basta a pessoa contribuir casualmente para o resultado, deverá haver um risco anormal.

---

[676] SOUZA, Luciano Anderson de. *Direito penal*: parte geral. 3. ed. São Paulo: Revista dos Tribunais, Thomson Reuters, 2022. v. 1. p. 315-320.

[677] Art. 20, §1º, CP: "É isento de pena quem, por erro plenamente justificado pelas circunstâncias, supõe situação de fato que, se existisse, tornaria a ação legítima. Não há isenção de pena quando o erro deriva de culpa e o fato é punível como crime culposo".

[678] ESTEFAM, André. *Direito penal*: parte geral (arts. 1º a 120). 10. ed. São Paulo: Saraiva, 2021. p. 253.

A *imputação objetiva* ou *causalidade normativa* foi introduzida, como conceito básico, na obra *A teoria da imputação de Hegel e o conceito de imputação objetiva*, de Karl Larenz (1927), diferenciando as obras do acaso e obras humanas. Richard Honig (em *Causalidade e imputação objetiva*, 1930), por sua vez, buscou traçar um critério objetivo para a atribuição de um resultado ilícito ao agente, mas foi Claus Roxin (em *Reflexões sobre a problemática da imputação no Direito Penal*, de 1970) que sistematizou a moderna teoria que será discutida no tópico sobre "nexo causal".

A principal diferença entre a moderna teoria da imputação objetiva (Roxin) e sua concepção original (Larenz e Honig) consiste em "primeiramente, a formulação moderna trabalha com a ideia de risco, de perigo, ainda não presente de forma explícita nas primeiras construções; em segundo lugar, a formulação moderna desenvolve uma série de critérios de exclusão da imputação, enquanto as teorias primitivas esgotavam-se, fundamentalmente, em excluir os resultados imprevisíveis", isto é, cuidavam dos chamados "cursos causais extraordinários".[679]

Não obstante a existência de diferentes teorias sobre imputação objetiva, de forma genérica, todas defendem a análise de um conjunto de pressupostos que fazem da causação uma causação objetivamente típica: *tipo objetivo* (relação de causalidade ou causalidade + risco) e *tipo subjetivo* (dolo ou culpa).

Em síntese, os elementos básicos para aferição do tipo objetivo seriam: *o nexo de causalidade, a criação ou aumento de um risco proibido* e *a relevância do risco criado no resultado*.

Com base, portanto, nesses elementos, algumas teorias funcionalistas estão incrementando novos aspectos àquilo que se denomina vitimodogmática, levantando *hipóteses de exclusão do risco proibido*, como *comportamento exclusivo da vítima* (novidade, já que nunca se discutiu compensação de culpas em matéria criminal) e o *princípio da confiança*.

Quanto ao princípio da confiança,

> cuida-se de um dos princípios regentes no cenário da culpa. Observe-se que um dos elementos da sua estrutura é justamente o dever de cuidado objetivo, impondo a quem vive em sociedade tomar certas cautelas para não provocar lesões a terceiros. Eis o princípio da confiança, sem o qual não haveria condições de sair de casa, pois tudo de mau poderia acontecer. Portanto, confiamos que as outras pessoas irão seguir as mesmas regras de dever de cuidado objetivo e todos chegaremos ilesos aonde pretendemos.[680]

Assim, um agente não poderia ser punido quando, agindo corretamente e na confiança de que o outro também assim se comportará, dá causa a um resultado não desejado (ex.: médico que confia em sua equipe não pode ser responsabilizado pela utilização de uma substância em dose equivocada, se para isso não concorreu; o motorista que conduz seu automóvel cuidadosamente confia que os pedestres se manterão na calçada e somente atravessarão a rua quando não houver movimento de veículos, motivo pelo qual não comete crime se atropela um transeunte que se precipita repentinamente para a via trafegável).[681]

---

[679] GRECO, Luís. *Um panorama da teoria da imputação objetiva*. São Paulo: Revista dos Tribunais, 2013. p. 15.
[680] NUCCI, Guilherme de Souza. *Curso de direito penal*: parte geral. 4. ed. Rio de Janeiro: Forense, 2020. p. 349-350.
[681] ESTEFAM, André. *Direito penal*: parte geral (arts. 1º a 120). 10. ed. São Paulo: Saraiva, 2021. p. 252.

Já no tocante à *autocolocação da vítima em risco*, um dos temas relevantes da vitimodogmática, a doutrina tem debatido se essa nova vítima merece a proteção penal do Estado nos casos em que colocar em perigo ou renunciar à proteção de um bem jurídico, questões utilizadas pela vitimodogmática como fundamento para a conduta provocadora ou a assunção de riscos por parte da vítima em relação à responsabilidade do autor.[682]

Nessa mudança de paradigmas da própria dogmática, a vitimodogmática, segundo Greco, constitui "uma série de postulados vitimológicos na qual se estuda o comportamento da vítima em face do crime – mais especificamente, sua contribuição para que este ocorresse".[683] Já Silva Sánchez afirma que o ponto central da vitimodogmática é o estudo do comportamento da vítima no âmbito da dogmática penal e, em especial, seus reflexos na responsabilidade do autor.[684]

Medeiros trabalha também em uma linha dogmática, utilizando-se da imputação objetiva, em que a classificação para as vítimas seria: a das que criaram o risco para elas ou consentiram e as das que não tiveram relação com o incremento do risco, o que seria considerado na imputação do crime.[685]

Podem-se sistematizar os principais fundamentos da vitimodogmática da seguinte forma:

> a) Princípio da subsidiariedade (auto-responsabilidade), em que o direito penal é a *ultima ratio* e deve intervir o mínimo, devendo o titular do bem jurídico atuar com medidas de autoproteção razoáveis, possíveis, usuais e exigíveis;
> b) possibilidade de autoproteção não exercida ou ignorada gera a culpa da vítima e isenção (posição radical) ou diminuição (posição moderada) da pena do autor, decorrente do princípio da auto-responsabilidade;
> c) pela teoria da imputação objetiva, teríamos o aumento do risco não permitido pela vítima e uma não imputação ao autor. Segundo Raimund Hassemer, o perigo tem dois momentos – o primeiro antes (*ex ante*), colocado pelo legislador ao confeccionar a norma, e um segundo (*ex post*) que surge no caso concreto, com o enfrentamento do bem jurídico e o ataque, sendo o segundo momento a ser considerado;
> d) ausência de conflito social, pois a própria vítima não se interessou em proteger o bem jurídico, não existindo a danosidade social que justificaria a atuação do direito penal;
> e) possível vulnerabilidade dos princípios da fragmentariedade e da proporcionalidade penal, em razão de a fragmentariedade refletir-se na exclusiva proteção dos bens jurídicos penais, uma vez que não são todos os bens jurídicos que devem ser protegidos pelo direito penal; e
> f) base na ausência de necessidade de pena com relação ao binômio merecimento/necessidade de proteção da vítima.[686]

---

[682] PEÑA LUZÓN, Diego-Manuel. *Iniciación a la teoría general del delito.* Manãgua: UCA, 1995, p. 44-45.

[683] GRECO, Alessandra Orcesi. *A autocolocação da vítima em risco.* São Paulo: RT, 2004. p. 39.

[684] SILVA SÁNCHES, Jesús-María. La consideración del comportamiento de la víctima en la teoría jurídica del delito observaciones doctrinales y jurisprudenciales sobre la "victimo-dogmática". *Revista Brasileira de Ciências Criminais*, v. 34, abr. 2001. p. 165.

[685] MEDEIROS, Antonio André David. Vitimologia e vitimodogmática: considerações sobre a forma de retorno da vítima na dogmática penal. *In*: MORAES, Alexandre Rocha Almeida de *et al.* (Coord.). *Direito penal avançado*. Curitiba: Juruá, 2015. p. 61-86.

[686] MEDEIROS, Antonio André David. Vitimologia e vitimodogmática: considerações sobre a forma de retorno da vítima na dogmática penal. *In*: MORAES, Alexandre Rocha Almeida de *et al.* (Coord.). *Direito penal avançado*. Curitiba: Juruá, 2015. p. 61-86.

Na doutrina alemã, em que foi levada a discussão especialmente em razão dos delitos culposos, como podemos ver dos fundamentos, nasceram duas correntes de *vitimodogmática*:[687] a) a denominada radical, baseada no chamado princípio da autorresponsabilidade, prevendo até a total isenção de pena, dependendo do comportamento da vítima;[688] b) moderada, defendida por Jakobs, Hassemer e Roxin, que de forma mais branda acreditam que o comportamento da vítima deve ser considerado, mas limitado à pena, não atingindo plenamente a tipicidade ou a culpabilidade. Baseia-se na interpretação das circunstâncias judiciais (§46 do StGB).[689]

Segundo esse entendimento denominado moderado, algumas questões práticas importantes adviriam: a) a exclusão em crimes culposos, com base na imputação objetiva, quando a vítima atua na criação ou no incremento do risco; b) nos crimes omissivos, quando a vítima dispensa a atuação que poderia ter levado à lesão; c) nos crimes dolosos, somente em relação à dosagem da pena, pela diminuição da antijuridicidade e da culpabilidade, observados sempre os limites do tipo penal.[690]

Já a corrente radical, capitaneada por Schünemann e Hassemer, defende que o comportamento da vítima pode levar à isenção de pena do autor do fato, isso com base no princípio da subsidiariedade, do qual se deriva e segundo o qual esse seria o princípio da autorresponsabilidade da vítima (*Selbstverantwortungsprinzip*). A proteção do bem jurídico depende, por tal entendimento, de a vítima ter se utilizado de todos os meios de defesa; se não o fez, é considerada corresponsável.[691]

Os defensores do entendimento radical que busca uma aplicação ampla da vitimodogmática, até mesmo pela dificuldade de isenção de pena indiscriminada que causaria, dividem os crimes em dois tipos: delitos de relação (*Beziehungsdelikte*) e delitos de intervenção (*Zugriffsdelikte*). Nos delitos de relação – que dependem da vítima (estelionato), a falta de autoproteção torna desnecessária a pena, enquanto nos delitos de intervenção, que ocorrem mesmo sem a participação da vítima, permanece a necessidade de proteção a esta enquanto não responsável pelo risco gerado,[692] afirmando que a vitimodogmática somente seria aplicável no primeiro caso, pois requerem, para a sua ocorrência, a contribuição das vítimas.[693]

---

[687] SILVA SÁNCHEZ, Jesús-María. La consideración del comportamiento de la víctima en la teoría jurídica del delito observaciones doctrinales y jurisprudenciales sobre la "victimo-dogmática". *Revista Brasileira de Ciências Criminais*, v. 34, abr. 2001. p. 166.

[688] SANTANA, Selma Pereira de. A vitimodogmática: uma faceta da justiça restaurativa? *Revista IOB de Direito Penal e Processual Penal*, ano XI, n. 62, p. 47-62, jun./jul. 2010.

[689] MORAES, Alexandre Rocha Almeida de; FERRACINI NETO, Ricardo. *Criminologia*. Salvador: JusPodivm, 2019. p. 74.

[690] MEDEIROS, Antonio André David. Vitimologia e vitimodogmática: considerações sobre a forma de retorno da vítima na dogmática penal. *In*: MORAES, Alexandre Rocha Almeida de *et al.* (Coord.). *Direito penal avançado*. Curitiba: Juruá, 2015. p. 61-86.

[691] MEDEIROS, Antonio André David. Vitimologia e vitimodogmática: considerações sobre a forma de retorno da vítima na dogmática penal. *In*: MORAES, Alexandre Rocha Almeida de *et al.* (Coord.). *Direito penal avançado*. Curitiba: Juruá, 2015. p. 61-86.

[692] CANCIO MELIÁ, Manuel. *Reflexiones sobre la "victimodogmatica" en la teoria del delito*. Doutrinas Essenciais de Direito Penal. São Paulo: RT, 2010. v. 2. p. 410-411.

[693] SANTANA, Selma Pereira de. A vitimodogmática: uma faceta da justiça restaurativa? *Revista IOB de Direito Penal e Processual Penal*, ano XI, n. 62, p. 47-62, jun./jul. 2010.

É preciso ressaltar, com arrimo em Hassemer, que a redescoberta da vítima tornou-se moeda corrente, sem, entretanto, significar uma mudança na sua neutralização.[694] Apesar da tentativa feita, o que contou com a simpatia popular num primeiro momento, mostrou-se sem efetividade, chegando o autor a afirmar que a "dogmática da vítima" é "simplesmente mais um slogan que um conceito".[695]

A "privatização do Direito Penal", com o resgate paulatino do *papel da vítima* no Direito Penal,[696] tem ensejado, de outra parte, nova releitura da vitimodogmática. Em rigor, a vitimodogmática acentua algo que sempre esteve presente no Direito Penal, o conceito de que o comportamento da vítima pode e deve influenciar a responsabilidade do autor do delito.[697] Tal postura, porém, traz a lume um inchaço no posicionamento que transforma a circunstância judicial[698] em causa supralegal de excludente de ilicitude e de culpabilidade.[699]

1.3 Da conduta comissiva e omissiva

Desde a reforma de 1984, com a adoção do finalismo penal, toda conduta penalmente relevante constitui um ato voluntário dirigido a uma determinada finalidade, além de uma atuação positiva ou negativa, como forma de manifestação de vontade.

Assim como o dolo é a regra em matéria criminal, em geral as normas penais incriminadoras contemplam, como verbo do tipo, uma conduta comissiva, ou seja, uma ação.

A *ação* é todo o comportamento que depende da vontade humana, uma opção e um ato humano voluntário. O cometimento de um ato é o mesmo que realizar a ação, e a omissão é a realização de um não fazer,[700] ou, no dizer de Damásio, a "ação é a que se manifesta por intermédio de um movimento corpóreo tendente a uma finalidade", em que se mostra nos núcleos dos tipos como modo positivo de um agir.[701]

Explica Muñoz Conde que "a direção final da ação se realiza em duas fases: uma externa, outra interna".[702] A fase interna se verifica quando o sujeito pensa, propõe-se a determinada finalidade, escolhe os meios para poder atingir o fim e considera os efeitos que podem ser causados. Na fase externa, depois dos meios escolhidos, procede-se a

---

[694] HASSEMER, Winfried. *Direito penal*. Fundamentos, estrutura, política. Porto Alegre: Fabris, 2008. p. 118-124.

[695] HASSEMER, Winfried. *Direito penal*. Fundamentos, estrutura, política. Porto Alegre: Fabris, 2008. p. 121.

[696] CUNHA, Rogério Sanches. *Manual de direito penal*: parte geral. 8. ed. Salvador: JusPodivm, 2020. p. 43.

[697] LANDROVE DÍAZ, Gerardo. *La moderna victimologia*. Valência: Tirant Le Blanch, 1998. p. 40.

[698] Edgard Magalhães Noronha, ao explicar as circunstâncias judiciais coloca o comportamento da vítima, afirma: "A participação do ofendido no crime, como as circunstâncias pessoais, relacionamento existente, o modo de agir, uma possível provocação e outros assemelhados igualmente devem ser examinados como elementos fixadores da pena a ser escolhida e fixada" (NORONHA, Edgard Magalhães. *Direito penal*. 24. ed. Atualização de Adalberto José Q. T. de Camargo Aranha. São Paulo: Saraiva, 1986. v. 1. p. 253), demonstrando que não existe novidade no pensamento e sim uma exacerbação dele.

[699] MORAES, Alexandre Rocha Almeida de; FERRACINI NETO, Ricardo. *Criminologia*. Salvador: JusPodivm, 2019. p. 76-77.

[700] ZAFFARONI, Eugenio Raúl; PIERANGELI, José Henrique. *Manual de direito penal brasileiro*: parte geral. 11. ed. São Paulo: Revista dos Tribunais, 2015. p. 355.

[701] JESUS, Damásio Evangelista de. *Direito penal*. 37. ed. rev. e atual. por André Estefam. São Paulo: Saraiva, 2020. v. 1. p. 259.

[702] CONDE, Francisco Muñoz. *Teoria geral do delito*. Tradução de Juarez Tavares e Luiz Regis Prado. Porto Alegre: Sergio Antonio Fabris, 1988. p. 11.

realizar sua meta proposta. Logo a ação é uma causalidade, um resultado do agir e a omissão do não agir, compelido pela norma ao não fazer, em que a vontade, para a Welzel, implica uma finalidade voltada à busca do fim.

A conduta penalmente relevante será, como regra, humana, voluntária, praticada com dolo (e, quando prevista em lei, excepcionalmente com culpa) e comissiva. De modo geral, em Direito Penal, os crimes precisam ser praticados por ação (como se verifica no homicídio, no roubo, no furto etc.).

No entanto, por vezes, o legislador contempla um comportamento negativo, um "deixar de fazer" como penalmente relevante: são os *crimes omissivos puros*.

Todas as vezes que uma norma penal contempla uma conduta omissiva em seu núcleo, estamos diante de um crime propriamente omissivo, como se dá no tipo do art. 135 do Código Penal.

Há duas correntes doutrinárias que explicam a natureza jurídica da omissão: a) puramente normativa (a omissão não existe no mundo fático, mas apenas no mundo do dever-ser, isto é, ela decorre de lei); b) existência física da omissão (a omissão tem uma existência fática e não apenas normativa; ela apenas não seria tão visível quanto uma ação positiva, mas seria totalmente perceptível no mundo fático).

Adota-se esse segundo entendimento, segundo o qual a omissão configura uma forma de comportamento humano com aptidão de gerar resultado naturalístico ou uma consequência que poderá ser verificada.

Denominamos de delitos que contemplam uma omissão propriamente dita, ou de crimes omissivos puros ou próprios aqueles que contemplam na própria norma um deixar de fazer como juridicamente proibido.

A omissão pode estar claramente explicitada no verbo do tipo ou no título do crime, como se dá no crime de omissão de socorro (art. 135 do CP), mas pode se apresentar como uma opção do tipo, como se verifica no art. 136, CP (maus-tratos), em que a modalidade omissiva se revela, *v.g.*, na locução "privando-o de alimentação".

Nesses crimes, a omissão é elemento do tipo penal. O verbo já é omissivo. Os crimes omissivos próprios ou puros têm tipificação penal direta. Possuem tipicidade penal direta.

Há de se registrar que essa modalidade de crimes – propriamente omissivos, pelo caráter unissubsistente – não admite fracionamento e, pois, a punição pela tentativa.

Embora não haja óbice teórico a tanto, não é comum se erigirem crimes omissivos puros culposos, sendo que, na legislação brasileira, a quase totalidade das figuras é dolosa. Exemplos de crimes omissivos puros culposos, apesar disso, ocorrem nas figuras de omissão de cautela prevista no art. 13, *caput*, do Estatuto do Desarmamento (Lei nº 10.826/2003), ou de omissão de dizeres sobre nocividade do produto do art. 63, §2º, do Código de Defesa do Consumidor.

Em termos históricos, as Ordenações Filipinas estabeleciam alguns poucos crimes omissivos, no geral vinculados a deveres de se denunciarem fatos às autoridades.[703] Aliás, até o início do século XIX, sua tipificação era excepcional, havendo grande dificuldade doutrinária em sua explanação, eis que o delito sempre foi tido como a violação de uma

---

[703] HOFFBAUER, Nélson Hungria. *Comentários ao Código Penal*. Rio de Janeiro: Forense, 1955. v. 5. p. 428.

norma proibitiva, sendo pouco clara a equiparação desta modalidade à infração de um comando. Em outras palavras, já se tinha como problemática a nivelação da ação com a omissão, desafio presente até os dias atuais.

A primeira monografia específica conhecida sobre o tema, *De crimine omissionis*, de Carl Winkler, data de 1776, e a primazia deste estudo entre nós se deu com Tobias Barreto, em 1879, o qual se preocupou, precipuamente, com os denominados crimes omissivos impróprios.[704]

A rigor, o incremento de seu uso ocorre por força de três momentos da evolução política do século XX, quais sejam, o Estado do Bem-Estar Social, sua falência e a globalização.[705]

Os contornos da sociedade do risco, no entanto, têm implicado o novo expansionismo do direito penal, em especial para o tipo omissivo impróprio. Com efeito, tem-se justificado, em nível global, uma ampliação do conceito de garantidor, que fundamenta a atribuição de responsabilidade a título de comissão por omissão.[706] Emblemático exemplo dessa tendência hodierna de imposições de deveres pela via de crimes omissivos encontra-se no contexto da criminalidade econômica no chamado *Sarbanes-Oxley Act*, legislação norte-americana, de 2002, que visa cercear fraudes contábeis, a qual impôs, inclusive extraterritorialmente aos Estados Unidos da América, amplos deveres de informações a serem prestadas a administradores e a diretores de empresas, em nome da confiança nas relações negociais.[707]

Ademais, especificamente no Brasil, as alterações legislativas sobre lavagem de dinheiro, assim como a incerta disciplina da *criminal compliance*, parecem, perigosamente, caminhar nessa seara de alargamento de deveres e cômoda tentativa de criação de posições de garantia por parte do legislador. No País, ainda, o art. 2º da Lei dos Crimes Ambientais é sintomático exemplo dessa postura, ao procurar alargar incisivamente a responsabilização penal por delitos contra o meio ambiente.[708]

Não obstante esse expansionismo penal das últimas décadas relativamente aos crimes omissivos impróprios, por meio do alargamento de posições de garantia, ressalta Souza, "também ser significativa a construção de crimes omissivos puros em tal contexto, havendo relevância para o insculpimento de deveres gerais voltados a interesses econômico-administrativos".[709] É o caso dos citados crimes de apropriação indébita previdenciária (art. 168-A) e cancelamento de restos a pagar (art. 359-F), ambos do Código Penal, assim como, *e.g.*, de delitos previstos na Lei de Crimes contra o Sistema

---

[704] BARRETO, Tobias. Delitos por omissão. *In*: BARRETO, Tobias. *Estudos de direito* – II. Rio de Janeiro: Record, 1991. p. 222.

[705] SILVA SÁNCHEZ, Jesús-María. *A expansão do direito penal*: aspectos da política criminal nas sociedades pós-industriais. Trad. Luiz Otavio de Oliveira Rocha. São Paulo: Revista dos Tribunais, 2002. p. 69 e ss.

[706] PASCHOAL, Janaína Conceição. *Ingerência indevida*: os crimes comissivos por omissão e o controle pela punição do não fazer. Porto Alegre: Sergio Antonio Fabris, 2011. p. 14.

[707] SILVEIRA, Renato de Mello Jorge; SALVADOR NETTO, Alamiro Velludo. Sarbanes-Oxley Act e os vícios do direito penal globalizado. *Revista Ultima Ratio*, Rio de Janeiro, v. 1, n. 0, p. 193-210, 2006.

[708] "Art. 2º Quem, de qualquer forma, concorre para a prática dos crimes previstos nesta Lei, incide nas penas a estes cominadas, na medida da sua culpabilidade, bem como o diretor, o administrador, o membro de conselho e de órgão técnico, o auditor, o gerente, o preposto ou mandatário de pessoa jurídica, que, sabendo da conduta criminosa de outrem, deixar de impedir a sua prática, quando podia agir para evitá-la".

[709] SOUZA, Luciano Anderson de. *Direito penal*: parte geral. 3. ed. São Paulo: Revista dos Tribunais, Thomson Reuters, 2022. v. 1. p. 248-250.

Financeiro Nacional (arts. 10 e 12 da Lei nº 7.492/1986), na Lei dos Crimes Ambientais (art. 68 da Lei nº 9.605/1998) e no Código de Defesa do Consumidor (arts. 63 – referido anteriormente –, 64 e 69 da Lei nº 8.078/1990).

Ademais, verifica-se a larga remissão à esfera administrativa também em tipos omissivos, e a complementação dos tipos penais por meio de conceitos, normas ou atos provenientes do Direito Administrativo afigura-se na denominada assessoriedade administrativa do Direito Penal.

Característica típica das normas penais ambientais, de trânsito ou relativas às drogas ilícitas, o fenômeno da assessoriedade administrativa vem consagrando-se ainda no Direito Penal Econômico. Ocorre que o influxo desse fenômeno é tamanho que se fala em *administrativização do Direito Penal*.[710]

Conforme escólio de Baratta, a expressão indica que os tipos penais novos tendem a se parecer, na sua forma, de modo crescente, com as normas de intervenção da administração pública, distanciando-se dos requisitos tradicionais da lei (abstração e generalidade), razão pela qual as normas penais se transformam em um instrumento de gerenciamento de situações particulares, de riscos excepcionais.[711]

Em suma, os crimes serão, como regra, *comissivos*, ou seja, são praticados por uma ação identificada no verbo ou ação central da norma penal incriminadora. Excepcionalmente, a própria norma prevê uma *omissão*, um deixar de fazer penalmente relevante. E, saliente-se que, por vezes, inclusive, alguns crimes terão *conduta mista*, reunindo as duas espécies de comportamento (ação e omissão). O próprio tipo penal traz os dois comportamentos: uma ação seguida de uma omissão, como se constata, por exemplo, nos crimes previstos no art. 169, parágrafo único, II (apropriação indébita de coisa achada) e no art. 168-A, CP (apropriação indébita previdenciária).

Diante do princípio essencial da reserva legal, seria, portanto, impossível punir por homicídio doloso uma mãe que, de forma deliberada, matasse o filho por omissão? Seria impossível imputar um crime de furto a um empregado de uma empresa que, pretendendo contribuir para um furto que seria realizado, deixasse, intencionalmente, de trancar a empresa, facilitando a entrada dos ladrões?

Em síntese, seria possível em crimes comissivos, ou seja, praticados por ação, estender a responsabilidade para um agente por sua omissão?

Isso é possível por conta da norma de extensão da tipicidade do art. 13, §2º, do Código Penal, que dá relevância penal a um crime comissivo praticado por omissão: trata-se dos crimes omissivos impróprios. Essa a redação do dispositivo:

Relevância da omissão [...]
§2º A omissão é penalmente relevante quando o omitente devia e podia agir para evitar o resultado. O dever de agir incumbe a quem:
a) tenha por lei obrigação de cuidado, proteção ou vigilância;
b) de outra forma, assumiu a responsabilidade de impedir o resultado;
c) com seu comportamento anterior, criou o risco da ocorrência do resultado.

---

[710] SOUZA, Luciano Anderson de. *Direito penal*: parte geral. 3. ed. São Paulo: Revista dos Tribunais, Thomson Reuters, 2022. v. 1. p. 248-250.

[711] BARATTA, Alessandro. Funções instrumentais e simbólicas do direito penal. Lineamentos de uma teoria do bem jurídico. Trad. Ana Lúcia Sabadell. *Revista Brasileira de Ciências Criminais*, São Paulo, v. 5, 1994. p. 12.

O Código Penal adota, pois, uma norma de extensão da tipicidade ou do proibido, contemplando hipóteses em que infrações inicialmente proibidas por um agir, também o serão por uma omissão: são os chamados *crimes omissivos impróprios* ou comissivos por omissão.

São dois requisitos básicos para a extensão da responsabilidade por omissão: a) *quando o agente tem possibilidade de impedir o resultado*; b) *quando ele tem o dever de impedir o resultado*.

A tipicidade penal, nesse caso, se dá sempre por extensão, e não de maneira direta. O resultado naturalístico é uma necessidade, devendo haver um resultado lesivo.

O art. 13, §2º, do Código Penal trata da questão do nexo de causalidade nos denominados crimes omissivos impróprios, também chamados de comissivos por omissão. Nessa espécie de delito, a simples omissão seria atípica, mas, como o agente tinha um dever de evitar o resultado e não o fez, responde pelo resultado delituoso que deveria ter evitado. Estabelece o dispositivo que a omissão é penalmente relevante quando o omitente devia e podia agir para evitar o resultado.

A *possibilidade* de agir implicará uma valoração do intérprete: naquele caso concreto, qualquer pessoa, naquelas circunstâncias, poderia ter impedido o resultado? Tal questão é obviamente relevante porque não seria razoável se exigir, mesmo daquele que tem o dever de evitar o resultado, que agisse como um super-herói.

Já o dever de agir incumbe a quem:

a) *Tenha por lei obrigação de cuidado, proteção ou vigilância*. A acepção da palavra lei é qualquer norma de ordem pública (lei, decreto etc.), como se dá, por exemplo, com os deveres decorrentes do poder familiar, da guarda, tutela, curatela etc. A imposição resulta da lei civil (Código Civil e Estatuto do Adolescente). Assim, o pai que intencionalmente deixa de alimentar seu filho recém-nascido, causando sua morte, responde por homicídio doloso. O simples fato de não alimentar a criança uma única vez é atípico, mas, na medida em que o pai tem o dever legal de alimentá-la e deixou de fazê-lo, provocando com isso a sua morte, responde pelo crime de homicídio na forma omissiva, podendo ser, inclusive, doloso. Da mesma forma, o policial militar que se depara com uma pessoa furtando a carteira de outro e, podendo agir, nada faz, responde por furto;

b) *De outra forma, assumiu a responsabilidade de impedir o resultado*: pode resultar de relação contratual, profissional ou quando, por qualquer outra forma, assumiu a pessoa a posição garantidora de que o resultado não ocorreria. O dever jurídico não decorre de lei, mas de uma situação fática.[712] Pode-se citar o exemplo do salva-vidas que zela pela segurança dos banhistas de um clube e que assiste, inerte, a uma criança se afogando e nada faz, ou do médico que deixa de atender um paciente baleado, levando-o, com seu comportamento omissivo, à morte;

c) *Com o seu comportamento anterior, criou o risco da ocorrência do resultado*. O exemplo clássico aqui é daquele que, por brincadeira, joga uma pessoa na piscina e,

---

[712] JESUS, Damásio Evangelista de. *Direito penal*. 37. ed. rev. e atual. por André Estefam. São Paulo: Saraiva, 2020. v. 1. p. 283.

posteriormente, percebe que esta não sabe nadar, passando a ter o dever de salvá-la. Se não o fizer, responde pelo crime.

Vale, no entanto, ressaltar que a *autorresponsabilidade* ou *hipóteses de ações a próprio risco*, como se dá, por exemplo, no convite para a prática de esportes radicais, não pode ter o condão de gerar a responsabilidade penal omissiva por quem fez o convite ou instigou, dado o livre-arbítrio e escolha por parte daquele que aceitou.

Esse é, para fins didáticos, o quadro comparativo entre crimes omissivos puros e crimes impropriamente omissivos:

Crime omissivo próprio	Crime omissivo impróprio
Dever genérico de agir (recai sobre todos). Ex.: prestar socorro ao próximo.	Dever especial de evitar o resultado (não se trata de mero dever de agir), que recai sobre pessoa especial. Ex.: a mãe que mata o filho por inanição por não lhe dar comida.
Existe uma subsunção direta (fato/norma). O dever de agir deriva da própria norma mandamental (a omissão está descrita no tipo incriminador).	Subsunção indireta. O dever de evitar o resultado deriva de cláusula geral (art. 13, §2º, do CP). A omissão não está descrita no tipo (como você tinha o dever de evitar o resultado, vai responder por ação – como se houvesse praticado o resultado).
Não se admite a tentativa.	Admite-se a tentativa.
Natureza jurídica: ausência de ação esperada.	Natureza jurídica: uma realidade em que falta a causalidade. O agente responde penalmente, porque não evita resultado que estava obrigado a evitar.

2 Do resultado

O resultado é a modificação do mundo exterior provocada pelo comportamento humano voluntário.

Para grande parte da doutrina, não há diferença entre resultado e evento. Tecnicamente, contudo, evento seria qualquer acontecimento (ex.: um cachorro latindo) e resultado seria a consequência de uma conduta humana.

O resultado constitui um dos elementos que integram o fato típico e requisito para um fato ser criminoso. Mas é preciso distinguir resultado naturalístico de resultado jurídico ou normativo.

Resultado naturalístico é alteração física no mundo exterior e perceptível pelos sentidos, ou seja, trata-se da modificação que o crime provoca no mundo natural, no mundo concreto (ex.: antes do furto, a vítima tinha posse do seu patrimônio; a morte constatável no cadáver no caso do homicídio etc.). É possível que um crime exista sem um resultado naturalístico, mas a existência de resultado naturalístico será crucial para o estudo do nexo de causalidade.

Não obstante, todos os crimes possuem *resultado normativo ou jurídico*, ou seja, lesão ou perigo de lesão ao bem jurídico tutelado pela norma. Em outras palavras, é a consequência jurídica do crime. Todo crime fere o bem jurídico, suscitando consequências nessa ordem, portanto, todo crime produz um resultado jurídico.

Nesse sentido, a classificação tem relevância para fins de compreender se o crime tem ou não resultado naturalístico:

- *Crimes materiais:* são crimes que somente se consumam com a produção do resultado naturalístico, ou seja, o resultado naturalístico integra o próprio tipo penal, sendo imprescindível para a consumação do crime (ex.: homicídio, furto, sequestro etc.);
- *Crimes formais:* são crimes em que a ocorrência do resultado naturalístico, apesar de admitida, não é relevante, pois se consumam antes desta (ex.: extorsão mediante sequestro: o resultado naturalístico visado é a diminuição do patrimônio da vítima, a obtenção de vantagem econômica; no entanto, o crime se consuma quando se sequestra a vítima, independentemente do recebimento ou não do dinheiro; de igual modo, o crime de extorsão é formal e consuma-se no momento em que a violência ou a grave ameaça é exercida, independentemente da obtenção da vantagem indevida);
- *Crimes de mera conduta:* o resultado naturalístico é impossível, ou seja, não existe (ex.: crime de desobediência).

Esse tema, como já mencionado, terá relevância, ademais, para a completa tipicidade, ou seja, para avaliação da consumação do crime, como se infere de diversos entendimentos sumulados pelos Tribunais Superiores:

> Súmula Vinculante nº 24, STF: Não se tipifica crime material contra a ordem tributária, previsto no art. 1º, inciso I a IV, da Lei nº 8.137/90, antes do lançamento definitivo do tributo.
> Súmula nº 96, STJ: O crime de extorsão consuma-se independentemente da obtenção da vantagem indevida.
> Súmula nº 500, STJ: A configuração do crime do art. 244-B do ECA independe da prova da efetiva corrupção do menor, por se tratar de delito formal.
> Súmula nº 575, STJ: Constitui crime de conduta de permitir, confiar ou entregar a direção de veículo automotor a pessoa que não seja habilitada, ou que se encontre em qualquer das situações previstas no art. 310 do CTB, independentemente da ocorrência de lesão ou de perigo de dano concreto na condução de veículo.
> Súmula nº 645, STJ: O crime de fraude à licitação é formal, e sua consumação prescinde da comprovação do prejuízo ou da obtenção de vantagem.

3 Relação de causalidade

Para uma conduta ser penalmente relevante, não basta que seja voluntária, dolosa (e excepcionalmente culposa quando prevista em lei), comissiva (e excepcionalmente omissiva própria ou impropriamente). Assim como não basta que haja um resultado, seja naturalístico, seja com lesão a um bem jurídico protegido. É crucial que haja uma ligação entre essa conduta e esse resultado.

A *relação ou nexo de causalidade* é justamente o liame, é a conexão ou a ligação entre conduta e resultado.

Quando o nexo de causalidade foi pensado no Código de 40, não obstante a base do Direito Penal clássico ser orientada para crimes com resultado naturalístico e todos os institutos serem pautados no crime de homicídio, fato é que já se vislumbrava uma insuficiência científica e uma necessidade de aprimoramento dogmático.

O nexo de causalidade entre o comportamento humano e a modificação do mundo exterior foi construído com base na ideia de causalidade do mundo físico ou natural: cuida-se de estabelecer, a partir dessa premissa, quando o resultado seria imputável ao sujeito, sem referência à ilicitude do fato ou à reprovação social que ele mereça.

Em outras palavras, nexo causal é o que traz entre a conduta e resultado o seguinte aspecto: relação causa-consequência.

Segundo Costa Jr., é necessário, em primeiro lugar, distinguir *causa* de *causalidade*. Causa indica um "elemento da representação", distinto do *efeito*, que a ele se une por meio de uma relação: a *causalidade*.[713]

Sabendo-se, evidentemente, que a consequência é resultado penalmente típico, resta avaliar o que seria uma causa apta a gerar aquele resultado.

É certo que um crime nunca é causado por uma única causa. O crime é sempre formado pela soma das causas, algumas preexistentes, algumas biológicas, psicológicas, outras físicas, materiais etc. No caso do homicídio, pensar em tirar a vida de um desafeto, se encorajar com um amigo, comprar uma arma de fogo, se deslocar rapidamente até o local para que dê tempo de encontrar a vítima naquele exato momento, se esconder para surpreender a vítima, atirar na vítima, evitar qualquer forma de socorro até que venha a morrer por hemorragia aguda. Todas são causas ou condições para que aquele resultado – morte por hemorragia aguda – ocorresse da forma pela qual ocorreu.

Mas se todas são causas e condições do evento, é possível supor que se não existisse o sujeito que encorajou o agente, ou não existisse o próprio agente daquele caso, o crime não teria ocorrido. Logo, seria legítimo supor que os pais que geraram esse ser humano que fez tudo aquilo também seriam causas. O vendedor da arma seria causa ou condição para o crime, assim como o taxista que o conduziu a tempo de encontrar a vítima e efetuar os disparos.

Em síntese, pode-se dizer que, emprestando o conceito da física de causa/consequência, a causa ou condição para o crime seria toda a ação ou omissão que se mostre indispensável para a configuração daquele resultado concreto por menor que seja o seu grau de participação. Em rigor, é justamente essa a concepção adotada no art. 13, *caput*, do Código Penal:

> Art. 13. O resultado, de que depende a existência do crime, somente é imputável a quem lhe deu causa. Considera-se causa a ação ou omissão sem a qual o resultado não teria ocorrido.

O estudo das diversas teorias elaboradas dogmaticamente para explicar a relação de causalidade permite distinguir *dois grandes grupos*: o da teoria que não faz qualquer distinção entre os fatores que antecederam o resultado (*teoria da condição simples*), e o

---

[713] COSTA JR., Paulo José da. *Do nexo causal*: aspecto objetivo do crime. São Paulo, Saraiva, 1964. p. 81.

daquelas que dão aos antecedentes diferente hierarquia (*teorias da condição qualificada ou individualizadoras*).[714]

O Código Penal adotou como regra geral a *Teoria da Equivalência dos Antecedentes* (Teoria da Equivalência das Condições, Equivalência dos Antecedentes, Da Condição Simples ou Generalizadora ou também chamada de Teoria da *Conditio Sine Qua Non*), segundo a qual causa é toda circunstância antecedente, sem a qual o resultado não teria ocorrido.

Qualquer das condições que compõem a totalidade dos antecedentes é causa do resultado, pois a sua inocorrência impediria a produção do evento ou resultado lesivo na forma e nas circunstâncias em que ocorreu.

Essa teoria, extremamente ampla, tornando equivalente qualquer causa ou condição sem a qual o resultado não teria ocorrido, pressupõe um método para avaliação do que, efetivamente, seriam as causas do evento.

Para saber se determinado fato é ou não causa do resultado, utiliza-se o método hipotético de Thyrén (ou Teoria Indutivo Hipotético de Eliminação): se não houvesse determinada circunstância, o resultado teria ocorrido como ocorreu? Se concluímos que não, é porque ela não é causa ou condição daquele resultado.

Esse juízo hipotético de eliminação tem origem na concepção filosófica de Stuart Mil, segundo o qual se identifica como causa o antecedente invariável e incondicionado de um evento.[715] Tal juízo constitui, portanto, o primeiro passo para se avaliar se há nexo causal entre determinada causa (contida na conduta do agente) e um resultado.

Considera-se causa toda a ação ou omissão (nexo de evitabilidade) sem a qual o resultado não se teria produzido. Em suma, tudo o que contribui, *in concreto*, para o resultado.

O problema ou a insuficiência da teoria da equivalência dos antecedentes causais ensejou a evolução científica para resolver duas questões cruciais: a) o problema do regresso ao infinito; b) a questão de concausas que foram idôneas e suficientes, por si sós, para gerar o resultado.

Com o objetivo de se evitar o regresso ao infinito e saber se determinada conduta é ou não causa do evento, primeiro foi necessário realizar uma seleção das causas juridicamente relevantes, utilizando-se de critérios de caráter normativo extraídos da própria natureza do Direito Penal que permitam, num plano objetivo, delimitar parte da causalidade natural. Assim, desde a adoção do finalismo penal, como nenhuma conduta é penalmente relevante sem dolo e culpa, qualquer causa anterior, como a mãe do agente que atirou, seria naturalmente excluída por ausência do elemento volitivo.

De outra parte, em razão da severidade e inadequação da teoria para as hipóteses em que houvesse outras causas atuando e gerando o resultado, como exemplo, o agente ferido, mas sem risco de vida, ser socorrido por um motorista embriagado que capotasse o carro e matasse a vítima, seria necessário supor que *a conditio sine qua non* ou a causalidade natural seria apenas uma condição mínima, mas não suficiente para a atribuição de um resultado. Nesse sentido, passou a ser desenvolvida uma nova teoria: a *teoria da causalidade adequada* (Von Kries).

---

[714] ESTEFAM, André. *Direito penal*: parte geral (arts. 1º a 120). 10. ed. São Paulo: Saraiva, 2021. p. 236.
[715] MILL, John Stuart. *A system of logic*: ratiocinative and inductive. [s.l.]: Routledge e Kegan Paul, 1974. p. 214.

Conforme essa teoria, a fórmula para restringir o alcance do conceito causal se veria na tese de que dentro das formas de conduta que condicionam o resultado haveria que se distinguir as *causas adequadas,* ou realmente relevantes, das inadequadas, procedentes tão somente em razão do acaso. Haveria de se distinguir "se a relação [...] com o resultado é capaz de ser generalizada, ou [se é] apenas uma particularidade do caso existente; se o fator [...] é em geral apropriado para produzir um resultado dessa classe – possui uma tendência a isso –, ou se ele foi ocasionado em forma casual".[716]

O surgimento dessa nova teoria não se deu de modo acidental, mas devidamente inserido no novo contexto filosófico neokantiano que permeava a teoria do delito. O modelo causal-valorativo ou neoclássico da ação busca reformular o modelo causal-naturalista para estruturar o conceito analítico de crime conforme juízos de valor que serviriam de base ao Direito Penal teleológico e funcionalista.[717]

Assim, com a causalidade adequada, causa não mais seria toda condição do resultado, mas tão somente a condição adequada para tanto, ou seja, somente a causa idônea, hábil e apta a gerar aquele resultado. Essa foi a fórmula adotada no §1º do art. 13 do Código Penal:

Superveniência de causa independente
§1º A superveniência de causa relativamente independente exclui a imputação quando, por si só, produziu o resultado; os fatos anteriores, entretanto, imputam-se a quem os praticou. (Incluído pela Lei nº 7.209, de 11.7.1984)

Se a verificação de dolo e culpa resolvia o problema do regresso ao infinito, a *teoria da causalidade adequada* (das condições qualificadas) limitava a causalidade física ou da equivalência dos antecedentes causais, na medida em que um fato só será considerado causa do crime quando tiver sido apto e idôneo a gerar o resultado.

A teoria também sofreu diversas objeções. Houve quem julgasse supérfluo o exame do que já aconteceu como se não houvesse, ainda, ocorrido. Forte crítica, contudo, foi a que apontou ser impossível determinar, com a precisão estatística que a teoria sugere existir, o grau de possibilidade para que uma conduta produza determinado resultado. Houve, por fim, quem a tachou de ser responsável por uma ampliação excessiva das causas de irresponsabilidade penal, gerando um excesso de absolvições.[718]

Há, ainda, outras teorias individualizadoras, todas derivadas, em certa medida, da teoria da causalidade adequada, como a teoria da condição perigosa (Grispigni), a da causa humana exclusiva (Antolisei) e a da causalidade jurídica (Maggiore).

No entanto, nosso Código adotou a causalidade adequada no §1º do art. 13.

---

[716] ENGISCH, Karl. *La causalidad como elemento de los tipos penales.* Tradução de Marcelo A. Sancinetti. Buenos Aires: Hammurabi, 2008. p. 85.

[717] JESCHECK, Hans-Heinrich; WEIGEND, Thomas. *Tratado de derecho penal*: parte general. Tradução de Miguel Olmedo Cardenete. Granada: Comares, 2002. p. 219-220.

[718] Costa Jr. manifesta expressa predileção em favor da teoria da causalidade adequada em detrimento da equivalência dos antecedentes: "Concluindo: a doutrina da causalidade adequada mostra-se completa em relação aos crimes qualificados pelo resultado, aos delitos omissivos, à coautoria, à tentativa impossível, à conceituação do perigo e a muitos outros institutos de Direito Penal. Não é, porém, uma teoria propriamente causal. Trata-se mais de uma concepção de relevância jurídica. Contudo, apesar de suas naturais deficiências, afigura-se-nos preferível à teoria da equivalência" (COSTA JR., Paulo José da. *Do nexo causal*: aspecto objetivo do crime. São Paulo, Saraiva, 1964. p. 102).

Ademais, de forma implícita, essa teoria propiciou a discussão doutrinária e jurisprudencial das *concausas: preexistentes, concomitantes e supervenientes* à causa (ou conduta) objeto de análise.

Quando a causa é absolutamente independente, não há nexo de causalidade. Se alguém coloca veneno na comida de uma pessoa, e esta, durante a refeição, antes de o veneno produzir seu efeito, morre em decorrência de um desabamento, não há ligação entre a conduta e o resultado. Nesse sentido, uma causa absolutamente independente pode ocorrer antes, simultaneamente ou depois da causa que se analisa:

- *causa preexistente absolutamente independente da conduta do sujeito*: A desfere um tiro de revólver em B, que vem a falecer pouco depois, não em consequência dos ferimentos recebidos, mas porque antes ingerira veneno.
- *causa concomitante absolutamente independente*: A fere B no mesmo momento em que este vem a falecer exclusivamente por força de um colapso cardíaco.
- *causa superveniente absolutamente independente*: A ministra veneno na alimentação de B que, quando está tomando a refeição, vem a falecer em consequência de um desabamento.

Evidentemente que a conduta do sujeito A não pode ter gerado o resultado e ele não pode responder por ele. Contudo, pode, eventualmente, responder pelos atos praticados desde que configurem outra infração penal ou, como se verá, pela tentativa do crime se chegou a praticar algum ato de execução.

Diferentemente se dá com as *causas relativamente independentes*, ou seja, causas que estão ligadas, de alguma forma, com a causa (ou conduta) objeto da análise. Na hipótese de ocorrer, junto à conduta do sujeito, outras condutas, condições ou circunstâncias que interfiram no processo causal, diferentes soluções deverão ser adotadas quando as causas, agora com relação de dependência, forem preexistentes, concomitantes ou supervenientes:

- *causa preexistente relativamente independente em relação* à *conduta do agente*: A golpeia B, hemofílico, que vem a falecer em consequência dos ferimentos;
- *causa concomitante relativamente independente*: A desfecha um tiro em B, no exato instante em que está sofrendo um colapso cardíaco, provando-se que a lesão contribuiu para a eclosão do êxito letal. Diversas pessoas agridem, a socos e pontapés, a vítima, que morre em decorrência de todas as pancadas.

Nessas duas hipóteses de concausas relativamente independentes, preexistentes e concomitantes, não há exclusão do nexo causal e o resultado é imputável ao agente.

O mesmo não se diz, de forma automática, com a causalidade adequada, adotada no §1º do art. 13 do Código Penal, ao tratar de *concausas supervenientes relativamente independentes*, eis que, com a expressão "por si só", previu o legislador a possibilidade de outra causa posterior ser idônea e suficiente para gerar o resultado. É o caso da vítima agredida pelo agente, levada ao hospital e, no caminho, por imprudência do motorista, a ambulância abalroa um poste, causando a morte do paciente por traumatismo craniano.

Note-se que o desdobramento fugiu do que normalmente acontece.

Nessa hipótese, prevê o legislador, está excluído o nexo causal e o sujeito não pode responder pelo resultado morte, devendo responder pelos atos até então praticados, caso sejam típicos. Na hipótese, o sujeito responde por lesão corporal dolosa e ao motorista da ambulância será imputado o evento morte a título culposo.

Diante de tantas adaptações feitas à teoria da equivalência dos antecedentes causais para resolver a questão do regresso ao infinito e da causalidade adequada, a doutrina contemporânea passou a questionar se a relação de causalidade seria, efetivamente, requisito essencial do fato típico.

Para aqueles que defendem que somente o resultado naturalístico integra o conceito de crime, o nexo causal seria crucial somente para os crimes materiais. Para a corrente dominante, no entanto, como é o resultado jurídico que integra o fato típico, a relação de causalidade seria requisito essencial do fato típico.

No entanto, essa concepção contemporânea e dominante, seja pelas inúmeras adaptações da *conditio sine qua non*, seja pela ausência de uma normatização da causalidade em vários ordenamentos jurídicos, sobretudo europeus, passou a defender uma evolução científica na dogmática, construindo valores normativos e mais objetivos que resolveriam todas as inconsistências até então constatadas, além de outras, típicas desse tempo social: trata-se da *teoria da imputação objetiva*.

Como possíveis discussões teóricas que evoluiriam para essa teoria, Dotti destaca a *teoria da predominância*, defendida por Binding, segundo o qual as forças determinantes na produção de um fenômeno se dividem em dois grupos: o das condições positivas e o das condições negativas. Aquelas, dirigidas à produção do evento; estas, no sentido de impedi-lo. A condição que rompe o equilíbrio dessas forças e se encaminha para o resultado é que pode ser reconhecida como sua causa.

> Para o jurista alemão, é o atuar humano, orientado pela vontade, que dá preponderância a uma daquelas condições positivas perante as negativas. Desse modo, Binding pretendeu sustentar um conceito especial de causalidade, "próprio das ciências do espírito", como ele mesmo explica.[719]

Uma conjugação entre as teorias da equivalência das condições e da causalidade adequada foi promovida por alguns autores, sustentando que o problema da causalidade se insere no plano da responsabilidade penal. Conforme os seguidores dessa concepção, denominada *teoria da relevância jurídica*, o aspecto da causalidade propriamente dita somente se resolve pela teoria da equivalência das condições.[720]

Já a teoria da imputação objetiva, adotada por parte da doutrina nacional e por boa parte das escolas funcionalistas, sustenta não ser suficiente a relação causal para que se estabeleça o nexo de causalidade, devendo haver um ingrediente normativo. Para a existência do nexo causal, é necessário que o agente *crie uma condição de risco excepcional*. Não basta a pessoa contribuir casualmente para o resultado, deverá haver um risco anormal.

---

[719] DOTTI, René Ariel. *Curso de direito penal:* parte geral. 6. ed. Rio de Janeiro: Forense, 2018. p. 479.
[720] DOTTI, René Ariel. *Curso de direito penal:* parte geral. 6. ed. Rio de Janeiro: Forense, 2018. p. 479.

Segundo a teoria da imputação objetiva, não basta a relação causal para que se estabeleça o nexo causal, devendo haver um ingrediente normativo. Para a existência do nexo causal, é necessário que o agente crie uma condição de risco excepcional. Não basta a pessoa contribuir casualmente para o resultado, deverá haver um risco anormal.

A *imputação objetiva* ou *causalidade normativa* foi introduzida, como conceito básico, na obra *A teoria da imputação de Hegel e o conceito de imputação objetiva*, de Karl Larenz (1927), diferenciando as obras do acaso e obras humanas. Richard Honig (em *Causalidade e imputação objetiva*, de 1930), por sua vez, buscou traçar um critério objetivo para a atribuição de um resultado ilícito ao agente, mas foi Claus Roxin (em *Reflexões sobre a problemática da imputação no Direito Penal*, de 1970) que sistematizou a moderna teoria que será discutida no tópico sobre "nexo causal".

Tanto a Escola de Munique (com o funcionalismo teleológico de Claus Roxin), quanto as Escolas de Bonn (com o funcionalismo sistêmico de Günther Jakobs), Mistas, Ecléticas ou Intermediárias, com alguma uniformidade metodológica, surgiram com o intuito de corrigir os extremismos filosóficos da Escola Clássica e da Escola Positiva que as antecederam, buscando ajustar um equilíbrio entre elas e conciliar seus apontamentos para que então pudesse surgir um modelo harmônico de política criminal e para um modelo que implicasse, no conceito analítico do crime, uma evolução da dogmática clássica e finalista. Entre outros frutos, tem sido a discussão sobre a imputação objetiva.

Não obstante a existência de algumas diferenças nas teorias sobre imputação objetiva, de forma genérica, todas defendem a análise de um conjunto de pressupostos que fazem da causação uma causação objetivamente típica: *tipo objetivo* (relação de causalidade e risco) e *tipo subjetivo* (dolo ou culpa).

Em síntese, os elementos básicos para aferição do tipo objetivo seriam: *o nexo de causalidade, a criação ou aumento de um risco proibido* e *a relevância do risco criado no resultado.*

As escolas funcionalistas e defensoras da teoria da imputação objetiva criticam que a teoria da equivalência dos antecedentes só teria aplicabilidade em crimes materiais, diversamente da imputação objetiva, aplicável a todas as infrações penais, desde que em situações em que o risco proibido seja evidente na conduta. De igual forma são solucionados os delitos culposos, porque nestes a criação de riscos proibidos é ainda mais recorrente. Além disso, resolveriam, com objetividade e segurança jurídica, questões atinentes às causas anteriores, preexistentes ou concomitantes ao evento criminoso que tenham gerado o resultado típico e antijurídico, hipóteses de causalidade hipotética[721] e causalidade alternativa[722] que não são solucionadas pela *conditio sine qua non*.

---

[721] Menciona-se o tradicional exemplo do soldado que executa um prisioneiro de guerra a mando de seu superior, ainda que este não o obedecesse, outro o faria. Portanto, aplicando-se a teoria da equivalência dos antecedentes causais o resultado não teria causa e, portanto, não seria punível, o que seria inaceitável.

[722] A causalidade alternativa, por seu turno, se refere às situações em que agentes agem de forma autônoma para atingir o mesmo fim, em se suprimindo a conduta de um ou outro o resultado ocorreria da mesma forma. O exemplo de dois indivíduos que, crendo estarem agindo isoladamente, acrescentam, cada um, veneno suficiente à bebida de um alvo em comum, que consome e vem a falecer, sendo impossível determinar de qual dose decorreu seu falecimento. O mesmo exemplo convém para ilustrar a causalidade cumulativa positiva, logo, a técnica da eliminação hipotética de Thyrén se mostra igualmente ineficiente nesse contexto: a conduta só é considerada causa quando sem ela o resultado não ocorreria. Assim, estaríamos diante de uma irracionalidade de um resultado sem causa.

Insurgindo-se, em especial, contra o regresso ao infinito decorrente da causalidade simples, a teoria da imputação objetiva enriquece a relação de causalidade, acrescentando o nexo normativo, composto de: a) *criação ou incremento de um risco não permitido* (não tolerado pela sociedade); b) *exigência de que o resultado esteja na linha de desdobramento causal normal da conduta.*

O quadro resume de forma didática a evolução dogmática e a distinção entre as teorias:

Teoria da causalidade simples	Teoria da imputação objetiva
A causa depende tão somente do nexo físico. (Hoje aplicada com as adaptações: vedação do regresso com avaliação do dolo/culpa e conjugação da teoria com a causalidade adequada no §1º do art. 13)	A causa depende de nexo físico e do nexo normativo. (Nexo normativo: criação ou incremento de risco proibido relevante, ou seja, não tolerado pela sociedade) Resultado com desdobramento causal normal da conduta.

Com isso, a teoria da imputação objetiva consegue limitar a imputação.

Para parcela da doutrina, a imputação objetiva consiste no corretivo do nexo causal (um limite, um novo filtro antes de se chegar à responsabilidade), enquanto parte da doutrina defende que a criação ou incremento de um risco não permitido devem ser analisados na tipicidade material, como um corretivo da tipicidade. Prevalece, contudo, que a imputação objetiva caracterize um quinto elemento do fato típico, avaliado após o nexo causal.

Não basta, todavia, a criação ou o aumento de um risco proibido; é preciso que esse risco criado seja relevante no resultado. Mesmo que um sujeito tenha criado um risco proibido, se este risco não afetou de forma relevante o resultado, não tem imputação objetiva.

Com relação aos delitos dolosos, o exame do risco estar compreendido no alcance do tipo incriminador tem relevância em três situações: a) *autocolocação dolosa em perigo*; b) *heterocolocação consentida em perigo*; c) âmbito *de responsabilidade de terceiros*.

Por "autocolocação dolosa em perigo", Roxin entende as situações em que o ofendido se coloca dolosamente numa situação de perigo. Essa atitude exclui a responsabilidade de terceiros pelos resultados sofridos pela vítima. Assim, por exemplo, se alguém realiza algum contato sexual desprotegido com outrem, sabendo ser este portador do vírus HIV, fica afastada a responsabilidade do parceiro decorrente do contágio venéreo.[723]

Nos casos de "heterocolocação consentida em perigo", Roxin examina fatos em que o ofendido autoriza, de modo livre e consciente, que alguém o coloque em situação perigosa, como ocorre no exemplo do passageiro que solicita carona a um motorista visivelmente embriagado, vindo a ferir-se num acidente automobilístico.[724]

---

[723] ROXIN, Claus. *Funcionalismo e imputação objetiva no direito penal*. Tradução de Luís Greco. Rio de Janeiro: Renovar, 2002. p. 263-264.

[724] ROXIN, Claus. *Funcionalismo e imputação objetiva no direito penal*. Tradução de Luís Greco. Rio de Janeiro: Renovar, 2002. p. 264.

Há, finalmente, a chamada "responsabilidade de terceiros" no resultado, a qual afasta a imputação objetiva de quem produziu inicialmente o risco proibido e relevante. Roxin, em matéria de erro médico, defende que se devem distinguir os casos em que o erro substitui o perigo gerado daqueles em que o erro *não impede* a realização do risco no resultado.[725]

Quando o erro médico *substitui* o perigo, só o profissional responde pelo resultado (p. ex., se a vítima de um atropelamento, ao ser submetida a uma intervenção cirúrgica, vem a falecer por decorrência de um choque anafilático, o atropelador responde somente pelas lesões, imputando-se a morte, exclusivamente, ao médico). Quando o erro não impede a realização do resultado, vale dizer, o médico imperitamente deixa de empregar a diligência recomendada a um profissional mediano, deve-se analisar o grau de culpa em que o profissional da Medicina incorreu.[726]

Havendo culpa leve de sua parte, tanto o médico quanto o produtor do risco inicial (p. ex., o motorista que atropelou a vítima hospitalizada) responderão pelo resultado. Ocorrendo culpa grave, só o médico responderá pelo evento final.

Roxin apresenta, então, hipóteses em que, não obstante a conduta do agente, o resultado não pode ser a ele imputado, visto que tal conduta não tenha dado azo à criação do risco juridicamente relevante.

Em primeiro lugar, exclui-se a imputação da norma na hipótese de a conduta do agente modificar um dado curso causal de tal forma a que a consequência de sua ação seja uma *diminuição do risco* ao qual a vítima estava exposta anteriormente do atuar do agente; além disso, exclui a imputação decorrente da *ausência de criação de perigo* na atuação do agente, o que autorizaria a exclusão da imputação. Nesse caso, se o agente não chega a agregar nenhum risco a alguma atividade ou situação a qual, *de per si*, traz algum risco mínimo e ínsito, não se justifica a responsabilização penal; outrossim, também haverá exclusão, segundo ele, quando o risco criado pela conduta do agente for um risco permitido, ou seja, no entender do autor, seria o risco derivado de "um comportamento que cria um risco juridicamente relevante, risco esse que é em geral – independentemente do caso concreto".[727]

Historicamente, um dos pontos fundamentais em que a teoria da imputação objetiva de Günther Jakobs distancia-se da de Claus Roxin reside no enfoque dado à relação de causalidade material.

Enquanto Roxin propõe que ela seja completamente substituída pela relação de imputação objetiva, Jakobs sustenta ser impossível abrir mão de um mínimo de causalidade material na aferição da responsabilidade penal. Nesse sentido, a imputação objetiva cumpriria um papel negativo, vale dizer, atuaria como uma teoria para *restringir* o alcance do nexo causal fundado na teoria da equivalência dos antecedentes.

Segundo Jakobs, depois de se aferir a existência de nexo causal entre a conduta e o resultado, segundo a teoria da *conditio sine qua non*, por meio do processo de

---

[725] ROXIN, Claus. *Funcionalismo e imputação objetiva no direito penal*. Tradução de Luís Greco. Rio de Janeiro: Renovar, 2002. p. 264.
[726] ESTEFAM, André. *Direito penal*: parte geral (arts. 1º a 120). 10. ed. São Paulo: Saraiva, 2021. p. 263-264.
[727] ROXIN, Claus. *Funcionalismo e imputação objetiva no direito penal*. Tradução de Luís Greco. Rio de Janeiro: Renovar, 2002. p. 314.

eliminação hipotética, deve-se verificar se houve imputação objetiva entre a conduta e o resultado, de modo que esta teoria age como um *freio* (e não como substituto) da relação de causalidade material.

Günther Jakobs estrutura a teoria da imputação objetiva a partir das seguintes premissas: a) a imputação objetiva é vinculada a uma sociedade concretamente considerada; b) o contato social gera riscos; e c) a imputação objetiva enfoca apenas comportamentos que violam um determinado papel social.[728]

A imputação enquanto forma, isto é, a tarefa de se determinar quando alguém deve responder por seus atos, segundo Jakobs, sempre se fez presente na história da humanidade.

Jakobs fornece alguns exemplos em que não há imputação objetiva do resultado ao agente que se manteve dentro do papel social que lhe é atribuído: a) se um mecânico de automóveis conserta um veículo automotor, mesmo tendo ciência de que seu dono tem o costume de trafegar desrespeitando o limite de velocidade, não se poderá imputar a ele algum acontecimento fatal decorrente da imprudência do motorista; e b) se o garçom serve uma garrafa de vinho a um cliente, mesmo sabendo que ele sairá do estabelecimento conduzindo um automóvel, não será responsabilizado pela morte decorrente do acidente automobilístico causado por conta da embriaguez ao volante.[729]

Em sua obra *A imputação objetiva no direito penal*, Jakobs procura assentar tais premissas acima e, em seguida, estabelece princípios que, segundo sua teoria, afastam a responsabilidade pelo ato: a) *princípio da criação de um risco permitido*; b) *princípio da confiança*; c) *princípio da proibição do regresso*; d) *princípio da capacidade ou competência da vítima*.

Questão interessante para se avaliar a aplicação da teoria diz respeito ao instituto do *aberratio ictus*, previsto no art. 73 do Código Penal.[730]

Ocorre *aberratio ictus* com evento único quando, em consequência de erro na realização da conduta ou outra causa, um terceiro vem a sofrer o resultado (lesão corporal ou morte). No exemplo clássico, o sujeito desfecha um tiro de revólver na direção da vítima virtual, que se encontra ao lado de terceiro, erra o alvo e vem a matar ou ferir o terceiro (vítima efetiva). Há um só resultado (lesão corporal ou morte do terceiro).

Nosso Código Penal, no *aberratio ictus* com unidade de resultado, considera a existência de um só delito (tentado ou consumado), havendo duas situações: a vítima efetiva sofre lesão corporal: nesse caso, o sujeito responde por tentativa de homicídio como se a vítima virtual ou almejada tivesse sofrido a lesão; já a lesão corporal culposa sofrida pela vítima efetiva fica absorvida pela tentativa de homicídio; na segunda hipótese, a vítima efetiva vem a falecer: há um só crime de homicídio doloso consumado, como se o autor tivesse matado a vítima virtual ou pretendida.

---

[728] JAKOBS, Günther. *A imputação objetiva no direito penal*. Trad. de André Luís Callegari. 4. ed. São Paulo: Revista dos Tribunais, 2013.

[729] ESTEFAM, André. *Direito penal*: parte geral (arts. 1º a 120). 10. ed. São Paulo: Saraiva, 2021. p. 264-266.

[730] Erro na execução – "Art. 73. Quando, por acidente ou erro no uso dos meios de execução, o agente, ao invés de atingir a pessoa que pretendia ofender, atinge pessoa diversa, responde como se tivesse praticado o crime contra aquela, atendendo-se ao disposto no §3º do art. 20 deste Código. No caso de ser também atingida a pessoa que o agente pretendia ofender, aplica-se a regra do art. 70 desse Código".

Em rigor, aplicada a teoria da imputação objetiva, as soluções diferem das adotadas pelo nosso estatuto penal: a) se o sujeito, desejando matar a vítima virtual, erra na execução e mata terceiro, há concurso formal entre uma tentativa de homicídio contra a vítima virtual e um homicídio culposo em relação à vítima efetiva virtual ou pretendida; b) se a vítima efetiva sofre lesão corporal, existem dois delitos em concurso formal: tentativa de homicídio em relação à vítima real e lesão corporal culposa no tocante à almejada.

Note-se, portanto, que, no caso de morte da vítima efetiva, a solução do art. 73 é mais gravosa para o autor do que na imputação objetiva, uma vez que a sanção detentiva do homicídio doloso consumado é maior do que a soma das penas mínimas de uma tentativa de homicídio e um homicídio culposo (aplicada a regra do concurso material prevista no art. 69, CP).

Não se trata, pois, de uma solução justa, uma vez que, para que haja responsabilidade por um crime doloso consumado, é preciso que o resultado seja espelho do comportamento. Na hipótese, inexiste liame subjetivo entre o autor e a morte do terceiro (vítima efetiva). Ressalte-se, contudo, a possibilidade de ter o sujeito agido com dolo eventual em relação ao terceiro, caso em que responde por tentativa de homicídio no tocante à vítima pretendida (dolo direto) e homicídio doloso consumado no que concerne à vítima atingida pelo erro (dolo eventual).

Em resumo, para haver causalidade, segundo a teoria da imputação objetiva, exige-se: 1º) causalidade física (posição amplamente majoritária); 2º) imputação objetiva; 3º) imputação subjetiva (quando se cuida de analisar o momento de verificação da imputação objetiva em relação ao requisito subjetivo-normativo, ou seja, dolo ou culpa).

Em regra, os delitos omissivos próprios dispensam a verificação da relação de causalidade, visto cuidar-se de crimes de mera atividade. Já nos crimes omissivos impróprios, ou comissivos por omissão, no entanto, há de se verificar o nexo causal entre a ação omitida (esperada) e o resultado material. Conforme a trajetória doutrinária acerca do tema o destaca, a causalidade na omissão não pode ser naturalística, por absoluta ilogicidade. Ela é normativa, havendo um vínculo jurídico, fruto de uma equiparação feita pelo Direito, entre ação e omissão

Outrossim, no caso dos crimes culposos, há relação de causalidade entre a ação e o resultado caso presentes três filtros normativos: a) previsibilidade normativa, isto é, aferição se o resultado era objetivamente previsível; b) comprovação de que o resultado constituiu consequência da violação de um dever objetivo de cuidado por parte do agente e c) a relação de causalidade deve ser penalmente relevante ou típica, comprovando-se que o evento produzido está contemplado como resultado que a norma de cuidado busca evitar.[731]

4 Tipicidade

4.1 Conceito, adequação típica, classificações

As ideias sistemáticas de tipo e de tipicidade na Teoria do Delito têm, como ponto de partida, o desenvolvimento do princípio da legalidade, a partir de Feuerbach, ainda

---

[731] PRADO, Luiz Regis. *Curso de direito penal brasileiro*. Rio de Janeiro: Forense, 2022. Volume único. p. 239.

no início do século XIX. Ao procurar delimitar as características da conduta antijurídica, Feuerbach denomina-a *Tatbestand*, que seria o próprio crime, sintetizado em um "tipo de delito".[732]

Em 1805, Stübel definiu o *Tatbestand* como o conjunto de todos os elementos internos e externos do crime, ou seja, ressaltou-o como a própria concepção de infração penal, atentando para seus aspectos subjetivos e objetivos.[733]

Com a consolidação do vocábulo *Tatbestand* ao longo do século XIX, no início do século XX, a evolução epistemológica do conceito de tipo apresenta as seguintes fases: 1ª) fase da independência; 2ª) fase indiciária – ou da *ratio cognoscendi* – da antijuridicidade; 3ª) fase da identidade – ou da *ratio essendi* – da antijuridicidade e 4ª) fase defensiva – ou da figura reitora, de Beling; 5ª) fase destrutiva – ou do nacional-socialismo. Posteriormente, destacam-se ainda três outros momentos do desenvolvimento em destaque: a teoria dos elementos negativos do tipo, o pensamento finalista e o pós-finalismo.[734]

A *tipicidade* é hoje, portanto, a correspondência entre o fato praticado pelo agente e a descrição de cada espécie de infração contida na lei penal incriminadora.

Fala-se em tipicidade quando há uma perfeita adequação entre o que se vê no mundo fático e aquilo que está descrito pela lei, ou seja, é a perfeita harmonia entre o comportamento humano verificado e a norma. Vale lembrar que o tipo penal deve preceder a pena (princípio da reserva legal – não há crime sem prévia lei que o preveja).

O conceito de tipicidade, como se concebe modernamente, passou a ser estruturado a partir das lições de Beling (1906), cujo maior mérito foi distingui-la da antijuridicidade e da culpabilidade. Seus ensinamentos, entretanto, foram aperfeiçoados pela doutrina *do caráter indiciário da ilicitude ou da ratio cognoscendi* de Mayer (1915) e pela ideia de independência defendida por Beling (1906).

A tipicidade passou a retratar, então, uma *função meramente descritiva*, completamente separada da ilicitude e da culpabilidade (entre elas não haveria nenhuma relação).

As normas penais são divididas em *normas incriminadoras*, ou seja, aquelas que contemplam o tipo penal, prevendo uma conduta e suas respectivas sanções; *normas penais não incriminadoras ou permissivas*, isto é, normas que tornam lícitas condutas que em um primeiro momento são definidas como crime (legítima defesa, estado de necessidade etc.); e *normas penais explicativas*, que permitirão a interpretação autêntica e literal, eis que são destinadas a esclarecer algo, trazendo conceitos e extensão da tipicidade, como se dá com o conceito de funcionário público pra fins jurídico-penais (art. 327, CP).

As normas penais incriminadoras, como mencionado, são compostas de um preceito primário, contemplando a conduta penalmente proibida, e um preceito secundário, contemplando a sanção penal.

No preceito primário da norma penal incriminadora se encontra o *tipo penal*, ou seja, o conjunto dos elementos descritivos do crime contidos na lei penal.

---

[732] BRANDÃO, Cláudio. *Tipicidade penal*: dos elementos da dogmática ao giro conceitual entimemático. Coimbra: Almedina, 2012. p. 72-73.
[733] BRANDÃO, Cláudio. *Tipicidade penal*: dos elementos da dogmática ao giro conceitual entimemático. Coimbra: Almedina, 2012. p. 73.
[734] SOUZA, Luciano Anderson de. *Direito penal*: parte geral. 3. ed. São Paulo: Revista dos Tribunais, Thomson Reuters, 2022. v. 1. p. 282.

A doutrina frisa inúmeras funções do tipo penal, todas atreladas a seus contornos garantistas. Roxin, *e.g.*, destaca que a função *político-criminal* se atrela à ideia de garantia, fundamentando e limitando o poder punitivo estatal.[735]

Ademais, destaca-se a *função dogmática* do tipo, que é aquela diferenciadora do erro. O dolo do agente deve abranger todos os elementos constitutivos do tipo penal. O eventual desconhecimento de algum elemento do tipo, quando inevitável, constitui erro de tipo, excludente do dolo e, por consequência, da própria tipicidade.

Por fim, destaca Souza, merece menção a *função de motivação* do tipo, a qual tem por escopo o conhecimento, por parte dos destinatários da norma, de quais são os interesses e representações mais importantes para a comunidade, assim como de quais condutas deve se abster de realização, relacionando-se com a segurança jurídica; destarte, ela teria o intuito de promover a convivência social.[736]

Afirma-se que a tipicidade é a aparente contrariedade à norma, porque, como se verá, a efetiva contrariedade se chama ilicitude.

O tipo penal não cria a ilicitude, ou seja, o fato não é ilícito por ser crime, mas por si próprio (por sua contrariedade ao direito). O tipo penal é apenas um tipo de valoração da ilicitude. Vale ressaltar, ainda, que o tipo penal é um instrumento de reserva.

O tipo penal distingue o que é considerado ilícito penal de todos os demais previstos no ordenamento.

A *estrutura básica do tipo* penal contém:

- *Título* (nome, rubrica, *nomen juris*), que é o nome dado ao crime. Ele deve dar uma síntese ao bem jurídico que aquele tipo penal visa proteger. Ex.: art. 121 (matar alguém) – *homicídio*; art. 155 (subtrair de outrem coisa alheia móvel) – *furto*.
- *Preceito primário*: que configura a descrição da conduta que a norma penal proíbe ou permite. Ex.: art. 121 – matar alguém.
- *Preceito secundário*: que prevê a pena a ser imposta àquele que violar o tipo penal violável. Ex.: art. 121 – pena de 6 a 20 anos.

Parte da doutrina opta por distinguir a tipicidade formal da tipicidade material. A *tipicidade formal* é a conduta que leva ao resultado (ao que está previsto na lei). Já a *tipicidade material* é a adequação do tipo penal à lesividade que pode ser causada ao bem jurídico protegido por intermédio daquela conduta (olhamos se aquele comportamento realmente causa um dano ao bem jurídico protegido).

Para essa doutrina, a *tipicidade conglobante* é aquela que abarca a análise conjunta da tipicidade formal e tipicidade material (conjunta).

Na lição de Zaffaroni, a tipicidade conglobante consiste "na averiguação da proibição através da indagação do alcance proibitivo da norma, não considerada isoladamente, e

---

[735] ROXIN, Claus. *Derecho penal*. Parte general. Traducción de la 2ª edición alemana. Madrid: Thomsom Reuters, 2017. t. I. p. 277.
[736] SOUZA, Luciano Anderson de. *Direito penal*: parte geral. 3. ed. São Paulo: Revista dos Tribunais, Thomson Reuters, 2022. v. 1. p. 292.

sim conglobada na ordem normativa".[737] A tipicidade conglobante consiste, conforme essa compreensão, em um corretivo da tipicidade legal, uma vez que pode excluir do âmbito do típico aquelas condutas que apenas aparentemente encontram-se proibidas.

Essa elaboração da teoria do tipo penal conglobante parte da existência simultânea e contextualizada de três planos diversos da dogmática penal, isto é, bem jurídico, norma e lei. O legislador parte do bem à norma e dessa à lei.[738] O aplicador da lei penal, a seu turno, conforma um trilhar oposto quando da resolução de casos concretos, partindo da lei à norma para proteger o bem jurídico penal.

Em outras palavras, o tipo permite o conhecimento da norma, a qual se volta à tutela do bem jurídico. Desse modo, a tipicidade conglobante "é a comprovação de que a conduta legalmente típica será também proibida pela norma, o que se obtém desentranhando o alcance da norma proibitiva conglobada com as restantes normas da ordem normativa".[739]

Nesse contexto, com a adoção da teoria, a tipicidade penal passa a defluir da tipicidade formal ("adequação à formulação legal do tipo") acrescida à tipicidade conglobante.

Apesar de interessante, forçoso notar, como destaca Salvador Neto, que essa construção não se viu agasalhada pela doutrina, sendo passível de críticas quanto à sua conformação e mesmo necessidade. Isso porque o "conceito de antinormatividade insculpido pela teoria culmina por confundir o intérprete, principalmente em razão do tratamento diferenciado que exige das causas de justificação que espelham atividades ordenadas ou fomentadas pela ordem normativa".[740]

A lei apresenta, tanto na parte geral, quanto na parte especial, *causas excludentes da tipicidade*, como exemplo, o crime impossível, intervenção médica e impedimento ao suicídio; retratação do agente no crime de falso testemunho; anulação do primeiro casamento no caso de bigamia, anistia ou *abolitio criminis*, e supralegais (insignificância e adequação social).

Além da estrutura básica, os tipos penais são compostos por *elementares e circunstâncias*.

Elementar será todo componente essencial do tipo sem o qual este desaparece (atipicidade plena ou absoluta) ou se transforma em outra figura típica (atipicidade relativa ou desclassificação da infração).

Já a *circunstância* será tudo aquilo que não integra a essência, ou seja, se for retirado, o tipo não deixa de existir, mas influencia de alguma forma a pena. Estão normalmente dispostas em parágrafos e incisos (ex.: qualificadoras, privilégios etc.). Em síntese, não servem para compor a essência do crime, e sim para influir na pena.

---

[737] ZAFFARONI, Eugenio Raúl; PIERANGELI, José Henrique. *Manual de direito penal brasileiro:* parte geral. São Paulo: Revista dos Tribunais, 2015. p. 413.
[738] SOUZA, Luciano Anderson de. *Direito penal:* parte geral. 3. ed. São Paulo: Revista dos Tribunais, Thomson Reuters, 2022. v. 1. p. 299-300.
[739] ZAFFARONI, Eugenio Raúl; PIERANGELI, José Henrique. *Manual de direito penal brasileiro*: parte geral. 11. ed. São Paulo: Revista dos Tribunais, 2015. p. 413.
[740] SALVADOR NETTO, Alamiro Velludo. Reflexões dogmáticas sobre a teoria da tipicidade conglobante. *Revista Liberdades*, n. 1, maio/ago. 2009. p. 43-44.

As *circunstâncias*, ademais, classificam-se em *judiciais ou legais*: a) *judiciais*: encontram-se previstas no art. 59, *caput*, do CP (culpabilidade, antecedentes, conduta social e personalidade do agente, circunstâncias, consequências e motivos do crime e comportamento da vítima); b) *legais*: podem ser genéricas, quando previstas na Parte Geral do Código Penal (agravantes, atenuantes, causas de aumento e diminuição de pena), ou específicas, se estiverem na Parte Especial do Código (qualificadoras e causas especiais de aumento e diminuição).

Essa distinção terá profunda relevância, como se verá, para o concurso de pessoas, no tocante à *comunicabilidade para um coautor das elementares ou circunstâncias de caráter objetivo*, o que permite, por exemplo, que alguém que pratique um furto com um funcionário público no interior de uma repartição pública responda pelo crime de peculato.[741]

As elementares ou elementos do crime podem ser classificados de três formas: a) objetivos; b) subjetivos; c) normativos.

Os *elementos objetivos ou descritivos* são aqueles cujo significado depende de mera observação. Para saber o que quer dizer um elemento objetivo, o intérprete não precisa fazer qualquer juízo de valor. Todos os verbos do tipo constituem elementos objetivos (ex.: matar, falsificar etc.), assim como todas as palavras que independem de juízo de valor e existem concretamente no mundo (ex.: mulher, coisa móvel, filho etc.).

Quando um tipo penal possui somente elementos objetivos, ele oferece maior segurança jurídica ao destinatário da norma, porque, sendo mais taxativo o tipo, restringe-se qualquer discricionariedade e arbítrio judicial.

Já os *elementos subjetivos*, presentes em algumas figuras típicas, compõem-se da finalidade especial do agente exigida pelo tipo penal. Determinados tipos não se satisfazem com a mera vontade de realizar o verbo (dolo genérico). Existirá elemento de ordem subjetiva (dolo específico) sempre que houver no tipo as expressões "com a finalidade de", "para o fim de" etc. (ex.: rapto com fim libidinoso etc.). O elemento subjetivo será sempre essa finalidade especial que a lei exige. Não confundir o elemento subjetivo do tipo com o elemento subjetivo do injusto, que é a consciência do caráter inadequado do fato, a consciência da ilicitude.

Os elementos subjetivos podem ser *implícitos* (não se encontra em sentido literal) ou *explícitos* (textualmente escrito na lei).

Os elementos implícitos, também denominados delitos de tendência, são raros, como se depreende no crime contra a honra (crime de calúnia – art. 138 – ler descrição), eis que se encontra implícita a ideia de que haja a intenção de humilhar, ofender a vítima, visto que, se a vítima não se sentir ofendida, não há crime. Já os elementos explícitos, também denominados delitos de intenção, contêm em sua redação o elemento subjetivo explícito.

Por fim, há, por vezes, em alguns tipos penais *elementos normativos*. O elemento normativo será aquele que depende, exige e demanda interpretação para se extrair o significado, ou seja, é necessário um juízo de valor sobre o elemento. São elementos que trazem possibilidade de interpretações equívocas, divergentes, oferecendo certo grau

---

[741] "Art. 30. Não se comunicam as circunstâncias e as condições de caráter pessoal, salvo quando elementares do crime".

de insegurança. Os elementos normativos, por demandarem valoração, sempre estarão sujeitos ao contexto social e pautados por algum grau de subjetividade do intérprete.

Há duas *espécies de elementos normativos*: a) *elemento normativo jurídico*: é aquele que depende de interpretação jurídica (ex.: funcionário público, documento etc.); b) *elemento normativo extrajurídico ou moral*: é aquele que depende de interpretação não jurídica (ex.: "obsceno").

Os crimes culposos, por excelência, são tipos que apresentam elementos normativos, eis que a imprudência, negligência e imperícia demandam valorações.

Quanto mais objetivos, portanto, forem os tipos, mais fechados e mais voltados para a taxatividade que é uma decorrência da reserva legal; quanto mais abertos, quanto mais contemplam elementos normativos (tipos anormais), mais relativizam a legalidade, taxatividade e segurança jurídica, exigindo cautela, razoabilidade e proporcionalidade na hermenêutica em consonância com o contexto social, com a maioria média coletiva e com as circunstâncias do caso concreto.

Assim, denomina-se de *tipo anormal* justamente aquele que contém elementos normativos ou subjetivos, além dos elementos objetivos. O enquadramento pressupõe uma interpretação do juiz em cada caso concreto; enquanto o *tipo normal* é aquele que só contém elementos objetivos. Tipo fechado. Não exige nenhum juízo de valoração por parte do juiz.

Chamamos, pois, de *tipo aberto* aquele que exige um juízo de valoração do juiz, como ocorre, por exemplo, nos crimes culposos, em que o juiz, para decidir se houve ou não crime, deve comparar a conduta do réu com a conduta que teria, nas mesmas condições, o chamado homem prudente e de discernimento; enquanto o *tipo fechado* representa o tipo em que todos os elementos estão no tipo, inexistindo a valoração ou juízo de valor (pouca discricionariedade).

Tipo pode ser *básico*, quando traz a descrição elementar do crime, ou seja, se for retirada qualquer palavra que seja, haverá perda de relevância criminal (a conduta deixa de ser crime), como exemplo, no homicídio; será *derivado* quando se acrescenta ao tipo penal básico algum elemento que faz com que aquele crime seja considerado mais ou menos grave (tornando mais ou menos severa a pena aplicada ao infrator), como se dá nas qualificadoras do homicídio (§2º – por motivo torpe; §1º – relevante valor moral – homicídio privilegiado).

O tipo será *simples* quando a lei trouxer um único verbo (ex.: homicídio – matar); será *misto* quando o tipo penal trouxer dois ou mais verbos (ex.: prevaricação – deixar de praticar, retardar ou praticar contra expressa disposição legal).

Esta última categoria subdivide-se em: a) *tipo misto alternativo*, ou de conteúdo variado, o qual apresenta diversos núcleos, relacionados alternativamente – hipótese em que, mesmo com a prática de várias condutas previstas no tipo, conforma-se apenas um crime, como ocorre, *e.g.*, com o delito de receptação (art. 180, CP); e b) *tipo misto cumulativo*, hipótese em que a prática de mais de um comportamento previsto no tipo enseja a aplicação da regra de concurso de crimes, isto é, a perpetração de várias condutas implica o reconhecimento de vários crimes, tal como se dá com o crime de abandono material (art. 244, CP).

Será *congruente* quando há coincidência entre a face objetiva do crime e a vontade do agente, ou seja, será congruente quando ele se consuma no momento em que o agente atinge seu objetivo (ex.: homicídio – se consuma quando a vítima morre e o indivíduo deseja matar); será *incongruente* quando puder ocorrer desconformidade entre essas duas coisas, ou seja, será incongruente quando ele puder se consumar independente de ser alcançada a vontade do agente (ex.: extorsão mediante sequestro; sequestrar alguém para tentar obter uma vantagem como condição de resgate).[742] Nesse caso, a intenção do agente é obter a vantagem, porém o crime se consuma quando a vantagem é solicitada pelo sequestrador, após o sequestro.

Fala-se em tipo objetivo e subjetivo.

O *tipo objetivo* reflete uma realidade externa, representando o comportamento descrito no preceito primário da norma penal incriminadora, abstraindo-se de qualquer aspecto psicológico. No tipo objetivo, há um núcleo, consistente em um ou mais verbos, além de elementos secundários, como, eventualmente, os relativos aos sujeitos, ao bem jurídico tutelado, ao resultado, ao tempo e ao lugar, entre outros. Já o *tipo subjetivo* relaciona-se à vontade do agente, isto é, a determinadas representações anímicas do sujeito ativo, presentes no momento em que realiza a conduta típica. Relaciona-se, pois, à atitude psíquica, interna, de cada tipo, isto é, ao dolo ou, ocasionalmente, a elementos subjetivos especiais do tipo.[743]

Por fim, o *tipo remetido* é aquele de construção externa complexa, ou seja, que faz remissão a um, ou mais de um, tipo penal para que seja feita sua aplicação, como se dá, por exemplo, no delito de uso de documento falso (art. 304): "fazer uso de qualquer dos papéis falsificados ou alterados, a que se referem os arts. 297 a 302".

O fato será penalmente atípico quando não há conduta penalmente relevante, resultado, nexo de causalidade e, logicamente, quando não houver *subsunção típica*.

Subsunção ou adequação típica é o procedimento pelo qual se enquadra uma conduta individual e concreta na descrição genérica e abstrata da lei penal.

A adequação típica pode se dar por *subordinação imediata*, isto é, a conduta se enquadra diretamente na lei penal incriminadora, sem necessidade de interposição de qualquer outro dispositivo legal. Mas, também, pode se verificar a adequação típica de *subordinação mediata*, ampliada ou por extensão: a conduta não se enquadra prontamente na lei penal incriminadora, reclamando-se, para complementar a tipicidade, a interposição de um dispositivo contido na Parte Geral do Código Penal. É o que acontece nos crimes tentados (ampliação temporal, art. 14, II, CP),[744] na participação no caso de concurso de agentes (ampliação espacial e pessoal, art. 29, *caput*, CP),[745] nos crimes omissivos impróprios (ampliação da conduta criminosa, art. 13, §2º, CP),[746] entre outros.

---

[742] NUCCI, Guilherme de Souza. *Curso de direito penal*: parte geral. 4. ed. Rio de Janeiro: Forense, 2020. p. 318.
[743] SOUZA, Luciano Anderson de. *Direito penal*: parte geral. 3. ed. São Paulo: Revista dos Tribunais, Thomson Reuters, 2022. v. 1. p. 290-292.
[744] Art. 14, II, CP: "Diz-se o crime tentado, quando, iniciada a execução, não se consuma por circunstâncias alheias à vontade do agente".
[745] Art. 29, *caput*, CP: "Quem, de qualquer modo, concorre para o crime incide nas penas a este cominadas, na medida de sua culpabilidade".
[746] Art. 13, §2º, CP: "A omissão é penalmente relevante quando o omitente devia e podia agir para evitar o resultado. O dever de agir incumbe a quem: a) tenha por lei obrigação de cuidado, proteção ou vigilância; b) de outra

4.2 Consumação e tentativa: o *iter criminis*

O crime é *consumado* quando nele se reúnem todos os elementos de sua definição legal.[747] E será tentado, como punição diferenciada como regra, quando iniciada a execução do delito e este não se consuma por qualquer circunstância contrária à intenção do agente. Essa a redação do art. 14 do Código Penal:

> Art. 14. Diz-se o crime:
> Crime consumado
> I – consumado, quando nele se reúnem todos os elementos de sua definição legal;
> Tentativa
> II – tentado, quando, iniciada a execução, não se consuma por circunstâncias alheias à vontade do agente.
> Pena de tentativa
> Parágrafo único – Salvo disposição em contrário, pune-se a tentativa com a pena correspondente ao crime consumado, diminuída de um a dois terços.

Assim, o crime se consuma quando a conduta do agente preenche integralmente os elementos que constam no tipo penal.

O caminho até a consumação é chamado de *iter criminis* (caminho do crime) e dividido entre fase interna e externa, ou seja, do surgimento da ideia até o momento de consumação.

A *fase interna ou mental* divide-se em três etapas: a) *cogitação* (que é ter a ideia, passar a pensar no crime); b) *deliberação* (é o sopesamento sobre os prós e os contras do cometimento do crime, ou seja, é o pensar pelo sujeito nas consequências sobre a ideia); c) *resolução* (momento do fechamento do raciocínio mental ou da tomada de decisão).

Já a *fase externa ou de exteriorização* da fase interna em conduta se desenvolve em quatro: a) *manifestação* (é a exteriorização daquela decisão ou o anúncio por parte do agente de que pretende praticar o crime. Logo, ela pode ou não existir); b) *preparação* (realizar os atos materiais necessários para a prática do crime. Buscam-se obter todos os meios materiais e científicos para que o agente efetivamente possa praticar o crime, como exemplo, arrumar uma arma); c) *execução* (o início dos atos executórios diz respeito a todos aqueles que já se voltam diretamente contra os bens jurídicos protegidos pela norma penal); d) *consumação* (alcance da plena tipicidade penal, ou seja, quando os momentos conduta, resultado e nexo causal atingem plenamente aquilo que está descrito na norma penal incriminadora).

---

forma, assumiu a responsabilidade de impedir o resultado; c) com seu comportamento anterior, criou o risco da ocorrência do resultado".

[747] Atentar para a interpretação rigorista do STF no tocante à consumação do crime de latrocínio que, por ser um crime complexo, em rigor constitui uma exceção ao conceito de consumação dos crimes: Súmula nº 610, STF: "Há crime de latrocínio, quando o homicídio se consuma, ainda que não se realiza o agente a subtração de bens da vítima".

A maioria maciça da doutrina sintetiza o *iter criminis* da seguinte forma:

Fase de cogitação	Fase dos atos preparatórios	Fase de execução	Fase de consumação
Ideia criminosa – fase interna também integrada pela deliberação e resolução.	Início da fase externa.	*Dilema crítico*: onde termina a preparação e começa a execução – art. 14, II, CP.	Não se pune a cogitação nem os atos preparatórios[748] (salvo se eles próprios forem um tipo penal específico – v. arts. 286, 288, 289 e 291, CP; porte de arma de fogo etc.).

Diante das dificuldades na delimitação da passagem dos atos de preparação para os atos de execução na realidade fenomênica, pode-se mencionar uma série de teorias que buscaram estabelecer a devida diferenciação, valendo destacar: a) *teoria cronológica*, que se baseia na proximidade temporal entre o ato e o resultado almejado; b) *teoria negativa*, como o nome sugere, há uma negação de que seja possível fazer uma separação entre atos preparatórios e executivos por meio de uma regra geral, de modo que caberia ao juiz, em cada caso concreto, estabelecer o que seria preparação ou execução; c) *teoria subjetiva*, que prega que a distinção seria feita conforme a vontade do autor em praticar o delito; d) *teorias objetivas*, que têm em comum a ideia de que a execução inicia-se com a prática de atos aptos à concretização do tipo penal.[749]

Roxin indica a presença na jurisprudência alemã da teoria dos atos parciais ou intermediários, segundo a qual a tentativa começa com o último *ato parcial* antes da verdadeira ação típica. Todavia, considera que essa idealização possui o defeito de ofertar um conceito de *ato parcial* com pouca clareza e, desta feita, com reduzida capacidade de rendimento.[750]

Nos *crimes materiais ou de resultado naturalístico*, a consumação se dá com a ocorrência do resultado descrito no tipo. Já nos *crimes formais e de mera conduta*, com a prática da ação proibida, eis que para os crimes formais, o resultado é irrelevante para a completa tipicidade e, para os crimes de mera conduta, inexiste resultado naturalístico.

Nos *crimes permanentes*, a consumação se prolonga no tempo, até que o agente resolva interrompê-la.

Nos *crimes habituais*, a consumação somente é verificada com a reiteração de atos, isto é, com a aferição de habitualidade do comportamento delitivo.

---

[748] Art. 5º, da Lei nº 13.260/16 (Lei Antiterrorismo): "Realizar atos preparatórios de terrorismo com o propósito inequívoco de consumar tal delito: Pena – a correspondente ao delito consumado, diminuída de um quarto até a metade". Art. 15, §2º da Lei nº 77170/83 (Lei de Segurança Nacional): "Praticar sabotagem contra instalações militares, meios de comunicações, meios e vias de transporte, estaleiros, portos, aeroportos, fábricas, usinas, barragem, depósitos e outras instalações congêneres. Pena: reclusão, de 3 a 10 anos. [...] §2º Punem-se os atos preparatórios de sabotagem com a pena deste artigo reduzida de dois terços, se o fato não constitui crime mais grave".

[749] SOUZA, Luciano Anderson de. *Direito penal*: parte geral. 3. ed. São Paulo: Revista dos Tribunais, Thomson Reuters, 2022. v. 1. p. 410-412.

[750] ROXIN, Claus. *La teoria del delito em la discusión actual*. Trad. Manuel A. Abanto Vásquez. Lima: Grijley, 2016. p. 374.

Já os *crimes omissivos próprios*, ou puros, consumam-se no momento em que o agente deveria agir e não o fez. Já os *crimes omissivos impróprios*, ou impuros, consumam-se com a efetiva ocorrência do resultado de dano ou perigo que o tipo exige.

Finalmente, os *crimes culposos*, como figuras de resultado, consumam-se com a produção do resultado naturalístico.

Todas as vezes que, depois de consumar o delito, o agente pratica nova conduta, provocando nova agressão ao bem jurídico tutelado, estamos diante da fase de *exaurimento*.[751] Como regra, o exaurimento constitui um *postfactum impunível*, podendo, por vezes, influir na fixação da pena (art. 59, CP), salvo se previsto como causa especial de aumento – art. 317, §1º, CP.[752]

De outra parte, denomina-se *crime tentado* quando, iniciada a execução, o delito não se consuma por circunstâncias alheias à vontade do agente.

Há diferentes correntes doutrinárias para explicar a *natureza jurídica* da tentativa: a) *ampliação da tipicidade proibida*, em razão de uma fórmula geral extensiva que se destina a punir também os atos imediatamente anteriores à consumação do crime; b) *delito imperfeito ou frustrado*, ou seja, a tentativa não é um crime autônomo, mas uma forma frustrada de determinado crime em que é punível a este título, c) *regra de extensão da pena*; d) *delito autônomo*, com estrutura completa.

Prevalece o primeiro entendimento, sendo certo que a tentativa irá ocorrer quando a conduta típica não se amoldar inteiramente ao que está descrito no tipo penal. Não há um tipo penal específico tratando de tentativa. Desse modo, a tentativa é punível da mesma forma que os crimes omissivos impróprios, ou seja, ocorrem por extensão (ex.: tentativa de homicídio – art. 121 c/c art. 14, II). Assim, temos uma tipicidade não concluída, ou seja, a conduta do agente não mostra força suficiente para preencher todos os elementos constantes do tipo penal.

Vale dizer que o dolo da consumação do crime e da tentativa é sempre o mesmo (a vontade do agente de praticar o crime). No entanto, em uma das hipóteses o crime se consuma e, no outro caso, o agente não consegue consumar o crime por circunstâncias alheias à sua vontade.

Diferentes *teorias* explicam a punibilidade ou não da tentativa: a) *subjetiva (voluntarística ou monista)*; b) *objetiva (dualista ou realística)*; c) *subjetivo-objetiva (impressão)*; d) *sintomática* (com evidente influência da Escola Positiva).

A *teoria subjetiva (voluntarística ou monista)* leva em consideração a vontade do agente, ou seja, o que fundamenta a punição da tentativa é a intenção criminosa do agente, desde que nítida. Assim, a tentativa pune a intenção (dolo) do agente, desde que ela seja inequívoca.

Por essa teoria, a tentativa é punível desde os atos preparatórios do crime, visto que neles podemos perceber a intenção de cometer o crime. Além disso, o juiz tem

---

[751] Não se deve confundir *consumação formal* com *consumação material*. Essa última é sinônimo de exaurimento, a qual, como visto, denota-se quando outros resultados lesivos ocorrem. A consumação normalmente referida é a de cunho formal, como lembra Prado (PRADO, Luiz Regis. *Curso de direito penal brasileiro*. Rio de Janeiro: Forense, 2022. Volume único. p. 294; NORONHA, E. Magalhães. *Direito penal*. São Paulo: Saraiva, 1995. v. 1. p. 121).

[752] Art. 317, §1º, CP: "A pena é aumentada de um terço, se, em consequência da vantagem ou promessa, o funcionário retarda ou deixa de praticar qualquer ato de ofício ou o pratica infringindo dever funcional".

faculdade de reduzir a pena do agente, visto que a intenção poderia ter o mesmo peso daquele crime consumado.

A *teoria objetiva (realística ou dualista), adotada pelo Código Penal*, preocupa-se com o efetivo perigo ao bem jurídico tutelado: ela não leva em conta a intenção do agente, eis que seu fundamento está no perigo real e concreto (direto e iminente) ao bem jurídico protegido pela norma penal concreta. Logo, só se pune por tentativa o agente que ao menos iniciou a execução do crime. Além disso, a redução da pena é obrigatória, ou seja, imposta ao juiz (parágrafo único do art. 14 CP), visto que se o interesse é o bem jurídico, se o crime não foi consumado, o dano ao bem foi menor do que aquele que ocorreu.

Já a *teoria subjetivo-objetiva (impressão)* representaria uma mistura das duas anteriores. Por essa teoria, deve-se avaliar a intenção do agente e o perigo ao bem jurídico no caso concreto. Essa teoria tem valor puramente teórico, valendo consignar que seus poucos adeptos sustentam que nesse caso a redução da pena também seria facultativa.

Por fim, a *teoria sintomática*, subproduto da Escola Positiva, tem por fundamento a periculosidade do agente, permitindo-se a punição de atos preparatórios. Ela busca fundamentar a punição da tentativa com base na periculosidade do agente (o grau de risco social que aquela pessoa representa). Nessa ideia, os atos preparatórios seriam puníveis, e a redução da pena continua a ser facultativa.

A tentativa do crime só ocorre nos momentos dos atos de execução do crime e, ressalvados os atos preparatórios dos crimes de terrorismo[753] ou de sabotagem,[754] será indispensável que no Brasil haja, pelo menos, o início da execução, eis que a mera cogitação ou mero ato preparatório praticado no Brasil não seria penalmente típico.

Como já assinalado pela redação do parágrafo único do art. 14 do CP, na tentativa, a pena do crime consumado será reduzida de 1/3 a 2/3, operando-se, na dosimetria, na terceira fase de fixação das penas.

O magistrado deve utilizar, para escolher o parâmetro para a diminuição da pena, o quanto próximo ou distante os atos de execução estavam da consumação do crime: quanto mais distante, maior a diminuição, quanto mais próximo da consumação, menor a diminuição.

Aliás, a doutrina denomina de *tentativa perfeita (ou crime falho)* justamente quando os atos de execução percorreram todo o *iter criminis*, ensejando, pois, menor diminuição de pena (ex.: descarregar o pente e não matar a vítima).

Já a *tentativa branca* de homicídio (ou incruenta) se dá quando a vítima não sofre nenhum tipo de ferimento, ou seja, sem qualquer lesão ao bem jurídico (ex.: pessoa que tenta matar a vítima e erra todos os tiros).

Na *tentativa falha*, por sua vez, o agente, por um erro próprio de avaliação, passa a acreditar que não poderia prosseguir na execução do crime, quando em verdade ele poderia fazê-lo (ex.: dar seis tiros na pessoa e ela não morrer. Ele acha que seu revólver só tinha seis balas quando materialmente havia oito).

Nucci, nesse contexto, cita o instituto da *execução retomada*, ou seja, hipótese em que o autor pretende realizar o crime mediante um determinado método, considerado infalível. Este, no entanto, não dá certo. Ele poderia prosseguir de maneira diversa,

---

[753] GARCIA, Basileu. *Instituições de direito penal*. 4. ed. São Paulo: Max Limonad, 1976. v. I. t. I. p. 198.
[754] GARCIA, Basileu. *Instituições de direito penal*. 4. ed. São Paulo: Max Limonad, 1976. v. I. t. I. p. 199.

retomando a execução, mas renuncia à continuidade. Parte entende ser tentativa falha, eis que estaria o agente na denominada teoria do ato isolado, ou seja, cada ato parcial que, antes da execução, o agente considerava suficiente para atingir o resultado serve para fundamentar uma tentativa acabada e falha, caso não venha a atingir o seu fim. Para outros, seria desistência voluntária.[755]

Pelos próprios elementos que integram a tentativa resta evidente que *algumas infrações não a admitem:* crimes culposos, crimes preterdolosos, crimes unissubsistentes, crimes omissivos puros, contravenções penais, crimes habituais, crimes condicionados ou crimes somente puníveis com a ocorrência de resultado (arts. 122 e 164, CP), crimes de atentado (art. 352, CP).

Não comportam tentativa os *crimes culposos* e *preterdolosos*, visto que tentar é ter vontade de determinada coisa e agir para obtê-lo. Assim, na culpa, não se almeja atingir determinado resultado lesivo, assim como no preterdolo, em que o resultado agravador foi culposo.

Não comportam tentativa os *crimes unissubsistentes*, visto que nos crimes em que a execução se dá por um único ato, não podendo ser fracionado, não há compatibilidade com a tentativa que pressupõe o fracionamento do *iter criminis* (ex.: crime contra a honra).

Não comportam tentativa os *crimes omissivos próprios*, visto que ou se deixa de agir conforme imposto pela lei, ou se age (ex.: omissão de socorro).

Existe entendimento minoritário que não reconhece a possibilidade da figura tentada nos *crimes omissivos impróprios*, em razão da suposta impossibilidade de demarcação do momento do início da execução. Entretanto, os defensores parecem confundir uma questão dogmática com a dificuldade probatória que os casos concretos ensejam: seria, pois, perfeitamente possível que o garantidor se mantivesse inerte com vistas ao perecimento do bem jurídico e isso não ocorrer por circunstâncias alheias à sua vontade, como no claro exemplo da mãe que tenta matar o filho de inanição, deixando-o dias sem alimentação, sendo obstada antes que o evento se realize.[756]

Não comportam tentativa as *contravenções penais*, por força de expressa regra e tomada de decisão de política criminal prevista no art. 4º da LCP.

Não comportam tentativa os *crimes habituais* (aqueles que somente se caracterizam quando fica comprovado que aquela atividade é da rotina do agente), já que que cada ato, visto de forma isolada, é penalmente irrelevante (ex.: curandeirismo).

Não comportam tentativa os *crimes condicionados* (aqueles cuja consumação depende do advento de uma condição, consequência ou resultado). No crime do art. 122, CP, por exemplo, é imprescindível que a vítima sofra pelo menos lesão corporal grave. Nesse sentido, o crime é condicionado à verificação de determinado resultado lesivo e, sem isso, a conduta deixa de ser típica.

Não comportam tentativa os *crimes de atentado*, ou seja, aquele cuja tentativa é equiparada à consumação pela lei (ex.: art. 352 CP – evadir-se ou tentar evadir-se o preso. Se o agente tenta se evadir, o crime já se consumou).

Questão clássica é se a *tentativa é conciliável com o dolo eventual*.

---

[755] NUCCI, Guilherme de Souza. *Curso de direito penal*: parte geral. 4. ed. Rio de Janeiro: Forense, 2020. p. 523-524.
[756] V. nesse sentido: SANTOS, Juarez Cirino dos. *Direito penal*: parte geral. Florianópolis: Conceito Editorial, 2010. p. 382; BUSATO, Paulo César. *Direito penal*. São Paulo, Atlas, 2020. p. 670.

Hungria leciona:

> se o agente aquiesce no advento do resultado específico do crime, previsto como possível, é claro que este entra na órbita de sua volição: logo, se, por circunstâncias fortuitas, tal resultado não ocorre, é inegável que o agente deve responder por tentativa. É verdade que, na prática, será difícil identificar-se a tentativa no caso de dolo eventual, notadamente quando resulta improfícua (tentativa branca). Mas, repita-se: a dificuldade de prova não pode influir na conceituação de tentativa.[757]

O Superior Tribunal de Justiça entende não haver óbice à tentativa na conduta daquele que assume o risco de provocar o resultado:

> Não é incompatível o crime de homicídio tentado com o dolo eventual, neste sentido é iterativa a jurisprudência desta Corte: no que concerne à alegada incompatibilidade entre o dolo eventual e o crime atentado, tem-se que o Superior Tribunal de justiça possui jurisprudência no sentido de que "a tentativa é compatível com o delito de homicídio praticado com dolo eventual, na direção de veículo automotor".[758]

No que tange à culpa imprópria, tratam-se de casos em que, apesar do resultado ser querido, o agente incide em erro evitável. Nesse diapasão, o legislador optou por dar um tratamento de crime culposo e, sendo assim, não se mostra possível a tentativa para a doutrina predominante.[759] Por se tratar de culpa imprópria, ou "dolo putativo" no dizer de Hungria,[760] entendemos como compatível a hipótese de tentativa nessa hipótese.[761]

Vale, por fim, destacar tema relevante que será tratado por ocasião do concurso de pessoas: por expressa disciplina legal, aquele que instiga, induz ou auxilia o autor na prática do crime somente será punido quando o autor iniciou os atos de execução (v. art. 31, CP).[762]

4.3 Institutos correlatos: desistência, arrependimento e crime impossível

4.3.1 Desistência voluntária e arrependimento eficaz

> Desistência voluntária e arrependimento eficaz
> Art. 15. O agente que, voluntariamente, desiste de prosseguir na execução ou impede que o resultado se produza, só responde pelos atos já praticados.

---

[757] HOFFBAUER, Nélson Hungria. *Comentários ao Código Penal*. 3. ed. Rio de Janeiro. Forense, 1955. v. 1. t. 2. p. 262-263.

[758] STJ, AgRg no REsp nº 1322788/SC, Rel. Ministro Sebastião Reis Júnior, Sexta Turma, julgado em 18/06/2015, *DJe* 03/08/2015; STJ, HC nº 503.796/RS, Rel. Min. Leopoldo de Arruda Raposo (Desembargador convocado do TJ/PE), j. 01/10/2019.

[759] BITENCOURT, Cezar Roberto. *Tratado de direito penal*: parte geral. 29. ed. São Paulo: Saraiva, 2023. v. 1. p. 541. No mesmo sentido, NUCCI, Guilherme de Souza. *Curso de direito penal*: parte geral. 4. ed. Rio de Janeiro: Forense, 2020. p. 592. Em sentido contrário, HOFFBAUER, Nélson Hungria. *Comentários ao Código Penal*. 3. ed. Rio de Janeiro. Forense, 1955. v. 1. t. 2. p. 83.

[760] HOFFBAUER, Nélson Hungria. *Comentários ao Código Penal*. Rio de Janeiro: Forense, 1958. v.1. p. 100.

[761] Também nesse sentido: GRECO, Rogério. *Curso de direito penal*. 14. ed. Rio de Janeiro: Impetus, 2012. p. 197.

[762] Art. 31, CP: "O ajuste, a determinação ou investigação e o auxílio, salvo disposição expressa em contrário, não são puníveis, se o crime não chega, pelo menos, a ser tentado".

O art. 15 do Código Penal trata desses dois institutos, que, para boa parte da doutrina, seriam sinônimos.

Na *desistência voluntária* (tentativa abandonada ou qualificada), o agente que voluntariamente desiste de prosseguir na execução só responde pelos atos já praticados.

Assim, haverá desistência voluntária quando o agente, podendo prosseguir nos atos executórios, deles desiste, por ato de vontade própria. Em outras palavras, o agente está praticando o crime e, no curso dos atos, ele muda de ideia (desiste por um ato de vontade própria).

O agente que, após desferir um golpe contra a vítima, podendo continuar, abandona os atos executórios e resolve socorrê-la. Nessa hipótese, o agente responderá tão somente pela lesão corporal, ou seja, sua conduta anterior até o momento em que ele desistiu de prosseguir na execução.

É preciso consignar que não se deve confundir a voluntariedade (aquela decisão não foi imposta ou forçada por um fator externo) com sinceridade (desejo efetivo e real de parar por algum motivo nobre; ato de arrependimento próprio do agente).

Já o *arrependimento eficaz* consiste na desistência que ocorre entre o término da execução e a consumação do crime, ou seja, esse ocorre no exaurimento dos meios de execução, sendo que ele se arrepende e passa a agir na tentativa de evitar a consumação do crime. O agente que impede que o resultado se produza depois de realizados todos os atos necessários à consumação e só responde pelos atos já praticados.

Não haverá o arrependimento eficaz, mesmo havendo a voluntariedade do agente em impedir a consumação, se o resultado é impedido por forças externas ou quando, apesar de seus esforços, o delito resta consumado.

Age, por exemplo, com arrependimento eficaz quem aplica o antídoto que neutraliza em tempo o veneno dado anteriormente à vítima. Da mesma forma, o agente que descarrega o revólver na vítima (exauriu os meios de execução). Ele percebe que a vítima ainda está viva e se arrepende, levando-a para o hospital para evitar que ela morra.

A *natureza jurídica* da desistência voluntária ou do arrependimento eficaz é objeto de bastante divergência na doutrina, havendo basicamente três teorias: a) exclusão da tipicidade; b) exclusão da culpabilidade; c) exclusão da punibilidade.

Para a maioria da doutrina, esses institutos excluem a tipicidade penal, uma vez que a tipicidade penal por tentativa se dá por norma de extensão (aplicação do art. 14, II, CP). Na tentativa, o crime se consuma por circunstâncias alheias à vontade do agente. Já no art. 15, a consumação não ocorre por vontade e motivos próprios do agente. Se a desistência voluntária e o arrependimento eficaz se consumam por motivos internos do agente, não se pode falar em circunstâncias externas ao agente, não havendo, pois, a tipicidade penal de tentativa.

Outra corrente doutrinária sustenta se tratar de excludentes da culpabilidade. Essa segunda teoria afirma que, se o crime não se consumou em virtude de um ato de vontade própria do agente, deixa de existir reprovação social sobre esse crime mais grave. Assim, a voluntariedade deixa que exista um juízo de reprovação social sobre o crime mais grave (culpabilidade).

Para a terceira corrente, defendida por Nelson Hungria, esses institutos não excluem o crime (possuindo fato típico, jurídico e culpável), porém, não punível. Assim, eles constituiriam causa de exclusão da punibilidade.

Essa causa excludente da tipicidade, para a maior parte da doutrina, em rigor, configura uma medida de política criminal de incentivo à desistência. Não à toa é denominada "ponte de ouro".[763]

Em síntese, enquanto na tentativa o agente deixa de prosseguir na execução não por um ato voluntário, mas porque não pode fazê-lo, nos institutos sob exame, o agente por sua própria voluntariedade deixa de praticar o crime.

Há divergências doutrinárias quanto à comunicabilidade da desistência voluntária ou do arrependimento eficaz em caso de *concurso de agentes*. O posicionamento minoritário defende o caráter subjetivo dos institutos, isto é, não beneficiariam automaticamente os demais envolvidos na empreitada criminosa. Já a maioria, seguindo posicionamento de Hungria, entende que, em face do caráter acessório da participação, excluída a tipicidade da conduta principal, não há que se cogitar do delito rechaçado ao partícipe.[764]

Consigne-se que a Lei Antiterrorismo (Lei nº 13.260/16) prevê a possibilidade do instituto da desistência voluntária antes mesmo de iniciada a execução do crime,[765] máxime diante da criminalização autônoma dos atos preparatórios em seu art. 5º.

Da maneira como a mencionada lei contemplou a norma, passou-se à percepção de que se admitiu desistência voluntária ou arrependimento eficaz antes mesmo de iniciada a execução de um crime de terrorismo. Como bem enfatiza Estefam:

> não é exatamente o que ocorre, pois o agente, embora não tenha dado início à execução de um ato terrorista, já começou a executar o crime descrito no art. 5º da Lei, que, apesar de se referir à incriminação de "atos preparatórios" de terrorismo, contém, ele próprio, um iter criminis autônomo.[766]

4.3.2 Arrependimento posterior

O arrependimento posterior, também denominado "ponte de prata",[767] está previsto no art. 16 do Código Penal:

---

[763] De acordo com clássica lição e terminologia de Franz Von Liszt. Consigne-se que a *Ponte de Diamante ou Ponte de Prata Qualificada* é um instituto novo que, ainda, está sendo conceituado pela doutrina. Trata-se de benefício concedido pelo legislador para o indivíduo infrator que já consumou o delito e que de alguma maneira contribuiu com a Justiça Pública, de forma a mostrar todos os atos do delito, não se confundindo com a simples confissão do delito. Tal instituto é invocado quando há crimes complexos, relacionados a um envolvimento de quadrilhas, podendo ter como consequência o perdão judicial, redução da pena, regime prisional mais favorável e, até mesmo dependendo da contribuição nem ser denunciado, se for realizado antes do trânsito judicial, mas se for feito depois do trânsito em julgado caberá apenas redução de pena. Muito em alta hoje, a delação premiada é uma das formas do instituto da Ponte de Diamante.

[764] HOFFBAUER, Nélson Hungria. *Comentários ao Código Penal*. Rio de Janeiro: Forense, 1958. v.1. p. 497.

[765] "Art. 10. Mesmo antes de iniciada a execução do crime de terrorismo, na hipótese do art. 5º desta Lei, aplicam-se as disposições do art. 15 do Decreto-Lei nº 2.848, de 7 de dezembro de 1940 – Código Penal".

[766] ESTEFAM, André. *Direito penal*: parte geral (arts. 1º a 120). 10. ed. São Paulo: Saraiva, 2021. p. 295.

[767] VON LISZT, Franz. *Tratado de direito penal* alemão. Tradução de José Hygino Duarte Perteira. Rio de Janeiro: F. Briguiet, 1889. t. I.

Arrependimento posterior

Art. 16. Nos crimes cometidos sem violência ou grave ameaça à pessoa, reparado o dano ou restituída a coisa, até o recebimento da denúncia ou da queixa, por ato voluntário do agente, a pena será reduzida de um a dois terços.

Trata-se de instituto penal que, após a consumação do crime, pretende suavizar ou diminuir a responsabilidade penal do agente. O arrependimento posterior se verifica, pois, na reparação do dano causado ou na restituição da coisa subtraída, nos crimes praticados *sem violência ou grave ameaça a pessoa*, desde que por ato voluntário e anterior ao recebimento da denúncia ou da queixa-crime.

A lei fala novamente em ato voluntário à semelhança do art. 15, CP, o que não pressupõe sinceridade ou espontaneidade.

A consequência do arrependimento posterior é uma redução da pena entre 1/3 e 2/3. São exigíveis, nesse sentido, os seguintes requisitos: a) o arrependimento posterior não cabe nos crimes praticados mediante violência (três espécies de violência: real, presumida e imprópria) ou grave ameaça a pessoa; b) integral reparação do dano (critério da vítima) ou restituição da coisa subtraída; c) voluntariedade na reparação ou na restituição; d) deve ocorrer até o recebimento da denúncia ou da queixa (antes do início da ação penal).

Caso ocorram posteriormente, incide a atenuante genérica prevista no art. 65, inc. III, "b", do Código Penal.

A presente previsão é de *caráter objetivo* e, assim, pode estender-se a eventuais coautores e partícipes.

Consigne-se que, por vezes, o legislador dá um *status* diferente à reparação do dano, inclusive em momento distinto, como se verifica do §3º do art. 312 do CP, no crime de peculato culposo: "no caso do parágrafo anterior, a reparação do dano, se precede à sentença irrecorrível, extingue a punibilidade; se lhe é posterior, reduz de metade a pena imposta".

Nesse caso, pelo princípio da especialidade, prevalece, quanto ao peculato culposo, a possibilidade de se transformar em causa extintiva da punibilidade ou de causa especial de diminuição de pena, em marcos temporais diferentes da regra genérica do arrependimento posterior.

Já no caso do peculato doloso, diante da ausência de previsão legal, podendo configurar arrependimento posterior, nos termos do art. 16 do CP.[768]

4.3.3 Crime impossível

Hungria, ao falar das disposições do Código de 40, com sua redação original, admitia impunibilidade da tentativa ou crime *impossível*, "que ocorre quando, por absoluta ineficácia do meio empregado, ou absoluta impropriedade do objeto, era impraticável

---

[768] Nesse sentido: HC 239127/RS, Rel. Ministro Sebastião Reis Júnior, Sexta Turma, julgado em 05/06/2014, DJe 27/06/2014; APn 477/PB, Rel. Ministra Eliana Calmon, Corte Especial, julgado em 04/03/2009, DJe 05/10/2009; HC 88959/RS, Rel. Ministra Laurita Vaz, Quinta Turma, julgado em 16/09/2008, DJe 06/10/2008; RHC 7497/DF, Rel. Ministro Edson Vidigal, Quinta Turma, julgado em 06/08/1998, DJ 08/09/1998; HC 163565/RS (decisão monocrática), Rel. Ministro Jorge Mussi, julgado em 14/08/2013, DJ 20/08/2013; RHC 21691/MG (decisão monocrática), Rel. Ministro Haroldo Rodrigues (Desembargador Convocado do TJ/CE), julgado em 31/05/2011, DJ 03/06/2011.

a consumação. Foi, assim, adotada a *teoria objetiva temperada*". Fez-se, porém, segundo ele, uma concessão à *teoria sintomática*; verificada a periculosidade do agente, sendo, então, possível a aplicação de medida de segurança.[769]

Aliás, o projeto de Sá Pereira, ressalta Bruno, foi o primeiro que definiu o estado perigoso e traçou, em consequência, um sistema de medidas de segurança. Tinha diante de si grande modelo dos projetos suíços. E seu art. 5º poderia ser aplicado ao crime impossível:

> Art. 5º A pena da tentativa é a do crime consumado, poderá, porém, ser atenuada quando não se tratar de reincidente ou de criminoso por índole. Parágrafo único. Poderá ser livremente atenuada a pena da tentativa por meio inidôneo, ou contra objeto impróprio; tratando-se, porém, de reincidente ou criminoso por índole, aplicar-se-á a pena de acordo com a sua periculosidade.[770]

A essência continuou a mesma na reforma de 1984, mas o crime impossível, tentativa inadequada ou inidônea, atualmente previsto no art. 17 do Código Penal, passou a ser verdadeira hipótese de exclusão da tipicidade, não mais ensejando, por óbvio, a aplicação da medida de segurança:

> Art. 17. Não se pune a tentativa quando, por ineficácia absoluta do meio ou por absoluta impropriedade do objeto, é impossível consumar-se o crime.

Também chamado de tentativa impossível, tentativa inadequada ou tentativa iníqua ou quase crime, o crime impossível constitui a tentativa não punível, tendo em vista que o agente se vale de meios absolutamente ineficazes ou se volta contra o objeto absolutamente impróprio, tornando impossível a consumação do delito.

Essas hipóteses excluem a tipicidade penal.

O crime impossível se fundamenta na adoção da teoria objetiva, adotado após a reforma da Parte Geral de 1984.

Diferentes teorias poderiam justificar ou pautar a responsabilização: a) *sintomática* (periculosidade enseja medida de segurança); b) *subjetiva* (equipara à tentativa); c) *objetiva* (adotada pelo CP por política criminal, desde a reforma de 1984).

Ao adotar a teoria objetiva, pretendeu o legislador que o bem jurídico protegido pela norma sofra perigo direto e iminente para haver tipicidade. No caso do crime impossível, o bem jurídico não chega a ser colocado em risco, haja vista duas situações: a) absoluta ineficácia dos meios; b) absoluta impropriedade do objeto.

Segundo a *teoria objetiva pura*, pouco importa a inidoneidade ou não do meio utilizado, quando a conduta for incapaz de afetação do bem jurídico sempre haverá impunidade, jamais se cogitando de tentativa. Para a *teoria objetiva temperada*, ou intermediária, a distinção deve escoar no perigo ocasionado ao bem jurídico, exigindo-se,

---

[769] HOFFBAUER, Nélson Hungria. *Comentários ao Código Penal*. 3. ed. Rio de Janeiro: Forense, 1955. v. 1. t. 1. p. 218.
[770] BRUNO, Aníbal. *Direito penal*: parte geral. 2. ed. Rio de Janeiro: Forense, 1959. v. 1. t. II. p. 198-199.

para tanto, meios idôneos. Se o meio é absolutamente inidôneo, haverá crime impossível; já se o meio se revelar relativamente idôneo, ocorrerá tentativa.[771]

Trata-se da teoria acolhida pelo Código Penal brasileiro.

A *ineficácia dos meios* está relacionada aos métodos de execução do crime, que não possuem potencial de gerar resultado lesivo (ex.: tentar matar alguém com uma arma de brinquedo – esse meio é absolutamente ineficaz para prejudicar o bem jurídico "vida", exceto se o agente aborda na rua uma pessoa com problemas cardíacos – sabendo disso – não será crime impossível, pois a impropriedade do meio será relativa).

Já a *inadequação do objeto* diz respeito ao bem jurídico em si, ou seja, não há como lesar o bem jurídico protegido (ex.: pessoa que atira em uma cama vazia ou em pessoa já morta, tendo em vista que circunstancialmente a suposta vítima dormiu em outra casa naquela data).

Consigne-se que antes da reforma de 1984, em que se aplicavam penas e medidas de segurança simultaneamente para imputáveis (duplo binário), era possível, com a adoção da teoria sintomática, aplicar medida de segurança para aquele que praticasse crime impossível, pela evidenciada periculosidade do agente.

Vários são os entendimentos sumulados com base nesse dispositivo legal:

Súmula nº 145, STF: Não há crime quando a preparação do flagrante pela polícia torna impossível a sua consumação.

Súmula nº 567, STJ: Sistema de vigilância realizado por monitoramento eletrônico ou por existência de segurança no interior de estabelecimento comercial, por si só, não torna impossível a configuração do crime de furto.

Súmula nº 582, STJ: Consuma-se o crime de roubo com a inversão da posse do bem mediante emprego de violência ou grave ameaça, ainda que por breve tempo e em seguida à perseguição imediata ao agente e recuperação da coisa roubada, sendo prescindível a posse mansa e pacífica ou desvigiada.

Súmula nº 593, STJ: O crime de estupro de vulnerável se configura com a conjunção carnal ou prática de ato libidinoso com menor de 14 anos, sendo irrelevante eventual consentimento da vítima para a prática de ato, sua experiência sexual anterior ou existência de relacionamento amoroso com o agente.

Súmula nº 600, STJ: Para a configuração da violência doméstica e familiar prevista no artigo 5º da Lei n. 11.340/2006 (Lei Maria da Penha) não se exige a coabitação entre autor e vítima.

Vale, ademais, um registro especial no tocante ao instituto do processo penal denominado "flagrante preparado".

O *flagrante preparado*, também chamado de crime de ensaio, é aquele montado (espécie de armadilha), quando se dá, por exemplo, quando a polícia instiga uma pessoa a praticar um crime, já que não tem fundamentos para prender a pessoa. Nesse caso, a Súmula nº 145 do STF afirma que há crime impossível, porque tudo aquilo foi estruturado pela polícia, tendo total domínio sobre como as coisas se desenvolvem.

Diferentemente, no *flagrante esperado*, alguém delata à polícia que será cometido um crime. A polícia, ciente disso, se prepara, então, para tentar evitar a consumação do

---

[771] SOUZA, Luciano Anderson de. *Direito penal*: parte geral. 3. ed. São Paulo: Revista dos Tribunais, Thomson Reuters, 2022. v. 1. p. 426-427.

crime. Nessa hipótese não há crime impossível, porque os fatos podem se desenrolar de maneira diversa daquela narrada pela polícia (as coisas podem sair de forma diferente). Assim, a situação foi criada pelos agentes, tendo a polícia apenas o conhecimento da situação.

A Lei nº 13.964/2019 trouxe, ademais, a nova figura do *agente disfarçado*, que não deve ser confundido com outras técnicas especiais de investigação, como agente infiltrado ou agente que atua em meio a uma ação controlada, mas que implicará, fatalmente, nova leitura da ideia de flagrante preparado ou crime impossível por obra do agente provocador. Com efeito, dispõe a Lei Anticrime, no tocante às alterações do Estatuto do Desarmamento, nova redação do §2º do art. 17 e parágrafo único do art. 18:

> Incorre na mesma pena quem vende ou entrega arma de fogo, acessório ou munição, sem autorização ou em desacordo com a determinação legal ou regulamentar, a agente policial disfarçado, quando presentes elementos probatórios razoáveis de conduta criminal preexistente.

Do mesmo modo, o inc. IV, do §1º, do art. 33, da Lei de Drogas (Lei nº 11.343/2006), também passa por alteração similar, contemplando as seguintes condutas equiparadas ao tráfico de drogas:

> IV – vende ou entrega drogas ou matéria prima, insumo ou produto químico destinado à preparação de drogas, sem autorização ou em desacordo com a determinação legal ou regulamentar, a agente policial disfarçado, quando presentes elementos probatórios razoáveis de conduta criminal preexistente.

Da leitura dos dispositivos que contemplam a novidade, logo se verifica tratar-se de outra espécie de técnica especial de investigação e atuação policial, utilizável em situações peculiares e que reclamam uma sofisticação operacional intermediária, situada entre uma simples campana policial e uma infiltração policial/ação controlada. Além do relativo grau de expertise, notabilizado pela habilidade de atuar descaracterizada, de forma a permitir a coleta de provas do crime e de sua autoria, sem, entretanto, interferir em seu curso causal.

De qualquer forma, haverá inegável questionamento, nos casos práticos, sobre a possibilidade ou não de o policial ter provocado a situação de flagrância, ou seja, ter interferido no curso causal natural, e, portanto, configurar uma hipótese de flagrante provocado e delito impossível.

O agente provocador, como bem define Zanella, é "o agente público ou particular que, sem respaldo na lei e sem autorização judicial, induz ou instiga conduta criminosa de alguém que não tinha este propósito, com o fito de prendê-lo em flagrante delito e obter provas".[772]

Por fim, é relevante repisar que a terminologia *delito putativo ou crime imaginário* também se refere a uma espécie de crime impossível e que se verifica quando o agente considera erroneamente que a conduta realizada por ele constitui crime, quando, na

---

[772] ZANELLA, Everton Luiz. *Infiltração de agentes e o combate ao crime organizado*: análise do mecanismo probatório sob os enfoques da eficiência e do garantismo. Curitiba: Juruá, 2016. p. 184.

verdade, é um fato atípico, ou seja, fato irrelevante que só existe na imaginação do sujeito como supostamente criminoso (ex.: atirar em uma pessoa que já está morta).

Em suma, o agente imagina estar agindo ilicitamente, ignora a ausência de uma elementar e pratica o fato atípico sem querer, como se verá com mais detalhes no último tema ligado à tipicidade: o erro de tipo.

4.4 Do erro de tipo

4.4.1 Do erro de tipo essencial

Erro de tipo ocorre com a falsa percepção da realidade.

Entende-se por erro de tipo aquele que recai sobre as elementares (causa de atipicidade absoluta ou relativa), circunstâncias do crime (podendo excluir causas de aumento, agravantes, qualificadoras ou presunções legais), justificantes (causas excludentes de ilicitude) ou qualquer dado que se agregue a determinada figura típica.

Em suma, é o erro que incide sobre elementos objetivos descritivos ou normativos constantes no tipo penal,[773] abrangendo, inclusive, qualificadoras, causas de aumento de pena e circunstâncias agravantes.

Ao analisarmos o *caput* do art. 20 do Código Penal, constatamos que o erro de tipo exclui o dolo, podendo, conforme o caso, remanescer a culpa (como elemento subjetivo), quando houver caso específico de crime culposo:

> Erro sobre elementos do tipo
> Art. 20. O erro sobre elemento constitutivo do tipo legal de crime exclui o dolo, mas permite a punição por crime culposo, se previsto em lei.

É preciso dizer, desde já, que essa consequência diz respeito ao *erro de tipo essencial* previsto no *caput* do art. 20.

O erro de tipo essencial pode ser *escusável ou inevitável*, ou seja, aquele apto a afastar tanto o dolo quanto a culpa, eis que qualquer pessoa média, naquelas circunstâncias, também teria se equivocado e, pois, não havia como se adotar cautelas maiores daquelas que ele adotou.

De outra parte, o *erro inescusável* ou *evitável*: aquele que justamente gera a incidência do art. 20, *caput* do CP, ou seja, aquele capaz de afastar o dolo, mas que possibilita, conforme o caso, a punição a título de culpa. É evitável, pois a maioria das pessoas, nas mesmas circunstâncias, adotaria cautelas que evitariam aquele resultado ocasionado pelo erro.

Exemplificando: um homem está legitimamente caçando e, ao avistar um vulto, acredita sinceramente ter visto um urso. Porém, quando atira, se dá conta de que atingiu uma pessoa. O erro de percepção da realidade fez com que se equivocasse quanto à elementar "alguém" contida no tipo do homicídio.

---

[773] Os elementos subjetivos são os relacionados a intenção do agente. O erro de tipo não incide sobre a intenção ou dolo do agente, mas apenas sobre os demais elementos constantes do tipo penal (elementos objetivos descritivos ou normativos).

Deve, nesse caso, o magistrado ou intérprete realizar um juízo de valor hipotético: *qualquer pessoa média naquelas circunstâncias também erraria?*

Se a resposta for positiva, o *erro de tipo essencial* será perdoável ou justificável, com o condão de excluir dolo e culpa, e torna o fato penalmente atípico. Se a resposta for negativa, o agente pode responder por homicídio culposo ou lesão corporal culposa, eis que os dois tipos contemplam a hipótese de punição a título de culpa.

Trata-se, portanto, da *culpa imprópria*, aquela justamente decorrente de erro de tipo essencial injustificável. Ocorre que nem sempre há previsão de punição a título culposo.

Se alguém, em momento de ira, supondo equivocadamente que um objeto de um amigo é seu e o atira contra a parede, pensando equivocadamente que estaria destruindo o próprio patrimônio, não comete crime algum. Porque, nesse caso, independentemente de o erro de tipo essencial ser ou não justificável, o crime do art. 163, CP, não contempla a forma culposa e, pois, a punição pela culpa imprópria.

Fizemos questão de distinguir o erro de tipo em essencial, ou seja, o erro de tipo em si, o erro que incide sobre os elementos constitutivos constantes do tipo penal, porque há outra modalidade de erro que gera consequências bem distintas: o erro de tipo acidental.

Deve-se lembrar, todavia, que a atipicidade do fato resultante do erro de tipo nem sempre será absoluta, podendo ser, em alguns casos, relativa. Diz-se absoluta a atipicidade que conduz à inexistência de qualquer infração penal no ato cometido; relativa, por outro lado, a que conduz à descaracterização de um crime, mas com a subsistência de outro. Em outras palavras, enquanto a atipicidade absoluta conduz à ausência de ilícito penal, a atipicidade relativa leva à desclassificação para outro crime.

Se uma pessoa ofende a dignidade de outra, desconhecendo que se trata de um funcionário público no exercício de sua função, não responde pelo crime de desacato (CP, art. 331). Isto porque a falsa noção da qualidade especial do sujeito passivo exclui o dolo de desacatar (que requer a ciência da condição de funcionário público do ofendido). O agente, todavia, responderá por crime de injúria (CP, art. 140), uma vez que, apesar do erro, tinha pleno conhecimento de que ofendia a honra de uma pessoa (o suficiente para a caracterização da injúria). Nesse caso, o erro de tipo provocou a atipicidade relativa da conduta (ou atipicidade em relação ao desacato), porém o sujeito poderá ser responsabilizado pela injúria.[774]

Erro acidental é o erro que incide sobre qualidades do objeto material do crime (ex.: alguém queria furtar uma coisa e, por erro, furta outra. Nesse caso, responderá por furto do mesmo jeito) e, portanto, nada interfere na responsabilização penal.

No erro de tipo essencial, se alertado, o agente para de agir ilicitamente; já no erro de tipo acidental, se alertado, o agente corrige o comportamento e continua agindo ilicitamente.

Assim, partindo-se da premissa de que estamos diante de uma hipótese de erro de tipo essencial, resta avaliar se o erro é: a) inevitável (nesse caso, exclui dolo, porque não há consciência, e exclui a culpa, porque não há previsibilidade; logo, o agente não responde por nada); b) evitável (nesse caso, somente exclui dolo, porque não há

---

[774] ESTEFAM, André. *Direito penal*: parte geral (arts. 1º a 120). 10. ed. São Paulo: Saraiva, 2021. p. 276.

consciência, mas permanece a previsibilidade, razão pela qual o agente responde por crime culposo, se previsto em lei).

A avaliação sobre a evitabilidade ou justificativa do erro encontra pequena divergência doutrinária. Para a corrente clássica, para se saber se o erro é evitável ou inevitável, basta que nos socorramos do homem médio. Já o entendimento contemporâneo exige que se analise, em especial, o caso concreto, ou seja, as circunstâncias peculiares do caso em si.

Vale repisar que não se pode confundir os conceitos de *erro de tipo* com *delito putativo por erro de tipo*: nos dois casos, o agente não sabe o que faz. Mas há diferenças:

Erro de tipo	Delito putativo por erro de tipo
O agente imagina estar agindo licitamente.	O agente imagina estar agindo ilicitamente.
O agente ignora a presença de uma elementar.	O agente ignora a ausência de uma elementar.
O agente pratica fato típico sem querer.	O agente pratica o fato atípico sem querer.
Ex.: O agente atira num arbusto imaginando que lá se escondia um animal, mas era uma pessoa.	Ex.: O agente atira em uma pessoa que já estava morta, mas ele não sabia.

Registre-se que há outras formas de delito putativo, como o *delito putativo por erro de proibição* (o sujeito realiza um fato que, na sua mente, é proibido por lei criminal, quando, na verdade, sua ação não caracteriza ilícito penal algum) e o *delito putativo por obra do agente provocador*, que ocorre quando o agente pratica uma conduta delituosa induzido por terceiro, o qual assegura a *impossibilidade fática de o crime se consumar*. Por exemplo: um policial à paisana finge-se embriagado para chamar a atenção de um ladrão, que decide roubá-lo; ao fazê-lo, contudo, é preso em flagrante. Nesse caso, entende nossa doutrina que não há crime algum.[775]

Toda essa avaliação, assim como essas consequências, se dá com as denominadas *descriminantes putativas*.

As *causas que excluem a ilicitude ou antijuridicidade* de uma conduta penalmente típica estão nominadas no art. 23 do Código Penal e são chamadas de *justificantes*.

Assim como as normas penais incriminadoras, essas normas penais não incriminadoras também possuem elementares específicas para sua configuração.

É justamente aí que entra o tema das descriminantes putativas. Nos termos do art. 20, §1º, do Código Penal, quando um erro de percepção da realidade recai sobre uma das elementares de uma causa excludente de ilicitude, estamos diante das descriminantes:

Descriminantes putativas
§1º É isento de pena quem, por erro plenamente justificado pelas circunstâncias, supõe situação de fato que, se existisse, tornaria a ação legítima. Não há isenção de pena quando o erro deriva de culpa e o fato é punível como crime culposo.

---

[775] O Supremo Tribunal Federal sumulou a tese de que "não há crime quando a preparação do flagrante pela polícia torna impossível a consumação" (Súmula nº 145 do STF), ou seja, ocorre o crime impossível (CP, art. 17).

O agente, no contexto em que se encontra, confunde-se, achando estar autorizado a agir em legítima defesa, estado de necessidade ou qualquer outra causa justificante. Por exemplo: o sujeito supõe que está sendo assaltado e reage, dando um soco naquele que, em verdade, não o estava assaltando. Nesse caso temos legítima defesa putativa por erro de tipo, uma das espécies de descriminante putativa.

Imagine-se que, no meio do rio, duas pessoas que não sabem nadar estão desesperadas com uma única boia após um naufrágio. Ocorre que, sem colocar os pés no chão, uma das pessoas não se dá conta de que poderia simplesmente caminhar até a margem e supondo, pois, equivocadamente uma situação de perigo, afoga o companheiro para ficar com a boia salva-vidas.

Imagine-se uma sentinela de um presídio, com treinamento para ser atiradora de elite, orientada para dar um tiro de advertência no caso de evasão e, em caso de desrespeito, para atirar sem que o preso morra. Suponha, nessa hipótese, que a sentinela, desconhecendo que havia um funcionário novo no presídio, não obedece à advertência e sai, fazendo com que o atirador acreditasse estar autorizado a cumprir seu dever legal.

Todas essas hipóteses de discriminantes putativas por erro de tipo também demandarão um juízo de valor para se aferir se o erro era evitável ou inevitável e, consequentemente, com a exclusão do dolo e culpa ou simples punição na forma culposa, se previsto em lei.

Vale consignar, contudo, que as descriminantes putativas se dividem em *erro de tipo permissivo* e *erro de proibição indireto*.

Agora, antes de passarmos para o conceito desses termos, muita atenção para os sinônimos. Talvez seja o detalhe que cause o maior número de confusões.

No erro de tipo permissivo (descriminante putativa por erro de tipo), há erro sobre a situação fática; já no erro de permissão (erro de permissão, erro permissivo e descriminante putativa por erro de proibição), o erro incide sobre a existência ou os limites da justificante, tendo em vista a teoria limitada da culpabilidade. Essa segunda modalidade de descriminante putativa (por erro de proibição) será objeto de estudo detalhado no tema "culpabilidade", especificamente no que diz respeito à potencial consciência da ilicitude.

De qualquer sorte, enquanto na *legítima defesa putativa por erro de tipo* o agente se equivoca, supondo erroneamente que estaria na iminência de sofrer uma agressão e, pois, legitimado a repelir a agressão injusta, na *legítima defesa putativa por erro de proibição*, o agente se equivoca quanto aos limites normativos da legítima defesa, supondo, por exemplo, de forma equivocada, que estaria legitimado a matar no contexto de uma traição (legítima defesa da honra).

A mesma diferenciação, como se verá, também se dará em relação ao erro de tipo essencial e ao erro de proibição, que, como dito, será discutida oportunamente no tema "culpabilidade".[776]

---

[776] Desde já, vale consignar que as consequências para os diferentes tipos de descriminantes e de erros é relevante: o erro de tipo e a descriminante putativa por erro de tipo exclui dolo e culpa, se escusável e, somente o dolo, se inescusável; já o erro de proibição ou descriminante putativa por erro de proibição exclui potencial consciência da ilicitude (requisito da culpabilidade) se escusável, ou diminui de 1/6 a 1/3 se inescusável.

No erro de tipo há a falsa percepção da realidade, ao passo que erro de proibição é a falsa percepção da ilicitude do comportamento. No erro de tipo o agente não sabe o que faz; já no erro de proibição o agente sabe o que faz, mas desconhece sua proibição.

4.4.2 Do erro de tipo acidental

Chamamos de erro de tipo acidental o equívoco na percepção da realidade que recai sobre dados periféricos, acidentais e secundários do tipo. O agente, por exemplo, que pretende furtar sal e se equivoca e subtrai açúcar é um exemplo clássico disso. As elementares do furto estarão de qualquer forma preenchidas e o crime estará consumado, independentemente do erro do agente quanto à coisa pretendida.

Para esse tipo de erro, caso o agente fosse alertado sobre o equívoco, ele corrigiria o rumo das coisas e praticaria o ilícito tal qual planejara e desejava. É por isso que o erro de tipo acidental não pode gerar a mesma consequência que gera o erro de tipo essencial.

O erro de tipo acidental pode se dar em relação à coisa (erro sobre o objeto), em relação à pessoa, na forma de execução do crime (tanto atingindo vítima diversa, quanto atingindo bem jurídico distinto), além de se verificar a possibilidade de erro no próprio nexo causal, isto é, o sujeito, por exemplo, pretendendo matar a vítima de determinada maneira, alcança seu intento criminoso, mas de maneira distinta.

a) Erro sobre o objeto.

A primeira espécie de erro acidental – *error in objecto* ou erro sobre o objeto – não tem previsão legal.

Trata-se de uma construção doutrinária e jurisprudencial.

O exemplo acima mencionado (o equívoco do furto de açúcar ao invés de sal) ilustra bem a relevância dessa construção.

No erro sobre o objeto, caso o agente fosse alertado sobre o equívoco, corrigiria seu intento criminoso e subtrairia, por exemplo, o pacote de sal. Como isso é irrelevante para a tipificação do crime de furto, nesse erro acessório não há exclusão de dolo e culpa, e o agente responde pelo crime.

A doutrina aponta diferentes consequências jurídicas ou soluções para essa hipótese: para todos os posicionamentos, não há exclusão do dolo nem da culpa, não há isenção de pena. Contudo, questão objeto de divergência é saber se o agente responde por simetria ao previsto no ordenamento jurídico para as outras espécies de erros acidentais, como se tivesse furtado a coisa pretendida (virtual, almejada e desejada nos termos de seu dolo), ou pela coisa efetivamente subtraída (real).

Essa distinção tem enorme relevância. Se o agente pretende furtar um relógio de ouro e, por equívoco, subtrai um relógio de latão com valor irrisório, a diferente corrente doutrinária implicará ou a aplicação da insignificância penal ou o furto privilegiado, previsto no §2º do art. 155 do Código Penal.

Entendemos que, por uma interpretação sistemática do ordenamento jurídico, o agente deva responder pelo objeto virtual ou pela coisa pretendida, prestigiando sua vontade, seu dolo e a concepção finalista inserida no conceito analítico do crime.

b) Erro quanto à pessoa (art. 20, §3º, CP).

A representação equivocada do objeto material "pessoa" constitui essa hipótese de erro acidental prevista no §3º do art. 20:

> Erro sobre a pessoa
> §3º O erro quanto à pessoa contra a qual o crime é praticado não isenta de pena. Não se consideram, neste caso, as condições ou qualidades da vítima, senão as da pessoa contra quem o agente queria praticar o crime.

Nessa espécie de erro (*error in personae*), o agente representa equivocadamente alguém, atingindo pessoa diversa da pretendida. Não há propriamente erro na execução do crime, como um erro de pontaria; há, isso sim, uma confusão mental sobre a pessoa efetivamente pretendia.

O agente erra a avaliação, por exemplo, na hipótese de pretender matar determinada pessoa, matar, equivocadamente, seu irmão gêmeo ou um sósia.

Evidentemente que o agente tem que responder pelo resultado lesivo, mas o legislador foi explícito, preservando o dolo e a vontade do agente em prescrever que ele deve responder pela vítima pretendida.

Não se considera, nesse caso, as condições ou qualidades da vítima atingida, senão as da pessoa contra quem o agente pretendia praticar o crime.

Caso o agente, logo após descobrir que um filho foi violentado, atirasse no suposto criminoso, confundindo-se, contudo, e atingindo vítima parecida, responderia por homicídio privilegiado (art. 121, §1º, como se tivesse efetivamente atingindo o agressor de seu filho). Caso um sujeito, pretendendo matar sua mulher por não aceitar o fim do relacionamento, matasse equivocamente sua irmã, confundindo-se e fazendo uma representação mental equivocada da vítima, deve responder por feminicídio (art. 121-A, CP), como se tivesse praticado um homicídio no contexto de violência doméstica.

Assim, o erro sobre a pessoa, além de não excluir dolo nem culpa, faz com que o agente do crime responda pela infração, levando-se, contudo, em consideração a vítima pretendida (virtual).

c) Erro na execução do crime (art. 73, CP).

Muito semelhante ao erro sobre a pessoa, é a hipótese de erro na execução do crime, conhecido como *aberratio ictus*.

Há erro na execução quando o agente, por equívoco na fase de execução ou por acidente, atinge pessoa diversa daquela que pretendia atingir. Aqui não há qualquer erro de representação mental, qualquer confusão quanto à pessoa, somente um equívoco por ocasião da execução do crime. Assim, pode-se dizer que o agente quer atirar em determinada pessoa, mas erra a pontaria e acerta outra pessoa, praticando essa hipótese descrita no art. 73 do Código Penal:

> Erro na execução
> Art. 73. Quando, por acidente ou erro no uso dos meios de execução, o agente, ao invés de atingir a pessoa que pretendia ofender, atinge pessoa diversa, responde como se tivesse praticado o crime contra aquela, atendendo-se ao disposto no §3º do art. 20 deste Código.

No caso de ser também atingida a pessoa que o agente pretendia ofender, aplica-se a regra do art. 70 deste Código (concurso formal de delitos).

Importante repisar: quando um agente quer matar uma determinada pessoa que sempre se senta na mesma mesa, ele intuitivamente atira achando que a pessoa ali sentada era a vítima pretendida, mas atinge alguém parecido, estamos diante do erro sobre a pessoa, isto é, um equívoco no nível subjetivo da pessoa, na identificação da vítima.

Já no erro na execução, não há erro na avaliação, mas um erro na própria execução material do crime. O sujeito que quer matar uma determinada pessoa, mas não é um bom atirador e acaba acertando uma pessoa aleatória, pratica o erro na execução.

Em síntese, no erro sobre a pessoa, o agente representa mal, mas executa bem; já no erro na execução, o agente representa bem, mas executa mal.

As consequências jurídicas dessa espécie de erro são as mesmas do erro sobre a pessoa: não há exclusão de dolo ou culpa, não há isenção de pena, e agente responde pelo crime como se tivesse acertado a vítima pretendida, desejada ou virtual.

Assim, o agente que, pretendendo agredir um irmão, atira um objeto e acaba acertando, por erro de pontaria, um vizinho que por ali passava, responde como se tivesse atingindo um irmão, ou seja, pelo crime do art. 129, §9º, do Código Penal.

Essa hipótese, cujas consequências são idênticas ao erro sobre a pessoa, se refere ao *aberratio ictus de resultado* único ou *de unidade simples*. É justamente por isso que o erro na execução está disciplinado no capítulo voltado ao concurso de crimes e aplicação da pena.

Ocorre o erro na execução de unidade simples quando o agente erra o alvo e atinge somente um terceiro.

Contudo, é possível que o erro na execução configure o *aberratio de resultado duplo* ou *de unidade complexa*.

Nesse caso, quando, além da pessoa visada, o agente também atinge um terceiro, gerando dois resultados típicos, estamos diante de uma *espécie de concurso de crimes*. Daí a razão para o tratamento do tema próximo ao concurso material (art. 69) e concurso formal (art. 70).

Nesse caso, o agente com uma só conduta praticou um ou mais crimes (concurso formal de crimes). Assim, aplica-se a regra do art. 70 do Código Penal, ou seja, o agente responderá pelos dois resultados lesivos em virtude de sua única conduta, levando-se em conta o crime mais grave, com incidência de uma causa de aumento:

> Art. 70. Quando o agente, mediante uma só ação ou omissão, pratica dois ou mais crimes, idênticos ou não, aplica-se-lhe a mais grave das penas cabíveis ou, se iguais, somente uma delas, mas aumentada, em qualquer caso, de um sexto até metade. As penas aplicam-se, entretanto, cumulativamente, se a ação ou omissão é dolosa e os crimes concorrentes resultam de desígnios autônomos, consoante o disposto no artigo anterior.
> Parágrafo único – Não poderá a pena exceder a que seria cabível pela regra do art. 69 deste Código.

Repita-se, caso o agente, pretendendo matar seu desafeto, atinja com os disparos um terceiro que estava por ali, ele praticou tanto um homicídio consumado, quanto um crime de lesão corporal. Nesse caso, diz o dispositivo mencionado, deve responder pelas penas do crime de homicídio, aumentada de 1/6 até metade, salvo se o *quantum* final implicar uma pena maior do que seria a simples soma das penas dos dois crimes, como prevê o art. 69 do Código Penal (concurso material de crimes).

A doutrina distingue diferentes espécies de *aberratio ictus* de unidade simples, eis que o erro na execução pode se dar tanto por acidente, quanto na execução material do crime.

No erro por acidente, a vítima pode ou não estar no local (ex.: a mulher quer matar o marido e coloca veneno em sua marmita; porém, o marido esqueceu a marmita em casa e quem comeu o alimento envenenado foi o filho).

No erro no uso dos meios de execução, a vítima está no local. Logo, essa espécie de erro está intimamente conectada à falta de perícia do agente (ex.: uma execução com arma de fogo e, por erro na pontaria, o agente acerta alguém que estava do lado).

A consequência jurídica é a mesma, não obstante a diferente classificação doutrinária.

Como a consequência é a mesma que no erro sobre a pessoa, interessante questão se revela na hipótese de o agente pretender matar um agente federal e acabar atingindo, seja por erro sobre a pessoa, seja por erro na execução, um policial civil que estava do lado.

Se não houve confusão quanto à vítima, trata-se de *aberratio ictus*. Mas a questão que fica, diante da consequência de responder pela vítima pretendida, é se ele responderia perante a Justiça Federal[777] ou perante a Justiça Estadual, ou seja, sobre a competência para julgar o caso.

O art. 73 do Código Penal traz regra de direito material que somente interfere na punição, mas não na regra processual de competência, ou seja, para o Direito Penal considera-se a vítima virtual, mas para o processo penal considera-se a vítima real.

d) *Resultado diverso do pretendido (art. 74, CP).*

O agente que, por acidente ou erro no uso dos meios de execução, provoca resultado diverso do pretendido, ferindo bem jurídico de natureza diversa, incorre na hipótese de erro acidental denominada *aberratio delicti* ou *aberratio criminis* e prevista no art. 74 do Código Penal:

> Resultado diverso do pretendido
> Art. 74. Fora dos casos do artigo anterior, quando, por acidente ou erro na execução do crime, sobrevém resultado diverso do pretendido, o agente responde por culpa, se o fato é previsto como crime culposo; se ocorre também o resultado pretendido, aplica-se a regra do art. 70 deste Código.

O agente pretende danificar o veículo do seu desafeto, porém, por erro na execução material do crime de dano, acaba por atingir o motorista, que vem a falecer.

Em rigor, o art. 74 do Código Penal também configura uma espécie de erro na execução, porém com resultado diverso do pretendido.

---

[777] Art. 109, CF.

Enquanto o *aberratio ictus* se refere ao erro na execução que recai sobre o mesmo bem jurídico (pessoa – pessoa), o *aberratio criminis* trata de bens jurídicos distintos (coisa – pessoa).

Repita-se: nesse caso, há desvio do crime, ou seja, quando o sujeito, por acidente ou inabilidade, atinge bem jurídico diverso do pretendido. O agente quer ferir uma pessoa jogando nela uma pedra. Porém, o agente erra a pessoa e atinge a vitrine de uma loja, quebrando seu vidro. O agente queria cometer um crime de lesão corporal, mas acaba cometendo crime de dano contra o patrimônio.

Nesse âmbito, o agente irá responder pelo resultado diverso do pretendido apenas se agir com culpa. No caso em questão, o agente responderia apenas pela tentativa de lesão corporal, já que o crime de dano não admite modalidade culposa. Portanto, apenas os crimes que admitem a forma culposa permitirão a aplicação da regra do resultado diverso do pretendido.

De acordo com a doutrina e a jurisprudência amplamente majoritárias, não se aplica o art. 74 do CP se o resultado produzido atinge bem jurídico menos valioso que o do resultado pretendido, sob pena de prevalecer a impunidade. Nesse caso, o agente responde pela tentativa do resultado pretendido.

Tal qual o *aberratio ictus*, o *aberratio criminis* pode ter resultado duplo, o que explica estar elencado no capítulo de concurso de crimes.

Nesse caso, o agente deverá responder pelas regras do concurso formal (art. 70 CP), sempre com a ressalva do parágrafo único quanto à incidência da causa de aumento ou simples soma das penas.

Essa a síntese didática que distingue a figura do art. 73 (*aberratio ictus*) da do art. 74 (*aberratio delicti*):

Aberratio ictus (art. 73)	Aberratio delicti (art. 74)
Resultado igual ao pretendido.	Resultado diverso do pretendido.
Atinge bem jurídico igual (pessoa – pessoa).	Atinge bem jurídico diverso (coisa – pessoa).
Consequência jurídica:	Consequência jurídica:
– Não exclui dolo/culpa;	– Não isenta de pena;
– Não isenta de pena;	– Responde o agente pelo resultado diverso do pretendido (bem jurídico efetivamente lesado), a título de culpa.
– O agente responde pelo resultado considerando a vítima pretendida.	

e) Erro sobre o nexo causal.

O erro sobre o nexo causal, também chamado de *aberratio causae* (dolo geral, erro sucessivo), não tem previsão legal e constitui uma construção doutrinária e jurisprudencial.

Aqui, o agente, visando produzir determinado resultado mediante certo nexo causal, acaba por produzir o resultado visado, porém com outro nexo.

O agente quer matar a vítima e, sabendo que ela não sabe nadar, pretende empurrá-la de um morro para cair em um rio e morrer por afogamento. Ao empurrar a vítima, sem perceber que há uma pedra abaixo, a vítima sofre politraumatismos e falece antes mesmo de cair na água.

Imagine-se, no entanto, o agente querendo matar a vítima por asfixia (hipótese que qualifica o homicídio – art. 121, §2º, inc. III, CP) e, após proceder à esganadura, supondo equivocadamente que a vítima teria falecido, joga a vítima da janela de um edifício, de modo a simular que um estranho foi o responsável pela invasão do apartamento e pelo crime. Em rigor, com a vítima ainda viva, mas desconhecendo essa circunstância, na cabeça do agente ele estaria simplesmente jogando um cadáver. Deveria somente responder, conforme seu dolo, pela tentativa de homicídio?

A forma pela qual a vítima faleceu é irrelevante. O dolo geral era de matá-la, mas subsiste a questão de se saber se a forma ou o nexo causal almejado e pretendido deve ser levado em consideração.

Entendemos que, pela coerente sistemática das demais hipóteses de erro acidental, a resposta é positiva, razão pela qual o agente, mesmo tendo matado a vítima pelo empurrão, causando-lhe politraumatismos, deve responder pelo homicídio qualificado por asfixia, como se tivesse consumado seu intuito e a forma de matar a vítima.

Apesar de tratarmos como sinônimos, parte da doutrina divide o *aberratio causae* em duas espécies: o erro sobre o nexo em sentido estrito e o dolo geral.

No erro sobre o nexo em sentido estrito, o agente, mediante um só ato, produz o resultado visado, porém com nexo diverso (ex.: o agente empurra alguém, para cair do penhasco e morrer afogado, mas a vítima morre com traumatismo craniano).

Já no dolo geral, o agente, mediante conduta desenvolvida em dois ou mais atos, produz o resultado visado, porém com outro nexo (ex.: o agente esganou a filha, querendo matá-la por asfixia e, achando que ela morreu, joga-a pela janela e ela falece, em rigor, com politraumatismos).

Em síntese, o agente responde pelo resultado, considerando-se o nexo pretendido, inclusive de modo a evitar a responsabilidade penal objetiva.

Questão interessante é levantada pela doutrina: um agente falsifica uma folha de cheque. O Ministério Público o denuncia por falsidade de documento público (art. 297, §2º – o cheque é documento público por equiparação). Mas o réu, em sua defesa, diz que não sabia que o cheque de um banco privado era documento público por equiparação.[778]

Trata-se do chamado *erro de subsunção*, que não tem previsão legal. Segundo a doutrina, o erro que recai sobre valorações jurídicas equivocadas, sobre interpretações jurídicas errôneas ou erro jurídico de intepretação do seu comportamento constitui essa espécie mencionada por parte da doutrina. A consequência jurídica também seria de tratamento como erro acidental, fazendo com que o agente responda pelo crime, podendo o erro gerar, no máximo, uma atenuante genérica (art. 65, inc. II, CP). Não obstante essa referência, a discussão sobre o erro de subsunção fará mais sentido no estudo do erro de proibição, em capítulo próprio do estudo da culpabilidade.

---

[778] Art. 297: "§2º Para os efeitos penais, equiparam-se a documento público o emanado de entidade paraestatal, o título ao portador ou transmissível por endosso, as ações de sociedade comercial, os livros mercantis e o testamento particular".

4.4.3 Erro determinado por terceiro (art. 20, §2º do CP)

Por fim, ainda no que toca à tipicidade e ao erro, é possível que o sujeito ativo e executor do crime tenha praticado o equívoco ou erro induzido, assim, por um terceiro. Essa a redação do §2º do art. 20:

> Erro determinado por terceiro
> §2º Responde pelo crime o terceiro que determina o erro.

No erro de tipo, o agente erra por conta própria; já no erro determinado por terceiro há outra pessoa que induz o agente em erro.

Assim, quem determina o erro dolosamente responde por crime doloso; quem determina o erro culposamente responde por crime culposo; o enganado, que não agiu com dolo nem culpa, fica isento de pena.

O exemplo clássico da doutrina é o do médico que quer matar o paciente e, enganando a enfermeira, troca a ampola da seringa por uma substância letal.

Apesar de a execução do crime ter sido realizada pela enfermeira, ela agiu sem dolo e culpa e, pois, sua conduta não é penalmente relevante. Agora, o médico que induz, dolosa ou culposamente, em erro responderá nos termos desse dispositivo pelo crime, tratando-se, como se verá no próximo capítulo, de uma espécie de autoria mediata.

Vale aqui uma anotação sobre a audiência de previsão da figura do erro em dirimentes.

Nosso Código não regula expressamente o erro incidente sobre as causas que excluem a culpabilidade. De advertir que tal discussão tem relevância à luz dos institutos previstos no art. 22 do CP, ou seja, da coação moral irresistível e da obediência.

Pode-se adiantar, para efeito de melhor compreensão do assunto, que na coação moral irresistível e na obediência hierárquica surgem situações em que não se pode exigir do agente uma conduta diversa, motivo pelo qual ele se torna isento de pena (exclusão da culpabilidade).

Imaginemos que um funcionário público receba uma carta ameaçadora dizendo-lhe que não realize ato de ofício; amedrontado, omite-se; depois, percebe que a carta era endereçada a outro funcionário com atribuição semelhante à sua. Responde o agente por prevaricação? A resposta é negativa. Entendemos que, na falta de expressa regulamentação legal, devam-se aplicar a tal hipótese os princípios relativos ao erro de proibição (CP, art. 21). Assim, se o erro era inevitável, o agente será isento de pena; se evitável, responde pelo crime, com redução de pena (de um sexto a um terço).[779]

---

[779] ESTEFAM, André. *Direito penal*: parte geral (arts. 1º a 120). 10. ed. São Paulo: Saraiva, 2021. p. 288-289.

ANTIJURICIDADE OU ILICITUDE

A antijuridicidade é a contrariedade entre uma conduta humana e o direito com o potencial de causar lesão a um bem jurídico protegido pelo ordenamento. A antijuridicidade também é conhecida como ilicitude.

Se a tipicidade é tratada como aparente contrariedade à norma,[780] a ilicitude é a efetiva contrariedade. O fato será, além de fato típico, ilícito se o agente não estiver amparado por uma causa justificante ou uma causa excludente da ilicitude.

Em meados do século XIX, Ihering desenvolve o conceito de injusto objetivo, consagrando a caracterização da antijuridicidade enquanto conceito singular, isto é, autônomo, em torno da percepção de que a posição do possuidor de boa-fé era diferente daquela do criminoso.[781] Embora ambas contrariem ao Direito, uma é censurável e a outra não. Por conseguinte, a noção de antijuridicidade e a de culpabilidade passaram a se apartar, o que foi a seguir desenvolvido por Von Liszt, em 1884, delimitando as categorias de antijuridicidade e culpabilidade, segundo critérios objetivos e subjetivos. Iniciava-se, assim, o ideário clássico de delito, o qual resulta do positivismo naturalista, com seu método próprio analítico, do final do século XIX.

A evolução da Teoria do Delito demonstrou que a antijuridicidade do fato não se limita à desaprovação do resultado, mas que a maneira de concretização desse resultado juridicamente desaprovado também deve ser incluída no juízo de desvalor. Na ofensa ao bem jurídico tutelado está o desvalor do resultado. Na forma de concretização dessa ofensa – ou seja, no comportamento em si, o qual pode-se entender como forma de ataque – está o desvalor da ação. Exemplo didático ocorre com o crime de esbulho possessório (art. 161, §1º, II, do Código Penal, que estabelece: "invade, com violência a pessoa ou grave ameaça, ou mediante concurso de mais de duas pessoas, terreno ou

---

[780] A tipicidade é indício da antijuridicidade, segundo Mayer que verifica uma relativa dependência entre elas, ao assumir a teoria Teoria da indiciariedade ou da *ratio cognoscendi*; contudo, excluída a ilicitude, o fato seria ainda típico? Há outras diferentes doutrinas a respeito dessa questão: a) Teoria da autonomia ou absoluta Independência (Von Beling), para essa teoria a tipicidade não tem qualquer relação com a ilicitude; b) Teoria da absoluta dependência ou *ratio essendi* (Mezger) que levava ilicitude para o campo da tipicidade; c) Teoria dos elementos negativos do tipo que defende que o tipo penal é composto de elementos positivos (expressos) aos quais se somam elementos negativos (implícitos), quais sejam, causam excludentes de ilicitude. Para que o comportamento do agente seja típico não basta realizar os elementos positivos expressos no tipo, mas não pode configurar qualquer dos elementos negativos (CUNHA, Rogério Sanches. *Manual de direito penal*: parte geral. 8. ed. Salvador: JusPodivm, 2020. p. 321).

[781] IHERING, Rudolph von. *El elemento de la culpabilidad en el derecho privado romano*. Tradução de José Luis Dalbora. Montevideo; Buenos Aires: B de F, 2013. p. 59 e ss.

edifício alheio, para o fim de esbulho possessório"), integrado pela lesão à propriedade e o modo violento da prática da lesão. Assim, tanto o desvalor do resultado quanto o desvalor da ação integram o conteúdo material da antijuridicidade.[782]

A doutrina costuma classificar a ilicitude em *genérica* e *específica*. A genérica corresponde à contradição do fato com a norma abstrata, por meio da afetação a algum bem jurídico. A específica consiste na ilicitude presente em determinados tipos penais, os quais empregam termos como "sem justa causa", "indevidamente", "sem autorização" ou "em desacordo com determinação legal ou regulamentar".[783] Na verdade, dessas, só a primeira realmente trata-se efetivamente de ilicitude. A chamada antijuridicidade específica nada mais é do que uma designação equivocada a determinados elementos normativos de alguns tipos penais.

A ilicitude pressupõe a somatória de dois fatores: a) *material* (a conduta humana não é permitida pelo ordenamento); b) *formal* (consiste na capacidade de aquela conduta gerar um dano efetivo ao bem jurídico protegido pela norma penal).

A antijuricidade não se aplica apenas ao Direito Penal, ela pode ser aplicada em uma norma de outro ramo do direito. Assim, ela não é um instituto privativo do Direito Penal (ex.: passar acima da velocidade permitida para socorrer alguém; os atos praticados em legítima defesa ou no exercício regular de um direito reconhecido; além da deterioração ou destruição da coisa alheia, ou a lesão a pessoa, a fim de remover perigo iminente, nos termos do art. 188 do Código Civil).

Em suma, a conduta descrita em norma penal incriminadora será ilícita ou antijurídica quando não for expressamente declarada lícita. Será, por sua vez, declarada lícita, ou seja, afastam a ilicitude da conduta penalmente típica *as excludentes de antijuridicidade* ou *de ilicitude*, também chamadas de *justificantes* e previstas, nominalmente, no art. 23 do Código Penal:

> Exclusão de ilicitude
> Art. 23. Não há crime quando o agente pratica o fato:
> I – em estado de necessidade;
> II – em legítima defesa;
> III – em estrito cumprimento de dever legal ou no exercício regular de direito.
> Excesso punível
> Parágrafo único – O agente, em qualquer das hipóteses deste artigo, responderá pelo excesso doloso ou culposo.

O art. 23 do CP traz excludentes genéricas de antijuridicidade, por estarem na parte geral do Código. São justificantes genéricas por se aplicarem a qualquer crime (incidência genérica).

Além dessas hipóteses gerais, o Código Penal e a legislação extravagante apresentam explicitamente outras causas excludentes da ilicitude específicas, como se infere, por

---

[782] SOUZA, Luciano Anderson de. *Direito penal*: parte geral. 3. ed. São Paulo: Revista dos Tribunais, Thomson Reuters, 2022. v. 1. p. 339-340.
[783] ESTEFAM, André. *Direito penal*: parte geral (arts. 1º a 120). 10. ed. São Paulo: Saraiva, 2021. p. 301.

exemplo, dos arts. 128, I[784] (aborto), 142[785] (injúria e difamação), 218-C, §2º[786] (divulgação de cena de estupro ou de cena de estupro de vulnerável, de cena de sexo ou de pornografia), entre outros.

É preciso consignar que, desde a adoção do finalismo, tal qual se dá com a adequação de um fato a uma norma penal incriminadora, não bastarão os elementos objetivos para a presença, por exemplo, da legítima defesa. Será crucial também que o agente, para fazer o uso da excludente, esteja consciente de que está acobertado por aquela causa justificante. Assim, a princípio, estamos falando de dolo para a alegação da justificante e do conhecimento, pelo agente, de que está acobertado pela justificante.

Contudo, relevante discussão de aplicação das causas excludentes é levantada pela doutrina contemporânea com relação aos *crimes culposos*.

Os tipos culposos, caracterizados pela imprudência, negligência ou imperícia, poderão admitir hipóteses de justificação, especialmente quando configuram uma situação de imprudência, segundo a concepção de Roxin.

Dois exemplos de Roxin bem demonstram a possibilidade de se reconhecer a legítima defesa no tipo de imprudência: a) o primeiro se contém no comportamento do sujeito que, podendo utilizar uma arma de fogo como instrumento contundente para se defender, produz, involuntariamente, o disparo que vem a causar a morte do agressor injusto; b) o segundo ocorre quando alguém pretende assustar o agressor com um disparo de advertência, mas o atinge mortalmente, em face do erro no manejo da arma. A causa de justificação estará reconhecida se, no caso concreto, o disparo voluntário caracterizasse uma reação necessária e com o meio moderado para repelir a injusta agressão a direito próprio ou alheio de quem se defendeu.[787]

Dotti também ressalta a possibilidade de verificação no estado de necessidade, no comportamento culposo de imprudência: "a) o bêbado atropela pedestre ao conduzir acidentado grave para o hospital, evitando a morte certa deste; b) o ciclista desvia para o passeio, ao perceber aproximação perigosa de carro no sentido contrário à ciclovia, ferindo um pedestre".[788]

Trataremos, a princípio, das justificantes previstas explicitamente na parte geral do Código Penal, denominadas justificantes e genéricas legais. Mas, em capítulo oportuno, trataremos do consentimento do ofendido, tomado pela doutrina e pela jurisprudência como uma causa supralegal e possível pelo instituto da analogia *in bonam partem*.

---

[784] "Art. 128. Não se pune o aborto praticado por médico: (Vide ADPF 54) I – se não há outro meio de salvar a vida da gestante; II – se a gravidez resulta de estupro e o aborto é precedido de consentimento da gestante ou, quando incapaz, de seu representante legal".

[785] "Art. 142. Não constituem injúria ou difamação punível: I – a ofensa irrogada em juízo, na discussão da causa, pela parte ou por seu procurador; II – a opinião desfavorável da crítica literária, artística ou científica, salvo quando inequívoca a intenção de injuriar ou difamar; III – o conceito desfavorável emitido por funcionário público, em apreciação ou informação que preste no cumprimento de dever do ofício".

[786] "§2º Não há crime quando o agente pratica as condutas descritas no caput deste artigo em publicação de natureza jornalística, científica, cultural ou acadêmica com a adoção de recurso que impossibilite a identificação da vítima, ressalvada sua prévia autorização, caso seja maior de 18 (dezoito) anos".

[787] ROXIN, Claus. *Derecho penal*. Parte general. Traducción de la 2ª edición alemana. Madrid: Thomsom Reuters, 2017. t. I. p. 1031.

[788] DOTTI, René Ariel. *Curso de direito penal:* parte geral. 6. ed. Rio de Janeiro: Forense, 2018. p. 619.

1 Estado de necessidade

Configura-se o estado de necessidade quando o agente pratica fato típico a fim de proteger bem jurídico próprio ou alheio, que esteja em perigo atual ou iminente, desde que a este não tenha dado causa.

Essa é a redação do art. 24 do Código Penal:

> Estado de necessidade
> Art. 24. Considera-se em estado de necessidade quem pratica o fato para salvar de perigo atual, que não provocou por sua vontade, nem podia de outro modo evitar, direito próprio ou alheio, cujo sacrifício, nas circunstâncias, não era razoável exigir-se.
> §1º Não pode alegar estado de necessidade quem tinha o dever legal de enfrentar o perigo.
> §2º Embora seja razoável exigir-se o sacrifício do direito ameaçado, a pena poderá ser reduzida de um a dois terços.

O estado de necessidade é considerado uma causa excludente de antijuridicidade, no entanto, é facultado ao juiz, nos casos de sacrifício de bem de maior valor do que o protegido, aplicar a pena referente ao ilícito cometido, reduzindo-a de um a dois terços. Note-se que não podem alegar estado de necessidade as pessoas encarregadas de funções que as coloquem em perigo, como exemplo, um policial ou um bombeiro.

Duas pessoas que sobrevivem a um naufrágio encontram uma única boia salva-vidas que, evidentemente, não aguenta o peso das duas. Diante da evidente situação de perigo, uma mata a outra e se apossa da boia. Esse é o exemplo clássico de estado de necessidade.

Outros exemplos típicos são: a história da prática de canibalismo dos sobreviventes de um acidente aéreo na Cordilheira dos Andes; a situação de um incêndio com uma saída de emergência única em que uma pessoa, em vias de ser atingida, agride uma outra para poder escapar; o exemplo do sujeito que, sem habilitação e sem saber dirigir, conduz perigosamente um veículo automotor procurando levar uma pessoa gravemente acidentada ao pronto socorro.

Do mesmo modo, o estado de necessidade é aplicável no caso de furto famélico mesmo que reincidente, conforme já decidido pelo Supremo Tribunal Federal.[789]

A configuração nesses casos é patente porque estão presentes todos os elementos e requisitos dessa causa justificante: a) *perigo atual não provocado pela vontade do agente*; b) *bem jurídico do agente ou de terceiro ameaçado*; c) *inexigibilidade de sacrifício do bem jurídico ameaçado*; d) *inexistência de dever legal de enfrentar o perigo*; e e) *conhecimento da situação de perigo*.

Passemos à análise de cada um deles.

O primeiro requisito consiste no *perigo atual não provocado pela vontade do agente*.

Duas questões que precisam ser enfrentadas nesse elemento ou requisito: a temporalidade e a acepção da locução "vontade do agente".

A lei expressamente previu "situação de perigo atual", diversamente da legítima defesa, que pressupõe uma agressão (humana) que pode ser atual (contemporânea) ou iminente (prestes a ocorrer).

---

[789] V. STF. HC 119.672, rel. min. Luiz Fux, j. 6-5-2014, 1ª T, DJE de 3-6-2014.

Evidente que se compreende que uma situação qualquer de perigo que não configure uma agressão humana pode, em tese, configurar o estado de necessidade. Mas e se o perigo for iminente, deve o sujeito, como um herói, esperar que concretamente se verifique?

Não nos parece razoável, razão pela qual a doutrina majoritária entende ser possível compreender e aceitar um estado de necessidade em que a situação de perigo esteja em vias de acontecer, por analogia em *bonam partem*.

Outra questão importante é compreender se a expressão "vontade do agente" diz respeito ao dolo e intenção do agente, ou mera voluntariedade. Em outras palavras, ao se adotar uma interpretação mais restritiva, entendendo-se que vontade equivale à voluntariedade, tanto o agente que criou a situação de perigo por dolo, quanto o que a criou por culpa estariam impossibilitados de arguir essa causa excludente da ilicitude. De outra parte, os adeptos da interpretação mais extensiva e favorável ao réu sustentam que somente a situação de perigo causada dolosamente poderia afastar a invocação das justificantes.

Entendemos que mais acertado é o primeiro entendimento, não parecendo ser razoável àquele que, por exemplo, causou culposamente um incêndio alegar a situação de perigo por ele causada e agredir ou matar uma pessoa para se salvar.

De outra parte, criando a situação de perigo de forma involuntária, ou seja, sem dolo e culpa, logicamente o agente pode invocar a causa excludente, eis que os fatos se deram por força maior, caso fortuito ou fatos alheios à sua vontade e/ou previsibilidade.

O segundo requisito diz respeito ao *bem jurídico do agente ou de terceiro ameaçado*, já indicando a possibilidade da existência de estado de necessidade *próprio ou de terceiros*. Quando o agente subtrai um carro para salvar uma pessoa que está em vias de morrer, levando-a ao hospital, está acobertado pela causa justificante chamada de "estado de necessidade de terceiros". Quando o sujeito afoga o amigo em busca da única tábua de salvação, será estado de necessidade próprio. Quando alguém mata um cachorro que está lhe atacando, verifica-se o estado de necessidade próprio; enquanto matar um cachorro que está atacando uma criança configura o estado de necessidade de terceiro. Agora, quando o cachorro é instigado por um ser humano, que usa o animal como instrumento para o ataque, teremos uma hipótese de legítima defesa.

O terceiro requisito, ou a *inexigibilidade de sacrifício do bem jurídico ameaçado*, é o que demanda maior atenção e divergência doutrinária e normativa em relação ao direito internacional.

A questão que aqui se coloca é se o bem jurídico ameaçado é de valor igual ou superior ao bem jurídico a ser sacrificado. Será, pois, necessária uma valoração média, um juízo de proporcionalidade que, se não verificado, pode afastar a causa justificante, mas permitir uma diminuição de pena, nos termos do art. 24, §2º, CP.[790]

A ponderação de bens jurídicos é necessária porque não se permite, evidentemente, o sacrifício de um bem mais valioso em favor de outro de menor relevância, embora se tolere, de acordo com as circunstâncias do caso concreto, um sutil desnível.

---

[790] Art. 24, §2º, CP: "Embora seja razoável exigir-se o sacrifício do direito ameaçado, a pena poderá ser reduzida de um a dois terços".

Diferentes concepções teóricas explicam a política criminal no tocante à ponderação de valores: teorias unitária e diferenciada.

Segundo a *teoria unitária*, o estado de necessidade sempre exclui a antijuridicidade, seja em relação ao sacrifício de um bem de menor valor, seja de um bem de valor idêntico. Essa teoria foi acolhida pelo Código Penal.

Diversamente do Direito alemão,[791] que adota a *teoria diferenciada*, segundo a qual, quando os bens jurídicos são desiguais, há exclusão da antijuridicidade e, portanto, o denominado estado de necessidade em sentido estrito ou *estado de necessidade justificante*; quando os bens jurídicos são iguais, haverá, tão somente, uma causa de isenção de pena, e não de exclusão do crime, ou seja, apenas a exclusão da culpabilidade: trata-se do denominado *estado de necessidade exculpante*.

Importante salientar que tal qual explicitado no parágrafo único do art. 23, havendo excessos, entre os quais, o sacrifício de um bem menor, o agente responde pelo excesso doloso ou culposo.

A lei ainda exige a *inexistência de dever legal de enfrentar o perigo*. Esse dever legal não é estritamente da lei penal, mas do ordenamento jurídico inteiro. Não pode, como mencionado, um bombeiro alegar estado de necessidade, sacrificando uma vida em um contexto de incêndio, porque ele tem o dever legal de enfrentar o perigo, assim como não pode um policial arguir o estado de necessidade em defesa própria. Evidentemente que isso não impedirá a avaliação sobre a possibilidade concreta de quem tem o dever legal de arrostar o perigo (cf. art. 12, §2º do CP) nem de arguir eventual legítima defesa como causa justificante.

O quinto e último elemento não está explícito na norma, mas por conta de ter sido adotado no Brasil, desde 1984, o finalismo penal, a ideia de que não é possível uma conduta que não tenha dolo e culpa significa dizer não ser possível se alegar estado de necessidade por quem *desconhece a situação de perigo*. Subjetivamente, o agente tem que saber que ele está em estado de necessidade. Da mesma forma, não vai poder alegar legítima defesa quem não sabe que está sofrendo uma agressão injusta. Isso porque, em termos teóricos, se a pessoa não sabe que ela está em vias de morrer afogada e ela afogou uma pessoa, em sua consciência havia tão somente o dolo homicida e não a consciência de que estava sacrificando a vida de alguém para evitar uma situação de perigo.

Além das já mencionadas classificações dessa excludente de ilicitude (justificante/ exculpante e próprio/de terceiros), a doutrina ainda usa a diferenciação entre estado de necessidade defensivo *versus* agressivo: no primeiro, o agente mata, por exemplo, um cão que o atacou; no segundo, o agente, para salvar uma pessoa, ataca um bem jurídico, furtando, por exemplo, um veículo.

Em suma, no *estado de necessidade defensivo*, a conduta do sujeito que age em necessidade se volta contra a coisa de que promana o perigo; enquanto, no *estado de necessidade agressivo*, a conduta do sujeito que age em necessidade se volta contra outra coisa, diversa daquela que originou o perigo, ou contra terceiro inocente.

A distinção não tem relevância para o Direito Penal (ambos excluem a ilicitude), mas repercute na órbita cível, como destaca Estefam:

---

[791] A diferenciação germânica iniciou-se a partir de decisão judicial concernente a caso de aborto por indicação médica, no ano de 1927, tendo sido posteriormente incorporada pelo Código Penal de 1975.

O sujeito que age em estado de necessidade agressivo deverá reparar o dano causado ao terceiro inocente pela sua conduta, tendo direito de regresso contra o causador do perigo. O reconhecimento do estado de necessidade defensivo, por outro lado, afasta até mesmo a obrigação de reparar o dano causado pelo crime (a sentença penal que o reconhecer impedirá eventual ação civil *ex delicto*).[792]

2 Legítima defesa

A legítima defesa constitui um direito natural e universal.

É declarada como ato lícito perante a órbita do Direito Civil (art. 188, I, CC) e, em matéria de posse, o Código autoriza, expressamente, a defesa em caso de turbação e a restituição se houver esbulho, valendo-se da força, contanto que o faça logo (CC, art. 1.210, §1º).

Trata-se, em matéria criminal, da defesa necessária em face de uma agressão injusta atual ou iminente contra direito próprio ou de terceiro com a utilização moderada dos meios adequados e suficientes.

São diversos os fundamentos da legítima defesa. Em geral, teorias do exercício da autotutela, do instinto de conservação, dos motivos justos, da necessidade de proteção do bem jurídico, da integridade do injusto, da autonomia individual, do Direito prevalente e da prevenção, ou funcional fundamentam esse direito.[793]

É dever do Estado oferecer a segurança pública (segundo a CF), ou seja, há dever de assegurar todos os bens jurídicos existentes. No entanto, o Estado não tem capacidade suficiente de proteger de maneira integral todos os bens jurídicos tutelados. Assim, ele delega o direito ao particular de proteger esses bens subsidiariamente.

Desse modo, a pessoa passa a ter o direito de proteger seus bens jurídicos quando o Estado não se mostra capaz de assegurar essa proteção. Assim disciplina o Código Penal:

> Legítima defesa
> Art. 25. Entende-se em legítima defesa quem, usando moderadamente dos meios necessários, repele injusta agressão, atual ou iminente, a direito seu ou de outrem.
> Parágrafo único. Observados os requisitos previstos no caput deste artigo, considera-se também em legítima defesa o agente de segurança pública que repele agressão ou risco de agressão a vítima mantida refém durante a prática de crimes.

No que diz respeito à *legítima defesa propriamente dita*, prevista no *caput* do art. 25, será necessário verificar a presença dos seguintes requisitos para afastar ilicitude da conduta: a) *existência de uma agressão injusta;* b) *agressão atual ou iminente;* c) *agressão contra direito próprio ou de terceiro;* d) *utilização dos meios adequados e suficientes;* e) *moderação no uso dos meios;* f) *conhecimento da situação de estar em legítima defesa.*

Passemos à análise de cada um dos requisitos, para, em seguida, avaliar os demais elementos que permitem a chamada legítima defesa especial, prevista no parágrafo único do dispositivo legal, com redação dada pela Lei Anticrime (Lei nº 13.964/19).

---

[792] ESTEFAM, André. *Direito penal:* parte geral (arts. 1º a 120). 10. ed. São Paulo: Saraiva, 2021. p. 308.
[793] TAVARES, Juarez. *Fundamentos de teoria do delito.* 2. ed. São Paulo: Tirant lo Blanch, 2020. p. 330.

O primeiro dos elementos necessários para que alguém possa fazer uso dessa excludente será, logicamente, a existência de uma *agressão injusta*.

A agressão injusta a direito próprio ou alheio não precisa ser criminosa, bastando ser contrária ao ordenamento jurídico (ex.: como qualquer regra de proteção civil, administrativa etc.).

A própria legítima defesa é uma agressão, porém justa.

Justamente por isso não há que se falar em legítima defesa no *crime de rixa* (art. 137, CP), porque todos são agressores injustos em um cenário difuso de ilicitudes.

Essa agressão advém obrigatoriamente de ato humano, tendo em vista que resulta de dois fatores: conduta sob o aspecto material e vontade direcionada àquele fim.

Pouco importa se o agressor é capaz ou incapaz (ex.: menor não comete crime, porém comete ato infracional, segundo o ECA).

A agressão pressupõe um fazer, porém nada obsta que ela se verifique em uma conduta omissiva humana (ex.: carcereiro que se omite ao cumprir o alvará de soltura. Nesse caso, se o preso fugir, ele agiu em legítima defesa).

Em segundo lugar, exige-se uma *agressão atual* (agressão em curso ou contemporânea) ou *na iminência de ocorrer* (prestes a ocorrer, não podendo ser passada ou remota).

Uma reação a ato pretérito deixa de ser legítima e transfigura-se em vingança. Repelir, com uma agressão, atos preparatórios de um crime, em tese, não exclui também a ilicitude, porque aquela situação é penalmente irrelevante, exceto nas hipóteses excepcionais dos crimes de terrorismo e sabotagem.

No entanto, a jurisprudência tem entendido que em determinadas hipóteses caberá alegar legítima defesa contra atos preparatórios quando a intenção do agente de praticar o crime se mostrar inequívoca.

Agressão não é sinônimo de provocação que, por si só, não tem o condão de autorizar essa causa justificante. Contudo, a provocação por parte do agredido não lhe tira o direito de defender-se quando a provocação, em si, é considerada uma agressão, ou quando ele planejou a situação, de modo a forjar uma legítima defesa para mascarar sua ação criminosa.

A legítima defesa compreende a *própria defesa e a de terceiro*, sendo, pois, possível repelir uma agressão contra direito próprio ou de terceiros.

Entretanto, não basta que haja uma agressão injusta, atual ou iminente, contra o próprio agente ou contra terceiro. É preciso que ele, para repelir a agressão, se utilize dos *meios adequados* e *suficientes*.

O parágrafo único do art. 23 diz que o agente responderá pelo excesso, seja na forma dolosa, seja culposa.

Fala-se em excesso voluntário (ou consciente) quando o agente tem plena consciência de que intensifica desnecessariamente sua conduta de início legítima. Exemplo: depois de ter dominado o ladrão, a vítima efetua disparos de arma de fogo contra ele, por raiva, matando-o. Consciente da desnecessidade de seu comportamento, a vítima do roubo, que agia em legítima defesa, após ter dominado o ladrão e ter conscientemente efetuado disparos, torna-se autora de um homicídio doloso.

Há, também, o *excesso involuntário (ou inconsciente)*, o qual deriva da má apreciação da realidade (erro de tipo). O sujeito ultrapassa os limites da excludente *sem se dar conta de seu exagero*. Para determinar sua responsabilidade penal, será preciso avaliar se o erro (de tipo) por ele cometido foi evitável ou não. Considera-se evitável (ou vencível) o erro que uma pessoa de mediana prudência e discernimento não teria cometido na situação em que o agente se encontrava (ex.: durante um roubo, o ofendido reage à abordagem do agente e, mesmo após desarmá-lo e dominá-lo por completo, mas sem notar essas circunstâncias, o agride fisicamente, supondo por equívoco que o ladrão ainda não havia sido completamente subjugado). Nesse caso, ele responderá pelo resultado produzido excessivamente a título de culpa (se a lei previr o crime na forma culposa).[794]

Por outro lado, será inevitável (ou invencível) o erro em que qualquer pessoa mediana incorreria na situação em que os fatos se deram (ex.: durante um roubo, a vítima, sem se dar conta de que o ladrão portava arma de brinquedo, reage à investida efetuando disparos de arma de fogo, matando-o). Se assim for, ficam afastados o dolo e a culpa, surgindo o chamado *excesso exculpante*, isto é, o sujeito não cometerá crime algum, apesar do excesso.[795]

Meios necessários são aqueles adequados e suficientes para repelir a agressão ao direito, mas, ao mesmo tempo, causar o menor impacto possível ao agressor (ex.: uma pessoa na rua tem uma faca e eu posso me defender com uma faca, revólver ou canhão, já que eu dispunha de outros meios para repelir a injusta agressão).

Evidente que a análise do uso dos meios necessários depende muito das circunstâncias do caso concreto, inclusive sobre as condições da vítima em saber lidar, com o mínimo de racionalidade, em um momento de pressão e tensão.

Em suma, esse fato também só poderá ser resolvido no campo prático. Do mesmo modo, além de utilizar o meio estritamente necessário para repelir a injusta agressão, o agente deve *utilizar os meios com moderação*.

Moderação é a razoável proporcionalidade entre a agressão e a defesa apreendida, ou seja, o grau da minha defesa deve guardar proporção com o nível do ataque (ex.: um indivíduo vem agredir a vítima, e o agente, podendo dar um único tiro para repelir a injusta agressão, já que era o único meio disponível e necessário na situação, descarrega todo o pente e efetua diversos disparos).

Mais uma vez, é preciso frisar, o uso moderado vai depender também de aferição do caso concreto.

Caso o juízo de valor sobre os meios necessários e a moderação no seu uso não se justifique, está configurado o excesso punível.[796]

---

[794] ESTEFAM, André. *Direito penal*: parte geral (arts. 1º a 120). 10. ed. São Paulo: Saraiva, 2021. p. 303.
[795] ESTEFAM, André. *Direito penal*: parte geral (arts. 1º a 120). 10. ed. São Paulo: Saraiva, 2021. p. 303.
[796] No júri, bem acentual Estefam, o excesso (culposo) deve ser indagado depois do quesito absolutório (acima mencionado). Explica-se: o reconhecimento do excesso pressupõe, lógica e juridicamente, a existência de uma excludente de ilicitude. Por esse motivo, deve ser perguntado depois do quesito concernente à causa de exclusão da antijuridicidade, a qual, pelo novo sistema, fica englobada na pergunta obrigatória: O jurado absolve o acusado? Se os jurados responderem afirmativamente a essa questão, o réu, por óbvio, estará, assim, absolvido, ficando prejudicadas as demais perguntas, inclusive aquela correspondente ao excesso culposo. Caso os juízes leigos, no entanto, neguem o quesito absolutório, votar-se-á o relativo ao excesso culposo (que depende de pedido expresso da defesa ou acusação para figurar no questionário) (ESTEFAM, André. *Direito penal*: parte geral (arts. 1º a 120). 10. ed. São Paulo: Saraiva, 2021. p. 301).

Além de todos os requisitos já mencionados, é preciso dizer que, desde que adotado o finalismo penal, é crucial que o agente tenha *conhecimento da agressão injusta e de que está agindo em legítima defesa*.

É preciso registrar, ademais, que, constatada a injusta agressão, o agredido pode rebatê-la, não se lhe exigindo a fuga do local, ainda que essa seja viável. Pode-se concluir que o *commodus discessus* (fuga ou saída mais cômoda) é obrigação presente apenas no estado de necessidade, em que a inevitabilidade do dano é um dos requisitos objetivos.

Há distintas *classificações* do instituto.

Como já mencionado, será *própria*, quando a pessoa que se defende é o titular do bem jurídico ameaçado, ou *de terceiro*, quando o bem jurídico pertence a outrem.

A legítima defesa é chamada de *real* (ou seja, a legítima defesa propriamente dita, quando não há erro sobre a situação de fato) ou *putativa*, quando o agente pensa estar em legítima defesa, por erro de tipo (art. 20, §1º) ou erro de proibição (art. 21).

De igual forma, há *legítima defesa sucessiva* quando o agente, inicialmente agredido, exagera na repulsa e, nesse caso, o primeiro agressor estará em legítima defesa, se reagir contra o excesso. Logo, não cabe legítima defesa recíproca (uma das agressões não será injusta), porém existem legítimas defesas sucessivas.

Por sua vez, haverá *legítima defesa subjetiva* quando o agente inicia a defesa, mas, mesmo cessada a agressão, ainda a considera presente, persistindo no uso dos meios de repulsa. Haverá excesso, mas este será culposo, ou mesmo não haverá culpa, se o agente não tinha como saber que a conduta agressiva havia terminado.

No tocante à forma de reação, a legítima defesa pode ser agressiva ou defensiva. Será chamada de *agressiva* quando representa uma reação que corresponde a um fato típico, como no exemplo do indivíduo que mata outrem que iria matá-lo; será *defensiva* quando a legítima defesa constitui mera repulsa à agressão injusta, sem consistir em um tipo penal, como na hipótese de simplesmente segurar o agressor.

A *legítima defesa recíproca*, por sua vez, é inadmissível, pois não existe legítima defesa contra legítima defesa (contrariamente, admite-se estado de necessidade contra estado de necessidade).[797]

Por fim, com a entrada em vigor da Lei Anticrime e com a nova redação do parágrafo único art. 25, há, agora, *a legítima defesa especial*:

> Parágrafo único. Observados os requisitos previstos no caput deste artigo, considera-se também em legítima defesa o agente de segurança pública que repele agressão ou risco de agressão a vítima mantida refém durante a prática de crimes.

A primeira impressão da doutrina é de que ou se trataria de mera norma penal explicativa, enfatizando a possibilidade de legítima defesa por parte de agente de segurança pública, ou estaríamos diante da violação do princípio da isonomia, porque nada justificaria uma discriminação positiva direcionada exclusivamente a policiais.

---

[797] SOUZA, Luciano Anderson de. *Direito penal*: parte geral. 3. ed. São Paulo: Revista dos Tribunais, Thomson Reuters, 2022. v. 1. p. 358.

Em rigor, essa especial modalidade de legítima defesa ainda apresenta um novo elemento, além dos requisitos já mencionados: a ideia de risco de agressão que, em termos de valoração, seria menos do que uma agressão iminente.

O perigo dessa redação é afastar qualquer possibilidade de excessos quando um agente de segurança estiver coibindo a agressão de um sequestrador que mantém uma vítima como refém, ou, ainda, fomentando, na prática, inúmeras situações de legítima defesa putativa, ou seja, de alegações de equívocos, por parte de agentes do Estado, sobre um risco de agressão que, se existente, legitimaria a repulsa.

Diante das novas formas de criminalidade, em especial diante dos ataques terroristas no mundo inteiro, passou-se a discutir uma espécie de legitimação da tortura por agentes de Estado, mediante a *teoria do cenário da bomba-relógio* (*ticking bomb scenario theory*), como a situação extrema e emergencial na qual um agente estatal, com o propósito de obter informações específicas e essenciais, tortura suspeitos de conhecer ou integrar planos de ataques terroristas iminentes – que, portanto, expõem a perigo a vida de um grande número de pessoas –, a fim de que se possa prevenir a ocorrência de tais ataques.[798]

Não obstante a tortura ser expressamente vedada na Constituição da República[799] e em tratados internacionais,[800] discute-se a possibilidade de sua utilização como causa justificante como estado de necessidade, legítima defesa de terceiro ou uma espécie de autorização *ex ante* ou justificação *ex post facto*.

É preciso reforçar a ideia de que precisamos, como sociedade, enfrentar o dilema de conferir ao Estado instrumentos e mecanismos hábeis a prevenir o terrorismo (e isso pressupõe inteligência e acesso a dados de todos), sob pena de legitimar teses como essas, que, não obstante poder o caso concreto apresentar uma das hipóteses de justificantes, carregam, de forma ínsita, o perigo de legitimar como precedentes o uso indiscriminado da tortura como meio de obtenção de prova, repisando tristes períodos históricos desse país de anormalidade democrática e violação de direitos humanos.

Ademais, outra questão que surge em decorrência das hipóteses práticas são os questionamentos sobre os denominados *escudos humanos*[801] ou danos colaterais.

Quem se coloca, deliberadamente, na defesa de um criminoso, evidentemente, estaria na condição de partícipe do crime e, portanto, caso a repulsa seja também direcionada a essa pessoa, estaria presente a causa justificante.

Complexa será a situação de um escudo humano inocente, ou seja, que não sabe que se coloca dessa maneira, ou de vítimas que teriam sido atingidas como efeito colateral de uma ação por parte de agentes de segurança.

---

[798] CUNHA, Rogério Sanches. *Manual de direito penal*: parte geral. 8. ed. Salvador: JusPodivm, 2020. p. 345.
[799] Art. 5º, incs. III e XLIII, CF.
[800] O art. 2º, 2, da Convenção Contra a Tortura e Outros Tratamentos ou Penas Cruéis, Desumanos ou Degradantes (Decreto nº 40/91), expressamente disciplina que "em nenhum caso poderão invocar-se circunstâncias excepcionais tais como ameaça ou estado de guerra, instabilidade política interna ou qualquer outra emergência pública como justificação para tortura".
[801] "Escudo humano" é um termo policial, militar e político que descreve a colocação deliberada de civis dentro ou ao redor de alvos em combate para deter um inimigo de atacar os alvos. Também pode se referir ao uso de civis para, literalmente, blindar combatentes ou policiais durante os ataques, forçando os civis a marcharem à frente dos soldados ou criminosos.

Nesse caso, parece-nos que a causa justificante não tem o condão de excluir um erro na execução da legítima defesa, devendo, portanto, o agente responder pelo crime culposo e, dependendo das circunstâncias, pelo crime na modalidade dolo eventual.

Além disso, outra questão clássica diz respeito à inclusão, no âmbito da causa justificadora, de outro crime praticado como meio para o exercício da legítima defesa, como o porte ilegal de arma de fogo.

Nesse aspecto, parece-nos que se o crime pode funcionar como crime-meio e ser absorvido (como veremos melhor no capítulo referente ao conflito aparente de normas), nada mais lógico que a legítima defesa também absorva o porte ilegal de arma de fogo se foi o único meio necessário de que dispunha o agente para repelir uma injusta agressão. Cessada, contudo, a agressão, assim como fica sujeito ao excesso, também poderá responder pelo crime de porte ilegal de arma de fogo se mantiver consigo o instrumento vulnerante.

Seria possível se reconhecer a legítima defesa contra pessoa jurídica? A pessoa jurídica pratica crime, porém não propriamente agressão, que constitui um dos requisitos da causa justificantes, razão pela qual seria impossível juridicamente.

Vale, ademais, ressaltar que outro tema que atualmente não faz mais qualquer sentido, mas que historicamente era levantado como uma causa supralegal de exclusão da ilicitude ou como uma hipótese de isenção de pena (por erro de proibição), seria a denominada *legítima defesa da honra*,[802] que será novamente abordada por ocasião do estudo da culpabilidade.

Nas Ordenações Filipinas, constantes do Livro 5º, Título XXXVIII, legislação penal do período feudal, havia a previsão de que "achando o homem casado sua mulher em adultério, licitamente poderá matar a ela e ao adúltero, salvo se o marido for peão e o adúltero fidalgo, ou nosso desembargador, ou pessoa de maior qualidade". Cuidava-se da consagração da chamada "legítima defesa da honra", imbuída de moralismo ensejador de profundo vilipêndio da dignidade humana das mulheres, acrescida, ademais, de hipócrita distinção socioeconômica entre indivíduos.

Muito embora essa indigna previsão não tenha se repetido em qualquer legislação posterior genuinamente brasileira, o fato é que o ideário subjacente prevaleceu nas entranhas do preconceito social nacional durante o século XIX e boa parte do século XX:

> [...] a figura da "legítima defesa da honra" consiste em tese jurídica que visa tornar impune a prática de maridos, irmãos, pais ou ex-companheiros e namorados que matam ou agridem

---

[802] Legítima defesa da honra é uma figura jurídica utilizada pela defesa de um réu para justificar determinados crimes de natureza passional, atribuindo o fator motivador do delito ao comportamento da vítima. A justificativa que apela à "legítima defesa da honra" também tem sido utilizada, entre outros, para anular ou atenuar a culpa de maridos, companheiros e namorados ao praticarem agressões físicas contra mulheres. O traz a figura da legítima defesa em seu art. 25 e qualquer bem jurídico pode ser defendido legitimamente, incluindo-se a "honra". Evidentemente, contudo, que tirar a vida frente a uma agressão injusta contra a honra não será o único meio necessário, nem tampouco implicará moderação necessária para configuração da justificante. A maior parte destas absolvições no Tribunal do Júri, em décadas passadas, com essa tese supralegal, a rigor se fundamentava no argumento de que os réus ou rés encontravam-se em completa privação de sentidos e de inteligência no momento em que cometeram o crime, o que os tornava inimputáveis, de acordo com o §4º do art. 27 do Código Penal de 1890. O dispositivo teve a sua redação alterada pelo Decreto nº 4.780, de 27.12.1923, cujo art. 38, dispôs: "No artigo 27, §4º do Código Penal, em vez de privação", leia-se perturbação".

suas esposas, irmãs, filhas, ex-mulheres e namoradas fundada ou "justificada" na defesa da honra da família ou da honra conjugal.[803]

Um dos casos mais famosos que envolveu esse tipo de argumentação foi o julgamento do empresário Raul Fernando do Amaral Street, conhecido como Doca Street, que matou sua companheira, a socialite Ângela Diniz, com quatro tiros no rosto, em dezembro de 1976, durante uma discussão do casal em Búzios, no Rio de Janeiro. A defesa, feita pelo advogado e então ex-ministro do STF Evandro Lins e Silva, alegou "legítima defesa da honra", afirmando que o réu matou "por amor", com vistas a uma absolvição. Muito embora isso não tenha ocorrido, por força dos argumentos então expostos, houve uma condenação a uma pena de dois anos de prisão, então já cumprida, o que provocou indignação dos movimentos feministas.

Diante desses fatos, na época, inclusive, o poeta mineiro Carlos Drummond de Andrade escreveu, referindo-se à vítima então culpabilizada por sua própria morte: "Aquela moça continua sendo assassinada todos os dias e de diferentes maneiras".

Nos últimos anos, em geral, esse tipo de argumentação não encontra mais respaldo social, sendo que, se esporadicamente ocorrente, deve ensejar o rechaço de eventual pedido de absolvição sumária[804] ou a anulação do julgamento por decisão manifestamente contrária à prova dos autos (art. 593, III, "d", do Código de Processo Penal).

O tema, contudo, ganhou protagonismo recente, voltando às discussões jurídicas em 2020, em face de uma polêmica acerca dos limites da soberania dos vereditos no Tribunal do Júri, cuja forma de quesitação, prevista no art. 483 do Código de Processo Penal, foi modificada pela Lei nº 11.689/2008, havendo de ser perguntando aos jurados, após as indagações acerca da materialidade e autoria delitivas, se o acusado deve ser absolvido (*quesito absolutório genérico*).

Em setembro de 2020, não obstante, a 1ª Turma do Supremo Tribunal Federal (STF), ao julgar o *Habeas Corpus* nº 178.777, relativo ao caso, por maioria de votos (dos ministros Marco Aurélio, Dias Toffoli e Rosa Weber), decidiu manter a absolvição do réu, escorando-se na soberania dos vereditos, mesmo que a decisão tenha sido contrária à prova dos autos.[805]

Contudo, no que diz respeito especificamente à legítima defesa da honra, a questão foi pacificada em 2021, eis que, de forma unânime, o Plenário do STF assentou a compreensão de que a alegação da legítima defesa da honra se mostra inconstitucional por violação aos princípios da dignidade humana, da proteção à vida e da igualdade de gênero. Dessa maneira, resta obstada à defesa, à acusação, à autoridade policial e ao juízo que utilizem, direta ou indiretamente, a tese de legítima defesa da honra (ou qualquer argumento que induza a ela) nas fases pré-processual ou processual penais, bem como durante julgamento perante o tribunal do júri, sob pena de nulidade do ato

---

[803] PIMENTEL, Silvia; PANDJIARJIAN, Valéria; BELLOQUE, Juliana. Legítima defesa da honra. Ilegítima impunidade de assassinos: Um estudo crítico da legislação e jurisprudência da América Latina. *In*: CORRÊA, Mariza; SOUZA, Érica Renata de (Org.). *Vida em família*: uma perspectiva comparativa sobre "crimes de honra". Campinas: UNICAMP, Pagu – Núcleo de Estudos de Gênero, 2006. p. 91.

[804] STJ, Agravo em Recurso Especial nº 1.553.933/SC, 6ª Turma, relator Min. Rogério Schietti Cruz, j. 04.11.2019.

[805] STF, *Habeas Corpus* nº 178.777/MG, 1ª Turma, rel. Min. Marco Aurélio, m.v., j. 29.09.2020.

e do julgamento. A decisão, assim, referendou liminar anteriormente concedida pelo relator, conforme a seguinte ementa:

> Arguição de descumprimento de preceito fundamental. Interpretação conforme à Constituição. Artigos 23, inciso II, e 25, caput e parágrafo único, do Código Penal e art. 65 do Código de Processo Penal. *"Legítima defesa da honra"*. Não incidência de causa excludente de ilicitude. Recurso argumentativo dissonante da dignidade da pessoa humana (art. 1º, III, da CF), da proteção à vida e da igualdade de gênero (art. 5º, caput, da CF). Medida cautelar parcialmente deferida referendada (Arguição de Descumprimento de Preceito Fundamental (ADPF) 779, Plenário, rel. min. Dias Toffoli, j. 15.03.2021. DJE 20.05.2021).

3 Estrito cumprimento do dever legal

As duas primeiras causas justificantes – estado de necessidade e legítima defesa –, além de serem causas nominadas, foram detalhadas no ordenamento jurídico no Brasil, o que facilita a compreensão de cada um de seus requisitos legais.

Já em relação ao estrito cumprimento do dever legal e ao exercício regular de direito, houve a menção como causas nominadas no art. 23, mas coube à doutrina e à jurisprudência explicitar os seus requisitos e limites como causas justificantes.

O próprio nome *iuris* dessas causas justificantes de certa forma explicita seu conteúdo.

Trata-se da *obediência à norma legal escrita, que impõe ao indivíduo uma obrigação de praticar uma conduta típica* (ainda que se enquadre nos elementos do tipo penal, a conduta não se confrontaria com o ordenamento jurídico, já que dele partiria a obrigação); ou simplesmente a ação praticada em *cumprimento de um dever imposto por lei* (lei penal ou extrapenal, não bastando, pois, o dever contratual). A pessoa atua cumprindo a obrigação imposta pelo ordenamento jurídico

No estrito cumprimento do dever legal, há uma obrigação de agir, um comando legal, diferentemente do exercício regular de direito, em que há apenas uma permissão para agir.

Configuram clássicos exemplos que se enquadram nessa causa justificante: a) policial que prende em flagrante o autor de um crime usando de força necessária diante da resistência, nos termos do art. 292 do CPP; b) cumprimento do mandado de prisão preventiva (arts. 292 e 293, CPP) ou de busca pessoal ou em residência de suspeito da prática de crime (art. 240, §§1º e 2º, CPP); c) oficial de justiça que cumpre ordem de despejo, nos termos do art. 59 e seguintes da Lei nº 8.245/91; d) soldado que mata o condenado por crime militar em tempo de guerra (art. 56, CPM) ou que abate aeronave após ordem manifestamente legal (Lei nº 9.614/1998, regulamentada pelo Decreto nº 5.144/2004); e) agente infiltrado que comete delito autorizado judicialmente (*v.g.*, art. 10 e seguintes da Lei nº 12.850/13) etc.

O exercício do dever há de ser estrito, ou seja, extrapolando das obrigações que lhe são cometidas, o agente responderá pelo excesso (art. 23, parágrafo único, do CP), podendo ser, em regra, por um crime presente na Lei de Abuso de Autoridade (Lei nº 13.869/19).

4 Exercício regular de direito

O exercício regular do direito *consiste na prática de uma atividade ou exercício de uma conduta autorizada por lei, que torna lícito o que em princípio seria ilícito*. Tal expressão refere-se ao fato de que, se alguém está exercendo um direito permitido pela lei, não cometerá ato antijurídico.

Logo, o exercício regular de direito pressupõe uma faculdade de agir atribuída pelo ordenamento jurídico (*lato sensu*) a alguma pessoa, pelo que a prática de uma ação típica não configuraria um ilícito.

Constatam-se direitos ou faculdades de agir, a título ilustrativo, que se adequam, na prática, a essa causa justificante: a) o consentimento do ofendido para a doação e remoção, por exemplo, de um rim, nos termos da Lei nº 9.434/97; b) a correção e disciplina dos filhos por seus pais, nos termos do art. 1.634, IX, do Código Civil; c) a prisão em flagrante por particular, facultativa nos termos do art. 301, CPP; d) a expulsão, na defesa do patrimônio, em hipótese de esbulho possessório recente, nos termos do art. 1.210, §1º, do Código Civil; e) a violência desportiva, desde que toleráveis e dentro das regras do esporte; f) as intervenções médicas e cirúrgicas, havendo consentimento do paciente.[806]

"É através das chamadas normas de cultura que é penalmente justificável o uso de meios de correção por parte de mestres em relação aos alunos e dos pais com o objetivo de educação, quando admitido pelos costumes", como lembra Dotti.[807]

Em qualquer caso, porém, não se podem ultrapassar os limites que a ordem jurídica impõe ao exercício do direito. Caso os pais, a pretexto de corrigir os filhos, extrapolem o direito de correção, podem praticar o crime de maus-tratos ou até outro mais grave. Aliás, não custo lembrar a polêmica existente em torno da chamada "Lei da Palmada" (Lei nº 13.010/2014), que proíbe o uso de castigos físicos ou tratamentos cruéis e degradantes contra crianças e adolescentes, estabelecendo cláusulas abertas para aferição das condutas vedadas.

Vale consignar que os exemplos da violência desportiva, assim como das intervenções cirúrgicas, que, para a doutrina tradicional, figuram como essa modalidade de excludente de ilicitude, para os adeptos da teoria da imputação objetiva, implicariam um risco socialmente permitido e que, portanto, já excluiria, por si só, a tipicidade.

Por fim, merece atenção especial um tema relevante dentre a discussão dessa causa justificante: *os ofendículos* ou *defesas predispostas*.

Hungria considera que os ofendículos devem ser admitidos mesmo com o risco de que, ao invés do ladrão, venha a ser vítima da armadilha uma pessoa inocente,

---

[806] Inexistindo consentimento, poderia haver estado de necessidade. Na hipótese de ser imprescindível a transfusão de sangue, mesmo sendo a vítima maior e capaz, em caso de recusa, tal comportamento deverá ser encarado como uma tentativa de suicídio, podendo o médico intervir, inclusive sem o seu consentimento, uma vez que atuaria amparado pelo inc. I do §3º do art. 146 do Código Penal, que diz não se configurar constrangimento ilegal a intervenção médica ou cirúrgica, sem o consentimento do paciente ou de seu representante legal, se justificada por iminente perigo de vida. Há, inclusive, precedente judicial no STJ, permitindo ao médico fazer a transfusão de sangue sempre que o paciente menor de idade estiver em iminente perigo de morte, independentemente da escolha religiosa de seus representantes legais (HC nº 268.459/SP, Rel. Ministra Maria Thereza de Assis Moura, 6ª Turma, julgado em 02/09/2014, *DJe* 28/10/2014).

[807] DOTTI, René Ariel. *Curso de direito penal:* parte geral. 6. ed. Rio de Janeiro: Forense, 2018. p. 622-623.

caso em que, a seu ver, configuraria legítima defesa putativa.[808] Por sua vez, Aníbal Bruno anotou que a essa mesma categoria de exercício de um direito pertence o ato do indivíduo, que, para defender a sua propriedade, cerca-a de vários meios de proteção, as chamadas defesas predispostas ou *offendicula*, dispositivos ou instrumentos que impeçam ou embaracem o acesso do malfeitor ao bem protegido, muros com pontas de ferro ou fragmentos de vidro, grades, foros ou aparelhos mecânicos, como armadilhas mais ou menos perigosas, inserindo a matéria no exercício regular de direito. Mas, por certo, a zona do lícito termina necessariamente onde começa o abuso.[809]

Trata-se da predisposição de aparatos defensivos da propriedade (cacos de vidro no muro, cercas de arame farpado, cercas elétricas etc.) que, embora sejam considerados, por parte da doutrina, uma legítima defesa preordenada, são, na verdade, exercício regular de um direito, pois faltaria o elemento subjetivo da defesa à agressão.

Outrossim, em tese e dependendo das circunstâncias, um cão de guarda, treinado para a proteção da propriedade, poderia figurar como um instrumento nesses parâmetros.

Nucci cita, no tocante aos explosivos, a hipótese do art. 2º da Lei nº 7.102/83 como outro exemplo de ofendículo.[810]

Assim, enquanto não funcionam, configuram o exercício regular do direito. No caso de invasão de uma casa e, pois, de uma agressão injusta, os ofendículos teriam natureza jurídica de uma legítima defesa preordenada.

5 Causas supralegais: consentimento do ofendido

Como sabemos, para a norma penal incriminadora não cabe o uso da analogia, em virtude do princípio da reserva legal. Seria possível, contudo, a analogia *in bonam partem* respaldando causas justificantes que não se encontram no texto legal?

Aqui se insere o tema das causas supralegais e não nominadas de exclusão da ilicitude; hipóteses que a doutrina tradicional não conseguia enquadrar em nenhuma das categorias do conceito analítico de crime e que, atualmente, se inserem num dos temas importantes de exclusão da tipicidade para os adeptos da teoria da imputação objetiva. Estamos falando do "consentimento do ofendido".

O consentimento do ofendido não está propriamente no texto legal e configura uma hipótese fora do ordenamento jurídico penal para resolver situações de fato em que parte da doutrina e da jurisprudência tem uma percepção do que seria injusto configurar como uma infração penal.

É de se notar que a menção a essa causa de justificação constava originariamente do Projeto Alcântara Machado, tendo sido suprimida pela Comissão Revisora (Hungria a considerava supérflua), ausência que se manteve na Reforma de 1984.

Quanto ao termo "consentimento do ofendido", genericamente falando, há, todavia, que se distinguirem situações de exclusão de tipicidade daquelas de excludentes de antijuridicidade.

---

[808] HOFFBAUER, Nélson Hungria. *Comentários ao Código Penal*. 3. ed. Rio de Janeiro. Forense, 1955. v. 1. t. 2. p. 290-291.

[809] BRUNO, Aníbal. *Direito penal*. Rio de Janeiro: Forense, 1967. v. 1. p. 9.

[810] NUCCI, Guilherme de Souza. *Curso de direito penal*: parte geral. 4. ed. Rio de Janeiro: Forense, 2020. p. 425.

Em alguns tipos penais, a ausência de consentimento faz parte da estrutura típica como uma característica negativa do tipo. Logo, a presença de consentimento afasta a tipicidade da conduta (que exige o dissenso da vítima), como se dá na invasão de domicílio (art. 150 do Código Penal) e no aborto provocado sem consentimento da gestante (art. 125).

Em outros casos, o consentimento do ofendido assume a condição de elementar do crime, como nos exemplos do aborto consentido (art. 126) e no revogado tipo do rapto consensual. Em tais casos, o consentimento da vítima é elemento essencial do tipo penal.[811]

Historicamente uma relação íntima sadomasoquista, o corte de cabelo e situações análogas foram resolvidas por essa causa supralegal.

Assim, o consentimento do ofendido constitui uma causa supralegal e limitada de exclusão de antijuridicidade, permitindo que um titular de direito juridicamente protegido, desde que disponível, concorde livremente com a sua perda.

Só poderá ser utilizado quando o bem jurídico for disponível (como o patrimônio, a honra ou o sigilo profissional, por exemplo), pois, caso contrário, não caberá tal excludente.[812]

São os seguintes requisitos indispensáveis para a caracterização do consentimento do ofendido como causa supralegal justificante: a) *consentimento do ofendido explícito ou implícito*; b) *capacidade para consentir*; c) *bem disponível*; d) *consentimento contemporâneo à prática da conduta (antes ou durante)*; e) *consentimento revogável a qualquer tempo*; f) *o agente deve ter conhecimento do consentimento do ofendido (finalismo penal)*.

Em primeiro lugar, deve haver um consentimento, seja expresso ou explícito (falado ou por escrito), seja tácito ou implícito (forma de agir que permite interpretar de forma inequívoca o consentimento, o assentimento, a aceitação ou a concordância).

Em segundo lugar, o agente precisa ter capacidade civil e mental para o consentimento ser válido.

Em terceiro lugar, o bem da vida, o bem jurídico deve ser disponível.

Ademais, o consentimento deve ser anterior ou contemporâneo ou simultâneo ao ato e pode ser revogável a qualquer tempo.

Por fim, o agente necessita saber que o consentimento foi dado, isto é, de nada adianta os demais requisitos, se ele não sabe que ele está agindo no âmbito ou no contexto de um consentimento válido. Porque, se ele não sabe disso, na cabeça dele, ele está praticando um crime.

---

[811] BITENCOURT, Cezar Roberto. *Tratado de direito penal*: parte geral. 31. ed. São Paulo: Saraiva, 2020. v. 1. p. 408.

[812] Questão relevante que tem sido objeto de discussão é a eutanásia e a ortotanásia que, por violarem, segundo a maioria da doutrina, bens indisponíveis ainda não possuem o poder de excluírem um crime de homicídio, ainda que privilegiado.

IV

DA CULPABILIDADE

1 Introdução

Desde que começamos a discutir a teoria do delito, já podemos aceitar a ideia de que, em um caso concreto, se uma conduta humana foi voluntária, praticada por dolo ou por culpa, seja comissiva ou, excepcionalmente, omissiva, gerando, em evidente nexo (e/ou imputação objetiva), um resultado jurídico (e quiçá naturalístico) e se, ademais, o agente não estava acobertado por qualquer causa justificante, estamos diante de uma infração penal.

Não houve, pois, nada que tornasse o fato atípico ou lícito, razão pela qual, configurado o delito, resta saber se o agente é culpável.

Para o Código Penal brasileiro, desde 1984, crime é fato típico e ilícito. E o terceiro dos elementos que até 1984 integrava o conceito analítico de crime – a "culpabilidade" – passou a ser simplesmente um pressuposto de aplicação de sanção penal.

Vale relembrar que há majoritariamente duas grandes correntes sobre os elementos do crime: 1ª corrente (bipartida), que foi adotada pelo Código Penal desde 1984, na qual a culpabilidade não integra o crime, sendo tão somente pressuposto de aplicação da pena (mero juízo de censura); 2ª corrente (tripartida): a culpabilidade integra o crime, sendo seu 3º elemento (corrente clássica).

Para a maioria maciça da doutrina nacional,[813] diante das próprias modificações legislativas, a culpabilidade deixou de ser o terceiro requisito do crime.

A culpabilidade seria, portanto, *a reprovação da ordem jurídica em face de estar ligado o homem a um fato típico e antijurídico*. Ausente a culpabilidade, estaremos diante de um injusto penal.

A culpabilidade é tratada em termos formais e materiais: a) *formal*: responsabilidade merecida pelo autor de um fato típico e antijurídico, desde que haja imputabilidade, consciência da ilicitude da conduta e exigibilidade de atuação conforme o Direito; ocorre no âmbito legislativo quando da estipulação da sanção; b) *material*: fixada em conceito, trata-se da censura realizada pelo magistrado em determinado caso, não

---

[813] Segundo os finalistas, o próprio Código Penal ao tratar das causas excludentes da ilicitude (causas justificantes), emprega expressões como "não há crime" (art. 23) ou "não se pune o aborto" (art. 128, CP), mas quando se refere à exclusão da culpabilidade (causas dirimentes), prefere expressar "é isento de pena " ou algo equivalente.

bastando analisar as circunstâncias do caso concreto, deve-se analisar a vida do autor e, segundo parte minoritária da doutrina, se o Estado ofereceu as condições mínimas de seu desenvolvimento.[814]

Dizer que alguém é culpável significa dizer que alguém praticou algo censurável, que ele é responsável, que ele tem capacidade de entender que o que ele fez está errado e que, portanto, ele faz jus e deve se submeter a uma pena criminal em sentido estrito.

Trata-se de um juízo de reprovação social, incidente sobre o fato e seu autor, devendo o agente ser imputável, atuar com consciência potencial de ilicitude, bem como ter a possibilidade e a exigibilidade de atuar de outro modo, seguindo as regras impostas pelo Direito.

De imediato, é preciso consignar as relevantes modificações trazidas com a reforma de 1984, no que diz respeito, sobretudo, ao dolo e à potencial consciência da ilicitude.

Segundo a *teoria extremada do dolo/culpabilidade* (teoria extrema ou estrita), não havia distinção na Escola Clássica entre erro de fato e erro de direito (hoje, com tratamento jurídico bem distinto dos erros de tipo e de proibição). Essa concepção teórica, iniciada por Mezger, corresponde aos ensinamentos da escola finalista – o dolo deixa a culpabilidade e migra para o tipo; enquanto a consciência potencial da ilicitude, que antes fazia parte do dolo, destaca-se dele e passa a integrar o juízo de censura da culpabilidade. Em suma, para a Escola Clássica, o dolo era visto como espécie da culpabilidade.

A *teoria limitada do dolo/culpabilidade* é semelhante à anterior, com a única diferença de divergir no tratamento do erro sobre uma causa de justificação. Para a teoria extremada da culpabilidade, o erro sobre uma causa de justificação é sempre um erro de proibição. Para a teoria limitada da culpabilidade, porém, o erro sobre uma causa de justificação tanto pode ser erro de tipo, quanto um erro de proibição, dependendo da sede em que se localiza o erro (se em um elemento do tipo permissivo ou sobre a existência ou limites da causa de justificação).

O Código Penal brasileiro adotou justamente a teoria limitada da culpabilidade,[815] ainda que ela seja objeto de críticas, principalmente decorrente de sua falta de clareza para diferenciar o erro sobre os pressupostos e sobre os limites da causa de justificação.

Não obstante a ideia de livre-arbítrio como pressuposto para a imputação, com inspiração na criminologia crítica, uma corrente minoritária da doutrina sustenta a tese da "coculpabilidade", imputando ao Estado parcela da responsabilidade social pelos atos criminosos dos agentes em razão das desigualdades sociais e da não implantação de políticas públicas primárias. Embora, para os adeptos, não haja propriamente isenção de pena ou exclusão da culpabilidade, essas circunstâncias externas deveriam

---

[814] Ver, nesse sentido, o conceito de coculpabilidade de Zaffaroni, que atribui ao Estado a corresponsabilidade, por exemplo, por não prover políticas públicas básicas e respeito aos bens da vida fundamentais e que deve funcionar, no mínimo, como uma atenuante genérica da pena. (ZAFFARONI, Eugenio Raúl; PIERANGELI, José Henrique. *Manual de direito penal brasileiro*: parte geral. 11. ed. São Paulo: Revista dos Tribunais, 2015).

[815] O item 17 da Exposição de Motivos da Parte Geral de 1984 explicitou: "17. É, todavia, no tratamento do erro que o princípio nullum crimen sine culpa vai aflorar com todo o vigor no direito legislativo brasileiro. Com efeito, acolhe o Projeto, nos artigos 20 e 21, as duas formas básicas de erro construídas pela dogmática alemã: erro sobre elementos do tipo (Tatbestandsirrtum) e erro sobre a ilicitude do fato (Verbotsirrtum). Definiu-se a evitabilidade do erro em função da consciência potencial da ilicitude (parágrafo único do artigo 21), mantendo-se no tocante às descriminantes putativas a tradição brasileira, que admite a forma culposa, em sintonia com a denominada 'teoria limitada da culpabilidade'".

ser consideradas na dosimetria da pena, usando de arrimo, por exemplo, o art. 66 do Código Penal.

No mesmo contexto, há também aqueles que, como lembra Sanches, defendem a "coculpabilidade às avessas", elaborada com um propósito crítico à seletividade do sistema penal, merecendo dois ângulos de análise:

(A) o primeiro se traduz no abrandamento à sanção de delitos praticados por pessoa com alto poder econômico e social, como no caso dos crimes de colarinho branco (crimes contra a ordem econômica e tributária). Exemplo prático disto no Brasil é a extinção da punibilidade pelo pagamento da dívida nos crimes contra a lei tributária;
(B) o segundo se revela na tipificação de condutas que só podem ser praticadas por pessoas marginalizadas. Exemplos disto são os artigos 59 (vadiagem) e 60 (mendicância – revogado pela lei 11.983/2009), da Lei de Contravenções Penais.

Há de ser destacado, contudo, que, ao contrário da coculpabilidade, que pode se assentar no art. 66 do Código Penal, a coculpabilidade às avessas não encontra respaldo legal razão pela qual, como agravante, não pode ser aplicada, vedada, como se sabe, a analogia *in malam partem*. No máximo, poderá o juiz considerar este aspecto no momento em que analisar as circunstâncias judiciais (art. 59 do Código Penal), especialmente quanto à personalidade do agente e às circunstâncias do crime.[816]

Usamos a expressão "justificantes" para tratar das causas que excluem a antijuridicidade ou ilicitude da conduta. A culpabilidade, como se verá, é composta por três elementos – imputabilidade, potencial consciência da ilicitude e exigibilidade de conduta diversa e, nesse caso, as causas que excluem a culpabilidade serão denominadas de *dirimentes (exculpantes* ou *eximentes)*. São elas:

Elemento	Dirimentes
Imputabilidade	Inimputabilidade por doença ou desenvolvimento mental incompleto ou retardado (art. 26)[817]
	Inimputabilidade por menoridade (art. 27)[818]
	Inimputabilidade por embriaguez completa, proveniente de caso fortuito ou força maior (art. 28, §1º)[819]
Potencial consciência da ilicitude	Erro de proibição (art. 21)[820]
Exigibilidade de conduta diversa	Coação moral irresistível (art. 21, 1ª parte)
	Obediência hierárquica (art. 21, 2ª parte)

---

[816] CUNHA, Rogério Sanches. *Manual de direito penal*: parte geral. 8. ed. Salvador: JusPodivm, 2020. p. 357.
[817] Art. 26, CP: "É isento de pena o agente que, por doença mental ou desenvolvimento mental incompleto ou retardado, era, ao tempo da ação ou da omissão, inteiramente incapaz de entender o caráter ilícito do fato ou de determinar-se de acordo com esse entendimento".
[818] Art. 27, CP: "Os menores de 18 (dezoito) anos são penalmente inimputáveis, ficando sujeitos às normas estabelecidas na legislação especial".
[819] Art. 28, I, CP: "Não excluem a imputabilidade penal: I – a emoção ou a paixão".
[820] Art. 21, CP: "O desconhecimento da lei é inescusável. O erro sobre a ilicitude do fato, se inevitável, isenta de pena; se evitável, poderá diminuí-la de um sexto a um terço".

As causas legais de exclusão da culpabilidade ou dirimentes excluem a culpabilidade e, em consequência, excluem a pena, sem excluir, porém, a existência do crime. Por isso, as dirimentes revelam-se geralmente pelas expressões "é isento de pena", "não é punível" etc.

Não se deve confundir as dirimentes com as *escusas absolutórias* que constituem causas pessoais que excluem a punibilidade. Revelam-se também pelos dizeres "é isento de pena", ou "não é punível", assemelhando-se nisso com as dirimentes. Contudo, elas não excluem o crime (o fato continua típico e antijurídico) nem a culpabilidade (o agente continua censurável), excluindo tão somente a pena, objetivamente, por medida de política criminal ou utilidade pública, a critério do legislador.

Do mesmo modo, não se deve confundir as dirimentes com as *condições objetivas de punibilidade*, que consistem em fatos exteriores ao crime e que condicionam a imposição da pena (a punição de crime praticado por brasileiro no exterior depende das condições apontadas no art. 7º, §2º, do CP).

Passemos, pois, à análise de cada um dos elementos que configuram a culpabilidade no ordenamento jurídico nacional e as respectivas causas dirimentes.

2 Imputabilidade, inimputabilidade e semi-imputabilidade

A imputabilidade, como primeiro requisito da culpabilidade, diz respeito à *capacidade mental do agente de se lhe atribuir o fato* e *de ser penalmente responsabilizado* ou, em outras palavras, sua capacidade de entender o caráter ilícito do fato e de se determinar de acordo com esse entendimento.

Na precisa lição de Lyra, a imputabilidade é o complexo das condições mínimas pelas quais a pessoa se torna sujeito de relação jurídico-punitiva, variando, unicamente, segundo as diversas categorias dos indivíduos, em título particular, em função da causalidade psíquica criminosa.[821]

Em síntese, será o conjunto de procedimentos subjetivos que permitem à pessoa se sujeitar à pena. Suas duas características são *a vontade e a consciência*.

O agente será inimputável quando ausentes essas condições, sendo, portanto, duas espécies de causas aptas a excluir a imputabilidade: a) circunstâncias relacionadas ao autor; b) circunstâncias relacionadas ao fato. São elas, em síntese, como se verá detalhadamente em subcapítulo subsequente:

Imputabilidade	• Inimputabilidade por doença ou desenvolvimento mental incompleto ou retardado (art. 26);
	• Inimputabilidade por menoridade (art. 27, CP, e art. 228, CF);
	• Inimputabilidade por embriaguez completa, proveniente de caso fortuito ou força maior (art. 28, §1º).

---

[821] LYRA, Roberto. *Novas Escolas Penaes*. Rio de Janeiro: Est. Graph. Canton & Reile, 1936. p. 286-287.

2.1 Menoridade penal

Como já mencionado, a imputabilidade é a capacidade mental de compreender que o que o agente fez está errado e/ou de se controlar. Não diz respeito a dolo ou a vontade. A primeira hipótese de dirimente que exclui a imputabilidade e, portanto, a culpabilidade se chama "menoridade penal". Quem é menor de 18 anos, e esse critério no Brasil foi puramente biológico, não será imputável e sujeito a sanção penal se, no momento da conduta (nos termos do art. 4º do CP), era menor de idade.

O art. 228 da Constituição Federal,[822] no mesmo sentido do art. 104 do Estatuto da Criança e do Adolescente (Lei nº 8069, de 13.7.1990),[823] repete a presunção absoluta de inimputabilidade para os menores de 18 anos prevista no Código Penal:

> Menores de dezoito anos
> Art. 27. Os menores de 18 (dezoito) anos são penalmente inimputáveis, ficando sujeitos às normas estabelecidas na legislação especial.

Segundo Estefam, "por responsabilidade jurídico-penal entende-se a obrigação de o agente sujeitar-se às consequências da infração penal cometida. Nada tem a ver, portanto, com a capacidade mental de compreensão e autodeterminação (imputabilidade)".[824] Com efeito, no Brasil, a responsabilidade criminal tem início aos 12 anos de idade (responsabilização, segundo o ECA, dos adolescentes que praticaram infrações penais, tomadas, pela lei, como atos infracionais), enquanto a imputabilidade penal se dá a partir dos 18 anos.

No entanto, o tratamento jurídico para a menoridade no Brasil não foi sempre dessa forma. Ao olhar para a história do Direito Penal brasileiro, é possível verificar algumas alterações na idade estabelecida para alguém ser considerável imputável.

Em se tratando da história da menoridade brasileira, a obra *Punição e controle social I: reconstruções históricas do ideário punitivo brasileiro*[825] explica a ordem cronológica da imputabilidade no país: nas Ordenações Filipinas até 1830, a imputabilidade dava-se a partir dos 7 anos de idade. Tal decisão política era fruto de uma fusão dos sistemas biopsicológico e biológico. Já a partir do Código Criminal do Império de 1830, a maioridade passou a ser a partir dos 14 anos. Em 1890, com o Código Penal da República, a maioridade foi novamente reduzida e fixada em 9 anos de idade, sendo certo que nas Leis Penais, a partir da década de 20 do século passado, a idade escolhida volta a ser 14 anos.[826]

---

[822] "Art. 228. São penalmente inimputáveis os menores de dezoito anos, sujeitos às normas da legislação especial".
[823] "Art. 104. São penalmente inimputáveis os menores de dezoito anos, sujeitos às medidas previstas nesta Lei. Parágrafo único. Para os efeitos desta Lei, deve ser considerada a idade do adolescente à data do fato".
[824] ESTEFAM, André. *Direito penal*: parte geral (arts. 1º a 120). 10. ed. São Paulo: Saraiva, 2021. p. 326.
[825] ALMEIDA, Bruno Rotta (Org.). *Punição e controle social I*: reconstruções históricas do ideário punitivo brasileiro. Pelotas: Editora e Cópias Santa Cruz, 2014.
[826] Decreto nº 847/1890: "Art. 27. Não são criminosos: §1º Os menores de 9 annos completos; §2º Os maiores de 9 e menores de 14, que obrarem sem discernimento; [...] Art. 30. Os maiores de 9 annos e menores de 14, que tiverem obrado com discernimento, serão recolhidos a estabelecimentos disciplinares industriaes, pelo tempo que ao juiz parecer, comtanto que o recolhimento não exceda á idade de 17 annos".

Com a entrada em vigor do Código Penal de 1940, foi finalmente adotado o critério biológico de 18 anos, que perdura até hoje e foi, como dito, recepcionado pela Carta Magna.[827]

Ademais, a Convenção Internacional Sobre os Direitos da Criança e do Adolescente, aprovada e promulgada pelo Decreto nº 99.710 de 1990, sistematiza em seu primeiro artigo que "para efeitos da presente Convenção considera-se como criança todo ser humano com menos de dezoito anos de idade, a não ser que, em conformidade com a lei aplicável à criança, a maioridade seja alcançada antes".[828] No entanto, o próprio dispositivo prevê a hipótese de a maioridade ser alcançada antes. Já as Regras Mínimas das Nações Unidas para a Proteção dos Jovens Privados de Liberdade, adotadas pela Assembleia-Geral das Nações Unidas em 14.12.1990,[829] na seção II, denominada "Aplicação das Regras", número 11, letra "a", preveem expressamente que "menor é qualquer pessoa que tenha menos de 18 anos. A idade limite abaixo da qual não deve ser permitido privar uma criança de liberdade deve ser fixada em lei".[830]

Dessa forma, é possível ressaltar que, apesar de essa norma ter classificado o menor como aquele que tenha menos de 18 anos, é a lei fixada por cada país que deverá determinar a partir de qual idade a pessoa é imputável, ou seja, os Estados possuem discricionariedade para tal decisão, sendo questão divergente a possibilidade de emendar à Constituição, por haver defensores da tese de que se trata de cláusula pétrea.

A eleição do critério biológico e etário a partir de 18 anos no país tem influência da "Teoria dos Três Estágios" de Piaget, um grande influenciador do século XX.[831] Essa teoria explica que o ser humano passa por três fases de desenvolvimento cognitivo, sendo a última delas conhecida como "autonomia", aquela em que o homem alcança noção e discernimento do justo e injusto social. Assim, tendo em vista que alguns interpretaram que tal fase era atingida aos 18 anos, essa idade ficou estabelecida como o referencial para designar a imputabilidade em alguns países, inclusive no Brasil.

Contudo, existe uma grande diversidade ao redor do mundo a respeito da idade correta para a imputabilidade. De acordo com a Tabela Comparativa da idade penal fornecida pelo Ministério Público do Paraná,[832] na Rússia, a imputabilidade é fixada a partir dos 14 anos no caso de delitos graves e, nos demais crimes, a partir dos 16 anos. Além disso, em tal Estado não existe diferenciação entre as idades estabelecidas para a responsabilidade penal juvenil e a responsabilidade penal de adultos. Já na Turquia a responsabilidade penal juvenil é atingida aos 11 anos de idade, enquanto a responsabilidade penal de adultos começa aos 15 anos.

---

[827] Registre-se que há, ademais, o *sistema psicológico*, que não foi adotado no país, em que bastaria o efeito para caracterizar a inimputabilidade. Sob a vigência da legislação penal anterior (Código Penal de 1890), permitia-se a exclusão da responsabilidade quando se verificasse que o agente, independentemente do motivo, se achasse em "estado de completa perturbação dos sentidos e de inteligência no ato de cometer o crime" (art. 27, §4º).

[828] V. Decreto nº 99.710, que promulgou a Convenção sobre os Direitos da Criança.

[829] Organização das Nações Unidas. Regras Mínimas das Nações Unidas para a Proteção dos Jovens Privados de Liberdade. Aprovado pela Assembleia Geral na Resolução nº 43/173, de 9.12.1988.

[830] Nesse sentido: https://www2.camara.leg.br/atividade-legislativa/comissoes/comissoes-permanentes/cdhm/comite-brasileiro-de-direitos-humanos-e-politica-externa/RegNacUniProtMenPrivLib.html. Acesso em: 20 dez. 2020.

[831] PIAGET, Jean. *O juízo moral na criança*. 3. ed. São Paulo: Summus Editorial, 1994.

[832] Ver nesse sentido: Idade Penal: Tabela comparativa. Tabela comparativa em diferentes Países: Idade de Responsabilidade Penal Juvenil e de Adultos. Disponível em: http://www.crianca.mppr.mp.br/pagina-323.html. Acesso em: 28 mar. 2020.

Nos Estados Unidos, para delitos graves, a responsabilidade juvenil é fixada aos 10 anos de idade. Em relação à responsabilidade dos adultos, na maioria dos Estados é concebida a ideia de que ela começa a partir dos 12 anos de idade, enquanto em alguns outros se entende que seu início é a partir dos 16 anos.

Hoje em dia, no Brasil, aquele que é considerado inimputável pela menoridade penal poderá ser submetido a uma das medidas socioeducativas previstas no art. 112 do ECA.

O menor, por presunção absoluta do texto normativo, não tem imputabilidade, por uma presunção *ex lege, presunção iuris et de iure e* não admite prova em contrário,[833] ou seja, não se avalia, independentemente da idade, se o adolescente tinha o necessário discernimento, como se dá nos países que adotam um critério híbrido ou biopsicológico.

Em suma, o menor comete crime no Brasil (fato típico e ilícito), mas ele é isento de pena por uma presunção de inimputabilidade pelo critério biológico, estando sujeito à responsabilidade perante o juízo da infância e juventude.[834]

Para a imputabilidade, será crucial, portanto, a presença do binômio que forma as condições pessoais do agente imputável: a) maturidade – maior de 18 anos; b) higidez mental – critério biopsicológico, ou seja, verifica-se se o agente é mentalmente são e se possui capacidade de entender a ilicitude do fato, como se verá a seguir.

2.2 Doença mental ou desenvolvimento incompleto ou retardado

A segunda dirimente é a imputabilidade por doença mental, desenvolvimento mental incompleto ou retardado. A doença mental consiste em alterações psíquicas qualitativas ou afetivas (pode ser um estado permanente ou transitório). Já o desenvolvimento mental incompleto refere-se à limitada capacidade de compreensão do ato ilícito, tendo em vista que o agente não atingiu a maturidade intelectual e física (deve ser provado por laudo pericial). Nesses casos, o agente não comete crime e é submetido à medida de segurança.

A inimputabilidade por enfermidade mental está prevista no art. 26, *caput*, do Código Penal:

> Inimputáveis
> Art. 26. É isento de pena o agente que, por doença mental ou desenvolvimento mental incompleto ou retardado, era, ao tempo da ação ou da omissão, inteiramente incapaz de entender o caráter ilícito do fato ou de determinar-se de acordo com esse entendimento.

---

[833] Súmula nº 74, STJ: "Para efeitos penais, o reconhecimento da menoridade do réu requer prova por documento hábil".

[834] Verificada a prática de ato infracional, o adolescente é passível das seguintes medidas socioeducativas (art. 112 do ECA): a) advertência; b) obrigação de reparar o dano; c) prestação de serviços à comunidade; d) liberdade assistida; e) inserção em regime de semiliberdade; f) internação em estabelecimento educacional; g) alguma de parte das medidas protetivas previstas às crianças (art. 101, I a VI do ECA). Já no caso das crianças, somente poderão ser aplicadas as seguintes medidas protetivas (art. 101 do ECA): a) encaminhamento aos pais ou responsável, mediante termo de responsabilidade; b) orientação, apoio e acompanhamento temporários; c) matrícula e frequência obrigatórias em estabelecimento oficial de ensino fundamental; d) inclusão em programa comunitário ou oficial de auxílio à família, à criança e ao adolescente; e) requisição de tratamento médico, psicológico ou psiquiátrico, em regime hospitalar ou ambulatorial; f) inclusão em programa oficial ou comunitário de auxílio, orientação e tratamento a alcoólatras e toxicômanos; g) abrigo em entidade; h) colocação em família substituta.

São, portanto, requisitos normativos para a imputabilidade: a) *intelectivo* – diz respeito à capacidade de entendimento do caráter ilícito do fato, isto é, a capacidade de compreender que o fato é socialmente reprovável; b) *volitivo* – diz respeito à capacidade de determinação, isto é, a capacidade de dirigir o comportamento de acordo com o entendimento de que ele (comportamento) é socialmente reprovável.

Nesse sentido, presentes os pressupostos causais, temporais e consequenciais, o agente será inimputável:

Requisito causal	Doença mental ou desenvolvimento mental incompleto ou retardado
Requisito temporal	Ao tempo da ação ou da omissão
Requisito consequencial	Ser *inteiramente* incapaz de entender o caráter ilícito do fato ou de determinar-se de acordo com esse entendimento

Havendo indícios dessa segunda dirimente, deve o magistrado, seja na fase de investigação, seja na fase processual, instaurar incidente de sanidade mental, nos termos dos arts. 149 a 154 do Código de Processo Penal, nomeando-se um perito e abrindo oportunidade à acusação e defesa de oferecerem quesitos.

A circunstância de o agente apresentar doença mental ou desenvolvimento mental incompleto ou retardado (critério biológico) pode até justificar a incapacidade civil, mas não é suficiente para que ele seja considerado penalmente inimputável. Isso porque será indispensável que seja verificado se o réu, ao tempo da ação ou da omissão, era inteiramente incapaz de entender o caráter ilícito do fato ou de determinar-se de acordo com esse entendimento (critério psicológico). Entende o STF que "a marcha processual deve seguir normalmente em caso de dúvida sobre a integridade mental do acusado, para que, durante a instrução dos autos, seja instaurado o incidente de insanidade mental, que irá subsidiar o juiz na decisão sobre a culpabilidade ou não do réu".[835]

Constatada efetivamente a inimputabilidade, o magistrado aplicará uma das medidas de segurança, como será exposto mais adiante, assim como em capítulo próprio. Pode ocorrer, contudo, que o laudo indique que o sujeito tinha parcial capacidade de compreensão do caráter ilícito criminoso ou de autodeterminação. Estaremos diante, nesse caso, da semi-imputabilidade, prevista no parágrafo único do art. 26:

> Redução de pena
> Art. 26. [...]
> Parágrafo único. A pena pode ser reduzida de um a dois terços, se o agente, em virtude de perturbação de saúde mental ou por desenvolvimento mental incompleto ou retardado não era inteiramente capaz de entender o caráter ilícito do fato ou de determinar-se de acordo com esse entendimento.

Trata-se de situação de perturbação da saúde mental que afeta apenas parcialmente a inteligência e a vontade, ou seja, trata-se de um nível de entendimento reduzido. Nesses

---

[835] STF. HC 101.930, Rel. Min. Cármen Lúcia, j. 27-4-2010, 1ª T, DJE de 14-5-2010.

casos, haverá crime com redução de pena ou, alternativamente, aplicação de medida de segurança, como veremos na conjugação desse dispositivo com os arts. 97 e 98 do CP.

A verificação da semi-imputabilidade também depende da concorrência dos seguintes pressupostos:

Requisito causal	Perturbação mental ou desenvolvimento mental incompleto ou retardado
Requisito temporal	Ao tempo da ação ou da omissão
Requisito consequencial	Não ser inteiramente capaz de entender o caráter ilícito do fato ou de determinar-se de acordo com esse entendimento

Impera, aqui, o *princípio da coincidência, da congruência ou da simultaneidade*, consubstanciado na exigência de que todos os elementos do crime se encontrem presentes, ao mesmo tempo, no momento da conduta delitiva, isto é, "cuida-se de exigir uma relação lógico-temporal entre as diversas categorias sistemáticas da infração penal, de modo a que elas constituam uma 'unidade lógico-temporal'". Como bem ressalta Estefam, o referido princípio encontra-se implicitamente reconhecido em diversos dispositivos de nosso Código Penal, notadamente nos arts. 26 e 28, quando se condiciona a avaliação das capacidades mentais no exato momento da ação ou omissão. Também se pode deduzi-lo no art. 23 do CP, o qual, ao regular as excludentes de ilicitude, estabelece a ausência de crime quando o fato for praticado em estado de necessidade, em legítima defesa etc.[836]

Para quem é inimputável (art. 26, *caput*), será obrigatória, nos termos do art. 97 do CP, a aplicação de medida de segurança; já para quem é semi-imputável, o juiz tem uma discricionariedade, uma faculdade de escolher entre a aplicação da medida de segurança ou de pena com causa de diminuição.

São espécies de medidas de segurança, nos termos do art. 96 do CP, a internação em hospital de custódia e tratamento psiquiátrico ou, à falta, em outro estabelecimento adequado e a sujeição a tratamento ambulatorial.

Enquanto no Direito Penal de aplicação de penas o sujeito é culpável (e logicamente imputável), sendo um modelo de direito claramente retrospectivo, voltado ao fato pretérito típico e ilícito; a dogmática das medidas de segurança configuram um modelo de política prospectiva: ela é voltada para o sujeito considerado perigoso e pelo que ele pode vir a fazer.

Como se verá no capítulo oportuno, uma das espécies de medida de segurança poderá ser aplicada pelo prazo de 1 a 3 anos e, ao término de cada período fixado, será realizado um exame de cessação de periculosidade que, caso seja negativo, implicará a renovação do período de aplicação da medida, até o limite, para a doutrina e jurisprudência contemporâneas, do limite máximo de cumprimento de penas, hoje em 35 anos, nos termos do art. 75 do Código Penal.[837]

---

[836] ESTEFAM, André. *Direito penal*: parte geral (arts. 1º a 120). 10. ed. São Paulo: Saraiva, 2021. p. 318.
[837] Súmula nº 527, STJ: "O tempo de duração da medida de segurança não deve ultrapassar o limite máximo da pena abstratamente cominada ao delito praticado".

A decisão sobre qual medida de segurança será aplicável, assim como a discricionariedade judicial no caso de semi-imputabilidade dependerá, como se verá, do tipo de pena cominada ao crime (reclusão ou detenção), assim como da vinculação do magistrado à sugestão do perito, nas hipóteses em que não seja compulsória determinada modalidade de medida. O quadro a seguir resume a questão que, como dito, será revista em capítulo próprio:

Inimputáveis	Art. 26. É isento de pena o agente que, por doença mental ou desenvolvimento mental incompleto ou retardado, era, ao tempo da ação ou da omissão, inteiramente incapaz de entender o caráter ilícito do fato ou de determinar-se de acordo com esse entendimento.	Art. 97. Se o agente for inimputável, o juiz determinará sua internação (art. 26). Se, todavia, o fato previsto como crime for punível com detenção, poderá o juiz submetê-lo a tratamento ambulatorial.
Semi-imputáveis	Art. 26. [...] Parágrafo único. A pena pode ser reduzida de um a dois terços, se o agente, em virtude de perturbação de saúde mental ou por desenvolvimento mental incompleto ou retardado não era inteiramente capaz de entender o caráter ilícito do fato ou de determinar-se de acordo com esse entendimento.	Art. 98. Na hipótese do parágrafo único do art. 26 deste Código e necessitando o condenado de especial tratamento curativo, a pena privativa de liberdade pode ser substituída pela internação, ou tratamento ambulatorial, pelo prazo mínimo de 1 (um) a 3 (três) anos, nos termos do art. anterior e respectivos §§1º a 4º.

Vale consignar, desde já, que até 1984 vigorava no Brasil o sistema duplo binário, que permitia, inclusive, a aplicação cumulativa de penas e medidas de segurança para réus imputáveis e perigosos.

Nogueira, censurando crítica à Reforma de 1984, afirmou taxativamente ser "o traço mais desastroso da nova Parte Geral do Código Penal":

O novo sistema parte do pressuposto infantil de que o réu imputável não pode ser perigoso. Os itens 87 e 88 da Exposição de Motivos demonstram o infeliz entendimento que levou à supressão das medidas de segurança para os imputáveis: "Extingue o Projeto a medida de segurança para o imputável e institui o sistema vicariante para os fronteiriços" (sistema vicariante é o que se opõe ao "duplo binário", no qual existem pena e medida de segurança, uma após a outra; vicariante é tudo aquilo que faz as vezes de outra coisa, que a substitui, e substitui a pena pela medida de segurança, não as cumulando nunca). "Não se retomam, com tal método" – continua a Exposição de Motivos – "soluções clássicas. Avança-se, pelo contrário, no sentido a autenticidade do sistema. A medida de segurança, de caráter meramente preventivo e assistencial, ficará reservada aos inimputáveis. Isso, em resumo, significa: culpabilidade – pena; periculosidade – medida de segurança. Ao réu perigoso e culpável não há razão para aplicar o que tem sido, na prática, uma fração de pena eufemisticamente denominada medida de segurança."
Acho altamente duvidoso e mendaz tudo isso, pois o Código parte de uma aberração – o mau cumprimento das medidas de segurança – para erigi-lo como regra geral, e, ademais,

esquece do réu que, além de culpável, é perigoso, como, por exemplo, os reincidentes em crimes dolosos perpetrados com violência ou ameaça. [...] Numa época em que a sociedade clama por segurança, dilui-se a repressão de crimes comuns, incentivando-se o incremento da criminalidade violenta. A nova lei, *mitior*, será aplicada diariamente, beneficiando os indivíduos mais nocivos à sociedade.[838]

O sistema atual, vicariante ou alternativo, impede essa possibilidade, muito embora diversos países do mundo estejam dando o tratamento duplo para réus perigosos, sobretudo psicopatas, sociopatas, terroristas e criminosos sexuais, que, embora considerados imputáveis para a medicina,[839] não demonstram nenhuma possibilidade de recuperação, pois ausente o remorso e o arrependimento pelo grave crime praticado.

Embora a corrente majoritária de penalistas defenda a culpabilidade do fato, as novas formas de criminalidade têm, cada vez mais, legitimado posturas de uma culpabilidade de autor.

A censurabilidade de culpabilidade recai sobre o fato do agente, sobre o comportamento humano, dentro de ação e omissão, que realiza um fato-crime. A tônica estaria no fato do agente, não no agente do fato. O agente, sendo dotado de certa capacidade de compreensão e escolha, é culpável por um fato ilícito, na medida em que se concretiza o injusto, podendo, nas circunstâncias, ter agido de outro modo.

Mezger elaborou um adendo à culpabilidade normativa, culpabilidade pela condução de vida. Fala-se na culpabilidade do caráter, em que quem vive da deslealdade é responsável por ser um injusto. Estão aí causa e consequência, numa linha aristotélica.

Vai-se ao Direito Penal de autor e à culpabilidade de autor.

Mesmo Welzel, partidário da culpabilidade pelo fato, admite uma culpabilidade de caráter, ou da personalidade, ao falar em delinquente por tendência, do delinquente passional, do leviano (*Das Deutsche Strafrecht*).

No entanto, na doutrina majoritária, predomina a tese da culpabilidade pelo fato. A uma, porque o crime surge como um fato causado por um ser humano, podendo-se se identificar o fato e o autor; a duas, a comprovação dessa assertiva se faz pelo exame das leis penais; a três, o Direito Penal moderno é um Direito Penal de culpa (*nulla poena sine culpa*), de vez que o Direito Penal do fato e a culpabilidade do fato alinham-se numa sequência e implicação lógicas.

Como bem concluíram Jakobs e Cancio Meliá, o Direito Penal do inimigo constitui não uma regressão a meros mecanismos defensivistas, mas um movimento degenerativo no campo simbólico-social do significativo de pena e do sistema penal[840] e que hoje, como

---

[838] NOGUEIRA, Carlos Frederico Coelho. Efeitos da condenação, reabilitação e medidas de segurança. *In*: JESUS, Damásio Evangelista de (Coord.). *Curso sobre a Reforma Penal*. São Paulo: Saraiva; Procuradoria Geral de Justiça e Associação Paulista do Ministério Público do Estado de São Paulo, 1985. p. 126-152.

[839] Não obstante, há tempos Hungria tenha alertado para a reconhecida controvérsia que esses indivíduos suscitam no campo da psiquiatria. Ora são declarados verdadeiramente loucos, e, portanto, irresponsáveis; ora se diz que são apenas semiloucos e reconhece-se a sua imputabilidade restritiva; e, finalmente, não falta quem afirme, com indiscutível autoridade, a sua nenhuma identidade com os insanos mentais (HOFFBAUER, Nélson Hungria. *Comentários ao Código Penal*. 3. ed. Rio de Janeiro: Forense, 1955. v. 1. t. 1. p. 225).

[840] JAKOBS, Günther; MELIÁ, Manuel Cancio. *Direito Penal do Inimigo*: noções e críticas. Organização e Tradução de André Luís Callegari e Mereu José Giacomolli. Porto Alegre: Livraria do Advogado, 2005; versão em espanhol: *¿Derecho penal del enemigo?* Madri: Civitas, 2003. p. 114.

mencionado, está presente em inúmeras legislações de combate ao crime organizado, transnacional, terrorista e hediondo.[841]

É preciso considerar, ainda, que a dependência química de álcool e drogas[842] que, em geral, não tem o condão de afastar a responsabilidade criminal como se verá a seguir, poderá, por vezes, se tornar tão patológica a ponto de configurar uma enfermidade mental, tornando o sujeito inimputável ou semi-imputável.

Por fim, no tocante ao índio, a princípio, a referida Lei nº 6.001/73 reconhece a *imputabilidade do indígena* ao prever que, em caso de condenação por ilícito criminal, a pena deverá ser atenuada e na sua aplicação o juiz atenderá também ao grau de integração do infrator (art. 56).[843]

O indígena estará isento de pena se o fato punível por ele praticado não estiver na categoria de valores próprios de seus usos e costumes. Deve-se reconhecer a hipótese típica do erro inevitável de proibição (CP, art. 21), que será detalhado em capítulo próprio.

No entanto, sobre a capacidade jurídico-penal do indígena, há soluções distintas na jurisprudência segundo as condições pessoais do agente: a) quanto ao inadaptado, pode ser reconhecida a isenção de pena "pela possível existência de incapacidade psíquica na compreensão do que seja ou não ato ilícito";[844] b) quanto ao aculturado, não se admite a isenção de pena quando se tratar de "índio integrado e adaptado ao meio civilizado".[845]

Não se pode adotar a orientação antiga da doutrina e da jurisprudência atribuindo ao índio uma capacidade parcial quanto à compreensão do fato para sujeitá-lo ao tratamento previsto no parágrafo único do art. 22 do CP. A verificação da capacidade ou incapacidade de culpa do indígena pode ser aferida por meio do exame antropológico e social e do estudo psicossocial. Tais diligências são necessárias quando o autor do fato punível não esteja integrado à vida social da maioria da população.[846]

2.3 Embriaguez

A embriaguez é a intoxicação decorrente de vício do consumo de álcool e, para fins penais, de drogas ou quaisquer outras substâncias com efeitos análogos. Consiste no "abaixamento da personalidade psicoética", tornando o enfermo lento nas suas

---

[841] Ver nesse sentido: MORAES, Alexandre Rocha Almeida de. *Direito penal do inimigo*: a terceira velocidade do direito penal. Curitiba: Juruá, 2008.

[842] A Lei de Drogas (Lei nº 11.343/06), assim prevê em seus arts. 45 a 47: "Art. 45. É isento de pena o agente que, em razão da dependência, ou sob o efeito, proveniente de caso fortuito ou força maior, de droga, era, ao tempo da ação ou da omissão, qualquer que tenha sido a infração penal praticada, inteiramente incapaz de entender o caráter ilícito do fato ou de determinar-se de acordo com esse entendimento. Parágrafo único. Quando absolver o agente, reconhecendo, por força pericial, que este apresentava, à época do fato previsto neste artigo, as condições referidas no caput deste artigo, poderá determinar o juiz, na sentença, o seu encaminhamento para tratamento médico adequado. Art. 46. As penas podem ser reduzidas de um terço a dois terços se, por força das circunstâncias previstas no art. 45 desta Lei, o agente não possuía, ao tempo da ação ou da omissão, a plena capacidade de entender o caráter ilícito do fato ou de determinar-se de acordo com esse entendimento. Art. 47. Na sentença condenatória, o juiz, com base em avaliação que ateste a necessidade de encaminhamento do agente para tratamento, realizada por profissional de saúde com competência específica na forma da lei, determinará que a tal se proceda, observado o disposto no art. 26 desta Lei".

[843] Lembrar, aliás, do teor da Súmula nº 140, STJ: "Compete à Justiça Comum Estadual processar e julgar crime em que o indígena figure como autor ou vítima".

[844] TJPR, rel. Des. Lauro Lopes, RT 621/339.

[845] TJMG, rel. Des. Rui Garcia Dias, RT 694/364.

[846] Nesse sentido: STJ, HC 40.884/PR, rel. Min. Reynaldo da Fonseca, j. 07.04.2005, DJU 09.05.2005.

percepções ou levando-o a percepções ruins, a ponto de ter frequentes ilusões e daí a relevância de discussão do tema no âmbito da imputabilidade.

A embriaguez tem por característica a transitoriedade que pode se tornar permanente e até mesmo se transformar numa patologia ou enfermidade mental,[847] como mencionado no capítulo anterior.

O legislador penal, adotando uma concepção teórica para uma política criminal tendente a evitar a impunidade injusta, disciplinou em seu art. 28 a única hipótese de embriaguez como dirimente:

> Art. 28. Não excluem a imputabilidade penal: [...]
> II – a embriaguez, voluntária ou culposa, pelo álcool ou substância de efeitos análogos.
> §1º É isento de pena o agente que, por embriaguez completa, proveniente de caso fortuito ou força maior, era, ao tempo da ação ou da omissão, inteiramente incapaz de entender o caráter ilícito do fato ou de determinar-se de acordo com esse entendimento.
> §2º A pena pode ser reduzida de um a dois terços, se o agente, por embriaguez, proveniente de caso fortuito ou força maior, não possuía, ao tempo da ação ou da omissão, a plena capacidade de entender o caráter ilícito do fato ou de determinar-se de acordo com esse entendimento.

As hipóteses de embriaguez, além da já mencionada *patológica*, são classificadas em *preordenada, voluntária, culposa* ou *fortuita*.

A *embriaguez voluntária* é aquela buscada intencionalmente, mas não com a intenção de praticar um crime. Quando a embriaguez é deliberadamente voltada para a prática de crime, ou seja, quando o agente se embriaga para tomar coragem para a prática de um crime, suas penas são, inclusive, agravadas nos termos do art. 61, inc. II, alínea "l", do Código Penal.

Já a *embriaguez culposa* resulta de imoderação imprudente no uso de bebida alcoólica ou substância de efeito análogo, também sem a intenção prévia do cometimento de um ilícito penal.

Será somente a *embriaguez fortuita* ou *decorrente de força maior*, resultante de causa alheia à vontade do sujeito, que figurará, quando completa, como causa dirimente (art. 28, II, §1º) e, quando parcial, como causa de diminuição de pena (art. 28, II, §2º).

Caso a embriaguez seja acidental, porém *incompleta*, isto é, aquela que atinge apenas parcialmente a capacidade de cognição (quanto à ilicitude) ou de autodeterminação do agente, haverá diminuição de pena, consoante a dicção do art. 28, §2º do Código Penal.

Evidentemente que não há que se discutir a responsabilidade do agente tanto na hipótese em que se embriaga de forma deliberada para cometer o crime (preordenada), quanto a sua irresponsabilidade quando está completamente embriagado em decorrência de caso fortuito ou força maior.

Mas nas hipóteses em que somente pretendia se embriagar ou que por imprudência ou ausência de cautela se embriagou (voluntária e culposa), como imputar a responsabilidade do crime se, eventualmente, no momento da conduta não era capaz (total

---

[847] Classificação como doença denominada síndrome de dependência do álcool pela Organização Mundial de Saúde – OMS (CID-10, referência F-10.2).

ou parcialmente) de compreender o caráter ilícito criminoso ou de se autodeterminar nesse sentido?

Dessa questão relevante é que surge, por medida de política criminal, a teoria *actio libera in causa* (ou ação livre na sua causa).

Segundo essa teoria, a ação de quem usa deliberadamente um meio (como a embriaguez, droga ou o sono) para colocar-se em estado de incapacidade física ou mental, parcial ou plena, no momento da ocorrência do fato criminoso e também a ação de quem, embora não tendo a intenção de praticar o delito, podia prever que a embriaguez ou a substância de efeito análogo ou o sono o levaria a cometê-lo.

Por exemplo, a mãe que sabe ter um sono muito agitado, deita seu filho consigo, com a intenção de sufocá-lo e, dessa maneira, mata-o enquanto ele dormia. Nesse caso, ela, de forma deliberada, se coloca nessa condição de inconsciência, sendo certo que pela teoria mencionada responderá pela ação livre e voluntária anterior, de modo a não fomentar uma injusta impunidade.

Do mesmo modo, o motorista de caminhão que chega do trabalho e no dia de folga sai para beber, sendo chamado, em caráter extraordinário, para outro serviço, ao assumir o volante nessa condição, pela ação livre anterior, assumirá a responsabilidade da morte de uma vítima por atropelamento, em decorrência da falta de seus reflexos.

O ato transitório revestido de inconsciência decorre de ato antecedente que foi livre na vontade, transferindo-se para esse momento anterior a constatação da imputabilidade. Em suma, em verdadeira exceção à ideia de responsabilidade subjetiva, o legislador, ao adotar a *actio libera in causa*, entende que a incapacidade de agir por ocasião do crime somada à espontânea colocação anterior em situação de inimputabilidade não afasta a responsabilidade penal, diversamente do que se dá nas hipóteses de embriaguez patológica ou quando completa e decorrente de caso fortuito ou força maior.

Em síntese, essas são as espécies, gêneses e consequências da embriaguez:

Tipo de embriaguez	Origem	Consequências
Patológica	Doença que provoca dependência física e psíquica	Inimputabilidade por equivalência à doença mental (art. 26, *caput*)
Voluntária	Intenção do indivíduo em embriagar-se, embora não tencionasse praticar crime algum	Agente considerado imputável
Culposa	Ocasionada por descuido do agente	*Idem*
Fortuita ou acidental	Quando o agente desconhecia os efeitos da substância ingerida no seu organismo	Inimputabilidade (art. 28, §1º)
Por força maior	O agente é coagido física ou moralmente a ingerir a substância	Inimputabilidade (art. 28, §1º)
Preordenada	O agente embriaga-se propositalmente para o cometimento do delito	Imputável, sendo punido com agravante (art. 61, "l")

Pela redação do próprio dispositivo, para a embriaguez fortuita se tornar uma dirimente que isenta de pena, precisa ser completa e inclui qualquer substância de efeito análogo, como as drogas.

E, nesse aspecto, como já salientado, ela terá o condão de isentar de pena quando decorrente de caso fortuito, ou funcionar, nos mesmos termos do art. 26 do CP, com hipótese de inimputabilidade ou semi-imputabilidade:

Lei de Drogas – Lei nº 11.343/06	
Art. 45. É isento de pena o agente que, em razão da dependência, ou sob o efeito, proveniente de caso fortuito ou força maior, de droga, era, ao tempo da ação ou da omissão, qualquer que tenha sido a infração penal praticada, inteiramente incapaz de entender o caráter ilícito do fato ou de determinar-se de acordo com esse entendimento. Parágrafo único. Quando absolver o agente, reconhecendo, por força pericial, que este apresentava, à época do fato previsto neste artigo, as condições referidas no caput deste artigo, poderá determinar o juiz, na sentença, o seu encaminhamento para tratamento médico adequado.	Art. 46. As penas podem ser reduzidas de um terço a dois terços se, por força das circunstâncias previstas no art. 45 desta Lei, o agente não possuía, ao tempo da ação ou da omissão, a plena capacidade de entender o caráter ilícito do fato ou de determinar-se de acordo com esse entendimento.

Devem-se, pois, distinguir, no contexto do art. 45 da Lei nº 11.343/2006, duas situações: 1ª) se a causa da intoxicação e consequente supressão das capacidades mentais fora o consumo involuntário da droga, ter-se-á *absolvição própria*; vale dizer, não se imporá ao agente qualquer sanção penal; 2ª) se a causa for a dependência a drogas, ter-se-á *absolvição imprópria*, impondo-se a medida de segurança prevista no parágrafo único do art. 45, consistente no "tratamento médico adequado". Essa medida sujeitar-se-á aos critérios estabelecidos nos arts. 96 a 98 do CP. Sua duração, destarte, ficará vinculada ao parecer médico e, obviamente, à decisão do juiz das execuções penais, no sentido da cessação da dependência química.[848]

3 Potencial consciência da ilicitude

A potencial consciência da ilicitude consiste no segundo elemento da culpabilidade, consubstanciado no conhecimento cultural da ilicitude. Não precisa ser efetiva, bastando que seja potencial, ou seja, deve-se chegar à conclusão de que o agente, com algum esforço ou cuidado, poderia saber que o fato é ilícito.

Em outras palavras, a reforma da parte geral do Código Penal, em 1984, passou a exigir, como requisito da culpabilidade separado do dolo que se encontra na conduta,[849]

---

[848] ESTEFAM, André. *Direito penal*: parte geral (arts. 1º a 120). 10. ed. São Paulo: Saraiva, 2021. p. 327.
[849] Dentro de uma concepção psicológica da culpabilidade, o dolo era representação e vontade, para que os que entendiam a culpabilidade como simples nexo psíquico. Assim a culpabilidade era ligação psicológica entre

que o agente não disponha de conhecimento e não tenha, logicamente, possibilidade de obtê-lo.

Quando esses dois requisitos se verificarem, estará evidenciada a dirimente denominada "erro de proibição", presente no art. 21 do Código Penal:

> Erro sobre a ilicitude do fato
> Art. 21. O desconhecimento da lei é inescusável. O erro sobre a ilicitude do fato, se inevitável, isenta de pena; se evitável, poderá diminui-la de um sexto a um terço.
> Parágrafo único – Considera-se evitável o erro se o agente atua ou se omite sem a consciência da ilicitude do fato, quando lhe era possível, nas circunstâncias, ter ou atingir essa consciência.

Não se deve confundir inimputabilidade (condições mentais para entender o caráter ilícito do crime ou de se autodeterminar) com consciência da ilicitude (condições culturais de saber que aquele comportamento é proibido pelo ordenamento jurídico).

Evidentemente que o agente não pode alegar desconhecimento da lei,[850] embora haja, nesse caso, atenuante na pena (art. 65, II, CP).

Aliás, o princípio do *ignorantia iuris non excusat*, positivado no ordenamento pátrio, esteve presente na evolução do pensamento jurídico. Sua presença tem lógica, vez que um ordenamento não pode negar a si mesmo de forma a incluir dispositivo que aceite a ignorância das leis para afastar seu cumprimento. No entanto, o princípio não deve ser *entendido* como presunção absoluta de conhecimento jurídico por parte dos cidadãos, eis que nessa hipótese não haveria possibilidade de arguir o erro em Direito Penal nem em qualquer outro ramo do Direito.

A dirimente *erro de proibição (ou erro sobre a ilicitude do fato)*, apta a afastar a potencial consciência da ilicitude, constitui a falsa convicção de licitude que pode isentar de pena, se o erro for inevitável ou desculpável. Da mesma forma como ocorre com o erro de tipo, o intérprete e aplicador deverá fazer um juízo de valor, levando-se em consideração o conceito de homem médio ou maior média coletiva, além das circunstâncias do caso concreto, para se aferir se o equívoco era justificável a ponto de isentar de pena.

Exemplo clássico dado pela doutrina é o do turista oriundo de país em que se admite a poligamia e que se casa aqui novamente, embora ainda casado, por ignorar a existência do crime de bigamia. O agente, no caso, supõe erroneamente que o fato é permitido, como é no seu país. Da mesma forma, o silvícola que, saindo de sua tribo e

---

o agente e o seu fato e estaria no psiquismo do agente. Posteriormente, com as ideias trazidas por Frank, em 1907, lançaram-se as bases da denominada "teoria normativa da culpabilidade", introduzindo-se no conceito de culpa a reprovabilidade do ato praticado. Para ser culpável não bastava que o fato fosse doloso, ou culposo, mas era preciso que, além disso, seja censurável ao autor. Sendo assim o dolo e a culpa deixaram de ser espécies de culpabilidade e passaram a ser elementos dela. A culpabilidade era um juízo de reprovação ao autor do ato composto dos seguintes elementos: imputabilidade, dolo ou culpa stricto sensu (negligência, imprudência, imperícia); exigibilidade, nas circunstâncias de um comportamento conforme ao direito. O dolo era visto como voluntariedade, previsão e consciência atual do ilícito, que presentes possibilitam o juízo de censura de culpabilidade. No entanto, Hans Welzel, professor da Universidade de Göttingen, e mais tarde da Universidade de Bonn, entendeu que o dolo faz parte da ação humana e não do juízo de culpabilidade. O dolo e a culpa stricto sensu foram extraídos da culpabilidade e inseridos no conceito de ação, incluídos no tipo legal do crime. Do dolo foi retirada a consciência da ilicitude, fazendo-se alteração no entendimento quanto a consciência potencial da ilicitude colocada como requisitos da culpabilidade.

[850] Lei de Introdução do Direito Brasileiro (LINDB), art. 3º: "Ninguém se escusa de cumprir a lei, alegando que não a conhece".

indo para a cidade, entra em um *petshop* e liberta todos os pássaros, eis que praticou o fato agindo de acordo com os costumes, crenças e tradições de seu povo.[851]

Sendo uma hipótese de erro de proibição injustificável, ou seja, situação em que a maioria das pessoas não se equivocaria, a pena será diminuída de um sexto a um terço.

Evidente, contudo, como já mencionado, que não basta a alegação de que não dispunha de conhecimento, exigindo-se também a avaliação da impossibilidade de obtê-lo, algo cada vez mais raro na era da comunicação e nesse contexto de sociedade de informação.

O crime putativo não se confunde com o erro de proibição: naquele, a pessoa pensa estar cometendo o crime, quando na verdade aquela conduta é irrelevante em termos penais; já no erro de proibição ocorre o oposto: o sujeito pensa que a conduta é lícita, quando na verdade ela é considerada crime pelo ordenamento jurídico.

Quando do trato do erro de tipo, mencionamos que o erro também incide nas causas justificantes, configurando aquilo que se denomina "descriminantes putativas". As descriminantes putativas podem se dar em diferentes hipóteses: a) *erro que incide sobre a presença dos elementos necessários à caracterização da causa justificante*: a pessoa supõe que seria agredida no momento, quando na verdade não seria (descriminante putativa por erro de tipo); b) *erro que incide sobre a própria existência de uma excludente de antijuridicidade*: o agente supõe existir antijuridicidade, quando na verdade ela não existe, como historicamente se dava com a legítima defesa da honra;[852] c) *erro que incide sobre os limites da excludente de antijuridicidade*: o agente acredita que pode matar o ofensor quando está sendo cometido um crime contra sua honra, ignorando os limites, moderação e uso dos meios necessários.

Nos dois últimos casos se verifica o *erro de proibição indireto*, ou descriminantes putativas por erro de proibição. Já no primeiro caso, a pessoa erra por achar equivocadamente que está na iminência de sofrer uma agressão (nesse caso, há um erro de tipo que recai sobre a legítima defesa).

Em suma, se o erro se refere a um elemento do tipo permissivo, teremos um erro de tipo (art. 20, §1º); se o erro, porém, versar sobre a existência ou os limites da causa de justificação, teremos um erro de proibição (art. 21, CP) que recai sobre uma causa justificante, e todas elas, como mencionado, configuram espécies de descriminantes putativas.

Não custa repisar que as consequências também serão distintas entre um erro sobre a percepção da realidade e se o sujeito não tem possibilidade de saber que o fato é proibido (art. 21, CP).[853] São as diferenças entre erro de tipo e erro de proibição:

---

[851] V. Lei nº 6.001/73 (Estatuto do Índio).
[852] O STJ tem, desde 1991, refuta, com veemência, a antiga tese de legítima defesa da honra (REsp nº 1517/PR, Rel. Ministro José Candido de Carvalho Filho, 6ª T., *DJ* 15/4/1991).
[853] Art. 21, CP: "O desconhecimento da lei é inescusável. O erro sobre a ilicitude do fato, se inevitável, isenta de pena; se evitável, poderá diminuí-la de um sexto a um terço".

Erro de tipo	Erro de proibição
O agente se engana sobre o fato; pensa estar fazendo uma coisa, quando na verdade está fazendo outra. Ex.: o agente subtrai coisa alheia julgando-a própria.	O agente não se engana sobre o fato que pratica, mas pensa erroneamente que este é lícito. Ex.: subtrair algo de um devedor a título de cobrança forçada, pensando que tal atitude é lícita; não exclui o dolo nem o crime, mas pode excluir a culpabilidade e, em consequência, a pena.
Consequências	**Consequências**
Se aceitável, exclui dolo e culpa, tornando a conduta penalmente atípica; se inaceitável, exclui o dolo, punindo a título culposo se houver previsão em lei.	Sendo inevitável o desconhecimento da proibição, a culpabilidade fica afastada (isenção de pena); se evitável, pode ser diminuída de 1/6 a 1/3.

O indivíduo que, supondo equivocamente (porque induzido em erro, por causa de um documento falso dela e pela compleição física da vítima), que uma menor de 14 anos já tem 15 anos e com ela mantém relação sexual, poderia estar diante de uma hipótese de erro de tipo. Já o indivíduo que vem dos EUA, residindo em um estado em que se permite ter relação sexual com crianças a partir de 13 anos e aqui chegando mantém relação com uma menina de 13 anos sabendo de sua idade, mas supondo equivocadamente isso aqui também seria lícito, pode, em tese, invocar o erro de proibição.

Um navio argentino atracou aqui no Brasil há alguns anos, carregado de frascos de cloreto de etila, um dos componentes do lança-perfume, que lá, historicamente, sempre foi tolerado e lícito. Há alguns anos, em cidades do interior do estado, constatavam-se inúmeras pessoas da zona rural que dirigiam e não eram escolarizadas e, quando se perguntava como fizeram a prova teórica, constatava-se que desconheciam que isso era necessário, ou seja, obtiveram CNHs falsas em meio a um procedimento ilegal.

Em todos esses casos, tanto da acusação de tráfico de drogas, quanto do art. 304 do Código Penal, alegou-se o erro de proibição.

O certo é que, a teor do art. 21 do CP, é inescusável o desconhecimento do injusto. Assim são erros inescusáveis: a) *erros de eficácia*, que são os que versam sobre a não aceitação da legitimidade de um determinado preceito legal, na suposição de que contraria outro preceito; b) *erros de vigência, que se verificam quando o autor ignora a existência de um preceito legal*, ou ainda não teve tempo de conhecer uma lei; c) *erros de subsunção*, que ocorrem quando o erro faz com que o agente se equivoque sobre o enquadramento legal da conduta; d) *erros de punibilidade*, ou seja, quando o agente sabe ou poderia saber que faz algo proibido, mas imagina que não há punição para essa conduta; e) *erro de validade*, quando o agente se equivoca sobre a vigência e eficácia de determinada proibição legal, por conta de entender que na discussão sobre a inconstitucionalidade de lei, ela deixou de existir, embora, por exemplo, os efeitos somente se verifiquem para o caso concreto. Identificando os erros de proibição diretos, de mandamento e de proibição indiretos como escusáveis, Assis Toledo considera

> como erros decorrentes de *ignorantia legis o erro de vigência*, no qual se desconhece a existência de um preceito legal, ou não pôde conhecer lei recentemente editada; o *erro de eficácia*,

segundo o qual o agente não aceita a legitimidade de um preceito legal supondo que ele contraria outro preceito, de categoria superior, ou norma constitucional; o *erro de punibilidade*, de acordo com o qual o agente sabe que faz algo proibido, ou devia e podia sabê-lo, mas supõe que não existe pena criminal para a conduta que realiza, por desconhecimento da punibilidade do fato; e ainda o *erro de subsunção*, situação em que o agente conhece a previsão legal, o fato típico, mas, por erro de interpretação, supõe que a conduta que realiza não corresponde ao tipo delitivo.[854]

Em suma, o erro de proibição não será escusável quando o agente praticar o ato com a *consciência profana* do injusto, ou seja, não se trata de uma consciência técnico-jurídica, formal, mas da chamada consciência profana do injusto, constituída do conhecimento da antissocialidade, da imoralidade ou da lesividade de sua conduta.

Dotti ainda destaca a alegação de *erro de mandamento* (por exemplo, o dever dos pais em relação aos filhos, nos termos do art. 1.634, I, do CC ou de situações concretas da vida, como exemplo, a atividade anterior causadora do perigo), sujeito a obrigações normativas: se o erro incidir sobre a existência da norma preceptiva, vale dizer, sobre a existência de uma obrigação de impedir o resultado, caracteriza-se de proibição sob a perspectiva do erro de mandamento ora examinado e o *erro por convicção religiosa* (como o sujeito que, respaldado pelo art. 5º, VIII, da CF, se recusa à transfusão de sangue, manifestada pelos pais do menor por motivo de crença religiosa; ou, ainda, o crime de insubmissão [CPM, art. 183] cometido pelo convocado em não se apresentar para a incorporação ao serviço militar não é excluído por motivo de convicção religiosa).[855]

Essas hipóteses, da mesma forma, seriam erros inescusáveis para a maioria da doutrina e jurisprudência.

4 Exigibilidade de conduta diversa

O último pressuposto da culpabilidade é a exigibilidade de conduta diversa, ou seja, não haverá pena se, nas circunstâncias, for impossível para o sujeito agir de outra forma, ou seja, para dizer que alguém praticou uma conduta reprovável, é preciso que se possa exigir dessa pessoa, naquela situação, uma conduta diferente.

Em síntese, se em dada situação específica não havia como obrigar o agente a realizar um comportamento distinto daquele por ele adotado, estará presente uma das causas dirimentes: a coação moral ou a obediência hierárquica, nos termos do art. 22 do Código Penal:

> Coação irresistível e obediência hierárquica
> Art. 22. Se o fato é cometido sob coação irresistível ou em estrita obediência a ordem, não manifestamente ilegal, de superior hierárquico, só é punível o autor da coação ou da ordem.

Contudo, como se infere do próprio texto normativo, não será qualquer coação moral, tampouco qualquer relação de subordinação e ordem dada aptas a isentar um agente de pena.

---

[854] TOLEDO, Francisco de Assis. *Princípios básicos de direito penal*. São Paulo: Saraiva, 1994. p. 271.
[855] DOTTI, René Ariel. *Curso de direito penal:* parte geral. 6. ed. Rio de Janeiro: Forense, 2018. p. 526-527.

4.1 Coação moral irresistível

A coação é o emprego de força física (coação física) ou de grave ameaça (coação moral) contra alguém, no sentido de que faça alguma coisa ou deixe de fazer.

Quando o sujeito pratica o fato sob coação física irresistível, não ocorre a liberdade psíquica ou física, não há propriamente livre-arbítrio, eis que não há vontade integrante da conduta, pelo que não há o próprio comportamento típico.

Repita-se: no caso de coação física irresistível não há crime por ausência de conduta voluntária.

Assim, o art. 22 só cuida da coação moral irresistível. Primeiramente, trata-se de ameaça de dano grave, injusto e atual para que o coato ou coagido cometa um crime contra terceira pessoa sob pena de sofrer uma consequência lesiva (ex.: o criminoso chega na casa em que mora o gerente do banco e ameaça matar o filho dele, obrigando-o a entregar o dinheiro do cofre da instituição financeira).

Trata-se de hipótese clara de coação moral irresistível, mas é certo que para ela funcionar como causa de isenção de pena exige-se a constatação de certos pressupostos.

São eles, em síntese: a) *existência de ameaça de dano grave, injusto*; b) *inevitabilidade do perigo*; c) *a ameaça deve se voltar contra o coato ou contra alguém que lhe seja próximo*; d) *existência de ao menos três pessoas envolvidas (embora o STF já tenha decidido que possa existir somente duas)*; e) *irresistibilidade da ameaça*.

Primeiramente, deve haver uma ameaça de dano grave, injusto e atual, ou seja, uma ameaça idônea, séria e socialmente expressiva, segundo uma ponderação média e em consonância com as circunstâncias do caso concreto. Essa ameaça, como dito, deve ser contrária ao ordenamento jurídico (injusta) e, logicamente, precisa ser atual (contemporânea) ou iminente (prestes a se concretizar). Uma ameaça pretérita ou remota, evidentemente, afasta a credibilidade e idoneidade da coação moral.

Também deve estar presente a inevitabilidade do perigo, isto é, a falta de alternativas ou opções válidas para se livrar daquela coação ou daquela ameaça.

A ameaça deve se voltar contra o coato ou contra alguém que lhe seja próximo, mantendo certo vínculo de afetividade.

Como mencionado, não obstante o posicionamento do STF em sentido diverso,[856] defendemos ser necessária a existência de ao menos três pessoas envolvidas: o coator, o coagido ou coato e a vítima (instrumentalizada) que vai sofrer as consequências da ação do coagido.

Por fim, relevante se aferir, em verdadeiro juízo de valor, a irresistibilidade da ameaça. Se a inevitabilidade ocorre quando não há outra maneira de atuar, a irresistibilidade se verifica quando não há como se impor contra o coator e retirar os efeitos da coação.

---

[856] O STF entende ser possível uma hipótese de coato e vítima concomitantes, sendo que a legítima defesa seria afastada, por exemplo, pela falta de agressão atual ou iminente. A grave e injusta ameaça exercida pelo coator contra o coato seria tão intensa que ele se voltar contra o próprio coator, matando-o, não sendo propriamente hipótese de legítima defesa (STF, HC nº 62.982-2/SP, Rel. Min. Francisco Rezek, RT 605/380). No mesmo sentido, o STJ tem precedentes e que a coação pode vir da própria sociedade (REsp nº 5.329-GO, 6ª Turma, Rel. José Cândido, 31/08/1992, vu).

Realizado o juízo de valor e constatada a coação moral como irresistível, somente será punido o autor da coação, inclusive com a pena agravada nos termos do art. 62, II, do CP. Enquanto o coagido ou coato estará isento de pena pela causa dirimente, o autor da coação, agindo com autor mediato, será responsabilizado com a pena agravada, configurando verdadeira hipótese de *domínio do fato*.

Recorde-se, como já tratado no capítulo "concurso de pessoas", que a teoria do domínio do fato, ampliando o conceito de autoria, teria aplicabilidade, segundo Roxin, em diferentes formas de domínio: a) domínio da ação (todo aquele que realiza a conduta típica por si só, cometendo-a "por suas próprias mãos", é autor (imediato), ainda que o faça para satisfazer interesse alheio); b) domínio funcional do fato (se duas ou mais pessoas, partindo de uma decisão conjunta de praticar o fato, contribuem para a sua realização com um ato relevante de um delito, terão o domínio funcional do fato); c) domínio da vontade, reconhecendo a ideia de autoria mediata em todo aquele que comete o crime por meio de um instrumento mantido em erro ou coação, ou por meio de um aparato organizado de poder dissociado da ordem jurídica, como se dá, por exemplo, no caso da coação moral irresistível.

De outra parte, quando resistível a coação moral não isenta de pena. É, pois, possível que alguém sofra uma coação a que possa refutar, mas não o faça por alguma fraqueza ou infelicidade momentânea (ex.: alguém furta um estabelecimento por receio de que o coator narre à sua esposa um caso extraconjugal).[857]

Assim, *sendo resistível*, o coator responde com a pena agravada, como mencionado, enquanto o coato ou coagido responde com a pena atenuada, nos termos do art. 65, III, "c", CP. Fundamenta-se essa atenuante genérica pelo fato de ser atacado o juízo de culpabilidade do réu, passando sua conduta a apresentar menor reprovabilidade social.

4.2 Obediência hierárquica

A obediência hierárquica, como causa dirimente, é a ordem de duvidosa legalidade dada pelo superior hierárquico ao seu subordinado para que cometa uma agressão contra um terceiro sob pena de responder pela inobservância da determinação.

Ordem de superior hierárquico é, portanto, a manifestação de vontade do titular de uma função pública a um funcionário que lhe é subordinado, no sentido de que realize uma conduta (positiva ou negativa).

A hierarquia só existe no serviço público e não no direito privado. Desse modo, obediência hierárquica é uma ordem de um superior a um subordinado no âmbito do serviço público.

Essa ordem pode ser legal ou ilegal. Quando legal, logicamente não há nenhum crime praticado pelo superior ou subordinado, eis que estão agindo no estrito cumprimento do dever legal (causa justificante que exclui a ilicitude). Quando, porém, a ordem é *manifestamente ilegal*, respondem pelo crime tanto o superior, quanto o subordinado.

---

[857] STJ, HC nº 113.733/SP, Rel. Min. Laurita Vaz, j. 15/11/2010.

Assim, são pressupostos para a causa dirimente a) *relação hierárquica de direito público*; b) *ordem superior de caráter ilícito*; c) *ilegalidade de ordem não manifesta*.[858]

A princípio, inclui-se aqui a ordem de duvidosa legalidade, visto que o subordinado não tem como saber se aquela ordem é legítima ou não.

Essa ordem, emanada por alguém que era competente e que está na esfera de competência na qualidade de superior hierárquico. Assim, alguém que dá a ordem fora de suas atribuições, assim como uma ordem dada por um servidor de mesma hierarquia funcional, não possui, logicamente, o atributo para isentar de pena o cumpridor da "ordem".

Em outras palavras, é crucial a existência de uma relação hierárquica entre o autor da ordem e o executor.

Ademais, para que o agente que cumpre a ordem nas condições indicadas esteja isento de pena é fundamental que esse cumprimento da ordem se dê nos limites da ordem que foi dada.

Preenchidos esses requisitos, quem responde pelo crime será exclusivamente o autor da ordem que, ademais, pode responder pelo crime agravado (art. 62, III, "c", CP), além de possível crime de abuso de autoridade (Lei nº 13.869/19).

Consigne-se que há uma dirimente que afasta a exigibilidade de conduta diversa, denominada *infiltração de agentes* policiais no seio de organizações criminosas (arts. 10 a 14 da Lei nº 12.850/2013). A Lei do Crime Organizado (art. 10, *caput*) dispõe:

> a infiltração de agentes de polícia em tarefas de investigação, representada pelo delegado de polícia ou requerida pelo Ministério Público, após manifestação técnica do delegado de polícia quando solicitada no curso de inquérito policial, será precedida de circunstanciada, motivada e sigilosa autorização judicial, que estabelecerá seus limites.

De acordo com o art. 13, parágrafo único: "Não é punível, no âmbito da infiltração, a prática de crime pelo agente infiltrado no curso da investigação, quando inexigível conduta diversa". Responde o sujeito, porém, por eventuais excessos que venha a cometer (art. 13, *caput*).

5 Emoção e paixão

O estudo da emoção e da paixão é relevante para fins penais e representa, em rigor, uma espécie de norma enfática contra o histórico instituto da "perturbação dos sentidos", previsto no art. 27, §4º, do Código Criminal da República de 1890[859] e que gerava tanta impunidade.

---

[858] Atentar que no Código Penal Militar, por conta da hierarquia e disciplina próprias da carreira militar, mesmo a ordem manifestamente ilegal isenta o subordinado; somente as ordens "manifestamente criminosas", sob pena de crime de insubordinação (art. 163, CPM), nos termos do art. 38, §2º, CPM, embora essa disciplina jurídica seja de duvidosa constitucionalidade.

[859] Decreto nº 847/1890: "Art. 27. Não são criminosos: [...] §4º Os que se acharem em estado de completa privação de sentidos e de intelligencia no acto de commetter o crime".

A *emoção* caracteriza-se como o estado afetivo que produz repentina e violenta perturbação do equilíbrio psíquico, enquanto a *paixão* é a profunda e duradoura crise psicológica que atinge a integridade do espírito e do corpo.

Logo, diferenciam-se, eis que a *emoção* é aguda e de curta duração, enquanto a *paixão* é crônica e de existência mais estável.

Não excluem a imputabilidade penal a emoção ou a paixão, conforme preceitua o art. 28, inc. I, do Código Penal:

> Emoção e paixão
> Art. 28. Não excluem a imputabilidade penal
> I – a emoção ou a paixão; [...].

Ambas constituem situações de transtorno afetivo que têm capacidade de interferir no equilíbrio psíquico do agente (variável conforme a duração do tempo). O que muda, em suma, entre elas é o grau de duração. A emoção é um pico de ódio, rancor e fúria e, pois, aguda. A paixão é que se protrai no tempo, que tem um maior tempo de duração.

Nesses casos, não há exclusão da culpabilidade, mas podem influenciar a dosimetria das penas, figurando como causa de diminuição (art. 121, §1º, CP e 129, §4º, CP).[860]

Outrossim, podem funcionar como atenuante genérica (art. 65, III, "c", CP) quando o delito for cometido sob coação a que podia resistir, ou em cumprimento de ordem de autoridade superior, ou sob a influência de violenta emoção, provocada por ato injusto da vítima. Dessa feita, a emoção, desde que violenta e motivada por ato injusto da vítima, constitui atenuante em qualquer delito compatível, influindo positivamente para a situação do réu na segunda fase de dosimetria da pena.

Contudo, vale ressaltar que, tanto no homicídio privilegiado, quanto na lesão corporal privilegiada será necessário o *domínio da violenta emoção*, uma gradação maior que a simples *influência* apta a configurar a atenuante genérica.

6 Causas supralegais

Muito se discute na doutrina se a inexigibilidade de outra conduta constitui causa supralegal de exclusão da culpabilidade ou se apenas pode ser reconhecida nas hipóteses tratadas pelo legislador.

A maioria dos autores que se opõem ao conceito de inexigibilidade como causa de exclusão da culpabilidade invocam a necessidade de segurança jurídica, decorrência lógica da ideia de Estado de Direito.

As novas Escolas Funcionalistas, contudo, ao mesclarem na dogmática penal e no próprio conceito de culpabilidade e responsabilidade penal uma avaliação de justificativa material, ou seja, uma perspectiva à luz da Política Criminal se se

---

[860] "Art. 121. Matar alguém: Pena – reclusão, de seis a vinte anos. §1º Se o agente comete o crime impelido por motivo de relevante valor social ou moral, ou sob o domínio de violenta emoção, logo em seguida a injusta provocação da vítima, o juiz pode reduzir a pena de um sexto a um terço; [...] Art. 129. Ofender a integridade corporal ou a saúde de outrem: Pena – detenção, de três meses a um ano. [...] §4º Se o agente comete o crime impelido por motivo de relevante valor social ou moral ou sob o domínio de violenta emoção, logo em seguida a injusta provocação da vítima, o juiz pode reduzir a pena de um sexto a um terço".

justificaria a responsabilização em determinadas circunstâncias, vêm advogando a tese da possibilidade de dirimentes supralegais, em especial, no que diz respeito a outras hipóteses não nominadas em lei de inexigibilidade de conduta diversa.

Nesse esteio, Claus Roxin entende que o conceito de responsabilidade abarcaria a culpabilidade, que representaria um princípio limitador da imposição penal que deve ser voltado à prevenção, e a função de prevenção geral e especial da pena. Para ele, a inexigibilidade de conduta diversa não pode ser considerada causa supralegal de exclusão da culpabilidade, mas sim de responsabilidade, pois, o agente que pratica conduta típica e ilícita em situação na qual não poderia ter agido conforme o ordenamento não precisa ser punido. Nesse caso, se a pena fosse aplicada não atingiria seu fim de prevenção geral ou especial.[861]

Os defensores dessa ideia, bem ressalta Mautone, apontam as seguintes hipóteses de inexigibilidade de outra conduta como causa supralegal de exclusão da culpabilidade: a) *o estado de necessidade exculpante*; b) *o excesso de legítima defesa exculpante*; c) *a legítima defesa provocada*; d) *a cláusula de consciência*; e) *o conflito de deveres*; e f) *a desobediência civil*.[862]

Seriam hipóteses práticas em que o agente não poderia agir de outra forma, e, pois, seguindo a concepção de Roxin e de outros funcionalistas, não se justificaria a responsabilização penal.

O *estado de necessidade exculpante*, como já salientado no tratamento dessa causa justificante, não teria tratamento jurídico distinto do estado de necessidade, eis que adotamos a Teoria Unitária Objetiva (exceto no CPM, art. 39), em que não importa se o bem sacrificado é de igual ou menor valor que o bem protegido.

Na Alemanha, contudo, diante da adoção da Teoria Diferenciadora Objetiva, há diferente natureza jurídica entre o estado de necessidade justificante (excludente da ilicitude) e o exculpante (excludente da culpabilidade). Para essa teoria, caso seja sacrificado o bem de valor maior ou equivalente, exclui-se a culpabilidade, por inexigibilidade de conduta diversa.

Assim, seguindo o escólio de Fragoso[863] e dessas escolas funcionalistas, o estado de necessidade previsto no art. 24 do Código Penal vigente pode excluir tanto a ilicitude, quando sacrificado bem de menor ou igual valor, quanto a culpabilidade, no caso de sacrifício de bem de igual ou maior valor (nessa hipótese, afastado o excesso punível do art. 23, parágrafo único, e funcionando como causa supralegal).

Do mesmo modo, o excesso de legítima defesa, punido por dolo ou culpa nos termos do art. 23, parágrafo único do Código Penal, porém, silencia acerca do *excesso de legítima exculpante*, que ocorre quando o agente ultrapassa os limites da legítima defesa influenciado por medo, susto ou perturbação.

---

[861] ROXIN, Claus. *Política criminal e sistema jurídico-penal*. Tradução de Luís Grecco. Rio de Janeiro: Renovar. 2. ed. 2002.

[862] MAUTONE, Débora Cunha. A inexigibilidade de conduta diversa como causa supralegal de exclusão da culpabilidade. *Jus Navigandi*, Teresina, ano 19, n. 4019, 3 jul. 2014. ISSN 1518-4862. Disponível em: https://jus.com.br/artigos/29960. Acesso em: 16 set. 2020.

[863] FRAGOSO, Heleno Cláudio. *Lições de direito penal*: parte geral. 15. ed. Rio de Janeiro: Forense, 1994.

Ao discorrer acerca do tema, a doutrina diferencia "os afetos astênicos ou fracos, os quais representam o medo, susto ou perturbação que sofre a pessoa do autor; dos afetos estênicos ou fortes, que é o ódio, a ira que atinge o agente".[864]

O Código Penal de 1969 estabelecia que o excesso não seria punível quando resultasse de escusável medo, surpresa ou perturbação de ânimo, em face da situação (art. 30, §1º). Embora o diploma vigente não repita a fórmula, ela é aceita pela doutrina e pela jurisprudência como causa de exclusão da culpabilidade. No entendimento de Dotti,

> não é censurável o comportamento do agente que esvazia a carga de seu revólver contra o injusto agressor que o estava ferindo com uma faca, provocando-lhe um estado de terror que somente irá ceder com a imobilização total do ofensor. A mesma solução é adotada quando o excesso decorre de caso fortuito ou força maior, situações que excluem a culpabilidade.[865]

A jurisprudência pátria já sustentou, inclusive, esse entendimento, reconhecendo o excesso exculpante de legítima defesa, por inexigibilidade de conduta diversa.[866]

Já a *legítima defesa provocada* constitui situação interessante de inexigibilidade de outra conduta, como causa supralegal de exclusão da culpabilidade que, em rigor, não entendemos como razoável. O art. 25 do Código Penal explicita estar acobertado pela justificante apenas aquele que age repelindo agressão injusta, não abrindo possibilidade de que aquele que provoca a agressão também estar amparado. Evidente que, se a provocação não for física e o agente provocador for agredido, afigura-se possível a legítima defesa sucessiva. O que não nos parece razoável é aceitar a legitimidade da reação defensiva por aquele que provocou e não foi agredido.[867]

A *cláusula de consciência*, por sua vez, seria uma decorrência lógica do art. 5º, inc. VI, da Carta Magna, que garante a inviolabilidade da liberdade de crença e de consciência, e do inc. VIII, "ninguém será privado de direitos por motivo de crença religiosa ou de convicção filosófica ou política, salvo se as invocar para eximir-se de obrigação legal a todos imposta e recusar-se a cumprir prestação alternativa, fixada em lei".

O fato de consciência apenas poderá excluir a culpabilidade do agente caso haja uma alternativa neutra, a qual impeça a ofensa ao bem jurídico. Exemplo trazido, segundo Mautone, seria o do pai que, em virtude de crença religiosa, proíbe que o filho, em situação de risco de morte, receba transfusão de sangue, porém, essa recusa é suprida pela autorização do curador de menores ou do médico, que, em estado de necessidade, realiza o procedimento e salva a vida da criança.[868]

---

[864] MAUTONE, Débora Cunha. A inexigibilidade de conduta diversa como causa supralegal de exclusão da culpabilidade. *Jus Navigandi*, Teresina, ano 19, n. 4019, 3 jul. 2014. ISSN 1518-4862. Disponível em: https://jus.com.br/artigos/29960. Acesso em: 16 set. 2020.

[865] DOTTI, René Ariel. *Curso de direito penal:* parte geral. 6. ed. Rio de Janeiro: Forense, 2018. p. 618.

[866] TJDF, Apelação Criminal nº 20010550057952. Rel. Desembargador Everards Mota e Matos, 2003.

[867] Segundo Santos, "[...] se o provocador pode desviar a ação de defesa do agredido (por exemplo, fugindo do local), não há exculpação; se o provocador não pode desviar a ação de defesa provocada, então seria possível admitir a exculpação do agressor por ações inevitáveis de defesa, porque o Estado não pode exigir de ninguém a renúncia ao direito de viver, nem criar situações sem saída, em que as alternativas são ou deixar-se matar ou sofrer pena rigorosa" (SANTOS, Juarez Cirino dos. *A moderna teoria do fato punível*. 4. ed. Rio de Janeiro: Lumen Juris, 2005. p. 262).

[868] MAUTONE, Débora Cunha. A inexigibilidade de conduta diversa como causa supralegal de exclusão da culpabilidade. *Jus Navigandi*, Teresina, ano 19, n. 4019, 3 jul. 2014. ISSN 1518-4862. Disponível em: https://jus.com.br/artigos/29960. Acesso em: 16 set. 2020.

Discordamos desse entendimento, eis que, como já mencionado, nenhuma garantia ou direito são absolutos, e será necessário para afastar uma conduta criminosa um sopesamento de bens jurídicos que não autorizam que a liberdade de crença ou fé sejam maiores, por exemplo, que o direito à vida.

Diferentemente desse exemplo, na hipótese do próprio paciente, maior e capaz, negar a transfusão por questões religiosas, deveria o médico, para parte da doutrina, respeitar a autonomia da vontade.[869]

Outra hipótese concreta discutida pelo Direito alemão diz respeito ao *conflito de deveres* de quem está obrigado a cumpri-los, e, em certos casos, esse conflito compele o agente a praticar fato típico, ilícito, mas inculpável por não se poder exigir que, naquela situação, a pessoa agisse conforme o ordenamento jurídico. Nessas hipóteses, a escolha do mal menor fundamentaria a exculpação, pois, naquele caso, qualquer pessoa agiria assim como agiu o autor.

Exemplo clássico da filosofia é o caso do condutor de um trem desgovernado que, verificando iminente colisão de trem de passageiros com trem de carga desgovernado, desvia este último provocando a morte de alguns trabalhadores, mas salvando milhares de passageiros, como numa análise utilitária de custo-benefício das vidas sacrificadas *versus* salvas; ou do médico que, no contexto de pandemia, substitui a paciente com menores chances de sobrevivência por outra com maiores possibilidades de salvação.[870]

A doutrina aponta a *desobediência civil*, ou seja, ações ou demonstrações públicas que objetivam divulgar a injustiça de uma lei tida por injusta, autoritária e sem legitimação social, induzindo o legislador a alterá-la, realizadas em prol do bem comum, inclusive em defesa de direitos humanos fundamentais, seria uma hipótese de dirimente supralegal.

Um exemplo interessante encontra-se no Habeas Corpus nº 9.896, julgado pela Sexta Turma do Superior Tribunal de Justiça, no qual eram pacientes alguns integrantes do Movimento dos Sem-Terra, presos em flagrante na data de 6.5.1999, sob a acusação da prática de crimes de formação de quadrilha, desobediência e esbulho possessório, em razão dos fatos ocorridos durante a reintegração de posse de uma fazenda invadida. Os ministros, por unanimidade, concederam a ordem de *habeas corpus* por entenderem que estavam ausentes os pressupostos da prisão preventiva, que, *in casu*, feria o princípio constitucional do estado de inocência.[871]

Por fim, uma questão recente que gerou e ainda gera profundo debate nas Cortes Superiores pode ser tratada com diferenças jurídicas, inclusive como dirimente supralegal, que é o caso de *abortamento de fetos anencefálicos*.

Seria, logicamente, possível discutir a atipicidade por ausência de vida intrauterina, a falta de imputação objetiva e até mesmo a aplicação da analogia *in bonam partem* às regras permissivas do art. 128 do Código Penal, máxime quando a mãe corre risco de vida e, nesse caso, insuportável risco psicológico de carregar no ventre um feto sem viabilidade de vida fora do útero.

---

[869] NUCCI, Guilherme de Souza. *Curso de direito penal*: parte geral. 4. ed. Rio de Janeiro: Forense, 2020. p. 411.

[870] DOTTI, René Ariel. *Curso de direito penal*: parte geral. 6. ed. Rio de Janeiro: Forense, 2018. p. 656-657.

[871] MAUTONE, Débora Cunha. A inexigibilidade de conduta diversa como causa supralegal de exclusão da culpabilidade. *Jus Navigandi*, Teresina, ano 19, n. 4019, 3 jul. 2014. ISSN 1518-4862. Disponível em: https://jus.com.br/artigos/29960. Acesso em: 16 set. 2020.

O Ministro Ricardo Lewandowski defendeu ser o anencéfalo detentor de vida e, portanto, sujeito de direito protegido pelo ordenamento jurídico. O ministro procurou afastar a possibilidade de ser essa hipótese de interrupção caso de excludente de ilicitude, pois segundo ele o legislador infraconstitucional definiu apenas duas situações em que o aborto será isento de pena (art. 128, I e II, do Código Penal), destacando que, se fosse vontade do legislador, este teria promovido alteração da legislação de modo a incluir tal hipótese entre aquelas previstas na lei.

Na Arguição de Descumprimento de Preceito Fundamental nº 54, a tese da atipicidade da conduta como se percebe no voto do Ministro Marco Aurélio de Mello foi a majoritária,[872] mas o Ministro Celso de Mello, embora tenha defendido o argumento da atipicidade da conduta analisada, asseverou que mesmo que se considerasse típica a conduta referente à antecipação terapêutica de parto de feto anencefálico, ainda assim não haveria como reconhecer delituosidade em tal comportamento, eis que estaria configurada uma causa supralegal de exclusão da culpabilidade na modalidade inexigibilidade de conduta diversa,

> uma vez que inexistente, em tal contexto, motivo racional, justo e legítimo que possa obrigar a mulher a prolongar, inutilmente, a gestação e a expor-se a desnecessário sofrimento físico e/ou psíquico, com grave dano à sua saúde e com possibilidade, até mesmo, de risco de morte, consoante esclarecido na Audiência Pública que se realizou em função deste processo.[873]

Por fim, vale aqui uma nota a respeito do instituto da *infiltração de agentes*.

A infiltração de agentes é uma técnica especial de investigação, mediante a qual um agente policial é judicialmente autorizado, infiltra-se em uma organização criminosa, simulando ser um de seus integrantes, para buscar informações e reunir provas acerca de sua estrutura, funcionamento e identificação de seus reais membros, tendo por escopo apurar crimes passados e presentes, evitar crimes futuros e desmantelar referida organização.

O instituto consta das Leis nº 11.343/2006 e nº 12.850/2013 e, mais recentemente, sob a forma de infiltração *virtual* de agentes, novidade trazida pela Lei nº 13.441/2017, que incluiu os arts. 190-A a 190-E no Estatuto da Criança e do Adolescente (Lei nº 8.069/90).

Eis a redação do art. 13 da Lei nº 12.850/13:

> Art. 13. O agente que não guardar, em sua atuação, a devida proporcionalidade com a finalidade da investigação, responderá pelos excessos praticados.
> Parágrafo único. Não é punível, no âmbito da infiltração, a prática de crime pelo agente infiltrado no curso da investigação, quando inexigível conduta diversa.

O art. 13 da Lei de Combate ao Crime Organizado determina que o agente infiltrado deve guardar, em sua atuação, a "devida proporcionalidade com a finalidade da investigação", sob pena de responder "pelos excessos praticados". Prevê, também,

---

[872] MELLO, Marco Aurélio Mendes de Faria. Voto ADFP 54, 2012. STF, ADPF nº 54: Inteiro Teor. Brasília, 2012. Disponível em: http://redir.stf.jus.br/paginadorpub/paginador.jsp?docTP=TP&docID=3707334. Acesso em: 02 jun. 2020.

[873] MELLO FILHO, José Celso de. Voto ADPF 54. STF, ADPF nº 54: Inteiro Teor. Brasília, 2012. Disponível em: http://redir.stf.jus.br/paginadorpub/paginador.jsp?docTP=TP&docID=3707334. Acesso em: 02 jun. 2020.

em seu parágrafo único, que "não é punível no âmbito da infiltração, a prática de crime pelo agente infiltrado no curso da investigação, quando inexigível conduta diversa".[874]

Evidentemente, o agente infiltrado não responderá penalmente pela prática do crime do art. 2º da Lei nº 12.850/2013, porque ele não possui o elemento subjetivo da estrutura típica, já que não queria associar-se, tampouco buscar vantagem. Ademais, o policial está autorizado pelo juiz a exercer esse mister, estando, pois, diante do estrito cumprimento do dever legal, dirimente prevista no art. 23, III, do Código Penal. "Desta feita, seja por atipicidade seja por licitude da conduta, não há que se falar em responsabilidade penal".[875]

Contudo, existe a possibilidade de o agente infiltrado cometer delitos outros por ocasião da infiltração devidamente autorizada.

Nesse sentido, a doutrina diverge muito quanto à *natureza jurídica* da exclusão da responsabilidade penal do agente infiltrado. Há posicionamento em diversos sentidos: a) escusa absolutória, sob o argumento de que o agente é isento de pena por opção de política criminal adotada pelo legislador; b) estrito cumprimento do dever legal (*causa excludente de ilicitude*), tendo em conta que o agente age dentro de sua atribuição funcional, autorizado pelo juiz, de maneira que seus atos são lícitos, salvo se agir com excesso;[876] c) atipicidade penal pelo risco permitido (*teoria da imputação objetiva*), posto que a ação é permitida por lei e autorizada judicialmente, não podendo, pois, ser criminosa; d) atipicidade conglobante (*teoria da tipicidade conglobante*), segundo a qual uma conduta típica é, como regra, antinormativa e reprovável, não sendo coerente, num ordenamento jurídico harmônico, que uma norma proíba aquilo que outra norma permita e até mesmo incentive; e) inexigibilidade de conduta diversa (causa excludente de culpabilidade), sob a justificativa de que a única opção para o agente seguir infiltrado é a prática do crime, de forma que outro comportamento não possa dele ser exigido; f) a Lei nº 12.850/2013 adotou uma teoria mista, que engloba aspectos da segunda e da quinta posição, tendo em vista que tratou do tema sob dois focos diversos, prevendo no art. 13, *caput*, o estrito cumprimento do dever legal, e, no seu parágrafo único, a inexigibilidade de conduta diversa.

Compartilhamos desse entendimento defendido por Zanella,[877] Bitencourt e Busato,[878] reconhecendo a natureza híbrida do instituto. Assim, se o delito praticado pelo agente infiltrado estiver previsto no *plano operacional* da infiltração (autorizado judicialmente), haverá uma causa de justificação consistente no *estrito cumprimento do dever legal*, de forma que o agente somente responderá em caso de excesso (exceder-se nos limites do que foi autorizado). Entretanto, se o crime praticado não tiver relação com a investigação em curso (não prevista no *plano operacional* autorizado judicialmente),

---

[874] ZANELLA, Everton Luiz. *Infiltração de agentes e o combate ao crime organizado*: análise do mecanismo probatório sob os enfoques da eficiência e do garantismo. Curitiba: Juruá, 2016. p. 206.
[875] ZANELLA, Everton Luiz. *Infiltração de agentes e o combate ao crime organizado*: análise do mecanismo probatório sob os enfoques da eficiência e do garantismo. Curitiba: Juruá, 2016. p. 206.
[876] PACHECO, Rafael. *Crime organizado*: medidas de controle e infiltração policial. Curitiba: Juruá, 2007. p. 133.
[877] ZANELLA, Everton Luiz. *Infiltração de agentes e o combate ao crime organizado*: análise do mecanismo probatório sob os enfoques da eficiência e do garantismo. Curitiba: Juruá, 2016. p. 206.
[878] BITENCOURT, Cezar Roberto; BUSATO, Paulo César. *Comentários à Lei de Organização Criminosa*: Lei nº 12.850/2013. São Paulo: Saraiva, 2014. p. 180.

não haverá mais excludente da ilicitude, mas sim da culpabilidade, se for inexigível do agente um comportamento diverso daquele praticado, presente, pois, a causa de isenção de pena distinta daquelas nominadas no Código Penal.

V

DO CONCURSO DE PESSOAS

1 Regras gerais

Quando se fala em sujeitos do crime, estamos fazendo referência ao autor da infração penal (sujeito passivo) e às vítimas (sujeitos passivos).

A infração penal, como regra, será praticada por um único sujeito (crimes unissubjetivos), podendo, eventualmente, ser praticada por mais de um sujeito (crimes plurissubjetivos ou de concurso necessário ou compulsório), como se dá na rixa (art. 137, CP), na bigamia (art. 235, CP) e na associação criminosa (art. 288, CP) etc.

Essa classificação é relevante haja vista que nos crimes plurissubjetivos é necessária a pluralidade de agentes para a própria configuração do delito. Eles se subdividem em:[879] a) *crime plurissubjetivo de condutas convergentes ou bilaterais:* as condutas dos agentes devem se direcionar uma em direção à outra (bigamia); b) *crime plurissubjetivo de condutas paralelas:* as condutas dos indivíduos devem atuar paralelamente, possibilitando a prática delitiva (associação criminosa); c) *crime plurissubjetivo de condutas contrapostas:* as condutas dos agentes devem ir de encontro umas às outras, ou seja, se contraporem (rixa).

Nos crimes de concurso necessário, como no exemplo da associação criminosa (art. 288 do Código Penal), todos os agentes envolvidos na conduta delitiva são tidos como coautores.

De qualquer sorte, como mencionado, em regra, qualquer infração pode ser praticada por uma única pessoa. Contudo, nem sempre a infração penal é obra de um só homem.

Como se verá, nos crimes unissubjetivos, o autor do crime poderá contar com a contribuição, cooperação, auxílio e participação de terceiros, que, pela regra de extensão

---

[879] Classificação também adotada por Rogério Sanches Cunha (*Manual de direito penal*: parte geral. Salvador: Juspodivm. 8. ed. 2020, p. 225). Cleber Masson usa outra denominação, denominando os crimes plurissubjetivos, em sua subdivisão e na mesma ordem acima mencionada, de crimes bilaterais ou de encontro; crimes de condutas coletivas ou de convergência de condutas paralelas e de crimes de condutas coletivas ou de convergência de condutas paralelas (MASSON, Cleber. *Direito penal*: parte geral (arts. 1º a 120). 14. ed. São Paulo: Método, 2020. v. 1. p. 176-177). Na obra *Direito penal brasileiro*, de Juan Carlos Olivé e outros, a subdivisão é feita entre os plurissubjetivos de convergência ou coincidência, em que a atuação de todos é uniforme para atingir um mesmo objetivo, como no constrangimento ilegal por coautoria, e plurissubjetivos de encontro, em que a intervenção de cada um é independente, como na advocacia administrativa (OLIVÉ, Juan Carlos; NUÑES PAZ, Miguel Ángel; OLIVEIRA, Willian Terra de; BRITO; Alexis Couto de. *Direito penal brasileiro*. Parte geral: princípios fundamentais e sistema. 2. ed. São Paulo: Saraiva, 2017. p. 259).

do art. 29, CP, estudada no capítulo "Concurso de agentes", responderão na medida de sua contribuição e responsabilidade:

> Art. 29. Quem, de qualquer modo, concorre para o crime incide nas penas a este cominadas, na medida de sua culpabilidade.
> §1º Se a participação for de menor importância, a pena pode ser diminuída de um sexto a um terço.
> §2º Se algum dos concorrentes quis participar de crime menos grave, ser-lhe-á aplicada a pena deste; essa pena será aumentada até metade, na hipótese de ter sido previsível o resultado mais grave.

Por diferentes razões, seja para a execução ou impunidade, seja para assegurar diferentes interesses, por vezes, várias pessoas se reúnem, com o mesmo propósito, dividindo tarefas e papéis que integram o tipo penal.

Justamente quando várias pessoas concorrem para a realização da infração penal, fala-se em codelinquência, concurso de agentes, coautoria, participação, coparticipação ou concurso de delinquentes (*concursus delinquentium*).

Nos textos das Ordenações do Reino de Portugal, ao longo dos diversos capítulos integrantes do Livro V, notava-se que, como regra, o autor do crime era assim entendido como quem realizasse a conduta proibida; em alguns casos, notava-se expressa referência ao executor material e ao partícipe, como no tratamento legal do homicídio, ao se impor pena capital a quem "matar outra (pessoa), o mandar matar" (Título XXXV do Livro V das Ordenações Filipinas); o mesmo se via no Título XXXII do Livro V das Ordenações Afonsinas: "[...] todo homem, ou molher, que a outrem meter merda em boca, ou mandar meter, moira porem".

Já o Código Criminal de 1830 regulava a matéria nos arts. 4º (autores como aqueles que "cometerem, constrangerem ou mandarem alguém cometer crimes") e 5º e 6º (que definiam como cúmplices "todos mais que diretamente concorrerem para se cometer crimes", "receberem, ocultarem ou comprarem coisas obtidas por meios criminosos" ou "derem asilo ou prestarem sua casa para reunião de assassinos ou roubadores, tendo conhecimento de que cometem ou pretendem cometer tais crimes).

O Código Penal de 1890, de sua parte, distinguia autores e cúmplices nos arts. 18 a 21. Eram autores aqueles que "diretamente resolverem ou executarem o crime", "provocarem e determinarem outros a executá-los", "prestarem auxílio sem o qual o crime não teria sido cometido", "diretamente executarem o crime por outrem resolvido", "aquele que mandar, ou provocar, alguém a cometer crime". Os cúmplices eram quem fornecesse instruções para alguém cometer o crime ou prestasse auxílio à sua execução (desde que não houvesse resolvido ou provocado o crime), quem prometesse auxílio ao agente durante a execução do crime, quem recebesse, ocultasse ou comprasse coisas obtidas por meios criminosos e quem desse asilo ou emprestasse sua casa a assassinos ou roubadores, sabendo de suas intenções delitivas.

O Código Penal de 1940 inspirou-se no Código italiano de 1930 e simplificou a matéria, dela cuidando no Título IV da Parte Geral, em três artigos. O art. 25 acolhia um conceito extensivo de autor, de inspiração causal: "Quem, de qualquer modo, concorre para o crime incide nas penas a este cominadas". O art. 26 disciplinava a comunicabilidade das circunstâncias (de maneira idêntica ao atual art. 30). O art. 27 referia-se à participação impunível, tal como o faz o atual art. 31, mas permitia (diversamente da atual legislação) que se impusesse medida de segurança em tais casos.[880]

A Reforma da Parte Geral, de 1984, aperfeiçoou consideravelmente a disciplina do tema, a começar pela denominação. Abandonou-se a expressão "coautoria" e, no seu lugar, substituiu-se por "concurso de pessoas".

Como regra que se depreende da redação do *caput* do art. 29 do Código Penal, o nosso ordenamento adotou a chamada *teoria unitária (monista ou monística)*, segundo a qual todos que concorrem para a prática da infração respondem pelo mesmo crime.

No que se refere às *teorias que tratam da responsabilização de coautores e partícipes*, temos como exceções da Teoria Unitária as teorias Dualista e Pluralista.

Essas várias concepções teóricas podem ser sintetizadas em dois grupos: unitárias (que não diferenciam autores e partícipes) e diferenciadoras (diferenciam os dois personagens).

A *teoria subjetiva, monista ou unitária*, como dito, não diferencia autor e partícipe, considerando-se autor todo aquele que, de alguma forma, contribui para a produção do resultado. De igual modo, a *teoria extensiva* também não distingue autor de partícipe, mas permite o estabelecimento de graus diversos de autoria, com previsão de causas de diminuição conforme a relevância da sua contribuição.

Já a *teoria objetiva ou dualista* estabelece clara distinção entre autor e partícipe e se subdivide em: a) *objetivo-formal* (autor é quem realiza a ação nuclear típica, e partícipe é quem concorre de qualquer forma para o crime); b) *objetivo-material* (autor é quem contribui objetivamente de forma mais efetiva para a ocorrência do resultado, não necessariamente praticando a ação nuclear típica, enquanto o partícipe, por outro lado, é o concorrente menos relevante para o desdobramento causal, ainda que sua conduta consista na realização do núcleo do tipo).

A *teoria dualista* não é adotada pelo nosso sistema em nenhuma hipótese. Tal teoria separa quem seja autor e coautor de um lado e partícipe do outro. Os autores respondem por um crime e os partícipes, por outro.

Agora, diferentemente ocorre com a *teoria pluralista*, que encontra exceções de aplicabilidade em nosso ordenamento. Segundo ela, havendo concurso de pessoas, cada um dos agentes responderá por um tipo penal específico pela sua participação (diversidade de tipificações penais).

Segundo essa teoria, no concurso de pessoas não ocorre apenas pluralidade de pessoas, mas também de crimes. A cada um dos participantes corresponde uma conduta própria, um elemento psicológico próprio, um resultado próprio, devendo-se, pois, concluir que cada um responde por delito próprio. Há pluralidade de agentes e pluralidade de crimes. Considera cada um dos participantes como responsável por um delito próprio e punível em harmonia com seu significado antissocial. Trata-se, pois, de teoria subjetiva, ao contrário da unitária, que é objetiva.

Vemos exemplos da Teoria Pluralista na Lei de Drogas (Lei nº 11.343/06), eis que há tipos penais distintos para diferentes formas de se praticar o comércio de drogas.

---

[880] ESTEFAM, André. *Direito penal*: parte geral (arts. 1º a 120). 10. ed. São Paulo: Saraiva, 2021. p. 340-341.

Dois exemplos mais importantes: comércio em sentido estrito (art. 33), semeadura e cultivo (art. 33, §1º, II), laboratório clandestino para produção (art. 34), associação para o tráfico (art. 35), financiamento (art. 36), informante (art. 37), entre outros.

No Código Penal, dois exemplos são marcantes: o aborto e a corrupção.

No caso de prática de aborto por terceiro com consentimento da gestante, esta responde nos termos do art. 124 do CP, enquanto o terceiro que praticou com o consentimento dela, pelo art. 126 do CP.

Já o corrupto responde nos termos do art. 317 (corrupção passiva), enquanto o corruptor, nos termos do art. 333 (corrupção ativa), ambos do Código Penal.

Ademais, a teoria pluralística também foi adotada como exceção pelo Código Penal, no §2º do art. 29.[881]

Para restar configurado o concurso de pessoas, basta a presença de quatro requisitos: 1º) *pluralidade de agentes* e condutas; 2º) *relevância causal* de cada uma delas; 3º) *liame subjetivo* (psicológico) *entre os agentes* (consciência de que cooperam numa ação comum); 4º) *identidade de infração* para todos os participantes (todos contribuem para o mesmo crime).

Presentes esses requisitos, teremos o concurso de agentes sob a forma de autoria ou participação.

2 Autoria e coautoria

Chamamos, tradicionalmente, de *autor* do crime aquele que executa a ação ou omissão nuclear, ou verbo da norma penal incriminadora.

Haverá, pois, a *coautoria* com a ciente e voluntária participação de duas ou mais pessoas na infração penal. Há convergência de vontades objetivando o crime, independentemente de acordo prévio. Não será necessário prévio ajuste nem que todos exerçam a mesma conduta, mas sim que todos adiram e saibam do propósito do outro (liame subjetivo).

Registre-se que, nos *crimes de autoria coletiva*, é prescindível, segundo o STF e STJ, a descrição minuciosa e individualizada da ação de cada acusado, basta a narrativa das condutas delituosas e da suposta autoria, com elementos suficientes para garantir o direito à ampla defesa e ao contraditório.[882]

Essa convergência de vontade é ocasional nos crimes unissubjetivos e justamente isso configura o concurso de pessoas. Assim, ela difere do concurso necessário, em que, como mencionado, a pluralidade de agentes integra as elementares do tipo penal e é compulsória (bigamia, rixa, associação criminosa etc.).

No que diz respeito à possibilidade de *coautoria em crime culposo*, a Exposição de Motivos à Parte Geral original do CP expressamente declarava a possibilidade da coautoria nos delitos culposos[883] (nº 24). Também a jurisprudência a admite. Em um de seus precedentes, o STF declarou solucionada, em sentido afirmativo, a questão sobre

---

[881] Art. 29, §2º, CP: "Se algum dos concorrentes quis participar de crime menos grave, ser-lhe-á aplicada a pena deste; essa pena será aumentada até metade, na hipótese de ter sido previsível o resultado mais grave".

[882] Exemplificativamente: STJ. HC 129.216, Rel. Min. Sebastião Reis Júnior, 6ª T, j. 18/12/2014, DJe 05/02/2015.

[883] STF, DJU de 12.09.1977, p. 6.169; o extinto TACrimSP, RT 608/328; 684/325; 687/302.

o concurso de pessoas em crime culposo, "pois neste tanto é possível a cooperação material quanto à cooperação psicológica, isto é, no caso de pluralidade de agentes, cada um destes tem consciência de cooperar na ação".[884]

A doutrina ainda destaca a denominada *coautoria sucessiva*. Que, segundo Roxin, trata-se da hipótese na qual o sujeito se agrega posteriormente a uma ação já iniciada, para fins de continuar a execução do delito em conjunto com os demais agentes.[885] Batista considera ser possível coautoria sucessiva não só até a consumação, mas também até o exaurimento do crime, "sem olvidar a existência dos requisitos da coautoria comum".[886]

Autores e coautores, para a teoria *formal, objetiva e restritiva*, adotada pelo ordenamento jurídico nacional, serão quem executa, juntamente com outras pessoas, ação ou omissão que configura o delito. Funda-se no princípio da divisão do trabalho. E, diga-se, desde já, haverá concurso de pessoas mesmo que o autor conte com a colaboração de menores ou incapazes.

Assim, teremos autoria sempre que um sujeito participa ativamente do crime, como autor imediato, praticando o verbo do tipo penal. Ocorre que é possível que o agente se valha de uma pessoa não culpável ou que age sem dolo, induzida em erro ou culpa para a prática de uma infração penal.

Trata-se da chamada *autoria mediata*.

Nesse caso, não há coautoria por falta de vínculo entre os agentes. Ele não tem condições de realizar uma colaboração do crime. A única exceção ocorrerá quando a pessoa for inimputável pela idade (convencimento de uma pessoa menor de 18 anos para praticar, em nome do autor mediato, o crime, havendo, nesse caso, excepcionalmente coautoria).

Em outras palavras, na autoria mediata, o executor atua sem culpabilidade, mediante determinação de outrem que tem o domínio do fato. Como exemplos: a enfermeira que administra veneno, pensando ser remédio, a um paciente por ordem de um médico que a induziu em erro; o crime praticado por insano mental ou menor de idade mediante determinação de terceiro; crimes praticados mediante coação irresistível.

Em síntese, na autoria mediata o executor pode estar nas seguintes condições: menoridade penal; doença mental; desenvolvimento incompleto; indução em erro essencial; coação física e moral irresistível; obediência hierárquica a ordem não manifestamente ilegal.[887]

Embora para a maioria da doutrina não se trate propriamente de concurso de agentes, visto que somente o autor mediato praticou o crime, para fins de aplicação de

---

[884] STF, rel. Min. Oscar Corrêa, Jutacrim 89/465.
[885] ROXIN, Claus. *Autoría y dominio del hecho en Derecho penal*. 1. ed. Madrid: Marcial Pons Ediciones Jurídicas y Sociales, S.A., 2016. p. 320 (tradução livre). Nucci, por sua vez, coloca que tal se dá "quando a conduta do autor inicial chegou a um determinado ponto culminante e é terminada por outrem, que adere à vontade inicial, chegando a crime mais grave". Para o autor, é preciso cautela a fim de não se confundir sucessividade com concomitância (NUCCI, Guilherme de Souza. *Curso de direito penal*: parte geral. 4. ed. Rio de Janeiro: Forense, 2020. p. 635.).
[886] BATISTA, Nilo. *Concurso de agentes*: uma investigação sobre os problemas da autoria e da participação no direito penal brasileiro. Rio de Janeiro: Lumen Juris, 2008. p. 116-119.
[887] O conceito de autoria mediata será retomado à frente para tratar das teorias do domínio do fato e domínio da organização criminosa. Não obstante o Código Penal não contenha previsão expressa a respeito do conceito de autoria mediata, traz cinco hipóteses em que o instituto é aplicável: imputabilidade penal (art. 62, III); coação moral irresistível (art. 22); obediência hierárquica (art. 22); erro de tipo escusável provocado por terceiro (art. 20, §2º); erro de proibição escusável provocado por terceiro (art. 21, *caput*).

pena, a jurisprudência entende que devam ser aplicadas as qualificadoras do concurso de agentes, como se dá no roubo ou no furto.

Suponha-se que duas pessoas querem matar um terceiro. Por coincidência, eles resolvem matar a mesma pessoa nas mesmas circunstâncias. Os dois se escondem e, quando o alvo passa, os dois atiram. Essa hipótese é tratada como *autoria colateral*, não havendo que se falar em coautoria pela ausência de vínculo subjetivo entre os agentes. Logo, não se aplica a regra do art. 29. Se a vítima morrer, provado, pela perícia, quem foi o responsável pelo resultado morte, este responderá por homicídio consumado e o outro sujeito, por homicídio tentado.

Seria possível, no entanto, que na hipótese de autoria colateral não se chegasse à conclusão de quem fora o responsável pelo resultado, ou seja, ausente a prova do nexo de causalidade.

Trata-se aqui da *autoria incerta* ou *imprópria* que ocorre quando há dois ou mais agentes, com o mesmo propósito, mas sem liame subjetivo, sem saber-se qual deles provocou o resultado. A título ilustrativo, duas pessoas disparam ao mesmo tempo contra A, sem que uma conheça a intenção da outra, cada qual, portanto, tendo de responder por um crime isoladamente. Havendo dúvidas quanto à causa da morte, sobre a autoria, a solução deverá obedecer ao princípio *in dubio pro reo*, punindo-se ambos por tentativa de homicídio, ainda que a vítima tenha morrido.

Nucci, outrossim, cita o instituto da *coautoria sucessiva*, que ocorreria quando a conduta do autor inicial chegou a um determinado ponto culminante e é terminada por outrem, que adere à vontade inicial, chegando a crime mais grave: "A espanca B deixando-o caído e C vem e chuta causando lesões graves. Ambos respondem por lesões graves".[888] É o que se verificaria, por exemplo, com o delito de uso de documento falso por quem não o fabricou ou o adulterou (CP, art. 304) e o auxílio destinado a tornar seguro o proveito do crime, fora os casos do concurso de receptação (CP, art. 349).

3 Participação

A participação não é a execução do crime pela lei brasileira, mas isso se dá por conta da adoção de uma concepção teórica específica.

Historicamente, o Brasil adotava a *teoria subjetiva*, *causal* ou *extensiva* (em que não há qualquer distinção entre autoria e participação). A segunda corrente – *formal*, *objetiva* ou *restritiva* – passou a ser adotada a partir de 1984, criando claramente uma distinção entre coautor e partícipe.[889]

A partir da teoria objetiva, restritiva ou formal, autor e coautor é quem prática o núcleo do tipo penal (verbo descrito do tipo penal). Todos os demais que contribuíram para a prática da infração, sem praticar o núcleo do tipo, ou seja, que instigaram, auxiliaram, induziram, cooperaram são considerados partícipes, eis que praticam, à margem do tipo penal, atos úteis, relevantes e necessárias para a execução do crime.

---

[888] NUCCI, Guilherme de Souza. *Curso de direito penal*: parte geral. 4. ed. Rio de Janeiro: Forense, 2020. p. 554.
[889] Como se verá nos próximos capítulos, uma terceira teoria que vem alterando o conceito de participação: a teoria do domínio do fato.

Dá-se a participação quando o sujeito, não praticando atos executórios do crime, concorre de qualquer modo para a sua realização. Ele não realiza conduta descrita pelo preceito primário da norma, mas realiza uma atividade que contribui para a formação do delito.[890]

Deve haver homogeneidade de elemento subjetivo, isto é, só haverá participação dolosa em crime doloso. Não é possível, como consequência, participação dolosa em crime culposo ou participação culposa em crime doloso. Estefam bem exemplifica a questão:

1) Um médico, por descuido, entrega à enfermeira uma injeção que contém substância letal. Ela, por sua vez, percebendo essa circunstância, dela se aproveita para matar o paciente (dolosamente). Seria o médico partícipe do homicídio doloso praticado pela enfermeira? Não, em face da diversidade de elemento subjetivo. O médico, nesse caso, deve responder pelo resultado a título de culpa, ou seja, por homicídio culposo, e a enfermeira, por homicídio doloso (há 2 crimes, um para cada um dos agentes, e não só um crime em concurso). 2) Alguém entrega uma arma verdadeira e carregada a outra pessoa, fazendo-a acreditar que se trata de arma de brinquedo. Em seguida, passa a incentivá-la a apertar o gatilho contra um terceiro. A pessoa, inadvertidamente, pressiona o gatilho supondo tratar-se de arma finta, e acaba por matar a vítima, praticando um homicídio culposo. Aquele que lhe entregou a arma é partícipe desse crime? Não. É autor de um crime doloso (autoria mediata).[891]

A conduta do partícipe, além de preencher os requisitos básicos do concurso de pessoa, é preciso enfatizar, precisa ser eficaz, no sentido de haver provocado ou facilitado a conduta principal ou a eclosão do resultado.[892]

Segundo, portanto, a teoria formal, a *participação* constitui uma atividade acessória daquele que colabora para a conduta do autor com a prática de uma ação que, em si mesma, não é penalmente relevante. Essa conduta somente passa a ser relevante quando o autor, ou coautores, iniciam ao menos a execução do crime.[893] Essa é justamente a redação do art. 31 do Código Penal:

> Art. 31. O ajuste, a determinação ou instigação e o auxílio, salvo disposição expressa em contrário, não são puníveis, se o crime não chega, pelo menos, a ser tentado.

O art. 31 determina que o ajuste, a determinação ou instigação e o auxílio, salvo disposição em contrário, *não são puníveis* se o crime não chega, pelo menos, *a ser tentado*; assim, são impuníveis as formas de concurso quando o delito não chega à fase de execução.

A participação pode ocorrer em qualquer das fases do *iter criminis*; considerada isoladamente a conduta do executor, pode acontecer inclusive antes da cogitação: caso de determinação ou induzimento; uma das consequências de configurar a participação partindo da relação de causalidade é a exclusão de qualquer conduta que não realize ou contribua para a produção do crime; em face disso, o fato que constitui a participação

---

[890] Nesse sentido do texto: RT, 494:339, 572:393 e 644:266; RJTJSP, 37:288 e 40:317.
[891] ESTEFAM, André. *Direito penal*: parte geral (arts. 1º a 120). 10. ed. São Paulo: Saraiva, 2021. p. 345.
[892] Nesse sentido: RJTJSP, 46:332; JTJ, 146:295 e 302; RT, 546:449 e 713:341 e 343; JTACrimSP 39:278, 48:361 e 58:169.
[893] Lembrar das exceções de punição dos atos preparatórios de crimes de terrorismo (Lei Antiterror) e sabotagem (Lei de Segurança Nacional).

deve ser cometido antes ou durante a realização do delito; se posterior, não é participação no crime anterior, mas sim delito autônomo.

Aquele que age sobre a vontade do autor, fazendo nascer neste a ideia do crime, poderá responder como partícipe na modalidade *instigação*; caso simplesmente fortaleça a ideia já existente da prática de crime determinado, exercendo-se por meio de conselho, comando, persuasão, mandato, pode responder na modalidade *induzimento*.

Em síntese, instigar é criar a ideia na cabeça do agente e potencial executor do crime; induzir é reforçar a ideia já existente. E o *auxílio* será qualquer tipo de colaboração material, como exemplo, quem fornece a arma para a prática de um homicídio.

Caso essa instigação ou induzimento sejam realizados publicamente, poderão constituir, eventualmente, o delito de incitação pública ao crime (art. 286, CP).

A *cumplicidade*, por sua vez, constitui a contribuição feita pelo sujeito prestando auxílio ao autor, exteriorizando-se a conduta por um comportamento ativo ou omissivo, desde que esse ato não configure o verbo do tipo penal, sob pena de se tornar coautoria.

Há diferentes teorias relacionadas à acessoriedade da participação, que, a rigor, representam, cada qual, a verificação do nível de dependência que a conduta do partícipe deve possuir em relação à conduta do autor. São elas: a) teoria da acessoriedade extremada; b) teoria da acessoriedade limitada; c) teoria da acessoriedade mínima; e d) teoria da hiperacessoriedade.

De acordo com a *teoria da acessoriedade extremada* ou *teoria da acessoriedade extrema*, para que se possa punir o partícipe, o autor tem que praticar um fato típico, antijurídico e culpável. Já na *teoria da acessoriedade mínima*, para a punição do partícipe, basta que o autor tenha praticado um fato típico, não se analisando os demais elementos do crime.

A *teoria da acessoriedade limitada* considera que a punibilidade do partícipe depende de o fato principal ser típico e antijurídico para seu autor. Dessa maneira, não se faz necessário que o autor seja culpável, uma vez que a culpabilidade é um fator pessoal (teoria mais aceita no Brasil).[894]

A *teoria da hiperacessoriedade*, que representa uma radicalização da teoria extremada, acresce às categorias essenciais do delito – tipicidade, antijuridicidade e culpabilidade – a punibilidade, considerando também necessária sua incidência na responsabilização penal do partícipe. Dessa forma, não apenas o fato deve ser típico, antijurídico e culpável ao seu autor para fins de punição do partícipe, como, também, há de ser aquele punível, pelo que, *e.g.*, caso ocorra a extinção da punibilidade pela morte do autor, tal beneficiará o partícipe. Essa teoria mostra-se equivocada, tendo em vista a manifesta injustiça que enseja. Por conseguinte, não possui relevância doutrinária.[895]

Ainda que exista, portanto, a distinção de autor e partícipe, o art. 29, *caput*, do Código Penal garante que a pena do partícipe pode até ser maior que a do autor: "na medida de sua culpabilidade".

Quando um magistrado sentencia um processo, ele não pode fixar as penas de maneira aleatória. Ele deve, obrigatoriamente, individualizar as penas e, nesse juízo

---

[894] BITENCOURT, Cezar Roberto. *Tratado de direito penal*: parte geral. 31. ed. São Paulo: Saraiva, 2020. v. 1. p. 569.
[895] SOUZA, Luciano Anderson de. *Direito penal*: parte geral. 3. ed. São Paulo: Revista dos Tribunais, Thomson Reuters, 2022. v. 1. p. 445-446.

individualizado, o juiz poderá chegar a uma pena superior dos partícipes se comparada à do autor do fato. Dependerá sempre do grau de culpabilidade de cada um dos agentes.

De outra parte, o §1º do art. 29 disciplina a *participação de menor importância*, fixando uma causa geral de diminuição da pena, que pode variar de 1/3 a 1/6, em relação a partícipe que tenha desempenhado papel menos relevante na prática do crime.

Como mensurar, contudo, o que seria participação de menor importância?

Será aquela sem a qual o crime continuaria a existir ao menos de forma semelhante àquela em que ele efetivamente ocorreu. Será, no entanto, necessário um juízo de valor diante das circunstâncias do caso concreto, em conformidade com as circunstâncias materiais que o envolveram.

Consigne-se que uma pena distinta e até mesmo uma sanção premial mais branda hoje é possível em crimes praticados no contexto de organizações criminosas, quando presente e plausível o instituto da *colaboração premiada*.[896]

Outrossim, o §2º do art. 29 do Código Penal trata da *cooperação dolosamente distinta*, aduzindo que, se algum dos concorrentes quis participar de crime menos grave, ser-lhe-á aplicada a pena deste; essa pena será aumentada até a metade, na hipótese de ter sido previsível o resultado mais grave; esse dispositivo cuida da hipótese de o autor principal cometer delito mais grave que o pretendido pelo partícipe.

Como já mencionado, a *exceção pluralística* foi adotada no §2º do art. 29.[897]

Por exemplo: em um galpão cercado de mato e aparentemente abandonado, várias pessoas combinaram de furtar determinado bem avistado no local. Dois ficam no carro, um arromba a porta e um entra. O quarto se depara com um vigia e esse vigia quis reagir. Assim, o quarto mata o vigia (latrocínio), sendo certo, segundo esse dispositivo, que o que ficou de campana não pode ser condenado por latrocínio e deve responder por furto.

No exemplo ilustrado, o agente que faz a campana deve responder por furto por não conseguir prever o evento morte, mas, se esse resultado fosse previsível, ele continuaria a responder por furto, porém com as penas aumentadas em metade.

Contudo, os tribunais têm sido duros com a hipótese de latrocínio, aduzindo que quem pratica furto ou roubo portando arma de fogo, e isso é do conhecimento de todos, assume o risco do evento morte e deve responder por latrocínio.[898]

---

[896] Lei nº 12.850/13: "Art. 4º O juiz poderá, a requerimento das partes, conceder o perdão judicial, reduzir em até 2/3 (dois terços) a pena privativa de liberdade ou substituí-la por restritiva de direitos daquele que tenha colaborado efetiva e voluntariamente com a investigação e com o processo criminal, desde que dessa colaboração advenha um ou mais dos seguintes resultados: I – a identificação dos demais coautores e partícipes da organização criminosa e das infrações penais por eles praticadas; II – a revelação da estrutura hierárquica e da divisão de tarefas da organização criminosa; III – a prevenção de infrações penais decorrentes das atividades da organização criminosa; IV – a recuperação total ou parcial do produto ou do proveito das infrações penais praticadas pela organização criminosa; V – a localização de eventual vítima com a sua integridade física preservada".

[897] Art. 29, §2º, CP: "Se algum dos concorrentes quis participar de crime menos grave, ser-lhe-á aplicada a pena deste; essa pena será aumentada até metade, na hipótese de ter sido previsível o resultado mais grave".

[898] O coautor, que participa de roubo armado, responde pelo latrocínio ainda que o disparo tenha sido efetuado só pelo comparsa. Sendo desnecessário saber-se qual dos coautores do latrocínio desferiu o tiro, todos eles respondem pelo fato. (TJSP, Ap.Crim. n.173.654-3 – Ourinhos – 6ª Câmara Criminal – Relator: Nélson Fonseca – 09.03.95 – V.U); não aproveitável a exculpatória de que o disparo fatal tenha ocorrido acidentalmente, ou por culpa de quem portava a arma no ato da intimidação, pois, sendo o latrocínio uma modalidade de roubo qualificado pelo resultado, configura-se muito embora o evento morte não tenha sido desejado pelo agente (TJSP, Apelação Criminal nº 204.256-3 – Assis – 3ª Câmara Criminal – Relator: Gonçalves Nogueira –01/07/1996 – v.u.; HC 74.861/SP).

Vale, ainda, consignar que haverá *participação mediante omissão* quando existe a obrigação de impedir o delito, que o omitente permite ou procede de forma que ele se realize. Existe nela um não fazer correlatado a uma obrigação de fazer impeditiva do crime, obrigação esta ligada às formas das quais advém o dever jurídico de obstar a prática do fato (art. 13, §2º, CP). Exemplos: empregado deixa propositadamente aberta a porta da casa de seu patrão objetivando que alguém a furte, ainda que o ladrão desconheça a vontade daquele em auxiliá-lo na subtração: concurso de pessoas; policial que pode evitar o furto e não o faz, contribuindo, pois, para a consumação do crime de furto etc.

De outra parte, há pertinente divergência quanto ao cabimento de *coautoria em crimes propriamente omissivos:* a) a primeira sustenta que se ambos não atenderem a vítima ferida, no caso de uma omissão de socorro (art. 135, CP), há possibilidade de coautoria;[899] b) prevalece, contudo, a doutrina que afirma que essa hipótese, em rigor, configuraria autoria colateral.

Por fim, tema polêmico diz respeito à *conivência* como forma de participação punível. A conivência consiste em omitir voluntariamente o fato impeditivo da prática do crime, ou a informação à autoridade pública, ou retirar-se do local onde o delito está sendo cometido, ausente o dever jurídico de agir; pode-se falar em conivência posterior à prática do crime, caso em que o sujeito, tomando conhecimento de um delito, não apresenta a *notitia criminis* à autoridade pública.

Entretanto, não pode haver participação por conivência (tolerar ou permitir que haja obrigação jurídica nisso).[900] Uma pessoa que poderia ter evitado um furto, mas não o faz sem qualquer dever de agir, não pode ser considerada partícipe, porque essa conivência não é penalmente relevante nos termos do art. 13, §2º, do Código Penal.

Como já mencionado, novas formas de criminalidade vêm demandando novos métodos de investigação e de produção e obtenção de provas, inclusive com novas doutrinas e concepções teóricas que implicam um alargamento da *responsabilização objetiva* em casos de concurso de agentes.

Esse alargamento tem gerado considerável discussão doutrinária e jurisprudencial sobre uma previsão de dolo em determinados casos, uma confusão entre culpa consciente e dolo eventual e uma extensão irrestrita da responsabilidade por omissão *(extensão do conceito de ingerência penal)*.

Outros dois temas contemporâneos se inserem nessa polêmica discussão, máxime no trato do concurso de pessoas: a teoria da cegueira deliberada e as ações neutras em Direito Penal.

Também conhecida como teoria do avestruz, *ignorância deliberada*, cegueira intencional ou provocada, *willful blindness, ostrich instructions* ou doutrina da evitação da consciência (*conscious avoidance doctrine*), teve origem na Inglaterra, no julgamento

---

[899] "Quanto à *coautoria*, caso os agentes tenham igualmente o dever de agir e, em convergência de vontades, não o façam, seja na modalidade própria, seja na imprópria – correspondente, respectivamente, a um dever geral ou particular –, há coautoria. É o que ocorre, nos exemplos dados, caso os amigos estejam juntos na via pública na hipótese do atropelamento, ou do instigador da morte do bebê ser seu pai, o qual, ao lado da mãe, ostenta igualmente a condição de garantidor da criança" (ver nesse sentido: SOUZA, Luciano Anderson de. *Direito penal*: parte geral. 3. ed. São Paulo: Revista dos Tribunais, Thomson Reuters, 2022. v. 1. p. 447).

[900] "Não fica caracterizada a participação do agente pela conduta omissiva de presenciar a prática do crime. A inexistência do dever jurídico de impedir o resultado desvincula o agente da autoria do delito. A sua conivência, ainda que evidenciada, não sendo delituosa, é impunível". Nesse sentido: TACrimSP, RJD 2/70.

do caso *Regina versus Sleep*, de 1861, sendo acolhida nos Estados Unidos e, seguindo a teoria do delito da *common law*, passou por refinamento doutrinário. Contudo, com a evolução da jurisprudência estadunidense, a cegueira deliberada tornou-se aplicada de várias formas, isto é, conforme as conveniências do caso concreto, deixando de apresentar um fundamento sistêmico pronto e acabado.

Vale dizer, o infrator provoca o seu desconhecimento acerca do ilícito, de modo que sua ignorância deliberada passa a equivaler-se ao dolo eventual ou, até mesmo, à culpa consciente.

Na Espanha, o Tribunal Supremo, no julgamento da "sentencia de 10 de dezembro de 2000", restringiu-se à simples menção da cegueira deliberada, envolvendo o caso de um crime de receptação, no qual o sentenciado havia transportado significativas quantidades de dinheiro em espécie a um paraíso fiscal. Alegou o acusado, naquela ocasião, que não tinha conhecimento acerca da origem ilícita do dinheiro, isto é, que era proveniente do tráfico de drogas.

Tem sido aplicada na responsabilidade por atos de improbidade administrativa, previstos nos arts. 9º, 10 e 11 da Lei nº 8.429/92, prevalecendo que esses ilícitos são de natureza de direito administrativo sancionador.

E, se assim já reconhecida, há certa margem de aplicação no âmbito do direito administrativo sancionador, como nos casos da Lei Antitruste (Lei nº 12.529/2011) e da Lei Anticorrupção (Lei nº 12.846/2013).

Para parcela da doutrina, a cegueira deliberada é uma ampliação da *actio libera in causa*, perfazendo um modelo de responsabilidade objetiva à luz do Direito Penal do autor, pois o agente que recebe, adquire ou oculta o bem atuaria sem consciência e vontade para a prática delituosa.

Haverá *cegueira deliberada* quando o réu suspeita do fato, percebe a sua probabilidade, mas evita receber a confirmação final sobre ele, pois busca nisso a possibilidade de negar o conhecimento sobre o referido fato. Assim, a cegueira deliberada ocorre quando o agente cria conscientemente uma barreira para evitar que qualquer suspeita sobre a existência de determinado fato criminoso chegue ao seu conhecimento. Significa dizer, o indivíduo cria em si um intuito consciente de desconsiderar o fato criminoso, situação que permite concluir que o agente deveria estar ciente de elementos que indicavam a alta probabilidade da existência de tal fato criminoso.

Isto posto, embora tradicionalmente o conhecimento exija verdadeira ciência da existência de um fato em particular, as cortes federais americanas consolidaram em sua jurisprudência o entendimento de que também se configuraria o conhecimento sobre determinado fato quando uma pessoa está ciente da alta probabilidade de existência desse fato.

Nesse sentido, a teoria da cegueira deliberada foi criada como alternativa ao verdadeiro conhecimento e, posteriormente, como parte da definição de conhecimento, conforme se verá a seguir.

No julgamento da Ação Penal nº 470, o Supremo Tribunal Federal entendeu que o texto da Lei nº 9.613/98 admitia o dolo eventual em todas as formas de lavagem de dinheiro. Além disso, alguns dos Ministros da Suprema Corte invocaram a doutrina da cegueira deliberada, equiparando-a ao dolo eventual, para fundamentar seus votos: "a possibilidade de configuração do crime de lavagem de valores mediante dolo eventual, com apoio na teoria da cegueira deliberada, em que o agente fingiria não perceber determinada situação de ilicitude para, a partir daí, alcançar a vantagem pretendida".[901]

Em contrapartida, o tema *ações neutras*, inserido na discussão das escolas funcionalistas na Alemanha e em teorias de imputação objetiva, é fruto de debates sobre essa questão que se iniciaram em meados da década de 1980 na dogmática penal alemã. Wohlleben dá notícia de que o termo "ações neutras" surgiu em 23.1.1985 por meio de um acórdão do *Bundesgerichtshof*, em que o referido Tribunal denominou de neutras as ações de cumplicidade dos empregados de certa firma, uma vez que estes colaboraram internamente, e com certa proximidade, na realização, pelo proprietário da empresa, do crime de sonegação fiscal.

Trata-se de tema relevante no estudo do concurso de pessoas, máxime na fixação dos contornos da tipicidade da participação delitiva.

A verificação da neutralidade da conduta dar-se-á na primeira etapa da análise da imputação objetiva, qual seja, a imputação do comportamento. Assim: deve o agente criar um risco; o risco criado deve ser não permitido (por violar normas de cuidado, dever normal de cautela derivado da experiência, resultado previsível, ser exigível o cuidado); o risco não permitido deve contribuir causalmente para o resultado, e este deve estar dentro da abrangência da norma de cuidado (que fixa os limites do risco).

Afastada a tipicidade objetiva, a conduta é reputada neutra sem que se passe ao exame da tipicidade subjetiva (dolo). A título ilustrativo, um taxista que conduzisse um potencial terrorista sabendo que iria praticar um atentado em um edifício e não comunicasse qualquer autoridade estaria isento de responsabilidade porque sua conduta não teria dolo, porque não teria criado um risco socialmente proibido ou, simplesmente, porque sua conduta era penalmente neutra e, portanto, atípica. Do mesmo modo, a conivência para quem não tem o dever legal de evitar o resultado poderia ser resolvida tanto sob a perspectiva de uma ação penalmente neutra, seja por estar ausente o dever legal decorrente da omissão imprópria, nos termos do art. 13, §2º, do Código Penal.

Por fim, vale um registro do fenômeno da *multidão delinquente*, ou *crimes multitudinários*, que enseja profundos problemas práticos e teóricos: linchamentos, destruições e saques podem ocorrer como decorrência de uma excitação coletiva, na qual se constata um refreamento do autocontrole de cada indivíduo e, simultaneamente, um aproveitamento do distúrbio grupal para a possível impunidade.

Em tese, destaca Souza, até é possível imaginar-se a existência de concurso de agentes, como na hipótese de uma adesão consciente a um resultado inequívoco, como em uma quebradeira geral a um prédio público ou no esfaqueamento coletivo de um preso perpetrado por inúmeros outros aos gritos de que aquele deva morrer. Em exemplos específicos como esse, a problemática mostra-se mais probatória, ou seja, de viés prático, no sentido de identificação de cada agente.[902]

---

[901] CRUZ, Pierpaolo Bottini. A cegueira deliberada no julgamento da Ação Penal 470. *Conjur*, 30 jul. 2013. Disponível em: https://www.conjur.com.br/2013-jul-30/direito-defesa-cegueira-deliberada-julgamento-acao-penal-470. Acesso em: 18 fev. 2020; STF, Ag. REsp nº 16.832, 5ª Turma, Rel. Min.l Joel Paciornik, j. 06/12/2018.

[902] SOUZA, Luciano Anderson de. *Direito penal*: parte geral. 3. ed. São Paulo: Revista dos Tribunais, Thomson Reuters, 2022. v. 1. p. 448.

Não obstante, na maior parte das vezes, revela-se bastante improvável a verificação de concurso de pessoas, uma vez que, *e.g.*, em um linchamento, muitos indivíduos desejam apenas ferir a vítima, que vem a morrer, ou, em uma quebradeira, alguns aproveitam a situação para furtar objetos ou mesmo para iniciar um incêndio.[903]

4 Comunicabilidade e incomunicabilidade de condições, elementares e circunstâncias

Segundo dispõe o art. 30, não se estendem aos coautores e partícipes as circunstâncias subjetivas, exceto quando constituírem elementares do crime:

> Circunstâncias incomunicáveis
> Art. 30. Não se comunicam as circunstâncias e as condições de caráter pessoal, salvo quando elementares do crime.

As *elementares* constituem os dados essenciais de um tipo criminal, dados que integram a definição da infração penal.

As *circunstâncias objetivas* são dados acessórios, as situações ou peculiaridades que envolvem o agente, sem constituir elemento inerente a sua pessoa que, agregados ao crime, têm função de aumentar ou diminuir a pena. Como se sabe, não interferem na qualidade do crime, mas afetam a sua gravidade.

Já as *condições pessoais* ou *circunstâncias subjetivas* são as relações do sujeito com o mundo exterior e com outras coisas, como as de estado civil, de parentesco, de profissão ou emprego.

Em um crime praticado em concurso de agentes, se um deles confessa, a confissão figurará como circunstância pessoal atenuante da pena exclusiva ao réu confesso.

As condições pessoais representam modos de ser ou qualidades inerentes à pessoa. Quando, por exemplo, o agente é funcionário público, é maior de 70 anos ou um dos agentes é reincidente, estamos diante de condições de caráter pessoal e subjetivo. Nessas hipóteses, não se comunicam, se estendem, beneficiam ou prejudicam o coautor ou partícipe.

Firmadas tais premissas, depreende-se da norma, observando que a participação de cada concorrente adere à conduta, e não à pessoa dos outros participantes, as seguintes regras: 1ª) *não se comunicam as condições ou circunstâncias de caráter pessoal*; 2ª) *as circunstâncias objetivas não podem ser consideradas no fato do partícipe se não ingressou na esfera de seu conhecimento*; 3ª) *as elementares comunicam-se entre os fatos cometidos pelos participantes, desde que tenham ingressado na esfera de seu conhecimento*.

As circunstâncias ou condições pessoais somente, por exceção, se comunicam aos coautores ou partícipes quando forem elementares, ou seja, quando constituírem o tipo penal incriminador. Por exemplo: "funcionário público" constitui uma elementar do crime de peculato (art. 312, CP). Se um funcionário público, em concurso de pessoas com um terceiro (não funcionário público e ciente da condição funcional), deseja furtar

---

[903] SOUZA, Luciano Anderson de. *Direito penal*: parte geral. 3. ed. São Paulo: Revista dos Tribunais, Thomson Reuters, 2022. v. 1. p. 448.

um objeto de uma repartição pública, aproveitando-se da sua condição funcional, ambos respondem por peculato, por força dessa regra de extensão da tipicidade do art. 30 do Código Penal. Nesse caso, a elementar (subjetiva) ser "funcionário público" se comunica para o coautor.[904]

Do mesmo modo, o STF já decidiu que o fato de uma ré não ser funcionária pública não impede que seja denunciada pela prática de peculato, se, consciente dos atos praticados pelos supostos autores do crime, é beneficiada pela apropriação ou pelo desvio.[905]

Agora, se um agente combina com seu amigo de matar o próprio pai, estamos diante de um parricídio, o que não configura, no Brasil, elementar de um tipo autônomo nem mesmo do homicídio, mas tão somente uma circunstância que agrava a pena (art. 61, II, "e", CP). Logo, não se estende ao amigo coautor ou partícipe do crime.

Há, contudo, caso que gera profunda divergência doutrinária e cuja corrente predominante é diversa do texto legal: o *infanticídio*.

Depreende-se das elementares desse crime biprópio que figura como elementar do tipo o "estado puerperal" (uma intensa e aguda depressão que acomete algumas mães por ocasião ou logo após o parto).

Trata-se, em rigor, de um tipo especial e privilegiado de homicídio praticado pela mãe contra o filho recém-nascido.

Do amor mais sublime que existe, o maternal, surge, em condições muito peculiares, um sentimento de asco e repulsa de querer matar o próprio bebê que acabara de nascer.

A questão que se coloca é: não obstante figurar como elementar do crime, algo tão pessoal, personalíssimo e próprio da gestante, deveria, eventualmente, se comunicar a um terceiro que a auxilia ou a instiga a praticar o infanticídio?

Pela regra do art. 30, o namorado que mata a criança na hora do parto ou logo após o parto, auxiliando ou em coautoria com a gestante, responderia por infanticídio, na forma dos arts. 29 e 30 do CP. No entanto, esse posicionamento passou a ser minoritário.

Mesmo sendo aparentemente contra a lei, prevalece o entendimento de que, por se tratar de algo tão personalíssimo, essa elementar não poderia se comunicar ao terceiro que auxilia, induz, coopera ou pratica o crime em conjunto com a gestante. Assim, ela responderia por infanticídio, mas o terceiro sempre por homicídio.

Entendemos, contudo, ser mais apropriado o terceiro entendimento, segundo o qual o terceiro responde por infanticídio se não executou o crime, ou seja, se figurou somente como partícipe. Contudo, dado o caráter personalíssimo do estado puerperal, caso ele tenha praticado atos de execução, não se aplica a regra do art. 30 e ele responderia por homicídio, diferentemente da gestante.

---

[904] STJ, AgRg no REsp 1459388/DF, Rel. Ministra Maria Thereza de Assis Moura, Sexta Turma, julgado em 17/12/2015, DJe 02/02/2016; AgRg no REsp 1262099/RR, Rel. Ministra Laurita Vaz, Quinta Turma, julgado em 18/03/2014, DJe 28/03/2014; APn 536/ BA, Rel. Ministra Eliana Calmon, Corte Especial, julgado em 15/03/2013, DJe 04/04/2013; HC 201273/RJ, Rel. Ministro Napoleão Nunes Maia Filho, Quinta Turma, julgado em 28/06/2011, DJe 01/08/2011; REsp 819168/PE, Rel. Ministro Gilson Dipp, Quinta Turma, julgado em 12/12/2006, DJ 05/02/2007; AREsp 339737/RO (decisão monocrática), Rel. Ministro Rogerio Schietti Cruz, julgado em 03/03/2016, DJ 07/03/2016; AREsp 560835/RS (decisão monocrática), Rel. Ministro Sebastião Reis Júnior, julgado em 14/09/2015, DJ 17/09/2015; Resp 1208516/RJ (decisão monocrática), Rel. Ministro Jorge Mussi, julgado em 01/02/2013, DJ 07/02/2013.

[905] STF. Inq 3.113, Rel. Min. Roberto Barroso, j. 2-12-2014, 1ª T, DJE de 6-2-2015; STF. HC 90.337, Rel. Min. Ayres Britto, j. 19-6-2007, 1ª T, DJE de 6-9-2007.

5 Teoria do domínio do fato

A dogmática penal tem sofrido profundas transformações no contexto da pós-modernidade. Além das inegáveis transformações sociais que vêm liquefazendo os paradigmas cartesianos, forçoso reconhecer que o direito, como subproduto cultural e, em especial, o Direito Penal, cada vez mais influenciado pelos movimentos funcionalistas, tende a buscar uma dogmática que se coaduna com uma sociedade complexa, com políticas orientadas para os resultados e para enfrentar novos tipos de criminalidade.[906]

Com efeito, as diferentes formas de criminalidade – econômica, transnacional, por meio de empresas, de forma organizada e terrorista – vêm gerando enormes desafios para o Estado Social Democrático de Direito.

Na tentativa de sistematizar e conceituar o concurso de pessoas, a doutrina pacificou sistemas diferenciadores, que distinguem autores de partícipes, e teorias restritivas de autoria, para as quais autor é toda pessoa que realiza a conduta nuclear descrita no tipo penal. Pode ser aquele que atua de maneira ativa no crime, o autor imediato, ou até mesmo aquele que tem poder decisório ou controle sobre os acontecimentos concretos, caracterizando a autoria mediata. O partícipe, por outro lado, realiza mera contribuição acessória, colaborando para o crime alheio.

Durante muito tempo a maioria da doutrina dividiu essa diferente forma de responsabilização de autores e partícipes em duas teorias, conforme já mencionado: a *teoria subjetiva, causal ou extensiva* (em que todos são autores ou coautores, não existindo diferença entre eles, podendo haver tratamento diferenciado para os coautores secundários ou partícipes); e *teoria formal, objetiva ou restritiva* (em que autor é só aquele que pratica o crime, sendo partícipe o que realiza ação acessória).

Em função da acessoriedade de sua contribuição no *iter criminis*, o comportamento do partícipe individualmente considerado não é penalmente relevante, dependendo do nexo causal com o comportamento do autor a fim de adquirir efeitos jurídicos penais.

É evidente a relevância da distinção das diversas formas de contribuição no plano do injusto. Como tudo em direito, a autoria e a participação são fatos que residem no plano do ôntico, os quais o ordenamento imbui de efeitos jurídicos no plano deôntico. Daí se depreende que essa distinção não é meramente simbólica.[907]

Sob esse prisma, Pierangeli e Zaffaroni pontuam que a autoria e a participação:

[...] não são conceitos criados pelo direito penal, e sim tomados da vida cotidiana, da realidade, do ôntico. Numa conduta de escrever um livro o conceito de autor não se

---

[906] MORAES, Alexandre Rocha Almeida de; NASSAR, Brunho Nazih Nehme. Autoria como um conceito aberto: teoria do domínio do fato, teoria da organização e o combate às novas formas de criminalidade no Brasil. *Revista Fronteiras Interdisciplinares do Direito*, v. 1, n. 1, 2019. Disponível em: https://revistas.pucsp.br/fid/article/view/41941#:~:text=(2019)%20%3E%20Moraes-,Autoria%20como%20um%20conceito%20aberto%3A%20teoria%20do%20dom%C3%ADnio%20do%20fato,formas%20de%20criminalidade%20no%20Brasil. Acesso em: 31 ago. 2020.

[907] MORAES, Alexandre Rocha Almeida de; NASSAR, Brunho Nazih Nehme. Autoria como um conceito aberto: teoria do domínio do fato, teoria da organização e o combate às novas formas de criminalidade no Brasil. *Revista Fronteiras Interdisciplinares do Direito*, v. 1, n. 1, 2019. Disponível em: https://revistas.pucsp.br/fid/article/view/41941#:~:text=(2019)%20%3E%20Moraes-,Autoria%20como%20um%20conceito%20aberto%3A%20teoria%20do%20dom%C3%ADnio%20do%20fato,formas%20de%20criminalidade%20no%20Brasil. Acesso em: 31 ago. 2020.

distingue, fundamentalmente, do conceito de autor na conduta de escrever uma carta injuriosa. Chamamos cúmplice ao que coopera com o autor, ao que lhe presta ajuda, e o conceito de cúmplice no direito penal não é distinto do que usamos quando nos referimos aos colaboradores de um prólogo e lhes agradecemos a ajuda. Tampouco aquele que nos incentiva com o conselho oportuno, ou com um oferecimento de dinheiro, para o empreendimento de uma obra, como conceito se distingue do que nos incentiva a cometer um delito.[908]

Ocorre que novas formas de criminalidade – organizadas, terroristas e por meio de estruturas de empresas nos crimes de colarinho branco – passaram a demandar, sobretudo na Europa, a necessidade de evolução científica e dogmática do conceito de autor.

Como poderia ser considerado mero partícipe o agente que comanda uma organização criminosa, que atua como mandante do crime, que figura como autor mediato e, em diversas situações, desempenha papel mais relevante que o próprio executor do crime?

Em tese, o grau de culpabilidade do autor é maior que do partícipe, ou seja, uma conduta é mais grave que a outra. No entanto, se pensarmos no sentido formal, o mandante do crime tem grau de culpabilidade maior que a do executor do crime.

Surge, então, a *teoria formativa* ou *a denominada teoria do domínio do fato*.

O fundamento do começo dessa discussão idealizada por Welzel,[909] mas sistematizada e construída por Roxin, foi, de certa forma, inspirado nas práticas de um dos maiores genocídios da história da humanidade – o nazismo –, em que vários cumpriam ordens e executavam, das maneiras mais cruéis, judeus, ciganos e pessoas com deficiência, sob a alegação de que cumpriam ordens.

Quando estruturou a teoria da organização, na década de 1960, Roxin estudava o caso paradigmático de Adolph Eichmann, funcionário do regime nazista responsável por localizar, deter e transportar judeus desaparecidos, encaminhando-os a Auschwitz, onde seriam assassinados.[910]

Aquilo que chamou a atenção da comunidade jurídica nesse caso foi o fato de Eichmann nunca ter matado por ato comissivo qualquer vítima do holocausto. A tarefa sanguinária era delegada a seus subordinados. Roxin defendeu tese no sentido da responsabilização jurídica do acusado em seu artigo *Rahmen organisatorischer Machtapparate*, publicado em 1963, mesmo ano de seu monumental *Täterschaft und Tatherrschaft*.

A ideia de domínio do fato se expressa concretamente em três situações: o *domínio da ação* (autoria imediata ou direta), o *domínio da vontade* (autoria mediata ou indireta) e o *domínio funcional do fato* (coautoria).

Há domínio da ação quando o sujeito realiza pessoalmente todos os elementos do tipo, consciente de que o faz. Trata-se do autor imediato ou direto.

---

[908] ZAFFARONI, Eugenio Raúl; PIERANGELI, José Henrique. *Manual de direito penal brasileiro*: parte geral. 11. ed. São Paulo: Revista dos Tribunais, 2015. p. 664-665; 669.
[909] DOTTI, René Ariel. *Curso de direito penal*: parte geral. 6. ed. Rio de Janeiro: Forense, 2018. p. 560.
[910] ARENDT, Hannah. *Eichmann em Jerusalém*. Tradução de Jose Rubens Siqueira. São Paulo: Companhia das Letras, 1999.

Já o domínio da vontade conduz, por sua vez, à autoria mediata ou indireta, ocorrendo quando alguém, embora sem realizar a conduta típica, se vale de um terceiro como mero instrumento de sua vontade, como na coação moral irresistível, na obediência hierárquica, no erro – de tipo ou de proibição – determinado por terceiro e na chamada autoria de escritório ou domínio da organização que trataremos a seguir.

Por fim, o domínio funcional do fato se aplica aos casos de coautoria ou autoria conjunta/compartilhada. Com bem destaca Estefam,

> Este ocorre quando duas ou mais pessoas dividem tarefas na realização de um plano criminoso, individualmente desempenhando uma função determinante em sua realização. Os sujeitos não detêm, cada qual, o domínio total do fato criminoso, mas assumem o controle sobre a tarefa que lhe foi atribuída, como num roubo a banco, em que os sujeitos compartilham as responsabilidades, incumbindo-se um deles de dominar os seguranças e os clientes, o outro de render os funcionários, enquanto um terceiro subtrai o numerário de caixas e cofres. Não há, evidente, que se fracionar a tipificação da conduta, imputando a alguns o crime de constrangimento ilegal (CP, art. 146), a outro a ameaça (CP, art. 147) e ao terceiro o furto (CP, art. 155) – todos cometeram um roubo (CP, art. 157), incumbindo-se cada qual de realizar parte fundamental da figura típica. Perante o CP brasileiro, eventual tentativa de fracionar a imputação dos agentes, como se expôs acima, seria absolutamente impertinente, diante do já citado art. 29, *caput*, segundo o qual quem de qualquer modo concorre para o crime incide nas penas a este cominadas (na medida de sua culpabilidade).[911]

O significado da teoria do domínio do fato é ampliar, estender o conceito de coautoria. Para os adeptos dessa teoria, autor e coautor são aqueles que tanto praticam o verbo do tipo, quanto aqueles que, sem praticar o verbo do tipo, possuem o domínio do fato criminoso, detendo o domínio como se atuasse na forma de comando do desdobramento causal.

No Brasil, a princípio, a discussão ficou de certa forma estéril e inócua, seja pela tradição de aplicação de penas similares aos autores e partícipes do crime, tornando letra morta os parágrafos do art. 29, seja porque o art. 62 do Código Penal, em seus incs. I a III, já contempla uma pena agravada para mandante, autor mediato e todas as demais formas de agentes que possuem o domínio do fato.[912]

Aliás, o Superior Tribunal de Justiça já decidiu, explicitamente, que, em princípio, não é incompatível a incidência da agravante do art. 62, I, do CP ao autor intelectual do delito (mandante).[913]

De qualquer sorte, ampliando o conceito de autor traçado pela teoria restritiva, a teoria do domínio do fato foi além ao afirmar que é autor todo o indivíduo que detém o domínio sobre o fato, ou seja, seu controle final. É dizer que "[...] o autor domina a realização do fato típico, controlando a paralização ou a continuidade da ação típica; o

---

[911] ESTEFAM, André. *Direito penal*: parte geral (arts. 1º a 120). 10. ed. São Paulo: Saraiva, 2021. p. 355.
[912] "Art. 62. A pena será ainda agravada em relação ao agente que: I – promove, ou organiza a cooperação no crime ou dirige a atividade dos demais agentes; II – coage ou induz outrem à execução material do crime; III – instiga ou determina a cometer o crime alguém sujeito à sua autoridade ou não-punível em virtude de condição ou qualidade pessoal".
[913] STJ, REsp 1.563.169, Rel. Min. Reynaldo Soares da Fonseca, j. 10/3/2016, DJe 28/3/2016.

partícipe não domina a realização do fato típico, não tem controle sobre a continuidade ou paralização da ação típica".[914]

A teoria do domínio do fato não se aplica aos delitos de dever (ou de violação de dever), que são aqueles em que o legislador fundamenta a maior punibilidade do fato na ofensa a um dever especial imposto ao agente (como ocorre nos crimes próprios, isto é, os que exigem uma qualidade especial do sujeito ativo). É o caso, por exemplo, do peculato (CP, art. 312), da corrupção passiva (CP, art. 317), da concussão (CP, art. 316). Para cometer esses crimes, além de realizar as elementares do tipo penal, o agente deve ostentar a condição de funcionário público (CP, art. 327), sendo essa posição que fundamenta a maior punição a que fica sujeito (em comparação a condutas correspondentes praticadas por particulares).[915]

Do mesmo modo, a teoria do domínio do fato também não se revela aplicável aos delitos de mão própria ou atuação pessoal, isto é, aqueles nos quais há a infração de um dever personalíssimo (como no falso testemunho – CP, art. 342). Quanto a eles, Zaffaroni e Pierangeli utilizam a denominação *autoria por determinação*: um "tipo especial de concorrência, em que autor só pode ser apenado como autor da determinação em si, e não do delito que tenha determinado".[916]

Roxin teceu suas propostas dogmáticas sob a diretriz de que autor é quem atua com o domínio do fato. À luz dessa premissa, aduz que o autor é a figura central do acontecer típico em delitos de ação.[917]

Partindo de uma combinação de perspectivas ontológicas e teleológicas que buscam explicar as formas de intervenção no delito, o autor catedrático construiu uma nova forma de abordar a problemática que abrange todas as formas de intervenção no plano do injusto:

> [...] El concepto de la "figura central" significa el recurso a una idea plástica, que anida en la conciencia común: el autor, el coautor o el autor mediato son las figuras principales del suceso; el inductor y el cómplice están en los márgenes. Así pues, se trata de una y la misma cosa, aun cuando desde distinto punto de vista. Si es que cabe hablar de una "esencia" previa, dada, de la participación, ésta consiste en que el participe se apoya en la figura central del autor [...].[918]

Em outras palavras, o autor é a figura primária no acontecer típico, ocupando posição central, enquanto as formas de participação – instigação e cumplicidade – consistem em meras causas de extensão de punibilidade, que orbitam e dependem da conduta da figura central.

Nesse diapasão, se revela necessário delimitar o conceito de autoria. E, como mencionado, o problema é ainda mais visível quando se toma a criminalidade organizada,

---

[914] SANTOS, Juarez Cirino dos. *Direito penal*: parte geral. 3. ed. Curitiba: Conceito Editorial, 2007. p. 360.
[915] ESTEFAM, André. *Direito penal*: parte geral (arts. 1º a 120). 10. ed. São Paulo: Saraiva, 2021. p. 358.
[916] ZAFFARONI, Eugenio Raúl; PIERANGELI, José Henrique. *Manual de direito penal brasileiro*: parte geral. 11. ed. São Paulo: Revista dos Tribunais, 2015. p. 585.
[917] ROXIN, Claus. *Autoría y dominio del hecho en derecho penal*. 7. ed. Madrid: Marcial Pons, 2000. p. 44-45.
[918] ROXIN, Claus. *Autoría y dominio del hecho en derecho penal*. 7. ed. Madrid: Marcial Pons, 2000. p. 45.

cujas manifestações concretas se revelam das mais diversas formas, em estruturas extremamente complexas e únicas. Nesse esteio, Lemos Jr. leciona que:

> [...] à sofisticação da atuação das organizações criminosas corresponde a dificuldade de sua repressão no âmbito penal – e também no processo penal –, num jogo de determinações reciprocas: o aprimoramento da dogmática e do combate ao crime corresponde a evolução técnica de seu *modus operandi*. Se pensarmos na descoberta das novas formas de cooperação até então desconhecidas, sem dúvida, o quadro que procuramos delinear seria ainda mais obscuro, porquanto para estes novos casos não existe ainda prevista uma solução e a mera subsunção, por meio de um conceito fixo de autor, seria insuficiente para resolver o problema.[919]

Assim, ao contrário de adotar definições exatas ou indeterminadas, Roxin opta por um conceito descritivo, um indicador de direção,[920] verdadeiro conceito aberto de autoria. Imaginou, então, um conceito nunca definitivamente concluído e em constante expansão de acordo com a realidade.[921]

Em sua tese, Roxin categorizou as várias formas delitivas em quatro espécies: (i) delitos de domínio (crimes comissivos e dolosos); (ii) delitos de dever (crimes próprios e crimes omissivos); (iii) delitos de mão própria; e (iv) delitos culposos.

A classificação não possuía propósito meramente didático. Isso porque apenas os chamados delitos de domínio seriam alvo da teoria do domínio do fato sob sua concepção. As demais figuras ilícitas ainda seguiriam a ideia de que o autor é a figura central do acontecer típico, embora regidas por distintos critérios que não o do domínio do fato.

Já dentro dos delitos de domínio, identifica três manifestações concretas da autoria: o domínio da ação (autoria imediata); o domínio funcional do fato (coautoria); e o domínio da vontade (autoria mediata), esta última se desdobrando em outras três formas – o domínio por erro; o domínio por coação; e o domínio da organização.[922]

A terceira e derradeira manifestação da teoria é a que hospeda as observações mais interessantes. O domínio da vontade envolve situação na qual um indivíduo reduz terceiro a mero instrumento de sua vontade, utilizando-o para o cometimento de um crime.

Essa é justamente a hipótese de autoria mediata.

O autor mediato, ou "homem de trás", exerce seu controle sobre o "homem da frente" a partir de alguma das formas de domínio sobre a vontade.

A figura da autoria mediata é relativamente nova no direito positivo brasileiro. Foi introduzida apenas a partir das mudanças resultantes da reforma da parte geral do Código Penal em 1984. Isso se deu, em grande parte, pela relutância de Hungria em aceitar essa forma de autoria, a qual chamava de "um flagrante artifício".[923]

---

[919] LEMOS JÚNIOR, Arthur Pinto de. *Crime organizado*: uma visão dogmática do concurso de pessoas. Porto Alegre: Verbo Jurídico, 2012. p. 96.

[920] BATISTA, Nilo. *Concurso de agentes*. 3. ed. Rio de Janeiro: Lumen Juris, 2005. p. 72-73.

[921] ROXIN, Claus. *Autoría y dominio del hecho en derecho penal*. 7. ed. Madrid: Marcial Pons, 2000. p. 146-147.

[922] ROXIN, Claus. *Autoría y dominio del hecho en derecho penal*. 7. ed. Madrid: Marcial Pons, 2000. p. 151-164; 305-306; 194-258; 167-194.

[923] MORAES, Alexandre Rocha Almeida de; NASSAR, Brunho Nazih Nehme. Autoria como um conceito aberto: teoria do domínio do fato, teoria da organização e o combate às novas formas de criminalidade no Brasil.

Ademais, dizia Hungria que a própria expressão "[...] redunda numa impropriedade: se o executor não é mais que um instrumento passivo, quem dele se serviu é autor imediato, como sê-lo-ia quem praticasse um crime fazendo funcionar um *robot*".[924]

Nada obstante, hoje o ordenamento pátrio guarda cristalina compatibilidade com o domínio da vontade na forma do domínio por erro e do domínio por coação. A dúvida reside precisamente na possibilidade de transpor as considerações do domínio da organização para nossa realidade jurídica.

Em outras palavras, seria legítima, excepcionalmente, uma vertente mais radical da teoria do domínio do fato, em que fosse prescindível a comprovação do liame psicológico?

Tomando por referência a evolução vertiginosa das estruturas do crime organizado, a teoria da organização compreende ser verdadeiro autor mediato o indivíduo que se utiliza de uma organização verticalmente estruturada e dissociada da ordem jurídica para emitir uma ordem criminosa, cujo cumprimento é levado a cabo por executores fungíveis, que operam como verdadeiras engrenagens integrantes de uma máquina criminosa.[925]

Somente não é fungível quem domina a estrutura – empresarial, piramidal ou em rede – da organização criminosa que tem clara divisão de tarefas e claro comando.

Essa ideia se coaduna com os parâmetros de imputação existentes e, sobretudo, com a noção de estrutura verticalizada ou empresarial dissociada da ordem jurídica: a distância do agente em relação à execução do crime significa mais responsabilidade e controle, na medida em que ocupa uma posição hierárquica ou de comando que lhe confere maior controle sobre os fatos a partir da emissão de ordens.[926]

Isso não significa dizer que a teoria da organização flerta com inconstitucional responsabilização objetiva dos líderes da organização. Deveras, a teoria está alinhada a uma dogmática excepcional de combate a tipos de criminalidade distantes do garantismo penal tomado a partir da perspectiva do Direito Penal clássico de inspiração iluminista, o que, contudo, não significa sua inconstitucionalidade ou desproporcionalidade.[927]

Revista Fronteiras Interdisciplinares do Direito, v. 1, n. 1, 2019. Disponível em: https://revistas.pucsp.br/fid/article/view/41941#:~:text=(2019)%20%3E%20Moraes-,Autoria%20como%20um%20conceito%20aberto%3A%20teoria%20do%20dom%C3%ADnio%20do%20fato,formas%20de%20criminalidade%20no%20Brasil. Acesso em: 31 ago. 2020.

[924] HOFFBAUER, Nélson Hungria. *Comentários ao Código Penal*. 3. ed. Rio de Janeiro: Forense, 1955. v. 1. t. 1. p. 403.

[925] MORAES, Alexandre Rocha Almeida de; NASSAR, Brunho Nazih Nehme. Autoria como um conceito aberto: teoria do domínio do fato, teoria da organização e o combate às novas formas de criminalidade no Brasil. *Revista Fronteiras Interdisciplinares do Direito*, v. 1, n. 1, 2019. Disponível em: https://revistas.pucsp.br/fid/article/view/41941#:~:text=(2019)%20%3E%20Moraes-,Autoria%20como%20 um%20conceito%20aberto%3A%20teoria%20do%20dom%C3%ADnio%20do%20fato,formas%20de%20criminalidade%20no%20Brasil. Acesso em: 31 ago. 2020.

[926] LEMOS JÚNIOR, Arthur Pinto de. *Crime organizado*: uma visão dogmática do concurso de pessoas. Porto Alegre: Verbo Jurídico, 2012. p. 135-136.

[927] MORAES, Alexandre Rocha Almeida de; NASSAR, Brunho Nazih Nehme. Autoria como um conceito aberto: teoria do domínio do fato, teoria da organização e o combate às novas formas de criminalidade no Brasil. *Revista Fronteiras Interdisciplinares do Direito*, v. 1, n. 1, 2019. Disponível em: https://revistas.pucsp.br/fid/article/view/41941#:~:text=(2019)%20%3E%20Moraes-,Autoria%20como%20um%20conceito%20aberto%3A%20teoria%20do%20dom%C3%ADnio%20do%20fato,formas%20de%20criminalidade%20no%20Brasil. Acesso em: 31 ago. 2020.

6 Teoria do domínio da organização criminosa (e autoria de escritório)

O perfil do alto escalão de uma organização terrorista ou criminosa *lato sensu* é bem distinto dos criminosos por tendência ou criminosos profissionais do passado.

Os comandantes ou, como chama Ziegler, os "senhores do crime"[928] não executam os crimes com as próprias mãos e pouco se comunicam diretamente com o leque extenso de executores que têm à sua disposição para a concretização de suas vontades.

Essa classe de criminosos dirige os eventos à sorrelfa e às ocultas, embora sua presença não passe despercebida: pode ser notada nas cenas dos crimes, na conduta de seus subordinados, no medo imposto aos executores, que, por respeito, melindre e medo, refutam entregar aqueles que ocupam o alto escalão da organização criminosa.

A noção de contrato social lhes é estranha.

Relevante é, pois, a metáfora de Ziegler:

> O crime organizado assemelha-se à Hidra, a serpente monstruosa de várias cabeças da mitologia grega: se uma cabeça lhe é decepada, duas outras logo nascem. Para neutralizar definitivamente o crime organizado, seriam necessários os mesmos recursos que Hércules e Iolau utilizaram para matar a Hidra de Lerna: enquanto Hércules decepava as cabeças, Iolau aplicava ferro em brasa nas feridas abertas. Em outras palavras, o crime organizado só será derrotado no dia em que a sociedade democrática ocidental recuperar seus valores originais, o senso de um destino coletivo e comportamentos comuns baseados na solidariedade e na justiça.[929]

Munido de um poder de coação e violência, o crime organizado atua à margem do Estado de Direito e da própria criminalidade comum.

Atualmente, sofisticou-se com tecnologia e forte poderio de armamento, funcionando como verdadeira empresa multinacional, com um organograma próprio e clara divisão de tarefas.

Nada obstante, historicamente, enorme questionamento sobre a própria definição do que é o crime organizado.

De qualquer sorte, a doutrina parece convergir na existência de algumas características:

> Estrutura hierárquico-piramidal, sempre com, no mínimo, três níveis, com a presença de um chefe, sub-chefe/conselheiro, de gerentes, "aviões" e do lavador de dinheiro;[930] divisão de tarefas entre os membros da organização, como decorrência de outra característica, a diversificação de atividades; restrição de seus membros, isto para melhor controlar a atuação, vale dizer, apenas pessoas de absoluta confiança podem integrar uma organização

---

[928] ZIEGLER, Jean. *Senhores do crime*: as novas máfias contra a democracia. Rio de Janeiro: Record, 2003.
[929] ZIEGLER, Jean. *Senhores do crime*: as novas máfias contra a democracia. Rio de Janeiro: Record, 2003. p. 313-314.
[930] Em estudo mais recente, o autor aponta que "[...] mais recentemente as organizações criminosas têm se estruturado em células, com regiões administrativas regionais, numa espécie de filial, distanciando-se do sistema hierárquico piramidal usualmente adotado em tempos atrás" (LEMOS JÚNIOR, Arthur Pinto de. *Crime organizado*: uma visão dogmática do concurso de pessoas. Porto Alegre: Verbo Jurídico, 2012. p. 9).

criminosa; envolvimento de agentes públicos; a busca constante de dinheiro e poder, além do emprego da lavagem do dinheiro criminoso.[931]

A lavagem de dinheiro é, nessa toada, verdadeiro *calcanhar de Aquiles* do crime organizado. Ziegler chegou a afirmar que "o capitalismo encontra a sua essência no crime organizado. Mais exatamente, o crime organizado constitui a fase paroxística do desenvolvimento do modo de produção e da ideologia capitalistas".[932]

É a busca incessante de lucro um dos caracteres marcantes dessa criminalidade, principalmente nas máfias.[933]

Organizações criminosas, nesse esteio, são grandes ameaças à garantia da expectativa normativa da população. Enquanto elas se alimentam do medo e das incertezas, regozijam sob a insegurança, sendo certo que o Estado tem atuado de forma frágil e insuficiente para enfrentá-las.

E o labor é hercúleo, porquanto toda a dogmática jurídica sobre o concurso de pessoas, historicamente, foi arquitetada à luz da criminalidade tradicional, principalmente dos crimes de roubo e homicídio. Todavia, a natureza *sui generis* do crime organizado demanda um tratamento diferenciado, sob pena de malbaratamento do princípio da isonomia e de conferir uma proteção penal insuficiente, entronizando a insegurança jurídica e a sensação de pânico em todo o tecido social.[934]

Assim, enquanto as demais teorias, em regra, observam o indivíduo que ocupa uma posição de comando na organização como mero partícipe, Roxin refutou essas ideias e reconheceu que a energia criminosa desses "senhores do crime" é muito mais elevada, configurando uma forma de domínio sobre o fato e, por conseguinte, verdadeira autoria. Figueiredo Dias explica a razão pela qual o homem de trás, nessas circunstâncias, deve ser visto como autor:

> [...] Existem "organizações" ou "centros organizados de poder" que, estruturados hierarquicamente e dotados de uma forte disciplina interna, assumem um modo de funcionamento quase "automático" e, nessa medida, adquirem a natureza de meros "instrumentos" que reagem de forma mecânica às ordens ou instruções de seus chefes. Dada a grande disponibilidade de meios de tais organizações, o concreto executor do crime

---

[931] LEMOS JÚNIOR, Arthur Pinto de. *Crime organizado:* uma visão dogmática do concurso de pessoas. Porto Alegre: Verbo Jurídico, 2012. p. 58-59.

[932] ZIEGLER, Jean. *Senhores do crime:* as novas máfias contra a democracia. Rio de Janeiro: Record, 2003. p. 51-54.

[933] Uma estrutura, por exemplo, como a do PCC ("Primeiro Comando da Capital") no Brasil, conquanto seja de uma organização criminosa estruturada em um organograma até mais organizado que o poder estatal que busca combatê-lo, ainda não chega a amoldar-se às características próprias das estruturas mafiosas, eis que careceria de um dos critérios distintivos delas, qual seja, a transnacionalidade ou internacionalidade de sua atuação. Já há, todavia, sinais claros de uma expansão da organização para fora das fronteiras brasileiras na busca do domínio de rotas de tráfico, maximização dos lucros e poder. Valiosas são as considerações de Maierovitch em entrevista ao jornal El País. Disponível em: https://brasil.elpais.com/brasil/2014/08/07/politica/1407421840_758721.html. Acesso em: 23 ago. 2020.

[934] MORAES, Alexandre Rocha Almeida de; NASSAR, Brunho Nazih Nehme. Autoria como um conceito aberto: teoria do domínio do fato, teoria da organização e o combate às novas formas de criminalidade no Brasil. *Revista Fronteiras Interdisciplinares do Direito*, v. 1, n. 1, 2019. Disponível em: https://revistas.pucsp.br/fid/article/view/41941#:~:text=(2019)%20%3E%20Moraes-,Autoria%20como%20um%20conceito%20aberto%3A%20teoria%20do%20dom%C3%ADnio%20do%20fato,formas%20de%20criminalidade%20no%20Brasil. Acesso em: 31 ago. 2020.

apresenta-se, por isso, como elemento fungível, que, mesmo quando atue com culpabilidade dolosa, em nada afeta o domínio do fato do homem de trás.[935]

É dizer que a organização tem vida própria.

O executor fungível opera como mera engrenagem, com relevância ínfima diante das dimensões da estrutura. Sua identidade individual deixa de ter relevância para o gigante que é a organização em si; ou seja, de nada interessam os indivíduos que a compõem concretamente. O domínio da vontade mediante aparatos de poder organizado, destarte, constitui forma autônoma de autoria mediata, distinguindo-se do domínio do erro ou do domínio da coação.[936]

Os requisitos jurídicos que Roxin propôs para configurar essa nova forma de autoria são: ocupar uma posição de comando em uma organização verticalmente estruturada; a fungibilidade dos executores; e que a organização seja dissociada do direito.

A ideia central dos dois primeiros critérios é que justamente na figura do superior hierárquico que se encontra o protagonista da peça criminosa, maestro dos fatos ilícitos, mesmo que ele atue nas sombras e o executor material aparente ser o único autor.

No interior da estrutura criminosa, há um verdadeiro maquinário de pessoas à disposição do homem de trás, em regra, autorresponsáveis. Além disso, a estrutura possui tamanha eficiência que, mesmo na hipótese de um dos executores materiais se negar a concretizar a ordem, é certo que outro lhe substituirá prontamente, como uma simples engrenagem irreverente trocada. É por essa razão que Roxin diz que os executores são dotados de fungibilidade, pois facilmente substituíveis.[937]

Já o terceiro critério é o alvo mais frequente de críticas, mesmo entre os partidários da teoria.

Segundo Roxin, a estrutura organizacional, necessariamente, deve ser dissociada do direito positivo, atuando à margem do sistema e não por meio dele. Há de ser uma organização criada com a finalidade precípua de cometer delitos, ao contrário do que ocorre, em regra, em uma empresa ou um partido político, que podem cometer delitos de forma incidente ou ocasional, mas não existem com esse fim.

A teoria do domínio da organização não se esteia em um poder de mando cru, senão na manifestação concreta única desse poder que torna quase certo o sucesso da ordem. Em organizações moldadas dentro da ordem jurídica, como uma empresa, é razoável presumir que ordens ilícitas emitidas pelos superiores hierárquicos não vão

---

[935] DIAS, Jorge de Figueiredo. Autoria e participação no domínio da criminalidade organizada: alguns problemas. In: DIAS, Jorge de Figueiredo. *Questões fundamentais do direito penal revisitadas*. São Paulo: Revista dos Tribunais, 1999, p. 356.

[936] MORAES, Alexandre Rocha Almeida de; NASSAR, Brunho Nazih Nehme. Autoria como um conceito aberto: teoria do domínio do fato, teoria da organização e o combate às novas formas de criminalidade no Brasil. *Revista Fronteiras Interdisciplinares do Direito*, v. 1, n. 1, 2019. Disponível em: https://revistas.pucsp.br/fid/article/view/41941#:~:text=(2019)%20%3E%20Moraes-,Autoria%20como%20um%20conceito%20aberto%3A%20teoria%20do%20dom%C3%ADnio%20do%20fato,formas%20de%20criminalidade%20no%20Brasil. Acesso em: 31 ago. 2020.

[937] MORAES, Alexandre Rocha Almeida de; NASSAR, Brunho Nazih Nehme. Autoria como um conceito aberto: teoria do domínio do fato, teoria da organização e o combate às novas formas de criminalidade no Brasil. *Revista Fronteiras Interdisciplinares do Direito*, v. 1, n. 1, 2019. Disponível em: https://revistas.pucsp.br/fid/article/view/41941#:~:text=(2019)%20%3E%20Moraes-,Autoria%20como%20um%20conceito%20aberto%3A%20teoria%20do%20dom%C3%ADnio%20do%20fato,formas%20de%20criminalidade%20no%20Brasil. Acesso em: 31 ago. 2020.

ser cumpridas prontamente pelos subordinados autorresponsáveis. Já em organizações essencialmente criminosas, o funcionamento da máquina é voltado precipuamente para o cometimento de crimes, logo, todas as engrenagens se movem nessa mesma direção constantemente e a ordem hierárquica é revestida de uma garantia elevada para o sucesso da execução do fato, o que justifica um tratamento diferenciado no plano do concurso de pessoas.

Entretanto, é possível aceitar que uma organização lícita em sua origem se transforme em um aparato meramente criminoso. Nessa hipótese, a roupagem lícita se torna simples simulacro que reveste estrutura verdadeiramente voltada para o cometimento de crimes, o que abre espaço para aplicar a teoria da organização.

Há uma clara insuficiência da teoria do domínio do fato no que diz respeito a essas outras estruturas que atuam dentro da ordem jurídica, o que demanda encarar novas ferramentas jurídicas e instrumentos de política criminal – como a responsabilidade por omissão do garantidor e a cegueira deliberada – sem prejuízo da inevitável discussão acerca da constitucionalidade e legitimidade desses movimentos no contexto de um Estado Social e Democrático de Direito e sob a perspectiva de um garantismo integral, que, não obstante continuar limitando os excessos estatais, agora se preocupa com proteção suficiente dos bens da vida.[938]

Roxin tem consciência dessa limitação e insiste que sua criação não deve ser entendida de tal maneira que alcance o mundo empresarial.[939] Forçoso afirmar que a expansão do Direito Penal, a cristalização da sociedade de risco e a institucionalização da sensação de insegurança coletiva vêm conduzindo a uma alteração nos paradigmas do Direito Penal liberal clássico que se evidenciam na criação constante de novos tipos de perigo abstrato e no emprego do instituto da omissão imprópria e da teoria da cegueira deliberada como instrumentos de responsabilização penal.[940]

Em suma, compreendemos que seria prescindível a prova do dolo ou do liame subjetivo na hipótese de domínio de organizações criminosas constituídas tão somente para a prática de crimes, desde que haja prova irrefutável: (i) da existência da organização; (ii) do efetivo comando do investigado ou processado e, pois, de seu caráter não fungível nos quadros da estrutura, ao contrário de outros membros subordinados; e (iii) prova suficiente da prática de um crime qualquer no contexto da organização criminosa, cabendo, na hipótese, somente a inversão do ônus da prova em hipótese em que algum subordinado tenha agido à revelia do chefe da organização.

---

[938] MORAES, Alexandre Rocha Almeida de; NASSAR, Brunho Nazih Nehme. Autoria como um conceito aberto: teoria do domínio do fato, teoria da organização e o combate às novas formas de criminalidade no Brasil. *Revista Fronteiras Interdisciplinares do Direito*, v. 1, n. 1, 2019. Disponível em: https://revistas.pucsp.br/fid/article/view/41941#:~:text=(2019)%20%3E%20Moraes-,Autoria%20como%20um%20conceito%20aberto%3A%20teoria%20do%20dom%C3%ADnio%20do%20fato,formas%20de%20criminalidade%20no%20Brasil. Acesso em: 31 ago. 2020.

[939] Não obstante as preocupações do autor, fato é que o próprio Tribunal Superior Alemão já autorizou a aplicação da teoria da organização para crimes praticados no contexto de empresas e, outrossim, existem diversos julgados no Brasil que fazem o mesmo. Apenas a título de exemplo, seguem algumas decisões nesse sentido: TRF-4, Apelação Criminal n. 2005.71.00.003278-7/RS, data de publicação: 24/09/2008; TRF-4, Apelação Criminal nº 2005.71.11.003847-4/RS, data de publicação: 26/03/2008; TRF-4, Embargos Infringentes em Apelação Criminal nº 2001.70.09.001504-1/PR, data de publicação: 23/07/2007.

[940] SILVEIRA, Renato de Mello Jorge. *Direito penal empresarial:* a omissão do empresário como crime. Belo Horizonte: D'Plácido, 2016 e PASCHOAL, Janaína Conceição. *Ingerência indevida:* os crimes comissivos por omissão e o controle pela punição do não fazer. Porto Alegre: Editor Sergio Antonio Fabris, 2011.

Parte da doutrina trata essa espécie de autoria mediata como *autoria de escritório*, em que são autores tanto o que determina quanto o determinado. O determinador é autor mediato de escritório e o determinado, o autor imediato, pois realiza um injusto culpável.

Segundo Estefam, seriam, portanto, seus pressupostos: "a) existência de um grande aparato de poder, com estrutura verticalizada; b) uma atuação à margem do direito (que ocorre em Estados Totalitários e grandes organizações criminosas); c) fungibilidade dos executores ou destinatários da ordem".[941]

No entanto, quem dá a ordem detém o domínio do fato, assim como quem executa a ordem, pois lhe resta espaço para uma decisão quanto à realização do crime.

Em relação à questão constitucional, a teoria do domínio da organização traz uma tutela mais efetiva aos direitos fundamentais, revelando-se legítima e constitucional, mesmo com aplicação excepcional, segundo uma ótica de garantismo integral e de proteção jurídica suficiente de bens jurídicos. Isso porque a responsabilização efetiva e apropriada dos líderes de organizações criminosas como verdadeiros autores é medida imprescindível para atingir uma proteção penal suficiente dos bens jurídicos ameaçados.[942]

---

[941] ESTEFAM, André. *Direito penal*: parte geral (arts. 1º a 120). 10. ed. São Paulo: Saraiva, 2021. p. 360.
[942] MORAES, Alexandre Rocha Almeida de; NASSAR, Brunho Nazih Nehme. Autoria como um conceito aberto: teoria do domínio do fato, teoria da organização e o combate às novas formas de criminalidade no Brasil. *Revista Fronteiras Interdisciplinares do Direito*, v. 1, n. 1, 2019. Disponível em: https://revistas.pucsp.br/fid/article/view/41941#:~:text=(2019)%20%3E%20Moraes-,Autoria%20como%20um%20 conceito%20aberto%3A%20teoria%20 do%20dom%C3%ADnio%20do%20fato,formas%20de%20criminalidade%20no%20Brasil. Acesso em: 31 ago. 2020.

TERCEIRA PARTE

TEORIA GERAL DA SANÇÃO PENAL

CONCEITOS GERAIS DA PENA

1 Fundamento do direito de punir e teorias da pena

Em todo espaço de convivência humana existem conflitos, pois cada ser humano tem suas ideias, propostas, desejos e objetivos em sua vida. Acontece que muitas vezes essas ideias diversas acabam se colidindo. Desse modo, é necessário se socorrer de um grupo radiador de poder e da capacidade desse núcleo de editar normas de convivência para permitir uma organização da convivência social.

Essa é uma criação do próprio Direito e seu processo de formação ocorre a partir de um mecanismo de escolha, ou seja, há diversas escolhas para se fazer, entre as quais a decisão político-criminal por parte de um Estado em proteger determinados bens daquela forma. O respeito a essas regras de convivência fixadas, inclusive, pelo Estado, é o que distingue uma sociedade organizada, o modelo de Estado de Direito, da barbárie e do Estado de Natureza.

A partir do momento que alguma regra não é respeitada, o Estado deve agir, em nome de todos que se submetem às regras do Estado de Direito e têm expectativas de que o Estado de Direito esteja em plena vigência, aplicando uma sanção, seja com a finalidade de retribuição, seja como ideia de prevenção: para que outros não mais façam o mesmo, para que todos continuem acreditando na mediação e disciplina estatal, para que o indivíduo que errou se arrependa e demonstre condições de voltar ao convívio social e, eventualmente, para segregar e inocuizar alguém explicitamente perigoso ao tecido social.

Nesse sentido, o Direito Penal tem finalidade tanto repressiva, quanto preventiva, mas é certo que para se chegar à ideia do caráter polifuncional da pena foram longos períodos de mudanças sociais e modificação da ciência penal.

Analisando-se os períodos da evolução histórica do Direito Penal e, superado o período da vingança (tempos primitivos até o século XVIII), percebe-se, para fins didáticos, que as escolas que marcaram os períodos Humanitário ("o homem deve conhecer a Justiça") e Científico ou Criminológico ("o Direito deve conhecer o homem") retratam as profundas transformações e influências sofridas pela dogmática penal, seja no tocante à teoria do delito, seja nas concepções acerca das finalidades da pena.[943]

A pena veio antes do Direito Penal. Foi ela que o originou. Todas essas fases foram incorporando umas às outras e construindo aos poucos o papel do Direito Penal.

No começo dos tempos, cada ser humano queria que seu interesse prevalecesse sobre os demais, fazendo com que houvesse uma reação pela outra parte, tentando impedir que aquela pessoa tivesse aquele grau de prevalência.

Era pura e simplesmente uma vingança, sem organização.

A fase da *vingança privada* teve um marco com um mínimo de organização (Código de Hamurabi – século XXIII a.C. – primeiro texto escrito de conteúdo jurídico que tratava de crime e pena, mesmo sem uma ordem social). Esse código era muito mais ético do que jurídico. Aspectos do código: a) "olho por olho, dente por dente", prevendo uma absoluta paridade entre ofensa e retribuição que seria feito pelo próprio particular. Ex.: se um construtor matasse sem querer o filho do proprietário, este último poderia matar o filho do construtor também; b) maior contribuição: previsão de que o ofensor poderia cobrar o direito do ofendido, podendo indenizá-lo pelo ocorrido, entrando em acordo (composição).[944]

Antes da formação dos Estados surgiram as religiões (primeiras organizações sociais conhecidas). Quando a religião passou a agregar a vida das pessoas, passou a reger suas vidas. Assim, o poder religioso foi o primeiro núcleo de poder (esboço para um futuro Estado). Esses núcleos de poder religiosos passaram a editar regras de conduta (Direito Canônico), pautadas em uma teoria de concessão de poder divino, ou seja, os sacerdotes receberiam das divindades o poder de impor regras comportamentais a todos. Quem não seguisse tais regras estaria pecando e passando a estar sujeito às consequências.[945] Nessa fase, os sacerdotes eram os próprios legisladores, criando normas e aplicando as penas em nome do poder divino. As penas eram aplicadas para satisfazer as divindades e purificar a alma do pecador.

Para que os estados pudessem ser formados, eram necessários soberanos que assegurassem seu poder por meio de regras de proteção do soberano. Foi desse modo que surgiu a fase da vingança pública. O objetivo dessa vingança era assegurar a segurança do soberano, por meio da previsão de penas bastante severas como mecanismo de intimidação social. O marco de passagem da vingança divina para a vingança privada ocorreu na Grécia Antiga (a partir da criação da figura de um soberano que não estava ligado à estrutura da ordem religiosa). Esse soberano na teoria teria o poder de editar as regras porque Júpiter permitia – resquício de poder divino.[946]

A partir do momento em que o soberano se estabeleceu, passa ele mesmo a ser aceito como autoridade suprema.

---

[943] MORAES, Alexandre Rocha Almeida de. O direito penal de emergência. *In*: MORAES, Alexandre Rocha Almeida de et al. (Coord.). *Direito penal avançado*: homenagem ao professor Dirceu de Mello. Curitiba: Juruá, 2015. p. 05.
[944] NORONHA, Fernando. *Direito das obrigações*. 2. ed. São Paulo: Saraiva, 2007. v. 1. p. 528.
[945] OLIVEIRA, Patrícia Elias Cozzolino de. *A proteção constitucional e internacional do direito à liberdade de religião*. São Paulo: Verbatim, 2010.
[946] BITENCOURT, Cezar Roberto. *Falência da pena de prisão*: causas e alternativas. 4. ed. São Paulo: Saraiva, 2011. p. 23.

Surgem os primeiros conceitos de Estado que poderiam editar regras obrigatórias e impor sanções para os que as violassem.

Assim, a maioria dos doutrinadores acredita que o Direito Penal teria surgido na Grécia. Foi também na Grécia antiga que surgiram os pensadores (principalmente Aristóteles e Platão), que tiveram diversas ideias que estão presentes na atualidade, como a "culpabilidade" (um juízo de reprovação social incidente sobre o fato e seu autor).

Além disso, nossos filósofos também passaram a ver a pena como um instituto, e não como um fato qualquer da vida. Para Aristóteles, a pena seria um meio de defesa social por meio da intimidação. Ainda nessa ideia, eles dividiram os crimes entre públicos e privados, conforme a predominância dos interesses a serem defendidos. Se fosse do Estado, seria público; se fosse do particular, seria privado. Esse conceito foi importante para as ideias de ação penal pública (movida pelo Estado) e ação penal privada (ação predominante de interesse da vítima).[947]

Nos Estados romanos, viveu-se inicialmente uma fase de vingança (Lei das 12 Tábuas) que trazia um mínimo de repressão penal. Tal lei trazia a divisão de crimes em públicos (repressão pelo Estado) e privados (repressão pelos particulares). Os romanos passaram a valorar o elemento subjetivo do crime, ou seja, os motivos pelos quais o crime foi cometido (premeditação, erro, dolo, culpa etc.). Além disso, a pena passou a ser tratada como meio de correção (meio de ressocializar, recuperar aquele que cometeu o crime).[948]

No período da Idade Média, surgiram os (micro) Estados (sociedade feudal). Assim, não havia nenhum Estado expressivo sem organizações complexas e centralizadas.

Em algum momento a sociedade começou, sobretudo com o crescimento das vilas e concentração dos mercados, a ver cada vez mais a necessidade da substituição da vingança privada ou fundada em crendices, tabus e dogmas religiosos por uma espécie de vingança pública.

Daí a ideia do surgimento dos Estados. Os grandes filósofos contratualistas, como Rousseau, Kant, Locke, em breve síntese, explicaram a transição do Estado de Natureza para o Estado de Direito por meio de uma convenção: o pacto ou contrato social.

Todos renunciaram à parcela de sua liberdade, reconhecendo a autoridade de um ente fictício chamado Estado, que passou a ter o poder de disciplina e o monopólio do direito de punir.

Ocorre que os primeiros modelos de Estado de Direito se deram justamente no período feudal (Idade Média), no Ocidente, por meio das Monarquias Absolutistas, com a clara confusão entre Estado e Igreja.

A igreja e o Estado forjaram um tipo de legislação que já não era mais de vingança privada, mas de vingança pública.

As Ordenações do Reino, com clara influência do Direito Canônico e do Direito Romano, ficaram conhecidas como Ordenações Afonsinas (1446-1521), Ordenações Manuelinas (1521-1603) e Ordenações Filipinas (1603-1824).

---

[947] ZAFFARONI, Eugenio Raúl; PIERANGELI, José Henrique. *Manual de direito penal brasileiro*: parte geral. 11. ed. São Paulo: Revista dos Tribunais, 2015. p. 389.

[948] NORONHA, Edgard Magalhães. *Direito penal*. 24. ed. Atualização de Adalberto José Q. T. de Camargo Aranha. São Paulo: Saraiva, 1986. v. 1. p. 13.

Desde o período do Descobrimento do Brasil (1500) até a constituição do Império (1824), as Ordenações do Reino regulavam a vida no Brasil Colônia, em especial as Ordenações Filipinas,[949] em que se constatavam penas infamantes, cruéis e que serviam de exemplo intimidatório, violando a dignidade humana, conjugada com o papel da Igreja Católica, que, pretendendo o monopólio do sagrado, criminalizava condutas que ofendessem a religião católica (Título I – criminalização da heresia; Título II – criminalização da negação ou blasfêmia a Deus ou aos Santos; e Título III – criminalização da feitiçaria).

A tradição constitucional brasileira, desde a Primeira República, tem sido a da proibição da pena de morte em tempo de paz. A Lei de 10 de junho de 1835 previu também a pena de morte para os escravos que matassem os seus senhores, os ascendentes ou descendentes desses que morassem em sua companhia, bem como os feitores e as mulheres que com eles vivessem. Segundo o art. 332 do Código de Processo Criminal do Império (restabelecido pela Lei nº 2.033, de 20.9.1871), era indispensável a decisão unânime dos jurados para a aplicação da pena máxima.

A partir de 1855, a pena de morte foi, de fato, proscrita do sistema criminal brasileiro em face do erro judiciário que levou à forca o fazendeiro Manuel Mota Coqueiro, no município de Macaé, no Estado do Rio de Janeiro. O Imperador D. Pedro II, usando de seu poder moderador, passou a comutar, sistematicamente, a pena capital em pena de galés (*i.e.*, trabalhos forçados por toda a vida), utilizando-se do chamado Poder Moderador, apegando-se, para tanto, a qualquer circunstância favorável ao réu, ainda que não comprovada.[950]

Costuma-se afirmar que não houve mais execuções desde então, o que não é verdadeiro. Aliás, o Decreto de 1890 aboliu expressamente a pena de morte, o que foi mantido pela Constituição de 1891.

A Constituição de 1937, do Estado Novo varguista, previu a pena de morte, para crimes políticos e homicídio qualificado. Em seguida, Decreto-Lei de 1938 ampliou as hipóteses para fins de abranger também atentados ao presidente da República e à segurança do Estado.

A Constituição de 1946, por sua vez, aboliu mais uma vez a pena capital que, não obstante, foi restituída em 1969 pela ditadura militar para infrações políticas. Nesse último caso, nota-se que houve condenações, mas o Superior Tribunal Militar

---

[949] As Ordenações Filipinas eram compostas por cinco livros: o primeiro versa sobre as atribuições, direitos e deveres dos magistrados e oficiais da justiça; o segundo define as relações entre o Estado e a Igreja, os privilégios dos eclesiásticos e da nobreza, assim como os direitos e isenções fiscais de ambos; o terceiro trata das ações cíveis e criminais; o quarto legisla sobre o direito privado e individual – isto é, das coisas e pessoas –, estabelecendo regras para contratos, testamentos, tutelas, formas de distribuição e aforamento de terras; e o último e quinto livro – de que se trata aqui – é dedicado ao direito penal, estipulando os crimes e suas respectivas penas. Constata-se evidente desproporção das penas com o delito (claro poder de intimidação do Estado), acentuada diferença de classes (plebeus e nobres), além de diversas jurisdições (Justiça, Clero, Fazenda, Interesses Diretos da Coroa etc.), embora o monopólio total da função jurisdicional pela Coroa tenha se concretizado através das ordenações reais (as Ordenações Afonsinas, de 1446-1447, as Ordenações Manuelinas, de 1521, e as Ordenações Filipinas, de 1603).

[950] DOTTI, René Ariel. *Curso de direito penal:* parte geral. 6. ed. Rio de Janeiro: Forense, 2018. p. 724-727.

reiteradamente comutou todas. Em 1978, durante o governo do Presidente Geisel, a Emenda Constitucional nº 11 revogou a pena de morte.[951]

Por fim, a Constituição Federal de 1988 a admitiu apenas em caso de guerra declarada por fuzilamento (art. 5º, XLVII, "a", CF).

Do mesmo modo, a pena de banimento era prevista no Código Criminal do Império (1830) e consistia na perda definitiva dos direitos da cidadania brasileira, impedindo o condenado de morar no território nacional. Os banidos que retornassem seriam condenados à pena de prisão perpétua (art. 50). O CP de 1890 cominou o banimento (art. 43, "b") para os cabeças do crime de tentativa de mudança, por meios violentos, da Constituição da República ou da forma estabelecida de Governo (art. 107). Finalmente, a Constituição de 1988 voltou a proclamar que a pena de banimento é inadmissível em nosso sistema positivo (art. 5º, XLVII, "d").[952]

Já a pena de degredo consistia na determinação da residência do condenado no lugar fixado pela sentença, sem dele poder se mudar pelo tempo da condenação. O degredo era executado em lugar diferente da comarca onde morasse o ofendido. Essas eram as disposições do art. 51 do Código Criminal do Império. Conforme o art. 52 do Código imperial, o desterro obrigava o condenado a sair do local onde o delito havia sido cometido, de sua principal residência e da principal residência do ofendido. Durante o tempo marcado pela sentença, o desterrado não podia retornar a nenhum deles. O desterro foi admitido pela Constituição de 1937 (art. 168).

Por fim, a maldição, o tormento, a execração e o abandono constituíam os pontos cardeais para a viagem em que as penas cruéis transportam o corpo e o espírito do condenado. A morte, as mutilações, a prisão perpétua e outras modalidades de reações brutais se alternaram no curso da história da humanidade e do Direito Penal como expressões da divindade ofendida, da vingança individual ou coletiva ou como instrumento de segurança e de paz.[953]

As penas cruéis e infamantes geralmente eram impostas em nome da exemplaridade e, portanto, assumem um caráter generalizador que atenta contra o princípio da individualização, que é um desdobramento lógico do Direito natural.

Ao longo da história, ciclos de grande rigor do Estado, de excessos e extremismos propiciam grandes revoluções e transformações em todas as instituições sociais, inclusive no Direito.

Foi assim por meio da Revolução Francesa, como resistência aos excessos das Monarquias absolutistas, que o iluminismo inspirou um novo tempo, inclusive, para o Direito Penal: o denominado Direito Penal de inspiração iluminista.

O Marquês de Beccaria, símbolo do movimento humanitário iniciado no século XVIII, combateu as penas cruéis, a tortura, o arbítrio judicial, o absurdo de certas incriminações e a desigualdade das penas determinadas pela classe social do delinquente. Baseando-se nos princípios do contrato social, do direito natural e do utilitarismo, Beccaria inspirou-se na filosofia estrangeira, sobretudo em Montesquieu, Hume e

---

[951] SOUZA, Luciano Anderson de. *Direito penal*: parte geral. 3. ed. São Paulo: Revista dos Tribunais, Thomson Reuters, 2022. v. 1. p. 476.
[952] DOTTI, René Ariel. *Curso de direito penal*: parte geral. 6. ed. Rio de Janeiro: Forense, 2018. p. 724-727.
[953] DOTTI, René Ariel. *Curso de direito penal*: parte geral. 6. ed. Rio de Janeiro: Forense, 2018. p. 724-727.

Rousseau. Como alguns dos pensadores franceses da época, Beccaria foi contratualista, igualitário, liberal, individualista, usou e abusou da dedução, sem procurar o contato com a realidade, o que muitas vezes o distanciara dos fatos e o levara a questionados exageros.[954]

Inspirado pela revolução e toda a influência europeia, D. Pedro II promulgou no Brasil, em 1824, a primeira Constituição do mundo vanguardista a ter princípios penais e processuais penais, ou seja, foi a primeira vez que regras do Direito Penal ganhavam *status* de normas constitucionais.

A pena, no entanto, ainda era vista exclusivamente com seu significado de retribuição, com caráter absoluto. Aliás, já dizia nesse sentido o maior penalista do Império – Tobias Barreto – que "quem procura o fundamento jurídico da pena deve também procurar o fundamento jurídico da guerra, de modo que a pena, antes de jurídico, é um conceito político".[955]

Em que pese tal reflexão, lembra Welzel que o homem tem meditado sobre o sentido e a finalidade da pena desde que a filosofia passou a fazer parte da sua existência.[956] Carrara, no mesmo sentido, afirma que "procurar a origem da pena é fórmula escolástica, mas vazia de sentido, quando se considera a pena de um ponto de vista abstrato e especulativo. Tanto valeria procurar a origem da vida do homem, como se este, conservando sua natureza, pudesse ter existido um instante sem possuir a vida".[957]

De outra parte, é inegável que o direito punitivo se debate com um problema crucial, o referente ao seu fundamento jurídico e ao fim da pena, conforme observa Bruno:

> Não é um problema simplesmente metafísico ou filosófico, como à primeira vista poderia parecer, mas de imenso interesse prático, porque dele depende a configuração da pena nas legislações e a orientação total dos sistemas penais. Um tema sempre apaixonante, que ainda hoje, como diz PREISER, é a questão inicial de toda consideração do Direito punitivo, e a sua problemática, observa MAURACH, nada perdeu da sua importância. Essa questão, não a do método, é que marca as distâncias entre as posições dos penalistas, e dentro das escolas é que ela é formulada e diversamente resolvida.[958]

Daí a preferência por uma prévia excursão, ainda que singela, pelas diferentes escolas e dogmáticas penais antes de se adentrar ao tema que configura o ponto de partida de Jakobs para sua teoria do delito, intimamente ligada à finalidade da pena: a teoria da prevenção geral positiva.

---

[954] FERRI, Enrico. *Princípios de direito criminal*. 2. ed. Campinas: Bookseller, 1999. p. 08.

[955] BARRETO, Tobias. *Obras completas*. Organização de Luíz Antônio Barreto. Rio de Janeiro: Record; Brasília: Instituto Nacional do Livro, Ministério da Cultura, 1991. v. 1. p. 149-151 (o trabalho data de 1886, sendo publicado como apêndice à 2ª ed. de *Menores e loucos*; a 1ª ed. Rio de Janeiro, 1884, não o inclui). Sobre o festejado autor vale destacar: Roberto Lyra (*Direito penal científico*, p. 29); Tobias Barreto (*O homem pêndulo*) Heitor Costa Jr. (Tobias Barreto. *RDP*, n. 31, p. 97); Paulo Paim Mercadante (*Tobias Barreto na cultura brasileira. Uma reavaliação*) Mario G. Losano (*Materiali per uma storia della cultura giuridica*, p. 370); Junot Silveira (*O romance de Tobias Barreto*) (apud CONDE, Francisco Muñoz. *Direito penal e controle social*. Tradução de Cíntia Toledo Miranda Chaves. Rio de Janeiro: Revan, 2005. p. 111-112).

[956] WELZEL, Hans. *Direito penal*. Tradução de Afonso Celso Rezende. 1. ed. 2. tir. Campinas: Romana, 2004. p. 329-330.

[957] CARRARA, Francesco. *Programa do curso de direito criminal*: parte geral. Campinas: LZN, 2002. v. II. p. 13-14.

[958] BRUNO, Aníbal. *Direito penal*: parte geral. 2. ed. Rio de Janeiro: Forense, 1959. v. 1. t. I. p. 78-79.

Segundo Carrara, a palavra "pena" tem três significados distintos: 1º – em sentido geral, exprime qualquer dor, ou mal que ocasione dor; 2º – em sentido especial, designa um mal que sofremos por causa de um fato nosso, perverso ou incauto; e, desse modo, compreende todas as penas naturais; 3º – em sentido especialíssimo, indica aquele mal que a autoridade pública inflige a um culpado em razão de delito por ele praticado.[959]

Garcia, por sua vez, apresenta os verbos que, na diversidade das opiniões, indicam as finalidades possíveis do direito de punir e, por meio delas, as razões da sua existência: castigar ou punir, expiar, eliminar, intimidar, educar, corrigir ou regenerar, readaptar, proteger ou defender. Para precisar essas finalidades, segundo ele, elaboraram-se doutrinas que reuniram maior ou menor número de adeptos. "E algumas tiveram irradiação tão ampla, que passaram a constituir escolas, as quais intentaram delimitar-se pela fixação de toda uma serie de idéias centrais sobre as mais graves questões da nossa matéria".[960]

Carrara ressalva ser talvez impossível enumerar todos os sistemas imaginados, *v. g.* pelos publicistas, para dar ao direito de punir o seu princípio fundamental, mas ainda assim, de forma didática, aponta os seguintes:[961]

> a) vingança (admitiram que uma paixão perversa pudesse converter-se em direito exigível – HUME, PAGANO, VECCHIONI, BRUCKNER, RAFFAELLI, ROMANO etc.); b) vingança purificada (a sociedade pune, a fim de que o ofendido não se vingue – LUDEN); c) represália (fórmula de FRANCIS LIEBER, em estudo publicado em 1838 na cidade de Filadélfia que, em essência, representa mero disfarce da vingança); d) aceitação (promulgada a lei cominadora da pena, o cidadão que cometer o delito, sabendo ser daquele modo punido, voluntariamente se terá sujeitado a ela e não terá razão de queixar-se); e) convenção (ROUSSEAU, MONTESQUIEU, BURLAMAQUI, BLACKSTONE, VATTEL, BECCARIA, MABLY, PASTORET, BRISSOT DE WARVILLE) ou a cessão à sociedade do direito privado de defesa direta; f) associação (a constituição da sociedade desenvolve o direito punitivo em razão da própria união – PUFFENDORF); g) reparação (quem causou um dano deve repará-lo – KLEIN, SCHNEIDER, WELCKER); h) conservação (SCHULZE, BUSATTI, MARTIN), ou pela da defesa social indireta (ROMAGNOSI, COMTE, RAUTER, GIULIANI), ou necessidade política (FEUERBACH, KRUG, BAVER, CARMIGNANI), na qual com o punir, exerce a sociedade o direito, inerente a todo ser, de se conservar; i) utilidade (princípio assentado no postulado de que a utilidade dá o sumo do princípio do bem moral e o fundamento bastante do direito – HOBBES, BENTHAM); j) correção (a sociedade tem direito de punir o culpado para emendá-lo – ROEDER, FERREIRA, MAZZOLENI, MARQUET-VASSELOT); l) expiação (é princípio de absoluta justiça que expie a sua falta, sofrendo um mal, quem produzia um mal – KANT, MENCHE, PACHECO).

Não obstante tais sistemas, forçoso reconhecer, com amparo em Bruno, que as ideias modernas sobre a natureza e as causas do crime e a exigência de uma luta eficaz contra a criminalidade foram desenvolvendo, ao lado da velha reação punitiva, uma série de medidas destinadas não a punir o criminoso, mas a promover a sua recuperação social

---

[959] CARRARA, Francesco. *Programa do curso de direito criminal:* parte geral. Campinas: LZN, 2002. v. II. p. 43.
[960] GARCIA, Basileu. *Instituições de direito penal.* 4. ed. São Paulo: Max Limonad, 1976. v. I. t. I. p. 66.
[961] CARRARA, Francesco. *Programa do curso de direito criminal:* parte geral. Campinas: LZN, 2002. v. II. p. 53-57.

ou segregá-lo do meio nos casos de desajustamento irredutível. Trata-se das chamadas medidas de segurança.[962]

As inovações, os novos sistemas de punição (seja com penas, seja com medidas de segurança) e, enfim, a forma de se ver o direito de punir, conforme já salientado, foram influenciados por diversos movimentos e metodologias de escolas penais[963] e, naturalmente, vêm se alterando com a concepção funcionalista – puro retrato do mundo contemporâneo.

Certo é, de qualquer forma, que, embora o Direito Penal não tenha conseguido eximir a pena da eiva de castigo, são inegáveis as suas múltiplas utilidades, segundo lição de Garcia:

> Nestas duas fórmulas – prevenção geral e prevenção especial cabem as vantagens da pena. Sob o lema da prevenção especial, tem-se em apreço a pessoa do delinqüente, sobre o qual se exerce a medida repressiva. Conquanto destinada à repressão, a pena realiza uma função preventiva, quando afasta o indivíduo do meio social, impedindo-o de delinqüir, e quando visa cria estímulos para que não torne a praticar crimes, quer infundindo-lhe o temor do castigo, quer procurando corrigi-lo, para que ele, melhorando moralmente, se sinta propenso a uma conduta compatível com a vida em sociedade.[964]

Esse pequeno traçado pode ser resumido da seguinte forma: a) teorias absolutas: não peque (*punitur quia peccatum est*); b) teorias relativas ou utilitárias: pune-se porque pecou e para que não peque (*punitur ut ne peccetur*) e c) teorias mistas: pune-se para que não peque (*punitur quia peccatum est et ne peccetur*).

As *teorias absolutas* consideram a pena intrinsecamente justa, inculcando-a como remédio para o mal acontecido, sendo o seu fundamento o princípio moral – *punitur quia peccatum est*. São consideradas absolutas todas as teorias que veem o Direito Penal (e a pena) como um fim em si mesmo, cuja justificativa não depende de razão utilitária ou preventiva, pautadas, pois, na ideia de retribuição.[965]

A teoria em apreço, lembra Garcia, também chamada "da retribuição ou da expiação", exerceu enorme influência entre os juristas da Escola Clássica. Foram inúmeros os vultos que a professaram, muitas vezes com modificações, como o fez o insigne Pessina (*Elementi di Diritto Penale* – 1882).[966]

Como bem observou Welzel, as teorias absolutas veem na retribuição justa não somente a pena justificada, mas também a garantia da sua realidade e o esgotamento do seu conteúdo. Ele assim elenca suas características:

> a) A necessidade moral da pena garante – assim dizem estas teorias – também sua realidade, seja em virtude da identidade de razão e realidade (Hegel), seja por obra de um imperativo categórico (Kant), ou em virtude de uma necessidade religiosa (Stahl).

---

[962] BRUNO, Aníbal. *Direito penal:* parte geral. 2. ed. Rio de Janeiro: Forense, 1959. v. 1. t. I. p. 03-04.
[963] Neste sentido: MEZGER, Edmund. *Derecho penal, parte general*. Buenos Aires: Valleta Ediciones, 2004. t. I. p. 257-263.
[964] GARCIA, Basileu. *Instituições de direito penal*. 4. ed. São Paulo: Max Limonad, 1976. v. I. t. I. p. 406.
[965] QUEIROZ, Paulo de Souza. *Direito penal*: introdução crítica. São Paulo: Saraiva, 2001. p. 45.
[966] GARCIA, Basileu. *Instituições de direito penal*. 4. ed. São Paulo: Max Limonad, 1976. v. I. t. I. p. 76.

b) Segundo a teoria absoluta, está esgotado o conteúdo da pena com a realização de uma retribuição justa. Todas as outras conseqüências (intimidação, melhoramento) são, no melhor dos casos, efeitos favoráveis secundários que não tem nada a ver com a natureza da pena (novamente, com particular clareza, Kant no livro citado).[967]

Dentre as concepções absolutas, merecem destaque, máxime para os fins do presente trabalho, os posicionamentos de Kant (1724-1804) e de Hegel (1770-1831).

Para Kant a pena é um imperativo categórico: "quando a justiça é desconhecida, os homens não têm razão de ser sobre a Terra". Esse imperativo categórico, segundo Kant, implica dizer que, mesmo havendo apenas um criminoso e a sociedade estando em vias de desaparecimento, o criminoso deve ser punido. Enfim, exigem-na a razão e a justiça: é simples consequência do delito, explicando-se plenamente pela retribuição jurídica. Ao mal do crime, o mal da pena, imperando entre eles a igualdade. "Só o que é igual é justo. Alega-se, destarte, que, sob certo aspecto, o talião seria a expressão mais fiel dessa corrente".[968]

Hireche, também fazendo alusão a Kant, ressalta sua divergência frontal da "instrumentalização do homem", isto é, que se aplique uma pena para que sirva de exemplo para os outros indivíduos.

> A pena jurídica, *poena forensis*, não pode nunca ser aplicada como um simples meio de procurar outro bem, nem em benefício do culpado ou da sociedade, mas deve ser sempre contra o culpado pela simples razão de haver delinqüido: porque jamais um homem pode ser tomado como instrumento dos desígnios de outro, nem ser contado no número das coisas como objeto de direito real.[969]

Hegel é outro expoente da teoria retribucionista.

Ao desenvolver sua argumentação, Hegel estabelece um método dialético, em que a pena representaria, ao final, a reafirmação do Direito. Pode-se observar na concepção hegeliana que

> como evento que é, a violação do direito enquanto direito possui, sem dúvida, uma existência positiva exterior, mas contém a negação. A manifestação desta negatividade é a negação desta violação que entra por sua vez na existência real; a realidade do direito reside na sua necessidade ao reconciliar-se ela, consigo mesma mediante a supressão da violação do direito.[970]

A pena, em Hegel é, pois, uma necessidade lógica, ou ainda, como já o disse Garcia, "o direito é manifestação da vontade racional. A pena é a reafirmação da vontade racional sobre a vontade irracional, servindo a pena para restaurar uma idéia, precisamente para restaurar a razão do delito".[971]

---

[967] WELZEL, Hans. *Direito penal*. Tradução de Afonso Celso Rezende. 1. ed. 2. tir. Campinas: Romana, 2004. p. 330-331.
[968] BRUNO, Aníbal. *Direito penal:* parte geral. 2. ed. Rio de Janeiro: Forense, 1959. v. 1. t. I. p. 94-95.
[969] HIRECHE, Gamil Föppel El. *A função da pena na visão de Claus Roxin*. Rio de Janeiro: Forense, 2004. p. 16-17.
[970] HEGEL, George Wilhelm Friedrich. *Princípios da filosofia do direito*. Tradução de Orlando Vitorino. São Paulo: Martins Fontes, 1997. p. 87.
[971] GARCIA, Basileu. *Instituições de direito penal*. 4. ed. São Paulo: Max Limonad, 1976. v. I. t. I. p. 73.

Aliás, o Papa Pio XII, com a mesma concepção, salientou que a "culpa é o golpe, a pena, o contra-golpe. A pena restaura o que o delito destruiu".[972] Dip, com o mesmo raciocínio, salienta:

> A pena é a reação exigida pelo direito e a justiça frente à culpa; são como o golpe e o contra-golpe. Por isso, a ordem violada com o fato culpável exige a reintegração e o restabelecimento do equilíbrio turbado. [...] A pena propriamente dita não pode, pois, ter outro sentido e finalidade que aquele que foi indicado, reinstalar novamente na ordem do dever o violador do direito, que se havia apartado dela.[973]

Tal concepção – forçoso reconhecer – imprime à pena a finalidade de restabelecimento do próprio ordenamento jurídico atingido por uma violação, o que, dirão muitos, seria a retomada e a semente da concepção de Jakobs ao apresentar sua "teoria da prevenção geral positiva".

Ainda que a prevenção seja genuinamente denominada corrente utilitária e, portanto, relativa, Noronha, ao sintetizar a análise das teorias absolutas, registra que em geral elas negam fins utilitários à pena, que se explica tão somente pela satisfação do imperativo de justiça. "É ela um mal justo, oposto ao mal injusto do crime (*malum passionis quod infligitur ob malum actionis*)".[974]

Esse paradoxo é criticado pelos censores de Jakobs, que lhe atribuem a criação de uma teoria supostamente utilitária, com feição absoluta. Ademais, a crítica que se faz a tais ideias, tal qual se faz hodiernamente ao próprio Jakobs, refere-se ao seu conceito absoluto de Estado, de Justiça, de Moral e de Direito, que se mostra incompatível com o perfil dos Estados modernos – Estados funcionais (ou instrumentais) – diante de limites constitucionais intransponíveis, em especial a dignidade da pessoa humana.[975]

Já os adeptos da *teoria relativa*, por sua vez, emprestam à pena finalidade política e de utilidade, considerando-a instrumento de prevenção de outros delitos: *punitur ne peccetur*, ou seja, a pena e o fundamento do direito de punir passam a ser atrelados à ideia de *prevenção*.

Ferrajoli destaca que a concepção da pena enquanto meio, e não como fim ou valor, representa o traço comum de todas as doutrinas relativas ou utilitaristas, englobando as que pregam a emenda e a defesa social, a intimidação geral, a neutralização do delinquente e a integração dos outros cidadãos. O utilitarismo, segundo ele,

> não fosse pelo fato de que exclui as penas socialmente inúteis, é, resumindo, o pressuposto necessário de toda e qualquer doutrina penal sobre os limites do poder punitivo do Estado. Aliás, não é por acaso que constitui um elemento constante e essencial de toda a tradição

---

[972] *La culpa y la pena en sus mutuas conexiones*, exposição realizada em 5.12.1954 e 25.2.1955 no VI Congresso Nacional da União de Juristas Católicos Italianos; *Come rappresentanti. La ayuda cristiana al encarcelado*, último discurso sobre o Direito Penal, pronunciado no dia 26.5.1957, diante da União de Juristas Católicos Italianos (*apud* BONASTRE, Gerardo Damián. *Fundamento, esencia y funciones de la pena en el magisterio de Pío XII*. Disponível em: http://www.carlosparma.com.ar/Bonastre.htm. Acesso em: 22 jul. 2020).
[973] DIP, Ricardo; MORAES JR., Volney Corrêa Leite de. *Crime e castigo*: reflexões politicamente incorretas. Campinas: Millennium, 2002. p. 242.
[974] NORONHA, Edgard Magalhães. *Direito penal*. 24. ed. Atualização de Adalberto José Q. T. de Camargo Aranha. São Paulo: Saraiva, 1986. v. 1. p. 28.
[975] QUEIROZ, Paulo de Souza. *Direito penal*: introdução crítica. São Paulo: Saraiva, 2001. p. 47.

penal liberal, tendo desenvolvimento como doutrina política e jurídica – excluídas as suas remotas ascendências em Platão, em Aristóteles e em Epicuro – em razão do pensamento jusnaturalista e contratualista do século XVII, implementador do Estado de direito penal moderno. "A finalidade da lei, para a qual orienta as suas disposições e sanções", afirma Francis Bacon, "não é outra que a felicidade dos cidadãos".[976]

Queiroz, por sua vez, assinala que, em oposição às absolutas,

as teorias relativas (ou teorias da prevenção) são marcadamente teorias finalistas, por verem a pena não como fim em si mesmo, mas como meio a serviço de determinados fins, considerando-a, portanto, utilitariamente. Fim da pena, em suas várias versões, é a prevenção de novos delitos, daí por que são também conhecidas como teorias da prevenção.[977]

As formas de prevenção convergem, na realidade, para o momento em que se inicia a preocupação em evitar a ocorrência dos delitos, adotando enfoques que vão desde as causas da delinquência até a necessidade de se evitar a reincidência.[978] Trata-se, no dizer de Ferrajoli, "da ambivalência a ser enfrentada pelo utilitarismo jurídico: o objetivo da máxima segurança e aquele da mínima aflição".[979]

Com efeito, ressalta o próprio Ferrajoli que, combinados os critérios das finalidades preventivas comumente indicadas pelas teorias relativas, afiguram-se quatro tipos de doutrinas utilitaristas:

a) doutrinas da prevenção especial positiva ou da correção, que conferem à pena a função positiva de corrigir o réu; b) doutrinas da prevenção especial negativa ou da incapacitação, que lhe dão a função negativa de eliminar ou, pelo menos, neutralizar o réu; c) doutrina da prevenção geral positiva ou da integração, que lhe atribuem a função positiva de reforçar a fidelidade dos cidadãos à ordem constituída; d) doutrinas da prevenção geral negativa ou da intimidação, que lhe conferem a função de dissuadir os cidadãos por meio do exemplo ou da ameaça que a mesma constitui.[980]

Gomes e Cervini enumeram as espécies de *prevenção em três momentos distintos*, destacando: a) *prevenção primária* (atua na origem do problema da criminalidade, procurando solucioná-lo pela base – políticas públicas); b) *prevenção secundária* (atua não mais sobre a coletividade, mas sobre determinado número de pessoas, que, pelas circunstâncias, estariam mais propensas a cometer delitos); c) *prevenção terciária* (ação estatal sobre as pessoas que já cometeram crimes, com o propósito de evitar a reincidência).[981]

---

[976] FERRAJOLI, Luigi. *Direito e razão*: teoria do garantismo penal. Tradução de Ana Paula Zomer, Fauzi Hassan Choukr, Juarez Tavares e Luiz Flávio Gomes. São Paulo: Revista dos Tribunais, 2002. p. 208-209.
[977] QUEIROZ, Paulo de Souza. *Direito penal*: introdução crítica. São Paulo: Saraiva, 2001. p. 48.
[978] HIRECHE, Gamil Föppel El. *A função da pena na visão de Claus Roxin*. Rio de Janeiro: Forense, 2004. p. 21-22.
[979] FERRAJOLI, Luigi. *Direito e razão*: teoria do garantismo penal. Tradução de Ana Paula Zomer, Fauzi Hassan Choukr, Juarez Tavares e Luiz Flávio Gomes. São Paulo: Revista dos Tribunais, 2002. p. 212.
[980] FERRAJOLI, Luigi. *Direito e razão*: teoria do garantismo penal. Tradução de Ana Paula Zomer, Fauzi Hassan Choukr, Juarez Tavares e Luiz Flávio Gomes. São Paulo: Revista dos Tribunais, 2002. p. 212-213.
[981] GOMES, Luiz Flávio; CERVINI, Raúl. *Crime organizado*: enfoques criminológico, jurídico e político-criminal. São Paulo: Revista dos Tribunais, 1997. p. 44-46.

A prevenção, como se verá, pode ser voltada genericamente à sociedade (prevenção geral), ou focada no indivíduo que delinquiu (prevenção especial).

Segundo a teoria da *prevenção especial* (ou prevenção individual), a norma penal se dirigiria a apenas uma parte da sociedade: aos indivíduos que, tendo cometido um ilícito, seriam compelidos a não mais delinquir.

Von Liszt, considerado o maior expoente dessa teoria,[982] salientava que a "função da pena e do Direito Penal era a proteção de bens jurídicos por meio da incidência da pena sobre a personalidade do delinqüente, com a finalidade de evitar futuros delitos".[983]

Sobre o propósito de uma tríplice função da prevenção especial – inocuização, intimidação e correção –, classifica-se a *prevenção especial em positiva e negativa*, divisão que não ganhou a mesma notoriedade em relação à prevenção geral: "a prevenção especial positiva seria representada pela advertência ou ressocialização, enquanto a prevenção especial negativa estaria a ocorrer com a inocuização, temporária ou indeterminada".[984]

Ademais, para os teóricos dessa corrente,

a intervenção penal serve à neutralização dos "impulsos criminosos" de quem já incidiu na prática de crime, o delinqüente, impedindo-o de praticar novos delitos. Dito mais claramente: fim da pena é evitar a reincidência. A prevenção de futuros delitos já não se dirige, portanto, à generalidade das pessoas, mas ao infrator da norma em especial.[985]

Na feliz síntese de Garcia, "o Direito Penal pretende, assim, a conversão do criminoso em homem de bem".[986]

Além da moderna escola alemã de Von Liszt, necessário repisar, com o auxílio de Queiroz, que diversas correntes de pensamento advogaram, ou ainda advogam, essa forma de justificação do direito de punir, mesmo que com outras roupagens: o correcionalismo espanhol (Dorado Montero, Concepción Arenal); o positivismo italiano (Lombroso, Ferri, Garofalo) e, mais recentemente, o movimento de defesa social (Filippo Gramática e Marc Ancel), entre outros.[987]

Em sua versão mais radical, a teoria da prevenção especial pretende a substituição da Justiça Penal por uma "medida social", cuja tarefa é o saneamento social pela aplicação de medidas terapêuticas que visam tornar o delinquente, por assim dizer, dócil. Tais medidas englobam a segregação provisória ou definitiva e o tratamento ressocializador que lhe anule as tendências criminosas.[988]

Pode-se identificar aqui a relevância da ideia de medida de segurança.

---

[982] QUEIROZ, Paulo de Souza. *Direito penal*: introdução crítica. São Paulo: Saraiva, 2001. p. 55.
[983] HASSEMER, Winfried. *Três temas de direito penal*. Porto Alegre: Publicações Fundação Escola Superior do Ministério Público do Rio Grande do Sul, 1993. p. 27-29.
[984] HASSEMER, Winfried. *Três temas de direito penal*. Porto Alegre: Publicações Fundação Escola Superior do Ministério Público do Rio Grande do Sul, 1993. p. 29.
[985] QUEIROZ, Paulo de Souza. *Direito penal*: introdução crítica. São Paulo: Saraiva, 2001. p. 53-54.
[986] GARCIA, Basileu. *Instituições de direito penal*. 4. ed. São Paulo: Max Limonad, 1976. v. I. t. I. p. 72.
[987] GARCIA, Basileu. *Instituições de direito penal*. 4. ed. São Paulo: Max Limonad, 1976. v. I. t. I. p. 53.
[988] QUEIROZ, Paulo de Souza. *Direito penal*: introdução crítica. São Paulo: Saraiva, 2001. p. 53-54.

Levorin, nesse diapasão, destaca que

> a medida de segurança parece ganhar destaque dentro dos ordenamentos jurídicos nas diversas legislações considerando que "na prática as penas privativas de liberdade, inclusive severas, não resultaram suficientemente eficazes contra os multirreincidentes; aparece como imprescindível – salvaguardando o princípio da dignidade da pessoa humana e as exigências de legalidade no sentido mais amplo do termo – a aplicação de uma medida de segurança".[989]

Segundo o autor, atendendo às finalidades de defesa social ligada à prevenção especial, seja sob a forma de pura segurança, seja sob a forma de ressocialização,

> O destaque das medidas de segurança surge no momento em que se frustra o conceito de ressocialização da pena e identificam-se várias violências aos princípios da dignidade da pessoa humana e da legalidade. Em decorrência da falência da pena, a medida de segurança emerge como substitutivo daquela, devendo se pulverizar, porém deve manter um jugo profundo com as exigências do princípio da legalidade e dos seus corolários.[990]

No mesmo esteio, adverte Jakobs que

> una breve consideración de las estadísticas de reincidencia desde finales del siglo pasado hasta el día de hoy enseña que – al menos en el Derecho penal de adultos – no existe una relación positiva entre la pena de las características que son habituales y algún tipo de efecto preventivo-especial, prescindiendo del mero efecto de aseguramiento respecto de aquel que está encerrado en el cárcel.[991]

Hassemer, *v.g.*, salienta que o problema dessa concepção é que, em determinados casos, poderá se chegar à obtenção de penas indefinidas e indeterminadas, uma vez que, enquanto não estiver apto ao retorno à sociedade, o delinquente dela ficará afastado.[992]

Ainda segundo Hassemer, apesar da feição suave e discreta da teoria da ressocialização, as justas críticas à "prevenção especial" começam pela indagação sobre o fim a ser atingido: "uma vida exterior conforme ao Direito (ou só conforme ao Direito Penal?), uma 'conversão' também interna, uma 'cura', um consentimento com as normas sociais/jurídicas/penais de nossa sociedade?".[993] E conclui:

> Como meio utilizado pelo Direito Penal e em íntima ligação com a execução penal, a ressocialização constitui uma atividade compulsória para o paciente, um tratamento

---

[989] LEVORIN, Marco Polo. *Princípio da legalidade na medida de segurança*: determinação do limite máximo de duração da internação. São Paulo: Juarez de Oliveira, 2003. p. 161.
[990] LEVORIN, Marco Polo. *Princípio da legalidade na medida de segurança*: determinação do limite máximo de duração da internação. São Paulo: Juarez de Oliveira, 2003. p. 161.
[991] JAKOBS, Günther. *Sobre la teoría de la pena*. Bogotá: Cuardernos de Conferencias y artículos nº 16. Tradução de Manuel Cancio Meliá. Bogotá: Univesidad Externado de Colômbia, Centro de Investigaciones de Derecho Penal y Filosofia del Derecho, 1998. p. 13-14.
[992] HASSEMER, Winfried. *Três temas de direito penal*. Porto Alegre: Publicações Fundação Escola Superior do Ministério Público do Rio Grande do Sul, 1993. p. 29.
[993] HASSEMER, Winfried. *Três temas de direito penal*. Porto Alegre: Publicações Fundação Escola Superior do Ministério Público do Rio Grande do Sul, 1993. p. 39-40.

imposto, uma tentativa de arrebater o preso não apenas no corpo, mas também na alma e mais: almeja exorcizar seu estilo de vida e seus modelos de comportamento específicos da classe baixa a que pertence. Se a tudo isto se acrescenta que respeitáveis representantes da idéia da ressocialização acabam propugnando a pena de duração incerta (porque o término da pena deve ser calculado em sintonia com as teorias da socialização, com base no concreto êxito da recuperação, e não com base no abstrato princípio da proporcionalidade), de duvidosa constitucionalidade, e se, por fim, se lança o olhar sobre todo panorama que se descortina sobre pano de fundo da incerta eficácia da recuperação na execução penal, então fica difícil compreender por que razão a ideologia da recuperação não atravessou imune a era do Direito Penal voltado para as conseqüências.[994]

Queiroz, por sua vez, ressalta que uma primeira observação a fazer acerca dessas teorias refere-se aos seus limites. Para ele,

> elas já pressupõem a existência de normas penais vigentes e, mais ainda, a infração dessas normas por alguém em particular. Portanto, a prevenção especial não pode operar como a geral, no momento da cominação penal, mas só na execução da pena [...]. Por isso é que não são propriamente teorias do Direito Penal, mas mais exatamente, teorias da execução penal.[995]

Ainda sob o mesmo aspecto, Queiroz exemplifica que o autor de furtos sucessivos (reincidente), embora de pouca importância social, poderia ser submetido a uma longa medida de segurança (ou pena) por ser considerado perigoso, ao passo que um homicida ocasional poderia sofrer uma pena mínima (ou nenhuma pena), face à sua não perigosidade. Afinal, "para essa teoria, decisivo não é o fato em si, mas o seu autor, uma vez que o fato é sintoma da temibilidade do agente".[996]

Ademais, segundo Hassemer,

> enquanto apenas se especula sobre esses efeitos e continuamente se lança mão do surrado argumento "nada funciona", a idéia da ressocialização se transforma em moeda de troca de qualquer política de segurança pública e da respectiva ideologia. Na Escandinávia, nos Estados Unidos, menos espetacularmente também entre nós, ela primeiro se apresenta como panacéia, um verdadeiro salvo-conduto para a solução de todos os problemas da criminalidade e, pouco depois, converte-se no charlatão, que subtraiu dos presos e da sociedade tempo de vida e dinheiro.[997]

Silva Sánchez, com o mesmo tom crítico, faz a seguinte reflexão:

> Na verdade, se não é possível diferenciar o sujeito delinqüente do não-delinqüente por razões de personalidade e de ambiente, senão apenas que o primeiro comete o delito porque o complexo de motivos determina que essa seja a solução mais vantajosa para ele, então a ressocialização – que parte da idéia de que o autor do delito mostra uma conduta desviada

---

[994] HASSEMER, Winfried. *Três temas de direito penal*. Porto Alegre: Publicações Fundação Escola Superior do Ministério Público do Rio Grande do Sul, 1993. p. 40.

[995] QUEIROZ, Paulo de Souza. *Direito penal*: introdução crítica. São Paulo: Saraiva, 2001. p. 53-54.

[996] QUEIROZ, Paulo de Souza. *Direito penal*: introdução crítica. São Paulo: Saraiva, 2001. p. 56.

[997] HASSEMER, Winfried. *Três temas de direito penal*. Porto Alegre: Publicações Fundação Escola Superior do Ministério Público do Rio Grande do Sul, 1993. p. 39-40.

e algum gênero de patologia – evidentemente não tem sentido. Se o tem, ao contrário, teria sentido a inocuização (incapacitation), como vantagem adicional da imposição da pena, uma vez que o delinqüente fica impedido, durante o tempo que a sofre, de cometer delitos (ao menos fora da prisão).[998]

A prevenção especial tornou-se, portanto, a bandeira do positivismo criminológico,

daquelas tendências que negando ou prescindindo de um enfoque ético da personalidade humana, examinaram somente os fatos naturalísticos do crime com a conclusão de que é sempre a expressão de uma personalidade "anormal"; que deve ser possivelmente corrigida pela sanção a fim de que se chegue à recuperação do réu com o benefício, não apenas individual, mas também social.[999]

O campo da prevenção especial é o da periculosidade, não o da culpabilidade e, portanto, "atua onde se possa deduzir, de um complexo de condições subjetivas, que um indivíduo poderá ser causa de crimes, mas não se encontra onde impera a exigência da retribuição que pretende fazer sentir ao réu o que significa violar a lei".[1000]

É necessário registrar, desde já, que Jakobs descreverá sua teoria do "Direito Penal do Inimigo" com uma feição assemelhada ao positivismo e à finalidade de prevenção especial negativa da pena (inocuização). Segundo seus críticos, essa teoria representará a retomada de elementos do Direito Penal do autor e da adoção de critérios da prevenção especial para justificar o tratamento diferenciado daquele que se porta como "inimigo da sociedade".[1001]

Contudo, para chegar a essa construção, Jakobs parte do funcionalismo sistêmico, uma reconstrução da teoria do delito intimamente ligada à teoria da pena por ele preconizada: a "prevenção geral positiva".

A *prevenção geral*, seja *positiva (integradora)*, seja *negativa (intimidatória)*, será voltada precipuamente para a sociedade.

Destacam-se como críticas às teorias da prevenção geral negativa: a) o precário conhecimento das regras jurídicas na sociedade (decorrendo seu cumprimento mais de regras difusas de convívio); b) o fato de os destinatários da norma sentirem-se motivados a seu cumprimento, independentemente da simples ameaça de pena; e c) a falta de comprovação empírica da idoneidade dos meios preventivos.[1002]

Assinala Ferri, de forma bastante didática, que

a sanção ou pena que, para BECCARIA era "um motivo psicológico oposto ao crime", para ROMAGNOSI "a contra-impulsão penal à impulsão criminosa", para FEUERBACH uma

---

[998] SILVA SÁNCHEZ, Jesús-María. *Eficiência e direito penal*. Tradução Maurício Antonio Ribeiro Lopes. São Paulo: Manole, 2004. Coleção Estudos de Direito Penal. v. 11. p. 49-50.
[999] BETTIOL, Guiseppe. *Direito penal*. Campinas: Red Livros, 2000. p. 656.
[1000] BETTIOL, Guiseppe. *Direito penal*. Campinas: Red Livros, 2000. p. 657.
[1001] MORAES, Alexandre Rocha Almeida de. *Direito penal do inimigo*: a terceira velocidade do direito penal. Curitiba: Juruá, 2008. p. 125.
[1002] SILVA SÁNCHEZ, Jesús-María. *Aproximación al derecho penal contemporáneo*. Barcelona: JM Bosch Editor S.A., 1992. p. 334 e ss.; HASSEMER, Winfried. *Direito penal*: fundamentos, estrutura, política. Trad. Adriana Beckman Meirelles, Carlos Eduardo de Oliveira Vasconcelos, Felipe Rhenius Nitzke, Mariana Ribeiro de Souza e Odim Brandão Ferreira. Porto Alegre: Sérgio Antonio Fabris, 2008. p. 231 e ss.

"coação psicológica" ou, para um outro, "coação psicossocial" compreende-se, na realidade da vida social, não só como cominatória escrita na lei, mas também como aplicação judiciária a cada caso e como execução coercitiva de toda a decisão judiciária. E a sanção pode assumir forma preventiva ou reparadora, ou repressiva ou eliminatória.[1003]

Em contraposição às teorias absolutas da pena, exclusivamente retributivas, surgiu, tal qual assinalado à prevenção especial, a concepção da pena fundada no contrato social e, portanto, no Estado Liberal que lhe conferia não um caráter meramente repressivo, mas essencialmente a função utilitária de proteção da sociedade: a de prevenção de delitos.

Essa teoria da pena, embora não tenha possuído a mesma amplitude e relevância da teoria da retribuição, foi adotada, entre outros, por Beccaria e pela maior parte da doutrina clássica alemã.

A pena – lembra Santoro Filho – passaria a possuir como maior função incutir o medo do castigo nos integrantes da sociedade, não somente a partir da previsão legal da sanção para os tipos de crimes, como também pelo exemplo conferido com a aplicação e execução dessa sanção aos que praticam tais condutas: "através do medo, evita-se que crimes sejam cometidos, pois cria-se a certeza da punição como conseqüência lógica da ação desvalorada, suprimindo-se, assim, a força dos impulsos criminógenos como fatores dominantes da conduta".[1004]

No mesmo sentido, ressalta Bettiol que a doutrina da prevenção geral parte da consideração de que

> o fim único das penas é afastar os delitos da sociedade, em razão do que através da ameaça, deve-se considerar presente na aplicação e na execução da pena a idéia de que a generalidade dos cidadãos é colocada na condição psicológica de não cair no delito. A sociedade defende-se de melhor modo contra o crime quando, através da ameaça da pena em geral e sua aplicação ou execução em particular, suscita nos cidadãos inibições capazes de frustrar aquelas forças psicológicas que podem existir no ânimo dos cidadãos como determinantes do crime.[1005]

Moraes Jr., de outra parte, adverte que, pela ótica da prevenção geral, a punição

> nem há de ser tão rápida que o delinqüente virtual considere positiva a relação custo/benefício – se a pena é insuficiente, o risco sempre vale a pena –, nem tão longa que o criminoso potencial nela veja menos uma ameaça a temer e mais um desafio a enfrentar (o peso e a régua).[1006]

Bentham, Feuerbach e Romagnosi são grandes vultos da teoria da prevenção geral.[1007]

Noronha, ao ressaltar o caráter utilitário da obra de Romagnosi (*Genesi del diritto penale*), registra que se depois do primeiro delito houvesse certeza moral de que não se

---

[1003] FERRI, Enrico. *Princípios de direito criminal*. 2. ed. Campinas: Bookseller, 1999. p. 140.
[1004] SANTORO FILHO, Antonio Carlos. *Bases críticas do direito criminal*. Leme: Editora de Direito, 2000. p. 50.
[1005] BETTIOL, Guiseppe. *Direito penal*. Campinas: Red Livros, 2000. p. 653-654.
[1006] DIP, Ricardo; MORAES JR., Volney Corrêa Leite de. *Crime e castigo*: reflexões politicamente incorretas. Campinas: Millennium, 2002. p. 24.
[1007] Ver a respeito: HASSMER, Winfried; LÜDERSSEN, Klaus; NAUCKE, Wolfgan. *Principales Problemas de la Prevención General*. Tradução de Gustavo Eduardo Aboso e Tea Löw. Buenos Aires: Julio César Faira Editor, 2004.

seguiria outro, a sociedade não teria direito de castigá-lo. Para Romagnosi, o Direito Penal é

> um direito de defesa contra a ameaça permanente do crime. [...] A pena não é vingança, mas deve incutir temor no criminoso, para que não torne a delinqüir. A sua medida regular-se-á pela qualidade e intensidade do impulso delituoso (*spinta* criminosa); ela é a controspinta. Deve, entretanto, ser empregada em último caso, cedendo lugar aos meios preventivos.[1008]

Ainda que Romagnosi seja lembrado como grande vulto dessa teoria, certo é que a ideia e o mecanismo processador da "prevenção geral" como fundamento do direito de punir tiveram em Bentham e Feuerbach os expoentes máximos.

Bentham (1748-1832) considerava que o fim principal da pena era prevenir delitos futuros, pois o que já passou não representa mais ameaça, mas sim a violência incógnita que ainda está por vir. Segundo ele, as leis devem ter uma base racional visando conciliar o egoísmo individual com a utilidade coletiva.

A palavra "pena" ou precisamente "castigo", para Bentham, representa um mal que deve recair acompanhado de formalidades jurídicas sobre indivíduos convencidos de terem cometido algum ato prejudicial, proibido por lei, e com o fim de se prevenirem semelhantes ações para o futuro: "entram nesta definição três circunstâncias, que não entravam na definição abstrata: o direito de punir – o fim da pena, – restringir o castigo o mais que for possível, de sorte que se não possa estender além do réu".[1009]

Com Feuerbach (1775-1833), e sob forte influência dos ideais iluministas, o Direito Penal ganhou novo impulso, assumindo os primeiros contornos que o levariam mais tarde à moderna concepção garantística. Não sem razão, Feuerbach é considerado por alguns como o "pai do Direito Penal moderno" e por outros como precursor do "Positivismo Penal". Para ele, a finalidade do Estado é a convivência humana em conformidade com o Direito. Sendo o crime a violação do Direito, o Estado está na obrigação de impedi-lo. Tal função é conseguida mediante coação psíquica e física imposta pela pena.

O fim dessa teoria, recorda Noronha, seria

> a intimidação de todos para que não cometam crimes: é a ameaça legal. [...] A essência da doutrina de Feuerbach é, portanto, a intimidação da coletividade, através da coação psicológica, conseguida por meio da pena, cominada em abstrato na lei, e executada quando a cominação não foi suficiente. Deve-se a ele a formulação do famoso princípio *nulla sine lege, nulla poena sine crimine, nullum crimen sine poena legale*, sintetizado depois para *nullum crimen, nulla poena sine lege*.[1010]

Em síntese, na concepção mais difundida, "considera-se, então, que a existência da norma penal infundiria nas pessoas um temor que, em sendo violados os preceitos

---

[1008] NORONHA, Edgard Magalhães. *Direito penal*. 24. ed. Atualização de Adalberto José Q. T. de Camargo Aranha. São Paulo: Saraiva, 1986. v. 1. p. 29-30.
[1009] BENTHAN, Jeremy. *Teoria das penas legais e tratado dos sofismas políticos*. Leme: Edijur, 2002. p. 20.
[1010] NORONHA, Edgard Magalhães. *Direito penal*. 24. ed. Atualização de Adalberto José Q. T. de Camargo Aranha. São Paulo: Saraiva, 1986. v. 1. p. 28-29.

legislativos, sobre elas recairia uma pena e este amedrontamento as impediria de cometer ilícitos".[1011]

Aliás, segundo entende parte da doutrina, a primeira e mais conhecida formulação da teoria da prevenção geral, em sua versão negativa, deve-se a Feuerbach, uma vez que, segundo ele,

> todos os crimes têm por causa ou motivação psicológica a sensualidade, na medida em que a concupiscência do homem é que o impulsiona, por prazer, a cometer a ação. A esse impulso, pois, da sensualidade opõe-se um contra-impulso – spinta criminosa e contra spinta penale, segundo a expressão de Romagnosi (impulso criminoso e contra-impulso penal) – que é a certeza da aplicação da pena. Função, pois, da pena é a prevenção geral de novos delitos por meio de uma "coação psicológica" exercitada sobre a comunidade, a intimidar ou (contra) motivar a generalidade das pessoas às quais a norma se dirige, distinguindo-se dois momentos da pena: o da cominação e o da sua efetiva aplicação.[1012]

Jakobs foi, no entanto, discípulo de Welzel, ainda que tenha construído sua teoria do crime intimamente ligada à teoria das penas, fugindo da concepção finalista.[1013] De qualquer forma, são evidentes os pontos de apoio em que se baseou Jakobs para a criação de seu suporte teórico.

Welzel asseverava que "é missão do Direito Penal amparar os valores elementares da vida da comunidade".[1014] Esses bens são a existência do Estado, a vida, a saúde, a liberdade, a propriedade e outros (os chamados bens jurídicos). A lesão a eles determina consequências jurídicas (o desvalor do resultado). Assim, o Direito Penal teria por missão central

> assegurar a valia inviolável desses valores, mediante a ameaça e aplicação de pena para as ações que se apartam de modo realmente ostensivo desses valores fundamentais no atuar humano. [...] Sem embargo, a missão primária do direito penal não é o amparo presente dos bens jurídicos; isto é, o amparo da pessoa individual, da propriedade e outros, pois é ali, precisamente, aonde, por regra geral, chega sua ação tarde demais. Principalmente do amparo dos bens jurídicos individuais concretos está a missão de assegurar a real validade (a observância) dos valores do atuar ou agir segundo o pensamento jurídico.[1015]

Segundo o próprio Jakobs, a pena – como confirmação da configuração da sociedade – tem pontos de estreito contato com uma teoria recente, segundo a qual a pena tem a missão preventiva de manter a norma como esquema de orientação, no sentido de que quem confia em uma norma deve ser confirmado como pessoa. Trata-se da "prevenção geral positiva", não intimidatória, apenas confirmatória, ou seja, trata-se de uma confirmação perante a todos. Ela não carece de antecessores, senão que é próxima à doutrina de Welzel, segundo a qual o Direito Penal tem uma função "ético-social". Tal

---

[1011] HIRECHE, Gamil Föppel El. *A função da pena na visão de Claus Roxin*. Rio de Janeiro: Forense, 2004. p. 33-34.
[1012] QUEIROZ, Paulo de Souza. *Direito penal*: introdução crítica. São Paulo: Saraiva, 2001. p. 48-49.
[1013] Nesse sentido: VELÁSQUEZ, Fernando. El funcionalismo jakobsiano: una perspectiva latinoamericana. *Revista de Derecho Penal y Criminología*, Madri, n. 15, p. 197-220, 2005.
[1014] WELZEL, Hans. *Direito penal*. Tradução de Afonso Celso Rezende. 1. ed. 2. tir. Campinas: Romana, 2004. p. 27.
[1015] WELZEL, Hans. *Direito penal*. Tradução de Afonso Celso Rezende. 1. ed. 2. tir. Campinas: Romana, 2004. p. 28-29.

função demonstraria a vigência inquebrável dos valores "de acto de la actitud conforme a Derecho, que forma el juicio ético-social de los ciudadanos y fortalece su permanente actitud favorable al Derecho".[1016]

Ramos, González e Meliá, ressaltando, porém, as divergências, assinalam:

> sin rechazar por completo la influencia de Welzel, su maestro, se asienta, cada vez más decididamente, sobre fundamentos metódicos totalmente diferentes a los del finalismo. Como advierte el propio Jakobs em el prólogo a la primera edición de su Tratado, pese a la coincidencia de principio em que el Derecho penal ha de asegurar la vigencia de los "valores positivos de acción de carácter ético-social", sus respectivos caminos se separaron desde ese punto por completo: en lugar de la dogmática ontologicista de Welzel, Jakobs propugna una normatización de los conceptos jurídico-penales con el propósito de orientarlos a la función que corresponde al Derecho penal.[1017]

Divergirá Jakobs, sobretudo, no tocante à reafirmação dos valores, salientando que a missão do Direito Penal será a reafirmação do próprio Direito Penal (ordenamento jurídico).

Formulada entre as décadas de setenta e oitenta, a teoria de Jakobs se aproxima inquestionavelmente do funcionalismo sistêmico.

Nesse aspecto, acentua Queiroz que, entre as teorias da prevenção geral positiva, merece especial referência a formulação de Jakobs. Inspirada na teoria dos sistemas de Luhmann, parte da perspectiva da funcionalidade do Direito Penal para o sistema social:

> a pena, ou, mais precisamente, a norma penal, apresenta-se como necessidade funcional, ou, ainda, como necessidade sistêmica de estabilização de expectativas sociais, cuja vigência é assegurada ante as frustrações que decorrem da violação das normas. Esse novo enfoque utiliza, enfim, a concepção luhmanniana do direito como instrumento de estabilidade social, de orientação das ações e de institucionalização das expectativas.[1018]

É necessário, contudo, o registro feito por Ramos, González e Meliá no sentido de que

> la mecánica correlación que en general se establece entre la construcción de la teoría de la prevención general positiva por parte de Jakobs y la teoría de sistemas, resulta ya inexacta por el hecho de que la sociología del derecho de Luhmann es sólo uno de los materiales del edificio erigido por aquel autor. La influencia desde luego existe y nunca há sido negada por Jakobs, pero como él mismo se ha encargado recientemente de señalar, es más limitada de lo que generalmente se supone.[1019]

[1016] JAKOBS, Günther. *Sobre la teoría de la pena*. Bogotá: Cuardernos de Conferencias y artículos nº 16. Tradução de Manuel Cancio Meliá. Bogotá: Univesidad Externado de Colômbia, Centro de Investigaciones de Derecho Penal y Filosofia del Derecho, 1998. p. 32-33.

[1017] PEÑARANDA RAMOS, Enrique; SUÁREZ GONZÁLEZ, Carlos; CANCIO MELIÁ, Manuel. *Un nuevo sistema del Derecho penal*: consideraciones sobre la teoría de la imputación de Günther Jakobs. Bogotá: Universidad Externado de Colombia, Centro de Investigaciones de Dereclho Penal y Filosofia del Derecho, 1999. p. 17-18.

[1018] QUEIROZ, Paulo de Souza. *Direito penal*: introdução crítica. São Paulo: Saraiva, 2001. p. 50-51.

[1019] PEÑARANDA RAMOS, Enrique; SUÁREZ GONZÁLEZ, Carlos; CANCIO MELIÁ, Manuel. *Un nuevo sistema del Derecho penal*: consideraciones sobre la teoría de la imputación de Günther Jakobs. Bogotá: Universidad Externado de Colombia, Centro de Investigaciones de Dereclho Penal y Filosofia del Derecho, 1999. p. 30.

De qualquer sorte, relembrando as considerações contidas em capítulos anteriores do presente trabalho, Luhmann confere ao Direito uma tarefa específica:

> a função do direito reside em sua eficiência seletiva, na seleção de expectativas comportamentais que possam ser generalizadas em todas as três dimensões, e essa seleção, por seu lado, baseia-se na compatibilidade entre determinados mecanismos das generalizações temporal, social e prática [...] e podemos agora definir o direito como estrutura de um sistema social que se baseia na generalização congruente de expectativas comportamentais normativa.[1020]

Dessa forma, seguindo, ainda que em parte, a teoria luhmanniana, Jakobs entende que os contatos e interações geram naturalmente expectativas das mais diversas, asseguradas como condição de subsistência da ordem social, preservando o sistema social. Essas expectativas, observa Baratta, retratando o pensamento de Jakobs,

> podem ser desestabilizadas em face da decepção ou do conflito entre os que participam da interação social, são normatizadas, assegurando a confiança e a fidelidade das interações interindividuas ou sistêmicas. A pena, por sua vez, protege as condições de tal interação, e tem, portanto, função preventiva, pois assegura a validade da norma. Para a perspectiva sistêmica, por conseguinte, a reação punitiva (a pena) tem como função principal restabelecer a confiança e reparar ou prevenir os efeitos negativos que a violação da norma (seu descumprimento) produz para a estabilidade do sistema e para a integração social.[1021]

Morselli, ainda sob o mesmo prisma, destaca a importância da finalidade da pena na teoria de Jakobs, salientando que

> a pena é integradora, ou melhor, reintegradora dos valores fundamentais da vida coletiva, somente quando for considerada em função retributiva, ou seja, como correspondente do mal infligido pelo réu à sociedade [...]. Para os seus partidários, a função da pena supera a motivação de condutas em conformidade com o direito, dissuadindo da prática de crimes.[1022]

Como a prevenção geral positiva propõe-se, portanto, a solidificar os valores sociais, garantindo que a sociedade continue a funcionar como um todo orgânico, esse é, pois, o ponto de encontro de Welzel com seu discípulo.

A pena tem, nesse sentido, a função de confirmar as normas que tenham sido violadas, e, dessa maneira, reforçar a confiança geral nelas mesmas. Tal confiança, ressalta Bacigalupo, não consiste na crença de que nunca mais se cometerão fatos semelhantes: "Com esta formulação do problema evitam-se, de certo, as objeções que, em geral, têm invalidado outras teorias da pena, na medida em que essas faziam referência a certas conseqüências que exigiam uma verificação empírica".[1023]

[1020] LUHMANN, Niklas. *Sociologia do Direito I*. Rio de Janeiro: Biblioteca Tempo Universitário, 1983. v. 75. p. 116.

[1021] BARATTA, Alessandro. Integración-prevención: una nueva fundamentación de la pena dentro de la teoría sistémica. *Doctrina Penal*, Buenos Aires, ano 8, n. 29, 1985. p. 81.

[1022] MORSELLI, Elio. A função da pena à luz da moderna criminologia. *Revista Brasileira de Ciências Criminais*, São Paulo, ano 5, v. 19, 1997. p. 45-46.

[1023] BACIGALUPO, Enrique. *Direito penal*: parte geral. Tradução de André Estefam. Revisão de Edílson Mougenot Bonfim. São Paulo: Malheiros, 2005. p. 31.

O próprio Jakobs, ao apresentar sua teoria, justifica não ser possível "dar uma resposta somente com as idéias que se tem desenvolvido até o momento", eis que, segundo ele, elas "se limitam ainda a condições puramente abstratas da juridicidade: as normas se infringem de maneira imputável, e a vigência da norma é confirmada pela pena: uma relação meramente formal".[1024]

Explicitando a concepção do jurista alemão, Queiroz acentua que "a pena é uma demonstração da vigência da norma à custa de um responsável cuja função é, portanto, afirmar positivamente a sua validade, que é a estabilização da norma lesionada, como réplica que tem lugar frente ao questionamento da norma".[1025]

Portanto, a pena já não se presta, segundo essa perspectiva, à prevenção geral negativa, ou seja, à mera dissuasão de comportamentos delituosos, ou ainda à prevenção especial destinada a demover os potenciais infratores. Isso porque, conforme lição de Jakobs, "destinatários da norma não são primariamente algumas pessoas enquanto autoras potenciais, senão todas, dado que ninguém pode passar sem interações sociais e dado que por isso todos devem saber o que delas podem esperar".[1026]

Depreende-se do conceito, que o delito passa a ser uma ameaça à integridade e à estabilidade social, enquanto constitui a expressão simbólica da falta de fidelidade ao Direito. Dessa forma, Jakobs trata o Direito Penal a partir da configuração da sociedade, e a expressão simbólica referida fará estremecer a confiança institucional, sendo a pena, por sua vez, uma expressão simbólica oposta à representada pelo crime.[1027]

Tavares, de outro lado, registra que a pena, ou mais precisamente a norma penal, aparecerá na concepção de Jakobs "como uma necessidade sistêmica de estabilização de expectativas sociais, cuja vigência é assegurada ante as frustrações que decorrem da violação das normas". O autor destaca ainda que esse novo enfoque utiliza a concepção luhmanniana do Direito como instrumento de estabilização social, orientação das ações e institucionalização de expectativas.[1028]

Jakobs, aliás, destaca que, consciente dos riscos, a sociedade passa a se conduzir de modo a exigir que a imposição de penas seja perceptivelmente preventiva. Essa mesma sociedade consciente dos riscos vê a necessidade de um balanceamento constante entre juridicidade e efetividade. Segundo Jakobs, é justamente a incompatibilidade entre elas que configura o problema central do Direito Penal moderno.

Para ele, um fato típico penal não pode se configurar como lesão a bens jurídicos, senão somente como lesão à juridicidade. "A violação da norma é o elemento decisivo do fato penal, como nos ensina a punibilidade da tentativa".[1029]

A pena deve ser entendida como a confirmação da identidade da sociedade, isto é, da estabilidade normativa, e com ela sempre se alcançará essa finalidade. Portanto, a

---

[1024] JAKOBS, Günther. *Sobre la normatización de la dogmática jurídico-penal*. Tradução de Manuel Cancio Meliá e Bernardo Fijóo Sánchez. Bogotá: Universidad Externado de Colombia, Centro de Investigación em Filosofia y Derecho, 2004. p. 45.

[1025] QUEIROZ, Paulo de Souza. *Direito penal*: introdução crítica. São Paulo: Saraiva, 2001. p. 51.

[1026] QUEIROZ, Paulo de Souza. *Direito penal*: introdução crítica. São Paulo: Saraiva, 2001. p. 51.

[1027] QUEIROZ, Paulo de Souza. *Direito penal*: introdução crítica. São Paulo: Saraiva, 2001. p. 51.

[1028] TAVARES, Juarez. *Teoria do injusto penal*. Belo Horizonte: Del Rey, 2000. p. 61-75.

[1029] JAKOBS, Günther. *La ciencia del derecho penal ante las exigencias del presente*. Tradução de Teresa Manso Porto. Bogotá: Universidad Externado de Colombia: Centro de Investigaciones de Derecho Penal Y Filosofía del Derecho, 2000. p. 27-28.

prevenção geral positiva reapresentará, segundo Jakobs, a função manifesta da pena, e a distinção entre funções latentes e manifestas será de suma importância, eis que cada uma das suas funções se dirige a um tipo de destinatário.

Se por um lado a pena serve para confirmar a confiança na vigência das normas, em que pese a sua ocasional violação, em um segundo momento, a pena se orienta ao "ejercicio en la fidelidad hacia al Derecho", além de permitir, com sua imposição, que se aprenda "la conexión existente entre la conducta que infringe la norma y la obligación de soportar sus costes, sus consecuencias penales".[1030]

Assim, é forçoso reconhecer que, para Jakobs, a pena não se destina principalmente a influir sobre os potenciais autores de futuras infrações, senão que tem por destinatários todos os membros da sociedade enquanto potenciais vítimas. Em outros termos:

> El dato decisivo de la conducta penalmente relevante no consiste, por tanto, a su juicio, en constituir un desencadenante de procesos causales nocivos, sino en su capacidad para expresar un determinado sentido: al sujeto que actúa de un modo contrario a la norma mediante una conducta evitable se le imputa la formulación de una máxima de comportamiento incompatible con aquella, que la desautoriza como modelo general de orientación en el contacto social. El quebrantamiento de la norma consiste pues, em esta contradicción con lo que ella establece y en la desautorización de la misma que conlleva.[1031]

Pensando assim, a norma infringida continuará sendo, ainda que violada, a regra de comportamento em que se pode continuar confiando. Depreende-se disto que Jakobs pretende desvincular da missão do Direito Penal a função de proteção de bens jurídicos. E essa desvinculação se produz mediante a distinção que o autor efetua entre bem jurídico (objeto de proteção) e bem jurídico penal (asseguramento das expectativas normativas essenciais ante os defraudadores).[1032]

O aprofundamento dos estudos da sociologia permitiu, então, à teoria da prevenção geral positiva assumir uma perspectiva mais abrangente, centralizando-se o objetivo de reafirmação da fidelidade e da confiança da sociedade no ordenamento jurídico. Assim, erige-se a chamada *prevenção geral positiva fundamentadora*, cujo mais emblemático defensor é justamente Günther Jakobs.[1033]

Outra linha que a prevenção geral positiva assumiu com a evolução dos estudos sociológicos é a da chamada *prevenção geral positiva limitadora*. Segundo Hassemer, principal expoente dessa concepção, a prevenção geral há de se manifestar com sentido limitador do poder punitivo do Estado Democrático de Direito, ou seja, pela busca pela

---

[1030] JAKOBS, Günther. *La ciencia del derecho penal ante las exigencias del presente*. Tradução de Teresa Manso Porto. Bogotá: Universidad Externado de Colombia: Centro de Investigaciones de Derecho Penal Y Filosofía del Derecho, 2000. p. 28.

[1031] JAKOBS, Günther. *La ciencia del derecho penal ante las exigencias del presente*. Tradução de Teresa Manso Porto. Bogotá: Universidad Externado de Colombia: Centro de Investigaciones de Derecho Penal Y Filosofía del Derecho, 2000. p. 25.

[1032] JAKOBS, Günther. *La ciencia del derecho penal ante las exigencias del presente*. Tradução de Teresa Manso Porto. Bogotá: Universidad Externado de Colombia: Centro de Investigaciones de Derecho Penal Y Filosofía del Derecho, 2000. p. 26.

[1033] JAKOBS, Günther. *Tratado de direito penal*: teoria do injusto penal e culpabilidade. Trad. Gercélia Batista de Oliveira Mendes e Geraldo de Carvalho. Belo Horizonte: Del Rey, 2008. p. 31 e ss

limitação dos excessos da pena atribuíveis a razões de intimidação, exigindo-se penas que atendam à consciência social.[1034]

Adotado o caráter polifuncional da pena, evidente que merecem, pois, menção, algumas posturas conciliatórias.

Dizem-se *unitárias (mistas ou ecléticas)* todas as teorias que, desejando superar as antinomias entre as diversas formulações teóricas apresentadas (absolutas e relativas), pretenderam combiná-las ou unificá-las ordenadamente.[1035]

É inegável, como registra Luisi, que a pena tem um caráter "polifuncional", sendo certo que seus fins principais são o de retribuir o mal do crime e o da prevenção. E em caráter secundário, bem observa, "a pena pode servir para educar ou reeducar o delinquente. Mas isto só é eventualmente viável, dependendo de uma série de circunstâncias conjunturais, principalmente da decisão política de aplicar os recursos necessários para que se torne possível o objetivo em causa".[1036]

Entre as teorias mistas atuais que buscam a conciliação ou a "polifuncionalidade", merecem destaque a teoria dialética unificadora de Roxin e o Direito Penal mínimo e garantista (garantismo neoclássico) de Ferrajoli.

Para Roxin, a finalidade básica do Direito Penal é a prevenção geral subsidiária de delitos (prevenção positivo-negativa), ou seja, visa dissuadir as pessoas do cometimento de delitos e somente deve ser aplicada quando fracassem outras formas de prevenção e controle sociais. No entanto, segundo Roxin, cabe ao Direito Penal não apenas a prevenção negativa, mas também o fortalecimento da consciência jurídica da comunidade, que passaria a intervir positivamente.

Já o garantismo de Ferrajoli prega que a única função capaz de legitimar a intervenção penal é exclusivamente a prevenção geral negativa, não apenas com o intuito de prevenir futuros delitos, mas de prevenir, sobretudo, reações informais públicas ou privadas arbitrárias:

> a pena não serve só para prevenir os injustos delitos, senão também os castigos injustos; que não se ameaça com ela e se a impõe só *ne peccetur*, senão também *ne punietur*, que não tutela só a pessoa ofendida pelo delito, e sim também ao delinquente, frente às reações informais públicas ou privadas arbitrárias.[1037]

Merecem ainda destaque as teorias ditas "deslegitimadoras", representadas, em essência, pelo abolicionismo penal (Hulsman), pelo minimalismo radical (Baratta e Zaffaroni) e pelo minimalismo moderado (García-Pablos, Larrauri, Hassemer, Scheerer e Naucke), que têm em comum o fato de se insurgirem contra a existência do próprio Direito Penal:

> recusam legitimação ao Estado para exercitar o poder punitivo, pondo em destaque, principalmente, a disparidade entre o discurso e a prática penais, bem como a circunstância de

---

[1034] HASSEMER, Winfried. *Direito penal*. Fundamentos, estrutura, política. Porto Alegre: Fabris, 2008. p. 308 e ss.
[1035] HIRECHE, Gamil Föppel El. *A função da pena na visão de Claus Roxin*. Rio de Janeiro: Forense, 2004. p. 57.
[1036] LUISI, Luiz. *Os princípios constitucionais penais*. 2. ed. Porto Alegre: Sérgio Antonio Fabris Editor, 2003. p. 186.
[1037] HIRECHE, Gamil Föppel El. *A função da pena na visão de Claus Roxin*. Rio de Janeiro: Forense, 2004. p. 59.

o Direito Penal criar mais problemas do que os resolver, sendo criminógeno, arbitrariamente seletivo e causador de sofrimentos estéreis e inúteis.[1038]

Vale destaque, ademais, para a denominada *teoria agnóstica*, com gênese no pensamento do jurista brasileiro Tobias Barreto, que acreditava firmemente que a pena criminal jamais se destinaria a cumprir qualquer função legitimadora ou positiva. Segundo ele, o debate em torno de saber se a pena criminal exerce função preventiva, repressiva ou mista seria infértil, pois se trataria da busca de um sentido inexistente e desconexo. Seria o equivalente a procurar encontrar uma finalidade tendente a justificar algo de que, pela necessidade, não se pode prescindir.

Segundo este, o discurso jurídico-penal não deve ter como foco a legitimação, por meio de uma finalidade instrumental, da pena criminal, mas, em vez disso, deve legitimar a atuação do sistema de justiça criminal, notadamente da decisão judicial, em contraposição ao exercício dos demais poderes exercidos pelas agências do sistema penal, como a Polícia. Cumpriria, sob essa perspectiva, às agências judiciais estabelecer os limites máximos de irracionalidade na seleção incriminadora do sistema penal, a partir da observância das garantias fundamentais.[1039]

Diante de toda essa divergência, a única certeza é o caráter "polifuncional" da sanção penal e a percepção de que diferentes crimes e criminosos demandarão distintos fundamentos do direito de punir. A síntese dessa discussão pode ser representada no seguinte quadro:

(continua)

Teorias	Conceito	Características
Absolutas (retribuição)	Considera a pena intrinsecamente justa, inculcando-a como remédio para o mal acontecido. São consideradas absolutas todas as teorias que veem o Direito Penal (e a pena) como um fim em si mesmo (garantia da sua realidade e o esgotamento do seu conteúdo), cuja justificativa não depende de razão utilitária ou preventiva (também chamada "da retribuição" ou "da expiação", exerceu enorme influência entre os juristas da Escola Clássica).	a) a necessidade moral da pena garante sua realidade, seja em virtude da identidade de razão e realidade (Hegel), seja por obra de um imperativo categórico (Kant), ou em virtude de uma necessidade religiosa (Stahl). b) está esgotado o conteúdo da pena com a realização de uma retribuição justa. Todas as outras consequências (intimidação, melhoramento) são, na melhor das hipóteses, efeitos secundários que não têm nada a ver com a natureza da pena.

[1038] HIRECHE, Gamil Föppel El. *A função da pena na visão de Claus Roxin*. Rio de Janeiro: Forense, 2004. p. 60-61.
[1039] ESTEFAM, André. *Direito penal*: parte geral (arts. 1º a 120). 10. ed. São Paulo: Saraiva, 2021. p. 375.

(conclusão)

Teorias	Conceito	Características
Relativas ou utilitárias (prevenção)	Emprestam à pena finalidade política e de utilidade, considerando-a como instrumento de prevenção de outros delitos.	As teorias relativas (ou teorias da prevenção) são marcadamente teorias finalistas, por verem a pena não como fim em si mesmo, mas como meio a serviço de determinados fins, considerando-a, portanto, utilitariamente.
	Prevenção geral	Prevenção geral positiva ou da integração (que lhe atribui a função positiva de reforçar a fidelidade dos cidadãos à ordem constituída).
		Prevenção geral negativa ou da intimidação (que lhe confere a função de dissuadir os cidadãos por meio do exemplo ou da ameaça que ela constitui).
	Prevenção especial	Prevenção especial positiva ou da correção (que confere à pena a função positiva de corrigir o réu).
		Prevenção especial negativa ou da incapacitação (que lhe dá a função negativa de eliminar ou, pelo menos, neutralizar o réu).

2 Espécies de sanção e diferentes consequências

Quando se fala em sanção penal, como se verá, em regra, as penas estão contempladas no preceito secundário das normas. Contudo, além da pena privativa de liberdade (reclusão e detenção para crimes e prisão simples para contravenções) e da pena pecuniária ou de multa (que pode existir ou não no preceito e pode estar prevista de forma alternativa e cumulativa com a pena privativa de liberdade), há também as penas restritivas de direitos que são autônomas, mas substituem, quando preenchidos os requisitos legais, a pena de prisão fixada na sentença penal condenatória.

De igual modo, há algumas infrações penais que, além dessas mencionadas sanções, ainda contemplam penas acessórias, como se verifica, por exemplo, nos crimes do Código de Trânsito Brasileiro.

Não obstante essas primeiras considerações, nem sempre as penas previstas serão aplicadas por meio de um devido processo legal e por meio de uma decisão judicial. Isso porque, conforme já mencionado, há no ordenamento jurídico-penal brasileiro diferentes políticas criminais e, pois, diferentes consequências, inclusive quanto à aplicação das sanções, conforme a infração seja de pequeno, médio ou alto potencial ofensivos.

Com efeito, como já mencionado, a Constituição Federal de 1988 conjuga e legitima diferentes políticas criminais:

a) o *Direito Penal clássico* está ainda bastante explícito em diversas normas, entre as quais o art. 5º, que, simultaneamente, contempla regras de proteção, legitimando a atuação do legislador infraconstitucional, assim como regras penais e processuais penais para limitação do poder de punir do Estado;
b) *política de segunda velocidade*: a Constituição previu em seu art. 98, inc. I, a política criminal negociada, regulamentada posteriormente pela Lei nº 9.099/95 (com os institutos despenalizadores da transação penal e suspensão condicional do processo, respectivamente nos arts. 76 e 89 da lei e que, mais tarde, criou ambiente para a criação do acordo de não persecução penal, previsto no art. 28-A do Código de Processo Penal);
c) *política mais rigorista ou de enfrentamento de inimigos*, como se dá com a Política de crimes hediondos e equiparados, bem como as ações de grupos armados contra o Estado Democrático de Direito.

Nesse sentido, quando se olhar para a aplicação das penas e consequências da prática de uma infração penal, o sistema descodificado impõe, atualmente, diversas dificuldades que demandam do estudioso do Direito Penal um estudo sistemático de toda a legislação.

O Direito Penal brasileiro passou, desde a regulamentação do art. 98, inc. I, da CF, com a Lei nº 9.099/95, a definir expressamente o conceito de "menor potencial ofensivo", criando uma presunção fictícia dos tipos penais que, em regra, vão permitir os institutos da transação penal (art. 76), composição civil (art. 74), submetendo-se ao rito do procedimento sumaríssimo contemplado na lei: as contravenções penais independentemente das penas cominadas e quaisquer crimes cujas penas máximas não sejam superiores a 2 anos (art. 61).

Assim, as infrações de menor potencial ofensivo se sujeitarão aos benefícios da Lei nº 9.099/95.

Já infrações de *médio potencial ofensivo permitirão*, em tese, a substituição da pena privativa de liberdade por restritivas de direitos (arts. 43/48, CP), a aplicação do *sursis* (arts. 77/82, CP) ou *sursis* processual (art. 89, Lei nº 9.099/95) ou o acordo de não persecução penal, instituto trazido ao CPP pela Lei Anticrime (Lei nº 13.964/19), contemplando, em tese, um acordo que pode gerar a extinção da punibilidade sem qualquer juízo de mérito condenatório para as infrações praticadas sem violência ou grave ameaça, além de outras restrições, aos crimes cuja pena mínima em abstrato seja de até 4 anos (art. 28-A, CPP).

Já a classificação dos crimes de *alto potencial ofensivo* terá disciplina específica para fins de livramento condicional (arts. 83 a 90, CP), consequências da hediondez (Lei nº 8.072/90)[1040] e diferentes tratamentos na LEP (Lei nº 7.210/84), conforme premissas do direito material. Incluímos aqui todos os crimes rotulados como hediondos pela lei e assemelhados (tráfico de drogas, tortura e terrorismo), todos os crimes praticados com

---

[1040] Hoje as consequências principais dos hediondos se resumem: a) fixação do regime inicial fechado para cumprimento da pena privativa de liberdade; b) diferentes patamares para progressão dos regimes de cumprimento da pena nos termos do art. 112, da LEP; c) prazo de prisão temporária (Lei nº 7.960/89) de 30 dias prorrogável por igual período; d) não cabimento de qualquer tipo de perdão do Estado (anistia, graça e indulto); e) impossibilidade de concessão de liberdade provisória mediante fiança.

violência e grave ameaça (roubo, latrocínio, homicídio, extorsão, sequestro, tráfico de pessoas etc.).

O ideal era que as diferentes gradações fossem feitas de acordo com os bens protegidos e não necessariamente por meio da quantidade da pena, máxime diante da excessiva quantidade de normas descodificadas elaboradas em tempos sociais bem distintos. Ademais, o ideal é que essas definições estivessem previstas nos Códigos de modo a facilitar a compreensão e avaliação, inclusive, por parte da sociedade sobre o custo/benefício das penas e consequências, assim como sobre eventuais excessos estatais ou proteções jurídicas insuficientes.

Não obstante, as diferenças podem ser assim sintetizadas:

Menor potencial ofensivo (art. 61 da Lei nº 9.099)	Médio potencial ofensivo	Alto potencial ofensivo
É a infração penal de competência dos juizados especiais estaduais e federais (salvo regras de conexão), com pena máxima não superior a dois anos, cumulada ou não com multa. Para tais delitos, são cabíveis a transação penal e a suspensão condicional do processo.	É a infração penal com pena máxima superior a 2 anos, que permite, em tese, a suspensão condicional do processo – art. 89, da Lei nº 9.099/95; o acordo de não persecução penal – art. 28-A, CPP e penas máximas fixadas na sentença de até 4 anos, permitindo, em tese, a substituição da pena privativa de liberdade por restritiva de direitos, nos termos do art. 44 e seguintes do CP	São os crimes hediondos assim rotulados pela Lei nº 8.072/90 e aqueles equiparados assim nomeados pela própria CF, no art. 5º, XLIII: são delitos repugnantes, sórdidos, decorrentes de condutas que, pela forma de execução ou pela gravidade objetiva dos resultados, causam intensa repulsa, demandando reprimendas mais severas. Podem também se incluir, de modo genérico, todos os crimes praticados com violência ou grave ameaça à pessoa, assim como todos os crimes praticados por organizações criminosas (Lei nº 12.850/13), crimes contra o erário público, além de considerável parte da criminalidade econômico-financeira.

3 Conceitos e características da pena

A pena é a sanção aflitiva imposta pelo Estado, mediante ação penal, ao autor de uma infração (crime ou contravenção), como retribuição de seu ato ilícito, consistente na violação de um bem jurídico. Também chamada de sanção penal, ela representa exatamente a reprimenda imposta pelo Estado ao autor de uma infração penal que tem por finalidade a retribuição ao delito praticado e a prevenção da prática de novos crimes.

A pena tem, como já mencionado, um caráter polifuncional, tanto sob o aspecto retributivo, quanto preventivo.[1041]

[1041] CP, art. 59: "O juiz, atendendo à culpabilidade, aos antecedentes, à conduta social, à personalidade do agente, aos motivos, às circunstâncias e consequências do crime, bem como ao comportamento da vítima, estabelecerá, conforme seja necessário e suficiente para reprovação e prevenção do crime". LEP (Lei nº 7.210/84), art. 1º: "A

Como mencionado, na lei penal há três diferentes espécies de sanções penais em sentido estrito: *privativa de liberdade*, *restritivas de direitos* e *pecuniárias*, como se infere do art. 32 do Código Penal:

> Art. 32. As penas são:
> I – privativas de liberdade;
> II – restritivas de direitos;
> III – de multa.

Constituem *princípios constitucionais* e regras, ainda que implícitas, consagradas e que devem ser observadas quanto à sanção penal: a) *reserva legal ou da legalidade* (art. 5º, XXXIX) – só há pena se houver dispositivo legal que a preveja; b) *anterioridade*: a pena deve estar prevista em lei vigente ao tempo da infração penal (art. 5º, XXXIX, da CF/88); c) *irretroatividade*: a pena não pode alcançar fatos anteriores a ela (art. 5º, XL, da CF/88;[1042] d) *intranscendência ou da personalidade* (art. 5º, XLV) – a pena não pode passar da pessoa do criminoso; e) *humanidade* (art. 5º, XLVII) – vedadas penas infamantes, cruéis, de morte, tortura, ou que tragam castigos físicos, acarretem infâmia para o condenado ou trabalhos forçados etc.; f) *individualização da pena* (art. 5º, XLVI) – a pena deve ser individualizada segundo as características de cada autor, como decorrência do princípio da isonomia; g) *princípio implícito da proporcionalidade*: a pena deve ser proporcional ao crime. A resposta penal do Estado deve ser proporcional à agressão; h) *princípio implícito da indeclinabilidade ou inderrogabilidade* – uma vez atestada a prática do crime, a pena, obrigatoriamente, deve ser imposta, ressalvadas as hipóteses de pequeno e médio potencial ofensivos que permitem institutos despenalizadores ou uma política de segunda velocidade e, ainda, as hipóteses de acordos de colaboração premiada.

4 Das penas em espécie

4.1 Pena de multa

Os estudiosos identificam quatro momentos característicos da multa na história da repressão penal: a) o da Antiguidade até a Idade Média; b) o do Antigo Regime; c) o da Revolução Francesa e d) o posterior à crise do *Welfare State*.[1043]

Já havia previsão de multa no Código de Hamurabi, da *Mesopotâmia* do século XVIII a.C., primeira legislação escrita de que se tem notícia, ainda que rudimentar. Cuidava-se de um conjunto de 281 leis gravadas numa rocha, a qual foi encontrada por uma expedição francesa em 1901 na Pérsia, onde hoje é o Irã. Referida rocha, que possui quase quatro mil anos, encontra-se no Museu do Louvre. Nas leis (ou hoje, parágrafos) 203 e 209, estabelecia-se sanção de pagamento em prata por agressões sofridas por filho ou filha de homem livre.

---

execução penal tem por objetivo efetivar as disposições de sentença ou decisão criminal e proporcionar condições para a harmônica integração social do condenado e do internado".

[1042] Art. 5º, XL, da CF/88: "A lei penal não retroagirá, salvo para beneficiar o réu".

[1043] SOUZA, Luciano Anderson de. *Direito penal*: parte geral. 3. ed. São Paulo: Revista dos Tribunais, Thomson Reuters, 2022. v. 1. p. 528-530.

O Código de Manu, da Índia antiga, de cerca de 1.000 a.C., produzido pela casta sacerdotal dos Brâmanes, trazia a pena de multa, a exemplo do que ocorria com o delito de furto (art. 334). Interessante notar que a multa aumentava conforme a importância da casta do indivíduo, numa peculiar busca pelo estabelecimento de igualdade entre desiguais, ou seja, respeitando-se a proporcionalidade.[1044]

Na *Grécia Antiga*, foi instituído, no século VI a.C., um tribunal com o escopo de substituir a vingança privada pela composição pecuniária voluntária. Cuidava-se da institucionalização da multa reparatória com o objetivo de evitar-se a instabilidade gerada no tecido social pela busca vindicativa. Posteriormente, a multa passou a revelar cunho misto, sendo o montante do valor dividido entre o Estado e a vítima. Como curiosidade histórica, previa-se a prisão ou morte pelo não pagamento da multa.

Na *Roma Antiga*, foi enorme a utilização da sanção pecuniária. A Lei das XII Tábuas (*Lex Duodecim Tabularum*) previa a composição obrigatória, em substituição à vingança privada, no caso de agressões

Entre os *bárbaros germânicos*, desde antes da queda de Roma, vigorava a vingança de sangue. Somente muito mais tarde, com a organização maior do poder de uma organização pública, é que se institucionalizou a composição como substitutivo dessa vindita privada.[1045]

No *Direito Penal medieval*, por influência dos povos bárbaros, a composição foi utilizada como meio de se suavizar a vingança privada. Com o perpassar do tempo, o Estado passa a avocar a si o *ius puniendi*. Com o fortalecimento do poder estatal real na baixa Idade Média, há o progressivo abandono da sanção de multa. O crime, ainda visto como pecado, muda de eixo compreensivo.[1046]

No período colonial brasileiro, as Ordenações do Reino autorizavam, em algumas poucas situações, que a prática do delito se resolvesse em pecúnia.

Ao tempo do Código Criminal do Império (1830), a pena de multa recebeu cuidadosa regulamentação, tendo sido esse Diploma o primeiro a adotar o sistema do dia-multa.

O Código Penal de 1890 também previa a multa na Parte Geral, mas não a cominava a nenhum delito na Parte Especial. O legislador, em 1940, a acolheu, sendo ela, até a Reforma da Parte Geral (1984), uma das "penas principais", juntamente com a privativa de liberdade. O sistema adotado pelo Código em sua redação original recebeu severas críticas, pois estabelecia a multa em valores prefixados, que em pouco tempo foram corroídos pela inflação.[1047]

A Reforma de 1984 resgatou o sistema do dia-multa, revogando todas as disposições do Código Penal e de leis especiais que, até então, cominavam a pena pecuniária em valores prefixados. Em 1996 (Lei nº 9.268), a pena de multa sofreu importantíssima mudança, passando a ser considerada, após o trânsito em julgado, como dívida de valor, vedando-se sua conversão em pena privativa de liberdade.

[1044] SOUZA, Luciano Anderson de. *Direito penal*: parte geral. 3. ed. São Paulo: Revista dos Tribunais, Thomson Reuters, 2022. v. 1. p. 528-530.
[1045] SOUZA, Luciano Anderson de. *Direito penal*: parte geral. 3. ed. São Paulo: Revista dos Tribunais, Thomson Reuters, 2022. v. 1. p. 528-530.
[1046] SOUZA, Luciano Anderson de. *Direito penal*: parte geral. 3. ed. São Paulo: Revista dos Tribunais, Thomson Reuters, 2022. v. 1. p. 528-530.
[1047] ESTEFAM, André. *Direito penal*: parte geral (arts. 1º a 120). 10. ed. São Paulo: Saraiva, 2021. p. 431-432.

A pena de multa ou pena pecuniária configura, atualmente, uma sanção penal consubstanciada no pagamento de um valor em dinheiro previamente fixado em lei e destinado ao fundo penitenciário.

Essa é a disciplina dos arts. 49 e 50 do Código Penal que, ademais, contemplam a forma de cálculo e pagamento:

> Multa
> Art. 49. A pena de multa consiste no pagamento ao fundo penitenciário da quantia fixada na sentença e calculada em dias-multa. Será, no mínimo, de 10 (dez) e, no máximo, de 360 (trezentos e sessenta) dias-multa.
> §1º O valor do dia-multa será fixado pelo juiz não podendo ser inferior a um trigésimo do maior salário mínimo mensal vigente ao tempo do fato, nem superior a 5 (cinco) vezes esse salário.
> §2º O valor da multa será atualizado, quando da execução, pelos índices de correção monetária.
> Pagamento da multa
> Art. 50. A multa deve ser paga dentro de 10 (dez) dias depois de transitada em julgado a sentença. A requerimento do condenado e conforme as circunstâncias, o juiz pode permitir que o pagamento se realize em parcelas mensais.
> §1º A cobrança da multa pode efetuar-se mediante desconto no vencimento ou salário do condenado quando:
> a) aplicada isoladamente;
> b) aplicada cumulativamente com pena restritiva de direitos;
> c) concedida a suspensão condicional da pena.
> §2º O desconto não deve incidir sobre os recursos indispensáveis ao sustento do condenado e de sua família.

A *multa* possui, contudo, duas subespécies: a *multa propriamente dita*, cujo valor reverte ao Estado, e a *multa reparatória*, que tem por destino o ofendido pela infração penal ou seus familiares.

A feição reparatória, como se verá, está presente tanto na prestação pecuniária (espécie de pena restritiva de direitos), quanto no dever do Magistrado por ocasião da sentença penal condenatória, como se infere do art. 387, IV, do Código de Processo Penal.

O valor da multa é calculado de acordo com o *critério bifásico*. Em primeiro lugar, o juiz estipula o número de dias-multa (mínimo de 10 e máximo de 360 dias-multa). O juiz deverá levar em consideração a mesma ideia da dosimetria da pena privativa de liberdade. A definição ocorre pela análise dos elementos constantes no art. 59 do CP. A segunda etapa é relativa à definição do valor por cada dia-multa (fixado entre o mínimo de 1 e máximo de 5 salários mínimos, nos termos do art. 60 do CP). Nesse caso, o juiz deverá ter em conta a situação econômica do sentenciado.

Dos diversos sistemas de aplicação da multa (sistema da multa global, com valores prefixados; sistema temporal, que leva em conta simplesmente o padrão de vida do condenado etc.), o Código adotou (com a Reforma de 1984) o do dia-multa. Muitos autores apontam a legislação belga como a fonte de origem desse sistema, mas, por respeito à verdade histórica, o primeiro diploma penal a contemplá-lo foi o Código Criminal do Império de 1830 (art. 55).

No *sistema clássico* de multa, o legislador oferece um limite mínimo e máximo de valor, dentro do qual o juiz escolhe, consoante as circunstâncias do caso concreto, o exato montante de dinheiro (multa total). Isso se dá numa única operação. Essa sistemática, acolhida por inúmeros países, é criticada por parcela significativa da doutrina penal, eis que produz um tratamento desigual e injusto. A mesma pena pode ser insuportável ao pobre e pífia ao rico. Ademais, ela traz dificuldades na tradicional conversão em pena prisional, para fixação do *quantum* de pena privativa de liberdade.

Se o valor da multa for insignificante para o réu, mesmo que aplicado no grau máximo (360 dias-multa fixados em 5 salários mínimos cada um), poderá o juiz aumentá-lo até o triplo (CP, art. 60, §1º).

De acordo com a Lei nº 7.209/84 (que alterou a Parte Geral do Código Penal), o sistema do dia-multa aplica-se a toda a legislação penal especial, salvo quando esta dispuser em sentido contrário, como é o caso da Lei de Drogas (Lei nº 11.343/2006), cujos patamares da pena pecuniária são muito mais elevados do que aqueles aplicáveis ao Código Penal.

Deve-se acrescentar que no crime de abandono material (CP, art. 244) a pena de multa é cominada de modo diverso do que o previsto no art. 49, pois consta do preceito secundário que a pena é de detenção de um a quatro anos, e multa, de uma a dez vezes o maior salário mínimo vigente no País.

Por fim, poderá haver uma redução até a metade do valor, consoante o fixado no art. 76, §1º, da Lei nº 9.099/1995, exclusivamente para os casos em que a multa seja a única pena aplicável.

O salário mínimo a ser considerado possui diversas correntes doutrinárias: a) algumas afirmam que é o da data da condenação; b) outras, o que está em vigor no trânsito em julgado da sentença para a condenação; c) no trânsito em julgado definitivo; d) o vigente à época da citação do réu.

Prevalece a tese do Superior Tribunal de Justiça, distinta de todas as mencionadas: o valor do salário mínimo utilizado será o vigente na data em que o crime foi praticado. Deve-se lembrar que incidirá sobre o valor a correção monetária até o momento do pagamento (permitindo a paridade econômica).[1048]

Depois da edição da Lei nº 9.268/96, que alterou o regime jurídico da multa, transformando-a em dívida de valor após o trânsito em julgado, ficou claro que sobre ela deve incidir correção monetária, *desde a data do fato*, a teor do disposto na Súmula nº 43 do STJ ("a correção monetária decorrente de dívida de ato ilícito deve incidir da data do efetivo prejuízo").

A multa, em determinados casos, pode ser a única pena imposta, como se infere, por exemplo, de diversas contravenções penais em que é *aplicada isoladamente*,[1049] mas pode estar prevista de *forma cumulativa* (pena privativa de liberdade "e" multa) ou de *forma alternativa* (pena privativa "ou" multa). Ademais, ela também pode ser aplicada em *substituição* à *pena privativa* de liberdade, como se infere do §2º do art. 44 do Código

---

[1048] STJ, RHC nº 46.882 – ES, Rel. Min. Maria Thereza de Assis Moura, j. 25/11/2014.
[1049] Decreto-Lei nº 41, arts. 20, 22, 29, 30, 32, 37, 38, 43, 44, 46, 57, 66 e 68. Consigne-se a impossibilidade de cabimento de HC nº nestas hipóteses: Súmula nº 693, STF: "Não cabe habeas corpus contra decisão condenatória a pena de multa, ou relativo a processo em curso por infração penal a que a pena pecuniária seja a única cominada".

Penal.[1050] Vale ressaltar que, por expressa previsão no art. 52, será suspensa a execução da pena de multa se sobrevier ao condenado doença mental.

Nesses casos, se a pena de prisão aplicada não for superior a um ano, o crime for sem violência ou grave ameaça, o réu for primário e as circunstâncias favoráveis, discute-se se a pena de um ano de reclusão e 10 dias-multa poderia ser substituída por 20 dias-multa.

Em caso de concurso de crimes (concurso formal, material e crime continuado), a legislação estabelece que as penas de multa são sempre somadas. No concurso formal, aplica-se uma só pena de prisão aumentada de 1/6 a 1/2. No crime continuado, uma só, aumentada de 1/6 a 2/3.

No tocante à aplicação pelo magistrado na sentença, o art. 58 fixa os limites nos termos do art. 49, ressaltando em seu parágrafo único a pena aplicada isoladamente nos termos do art. 44, §2º,[1051] e do art. 60:[1052]

> Pena de multa
> Art. 58. A multa, prevista em cada tipo legal de crime, tem os limites fixados no art. 49 e seus parágrafos deste Código. (Redação dada pela Lei nº 7.209, de 11.7.1984)
> Parágrafo único – A multa prevista no parágrafo único do art. 44 e no §2º do art. 60 deste Código aplica-se independentemente de cominação na parte especial. (Redação dada pela Lei nº 7.209, de 11.7.1984)

Inicialmente, o Código Penal previa a execução da pena pecuniária perante as Varas da Execução Criminal. Contudo, a partir de 1996, com alteração legislativa que, inclusive, passou a proibir a conversão da pena de multa não paga em prisão, a multa passou a ter natureza de dívida ativa, seguindo o rito da Lei de Execução Fiscal (Lei nº 9.268/96) e executada pela Procuradoria da Fazenda perante as Varas da Fazenda Pública, afastando, assim a legitimidade ativa do Ministério Público.

Esse entendimento, aliás, foi tantas vezes decidido pelo STJ que chegou inclusive a ser sumulado.[1053]

Diversamente, o Supremo Tribunal Federal, no julgamento da ADI nº 3.150 e QO da AP nº 470, fixou, por maioria de votos, o entendimento no sentido de que é atribuição do Ministério Público a execução de multas em condenações penais, devendo ser buscada junto às Varas de Execuções Penais. Essa discordância acabou por ser pacificada com a recente mudança da Lei Anticrime, que deu nova redação ao art. 51 do Código Penal:

[1050] Súmula nº 171, STJ: "Cominadas cumulativamente, em lei especial, penas privativas de liberdade e pecuniária, e defeso a substituição da prisão por multa".

[1051] "Art. 44. As penas restritivas de direitos são autônomas e substituem as privativas de liberdade, quando: [...] §2º Na condenação igual ou inferior a um ano, a substituição pode ser feita por multa ou por uma pena restritiva de direitos; se superior a um ano, a pena privativa de liberdade pode ser substituída por uma pena restritiva de direitos e multa ou por duas restritivas de direitos".

[1052] "Art. 60. Na fixação da pena de multa o juiz deve atender, principalmente, à situação econômica do réu. §1º A multa pode ser aumentada até o triplo, se o juiz considerar que, em virtude da situação econômica do réu, é ineficaz, embora aplicada no máximo. §2º A pena privativa de liberdade aplicada, não superior a 6 (seis) meses, pode ser substituída pela de multa, observados os critérios dos incisos II e III do art. 44 deste Código".

[1053] Súmula nº 521, STJ: "A legitimidade para a execução fiscal de multa pendente de pagamento imposta em sentença condenatória é exclusiva da Procuradoria da Fazenda Pública".

Conversão da Multa e revogação

Art. 51. Transitada em julgado a sentença condenatória, a multa será executada perante o juiz da execução penal e será considerada dívida de valor, aplicáveis as normas relativas à dívida ativa da Fazenda Pública, inclusive no que concerne às causas interruptivas e suspensivas da prescrição. (Redação dada pela Lei nº 13.964, de 2019)

O cumprimento da pena criminal constitui causa extintiva do direito de punir do Estado. Quando se trata de condenado a quem se impôs pena privativa de liberdade cumulada com multa, a extinção do direito de punir *pressupõe o cumprimento integral de ambas as sanções*. Assim, se o sujeito cumpriu a pena de prisão, mas não pagou a multa imposta cumulativamente, não se pode reconhecer a extinção da punibilidade. Isso é relevante, por exemplo, na configuração da reincidência, caso o agente venha a praticar, no futuro, novo crime.

De ver que o STJ havia fixado tese em sentido contrário, vale dizer, entendendo que a extinção do *ius puniendi* se dava com o cumprimento da pena privativa de liberdade, independentemente do pagamento da multa criminal, mas o STF, no julgamento da ADIn nº 3.150, em dezembro de 2018, conferiu interpretação distinta, no sentido que expusemos acima, o que motivou o próprio STJ a rever seu posicionamento, harmonizando sua jurisprudência com a da Suprema Corte.[1054]

Em que pese a adoção de uma sistemática peculiar, de se notar que a multa jamais deixou de ser uma sanção penal, razão pela qual, por exemplo, vigora o princípio de que a pena não passará da pessoa do condenado. Por essa razão, *e.g.*, em havendo a *morte do agente*, estará *extinta a pena*.

Por fim, no que se refere ao prazo prescricional da multa, existe controvérsia.

De um lado, há quem defenda a necessidade de observar o prazo previsto na legislação tributária, ou seja, aquele do art. 144 do CTN, segundo o qual a prescrição se dá em cinco anos contados da inscrição da multa na dívida ativa da Fazenda. De outro lado, há aqueles que sustentam deva ser observado o prazo prescricional do Código Penal, estipulado no art. 114 (dois anos, se a única pena aplicada, ou, no mesmo prazo da pena de prisão, quando cumulativamente impostas). Essa posição é a adotada pelo STJ, na qual nos filiamos.

É importante observar, todavia, que não existe polêmica sobre quais são as causas suspensivas e interruptivas da prescrição da multa, depois do trânsito em julgado, pois o art. 51 do CP expressamente afirma serem aquelas previstas na legislação fiscal.

Apesar de ser considerada dívida de valor após o seu trânsito em julgado, a pena de multa não perde seu caráter originário de sanção criminal.[1055] Por essa razão, só pode ser exigida em face do condenado, nunca de seus herdeiros. Aplica-se, como já mencionado, inteiramente o princípio constitucional da personalidade da pena (art. 5º, XLV).

[1054] Nesse sentido: STJ, AgRg no REsp 1.850.903/SP, Rel. Min. Reynaldo Soares da Fonseca, 5ª T., por unanimidade, j. 28-4-2020, DJe 30-4-2020.

[1055] HC 394.591/AM, rel. Min. Reynaldo Soares da Fonseca, 5ª T., j. 21-9-2017. No mesmo sentido: STJ, AgRg no AREsp 1.249.343/ES, rel. Min. Nefi Cordeiro, 6ª T., j. 18-9-2018; e AgRg no AREsp 1.593.682/RN, rel. Min. Laurita Vaz, 6ª T., j. 6-2-2020.

4.2 Penas restritivas de direitos

4.2.1 Introdução

O Código Penal vigente no Brasil foi criado pelo Decreto-Lei nº 2.848, de 7.12.1940, pelo então Presidente Getúlio Vargas durante o período do Estado Novo, tendo como Ministro da Justiça Francisco Campos. Ele não contemplava qualquer pena diversa da pena privativa de liberdade e da multa em sua redação original. Aliás, em seu capítulo V (arts. 67 a 73), tratava, quando muito, algumas das atuais penas restritivas como "penas acessórias" ("Art. 67. São penas acessórias: I – a perda de função pública, eletiva ou de nomeação; II – as interdições de direitos; III – a publicação da sentença").

Assim, as penas privativas de direito ingressaram no sistema a partir de 1984, juntamente com a ideia de progressão de regime, sem que houvesse um esforço de rever os preceitos secundários das normas até então existentes.

De qualquer sorte, parte da redação de 1984 foi alterada pela Lei nº 9.714/98, como se infere das espécies de penas restritivas elencadas no art. 43:

> Penas restritivas de direitos
> Art. 43. As penas restritivas de direitos são: (Redação dada pela Lei nº 9.714, de 1998)
> I – prestação pecuniária; (Incluído pela Lei nº 9.714, de 1998)
> II – perda de bens e valores; (Incluído pela Lei nº 9.714, de 1998)
> III – limitação de fim de semana. (Incluído pela Lei nº 7.209, de 1984)
> IV – prestação de serviço à comunidade ou a entidades públicas; (Incluído pela Lei nº 9.714, de 25.11.1998)
> V – interdição temporária de direitos; (Incluído pela Lei nº 9.714, de 25.11.1998)
> VI – limitação de fim de semana. (Incluído pela Lei nº 9.714, de 25.11.1998)

Assim, as penas restritivas *são penas alternativas expressamente previstas em leis e que têm por finalidade evitar o encarceramento de autores de crimes considerados menos graves, promovendo-lhes a ressocialização por meio da restrição de certos direitos.*

Elas apresentam caráter tríplice: *autonomia*, *substitutividade* e *reversibilidade*: são *autônomas* porque existem de modo independente, não podendo ser cumuladas com a pena prisional; são *substitutivas* porque ocupam o lugar da pena privativa de liberdade, não podendo ser aplicadas diretamente; e são *reversíveis* porque, em certos casos, admitem a reaplicação da pena prisional substituída. Esse último característico também é nominado de *precariedade*.[1056]

Atualmente, as espécies de penas restritivas podem ser assim resumidas:

- *Prestação pecuniária* – é a determinação de pagamento de um valor pelo condenado à vítima, seus descendentes ou a entidade de atendimento social, fixado pelo juiz entre 1 e 360 salários mínimos;
- *Perda de bens e valores* – consiste na transferência para o fundo penitenciário nacional de bens ou valores que foram licitamente obtidos pelo sentenciado e que integram o seu patrimônio. Corresponde ao montante do prejuízo causado

---

[1056] SOUZA, Luciano Anderson de. *Direito penal*: parte geral. 3. ed. São Paulo: Revista dos Tribunais, Thomson Reuters, 2022. v. 1. p. 511.

pelo crime ou no montante do proveito econômico que o agente obteve (maior entre eles);[1057]
- *Prestação de serviço* à *comunidade ou a entidades públicas* – é a atribuição de tarefas gratuitas ao sentenciado junto a entidades assistenciais, hospitais e outros estabelecimentos similares em programas comunitários ou públicos;
- *Limitação de fim de semana* – é o dever do sentenciado de permanecer nos finais de semana, durante 5 horas diárias, em casas de albergado ou local similar participando de cursos ou palestras;
- *Interdição temporária de direitos* – impedimento do exercício de determinada atividade ou função durante um período prefixado.

Essas penas são, como assinalado, sanções substitutivas e autônomas, ou seja, elas são aplicadas em substituição à pena privativa de liberdade (nenhum tipo penal prevê pena restritiva de direito – nesse caso, a condenação será de pena privativa de liberdade, mas, após, pode haver substituição se for o caso)[1058] e, uma vez realizada essa substituição, passam a subsistir-se com independência.

Deve-se ponderar que alguns diplomas normativos contêm regras próprias a respeito das penas restritivas de direitos. É o caso das Leis nº 9.503/97 (Código de Trânsito Brasileiro) e nº 9.605/98 (Lei dos Crimes Ambientais).

No Código de Trânsito Brasileiro são previstas as penas de suspensão ou proibição de obter permissão ou habilitação para dirigir veículo automotor, que podem ser impostas como penalidade principal, isolada ou cumulativamente com outras (art. 292). Já na Lei Ambiental estão arroladas penas restritivas de direitos aplicáveis a pessoas jurídicas: suspensão total ou parcial das atividades, interdição temporária de estabelecimento, obra ou atividade, proibição de contratar com o Poder Público, bem como dele obter subsídios, subvenções ou doações (art. 22).

4.2.2 Regras para a substituição

O próprio Código Penal é bem didático quanto aos requisitos e regras para o cabimento da substituição da pena privativa de liberdade fixada na sentença condenatória por restritiva de direitos.

Na condenação que não supere um ano (igual ou inferior), a substituição poderá ser feita por uma pena restritiva de direitos *ou* por uma pena de multa. Sendo superior, a substituição poderá ser feita por duas penas restritivas de direitos ou por uma pena restritiva de direitos e uma pena de multa (art. 44, §2º, do CP).

A proporção é de um dia de pena restritiva de direitos para cada dia de pena privativa de liberdade, como se infere do art. 44:

Art. 44. As penas restritivas de direitos são autônomas e substituem as privativas de liberdade, quando:

[1057] Obs.: atentar que constitui efeito da condenação diferente de pena (apreensão dos bens que foram utilizados na prática do crime é diferente de apreensão dos bens).

[1058] Atentar, como exceções, as contravenções penais já mencionadas, assim como o porte de drogas para uso próprio (art. 28 da Lei de Drogas).

I – aplicada pena privativa de liberdade não superior a quatro anos e o crime não for cometido com violência ou grave ameaça à pessoa ou, qualquer que seja a pena aplicada, se o crime for culposo;
II – o réu não for reincidente em crime doloso;
III – a culpabilidade, os antecedentes, a conduta social e a personalidade do condenado, bem como os motivos e as circunstâncias indicarem que essa substituição seja suficiente.
§1º (VETADO)
§2º Na condenação igual ou inferior a um ano, a substituição pode ser feita por multa ou por uma pena restritiva de direitos; se superior a um ano, a pena privativa de liberdade pode ser substituída por uma pena restritiva de direitos e multa ou por duas restritivas de direitos.
§3º Se o condenado for reincidente, o juiz poderá aplicar a substituição, desde que, em face de condenação anterior, a medida seja socialmente recomendável e a reincidência não se tenha operado em virtude da prática do mesmo crime.
§4º A pena restritiva de direitos converte-se em privativa de liberdade quando ocorrer o descumprimento injustificado da restrição imposta. No cálculo da pena privativa de liberdade a executar será deduzido o tempo cumprido da pena restritiva de direitos, respeitado o saldo mínimo de trinta dias de detenção ou reclusão.
§5º Sobrevindo condenação a pena privativa de liberdade, por outro crime, o juiz da execução penal decidirá sobre a conversão, podendo deixar de aplicá-la se for possível ao condenado cumprir a pena substitutiva anterior.

Como se vê da redação do art. 44, inc. I, a quantidade de pena privativa é indiferente se o crime for culposo.[1059] Assim, não podem as penas restritivas de direitos ser aplicadas diretamente, ressalvadas as exceções já indicadas ou quando da aplicação sob a forma de *medida despenalizadora* (sem, portanto, juízo de mérito condenatório), no âmbito da transação penal (art. 76 da Lei nº 9.099/95) ou do acordo de não persecução penal (art. 28-A do Código de Processo Penal).

Por força do dispositivo legal já mencionado, impedem, pois, a substituição por sanções restritivas de direitos: a) penas privativas de liberdade superiores a quatro anos; b) condenações impostas em decorrência de crimes praticados com violência ou grave ameaça à pessoa; c) reincidência em crime doloso: o §3º do art. 44 do Código Penal dispõe, todavia, que, salvo na reincidência específica, poderá o juiz aplicar a substituição, desde que, em face da condenação anterior, a medida seja socialmente recomendável; d) insuficiência da substituição: se o juiz verificar – após a análise da culpabilidade, dos antecedentes, da conduta social, da personalidade do condenado e dos motivos e circunstâncias da infração penal – que a substituição da pena privativa de liberdade não atende à necessidade de prevenção geral e especial, deixará de realizar a substituição da pena privativa de liberdade por restritiva de direitos (art. 44, inc. II, e §3º, do CP).

Consigne-se que Lei nº 14.071, de 13.10.2002, com *vacatio legis* de 180 dias (art. 7º), e que alterou o CTB, previu nova redação para o art. 312-B, expressamente proibindo a substituição da pena privativa de liberdade por restritiva em hipóteses específicas

---

[1059] Consigne-se que Lei nº 14.071, de 13.10.2020, com *vacatio legis* de 180 dias (art. 7º), e que alterou o CTB, previu nova redação para o art. 312-B, expressamente proibindo a substituição da pena privativa de liberdade por restritiva em hipóteses específicas de homicídio culposo e lesão culposa na condução de veículo automotor ("Art. 312-B. Aos crimes previstos no §3º do art. 302 e no §2º do art. 303 deste Código não se aplica o disposto no inciso I do caput do art. 44 do Decreto-Lei nº 2.848, de 7 de dezembro de 1940").

de homicídio culposo e lesão culposa na condução de veículo automotor ("Art. 312-B. Aos crimes previstos no §3º do art. 302 e no §2º do art. 303 deste Código não se aplica o disposto no inciso I do caput do art. 44 do Decreto-Lei nº 2.848, de 7 de dezembro de 1940").

Não obstante não estar previsto em lei, historicamente não se aplicava a substituição para os crimes hediondos e equiparados, seja pela quantidade da pena imposta, seja porque alguns crimes são naturalmente perpetrados com violência ou grave ameaça, seja, finalmente, porque isso representaria uma afronta ao princípio da proporcionalidade sob a ótica da proteção jurídica deficiente, máxime porque o legislador constituinte originário foi muito enfático na política rigorista no art. 5º, XLIII, da CF.

Contudo, em setembro de 2010, ao apreciar o HC nº 97.256-RS (Rel. Min. Ayres Britto), o Plenário do STF admitiu a substituição de pena privativa de liberdade por restritiva de direitos no tráfico ilícito de drogas, sob o fundamento de que a restrição legal (art. 44, Lei nº 11.343/06) ofendia o princípio da individualização da pena. De acordo com o art. 44, os crimes previstos nos arts. 33, *caput* e §1º, e 34 a 37 dessa lei são inafiançáveis e insuscetíveis de *sursis*, graça, indulto, anistia e liberdade provisória, vedada a conversão de suas penas em restritivas de direitos.

Da interpretação do art. 44, de outro ângulo, o Superior Tribunal de Justiça acabou decidindo e sumulando o entendimento de que é impossível a substituição na hipótese de crime ou contravenção praticada contra mulher no ambiente doméstico:

> Súmula nº 588: A prática de crime ou contravenção penal contra a mulher com violência ou grave ameaça no ambiente doméstico impossibilita a substituição da pena privativa de liberdade por restritiva de direitos.

Os requisitos da substituição previstos no art. 44, CP, são cumulativos, sendo três objetivos e um subjetivo.

Os requisitos objetivos, em suma, são: a) montante da pena privativa de liberdade (pena privativa de liberdade imposta por até 4 anos – para que possa haver substituição, salvo se for culposo); b) não ser crime cometido mediante violência ou grave ameaça à pessoa;[1060] c) não ser réu reincidente em crime doloso.[1061]

[1060] Sobre o requisito "I". Pessoa presa por lesão corporal simples. Sua pena mínima é de 2 meses de detenção até 1 ano. Pela literalidade do artigo não caberia, já que houve lesão. A pena é tão inexpressiva que a pena admite até mesmo transação penal, ou seja, acordo entre acusação e defesa. Dessa forma, por que não poderia haver a substituição? Existem duas correntes para responder: 1 – Se o crime admite até mesmo transação penal, não seria razoável impedir a substituição da pena privativa de liberdade para restritiva de direitos. 2 – Se o crime foi praticado mediante violência ou grave ameaça é irrelevante o tempo da pena, não cabendo a substituição. A segunda teoria é a adotada pelo STJ. Inclusive a Súmula nº 588 do STJ fala sobre lesões corporais mediante violência doméstica tem pena baixa. Porém, o STJ entende que não cabe substituição nessas hipóteses.

[1061] Reincidência é um termo técnico, só ocorrendo quando o segundo crime for praticado após a sentença em trânsito em julgado do primeiro crime. Se for praticado no curso do primeiro processo não será reincidência. O requisito exige a reincidência em crime doloso (doloso antes e depois). Sobre o tema, o STJ analisa a regra do art. 34, §3º do CP. Só seria vedada a substituição se a reincidência for no mesmo crime (pelo mesmo tipo de crime), ou seja, alguém que foi condenado por roubo e foi condenado por outro roubo. Porém, se a reincidência não foi específica (do mesmo crime), poderia haver a substituição, desde que ela se mostre socialmente adequada, isto é, a partir da análise dos elementos do art. 59 do CP. Atentar, ademais, para a prescrição da reincidência nos termos do art. 64, inciso I, do CP.

Já o requisito subjetivo representaria as condições pessoais favoráveis do sentenciado, no sentido de indicar se há situação adequada.

Para tanto, devemos olhar o art. 59 do CP. Esse artigo demonstra o que o juiz deve avaliar para definir se as condições do agente são favoráveis. Entre os requisitos estão: a) grau de culpabilidade do agente; b) antecedentes; c) conduta social; d) personalidade do agente; e) motivos e consequências do crime, entre outros.

Nos crimes culposos, não se exige qualquer requisito, além da verificação das circunstâncias judiciais. Isto é, basta que o juiz constate que a culpabilidade, os antecedentes, a conduta social e a personalidade do agente, bem como os motivos e as circunstâncias do fato indiquem que a medida é suficiente.

A reincidência não impede a aplicação do benefício, já que a recidiva somente figura como obstáculo à medida que o agente for "reincidente em crime doloso" (isto é, se, tendo sido condenado com trânsito em julgado por delito doloso, incorrer na prática de outro crime dessa natureza) – art. 44, *caput*, II, do CP. É bem verdade que, sendo o agente reincidente, a substituição poderá não se mostrar medida suficiente, revelando conduta social ou personalidade incompatível com o benefício.

Registre-se que a Lei nº 14.071, de 13.10.2020, inseriu no Código de Trânsito o art. 312-B, o qual veda a substituição de prisão por pena alternativa, prevista no art. 44, I, do CP, quando se tratar dos seguintes delitos culposos: a) homicídio culposo majorado pela condução sob influência de álcool ou substância psicoativa que determine dependência (CTB, art. 302, §3º); b) lesão corporal culposa majorada por condução sob influência de álcool ou substância psicoativa que determine dependência (CTB, art. 303, §2º); e c) lesão corporal culposa majorada pela produção na vítima de lesão de natureza grave ou gravíssima (CTB, art. 303, §2º). Esses são, portanto, os únicos crimes culposos aos quais a lei penal brasileira veda a substituição da pena privativa de liberdade por pena alternativa. É importante frisar que essa proibição somente se aplica a fatos praticados a partir do dia 12.4.2021, data de início da vigência da Lei nº 14.071/2020, por se tratar de *novatio legis in pejus*.[1062]

A substituição, como mencionado, ocorre na sentença, mas nada impede de ser feita pelo Juízo da Execução Penal, nos termos do art. 180 da LEP. Esse artigo autoriza a substituição na fase de execução da pena, ainda que em caráter excepcional.

Nesse caso, dependerá de três requisitos: a) a pena imposta não pode ser superior a 2 anos com regime inicial aberto; b) cumprimento de, ao menos, 1/4 da pena; c) a personalidade e os antecedentes do agente justificam a medida.

O §2º do art. 44 faz um corte no montante da pena, tornando distinta a aplicação e cumprimento da pena restritiva de direito:

- se alguém é condenado à pena privativa de liberdade de até 1 ano, a substituição poderá ocorrer por uma pena restritiva de direitos ou pena de multa;
- se condenado a mais de 1 ano até 4 anos, ocorrerá a substituição por duas restritivas de direitos ou uma restritiva e uma de multa.

[1062] ESTEFAM, André. *Direito penal*: parte geral (arts. 1º a 120). 10. ed. São Paulo: Saraiva, 2021. p. 419-420.

- a pena de até 1 ano pode ser substituída por uma de multa. No art. 60, §2º, há regra afirmando que a multa poderá ser aplicada em substituição à pena privativa de liberdade, desde que esta não exceda a seis meses.

Assim disciplina o Código no tocante à aplicação:

Penas restritivas de direitos
Art. 54. As penas restritivas de direitos são aplicáveis, independentemente de cominação na parte especial, em substituição à pena privativa de liberdade, fixada em quantidade inferior a 1 (um) ano, ou nos crimes culposos. (Redação dada pela Lei nº 7.209, de 11.7.1984)
Art. 55. As penas restritivas de direitos referidas nos incisos III, IV, V e VI do art. 43 terão a mesma duração da pena privativa de liberdade substituída, ressalvado o disposto no §4º do art. 46. (Redação dada pela Lei nº 9.714, de 1998) [...]
Art. 57. A pena de interdição, prevista no inciso III do art. 47 deste Código, aplica-se aos crimes culposos de trânsito. (Redação dada pela Lei nº 7.209, de 11.7.1984)

Outrossim, na Lei nº 9.605/98 (Lei de Crimes Ambientais), verificamos que o art. 7º afirma que a substituição sempre ocorrerá por uma pena restritiva de direitos.

Caso não seja cumprida a pena restritiva de direitos imposta, deve-se aplicar o art. 44, §4º – o agente poderá voltar ao regime anterior da pena privativa de liberdade, ou seja, o juiz da execução pode determinar que ele reverta a pena restritiva de direitos imposta.

Ademais, se uma pessoa cumpre apenas parcialmente a pena substitutiva, aplica-se ainda o artigo anterior, porém o tempo será deduzido do tempo ainda a ser cumprido. Assim, caso o sujeito seja condenado a 3 anos, com substituição de multa e pena restritiva de 3 anos, se tiver cumprido a prestação de serviços por apenas 1 ano, terá dois anos de pena privativa de liberdade para serem cumpridos no regime fixado na sentença.

De outra parte, uma pessoa está cumprindo pena restritiva de direitos, mas ela é condenada pela prática de outro crime. Nessa condenação, terá obrigatoriamente pena privativa de liberdade sem substituição e, além disso, por aplicação do §5º do art. 44, com a condenação, o juiz da execução verificará a viabilidade da continuação do cumprimento da pena restritiva de direitos. Se não houver como viabilizar, o restante será convertido em pena privativa de liberdade, somado ao montante do outro crime.

Consigne-se, ainda, que a substituição independe da concordância do sentenciado (ocorre por critério judicial) e, se o sentenciado não concordar, poderá recorrer.

4.2.3 (Re)Conversão

No caso de descumprimento injustificado da pena restritiva de direitos, esta será reconvertida em privativa de liberdade. Essa a regra do art. 45:

Conversão das penas restritivas de direitos
Art. 45. Na aplicação da substituição prevista no artigo anterior, proceder-se-á na forma deste e dos arts. 46, 47 e 48.
§1º A prestação pecuniária consiste no pagamento em dinheiro à vítima, a seus dependentes ou a entidade pública ou privada com destinação social, de importância fixada pelo juiz, não inferior a 1 (um) salário mínimo nem superior a 360 (trezentos e sessenta) salários

mínimos. O valor pago será deduzido do montante de eventual condenação em ação de reparação civil, se coincidentes os beneficiários.

§2º No caso do parágrafo anterior, se houver aceitação do beneficiário, a prestação pecuniária pode consistir em prestação de outra natureza.

§3º A perda de bens e valores pertencentes aos condenados dar-se-á, ressalvada a legislação especial, em favor do Fundo Penitenciário Nacional, e seu valor terá como teto – o que for maior – o montante do prejuízo causado ou do provento obtido pelo agente ou por terceiro, em conseqüência da prática do crime.

§4º (VETADO)

O juiz das execuções criminais deduzirá, da pena privativa anteriormente fixada, o tempo já cumprido de pena restritiva, observado o saldo mínimo de 30 dias de reclusão ou detenção (art. 44, §4º, do CP).

A proporção para a conversão é a mesma empregada para a substituição: para cada dia de pena restritiva de direitos corresponderá um dia de pena privativa de liberdade.

Há outra possibilidade de conversão prevista no §5º do art. 44 do Código Penal: no caso de superveniência, por outro crime, de nova condenação a pena privativa de liberdade, o juiz das execuções penais decidirá sobre sua conversão, podendo deixar de aplicá-la se for possível ao condenado cumprir a pena substitutiva anterior.

Vale ressaltar que o Superior Tribunal de Justiça já sumulou o entendimento de ser inadmissível a fixação de pena substitutiva (art. 44 do CP) como condição especial ao regime aberto.[1063]

Outrossim, a Lei de Execução Penal (Lei nº 7.210/84) autoriza a fixação de condições especiais para o regime aberto (art. 115), sem prejuízo das obrigatórias (permanecer no local designado durante o repouso e dias de folga, sair para o trabalho e retornar em horários fixados, não se ausentar da cidade onde reside sem autorização judicial, comparecer quando chamado a juízo para informar e justificar suas atividades).

Discute-se, nesse sentido, se é possível aplicar, sob a roupagem de condição especial, a prestação de serviços comunitários ou outra pena alternativa. Para o STJ, a resposta era negativa por força da Súmula nº 493.

Entretanto, esse entendimento foi superado pela tese consagrada pelo STF na Súmula Vinculante nº 56. Significa dizer que a Súmula nº 493 do STJ foi revogada pela SV nº 56 do STF. Esta autoriza (dada a remissão que faz à decisão tomada pela Suprema Corte no RE nº 641.320/RS) que se imponha o cumprimento de penas restritivas de direito e/ou estudo ao sentenciado que progride ao regime aberto.

Ademais, o instituto do *sursis*, que será estudado em capítulo à frente, é incompatível com as penas restritivas de direitos, sendo aplicável exclusivamente às penas privativas de liberdade.[1064] Vale, ademais, ressaltar que, no tocante aos acusados primários, boa parte da aplicação da pena restritiva será substituída pelo novo instituto do acordo de

---

[1063] Súmula nº 493, STJ: "É inadmissível a fixação de pena substitutiva (art. 44 do CP) como condição especial ao regime aberto" (Terceira Seção, julgado em 08/08/2012, *DJe* 13/08/2012).

[1064] Neste sentido: STF, HC nº 67.308-RS.

não persecução penal, previsto no art. 28-A do CPP, dada a evidente sobreposição de requisitos.[1065]

Registre-se, por derradeiro, que a pena restritiva de direitos cominada diretamente no preceito secundário do tipo penal, como ocorre com o art. 28 da Lei nº 11.343/2006 (porte de droga para consumo próprio), não pode ser convertida em prisão. Nesse caso, diante do descumprimento injustificado da pena restritiva de direitos aplicada, fica o agente sujeito ao pagamento de uma multa.[1066]

Já o art. 85 da Lei dos Juizados Especiais dispõe que a pena de multa poderá ser convertida em prisão (nesse ponto encontra-se prejudicado) e também em pena restritiva de direitos (nesse particular, a regra encontra-se em vigor). Com relação à conversão da multa em restritiva de direitos, contudo, deve-se ponderar que o permissivo legal carece de regulamentação estabelecendo os parâmetros para que se dê tal conversão. Atualmente, portanto, nenhuma multa pode ser convertida em outra pena, nem mesmo com base no dispositivo acima citado.[1067]

Passemos, pois, à análise das espécies de penas restritivas.

4.2.4 Espécies

a) Prestação pecuniária.

Segundo preceitua o §1º do art. 45 do Código Penal, a prestação pecuniária consiste no pagamento em dinheiro – à vítima, a seus dependentes, ou a entidade pública ou privada com destinação social –, de importância fixada pelo juiz, não inferior a um salário mínimo nem superior a 360 salários mínimos.

> §1º A prestação pecuniária consiste no pagamento em dinheiro à vítima, a seus dependentes ou a entidade pública ou privada com destinação social, de importância fixada pelo juiz, não inferior a 1 (um) salário mínimo nem superior a 360 (trezentos e sessenta) salários mínimos. O valor pago será deduzido do montante de eventual condenação em ação de reparação civil, se coincidentes os beneficiários.
> §2º No caso do parágrafo anterior, se houver aceitação do beneficiário, a prestação pecuniária pode consistir em prestação de outra natureza.

O valor pago será deduzido de eventual condenação decorrente de ação indenizatória proposta. Lembramos que o §2º do art. 45 do Código Penal possibilita ao juiz a fixação de uma prestação de outra natureza. A prática tem indicado a plena possibilidade de que a prestação seja, por exemplo, uma obrigação de fazer. A substituição da prestação pecuniária por essa pena alternativa inominada depende, sempre, da aceitação do beneficiário.

[1065] O art. 28-A, com redação dada pela Lei Anticrime (Lei nº 13.964/19) tem a seguinte redação: "não sendo caso de arquivamento e tendo o investigado confessado formal e circunstancialmente a prática de infração penal sem violência ou grave ameaça e com pena mínima inferior a 4 (quatro) anos, o Ministério Público poderá propor acordo de não persecução penal, desde que necessário e suficiente para reprovação e prevenção do crime, mediante as seguintes condições ajustadas cumulativa e alternativamente [...]".
[1066] ESTEFAM, André. *Direito penal*: parte geral (arts. 1º a 120). 10. ed. São Paulo: Saraiva, 2021. p. 419.
[1067] Nesse sentido: ESTEFAM, André. *Direito penal*: parte geral (arts. 1º a 120). 10. ed. São Paulo: Saraiva, 2021. p. 438.

A terminologia "o valor pago será deduzido do montante de eventual condenação em ação de reparação civil, se coincidentes os beneficiários" diz respeito à reparação dos danos causados pelo crime, materiais e morais, podendo ter como parâmetro o salário mínimo.

Ainda que o Código apresente silêncio sobre a questão, tem se admitido, em homenagem ao princípio da razoabilidade, o parcelamento do valor da pena de prestação pecuniária, visando melhor atender aos interesses da vítima, do condenado e da sociedade.

Registre-se que a Lei nº 11.340/2006, em seu art. 17, veda a aplicação de pena de prestação pecuniária ou de entrega de cestas básicas em crime que envolva violência doméstica ou familiar contra a mulher.

b) Perda de bens e valores.

Essa pena restritiva de direitos está disciplinada no §3º do art. 45 do Código Penal.

> §3º A perda de bens e valores pertencentes aos condenados dar-se-á, ressalvada a legislação especial, em favor do Fundo Penitenciário Nacional, e seu valor terá como teto – o que for maior – o montante do prejuízo causado ou do provento obtido pelo agente ou por terceiro, em conseqüência da prática do crime.

Segundo o referido dispositivo, consiste na perda de bens e valores pertencentes ao condenado em favor do Fundo Penitenciário Nacional, salvo destinação diversa prevista na legislação especial. Para a fixação da sanção alternativa, prevista no §3º do art. 45 do Código Penal (perda de bens e valores), levam-se em consideração o montante do prejuízo causado e o proveito obtido pela prática do crime, adotando aquele que for maior. Também não há norma de execução dessa sanção na Lei de Execução Penal.

Na Lei de Drogas (Lei nº 11.343/2006), os bens revertem-se ao Funad – Fundo Nacional Antidrogas.

É preciso, desde já, delimitar as distinções entre a pena restritiva de direitos em estudo e o confisco de bens previsto no art. 91 do CP. Os institutos distinguem-se, em primeiro lugar, por sua natureza jurídica e seus destinatários são diversos.

Os bens confiscados, como efeitos da condenação, são destinados à União (ressalvado o direito do lesado e terceiro de boa-fé), e aqueles cuja perda for declarada, nos termos do art. 45, serão revertidos em favor do Fundo Penitenciário Nacional.

A origem dos bens atingidos, por fim, deve ser ressaltada. Isto porque, em matéria de confisco, a constrição atinge bens ilícitos e, na pena restritiva de direitos, os bens ou valores tomados têm *origem lícita*.[1068]

Diante da natureza de espécie de pena restritiva de direitos, caso descumprida injustificadamente, deverá ser convertida em pena privativa de liberdade (CP, art. 44, §4º). Há autores, contudo, que pensam minoritariamente de modo diferente, porquanto veem nessas penas um nítido caráter pecuniário.

Por conta disso, ressalta Estefam, que elas devem submeter-se ao regime jurídico da pena de multa (CP, arts. 49 a 52), a qual não admite, sob hipótese alguma, ser

---

[1068] ESTEFAM, André. *Direito penal*: parte geral (arts. 1º a 120). 10. ed. São Paulo: Saraiva, 2021. p. 427.

convertida em pena de prisão. Segundo esses doutrinadores, entendimento diverso significaria violação ao princípio constitucional da igualdade, à medida que se tratariam desigualmente situações idênticas. Não é esse, todavia, o entendimento predominante na doutrina e na jurisprudência.[1069]

Com a morte do condenado, há a extinção da punibilidade, podendo a penalidade de cunho patrimonial ser estendida aos sucessores apenas no limite da herança, nos termos do art. 5º, inc. XLV, da Constituição Federal.

c) Prestação de serviços à comunidade.

A pena de prestação de serviços à comunidade ou a entidades públicas foi a primeira pena restritiva de direitos a ser aplicada, presente no Código Penal soviético, de 1926, medida que se expandiu aos demais países do leste europeu. No ordenamento pátrio, sua origem está na reforma introduzida em 1984.[1070]

Para a configuração da penalidade, fazem-se necessárias a gratuidade, a aceitação pelo condenado e a verdadeira utilidade social.

As regras para a substituição da pena privativa pela de prestação de serviços à comunidade são: a condenação deve ser superior a seis meses de privação de liberdade; converte-se à razão de uma hora de tarefa por dia de condenação, sem prejudicar a jornada de trabalho normal do condenado; nas condenações superiores a um ano, o condenado poderá, excepcionalmente, cumprir a prestação de serviços em menor tempo, porém nunca num lapso inferior à metade da pena privativa de liberdade substituída.

> Prestação de serviços à comunidade ou a entidades públicas
> Art. 46. A prestação de serviços à comunidade ou a entidades públicas é aplicável às condenações superiores a seis meses de privação da liberdade.
> §1º A prestação de serviços à comunidade ou a entidades públicas consiste na atribuição de tarefas gratuitas ao condenado.
> §2º A prestação de serviço à comunidade dar-se-á em entidades assistenciais, hospitais, escolas, orfanatos e outros estabelecimentos congêneres, em programas comunitários ou estatais.
> §3º As tarefas a que se refere o §1º serão atribuídas conforme as aptidões do condenado, devendo ser cumpridas à razão de uma hora de tarefa por dia de condenação, fixadas de modo a não prejudicar a jornada normal de trabalho.
> §4º Se a pena substituída for superior a um ano, é facultado ao condenado cumprir a pena substitutiva em menor tempo (art. 55), nunca inferior à metade da pena privativa de liberdade fixada.

Disciplinada nos arts. 149 e 150 da LEP,[1071] consiste na atribuição ao condenado de tarefas em entidades assistenciais, hospitais, escolas, orfanatos, entre outras, ou

---

[1069] ESTEFAM, André. *Direito penal*: parte geral (arts. 1º a 120). 10. ed. São Paulo: Saraiva, 2021. p. 428.
[1070] REALE JÚNIOR, Miguel. *Instituições de direito penal*: parte geral. 4. ed. Rio de Janeiro: Forense, 2012. p. 363.
[1071] "Art. 149. Caberá ao Juiz da execução: I – designar a entidade ou programa comunitário ou estatal, devidamente credenciado ou convencionado, junto ao qual o condenado deverá trabalhar gratuitamente, de acordo com as suas aptidões; II – determinar a intimação do condenado, cientificando-o da entidade, dias e horário em que deverá cumprir a pena; III – alterar a forma de execução, a fim de ajustá-la às modificações ocorridas na jornada de trabalho. §1º o trabalho terá a duração de 8 (oito) horas semanais e será realizado aos sábados, domingos e feriados, ou em dias úteis, de modo a não prejudicar a jornada normal de trabalho, nos horários estabelecidos pelo

em programas comunitários ou estatais (art. 46, §2º, do CP), que deverão observar as aptidões do condenado (art. 46, §3º, do CP). A realização das tarefas é gratuita (art. 46, §1º, do CP), não se estabelecendo uma relação empregatícia.

Nos termos do art. 149 da Lei de Execução Penal, incumbe ao juiz das execuções penais a tarefa de designar a entidade ou o programa a que estará submetido o condenado, devendo cientificá-lo a respeito dos dias e horários em que deverá cumprir a pena. Ademais, poderá contar com o auxílio de entidades públicas ou privadas, além de alterar as condições diante de peculiaridades do caso concreto.[1072]

A carga horária será de 8 horas semanais, em qualquer dia da semana, sábados e domingos inclusive, ou nos feriados, desde que não prejudique o trabalho normal do condenado.

Admite-se o desdobramento da carga horária semanal. A execução inicia-se com o primeiro comparecimento (§2º do art. 149).

É vedada a duplicação ou aumento da carga horária para propiciar o término antecipado da restrição, sendo certo, ainda, que o tempo de cumprimento da pena restritiva de direitos coincide com o tempo da pena privativa de liberdade substituída, salvo na hipótese de a pena privativa de liberdade ser superior a um ano (arts. 46, §4º, e 55 do CP).[1073]

A fiscalização do cumprimento se dará pelo Patronato, pela própria entidade e/ou pelo Ministério Público, mas a prática tem mostrado que relatórios são elaborados pela entidade que recebe os serviços, encaminhando-os, mensalmente, ao juiz das execuções. A qualquer tempo o referido juiz deverá ser informado sobre eventuais ausências ou faltas disciplinares (art. 150 da LEP).

A conversão, ademais, também está prevista no §1º do art. 181 da Lei de Execução Penal para as seguintes hipóteses: I) quando o condenado não for encontrado pessoalmente ou não atender à intimação por edital; II) não comparecer injustificadamente à entidade ou ao programa a que foi designado; III) recusar-se, injustificadamente, a prestar o serviço que lhe foi imposto; IV) praticar falta grave; V) sofrer condenação, por outro crime, à pena privativa de liberdade, cuja execução não tenha sido suspensa.

Por questão lógica, a obrigação imposta ao condenado não pode ser transferida a terceiro.

d) Interdição temporária de direitos.

A interdição temporária de direitos destaca-se pela ação preventiva, já que impede que o condenado desenvolva atividades em que se mostrou perigoso, nocivo à sociedade.

Juiz. §2º A execução terá início a partir da data do primeiro comparecimento. Art. 150. A entidade beneficiada com a prestação de serviços encaminhará mensalmente, ao Juiz da execução, relatório circunstanciado das atividades do condenado, bem como, a qualquer tempo, comunicação sobre ausência ou falta disciplinar".

[1072] "Art. 147. Transitada em julgado a sentença que aplicou a pena restritiva de direitos, o Juiz da execução, de ofício ou a requerimento do Ministério Público, promoverá a execução, podendo, para tanto, requisitar, quando necessário, a colaboração de entidades públicas ou solicitá-la a particulares. Art. 148. Em qualquer fase da execução, poderá o Juiz, motivadamente, alterar, a forma de cumprimento das penas de prestação de serviços à comunidade e de limitação de fim de semana, ajustando-as às condições pessoais do condenado e às características do estabelecimento, da entidade ou do programa comunitário ou estatal".

[1073] "Art. 55. As penas restritivas de direitos referidas nos incisos III, IV, V e VI do art. 43 terão a mesma duração da pena privativa de liberdade substituída, ressalvado o disposto no §4º do art. 46".

Trata-se de uma interdição *temporária*, não se confundindo, como já assinalado, com os efeitos secundários da condenação, previstos no art. 92 do Código Penal.

> Interdição temporária de direitos
> Art. 47. As penas de interdição temporária de direitos são:
> I – proibição do exercício de cargo, função ou atividade pública, bem como de mandato eletivo;
> II – proibição do exercício de profissão, atividade ou ofício que dependam de habilitação especial, de licença ou autorização do poder público;
> III – suspensão de autorização ou de habilitação para dirigir veículo.
> IV – proibição de freqüentar determinados lugares.
> V – proibição de inscrever-se em concurso, avaliação ou exame públicos.

Para a aplicação das penas dos incs. I e II, o crime deve ter ocorrido no exercício do cargo, função ou profissão, e importar em violação a deveres próprios do trabalho exercido, sendo certo, pela independência de instâncias, que as penas criminais cominadas ao agente não impedem eventuais sanções pelos órgãos de fiscalização do exercício da profissão.

A disciplina se encontra nos arts. 154 e 155 da Lei de Execuções Penais,[1074] valendo ressaltar a ressalva do art. 56 do CP:

> Art. 56. As penas de interdição, previstas nos incisos I e II do art. 47 deste Código, aplicam-se para todo o crime cometido no exercício de profissão, atividade, ofício, cargo ou função, sempre que houver violação dos deveres que lhes são inerentes.

As hipóteses previstas no art. 47 do Código Penal são genéricas, eis que a legislação extravagante, por vezes, prevê penas específicas, como se infere do Código de Trânsito Brasileiro. A título ilustrativo, o art. 292 da Lei nº 9.503/97 derrogou o inc. III do art. 47 do Código Penal, no que diz respeito à suspensão da habilitação para dirigir veículo. O prazo da interdição temporária de direitos é similar ao da pena prisional substituída.

e) Limitação de final de semana.

Disciplinada no art. 48 do Código Penal e arts. 151 a 153 da LEP,[1075] a limitação de final de semana consiste na obrigação do condenado de permanecer, aos sábados

---

[1074] "Art. 154. Caberá ao Juiz da execução comunicar à autoridade competente a pena aplicada, determinada a intimação do condenado. §1º Na hipótese de pena de interdição do artigo 47, inciso I, do Código Penal, a autoridade deverá, em 24 (vinte e quatro) horas, contadas do recebimento do ofício, baixar ato, a partir do qual a execução terá seu início. §2º Nas hipóteses do artigo 47, incisos II e III, do Código Penal, o Juízo da execução determinará a apreensão dos documentos, que autorizam o exercício do direito interditado. Art. 155. A autoridade deverá comunicar imediatamente ao Juiz da execução o descumprimento da pena. Parágrafo único. A comunicação prevista neste artigo poderá ser feita por qualquer prejudicado".

[1075] "Art. 151. Caberá ao Juiz da execução determinar a intimação do condenado, cientificando-o do local, dias e horário em que deverá cumprir a pena. Parágrafo único. A execução terá início a partir da data do primeiro comparecimento. Art. 152. Poderão ser ministrados ao condenado, durante o tempo de permanência, cursos e palestras, ou atribuídas atividades educativas. Parágrafo único. Nos casos de violência doméstica contra a mulher, o juiz poderá determinar o comparecimento obrigatório do agressor a programas de recuperação e reeducação. (Incluído pela Lei nº 11.340, de 2006) Art. 153. O estabelecimento designado encaminhará, mensalmente, ao Juiz da execução, relatório, bem assim comunicará, a qualquer tempo, a ausência ou falta disciplinar do condenado".

e domingos, por 5 horas diárias, em Casa do Albergado ou outro estabelecimento adequado, a critério do juiz das execuções (art. 151 da LEP).

> Limitação de fim de semana
> Art. 48. A limitação de fim de semana consiste na obrigação de permanecer, aos sábados e domingos, por 5 (cinco) horas diárias, em casa de albergado ou outro estabelecimento adequado.
> Parágrafo único – Durante a permanência poderão ser ministrados ao condenado cursos e palestras ou atribuídas atividades educativas.

O início do cumprimento se dá com a intimação do condenado, quando, em rigor, deveria ser com a intimação da sentença definitiva, eis que essa regra gera, sistematicamente, a prescrição da pretensão executória. Deve ser consignada a advertência sobre a consequência de descumprimento da pena restritiva imposta (art. 181, §2º), sendo certo que o tempo de cumprimento também será idêntico ao da pena substituída.

A conversão está disciplinada no §2º do art. 181 da Lei de Execução Penal e ocorrerá nas hipóteses de não comparecimento do condenado ao estabelecimento que lhe foi designado para o cumprimento da pena; de recusar-se a exercer a atividade determinada pelo juiz; de não ser encontrado, por estar em local incerto ou desatender à intimação por edital; de praticar falta grave; de sofrer condenação por outro crime à pena privativa de liberdade, cuja execução não tenha sido suspensa.

4.3 Penas privativas de liberdade

Durante muitos séculos, a pena mais importante, com a qual trabalhava o Direito Penal, era a pena capital e, ao lado dela, as penas corporais, infamantes e cruéis. De certa forma esse era o retrato do Direito Penal feudal.

A pena de prisão, como registra Manoel Pedro Pimentel, teve sua origem nos mosteiros da Idade Média, "como punição imposta aos monges ou clérigos faltosos, fazendo com que se recolhessem às suas celas para se dedicarem, em silêncio, à meditação e se arrependerem da falta cometida, reconciliando-se com Deus". Prossegue o autor asseverando que "a mesma ideia norteou a construção das primeiras prisões destinadas ao recolhimento de criminosos, no século XVI".[1076]

Acrescente-se que a iniquidade das penas capital, corporais, infamantes ou cruéis foi reconhecida, entre outros, por Beccaria, no final do século XVIII. O Marquês foi uma das mais importantes vozes que se levantou contra toda sorte de ignomínia e crueldade nos castigos até então institucionalizados.

Juntamente com Beccaria, John Howard é apontado como responsável pelo impulso decisivo na construção de penas privativas de liberdade humanizadas. Esse autor, que chegou a ser, ele próprio, detento e, depois, tornou-se *sheriff* na Inglaterra, publicou, em 1777, O *estado das prisões*; tratava-se de um relato do estado dos estabelecimentos

---

[1076] PIMENTEL, Manoel Pedro. Drama da pena de prisão. *Revista dos Tribunais*, São Paulo, v. 75, n. 613, p. 275-281, nov. 1986.

penais da época, em que se combatia a promiscuidade, a falta de higiene e de ordem reinantes nos presídios.[1077]

As lições de Howard fizeram eco na América do Norte, onde apareceram os primeiros sistemas penitenciários.

O primeiro deles ficou conhecido como sistema pensilvânico, da *Filadélfia ou celular* (1775). Esse sistema foi adotado na prisão de *Walnut Street Jail*, com o objetivo de acabar com a promiscuidade que reinava no interior do estabelecimento. Esse sistema se caracterizava pelo isolamento celular ou *solitary system*, ou, ainda, *solitary confinement*, em que o preso permanecia isolado numa cela, em silêncio absoluto, de modo a que pudesse refletir sobre seus atos e arrepender-se pela meditação e pela leitura de livros religiosos. Aos poucos, o *solitary system* converteu-se em *separate system*, admitindo-se que o preso pudesse conversar não só com o capelão, mas também com funcionários da prisão e recebesse visitas.[1078]

Na Inglaterra, no início do século XIX, com a independência dos Estados Unidos e o processo de deportação da Austrália, houve a necessidade de enfrentar o problema do encarceramento, tendo os britânicos adotado a concepção de Jeremy Bentham, traduzida no sistema do panótico. Cuidava-se de uma penitenciária construída em raios, na qual os vigilantes permaneciam ao centro e possuíam visão de todo o conjunto arquitetônico, de modo a dominá-lo e manter a segurança. A primeira prisão a adotar o panótico foi a de Millibank (1816).[1079]

Aos poucos, o sistema celular, com acentuada carga religiosa, foi perdendo espaço para outro, que se denominou *sistema auburniano ou silent system* (1816). Recebeu esse nome por ter sido adotado em Auburn (Estado de Nova York – EUA). Neste, o preso permanecia recolhido durante o período noturno em cela individual, mas, durante o dia, trabalhava em conjunto com os demais (*congregate system*), vedada, entretanto, a comunicação entre os presos, sob pena de inflição de castigos corporais.

No Brasil, o primeiro texto a manifestar preocupação com a situação do cárcere foi a Constituição do Império: "As cadeias serão seguras, limpas e bem arejadas, havendo diversas casas para separação dos réus, conforme suas circunstâncias e a natureza de seus crimes" (art. 179, XXI). É bem verdade, contudo, que o dispositivo não passou, ao longo do século XIX, de simples enunciação de um sonho.

O Código Penal de 1830 não adotara qualquer tipo de sistema penal, tendo havido esparsas tentativas, ao longo do Império, de se adotar um regime adequado. Em 1882, o regulamento da Casa de Correção acolhera o sistema auburniano.

Já o Código Penal de 1890 incorporou o sistema progressivo ou irlandês. O art. 50 previa que, depois de cumprida metade da pena (desde que superior a seis anos de prisão), se o sentenciado tivesse bom comportamento, seria transferido para a penitenciária agrícola. Se a boa conduta carcerária persistisse, poderia receber o livramento condicional (somente regulamentado em 1924).

O Código atual, em sua versão originária, inspirou-se também no sistema progressivo, do qual não mais perdemos a influência. O ápice da progressividade do

---

[1077] ESTEFAM, André. *Direito penal*: parte geral (arts. 1º a 120). 10. ed. São Paulo: Saraiva, 2021. p. 383-386.
[1078] ESTEFAM, André. *Direito penal*: parte geral (arts. 1º a 120). 10. ed. São Paulo: Saraiva, 2021. p. 383-386.
[1079] ESTEFAM, André. *Direito penal*: parte geral (arts. 1º a 120). 10. ed. São Paulo: Saraiva, 2021. p. 383-386.

cumprimento da pena privativa de liberdade reflete-se hoje em nosso Código Penal e, sobretudo, na Lei de Execução Penal. Sua ideia básica é que, com o passar do tempo, se o preso cumprir parte da pena e demonstrar-se digno de confiança, será premiado com a passagem para um sistema de cumprimento menos rigoroso, de modo a ser paulatinamente reinserido na sociedade.[1080]

Nesse sentido, o Código Penal (arts. 34 a 36) e a Lei de Execução Penal (arts. 110 a 119) estabelecem três regimes de cumprimento da pena privativa de liberdade: *fechado, semiaberto e aberto*.

Segundo disciplina do art. 33 do Código Penal, considera-se *regime fechado* a execução da pena privativa de liberdade em estabelecimento de segurança máxima ou média; no *regime semiaberto*, a execução da pena se faz em colônia agrícola ou estabelecimento similar; no *regime aberto*, a execução da pena ocorre em casa de albergado ou estabelecimento adequado.

> Art. 33. A pena de reclusão deve ser cumprida em regime fechado, semi-aberto ou aberto. A de detenção, em regime semi-aberto, ou aberto, salvo necessidade de transferência a regime fechado. (Redação dada pela Lei nº 7.209, de 11.7.1984)
> §1º Considera-se: (Redação dada pela Lei nº 7.209, de 11.7.1984)
> a) regime fechado a execução da pena em estabelecimento de segurança máxima ou média;
> b) regime semi-aberto a execução da pena em colônia agrícola, industrial ou estabelecimento similar;
> c) regime aberto a execução da pena em casa de albergado ou estabelecimento adequado.
> §2º As penas privativas de liberdade deverão ser executadas em forma progressiva, segundo o mérito do condenado, observados os seguintes critérios e ressalvadas as hipóteses de transferência a regime mais rigoroso: (Redação dada pela Lei nº 7.209, de 11.7.1984)
> a) o condenado a pena superior a 8 (oito) anos deverá começar a cumpri-la em regime fechado;
> b) o condenado não reincidente, cuja pena seja superior a 4 (quatro) anos e não exceda a 8 (oito), poderá, desde o princípio, cumpri-la em regime semi-aberto;
> c) o condenado não reincidente, cuja pena seja igual ou inferior a 4 (quatro) anos, poderá, desde o início, cumpri-la em regime aberto.
> §3º A determinação do regime inicial de cumprimento da pena far-se-á com observância dos critérios previstos no art. 59 deste Código. (Redação dada pela Lei nº 7.209, de 11.7.1984)
> §4º O condenado por crime contra a administração pública terá a progressão de regime do cumprimento da pena condicionada à reparação do dano que causou, ou à devolução do produto do ilícito praticado, com os acréscimos legais. (Incluído pela Lei nº 10.763, de 12.11.2003)

Os crimes que possuem, no preceito secundário da norma, penas de *reclusão*, em rigor, são considerados delitos de maior gravidade, eis que essa pena importa no isolamento futuro do sentenciado, podendo gerar, como consequência, a perda do poder familiar da tutela e da curatela.

Se o agente foi condenado à reclusão e detenção, a reclusão sempre será cumprida em primeiro lugar. Em relação à medida de segurança, se o agente pratica conduta que

---

[1080] ESTEFAM, André. *Direito penal*: parte geral (arts. 1º a 120). 10. ed. São Paulo: Saraiva, 2021. p. 383-386.

seria apenada com reclusão, ele obrigatoriamente deve cumprir a medida de segurança em regime de internação.

Já as penas de *detenção* são cominadas a infrações penais menos graves e não necessariamente importam no isolamento do sentenciado no futuro. Se o agente inimputável realizar conduta equiparada a crime apenado com pena de detenção, ele poderia (discricionariedade judicial) cumprir a medida de segurança sob regime ambulatorial, ou seja, de forma não detentiva.

A sanção de *prisão simples* somente é prevista na Lei das Contravenções Penais e, por isso, é aplicada exclusivamente às contravenções. Ela tem caráter apenas simbólico, já que todas as contravenções penais são consideradas infrações de menor potencial ofensivo e, pois, sujeitas à transação penal. De qualquer sorte, o art. 6º da Lei das Contravenções Penais traz as seguintes regras: a) necessidade de cumprimento de pena sem rigor penitenciário, em estabelecimento diferenciado ou separado dos demais presos; b) execução em regime semiaberto ou aberto, sem possibilidade de regressão; c) trabalho facultativo quando a pena não for superior a 15 dias.

É preciso consignar que a pena de reclusão pode ser cumprida em regime fechado, semiaberto ou aberto; enquanto as penas de detenção e prisão simples somente podem ser cumpridas em regime semiaberto ou aberto.

Podemos, pois, resumir as *distinções entre reclusão e detenção* da seguinte forma: a) em relação ao regime de cumprimento da pena (art. 33, *caput*); b) no concurso material, a reclusão é executada em primeiro lugar (art. 69, *caput*); c) alguns efeitos da condenação só se aplicam à reclusão (art. 92, II); d) nas medidas de segurança, a internação é aplicável à reclusão e o tratamento ambulatorial, à detenção, como regra (art. 97, *caput*).

A distinção entre a natureza da pena e, pois, dos diferentes estabelecimentos prisionais para o respectivo cumprimento também se verifica, como já brevemente antecipado, para que o magistrado fixe, na sentença, *o regime inicial de cumprimento da pena*.

Desde 1984, adotou-se um regime progressivo de cumprimento da pena privativa de liberdade, como abordaremos com mais detalhes ao tratar da execução das penas, sendo certo que, de acordo com o mérito do condenado e cumprimento de parcela da pena, o sentenciado pode mudar para um regime mais brando (*progressão de regime*, nos termos do art. 112 e seguintes da LEP).[1081]

[1081] "Art. 112. A pena privativa de liberdade será executada em forma progressiva com a transferência para regime menos rigoroso, a ser determinada pelo juiz, quando o preso tiver cumprido ao menos: (Redação dada pela Lei nº 13.964, de 2019) I – 16% (dezesseis por cento) da pena, se o apenado for primário e o crime tiver sido cometido sem violência à pessoa ou grave ameaça; (Incluído pela Lei nº 13.964, de 2019) II – 20% (vinte por cento) da pena, se o apenado for reincidente em crime cometido sem violência à pessoa ou grave ameaça; (Incluído pela Lei nº 13.964, de 2019) III – 25% (vinte e cinco por cento) da pena, se o apenado for primário e o crime tiver sido cometido com violência à pessoa ou grave ameaça; (Incluído pela Lei nº 13.964, de 2019) IV – 30% (trinta por cento) da pena, se o apenado for reincidente em crime cometido com violência à pessoa ou grave ameaça; (Incluído pela Lei nº 13.964, de 2019) V – 40% (quarenta por cento) da pena, se o apenado for condenado pela prática de crime hediondo ou equiparado, se for primário; (Incluído pela Lei nº 13.964, de 2019) VI – 50% (cinquenta por cento) da pena, se o apenado for: (Incluído pela Lei nº 13.964, de 2019) a) condenado pela prática de crime hediondo ou equiparado, com resultado morte, se for primário, vedado o livramento condicional; (Incluído pela Lei nº 13.964, de 2019) b) condenado por exercer o comando, individual ou coletivo, de organização criminosa estruturada para a prática de crime hediondo ou equiparado; ou (Incluído pela Lei nº 13.964, de 2019) c) condenado pela prática do crime de constituição de milícia privada; (Incluído pela Lei nº 13.964, de 2019) VII – 60% (sessenta por cento) da pena, se o apenado for reincidente na prática de crime hediondo ou equiparado; (Incluído pela Lei nº 13.964, de 2019) VIII – 70% (setenta por cento) da pena, se o apenado for reincidente em crime hediondo ou equiparado com resultado morte, vedado o livramento condicional. (Incluído pela Lei nº 13.964, de 2019) §1º A decisão será sempre

São três *critérios básicos* para definição do regime inicial: a) *a quantidade da pena;* b) *a qualidade da pena (reclusão, detenção ou prisão simples);* c) *o mérito do condenado, eis que o réu reincidente ou com circunstâncias judiciais desfavoráveis (art. 59, CP) pode, em tese, ter um regime inicial mais rigoroso fixado, não obstante a quantidade da pena.*

Como *exceção* a esses critérios, é preciso dizer que a lei, de forma específica, pode contemplar um regime inicial específico, como se dá com os crimes hediondos e equiparados[1082] com os crimes de tortura[1083] e na possibilidade de uma sanção premial decorrente de uma colaboração premiada.[1084]

O primeiro critério – quantidade da pena – se dará da seguinte forma:

a) o condenado à pena superior a 8 anos deverá começar a cumpri-la em regime fechado;
b) o não reincidente cuja pena seja superior a 4 anos e não exceda a oito poderá, desde o princípio, cumpri-la em regime semiaberto;
c) o não reincidente cuja pena seja igual ou inferior a 4 anos poderá, desde o início, cumpri-la em regime aberto.

O art. 34 traça as regras do regime fechado, sem prejuízo da disciplina e dos institutos da Lei de Execução Penal, como se verá em capítulo próprio:

Regras do regime fechado
Art. 34. O condenado será submetido, no início do cumprimento da pena, a exame criminológico de classificação para individualização da execução. (Redação dada pela Lei nº 7.209, de 11.7.1984)

---

motivada e precedida de manifestação do Ministério Público e do defensor. (Redação dada pela Lei nº 10.792, de 2003) §2º Idêntico procedimento será adotado na concessão de livramento condicional, indulto e comutação de penas, respeitados os prazos previstos nas normas vigentes. (Incluído pela Lei nº 10.792, de 2003) §1º Em todos os casos, o apenado só terá direito à progressão de regime se ostentar boa conduta carcerária, comprovada pelo diretor do estabelecimento, respeitadas as normas que vedam a progressão. (Redação dada pela Lei nº 13.964, de 2019) §2º A decisão do juiz que determinar a progressão de regime será sempre motivada e precedida de manifestação do Ministério Público e do defensor, procedimento que também será adotado na concessão de livramento condicional, indulto e comutação de penas, respeitados os prazos previstos nas normas vigentes. (Redação dada pela Lei nº 13.964, de 2019) §3º No caso de mulher gestante ou que for mãe ou responsável por crianças ou pessoas com deficiência, os requisitos para progressão de regime são, cumulativamente: (Incluído pela Lei nº 13.769, de 2018) I – não ter cometido crime com violência ou grave ameaça a pessoa; (Incluído pela Lei nº 13.769, de 2018) II – não ter cometido o crime contra seu filho ou dependente; (Incluído pela Lei nº 13.769, de 2018) III – ter cumprido ao menos 1/8 (um oitavo) da pena no regime anterior; (Incluído pela Lei nº 13.769, de 2018) IV – ser primária e ter bom comportamento carcerário, comprovado pelo diretor do estabelecimento; (Incluído pela Lei nº 13.769, de 2018) V – não ter integrado organização criminosa. (Incluído pela Lei nº 13.769, de 2018) §4º O cometimento de novo crime doloso ou falta grave implicará a revogação do benefício previsto no §3º deste artigo. (Incluído pela Lei nº 13.769, de 2018) §5º Não se considera hediondo ou equiparado, para os fins deste artigo, o crime de tráfico de drogas previsto no §4º do art. 33 da Lei nº 11.343, de 23 de agosto de 2006. (Incluído pela Lei nº 13.964, de 2019) §6º O cometimento de falta grave durante a execução da pena privativa de liberdade interrompe o prazo para a obtenção da progressão no regime de cumprimento da pena, caso em que o reinício da contagem do requisito objetivo terá como base a pena remanescente. (Incluído pela Lei nº 13.964, de 2019) §7º O bom comportamento é readquirido após 1 (um) ano da ocorrência do fato, ou antes, após o cumprimento do requisito temporal exigível para a obtenção do direito. (veto derrubado pelo Parlamento)".

[1082] Lei nº 8.072/90, art. 2º, §1º: "A pena por crime previsto neste artigo será cumprida inicialmente em regime fechado".
[1083] Lei nº 9.455/97, art. 1º, §7º: "O condenado por crime previsto nesta Lei, salvo a hipótese do §2º, iniciará o cumprimento da pena em regime fechado".
[1084] Lei nº 12.850/13, art. 4º, §5º: "Se a colaboração for posterior à sentença, a pena poderá ser reduzida até a metade ou será admitida a progressão de regime ainda que ausentes os requisitos objetivos".

§1º O condenado fica sujeito a trabalho no período diurno e a isolamento durante o repouso noturno. (Redação dada pela Lei nº 7.209, de 11.7.1984)
§2º O trabalho será em comum dentro do estabelecimento, na conformidade das aptidões ou ocupações anteriores do condenado, desde que compatíveis com a execução da pena. (Redação dada pela Lei nº 7.209, de 11.7.1984)
§3º O trabalho externo é admissível, no regime fechado, em serviços ou obras públicas. (Redação dada pela Lei nº 7.209, de 11.7.1984)

O *dependente*, como cônjuge, companheira, filhos menores ou inválidos etc., da pessoa presa no regime fechado possui direito ao recebimento do *auxílio-reclusão*, benefício pago pelo Instituto Nacional do Seguro Social (INSS), desde que o preso seja trabalhador que atenda aos seguintes requisitos: i) possua baixa renda (em 2021, o INSS fixou o limite máximo em R$1.503,25);[1085] ii) não receba nenhum outro tipo de remuneração ou benefício previdenciário (*e.g.*, aposentadoria, pensão por morte, auxílio-doença, entre outros) e iii) tenha contribuído ao INSS por pelo menos dois anos.[1086]

Os arts. 35 e 36 traçam, respectivamente, as regras dos regimes semiaberto e aberto:

Regras do regime semiaberto	Regras do regime aberto
Art. 35. Aplica-se a norma do art. 34 deste Código, caput, ao condenado que inicie o cumprimento da pena em regime semi-aberto. (Redação dada pela Lei nº 7.209, de 11.7.1984) §1º O condenado fica sujeito a trabalho em comum durante o período diurno, em colônia agrícola, industrial ou estabelecimento similar. (Redação dada pela Lei nº 7.209, de 11.7.1984) §2º O trabalho externo é admissível, bem como a freqüência a cursos supletivos profissionalizantes, de instrução de segundo grau ou superior. (Redação dada pela Lei nº 7.209, de 11.7.1984)	Art. 36. O regime aberto baseia-se na autodisciplina e senso de responsabilidade do condenado. (Redação dada pela Lei nº 7.209, de 11.7.1984) §1º O condenado deverá, fora do estabelecimento e sem vigilância, trabalhar, freqüentar curso ou exercer outra atividade autorizada, permanecendo recolhido durante o período noturno e nos dias de folga. (Redação dada pela Lei nº 7.209, de 11.7.1984) §2º O condenado será transferido do regime aberto, se praticar fato definido como crime doloso, se frustrar os fins da execução ou se, podendo, não pagar a multa cumulativamente aplicada. (Redação dada pela Lei nº 7.209, de 11.7.1984)

Contudo, não basta o primeiro critério para a definição do regime inicial. A quantidade de pena deve ser conjugada com a natureza da pena privativa de liberdade. Assim, sendo regime de reclusão, sendo possível a fixação de qualquer um dos regimes, o critério quantitativo irá orientar o magistrado.

De outra parte, sendo detenção ou prisão simples, não obstante o critério quantitativo, o regime mais grave deverá ser o semiaberto, obrigatoriamente.

[1085] Portaria SEPRT/ME nº 477/2021.
[1086] Conforme o art. 80, *caput*, da Lei nº 8.213/1991: "O auxílio-reclusão, cumprida a carência prevista no inciso IV do caput do art. 25 desta Lei, será devido, nas condições da pensão por morte, aos dependentes do segurado de baixa renda recolhido à prisão em regime fechado que não receber remuneração da empresa nem estiver em gozo de auxílio-doença, de pensão por morte, de salário-maternidade, de aposentadoria ou de abono de permanência em serviço".

Outrossim, em caso de reincidência ou de circunstâncias judiciais desfavoráveis (art. 33, §3º c/c art. 59, CP)[1087] poderá o magistrado fixar regime mais gravoso independentemente da quantidade de pena aplicada, desde que respeitados os limites mencionados no segundo critério no tocante à natureza da pena.

Vale ressaltar que o STJ já sumulou o entendimento de que, fixada a pena-base no mínimo legal, é vedado o estabelecimento de regime prisional mais gravoso do que o cabível em razão da sanção imposta, com base apenas na gravidade abstrata do delito (Súmula nº 440, STJ).

A Suprema Corte, por sua vez, já salientou que a opinião do julgador sobre a gravidade em abstrato do crime não constitui motivação idônea para a imposição de regime mais severo do que o permitido segundo a pena aplicada (Súmula nº 718, STF), exigindo, pois, fundamentação idônea para a fixação de regime mais severo (Súmula nº 719, STF).

Ademais, além das exceções já mencionadas, os arts. 38 a 41 também trazem regras especiais,[1088] quanto às mulheres, aos direitos do preso, inclusive de trabalho, mas é preciso reconhecer que o detalhamento dessa questão, nos termos do art. 40 do Código Penal, ficou ao encargo da Lei de Execução Penal, como se verá em capítulo próprio.

[1087] Embora esse sentimento seja amplamente majoritário, a Súmula nº 269, do STJ disciplina ser: "admissível a adoção do regime prisional semiaberto aos reincidentes condenados a pena igual ou inferior a quatro anos se favoráveis as circunstâncias judiciais".

[1088] CP: "Art. 37. As mulheres cumprem pena em estabelecimento próprio, observando-se os deveres e direitos inerentes à sua condição pessoal, bem como, no que couber, o disposto neste Capítulo. Art. 38. O preso conserva todos os direitos não atingidos pela perda da liberdade, impondo-se a todas as autoridades o respeito à sua integridade física e moral. Art. 39. O trabalho do preso será sempre remunerado, sendo-lhe garantidos os benefícios da Previdência Social. Art. 40. A legislação especial regulará a matéria prevista nos arts. 38 e 39 deste Código, bem como especificará os deveres e direitos do preso, os critérios para revogação e transferência dos regimes e estabelecerá as infrações disciplinares e correspondentes sanções. Art. 41. O condenado a quem sobrevém doença mental deve ser recolhido a hospital de custódia e tratamento psiquiátrico ou, à falta, a outro estabelecimento adequado".

II

DA COMINAÇÃO DAS PENAS PRIVATIVAS DE LIBERDADE

Constatada a prática de um fato típico e ilícito e feito um *juízo de culpabilidade* como fundamento da imposição da pena, o magistrado deverá observar as regras para a respectiva aplicação e cominação.

Ressalte-se, portanto, que a imposição da pena está condicionada à culpabilidade do sujeito e, ademais, na fixação da sanção penal, sua qualidade e quantidade estão presas ao grau de censurabilidade da conduta (culpabilidade). Já a *periculosidade* constitui pressuposto da imposição das medidas de segurança, exatamente quando o sujeito é não imputável ou semi-imputável, como se verá em capítulo oportuno.

Cominação é, portanto, a imposição abstrata das penas pela lei.

O Código Penal, nos arts. 53 a 58, determina regras a respeito e, especialmente no tocante às penas privativas de liberdade, elas têm seus limites (máximo e mínimo) estabelecidos no preceito secundário de cada tipo penal incriminador, conforme disciplina o art. 53:

> Penas privativas de liberdade
> Art. 53. As penas privativas de liberdade têm seus limites estabelecidos na sanção correspondente a cada tipo legal de crime.

Já o art. 68, *caput*, estabelece que, para a aplicação das penas, deve o magistrado observar o sistema trifásico:

> Cálculo da pena
> Art. 68. A pena-base será fixada atendendo-se ao critério do art. 59 deste Código; em seguida serão consideradas as circunstâncias atenuantes e agravantes; por último, as causas de diminuição e de aumento. (Redação dada pela Lei nº 7.209, de 11.7.1984)
> Parágrafo único – No concurso de causas de aumento ou de diminuição previstas na parte especial, pode o juiz limitar-se a um só aumento ou a uma só diminuição, prevalecendo, todavia, a causa que mais aumente ou diminua. (Redação dada pela Lei nº 7.209, de 11.7.1984)

Aliás, uma das problemáticas mais sensíveis antes da fase humanitária do Direito Penal iluminista consistia, justamente, no arbítrio judicial na cominação de penas, fomentador de verdadeira tirania. Até então, havia *indeterminação na cominação sancionatória*, que simplesmente ficava ao alvitre dos julgadores, sendo que, deve-se lembrar, não havia separação de poderes. Beccaria expressamente referiu-se a isso, alertando que apenas a lei poderia estabelecer a pena, não sendo o juiz legislador.[1089]

Por força do ideário iluminista, o qual procurou erigir uma sistemática de freios ao despotismo estatal, subsequentemente à indeterminação punitiva, seguiu-se o *sistema da pena fixa*, então entendido como uma garantia contra arbitrariedades. O juiz seria tão somente a "boca da lei", conforme a notória máxima de Montesquieu. Esse modelo foi consagrado no Código Penal francês de 1791, o qual, nesse aspecto, influenciou nosso Código Criminal do Império, de 1830.

Se, por um lado, o sistema aberto dava ensejo ao puro arbítrio judicial, o modelo taxativo, por sua vez, em realidade, consagrava injustiças, ao ceifar a possibilidade de correta individualização da pena, ou seja, sua justa particularização concreta. As infinitas nuances dos casos concretos ensejam a imperiosidade de um ajustamento a ser feito pelo julgador, com vistas à menor ou à maior gravidade de cada hipótese.

Ademais, sob influxo da escola positivista, com sua significativa preocupação com a personalidade do delinquente, o sistema da pena fixa mostrava-se disfuncional (veja-se, por exemplo, o ideário da medida de segurança). Por essas razões, emergiu o *sistema da determinação legal relativa*, pelo qual a lei fornece balizas, isto é, limites mínimo e máximo, mediante os quais o juiz pode dosar a pena. Essa sistemática foi consagrada no Código Napoleônico (1810), e, assim, influenciou as legislações de outros países. No Brasil, o modelo se notabilizou a partir do Código Penal Republicano (1890).[1090]

No sistema atual, a individualização da pena perpassa três momentos: inicia-se na esfera legislativa (princípio da legalidade), concretiza-se na esfera judicial (dosimetria propriamente dita e estabelecimento de regime inicial executório) e culmina na fase executória, quando do cumprimento da pena (art. 5º da Lei de Execução Penal – Lei nº 7.210/1984).

Antes da reforma da Parte Geral do Código Penal, ocorrida em 1984, discutia-se qual o melhor sistema a ser adotado nessa matéria. Prevalecia o entendimento, defendido por Roberto Lyra, pelo qual o juiz deveria aplicar a pena percorrendo somente duas fases (*sistema bifásico*): num primeiro momento, avaliava as circunstâncias judiciais juntamente com as agravantes e atenuantes para, em seguida, considerar eventuais causas de aumento e diminuição de pena. Nelson Hungria, por sua vez, sustentava que três deveriam ser as fases da aplicação da pena (*sistema trifásico*). Deveria o magistrado, em primeiro lugar, considerar isoladamente as circunstâncias judiciais, na sequência, as agravantes e atenuantes, e, por último, as causas de aumento e diminuição de pena.[1091]

Após a reforma de 1984, a legislação passou a adotar expressamente o sistema proposto por Hungria, como se nota na redação do art. 68, *caput*, do CP: "A pena-base será fixada atendendo-se ao critério do art. 59 deste Código (circunstâncias judiciais); em seguida serão consideradas as circunstâncias atenuantes e agravantes; por último, as causas de diminuição e de aumento" (parênteses meus).

[1089] BECCARIA, Cesare. *Dos delitos e das penas*. Trad. Paulo M. Oliveira. Rio de Janeiro: Nova Fronteira, 2011. p. 28.
[1090] SOUZA, Luciano Anderson de. *Direito penal*: parte geral. 3. ed. São Paulo: Revista dos Tribunais, Thomson Reuters, 2022. v. 1. p. 541-542.
[1091] ESTEFAM, André. *Direito penal*: parte geral (arts. 1º a 120). 10. ed. São Paulo: Saraiva, 2021. p. 388-389.

A rigor, a observância das etapas de dosimetria da pena significa a fiel observância do Princípio da Individualização da Pena, previsto na Constituição Federal (art. 5º, XLVI) e verdadeira decorrência lógica do Princípio da Isonomia.

A dosimetria das penas, portanto, deve observar as *seguintes fases*: a) *pena-base ou circunstâncias judiciais* previstas no art. 59 do Código Penal, sendo certo que, havendo qualificadoras do crime, com novos patamares mínimos e máximos, também devem se iniciar com as referências do art. 59, CP;[1092] b) *circunstâncias atenuantes e agravantes*, ou seja, circunstâncias legais, genericamente previstas nos arts. 61, 62 e 65, mas também previstas especificamente para alguns crimes em legislação especial; c) *causas de diminuição ou aumento de pena*, previstas tanto na Parte Geral quanto na Parte Especial ou em legislação extravagante e expressas explicitamente *sob a forma de frações* (1/6, metade, 1/3, 2/3 etc.).

Vale desde já consignar que, tanto na primeira fase (circunstâncias judiciais para figuras simples e figuras qualificadas),[1093] quanto na segunda fase (agravantes e atenuantes), *as penas devem se ater ao mínimo e máximo cominados em abstrato*,[1094] não podendo estar aquém do mínimo nem além do máximo; diversamente, *na terceira fase de aumento ou diminuição das penas provisoriamente fixadas nas fases anteriores, a pena final poderá ir além do máximo ou aquém do mínimo* cominado na figura típica simples ou qualificada.

O desrespeito ao sistema trifásico de imposição de pena gera nulidade na sentença, conforme já decidiu o Supremo Tribunal Federal. Isso significa não apenas que vedado está o desrespeito à ordem de cálculo imposta pela lei como também ao seu manejo, como a falta de devida fundamentação. Por conta da redação legal e interpretações muitas vezes de cunho ideológico repressivo de nossos tribunais, não obstante, desde a fixação da pena-base até o efetivo cumprimento de pena, há consideráveis problemas dogmáticos, como os referidos a seguir.[1095]

Antes de avaliar cada uma dessas circunstâncias e cada uma das fases de dosimetria e aplicação da pena, convém, no entanto, distinguir um conceito básico já mencionado por ocasião do estudo do art. 30 do Código Penal: as elementares e circunstâncias do crime.

As *elementares* configuram todas as palavras essenciais para a existência de determinada figura típica; enquanto as *circunstâncias* representam todo fato ou dado que se encontra no entorno do delito, que não são essenciais para sua existência, mas influenciam de algum modo nas penas.

Nesse sentido, o critério é de exclusão, de acordo com dois princípios: quando, diante de uma figura típica, excluindo-se determinado elemento, o crime desaparece ou surge outro, estamos em face de uma elementar; quando, excluindo-se certo dado, não desaparece o crime considerado, não surgindo outro, estamos em face de uma circunstância que, fatalmente, influenciará a pena.

[1092] A título ilustrativo, no crime de furto qualificado (art. 155, §4º), em que a pena é de reclusão, de dois a oito anos, o magistrado, levando em conta as circunstâncias judiciais, fixa a pena privativa de liberdade entre os limites da cominação legal, podendo ser de dois até oito anos de reclusão.

[1093] Art. 59, I, CP. No sentido do texto: JC, 23:24; TJDF, ACrim 7.075, RDJTJDFT, 21:315; salvo no caso de causas de aumento ou de diminuição (RT, 552:422 e 458:323; TACrimSP, ED 444.511, JTACrimSP, 91:198). O juiz tem ampla liberdade na fixação da pena, em face das circunstâncias judiciais, dentro dos limites legais (STF, RHC nº 66.853, RTJ, 127:947).

[1094] Nesse sentido: RT, 526:346 e JTACrimSP, 43:369, 37:25, 31:191, 84:266 e 91:198. Tal entendimento se encontra, inclusive, sumulado pelo Superior Tribunal de Justiça (Súmula nº 231 do STJ).

[1095] STF, *HC n.* 72.951/SP, rel. min. Maurício Corrêa.

As circunstâncias legais, previstas especificadamente pelo Código, estão contidas na Parte Geral e na Parte Especial e, quando previstas na Parte Geral, denominam-se *circunstâncias gerais, comuns ou genéricas*; quando fixadas na Parte Especial ou na legislação extravagante, chamam-se *específicas ou especiais*.

As circunstâncias podem ser: a) judiciais, compreendidas no art. 59 do Código Penal; b) legais, que podem ser genéricas, abrangendo as agravantes e atenuantes, além das causas de aumento e diminuição da pena; e c) especiais, que abarcam as qualificadoras, bem como as causas de aumento e de diminuição da pena.

Serão, portanto, circunstâncias legais genéricas as agravantes, as atenuantes e as causas de aumento ou de diminuição de pena (como exemplo, as contempladas nos arts. 26, parágrafo único, e 60, §1º).

As circunstâncias legais especiais ou específicas podem ser: a) *qualificadoras* (arts. 121, §2º; 155, §4º etc.); b) *causas de aumento ou de diminuição de pena* (arts. 121, §§1º e 4º; 129, §4º, III etc.); as circunstâncias ainda podem ser: a) *antecedentes* (embriaguez preordenada, *v.g.*, art. 61, II, l); b) *concomitantes* (crueldade, *ex vi*, no art. 61, II, "d"); c) *supervenientes* (como a reparação do dano prevista no art. 65, II, "b", última figura).

Passemos, pois, à análise da incidência de cada uma delas em cada uma das etapas do sistema trifásico.

1   1ª etapa: as circunstâncias judiciais (pena-base)

Segundo disposição expressa do art. 59 do Código Penal, o magistrado levará em consideração as oito circunstâncias judiciais para a necessária e suficiente prevenção e repressão do delito,[1096] respeitando os limites cominados em abstrato, sendo certo, ainda, que elas servirão de critério para fixação do regime inicial, assim como para eventual substituição da pena privativa da liberdade aplicada:

> Fixação da pena
> Art. 59. O juiz, atendendo à culpabilidade, aos antecedentes, à conduta social, à personalidade do agente, aos motivos, às circunstâncias e conseqüências do crime, bem como ao comportamento da vítima, estabelecerá, conforme seja necessário e suficiente para reprovação e prevenção do crime:
> I – as penas aplicáveis dentre as cominadas;
> II – a quantidade de pena aplicável, dentro dos limites previstos;
> III – o regime inicial de cumprimento da pena privativa de liberdade;
> IV – a substituição da pena privativa da liberdade aplicada, por outra espécie de pena, se cabível.

A imposição da pena está condicionada à culpabilidade do sujeito. Na fixação da sanção penal, sua qualidade e quantidade estão presas ao grau de censurabilidade da conduta (culpabilidade). A *culpabilidade* seria o juízo de reprovação social que incide

---

[1096] Assim, impõe-se a pena "necessária" para atender ao grau de reprovação da conduta, assim como que ela seja "suficiente" para prevenir o crime (prevenção genérica e específica). Não basta, porém, mera referência à necessidade, exigindo-se que a sentença seja motivada (TACrimSP, ACrim 425.391, JTACrimSP, 86:382). Em suma, "nenhuma pena deverá ser quantitativamente superior àquela necessária à reprovação e prevenção criminais nem ser executada de forma mais aflitiva do que o exige a situação" (ACrim 28.701.369, JTARS, 65:38).

sobre o fato e seu autor. Assim, a reprovação social ocorre sobre a pessoa e sobre o fato ocorrido (dois momentos).

Os *antecedentes*, por sua vez, representariam as condenações anteriores que não tenham, logicamente, servido de critério para agravar a pena pela reincidência. Historicamente, a jurisprudência sustenta que não devem ser considerados maus antecedentes processos em curso;[1097] inquéritos em andamento;[1098] sentenças condenatórias ainda não confirmadas;[1099] simples indiciamento em inquérito policial;[1100] fatos posteriores não relacionados com o crime;[1101] fatos anteriores à maioridade penal;[1102] sentenças absolutórias;[1103] referência feita pelo delegado de polícia de que o indivíduo tem vários inquéritos contra si;[1104] simples denúncia;[1105] revelia, de natureza estritamente processual;[1106] demissão do serviço público.[1107]

De outra parte, são consideradas nos antecedentes condenações anteriores, ainda que não gerem reincidência,[1108] condenação anterior alcançada pela prescrição retroativa[1109] e até processos em andamento,[1110] não obstante o Superior Tribunal de Justiça ter vedado, expressamente, qualquer consideração nesse sentido para inquéritos e processos em andamento (Súmula nº 444: "É vedada a utilização de inquéritos policiais e ações penais em curso para agravar a pena-base").

De outra parte, a Suprema Corte já considerou como mau antecedente a condenação dos réus, por outro delito, ainda que esta tenha ocorrido depois do fato pelo qual lhes é imposta a nova condenação, pela sentença apelada[1111] e as ações penais em andamento.[1112]

As condenações objeto da temporariedade ou prescrição da reincidência (art. 64, I, do CP), embora retomem, tecnicamente, sua condição de primário, podem ser consideradas para efeito de circunstância judicial dos maus antecedentes.[1113]

[1097] TACrimSP, RvCrim 124.212, JTACrimSP, 78:14; STF, HC nº 68.641, 1ª Turma, rel. Min. Celso de Mello, RT, 690:390; STJ, RHC nº 2.702, 6ª Turma, DJU, 28 jun. 1993, p. 12901; STF, HC nº 68.742, 1ª Turma, RT, 698:448 e 453, voto do Min. Celso de Mello.

[1098] TACrimSP, RvCrim 124.212, JTACrimSP, 78:14; STF, HC nº 68.641, 1ª Turma, rel. Min. Celso de Mello, RT, 690:390; STJ, RHC nº 2.702, 6ª Turma, DJU, 28 jun. 1993, p. 12901.

[1099] TACrimSP, RvCrim 124.212, JTACrimSP, 78:14; TACrimSP, ACrim 941.399, 12ª Câm., RJDTACrimSP, 27:149; RT, 742:659.

[1100] TACrimSP, ACrim 331.713, RT, 586:338.

[1101] TFR, ACrim 6.448, DJU, 14 nov. 1985, p. 20614); crimes posteriores (TACrimSP, ACrim 599.055, RJDTACrimSP, 6:122; BATISTA, Weber Martins. O princípio constitucional da inocência: recurso em liberdade, antecedentes do réu. RJDTACrimSP, 6:21, n. II, 1).

[1102] TACrimSP, ACrim 245.015, JTACrimSP, 67:310.

[1103] RT, 572:391 e 742:659.

[1104] JTACrimSP, 65:67.

[1105] JTACrimSP, 49:243.

[1106] TACrimSP, HC nº 155.748, JTACrimSP, 90:88.

[1107] STF, HC nº 70.993, 1ª Turma, DJU, 2 dez. 1994, p. 33198.

[1108] TJSP, ACrim 11.981, RT, 564:306.

[1109] JTACrimSP, 27:83.

[1110] JTACrimSP, 16:80, 36:58 e 44:424.

[1111] STF – 1ª T. – HC nº 75.424-4 – j. 10.02.98 – Rel. Sydney Sanches – DJU 03.04.98, p. 3.

[1112] STF – 2a T. – HC nº 75.560-7 – Rel. Carlos Velloso – DJU 7.11.97, p. 57.236.

[1113] JTACrimSP, 56:313, 67:41, 55:406 e 418, 54:338; STJ. AgRg no AREsp 560.738/SP, Rel. Min. Ericson Maranho (Desembargador convocado do TJ/SP), 6ª T, j. 02/02/2016, DJe 16/02/2016); STF. ARE 925136 AgR, Rel. Min. Edson Fachin, 1ª Tj. 02/09/2016, Dje 19-09-2016. O prazo de cinco anos referido no art. 64 do Código, denominado quinquênio depurador, somente afasta a caracterização da reincidência, mas não impede que a condenação possa ser valorada como maus antecedentes. Esse entendimento, que chegou a encontrar resistência nos tribunais

A ideia de que a conduta social e a personalidade influenciam a dosimetria da pena é evidente inspiração da Escola Positivista na elaboração do Código Penal, em especial por Roberto Lyra, que fazia parte da Comissão Alcântara Machado.

Nucci exemplifica características positivas e negativas da personalidade que podem ser sopesadas pelo magistrado:

> positivas: bondade, calma, paciência, amabilidade, maturidade, responsabilidade, bom humor, coragem, sensibilidade, tolerância, honestidade, simplicidade, desprendimento material, solidariedade; negativas: maldade, agressividade, impaciência, rispidez, hostilidade, imaturidade, irresponsabilidade, mau humor, covardia, frieza insensibilidade, intolerância, desonestidade, soberba, inveja, cobiça, egoísmo.[1114]

A *conduta social* representa o modo pelo qual o agente se encontra inserido na sociedade, ou seja, o modo com o qual é respeitado pela sociedade, como exemplo, ser temido ou ter fama de pessoa violenta. Enquanto a *personalidade* estaria ligada a aspectos psicológicos do agente, isto é, o que a pessoa representa e o que ela pensa. Para parte da doutrina, esses critérios de individualização pautados na personalidade e conduta social deveriam ser afastados do Direito Penal por representarem faceta de um Direito Penal de autor, uma modulação da pena voltada para o que o agente é, e não propriamente pelo que ele fez.

É preciso frisar que não se trata de punir o agente por seu modo de vida, porquanto a pena não pode ser mensurada com base em tais elementos. Cumpre esclarecer que o Superior Tribunal de Justiça se posicionou no sentido de que "o alcoolismo do agente ou a sua condição de usuário de drogas não é motivação idônea para o desfavorecimento de sua personalidade ou conduta social, de modo que se impõe o decote deste vetor",[1115] e o Supremo Tribunal Federal já considerou incorreta a utilização de condenações anteriores transitadas em julgado como conduta social desfavorável.[1116]

Para dificultar ainda mais o quadro, a 5ª Turma do Superior Tribunal de Justiça decidiu que é desnecessária a existência de prova pericial para a valoração negativa da personalidade na primeira fase da dosimetria da pena, bastando que sejam apontados elementos concretos capazes de demonstrar a maior reprovabilidade desta vetorial.[1117]

A prática de crime contra a Administração Pública por ocupantes de cargos de elevada responsabilidade ou por membros de poder justifica, por exemplo, a majoração da pena-base, segundo o Superior Tribunal de Justiça.[1118]

---

superiores, agora se encontra sedimentado, pois o STF, em 17-8-2020, fixou a seguinte tese de repercussão geral: "Não se aplica para o reconhecimento dos maus antecedentes o prazo quinquenal de prescrição da reincidência, previsto no art. 64, I, do Código Penal" (RE 593.818).

[1114] NUCCI, Guilherme de Souza. *Curso de direito penal*: parte geral. 4. ed. Rio de Janeiro: Forense, 2020. p. 675.

[1115] AgRg no HC 524.573/ES, rel. Min. Laurita Vaz, 6ª T., j. 12-5-2020. Dessa maneira, é certo que tais circunstâncias, por si sós, não justificam a valoração negativa de sua conduta social e o consequente aumento da pena-base; STJ, HC 518.177/PI, rel. Min. Reynaldo Soares da Fonseca, 5ª T., j. 26-11-2019.

[1116] RHC 130.132/MS, rel. Min. Teori Zavascki, 2ª T., j. 10-5-2016.

[1117] AgRg no AREsp 1.871.529/TO, rel. Min. Ribeiro Dantas, 5ª Turma, j. 24/08/2021, DJe 30/08/2021.

[1118] APn 675/GO, Rel. Ministra Nancy Andrighi, Corte Especial, julgado em 18/11/2015, DJe 02/02/2016; RHC 62394/PR, Rel. Ministro Ribeiro Dantas, Quinta Turma, julgado em 03/12/2015, DJe 10/12/2015; REsp 1251016/RJ, Rel. Ministro Sebastião Reis Júnior, Sexta Turma, julgado em 16/09/2014, DJe 27/11/2014; REsp 1251621/AM, Rel. Ministra Laurita Vaz, Quinta Turma, julgado em 16/10/2014, DJe 12/11/2014; AgRg no Ag 1333055/SP, Rel. Ministro

Diferentemente, os *motivos, circunstâncias e consequências* do crime são claramente circunstâncias de natureza objetiva e que envolvem o crime praticado. Por que o delito foi cometido? O que envolveu aquele crime? Houve premeditação, foi um crime de ímpeto ou simples reação instintiva? O que aquele crime trouxe em termos concretos, qual o alcance da lesão social do crime? Apesar de o crime ter sido instantâneo, deixou efeitos permanentes que justificariam a exasperação da pena-base?

A título ilustrativo, seria possível o aumento de pena-base fundado na confiança da vítima no autor de estelionato,[1119] na premeditação do agente (culpabilidade) e valor roubado (consequências),[1120] assim como no expressivo prejuízo da vítima,[1121] inclusive quando há elevado prejuízo causado aos cofres públicos, a título de consequências do crime.[1122]

Esses parâmetros devem ser levados em consideração, logicamente desde que já não configurem elementares, qualificadoras, circunstâncias agravantes ou causas de aumento do crime.

Isso porque, quando a circunstância judicial do art. 59 também constitui circunstância agravante ou atenuante (arts. 61, 62 e 65 do CP), fica prejudicada a aplicação do art. 59, uma vez que as agravantes e atenuantes são de incidência obrigatória. Assim, se o delito é cometido por motivo fútil, essa circunstância deve ser levada em conta na segunda fase do art. 68, não podendo ser considerada na fixação da pena-base.[1123]

Do mesmo modo, se a circunstância judicial também constitui causa de aumento ou de diminuição da pena, ela não deve ser considerada na fixação da pena-base, funcionando na terceira fase do art. 68.

Da mesma forma e com mais razão para evitar o *bis in idem*, a circunstância judicial que integra o crime como elemento típico evidentemente não pode ser considerada na fixação da pena-base, como se dá, por exemplo, com o motivo da prevaricação (CP, art. 319).

Já o resultado do crime não pode ser considerado "consequência". Nesse sentido, já entenderam os Tribunais que não pode ser considerada a morte da vítima no delito de homicídio.[1124] De igual modo, a natureza do crime, por si só, não pode elevar a pena acima do mínimo legal.[1125]

Marco Aurélio Bellizze, Quinta Turma, julgado em 05/09/2013, DJe 11/09/2013; REsp 1131477/SP, Rel. Ministro Jorge Mussi, Quinta Turma, julgado em 16/08/2011, DJe 25/08/2011.

[1119] STJ. HC 86.409-MS, Sexta Turma, DJe 23/10/2014; HC 332.676-PE, Rel. Min. Ericson Maranho, Desembargador convocado do TJ/SP, j.17/12/2015, DJe 3/2/2016.

[1120] STJ. AgRg no AREsp 288922, Rel. Min. Laurita Vaz, 5ª T, j. 18/06/2014, DJE 01/08/2014.

[1121] STJ. HC 268683/ SP, Rel. Min. Nefi Cordeiro, 6ª T, j. 07/10/2014, DJE 21/10/2014.

[1122] STJ, AgRg no AREsp 455203/DF, Rel. Ministra Maria Thereza de Assis Moura, Sexta Turma, julgado em 15/10/2015, DJe 26/10/2015; AgRg no AREsp 152433/PE, Rel. Ministro Rogério Schietti Cruz, Sexta Turma, julgado em 09/06/2015, DJe 22/06/2015; AgRg no AREsp 531930/SC, Rel. Ministro Sebastião Reis Júnior, Sexta Turma, julgado em 03/02/2015, DJe 13/02/2015; HC 282593/ RR, Rel. Ministro Marco Aurélio Bellizze, Quinta Turma, julgado em 07/08/2014, DJe 15/08/2014; EDcl no AgRg nos EDcl nos EDcl no REsp 1113688/RS, Rel. Ministra Laurita Vaz, Quinta Turma, julgado em 18/03/2014, DJe 28/03/2014.

[1123] Nesse sentido, tratando da reincidência: TACrimSP, ACrim 678.259, RJDTACrimSP, 15:130; TACrimSP, ACrim 740.153, RJDTACrimSP, 15:133.

[1124] TJRS, ACrim 687.001.842, RJTJRS, 122:126 e 131; ACrim 686.048.828, RJTJRS, 120:173.

[1125] TJPR, ACrim 1.826, PJ, 15:245.

A última das circunstâncias – o *comportamento da vítima* – corresponde a uma influência da vitimodogmática, que pretende que se deve levar em conta aquela vítima que se mostra de forma provocadora, instigando o agente a praticar o crime, ainda que isso não seja suficiente para excluir um crime (como na legítima defesa) ou funcionar especificamente como causa especial de diminuição de pena (como no homicídio privilegiado).

Deve-se, contudo, tomar cuidado para não tornar esdrúxulo este último tópico, máxime por interpretações machistas que, durante anos, pretendiam criar uma coculpabilidade da vítima de crimes sexuais, por conta das roupas que vestia na ocasião, o que representa um completo absurdo.

Havendo *concurso de circunstâncias judiciais*, entendemos que o adequado seria que cada uma delas majorasse a pena em 1/8. No entanto, tem sido uma prática recorrente a exasperação em 1/6 (menor patamar previsto para uma causa de aumento de pena, independentemente do número de circunstâncias judiciais), o que nos parece violar a individualização da penal. Aliás, parte da jurisprudência tem considerado a primariedade como fator preponderante na fixação da pena-base,[1126] não obstante a Constituição Federal (art. 92, IX) e Código de Processo Penal (art. 387) exigirem sempre a fundamentação da fixação das penas.

Com efeito, a sentença deve fundamentar a fixação da pena, sob pena de nulidade,[1127] não sendo suficiente o simples enunciado de que as circunstâncias judiciais do art. 59 são desfavoráveis ao réu.[1128] É necessário que se explique concretamente como se chegou à pena definitiva;[1129] ainda que a decisão seja do júri.[1130] Não é necessário, contudo, que o juiz analise exaustivamente cada uma das circunstâncias judiciais, sendo suficiente que se fixe nas mais decisivas na aplicação da pena-base.[1131]

Contudo, por incrível que pareça, no tocante à pena-base, não obstante haver posicionamento do STJ no sentido de ser necessária a sua fixação, sob pena de nulidade, sempre que a pena seja superior ao mínimo legal,[1132] a própria Suprema Corte já entendeu que, fixada no mínimo legal, seria dispensável.[1133] Assim, criou-se, ao arrepio da Carta Magna a infeliz cultura de pena, como regra, no mínimo legal, exigindo a motivação tão somente quando a fixação da pena-base se der acima do mínimo legal.[1134]

Havendo, de outra parte, *concurso de qualificadoras* previstas no mesmo tipo penal, aplica-se uma só, servindo a outra de circunstância judicial que incidirá na pena-base como

---

[1126] JTACrimSP, 31:368.

[1127] TFR, ACrim 6.823, DJU, 30 out. 1986, p. 20776; TACrimSP, ACrim 393.183, JTACrimSP, 85:343; STF, HC nº 63.435, RTJ, 117:589.

[1128] RT, 607:396.

[1129] RT, 614:367.

[1130] STF, RTJ, 108:370.

[1131] STF, HC nº 73.427, 1ª Turma, rel. Min. Sydney Sanches, RT, 741:533 e 540.

[1132] STF, RTJ, 118:483; RT, 606:421, 591:432, 608:332 e 560:338; RF, 272:330.

[1133] STF, RTJ, 103:601; RT, 552:442; JTACrimSP, 70:92 e 68:136.

[1134] STF, RECrim 114.783, RTJ, 127:673; ver, no mesmo sentido, NUCCI, Guilherme de Souza. Individualização da Pena. São Paulo: Revista dos Tribunais, 2004.

circunstância, motivos ou consequências do crime, salvo, como dito, se explicitamente configurarem circunstância agravante ou causa de aumento de pena.[1135]

Nesse esteio, se o sujeito comete furto com destruição de obstáculo à subtração da coisa mediante concurso de agentes (155, §4º, I e IV), sofre uma só pena de reclusão de 2 a 8 anos, além da multa; a segunda qualificadora deve ser considerada circunstância judicial de exasperação da pena, nos termos do art. 59, *caput*, ingressando na expressão "circunstância" empregada no texto.

2 2ª etapa: as circunstâncias atenuantes e agravantes

Agravantes e atenuantes são circunstâncias, em regra, previstas na parte geral do Código Penal, às quais recomendam ao juiz que eleve a pena ou que a minore, sempre respeitados os limites mínimo e máximo cominados em abstrato. As agravantes e atenuantes genéricas são circunstâncias legais, de natureza objetiva ou subjetiva, não integrantes da estrutura do tipo penal, mas que a ele se ligam com a finalidade de aumentar ou diminuir a pena.

Recebem a nomenclatura "genéricas" por estarem previstas, no Código Penal, exclusivamente em sua Parte Geral.

O Código não estabelece a quantidade de aumento ou de diminuição das agravantes e atenuantes legais genéricas, deixando ao *prudente* arbítrio do juiz, ao contrário do que faz com as majorantes e minorantes, para as quais estabelece os parâmetros de aumento ou de diminuição,[1136] razão pela qual diferentes critérios foram ao longo dos anos utilizados: aumento ou diminuição da pena provisória fixada na primeira etapa de 1/6 ou de 6 meses, embora o primeiro seja aquele predominantemente utilizado.

É preciso ressaltar que, à medida que o julgador avança na dosimetria, sua liberdade diminui. Tanto assim que o Código proclama, no *caput* dos arts. 61 (agravantes genéricas) e 65 (atenuantes genéricas), que *tais circunstâncias são de aplicação obrigatória*.

Advirta-se que o elenco das agravantes se encontra consubstanciado em rol taxativo (*numerus clausus*). Qualquer intento de ampliá-lo configuraria patente violação ao princípio da legalidade (CF, art. 5º, XXXIX, e CP, art. 1º). A lista das atenuantes, por outro lado, é exemplificativa, como expressamente enuncia o legislador (CP, art.

[1135] STF. HC 95.157, Rel. Min. Joaquim Barbosa, j. 16-11-2010, 2ª T, DJE de 1º-2-2011. STJ, AgRg no AREsp 400825/SP, Rel. Ministra Maria Thereza de Assis Moura, Sexta Turma, julgado em 04/12/2014, DJe 17/12/2014; HC 166674/RJ, Rel. Ministro Sebastião Reis Júnior, Rel. p/ Acórdão Ministra Assusete Magalhães, Sexta Turma, julgado em 15/08/2013, DJe 04/08/2014; HC 220526/CE, Rel. Ministra Laurita Vaz, Quinta Turma, julgado em 17/12/2013, DJe 03/02/2014; REsp 1357865/DF, Rel. Ministro Moura Ribeiro, Quinta Turma, julgado em 01/10/2013, DJe 07/10/2013; HC 137266/DF, Rel. Ministro Adilson Vieira Macabu (Desembargador Convocado do TJ/RJ), Quinta Turma, julgado em 05/06/2012, DJe 02/08/2012; HC 187879/MS, Rel. Ministro Sebastião Reis Júnior, Sexta Turma, julgado em 17/11/2011, DJe 14/12/2011; HC 185436/CE, Rel. Ministro Gilson Dipp, Quinta Turma, julgado em 24/05/2011, DJe 15/06/2011; HC 182766/RJ, Rel. Ministro Haroldo Rodrigues (Desembargador Convocado do TJ/CE), Sexta Turma, julgado em 14/12/2010, DJe 21/02/2011; REsp 280363/RJ, Rel. Ministro Og Fernandes, Sexta Turma, julgado em 09/03/2010, DJe 29/03/2010; HC 135177/SP, Rel. Ministro Arnaldo Esteves Lima, Quinta Turma, julgado em 03/11/2009, DJe 30/11/2009.

[1136] BITENCOURT, Cezar Roberto. *Tratado de direito penal*: parte geral. 31. ed. São Paulo: Saraiva, 2020. v. 1. p. 775. Neste sentido, aliás, já se posicionou o STJ: "Presente uma agravante, o julgador é obrigado a considerá-la na segunda fase da dosimetria da pena e lhe é discricionário apenas a quantificação do agravamento" (STJ, AgRg no REsp nº 970.186/RS).

66); ainda que o Código não fosse explícito, poderia se cogitar de ampliar este rol por analogia, pois esta seria *in bonam partem*.[1137]

2.1 Das agravantes

O art. 61 explicita as circunstâncias genéricas que agravam a pena, exceto quando configuram elementares, qualificadoras e, subentende-se, causas de aumento de pena, sob pena de *bis in idem*:

> Circunstâncias agravantes
> Art. 61. São circunstâncias que sempre agravam a pena, quando não constituem ou qualificam o crime:
> I – a reincidência;
> II – ter o agente cometido o crime:
> a) por motivo fútil ou torpe;
> b) para facilitar ou assegurar a execução, a ocultação, a impunidade ou vantagem de outro crime;
> c) à traição, de emboscada, ou mediante dissimulação, ou outro recurso que dificultou ou tornou impossível a defesa do ofendido;
> d) com emprego de veneno, fogo, explosivo, tortura ou outro meio insidioso ou cruel, ou de que podia resultar perigo comum;
> e) contra ascendente, descendente, irmão ou cônjuge;
> f) com abuso de autoridade ou prevalecendo-se de relações domésticas, de coabitação ou de hospitalidade, ou com violência contra a mulher na forma da lei específica; (Redação dada pela Lei nº 11.340, de 2006)
> g) com abuso de poder ou violação de dever inerente a cargo, ofício, ministério ou profissão;
> h) contra criança, maior de 60 (sessenta) anos, enfermo ou mulher grávida; (Redação dada pela Lei nº 10.741, de 2003)
> i) quando o ofendido estava sob a imediata proteção da autoridade;
> j) em ocasião de incêndio, naufrágio, inundação ou qualquer calamidade pública, ou de desgraça particular do ofendido;
> l) em estado de embriaguez preordenada.

Esse rol é taxativo[1138] e, eventualmente, uma lei extravagante[1139] pode conter especificamente outras circunstâncias agravantes. Não se pode fazer analogia em prejuízo do réu. A interpretação não pode ser dada de maneira ampliativa, deve ser dada de maneira exaustiva.

Há, como se depreende do art. 61, inc. II, *agravantes relacionadas ao motivo do crime*: *motivo fútil* é aquele de baixa ou nenhuma expressão, ou seja, motivo pelo qual ninguém, naquelas circunstâncias, cometeria aquele delito; já o *motivo torpe* é aquele repugnante, ofendendo o senso comum e a moral social; já a motivação torpe específica

---

[1137] ESTEFAM, André. *Direito penal*: parte geral (arts. 1º a 120). 10. ed. São Paulo: Saraiva, 2021. p. 456-457.
[1138] STJ, RHC nº 14.152/MS.
[1139] É de se ressaltar, contudo, a existência de agravantes e atenuantes em leis especiais, tal como se verifica no art. 298 da Lei nº 9.503/97 (Código de Trânsito Brasileiro) em relação aos crimes de trânsito (agravantes) e no art. 14 da Lei nº 9.605/98 no tocante aos crimes ambientais (atenuantes).

ou teleológica é quando o agente comete um crime *para facilitar ou assegurar a execução, ocultação, impunidade ou vantagem de outro crime*.

Registre-se que em se tratando de agravantes de cunho subjetivo, posto que relacionadas com o motivo da infração penal cometida, não se comunicam aos demais coautores ou partícipes do crime, obedecendo ao disposto no art. 30 do CP.

O meio de se praticar o crime, que, inclusive, configura qualificadora do crime de homicídio e obsta, logicamente, a incidência da agravante, figura no inc. II, alínea "c", como agravante genérica aos demais crimes: à traição, de emboscada, ou mediante dissimulação, ou outro recurso que dificultou ou tornou impossível a defesa do ofendido.

Trata-se de espécies de agravante relacionadas com os modos ou formas astuciosas e até insidiosas de cometimento do crime, a saber:

- *Traição* – contém fortíssimo conteúdo imoral: deslealdade, perfídia. Na traição, a vítima é surpreendida pelo ataque súbito ou sorrateiro do agente. Essa figura, em regra, só pode ocorrer nos crimes contra a pessoa;
- *Emboscada* – assemelha-se à traição, com a diferença de que naquela o agente espera escondido, de tocaia, a passagem da vítima para surpreendê-la;
- *Dissimulação* – é o encobrimento do propósito criminoso do agente. É o ardil utilizado para surpreender a vítima;
- *Outro recurso que dificulte ou torne impossível a defesa* – essa previsão destaca que a relação contida nessa alínea é meramente exemplificativa, admitindo outras hipóteses similares por *interpretação analógica*. Devem, contudo, como as hipóteses elencadas, caracterizar-se pela insídia, pela astúcia, não a configurando, por exemplo, a superioridade em armas ou em força física. O exemplo mais comum dessa modalidade similar é a surpresa.

Assim, o "outro recurso" a que se refere o texto legal só pode ser aquele que, como a traição, a emboscada ou a dissimulação, tenha caráter insidioso, aleivoso, sub-reptício, como acontece no caso em que a vítima é colhida de surpresa. Há surpresa, ou seja, modo de ação, recurso que torna difícil ou impossível a defesa do ofendido, reconhecida como agravante com perfil autônomo, por causa da redação conferida à letra "c", ora comentada, quando a vítima não tem razões para esperar o procedimento subitâneo, inopinado, agressivo do agente. Por isso, Boschi menciona que a jurisprudência entende que não incide a agravante da surpresa sempre que o fato for precedido de discussão entre autor e vítima, ameaças recíprocas ou quando existentes conflitos anteriores entre ambos, a sugerirem estado de maior prevenção e cuidados.[1140]

No mesmo sentido das observações anteriores, inclusive no tocante à inaplicabilidade ao crime de homicídio e à possibilidade de interpretação analógica, os crimes terão pena agravada quando praticados com emprego de veneno, fogo, explosivo, tortura ou outro meio insidioso ou cruel, ou de que podia resultar perigo comum.

Os *meios insidiosos* são os que têm sua eficácia lesiva dissimulada, como o crime cometido por estratagema ou perfídia; por exemplo, armadilha. Já os *meios cruéis* são

---

[1140] BOSCHI, José Antonio Paganella. *Das penas e seus critérios de aplicação*. Porto Alegre: Livraria do Advogado. 6. ed. 2013, p. 212.

aqueles que provocam sofrimento inútil e impiedoso na vítima ou revelam intensa brutalidade do agente; por exemplo, o ato de desferir repetidos golpes contra terceiro, ferindo.

Por meios que possam resultar *perigo comum* entende-se aqueles que produzem risco a um número indeterminado de pessoas; nesse caso, não se exclui a possibilidade de surgir concurso formal entre o fato e algum crime contra a incolumidade pública (incêndio, explosão, desabamento, epidemia – arts. 251 e ss. do CP), se o dolo do agente se dirigir aos dois resultados (se isso ocorrer, desaparece a agravante).[1141]

Outrossim, com clara ação afirmativa e defesa integral de determinados sujeitos passivos, a pena será sempre agravada quando o delito for perpetrado contra ascendente, descendente, irmão ou cônjuge, quando o agente se prevalece de relações domésticas, de coabitação ou de hospitalidade, ou com violência contra a mulher na forma da lei específica (leia-se: Lei Maria da Penha), contra criança, pessoa idosa (maior de 60 anos), pessoa enferma ou mulher grávida, todas hipóteses de uma doutrina de proteção integral a pessoas vulneráveis, em condição de hipossuficiência ou de riscos. Vale ressaltar, no entanto, que as agravantes não incidirão quando essas pessoas já figurarem como sujeitos passivos em elementares, qualificadoras ou causas de aumento de crimes específicos, como se constata no feminicídio, nos crimes do Estatuto do Idoso, nos crimes previstos no Estatuto da Criança e do Adolescente etc.

Ademais, preocupou-se o legislador em exasperar a pena na segunda fase de dosimetria, em diferentes alíneas, quando o crime for praticado com abuso de autoridade, abuso de poder ou violação de dever inerente a cargo, ofício, ministério ou profissão, assim como contra vítima que estava sob a imediata proteção da autoridade.

A agravante justifica-se porque, quando se comete crime contra quem está sob a imediata proteção da autoridade, ofende-se não só o bem jurídico pertencente à vítima do delito, mas também se desrespeita a autoridade que tem a pessoa sob sua custódia.

Os autores costumam exemplificar tal agravante nos casos em que são cometidos crimes contra presos. As vítimas, nesses casos, encontram-se sob direta proteção do Estado. Pode-se citar, como exemplo, ainda, a ameaça (CP, art. 147) cometida por alguém contra uma testemunha inserida no programa estatal de proteção (cf. Lei nº 9.807/99).[1142]

Trata-se de hipóteses em que a relação de autoridade, subordinação ou subserviência evidencia uma desproporção que motiva um tratamento mais gravoso, desde que não configure, como reiteradamente mencionado, um *bis in idem*.

Consideram-se aqui situações pessoais ou familiares que facilitam a prática delituosa, além de implicarem a infringência de especiais deveres.

O abuso de autoridade se refere às relações privadas em que haja um vínculo de dependência ou subordinação, com exercício abusivo ou ilegítimo de autoridade no direito privado, como empregador, tutor, curador, pais etc., mas o nosso ordenamento jurídico fala em *abuso* também se referindo a uma relação jurídica de Direito Público: o abuso de poder. Nesse caso, é preciso repetir, evidentemente que a agravante não se aplicará aos crimes cujas elementares já se configurem em abuso de poder, como nos crimes previstos na Lei de Abuso de Autoridade.

[1141] ESTEFAM, André. *Direito penal*: parte geral (arts. 1º a 120). 10. ed. São Paulo: Saraiva, 2021. p. 461.
[1142] ESTEFAM, André. *Direito penal*: parte geral (arts. 1º a 120). 10. ed. São Paulo: Saraiva, 2021. p. 464.

Haverá um desvio por parte de quem está obrigado a um respeito maior à lei, violando-a quando no exercício do cargo, do ofício, do ministério ou da profissão e será na lei ou norma regulamentadora que se pode encontrar o rol desses deveres, por exemplo, nas que regulam a medicina, a odontologia, a engenharia e a advocacia, tanto assim que os médicos, os dentistas, os engenheiros e os advogados ficam sujeitos pelas infrações ético-disciplinares a procedimento sancionador dos órgãos de classe incumbidos de fiscalizar o exercício profissional.

O Código Penal também prevê a agravante obrigatória para crimes praticados no contexto de incêndios, naufrágios, inundações ou qualquer calamidade pública, ou de desgraça particular do ofendido como se pretendesse ampliar o leque de situações outras de vulnerabilidades além das já mencionadas.

Por fim, o art. 61 ainda prevê a agravante no caso de embriaguez preordenada, ou seja, quando o agente de forma deliberada se embriaga como se pretendesse tomar coragem para a prática do ilícito penal, como já mencionado no estudo das espécies de embriaguez.

Antes de tratar da reincidência, que merece capítulo à parte, é preciso mencionar que o art. 62 preceitua as espécies de agravantes ligadas ao concurso de pessoas, dispositivo esse que, como já mencionado no tratamento do art. 29 do CP, para alguns é indicativo da adoção da teoria do domínio do fato pelo Código Penal brasileiro.

Além de a reincidência e o extenso rol de alíneas contidas no inc. II só se aplicarem a crimes dolosos, o art. 62 trata de diversas hipóteses de autores mediatos, mandantes de crimes, chefes de organizações criminosas, ou seja, agravantes que incidem em especial no concurso de pessoas:

Agravantes no caso de concurso de pessoas
Art. 62. A pena será ainda agravada em relação ao agente que:
I – promove, ou organiza a cooperação no crime ou dirige a atividade dos demais agentes;
II – coage ou induz outrem à execução material do crime;
III – instiga ou determina a cometer o crime alguém sujeito à sua autoridade ou não-punível em virtude de condição ou qualidade pessoal;
IV – executa o crime, ou nele participa, mediante paga ou promessa de recompensa.

A previsão desse artigo identifica-se com o princípio de que cada um deve ser punido nos limites de sua culpabilidade.

A agravação da pena no concurso de agentes não incide, para parte da doutrina, nas infrações em que o concurso é obrigatório, como a associação para o tráfico, associação e organização criminosa, eis que nelas o concurso seria elementar.

Discordamos frontalmente desse entendimento, que, aliás, foi superado pelas Cortes Superiores.

O Superior Tribunal de Justiça tem entendimento contrário, em relação àquele que, na quadrilha, haja promovido ou organizado a cooperação dos demais.[1143] Destina-se a qualquer participante, seja autor, coautor ou partícipe do crime, desde que promova

---

[1143] HC nº 17.513/RJ, 5ª. T. do STJ, rel. Min. José Arnaldo da Fonseca, v.u., DJ de 22.10.01.

ou organize a cooperação no crime ou dirija a atividade dos demais agentes:[1144] pune-se mais severamente aquele que exerce um papel de liderança entre os participantes, independentemente de ser ou não o autor intelectual.[1145]

Ademais, o coator, assim como aquele que induz, suscitando uma ideia, fazendo surgir uma ideia até então inexistente, também tem a pena agravada.

O instigador, que também tem a pena agravada, limita-se a provocar a resolução criminosa; determinar (tem sido utilizado pelos penalistas como sinônimo de induzir) significa induzir, tomar a iniciativa intelectual, suscitar uma ideia inexistente. Necessário, porém, que o agente esteja submetido à sua autoridade, ou seja, por alguma razão pessoal, inimputável (louco, menor, silvícola etc.).

Todas as três hipóteses são exemplos clássicos para se compreender o conceito de autor que detém o domínio do fato criminoso.

Outrossim, a pena é agravada no crime mercenário: aquele que execute o crime, ou nele participe, mediante paga ou promessa de recompensa, será punido mais severamente.

A vantagem, não necessariamente econômica, pode ser de qualquer natureza, e configura-se a agravante indiferentemente de a promessa ser ou não cumprida.

Cumpre, por fim, ressaltar que, com a Lei nº 12.720/2012, no cenário do homicídio e da lesão corporal, estabeleceu-se tal como causa de aumento de pena, devendo prevalecer sobre a agravante, sob pena de *bis in idem*.[1146]

2.2 Da agravante da reincidência

Reincidência é, em termos gerais, repetir a prática do crime. Ela se apresenta em duas formas: a) *reincidência real* (quando o sujeito pratica nova infração após cumprir, total ou parcialmente, a pena imposta em face de crime anterior); b) *reincidência ficta* (quando o sujeito comete novo crime após haver transitado em julgado sentença que o tenha condenado por delito anterior).

O Código Penal adotou a segunda teoria, conforme dispõe o art. 63:

Reincidência
Art. 63. Verifica-se a reincidência quando o agente comete novo crime, depois de transitar em julgado a sentença que, no País ou no estrangeiro, o tenha condenado por crime anterior.

Assim, a reincidência se verificará quando o agente cometer uma infração penal após ter sido condenado definitivamente pela prática de outra.

[1144] STF, AO 1046/RR, rel. Min. Joaquim Barbosa, 23.4.2007 (AO-1046): "[...] repeliu-se, também, a alegação de que a agravante reconhecida pelo Tribunal do Júri – promover e organizar a atividade criminosa (CP, art. 62, I) – teria implicado bis in idem. Esclareceu-se que, no momento da quesitação da circunstância agravante, o Júri admitira que o apelante não só fora o autor intelectual do crime, mas também promovera e organizara toda a atividade criminosa".

[1145] "A agravante prevista no art. 62, I, do CP não pode ser aplicada, in casu, pois evidenciado, prima facie, nos autos que o paciente não exercia sobre os demais qualquer liderança que justificasse a incidência dessa norma" (STJ, HC nº 12.609/MG, Rel. Min. Félix Fischer, j. 7-11-2000).

[1146] "Aplicação da agravante prevista no art. 62, IV, ao crime de extorsão mediante sequestro. Não se pode considerar uma circunstância como elementar do tipo e ainda assim utilizá-la para agravar a pena" (STJ, HC nº 10.993/RJ, Rel. Min. Félix Fischer, j. 11-4-2000).

Contudo, infração penal é gênero, enquanto crime e contravenção são espécies. Isso será importante porque será necessário conjugar a redação do art. 63, CP, com o art. 7º, LCP.

Assim, poderá haver reincidência com um crime antes e posteriormente com uma contravenção penal. No entanto, o inverso não é verdadeiro: se cometer contravenção penal e depois um crime, ele não será reincidente, por ausência de previsão legal. O mesmo se dará em relação às infrações cometidas no exterior, segundo a redação do art. 7º da Lei de Contravenções Penais:

> Art. 7º Verifica-se a reincidência quando o agente pratica uma contravenção depois de passar em julgado a sentença que o tenha condenado, no Brasil ou no estrangeiro, por qualquer crime, ou, no Brasil, por motivo de contravenção.

Nesse sentido, da interpretação conjunta dos dois dispositivos legais, podemos extrair o seguinte quadro:

Condenação	Nova infração	Artigo
Contravenção praticada no Brasil	Contravenção	Reincidente (art. 7º da LCP)
Contravenção praticada no exterior	Contravenção	Não reincidente (art. 7º da LCP é omisso)
Contravenção	Crime	Não reincidente (art. 63 do CP é omisso)
Crime praticado no Brasil ou no exterior	Crime	Reincidente (art. 63 do CP)
Crime praticado no exterior	Contravenção	Reincidente (art. 7º da LCP)

Interessante destacar que, como decorre da definição legal, condenações proferidas no exterior também produzem reincidência. Para tais efeitos, não se exige seja a sentença estrangeira *homologada*. A exigência de homologação de uma sentença penal estrangeira pelo Superior Tribunal de Justiça (CF, art. 105, I, "i", com redação da EC nº 45, de 8.12.2004) para que, no Brasil, cumpram-se seus efeitos, somente se exige em matéria de efeitos civis ou cumprimento de medidas de segurança (CP, art. 9º).

A prova, contudo, dever ser idônea e livre de dúvidas. Como salienta Estefam, para tais fins, deve o documento indicar a descrição do fato, conforme a lei estrangeira, de modo a verificar se, conforme a lei brasileira, a conduta que gerou a condenação configura crime segundo nossa lei penal. Explica-se: o reincidente é aquele que comete um crime, depois de condenado no Brasil ou no estrangeiro por crime (nos termos da lei pátria) anterior.[1147]

Já decidiu o Supremo Tribunal Federal que violaria o princípio da proporcionalidade a consideração de condenação anterior pelo delito do art. 28 da Lei nº 11.343/2006, "porte de droga para consumo pessoal", para fins de reincidência.[1148]

[1147] ESTEFAM, André. *Direito penal*: parte geral (arts. 1º a 120). 10. ed. São Paulo: Saraiva, 2021. p. 480.
[1148] STF. 2ª Turma. RHC 178512 AgR/SP, Rel. Min. Edson Fachin, julgado em 22/3/2022.

A reincidência, como se sabe, gera inúmeras consequências, valendo ressaltar que, além de ser circunstância agravante que prepondera sobre outras circunstâncias legais (art. 67 CP), pode impedir a substituição da pena privativa de liberdade pela restritiva de direitos (arts. 44, II, e 60, §2º). Isso porque, se o agente for reincidente, só poderá haver substituição se a reincidência não for específica e essa substituição for socialmente aceitável.

Além disso, ela impede a suspensão condicional da pena (*sursis*), nos termos do art. 77, I, do Código Penal quando o crime é doloso; é motivo para aumentar o prazo para livramento condicional (art. 83, II), além de impedir o mencionado instituto quando se tratar de crimes hediondos e equiparados, com as reincidências específicas (art. 873, V); enseja a revogação do *sursis*, do livramento condicional e da reabilitação; funciona como causa de aumento na contravenção penal do art. 19, LCP, e integra o tipo do art. 25 da LCP; obsta o furto, estelionato ou apropriação indébita privilegiados; pode ensejar a decretação da prisão preventiva (art. 313, II, CPP); obsta os benefícios da Lei nº 9.099/95, assim como do ANPP (art. 28-A; CPP); e pode ensejar, como já mencionado, a fixação de regime mais gravoso, independentemente da quantidade da pena fixada.

Ademais, implica ao reincidente a) a impossibilidade de concessão de *liberdade provisória* (art. 310, §2º, do CPP); b) a necessidade de cumprimento de mais tempo de pena para *progressão de regime* (conforme a nova dicção do art. 112 da LEP) e c) a incidência de *causas especiais de aumento de pena* na hipótese de *reincidência específica* em cinco figuras do Estatuto do Desarmamento (art. 20, II, da Lei nº 10.826/03).

O art. 110 do Código Penal, outrossim, preceitua que a prescrição, depois de transitar em julgado a sentença condenatória, regula-se pela pena aplicada e verifica-se nos prazos fixados no artigo anterior, os quais se aumentam de um terço, se o condenado é reincidente. Não se deve confundir a reincidência anterior, que provoca aumento do prazo prescricional (art. 110, *caput*, CP), com a reincidência posterior à condenação, que é causa interruptiva da prescrição da pretensão executória.

Vale ressaltar que o Superior Tribunal de Justiça já sumulou entendimento de que a reincidência não influi no prazo da prescrição da pretensão punitiva (Súmula nº 220) e, ademais, ela logicamente não pode ser considerada circunstância agravante e, simultaneamente, como circunstância judicial (Súmula nº 241), exceto se no caso concreto o agente for multirreincidente, ocasião em que uma condenação serviria para agravar a pena e as demais, para majorar a pena-base, como maus antecedentes.

A reincidência somente pode ser comprovada documentalmente. Se um réu admite em juízo já ter cumprido pena anteriormente, tal declaração não é suficiente para que, na sentença, possa o juiz considerá-lo reincidente.

Vale, também, destacar o entendimento no sentido de que "a folha de antecedentes criminais é documento suficiente a comprovar os maus antecedentes e a reincidência" (Súmula nº 636, STJ).

Acrescente-se, por fim, que a sentença que concede o perdão judicial, por expressa disposição legal (CP, art. 107, IX) e dada sua natureza meramente declaratória, não induz reincidência (CP, art. 120).

Os efeitos deletérios da reincidência perduram pelo prazo máximo de 5 anos, contados da data do cumprimento ou da extinção da pena. Após esse período, ocorre a caducidade da condenação anterior para fins de reincidência. É o que afirma o art. 64, I, do CP:

> Art. 64. Para efeito de reincidência:
> I – não prevalece a condenação anterior, se entre a data do cumprimento ou extinção da pena e a infração posterior tiver decorrido período de tempo superior a 5 (cinco) anos, computado o período de prova da suspensão ou do livramento condicional, se não ocorrer revogação;
> II – não se consideram os crimes militares próprios e políticos.

É importante ressaltar que o quinquênio depurador afasta a reincidência, mas não impede que a condenação anterior, transitada em julgado, seja valorada como maus antecedentes. Essa questão foi pacificada no âmbito do STF, em 17.8.2020, quando o Tribunal fixou a seguinte tese de repercussão geral: "Não se aplica para o reconhecimento dos maus antecedentes o prazo quinquenal de prescrição da reincidência, previsto no art. 64, I, do Código Penal" (RE nº 593.818).

Na redação original do Código Penal (antes da Reforma de 1984), vigorava o sistema da perpetuidade, ou seja, os efeitos negativos da reincidência duravam para sempre.

Suponha que o agente tenha sido condenado e terminou de cumprir sua pena em 12.8.2015. Em 13.8.2020, ele comete um outro crime. No julgamento desse segundo delito, não poderá ser considerado reincidente, porque já se passaram mais de 5 anos desde o dia em que terminou de cumprir a pena pelo primeiro crime. Contudo, essa condenação anterior poderá ser valorada como maus antecedentes para a jurisprudência majoritária, influindo na primeira fase da dosimetria da pena.

Outrossim, o Código foi expresso em desconsiderar os crimes militares próprios (previstos exclusivamente no CPM), assim como os crimes políticos para gerar reincidência.

A Reforma da Parte Geral de 1984 também abandonou o antigo conceito de reincidência específica, prevista no Código Penal.

O revogado art. 46 descrevia a reincidência genérica como sendo a decorrente de crimes de natureza diversa e a específica, referindo-se a delitos da mesma natureza, entendidos como tais os previstos no mesmo tipo penal ou, ainda que definidos em dispositivos diversos, apresentassem elementos comuns. Na hipótese de verificada a reincidência específica, a pena privativa de liberdade era aplicada "acima da metade da soma do mínimo com o máximo" e, quando a lei estipulasse duas penas alternativamente cominadas, dever-se-ia optar pela mais severa (art. 47).

É de ver, contudo, que, com o passar dos anos, por força de alterações pontuais sofridas na Parte Geral, reintroduziu-se, ainda que sem a expressa denominação e com consequências diversas, o conceito de reincidência específica: a) livramento condicional (art. 83, V, CP); b) substituição de pena privativa de liberdade por pena restritiva de direitos (art. 44, §3º, CP); c) progressão de regimes (nova redação dada pela Lei Anticrime ao art. 112 da LEP); d) causa de aumento de pena no Estatuto do Desarmamento (art. 20 que cria causa de aumento de pena).

2.3 Das atenuantes

As atenuantes, como circunstâncias favoráveis ao acusado, encontram-se descritas em rol exemplificativo. Com efeito, nada obstante o art. 65 do Código Penal apresente relação detalhada de atenuantes genéricas, o art. 66 abre a possibilidade da discricionariedade judicial, ao preceituar a possibilidade de atenuantes inominadas:[1149]

> Art. 66. A pena poderá ser ainda atenuada em razão de circunstância relevante, anterior ou posterior ao crime, embora não prevista expressamente em lei.

Como leciona Nucci, trata-se de circunstância legal extremamente aberta, sem qualquer apego à forma, permitindo ao juiz imenso arbítrio para analisá-la e aplicá-la. Diz a lei constituir-se atenuante qualquer *circunstância relevante*, ocorrida *antes* ou *depois* do crime, mesmo que não esteja expressamente prevista em lei. Alguns a chamam de atenuante da *clemência*, pois o magistrado pode, especialmente o juiz leigo no Tribunal do Júri, levar em consideração a indulgência para acolhê-la. Um réu que tenha sido violentado na infância e pratique, quando adulto, um crime sexual (circunstância relevante anterior ao crime) ou um delinquente que se converta à caridade (circunstância relevante depois de ter praticado o delito) podem servir de exemplos.[1150]

Podemos citar como exemplos de circunstâncias inominadas o arrependimento sincero do agente; sua extrema penúria; a recuperação do agente após o cometimento do crime; a confissão, embora não espontânea; ter o agente sofrido dano físico, fisiológico ou psíquico, em decorrência do crime; ser o réu portador de doença incurável; ser portador de defeito físico relevante etc.[1151]

Há autores que mencionam a coculpabilidade como fator capaz de atenuar a pena, nos termos do art. 66 do CP. Por coculpabilidade entende-se o juízo de reprovação feito ao Estado, que seria corresponsável pelo delito, nos casos em que se apurasse não ter fornecido ao agente condições de igualdade e oportunidade mínimas para o pleno desenvolvimento de sua personalidade. Assiste razão, no entanto, a Guilherme Nucci, para o qual "embora se possa concluir que o Estado deixa de prestar a devida assistência à sociedade, em muitos sentidos, não é por isso que nasce qualquer justificativa ou amparo para o cometimento de delitos, implicando em fator de atenuação necessária da pena".[1152]

Além disso, como já mencionado, é pacífico o entendimento jurisprudencial de que o reconhecimento de uma circunstância atenuante não poderá trazer a pena aquém do mínimo legal previsto em abstrato, ao tempo em que o reconhecimento de uma circunstância agravante também não poderá conduzir a pena além do máximo previsto

---

[1149] "O bom comportamento carcerário do agente não poderá, contudo, atuar como circunstância que venha a atenuar a sua sanção penal, pois tal situação deverá ser valorada tão somente na fase de execução da pena, para fins de apreciação dos pedidos formulados que visam à concessão de benefícios (v.g., progressão de regime, livramento condicional etc.)" (SCHMITT, Ricardo Augusto. *Sentença penal condenatória*: teoria e prática. 13. ed. Salvador: JusPodivm, 2019. p. 228-229).

[1150] NUCCI, Guilherme de Souza. *Código Penal Comentado*. 18. ed. Rio de Janeiro: Forense, 2017, p. 540.

[1151] BARROS, Francisco Dirceu; CINTRA, Antônio Fernando. *Direito penal*: interpretado pelo STF e STJ e comentado pela doutrina. 2. ed. Leme: J. H. Mizuno, 2016. p. 252-253.

[1152] NUCCI, Guilherme de Souza. *Individualização da pena*. 5. ed. São Paulo: Editora Revista dos Tribunais, 2012, p. 259.

em abstrato. Assim, caso a pena-base, na primeira etapa, tenha permanecido no mínimo legal, a incidência de qualquer atenuante não terá efeito prático.

Tal entendimento se encontra, inclusive, sumulado pelo Superior Tribunal de Justiça (Súmula nº 231 do STJ). Nesse sentido, a redação do *caput* do art. 66 deve ser entendida nesses parâmetros, ou seja, sempre atenuam a pena, desde que a pena provisória fixada na primeira etapa não esteja já no mínimo em abstrato cominado:

Circunstâncias atenuantes
Art. 65. São circunstâncias que sempre atenuam a pena:
I – ser o agente menor de 21 (vinte e um), na data do fato, ou maior de 70 (setenta) anos, na data da sentença;
II – o desconhecimento da lei;
III – ter o agente:
a) cometido o crime por motivo de relevante valor social ou moral;
b) procurado, por sua espontânea vontade e com eficiência, logo após o crime, evitar-lhe ou minorar-lhe as conseqüências, ou ter, antes do julgamento, reparado o dano;
c) cometido o crime sob coação a que podia resistir, ou em cumprimento de ordem de autoridade superior, ou sob a influência de violenta emoção, provocada por ato injusto da vítima;
d) confessado espontaneamente, perante a autoridade, a autoria do crime;
e) cometido o crime sob a influência de multidão em tumulto, se não o provocou.

A atenuante da menoridade, ou seja, o réu ter menos de 21 anos na data dos fatos segue uma tradição da relativa capacidade existente no antigo Código Civil brasileiro. Apesar da mudança da legislação civil, persiste a norma penal enquanto não for revogada. Consigne-se, ademais, que um adolescente que pratique uma infração penal entre 12 e 18 anos incompletos está sujeito a medida socioeducativa pela prática de ato infracional, podendo, inclusive, cumprir a medida de internação até os 21 anos de idade, nos termos do art. 2º, parágrafo único, e art. 212, §5º, da Lei nº 8.069/90 (ECA).

Do mesmo modo, o réu que, na data da sentença, tenha mais de 70 anos terá direito à atenuante obrigatória (atenuante da senilidade). É de se registrar que a pessoa idosa, em matéria criminal, é considerada maior de 60 anos enquanto vítima, inclusive por definição do Estatuto do Idoso (Lei nº 10.741/03), mas a regra, quando o agente é o autor do delito, continua sendo atenuar a pena somente aos 70 anos.

A confissão, quando completa, plena e espontânea tem o poder de funcionar como essa atenuante obrigatória, embora, como veremos, seja entendida como uma atenuante inominada quando não tenha sido espontânea.[1153] No âmbito da colaboração premiada e do acordo de não persecução penal, aliás, a confissão constitui pressuposto para uma sanção premial e para realização do negócio jurídico extraprocessual.

Aliás, de acordo com entendimento sumulado pelo Superior Tribunal de Justiça (Súmula nº 545, STJ), "quando a confissão for utilizada para a formação do convencimento do julgador, o réu fará jus à atenuante prevista no art. 65, III, d, do Código Penal".

[1153] Aliás, neste aspecto, já pacificou o STJ, na Súmula nº 630, que "a incidência da atenuante da confissão espontânea no crime de tráfico ilícito de entorpecentes exige o reconhecimento da traficância pelo acusado, não bastando a mera admissão da posse ou propriedade para uso próprio".

De outra parte, a reparação do dano constitui, atualmente, medida obrigatória, tanto na fixação por parte do magistrado na sentença condenatória (art. 387, IV, CPP), como requisito para institutos despenalizadores, como a suspensão condicional do processo e o acordo de não persecução penal.

No entanto, nos crimes cometidos sem violência ou grave ameaça à pessoa, reparado o dano ou restituída a coisa, até o recebimento da denúncia ou da queixa, por ato voluntário do agente, a pena será reduzida de um a dois terços, funcionando, portanto, como causa geral de diminuição de pena que opera na terceira fase de dosimetria da pena (instituto este nomeado *arrependimento posterior e previsto no art. 16, CP*).

Quando o dano for reparado depois do recebimento da denúncia e antes da decisão de primeiro grau, terá o condão de funcionar como atenuante obrigatória na segunda fase.

O desconhecimento da lei também é um fator atenuante da pena. É possível o réu alegar que não sabia que o que estava fazendo era crime. Embora o desconhecimento da lei seja inescusável (art. 21, CP) e não sendo, logicamente, o caso de erro de proibição, o desconhecimento pode funcionar como causa atenuante, circunstância cada vez mais rara no contexto da sociedade da informação.

Além disso, se o crime foi cometido sob coação ou de forma a cumprir ordens de alguém em posição de autoridade, a pena será atenuada. Trata-se de hipóteses em que a coação moral não foi irresistível e a obediência hierárquica se deu à ordem manifestamente ilegal, ou seja, quando ausentes essas hipóteses dirimentes que afastam a exigibilidade de conduta diversa.

De acordo com o texto legal, deve-se atenuar a pena daquele que praticou o fato sob coação a que podia resistir. O Código não determina se a circunstância se refere à coação física (*vis absoluta*) ou moral (*vis relativa*) resistíveis; bem por isso, entende-se que ambas estão compreendidas na disposição.[1154]

Deve-se repisar que o autor da coação sofrerá a incidência de uma agravante (CP, art. 62, II), ao passo que o coagido, a atenuante em estudo.

É preciso recordar, ainda, que, se a coação for *irresistível*, o coagido será absolvido. Na hipótese de coação moral irresistível, dar-se-á a isenção de pena, por estar o agente desprovido de culpabilidade, já que lhe é inexigível outra conduta. Em se tratando de coação física irresistível, ocorrerá um fato penalmente atípico, por falta de conduta penalmente relevante.

Outrossim, se o crime for praticado sob a influência de violenta emoção, provocada por ato injusto da vítima, a pena será também atenuada. Recorde-se que o domínio completo de violenta emoção, ainda que não tenha o condão de isentar o réu de pena (art. 28, I, CP), poderá, no caso dos arts. 121, §1º, e 129, §4º, funcionar como causa especial de diminuição de pena (terceira fase).

E, por fim, se a ação criminosa foi causada em meio a um tumulto ou influenciada por uma multidão, desde que o réu não tenha sido o causador da situação, fará jus à atenuação da pena.

É possível, no caso concreto, que incidam potencialmente agravantes e atenuantes e, para tanto, o Código Penal traçou uma regra específica no art. 64:

[1154] ESTEFAM, André. *Direito penal*: parte geral (arts. 1º a 120). 10. ed. São Paulo: Saraiva, 2021. p. 470.

Concurso de circunstâncias agravantes e atenuantes
Art. 67. No concurso de agravantes e atenuantes, a pena deve aproximar-se do limite indicado pelas circunstâncias preponderantes, entendendo-se como tais as que resultam dos motivos determinantes do crime, da personalidade do agente e da reincidência.

Assim, havendo concurso de circunstâncias agravantes e atenuantes, a pena se aproximará do limite indicado pelas circunstâncias preponderantes, entendendo-se como tais as que resultam dos motivos determinantes do crime, da personalidade do agente e da reincidência.

Preponderar é prevalecer. As circunstâncias preponderantes são aquelas ligadas: a) aos motivos do crime; b) à personalidade do agente; e c) à reincidência.

Parte da doutrina sustenta, por exemplo, que a menoridade (18 a 21 anos) prepondera sobre todas as outras circunstâncias, exceto sobre a reincidência.

Além disso, nota-se que a jurisprudência do Superior Tribunal de Justiça "firmou entendimento no sentido de que a confissão espontânea e a menoridade relativa, sendo atributos da personalidade do agente, são igualmente preponderantes com a reincidência e os motivos do delito, consoante disposto no art. 67 do Código Penal".[1155]

Além disso, será possível, na segunda fase do cálculo da pena, a compensação da agravante da reincidência com a atenuante da confissão espontânea,[1156] exceto no caso de *multirreincidência*.[1157]

3   3ª etapa: as causas de aumento e de diminuição da pena

As *causas de aumento e de diminuição de pena* são causas de facultativo ou obrigatório aumento ou diminuição da sanção penal em quantidade fixada pelo legislador sob a forma de frações (um terço, um sexto, dobro etc.) ou de acordo com certos limites (um a dois terços, um sexto até a metade etc.).

[1155] Nesse sentido: STJ, AgRg no HC 545.726/PE, rel. Min. Reynaldo Soares da Fonseca, 5ª Turma, j. 18.02.2020, DJe 28.02.2020.

[1156] Nesse sentido, STJ, HC 309615/SP, Rel. Ministro Ericson Maranho (Desembargador Convocado do TJ/SP), Sexta Turma, julgado em 18/12/2014, DJe 06/02/2015; AgRg no HC 276663/SP, Rel.Ministro Rogerio Schietti Cruz, Sexta Turma, julgado em 18/12/2014, DJe 04/02/2015; AgRg no REsp 1437657/DF, Rel. Ministro Jorge Mussi, Quinta Turma, julgado em 16/12/2014, DJe 02/02/2015; HC 291237/SP, Rel. Ministro Gurgel de Faria, Quinta Turma, julgado em 16/12/2014, DJe 02/02/2015; HC 301693/SP, Rel. Ministra Maria Thereza de Assis Moura, Sexta Turma, julgado em 04/12/2014, DJe 17/12/2014; AgRg no REsp 1486803/GO, Rel. Ministro Walter de Almeida Guilherme (Desembargador Convocado do TJ/SP), Quinta Turma, julgado em 18/11/2014, DJe 26/11/2014; HC 279438/SP, Rel. Ministro Felix Fischer, Quinta Turma, julgado em 16/10/2014, DJe 03/11/2014; HC 291581/SP, Rel. Ministro Newton Trisotto (Desembargador Convocado do TJ/SC), Quinta Turma, julgado em 04/11/2014, DJe 12/11/2014; EDcl no AgRg no REsp 1407385/DF, Rel. Ministro Nefi Cordeiro, Sexta Turma, julgado em 04/09/2014, DJe 19/09/2014; REsp 1341370/MT, Rel. Ministro Sebastião Reis Júnior, Terceira Seção, julgado em 10/04/2013, DJe 17/04/2013 (recurso repetitivo).

[1157] Segundo o STJ, tratando-se de réu multirreincidente, não é possível promover a compensação entre a atenuante da confissão espontânea e a agravante da reincidência. De fato, a Terceira Seção do STJ firmou o entendimento de que a atenuante da confissão espontânea pode ser compensada com a agravante da reincidência (EREsp 1.154.752-RS, DJe 4/9/2012). No entanto, tratando-se de réu multirreincidente, promover essa compensação implicaria ofensa aos princípios da individualização da pena e da proporcionalidade. Isso porque a multirreincidência exige maior reprovação do que aquela conduta perpetrada por quem ostenta a condição de reincidente por força, apenas, de um único evento isolado em sua vida. (Precedente citado: AgRg no REsp 1.356.527-DF, 5ª T, DJe 25/9/2013. AgRg no REsp 1.424.247-DF, Rel. Min. Nefi Cordeiro, j. 3/2/2015, DJe 13/2/2015).

As causas de aumento são obrigatórias, salvo a prevista no art. 60, §1º; as causas de diminuição de pena são obrigatórias ou facultativas, de acordo com a determinação do próprio legislador.

É preciso sempre verificar se a referida causa já funciona como elementar ou circunstância qualificadora, ocasião em que deixará de ser aplicada para aquele delito, sob pena de *bis in idem*. De outra parte, figurando simultaneamente como causa de aumento ou diminuição e agravante ou atenuante, prevalecerão as causas que incidem na terceira fase, que, como já salientado, podem ir além do máximo ou aquém do mínimo cominado em abstrato.

Estão dispostas tanto na parte geral quanto na parte especial do Código Penal ou em legislação extravagante.

A tentativa (art. 14, II), o arrependimento posterior (art. 16), o erro de proibição evitável (art. 21, 2ª parte), a semi-imputabilidade (art. 26, parágrafo único), a menor participação (art. 29, §1º), a regra do concurso formal perfeito (art. 70, *caput*) ou do crime continuado (art. 71, *caput*), que serão tratados a seguir, são exemplos de causas gerais de aumento ou diminuição da pena.

Nos crimes de homicídio (art. 121, §§1º, 4º, 6º e 7º), de furto (art. 155, §§1º e 2º) e de roubo (art. 157, §§2º e 2º-A), previstos no Código Penal, e no art. 40 da Lei de Drogas, na legislação especial, temos exemplos de causas especiais de aumento e diminuição.

O importante a saber é que, ao contrário das agravantes e atenuantes, as causas de aumento ou diminuição podem fazer com que a pena ultrapasse a limitação mínima e máxima do crime cometido.

É preciso registrar que caso a pena seja fixada em patamar superior 40 anos, o condenado cumprirá a pena somente até este limite, conforme o art. 75 do Código Penal, e, para as condenações anteriores à mudança legislativa (Lei nº 14.964/19), o limite será de 30 anos.

Havendo concurso de causas de aumento e de diminuição no mesmo caso, o art. 68, parágrafo único,[1158] determina que, na hipótese de concurso de circunstâncias previstas na parte especial, pode o juiz limitar-se a um só aumento ou a uma só diminuição, prevalecendo, todavia, a causa que mais aumente ou diminua; se concorrerem duas causas de aumento, uma prevista na Parte Geral e outra na Parte Especial do CP, o juiz deve proceder ao segundo aumento não sobre a pena-base, mas sobre o *quantum* já acrescido na primeira operação.

Na hipótese de estarem presentes mais de uma causa de aumento ou mais de uma causa de diminuição, ambas previstas na *Parte Geral* do Código Penal, o julgador deverá aplicar as duas, desde que sejam *obrigatórias*.

A aplicabilidade das causas de diminuição e aumento de pena deverá ocorrer sempre sobre a pena provisória ou intermediária, que é a resultante da segunda fase do sistema trifásico. Portanto, a única dúvida que se estabelece é com referência ao critério ideal a ser utilizado, pois, nesse campo, surge a possibilidade da aplicação de dois critérios matemáticos diferenciados.

[1158] "Art. 68. [...] Parágrafo único – No concurso de causas de aumento ou de diminuição previstas na parte especial, pode o juiz limitar-se a um só aumento ou a uma só diminuição, prevalecendo, todavia, a causa que mais aumente ou diminua".

O primeiro possível é o denominado critério cumulativo, sucessivo ou de efeito cascata, pelo qual as causas de diminuição e aumento de pena deverão ter sempre incidência uma após a outra e sobre o resultado obtido na operação anterior, enquanto o segundo é o critério da incidência isolada, em que, igualmente, as causas de diminuição e aumento de pena deverão ter incidência uma após a outra, contudo, sempre sobre a pena provisória ou intermediária fixada.

Para as hipóteses de concurso entre causas de diminuição de pena não há dúvidas, na doutrina e jurisprudência, de que o critério a ser empregado é o cumulativo, sucessivo ou de efeito cascata (posição pacífica). Porém, para as hipóteses de concurso entre causas de aumento de pena, a jurisprudência majoritária, incluindo as posições do Supremo Tribunal Federal e do Superior Tribunal de Justiça, direciona-se pela manutenção de idêntico critério (cumulativo, sucessivo ou de efeito cascata), enquanto a doutrina majoritária, que não inclui nossa posição, direciona-se pela aplicação do critério da incidência isolada.

A incidência do *critério sucessivo, cumulativo* ou *de efeito cascata* às causas de diminuição de pena decorre da necessidade de se evitar a possível dosagem da pena em concreto definitiva em patamar igual a zero ou até mesmo abaixo de zero (patamar negativo). Assim, sua aplicação revela-se pacífica na jurisprudência e doutrina.

Por sua vez, a divergência jurisprudencial e doutrinária que se estabelece com relação às causas de aumento de pena decorre da aplicabilidade ou não do princípio do *favor rei*, eis que, havendo sua incidência nessa fase, o critério da incidência isolada se mostrará o mais favorável ao acusado; porém, a jurisprudência dos Tribunais Superiores (STF e STJ) não respalda a aplicabilidade do princípio do *favor rei* nessa etapa (terceira fase), por entender que a pena definitiva a ser dosada deverá se aproximar ao máximo da pena justa que se mostre a ideal diante da gravidade em concreto demonstrada pela prática do ilícito, no que tange às circunstâncias da infração ou à conduta do autor, o que conduziu, ainda, o próprio legislador a alçar tais circunstâncias como causas de aumento da sanção penal.

Além disso, a jurisprudência majoritária também não respalda a existência de critérios distintos para a incidência de causas de diminuição e aumento de pena, por entender que o critério que fundamenta uma deverá ser idêntico para a outra.

Dúvida tormentosa que se estabelece na doutrina, porém, é com referência à existência simultânea de causas de diminuição e aumento de pena, em que se indaga qual delas deverá ter aplicabilidade anterior. Tal questionamento somente faz sentido diante da parcela doutrinária que defende a aplicação do critério da incidência isolada, pois, para a jurisprudência majoritária, incluídas as posições do Supremo Tribunal Federal e do Superior Tribunal de Justiça, a ordem de aplicação das causas se mostra irrelevante.

Ao tratar, no entanto, do tecnicismo da sentença penal, observamos que o art. 68, *caput*, do Código Penal, que consagra o sistema trifásico, determina que as causas de diminuição de pena devem anteceder às causas de aumento. De maneira idêntica ao referido dispositivo legal que prevê expressamente que as circunstâncias atenuantes devem anteceder às agravantes (segunda fase), as causas de diminuição de pena também devem anteceder às de aumento (terceira fase).

Por sua vez, na hipótese de concorrerem simultaneamente causas de diminuição e aumento de pena, independentemente daquela que for aplicada com antecedência, a segunda causa deverá sempre ser aplicada sobre o resultado obtido na operação anterior, e assim por diante com relação às demais, acaso existentes, em observância ao critério sucessivo, cumulativo ou de efeito cascata.

Quanto à determinação de qual deve ser a primeira a incidir, quando múltiplas as causas, cremos que deve ser aplicada, em primeiro lugar, a circunstância prevista na Parte Especial (seja qual for) e, ao depois, aquela contida na Parte Geral. Cuida-se de um critério de especialidade: primeiro aplica-se a circunstância específica, que diz respeito imediatamente com a tipificação do fato e, depois, a de cunho genérico.[1159]

Por derradeiro, não podemos esquecer que nessa etapa (terceira fase) se mostra inadmissível a compensação entre causas de diminuição e aumento de pena, exatamente porque o critério a ser observado não será o da incidência isolada, em nenhuma hipótese.[1160]

Em síntese, leciona Queiroz, as regras podem ser assim firmadas: a) no concurso entre causas de aumento, o método sucessivo prejudica o réu; b) no concurso entre causas de diminuição, o método isolado é impraticável (ilógico); c) no concurso entre causas de aumento e de diminuição, o critério isolado prejudica o réu. Por isso temos que, como regra, o método a ser aplicado é o sucessivo; e só excepcionalmente o isolado, sempre que for mais favorável ao réu.[1161]

É preciso ainda consignar que inúmeros entendimentos dos Tribunais Superiores modularam, em termos de hermenêutica, a aplicação das causas de aumento. Assim, para o STJ, é inadmissível aplicar, no furto qualificado pelo concurso de agentes, a majorante do roubo (Súmula nº 442, STJ); o aumento na terceira fase de aplicação da pena no crime de roubo circunstanciado exige fundamentação concreta, não sendo suficiente para a sua exasperação a mera indicação do número de majorantes (Súmula nº 443, STJ); para a incidência da majorante prevista no art. 40, V, da Lei nº 11.343/2006, é desnecessária a efetiva transposição de fronteiras entre estados da Federação, sendo suficiente a demonstração inequívoca da intenção de realizar o tráfico interestadual (Súmula nº 587, STJ).

4 Do concurso de crimes

O concurso de crimes é definido pela prática de duas ou mais ações penais, ambas cometidas pela mesma pessoa em uma mesma oportunidade ou em ocasiões diversas. Ocorre, pois, quando o agente pratica duas ou mais infrações penais, distinguindo-se o concurso material, o concurso formal e o crime continuado.

Não se confunde com o conflito aparente de normas (*concursus delictorum versus concursus delinquentium*), pois este pressupõe unidade de fato e pluralidade de leis definindo o mesmo fato.

[1159] ESTEFAM, André. *Direito penal*: parte geral (arts. 1º a 120). 10. ed. São Paulo: Saraiva, 2021. p. 477.
[1160] SCHMITT, Ricardo Augusto. *Sentença penal condenatória*: teoria e prática. 13. ed. Salvador: JusPodivm, 2019. p. 299-304.
[1161] QUEIROZ, Paulo. *Direito penal*: parte geral. 13. ed. Salvador: JusPodivm, 2018. v. 1. p. 473-474.

O conflito aparente de normas penais, também chamado concurso aparente de normas, concurso aparente de normas coexistentes, conflito aparente de disposições penais, concurso fictício de leis, concorrência imprópria, concurso ideal impróprio e concurso impróprio de normas, pressupõe, como já tratado em capítulo próprio, além da unidade de fato e pluralidade de normas em vigor, a aparente aplicação de mais de uma norma ao mesmo fato, mas a efetiva aplicação de somente uma delas, sob pena de *bis in idem*.

Partindo-se, no entanto, da premissa de haver pluralidade fática, estamos diante de uma das hipóteses de concurso de crimes, tema tratado no capítulo destinado à cominação das penas, exatamente pelas diferenças dos tipos de concurso (material, formal e continuado) e consequências na dosimetria das penas.

Há diferentes sistemas criados para solucionar o problema da pena no concurso de crimes: a) *sistema do cúmulo material* (em que o magistrado primeiro individualiza a pena de cada um dos crimes praticados pelo agente, somando todas ao final, como se verifica no art. 69, no concurso formal impróprio e no concurso das penas de multa previsto no art. 72, CP); b) *sistema da exasperação* (em que o magistrado aplica a pena mais grave entre as cominadas para os vários crimes praticados pelo agente e, após, aumenta a pena conforme fração prevista na lei, como se dá no concurso formal próprio e na continuidade delitiva; c) *sistema da absorção* (em que a pena aplicada ao delito mais grave acaba por absorver as demais, que deixam de ser aplicadas, como se dava com os crimes falimentares praticados pelo falido, durante a vigência do Decreto-Lei nº 7.661/1945, em virtude do princípio da unidade ou unicidade dos crimes falimentares).[1162]

No Código italiano, está colocado no título que trata do crime, pois diz respeito à teoria do crime de uma maneira geral, não apenas à questão da pena. Assim, em termos técnicos, no Código brasileiro seria mais correto se falar em concurso de penas, pois o assunto foi tratado no capítulo da aplicação da sanção penal.

O Brasil, como se verá, adotou o sistema do cúmulo material das penas no concurso material e no concurso formal imperfeito, com simples exasperação da pena (causa geral de aumento que incide na terceira fase da dosimetria), no concurso formal perfeito, na ficção jurídica denominada continuidade delitiva e nas hipóteses de erro na execução (*aberratio ictus*) e resultado diverso do pretendido (*aberratio criminis*) com resultado duplo (arts. 73 e 74), já tratados na teoria geral do erro de tipo acidental.

Importante, ainda, ter em mente a distinção entre conduta e ato. Como bem ressalta Estefam:

> a conduta corresponde ao comportamento baseado no verbo núcleo do tipo penal, por exemplo, subtrair, constranger, apropriar-se etc. O ato, por sua vez, compreende uma fração ou uma etapa da conduta. Se a conduta fosse o "filme", o ato seria a "cena". A razão de se enfatizar essa diferenciação dá-se porque existem infrações penais cuja conduta pode ser cindida em diversos atos.[1163]

[1162] STJ, HC nº 94.632/MG, Rel. Ministro Og Fernandes, Sexta Turma, julgado em 12/03/2013, DJe 20/03/2013.
[1163] ESTEFAM, André. *Direito penal*: parte geral (arts. 1º a 120). 10. ed. São Paulo: Saraiva, 2021. p. 489.

Neste caso, a unidade de ação ou omissão (ainda que decorrente de vários atos) determinará a existência de delito único. No homicídio, por exemplo, a conduta punível é "matar", a qual pode ser exercida por intermédio de apenas um ato (um disparo de arma de fogo) ou de vários (inúmeros golpes com instrumento contundente contra a cabeça da vítima, até que lhe produza traumatismo cranioencefálico); neste exemplo, houve crime único.[1164]

4.1 Concurso material

Como bem leciona Nucci, o concurso de crimes significa a prática de várias infrações penais por um só agente ou por um grupo de autores atuando em conjunto: "diversamente do concurso de pessoas, onde um único delito é cometido, embora por vários agentes, no caso do concurso de crimes busca-se estudar qual a pena justa para quem comete mais de um delito".[1165]

O termo *ação* ou *omissão* deve ser entendido no sentido de *conduta*. Assim, a título ilustrativo, o agente ingressa na residência da vítima, furta e comete estupro. Em hipóteses como essa, prevê o art. 69 a cumulação das penas:

> Concurso material
> Art. 69. Quando o agente, mediante mais de uma ação ou omissão, pratica dois ou mais crimes, idênticos ou não, aplicam-se cumulativamente as penas privativas de liberdade em que haja incorrido. No caso de aplicação cumulativa de penas de reclusão e de detenção, executa-se primeiro aquela.
> §1º Na hipótese deste artigo, quando ao agente tiver sido aplicada pena privativa de liberdade, não suspensa, por um dos crimes, para os demais será incabível a substituição de que trata o art. 44 deste Código.
> §2º Quando forem aplicadas penas restritivas de direitos, o condenado cumprirá simultaneamente as que forem compatíveis entre si e sucessivamente as demais.

Alguns requisitos importantes são extraídos desse dispositivo: somente será possível reconhecer o concurso material se houver (a) *a prática de mais de um crime e essa prática for* (b) *por meio de mais de uma ação*.

Há de se ressaltar que os crimes praticados pela mesma pessoa podem ser idênticos ou não. Aqui está a relevância da classificação em *concurso material homogêneo e heterogêneo*.[1166] Caso sejam idênticos, estamos diante do concurso material homogêneo; se diferentes, concurso material heterogêneo.

O reconhecimento da incidência do concurso material, ou seja, de que foi praticado mais de um crime, mediante mais de uma ação, pelo mesmo agente, traz significativas mudanças na pena final a ser aplicada, eis que, de acordo com o art. 69 do Código Penal, nos casos de concurso material, as penas de cada um dos crimes serão somadas.

[1164] ESTEFAM, André. *Direito penal*: parte geral (arts. 1º a 120). 10. ed. São Paulo: Saraiva, 2021. p. 489.
[1165] NUCCI, Guilherme de Souza. *Manual de direito penal*. 15. ed. Rio de Janeiro: Forense, 2019. p. 477.
[1166] a) Homogêneo, quando os crimes são idênticos (ex.: dois homicídios); b) heterogêneo, quando os crimes são diversos (ex.: um roubo e um estupro).

Para tanto, será realizada a dosimetria de cada um dos crimes, isoladamente (art. 68 do Código Penal), e, após o sistema trifásico de cada uma das infrações penais, as penas serão somadas.

Ocorre que as penas podem ter qualidade diferente, ou seja, reclusão, detenção ou prisão simples. Nesse caso, segundo a parte final do art. 69 do CP, se as penas somadas forem diferentes, havendo mistura entre reclusão e detenção, o juízo da execução deverá executar primeiro a de reclusão e posteriormente a de detenção, isto é, primeiro a mais grave.[1167]

Como ressalta Estefam:

> é de ver, contudo, que não podem ser somadas na sentença penas privativas de liberdade de diferentes espécies. Assim, se o agente cometeu dois crimes em concurso real, sendo um deles punido com reclusão e outro com detenção, o juiz deve impor as duas penas conforme o preceito secundário de cada dispositivo penal, por exemplo, dez anos de reclusão e um ano de detenção. Na fase de execução, o agente cumprirá primeiro a pena mais grave, ou seja, a reclusão e, em seguida, a de detenção, conforme determina o art. 76 do CP.[1168]

Isso ocorre, segundo já abordamos, pelo fato de que a pena de reclusão possibilita a fixação do regime fechado, enquanto a de detenção ou prisão simples apenas a do regime semiaberto, fazendo com que o mais gravoso (reclusão) seja cumprido primeiro.

Há, logicamente, quem critique essa determinação, considerando que "A inutilidade dessa disposição é evidente, na medida em que não existe diferença, na prática, entre reclusão e detenção",[1169] não obstante, além da vontade do legislador, a soma das penas não pode ser feita sequer para fins de fixação do regime inicial de cumprimento de pena, razão pela qual o magistrado deverá fixar primeiro o regime adequado para o cumprimento da pena de reclusão e, posteriormente, o da pena de detenção.[1170]

Aliás, o art. 119 do Código Penal ressalta que, no caso de concurso de crimes, a extinção da punibilidade incidirá sobre a pena de cada um, isoladamente.

Da mesma forma, é preciso consignar que o art. 72 do Código Penal trata especificamente do concurso de crimes no tocante à aplicação da multa:

> Art. 72. No concurso de crimes, as penas de multa são aplicadas distinta e integralmente.

A lição que se extrai é de que a existência de concurso de crimes é motivo para a soma das penas de multa aplicada a cada um dos crimes.

Assim, tendo o agente praticado, mediante mais de uma ação, três crimes idênticos, por exemplo, tendo sido fixada a multa de 10 (dez) dias-multa para cada um dos crimes, a pena de multa total será de 30 (trinta) dias-multa.

[1167] CP: "Art. 76. No concurso de infrações, executar-se-á primeiramente a pena mais grave".
[1168] ESTEFAM, André. *Direito penal*: parte geral (arts. 1º a 120). 10. ed. São Paulo: Saraiva, 2021. p. 460.
[1169] NUCCI, Guilherme de Souza. *Código Penal comentado*. 18. ed. Rio de Janeiro: Forense, 2017. p. 328.
[1170] Em se fazendo presente o concurso material de crimes punidos com regimes diferentes, leia-se reclusão e detenção, devem ser fixados regimes iniciais de cumprimento das sanções de formas separadas e dado o início do cumprimento pelo mais grave, na forma do art. 69, parte final, do Código Penal (Ap. Crim. 1.0685.14.001171-7/001-MG, 7ª C. Crim., rel. Sálvio Chaves, 11.06.2015).

Contudo, como se verá no trato da continuidade delitiva, parte de doutrina sustenta que o referido texto legal deve ser aplicado em qualquer hipótese, seja de concurso material, seja de concurso formal ou de continuidade delitiva, pois o texto legal não distinguiu as hipóteses de aplicação. A outra corrente, hoje majoritária, defende a impossibilidade de aplicação do referido artigo ao crime continuado, pois, na realidade, não estamos diante de vários crimes, e sim de um (fictício) crime único.

Segundo esse entendimento, as penas de multa somente poderão ser somadas se os crimes forem praticados em concurso material ou formal, não se aplicando ao crime continuado, e, na hipótese de crime continuado, à pena de multa deverá incidir a mesma fração utilizada para o aumento da pena, que varia de 1/6 a 2/3.

Outro dispositivo relevante para análise do concurso material de crimes é o art. 75, que disciplina o máximo de tempo de cumprimento da pena privativa de liberdade, hoje em 40 anos, por força da nova redação dada pela Lei Anticrime:

> Art. 75. O tempo de cumprimento das penas privativas de liberdade não pode ser superior a 40 (quarenta) anos. (Redação dada pela Lei nº 13.964, de 2019)
> §1º Quando o agente for condenado a penas privativas de liberdade cuja soma seja superior a 40 (quarenta) anos, devem elas ser unificadas para atender ao limite máximo deste artigo. (Redação dada pela Lei nº 13.964, de 2019)
> §2º Sobrevindo condenação por fato posterior ao início do cumprimento da pena, far-se-á nova unificação, desprezando-se, para esse fim, o período de pena já cumprido.

A CF/88, em seu art. 5º, XXXXVII, traz o princípio da humanidade, vedando determinadas penas (ex.: tortura, prisão perpétua etc.). Em decorrência disso, o art. 75 do CP estipula que o tempo de cumprimento das penas privativas de liberdade não poderá ser superior a 40 anos, condizente com o começo da imputabilidade penal (18 anos) e com a expectativa de vida do brasileiro.

O artigo determina que nenhum agente pode cumprir mais de 40 anos, porém ele poderá ser condenado em pena superior. Assim ocorrendo, na fase de execução, há a unificação das penas para que se possa chegar a esse valor-limite (art. 75, §1º), sendo certo que qualquer benefício ou instituto da execução penal será calculado sobre o total da pena, e não sobre o valor de 40 anos já unificado.[1171]

Assim, a unificação é utilizada exclusivamente para que se obtenha esse limite. Esse instituto da limitação da pena tem outra finalidade de grande importância: decorre de crime continuado.

Suponhamos que a continuidade delitiva não tenha sido percebida desde logo, ou seja, o agente está respondendo por cada crime de furto em uma ação penal e será condenado em todos os processos. Chegando as três condenações ao juiz das execuções penais, este terá a possibilidade de verificar se houve a continuidade delitiva. Identificando sua existência, ele irá realizar a unificação das penas, observando os critérios do art. 71, CP. Supondo que o agente está preso há 10 anos (tinha 40 para cumprir), ele mata outro prisioneiro e é condenado a 12 anos de reclusão. Como fica sua situação? Nesse caso,

---

[1171] V. por exemplo, o teor da Súmula nº 715 do STF: "A pena unificada para atender ao limite de trinta anos de cumprimento, determinado pelo art. 75 do Código Penal, não é considerada para a concessão de outros benefícios, como o livramento condicional ou regime mais favorável de execução".

ele voltará a ter 40 anos para cumprir, ou seja, se o sentenciado vier a praticar outro crime durante a execução, deverá ser feita nova unificação da pena, desprezando-se o período anterior de cumprimento (art. 75, §2º).

No mesmo sentido, o STJ, historicamente, sumulou o entendimento no sentido de não se conceder fiança quando, em concurso material, a soma das penas mínimas cominadas for superior a dois anos de reclusão (Súmula nº 81, STJ).

O §1º do art. 69 do CP revela a possibilidade de se cumular, na aplicação das penas de crimes em concurso material, uma pena privativa de liberdade, desde que tenha sido concedido o *sursis*, com uma restritiva de direitos. Por lógica, também será admissível a aplicação da pena restritiva de direitos quando ao agente tiver sido imposta pena privativa de liberdade, com regime aberto para seu cumprimento, eis que será possível a execução simultânea de ambas.

Outrossim, de acordo com §2º do art. 69 do CP, o condenado cumprirá simultaneamente as penas restritivas de direitos que forem compatíveis entre si, e sucessivamente as demais. Admite-se, por exemplo, o cumprimento simultâneo de prestação de serviços à comunidade e prestação pecuniária. Se forem impostas, todavia, duas penas de limitação de final de semana, serão cumpridas sucessivamente.

Vale ressaltar, por fim, que o concurso material e, pois, a somatória das penas será crucial para a análise do cabimento de suspensão condicional do processo (art. 89 da Lei nº 9.099/1995),[1172] assim como do acordo de não persecução penal (art. 28-A; CPP).[1173] A suspensão condicional do processo somente será admissível quando, no concurso material, a somatória das penas impostas ao acusado preencher os pressupostos do art. 89 da Lei nº 9.009/1995. O total das penas mínimas, portanto, deve ser igual a 1 (um) ano.

4.2 Concurso formal

Há concurso formal quando o agente, mediante *uma* única *ação ou omissão*, provoca dois ou mais resultados lesivos. Como regra, utiliza-se do sistema da exasperação da pena, o agente será punido pela pena do crime mais grave, aumentada de 1/6 até 1/2 pelos demais crimes praticados, incidindo na terceira fase de fixação de pena, variando-se o patamar de aumento conforme o número de crimes praticados e as circunstâncias do caso concreto. Assim reza o art. 70 do Código Penal:

> Concurso formal
> Art. 70. Quando o agente, mediante uma só ação ou omissão, pratica dois ou mais crimes, idênticos ou não, aplica-se-lhe a mais grave das penas cabíveis ou, se iguais, somente uma delas, mas aumentada, em qualquer caso, de um sexto até metade. As penas aplicam-se, entretanto, cumulativamente, se a ação ou omissão é dolosa e os crimes concorrentes resultam de desígnios autônomos, consoante o disposto no artigo anterior.

[1172] Súmula nº 243, STJ: "O benefício da suspensão do processo não é aplicável em relação às infrações penais cometidas em concurso material, concurso formal ou continuidade delitiva, quando a pena mínima cominada, seja pelo somatório, seja pela incidência da majorante, ultrapassar o limite de um (01) ano" (STF. HC 90.869, Rel. Min. Cezar Peluso, j. 20-4-2010, 2ª T, DJE de 11-6-2010).

[1173] CPP, art. 28-A, §1º: "Para aferição da pena mínima cominada ao delito a que se refere o caput deste artigo, serão consideradas as causas de aumento e diminuição aplicáveis ao caso concreto".

Parágrafo único – Não poderá a pena exceder a que seria cabível pela regra do art. 69 deste Código.

O concurso formal ou ideal verifica-se, portanto, quando o agente, mediante uma só ação ou omissão, pratica dois ou mais crimes, idênticos ou não. Vale lembrar que os termos "ou *omissão*" mencionados pelo Código Penal devem ser tomados no sentido de *conduta*, fazendo com que somente ocorra concurso formal quando haja uma só conduta.

Aqui está, nos casos concretos, o grande desafio de distinguir o concurso de crime do conflito aparente de normas.

Em relação à distinção do concurso material, ressalta Schmitt,

> o concurso formal ou ideal de crimes se diferencia do concurso material ou real de crimes, não somente com relação à conceituação legal, mas também quanto à forma de cálculo da pena definitiva, salvo se a ação ou omissão praticada for dolosa e os crimes concorrentes resultarem de desígnios autônomos do agente. Diversamente do que ocorre com o concurso material, o concurso formal ou ideal de crimes aperfeiçoar-se-á com a prática pelo agente de apenas uma conduta (ação ou omissão) que venha a causar dois ou mais resultados típicos (crimes), sujeitando-se à regra específica da exasperação da pena.[1174]

Desígnio, leciona Hungria, não é o fim último do agente: "é toda intenção diretamente orientada à lesão de um bem ou interesse penalmente protegido".[1175]

Aqui há unidade de conduta. O agente, por exemplo, com um só tiro ou um golpe só, ofende mais de uma pessoa.

Para os adeptos da *teoria subjetiva*, serão requisitos: a) unidade de conduta e pluralidade de crimes; e b) unidade de desígnios, ou seja, de vontades por parte do agente.

Já a *teoria objetiva*, adotada em nosso Código Penal (CP, art. 70, *caput*, 2ª parte), pressupõe: a) unidade de comportamento; e b) pluralidade de crimes, embora o CP tenha adotado a teoria objetiva, sendo certo que a questão subjetiva, entretanto, deve ser apreciada na aplicação da pena.

Para essa teoria, também denominada *teoria objetivo-subjetiva*, o crime continuado, além de condições objetivas semelhantes, depende da constatação de que o agente deseje praticar um crime como se fosse continuação de outro (unidade de desígnios).

Caracterizado o concurso formal e a continuidade delitiva entre infrações penais, aplica-se somente o aumento relativo à continuidade, sob pena de *bis in idem*.[1176]

Consigne-se, contudo, ser possível o concurso formal entre um crime doloso e outro culposo, como se verifica nas hipóteses de erro na execução e resultado diverso do pretendido (CP, arts. 73, 2ª parte, e 74).

[1174] SCHMITT, Ricardo Augusto. *Sentença penal condenatória*: teoria e prática. 13. ed. Salvador: JusPodivm, 2019. p. 312.

[1175] HOFFBAUER, Nélson Hungria. *Comentários ao Código Penal*. Rio de Janeiro: Forense, 1955. v. 2. p. 65.

[1176] Esse o entendimento do STJ: HC 162987/DF, Rel. Ministro Jorge Mussi, Quinta Turma, julgado em 01/10/2013, DJe 08/10/2013; HC 178499/MT, Rel. Ministra Laurita Vaz, Quinta Turma, julgado em 28/06/2011, DJe 01/08/2011; REsp 1459401/MG (decisão monocrática), Rel. Ministro Moura Ribeiro, julgado em 01/08/2014, DJe 13/08/2014; HC 278622/SP (decisão monocrática), Rel. Ministro Sebastião Reis Junior, julgado em 1º/08/2014, DJe 06/08/2014; HC 271494/SP (decisão monocrática), Rel. Ministro Marco Aurélio Bellizze, julgado em 22/08/2013, DJe 27/08/2013; REsp 1273773/DF (decisão monocrática), Rel. Ministro Og Fernandes, julgado em 20/06/2012, DJe 22/06/2012.

Há erro na execução (*aberratio ictus*) quando o agente, por equívoco na fase de execução ou por acidente, atinge pessoa diversa daquela que pretendia atingir. Aqui não há qualquer erro de representação mental, qualquer confusão quanto à pessoa, somente um equívoco por ocasião da execução do crime. Assim, pode-se dizer que o agente quer atirar em determinada pessoa, mas erra a pontaria e acerta outra pessoa. Essa hipótese está descrita no art. 73 do Código Penal:

> Erro na execução
> Art. 73. Quando, por acidente ou erro no uso dos meios de execução, o agente, ao invés de atingir a pessoa que pretendia ofender, atinge pessoa diversa, responde como se tivesse praticado o crime contra aquela, atendendo-se ao disposto no §3º do art. 20 deste Código. No caso de ser também atingida a pessoa que o agente pretendia ofender, aplica-se a regra do art. 70 deste Código (concurso formal de delitos).

Importante repisar: quando um agente quer matar determinada pessoa que sempre se senta na mesma mesa, ele intuitivamente atira, achando que a pessoa ali sentada era a vítima pretendida, mas atinge alguém parecido, estamos diante do erro sobre a pessoa, isto é, um equívoco no nível subjetivo da pessoa, na identificação da vítima.

Já no erro na execução não há erro na avaliação, mas na própria execução material do crime. O sujeito que quer matar determinada pessoa, mas não é um bom atirador e acaba acertando uma pessoa aleatória, pratica o erro na execução.

Em síntese, no erro sobre a pessoa, o agente representa mal, mas executa bem; já no erro na execução, o agente representa bem, mas executa mal.

As consequências jurídicas dessa espécie de erro são as mesmas do erro sobre a pessoa: não há exclusão de dolo ou culpa, não há isenção de pena, e o agente responde pelo crime como se tivesse acertado a vítima pretendida, desejada ou virtual.

Assim, o agente que, pretendendo agredir um irmão, atira um objeto e acaba acertando, por erro de pontaria, um vizinho que por ali passava, responde como se tivesse atingindo um irmão, ou seja, pelo crime do art. 129, §9º, do Código Penal.

Essa hipótese, cujas consequências são idênticas ao erro sobre a pessoa, se refere ao *aberratio ictus de resultado* único ou *de unidade simples*. É justamente por isso que o erro na execução está disciplinado no capítulo voltado ao concurso de crimes e aplicação da pena.

Ocorre o erro na execução de unidade simples quando o agente erra o alvo e atinge somente um terceiro.

Contudo, é possível que o erro na execução configure o *aberratio de resultado duplo* ou *de unidade complexa*, razão pela qual o tema é tratado neste capítulo específico atinente ao concurso de crimes.

Nesse caso, quando, além da pessoa visada, o agente também atinge um terceiro, gerando dois resultados típicos, estamos diante de uma espécie de concurso de crimes. Daí a razão para o tratamento do tema próximo ao concurso material (art. 69) e concurso formal (art. 70).

Diversas situações podem ocorrer em se tratando de *aberratio ictus* com resultado duplo. Estefam ilustra a questão com o exemplo do indivíduo que saque uma arma de fogo e, com intenção letal, dispare contra seu desafeto (X), atingindo-o e também a um terceiro (Y):

> 1) Ocorrendo a morte de ambos, haverá dois crimes, um homicídio doloso consumado (X) e outro culposo (Y), em concurso formal.
> 2) Resultando somente lesões corporais em ambos, haverá uma tentativa de homicídio (X), em concurso formal com lesões corporais culposas (Y).
> 3) Dando-se a morte de X e lesões corporais em Y, ter-se-á um homicídio doloso consumado e lesões corporais culposas, em concurso ideal.
> 4) Verificando-se lesões corporais em X e a morte de Y, imputar-se-á ao atirador um homicídio doloso consumado (Y), em concurso ideal com uma tentativa de homicídio (X).
> Deve-se advertir que somente haverá aberratio ictus com resultado duplo quando o terceiro for atingido por erro ou acidente (isto é, culposamente), pois, se houver dolo, ainda que eventual, não se estará diante da figura do art. 73.[1177]

Nesse caso, o agente com uma só conduta praticou um ou mais crimes (concurso formal de crimes). Assim, aplica-se a regra do art. 70 do Código Penal, ou seja, o agente responderá pelos dois resultados lesivos em virtude de sua única conduta, levando-se em conta o crime mais grave, com incidência de uma causa de aumento:

> Art. 70. Quando o agente, mediante uma só ação ou omissão, pratica dois ou mais crimes, idênticos ou não, aplica-se-lhe a mais grave das penas cabíveis ou, se iguais, somente uma delas, mas aumentada, em qualquer caso, de um sexto até metade. As penas aplicam-se, entretanto, cumulativamente, se a ação ou omissão é dolosa e os crimes concorrentes resultam de desígnios autônomos, consoante o disposto no artigo anterior.
> Parágrafo único – Não poderá a pena exceder a que seria cabível pela regra do art. 69 deste Código.

Repita-se, caso o agente, pretendendo matar seu desafeto, atinja com os disparos um terceiro que estava por ali, ele praticou tanto um homicídio consumado, quanto um crime de lesão corporal. Nesse caso, diz o dispositivo mencionado, deve responder pelas penas do crime de homicídio, aumentada de 1/6 até 1/2, salvo se o *quantum* final implicar uma pena maior do que seria a simples soma das penas dos dois crimes, como prevê o art. 69 do Código Penal (concurso material de crimes).

A doutrina distingue diferentes espécies de *aberratio ictus* de unidade simples, eis que o erro na execução pode se dar tanto por acidente, quanto na execução material do crime.

No erro por acidente, a vítima pode ou não estar no local (ex.: a mulher quer matar o marido e coloca veneno em sua marmita; porém, o marido esqueceu a marmita em casa e quem comeu o alimento envenenado foi o filho).

No erro no uso dos meios de execução, a vítima está no local. Logo, essa espécie de erro está intimamente conectada à falta de perícia do agente (ex.: uma execução com arma de fogo e por erro na pontaria, o agente acerta alguém que estava do lado).

A consequência jurídica é a mesma, não obstante a diferente classificação doutrinária.

[1177] ESTEFAM, André. *Direito penal*: parte geral (arts. 1º a 120). 10. ed. São Paulo: Saraiva, 2021. p. 282.

Como a consequência é a mesma que no erro sobre a pessoa, interessante questão se revela na hipótese de o agente pretender matar um agente federal e acabar atingindo, seja por erro sobre a pessoa, seja por erro na execução, um policial civil que estava do lado.

Se não houve confusão quanto à vítima, trata-se de *aberratio ictus*. Mas a questão que fica, diante da consequência de responder pela vítima pretendida, é se ele responderia perante a Justiça Federal[1178] ou perante a Justiça Estadual.

O art. 73 do Código Penal traz regra de direito material que somente interfere na punição, mas não na regra processual de competência, ou seja, para o Direito Penal considera-se a vítima virtual, mas para o processo penal considera-se a vítima real.

Outrossim, o agente que, por acidente ou erro no uso dos meios de execução, provoca resultado diverso do pretendido, ferindo bem jurídico de natureza diversa, incorre na hipótese de erro acidental denominada *aberratio delicti* ou *aberratio criminis* e prevista no art. 74 do Código Penal:

> Resultado diverso do pretendido
> Art. 74. Fora dos casos do artigo anterior, quando, por acidente ou erro na execução do crime, sobrevém resultado diverso do pretendido, o agente responde por culpa, se o fato é previsto como crime culposo; se ocorre também o resultado pretendido, aplica-se a regra do art. 70 deste Código.

O agente pretende danificar o veículo do seu desafeto, porém, por erro na execução material do crime de dano, acaba por atingir o motorista, que vem a falecer.

Em rigor, o art. 74 do Código Penal também configura uma espécie de erro na execução, porém com resultado diverso do pretendido.

Enquanto o *aberratio ictus* se refere ao erro na execução que recai sobre o mesmo bem jurídico (pessoa – pessoa), o *aberratio criminis* trata de bens jurídicos distintos (coisa – pessoa).

Repita-se: nesse caso, há desvio do crime, ou seja, quando o sujeito, por acidente ou inabilidade, atinge bem jurídico diverso do pretendido. O agente quer ferir uma pessoa jogando nela uma pedra. Porém, o agente erra a pessoa e atinge a vitrine de uma loja, quebrando seu vidro. O agente queria cometer um crime de lesão corporal, mas acaba cometendo crime de dano contra o patrimônio.

Nesse âmbito, o agente irá responder pelo resultado diverso do pretendido apenas se agir com culpa. No caso em questão, o agente responderia apenas pela tentativa de lesão corporal, já que o crime de dano não admite modalidade culposa. Portanto, poderá ser aplicado apenas aos crimes que admitem culpa para que o agente responda pelo resultado diverso.

De acordo com a doutrina e a jurisprudência amplamente majoritárias, não se aplica o art. 74 do CP se o resultado produzido atinge bem jurídico menos valioso que o do resultado pretendido, sob pena de prevalecer a impunidade. Nesse caso, o agente responde pela tentativa do resultado pretendido.

Tal qual o *aberratio ictus*, o *aberratio criminis* pode ter resultado duplo, o que explica estar elencado no capítulo de concurso de crimes.

[1178] Art. 109, CF.

Nesse caso, o agente deverá responder pelas regras do concurso formal (art. 70 CP), sempre com a ressalva do parágrafo único quanto à incidência da causa de aumento ou simples soma das penas.

A aplicação da regra contida na primeira parte do art. 74 do CP pressupõe, segundo Estefam, que o resultado provocado seja previsto como crime culposo. Basta imaginar a situação inversa para compreender o porquê: o agente arremessa a pedra visando ferir o vizinho, mas erra o alvo e quebra o vidro de um automóvel. Se a ele se imputasse o resultado a título de culpa, significa que ele teria cometido um dano culposo (fato atípico!).[1179]

Não bastasse isso, o concurso formal se divide em *homogêneo* e *heterogêneo*. Será *homogêneo* quando os crimes são idênticos (p. ex.: três homicídios culposos praticados na direção de veículo automotor); será, por sua vez, *heterogêneo* o concurso formal quando os delitos são diversos (ex.: quando o agente, dolosamente, efetua disparos de arma de fogo contra "B", seu desafeto, matando-o. O projétil, entretanto, perfura o corpo da vítima, resultando em lesões culposas em terceira pessoa).

A classificação mais relevante, contudo, é entre concurso formal *perfeito* (art. 70, *caput*, primeira parte), quando há unidade de desígnio, e *imperfeito* (segunda parte), quando os desígnios são diversos.

O *concurso formal perfeito* ou *próprio* configura a espécie de concurso formal em que o agente realiza a conduta típica, que produz dois ou mais resultados, sem atuar com desígnios autônomos. *Desígnio autônomo, ou pluralidade de desígnios, é o propósito de produzir, com uma única conduta, mais de um crime*. É fácil concluir, portanto, que o concurso formal perfeito ou próprio ocorre entre os crimes culposos, ou então entre um crime doloso e um crime culposo. *Imperfeito* ou *impróprio* é a modalidade de concurso formal que se verifica quando a conduta dolosa do agente e os crimes concorrentes derivam de desígnios autônomos. Existem, portanto, dois crimes dolosos.[1180]

A jurisprudência deste STF é firme no sentido de configurar-se concurso formal a ação única que tenha como resultado a lesão ao patrimônio de vítimas diversas, e não crime único.[1181]

Ao concurso formal próprio ou perfeito, seja ele homogêneo, seja heterogêneo, aplicar-se-á o percentual de aumento de 1/6 a 1/2, porém, quanto ao concurso formal impróprio ou imperfeito, pelo fato de ter o agente atuado com desígnios autônomos, almejando dolosamente a produção de todos os resultados, a regra será a do cúmulo material, isto é, embora tenha praticado uma conduta única, produtora de dois ou mais resultados, se esses resultados tiverem sido por ele queridos inicialmente, em vez da aplicação do percentual de aumento referido, suas penas serão cumuladas materialmente.

Com isso, ressalta Schmitt, podemos afirmar que o concurso formal ou ideal de crimes traz duas situações distintas para a aplicação da pena definitiva ao condenado:

> 1º) quando o agente não tem autonomia de desígnios em relação aos resultados (concurso formal próprio ou perfeito), aplicar-se-á apenas uma das penas, a mais grave, se diversas,

---

[1179] ESTEFAM, André. *Direito penal*: parte geral (arts. 1º a 120). 10. ed. São Paulo: Saraiva, 2021. p. 283.
[1180] MASSON, Cleber. *Direito penal*: parte geral (arts. 1º a 120). 14. ed. São Paulo: Método, 2020. v. 1. p. 657.
[1181] STF. HC 91.615, Rel. Min. Cármen Lúcia, j. 11-9- 2007, 1ª T, DJE de 28-9-2007.

ou qualquer uma delas, se iguais, aumentadas, em qualquer caso, de 1/6 a 1/2; 2º) quando o agente tem autonomia de desígnios em relação aos resultados, ou seja, age de forma dolosa querendo provocar dois ou mais resultados (concurso formal impróprio ou imperfeito), as penas serão somadas.[1182]

Portanto, resume Nucci, no concurso formal, pode-se sustentar:

a) havendo dolo quanto ao crime desejado e culpa quanto ao(s) outro(s) resultado(s) da mesma ação, trata-se de concurso formal perfeito; b) havendo dolo quanto ao delito desejado e dolo eventual no tocante ao(s) outro(s) resultado(s) da mesma ação, há concurso formal perfeito; c) havendo dolo quanto ao delito desejado e também em relação aos efeitos colaterais, deve haver concurso formal imperfeito. Lembramos que o dolo direto pode ser de 1º e 2º graus, o que é suficiente para configurar o concurso formal na modalidade imprópria ou imperfeita.[1183]

Como leciona Estefam:

O sistema da exasperação (ou do cúmulo jurídico) mostra-se evidentemente mais benéfico ao agente do que o do cúmulo material. Caso, entretanto, o magistrado verificar que a pena decorrente da exasperação pelo concurso formal seria maior do que a resultante da simples soma das sanções, deverá optar por esse caminho, em vez de aumentar a maior das penas. Essa regra, constante do art. 70, parágrafo único, do CP, denomina-se *concurso material benéfico* (ou cúmulo material benéfico). Exemplo: se o agente comete em concurso formal próprio um homicídio qualificado (CP, art. 121, §2º) e uma lesão corporal culposa (CP, art. 129, §6º), as penas deverão ser somadas. Caso se procedesse ao aumento, nos termos do art. 70 do CP, tomando como base a pena mínima, o réu seria condenado a catorze anos (12 anos, aumentados de um sexto); somando-se as sanções, conforme determina o art. 70, parágrafo único, o agente receberá doze anos (de reclusão) e dois meses (de detenção).[1184]

Repita-se, se o segundo resultado lesivo for obtido por culpa ou dolo eventual, será concurso formal perfeito, aplicando-se a exasperação da pena. Mas se todos os resultados forem decorrentes de dolo direto, será concurso formal imperfeito, aplicando-se a acumulação material.

O parágrafo único do art. 70 define a regra da cumulação obrigatória das penas mais benéficas, ou seja, quando a simples somatória se mostrar mais benéfica do que as do concurso formal (exasperação), aquela deverá ser a aplicada.

Pela lógica, portanto, a regra do parágrafo só se aplica ao concurso formal perfeito.

A título ilustrativo, se o agente quer matar uma pessoa, mas com sua conduta acaba ferindo culposamente um terceiro, responde em concurso formal perfeito. Se aplicarmos a regra da exasperação, teremos uma pena de 6 anos pelo homicídio, a qual deverá ser acrescentada de 1/6 até 1/2 (pena total de 7 anos), sendo certo que, pela

---

[1182] SCHMITT, Ricardo Augusto. *Sentença penal condenatória*: teoria e prática. 13. ed. Salvador: JusPodivm, 2019. p. 314.
[1183] NUCCI, Guilherme de Souza. *Manual de direito penal*. 15. ed. Rio de Janeiro: Forense, 2019. p. 480-482.
[1184] ESTEFAM, André. *Direito penal*: parte geral (arts. 1º a 120). 10. ed. São Paulo: Saraiva, 2021. p. 461.

acumulação de penas (pena mínima de 6 anos e 2 meses), o uso da regra do concurso material obrigatório se revela mais benéfico e por isso deve ser aplicado.

É preciso destacar que a majoração derivada de concurso formal ou ideal de delitos, assim como do crime continuado, não deve incidir sobre a pena-base, mas sobre aquela a que já se ache acrescido o *quantum* resultante da aplicação das causas especiais de aumento a que se refere o §2º do art. 157 do CP.[1185]

4.3 Crime continuado

O crime continuado, ou *delictum continuatum*, dá-se quando o agente pratica dois ou mais crimes da mesma espécie, mediante duas ou mais condutas, os quais, pelas condições de tempo, lugar, modo de execução e outras, podem ser tidos uns como continuação dos outros.[1186] Essa a regra esculpida no art. 71 do Código Penal:

> Crime continuado
> Art. 71. Quando o agente, mediante mais de uma ação ou omissão, pratica dois ou mais crimes da mesma espécie e, pelas condições de tempo, lugar, maneira de execução e outras semelhantes, devem os subseqüentes ser havidos como continuação do primeiro, aplica-se-lhe a pena de um só dos crimes, se idênticas, ou a mais grave, se diversas, aumentada, em qualquer caso, de um sexto a dois terços.
> Parágrafo único – Nos crimes dolosos, contra vítimas diferentes, cometidos com violência ou grave ameaça à pessoa, poderá o juiz, considerando a culpabilidade, os antecedentes, a conduta social e a personalidade do agente, bem como os motivos e as circunstâncias, aumentar a pena de um só dos crimes, se idênticas, ou a mais grave, se diversas, até o triplo, observadas as regras do parágrafo único do art. 70 e do art. 75 deste Código.

Assim, caso um empregado, visando subtrair o faqueiro de seu empregador, decide furtar uma peça por dia, até ter em sua casa o jogo completo, após 120 dias, teria, pela regra do art. 69 do CP, completado o faqueiro e cometido 120 furtos, o que totalizaria, no mínimo, uma pena de 120 anos.

O tema mais complexo e talvez de mais interessante construção doutrinária acerca do concurso de crimes, a denotar a influência de concepções político-criminais sobre a dogmática penal, cuida-se do instituto do crime continuado, fixado no art. 71 do atual Código Penal. Sua origem costuma ser associada aos glosadores e pós-glosadores, tendo sua sistematização se assentado no século XVI pelas mãos dos práticos italianos, destacadamente Farinácio e Júlio Claro.

A ideia subjacente à benéfica construção era a de afastar a pena de morte insculpida para aquele que praticasse o terceiro furto. Dessa maneira, escorava-se no *favor rei*,

---

[1185] Nesse sentido: STF. RHC 86.080, Rel. Min. Cezar Peluso, j. 6-6-2006, 1ª T, DJ de 30-6-2006; STF. HC 70.787, Rel. Min. Celso de Mello, j. 14-6-1994, 1ª T, DJE de 23-10-2009.

[1186] "No crime continuado, o único critério a ser levado em conta para dosar o aumento (1/6 a 2/3, no caput, e até o triplo, no parágrafo único, do art. 71) é o número de infrações praticadas. É a correta lição de Fragoso" (FRAGOSO, Heleno Cláudio. *Lições de direito penal*. 2. ed. São Paulo: José Bushatsky Editor, 1962. v. 1. p. 352). Sobre o aumento, Flávio Augusto Monteiro de Barros fornece uma tabela: para 2 crimes, aumenta-se a pena em um sexto; para 3 delitos, eleva-se em um quinto; para 4 crimes, aumenta-se em um quarto; para 5 crimes, eleva-se em um terço; para 6 delitos, aumenta-se na metade; para 7 ou mais crimes, eleva-se em dois terços (BARROS, Flávio Augusto Monteiro de. *Direito penal*: parte geral. São Paulo: Saraiva, 2004. v. 1. p. 447).

com intuito humanista. As primeiras legislações a preverem o crime continuado foram as italianas de meados do século XIX. No Brasil, houve previsão primeira, ainda que rudimentar, no Código Penal Republicano (1890), sendo o assunto mais bem disciplinado por via de decreto em 1923.[1187]

Não fosse a regra do art. 71 do CP, benéfica ao agente, as penas deveriam ser obrigatoriamente somadas.

O Código Penal, contudo, exige a *cumulatividade de requisitos* para a aplicação do crime continuado: a) *pluralidade de condutas: concurso material benéfico exige duas ou mais ações ou omissões;* b) *crimes da mesma espécie;* c) *crimes praticados em condições de tempo, espaço e formas de execução similares.*

Aliás, o Superior Tribunal de Justiça há tempos vem adotando a teoria mista, segundo a qual, para a caracterização da continuidade delitiva, afigura-se imprescindível o preenchimento de requisitos de ordem objetiva (mesmas condições de tempo, lugar e forma de execução) e subjetiva (unidade de desígnios ou vínculo subjetivo entre os eventos).[1188]

No tocante ao requisito "crimes da mesma espécie", há histórica divergência doutrinária e jurisprudencial.

Parte da doutrina sustenta que "crimes da mesma espécie" são crimes que protegem o mesmo bem jurídico (corrente minoritária), ou seja, furto, roubo e estelionato, por lesarem o patrimônio, seriam todos de mesma espécie. Contudo, para a corrente majoritária, crimes da mesma espécie são crimes que se amoldam ao mesmo tipo penal, ou seja, diferentes espécies de furto, ou distintas espécies de roubos etc., não importando se simples, privilegiados ou qualificados, se tentados ou consumados.

Não é possível, por exemplo, reconhecer a continuidade delitiva entre os crimes de roubo (art. 157 do CP) e de extorsão (art. 158 do CP), pois são infrações penais de espécies diferentes.[1189]

De outra parte, foi exatamente o que ocorreu com o crime de atentado violento ao pudor, que, a partir da vigência da Lei nº 12.015/2009, deixou de estar no art. 214, mas todas as elementares passaram a integrar o tipo de estupro (art. 213), tornando todos os atos libidinosos, inclusive a conjunção carnal, crimes de mesma espécie, o que, em outras palavras, fez com que a Lei nº 11.106/05 fosse tida como mais benéfica e retroagisse para

---

[1187] SOUZA, Luciano Anderson de. *Direito penal*: parte geral. 3. ed. São Paulo: Revista dos Tribunais, Thomson Reuters, 2022. v. 1. p. 590.

[1188] STJ. RHC 043601, Rel. Min. Maria Thereza de Assis Moura, 6ª T, j. 03/06/2014, DJE 18/06/2014).

[1189] Nesse sentido: STJ, HC 240630/RS, Rel. Ministra Laurita Vaz, Quinta Turma, julgado em 04/02/2014, DJe 17/02/2014; REsp 1008517/RS, Rel. Ministro Rogério Schietti Cruz, Sexta Turma, julgado em 07/11/2013, DJe 26/11/2013; HC 223711/SP, Rel. Ministra Marilza Maynard (Desembargadora Convocada do TJ/SE), Sexta Turma, julgado em 23/04/2013, DJe 25/04/2013; AgRg no REsp 961928/RS, Rel. Ministra Maria Thereza de Assis Moura, Sexta Turma, julgado em 08/02/2011, DJe 28/02/2011; HC 98307/SP, Rel. Ministro Felix Fischer, Quinta Turma, julgado em 01/04/2008, DJe 02/06/2008; REsp 1084296/SP, Rel. Ministro Arnaldo Esteves Lima, Quinta Turma, julgado em 10/09/2009, DJe 13/10/2009; REsp 1051011/RS (decisão monocrática), Rel. Ministra Assusete Magalhães, julgado em 17/06/2013, DJe 19/06/2013; REsp 1329835/MT (decisão monocrática), Rel. Ministro Jorge Mussi, julgado em 29/04/2013, DJe 02/05/2013; REsp 1371904/MG (decisão monocrática), Rel. Ministra Alderita Ramos De Oliveira (Desembargadora Convocada do TJ/PE), julgado em 23/04/2013, DJe 26/04/2013; REsp 1319672/SP (decisão monocrática), Rel. Ministro Marco Aurelio Bellizze, julgado em 19/03/2013, DJe 01/04/2013.

os fatos anteriores, eis que casos de estupro e atentado violento ao pudor, que antes ensejavam a regra do concurso material, passaram a permitir a continuidade delitiva.[1190]

Com relação às *condições de tempo, espaço e formas de execução semelhantes*, a doutrina e a jurisprudência foram modulando os limites para se reconhecer a continuidade delitiva.

Quanto ao *tempo*, todos os crimes devem ser praticados em espaço de tempo relativamente definido, isto é, deve haver certa relação de proximidade temporais nas condutas praticadas. Embora não exista dado matemático para dizer se as condições de tempo são ou não próximas, tem-se aceitado um limite máximo entre uma e outra infração por período não superior a um mês.[1191]

O Supremo Tribunal Federal, aliás, já decidiu pelo não reconhecimento integral, dado o intervalo superior a trinta dias entre alguns dos seis roubos praticados durante cerca de quatro meses: critério jurisprudencial que, em si mesmo, não é ilegal nem incompatível com a concepção objetiva do Código, não se tendo logrado demonstrar que sua aplicação, nas circunstâncias do caso, desnaturaria a definição legal do crime continuado.[1192] No mesmo sentido, o STJ já decidiu, reiteradas vezes, que a continuidade delitiva, em regra, não pode ser reconhecida quando se tratarem de delitos praticados em período superior a 30 (trinta) dias.[1193]

Com relação ao *critério espacial*, os crimes devem ser praticados em locais próximos, permite-se o reconhecimento da espécie de crime continuado entre os delitos praticados na mesma rua, no mesmo bairro, na mesma cidade ou até mesmo em cidades distintas, desde que contíguas, vizinhas ou limítrofes.[1194]

Com relação ao *modus operandi*, deve-se observar se o agente (ou o grupo) executou o crime de maneira similar: caso um furto seja praticado mediante fraude e outro em concurso de pessoas, estará quebrada a continuidade delitiva, sendo obrigatória a aplicação da soma das penas nos termos do art. 69 do Código Penal.[1195]

[1190] Veja nesse sentido: STJ, HC 236713/SP, Rel. Ministra Laurita Vaz, Quinta Turma, julgado em 10/12/2013, DJe 03/02/2014; HC 211273/MS, Rel. Ministra Maria Thereza de Assis Moura, Sexta Turma, julgado em 29/08/2013, DJe 12/09/2013; HC 222041/SP, Rel. Ministro Jorge Mussi, Quinta Turma, julgado em 26/02/2013, DJe 12/03/2013; HC 203695/SP, Rel. Ministro Sebastião Reis Júnior, Sexta Turma, julgado em 28/08/2012, DJe 12/09/2012; AREsp 12700/AC (decisão monocrática), Rel. Ministro Marco Aurélio Bellizze, Quinta Turma, julgado em 09/06/2014, DJe 12/06/2014; REsp 1359778/MG (decisão monocrática), Rel. Ministro Moura Ribeiro, Quinta Turma, julgado em 11/06/2014, DJe 17/06/2014.

[1191] Nesse sentido: STF, HCs nº 107636 e nº 69896.

[1192] STF. HC 69.305, Rel. Min. Sepúlveda Pertence, j. 28-4-1992, 1ª T, DJ de 5-6-1992.

[1193] AgRg no AREsp 468460/MG, Rel. Ministro Sebastião Reis Júnior, Sexta Turma, julgado em 08/05/2014, DJe 28/05/2014; HC 239397/RS, Rel. Ministra Laurita Vaz, Quinta Turma, julgado em 08/04/2014, DJe 15/04/2014; RHC 38675/SP, Rel. Ministro Jorge Mussi, Quinta Turma, julgado em 25/03/2014, DJe 02/04/2014; HC 168638/RS, Rel. Ministra Maria Thereza de Assis Moura, Sexta Turma, julgado em 21/02/2013, DJe 01/03/2013; RHC 24125/SC, Rel. Ministro Marco Aurélio Bellizze, Quinta Turma, julgado em 01/12/2011, DJe 01/02/2012; AREsp 346230/SE (decisão monocrática), Rel. Ministro Moura Ribeiro, julgado em 11/06/2014, DJe 16/06/2014; EDcl no AREsp 441816/MG (decisão monocrática), Rel. Ministra Regina Helena Costa, julgado em 20/05/2014, DJe 22/05/2014; REsp 1110726/RS (decisão monocrática), Rel. Ministra Marilza Maynard, julgado em 20/05/2014, DJe 19/12/2013.

[1194] Nesse sentido: HC 206227/RS, Rel. Ministro Gilson Dipp, Quinta Turma, julgado em 06/10/2011, DJe 14/10/2011; HC 174612/RS, Rel. Ministra Laurita Vaz, Quinta Turma, julgado em 31/05/2011, DJe 16/06/2011; HC 154024/RS, Rel. Ministro Celso Limongi (Desembargador Convocado do TJ/SP), Sexta Turma, julgado em 31/08/2010, DJe 20/09/2010; HC 74355/RJ, Rel. Ministro Felix Fischer, Quinta Turma, julgado em 08/11/2007, DJ 17/12/2007; HC 231717/DF (decisão monocrática) Rel. Ministro Sebastião Reis Junior, julgado em 28/11/2012, DJe 04/12/2014; REsp 1050233/RS (decisão monocrática), Rel. Ministra Marilza Maynard (Desembargadora Convocada do TJ/SE), julgado em 18/11/2013, DJe 02/12/2013; RT 542/455.

[1195] A continuidade delitiva não pode ser reconhecida quando se tratarem de delitos cometidos com modos de execução diversos. Nesse sentido, STJ, AgRg no HC 184814/SP, Rel. Ministro Jorge Mussi, Quinta Turma, julgado

Exige-se, ademais, que os crimes subsequentes sejam tidos como continuação do primeiro: exige-se que as ações subsequentes devam ser tidas como desdobramento lógico da primeira, demonstrando a *existência de unidade de desígnios*. Há, aliás, três teorias que buscam explicar os crimes continuados quando há unidade de desígnio: subjetiva, objetiva e mista (subjetivo-objetiva).

Segundo a *teoria subjetiva*, o crime continuado é identificado com base na unidade de desígnio, razão pela qual pouco importa se esses crimes são provocados em locais de tempo e espaço semelhantes.

Para a *teoria objetivamente pura*, o que interessa é a homogeneidade na conduta do agente (condutas da mesma espécie), que se identifica com base em dados objetivos. Assim, dispensa-se a unidade de ideação e deduz-se o conceito a partir de condutas continuadas dos elementos exteriores da homogeneidade.

Para os adeptos dessa teoria, basta a presença dos requisitos objetivos elencados pelo art. 71, *caput*, do CP. Sustenta ainda que, como o citado dispositivo legal apresenta apenas requisitos objetivos, as "outras semelhantes" condições ali admitidas devem ser de natureza objetiva, exclusivamente. Traz ainda o argumento arrolado pelo item 59 da Exposição de Motivo da Nova Parte Geral do CP:

> O critério da teoria puramente objetiva não revelou na prática maiores inconvenientes, a despeito das objeções formuladas pelos partidários da teoria objetivo-subjetiva. Em suma, dispensa-se a intenção do agente de praticar os crimes em continuidade. É suficiente a presença das semelhantes condições de índole objetiva. É a posição, na doutrina, de Roberto Lyra, Nélson Hungria e José Frederico Marques.[1196]

Embora o Código Penal tenha adotado a *teoria puramente objetiva*, é muito difícil que o juiz não aprecie o elemento subjetivo do agente.

Por fim, segundo a *teoria mista (subjetivo-objetiva)*, o crime continuado exige, para a sua identificação, além de determinados elementos de ordem objetiva, outro de índole subjetiva, que é expresso de modos diferentes: unidade de dolo, unidade de resolução e unidade de desígnio. Trata-se, pois, da soma das duas teorias anteriores e depende da unidade de desígnios e de dados objetivos que justifiquem aquela conduta.

Para a teoria objetivo-subjetiva ou mista, não basta a presença dos requisitos objetivos previstos no art. 71, *caput*, do CP. Reclama-se também a unidade de desígnio, isto é, os vários crimes resultam de plano previamente elaborado pelo agente. É a posição adotada, entre outros, por Zaffaroni, Noronha e Damásio, e amplamente dominante no âmbito jurisprudencial. Essa teoria permite a diferenciação entre a continuidade delitiva e a habitualidade criminosa.

---

em 07/11/2013, DJe 21/11/2013; HC 223711/ SP, Rel. Ministra Marilza Maynard (Desembargadora Convocada do TJ/SE), Quinta Turma, julgado em 23/04/2013, DJe 25/04/2013; AgRg no REsp 1154442/RS, Rel. Ministra Laurita Vaz, Quinta Turma, julgado em 18/10/2012, DJe 24/10/2012; AgRg no REsp 1120946/RS, Rel. Ministro Marco Aurélio Bellizze, Quinta Turma, julgado em 28/02/2012, DJe 14/03/2012; HC 150719/SP, Rel. Ministra Maria Thereza de Assis Moura, Sexta Turma, julgado em 22/11/2011, DJe 05/12/2011; AgRg no HC 189961/MT, Rel. Ministro Sebastião Reis Júnior, Sexta Turma, julgado em 06/10/2011, DJe 14/11/2011; EDcl no REsp 1429450/MG (decisão monocrática), Rel. Ministro Moura Ribeiro, julgado em 11/06/2014, DJe 16/06/2014.

[1196] MASSON, Cleber. *Direito penal*: parte geral (arts. 1º a 120). 14. ed. São Paulo: Método, 2020. v. 1. p. 664.

O Código Penal, ao adotar a teoria objetiva como regra benéfica prevista no art. 71 do Código Penal, tem, para parte da doutrina, *natureza jurídica* de ficção e, para outros, natureza realista.

Em suma, duas são as teorias que explicam a continuidade delitiva.[1197]

Segundo a *teoria da ficção jurídica*, o crime continuado é considerado crime único apenas porque a lei assim dispõe, pois presume de forma absoluta que o agente atua com unidade de desígnios.

Já para os adeptos da *teoria realista*, o crime continuado é uma realidade (existe no mundo fático), já que os vários comportamentos lesivos do agente constituem elos de uma mesma corrente, ou seja, eles trazem uma unidade de desígnio real, pouco importando se há mais de um resultado lesivo.

A teoria vigente no nosso Código Penal é a teoria da ficção jurídica.

Como bem ressalta Estefam, o crime continuado

> é concurso material benéfico já que traz a presunção absoluta de que crimes decorrentes de mais de uma conduta venham a ser considerados como crime único. Classifica-se em *comum ou simples* (*caput*): quando presentes os requisitos acima; e *específico ou qualificado* (parágrafo único): quando, além disso, tratar-se de crimes dolosos, praticados com violência ou grave ameaça à pessoa e contra vítimas diferentes.[1198]

Souza diferencia o *crime continuado qualificado* que desvela penas diferentes em relação aos diversos crimes que compõem a continuidade (caso de um furto simples consumado e outro tentado, situação em que se aplica a pena do crime mais grave, exasperada de 1/6 a 1/3), do *crime continuado específico*, que é aquele em que as infrações em continuidade, necessariamente dolosas, voltam-se contra vítimas diferentes, tendo sido cometidas com emprego de violência ou grave ameaça à pessoa (disciplinado pelo art. 71, parágrafo único do *Codex*, o qual estabelece que em tais casos se aplica a pena de qualquer dos crimes, se idênticas, ou a mais grave delas, se diversas, aumentada *até o triplo*, prevalecendo a compreensão de que a fração mínima de aumento é de 1/6).[1199]

Como bem lembra Nucci, não se deve confundir o crime continuado com o *crime habitual*. No crime continuado, há diversas *condutas* que, separadas, constituem *crimes autônomos*, mas que são reunidas por uma ficção jurídica dentro dos parâmetros do art.

[1197] "Há quem defina como unidade real de crimes (crime único) e há quem prefira a tese da ficção jurídica (crime único, por ficção). Outros ainda se referem a uma teoria supostamente mista, que consistiria em considerar a existência de ainda outro crime, resultante da continuação. A discussão, com o devido respeito a todos os seus autores, não oferece maiores proveitos. Na verdade, o que resta nesse campo é o tratamento que o ordenamento jurídico escolhe para a punibilidade de fatos criminosos praticados pelo mesmo agente. No concurso material o critério escolhido foi o da cumulação de crimes, reconhecendo a autonomia geral entre eles. No concurso formal, prevaleceu a exasperação de uma das penas (a mais grave) em atenção à unidade da conduta, embora mais de um resultado (crime). E, no crime continuado, como veremos, optou-se também pela regra da exasperação da pena, ainda que evidenciada a pluralidade de ações e de crimes. A Lei, CP, portanto, trata a questão como se houvesse uma unidade de ações, em continuidade, fazendo, então, daquilo que lhe oferece a realidade fática – a pluralidade de fatos efetivamente acontecidos – uma ficção normativa, considerando-as ou regulando-as como uma mesma ação a ser punida com a pena agravada de um dos crimes" (PACELLI, Eugênio. *Manual de direito penal*. 5. ed. São Paulo: Atlas, 2019. p. 414).

[1198] ESTEFAM, André. *Direito penal*: parte geral (arts. 1º a 120). 10. ed. São Paulo: Saraiva, 2021. p. 462.

[1199] SOUZA, Luciano Anderson de. *Direito penal*: parte geral. 3. ed. São Paulo: Revista dos Tribunais, Thomson Reuters, 2022. v. 1. p. 594.

71 do Código Penal. O crime habitual é, normalmente, constituído de uma reiteração de atos, penalmente indiferentes *de per si*, que constituem um todo, um delito apenas, traduzindo geralmente um modo ou estilo de vida. Exemplos: exercer ilegalmente a Medicina (art. 282 do CP); estabelecimento em que ocorra exploração sexual (art. 229 do CP); participar dos lucros da prostituta (art. 230 do CP) ou se fazer sustentar por ela.[1200]

Da mesma forma, não se deve confundir crime continuado com o *crime permanente*. No crime continuado, há diversas condutas que, separadas, constituem crimes autônomos, mas que são reunidas por uma ficção jurídica dentro dos parâmetros do art. 71 do Código Penal. No crime permanente há apenas uma conduta, que se prolonga no tempo. Exemplo: sequestro ou cárcere privado (art. 148 do CP).

Não se deve confundir o crime continuado com a *habitualidade criminosa (perseveratio in crimine)*. No crime continuado, há diversas condutas que, separadas, constituem crimes autônomos, mas que são reunidas por uma ficção jurídica dentro dos parâmetros do art. 71 do Código Penal. O delinquente habitual faz do crime uma profissão e pode infringir a lei várias vezes do mesmo modo, mas não comete crime continuado com reiteração das práticas delituosas. Aliás, não há crime continuado quando configurada habitualidade delitiva ou reiteração criminosa.[1201]

Como brevemente mencionado, há de se consignar que, além da figura típica da continuidade delitiva (*caput* do art. 71), há também a figura de outro tipo continuado (qualificado ou específico, previsto no parágrafo único). Se os crimes forem dolosos, praticados contra vítimas diversas e com emprego de violência ou grave ameaça à pessoa, a pena poderá ser aumentada até o triplo, não podendo superar aquela que seria cabível caso aplicada a regra do concurso material (teto).

Na continuidade delitiva prevista no *caput* do art. 71 do CP, o aumento se faz em razão do número de infrações praticadas e de acordo com a seguinte correlação: 1/6 para duas infrações; 1/5 para três; 1/4 para quatro; 1/3 para cinco; 1/2 para seis; 2/3 para sete ou mais ilícitos.[1202] Já na continuidade delitiva específica, prevista no parágrafo único

---

[1200] NUCCI, Guilherme de Souza. *Manual de direito penal*. 15. ed. Rio de Janeiro: Forense, 2019. p. 488.

[1201] Nesse sentido se posiciona o STJ: HC 262842/SP, Rel. Ministra Laurita Vaz, Quinta Turma, julgado em 08/05/2014, DJe 16/05/2014; HC 249912/SP, Rel. Ministro Jorge Mussi, Quinta Turma, julgado em 20/03/2014, DJe 26/03/2014; AgRg nos EDcl no REsp 1110836/PR, Rel. Ministro Marco Aurélio Belizze, Quinta Turma, julgado em 11/02/2014, DJe 26/02/2014; HC 204109/RS, Rel. Ministra Marilza Maynard (Desembargadora Convocada do TJ/SE), Sexta Turma, julgado em 26/11/2013, DJe 12/12/2013; HC 224592/SP, Rel. Ministro Sebastião Reis Júnior, Sexta Turma, julgado em 08/10/2013, DJe 16/10/2013; HC 185336/RJ, Rel. Ministra Maria Thereza de Assis Moura, Sexta Turma, julgado em 07/05/2013, DJe 14/05/2013; HC 291586/SP (decisão monocrática), Rel. Ministro Moura Ribeiro, julgado em 30/05/2014, DJe 05/06/2014; HC 88032/SP (decisão monocrática), Rel. Ministro Rogério Schietti Cruz, julgado em 30/10/2013, DJe 11/11/2013. (Vide Informativo de Jurisprudência n. 378).

[1202] Nesse sentido, STJ, HC 107443/SP, Rel. Ministro Nefi Cordeiro, Sexta Turma, julgado em 03/06/2014, DJe 20/06/2014; REsp 981837/SP, Rel. Ministro Rogerio Schietti Cruz, Sexta Turma, julgado em 24/04/2014, DJe 05/05/2014; HC 265385/SP, Rel. Ministra Maria Thereza de Assis Moura, Sexta Turma, julgado em 08/04/2014, DJe 24/04/2014; HC 238262/PE, Rel. Ministra Laurita Vaz, Quinta Turma, julgado em 18/03/2014, DJe 28/03/2014; HC 127463/MG, Rel. Ministra Marilza Maynard (Desembargadora Convocada do TJ/ SE), Sexta Turma, julgado em 05/12/2013, DJe 16/12/2013; HC 231864/RS, Rel. Ministro Sebastião Reis Júnior, Sexta Turma, julgado em 06/06/2013, DJe 21/06/2013; HC 184816/SP, Rel. Ministro Marco Aurélio Bellizze, Quinta Turma, julgado em 25/06/2013, DJe 01/07/2013; HC 190471/RS, Rel. Ministro Jorge Mussi, Quinta Turma, julgado em 19/02/2013, DJe 01/03/2013. (Vide Informativos de Jurisprudência n. 40, 316 e 456).

do art. 71 do CP, o aumento fundamenta-se no número de infrações cometidas e nas circunstâncias judiciais do art. 59 do CP.[1203]

Constatando-se a ocorrência de diversos crimes sexuais durante longo período de tempo, é possível o aumento da pena pela continuidade delitiva no patamar máximo de 2/3 (art. 71 do CP), ainda que sem a quantificação exata do número de eventos criminosos.[1204]

Na prática de roubos em continuidade delitiva contra vítimas distintas e com violência ou grave ameaça, aplica-se a regra do parágrafo único. Entendemos, contudo, que a regra viola o princípio da proporcionalidade sob a ótica da proteção jurídica deficiente, eis que, havendo quatro vítimas, o roubo em relação a uma delas estaria logicamente impune. Aliás, no tocante ao crime de homicídio, o Supremo Tribunal Federal expressamente vetou a possibilidade por meio da Súmula nº 605: "Não se admite continuidade delitiva nos crimes contra a vida".[1205]

Relevante consignar que a ausência de pedido do Ministério Público para aplicação do crime continuado não impede a sua aplicação,[1206] e o aumento de pena em virtude de concurso formal ou crime continuado incide sobre a pena após a aplicação das causas de aumento especiais, ou seja, a majoração derivada de concurso formal ou ideal de delitos não deve incidir sobre a pena-base, mas sobre aquela a que já se ache acrescido o *quantum* resultante da aplicação das causas especiais de aumento a que se refere o §2º do art. 157 do CP.[1207]

De outra parte, a doutrina debate certa incoerência na norma, eis que o agente, ao eleger a mesma vítima para praticar roubos nas mesmas circunstâncias, semanalmente, teria tratamento discriminatório, já que responderia com concurso material.

Para fins de aplicação do benefício do art. 89 da Lei nº 9.099/95, não se admite a suspensão condicional do processo por crime continuado, se a soma da pena mínima da infração mais grave com o aumento mínimo de um sexto for superior a um ano (Súmula nº 723, STF).

[1203] STJ, HC 277283/SP, Rel. Ministra Maria Thereza de Assis Moura, Sexta Turma, julgado em 05/06/2014, DJe 24/06/2014; REsp 1248240/RS, Rel. Ministro Sebastião Reis Junior, Sexta Turma, julgado em 03/04/2014, DJe 15/04/2014; HC 265960/SP, Rel. Ministra Laurita Vaz, Quinta Turma, julgado em 25/02/2014, DJe 12/03/2014; HC 127463/MG, Rel. Ministra Marilza Maynard, Sexta Turma, julgado em 05/12/2013, DJe 16/12/2013; AgRg no REsp 1294129/AL, Rel. Ministro Jorge Mussi, Quinta Turma, julgado em 05/02/2013, DJe 15/02/2013; REsp 1396779/SP (decisão monocrática), Rel. Ministro Moura Ribeiro, Quinta Turma, julgado em 25/11/2013, DJe 04/12/2013.

[1204] STJ, AgRg no REsp 1.281.127-PR, Quinta Turma, DJe 25/9/2014); e AgRg no AREsp 455.218- MG, Sexta Turma, DJe 5/2/2015. HC 311.146-SP, Rel. Min. Newton Trisotto (Desembargador convocado do TJ-SC), julgado em 17/3/2015, DJe 31/3/2015).

[1205] Nesse sentido também: HC 63758/RS, Rel. Ministro Arnaldo Esteves Lima, Quinta Turma, julgado em 13/02/2007, DJ 12/03/2007; REsp 832919/RS, Rel. Ministro Gilson Dipp, Quinta Turma, julgado em 03/10/2006, DJ 30/10/2006; HC 169350/PR (decisão monocrática), Rel. Ministro Jorge Mussi, julgado em 15/04/2013, DJe 30/04/2013; REsp 1304460/RS (decisão monocrática), Rel. Ministra Laurita Vaz, julgado em 28/09/2012, DJe 16/10/2012.

[1206] STF. HC 95.245, Rel. Min. Joaquim Barbosa, j. 16-11-2010, 2ª T, DJE de 1º-2-2011.

[1207] Nesse sentido, STF. RHC 86.080, Rel. Min. Cezar Peluso, j. 6-6-2006, 1ª T, DJ de 30-6-2006; STF, HC 70.787, Rel. Min. Celso de Mello, j. 14-6-1994, 1ª T, DJE de 23-10-2009.

Outrossim, segundo a Súmula nº 497, do Supremo Tribunal Federal, "quando se tratar de crime continuado, a prescrição regula-se pela pena imposta na sentença, não se computando o acréscimo decorrente da continuação", o que significa dizer que as infrações anteriores possam estar prescritas, subsistindo a punição de somente uma delas, o que afastaria a incidência da causa de aumento.

Aliás, justamente por se tratar de uma norma que beneficia o réu ou o investigado, a Súmula nº 711 do STF prevê que, no caso de sucessão de leis penais, com advento de norma penal mais grave, aplica-se ao crime continuado ou ao crime permanente, se a sua vigência é anterior à cessação da continuidade ou da permanência, como já salientamos em capítulo próprio.

III

EXECUÇÃO DA PENA PRIVATIVA DE LIBERDADE E INSTITUTOS CORRELATOS

1 Finalidades e natureza

Quando se fala em fundamento do direito de punir e, especificamente, sobre as finalidades da pena, é perfeitamente possível afirmar que o ordenamento jurídico-penal brasileiro tende à adoção de uma teoria conciliadora, contendo traços das teorias absolutas, vislumbrando na pena uma retribuição ao mal oriundo do crime, e também das relativas, voltando-se para a prevenção de novas infrações, não só sob o aspecto do delinquente como também de todos os destinatários da norma penal incriminadora.

Note-se que, ao disciplinar a aplicação da pena (Capítulo III do Título V da Parte Geral do Código Penal), o art. 59 do Código Penal dispõe que:

> o juiz, atendendo à culpabilidade, aos antecedentes, à conduta social, à personalidade do agente, aos motivos, às circunstâncias e consequências do crime, bem como ao comportamento da vítima, estabelecerá, conforme seja necessário e suficiente para a reprovação e prevenção do crime:
> I – as penas dentro dos limites previstos;
> II – a quantidade de pena aplicável, dentro dos limites previstos;
> III – o regime inicial do cumprimento da pena privativa de liberdade;
> IV – a substituição da pena privativa de liberdade.

O dispositivo já estudado menciona expressamente a finalidade preventiva da imposição da pena, que será imposta na medida do necessário para a reprovação e prevenção do crime.

É indiscutível que a mera cominação abstrata da pena para o caso de descumprimento da norma inserta no tipo penal já surte o efeito intimidatório em todos os seus destinatários (prevenção geral), responsável pela dissuasão do propósito delitivo.

Mas a imposição da pena devidamente individualizada ao delinquente, além de desmotivar todos os destinatários da norma penal a afrontá-la, intimida e reeduca ou, ao menos, neutraliza o potencial delitivo do delinquente.

Ademais, o art. 1º da Lei nº 7.210/84 (Lei de Execução Penal) também reforça a ideia de termos adotado uma *teoria mista acerca das finalidades da pena* – a sanção penal traduz uma retribuição pelo crime cometido (prevenção especial e geral) e a oportunidade para oferecer ao condenado novos conhecimentos que lhe proporcionarão uma alternativa para reintegração na sociedade, abandonando, se assim desejar, a delinquência (fusão da teoria retribucionista ou absoluta com a teoria utilitarista ou relativa), ao dispor:

> Art. 1º A execução penal tem por objetivo efetivar as disposições de sentença ou decisão criminal e proporcionar condições para a harmônica integração social do condenado e do internado.

O Estado, como já salientado, é o detentor privativo do direito de punir. Porém, tal poder privativo não é arbitrário, tendo em vista que é regrado por normas constitucionais e encontradas no próprio Código Penal e na legislação extravagante.

Assim, verifica-se que o Estado, para executar as penas impostas na sentença, deve observar, por exemplo, os direitos e as condições de trabalho do preso custodiado, como se infere dos arts. 38 e 39 do Código Penal.[1208]

Do mesmo modo, para o adequado cálculo da pena que deverá ser efetivamente cumprida, o art. 42 do Código Penal[1209] disciplina o instituto da *detração*, ou seja, o desconto efetuado na contagem do cumprimento de pena privativa de liberdade ou de medida de segurança do tempo anterior de prisão provisória.

Contudo, as limitações ao direito de punir do Estado e as regras para a execução das penas impostas na sentença, segundo disciplina do próprio art. 40 do CP, estarão, também, na legislação penal extravagante:

> Legislação especial
> Art. 40. A legislação especial regulará a matéria prevista nos arts. 38 e 39 deste Código, bem como especificará os deveres e direitos do preso, os critérios para revogação e transferência dos regimes e estabelecerá as infrações disciplinares e correspondentes sanções.

Contemporâneo, pois, à reforma da Parte Geral do Código Penal, foi criado um microssistema jurídico próprio e específico para detalhar, disciplinar e fixar parâmetros dos direitos e deveres do sentenciado em definitivo, assim como do Estado: trata-se da Lei de Execuções Penais (Lei nº 7.210/84).[1210]

Nesse pequeno Código de Execução Penal, nos depararemos com institutos cruciais para um entendimento global do fundamento do direito de punir e, em especial, da aplicação e execução das penas impostas, valendo brevemente destacar os institutos da *progressão* (a transferência para regime menos rigoroso, após o cumprimento de parcela da pena e se o mérito do condenado indicar a progressão); *regressão* (transferência para o regime mais rigoroso quando pratica fato definido como crime doloso ou falta

---

[1208] "Art. 38. O preso conserva todos os direitos não atingidos pela perda da liberdade, impondo-se a todas as autoridades o respeito à sua integridade física e moral. (Redação dada pela Lei nº 7.209, de 11.7.1984). Art. 39. O trabalho do preso será sempre remunerado, sendo-lhe garantidos os benefícios da Previdência Social. (Redação dada pela Lei nº 7.209, de 11.7.1984)".

[1209] Art. 42, CP: "Computam-se, na pena privativa de liberdade e na medida de segurança, o tempo de prisão provisória, no Brasil ou no estrangeiro, o de prisão administrativa e o de internação em qualquer dos estabelecimentos referidos no artigo anterior".

[1210] Justamente por isso que o princípio da legalidade também se aplica à execução penal: para evitar-se a arbitrariedade, os excessos e os desvios que possam ocorrer na execução penal.

grave, ou sofrer condenação em um crime anterior cuja pena, somada ao restante da pena em execução, torne incabível o regime até então fixado); *conversão* (incidente da execução consubstanciado na conversão da pena restritiva de direitos em pena privativa de liberdade); *remição* (desconto da pena dos dias trabalhados e de estudo); *soma ou unificação das penas* (respectivamente a aplicação das regras do concurso material ou a possibilidade de modificação das penas e do respectivo regime pela inobservância, na fase de conhecimento, das regras do concurso formal perfeito ou da continuidade delitiva), entre outros.

Dessa forma, pode-se dizer que desde o advento da Lei de Execução Penal (LEP) a execução das penas passou a ter *natureza jurídica mista* ou *complexa*, porque nela são praticados atos de natureza administrativa, mas também jurisdicional, como se infere, por exemplo, da redação do art. 66, LEP.[1211]

2 Princípios e competência

A culpabilidade nada mais é do que um juízo de reprovabilidade que incide sobre o sujeito imputável, que tinha a possibilidade de conhecer a contrariedade do fato típico cometido com o ordenamento jurídico e a opção por um comportamento que se conformasse com ele.

Na verdade, é essa reprovabilidade, essa censurabilidade que incide sobre o autor do crime, que fundamenta e limita a imposição a pena.

Ora, se imposição da pena está condicionada a esse juízo positivo de culpabilidade e se essa valoração incide única e exclusivamente sobre o autor do fato delituoso, evidentemente a pena não pode alcançar pessoa diversa. "Por isso não pode haver expiação da pena por representação; tampouco são admissíveis em matéria penal fatos que modificam a relação jurídica quanto ao sujeito".[1212]

Aliás, o texto constitucional é expresso nesse sentido, ao prescrever no art. 5º, inc. XLV, que: "nenhuma pena passará da pessoa do condenado [...]".

[1211] "Art. 66. Compete ao Juiz da execução: I – aplicar aos casos julgados lei posterior que de qualquer modo favorecer o condenado; II – declarar extinta a punibilidade; III – decidir sobre: a) soma ou unificação de penas; b) progressão ou regressão nos regimes; c) detração e remição da pena; d) suspensão condicional da pena; e) livramento condicional; f) incidentes da execução. IV – autorizar saídas temporárias; V – determinar: a) a forma de cumprimento da pena restritiva de direitos e fiscalizar sua execução; b) a conversão da pena restritiva de direitos e de multa em privativa de liberdade; c) a conversão da pena privativa de liberdade em restritiva de direitos; d) a aplicação da medida de segurança, bem como a substituição da pena por medida de segurança; e) a revogação da medida de segurança; f) a desinternação e o restabelecimento da situação anterior; g) o cumprimento de pena ou medida de segurança em outra comarca; h) a remoção do condenado na hipótese prevista no §1º, do artigo 86, desta Lei. i) (VETADO); VI – zelar pelo correto cumprimento da pena e da medida de segurança; VII – inspecionar, mensalmente, os estabelecimentos penais, tomando providências para o adequado funcionamento e promovendo, quando for o caso, a apuração de responsabilidade; VIII – interditar, no todo ou em parte, estabelecimento penal que estiver funcionando em condições inadequadas ou com infringência aos dispositivos desta Lei; IX – compor e instalar o Conselho da Comunidade. X – permitir anualmente atestado de pena a cumprir. A rigor, isso demonstra a aplicabilidade do princípio da jurisdicionalidade ou judicialidade nesta fase, isto é, a jurisdição não se esgota com o trânsito em julgado da condenação, ou seja, não se esgota no processo de conhecimento: ao contrário, ela persiste durante todo o processo de execução; em verdade, o processo de execução é a segunda e última fase do processo de conhecimento".

[1212] BATTAGLINI, Giulio. *Direito penal*. Tradução de Paulo José da Costa Júnior e Armida Bergamini Miotto. Edição de Saraiva. São Paulo: Editora da Universidade de São Paulo, 1973. v. 2. p. 628.

A *personalidade da pena*, portanto, é consectário lógico do próprio princípio da culpabilidade.

Mas se o juízo de censurabilidade em que se constitui a culpabilidade, enquanto fundamento e limite da pena, é individual, a punição também deve ser individualizada.

A culpabilidade individual, bem ressalta Busato, "determina que cada sujeito tem o direito a sua própria pena, ou seja, que cada indivíduo tem direito a que sua pena adquira uma conformação ajustada a ele próprio, tendo em vista os fins a que visa alcançar".[1213]

Assim, a *individualização da pena* tem o significado de eleger "a justa e adequada sanção penal, quanto ao montante, ao perfil e aos efeitos pendentes sobre o sentenciado, tornando-o único e distinto dos demais infratores, ainda que coautores ou mesmo corréus".[1214]

Só a pena individualizada pode ser apontada como retribuição justa e apta a prevenir novos crimes. Justamente por isso diz a Constituição Federal, em seu art. 5º, XLVI, que "a lei regulará a individualização da pena [...]".

Trata-se, pois, do *princípio da personalização da pena*, segundo o qual, para fins de execução, os condenados serão classificados segundo seus antecedentes e sua personalidade, para orientar a individualização e execução penal.

Essa classificação é feita pela *Comissão Técnica de Classificação* (CTC), que elaborará o programa individualizado e fiscalizará o cumprimento da pena (art. 6º, LEP).

Se o regime inicial for fechado ou semiaberto, entendem a doutrina e jurisprudência ser recomendável submeter o condenado ao chamado *exame criminológico*, mencionado no art. 8º da LEP.

O exame criminológico consiste no estudo das informações jurídico-penais e dos exames clínico, morfológico, neurológico, eletroencefalográfico, psicológico e psiquiátrico e no exame social do condenado.

Daí a razão da inadmissibilidade da padronização da pena. Cada crime é um crime e cada criminoso é um criminoso, de modo que a cada autor de um crime corresponde uma pena.

A individualização da pena atravessa três etapas distintas: a) legislativa; b) judiciária; e c) executória.

Em um primeiro momento, considerando a importância do bem jurídico penalmente protegido, até para que se obedeça a uma coerência endonormativa do sistema de proteção penal, o legislador estabelece os limites mínimo e máximo que constituirão o preceito secundário da norma penal incriminadora.

Em um segundo momento, diante de um fato específico, dentro desses limites previamente estabelecidos pelo legislador, atento à intensidade da censurabilidade, à conduta social, à personalidade do agente, aos motivos, às circunstâncias e consequências do crime, bem como ao comportamento da vítima, o juiz elege a pena necessária e suficiente para a reprovação e prevenção do crime.

Finalmente, encontrada a pena adequada para o autor daquele crime, a sua execução deve ser individualizada, personalizada, ou seja, "ainda que dois ou mais réus, coautores

---

[1213] BUSATO, Paulo Cesar; HUAPAYA, Sandro Montes. *Introdução ao direito penal*: fundamentos para um sistema penal democrático. 2. ed. Rio de Janeiro: Lumen Juris. 2007. p. 157.

[1214] NUCCI, Guilherme de Souza. *Individualização da pena*. 5. ed. São Paulo: Revista dos Tribunais, 2012. p. 38.

de uma infração penal recebam a mesma pena, o progresso na execução pode ocorrer de maneira diferenciada".[1215]

Só assim a pena alcançará os fins a que se propõem e que legitimam a sua aplicação pelo Estado. Como acentua Luisi:

> Relativamente a esta forma de individualização existe na Constituição de 1988 uma série de preceitos explícitos que dispõe sobre a sua ordenação. Assim no inciso XLIX do artigo 5º se diz ser "assegurado aos presos o respeito a integridade física e moral". No inciso XLVIII do referido artigo 5º se determina que o cumprimento da pena se dará em estabelecimentos distintos atendendo "a natureza do delito, a idade e o sexo do apenado" e no inciso L do mencionado artigo 5º se garante as presidiárias "condições para que possam permanecer com seus filhos durante o período de amamentação".[1216]

Contudo, é preciso acrescentar que a aplicação dos princípios acima mencionados não pode afastar-se da observância da *proporcionalidade* (não apenas no que toca à proibição de excesso, mas principalmente no que se refere à vedação à proteção jurídica insuficiente) e a inderrogabilidade, enquanto certeza da aplicação da pena, diretrizes tão caras em um Estado Democrático de Direito.

Além dos princípios já citados, a execução penal deverá ser pautada, obrigatoriamente, pelo *princípio do contraditório* (consiste em dar às partes a ciência dos atos e a possibilidade de prévia manifestação), pelo *princípio da publicidade* (inc. LX do art. 5º da Constituição Federal); pelo *princípio da ampla defesa* (necessidade de ouvir o condenado e o advogado que lhe assiste nas decisões que importarem modificação do título penal executivo) e, inclusive, pelo *princípio do duplo grau* (os atos judiciais podem ser reexaminados em segunda instância, valendo-se as partes do agravo em execução, nos termos do art. 197 da LEP – que não tem efeito suspensivo, salvo quando interposto contra decisão que desinterne ou libere a pessoa do tratamento ambulatorial – art. 179 da LEP,[1217] sem prejuízo de ações mandamentais como o *habeas corpus*).[1218]

Não importa a Justiça da condenação: se o preso estiver cumprindo pena em estabelecimento comum da rede estadual, a competência será do juiz das execuções da Justiça Estadual, ainda que a condenação tenha sido emanada pelas Justiças Especiais ou Federais.[1219]

Todas as execuções formarão um único processo, que tramitará no local onde o condenado estiver preso.

[1215] NUCCI, Guilherme de Souza. *Individualização da pena*. 5. ed. São Paulo: Revista dos Tribunais, 2012. p. 40.

[1216] LUISI, Luiz. *Os princípios constitucionais penais*. 2. ed. Porto Alegre: Sérgio Antonio Fabris Editor, 2003. p. 55. Aqui está, pois, a presença do Princípio da Igualdade Material ou Isonomia que veda tratamento discriminatório do condenado, salvo se aplicado o programa individualizador.

[1217] Em casos especiais a parte poderá valer-se do mandado de segurança para tentar obter o referido efeito suspensivo, ainda que este entendimento não seja pacífico.

[1218] Ressalvado o teor da Súmula nº 695, do STF: "Não cabe habeas corpus quando já extinta a pena privativa de liberdade".

[1219] V. Súmula nº 192, STJ.

Inicia-se a *competência do juiz das execuções* com o trânsito em julgado da condenação (art. 669 do CPP).[1220] O início do processo de execução ocorrerá com a autuação da guia de recolhimento (art. 105, LEP).

Há, contudo, exceções a essa regra.

No Estado de São Paulo, se a pessoa estiver internada no Manicômio Judiciário, na Casa de Custódia e Tratamento de Taubaté ou no Centro de Reabilitação Penitenciária, sua execução tramitará na Vara das Execuções da capital; nas comarcas onde houver mais de uma Vara Criminal, será a Lei de Organização Judiciária que fixará a competência; o condenado com foro privilegiado ou por prerrogativa de função terá sua execução tramitando no tribunal que o condenou; a execução do *sursis*, da pena restritiva de direito e do albergue transitarão na comarca de domicílio do condenado, desde que seja ela diversa da comarca de condenação; a condenação por Vara Distrital é executada na sede da comarca (sujeita a alterações pela Lei de Organização Judiciária, sem prejuízo de outras situações peculiares e excepcionais que justifiquem, por interesse público, a regra regular de competência).

3 Direitos e deveres do condenado e órgãos da execução penal

Além dos princípios já mencionados, há direitos e deveres do Estado e do preso sob custódia, inclusive provisório, desde que compatíveis com sua situação carcerária (art. 42, LEP), muito além dos básicos presentes no Código Penal, Código de Processo Penal e na própria Constituição Federal. De forma sistematizada, assim podemos resumir os principais direitos e deveres presentes na LEP:

(continua)

Direitos	Deveres
Assistência material (alimentação suficiente e vestuário – art. 41, inc. I), à saúde, jurídica, educacional e religiosa (art. 41, inc. VII)	Submeter-se às normas de execução da pena (art. 38)
Trabalho e remuneração (art. 41, inc. II)	Comportamento disciplinado e cumprimento fiel da sentença (art. 39, inc. I)
Previdência Social: assistência médica, seguro acidente do trabalho e auxílio reclusão (art. 41, inc. III, e Leis nºs 8.212/91 e 8.213/91)	Obediência e respeito ao servidor e a qualquer pessoa com quem deva relacionar-se (art. 39, inc. II)
Constituição de pecúlio (art. 41, inc. IV)	Urbanidade e respeito no trato com os demais condenados (art. 39, inc. III)
Distribuição proporcional do tempo para o trabalho, descanso e recreação (art. 41, inc. V)	Conduta oposta aos movimentos de fuga ou de subversão à ordem e à disciplina (art. 39, inc. IV)

[1220] Não obstante, tem-se admitido a execução provisória, inclusive para progressão de regime, consoante entendimento sumulado pelo STF: "Admite-se a progressão de regime de cumprimento da pena ou a aplicação imediata de regime menos severo nela determinada, antes do trânsito em julgado da sentença condenatória" (Súmula nº 716, STF).

(conclusão)

Direitos	Deveres
Exercício de atividades profissionais, intelectuais, artísticas e desportivas anteriores (art. 41, inc. VI)	Execução do trabalho, das tarefas e ordens recebidas (art. 39, inc. V)
Proteção contra o sensacionalismo (art. 41, inc. VIII)	Submissão à sanção disciplinar imposta (art. 39, inc. VI)
Entrevista pessoal e reservada com o advogado (art. 41, inc. IX)	Indenização às vítimas ou aos seus sucessores (art. 39, inc. VII), desde que determinado na sentença.
Visita do cônjuge, companheiro, parentes e amigos, em dias determinados (art. 41, inc. X). É possível a "visita íntima", exceto o preso condenado por crime contra a mulher por razões da condição do sexo feminino, nos termos do §1º do art. 121-A do Decreto-Lei nº 2.848, de 7.12.1940 (Código Penal), que não poderá usufruir do direito previsto no inc. X em relação à visita íntima ou conjugal (v. §2º, do art. 41, com redação dada pela Lei nº 14.994/2024).	Indenização ao Estado das despesas com sua manutenção (art. 39, inc. VIII)
Uso do próprio nome (art. 41, inc. XI)	Higiene pessoal e asseio da cela (art. 39, inc. IX)
Igualdade de tratamento, salvo quanto à individualização da pena (art. 41, inc. XII)	Conservação de objetos de uso pessoal (art. 39, inc. X)
Audiência com o diretor (art. 41, inc. XIII)	
Direito de representação (art. 41, inc. XIV)	
Contato com o mundo exterior (correspondência escrita, leitura e outros meios) (art. 41, inc. XV)	
Tratamento por médico particular (art. 43)	
Atestado de pena a cumprir, emitido anualmente, sob pena da responsabilidade da autoridade judiciária competente (art. 41, XVI)	

Devemos ressaltar que os direitos previstos nos incs. V, X e XV podem ser suspensos ou restringidos pelo diretor do estabelecimento carcerário, desde que o faça motivadamente, nos termos da norma de direito administrativo sancionador prevista no parágrafo único do art. 41 da LEP.

Há, como se vê, um misto de direito disciplinar ou administrativo sancionador e de direito de execução penal, cuja inobservância por parte do preso definitivo ou provisório pode configurar falta disciplinar que, inclusive, como se verá, pode afetar o cumprimento das penas privativas de liberdade.

Reza o art. 49 da LEP que as faltas disciplinares, tentadas ou consumadas, classificam-se em leves, médias e graves.

As faltas graves, previstas no art. 50 e art. 51, respectivamente, para os presos que cumprem penas privativas de liberdade e restritivas de direitos, estão taxativamente nominadas e sujeitas tanto às sanções disciplinares previstas no art. 53 da LEP, quanto podem ensejar a regressão de regime, como se verificará da redação do art. 118, inc. I, da LEP.

Justamente por isso, insistimos que a Lei de Execução Penal configura um microssistema jurídico que agrega questões de direito administrativo, disciplinar, penal de políticas públicas, cujos responsáveis são os diferentes órgãos presentes na Política Penitenciária nacional, quais sejam: 1) Conselho Nacional de Política Criminal e Penitenciária; 2) Juízo da Execução; 3) Ministério Público; 4) Conselho Penitenciário; 5) Departamento Penitenciário Nacional e Estadual; 6) Defensoria Pública; 7) Patronato; e 8) Conselho da Comunidade, que estão previstos no Título III da Lei de Execução Penal, nos arts. 61 a 81. Em apertada síntese, extraem-se da LEP as seguintes atribuições e formas de composição desses órgãos:

(continua)

Órgão	Composição	Incumbências
Conselho Nacional de Política Criminal e Penitenciária (arts. 62 a 64)	Treze membros (professores e profissionais da área do Direito Penal, Processual Penal, Penitenciário e ciências correlatas, representantes da comunidade e dos ministérios da área social) designados pelo Ministério da Justiça, para um mandato de dois anos, renovado 1/3 em cada ano. É subordinado ao Ministério da Justiça. Sede no Distrito Federal.	Art. 64 da Lei de Execução Penal: a) propor diretrizes da política criminal quanto à prevenção do crime, administração da justiça criminal e execução das penas e medidas de segurança; b) promover a avaliação periódica do sistema criminal; c) elaborar programa de formação e aperfeiçoamento do servidor; d) inspecionar e fiscalizar os estabelecimentos penais; e) acompanhar a execução penal nas unidades federadas, propondo as medidas adequadas ao aprimoramento; f) representar ao juiz da execução a instauração de sindicância ou procedimento administrativo no caso de violação das normas da execução penal; g) representar pela interdição de estabelecimento penal, entre outras incumbências previstas no art. 64.
Departamentos Penitenciários Nacional (art. 24, inc. I, da CF) e Estadual (facultativo) – arts. 71 e ss. da Lei de Execução Penal	Composição não estabelecida na Lei de Execução Penal. A Coordenadoria dos Estabelecimentos Penitenciários é, no Estado de São Paulo, o Departamento Penitenciário local.	Art. 72. [...] I – Acompanhar a fiel aplicação das normas de execução penal em todo o território nacional; II – Inspecionar e fiscalizar periodicamente os estabelecimentos e serviços penais; III – Assistir tecnicamente as unidades federativas na implementação dos princípios e regras estabelecidos nesta Lei;

(continua)

Órgão	Composição	Incumbências
		IV – colaborar com as unidades federativas, mediante convênios, na implantação de estabelecimentos e serviços penais; V – colaborar com as unidades federativas para a realização de cursos de formação de pessoal penitenciário e de ensino profissionalizante do condenado e do internado; VI – estabelecer, mediante convênios com as unidades federativas, o cadastro nacional das vagas existentes em estabelecimentos locais destinadas ao cumprimento de penas privativas de liberdade aplicadas pela justiça de outra unidade federativa, em especial para presos sujeitos a regime disciplinar; VII – acompanhar a execução da pena das mulheres beneficiadas pela progressão especial de que trata o §3º do art. 112 desta Lei, monitorando sua integração social e a ocorrência de reincidência, específica ou não, mediante a realização de avaliações periódicas e de estatísticas criminais; §1º Incumbem também ao Departamento a coordenação e supervisão dos estabelecimentos penais e de internamento federais.
Juízo da Execução (arts. 65 e 66 da LEP)	Lei de Organização Judiciária	Art. 66. [...] I – aplicação da lei penal mais benigna; II – declarar extinta a punibilidade; III – decidir sobre soma ou unificação das penas, progressão ou regressão nos regimes, detração ou remição da pena, *sursis*, livramento condicional, incidentes da execução; IV – autorizar saídas temporárias; V – determinar forma de cumprimento e conversão da pena restritiva de direitos, conversão da pena privativa em restritiva de direitos, aplicação e revogação da medida de segurança e a substituição por ela da pena privativa de liberdade, a desinternação e o restabelecimento da situação anterior, cumprimento da pena e da medida de segurança em outra comarca; VI – zelar pelo correto

(continua)

Órgão	Composição	Incumbências
		cumprimento da pena e da medida de segurança; VII – inspecionar mensalmente estabelecimentos penais; VIII – promover a interdição de estabelecimentos penais; IX – compor e instalar o Conselho da Comunidade. O rol não é exaustivo. O juiz também pratica atos de natureza administrativa (função judiciária em sentido estrito – na execução penal.
Ministério Público (arts. 67 e 68 da LEP)	Promotor de Justiça das Execuções Criminais	Art. 67: fiscalização da execução da pena e da medida de segurança. Incumbe-lhe a visita mensal aos estabelecimentos penais. Ver o art. 68. O rol também não é exaustivo. A não intimação do Ministério Público, nas decisões que afetam diretamente o título penal executivo ou alteram a forma de cumprimento da pena, gera nulidade absoluta. O Ministério Público também tem função requerente na execução penal.
Defensoria Pública (arts. 81-A e 81-B da LEP)	Defensor Público das Execuções Criminais ou especial designado	Art. 81-A. A Defensoria Pública velará pela regular execução da pena e da medida de segurança, oficiando, no processo executivo e nos incidentes da execução, para a defesa dos necessitados em todos os graus e instâncias, de forma individual e coletiva, com as incumbências genéricas previstas no art. 81-B da LEP, dentre as quais requerer a aplicação aos casos julgados de lei posterior que de qualquer modo favorecer o condenado; a declaração de extinção da punibilidade; a unificação de penas; a detração e remição da pena; a instauração dos incidentes de excesso ou desvio de execução; etc.
Patronato (arts. 78 e 79 da LEP)	Público ou particular (art. 78)	Art. 79: assistência aos albergados e aos egressos (art. 26). Incumbe-lhe, ainda, orientar os condenados à pena restritiva de direitos; fiscalizar o cumprimento da limitação de final de semana e prestação de serviço comunitário; colaborar na fiscalização do cumprimento do livramento condicional e do *sursis*.

(conclusão)

Órgão	Composição	Incumbências
Conselho da Comunidade (arts. 80 e 81 da LEP)	Composição mínima: um representante da associação comercial ou industrial; um advogado e um assistente social (art. 80). Existência em cada comarca.	Art. 81: visita mensal aos estabelecimentos penais; entrevistar os presos; relatórios mensais ao juiz e ao Conselho Comunitário e obtenção de recursos materiais e humanos para melhor assistência ao preso ou internado.
Conselho Penitenciário (arts. 69 e 70 da LEP)	No Estado de São Paulo, é composto por 30 membros, escolhidos pelo Governador entre profissionais da área do Direito Penal e Processual Penal e ciências correlatas, bem como por representantes da comunidade. O mandato é de quatro anos (ver a Resolução nº 2, de 30.3.1999, do CNPCP).	Art. 70 da Lei de Execução Penal: É órgão consultivo e fiscalizador da execução da pena. Entre as atribuições destacam-se: emissão de parecer sobre o indulto, livramento condicional e comutação da pena; inspecionar estabelecimentos e a assistência aos egressos.

Não há hierarquia entre eles, eis que devem atuar em harmonia, objetivando a consecução dos objetivos definidos pela Lei de Execução Penal. Suas atribuições são delimitadas na Lei de Execução Penal para, justamente, evitar conflitos.

4   Execução das penas privativas de liberdade

O Brasil adotou o sistema progressivo para cumprimento da pena privativa de liberdade, consistente na passagem por regimes de cumprimento de pena em ordem decrescente de severidade, desde que presentes os requisitos legais (v. art. 33, §2º, do CP). Adotou-se um sistema híbrido, ou seja, uma inspiração tanto no sistema da Filadélfia ou celular (pena integral na cela), quanto no sistema de Auburn (trabalhar com outros sentenciados durante o dia fora do cárcere, com repouso noturno privado da liberdade).[1221]

Diante da insuficiência de vagas para esse regime no país, durante anos a jurisprudência ficou discutindo se a ausência de vagas deveria ou não ensejar a espera, por parte do condenado, em regime fechado ou se, não podendo responder pela omissão estatal, deveria esperar a abertura de vagas em regime aberto.[1222]

[1221] O Sistema Filadélfia é aquele onde o sentenciado cumpre toda sua pena em uma cela, sem dela nunca sair. No Sistema Auburn, o preso pode sair de sua cela para realizar trabalhos durante o dia e retornar à noite. Esse trabalho é realizado intramuros. Já no Sistema Inglês ou Progressivo há um período inicial de isolamento, após essa fase o sentenciado é autorizado a sair da cela durante o dia para realizar trabalhos intramuros ou externos, retornando para o confinamento durante a noite. Na última fase o condenado é posto em liberdade condicional, voltando ao convívio social, mas tendo que obedecer a algumas restrições (MORAES, Alexandre de; SMANIO, Gianpaolo Poggio. *Legislação penal especial*. 9. ed. São Paulo: Atlas, 2006. p. 171; no mesmo sentido: ZAFFARONI, Eugenio Raúl; PIERANGELI, José Henrique. *Manual de direito penal brasileiro*: parte geral. 11. ed. São Paulo: Revista dos Tribunais, 2015. p. 710).

[1222] Súmula nº 717, STF: "Não impede a progressão de regime de execução da pena, fixada em sentença não transitada em julgado, o fato de o réu se encontrar em prisão especial".

Deveria, isso sim, abandonar essa ideia que somente contribui para tornar letra morta a ideia de reinserção gradual ao convívio social e gerar na sociedade uma falsa expectativa de justiça, retomando os sistemas de livramento condicional e *sursis* já existentes até 1984 para as hipóteses em que não sejam cabíveis institutos despenalizadores ou a substituição da pena privativa de liberdade por restritiva de direitos.

De qualquer sorte, uma vez fixada a pena em sentença condenatória, atendidas as condições estabelecidas, o sentenciado não permanece até ao final do cumprimento da pena, vez que, por força do art. 112 da LEP, o Brasil adota a chamada progressão de regime, ou seja, a mudança de um regime mais gravoso para um menos severo.

Será de competência do juiz do processo de conhecimento, na sentença, a fixação do regime inicial para o cumprimento da pena privativa de liberdade (art. 110, LEP, observado o art. 33 do CP), não obstante, como se verá, ser possível a modificação do regime por diferentes institutos e motivos por parte do Juízo da Execução Penal.

A primeira questão que pode afetar o regime inicial ou modificar o regime fixado será a detração penal, também prevista no art. 42 do Código Penal e que será estudada com detalhes nos próximos capítulos:

> Detração
> Art. 42. Computam-se, na pena privativa de liberdade e na medida de segurança, o tempo de prisão provisória, no Brasil ou no estrangeiro, o de prisão administrativa e o de internação em qualquer dos estabelecimentos referidos no artigo anterior.

No mesmo sentido, a reforma do CPP de 2008 previu que o magistrado, por ocasião da sentença condenatória, poderá, desde que tenham elementos para tanto, fixar o regime inicial de cumprimento de pena, atentando para a detração penal (art. 387, §2º).[1223]

A *guia de recolhimento* (art. 107, LEP) é a petição inicial do processo de execução da pena privativa de liberdade. Trata-se de documento que orientará a execução de tal pena.

Será o juiz do processo de conhecimento que determinará a elaboração e a expedição da guia de recolhimento, desde que o condenado esteja preso ou assim que tal fato lhe for comunicado.

Esse documento, segundo a redação do art. 106, LEP, deverá conter: o nome do condenado; sua qualificação civil e o número do registro geral no órgão oficial de identificação; o inteiro teor da denúncia e da sentença condenatória, bem como da certidão do trânsito em julgado; a informação dos antecedentes e o grau de instrução; a data do término da pena; outras peças do processo reputadas indispensáveis ao adequado tratamento penitenciário.

É preciso recordar que, segundo determinação do art. 76 do CP, no concurso de infrações, executar-se-á primeiramente a pena mais grave. O CPP, no art. 681, complementa a orientação dispondo que será executada primeiro a de reclusão, depois a de detenção e, por último, a de prisão simples.

[1223] "Art. 387. O juiz, ao proferir sentença condenatória: [...] §2º O tempo de prisão provisória, de prisão administrativa ou de internação, no Brasil ou no estrangeiro, será computado para fins de determinação do regime inicial de pena privativa de liberdade. (Incluído pela Lei nº 12.736, de 2012)".

A execução propriamente dita, contudo, somente se inicia com a prisão do réu (art. 106, V, LEP): se preso antes do término da prescrição, há interrupção do prazo; se foge, suspende-se a execução e calcula-se a prescrição sob a pena restante.

4.1 Sistema progressivo

Ao adotarmos o sistema progressivo, pode-se dizer que a possibilidade de modificação do regime, além da mencionada detração, será a progressão para um regime mais brando.

Trata-se do instituto da *progressão*, previsto no art. 112, LEP, profundamente alterada pela Lei Anticrime:

> Art. 112. A pena privativa de liberdade será executada em forma progressiva com a transferência para regime menos rigoroso, a ser determinada pelo juiz, quando o preso tiver cumprido ao menos: (Redação dada pela Lei nº 13.964, de 2019)
> I – 16% (dezesseis por cento) da pena, se o apenado for primário e o crime tiver sido cometido sem violência à pessoa ou grave ameaça; (Incluído pela Lei nº 13.964, de 2019)
> II – 20% (vinte por cento) da pena, se o apenado for reincidente em crime cometido sem violência à pessoa ou grave ameaça; (Incluído pela Lei nº 13.964, de 2019)
> III – 25% (vinte e cinco por cento) da pena, se o apenado for primário e o crime tiver sido cometido com violência à pessoa ou grave ameaça; (Incluído pela Lei nº 13.964, de 2019)
> IV – 30% (trinta por cento) da pena, se o apenado for reincidente em crime cometido com violência à pessoa ou grave ameaça; (Incluído pela Lei nº 13.964, de 2019)
> V – 40% (quarenta por cento) da pena, se o apenado for condenado pela prática de crime hediondo ou equiparado, se for primário; (Incluído pela Lei nº 13.964, de 2019)
> VI – 50% (cinquenta por cento) da pena, se o apenado for: (Incluído pela Lei nº 13.964, de 2019)
> a) condenado pela prática de crime hediondo ou equiparado, com resultado morte, se for primário, vedado o livramento condicional; (Incluído pela Lei nº 13.964, de 2019)
> b) condenado por exercer o comando, individual ou coletivo, de organização criminosa estruturada para a prática de crime hediondo ou equiparado; ou (Incluído pela Lei nº 13.964, de 2019)
> c) condenado pela prática do crime de constituição de milícia privada; (Incluído pela Lei nº 13.964, de 2019)
> VII – 60% (sessenta por cento) da pena, se o apenado for reincidente na prática de crime hediondo ou equiparado; (Incluído pela Lei nº 13.964, de 2019)
> VIII – 70% (setenta por cento) da pena, se o apenado for reincidente em crime hediondo ou equiparado com resultado morte, vedado o livramento condicional. (Incluído pela Lei nº 13.964, de 2019)
> §1º Em todos os casos, o apenado só terá direito à progressão de regime se ostentar boa conduta carcerária, comprovada pelo diretor do estabelecimento, respeitadas as normas que vedam a progressão. (Redação dada pela Lei nº 13.964, de 2019)
> §2º A decisão do juiz que determinar a progressão de regime será sempre motivada e precedida de manifestação do Ministério Público e do defensor, procedimento que também será adotado na concessão de livramento condicional, indulto e comutação de penas, respeitados os prazos previstos nas normas vigentes. (Redação dada pela Lei nº 13.964, de 2019)

§3º No caso de mulher gestante ou que for mãe ou responsável por crianças ou pessoas com deficiência, os requisitos para progressão de regime são, cumulativamente: (Incluído pela Lei nº 13.769, de 2018)

I – não ter cometido crime com violência ou grave ameaça a pessoa; (Incluído pela Lei nº 13.769, de 2018)

II – não ter cometido o crime contra seu filho ou dependente; (Incluído pela Lei nº 13.769, de 2018)

III – ter cumprido ao menos 1/8 (um oitavo) da pena no regime anterior; (Incluído pela Lei nº 13.769, de 2018)

IV – ser primária e ter bom comportamento carcerário, comprovado pelo diretor do estabelecimento; (Incluído pela Lei nº 13.769, de 2018)

V – não ter integrado organização criminosa. (Incluído pela Lei nº 13.769, de 2018)

§4º O cometimento de novo crime doloso ou falta grave implicará a revogação do benefício previsto no §3º deste artigo. (Incluído pela Lei nº 13.769, de 2018)

§5º Não se considera hediondo ou equiparado, para os fins deste artigo, o crime de tráfico de drogas previsto no §4º do art. 33 da Lei nº 11.343, de 23 de agosto de 2006. (Incluído pela Lei nº 13.964, de 2019)

§6º O cometimento de falta grave durante a execução da pena privativa de liberdade interrompe o prazo para a obtenção da progressão no regime de cumprimento da pena, caso em que o reinício da contagem do requisito objetivo terá como base a pena remanescente. (Incluído pela Lei nº 13.964, de 2019)

§7º O bom comportamento é readquirido após 1 (um) ano da ocorrência do fato, ou antes, após o cumprimento do requisito temporal exigível para a obtenção do direito (veto anterior derrubado pelo Congresso Nacional).

Os incs. II e IV do art. 122 da LEP, que tratam das *porcentagens de 20% e 30%*, foram, como bem acentua Estefam, mal redigidos, dando margem a *duas interpretações*.[1224]

Pode-se entender que cada qual exige reincidência "específica" dentro de seu critério. Nesse sentido, o inc. II (20%) demandaria que o sentenciado, para se aplicar o patamar, fosse reincidente em delitos cometidos sem violência à pessoa ou grave ameaça; em outras palavras, o delito anterior, objeto da condenação transitada em julgado, bem como a nova infração cometida, deveriam ser infrações realizadas sem o emprego de tais meios executórios (*v.g.*, depois de condenado irrecorrivelmente por furto, o agente pratica um estelionato).

O inc. IV (30%), seguindo a mesma linha de raciocínio, imporia que o sentenciado fosse reincidente em crime praticado com violência à pessoa ou grave ameaça, de tal maneira que ambos os delitos tivessem que ser cometidos com tais meios de execução (p. ex., após ter sido condenado com trânsito em julgado por roubo, o agente pratica uma extorsão).

Essa interpretação deixaria uma lacuna na lei, pois não haveria porcentagem adequada para quem fosse condenado definitivamente por delito praticado com violência à pessoa ou grave ameaça e depois cometesse fato sem tais meios executivos, e vice-versa.[1225]

[1224] ESTEFAM, André. *Direito penal*: parte geral (arts. 1º a 120). 10. ed. São Paulo: Saraiva, 2021. p. 393-394.
[1225] ESTEFAM, André. *Direito penal*: parte geral (arts. 1º a 120). 10. ed. São Paulo: Saraiva, 2021. p. 393-394.

No entanto, a LEP não utiliza o termo "reincidente específico", mas fala apenas "reincidente". Além disso, a lei não exige que ambos os crimes sejam praticados com ou sem violência à pessoa ou grave ameaça. Ao empregar o vocábulo "crime" no singular e não no plural, está se referindo apenas ao segundo fato. Isto é, trata-se do sujeito que se torna reincidente cometendo um crime de determinada natureza (com ou sem violência etc.).

Em outras palavras, a fixação da porcentagem ao reincidente depende da natureza do novo crime cometido. Se o agente houver sido condenado com trânsito em julgado por furto e, ao depois, cometer um roubo simples, deverá cumprir trinta porcento da pena para obter a progressão.

A última redação dada ao art. 112 da Lei de Execução Penal (Lei nº 7.210/84), alterada pelas Leis nº 10.792/03 e nº 13.769/18, deve, como se sabe, ser conjugada com o art. 2º, §2º da Lei nº 8.072/90 (Lei de Crimes Hediondos), alterada pelas Leis nº 11.464/07, nº 13.964/19 e nº 14.994/24.

Segundo a LEP (art. 112, VII), deverá cumprir sessenta por cento da pena o apenado "reincidente na prática de crime hediondo ou equiparado". O critério deverá incidir sobre quem, uma vez condenado em definitivo por qualquer delito, cometer algum crime hediondo ou equiparado.

O inc. VII do art. 112 da LEP, por fim, traz a mesma discussão quando impõe a fatia de setenta porcento da pena ao "reincidente em crime hediondo ou equiparado com resultado morte".

Deve-se sublinhar, novamente, que os textos citados diferem daquele constante do inc. V do art. 83 do CP, que trata do livramento condicional, determinando que não fará jus ao benefício o "reincidente *específico* em crimes dessa natureza".

Historicamente, os *requisitos para a progressão* eram a) de caráter *objetivo* – ter cumprido *um sexto da condenação* (crimes comuns) e 2/5 ou 3/5 (para criminosos hediondos, primários ou reincidentes); b) de *caráter subjetivo*, ou seja, que *tenha mérito*, demonstrando estar preparado para as responsabilidades inerentes ao regime sucessivo, mais brando (exame do seu comportamento no cárcere, do respeito aos demais presos e funcionários do presídio, da inexistência de infrações disciplinares, do comportamento ante o trabalho, entre outros).

O *exame criminológico* era obrigatório quando o condenado se encontrava no regime fechado, nos termos do art. 8º da LEP. Poderá o juiz das execuções, entretanto, determinar se entender necessário, segundo o STF,[1226] a realização do exame criminológico, além do simples atestado de conduta carcerária, para comprovação do mérito ou critério subjetivo.

No mesmo sentido, projeta-se o enunciado da Súmula nº 439 do Superior Tribunal de Justiça: "admite-se o exame criminológico pelas peculiaridades do caso, desde que, em decisão motivada".[1227]

[1226] Súmula nº Vinculante 26, STF: "Para efeito de progressão de regime no cumprimento de pena por crime hediondo, ou equiparado, o juízo da execução observará a inconstitucionalidade do art. 2º da Lei n. 8.072, de 25 de julho de 1990, sem prejuízo de avaliar se o condenado preenche, ou não, os requisitos objetivos e subjetivos do benefício, podendo determinar, para tal fim, de modo fundamentado, a realização de exame criminológico".

[1227] Nesse sentido: STJ, HC nº 215.673/SP, Rel. Ministra Laurita Vaz, Rel. p/Acórdão Ministro Jorge Mussi, Quinta Turma, julgado em 13/12/2011, *DJe* 01/03/2012; STF. HC nº 108738, Relator(a): Min. Rosa Weber, Primeira Turma, julgado em 10/04/2012, Processo Eletrônico *DJe*- 09-05-2012 10-05-2012.

Defendemos aqui ser obrigatório, pelos princípios da individualização da pena e da proporcionalidade sob a ótica da proteção jurídica suficiente, que a progressão de regime para crimes hediondos, praticados por organizações criminosas, grupos de extermínio ou milícias ou praticados com violência ou grave ameaça à pessoa seja precedida de exame criminológico.

Do próprio mandamento constitucional de individualização da pena, inserto no art. 5º, XLVI, da Constituição da República, extrai-se a obrigatoriedade da realização do exame criminológico, sempre que tal providência se mostre necessária para a correta individualização da pena.

Já com a nova redação houve a supressão da ressalva até então constante, dada pela Lei nº 13.769/2018:

> §2º A progressão de regime, no caso dos condenados pelos crimes previstos neste artigo, dar-se-á após o cumprimento de 2/5 (dois quintos) da pena, se o apenado for primário, e de 3/5 (três quintos), se reincidente, observado o disposto nos §§3º e 4º do art. 112 da Lei de Execução Penal.

Contudo, a *Lei nº 14.843/2024*, restaurando a redação original, previu no §1º do art. 112, que "Em todos os casos, o apenado somente terá direito à progressão de regime se ostentar boa conduta carcerária, comprovada pelo diretor do estabelecimento, e pelos resultados do exame criminológico, respeitadas as normas que vedam a progressão".

Do mesmo modo, no tocante à progressão ao regime aberto, acrescentou o inc. II ao art. 114, exigindo, como requisito, "apresentar, pelos seus antecedentes e pelos resultados do exame criminológico, fundados indícios de que irá ajustar-se, com autodisciplina, baixa periculosidade e senso de responsabilidade, ao novo regime", além de dar a discricionariedade judicial, no art. 115, para estabelecer, se o caso, condições especiais para a concessão de regime aberto, entre as quais a fiscalização por monitoramento eletrônico, sem prejuízo das seguintes condições gerais e obrigatórias.

A Lei Anticrime manteve a figura da *progressão especial*, criada pela Lei nº 13.769/2018. Trata-se da progressão de condenada gestante, mãe ou responsável por crianças ou pessoas com deficiência (abrangendo, inclusive, condenações por crimes hediondos ou equiparados, conquanto estejam previstos os requisitos legais).

Essas pessoas terão o direito de progredir após o cumprimento de *um oitavo da pena*, desde que: (i) o crime cometido não tenha sido praticado com violência ou grave ameaça contra a pessoa; (ii) não tenham praticado delito contra o filho ou o dependente; (iii) sejam primárias e tenham bom comportamento carcerário; (iv) não tenham integrado organização criminosa.

Caso obtenham a progressão e cometam novo crime doloso ou incorram em falta grave, haverá a regressão de regime.

Destaque-se, por fim, que, quando o juiz impuser prisão preventiva à mulher gestante ou mãe ou responsável por crianças ou pessoas com deficiência, aquela será substituída por prisão domiciliar, salvo quando se tratar de medida imposta em crime cometido com violência ou grave ameaça contra pessoa ou delito praticado contra filho ou dependente.[1228]

A prisão preventiva domiciliar em questão está prevista no art. 318- A do CPP e poderá ser aplicada sem prejuízo da imposição cumulativa de cautelares alternativas à prisão, nos termos do art. 319 do CPP, como a monitoração eletrônica, a proibição de se aproximar de vítimas ou testemunhas, entre outras.

Em caso de condenação superior a 30 (trinta) anos, a progressão se dava com base na pena total imposta judicialmente, e não na pena unificada conforme o art. 75 do Código Penal.

Com o advento da nova lei, várias questões afetaram a progressão de regime, a começar pelo tempo de cumprimento das penas privativas de liberdade, elevado para 40 (quarenta) anos, e o cálculo do período para progressão para os crimes praticados a partir da vigência da lei[1229] deve levar em consideração esse novo total.[1230] O Brasil passou a adotar o prazo de 30 anos como teto para a execução da pena corporal em 1940, com a promulgação do atual Código Penal. À época, segundo dados divulgados pelo IBGE, com base em tábuas elaboradas pela "Gerência de Estudos e Análises da Dinâmica Demográfica", a expectativa de vida média do brasileiro era de 45 anos e meio. Nesse cenário, considerando uma pessoa que, atingida a maioridade penal, viesse a ser condenada criminalmente, o recolhimento ao cárcere por três décadas significaria, em termos práticos, uma pena de caráter perpétuo, o que viola a Constituição Federal (art. 5º, XLVII, "b").[1231]

Daí o acerto do legislador com a mudança. Registre-se que a mudança promovida pela Lei nº 13.964/2019 (Lei Anticrime) não se aplica, como reiteradamente dissemos, a fatos anteriores à sua entrada em vigor. A estes, portanto, subsiste válido o teto de cumprimento de pena privativa de liberdade estipulado originalmente no Código Penal: trinta anos.

Como proceder, então, quando o sentenciado possuir diversas condenações, algumas por fatos anteriores à Lei nº 13.964/2019 e outras por delitos cometidos após sua entrada em vigor?

O juiz deve realizar, em nosso sentir, *duas unificações de pena*. A primeira, levando em conta os fatos anteriores, de maneira a respeitar o limite de cumprimento de pena originalmente previsto no Código, ou seja, o de trinta anos. Concluída essa unificação, o magistrado somará a esses trinta anos as condenações referentes a fatos praticados após a entrada em vigor da Lei nº 13.964/2019, de modo a adequar ao atual limite, isto é, o de quarenta anos.

Como se sabe, a data-base pode ser a partir da prisão em flagrante convertida (quando não houver interrupções), da prisão após o fato (quando da prisão preventiva), da prisão definitiva (após o trânsito em julgado) e, durante o cumprimento de pena, a

---

[1228] ESTEFAM, André. *Direito penal*: parte geral (arts. 1º a 120). 10. ed. São Paulo: Saraiva, 2021. p. 397.
[1229] A lei entrou em vigor dia 23.1.2020.
[1230] Nesse sentido: TJSP. 4ª Câmara de Direito Criminal. Agravo em Execução Penal nº 0459566-63.2010.8.26.0000 (Antigo n. 990.10.459566-5). Comarca: Osasco. Rel.: Eduardo Braga. Julgado em 18/10/2011.
[1231] ESTEFAM, André. *Direito penal*: parte geral (arts. 1º a 120). 10. ed. São Paulo: Saraiva, 2021. p. 401-411.

data-base pode ser alterada em decorrência do cometimento de falta grave (devendo ser considerada a mais recente) e da superveniência de condenação transitada em julgado.[1232]

A menor quantidade de pena a ser cumprida continua em torno de 1/6 (um sexto) da pena no respectivo regime. Todas as demais hipóteses para crimes comuns constituem, logicamente, uma *novatio legis in pejus* e, portanto, somente aplicáveis aos crimes praticados após a vigência da nova lei. Da mesma forma, ao sentenciado primário condenado pela prática de crime hediondo a situação anterior é similar à prevista no inc. V, e àquele reincidente em crime hediondo sem resultado morte também não há qualquer alteração em termos quantitativos. Nas hipóteses dos incs. VI e VIII, contudo, estamos diante de hipóteses mais gravosas e, pois, irretroativas.

Há de se ressaltar a cautela, diante das novas hipóteses de não contaminação dos crimes comuns, hediondos e hediondos seguidos de morte ou praticados por organizações criminosas ou milícias, ou seja, quando houver crime comum e hediondo na execução, ou crimes hediondos em hipóteses distintas dos incs. V a VIII, a tendência é de que as frações a serem consideradas no cálculo do benefício deverão ser distintas, a fim de preservar a individualidade de cada condenação, sob pena de sujeitar-se o agente a ilegal constrangimento, como historicamente vem entendendo a jurisprudência nacional.[1233]

Saliente-se que o §5º, enfatizando a jurisprudência já dominante, explicitamente deixou de considerar hediondo ou equiparado, inclusive para fins de apuração do critério objetivo para a progressão, o crime de tráfico de drogas previsto no §4º do art. 33 da Lei nº 11.343, de 23.8.2006 (Lei de Drogas).

A progressão para o regime aberto, além dos requisitos comuns já mencionados, exige a satisfação do disposto nos arts. 114 e 115 da LEP, sendo certo, inclusive, que o STJ já entendeu ser inadmissível a fixação de pena substitutiva (art. 44 do CP) como condição especial ao regime aberto (Súmula nº 493, STJ).

Repisemos que a *Lei nº 14.843/2024* acrescentou o inc. II ao art. 114, exigindo, como requisito, "apresentar, pelos seus antecedentes e pelos resultados do exame criminológico, fundados indícios de que irá ajustar-se, com autodisciplina, baixa periculosidade e senso de responsabilidade, ao novo regime", além de dar a discricionariedade judicial, no art. 115, para estabelecer, se o caso, condições especiais para a concessão de regime

---

[1232] Vale destacar, nesse sentido, o entendimento do STF: "I – A superveniência de nova condenação definitiva no curso da execução criminal sempre altera a data-base para concessão de benefícios, ainda que o crime tenha sido cometido antes do início de cumprimento da pena. II – A data do trânsito em julgado da nova condenação é o termo inicial de contagem para concessão de benefícios, que passa a ser calculado a partir do somatório das penas que restam a ser cumpridas. III – Habeas corpus denegado. (STF. HC nº 101023, Relator(a): Min. Ricardo Lewandowski, Primeira Turma, julgado em 09/03/2010, DJe- 25-03-2010). No mesmo sentido: STJ, HC nº 95.669/RJ, Rel. Min. Felix Fischer, *DJe* de 18.8.2008; STJ. HC nº 209.528/MG, Rel. Ministro Vasco Della Giustina (Desembargador Convocado do TJ/RS), Sexta Turma, julgado em 17/11/2011, *DJe* 28/11/2011".

[1233] O Superior Tribunal de Justiça, seguindo o entendimento da Primeira Turma do Supremo Tribunal Federal, passou a inadmitir habeas corpus substitutivo de recurso próprio, ressalvando, porém, a possibilidade de concessão da ordem de ofício nos casos de flagrante constrangimento ilegal. O delito de associação para o tráfico não possui natureza hedionda, razão pela qual não se impõe, para fins de concessão do benefício do livramento condicional, o cumprimento de 2/3 (dois terços) da pena. Habeas corpus não conhecido. Ordem concedida de ofício para reformar a decisão do Juízo da Vara de Execuções Penais, não se exigindo para fins de concessão do benefício do livramento condicional o cumprimento de 2/3 (dois terços) da pena, como requisito objetivo. (STJ. HC nº 258.188/RJ, Rel. Ministra Marilza Maynard (Desembargadora Convocada do TJ/SE), Quinta Turma, julgado em 09/04/2013, *DJe* 12/04/2013. No mesmo sentido: STJ. HC nº 169.654/SP, Rel. Ministro Adilson Vieira Macabu (Desembargador Convocado do TJ/RJ), Quinta Turma, julgado em 14/08/2012, *DJe* 10/09/2012; STJ. HC nº 173.992/MS, Rel. Ministra Laurita Vaz, Quinta Turma, julgado em 03/05/2012, *DJe* 10/05/2012).

aberto, entre as quais, a fiscalização por monitoramento eletrônico, sem prejuízo das seguintes condições gerais e obrigatórias.

Ademais, seja pela redação do art. 112 da LEP, pelo parágrafo nº 120 da Exposição de Motivos da LEP, seja pelo teor da Súmula nº 491, do STJ, é inadmissível a chamada progressão *per saltum* de regime prisional.

Embora exista vedação legal e, também, incompatibilidade sistemática, a inexistência de vagas no regime semiaberto costuma ensejar o ingresso imediato no regime aberto. Isso porque a omissão do Estado em oferecer estrutura mínima necessária para os presos que estão sob sua custódia levou o STJ a fixar entendimento vinculante, no sentido de que "a falta de estabelecimento penal adequado não autoriza a manutenção do condenado em regime prisional mais gravoso, devendo-se observar, nessa hipótese, os parâmetros fixados no RE 641.320/RS" (Súmula Vinculante nº 56, STF).

Há, ainda que em caráter excepcional, no art. 147, da LEP, a previsão do regime especial de *prisão albergue domiciliar* (PAD): trata-se de uma saída encontrada para superar a falta das casas de albergados. Entretanto, a solução encontrada no dia a dia forense viola a LEP, haja vista ser a prisão no domicílio reservada aos condenados que se encontrem nas hipóteses do art. 117 da lei.

Em sentido diametralmente oposto, o art. 52 da LEP contempla o instituto denominado *regime disciplinar diferenciado* (RDD), com redação dada pela Lei nº 10.792/03, recentemente alterada pela Lei Anticrime.

Até o advento da Lei Anticrime, tinha duração máxima de 360 dias, prorrogáveis até o limite de um sexto da pena imposta. Agora, pode ser decretado por até dois anos, podendo ser prorrogado sucessivamente por períodos de um ano, quantas vezes for necessário, desde que fique demonstrado que o preso continua apresentando alto risco para a ordem e a segurança do estabelecimento penal de origem ou da sociedade ou que mantém os vínculos com organização criminosa, associação criminosa ou milícia privada, considerados também o perfil criminal e a função desempenhada por ele no grupo criminoso, a operação duradoura do grupo, a superveniência de novos processos criminais e os resultados do tratamento penitenciário.

Trata-se de instituto cuja natureza jurídica é híbrida, eis que funciona, simultaneamente, como medida cautelar a presos definitivos e provisórios (art. 52, §1º, LEP), medida disciplinar e regime mais gravoso para cumprimento da pena em sistema fechado, cabível nas seguintes hipóteses e condições:

> Art. 52. A prática de fato previsto como crime doloso constitui falta grave e, quando ocasionar subversão da ordem ou disciplina internas, sujeitará o preso provisório, ou condenado, nacional ou estrangeiro, sem prejuízo da sanção penal, ao regime disciplinar diferenciado, com as seguintes características: (Redação dada pela Lei nº 13.964, de 2019)
>
> I – duração máxima de até 2 (dois) anos, sem prejuízo de repetição da sanção por nova falta grave de mesma espécie; (Redação dada pela Lei nº 13.964, de 2019)
>
> II – recolhimento em cela individual; (Redação dada pela Lei nº 13.964, de 2019)
>
> III – visitas quinzenais, de 2 (duas) pessoas por vez, a serem realizadas em instalações equipadas para impedir o contato físico e a passagem de objetos, por pessoa da família ou, no caso de terceiro, autorizado judicialmente, com duração de 2 (duas) horas; (Redação dada pela Lei nº 13.964, de 2019)

IV – direito do preso à saída da cela por 2 (duas) horas diárias para banho de sol, em grupos de até 4 (quatro) presos, desde que não haja contato com presos do mesmo grupo criminoso; (Redação dada pela Lei nº 13.964, de 2019)

V – entrevistas sempre monitoradas, exceto aquelas com seu defensor, em instalações equipadas para impedir o contato físico e a passagem de objetos, salvo expressa autorização judicial em contrário; (Incluído pela Lei nº 13.964, de 2019)

VI – fiscalização do conteúdo da correspondência; (Incluído pela Lei nº 13.964, de 2019)

VII – participação em audiências judiciais preferencialmente por videoconferência, garantindo-se a participação do defensor no mesmo ambiente do preso. (Incluído pela Lei nº 13.964, de 2019)

§1º O regime disciplinar diferenciado também poderá abrigar presos provisórios ou condenados, nacionais ou estrangeiros, que apresentem alto risco para a ordem e a segurança do estabelecimento penal ou da sociedade. (Incluído pela Lei nº 10.792, de 2003)

§1º O regime disciplinar diferenciado também será aplicado aos presos provisórios ou condenados, nacionais ou estrangeiros: (Redação dada pela Lei nº 13.964, de 2019)

I – que apresentem alto risco para a ordem e a segurança do estabelecimento penal ou da sociedade; (Incluído pela Lei nº 13.964, de 2019)

II – sob os quais recaiam fundadas suspeitas de envolvimento ou participação, a qualquer título, em organização criminosa, associação criminosa ou milícia privada, independentemente da prática de falta grave. (Incluído pela Lei nº 13.964, de 2019)

§2º Estará igualmente sujeito ao regime disciplinar diferenciado o preso provisório ou o condenado sob o qual recaiam fundadas suspeitas de envolvimento ou participação, a qualquer título, em organizações criminosas, quadrilha ou bando. (Incluído pela Lei nº 10.792, de 2003)

§2º (Revogado). (Redação dada pela Lei nº 13.964, de 2019)

§3º Existindo indícios de que o preso exerce liderança em organização criminosa, associação criminosa ou milícia privada, ou que tenha atuação criminosa em 2 (dois) ou mais Estados da Federação, o regime disciplinar diferenciado será obrigatoriamente cumprido em estabelecimento prisional federal. (Incluído pela Lei nº 13.964, de 2019)

§4º Na hipótese dos parágrafos anteriores, o regime disciplinar diferenciado poderá ser prorrogado sucessivamente, por períodos de 1 (um) ano, existindo indícios de que o preso: (Incluído pela Lei nº 13.964, de 2019)

I – continua apresentando alto risco para a ordem e a segurança do estabelecimento penal de origem ou da sociedade; (Incluído pela Lei nº 13.964, de 2019)

II – mantém os vínculos com organização criminosa, associação criminosa ou milícia privada, considerados também o perfil criminal e a função desempenhada por ele no grupo criminoso, a operação duradoura do grupo, a superveniência de novos processos criminais e os resultados do tratamento penitenciário. (Incluído pela Lei nº 13.964, de 2019)

§5º Na hipótese prevista no §3º deste artigo, o regime disciplinar diferenciado deverá contar com alta segurança interna e externa, principalmente no que diz respeito à necessidade de se evitar contato do preso com membros de sua organização criminosa, associação criminosa ou milícia privada, ou de grupos rivais. (Incluído pela Lei nº 13.964, de 2019)

§6º A visita de que trata o inciso III do caput deste artigo será gravada em sistema de áudio ou de áudio e vídeo e, com autorização judicial, fiscalizada por agente penitenciário. (Incluído pela Lei nº 13.964, de 2019)

§7º Após os primeiros 6 (seis) meses de regime disciplinar diferenciado, o preso que não receber a visita de que trata o inciso III do caput deste artigo poderá, após prévio agendamento, ter contato telefônico, que será gravado, com uma pessoa da família, 2 (duas) vezes por mês e por 10 (dez) minutos. (Incluído pela Lei nº 13.964, de 2019)

Trata-se de evidente política de Direito Penal de inimigos voltada, em especial, para o proporcional e suficiente enfrentamento de criminosos integrantes de organizações criminosas, terroristas e, em especial, que praticaram crimes graves.

Além das naturais consequências administrativas em decorrência da prática de outro crime ou falta grave e, inclusive, da possibilidade de sujeição ao RDD, estará sempre o preso definitivo sujeito à denominada *regressão de regime*.

Previsto no art. 118, da LEP, o cumprimento da pena privativa de liberdade ficará sujeito à forma regressiva, com a transferência para quaisquer dos regimes mais rigorosos, quando o condenado:

> Art. 118. A execução da pena privativa de liberdade ficará sujeita à forma regressiva, com a transferência para qualquer dos regimes mais rigorosos, quando o condenado:
> I – praticar fato definido como crime doloso ou falta grave;
> II – sofrer condenação, por crime anterior, cuja pena, somada ao restante da pena em execução, torne incabível o regime (artigo 111).
> §1º O condenado será transferido do regime aberto se, além das hipóteses referidas nos incisos anteriores, frustrar os fins da execução ou não pagar, podendo, a multa cumulativamente imposta.
> §2º Nas hipóteses do inciso I e do parágrafo anterior, deverá ser ouvido previamente o condenado.

Ressalte-se que o §6º do art. 112, com alteração dada pela Lei nº 13.964/19, disciplina agora que "o cometimento de falta grave durante a execução da pena privativa de liberdade interrompe o prazo para a obtenção da progressão no regime de cumprimento da pena, caso em que o reinício da contagem do requisito objetivo terá como base a pena remanescente".

Como se sabe, o cometimento de falta grave implica a regressão de regime prisional, com esteio no que preceitua o art. 118, I, da Lei nº 7.210/84.[1234]

Embora possa parecer óbvia a regra legal, havia, historicamente, divergência no STJ que apresentava decisões em que as particularidades de casos concretos ensejaram o debate sobre a necessidade da regressão. Em um dos diversos precedentes, em que o condenado em regime aberto não havia retornado à casa do albergado, a primeira instância considerou desproporcional a regressão e deixou de aplicá-la.

Destarte, praticada a falta grave, deve o sentenciado ter regredido o seu regime de cumprimento de pena, seja porque assim determinou o legislador, seja porque, de

---

[1234] Na mesma esteira: "[...] o Superior Tribunal de Justiça firmou o entendimento de que a prática de falta disciplinar de natureza grave implica a regressão de regime conforme estabelecido no art. 118, I, da LEP [...]" (STJ, AgRg no HC 529.496/SP, rel. Min. Ribeiro Dantas, 5ª T., j. 17-12-2019); "[...] A prática de falta grave no curso da execução penal acarreta, dentre outros efeitos, a interrupção do prazo para a progressão de regime [...]" (STJ, AgRg no HC 542.111/SP, rel. Min. Joel Ilan Paciornik, 5ª T., j. 10-3-2020); e também "[...] De acordo com o entendimento do Superior Tribunal de Justiça, o cometimento de falta grave ou de crime doloso, no curso da execução da pena, autoriza a regressão do regime de cumprimento de pena do reeducando, mesmo que seja estabelecido de forma mais gravosa do que a fixada na sentença condenatória (LEP, art. 118, I), não havendo falar em ofensa a coisa julgada. Precedentes. [...]" (STJ, AgRg no REsp 1.778.649/PA, rel. Min. Ribeiro Dantas, 5ª T., j. 18-2-2020).

maneira contrária, o sistema prisional brasileiro não conseguirá obter êxito no seu intento, qual seja, o de reeducar o cidadão que temporariamente vem se mostrando pernicioso para a sociedade.

De outra parte, o entendimento firmado pela Sexta Turma do STJ era no sentido de que a falta grave não interromperia o cômputo dos prazos para a aquisição de benefícios da execução. Essa compreensão lastreava-se, fundamentalmente, no fato de que a interrupção do lapso temporal para nova progressão, em razão da prática de falta grave, não teria previsão legal, não obstante o teor da Súmula nº 534 do próprio STJ.[1235]

A mudança legislativa veio, portanto, pacificar o tema.

No mesmo sentido, o STJ já sumulou o entendimento de que "a falta grave não interrompe o prazo para obtenção de livramento condicional" (Súmula nº 441, STJ) e que "a prática de falta grave não interrompe o prazo para fim de comutação de pena ou indulto" (Súmula nº 535, STJ).

No tocante à prática de crime, não há exigência de condenação, basta o cometimento de delito doloso. No que concerne à prática de falta grave, do mesmo modo é prescindível a efetiva punição disciplinar. Tal entendimento foi, inclusive, sumulado nos tribunais superiores:

> Súmula nº 526, STJ: O reconhecimento de falta grave decorrente do cometimento de fato definido como crime doloso no cumprimento da pena prescinde do trânsito em julgado de sentença penal condenatória no processo penal instaurado para apuração do fato.
>
> Súmula nº 533, STJ: Para o reconhecimento da prática de falta disciplinar no âmbito da execução penal, é imprescindível a instauração de procedimento administrativo pelo diretor do estabelecimento prisional, assegurado o direito de defesa, a ser realizado por advogado constituído ou defensor público nomeado.

A regressão será facultativa no caso de prática de crime culposo ou de contravenção e, em todas as hipóteses do inc. I, nos termos do §2º do art. 118, o condenado deve ser previamente ouvido pelo juiz.

Também será possível ocorrer a regressão na hipótese de o réu sofrer condenação cuja pena, somada ao restante da pena em execução, torne incabível o regime. No inc. II do art. 118, está disposto que a nova condenação, somada ao restante da pena, poderá tornar incompatível o regime em que se encontra o condenado, por força da regra quantitativa prevista no art. 33 do Código Penal.

Por fim, no cumprimento da pena em regime aberto, além das hipóteses anteriores, se o executado frustrar os fins da execução, ou, podendo, não pagar a multa cumulativamente imposta, também haverá regressão, não obstante haver razoável questionamento sobre a constitucionalidade do dispositivo.[1236]

[1235] Súmula nº 534, STJ: "A prática de falta grave interrompe a contagem do prazo para a progressão de regime de cumprimento de pena, o qual se reinicia a partir do cometimento dessa infração". Essa súmula deve ser interpretada, agora, em conjunto com a nova redação do §7º do art. 112 da LEP, cujo veto presidencial foi derrubado pelo Congresso Nacional.

[1236] Porém, o Supremo Tribunal Federal, ao julgar a ADI nº 3.150/DF, declarou que, à luz do preceito estabelecido pelo inc. XLVI do art. 5º da Constituição Federal, a multa, ao lado da privação de liberdade e de outras restrições (perda de bens, prestação social alternativa e suspensão ou interdição de direitos), é espécie de pena aplicável em retribuição e em prevenção à prática de crimes, não perdendo sua natureza de sanção penal. No mesmo sentido, a 3ª Seção do STJ, sob a égide dos recursos repetitivos, firmou posicionamento no sentido de que, uma

Em todas as hipóteses de regressão, não há a vedação de passagem para um regime mais gravoso por salto, ao contrário do que ocorre com a progressão, eis que o *caput* do art. 118 dispõe que o juiz poderá transferir o condenado para qualquer dos regimes mais rigorosos.

5 Institutos da execução penal

a) Detração penal.

Como já mencionado, a *detração penal*, prevista no art. 42 do CP, diz respeito ao cômputo na pena privativa, na restritiva de direitos, na medida de segurança, e, com controvérsia, na pena de multa, do tempo de prisão provisória, de internação em hospital de custódia e tratamento ou de prisão administrativa imposta ao condenado (tarefa exclusiva do juiz das execuções).

Além da previsão no art. 42 do Código Penal e no art. 387, §2º, do Código de Processo Penal, com redação dada pela Lei nº 12.736/12, há de se consignar que a operação incide sobre o total da condenação imposta na sentença, levando em consideração as informações contidas na guia de recolhimento. Discute-se o eventual aproveitamento do tempo de prisão provisória referente a outro processo, o que nos parece absurdo.

Excepcionalmente, a jurisprudência tem admitido detração com tempo de prisão civil, muito embora a lei não a preveja, desde que haja nexo entre o fato que ensejou a prisão civil e a condenação criminal (ex.: prisão civil do devedor de alimentos e processo-crime por abandono material).

Com a alteração na parte geral do CP, especificamente no §4º do art. 44 do CP, foi prevista a possibilidade de conversão da pena restritiva em privativa de liberdade. Assim, suprida uma lacuna anteriormente existente, foi sufragado o entendimento favorável à detração da pena restritiva de direitos. A negação a tal direito ensejaria um tratamento mais severo do que aquele dispensado ao réu condenado a uma pena privativa de liberdade.

Do mesmo modo, no que diz respeito à medida de segurança, tema a ser tratado nos próximos capítulos, o abatimento do tempo se faz no prazo mínimo fixado na sentença. Esse prazo, segundo o §1º do art. 97 do CP, deverá ser de um a três anos.

Aliás, consigne-se desde já que a Lei nº 12.403/11 inseriu no CPP diversas medidas cautelares pessoais alternativas à prisão, entre as quais a internação provisória do acusado nas hipóteses de crimes praticados com violência ou grave ameaça, quando os peritos concluírem ser inimputável ou semi-imputável (CP, art. 26) e houver risco de reiteração (art. 319, VII). Embora não tenha natureza jurídica de medida de segurança, essa medida cautelar visa evitar a reiteração de comportamentos criminosos em que há emprego de violência ou grave ameaça à pessoa, permitindo a detração penal e dispensando,

---

vez extinta, pelo seu cumprimento, a pena privativa de liberdade ou a restritiva de direitos que a substituir, o inadimplemento da pena de multa não obsta a extinção da punibilidade do apenado, porquanto, após a nova redação dada ao art. 51 do Código Penal, pela Lei nº 9.268/1996, a pena pecuniária passou a ser considerada dívida de valor, adquirindo caráter extrapenal.

ainda que em sede provisória, estabelecimento adequado para possível inimputável ou semi-imputável que pode ter a absolvição imprópria reconhecida.

Quanto à pena pecuniária, predomina a impossibilidade da detração. Segundo essa orientação, a alteração do art. 51 do CP, impedindo a conversão da pena pecuniária em detenção, suprimiu o parâmetro que era utilizado para a detração (há, no entanto, precedentes na jurisprudência em sentido oposto).

b) Remição.

A *remição*, prevista nos arts. 126 e seguintes da LEP, diz respeito ao abatimento da pena privativa de liberdade em função do trabalho do preso, na proporção de três dias de trabalho para um dia de pena (art. 126, II) ou um dia de pena a cada 12 (doze) horas de frequência escolar – atividade de ensino fundamental,[1237] médio, inclusive profissionalizante, ou superior, ou ainda de requalificação profissional – divididas, no mínimo, em 3 (três) dias (art. 126, I),[1238] sendo certo que, nos termos do art. 128 da LEP, o tempo remido será computado como pena cumprida, para todos os efeitos.

O Superior Tribunal de Justiça, embora contrário ao próprio sistema jurídico da LEP, sustenta ser possível a remição de parte do tempo de execução da pena quando o condenado, em regime fechado ou semiaberto, desempenha atividade laborativa, ainda que extramuros (Súmula nº 562, STJ).

Aplica-se o instituto somente às penas privativas de liberdade, não tendo direito à remição, também, o condenado que está em período de prova no livramento condicional e aquele que está submetido à medida de segurança.

O tempo remido será computado para concessão do livramento condicional e indulto e, ademais, entende a jurisprudência que abrange as horas extras não espontâneas.

É preciso consignar que, na redação original da LEP, a prática de falta grave implicava a perda de todos os dias remidos, operando a decisão que reconhecia a remissão com coisa julgada formal e como uma cláusula *rebus sic standibus*. Com a alteração dada pela Lei nº 12.433/11, há, atualmente, discricionariedade do magistrado em descontar até 1/3 dos dias remidos, o que nos parece verdadeiro incentivo para a impunidade:

> Art. 127. Em caso de falta grave, o juiz poderá revogar até 1/3 (um terço) do tempo remido, observado o disposto no art. 57, recomeçando a contagem a partir da data da infração disciplinar.

Entende a jurisprudência que o preso provisório faz jus à remição, embora a Lei de Execução Penal não seja explícita nesse sentido.

Há precedentes reconhecendo a preclusão da decisão que defere a remição, não mais podendo ser revista caso seja ultrapassado o momento oportuno para a interposição do recurso de agravo em execução. O STF, no entanto, rechaça a tese de direito adquirido, afirmando que a inexistência de punição por falta grave é condição para a manutenção

---

[1237] Súmula nº 341, STJ: "A frequência a curso de ensino formal é causa de remissão de parte do tempo de execução de pena sob regime fechado ou semiaberto".

[1238] Art. 126, "§2º As atividades de estudo a que se refere o §1º deste artigo poderão ser desenvolvidas de forma presencial ou por metodologia de ensino a distância e deverão ser certificadas pelas autoridades educacionais competentes dos cursos frequentados".

do benefício. Praticando falta grave, enfatiza o STF, o condenado deixa de ter direito à remição, assim como se revogaria o *sursis* ou o livramento condicional quando o condenado pratica novo crime ou sofre condenação durante o período de prova.[1239]

c) *Soma e unificação das penas.*

Denominamos de *soma das penas* a operação que pode ser realizada pelo juiz do processo de conhecimento, quando em uma única sentença vários crimes são imputados e reconhecidos ao mesmo réu, considerando as regras do concurso de crimes.

A operação também é feita pelo juiz das execuções quando se depara com várias guias de recolhimento, as quais retratam condenações a penas privativas de liberdade impostas em processos distintos.

De outra parte, o desrespeito às regras do concurso formal próprio e do crime continuado dá azo ao instituto da unificação das penas, voltado tanto para reduzir as penas, até então somadas, quando deveria ser aplicada a pena do crime mais grave ou de um único crime, se idênticos, com a exasperação dos arts. 69 e 70 do CP, assim como para impedir o cumprimento de pena privativa de liberdade além dos 40 anos (30 anos antes da entrada da Lei Anticrime), nos termos do art. 75 do Código Penal.

É sempre relevante enfatizar que os diversos institutos previstos na LEP, ora mencionados, assim como o sistema progressivo, devem ser calculados sobre a soma total das condenações impostas e não sobre o total unificado, como expressamente preceitua a Súmula nº 715 do STF: "A pena unificada para atender ao limite de trinta anos de cumprimento, determinado pelo art. 75 do Código Penal, não é considerada para a concessão de outros benefícios, como o livramento condicional ou regime mais favorável de execução".

Havendo a *superveniência de nova condenação*, prescreve o §2º do art. 75 do CP que será necessária nova unificação, desprezando-se, para esse fim, o período de pena já cumprido, o que pode, como já salientado, implicar a regressão de regime.

Para a jurisprudência, o tempo a ser desprezado é o compreendido entre o início do cumprimento da pena e a data da prática da nova infração: sobre o saldo da pena é acrescida a nova condenação, unificando-se novamente se for necessário.

d) *Outros benefícios e incidentes da execução.*

Chamamos de *conversão* a substituição de uma sanção por outra (pena ou medida de segurança), como se infere dos arts. 180 a 184 da LEP e art. 44, §§4º e 5º do Código Penal, tal qual mencionamos em capítulo próprio sobre a *reconversão* da pena restritiva de direitos em privativa de liberdade.

Por sua vez, o *excesso ou desvio de execução* implica desrespeito quantitativo ou qualitativo: o excesso (desrespeito quantitativo) e o desvio (desrespeito qualitativo) justificam, por parte do sentenciado, a interposição do recurso de Agravo em Execução, previsto no art. 197 da LEP.[1240]

[1239] Nesse sentido: HC nº 77.592-0/SP, rel. Min. Ilmar Galvão, j. 3.11.98.
[1240] Súmula nº 700, STF: "É de cinco dias o prazo para interposição de agravo contra decisão do juiz da execução penal".

Nessa singela síntese da LEP para compreensão total do sistema de aplicação e execução das penas, vale ressaltar dois relevantes benefícios contidos na lei: a saída temporária e a permissão de saída.

A *permissão de saída*, prevista nos arts. 120 e 121 da LEP, tem previsão taxativa de possibilidades, não tem prazo determinado, dada a situação excepcional que a permite, é passível de aplicação nos regimes fechado e semiaberto, sempre com vigilância ou escolta:

> Art. 120. Os condenados que cumprem pena em regime fechado ou semi-aberto e os presos provisórios poderão obter permissão para sair do estabelecimento, mediante escolha, quando ocorrer um dos seguintes fatos:
> I – falecimento ou doença grave do cônjuge, companheira, ascendente, descendente ou irmão;
> II – necessidade de tratamento médico (parágrafo único do artigo 14).
> Parágrafo único. A permissão de saída será concedida pelo diretor do estabelecimento onde se encontra o preso.
> Art. 121. A permanência do preso fora do estabelecimento terá a duração necessária à finalidade da saída.

Já a *saída temporária*, prevista nos arts. 122 a 125, constitui uma discricionariedade judicial, aplicável aos presos do regime semiaberto, sem escolta ou vigilância, embora seja possível o controle eletrônico, limitada a determinados dias, nos seguintes termos:

> Art. 122. Os condenados que cumprem pena em regime semi-aberto poderão obter autorização para saída temporária do estabelecimento, sem vigilância direta, nos seguintes casos:
> I - (revogado); (Redação dada pela Lei nº 14.843, de 2024)
> II - freqüência a curso supletivo profissionalizante, bem como de instrução do 2º grau ou superior, na Comarca do Juízo da Execução;
> III - (revogado). (Redação dada pela Lei nº 14.843, de 2024)
> §1º A ausência de vigilância direta não impede a utilização de equipamento de monitoração eletrônica pelo condenado, quando assim determinar o juiz da execução. (Redação dada pela Lei nº 13.964, de 2019)
> §2º Não terá direito à saída temporária de que trata o *caput* deste artigo ou a trabalho externo sem vigilância direta o condenado que cumpre pena por praticar crime hediondo ou com violência ou grave ameaça contra pessoa. (Redação dada pela Lei nº 14.843, de 2024)
> §3º Quando se tratar de frequência a curso profissionalizante ou de instrução de ensino médio ou superior, o tempo de saída será o necessário para o cumprimento das atividades discentes. (Incluído pela Lei nº 14.843, de 2024)
> Art. 123. A autorização será concedida por ato motivado do Juiz da execução, ouvidos o Ministério Público e a administração penitenciária e dependerá da satisfação dos seguintes requisitos:
> I - comportamento adequado;
> II - cumprimento mínimo de 1/6 (um sexto) da pena, se o condenado for primário, e 1/4 (um quarto), se reincidente;
> III - compatibilidade do benefício com os objetivos da pena.
> Art. 124. (Revogado pela Lei nº 14.843, de 2024)

Art. 125. O benefício será automaticamente revogado quando o condenado praticar fato definido como crime doloso, for punido por falta grave, desatender as condições impostas na autorização ou revelar baixo grau de aproveitamento do curso.

Parágrafo único. A recuperação do direito à saída temporária dependerá da absolvição no processo penal, do cancelamento da punição disciplinar ou da demonstração do merecimento do condenado.

A permissão de saída e a saída temporária, além de se distinguirem pelo fato de que a primeira tem lugar em situações emergenciais e a outra equivale a um prêmio por bom comportamento, possuem outras diferenças relevantes. Assim, a permissão de saída se dá mediante autorização do diretor do estabelecimento, ao passo que a saída temporária depende obrigatoriamente de decisão judicial. A permissão de saída independe do cumprimento parcial da pena e sempre se dá com escolta. A saída temporária requer o cumprimento de uma fração da pena e independe de vigilância. A permissão de saída não tem limite, podendo ser concedida tantas vezes quanto se fizer necessário, diversamente do que ocorre com a saída temporária.

Acrescente-se, por fim, que a Lei nº 14.843, de 2024, alterou profundamente o sistema da saída temporária, atendendo a clamores sociais, contra absoluta falta de critério para as concessões, pela falta de suporte empírico de que o instituto configuraria efetivo mecanismo de ressocialização e, em especial, pelo comprovado aumento da criminalidade em casos de concessão do benefício em datas especiais, como dia dos pais, dia das mães etc.

O direito à saída temporária era concedido indiscriminadamente na legislação a todos os sentenciados, conquanto preenchidos os requisitos legais. Com o advento da Lei Anticrime (Lei nº 13.964/2019), não tiveram mais direito a ela os condenados que cumpriam pena por crime hediondo com resultado morte (LEP, art. 122, §2º), como um homicídio qualificado consumado, por exemplo.

Essa vedação, dado seu caráter gravoso, somente se aplica a fatos praticados após a entrada em vigor da lei (23.1.2020). Cuida-se de disposição relativa à forma de cumprimento da pena e, portanto, deve observar a irretroatividade da lei penal (CF, art. 5º, XL).

Não satisfeito, o legislador foi ainda mais rigoroso e, desde o advento da Lei nº 14.843 de 2024, somente os condenados que cumprem pena em regime semiaberto poderão obter autorização para saída temporária do estabelecimento, sem vigilância direta, para frequência a curso supletivo profissionalizante, bem como de instrução do 2º grau ou superior, na Comarca do Juízo da Execução.

Cumpre, por fim, ressaltar que, segundo entendimento histórico e sumulado pelo STJ, para obtenção dos benefícios de saída temporária e trabalho externo, considera-se o tempo de cumprimento da pena no regime fechado (Súmula nº 40, STJ).

6 Suspensão condicional da execução da pena

6.1 Introdução: história e conceito

A partir da metade do século XIX, longas discussões e dilatada polêmica existiram acerca de alternativas para a prisão, no tocante às penas de curta duração, em que, segundo o legislador, é presumida a menor periculosidade do agente e a violação em menor intensidade de um bem jurídico tutelado pelo Direito Penal.

No dizer de Basileu Garcia:

> A promiscuidade deletéria da vida penitenciária é fator de perversão e corrupção. As penas curtas de prisão oferecem graves inconvenientes: para conseguir-se a melhoria moral do culpado, a sua regeneração para readaptar-se à coletividade, é preciso que a segregação não seja breve.[1241]

Nesse esteio, percebeu-se que as penas curtas eram corruptoras, porque se cumprem, quase que invariavelmente, em estabelecimentos em que vigora nefasta promiscuidade, não atingindo qualquer uma de suas finalidades.

Ora, não sendo suficientes para reeducar os delinquentes primários, se necessitam realmente dessa reação pedagógica exercida pela sanção penal, e bastando para corromper-lhes o senso moral, negam, portanto, uma de suas finalidades, que é a readaptação social.

Ademais, como lembra Auler, não é tarefa simples a construção de presídios com organização celular, apta ao isolamento moral, para atender mesmo aos casos de encarceramento por dias ou meses. Representam, na realidade, altos gastos para o Governo.[1242]

Em suma, o breve tempo da pena curta não permite, de um lado, a readaptação social e, de outro, contamina ainda mais o indivíduo, cuja periculosidade é, a princípio, pouco acentuada.

Nessa sábia advertência sobre o perigo social das penas de curta duração, surgiram debates sobre métodos alternativos à prisão celular e a gênese de ordem social das tentativas de aplicação da *probation* ou do *sursis* como sucedâneos penais para os delinquentes primários que preenchessem determinadas condições por meio das quais se pudesse presumir a respectiva correção, independentemente da função executória da pena privativa de liberdade.

Eliminada assim a utilidade das penas de curta duração, impôs-se a sua extinção ou a adoção de mecanismos alternativos.

A partir de então, diversos substitutivos foram propostos, podendo ser enumerados: castigo corporal, multa, detenção domiciliar, admoestação ou repreensão judicial, perdão judicial, princípio da oportunidade, caução de bom comportamento. Tais alternativas amadureceram e ensejaram o aparecimento, em épocas diferentes, do *probation system*, da *good time law* (encurtamento gradativo da pena), livramento condicional (*parole*), da graça (*pardon*) e da suspensão condicional da pena, todos institutos voltados, ao

---

[1241] GARCIA, Basileu. *Instituições de direito penal.* 4. ed. São Paulo: Max Limonad, 1976. v. I. t. I. p. 39.
[1242] AULER, Hugo. *Suspensão condicional da execução da pena.* Rio de Janeiro: Forense, 1957. p. 123.

mesmo tempo, para o combate da criminalidade, sem necessária e/ou total aplicação de pena de prisão.

O *sursis* representa, ao menos teoricamente, como se verá, o afastamento da prisão para infrações com penas de curta duração (trazendo, aí, enormes consequências para a individualização da pena e readaptação social do delinquente primário) e, concomitantemente, enorme economia para o Estado, diminuindo o gasto na construção de presídios.

Não se dirá, contudo, que o *sursis* tenha tido o caminho sem reservas da doutrina e sem cautelas das legislações.

A finalidade eminentemente social de alta política criminal que justifica e dá colorido jurídico ao instituto é evitar males decorrentes das penas de curta duração e a "influência deletéria da promiscuidade dos cárceres sobre os delinqüentes primários".[1243]

Trata-se, pois, de um instituto pelo qual a execução da pena privativa de liberdade é suspensa por certo período de prova, extinguindo-se a pena no fim do prazo, conforme disciplina contida nos arts. 77 a 82 do Código Penal.

Para fins didáticos, são encontradas no Direito comparado e no Direito brasileiro diferentes formas para definição do instituto, ainda que apresentem características diversas.

Na legislação estrangeira, verifica-se: EUA (*probation*); França (*sursis*); Bélgica (*condennation conditionelle*); Itália, Alemanha, Suíça e Portugal (*condanna condizionale*); Espanha (*condena condicional* ou *remisión condicional*); eclético ou alemão (em que o magistrado profere uma decisão, indicando a pena aplicada, mas, formalmente, não profere a condenação, suspendendo-a).

No Brasil, embora mais influenciado pelo modelo francês, o legislador optou pelo nome belga – "condenação condicional", depois modificada para "suspensão condicional da pena", em 1940, e mantida na reforma de 1984. Antes, porém, o Código de Processo Penal do Distrito Federal (Decreto nº 16.751 de 31.12.1924) alterou a denominação para "suspensão condicional da pena", já sob o argumento de que o instituto não refletia a denominação utilizada, eis que, em rigor, ocorreria a inexecução condicional da pena ou condenação.

O *sursis* é um substantivo masculino de origem francesa, tirado do verbo *sursoir* (sobrestar, suspender a execução). Tem, gramaticalmente, o mesmo sentido de sobrestada, dilatação, prorrogação, moratória, espera.

As críticas às definições ambíguas e equivocadas presentes no Código Penal de 1890, por certo, refletem a preocupação sempre existente entre nossos penalistas na conceituação de institutos penais.

Exemplificativamente, Costa e Silva, Galdino Siqueira, Nelson Hungria, Roberto Lyra, Bento de Faria entre outros, partindo da regra *omnis definitio periculosa est* (toda definição é perigosa), não procuraram definir o instituto do *sursis*.

Bento de Faria, um dos poucos, assim o conceituou: "a suspensão condicional da pena – é uma decisão jurisdicional que, reconhecendo a culpa e impondo a pena,

---

[1243] COSTA FILHO, Luiz Manoel da. Sursis. *Revista Forense*, v. 261, p. 437-444, jan./mar. 1978.

a suspende, entretanto, com o fim de proporcionar ao condenado merecedor uma oportunidade para não tornar a delinqüir".[1244]

Contudo, a evolução do instituto, a mudança dos requisitos e da própria natureza jurídica durante as diversas legislações que entraram em vigor no direito pátrio também dificultaram e até modificaram as poucas definições do instituto.

Atentando-se aos requisitos legais, é possível chegar-se ao conceito atual, de acordo com a reforma de 1984: é um instituto de política criminal que se destina a evitar o recolhimento à prisão do condenado que não reincidente em crime doloso e cuja pena não seja superior a dois ou a quatro anos, se tiver mais de 70 anos, submetendo-se o beneficiário à observância das condições estabelecidas pelo juiz, durante o tempo que for determinado, findo o qual, se não revogada a concessão, considera-se extinta a punibilidade.

Delmanto, outrossim, adverte que "na verdade, hoje, significa a suspensão parcial da pena privativa de liberdade, durante certo tempo e mediante determinadas condições".[1245]

Cândido Mendes, citado por Espínola aponta, como primeiras raízes do instituto, palavras de Cristo, transmitidas por São Mateus.[1246]

Como lembra Sales, sem embargo da admirável contribuição que a escola positiva veio trazer à luta contra a criminalidade, não é fácil encontrar, no campo do Direito Penal, algum instituto absolutamente novo. Todos ou quase todos, embora em grande maioria das vezes com outras e mais eficientes roupagens, vão buscar as suas raízes no Direito vigorante em Roma.[1247]

Os traços de identidade da suspensão condicional da pena com o Direito romano são encontrados na faculdade que tinha o Pretor de substituir, nos crimes de incêndio provocados por negligência, a pena de fustigação pela severa *interlocuttio*. Da severa *interlocuttio* surgiu a simples admoestação judicial. Esta, mais tarde, foi acolhida pelo Direito Canônico (*monitio canônica*), revestida de novas roupagens, em que os juízes eclesiásticos tinham autoridade própria para determinar a suspensão de todas as penas temporais e espirituais impostas aos condenados que novamente comparecessem à sua presença, implorando-lhes perdão, sob a condição de que não mais praticassem os mesmos atos.

Aliás, traço dessa influência pode ser visto em recente julgamento de uma atriz iraniana, condenada a 74 chibatadas por ter beijado a face de um jovem diretor de cinema durante uma cerimônia pública. O tribunal de Yazd, contudo, concedeu o *sursis* depois que ela se desculpou publicamente.

Outrossim, há referências na doutrina francesa a respeito de traços do instituto no século XIII, com a consagração do princípio da *caução de boa conduta*, mediante a qual a execução da condenação podia ser suspensa.

[1244] FARIA, Antonio Bento de. *Código Penal brasileiro (comentado)*. Rio de Janeiro: Record, 1961. v. III. p. 83.
[1245] DELMANTO, Celso et al. *Código Penal comentado*. 8. ed. São Paulo: Saraiva, 2010. p. 132.
[1246] ESPÍNOLA FILHO, Eduardo. *Código de Processo Penal brasileiro anotado*. Atualização de José Geraldo da Silva e Wilson Lavorenti. São Paulo: Bookseller, 2000. v. VIII. p. 10.
[1247] SALES, José Luís. *Da suspensão condicional da pena*. Rio de Janeiro: Forense, 1945. p. 35.

No Direito comparado, a primeira aparição do instituto de suspensão da condenação ou inexecução da pena privativa de liberdade se encontra no *probation system* adotado, nos Estados Unidos, a princípio na cidade de Boston, Estado de Massachusetts.

O instituto da *probation* inicialmente destinava-se aos delinquentes menores, naturalmente primários (1846) que, em vez de sofrerem a pena, deveriam ser recolhidos na Escola Industrial de Reformas. A consagração definitiva do instituto ocorreu somente com a edição de uma lei em 1869, no mesmo estado de Massachusetts, que depois se estendeu aos demais estados americanos.

Na Inglaterra, a origem do instituto está no *Juvenile Offenders Act*, também voltado aos menores (1847) e, posteriormente, no *Criminal Law Consolidation Act*, de 1861, e no *Summary Law Jurisdiction Act*, de 1879, que mantinham uma espécie de substitutivo penal com alguma semelhança da antiga *fustigatio* romana, permitindo ao juiz omitir a declaração da culpabilidade diante de determinadas circunstâncias. Em 1886, com o *Probation of First offenders Act*, foi estendida a concessão do benefício a delitos cuja pena fosse de até dois anos de prisão, com a condição de o condenado manter boa conduta durante o período probatório. Ademais, o mesmo sistema foi introduzido na Inglaterra em definitivo em 1907, com o *Probation of Offenders Act*, a que se acrescentou, depois, o *Criminal Justice Act*, de 1948.

Ainda que parte da doutrina veja a origem do instituto do *sursis* no *probation system*, a primeira aparição no direito estrangeiro da suspensão condicional da pena se deu na França. Tal assertiva ganha ainda mais razão com o advento do instituto da suspensão condicional do processo, também chamado de *sursis* processual, introduzido pela Lei nº 9.099/95, com características diversas da suspensão condicional da pena e muito mais influenciado pelo sistema anglo-americano.

Na França, após inúmeras discussões havidas nas academias e nos congressos sobre os perigos e danos das penas carcerárias de curta duração, o senador René Bérenger apresentou, em 26.5.1884, ao Senado um projeto de "agravação progressiva da pena em caso de reincidência e de sua atenuação em caso de delinqüência primária"; novos projetos foram então apresentados e, após intenso e longo debate, Bérenger logrou ver aprovado o projeto, após alterações feitas pela Câmara, em 26.3.1891, que ainda continua em vigor (registre-se que há mais de um século era aprovado no Senado – 6.5.1890 –, para ulterior sujeição ao crivo da Câmara).

O instituto, nos moldes adotados por nossa legislação, originou-se, como bem ressalta Estefam, por meio de um projeto de lei francês que cuidava do "agravamento progressivo das penas em caso de reincidência e de sua atenuação, na hipótese de primariedade" (*sur l'aggravation progressive des peines en cas de recidive et sur leur atténuation en cas de premier délit*). Referido projeto foi apresentado ao Parlamento da França em 26.5.1884. As discussões no Parlamento francês se estenderam e, enquanto isso, na Bélgica, por iniciativa de seu Ministro da Justiça (Jules Le Jeune), o *sursis* tornou-se lei em 31.3.1888.[1248]

[1248] ESTEFAM, André. *Direito penal*: parte geral (arts. 1º a 120). 10. ed. São Paulo: Saraiva, 2021. p. 499.

A Bélgica, aliás, foi a pioneira na inserção do instituto no ordenamento jurídico. Inteirando-se dos trabalhos de Bérenger, o então Ministro da Justiça Jules Le Jeune logrou aprovar a Lei de 31.3.1888.

Daí sucedeu a introdução do instituto nas diversas nações civilizadas do mundo: Suíça (introduziu o sistema americano de suspensão do julgamento com Código de 29.5.1891, sendo, após, adotado o *sursis* pelo Cantão de Genebra com a Lei de 29.10.1892); Austrália (1879); Luxemburgo (1892); Portugal (Lei de 6.7.1893); Noruega (Lei de 2.5.1894); Alemanha (circular do Ministro da Justiça de Hamburgo, de 30.4.1896, com ulterior introdução pelos Tribunais, sob a forma de "graça" ou "indulto" ante a inexistência de previsão legal; depois, introduzida no Código Penal do III Reich Alemão); Bulgária (1904); Itália (Lei nº 267 de 26.6.1904, influenciada por diversas legislações existentes desde 1900); Dinamarca (1905); Holanda (1905); Japão (Lei de 31.3.1905); Suécia (1906); Rússia (Lei de 23.11.1906); Espanha (Lei de 17.3.1908); Grécia (1911); Finlândia (1918); Áustria (1920); Argentina (arts. 32 e ss. do Projeto de Reforma do Código de 1906 e colocada em vigor pela Lei nº 11.179, de 29.10.1921); Chile (Decreto-Lei nº 321, de 12.3.1925, regulamentado pelo Decreto nº 2.442 de 30.10.1926); China (Código de 1º.1.1935); Cuba (Código de Defesa Social, em vigor pelo Decreto-Lei nº 802, de 7.10.1938).

Como visto, a definição da origem do instituto brasileiro importa no estudo dos diferentes tipos de sistemas da suspensão da execução da condenação, quer seja da ação, quer seja da pena, quer seja da condenação em sentido amplo.

Os mais conhecidos sistemas são o anglo-americano (*probation system*) e o belga-francês (europeu continental). Ressalvamos, ademais, que parte da doutrina reconhece a existência de um modelo eclético na Alemanha que consagrava característica dos dois institutos aludidos.

Tanto a Lei Jules Le Jeune (Bélgica), como a Lei Bérenger (França) consagravam a suspensão da execução da pena privativa de liberdade para crimes com penas de curta duração, sob determinadas condições, sem qualquer preocupação com a liberdade vigiada e a assistência moral dos beneficiados.

Em suma, depois de apurada a autoria, reconhecida a responsabilidade e fixada a correspondente sanção penal, cabia ao juiz a faculdade de suspender a execução da pena, segundo as hipóteses legais.

Já no *probation system*, introduzido por uma motivação evangélica (emenda do culpado pelo auxílio e disciplina), aplicava-se a suspensão temporária ou definitiva da condenação, entregando o acusado à vigilância e orientação de certos agentes, a princípio voluntários, com o fim de promover o seu reajustamento social.

De acordo com o sistema anglo-americano, verificando o juiz que o réu merece o benefício, declara-o responsável pela prática do ato, suspendendo o curso da ação penal e marca o período de prova, ficando o condenado sob orientação e fiscalização de funcionários (*probation officers* ou *case-workers*), com incumbência de realizar seu reajustamento social. Há suspensão da sentença condenatória, que não é proferida (naquele sistema, o processo se divide em duas partes, antes da execução propriamente dita, com a formação da culpa – colheita de provas e com a ulterior condenação).

Os referidos inspetores da prova tinham e têm a função de acompanhar o beneficiado, fiscalizando-o e disciplinando-o e, concomitantemente, funcionando como verdadeiro assistente social, facilitando sua readaptação social, tal qual ocorre com a medida socioeducativa da liberdade assistida prevista em nosso Estatuto da Criança e do Adolescente.

Parte da doutrina, ademais, entende que tal "liberdade vigiada" também serviu de fundamento para o atual conceito de policiamento ostensivo e das medidas de segurança.

Por fim, o tipo alemão é uma variante dos dois outros sistemas, porque manda que o juiz apure a autoria, determine a responsabilidade e fixe a pena correspondente, mas não profira a sentença. Com origem na adoção da graça condicional, tal instituto se aproxima do tipo anglo-saxão quando omite a condenação e dele se afasta quando chega a permitir a apuração da responsabilidade e a fixação da pena (ao reverso, aproxima-se e se afasta, ao mesmo tempo, do sistema franco-belga).

Interessante registrar que, durante anos, a doutrina pátria, com o pioneirismo de Crisólito de Gusmão, passou a defender a tese da interpenetração dos institutos, como medida que atenderia, com grande satisfação, aos postulados da individualização da pena. A combinação dos dois sistemas, condenando-se o culpado de pequeno crime à pena devida, mas suspendendo-se a sua execução e entregando-se o condenado à vigilância e assistência de agentes especiais, capacitados para a sua readaptação social, aliás, também era defendida por Von Liszt.[1249]

No Brasil, em 5.9.1922, o Congresso aprovou a Lei nº 4.577, sancionada pelo Presidente Epitácio Pessoa, autorizando o chefe do Poder Executivo a criar, entre nós, o *sursis*.

No entanto, somente no governo de Artur Bernardes, por meio do Ministro da Justiça e Negócios Interiores João Luís Alves, o Decreto nº 16.588, de 6.9.1924, foi aprovado, com a finalidade, segundo a exposição de motivos, de evitar a reincidência e de não utilizar a prisão para o condenado primário.

Todas as normas dessa legislação foram, posteriormente, codificadas no Capítulo V, do Título XI, do Decreto nº 16.751 de 31.12.1924, que criou o Código de Processo Penal, bem como nos arts. 51 e 52 da Consolidação das Leis Penais, organizadas pelo Desembargador Vicente Piragibe (aprovada pelo Decreto nº 22.213, de 14.12.1932).

O Decreto nº 16.588, de 6.9.1924, era um misto entre uma condenação condicional e a suspensão da execução da pena, considerando a condenação *inexistente* após o decurso do período de prova e aplicável à pena de prisão até um ano, penas de multa conversível em prisão (sem atingir penas acessórias). Ademais, contemplava a suspensão do prazo prescricional e aplicação, como dito, reservada aos casos em que o condenado não tivesse demonstrado caráter perverso ou corrompido.

Vale ressaltar o que diz a exposição de motivos: "Foi preferido o *regimen* francês do *sursis* – suspensão condicional da condenação – ao inglês – *probation* – suspensão do julgamento". O sistema inglês, segundo João Luís Alves, era menos garantidor, quer em relação ao criminoso, quer em relação à sociedade, e ainda não tinha o efeito jurídico de determinar a reincidência.

Não é demais sublinhar que se o magistrado, por equívoco, conceder o *sursis* sem fixar as condições, o Superior Tribunal de Justiça entende que a omissão pode

---

[1249] SALES, José Luís. *Da suspensão condicional da pena*. Rio de Janeiro: Forense, 1945. p. 17.

ser suprida na fase de execução da pena, sem que isto configure *reformatio in pejus*, eis que, se estiverem preenchidos os requisitos legais, a medida deverá ser concedida na sentença, não havendo faculdade judicial por se tratar de direito público subjetivo do réu.

6.2 Requisitos e classificação

O instituto, na reforma penal de 1984, não constitui mais incidente da execução nem direito público subjetivo de liberdade do condenado.[1250] É medida penal de natureza restritiva da liberdade. Trata-se de forma de execução da pena. Não é um benefício. Tem caráter sancionatório.[1251]

O Código Penal, erroneamente, emprega as expressões "benefício" (art. 77, II e §1º) e "beneficiário" (art. 81, *caput* e §2º), segundo entendimento amplamente majoritário da jurisprudência.[1252]

Os requisitos da suspensão condicional da pena vêm sendo alterados ao longo do tempo, modificando a quantidade da pena, natureza da condenação, presunção de que o condenado não volte a delinquir, subsidiariedade em relação ao cabimento de pena restritiva de direitos etc.

Pelo Decreto de 1924, por exemplo, declarava-se inexistente a condenação, mas o posterior Código de Processo Penal (Decreto nº 16.751, de 31 de dezembro), discriminando o preceito no art. 59, mandava declarar extinta e não existente, exclusivamente, a pena privativa de liberdade, e não a condenação.

A evolução do direito, atento às novas demandas sociais, tornam, hoje, risíveis alguns argumentos utilizados pela Suprema Corte para negar o benefício, conforme ilustração trazida pela doutrina: considerou como causa excludente do *sursis* não haver buzinado o motorista, antes do acidente, o que revela negligência e descaso pela incolumidade dos transeuntes; ao réu que cometeu o delito sob efeito de embriaguez etc.[1253]

Assim dispõe o Código Penal:

Requisitos da suspensão da pena
Art. 77. A execução da pena privativa de liberdade, não superior a 2 (dois) anos, poderá ser suspensa, por 2 (dois) a 4 (quatro) anos, desde que

---

[1250] Nesse sentido: TJSP, AE nº 170.185, RT, 715:446; STJ, REsp nº 54.695, 6ª Turma, rel. Min. Vicente Cernicchiaro, RT, 730:498; STJ, REsp nº 67.060, 6ª Turma, DJU, 18 mar. 1996, p. 7621.

[1251] No sentido do texto: TJMG, ACrim 118.424, JM, 93:307; TAMG, ACrim 14.741, RJTAMG, 29:323; TACrimSP, ACrim 497.835, RT, 633:302; AE nº 567.043, JTACrimSP, 98:10; AE nº 528.039, BMJTACrimSP, 73:5; TJSP, AE nº 76.932, rel. Des. Dante Busana, RT, 657:270; AE nº 77.400, RT, 659:256; AE nº 79.164, RJTJSP, 128:511-2; STJ, REsp nº 15.239, 6ª Turma, rel. Min. Vicente Cernicchiaro, DJU, 16 dez. 1991, p. 18557; STJ, REsp nº 54.695, 6ª Turma, RT, 730:498; STJ, REsp nº 67.060, 6ª Turma, DJU, 18 mar. 1996, p. 7621; STF, HC nº 67.641, 1ª Turma, RT, 647:374 (votos dos Min. Sepúlveda Pertence e Celso de Mello); STJ, REsp nº 123.170, 6ª Turma, DJU, 22 set. 1997, p. 46570; TJSP, AE nº 167.716, RJ, 212:92 e JTJ, 161:292; TJSP, AE nº 170.185, RT, 715:446.

[1252] Nesse sentido: TACrimSP, HC nº 277.328, rel. o então Juiz Passos de Freitas, RT, 721:428 e 429. No sentido de que é um direito do sentenciado, abordando o período anterior à reforma de 1984, e de que a aplicação é obrigatória: RT, 579:416, 565:406, 590:341, 593:374, 538:355 e 620:361; *RTJ*, 107:610, 98:138, 75:451, 88:813, 91:149 e 98:138; RF, 275:275; JTACrimSP, 37:162, 42:114, 67:309 e 71:118. No sentido de que *sursis* é um direito do réu (período posterior à reforma penal de 1984): STF, HC nº 69.596, 2ª Turma, DJU, 6 nov. 1992, p. 20107. No sentido de que o *sursis* não é um direito do réu e sim uma faculdade judicial: RT, 548:387; JTACrimSP, 19:283, 22:299, 37:25, 43:188, 45:202 e 416, 57:260, 58:110 e 65:170.

[1253] Cf. FARIA, Antonio Bento de. *Código Penal brasileiro (comentado)*. Rio de Janeiro: Record, 1961. v. III. p. 88.

I – o condenado não seja reincidente em crime doloso;
II – a culpabilidade, os antecedentes, a conduta social e personalidade do agente, bem como os motivos e as circunstâncias autorizem a concessão do benefício;
III – Não seja indicada ou cabível a substituição prevista no art. 44 deste Código
§1º – A condenação anterior a pena de multa não impede a concessão do benefício
§2º A execução da pena privativa de liberdade, não superior a quatro anos, poderá ser suspensa, por quatro a seis anos, desde que o condenado seja maior de setenta anos de idade, ou razões de saúde justifiquem a suspensão.
Art. 78. Durante o prazo da suspensão, o condenado ficará sujeito à observação e ao cumprimento das condições estabelecidas pelo juiz.
§1º – No primeiro ano do prazo, deverá o condenado prestar serviços à comunidade (art. 46) ou submeter-se à limitação de fim de semana (art. 48).
§2º Se o condenado houver reparado o dano, salvo impossibilidade de fazê-lo, e se as circunstâncias do art. 59 deste Código lhe forem inteiramente favoráveis, o juiz poderá substituir a exigência do parágrafo anterior pelas seguintes condições, aplicadas cumulativamente:
a) proibição de freqüentar determinados lugares;
b) proibição de ausentar-se da comarca onde reside, sem autorização do juiz;
c) comparecimento pessoal e obrigatório a juízo, mensalmente, para informar e justificar suas atividades.
Art. 79. A sentença poderá especificar outras condições a que fica subordinada a suspensão, desde que adequadas ao fato e à situação pessoal do condenado.
Art. 80. A suspensão não se estende às penas restritivas de direitos nem à multa.

Em apertada síntese, atualmente deverá o sentenciado atender, para fazer jus ao benefício, a pressupostos subjetivos (primariedade e personalidade favoráveis). Nos moldes da Lei nº 7.209, de 11.7.1984, tal pressuposto sofreu modificação sensível, visto que a condenação de multa não apaga mais a condição de primário.

O *sursis* não abrange a multa nem as penas restritivas de direitos (art. 80, CP).

Já os pressupostos objetivos, segundo a figura simples, correspondem: pena não superior a dois anos; não ser possível a substituição por pena restritiva (Lei nº 7.209/84, art. 44) e a aceitação das condições impostas, subdivididas estas em *obrigatórias ou legais* (primeiro ano com prestação de serviços comunitários ou sujeição à limitação de fim de semana; ter ocupação lícita; não mudar de residência sem prévia autorização judicial); e *condições facultativas ou judiciais* (como proibição de frequentar certo lugares, como lupanares etc.; proibição de ausentar-se da comarca; comparecimento mensalmente ao juízo; frequentar cursos profissionalizantes; atender a encargos de famílias).

Não se despreza o acréscimo para efeito de consideração do limite quantitativo da pena.[1254]

O primeiro requisito de ordem subjetiva diz respeito aos antecedentes judiciais do condenado. É necessário que não seja reincidente em crime doloso (art. 77, I). Há dois princípios: 1º) o réu reincidente em crime doloso, a quem antes se impôs pena privativa de liberdade, não pode obter *sursis*; 2º) o réu reincidente a quem antes foi imposta pena de multa pode obter *sursis*. A simples reincidência não impede o *sursis*, uma vez que a

---
[1254] RTJ, 98:940; RT, 553:458 e 528:381.

lei exige, para que o *sursis* não seja concedido, que o sujeito seja "reincidente em crime doloso". Logo, o reincidente em crime culposo pode obtê-lo, como também aquele que, embora reincidente, cometeu um crime doloso e outro posterior culposo, ou vice-versa.[1255]

Existem três tipos de suspensão condicional da pena – o *simples*, o *especial* e o *etário* –, que, para fins didáticos, podem ser assim apresentados:

Tipo de *sursis*	Requisitos	Condições especiais
Sursis simples	Detenção ou reclusão não superior a 2 anos. Não cabimento da substituição por uma pena restritiva de direitos. Circunstâncias judiciais favoráveis (art. 59, 77, II, CP). Não reincidência em crime doloso.[1256] • Período de prova: suspensão da detenção ou reclusão por 2 a 4 anos. • Extinção da pena: findo o prazo do *sursis*, extingue-se a pena.	–
Sursis especial	Circunstâncias judiciais inteiramente favoráveis. Dano reparado, salvo impossibilidade de fazê-lo (art. 78, §2º, do CP). Preenchimento dos demais requisitos do *sursis* simples.	Substituição dos serviços à comunidade ou da limitação de fim de semana pela proibição de frequentar determinados lugares ou de ausentar-se da comarca onde reside, sem autorização do juiz, ou pela obrigação de comparecer mensalmente em juízo (art. 78, §2º, "a", "b" e "c" – essas condições podem ser aplicadas isoladamente ou cumulativamente. No mais, o *sursis* especial segue as normas da modalidade simples.
Sursis etário	Detenção ou reclusão não superior a 4 anos (art. 77, §2º, CP). Preenchimento dos demais requisitos do *sursis* simples. • Período de prova: suspensão da pena por 4 a 6 anos.	Idade igual ou superior a 70 anos (na data da sentença).

Assim como o *sursis* etário, o humanitário caberá sempre que a pena privativa de liberdade for igual ou inferior a quatro anos. Sua distinção com a figura acima reside no

---

[1255] Nesse sentido: STF, HC nº 66.372, RT, 640:376; TACrimSP, RCrim 515.635, RJDTACrimSP, 3:220. Além disso, é possível que o reincidente tenha sofrido anterior pena de multa, caso em que não fica impedido o *sursis*, ainda que dolosos os dois crimes (CP, art. 77, §1º). Reincidente em crime culposo: admissibilidade (JTACrimSP, 82:314, 88:345, 84:364 e 94:459; RT, 603:359). Multa anterior: admissibilidade (JTACrimSP, 70:412 e 58:150; RT, 560:329 e 552:326).

[1256] Atentar, contudo, para a Súmula nº 499 do STF: "Não obsta a concessão do 'sursis' condenação anterior à pena de multa".

fato de ser uma modalidade de *sursis* aplicável sempre que *razões de saúde o justificarem* (ex.: sentenciado inválido ou portador de moléstia grave). Registre-se que sua inserção no Código adveio por meio da Lei nº 9.714/98.

As condições dos *sursis* podem ser modificadas no curso do prazo (art. 158, §2º, LEP).

Havendo extinção da punibilidade em relação ao crime anterior antes da sentença final, não havendo sentença condenatória anterior com trânsito em julgado, em relação ao crime posterior, o réu pode obter o *sursis*, se presentes os outros requisitos. Se, porém, a extinção da punibilidade ocorreu após a sentença condenatória irrecorrível, esta permanece para efeito de impedir o *sursis*, sendo dolosos os dois delitos, salvo nos casos de *abolitio criminis* e anistia, que rescindem a condenação irrecorrível anterior, do art. 64, I, do Código Penal, e da multa antecedente.[1257]

Não há impedimento ao *sursis* na hipótese de extinção da punibilidade pela prescrição retroativa em relação ao delito anterior. Isso porque se trata de forma de prescrição da pretensão punitiva, pelo que a sentença condenatória deixa de produzir efeitos (só tem relevância em relação ao *quantum* da pena regulador do prazo prescricional). O prazo prescricional fica suspenso desde a concessão até a revogação da suspensão da pena, embora o Código Penal não considere, de forma explícita, a suspensão condicional (*sursis*) como causa impeditiva da prescrição, esse efeito deflui da lógica do sistema vigente.[1258]

Há possibilidade de mais de uma aplicação, de forma provisória, aguardando-se o julgamento de eventuais recursos,[1259] assim como, no sistema atual, em face do art. 64, I, nada obsta a que ao sujeito sejam concedidos dois *sursis* sucessivos.[1260]

Pode o *sursis* ser revogado, obrigatoriamente ou facultativo, assim como pode ter o período de prova prorrogado, nos termos do art. 81 do CP:

> Revogação obrigatória
> Art. 81. A suspensão será revogada se, no curso do prazo, o beneficiário:
> I – é condenado, em sentença irrecorrível, por crime doloso;
> II – frustra, embora solvente, a execução de pena de multa ou não efetua, sem motivo justificado, a reparação do dano;
> III – descumpre a condição do §1º do art. 78 deste Código.
> Revogação facultativa
> §1º A suspensão poderá ser revogada se o condenado descumpre qualquer outra condição imposta ou é irrecorrivelmente condenado, por crime culposo ou por contravenção, a pena privativa de liberdade ou restritiva de direitos
> Prorrogação do período de prova
> §2º Se o beneficiário está sendo processado por outro crime ou contravenção, considera-se prorrogado o prazo da suspensão até o julgamento definitivo.

[1257] No sentido do texto: RJTJSP, 6:421 e 13:420; RT, 402:108, 429:394, 552:369, 598:298, 515:340, 415:98 e 394:111; RTJ, 58:26; TJRJ, RCrim 230, RF, 280:311.

[1258] STF. HC 91.562, Rel. Min. Joaquim Barbosa, j. 9-10-2007, 2ª T, DJE de 30-11-2007.

[1259] Nesse sentido: TACrimSP, HC nº 277.328, rel. o então Juiz Passos de Freitas, RT, 721:428. Vide sobre a hipótese: RT, 607:299 e 658:309; TACrimSP, ACrim 436.857, JTACrimSP, 91:413 e RJDTACrimSP, 8:204. Contra: STF, RHC nº 65.074, DJU, 3 mar. 1989, p. 2514.

[1260] Nesse sentido: RT, 546:303; TARJ, ACrim 8.667, RF, 280:313.

§3º Quando facultativa a revogação, o juiz pode, ao invés de decretá-la, prorrogar o período de prova até o máximo, se este não foi o fixado.
Cumprimento das condições
Art. 82. Expirado o prazo sem que tenha havido revogação, considera-se extinta a pena privativa de liberdade.

Previsão similar encontra-se no art. 708 do Código de Processo Penal: "expirado o prazo de suspensão ou a prorrogação, sem que tenha ocorrido motivo de revogação, a pena privativa de liberdade será declarada extinta".

A revogação do benefício poderá ser compulsória, se o beneficiado for condenado, por sentença irrecorrível, à pena privativa de liberdade, frustrar pagamento da multa (algo discutível na doutrina após a vedação da conversão de multa em pena privativa de liberdade) ou descumprir condições impostas.

E poderá constituir, ainda, em faculdade e discricionariedade do juízo, caso o sentenciado deixe de cumprir as obrigações impostas ou caso seja condenado por crime culposo ou contravenção penal.

Caso o *sursis* venha a ser revogado, independentemente do momento em que isso ocorrer, o condenado deverá cumprir integralmente a pena privativa de liberdade cuja execução estava suspensa.

Não se deve confundir a suspensão condicional da execução da pena com a suspensão condicional do processo ou *sursis* processual, previsto no art. 89 da Lei nº 9.099/95. Este constitui forma de suspensão do andamento do processo, que é concedido ao réu, mediante proposta do órgão acusador, logo no início da ação penal (muito embora seja admitido no final do processo, quando ocorrer desclassificação para crime menos grave, que passe a admitir o benefício – esse o sentido o art. 383 do CPP, com a redação que lhe deu a Lei nº 11.719/2008).[1261]

Se o agente for processado (leia-se: se houver denúncia ou queixa recebida) por crime ou contravenção, o período de prova considera-se automaticamente prorrogado (art. 81, §2º). A regra é lógica. O só fato de ser processado não implica a revogação da medida, visto que a lei exige, para tanto, sentença irrecorrível. Por outro lado, um processo pode demorar mais de dois anos (tempo do período de prova) e, na hipótese de sobrevir condenação com trânsito em julgado, poderá ser tarde demais, já estando extinta a punibilidade pelo término do período de prova.

Como já decidiu o Superior Tribunal de Justiça, nos termos do art. 81, I e §2º, do CP,

> o período de prova do sursis fica automaticamente prorrogado quando o beneficiário está sendo processado por outro crime ou contravenção, bem como que a superveniência de sentença condenatória irrecorrível é caso de revogação obrigatória do benefício, mesmo quando ultrapassado o período de prova.[1262]

[1261] ESTEFAM, André. *Direito penal*: parte geral (arts. 1º a 120). 10. ed. São Paulo: Saraiva, 2021. p. 493.
[1262] STJ, HC 175.758/SP, rel. Min. Laurita Vaz, 5ª T., j. 4-10-2011.

No mesmo sentido:

> Inexiste constrangimento ilegal quanto à revogação do benefício da suspensão condicional da pena em razão de condenação pelo cometimento de outro crime durante o período de prova, desde que não tenha sido extinta a punibilidade do agente mediante sentença transitada em julgado, nos termos do inciso I do art. 81 do Código Penal.[1263]

Findo o período de prova, sem que tenha havido revogação, considera-se extinta a pena privativa de liberdade suspensa. Deve-se registrar, por derradeiro, que durante a prorrogação decretada com fulcro no art. 81, §2º, do CP, não vigoram as condições do *sursis*.

A Lei de Execução Penal regulamenta grande parte das regras atinentes à suspensão condicional da pena, até porque a medida passará a ter efetiva aplicação com o trânsito em julgado da sentença condenatória. Vale destacar os seguintes dispositivos: a) art. 157: determina a análise compulsória e fundamentada do instituto na sentença ou no acórdão, quer seja para concedê-lo ou para denegá-lo; b) art. 158, *caput*: estipula a obrigatoriedade da fixação das condições durante a sentença, estabelecendo que estas somente correrão da audiência admonitória; c) art. 158, §2º: dispõe que o juiz poderá, a qualquer tempo, de ofício ou a requerimento, modificar as condições e regras estabelecidas na sentença, ouvido o condenado; d) art. 158, §3º: refere-se à fiscalização do cumprimento das condições, a qual fica a cargo de serviço social penitenciário, Patronato ou Conselho da Comunidade; e) art. 159, §2º: autoriza o tribunal, quando conceder a suspensão condicional da pena em grau de recurso, a transferir ao Juízo da execução a incumbência de estabelecer as condições; f) art. 160: dispõe acerca da audiência admonitória, à qual o sentenciado deverá comparecer pessoalmente, sob pena de, em não o fazendo, ser a suspensão declarada sem efeito, executando-se imediatamente a pena.

Referida audiência tem como objetivo alertar o sentenciado das condições a que deve sujeitar-se, do prazo que durarão e das causas de revogação (art. 160 da LEP). A partir dessa audiência, que só poderá ser designada após o trânsito em julgado da sentença, é que tem início o período de prova (admite-se excepcionalmente sua realização caso já tenha ocorrido o trânsito em julgado para a acusação).[1264]

Registre-se que eventual revelia (CPP, art. 367) reconhecida na fase de conhecimento, por si só, não impede a concessão do *sursis*. Isto porque, após a decisão tornar-se irrecorrível, o condenado será intimado para comparecer à audiência admonitória e, se não o fizer, como visto acima, a suspensão será declarada sem efeito.

Não obstante a simples leitura dos dispositivos do CP e da LEP seja suficiente para compreender os requisitos e condições para cada uma das espécies de *sursis*, é preciso consignar que, diante das sucessivas reformas da legislação, máxime diante do novo sistema das penas restritivas de direitos (art. 44 e seguintes), diante da facilidade de cumprimento do regime aberto e, agora, diante da nova redação dada ao art. 28-A do CPP (acordo de não persecução penal), a aplicação do instituto, profundamente

---

[1263] STJ, AgRg no REsp 1.154.458/MG, rel. Min. Alderita Ramos de Oliveira (Desembargadora convocada do TJPE), 6ª T., j. 27-11-2012.
[1264] ESTEFAM, André. *Direito penal*: parte geral (arts. 1º a 120). 10. ed. São Paulo: Saraiva, 2021. p. 509.

saudável, inclusive sob a ótica da sociedade, está cada vez mais rara, o que justifica uma ampla reforma penal para recuperar o espírito da codificação pretendida pelo Código Penal em 1940.

7 Livramento condicional

A origem remota do livramento condicional prende-se à gênese do sistema progressivo de cumprimento da pena privativa de liberdade, no século XIX. Assim é que, no sistema progressivo irlandês, a pena de prisão era cumprida em estágios, sendo o último deles caracterizado pela concessão de liberdade ao preso (inicialmente a título provisório, tornando-se definitiva se houvesse a demonstração de bom comportamento).[1265]

O instituto, destarte, tem na sua essência a finalidade de promover uma reintegração progressiva do preso com o meio social.

No Brasil, o livramento condicional foi previsto, pela primeira vez, no Código Penal de 1890 (arts. 51 e 52), como a última fase do sistema progressivo adotado à época. De ver, contudo, que o instituto permaneceu inaplicável durante muitos anos, até que fora definitivamente regulamentado em 1924, por meio do Decreto nº 16.665.

O Código Penal, em sua redação original, o previa nos arts. 60 a 66, de maneira muito mais rigorosa do que na legislação atual. Apenas para se ter uma ideia, o réu primário somente poderia obtê-lo depois de cumprir metade de sua pena e o reincidente, após o cumprimento de três quartos. Exigia-se, ainda, a demonstração de que o sentenciado não apresentasse ou tivesse cessada sua periculosidade. Referido regramento fora abrandado pela Lei nº 6.416, de 1977, e, finalmente, pela Reforma da Parte Geral de 1984.[1266]

Atualmente, encontra-se regulado nos arts. 83 a 90 do CP e nos arts. 131 a 146 da LEP.

A suspensão condicional da pena impede o começo da execução da pena privativa de liberdade, mediante um período de prova. Já o livramento condicional representa a paralisação do cumprimento já iniciado, também mediante o cumprimento de condições.

Importante recordar, finalmente, que no *sursis* o período de prova tem início com a *audiência admonitória*. No livramento, há uma providência semelhante: trata-se da *cerimônia de concessão*, prevista no art. 137 da LEP, em que ocorre a leitura da sentença ao liberado, explicando as condições e causas de revogação.

Assim, o condenado que tiver cumprido certo tempo da pena privativa de liberdade poderá cumprir solto o período restante, mediante determinadas condições, conforme dispõe os arts. 83 a 90 do Código Penal e os arts. 131 a 146 da Lei de Execução Penal.

Como bem ressalta Dotti, um dos graves inconvenientes do instituto durante o longo período de 35 anos foi a limitação estabelecida pelo Código de 1940 que na redação original do art. 60 dispunha como requisito para o livramento condicional a quantidade de pena de reclusão ou de detenção superior a três anos:

> Com tal critério, o sistema abria um hiato profundamente injusto quando se condenavam (e com que freqüência!) réus a uma pena superior a dois porém inferior a três anos. Ficava

---

[1265] ESTEFAM, André. *Direito penal*: parte geral (arts. 1º a 120). 10. ed. São Paulo: Saraiva, 2021. p. 512.
[1266] ESTEFAM, André. *Direito penal*: parte geral (arts. 1º a 120). 10. ed. São Paulo: Saraiva, 2021. p. 512.

o sentenciado à margem de lhe ser aplicado o sursis e o livramento condicional. Criava-se, por outro lado, o paradoxo: segundo o qual o condenado a uma pena superior a três anos (três anos e um dia como se constatava, também com freqüência) estava em melhor situação que o sentenciado à pena de dois anos e seis meses, por exemplo, diante da possibilidade do livramento condicional. O absurdo de tal disparidade era responsável também pelos pedidos de revisão criminal nos quais se pleiteava o aumento da pena a fim de permitir o livramento antecipado.[1267]

No confronto entre os textos do Código de 1940 e diplomas posteriores, podem ser encontrados pontos de reforma bastante importantes, como: a) diminuição do tempo de cumprimento parcial da pena; b) redução de um terço de prazo de cumprimento da pena quando o condenado fosse primário e menor de 21 anos, ao tempo do fato, ou maior de 70, ao tempo da sentença; c) determinação de que o liberado ficaria sob observação cautelar e proteção realizadas por patronato oficial ou particular e, na falta, a observação seria promovida por serviço social penitenciário ou órgão similar; d) revogação obrigatória somente se operaria se o liberado viesse a ser condenado irrecorrivelmente à pena privativa de liberdade e não a qualquer outra.

Sob o advento da Lei nº 6.416/1977, o livramento condicional foi aperfeiçoado em muitos aspectos. Primeiramente, passou a ser aplicado em caso de pena privativa de liberdade igual ou superior a dois anos (art. 60), permitindo-se, também, a soma das penas correspondentes a infrações diversas para possibilitar a medida.[1268]

Do mesmo modo como ocorre com o *sursis*, foram modificadas as causas de revogação, tanto obrigatórias como facultativas, conforme as situações que foram assim resumidas por Tucci: a) sendo a condenação irrecorrível e/ou contemporânea à vigência da medida, será obrigatória a revogação, com a imposição de pena privativa de liberdade restante (Código de Processo Penal, art. 726); b) será causa da revogação a condenação irrecorrível à pena pecuniária (Processo Penal, art. 727); c) também será facultativa a causa de revogação quando houver inobservância das obrigações constantes da sentença ou inerentes à pena acessória (Código de Processo Penal, art. 727).[1269]

Essa a redação do art. 83 do Código Penal, já com as recentes alterações dadas pela Lei Anticrime:

> Art. 83. O juiz poderá conceder livramento condicional ao condenado a pena privativa de liberdade igual ou superior a 2 (dois) anos, desde que:
> I – cumprida mais de um terço da pena se o condenado não for reincidente em crime doloso e tiver bons antecedentes;
> II – cumprida mais da metade se o condenado for reincidente em crime doloso;
> III – comprovado: (Redação dada pela Lei nº 13.964, de 2019)

[1267] DOTTI, René Ariel. O "sursis" e o livramento condicional nos projetos de reforma do sistema. Conferência pronunciada em 8 de abril de 1983 no I Ciclo de Estudos de Direito e Processo Penal patrocinado pelo Instituto dos Advogados Brasileiros sob a Presidência do criminalista Laércio Pellegrino, São Paulo, Ministério Público de São Paulo, 1934. *Justitia*, v. 46, n. 124, p. 175-194, jan./mar. 1984.

[1268] DOTTI, René Ariel. O "sursis" e o livramento condicional nos projetos de reforma do sistema. Conferência pronunciada em 8 de abril de 1983 no I Ciclo de Estudos de Direito e Processo Penal patrocinado pelo Instituto dos Advogados Brasileiros sob a Presidência do criminalista Laércio Pellegrino, São Paulo, Ministério Público de São Paulo, 1934. *Justitia*, v. 46, n. 124, p. 175-194, jan./mar. 1984.

[1269] TUCCI, Rogério Lauria. Aspectos processuais da Reforma penal de 1977. *Revista dos Tribunais*, p. 310.

a) bom comportamento durante a execução da pena; (Incluído pela Lei nº 13.964, de 2019)
b) não cometimento de falta grave nos últimos 12 (doze) meses; (Incluído pela Lei nº 13.964, de 2019)
c) bom desempenho no trabalho que lhe foi atribuído; e (Incluído pela Lei nº 13.964, de 2019)
d) aptidão para prover a própria subsistência mediante trabalho honesto; (Incluído pela Lei nº 13.964, de 2019)
IV – tenha reparado, salvo efetiva impossibilidade de fazê-lo, o dano causado pela infração;
V – cumpridos mais de dois terços da pena, nos casos de condenação por crime hediondo, prática de tortura, tráfico ilícito de entorpecentes e drogas afins, tráfico de pessoas e terrorismo, se o apenado não for reincidente específico em crimes dessa natureza. (Incluído pela Lei nº 13.344, de 2016)
Parágrafo único – Para o condenado por crime doloso, cometido com violência ou grave ameaça à pessoa, a concessão do livramento ficará também subordinada à constatação de condições pessoais que façam presumir que o liberado não voltará a delinqüir.

A natureza jurídica do instituto, segundo Dotti, é a de "espécie de reação penal de natureza peculiar com características tipicamente sancionatórias consistentes na restrição da liberdade e na satisfação de encargos e condições". Como alternativa à prisão (continuação do cumprimento da pena privativa de liberdade), o sistema abre ao juiz a oportunidade para considerar desnecessário (e, consequentemente, desproporcionado) o sofrimento do cárcere, posto que, por meio da liberdade mediante condições se perseguem os objetivos de reprovação, prevenção e recuperação social do condenado.[1270]

O instituto não constitui, a nosso ver, mais um direito público subjetivo de liberdade do condenado nem incidente de execução: trata-se de medida penal de natureza restritiva da liberdade, de caráter repressivo e preventivo.

Como formalmente não consta do Título VII da Lei de Execução Penal (arts. 180 a 193), o rito do livramento condicional, tecnicamente, não é um incidente da execução, fazendo parte do próprio processo executivo. Tem de haver requerimento, nos termos do (art. 712, *caput*, do Código de Processo Penal, do condenado, seu cônjuge ou parente, proposta do diretor do estabelecimento penal ou do Conselho Penitenciário

A execução do livramento condicional está disciplinada na LEP (arts. 131 e seguintes), tendo agora novos pressupostos trazidos pela Lei nº 13.964/19 que, além dos critérios quantitativos de penas para crimes comuns – primários e reincidentes em crimes dolosos – e hediondos (incs. I, II e V), exige: a) bom comportamento durante a execução da pena; b) não cometimento de falta grave nos últimos 12 (doze) meses; c) bom desempenho no trabalho que lhe foi atribuído; e d) aptidão para prover a própria subsistência mediante trabalho honesto.

Com relação ao requisito mencionado na letra "a" (*bom comportamento carcerário*), vale frisar que originariamente o legislador citava a necessidade de o sentenciado ostentar comportamento carcerário *satisfatório* (ou seja, mediano, razoável). Com a Lei Anticrime (Lei nº 13.964/2019), passou-se a requerer *bom* comportamento.

[1270] DOTTI, René Ariel. O "sursis" e o livramento condicional nos projetos de reforma do sistema. Conferência pronunciada em 8 de abril de 1983 no I Ciclo de Estudos de Direito e Processo Penal patrocinado pelo Instituto dos Advogados Brasileiros sob a Presidência do criminalista Laércio Pellegrino, São Paulo, Ministério Público de São Paulo, 1934. *Justitia*, v. 46, n. 124, p. 175-194, jan./mar. 1984.

Não se trata de mero ajuste redacional, bem lembra Estefam, mas de efetiva elevação no nível de exigência necessário para a obtenção do benefício. Afigura-se correta a mudança, inclusive por sanar uma incoerência em nossa legislação. A Lei de Execução Penal sempre exigiu bom comportamento para efeito de *progressão* de regime de cumprimento de pena privativa de liberdade (LEP, art. 112), que é um benefício menos relevante que o livramento condicional; afinal, na progressão, o apenado continua recolhido em estabelecimento prisional, embora em regime diverso, enquanto no livramento ele readquire a liberdade de locomoção. Não fazia sentido impor para o menos (progressão) "bom comportamento" e, para o mais (liberdade condicional), "comportamento (apenas) satisfatório".[1271]

Outra mudança efetuada pela Lei Anticrime (Lei nº 13.964/2019) foi a de que o sentenciado, para obtenção do benefício, não pode ter cometido falta grave nos últimos doze meses. Estabelece-se, com a novel imposição, um período de carência para que, depois de cometida a falta grave, possa se avaliar o comportamento do agente no ambiente prisional.

Para compreender a mudança, é preciso lembrar que, em 2010, o Superior Tribunal de Justiça editou súmula no sentido de que: "A falta grave não interrompe o prazo para obtenção do livramento condicional" (Súmula nº 441). Para a Corte, a ausência de norma expressa na Lei de Execução Penal impedia que se considerasse interrompido o período aquisitivo para concessão do benefício. Assim, se o agente tem direito a obter o livramento condicional depois de cumprido um terço da pena e, já estando prestes a completar esse lapso, pratica falta grave, o reconhecimento dessa infração não interferirá na contagem desse prazo.

A questão, porém, era determinar por quanto tempo a falta grave serviria de óbice subjetivo à concessão do livramento condicional. A resposta, agora, encontra-se no texto da lei: por doze meses.

Além disso, exige a reparação, salvo efetiva impossibilidade de fazê-lo, do dano causado pela infração e, segundo o parágrafo único, para o condenado por crime doloso, cometido com violência ou grave ameaça à pessoa, a concessão do livramento ficará também subordinada à constatação de condições pessoais que façam presumir que o liberado não voltará a delinquir.

A concessão do benefício dar-se-á mediante a *obrigatória* observância das seguintes *condições*: a) obter ocupação lícita dentro de prazo razoável, se for apto para o trabalho; b) comunicar periodicamente ao juiz sua ocupação; c) não mudar do território da comarca do juízo das execuções sem autorização deste.

O juiz das execuções poderá, ainda, especificar outras condições, em *caráter facultativo*, a saber: a) não mudar de residência sem comunicar o juiz e a autoridade incumbida da observação cautelar e de proteção; b) recolher-se à habitação em hora fixada; c) não frequentar determinados lugares.

Qualquer outra *condição fixada pelo magistrado*, adequada ao fato e à situação pessoal do condenado, vedadas as condições vexatórias ou que ofendam direitos individuais do cidadão, ainda pode ser estipulada.

[1271] ESTEFAM, André. *Direito penal*: parte geral (arts. 1º a 120). 10. ed. São Paulo: Saraiva, 2021. p. 517.

Seriam válidas, portanto, condições como a submissão a processo de desintoxicação ou o comparecimento à clínica de recuperação de traumatizados. Não se admitiriam, por serem vexatórios, a obrigação de elaborar redação sobre os males decorrentes da prática de delitos ou o dever de frequentar determinado culto religioso.

Aceitas as condições impostas pelo juízo, será emitida ao apenado uma caderneta, a qual lhe será entregue no momento de liberação, conforme o art. 138 da Lei de Execução Penal.

Há situações em que a legislação veda ao sentenciado o direito ao livramento condicional. São hipóteses de extrema gravidade, em que a proibição se justifica, sob a ótica do princípio da proporcionalidade.

Os primeiros casos estão no Código Penal e se referem a *reincidentes em crimes hediondos, equiparados a hediondo* ou *tráfico de pessoas*.

Se o condenado for reincidente em delitos dessa natureza, não poderá obter livramento condicional com relação à segunda pena que lhe foi imposta.

Trata-se da figura do reincidente específico, não se exigindo, porém, que a recidiva se dê no mesmo tipo penal, bastando a reiteração em crime da mencionada natureza. Assim, por exemplo, se o réu cumpriu pena anteriormente por estupro (CP, art. 213) e, posteriormente, cometeu um roubo majorado pelo emprego de arma de fogo de uso restrito ou proibido (CP, art. 157, §2º-B), quando da execução da sanção referente ao segundo delito, por ser o sentenciado reincidente específico em crime de natureza hedionda, não poderá obter o livramento condicional.

O segundo grupo de exceções se encontra na Lei de Execução Penal e foi introduzido pela Lei Anticrime (Lei nº 13.964/2019).

De acordo com o art. 112, VI e VIII, da Lei de Execução Penal, não terão direito à liberdade condicional *condenados por crimes hediondos ou equiparados com resultado morte*, como o homicídio simples realizado em atividade típica de grupo de extermínio, o homicídio qualificado, o latrocínio, entre outros. Essa proibição somente terá incidência para delitos hediondos com resultado morte praticados a partir da entrada em vigor da Lei Anticrime, que se deu no dia 23.1.2020. Cuida-se de *novatio legis in pejus* e, portanto, não atinge fatos anteriores à sua entrada em vigor (CF, art. 5º, XL, e CP, art. 2º).

Há, por fim, hipótese de proibição do benefício na Lei do Crime Organizado, que, em seu art. 2º, §9º, dispõe que o *condenado por integrar organização criminosa ou por crime praticado por meio de organização criminosa*, assim expressamente reconhecido na decisão condenatória, não poderá progredir de regime de cumprimento de pena ou obter livramento condicional ou outros benefícios prisionais se houver elementos probatórios que indiquem a *manutenção do vínculo associativo*.

Relevante destacar que o prazo para a concessão de livramento condicional em matéria de tráfico de drogas (isto é, os crimes tipificados nos arts. 33, *caput* e §1º, e 34 a 37 da Lei nº 11.343/2006) é regulado no art. 44, parágrafo único, da mencionada lei. De acordo com a norma especial, "dar-se-á livramento condicional após o cumprimento de dois terços da pena, vedada sua concessão ao reincidente específico".

É de ver que *o conceito de reincidência específica previsto na Lei de Drogas, para efeito de proibição do livramento condicional, é mais estrito que o do Código Penal*, pois abrange somente os crimes citados no art. 44, isto é, os arts. 33, *caput* e §1º, e 34 a 37 da Lei nº

11.343/2006. Significa, portanto, que desde o advento da atual Lei de Drogas, quem cumpre pena por tráfico poderá obter livramento condicional depois de cumprir mais de dois terços da pena, salvo se houver sido condenado com trânsito em julgado por *tráfico* anterior, antes da data do segundo fato, pelo qual cumpre a sanção atual.[1272]

Como mencionado, o livramento condicional pode ser concedido mediante requerimento do sentenciado, de seu cônjuge ou de parente ou por iniciativa do Conselho Penitenciário, além de também poder ser concedido de ofício pelo juiz, sendo que o período de prova corresponderá ao tempo de pena que resta ao liberado cumprir.

O art. 84 determina que as penas que correspondem a infrações diversas devam ser somadas para efeito do livramento.

Outrossim, dispõe os arts. 86 e 87 sobre as hipóteses de revogação compulsória e facultativa, seguindo a mesma linha do *sursis*:

> Revogação do livramento
> Art. 86. Revoga-se o livramento, se o liberado vem a ser condenado a pena privativa de liberdade, em sentença irrecorrível:
> I – por crime cometido durante a vigência do benefício;
> II – por crime anterior, observado o disposto no art. 84 deste Código.
> Revogação facultativa
> Art. 87. O juiz poderá, também, revogar o livramento, se o liberado deixar de cumprir qualquer das obrigações constantes da sentença, ou for irrecorrivelmente condenado, por crime ou contravenção, a pena que não seja privativa de liberdade.

A revogação será decretada a requerimento do Ministério Público, mediante representação do Conselho Penitenciário, ou, de ofício, pelo juiz. Em qualquer hipótese, deverá ser ouvido o liberado, possibilitando-lhe o pleno exercício do direito de defesa, sob pena de nulidade.[1273]

De acordo com o art. 88 do CP, revogado o livramento, não poderá novamente ser concedido, e, salvo quando a revogação resulta de condenação por outro crime anterior àquele benefício, não se desconta na pena o tempo em que esteve solto o condenado:

> Efeitos da revogação
> Art. 88. Revogado o livramento, não poderá ser novamente concedido, e, salvo quando a revogação resulta de condenação por outro crime anterior àquele benefício, não se desconta na pena o tempo em que esteve solto o condenado.

A LEP trata da matéria em duas disposições: se a revogação for motivada por infração penal anterior à vigência do livramento, computar-se-á no tempo da pena o período em que esteve solto o liberado, sendo permitida, para a concessão de novo livramento, a soma do tempo das duas penas; no caso de revogação por outro motivo, não se computará na pena o tempo em que esteve solto o liberado e tampouco se concederá, em relação à mesma pena, novo livramento.

[1272] ESTEFAM, André. *Direito penal*: parte geral (arts. 1º a 120). 10. ed. São Paulo: Saraiva, 2021. p. 515.
[1273] SOUZA, Luciano Anderson de. *Direito penal*: parte geral. 3. ed. São Paulo: Revista dos Tribunais, Thomson Reuters, 2022. v. 1. p. 615.

É de ver, todavia, que três efeitos sempre serão aplicados, independentemente do motivo da revogação: a) a expedição de mandado de prisão, para que o restante da pena privativa de liberdade seja cumprido no cárcere; b) a impossibilidade de se computar o período de prova no quinquênio depurador da reincidência – art. 64, I, do CP (isto é, no prazo de cinco anos em que a condenação anterior deixa de gerar a recidiva); c) a vedação do cômputo do período de prova no prazo mínimo para pleitear reabilitação criminal (CP, art. 94, *caput*).[1274]

Caso se dê o decurso do período de prova sem qualquer motivo para revogação, considera-se extinta a pena privativa de liberdade, nos termos do art. 90, CP, e art. 146 da LEP. No mesmo esteio, a Súmula nº 617, do STJ disciplina que "a ausência de suspensão ou revogação do livramento condicional antes do término do período de prova enseja a extinção da punibilidade pelo integral cumprimento da pena".

A *Lei de Execução Penal*, em boa parte, reproduz os dispositivos do Código Penal acerca do regramento da medida. Há normas, todavia, que complementam a disciplina da matéria, como exemplo: a) art. 133: autoriza o liberado, mediante decisão do juízo das execuções, a residir fora da comarca, devendo-se remeter cópia da sentença do livramento ao juízo do lugar para onde ele o sentenciado se houver transferido e à autoridade incumbida da observação cautelar e de proteção; b) art. 136: refere-se à expedição da "carta de livramento", que conterá cópia integral da sentença em duas vias, remetendo-se uma à autoridade administrativa incumbida da execução e outra ao Conselho Penitenciário; c) art. 137: cuida da cerimônia de concessão do benefício, a ser realizada solenemente no dia marcado pelo presidente do Conselho Penitenciário, no estabelecimento onde está sendo cumprida a pena; d) art. 138: o liberado deverá receber, em uma caderneta, informações sobre o saldo de seu pecúlio e do que lhe pertencer, que exibirá à autoridade judiciária ou administrativa, sempre que lhe for exigida; e) art. 143: estabelece a obrigatoriedade de ouvir o sentenciado como medida antecedente à revogação, a qual poderá ser decretada a requerimento do Ministério Público, mediante representação do Conselho Penitenciário, ou, de ofício, pelo juiz; f) art. 144: permite que o juiz, de ofício, a requerimento do Ministério Público, ou mediante representação do Conselho Penitenciário, e ouvido o liberado, modifique as condições especificadas na sentença, dentre outros.

O período de prova considerar-se-á prorrogado no caso de o sentenciado responder a processo por crime cometido *durante o livramento*, nos termos do art. 89 do CP.

A revogação do livramento em razão da prática de outra infração penal exige, como se viu, trânsito em julgado de sentença penal condenatória. Com a prática da infração penal, contudo, a Lei de Execução Penal permite, em seu art. 145, que se promova a suspensão provisória do livramento (medida de natureza cautelar), ordenando-se a prisão do sentenciado. Cuida-se de providência que se funda na prova da existência do crime (*fumus commissi delicti*) e na existência de perigo à sociedade decorrente da manutenção da medida (*periculum libertatis*).

[1274] ESTEFAM, André. *Direito penal*: parte geral (arts. 1º a 120). 10. ed. São Paulo: Saraiva, 2021. p. 520.

Estabelece a Lei de Execução Penal, contudo, que, quando da suspensão provisória do livramento, deve ser determinada a oitiva do Conselho Penitenciário, sendo importante ressaltar que tal providência pode ser realizada após a suspensão cautelar do livramento.

8 Efeitos da condenação

O trânsito em julgado de sentença penal condenatória leva, necessariamente, à necessidade de seu cumprimento, fator consistente em seu efeito principal, de cunho, eminentemente, jurídico-penal.

Importante frisar, todavia, que o Supremo Tribunal Federal (STF), no ano de 2016, chegou a admitir a possibilidade de tal cumprimento, antes mesmo da decisão definitiva, quando decretada a condenação em segunda instância, o que chamou de "execução provisória de acórdão penal condenatório proferido em grau de apelação".[1275]

Posteriormente, em novembro de 2019, o Plenário da Corte, por maioria, voltou atrás e decidiu que é constitucional a regra processual que prevê o esgotamento de todas as possibilidades de recurso (ou seja, trânsito em julgado da condenação) para o início do cumprimento da pena.

Os efeitos da sentença condenatória estão divididos em principais e secundários.

A condenação tem inúmeros efeitos penais secundários, como gerar reincidência, revogar reabilitação, *sursis* etc., que estão espalhados pelo Código Penal.

Quando falamos em efeitos *principais*, estamos nos referindo à própria consequência jurídico-penal imediata da sentença condenatória, ou seja, a aplicação da pena (privativa de liberdade, restritiva de direito, multa, possível medida de segurança). Ligadas a essa consequência primordial está a secundária.

Constituem, por exemplo, efeitos principais advindos da condenação: a) é pressuposto da reincidência (CP, art. 63) ou como maus antecedentes (CP, art. 59); b) impede, em regra, o *sursis* (art. 77, I); c) causa a revogação do *sursis* (art. 81, I, e §1º); d) causa a revogação do livramento condicional (art. 86); e) aumenta o prazo da prescrição da pretensão executória (art. 110, *caput, in fine*); f) transitada em julgado, a prescrição da pretensão executória não se inicia enquanto o condenado permanece preso por outro motivo (art. 116, parágrafo único); g) causa a revogação da reabilitação (art. 95); h) tem

---

[1275] Nos autos de *Habeas Corpus* nºs 83.868 e 84.078, no ano de 2009, o STF havia consagrado a compreensão de que a execução prisional somente pode ser efetivada após o esgotamento das possibilidades de modificação da decisão penal condenatória. A orientação, a qual se aproximou da doutrina majoritária, a despeito da significativa jurisprudência até então, assentou-se no entendimento de que a prisão antes do trânsito em julgado da condenação apenas pode ser decretada a título cautelar. Todavia, em 2016, o STF afastou sua própria compreensão anterior, e, nos autos do *Habeas Corpus* nº 126.292, veio a consagrar a concepção majoritária de que "execução provisória de acórdão penal condenatório proferido em grau de apelação, ainda que sujeito a recurso especial ou extraordinário, não compromete o princípio constitucional da presunção de inocência". Após isso, afora inúmeros casos incidentais, como do ex-presidente Lula, foram ofertadas Ações Declaratórias de Constitucionalidade (ns. 43, 44 e 54), com vistas a se declarar a constitucionalidade do art. 283 do Código de Processo Penal, rechaçando-se, definitivamente, a posição de 2016. Por maioria, as cautelares foram negadas, em março de 2018, porém, finalmente, em julgamento definitivo, ocorrido em 7.11.2019, o Plenário da Corte entendeu, majoritariamente, que o art. 283 do Código de Processo Penal, segundo o qual "ninguém poderá ser preso senão em flagrante delito ou por ordem escrita e fundamentada da autoridade judiciária competente, em decorrência de sentença condenatória transitada em julgado ou, no curso da investigação ou do processo, em virtude de prisão temporária ou prisão preventiva", está de acordo com o princípio da presunção de inocência, garantia prevista no art. 5º, inc. LVII, da Constituição Federal.

influência na exceção da verdade no crime de calúnia (art. 138, §3º, I e III); i) impede o privilégio dos arts. 155, §2º; 170; 171, §1º; e 180, §3º, 1ª parte, em relação ao segundo crime; j) aumenta a pena da contravenção de porte de arma branca (LCP, art. 19, §1º); k) constitui elementar da figura típica da contravenção de posse não justificada de instrumento de emprego usual na prática de furto (LCP, art. 25); l) impede a concessão de transação penal e suspensão condicional do processo (arts. 76 e 89 da Lei nº 9.099/95) e do acordo de não persecução penal (art. 28-A, CPP) etc.

Já os efeitos *secundários* da condenação podem ser classificados em *penais* e *extrapenais*.

Os efeitos extrapenais estão espalhados pelo ordenamento jurídico pátrio (Código Penal, Código de Processo Penal, Lei da Execução Penal e legislação extravagante).

Os efeitos extrapenais repartem-se, ainda, em *genéricos* e *específicos*.

Os efeitos extrapenais genéricos têm previsão no art. 91 do CP. São eles:

Efeitos genéricos e específicos
Art. 91. São efeitos da condenação:
I – tornar certa a obrigação de indenizar o dano causado pelo crime;
II – a perda em favor da União, ressalvado o direito do lesado ou de terceiro de boa-fé:
a) dos instrumentos do crime, desde que consistam em coisas cujo fabrico, alienação, uso, porte ou detenção constitua fato ilícito;
b) do produto do crime ou de qualquer bem ou valor que constitua proveito auferido pelo agente com a prática do fato criminoso.
§1º Poderá ser decretada a perda de bens ou valores equivalentes ao produto ou proveito do crime quando estes não forem encontrados ou quando se localizarem no exterior. (Incluído pela Lei nº 12.694, de 2012)
§2º Na hipótese do §1º, as medidas assecuratórias previstas na legislação processual poderão abranger bens ou valores equivalentes do investigado ou acusado para posterior decretação de perda. (Incluído pela Lei nº 12.694, de 2012)
Art. 91-A. Na hipótese de condenação por infrações às quais a lei comine pena máxima superior a 6 (seis) anos de reclusão, poderá ser decretada a perda, como produto ou proveito do crime, dos bens correspondentes à diferença entre o valor do patrimônio do condenado e aquele que seja compatível com o seu rendimento lícito. (Incluído pela Lei nº 13.964, de 2019)
§1º Para efeito da perda prevista no caput deste artigo, entende-se por patrimônio do condenado todos os bens: (Incluído pela Lei nº 13.964, de 2019)
I – de sua titularidade, ou em relação aos quais ele tenha o domínio e o benefício direto ou indireto, na data da infração penal ou recebidos posteriormente; e (Incluído pela Lei nº 13.964, de 2019)
II – transferidos a terceiros a título gratuito ou mediante contraprestação irrisória, a partir do início da atividade criminal. (Incluído pela Lei nº 13.964, de 2019)
§2º O condenado poderá demonstrar a inexistência da incompatibilidade ou a procedência lícita do patrimônio. (Incluído pela Lei nº 13.964, de 2019)
§3º A perda prevista neste artigo deverá ser requerida expressamente pelo Ministério Público, por ocasião do oferecimento da denúncia, com indicação da diferença apurada. (Incluído pela Lei nº 13.964, de 2019)
§4º Na sentença condenatória, o juiz deve declarar o valor da diferença apurada e especificar os bens cuja perda for decretada. (Incluído pela Lei nº 13.964, de 2019)

§5º Os instrumentos utilizados para a prática de crimes por organizações criminosas e milícias deverão ser declarados perdidos em favor da União ou do Estado, dependendo da Justiça onde tramita a ação penal, ainda que não ponham em perigo a segurança das pessoas, a moral ou a ordem pública, nem ofereçam sério risco de ser utilizados para o cometimento de novos crimes. (Incluído pela Lei nº 13.964, de 2019)

O art. 91 do CP apresenta dois efeitos da condenação contidos em seus incisos: a) tornar certa a obrigação de indenizar o dano causado pelo crime e b) a perda, em favor da União, ressalvado o direito do lesado ou de terceiro de boa-fé, de instrumentos e do produto do crime.

A sentença penal condenatória funciona como sentença meramente declaratória no tocante à indenização civil, pois nela não há mandamento expresso de o réu reparar o dano resultante do crime; a lei, porém, concede-lhe natureza de título executivo (CPP, art. 63), pois seu conteúdo declaratório é completado pela norma que torna certa a obrigação de reparação do dano (CP, art. 91, I).

A condenação penal, a partir do momento em que se torna irrecorrível, faz coisa julgada no cível, para fins de reparação do dano. Tem a natureza de título executório, permitindo ao ofendido reclamar a indenização civil sem que o condenado pelo delito possa discutir a existência do crime ou a sua responsabilidade por ele.

O valor do dano é apurado na esfera cível, abrangendo tanto o dano material quanto o moral, nos termos da Súmula nº 37 do STJ, "são cumuláveis as indenizações por dano material e dano moral oriundos do mesmo fato".

Entre os sistemas de reparação de danos existentes estão a) livre escolha, em que a lei faculta ao ofendido cumular ou não as duas pretensões no processo penal; b) confusão, em que os pedidos necessariamente são cumulados; c) solidariedade, em que há duas ações – civil e penal – julgadas no mesmo processo por uma única sentença; d) separação ou independência com juízos distintos. O Brasil adotou a separação ou independência mitigada.[1276]

Assim, o sujeito pode ser absolvido no juízo criminal em face da prática de um fato inicialmente considerado delituoso e, entretanto, ser obrigado à reparação do dano no juízo cível; o agente pode ser civilmente obrigado à reparação do dano, embora o fato causador não seja típico; assim, em regra, a responsabilidade do agente numa esfera não implica a responsabilidade em outra.

[1276] Apesar de já enumerados pela Joana, repetem-se alguns dispositivos legais referentes à independência de instâncias: Diante dessas premissas, a responsabilidade civil é independente da criminal, art. 1.525 do Código Civil; a sentença condenatória, ao tornar certa a obrigação de indenizar, constitui título executivo judicial, permitindo que se proceda à execução civil (art. 91, I, Código Penal; art. 63, Código de Processo Penal, e art. 584, II, Código de Processo Civil); a ação para reparação do dano pode ser proposta no juízo cível enquanto pendente a causa penal (art. 64); intentada a ação penal, o juiz da ação civil poderá suspender o processo até o julgamento definitivo daquela (art. 64, par. único, Código de Processo Penal, e art. 110, par. único, Código de Processo Civil); faz coisa julgada no cível a sentença penal que reconhecer ter sido o ato praticado em estado de necessidade, em legítima defesa, em estrito cumprimento do dever legal ou no exercício de direito (art. 63) ou que, de maneira categórica, reconhecer a inexistência do fato (art. 66, Código de Processo Penal, e art. 1.525, Código Civil) ou afastar a autoria (art. 1525, Código Civil); não impedem a propositura da ação civil: a sentença que declara não constituir crime o fato imputado ao réu; a decisão que determina o arquivamento de inquérito policial e de peças de informação; a decisão que declara extinta a punibilidade (art. 67, incs. I, II e III, Código de Processo Penal).

Vale ressaltar que o Código de Processo Penal, nos arts. 63 a 67, trata da ação civil *ex delicto*, isto é, a ação cível que pode ser proposta pelo ofendido perante o Juízo Cível, seu representante legal ou seus herdeiros, em razão da ocorrência de um delito. A ação, pautada nos objetivos de restituição, ressarcimento, reparação e indenização, também ganhou importante reforço por meio da Lei nº 11.719/08 que alterou o art. 387 do CPP e que, em seu inc. IV, contemplou a obrigação, ao magistrado, de fixar o valor mínimo para reparação dos danos causados pela infração, considerando os prejuízos sofridos pelo ofendido.

Assim, depois do advento da Lei nº 11.719/2008, o juiz deve estipular, na sentença penal condenatória, valor mínimo da indenização, inclusive por eventuais danos morais[1277] suportados pela vítima.

Para que o magistrado possa fazê-lo, porém, deve haver pedido expresso da acusação ou do ofendido, segundo entendimento do STJ.[1278] Observe-se que, no caso de condenação por crime de abuso de autoridade, o valor mínimo de indenização depende de requerimento exclusivo do sujeito passivo (art. 4º, *caput*, da Lei nº 13.869/2019).

Importante recordar que a sentença que impõe medida de segurança somente será título executivo judicial no cível em se tratando de imputáveis com capacidade reduzida (ou "semi-imputáveis" – CP, art. 26, parágrafo único), porquanto só estes são efetivamente condenados criminalmente (os inimputáveis por doença mental – art. 26, *caput*, do CP – são absolvidos).

As decisões que declaram a extinção da punibilidade não formam título executivo cível, salvo quando ocorrerem após o trânsito em julgado.

Registre-se, ainda, que o dever de indenizar pode ser exercido em face dos herdeiros do criminoso, observando-se os limites do patrimônio transferido. Como se trata de efeito extrapenal da condenação, não há falar em ofensa ao princípio da personalidade da pena (CF, art. 5º, XLV); bem por isso, a própria Constituição é expressa nesse sentido ("nenhuma pena passará da pessoa do condenado, podendo a obrigação de reparar o dano e a decretação do perdimento de bens ser, nos termos da lei, estendidas aos sucessores e contra eles executadas, até o limite do valor do patrimônio transferido").

Já o inc. II fala sobre o confisco de instrumentos do crime, dos produtos ou qualquer bem ou valor que constitua proveito auferido pelo agente com a prática do fato criminoso. O confisco é medida extrema, excepcional, e dessa forma deve ser cuidada, somente tendo aplicação quando o julgador tiver a convicção de que os produtos, bens e valores são provenientes da prática de crime.

Ele configura a perda de bens do particular em favor do Estado; a CF, em seu art. 5º, XLVI, "b", prevê a perda de bens como pena; o confisco permitido pelo CP não incide

---

[1277] O Superior Tribunal de Justiça, em sede de julgamento de recurso repetitivo, estabeleceu a possibilidade de fixação de valor mínimo a título de dano moral aos casos abrangidos pela Lei Maria da Penha, desde que haja pedido expresso da acusação ou da parte ofendida, ainda que não especificada a quantia e independentemente de instrução probatória (REsp 1.643.051/MS, rel. Min. Rogerio Schietti Cruz, 3ª Seção, j. 28-2-2018; REsp 1.585.684-DF, Rel. Min. Maria Thereza de Assis Moura, 6ª T., j. 9/8/2016, DJe 24/8/2016).

[1278] "Esta Corte Superior de Justiça entende que 'a aplicação do instituto disposto no art. 387, IV, do CPP, referente à reparação de natureza cível, na prolação da sentença condenatória, requer a dedução de um pedido expresso do querelante ou do Ministério Público, em respeito às garantias do contraditório e da ampla defesa' (AgRg no AREsp 1309078/PI, rel. Min. Rogerio Schietti Cruz, 6ª T., j. 23- 10-2018, DJe de 16-11-2018)" (STJ, AgRg nos EDcl no AREsp 1.296.627/PR, rel. Joel Ilan Paciornik, 5ª T., j. 13-12-2018).

sobre bens particulares do sujeito, mas sim sobre instrumentos e produto do crime; só permitido em relação aos crimes, sendo inadmissível nas contravenções.

Nesse diapasão, só poderão ser perdidos os instrumentos do crime que se constituam em coisas cujos fabrico, alienação, uso, porte ou detenção constituam fato típico, devendo-se lembrar que há armas cuja posse pode ser legal ou ilegal.

Importante destacar que a lei não se refere a instrumentos de contravenção, não podendo, assim, ser incluídas na alínea "a" do referido art. 91 do Código Penal.

O produto do crime, assim como o seu proveito, poderá ser confiscado pela União, ressalvando, é claro, os direitos da vítima e do terceiro de boa-fé. O *produto do crime (producta sceleris)* corresponde às coisas obtidas diretamente com o ato (p. ex., a *res furtiva*) ou mediante sucessiva especificação (caso da joia confeccionada com o metal roubado) e abrange os bens adquiridos indiretamente com a infração penal cometida (p. ex., o dinheiro arrecadado com a venda da coisa subtraída).

Deve-se recordar que o produto ou proveito do crime podem ser exigidos em face dos sucessores do condenado, posto que não constituem efeitos penais da condenação, motivo por que não são abrangidos pelo princípio da personalidade da pena, conforme expressamente ressalva a Constituição Federal (art. 5º, XLV).[1279]

Ainda sobre o tema, vale ressaltar que o art. 243, parágrafo único, da Constituição Federal estabelece o *confisco* de todo e qualquer bem de valor econômico apreendido em decorrência do tráfico ilícito de entorpecentes e drogas afins.

O tráfico de drogas é uma das infrações penais que, sem dúvida, mais garantem retorno financeiro. Está também entre as infrações nas quais mais se empregam bens materiais que viabilizam o sucesso da empreitada.

O perdimento de bens, como vimos, é uma consequência aplicável em virtude tanto da utilização de bens materiais para a prática de crimes quanto da obtenção desses bens na qualidade de proveito da atividade criminosa.

No tocante aos bens utilizados para a prática criminosa do tráfico de drogas, há certa controvérsia a respeito do que pode ser assim considerado. Há quem diga, diante da regra geral de vedação ao confisco, que somente podem ser expropriados os bens utilizados exclusiva e reiteradamente para o cometimento da atividade criminosa. É o caso do imóvel utilizado com a finalidade precípua de estocar as drogas; do automóvel utilizado por membros do grupo criminoso para o transporte habitual de drogas etc.[1280]

Há, de outro lado, aqueles que defendem a possibilidade de confisco pela simples constatação de que determinado bem foi utilizado para o cometimento do tráfico, independentemente de qualquer prova de habitualidade ou de exclusividade.[1281]

O STF, no RE nº 638.491/PR, julgado em 17.5.2017, adotou a segunda orientação. Para o tribunal, basta que se observe o parágrafo único do art. 243 da Constituição Federal, que determina o perdimento de bens apreendidos *em decorrência do tráfico*. Não há, no texto constitucional, nenhum requisito de habitualidade ou de exclusividade na utilização dos bens apreendidos:

[1279] ESTEFAM, André. *Direito penal*: parte geral (arts. 1º a 120). 10. ed. São Paulo: Saraiva, 2021. p. 534.
[1280] CUNHA, Rogério Sanches. *Manual de direito penal*: parte geral. 8. ed. Salvador: JusPodivm, 2020. p. 660.
[1281] CUNHA, Rogério Sanches. *Manual de direito penal*: parte geral. 8. ed. Salvador: JusPodivm, 2020. p. 660.

o tráfico de drogas é reprimido pelo Estado brasileiro, por meio de modelo jurídico-político, em consonância com os diplomas internacionais firmados. Os preceitos constitucionais sobre o tráfico de drogas e o respectivo confisco de bens constituem parte dos mandados de criminalização previstos pelo poder constituinte originário a exigir uma atuação enérgica do Estado sobre o tema, sob pena de o ordenamento jurídico brasileiro incorrer em proteção deficiente dos direitos fundamentais.

Com a decisão proferida no RE nº 638.491/PR, o Tribunal reconhece mais uma vez esse importante instrumento constitucional e sinaliza o rigor no trato de agentes que empregam bens de valor econômico na prática de tão grave infração penal.

A orientação adotada se fortalece diante das atuais disposições sobre o perdimento de bens na Lei nº 11.343/06. Com efeito, além da decretação de perda de bens, direitos ou valores apreendidos em decorrência direta dos crimes (art. 63), a Lei nº 13.886/19 inseriu no âmbito dos crimes relativos a drogas o confisco alargado (muito semelhante ao introduzido no Código Penal pela Lei nº 13.964/19 – Pacote Anticrime), que permite, na condenação por infrações às quais a Lei nº 11.343/06 comine pena máxima superior a seis anos de reclusão, a decretação da perda, como produto ou proveito do crime, dos bens correspondentes à diferença entre o valor do patrimônio do condenado e aquele compatível com o seu rendimento lícito (art. 63-F).[1282]

A expropriação de bens em favor da União, decorrente da prática de crime de tráfico ilícito de entorpecentes, constitui efeito automático da sentença penal condenatória.[1283]

Outrossim, o art. 7º, inc. I, da Lei nº 9.613/98, praticamente repete a regra relativa à perda judicial como efeito da condenação prevista no art. 91, II, do Código Penal, mas merecem atenção alguns elementos especializantes introduzidos pela Lei nº 12.683/12 no tocante ao *confisco em decorrência da lavagem de capitais*.

Com o trânsito em julgado da sentença penal condenatória, também na Lei de Lavagem deve o juiz competente determinar a perda de todos os bens, direitos e valores relacionados, direta ou indiretamente, à prática dos crimes de lavagem de dinheiro. Contudo, esse confisco não será revertido somente em favor da União, podendo favorecer os Estados quando o crime é processado e julgado na Justiça Estadual. Para tanto, a lei determina que os entes federativos, dentro de suas esferas de competência normativa, devem regular a destinação dos bens adquiridos em razão da perda judicial, adotando-se, preferencialmente, o encaminhamento dos bens ou recursos para órgãos que atuem na seara de prevenção e combate aos delitos de lavagem de dinheiro (art. 7º, §1º).

Ademais, os instrumentos do crime sem o valor econômico cuja perda em favor da União ou de Estado for decretada serão inutilizados ou doados a museu criminal ou a entidade pública, se houver interesse na sua conservação (art. 7º, §2º).

[1282] CUNHA, Rogério Sanches. *Manual de direito penal*: parte geral. 8. ed. Salvador: JusPodivm, 2020. p. 660.

[1283] Nesse sentido: STJ, AgInt no AREsp 1368211/SP, Rel. Ministro Sebastião Reis Júnior, Sexta Turma, julgado em 26/02/2019, DJe 14/03/2019; AgRg no AREsp 1333058/MS, Rel. Ministro Reynaldo Soares da Fonseca, Quinta Turma, julgado em 11/12/2018, DJe 19/12/2018; AgRg no AREsp 580102/RS, Rel. Ministro Jorge Mussi, Quinta Turma, julgado em 24/04/2018, DJe 04/05/2018; REsp 1133957/MG, Rel. Ministra Laurita Vaz, Quinta Turma, julgado em 18/12/2012, DJe 01/02/2013; REsp 1380428/SC (decisão monocrática), Rel. Ministro Ribeiro Dantas, Quinta Turma, julgado em 28/11/2018, publicado em 22/03/2019; REsp 1744582/MT (decisão monocrática), Rel. Ministra Maria Thereza de Assis Moura, Sexta Turma, julgado em 01/08/2018, publicado em 03/08/2018. (Vide Legislação Aplicada - Lei 11.343/2006 - Lei de Drogas - Art. 63) (Vide Repercussão Geral - Tema 399) (Vide Repercussão Geral - Tema 647).

A Lei nº 12.694, de 7.7.2012, inseriu os §§1º e 2º no art. 91 do Código Penal, que possibilitou, excepcionalmente, o apossamento para a União de bens ou valores adquiridos de forma lícita pelo agente infrator, caso os produtos ou proveitos do crime não forem localizados ou estiverem no exterior.

Foi, dessa forma, disciplinado o chamado *confisco alargado* (confisco ampliado ou perda alargada),[1284] uma espécie de efeito secundário da sentença penal condenatória que consiste na perda de bens equiparados ao produto ou proveito do crime.

A principal motivação desse tipo de medida é a despatrimonialização do criminoso, de modo a incrementar um reproche econômico significativo aos tradicionais efeitos dissuasórios e retributivos da sanção penal, notadamente àquelas categorias delitivas altamente rentáveis. Trata-se de estratégia de enfrentamento à criminalidade que parte da ideia de que determinados crimes são permeados por um alto grau de escolha racional, em que o agente avalia e assume os riscos e benefícios decorrentes de sua prisão e do retorno proporcionado.[1285]

Conforme se extrai do §1º do art. 91-A, o vocábulo "patrimônio" não deve ser compreendido apenas como o formalmente declarado.

Embora o confisco alargado recaia em bens não identificados diretamente com a conduta criminosa – caso em que se constituiriam propriamente em produto ou proveito do crime –, trata-se de medida considerada uma consequência da sentença penal – daí porque tem natureza jurídica de *efeito secundário da sentença penal condenatória* – e atinge todos os demais ativos sobressalentes à receita legal do condenado e que não tiveram sua origem comprovada.

O citado art. 91 do CP traz em seu bojo as consequências extrapenais genéricas da condenação passada em julgado, dispensando o juiz de fundamentá-la em sua sentença penal condenatória. Em outras palavras, *os efeitos constantes do art. 91 são automáticos e independem de pedido ou expressa menção na sentença*.

O art. 91-A, CP, com redação dada pela Lei Anticrime, colocou no contexto dos efeitos genéricos e automáticos da condenação penal uma espécie de confisco pelo enriquecimento ilícito em condenações por infrações às quais a lei comine pena máxima superior a 6 (seis) anos de reclusão, permitindo a perda, como produto ou proveito do crime, dos bens correspondentes à diferença entre o valor do patrimônio do condenado e aquele que seja compatível com o seu rendimento lícito.

O objeto do novo dispositivo legal foi a condenação devido à prática de delitos que tenham pena máxima superior a 6 (seis) anos de reclusão. Dessa forma, crimes com um potencial criminal menos lesivo não foram alcançados pela reforma trazida pela Lei nº 13.964/19.

Nesse diapasão, em detrimento desses crimes, a lei autoriza que o juiz que prolata o *decisum* criminal poderá, sempre de forma fundamentada, decretar a perda de bens

---

[1284] O confisco alargado não se confunde com o confisco por equivalência, inserido nos §§1º e 2º do art. 91 pela Lei 12.694/12. O primeiro se caracteriza por uma extensão do perdimento a bens que, embora não estejam ligados diretamente ao crime que está sendo julgado, de alguma forma provêm de atividades ilegais, tanto que seu conjunto é incompatível com o rendimento lícito do condenado. Já o segundo se impõe nas situações em que o produto ou o proveito direto do crime julgado não é encontrado ou se localiza no exterior, quando então se autoriza a medida sobre bens equivalentes que possam constituir o patrimônio lícito do condenado.

[1285] CUNHA, Rogério Sanches. *Manual de direito penal*: parte geral. 8. ed. Salvador: JusPodivm, 2020. p. 676.

do condenado, que sejam produto ou proveito do crime, correspondentes à diferença entre o valor do patrimônio do condenado e aquele que seja compatível com o seu rendimento lícito.

Nesse contexto, entendem-se como patrimônio do condenado: 1) os bens de sua titularidade, ou dos que ele tenha o domínio (uso, gozo, disposição) e o benefício direto ou indireto, na data da perpetração do crime ou recebidos posteriormente; e 2) os transferidos a terceiros (notadamente os ditos "laranjas", que escamoteiam bens de origem ilícita) a título gratuito ou mediante contraprestação irrisória, a partir do início da ação criminosa.

De outro lado, considerando os ditames do devido processo legal, notadamente o contraditório e a ampla defesa, o condenado há de ter a oportunidade processual de demonstrar a inexistência da incompatibilidade ou a procedência lícita do patrimônio objeto dos efeitos da condenação.

Parte da doutrina passou a sustentar que esse efeito da perda de bens trazido a lume pelo art. 91-A, CP, não é levado a efeito *ex officio* pelo juiz por ocasião da prolação da sentença condenatória. Tais efeitos deveriam ser objeto de requerimento expresso do Ministério Público, em homenagem ao sistema acusatório, com indicação da diferença patrimonial observada. Por seu turno, a autoridade judicial competente, em sede de sentença condenatória, há de declarar fundamentadamente o valor da diferença apurada e individualização dos bens do condenado a serem objeto de perda judicial.

Tal medida em estudo somente poderá ser decretada se houver, na denúncia, pedido expresso do Ministério Público. No curso do processo penal, será aberto o contraditório a respeito da matéria, facultando-se ao agente impugnar a pretensão ministerial, apontando a licitude da origem dos bens ou a compatibilidade destes com seu rendimento legal (art. 91-A, §2º).

Deverão ser admitidos, ainda, embargos de terceiro, nos termos do art. 129 do CPP. Assim, por exemplo, se um parente havia emprestado um automóvel ao acusado, permitindo que ele temporariamente utilizasse o bem, dever-se-á permitir a ele que demonstre a boa-fé e a precariedade da cessão, de modo a reaver o veículo.

Na sentença condenatória, o juiz deve declarar o valor da diferença apurada e especificar os bens cuja perda for decretada (art. 91-A, §4º). Entende-se por patrimônio do condenado os bens de sua titularidade, ou em relação aos quais ele tenha o domínio e o benefício direto ou indireto, na data da infração penal ou recebidos posteriormente. Também estão incluídos os bens transferidos a terceiros a título gratuito ou mediante contraprestação irrisória, a partir do início da atividade criminal.[1286]

Por fim, o novo dispositivo penal versa sobre os instrumentos empregados para a prática de crimes por organizações criminosas, nos termos do art. 1º, §1º, da Lei nº 12.850/13, e milícias, nos termos do art. 288-A do CP.

Nesse caso, esses bens (instrumentos do crime) hão de ser declarados perdidos em favor da União ou do Estado, dependendo da Justiça onde tramita a ação penal, ainda que não ponham em perigo a segurança das pessoas, a moral ou a ordem pública, nem ofereçam sério risco de ser utilizados para o cometimento de novos crimes. Dessa forma,

---

[1286] ESTEFAM, André. *Direito penal*: parte geral (arts. 1º a 120). 10. ed. São Paulo: Saraiva, 2021. p. 544.

a lei proporciona o desmantelamento logístico das organizações criminosas e das milícias, não permitindo, assim, que eventuais membros dessas *societas sceleris* que não tenham sido alcançados pela persecução criminal lancem mão de bens instrumentalizados em prol da prática de crimes.

Por sua vez, os efeitos da condenação contidos no art. 92 do Código Penal são aplicados quando expressamente declarados na sentença condenatória.

O art. 92 do CP traz em seu bojo as *consequências extrapenais específicas* e *não automáticas*. Só se aplicam a certas hipóteses de determinados crimes e dependem de sentença condenatória tê-los motivadamente declarado, de modo a deixar claras a necessidade e a adequação ao condenado:

Art. 92. São também efeitos da condenação
I – a perda de cargo, função pública ou mandato eletivo: (Redação dada pela Lei nº 9.268, de 1º.4.1996)
a) quando aplicada pena privativa de liberdade por tempo igual ou superior a um ano, nos crimes praticados com abuso de poder ou violação de dever para com a Administração Pública; (Incluído pela Lei nº 9.268, de 1º.4.1996)
b) quando for aplicada pena privativa de liberdade por tempo superior a 4 (quatro) anos nos demais casos. (Incluído pela Lei nº 9.268, de 1º.4.1996)
II – a incapacidade para o exercício do poder familiar, da tutela ou da curatela nos crimes dolosos sujeitos à pena de reclusão cometidos contra outrem igualmente titular do mesmo poder familiar, contra filho, filha ou outro descendente ou contra tutelado ou curatelado; (Redação dada pela Lei nº 13.715, de 2018)
III – a inabilitação para dirigir veículo, quando utilizado como meio para a prática de crime doloso.
Parágrafo único – Os efeitos de que trata este artigo não são automáticos, devendo ser motivadamente declarados na sentença.

Ao contrário do que ocorre com os efeitos extrapenais genéricos, esses efeitos, assim como, para a maioria da doutrina, da perda prevista no art. 91-A não são automáticos. Portanto, é necessário que, neste caso, o juiz aja motivadamente, na sentença condenatória (art. 92, parágrafo único, CP).

No inc. I, o legislador trata da *perda de cargo, função pública ou mandato eletivo*, para o que, além da fundamentação, é necessário que estejam presentes alguns requisitos: a) nos crimes praticados com abuso de poder ou violação do dever para com a Administração Pública, quando a pena aplicada for igual ou superior a 1 ano; b) nos demais casos, quando a pena for superior a 4 anos.

As hipóteses tratadas pelo inc. I do art. 92 do CP não se destinam exclusivamente aos chamados crimes funcionais (arts. 312 a 347 do CP), mas a qualquer crime que um funcionário público cometer com violação de deveres que a sua condição de funcionário impõe, cuja pena de prisão aplicada seja igual ou superior a um ano, ou, então, qualquer crime praticado por funcionário público, cuja pena aplicada seja superior a quatro anos.

Há de se consignar, ademais, que a denominada Lei da Ficha Limpa (Lei Complementar nº 135/2010) contempla os casos de inelegibilidade aos que forem condenados, em decisão transitada em julgado ou proferida por órgão judicial colegiado, desde a condenação até o transcurso do prazo de 8 (oito) anos após o cumprimento da pena, pelos crimes ali taxativamente arrolados.

Discute-se se esse efeito poderá ter lugar quando o agente, ao tempo da condenação, ocupar cargo ou função diversa daquela em que cometeu o delito funcional (pelo qual foi condenado à pena de prisão igual ou superior a um ano). A resposta deve ser, a princípio, negativa, pois a conduta delituosa não terá sido cometida com abuso de poder ou violação de deveres inerentes ao cargo ou função atualmente desempenhado. Caso, entretanto, verifique-se que o novo cargo ou função encontra similaridade, no que tange aos deveres funcionais, com o anteriormente exercido, pode o juiz, motivadamente, aplicar esse efeito.[1287]

No que se refere ao exercício de mandato eletivo, deve-se lembrar que a própria Constituição Federal prevê, no art. 15, III, a suspensão automática e obrigatória dos direitos políticos por força de qualquer condenação criminal, enquanto perdurarem seus efeitos. Desse modo, qualquer que seja o crime ou a pena imposta, o sentenciado não poderá, após o trânsito em julgado, exercer seu mandato eletivo.

Isso não quer dizer, contudo, que o juiz não pode aplicar o efeito extrapenal específico referente à perda do mandato eletivo. Pelo contrário, essa medida poderá ter aplicação quando a execução da pena imposta puder ocorrer em tempo inferior ao do mandato. Imagine-se um vereador reeleito, condenado a dois anos de reclusão, por corrupção praticada no mandato anterior, tendo a sentença transitado em julgado logo nos primeiros meses no novo quatriênio. Em tal contexto, se o magistrado não impuser o efeito em estudo, depois de cumprir a pena, poderia o parlamentar retomar o exercício de vereança (salvo se a respectiva Casa o houvesse cassado). Para evitar que isso venha a ocorrer, deve-se determinar, na decisão condenatória, a perda do mandato.[1288]

Com relação a Deputados Federais e Senadores, convém repisar, não se aplica o disposto no art. 15, III, da CF, mas a norma constitucional prevista no art. 55, VI e §2º. Por esse motivo, os parlamentares federais, quando irrecorrivelmente condenados, sofrerão a suspensão de seus direitos políticos e a consequente perda de seu mandato se houver decisão da respectiva Casa Legislativa, decorrente de decisão tomada "pela Câmara dos Deputados ou pelo Senado Federal, por maioria absoluta, mediante provocação da respectiva Mesa ou de partido político representado no Congresso Nacional, assegurada ampla defesa".

De ver que, em casos nos quais a condenação proferida pelo Supremo Tribunal Federal contra Deputado Federal ou Senador da República estabelecer o cumprimento de pena em regime inicialmente fechado, de tal maneira que o sentenciado tenha que se afastar do exercício do mandato por mais de 120 dias, a perda do mandato será automática, aplicando-se, nesse caso, o art. 55, III, §3º, da CF.

Esse entendimento foi tomado pela 1ª Turma do STF na Ação Penal nº 694 (julgada em 2.5.2017), em caso concreto no qual Deputado Federal foi condenado a doze anos, seis meses e seis dias de reclusão, em regime inicial fechado, além de pena de multa.

Os ministros decidiram, por unanimidade, seguindo proposta do revisor da ação penal, Ministro Barroso, que a perda do mandato deveria se dar com base no art. 55, III,

---

[1287] ESTEFAM, André. *Direito penal*: parte geral (arts. 1º a 120). 10. ed. São Paulo: Saraiva, 2021. p. 535-536.
[1288] ESTEFAM, André. *Direito penal*: parte geral (arts. 1º a 120). 10. ed. São Paulo: Saraiva, 2021. p. 535-536.

da CF, "que prevê essa punição ao parlamentar que, em cada sessão legislativa, faltar a um terço das sessões ordinárias, exceto se estiver de licença ou em missão autorizada pelo Legislativo". Nesse caso, conforme a Turma, "em vez de ser submetida ao Plenário, a perda de mandato deve ser automaticamente declarada pela Mesa Diretora da Câmara dos Deputados". Para o revisor, "como regra geral, nos casos em que a condenação exigir mais de 120 dias em regime fechado, a declaração da perda de mandato é uma consequência lógica". Acrescentou que "nos casos de condenação em regime inicial aberto ou semiaberto, é possível autorizar o trabalho externo, mas no regime fechado não existe essa possibilidade".[1289]

Importante destacar que esse entendimento não é pacífico no próprio STF, como se pode notar no julgamento da AP nº 996, Rel. Min. Dias Toffoli, j. 29.5.2018, em que se entendeu que a decisão final sobre a perda do mandato compete à Casa Legislativa, ainda quando se cuidar de condenação à pena privativa de liberdade, em regime inicialmente fechado por tempo superior a 180 dias.

A perda do cargo, função pública ou mandato eletivo consubstancia-se em *efeito permanente*, é dizer, o agente não só perde o cargo, a função ocupada ou o mandato eletivo, mas se torna *incapacitado in genere* para o exercício de outro cargo, função pública ou mandato.[1290]

Somente por meio da reabilitação criminal (CP, arts. 93 a 95) poderá readquirir sua capacidade de ocupar novo cargo, função ou mandato, vedando-se, entretanto, o restabelecimento da situação anterior, ou seja, o retorno aos postos anteriormente ocupados.

Advirta-se, por derradeiro, que algumas leis especiais dispõem diversamente sobre o tema, como é o caso da Lei nº 9.455/97 (Lei de Tortura), em seu art. 1º, §5º; da Lei nº 7.716/89 (Lei do Racismo), arts. 16 e 18; da Lei nº 12.850/2013, art. 2º, §6º; da Lei nº 13.869/2019, art. 4º, entre outras.

Vale ainda ressaltar que, de acordo com a Consolidação das Leis do Trabalho, o empregado que sofrer condenação criminal, passada em julgado, poderá ser demitido por justa causa, a critério do empregador, salvo se beneficiado com a suspensão condicional da execução da pena (o *sursis*).

Cremos que o delito não precisa ter necessariamente relação direta com a função exercida pelo empregado. Não se pode obrigar o patrão a manter em seus quadros pessoa que cometeu crimes. A decisão deve ficar a cargo deste, isto é, se, apesar de a sentença penal irrecorrível entender por bem continuar com o funcionário, respeitar-se-á sua nobre decisão, mas, se assim não entender, deve ter assegurada a possibilidade de demiti-lo, com justa causa.[1291]

Interessante notar que o legislador inovou ao determinar que a fixação de valor mínimo de indenização em casos relacionados ao crime de abuso de autoridade depende de requerimento do *ofendido*. Essa providência já se encontra prevista em nossa legislação (CPP, art. 387, IV) e é cabível em qualquer condenação penal. Ocorre, porém, que o STJ firmou entendimento de que a estipulação desse montante, em crimes de ação penal

---

[1289] ESTEFAM, André. *Direito penal*: parte geral (arts. 1º a 120). 10. ed. São Paulo: Saraiva, 2021. p. 535-536.
[1290] ESTEFAM, André. *Direito penal*: parte geral (arts. 1º a 120). 10. ed. São Paulo: Saraiva, 2021. p. 535-536.
[1291] ESTEFAM, André. *Direito penal*: parte geral (arts. 1º a 120). 10. ed. São Paulo: Saraiva, 2021. p. 535-536.

pública, depende de requerimento do Ministério Público ou da vítima (AgRg no REsp nº 1.813.825/RJ, Rel. Min. Felix Fischer, 5ª T., *DJe* de 25.6.2019). Há, portanto, duas situações com o advento da Lei nº 13.869/2019: (i) valor mínimo de indenização fixado em sentença condenatória por crime de abuso de autoridade: depende de requerimento expresso *do sujeito passivo*; (ii) valor mínimo de indenização estabelecido nas demais sentenças condenatórias, com base no art. 387, IV, do CPP: depende de requerimento explícito do sujeito passivo *ou do Ministério Público*.

Os efeitos previstos nas letras "b" e "c", relativos à inabilitação de exercício ou perda de cargo, função pública ou mandato eletivo são condicionados à ocorrência de reincidência em crime de abuso de autoridade e não são automáticos, devendo ser declarados motivadamente na sentença (art. 4º, parágrafo único, da Lei nº 13.869/2019). Entendemos que há entre eles uma gradação, de tal maneira que, em sendo o agente reincidente específico, deve-se optar pela inabilitação e, a reincidir novamente, o caminho será necessariamente a perda do cargo, função ou mandato.[1292]

Como mencionado, a Constituição de 1988 previu, no art. 15, inc. III, como efeito automático e inerente a toda e qualquer condenação criminal, a suspensão dos direitos políticos, ou seja, de todas "as prerrogativas, os atributos, faculdades ou poder de intervenção dos cidadãos ativos no governo de seu país, intervenção direta ou só indireta, mais ou menos ampla, segundo a intensidade do gozo desses direitos" ou a "disciplina dos meios necessários para o exercício da soberania popular".[1293]

A essência de referidos direitos consiste no direito eleitoral de votar (direito político ativo) e ser votado (direito político passivo).

Uma vez cessados os efeitos da condenação criminal, isto é, cumprida integralmente a pena com a consequente declaração de extinção da punibilidade (proferida pelo juízo das execuções penais), o agente recuperará seus direitos de votar e ser votado. Deve-se acrescentar que, muito embora inexista norma expressa sobre a reaquisição dos direitos políticos suspensos, isto se dará "automaticamente com a cessação dos motivos que determinaram a suspensão".

Com relação a Deputados Federais e Senadores, não se aplica o disposto no art. 15, III, da CF, mas a norma constitucional prevista no art. 55, VI e §2º. Assim, os parlamentares federais, se condenados definitivamente, somente sofrerão a suspensão de seus direitos políticos e a consequente perda de seu mandato se houver decisão da respectiva Casa Legislativa, decorrente de "voto secreto e maioria absoluta, mediante provocação da respectiva Mesa ou de partido político representado no Congresso Nacional, assegurada ampla defesa".[1294]

Acrescente-se que o preso provisório (isto é, aquele que não foi condenado definitivamente) tem mantidos os seus direitos políticos, razão pela qual pode votar e ser votado.

No caso de condenação imposta a detentor de cargo público vitalício, como magistrados e membros do Ministério Público, pelo princípio da especialidade, não vigora a regra mencionada, devendo ser observadas as disposições contidas nas respectivas

---

[1292] ESTEFAM, André. *Direito penal*: parte geral (arts. 1º a 120). 10. ed. São Paulo: Saraiva, 2021. p. 535-536.
[1293] ESTEFAM, André. *Direito penal*: parte geral (arts. 1º a 120). 10. ed. São Paulo: Saraiva, 2021. p. 535.
[1294] ESTEFAM, André. *Direito penal*: parte geral (arts. 1º a 120). 10. ed. São Paulo: Saraiva, 2021. p. 535.

leis orgânicas. Assim, mesmo condenados definitivamente, permanecerão no exercício do cargo, até que a perda seja declarada em ação competente.[1295]

No inc. II, trata da *incapacidade para o exercício do pátrio poder, tutela ou curatela, nos crimes dolosos, sujeitos à pena de reclusão, cometidos contra filho, tutelado ou curatelado*. Assim como no inciso anterior, é necessário que haja o preenchimento de alguns requisitos para a aplicação desse efeito: crime doloso; sujeito à pena de reclusão; filho, tutelado ou curatelado como vítimas; declaração expressa na sentença.

Pela leitura do art. 92, II, do CP, a lei penal busca proteger aqueles que ainda se encontram sob a autoridade dos pais, tutores ou curadores.

Deve-se ter em mente que o presente efeito atingirá *todos os filhos, tutelados ou curatelados*, não somente em relação àquele que foi vítima do delito. Com a reabilitação criminal (CP, arts. 93 a 95), o agente recuperará a possibilidade de exercer novamente essas prerrogativas, nunca, porém, com referência ao sujeito passivo do crime.[1296]

A Lei nº 13.715, de 24.9.2018, modificou a redação do art. 92, II, do CP, ampliando o alcance desse efeito extrapenal específico.

Com as alterações, que somente se aplicam a fatos praticados a partir da entrada em vigor da lei, ocorrida em 25.9.2018, o juiz também poderá aplicar esse efeito aos seguintes casos: a) crimes dolosos punidos com reclusão cometidos por qualquer ascendente contra descendente, como aqueles praticados por avós contra netos; b) crimes dolosos punidos com reclusão em que a vítima seja, tanto quanto o autor, titular do mesmo poder familiar – assim, por exemplo, se o companheiro ou marido pratica a infração penal retrocitada contra a companheira ou esposa, o juiz, na sentença, pode declará-lo incapacitado de exercer o poder familiar em relação aos filhos do casal; de observar que, nesse caso, o efeito extrapenal imposto ao autor não se projeta à vítima do crime, mas a terceiros.

A condenação criminal do pai ou da mãe, segundo o ECA (art. 23, §2º), não acarretará a destituição do poder familiar, exceto na hipótese supramencionada.

De acordo com o art. 1.637 do CC,

> se o pai, ou a mãe, abusar de sua autoridade, faltando aos deveres a eles inerentes ou arruinando os bens dos filhos, cabe ao juiz, requerendo algum parente, ou o Ministério Público, adotar a medida que lhe pareça reclamada pela segurança do menor e seus haveres, até suspendendo o poder familiar, quando convenha. Parágrafo único. Suspende-se igualmente o exercício do poder familiar ao pai ou à mãe condenados por sentença irrecorrível, em virtude de crime cuja pena exceda a dois anos de prisão.

A norma transcrita difere da prevista no art. 92, II, do CP. Esta cuida de um efeito da condenação criminal transitada em julgado, ao passo que aquela constitui medida que pode ser adotada pelo juiz cível, em ação específica, consistente na suspensão do exercício do poder familiar, que possui como fato gerador a imposição de uma pena de prisão superior a dois anos (seja esta de reclusão ou de detenção).[1297]

[1295] STJ, REsp 1.251.621/AM, rel. Min. Laurita Vaz, 5ª T., j. 16-10-2014.
[1296] ESTEFAM, André. *Direito penal*: parte geral (arts. 1º a 120). 10. ed. São Paulo: Saraiva, 2021. p. 540-542.
[1297] ESTEFAM, André. *Direito penal*: parte geral (arts. 1º a 120). 10. ed. São Paulo: Saraiva, 2021. p. 540-542.

Além da suspensão do poder familiar supracitada, o Código Civil prevê a possibilidade de efetiva perda do poder familiar, por ato judicial, quando o agente praticar contra outrem igualmente titular do mesmo poder familiar: i) homicídio, feminicídio ou lesão corporal de natureza grave ou seguida de morte quando se tratar de crime doloso e envolver violência doméstica e familiar ou menosprezo ou discriminação à condição de mulher; e ii) estupro, estupro de vulnerável ou outro crime contra a dignidade sexual sujeito à pena de reclusão (art. 1.638, parágrafo único, I).

Por fim, o inc. III trata da *inabilitação para dirigir veículo*, exigindo três requisitos: crime doloso; veículo como instrumento do crime; declaração expressa na sentença. A inabilitação é, em princípio, permanente, mas passível de ser atingida pela reabilitação. Não se deve confundir essa inabilitação com a suspensão de permissão, autorização ou habilitação para dirigir veículo aplicável nos crimes de trânsito, que também funciona como pena acessória em alguns crimes da Lei nº 9.503/97.

Anote-se que o art. 160 do CTB determina que o condutor condenado por delito de trânsito, assim entendidos aqueles tipificados no próprio CTB, deverá ser submetido a novos exames para que possa voltar a dirigir, de acordo com as normas estabelecidas pelo Contran, independentemente do reconhecimento da prescrição, em face da pena concretizada na sentença (*caput*).[1298]

Assim, os efeitos extrapenais específicos previstos no art. 92 do CP não são consequência automática da condenação, mesmo quando preencham seus pressupostos, dependendo de serem motivadamente declarados na sentença.

As hipóteses previstas no Código Penal, como já mencionado, não são taxativas, ou seja, há evidentemente outros efeitos da condenação na legislação extravagante.

A legislação extravagante pode também cuidar das consequências da condenação. Apontamos, sem pretensão de exaurir a matéria, alguns diplomas que trazem previsões específicas e, pelo princípio da especialidade, devem ser aplicados.[1299]

Na Lei nº 9.455/97 (Lei de Tortura), o art. 1º, §5º, prevê "a perda do cargo, função ou emprego público e a interdição para seu exercício pelo dobro do prazo da pena aplicada" do torturador. Apesar de haver corrente em sentido contrário, prevalece que o efeito é automático, dispensando a declaração do juiz sentenciante.

A Lei nº 12.850/13, que trata de organizações criminosas, em seu art. 2º, §6º, cuida de importante efeito extrapenal da sentença penal definitiva, anunciando que a condenação acarretará ao funcionário público a perda do cargo, função, emprego ou mandato eletivo. Como já ocorre na Lei de Tortura, o efeito previsto é automático, dispensando motivação do magistrado sentenciante (diferente da regra geral estampada no art. 92, parágrafo único, do CP).

A lei que trata de crimes de preconceito, racismo e intolerância (Lei nº 7.716/89), por sua vez, ao definir os crimes resultantes de preconceito de raça ou de cor, previu como efeito da condenação a perda do cargo ou função pública, para o servidor público, e a suspensão do funcionamento do estabelecimento particular por prazo não superior a três meses. Aqui, no entanto, o efeito não é automático, devendo ser devidamente declarado na sentença (com a respectiva motivação), nos termos do art. 18 da lei.

[1298] ESTEFAM, André. *Direito penal*: parte geral (arts. 1º a 120). 10. ed. São Paulo: Saraiva, 2021. p. 542.
[1299] CUNHA, Rogério Sanches. *Manual de direito penal*: parte geral. 8. ed. Salvador: JusPodivm, 2020. p. 676.

Dentre outros, vale ainda citar a Lei nº 13.869/19, que dispõe sobre os crimes de abuso de autoridade cometidos por agente público no exercício de suas funções ou a pretexto de exercê-las, com a finalidade específica de prejudicar outrem ou a beneficiar a si mesmo ou a terceiro, ou, ainda, por mero capricho ou satisfação pessoal e que, em seu art. 4º, contempla efeitos da condenação aplicáveis especificamente ao abuso de autoridade.

A Lei nº 9.472/97, que dispõe acerca da "organização dos serviços de telecomunicação", prevê como crime o fato de "desenvolver clandestinamente atividades de telecomunicação" (art. 183), sendo certo que a pena é de detenção de dois a quatro anos (aumentada de metade quando houver dano a terceiro) e multa de R$10.000 (dez mil reais). O art. 184 estabelece que são

> efeitos da condenação transitada em julgado:
> I – tornar certa a obrigação de indenizar o dano causado pelo crime;
> II – a perda, *em favor da Agência*, ressalvado o direito do lesado ou de terceiros de boa-fé, dos bens empregados na atividade clandestina, sem prejuízo de sua apreensão cautelar.

De acordo com a Lei nº 13.804/19, o juiz, na sentença condenatória, deverá decretar a cassação da habilitação para conduzir veículos automotores ou proibir o réu de obtê-la, pelo prazo de cinco anos, quando o agente houver praticado receptação (CP, art. 180), descaminho (CP, art. 334) ou contrabando (CP, art. 334-A), mediante emprego de veículo automotor. É o caso, por exemplo, do agente que viaja até o Paraguai de carro, adquire diversas mercadorias de valor expressivo, as armazena em seu porta-malas e retorna ao Brasil sem pagar o imposto de importação. Trata-se de um descaminho com uso de automóvel, impondo ao juiz, na sentença condenatória, a aplicação do efeito mencionado, logo, um efeito obrigatório não automático.

Esse efeito deverá ser decretado na sentença. Embora tenha caráter obrigatório, não é automático, isto é, exige expressa fundamentação. A determinação somente será eficaz, contudo, após o trânsito em julgado da condenação, nos termos do art. 278-A do CTB.[1300]

Depois de superado o prazo de cinco anos, o condutor poderá requerer, no juízo criminal, sua reabilitação (CP, arts. 93 a 95), submetendo-se, depois de deferida, a novos exames, nos termos do Código de Trânsito (art. 278-A, §1º).

Note, ainda, que o CTB dispõe, no caso de prisão em flagrante por crime de receptação, descaminho ou contrabando, que o juiz, em qualquer fase da investigação ou da ação penal, poderá, se houver necessidade para a garantia da ordem pública, como medida cautelar, de ofício, ou a requerimento do Ministério Público ou, ainda, mediante representação da autoridade policial, decretar, em decisão motivada, a suspensão da permissão ou da habilitação para dirigir veículo automotor, ou a proibição de sua obtenção (CTB, art. 278-A, §2º).

[1300] ESTEFAM, André. *Direito penal*: parte geral (arts. 1º a 120). 10. ed. São Paulo: Saraiva, 2021. p. 545.

Essa regra foi inserida no Código de Trânsito em 11.1.2019 e, por se cuidar de *novatio legis in pejus*, somente se aplica a receptações, contrabandos ou descaminhos praticados a partir dessa data.[1301]

Registre-se, por fim, que leis extrapenais podem atribuir à condenação penal outros efeitos. O Código Civil, por exemplo, declara que constitui impedimento matrimonial absoluto à condenação por crime doloso contra a vida, consumado ou tentado, quando o autor do fato pretender contrair matrimônio com o cônjuge sobrevivente (art. 1.521, VII). Assim, se alguém mata (ou tenta matar), dolosamente, uma pessoa, fica proibida de contrair casamento com o consorte da vítima do homicídio.

9 Reabilitação

Reabilitação é a reintegração do condenado no exercício dos direitos atingidos pela sentença; a reabilitação não alcança somente as interdições de direitos, mas quaisquer penas (art. 93, *caput*), podendo também extinguir os efeitos específicos da condenação (art. 92):

> Art. 93. A reabilitação alcança quaisquer penas aplicadas em sentença definitiva, assegurando ao condenado o sigilo dos registros sobre o seu processo e condenação.
> Parágrafo único – A reabilitação poderá, também, atingir os efeitos da condenação, previstos no art. 92 deste Código, vedada reintegração na situação anterior, nos casos dos incisos I e II do mesmo artigo.
> Art. 94. A reabilitação poderá ser requerida, decorridos 2 (dois) anos do dia em que for extinta, de qualquer modo, a pena ou terminar sua execução, computando-se o período de prova da suspensão e o do livramento condicional, se não sobrevier revogação, desde que o condenado:
> I – tenha tido domicílio no País no prazo acima referido;
> II – tenha dado, durante esse tempo, demonstração efetiva e constante de bom comportamento público e privado;
> III – tenha ressarcido o dano causado pelo crime ou demonstre a absoluta impossibilidade de o fazer, até o dia do pedido, ou exiba documento que comprove a renúncia da vítima ou novação da dívida.
> Parágrafo único – Negada a reabilitação, poderá ser requerida, a qualquer tempo, desde que o pedido seja instruído com novos elementos comprobatórios dos requisitos necessários.
> Art. 95. A reabilitação será revogada, de ofício ou a requerimento do Ministério Público, se o reabilitado for condenado, como reincidente, por decisão definitiva, a pena que não seja de multa.

Ela não rescinde a condenação; assim, vindo o reabilitado a cometer delito dentro do prazo do art. 64, I, do CP, será considerado reincidente.

Poderá ser requerida, decorridos dois anos do dia em que for extinta, de qualquer modo, a pena principal ou terminar-se sua execução, computando-se o período de prova, sem revogação, desde que o condenado: a) tenha tido domicílio no país no prazo acima citado; b) tenha dado, durante esse tempo, demonstração efetiva e constante de bom

---

[1301] ESTEFAM, André. *Direito penal*: parte geral (arts. 1º a 120). 10. ed. São Paulo: Saraiva, 2021. p. 545.

comportamento público e privado; c) tenha ressarcido o dano causado pelo crime ou demonstre a absoluta impossibilidade de fazer até o dia do pedido, ou exiba documento que comprove a renúncia da vítima ou novação da dívida (art. 94, *caput* e incs. I a III).

Sendo negada a reabilitação, permite-se formular novo requerimento, a qualquer tempo, desde que se demonstre o preenchimento dos requisitos acima mencionados (CP, art. 95).

A reabilitação, além de garantidora do sigilo de condenação, é causa de suspensão condicional dos efeitos secundários específicos da condenação.

Consoante o art. 93, parágrafo único, do Código Penal, a reabilitação também pode atingir os efeitos específicos da condenação previstos no art. 92. Contudo, só é possível que se retorne à situação anterior no caso do inc. III do art. 92, tendo em vista, uma vez reabilitado, a recuperação de sua carteira de habilitação, sem restrições.

Nesse esteio, não há possibilidade de retomar, automaticamente, cargo, função pública ou mandato eletivo nem recuperar *ipso facto* o exercício do poder familiar em face de quem foi vítima do crime. Porém, uma vez reabilitado, o agente pode receber nova investidura (*e.g.*, é aprovado em novo concurso), ou retomar o poder familiar, de tutela ou curatela em relação àqueles que não foram suas vítimas.

A concessão da reabilitação tem como *condições*, ou pressupostos: a) o trânsito em julgado da sentença condenatória, independentemente da natureza da sanção penal imposta; e b) a reabilitação.

Trata-se, em síntese, de medida de política criminal que objetiva restaurar a dignidade pessoal e facilitar a reintegração do condenado à comunidade. É uma ação que visa resguardar o sigilo sobre a condenação, permitindo ao condenado apresentar-se à sociedade como se primário fosse, embora atualmente esse sigilo já seja obtido de imediato e de forma automática por força do art. 202 da LEP.

Identificam-se, então, *dois níveis de sigilo*: a) o primeiro nível diz respeito a assegurar que as informações sobre condenações relativas a penas cumpridas ou extintas sejam omitidas em atestados e certidões de antecedentes criminais para fins particulares. Para tanto, basta o cumprimento integral ou a extinção da pena; b) o segundo nível refere-se aos registros de antecedentes acessíveis por requisição de autoridades policiais, membros do Ministério Público e para instruir informações de candidatos em concursos públicos. Nesse caso, só se obtém o sigilo relativo às condenações criminais mediante reabilitação criminal.[1302]

Cumpre lembrar que, para efeitos judiciais (instrução de um processo criminal), ter-se-á acesso a todas as informações relativas aos antecedentes penais do agente, ainda que este tenha sido beneficiado com a reabilitação criminal, até porque tais dados têm relevância capital para a análise de diversos institutos processuais (como a concessão de liberdade provisória, a elaboração de proposta de transação penal ou suspensão condicional do processo) e penais (notadamente a prolação da sentença e a dosagem da pena, quando se analisa eventual primariedade, antecedentes e conduta social do agente, entre outros fatores).

[1302] ESTEFAM, André. *Direito penal*: parte geral (arts. 1º a 120). 10. ed. São Paulo: Saraiva, 2021. p. 547-548.

Nos termos do art. 95, havendo condenação do reabilitado, como reincidente, por sentença irrecorrível e nova condenação com fixação de pena privativa de liberdade, a reabilitação será revogada, voltando os efeitos que estavam suspensos a vigorar.

A revogação da medida não terá o condão de tornar públicos os registros criminais anteriores, pois, como dissemos acima (item 2), tal consequência deriva do cumprimento ou extinção da pena, conforme determina o art. 202 da LEP. O efeito prático da revogação, portanto, consistirá na retomada das incapacidades ou inabilitação decorrente da sentença condenatória, decretadas pelo juiz da condenação com base no art. 92 do CP. Assim, por exemplo, o agente que havia recuperado, com a reabilitação, o direito de ocupar outros cargos públicos ou exercer o poder familiar, ficará novamente privado de exercê-los.

Consigne-se, por fim, que o juízo competente para conhecer do pedido de reabilitação será o juízo da condenação, e não o da execução.

A reabilitação deve ser postulada perante o juízo da condenação (CPP, art. 743), isto é, aquele em que tramitou, em primeira instância, o processo pelo qual o agente foi condenado em definitivo. Deve-se ressaltar que o sentenciado apenado em vários processos, perante órgãos judiciais distintos, não necessita requerer a reabilitação em face de todos os juízes perante o qual se viu condenado. Basta que comprove, em único pedido, o preenchimento dos requisitos previstos no art. 94 do CP e daqueles exigidos nos arts. 743 e 744 do CPP.[1303]

O Código de Processo Penal regula seu procedimento nos arts. 743 a 750, os quais se encontram em vigor, naquilo que não contrariam os arts. 93 a 95 do CP. Segue vigente, inclusive, o art. 746, segundo o qual a decisão proferida em sede de reabilitação criminal comportará recurso *ex officio*.

O pedido deverá ser instruído com:

> I – certidões comprobatórias de não ter o requerente respondido, nem estar respondendo a processo penal, em qualquer das comarcas em que houver residido durante o prazo a que se refere o artigo anterior;
> II – atestados de autoridades policiais ou outros documentos que comprovem ter residido nas comarcas indicadas e mantido, efetivamente, bom comportamento;
> III – atestados de bom comportamento fornecidos por pessoas a cujo serviço tenha estado;
> IV – quaisquer outros documentos que sirvam como prova de sua regeneração; e
> V – prova de haver ressarcido o dano causado pelo crime ou persistir a impossibilidade de fazê-lo (CPP, art. 744).

Faculta-se ao magistrado determinar diligências necessárias à instrução do pedido (CPP, art. 745). Se a medida for deferida, haverá reexame necessário (art. 746) e seu conteúdo será comunicado ao Instituto de Identificação (ou congênere – art. 747).

[1303] ESTEFAM, André. *Direito penal*: parte geral (arts. 1º a 120). 10. ed. São Paulo: Saraiva, 2021. p. 550.

MEDIDAS DE SEGURANÇA

1 Histórico, espécies e requisitos

Leciona Lyra que os nossos Códigos Penais anteriores não conheceram a figura do estado perigoso nem a consequente medida de segurança:

> Eram Códigos à moda clássica, que foi a que traçou o figurino das leis penais do último século. Código de sistema unitário, homogêneo, dominado pela idéia da culpabilidade, sobre a base da responsabilidade moral, e tendo por conseqüência a pena-castigo. Dos projetos de novo Código que se seguiram quase imediatamente à promulgação do Código de 1890, somente os dois últimos deram acolhida à noção da perigosidade criminal – o projeto SÁ PEREIRA e o do prof. ALCÂNTARA MACHADO, ambos incluídos dentro do dualismo característico da corrente que se chamou de política criminal – culpabilidade e pena, perigosidade criminal e medida de segurança.[1304]

Surgiram as medidas de segurança com o Projeto de Código Penal suíço elaborado por Carlos Stoos (1893-1894). Em vez de sistema unitário – pena aos infratores –, optava-se por um caminho dualístico – pena e medida de segurança, esta fundada exclusivamente na periculosidade subjetiva do agente.

Na legislação brasileira, foram introduzidas com o Código Penal de 1940. Antes dele, não eram sistematizadas, podendo-se encontrá-las em esparsos fragmentos, "sem unidade e sem coerência", como: a) disposições que regulavam o tratamento de alienados perigosos; b) medidas incidentes sobre pessoas intoxicadas por inebriantes ou estupefacientes; c) providências a respeito de vadios e capoeiras; d) regras disciplinando o tratamento de menores abandonados e infratores.[1305]

A construção da culpabilidade na teoria geral do delito, como elemento dogmático, experimentou marcantes transformações ao longo dos séculos, passando do sistema clássico para o neoclássico, deste para o finalista, e do finalista para o pós-finalista, com importantes implicações.

[1304] LYRA, Roberto. *Novíssimas escolas penais*. Rio de Janeiro: Borsoi, 1956. p. 197-198.
[1305] ESTEFAM, André. *Direito penal*: parte geral (arts. 1º a 120). 10. ed. São Paulo: Saraiva, 2021. p. 552.

Com isso, formataram-se seus elementos e, por via reflexa, todo um sistema particular de aplicação de sanções penais para aqueles que, tendo praticado o injusto penal, sejam desprovidos, *total* ou *parcialmente*, da capacidade de entendimento da ilicitude e autodeterminação – as *medidas de segurança* –, que, a toda evidência, escapam do âmbito de aplicação pela via negociada, máxime porque aplicáveis por tempo indeterminado, com finalidade curativa, para os reconhecidamente perigosos.[1306]

A evolução científica da dogmática penal revela a existência de três importantes teorias que buscaram conferir concretude ao conteúdo da culpabilidade: a *psicológica*, a *psicológico-normativa*, e a *normativa pura*. A teoria psicológica, idealizada no curso do positivismo jurídico que predominou no início do século XIX, encontra correspondência na teoria causal da ação e identifica na culpabilidade uma ligação de ordem psíquica entre o indivíduo e o fato criminoso por ele praticado, sendo suas espécies o dolo e a culpa em sentido estrito.[1307]

Essa vertente teórica, como se sabe, encontra sérias dificuldades para tratar da culpa em sentido estrito e, mais amiúde, da quebra do dever objetivo de cuidado. Na constatação de Damásio, o erro dessa teoria consiste em reunir como espécies fenômenos absolutamente distintos – dolo e culpa –, um caracterizado pelo querer e o outro pelo não querer, conceitos positivo e negativo que não encontram na culpabilidade seu denominador comum.[1308]

Já a teoria psicológico-normativa da culpabilidade, também denominada teoria normativa, cujo precursor foi Reinhard Frank,[1309] em 1907, com a publicação da obra Über *den Aufbau des Schuldbegriffs*, posteriormente revisitada por Edmund Mezger,[1310] com seu *Tratado de Direito Penal*, refuta a ideia de que a culpabilidade possa se resumir a um mero liame psicológico entre o indivíduo e o fato por ele praticado.

Frank introduz no conceito de culpabilidade um juízo de valor, a reprovabilidade da conduta. O dolo e a culpa *stricto sensu* deixam de ser espécies da culpabilidade e passam a ser seus elementos.

A culpabilidade, na acepção psicológico-normativa, ao mesmo tempo subjetiva e normativa, é composta dos seguintes elementos estruturais: imputabilidade; dolo ou culpa em sentido estrito (negligência, imprudência e imperícia); exigibilidade, nas circunstâncias de um comportamento conforme ao direito.[1311]

Contrapondo-se à formulação psicológico-normativa, a teoria normativa pura da culpabilidade, que se relaciona com a teoria finalista da ação, de Hans Welzel, entende

---

[1306] MORAES, Alexandre Rocha Almeida de; TURESSI, Flávio Eduardo. Imputabilidade penal e o acordo de não persecução penal: ensaio sobre a aplicação da justiça penal negociada para inimputáveis e semi-imputáveis. *In*: CUNHA, Rogério Sanches; BARROS, Francisco Dirceu de; SOUZA. Renee do Ó; CABRAL, Rodrigo Leite Ferreira (Coord.). *Acordos de não persecução penal e cível*. Salvador: JusPodivm, 2021. p. 265-296.

[1307] MORAES, Alexandre Rocha Almeida de; TURESSI, Flávio Eduardo. Imputabilidade penal e o acordo de não persecução penal: ensaio sobre a aplicação da justiça penal negociada para inimputáveis e semi-imputáveis. *In*: CUNHA, Rogério Sanches; BARROS, Francisco Dirceu de; SOUZA. Renee do Ó; CABRAL, Rodrigo Leite Ferreira (Coord.). *Acordos de não persecução penal e cível*. Salvador: JusPodivm, 2021. p. 265-296.

[1308] JESUS, Damásio Evangelista de. *Direito penal*. 37. ed. rev. e atual. por André Estefam. São Paulo: Saraiva, 2020. v. 1. p. 488.

[1309] Ver: FRANK, Reinhard. *Sobre la estructura del concepto de culpabilidad*. Buenos Aires: Editorial B de F, 2004.

[1310] Ver: MEZGER, Edmund. *Tratado de derecho penal*. Tradução de Rodriguez Muñoz. Madri: Editorial Revista de Derecho Privado. t. I. 1955.

[1311] TOLEDO, Francisco de Assis. *Princípios básicos de direito penal*. 5. ed. 17. tir. São Paulo: Saraiva, 2012. p. 223.

a culpabilidade como o juízo de reprovabilidade do autor de um fato típico e ilícito. Na formulação de Welzel, bem observa Tavares, a culpabilidade assenta-se na falta de autodeterminação conforme o sentido, em um sujeito que era capaz disso; o importante não é a decisão em favor do mal, mas a omissão com relação à condução por impulsos contrários ao valor.[1312]

No sistema finalista, o dolo é retirado da culpabilidade e inserido no tipo penal, fazendo com que a culpabilidade passe a contar com os seguintes elementos: imputabilidade, potencial consciência da ilicitude e exigibilidade de conduta diversa.

Contudo, lembra Reale Júnior que a teoria normativa pura da culpabilidade apresenta duas vertentes, *extremada* e *limitada*.

Na lição do penalista, para a teoria extrema da culpabilidade, adotada por Welzel, na legítima defesa putativa, a errônea compreensão de um dos elementos da situação, representando-a equivocadamente como situação de defesa, constitui um erro sobre a legitimidade da ação, não se tendo consciência da ilicitude da ação; a teoria limitada da culpabilidade considera, ao contrário, que o erro sobre circunstância de fato, que se existisse faria a ação ser legítima, é um erro de tipo.[1313]

De toda a forma, como já adiantado, no finalismo, dolo e culpa não integram a culpabilidade, dela não fazendo parte.

Especificamente no que toca ao seu elemento imputabilidade, sabe-se que o Código Penal de 1940 não ofereceu um conceito legal, cabendo à doutrina estabelecer o seu conteúdo. Na conhecida lição de Bruno, identifica-se na imputabilidade o conjunto de condições pessoais que conferem ao agente a capacidade para lhe ser juridicamente imputada a prática de um fato punível.[1314]

Em linhas gerais, pode-se dizer que penalmente imputável é aquele que apresenta capacidade de querer e de entender o caráter ilícito do fato, o que exige do agente certo grau de desenvolvimento mental, maturidade, normalidade psíquica, entendimento ético-jurídico e faculdade de autodeterminação.[1315]

De outro vértice, verifica-se que os casos de inimputabilidade penal estão expressamente previstos na Constituição Federal de 1988, em seu art. 228, e no Código Penal, em seu art. 26, *caput*, art. 27, e art. 28, §1º. Como regra, o Código Penal adota o critério *biopsicológico* para a aferição da inimputabilidade ao estabelecer, em seu art. 26, *caput*, que "é isento de pena o agente que, por doença mental ou desenvolvimento mental incompleto ou retardado, era, ao tempo da ação ou da omissão, *inteiramente* incapaz de entender o caráter ilícito do fato ou de determinar-se de acordo com esse entendimento".

Ensina Hungria que o método biopsicológico reclama a constatação da efetiva existência de um nexo causal entre o anômalo estado mental do sujeito e o crime por ele praticado, isto é, que esse estado contemporâneo à conduta o tenha privado

---

[1312] TAVARES, Juarez. *Teorias do delito*: variações e tendências. São Paulo: RT, 1980. p. 77.
[1313] REALE JÚNIOR, Miguel. *Instituições de direito penal*: parte geral. 4. ed. Rio de Janeiro: Forense, 2012. p. 200-201.
[1314] BRUNO, Aníbal. *Direito penal*: parte geral. 3. ed. Rio de Janeiro: Forense, 1967. t. 2. p. 39.
[1315] PONTE, Antonio Carlos da. *Inimputabilidade e processo penal*. 3. ed. São Paulo: Saraiva, 2012. p. 29.

completamente de qualquer das capacidades psicológicas, quer a intelectiva, quer a volitiva.[1316]

Criticando o emprego da locução, já empregada pelo Código Penal antes mesmo da reforma de 1984, em seu art. 22, Carvalho, Bruno e Segre afirmam que, nos meios psiquiátricos e médico-legais, há preferência para se empregar a expressão *alienação mental* para indicar aquele transtorno geral e persistente das funções psíquicas, cujo caráter patológico é ignorado ou mal compreendido pelo enfermo e que impede a adaptação lógica e ativa a normas do meio ambiente sem proveito para si mesmo e para a sociedade, abrangendo, pois, quatro elementos: (i) um transtorno global e persistente das funções psíquicas; (ii) falta de autoconsciência; (iii) inadaptabilidade; e (iv) ausência de utilidade, para si mesmo ou para os demais, na perda de adaptação.[1317]

Já por desenvolvimento mental retardado, na lição da mesma literatura médico-legal especializada, pode-se entender aquele estado mental patológico denominado oligofrenia, aqui compreendida como uma deficiência intelectual permanente, congênita ou sobrevinda nos primeiros anos de vida, distribuindo-se os oligofrênicos em três grupos distintos: os idiotas, os imbecis e os débeis mentais propriamente ditos.[1318]

Seja como for, sabe-se que, exceção feita aos menores de dezoito anos de idade, dada a excepcional adoção do critério biológico, sujeitos ao Estatuto da Criança e do Adolescente, os inimputáveis sujeitam-se à jurisdição penal tanto quanto os penalmente imputáveis.

Praticado o fato típico e ilícito, os inimputáveis são regularmente processados, mas, ao final, caso comprovadas a autoria e a materialidade da infração penal, justamente pela ausência de culpabilidade, devem ser absolvidos – absolvição imprópria –, sendo-lhes aplicada *medida de segurança*, nos termos do art. 386, parágrafo único, inc. III, do Código de Processo Penal, em razão de presumida periculosidade.

Contudo, ao lado da isenção de pena para os inimputáveis, o Código Penal, em seu art. 26, parágrafo único, estabelece uma *causa obrigatória de diminuição de pena*, de um a dois terços, para aquele que, em razão de perturbação de saúde mental ou por desenvolvimento mental incompleto ou retardado, não era *inteiramente* capaz de entender o caráter ilícito do fato ou de determinar-se de acordo com esse entendimento, denominado semi-imputável.

O parágrafo único do art. 26 do Código Penal emprega a locução "perturbação mental", referindo-se aos transtornos mentais de menor gravidade que, justamente por serem mais fracos, não eliminam totalmente a capacidade de entendimento e autodeterminação do agente, apenas reduzindo-a, o que se dá, por exemplo, com personalidades neuróticas.

Com isso, verifica-se que, pela sistemática adotada no Código Penal, nas hipóteses de semi-imputabilidade, não há exclusão da culpabilidade do agente que, ao final do processo, caso demonstrada a prática da infração penal, deverá ser regularmente

---

[1316] HOFFBAUER, Nélson Hungria. *Comentários ao Código Penal*. 3. ed. Rio de Janeiro: Forense, 1955. v. 1. t. 1. p. 485.

[1317] CARVALHO, Hilário Veiga de; BRUNO, Antônio Miguel Leão; SEGRE, Marco. *Lições de medicina legal*. 3. ed. São Paulo: Saraiva, 1965. p. 20-21.

[1318] CARVALHO, Hilário Veiga de; BRUNO, Antônio Miguel Leão; SEGRE, Marco. *Lições de medicina legal*. 3. ed. São Paulo: Saraiva, 1965. p. 21.

condenado, com pena diminuída, sendo o montante de diminuição proporcional ao grau de deficiência intelectiva do acusado.

Entretanto, caso necessite de tratamento curativo, dado que reconhecidamente perigoso pelo juízo (periculosidade real), ao semi-imputável deverá ser aplicada medida de segurança, em substituição à pena privativa de liberdade fixada, afastado que foi o sistema duplo binário. Portanto, nos casos de semi-imputabilidade, a fixação de pena é a regra, a sujeição à medida de segurança, a exceção.

Em suma, as penas e as medidas de segurança constituem as duas formas de sanção penal; enquanto a pena é retributivo-preventiva, tendendo a readaptar socialmente o delinquente, a medida de segurança possui natureza essencialmente preventiva, no sentido de evitar que um sujeito que praticou um crime e se mostra perigoso venha a cometer novas infrações penais; a reforma penal de 1984 extinguiu a imposição de medidas de segurança aos sujeitos imputáveis.

Como é cediço, com a institucionalização das medidas de segurança, dois sistemas disputaram a preferência dos códigos penais: a) vicariante e b) duplo binário.

O primeiro consiste na substitutividade, passando a medida a ocupar o lugar da pena em certos casos, isto é, a medida pode "vicariar" (ou substituir) a pena.[1319] O segundo, presente no Brasil até a Reforma de 1984, foi assim designado em atenção à origem italiana da expressão *doppio binário*, ou seja, duplo trilho ou dupla via, representando a imposição sucessiva da pena e da medida de segurança em consequência do mesmo fato.[1320]

Se é certo que os críticos do sistema duplo binário se fizeram presentes,[1321] não é menos certo que a Reforma da Parte Geral do Código Penal brasileiro em 1984 suscitou discussões e críticas daqueles que defendiam o sistema vigente. Nogueira, por exemplo, assim retratou a modificação da legislação:

> Este é o traço mais desastroso da nova Parte Geral do Código Penal, dentre os que abordo nessa conferência. [...] O novo sistema parte do pressuposto infantil de que o réu imputável não pode ser perigoso. [...] Acho altamente duvidoso e mendaz tudo isso, pois o Código parte de uma aberração – o mau cumprimento das medidas de segurança – para erigi-lo como regra geral, e, ademais, esquece do réu que, além de culpável, é perigoso, como, por exemplo, os reincidentes em crimes dolosos perpetrados com violência ou ameaça.
> Em matéria de medidas de segurança, a sociedade e cada um de nós estaremos totalmente desprotegidos pela nova Parte Geral do Código Penal. [...] a soltura de cidadãos altamente perigosos será o triste tributo que a sociedade pagará à vaidade dos novos legisladores.
> [...] Numa época em que a sociedade clama por segurança, dilui-se a repressão de crimes comuns, incentivando-se o incremento da criminalidade violenta. A nova lei, *mitior*, será

[1319] ZAFFARONI, Eugenio Raúl; PIERANGELI, José Henrique. *Manual de direito penal brasileiro*: parte geral. 11. ed. São Paulo: Revista dos Tribunais, 2015. p. 122-123.

[1320] DOTTI, René Ariel. *Curso de direito penal*: parte geral. 6. ed. Rio de Janeiro: Forense, 2018. p. 873-874.

[1321] Dotti, por exemplo, sustenta que "não se admitem mais a aplicação e a execução cumulativa das duas reações penais, funcionando a medida de segurança como um complemento da pena e gerando o paradoxo: se uma das finalidades da pena de prisão é ressocializar ou reeducar o infrator, sob o pálio da prevenção especial, como se justificar um complemento que pressupõe a periculosidade, ainda persistente? Trata-se de uma *contraditio in adjecto* e, portanto, a negação de um dos objetivos da pena, assim declarados em textos constitucionais e leis ordinárias" (DOTTI, René Ariel. *Curso de direito penal*: parte geral. 6. ed. Rio de Janeiro: Forense, 2018. p. 874).

aplicada diariamente, beneficiando os indivíduos mais nocivos à sociedade. Que o digam os estupradores, assaltantes, latrocidas, homicidas, traficantes de entorpecentes e quejandos.[1322]

A Lei nº 7.209/84 introduziu o sistema *vicariante* ou alternativo, segundo o qual não podem ser aplicadas pena privativa de liberdade ou multa concomitante à medida de segurança (antes da reforma de 1984, entretanto, vigorava o sistema do *duplo binário*, que possibilitava a imposição cumulativa das sanções supracitadas com a medida de segurança).

O texto original do Código Penal de 1940 estabelecia a presunção de serem perigosos os inimputáveis e os semi-imputáveis.[1323] Essa noção foi alterada com a Reforma de 1984, com a nova redação, que buscou trazer a imposição da medida de segurança caso observado nexo entre a doença mental do agente e a determinação da internação em hospital de custódia ou tratamento psiquiátrico. O juiz realiza, portanto, um *diagnóstico* da doença mental no momento da ação, como explica Reale Júnior, e não um prognóstico quanto à probabilidade de o delinquente voltar a realizar a conduta contrária ao ordenamento.[1324]

Essa é, pois, a disposição da aplicação de medida de segurança ao inimputável (art. 26, *caput*) e a discricionariedade de aplicar medida de segurança ou pena com redução ao semi-imputável (art. 26, parágrafo único):

Imposição da medida de segurança para inimputável
Art. 97. Se o agente for inimputável, o juiz determinará sua internação (art. 26). Se, todavia, o fato previsto como crime for punível com detenção, poderá o juiz submetê-lo a tratamento ambulatorial.
Prazo
§1º A internação, ou tratamento ambulatorial, será por tempo indeterminado, perdurando enquanto não for averiguada, mediante perícia médica, a cessação de periculosidade. O prazo mínimo deverá ser de 1 (um) a 3 (três) anos.
Perícia médica
§2º A perícia médica realizar-se-á ao termo do prazo mínimo fixado e deverá ser repetida de ano em ano, ou a qualquer tempo, se o determinar o juiz da execução.
Desinternação ou liberação condicional
§3º A desinternação, ou a liberação, será sempre condicional devendo ser restabelecida a situação anterior se o agente, antes do decurso de 1 (um) ano, pratica fato indicativo de persistência de sua periculosidade.

[1322] NOGUEIRA, Carlos Frederico Coelho. Efeitos da condenação, reabilitação e medidas de segurança. *In*: JESUS, Damásio Evangelista de (Coord.). *Curso sobre a Reforma Penal*. São Paulo: Saraiva; Procuradoria Geral de Justiça e Associação Paulista do Ministério Público do Estado de São Paulo, 1985. p. 140-144.

[1323] No revogado texto originário, de 1940, o título sobre a presunção de periculosidade, determinava: "Art. 78. Presumem-se perigosos: I – aqueles que, nos termos do art. 22, são isentos de pena; II – os referidos no parágrafo único do artigo 22; III – os condenados por crime cometido em estado de embriaguez pelo álcool ou substância de efeitos análogos, se habitual a embriaguez; IV – os reincidentes em crime doloso; V - os condenados por crime que hajam cometido como filiados a associação, bando ou quadrilha de malfeitores. Casos em que não prevalece a presunção: §1º A presunção de periculosidade não prevalece, quando a sentença é proferida dez anos depois do fato, no caso do n. I deste artigo, ou cinco anos depois, nos outros casos. §2º A execução da medida de segurança não é iniciada sem verificação da periculosidade, se da data da sentença decorrerem dez anos, no caso do n. I deste artigo, ou cinco anos, nos outros casos, ressalvado o disposto no art. 87. §3º No caso do art. 7º, n. II, a aplicação da medida de segurança, segundo a lei brasileira, depende de verificação da periculosidade".

[1324] REALE JÚNIOR, Miguel. *Instituições de direito penal*: parte geral. 4. ed. Rio de Janeiro: Forense, 2012. p. 493.

§4º Em qualquer fase do tratamento ambulatorial, poderá o juiz determinar a internação do agente, se essa providência for necessária para fins curativos.

Substituição da pena por medida de segurança para o semi-imputável

Art. 98. Na hipótese do parágrafo único do art. 26 deste Código e necessitando o condenado de especial tratamento curativo, a pena privativa de liberdade pode ser substituída pela internação, ou tratamento ambulatorial, pelo prazo mínimo de 1 (um) a 3 (três) anos, nos termos do artigo anterior e respectivos §§1º a 4º.

Direitos do internado

Art. 99. O internado será recolhido a estabelecimento dotado de características hospitalares e será submetido a tratamento.

Enquanto o Direito Penal da pena privativa de liberdade, em que o sujeito é culpável (e logicamente imputável), é claramente retrospectivo, voltado ao fato pretérito típico e ilícito, a medida de segurança configura uma política prospectiva: ela é voltada para o sujeito considerado perigoso e pelo que ele pode vir a fazer.

Como se verá no capítulo oportuno, uma das espécies de medida de segurança poderá ser aplicada pelo prazo de 1 a 3 anos e, ao término de cada período fixado, será realizado um exame de cessação de periculosidade que, caso seja negativo, implicará a renovação do período de aplicação da medida, até o limite, para a doutrina e jurisprudência contemporâneas,[1325] do limite máximo de cumprimento de penas, hoje em 40 anos, nos termos do art. 75 do Código Penal.[1326]

A decisão sobre qual medida de segurança será aplicável, assim como a discricionariedade judicial no caso de semi-imputabilidade dependerá, como se verá, do tipo de pena cominada ao crime (reclusão ou detenção), assim como da vinculação do magistrado à sugestão do perito, nas hipóteses em que não seja compulsória determinada modalidade de medida. O quadro a seguir resume a questão que, como dito, será revista em capítulo próprio:

(continua)

Inimputáveis	Imposição da medida de segurança
Art. 26. É isento de pena o agente que, por doença mental ou desenvolvimento mental incompleto ou retardado, era, ao tempo da ação ou da omissão, inteiramente incapaz de entender o caráter ilícito do fato ou de determinar-se de acordo com esse entendimento.	Art. 97. Se o agente for inimputável, o juiz determinará sua internação (art. 26). Se, todavia, o fato previsto como crime for punível com detenção, poderá o juiz submetê-lo a tratamento ambulatorial.

[1325] Para Nucci, a título ilustrativo, "a medida de segurança é uma espécie de sanção penal, porém com caráter e finalidade diversos da pena. Enquanto essa sanção cuida dos aspectos de retribuição e prevenção do crime, aquela se volta, basicamente, à prevenção" (NUCCI, Guilherme de Souza. *Curso de direito penal*: parte geral. 4. ed. Rio de Janeiro: Forense, 2020. p. 128).

[1326] Súmula nº 527, STJ: "O tempo de duração da medida de segurança não deve ultrapassar o limite máximo da pena abstratamente cominada ao delito praticado".

(conclusão)

Semi-imputáveis	Aplicação de pena com redução ou substituição da pena por medida de segurança
Art. 26. [...] Parágrafo único – A pena pode ser reduzida de um a dois terços, se o agente, em virtude de perturbação de saúde mental ou por desenvolvimento mental incompleto ou retardado não era inteiramente capaz de entender o caráter ilícito do fato ou de determinar-se de acordo com esse entendimento.	Art. 98. Na hipótese do parágrafo único do art. 26 deste Código e necessitando o condenado de especial tratamento curativo, a pena privativa de liberdade pode ser substituída pela internação, ou tratamento ambulatorial, pelo prazo mínimo de 1 (um) a 3 (três) anos, nos termos do artigo anterior e respectivos §§1º a 4º.

A periculosidade é presumida em relação ao inimputável (arts. 26, *caput*, e 97 do CP). Em se tratando de semirresponsável, a periculosidade deve ser expressamente reconhecida e declarada pelo juiz do processo de conhecimento (periculosidade real), quando o condenado necessitar de especial tratamento curativo.

A compreensão da *periculosidade* centra-se na própria causalidade criminal, demonstrando a complexidade dos fatores nos quais se baseia a análise, com atenção a dados biológicos, sociais, psicológicos, econômicos e culturais.[1327] Não só se verifica a existência e estado da própria doença no momento do crime, como se ela remanesce, o que ocorre por meio de prognose, lastreada essa em elementos da biografia do agente, dos motivos os quais o levaram à prática do ilícito, da existência de antecedentes, e demais aspectos capazes de demonstrar a personalidade do indivíduo e sua periculosidade real.[1328]

A perícia médica deve avaliar a capacidade de imputação, e não a responsabilidade do agente quanto à prática do ato considerado, esta última de competência judiciária, pela análise tanto da capacidade de imputação quanto do conjunto de provas da materialidade do fato e da autoria.[1329]

Em caso de dúvida sobre a integridade psíquica de agente processado na esfera criminal, deve-se determinar o "exame prévio" (arts. 149 a 151 do CPP).

Na Lei de Drogas, o semi-imputável deve cumprir a pena privativa, não sendo possível substituí-la por tratamento, conforme previsão contida nos arts. 46 e 47 da Lei nº 11.343/06.

São espécies de medidas de segurança, nos termos do art. 96 do CP, a internação em hospital de custódia e tratamento psiquiátrico ou, à falta, em outro estabelecimento adequado e a sujeição a tratamento ambulatorial:

Espécies de medidas de segurança
Art. 96. As medidas de segurança são:
I – Internação em hospital de custódia e tratamento psiquiátrico ou, à falta, em outro estabelecimento adequado;
II – sujeição a tratamento ambulatorial.

[1327] MARANHÃO, Odon Ramos. *Curso básico de medicina legal*. São Paulo: Malheiros, 1996. p. 436.
[1328] SOUZA, Luciano Anderson de. *Direito penal*: parte geral. 3. ed. São Paulo: Revista dos Tribunais, Thomson Reuters, 2022. v. 1. p. 642-643.
[1329] MARANHÃO, Odon Ramos. *Curso básico de medicina legal*. São Paulo: Malheiros, 1996. p. 434.

Parágrafo único – Extinta a punibilidade, não se impõe medida de segurança nem subsiste a que tenha sido imposta.

A *internação em hospital de custódia e tratamento* também é chamada medida de segurança *detentiva*. Ela é obrigatória quando ao crime praticado for cominada abstratamente pena de reclusão (art. 97, primeira parte, do CP).

Já o *tratamento ambulatorial* é uma medida *não detentiva* e *pode* ser aplicado ao crime punido com detenção. Consequentemente, não se aplica mais medida de segurança ao autor de crime impossível (art. 17 do CP) ou a qualquer agente imputável.

De acordo com o Superior Tribunal de Justiça, se ao réu for imposta medida de segurança de internação e ele se encontrar em penitenciária, em virtude da falta de vaga em estabelecimento adequado, haverá constrangimento ilegal, devendo ser beneficiado com tratamento ambulatorial.[1330]

Importante frisar que o tratamento ambulatorial pode ser convertido em internação a qualquer tempo, desde que necessário para fins curativos (CP, art. 97, §4º). O inverso não pode ocorrer, ou seja, não é possível a conversão da internação em tratamento ambulatorial.

2 Execução da medida de segurança

A *execução* da medida de segurança, prevista entre os arts. 171 a 179 da LEP, se inicia com o trânsito em julgado da sentença que a determine, expedindo-se *carta de guia* pela autoridade judiciária competente que apresente os dados exigidos pelo art. 173 da Lei de Execução Penal, destinada à autoridade administrativa, a qual deve proceder à execução. A aplicação da medida sem tal ato constitui contravenção penal com sanção de multa, pelo art. 22 da Lei de Contravenções Penais.[1331]

A verificação da adequada execução da medida está a cargo do Juízo da Execução, assistido pelo Ministério Público, podendo outros órgãos da execução penal também prestarem colaboração. Registre-se que a falta de vaga em estabelecimento decorrente do descaso do Estado não justifica o recolhimento em estabelecimento carcerário comum. Sendo o caso, deve o internado ser encaminhado a outro estabelecimento de custódia e cura (art. 14, §2º, da LEP), inclusive particular, se for conveniado para essa finalidade e se as condições de segurança forem compatíveis com a periculosidade do agente.

A submissão do condenado à medida de segurança é ato de competência do juiz do processo de conhecimento, na sentença. Na fixação da medida de segurança, o juiz

---

[1330] "Viola o princípio da individualização da pena, cujo espectro de incidência é ampliado, teleologicamente, para englobar a medida de segurança, a segregação, em penitenciária, de inimputável que aguarda vaga em hospital de custódia para receber tratamento em regime de internação. 3. Habeas corpus não conhecido. Ordem concedida, de ofício, a fim de determinar a imediata inclusão do paciente em hospital de custódia, ou em tratamento ambulatorial, até que surja vaga para a internação" (STJ, HC 300.976/SP, rel. Min. Ericson Maranho (Desembargador convocado do TJSP), rel. para o acórdão Min. Maria Thereza de Assis Moura, 6ª T., j. 10-3-2015).

[1331] "Art. 22. Receber em estabelecimento psiquiátrico, e nele internar, sem as formalidades legais, pessoa apresentada como doente mental: Pena – multa, de trezentos mil réis a três contos de réis. §1º Aplica-se a mesma pena a quem deixa de comunicar a autoridade competente, no prazo legal, internação que tenha admitido, por motivo de urgência, sem as formalidades legais [...]".

deve determinar o prazo mínimo de sua duração. O §1º do art. 97 do Código Penal dispõe que esse lapso será de no mínimo um ano e no máximo de três anos.

Depende da existência de prova de que o réu praticou um comportamento típico e antijurídico.

Pode ocorrer, no entanto, que durante a execução de uma pena privativa de liberdade sobrevenha doença mental. Nessa hipótese, o juiz das execuções poderá adotar duas soluções. A primeira consiste na transferência do condenado para hospital de custódia ou tratamento (art. 108 da LEP). A segunda, reservada para os casos mais graves, consiste na conversão da pena privativa de liberdade em medida de segurança, nos termos do art. 183 da Lei de Execução Penal.

Tratando-se de *enfermidade temporária*, a pena não é convertida em medida de segurança, mas o condenado é transferido para hospital de custódia e tratamento psiquiátrico durante o tempo necessário para a sua cura, hipótese disciplinada no art. 41 do Código Penal.

Constatando-se *enfermidade duradoura*, deve-se proceder à substituição da pena inicialmente cominada pela medida de segurança, caso, segundo o art. 98, *caput*,

> na hipótese do parágrafo único do art. 26 deste Código e necessitando o condenado de especial tratamento curativo, a pena privativa de liberdade pode ser substituída pela internação, ou tratamento ambulatorial, pelo prazo mínimo de 1 (um) a 3 (três) anos, nos termos do artigo anterior e respectivos parágrafos 1º a 4º.

Determinada a substituição, a questão de importância é quanto à duração da medida, cuja resposta é trazida por quatro correntes: a) como o disposto no art. 97, §1º, a duração é indefinida; b) o prazo é igual ao tempo restante da pena aplicada; c) o prazo máximo é de 30 anos; d) sua duração é igual ao máximo abstratamente previsto no tipo cuja prática levou à penalidade. Não tendo a enfermidade mental ligação com a prática da conduta, não cabe interpretação desfavorável ao réu que leve à sua detenção por tempo maior àquele anteriormente cominado, característica do sistema do duplo-binário.[1332]

O prazo para a duração da medida de segurança depende da cessação de periculosidade do agente, o que implica afirmar que sua duração é indeterminada. O primeiro exame de cessação de periculosidade, como regra, será realizado ao termo do prazo mínimo de duração da medida de segurança. Caso seja necessário, poderá o juiz das execuções, de ofício ou a requerimento, determiná-lo a qualquer tempo (§2º do art. 97 do CP).

Muito embora o legislador não imponha um teto, a jurisprudência dos tribunais superiores considera a ausência de limite máximo de duração incompatível com a proibição constitucional de penas em caráter perpétuo (art. 5º, XLVII, "b"). Ainda que, do ponto de vista jurídico-penal, medida de segurança não se confunda com pena, ambas se sujeitam ao conjunto de princípios albergados na Carta Magna, dada a natureza penal destas sanções.[1333]

[1332] SOUZA, Luciano Anderson de. *Direito penal*: parte geral. 3. ed. São Paulo: Revista dos Tribunais, Thomson Reuters, 2022. v. 1. p. 648.
[1333] ESTEFAM, André. *Direito penal*: parte geral (arts. 1º a 120). 10. ed. São Paulo: Saraiva, 2021. p. 558.

Suponha que a um mesmo réu tenham sido impostas várias medidas de segurança. Executa-se somente uma delas. Verificada a cessação da periculosidade, deve o indivíduo ser desinternado do hospital de custódia e tratamento ou liberado do tratamento ambulatorial, não se podendo sequer cogitar em aplicar outras medidas de segurança decorrentes de processos criminais diversos.

Imagine-se, agora, a imposição de medida de segurança e pena privativa de liberdade, em processos distintos, a um mesmo réu. Como a Lei de Execução Penal não previu expressamente a questão, o juiz das execuções, ao receber as duas guias (de recolhimento e de execução de medida de segurança), determinará, de imediato, o exame de cessação de periculosidade, nos termos do art. 176 da Lei de Execução Penal.

Diante do resultado do exame, poderão advir distintas consequências jurídicas, a saber: a) caso seja constatado que o condenado não mais é portador de doença mental ou perturbação da saúde mental, o juiz das execuções deve submetê-lo ao cumprimento da pena. A medida de segurança ficará extinta após um ano, contado do término do cumprimento da pena. Aplica-se, por analogia, o art. 97, §3º, do Código Penal; b) supondo que os exames revelem que o condenado é ainda portador de doença mental, perturbação da saúde mental ou desenvolvimento mental incompleto ou retardado, pode o juiz optar pela transferência para hospital psiquiátrico (art. 108 da LEP) ou pela conversão da pena em medida de segurança (art. 183 da LEP). A opção do juiz é tomada diante do grau de periculosidade do agente.

Referida cessação há de ser constatada em exame pericial, não podendo ser substituída por simples relatório clínico.

A Lei de Execução Penal exige, ainda, que se elabore minucioso relatório pela autoridade administrativa (diretor do Hospital de Custódia e Tratamento ou do local em que se realiza o tratamento ambulatorial), instruído com laudo psiquiátrico, ouvindo-se o Ministério Público, o curador ou defensor, realizando-se, ainda, as diligências que se julgarem necessárias (art. 175).

A desinternação (na medida de segurança detentiva) ou a liberação (na restritiva) serão *sempre condicionais*, visto que, se no prazo de um ano o agente praticar fato indicativo de sua periculosidade (não necessariamente um crime), será restabelecida a medida (CP, art. 97, §3º).

Deve-se consignar, contudo, que se ao cabo do período total de vigência da medida de segurança persistir a periculosidade do agente, admite-se a propositura de uma ação civil de interdição, cumulada com pedido de internação compulsória. O fundamento jurídico para tal solução é o Código Civil, que permite a internação obrigatória de doentes mentais perigosos. Assim decidiu o STF, em voto condutor proferido pelo ex-Ministro Sepúlveda Pertence, para quem deveria ser aplicado, por analogia, o art. 682, §2º, do CPP, segundo o qual o fato deve ser comunicado ao Ministério Público oficiante no juízo cível, a fim de que proponha a medida de interdição civil, regulada nos arts. 1.769 e seguintes do CC.[1334]

Ressalte-se, sempre, ademais, a possibilidade de superveniência de doença mental, conforme preceitua o art. 41, do CP: "o condenado a quem sobrevém doença mental

---

[1334] HC 84.219, rel. Min. Marco Aurélio, j. 16-8-2005, DJU de 23-9-2005, p. 285.

deve ser recolhido a hospital de custódia e tratamento psiquiátrico ou, à falta, a outro estabelecimento adequado".

Diante da superveniência de doença mental na fase de execução da pena, abrem-se duas possibilidades: a) internação em hospital para tratamento da doença (CP, art. 41); b) conversão da pena por medida de segurança (LEP, art. 183). Esta medida, mais rigorosa, deverá reservar-se aos casos de doença grave, irreversível ou de difícil prognóstico.

Uma vez convertida a pena em medida de segurança (art. 183 da LEP), aplicam-se as normas gerais a elas relativas já mencionadas. O Superior Tribunal de Justiça, no entanto, entendeu que à medida de segurança substitutiva (do art. 183 da LEP) não se aplica a regra legal do tempo indeterminado de cumprimento, devendo ter como limite máximo o prazo da pena privativa de liberdade substituída.[1335]

A decisão judicial que desinterna o indivíduo do hospital de custódia e tratamento ou que o libera do tratamento ambulatorial só pode ser executada após transitar em julgado. Trata-se de caso excepcional, no qual prevê a Lei de Execução Penal efeito suspensivo ao Agravo em Execução (art. 179 da LEP).

Após a desinternação, que é condicional, o indivíduo tem a obrigação de obter ocupação lícita e de comunicá-la periodicamente, além de não poder transferir sua residência sem autorização judicial. São as mesmas condições impostas obrigatoriamente ao liberado condicional (art. 132).

Outras obrigações poderão ser impostas, nos termos do §2º do art. 132 da Lei de Execução Penal. Caso pratique *fato* indicativo de sua periculosidade – não se exige o cometimento de infração penal – dentro do período de um ano, será restabelecida a medida de segurança.

O exame criminológico é obrigatório no caso de internação em hospital de custódia e tratamento (art. 174 da LEP).

Por fim, no tocante à prescrição executória da medida de segurança, como já estudado em capítulo próprio, há, atualmente, duas posições.

Para a primeira, não se pode falar em prescrição da pretensão executória, pois essa pressupõe a aplicação de pena.[1336] Nos termos da segunda corrente, a prescrição ora em estudo deve ser regulada pela pena máxima cominada em abstrato ao delito praticado e, tratando-se de semi-imputável, a prescrição regular-se-á pela pena privativa de liberdade substituída.

Registre-se, por fim, que a Lei nº 13.146/15 institui no Brasil o Estatuto da Pessoa com Deficiência, tendo como base a Convenção sobre os Direitos das Pessoas com Deficiência e seu Protocolo Facultativo, ratificados pelo Congresso Nacional por meio do Decreto Legislativo nº 186/2008, em conformidade com o procedimento previsto no §3º do art. 5º da Constituição da República Federativa do Brasil, em vigor para o Brasil, no plano jurídico externo, desde 31.8.2008, e promulgados pelo Decreto nº 6.949/2009, data de início de sua vigência no plano interno (art. 1º).

[1335] STJ, HC 373.405/SP, rel. Min. Maria Thereza de Assis Moura, 6ª T., j. 6-10-2016. Ver também: STJ, AgRg no HC 531.438/GO, rel. Min. Reynaldo Soares da Fonseca, 5ª T., j. 12-5-2020.

[1336] Nesse sentido: STJ, REsp nº 2.021, de 4.6.1990. Essa tem sido a posição majoritária, não obstante a doutrina e jurisprudência ter caminhado para equiparar, de certa forma, as penas às medidas de segurança no tocante ao máximo de cumprimento, nos termos da política antimanicomial e da redação do art. 75 do CP.

Referido diploma em nada altera o regime jurídico das medidas de segurança, embora assegure aos deficientes mentais, entre os quais podem ser inseridas as pessoas em cumprimento de tais sanções, uma série de direitos fundamentais (art. 79, §2º).

A Lei Antimanicomial admite, inclusive, a desinternação progressiva a sentenciados que se encontrem há muito tempo institucionalizados e em grave estado de dependência institucional (art. 5º).[1337]

De acordo com o STF, eventual melhora no quadro clínico do sentenciado pode autorizar o juiz da execução a deferir a medida de desinternação progressiva, em regime de semi-internação. Embora não prevista no Código Penal, essa providência encontra respaldo na Lei nº 10.216/2001. Trata-se da possibilidade de gradual retorno do internado ao convívio social, estipulando-se, por exemplo, a possibilidade de conviver, aos finais de semana, com seus familiares, retornando à instituição nos demais dias. Promove-se, assim, uma paulatina adaptação do agente à vida em sociedade.

O STJ, por sua vez, possui precedente no sentido de que, tão logo seja verificada uma atenuação ou cessão da periculosidade do sentenciado, o qual, porém, ainda necessitar de tratamento de saúde (por ser portador de doença crônica), poderá ter sua internação levantada progressivamente, com a passagem para uma etapa de semi-internação. Nesse caso, ainda, sua desinternação pode ser condicionada à inserção em hospital comum da rede local ou encaminhamento a tratamento ambulatorial.[1338]

Recordemos que o agente terá direito de descontar na medida de segurança o tempo de prisão ou internação provisória, conforme expressamente dispõe o art. 42 do CP. O cômputo se dará no prazo mínimo, já que a medida de segurança não tem limite temporal máximo.

Por fim, como se verá adiante, o prazo prescricional da medida de segurança tem por base a pena máxima cominada em abstrato do crime, interrompendo-se-lhe o prazo com o início do seu cumprimento. A medida de segurança deve perdurar enquanto não haja cessado a periculosidade do agente, limitada, contudo, ao período máximo de trinta anos. A melhora do quadro psiquiátrico do paciente autoriza o juízo de execução a determinar procedimento de desinternação progressiva, em regime de semi-internação.[1339]

3 Sociopatas, psicopatas e os "inimigos"

Hungria, defendendo a legitimidade de uma política de medida de segurança para indivíduos perigosos e imputáveis, sustentava, com rigor:

> É preciso acabar com esse estribilho de que se trata de uma medida de selo fascista ou nazista. A democracia liberal protege os *direitos do homem e não os crimes do homem*. Maldita seria a democracia, se se prestasse a uma política de cumplicidade com a delinquência.[1340]

[1337] STF, HC nº 97.621/RS, rel. Min. Cézar Peluso, 2ª T., j. 2-6-2009.
[1338] HC 383.687/SP, rel. Min. Félix Fischer, 5ª T., j. 27-6-2017.
[1339] STF. HC 97.621, Rel. Min. Cezar Peluso, j. 2-6-2009, 2ª T, DJE de 26-6-2009.
[1340] HOFFBAUER, Nélson Hungria. *Comentários ao Código Penal*. 3. ed. Rio de Janeiro: Forense, 1955. v. 1. t. 1. p. 52.

É notório que as medidas puramente repressivas e propriamente penais se revelaram insuficientes na luta contra a criminalidade, em particular contra as suas formas habituais. Ao lado disto existe a criminalidade dos doentes mentais perigosos. Estes, isentos de pena, não eram submetidos a nenhumas medidas de segurança ou de custódia, senão nos casos de imediata periculosidade. Para corrigir a anomalia, foram instituídas, ao lado das penas, que têm finalidade repressiva e intimidade, as medidas de segurança. Estas, embora aplicáveis em regras *post delictum,* são essencialmente preventivas, destinadas à segregação, vigilância, reeducação e tratamento dos indivíduos perigosos, ainda que moralmente irresponsáveis.[1341]

Vale consignar, desde já, que até 1984, vigorava no Brasil o sistema duplo binário que permitia, inclusive, a aplicação cumulativa de penas e medidas de segurança para réus imputáveis e perigosos. O sistema atual, vicariante ou alternativo, impede essa possibilidade, muito embora diversos países do mundo estejam dando o tratamento duplo para réus perigosos, sobretudo psicopatas, sociopatas, terroristas e criminosos sexuais que, embora considerados imputáveis para a medicina, não demonstram nenhuma possibilidade de recuperação, pois ausente o remorso e o arrependimento pelo grave crime praticado.

Embora a corrente majoritária de penalistas defenda a culpabilidade do fato, as novas formas de criminalidade têm, cada vez mais, legitimado posturas de uma culpabilidade de autor.

É um dos maiores desafios para a Política Criminal contemporânea, eis que, como se sabe, em regra o psicopata não será diagnosticado como inimputável ou semi-imputável e, como veremos, o significado de arrependimento e redenção, próprios da pena, não fazem sentido a ele. Esse tipo de criminoso, ao lado daquele que integra de forma contumaz organizações criminosas, terroristas e que pratica crimes graves e hediondos e rotulados por Jakobs como "inimigos", tem desencadeado longa discussão a respeito da dialética culpabilidade *versus* periculosidade e fins do fundamento do direito de punir em todo o mundo, como já salientado.

Emil Kraepelin (1856-1926) realizou a definição da personalidade psicopática em estudo de 1896 e a classificação e organização de várias doenças mentais, agrupando-as como síndromes. Tinha como meio de tal trabalho o método orgânico observando as lesões e má formação neurológica dos pacientes. A personalidade psicopática é uma etapa pré-psicótica que inclui os casos de inibição do desenvolvimento da personalidade nas esferas volitiva e afetiva e situações que beiram a psicose (casos fronteiriços). Vale colocar que atualmente a Organização Mundial de Saúde não utiliza mais o termo "personalidade psicopática", substituindo-o por "transtorno de personalidade".[1342]

A doutrina do século XX debruçou-se sobre as definições e classificações de Kraepelin, e tais conceitos tiveram importância fundamental quando correlacionados com o crime. É de Kraepelin a diferenciação entre psicose maníaco-depressiva e "demência precoce" (esquizofrenia).

[1341] HOFFBAUER, Nélson Hungria. *Comentários ao Código Penal.* 3. ed. Rio de Janeiro: Forense, 1955. v. 1. t. 1. p. 209-210.
[1342] FERRACINI NETO, Ricardo; MORAES, Alexandre Rocha Almeida de. *Criminologia.* Salvador: JusPodivm, 2019. p. 243-247.

Essa classificação foi fundamental para a integração da análise entre as anomalias psíquicas e a prática delitiva. Como descreve Molina, chegou-se à conclusão de que inexiste o modelo de psicopata ou duas pessoas com psicopatias idênticas. A situação envolve conceitos absolutamente complexos, de variações extremas.

Indivíduos que estão basicamente sem socializar e cujos padrões de conduta lhes levam a contínuos conflitos com a sociedade. São incapazes de uma lealdade relevante como indivíduos, grupos e valores sociais. São extremamente egoístas, insensíveis, irresponsáveis, impulsivos e incapazes de se sentir culpados e de aprender algo da experiência do castigo. Seu nível de tolerância de frustrações é baixo. Inclinam-se a culpabilizar os outros ou racionalizar (justificar) de modo plausível sua própria conduta.

Segundo a literatura médica, a disfunção no Sistema Nervoso Autônomo pode gerar problemas com a sociabilidade e levar à prática de delitos. Psicopatas teriam ausência ou diminuição da antecipação mental de eventual castigo vindouro por prática de delito e porque os cometeriam.

Diferenciações entre a psicopatia e outros transtornos psicológicos passam a ser fundamentais principalmente para a questão criminológica.

É preciso, ademais, ressaltar que, por mais de três décadas, profissionais especializados em saúde mental e referências no transtorno de personalidade antissocial afirmam que há pouca consciência ou total ausência de comprometimento moral, também chamada de uma incorrigível deformação de caráter, que hoje se acredita estar presente segundo os pesquisadores em cerca de 4% (quatro por cento) da população – ou seja, uma em cada 25 (vinte e cinco) pessoas.

A ausência de culpa foi o primeiro distúrbio de personalidade reconhecido pela psiquiatria, e os profissionais da área têm usado a terminologia "psicopata" para defini-lo ao longo do tempo incluindo "*manie sans*, delire, inferioridade psicótica, insanidade moral, e debilidade moral".[1343]

A ausência de arrependimento torna ineficaz qualquer tipo de medida de ressocialização e, nesse aspecto,

> pode-se afirmar, que o preso psicopata não só traz perigo à sociedade como é evidente agente reincidente, e nesse ponto questiona-se: no Brasil o princípio do *in dubio pro societate* na execução penal tem se cumprido? Para isso se faz necessário observar as medidas legislativas a despeito da matéria.

O delito para o psicopata é algo que faz parte de um comportamento devido. Um descuido. Por tal fato, embora possam cometer crimes de alta violência, normalmente não o fazem. Isso porque a emoção não faz parte da motriz desse crime, o que também os diferencia daqueles que detêm comportamento antissocial e não são psicopatas, como exemplo típico, os líderes de organizações criminosas, os mafiosos etc.

Por meio de estudos científicos comprovou-se a existência de um correlato orgânico da psicopatia com anomalias cerebrais e do sistema nervoso autônomo. Já os estudos feitos interligando a psicopatia e delinquentes, sejam eles em grupos de encarcerados

---

[1343] FERRACINI NETO, Ricardo; MORAES, Alexandre Rocha Almeida de. *Criminologia*. Salvador: JusPodivm, 2019. p. 243-247.

ou não, não conseguiu sucesso conclusivo. Não há assim um estudo absolutamente conclusivo – embora muitos tenham se desenvolvido – sobre a interligação imediatista entre a prática delitiva e a psicopatia.[1344]

Os estudos científicos demonstraram, porém, que os transtornos de personalidade ("personalidade psicopática") indicam no sujeito que os comporta um "padrão permanente de experiência interna e comportamento" que o difere daquelas expectativas que lhe são montadas pelo grau de cultura quando de suas atividades de inter-relacionamento, e dentro de sua própria área cognoscitiva e afetiva.

Foram detectados onze tipos de transtornos de personalidade ("personalidade psicopática") pela ciência, destacando-se o transtorno antissocial. Transtorno antissocial é um transtorno de personalidade que se manifesta na pessoa desde os quinze anos de idade, tendo como característica o completo desprezo pelos direitos alheios. Tem como fatores a não adaptação a normas sociais, irritabilidade, agressividade, impulsividade, imprudência exacerbada com a segurança própria e dos que o cercam, ausência de culpa, reiteração de práticas delitivas.

Quanto aos delinquentes habituais, a correlação imediata destes com a psicopatia é falha. Os delinquentes habituais não são necessariamente psicopatas. É certo que estes detêm um transtorno antissocial, mas também é certo que aqueles que detêm o citado transtorno, não podem ser classificados de pronto como psicopatas. Os delinquentes habituais, por muitas vezes, praticam o delito com o mero intuito de conseguir anseios econômicos em proveito próprio e adaptar-se a regras que o permitam a retirada do lucro pessoal perante a sociedade sem necessariamente deter um transtorno psiquiátrico.

O psicopata não se adapta a essas regras. Repugna-as. O delito a ser praticado pelo psicopata não necessariamente lhe trará alguma vantagem. Aliás, é comum o psicopata cometer delitos que não lhe tragam vantagem alguma, indicando mais uma vez a maior preocupação social sobre esse grupo quando delinque. A previsibilidade da prática do delito pelo psicopata é mínima.

Não obstante a correlação entre psicopatia, criminalidade habitual e profissional e criminosos integrantes de organizações criminosas que negam a própria ideia de Estado de Direito, como profetizou Jakobs,[1345] há algum tempo, cientistas penais vêm discutindo a ideia de prevenção especial negativa e até mesmo de retomada do sistema duplo binário para criminosos imputáveis, como os exemplos mencionados, com aplicação simultânea de pena e uma espécie de segregação similar à medida de segurança.

Com o aumento de criminalidade, a política criminal pautada pelos postulados clássicos não parecia surtir efeito. Welzel descreve, de forma didática, como se analisava, à época, a questão:

> Frente ao criminoso de estado, o direito penal propriamente dito não resulta suficiente, posto que não está em condições de exibir uma força que satisfaça e dê apoio à moral. A pena retributiva, delimitada pelo grau da culpa, não faz a periculosidade permanente que

---

[1344] FERRACINI NETO, Ricardo; MORAES, Alexandre Rocha Almeida de. *Criminologia*. Salvador: JusPodivm, 2019. p. 243-247.

[1345] JAKOBS, Günther; MELIÁ, Manuel Cancio. *Direito penal do inimigo:* noções e críticas. Organização e Tradução de André Luís Callegari e Mereu José Giacomolli. Porto Alegre: Livraria do Advogado, 2005; versão em espanhol: *¿Derecho penal del enemigo?*, Madri: Civitas, 2003.

reside na personalidade do autor. Ela deve ser combatida mediante uma classe distinta de medidas de segurança, que, conjuntamente com a pena, conseguirão o pleno amparo dos bens jurídicos. O direito vigente coloca à disposição as casas de trabalho para os anti-sociais que revelem uma criminalidade leve, e, para os criminosos perigosos, os estabelecimentos de segurança como medida de segurança (a aplicar a continuação da pena imposta como retribuição da culpa).[1346]

O Projeto Rocco, lembra Ferri, não para as penas, mas para as medidas de segurança, estabelecia que estas não poderiam ser aplicadas senão às pessoas socialmente perigosas cujo crime fosse previsto pela lei, ainda que elas não fossem imputáveis ou puníveis.[1347]

Influenciado pelo modelo italiano, o legislador brasileiro acatou a ideia. Hungria, um dos grandes responsáveis pelo Código de 1940 e, certamente, influenciado pelas ideias positivistas de Lyra, justificou a adoção das medidas de segurança também traduzindo a ineficácia do modelo de combate à criminalidade utilizado até então:

> É notório que as medidas puramente repressivas e propriamente penais se revelaram insuficientes na luta contra a criminalidade, em particular contra as suas formas habituais. Ao lado disto existe a criminalidade dos doentes mentais perigosos. Estes, isentos de pena, não eram submetidos a nenhumas medidas de segurança ou de custódia, senão nos casos de imediata periculosidade. Para corrigir a anomalia, foram instituídas, ao lado das penas, que têm finalidade repressiva e intimidade, as medidas de segurança. Estas, embora aplicáveis em regras *post delictum*, são essencialmente preventivas, destinadas à segregação, vigilância, reeducação e tratamento dos indivíduos perigosos, ainda que moralmente irresponsáveis.[1348]

As medidas de segurança, lecionava Garcia, seriam prospectivas; enquanto as penas se alicerçam no fato já consumado, "as medidas de segurança têm em mira os males que ele poderá ainda perpetrar, os delitos a decorrerem do seu estado perigoso, que necessita ser obviado".[1349] Bruno, por sua vez, alertava:

> As idéias modernas sobre a natureza do crime e as suas causas e a exigência prática de uma luta eficaz contra a criminalidade foram desenvolvendo, ao lado da velha reação punitiva, uma série de medidas que se dirigem, não a punir o criminoso, mas a promover a sua recuperação social ou a segregá-lo do meio nos casos de desajustamento irredutível. São as chamadas medidas de segurança. Medidas que pertencem também ao Direito Penal. Com isso, alarga esse ramo do Direito a sua capacidade como instrumento da luta da ordem jurídica contra a criminalidade no sentido de tornar mais efetiva a prevenção geral e especial dos fatos puníveis.[1350]

Trata-se de uma ideologia e de um discurso até então aceitos como legítimos e possíveis, embora não fossem imunes a críticas.

[1346] WELZEL, Hans. *El nuevo sistema del derecho penal*: una introducción a la doctrina de la acción finalista. Tradução de José Cerezo Mir. Buenos Aires: Julio César Faira, 2001.p. 38-39.

[1347] FERRI, Enrico. *Princípios de direito criminal*. 2. ed. Campinas: Bookseller, 1999. p. 275.

[1348] HOFFBAUER, Nélson Hungria. *Comentários ao Código Penal*. 3. ed. Rio de Janeiro: Forense, 1955. v. 1. t. 1. p. 209-210.

[1349] GARCIA, Basileu. *Instituições de direito penal*. 4. ed. São Paulo: Max Limonad, 1976. v. I. t. II. p. 598.

[1350] BRUNO, Aníbal. *Direito penal*: parte geral. 2. ed. Rio de Janeiro: Forense, 1959. v. 1. t. I. p. 13-14.

Marques, a título ilustrativo, destacara que a duplicidade de tratamento penal já era combatida à época, sendo, inclusive, objeto de discussão e preocupação principal no 6º Congresso Internacional de Direito Penal, que se realizou em Roma, de 27.9 a 3.10.1953.[1351]

Para o enfrentamento dos "inimigos", as sociedades modernas têm recorrido a regulações jurídicas de características tais que permitiriam identificá-las facilmente como típicas de um "Direito Penal do Inimigo". Seriam elas: a) antecipação da punibilidade com a tipificação de atos preparatórios, criação de tipos de mera conduta e perigo abstrato; b) desproporcionalidade das penas; c) legislações, como nos explícitos casos europeus, que se autodenominam de "leis de luta ou de combate"; d) restrição de garantias penais e processuais; e e) determinadas regulações penitenciárias ou de execução penal, como o regime disciplinar diferenciado recentemente adotado no Brasil.[1352]

O próprio Jakobs descreve as principais características desse modelo de política criminal como: a) ampla antecipação da punibilidade, ou seja, mudança de perspectiva do fato típico praticado para o fato que será produzido, como no caso de terrorismo e organizações criminosas; b) falta de uma redução da pena proporcional ao referido adiantamento (por exemplo, a pena para o mandante/mentor de uma organização terrorista seria igual àquela do autor de uma tentativa de homicídio, somente incidindo a diminuição referente à tentativa); e c) mudança da legislação de Direito Penal para legislação de luta para combate à delinquência e, em concreto, à delinquência econômica.[1353]

Cancio Meliá sintetiza tais pontos cruciais, aduzindo que o "Direito Penal do Inimigo" se caracteriza por três elementos básicos: a) ordenamento jurídico-penal prospectivo (adiantamento da punibilidade); b) penas desproporcionalmente altas, o que equivale à constatação de que a antecipação da barreira da punição não é considerada para reduzir, de forma correspondente, a pena cominada; e c) relativização ou supressão de determinadas garantias processuais.[1354]

No mesmo esteio, Gomes apresenta quadro bastante didático que expressa a sua leitura da teoria:

(a) o inimigo não pode ser punido com pena, sim, com medida de segurança;
(b) não deve ser punido de acordo com sua culpabilidade, senão consoante sua periculosidade;
(c) as medidas contra o inimigo não olham prioritariamente o passado (o que ele fez), sim, o futuro (o que ele representa de perigo futuro);
(d) não é um Direito penal retrospectivo, sim, prospectivo;
(e) o inimigo não é um sujeito de direito, sim, objeto de coação;

[1351] MARQUES, José Frederico. *Tratado de direito penal*. Campinas: Millennium, 1997. v. II. p. 264-265.
[1352] GRACIA MARTÍN, Luis. Sobre la negación de la condición de persona como paradigma del 'Derecho penal del enemigo'. *Revista General de Derecho Penal*, Valência, n. 2, 2004. p. 12.
[1353] JAKOBS, Günther. *La ciencia del derecho penal ante las exigencias del presente*. Tradução de Teresa Manso Porto. Bogotá: Universidad Externado de Colombia: Centro de Investigaciones de Derecho Penal Y Filosofía del Derecho, 2000. p. 55-57.
[1354] JAKOBS, Günther; CANCIO MELIÁ, Manuel. *Direito penal do inimigo:* noções e críticas. Organização e Tradução de André Luís Callegari e Mereu José Giacomolli. Porto Alegre: Livraria do Advogado, 2005; versão em espanhol: *¿Derecho penal del enemigo?*, Madri: Civitas, 2003. p. 67.

(f) o cidadão, mesmo depois de delinqüir, continua com o status de pessoa; já o inimigo perde esse status (importante só sua periculosidade);

(g) o Direito penal do cidadão mantém a vigência da norma; o Direito penal do inimigo combate preponderantemente perigos;

(h) o Direito penal do inimigo deve adiantar o âmbito de proteção da norma (antecipação da tutela penal), para alcançar os atos preparatórios;

(i) mesmo que a pena seja intensa (e desproporcional), ainda assim, justifica-se a antecipação (ocasional), espera-se que ele exteriorize um fato para que incida a reação (que vem confirmar a vigência da norma); em relação ao inimigo (terrorista, por exemplo), deve ser interceptado prontamente, no estágio prévio, em razão de sua periculosidade.[1355]

Aliás, o próprio Jakobs, como se estivesse na mesma conferência, afirmara que essa política de inimigos seria claramente similar a uma política prospectiva de medidas de segurança:

> No lugar de uma pessoa que de per si é capaz, e a que se contradiz através da pena, aparece o indivíduo perigoso, contra o qual se procede – neste âmbito: através de uma medida de segurança, não mediante uma pena – de modo fisicamente efetivo: luta contra um perigo em lugar de comunicação, Direito penal do inimigo (neste contexto, Direito penal ao menos em sentido amplo: a medida de segurança tem como pressuposto a comissão de um delito) ao invés do Direito penal do cidadão, e a voz "Direito" significa, em ambos os conceitos, algo claramente diferente, como se mostrará mais adiante.[1356]

Retomar a busca de um Direito Penal que consagre, ao mesmo tempo, o modelo da escola clássica e positivista, pena e medida de segurança (duplo binário), periculosidade e culpabilidade, é compreender o porquê de estar em voga a discussão sobre a legitimidade de um "Direito Penal do Inimigo" ou, ao menos, a busca de uma política criminal alternativa para indivíduos psicopatas ou simplesmente imputáveis, mas perigosos, como já observou Silva Sánchez.[1357]

[1355] GOMES, Luiz Flávio. *Direito penal*: parte geral: teoria constitucionalista do delito. São Paulo: Revista dos Tribunais, 2004. v. 3. p. 29.

[1356] JAKOBS, Günther. *La ciencia del derecho penal ante las exigencias del presente*. Tradução de Teresa Manso Porto. Bogotá: Universidad Externado de Colombia: Centro de Investigaciones de Derecho Penal Y Filosofía del Derecho, 2000. p. 55-57.
JAKOBS, Günther; CANCIO MELIÁ, Manuel. *Direito penal do inimigo*: noções e críticas. Organização e Tradução de André Luís Callegari e Mereu José Giacomolli. Porto Alegre: Livraria do Advogado, 2005; versão em espanhol: ¿*Derecho penal del enemigo?*, Madri: Civitas, 2003. p. 23.

[1357] SILVA SÁNCHEZ, Jesús-María. *Eficiência e direito penal*. Tradução Maurício Antonio Ribeiro Lopes. São Paulo: Manole, 2004. Coleção Estudos de Direito Penal. v. 11. p. 148-151.

DA AÇÃO PENAL

1 Introdução

A ação penal é o direito de invocar-se o Poder Judiciário no sentido de aplicar o Direito Penal objetivo.

Toda ação penal deverá, segundo regras processuais, observar as condições e pressupostos de existência e validez.

Para o exercício do direito de ação penal exige-se: a) a legitimidade das partes; b) o interesse de agir; c) a possibilidade jurídica do pedido. Segundo o art. 395, do Código de Processo Penal, a denúncia ou queixa será rejeitada quando: I – for manifestamente inepta; II – faltar pressuposto processual ou condição para o exercício da ação penal; III – faltar justa causa para o exercício da ação penal. Essas são as chamadas *condições da ação* que, na realidade, são condições para o seu regular exercício.

Se porventura a falta da condição da ação somente for percebida durante o processo, será caso de decretação de nulidade processual, desde o início (cf. CPP, art. 564, II). De ver-se, portanto, que elas constituem questões de ordem pública, razão pela qual podem ser conhecidas pelo juiz de ofício, a qualquer tempo e grau de jurisdição.

Em certos casos, aliás, a lei faz uma exigência a mais para que se dê o ajuizamento válido de certas ações. São condições de procedibilidade a representação do ofendido e a requisição do Ministro da Justiça, nos crimes de ação penal pública a elas condicionadas. Além disso, pode-se ilustrar com outros exemplos: a) *a entrada do agente no território nacional*: trata-se de condição de procedibilidade nas hipóteses de extraterritorialidade condicionada da lei penal brasileira (CP, art. 7º, §§2º e 3º); b) *a autorização da Câmara dos Deputados*: constitui condição de procedibilidade para a instauração de processo-crime contra o Presidente da República, Vice-Presidente ou Ministros de Estado (CF, art. 51, I); c) o laudo de constatação preliminar de substância entorpecente constitui condição de procedibilidade para apuração do crime de tráfico de drogas.[1358]

[1358] Nesse sentido, STJ, HC 388361/SP, Rel. Ministro Jorge Mussi, Quinta Turma, julgado em 18/04/2017, DJe 12/05/2017; HC 303511/RS, Rel. Ministro Felix Fischer, Quinta Turma, julgado em 06/11/2014, DJe 28/11/2014; HC 139231/MS, Rel. Ministra Laurita Vaz, Quinta Turma, julgado em 01/09/2011, DJe 17/11/2011; HC 133612/PE, Rel. Ministro Napoleão Nunes Maia Filho, Quinta Turma, julgado em 05/08/2010, DJe 20/09/2010; HC 118666/MG, Rel. Ministra Jane Silva (Desembargadora Convocada do TJ/MG), Sexta Turma, julgado em 05/02/2009, DJe 02/03/2009; RHC

Já os denominados *pressupostos processuais* representam requisitos para a existência de um processo válido, ou, como costuma dizer a doutrina alemã, para que o processo possa instituir-se e alcançar o próprio escopo. Tais pressupostos atuam de forma positiva (parte legítima, como regra, o Ministério Público) ou negativa (ausência de questão prejudicial, por exemplo). Esses pressupostos podem ser de existência da relação processual (a demanda judicial, a jurisdição e as partes) ou de validez (capacidade processual, juízo competente e imparcial, ausência de litispendência ou coisa julgada etc.).

Como regra, a ação penal é pública e incondicionada, o que significa dizer que, de modo geral, a ação penal é movida pelo Ministério Público, que detém o monopólio da ação penal pública nos termos do art. 129, inc. I, da Constituição Federal.

A petição inicial da ação penal pública, denominada "denúncia", como regra, também é incondicionada.

Excepcionalmente, a lei, de forma expressa, condiciona o exercício da ação penal pública, mediante representação da vítima ou requisição do Ministro da Justiça, da mesma forma que, excepcionalmente, o legislador disciplina que alguns crimes somente se processam mediante queixa ou queixa-crime, ou seja, somente por ação penal privada intentada pelo ofendido ou seus representantes legais, por meio de advogado com poderes especiais para tanto.[1359]

Todas essas regras, além da ação penal privada subsidiária da pública, somente intentada pelo ofendido, quando há injustificada inércia do Ministério Público, estão reguladas no art. 100:

> Ação pública e de iniciativa privada
> Art. 100. A ação penal é pública, salvo quando a lei expressamente a declara privativa do ofendido.
> §1º A ação pública é promovida pelo Ministério Público, dependendo, quando a lei o exige, de representação do ofendido ou de requisição do Ministro da Justiça.
> §2º A ação de iniciativa privada é promovida mediante queixa do ofendido ou de quem tenha qualidade para representá-lo.
> §3º A ação de iniciativa privada pode intentar-se nos crimes de ação pública, se o Ministério Público não oferece denúncia no prazo legal.
> §4º No caso de morte do ofendido ou de ter sido declarado ausente por decisão judicial, o direito de oferecer queixa ou de prosseguir na ação passa ao cônjuge, ascendente, descendente ou irmão.

2 Espécies de ação penal

Para fins didáticos, a *ação penal pública* divide-se em incondicionada e condicionada, e sempre tem como titular exclusivo (legitimidade ativa) o Ministério Público (art. 129, I, da CF).

19703/SP, Rel. Ministro Arnaldo Esteves Lima, Quinta Turma, julgado em 03/04/2007, DJ 07/05/2007 p. 335. (Vide Jurisprudência em Teses N. 60 – Tese 20) (Vide Legislação Aplicada: Lei 11.343/2006 – Art. 50, §1º).

[1359] Súmula nº 594, STF: "Os direitos de queixa e de representação podem ser exercidos, independentemente, pelo ofendido ou por seu representante legal".

Vale lembrar que, apesar de a matéria constar no rol de legitimidade exclusiva do Ministério Público, ante a sua inércia (Ministério Público não oferece a denúncia no prazo legal, nem requisita diligências, nem celebra um acordo ou mesmo arquivam), pode o ofendido ou seu representante legal ingressar com *ação penal de iniciativa privada subsidiária da pública* (art. 5º, LIX, da CF).

Já a *ação penal privada* divide-se em exclusivamente privada, personalíssima e subsidiária da pública.[1360]

Como saber se a ação é pública ou privada? É simples, quando a lei não dispuser sobre a ação penal é ela pública e incondicionada. A ação é privada ou pública condicionada quando a lei expressamente as prever (art. 24, §2º, CPP). Vale ressaltar que nem sempre a espécie de ação estará prevista no tipo penal, mas, por vezes, pode ser encontrada em um artigo específico, que traz uma regra aplicável a todos os dispositivos de um capítulo, como no citado caso do art. 145, que faz referência ao capítulo dos crimes contra a honra, ou, ainda, a uma generalidade de situações, como é o caso do art. 7º, §3º, "b", do Código Penal, quando um estrangeiro pratica crime contra brasileiro fora do território nacional.[1361]

Conforme a definição de Nucci, a ação penal pública "é o direito do Estado-acusação de ingressar em juízo, solicitando a prestação jurisdicional, representada pela aplicação das normas de Direito Penal ao caso concreto".[1362]

Não obstante, como já mencionamos em capítulo próprio, a maioria da doutrina defende o princípio do promotor natural para o ajuizamento da ação penal. O Ministério Público, como parte, tem o poder de investigar supletiva ou subsidiariamente, e, isso, logicamente, não acarreta sua suspeição, nos termos da Súmula nº 234 do STJ: "a participação de membro do Ministério Público na fase investigatória criminal não acarreta o seu impedimento ou suspeição para o oferecimento da denúncia".[1363]

São princípios que orientam a ação penal pública: *oficialidade, obrigatoriedade, indisponibilidade, indivisibilidade e intranscendência*.

O princípio da *oficialidade* diz respeito ao órgão oficial responsável pelo exercício do direito de ação: o Ministério Público nos termos do art. 129, I, da CF, o que culminou com a extinção do chamado procedimento judicialiforme, também chamado de "jurisdição sem ação" (nas contravenções penais – art. 26 do CPP; nas lesões corporais culposas e

---

[1360] A Lei nº 1.079/50 prevê a ação penal popular, através da qual "qualquer cidadão" é parte legítima para denunciar as autoridades nela indicadas por "crimes de responsabilidade" (Presidente da República, Vice-Presidente da República, Ministros de Estado, Procurador Geral da República, Ministros do Supremo Tribunal Federal, Governadores de Estado e Secretário de Estado). Ressalte-se que a natureza desta "denúncia" não é bem de ação penal, mas de mera *notitia criminis*. Aliás, o próprio Habeas Corpus tem semelhança com a Ação Penal Popular, pois qualquer pessoa pode entrar com o Habeas Corpus.

[1361] SOUZA, Luciano Anderson de. *Direito penal*: parte geral. 3. ed. São Paulo: Revista dos Tribunais, Thomson Reuters, 2022. v. 1. p. 656.

[1362] NUCCI, Guilherme de Souza. *Código de Processo Penal comentado*. 11. ed. Editora RT, 2012. p. 131.

[1363] No mesmo sentido: "[...] a participação de membro do Ministério Público na fase investigatória não acarreta, por si só, seu impedimento ou sua suspeição para o oferecimento da denúncia, e nem poderia ser diferente à luz da tese firmada pelo Plenário, mormente por ser ele o dominus litis e sua atuação estar voltada exatamente à formação de sua convicção" (STF, HC 85.011, Rel. p/ o ac. Teori Zavascki, j. 26-5-2015, 1ª T, DJE de 22-6-2015).

no homicídio culposo). Nesses casos, o juiz, por meio de portaria, iniciava a ação penal num sistema claramente inquisitorial.[1364]

Da oficialidade, decorrem ainda a autoritariedade (que diz respeito ao exercício das funções persecutórias por autoridades estatais) e a oficiosidade (explicitando o dever de procedimento de ofício).

Já o princípio da *obrigatoriedade* ou legalidade processual, segundo o qual o Ministério Público, na ação pública, estaria obrigado a denunciar, agir desde que exista justa causa (art. 24, CPP), embora seja predominante na maioria maciça da doutrina, entendemos, como discutiremos em subcapítulo a seguir, que deu lugar à ideia de *discricionariedade regrada*, seja pela Lei nº 9.099/95, seja pela aplicabilidade dos acordos de não persecução penal (art. 28-A, CPP) ou de colaboração premiada.

Uma vez proposta a ação penal, ela será *indisponível* (art. 42 CPP), o que vale, com as ressalvas já feitas no tocante à justiça negociada, para o recurso do Ministério Público (art. 576 CPP). O art. 564, III, "d", do CPP prevê, inclusive, que o Ministério Público deve manifestar-se sobre todos os termos da ação penal pública.

O princípio da *indivisibilidade*, pacificamente aceito para a ação privada, segundo parte da doutrina, significaria que a ação penal deve ser proposta contra todos os coautores conhecidos. Seria, pois, uma decorrência do princípio da obrigatoriedade, embora hoje prevaleça, segundo o STJ, que esse princípio não se aplica à ação penal pública, eis que sempre seria cabível o aditamento à denúncia ou nova ação penal.

Não é possível arquivamento implícito e não se aplica o princípio da indivisibilidade à ação penal pública, de forma que o não oferecimento de denúncia em relação a um dos crimes investigados não impede oferecimento posterior.

Praticados dois roubos em sequência e oferecida a denúncia apenas quanto a um deles, nada impede que o Ministério Público ajuíze nova ação penal quanto ao delito remanescente. Incidência do postulado da indisponibilidade da ação penal pública que decorre do elevado valor dos bens jurídicos que ela tutela. Inexiste dispositivo legal que preveja o arquivamento implícito do inquérito policial, devendo ser o pedido formulado expressamente, a teor do disposto no art. 28 do CPP. Inaplicabilidade do princípio da indivisibilidade à ação penal pública.[1365]

No mesmo sentido, é lícito e cabível o aditamento à denúncia, antes de editada a sentença final, para inclusão de corréu em relação ao qual o inquérito policial não fora arquivado por decisão judicial.[1366]

Por fim, a ideia de *intranscendência* significa que a ação penal não pode transcender a pessoa do delinquente. Tanto a ação penal pública incondicionada como a condicionada se norteiam por tais princípios. Porém, quando se tratar de ação penal pública condicionada, deve ser observada a representação do ofendido ou a requisição do Ministro da Justiça, que representam condições de procedibilidade para o exercício da ação penal.

Nos dois casos, a ação penal não pode ser iniciada sem a representação ou a requisição ministerial, sendo certo, ademais, que o art. 102 do Código Penal é expresso ao

---

[1364] O art. 26 do CPP não foi recepcionado, pois antes da CF/88 se autorizava os Delegados e o Juiz a entrarem com a ação. Com o advento da CF/88 a ação penal passou a ser de iniciativa exclusiva do Ministério Público.

[1365] STF. RHC 95.141, Rel. Min. Ricardo Lewandowski, j. 6-10-2009, 1ª T, DJE de 23-10-2009.

[1366] STJ. HC 36.696, Rel. Min. Hamilton Carvalhido, 6ª T, j. 16/05/2006, DJ 04/09/2006.

dizer que a representação será irretratável depois de oferecida a denúncia, não obstante haja a ressalva de que leis especiais, como a Lei nº 11.340/06 (Lei Maria da Penha), em seu art. 16, contemple hipótese legal, praticamente inaplicável, "só será admitida a renúncia à representação perante o juiz, em audiência especialmente designada com tal finalidade, antes do recebimento da denúncia e ouvido o Ministério Público".

A representação não exige forma especial, de modo que a postura da vítima a evidenciar a vontade de ver processado o agente justifica a atuação do Ministério Público. Assim, a simples postura da vítima, a evidenciar a vontade de ver processado o agente, serve à atuação do Ministério Público.[1367]

Como se verá no trato da ação penal privada, o não exercício do direito de queixa, assim como da condição de procedibilidade – representação –,[1368] nas ações públicas condicionadas, no prazo peremptório fixado em lei ou a renúncia a esse direito, implicará, inclusive, a extinção da punibilidade:

Decadência do direito de queixa ou de representação
Art. 103. Salvo disposição expressa em contrário, o ofendido decai do direito de queixa ou de representação se não o exerce dentro do prazo de 6 (seis) meses, contado do dia em que veio a saber quem é o autor do crime, ou, no caso do §3º do art. 100 deste Código, do dia em que se esgota o prazo para oferecimento da denúncia.
Renúncia expressa ou tácita do direito de queixa
Art. 104. O direito de queixa não pode ser exercido quando renunciado expressa ou tacitamente.
Parágrafo único – Importa renúncia tácita ao direito de queixa a prática de ato incompatível com a vontade de exercê-lo; não a implica, todavia, o fato de receber o ofendido a indenização do dano causado pelo crime.

Já a ação penal privada se verifica quando a titularidade da ação penal pertence ao particular, isto é, quando o direito de iniciá-la pertence à vítima ou seu representante legal, e possui duas formas: a) ação penal exclusivamente privada; b) ação penal privada subsidiária da pública; a primeira ocorre quando a lei penal determina que a ação penal é exclusiva do ofendido ou de seu representante legal; na segunda, embora a ação penal continue de natureza pública, permite-se que o particular a inicie quando o titular não a propõe no prazo legal.

Diversamente da ação penal pública, é pacífico que a *queixa-crime* é pautada pelos *princípios da oportunidade, disponibilidade* e *indivisibilidade*.

Ela é pautada pela *oportunidade, discricionariedade* e *disponibilidade*, porque há a liberdade que as pessoas têm de exercer ou não seus direitos. E ela é *indivisível*, por expressa previsão nos arts. 48, 49 e 51 do CPP.[1369]

[1367] STF. HC 88.387, Rel. Min. Ricardo Lewandowski, j. 10-10-2006, 1ª T, DJ de 6-11-2006; STF. Inq 3.714, Rel. Min. Marco Aurélio, j. 15-9-2015, 1ª T, DJE de 29-9-2015; ainda nesse sentido: DEMERCIAM, Pedro Henrique; MALULY, Jorge Assaf. *Curso de processo penal*. 6. ed. Rio de Janeiro: Forense, 2010. p. 130.

[1368] Representação é a manifestação de vontade do ofendido ou de seu representante penal, no sentido de movimentar-se o *jus persequandi in juditio* (prazo decadencial: 06 meses contado da data do conhecimento do autor da infração – peremptório e fatal). Não há prazo decadencial para a requisição do Ministro da Justiça.

[1369] "A queixa contra qualquer dos autores do crime obrigará ao processo de todos, e o Ministério Público velará pela sua indivisibilidade" (art. 48 do CPP); "A renúncia ao exercício do direito de queixa, em relação a um dos

Isso valerá, inclusive, para o instituto do perdão do ofendido, regrado nos arts. 105 e 106 do Código Penal e que configura uma das hipóteses de extinção da punibilidade:

> Perdão do ofendido
> Art. 105. O perdão do ofendido, nos crimes em que somente se procede mediante queixa, obsta ao prosseguimento da ação.
> Art. 106. O perdão, no processo ou fora dele, expresso ou tácito:
> I – se concedido a qualquer dos querelados, a todos aproveita;
> II – se concedido por um dos ofendidos, não prejudica o direito dos outros;
> III – se o querelado o recusa, não produz efeito.
> §1º Perdão tácito é o que resulta da prática de ato incompatível com a vontade de prosseguir na ação.
> §2º Não é admissível o perdão depois que passa em julgado a sentença condenatória.

Dadas as evidentes diferenças, quando há concurso formal entre um crime de ação pública e outro de ação penal privada, o órgão do Ministério Público não pode oferecer denúncia em relação aos dois; cada ação penal é promovida por seu titular, nos termos do art. 100, *caput*; o mesmo ocorre no concurso material e nos delitos conexos.[1370]

O quadro a seguir resume bem as diferentes espécies de ações penais:

Ação penal	
Ação penal pública incondicionada	Constitui a regra. É exercida pelo Ministério Público e independe de provocação de outrem.
Ação penal pública condicionada	É exercida também pelo Ministério Público, mas depende, para sua instauração, de representação do ofendido ou seu representante legal ou, em certos casos, de requisição do Ministro da Justiça.
Ação penal privada exclusiva	É a que só pode ser movida pelo próprio ofendido ou seu representante legal.
Ação penal privada subsidiária	É a que pode ser intentada pelo particular, mediante queixa, se o Ministério Público não oferecer denúncia no prazo legal.
Ação penal privada personalíssima	Somente pode ser intentada pela própria pessoa, sem possibilidade de ajuizamento pelos representantes legais ou sucessores (ex.: art. 236, CP).

Tema relevante diz respeito à natureza da ação penal em *crimes complexos*.

---

autores do crime, a todos se estenderá" (art. 49); "O perdão concedido a um dos querelados aproveitará a todos, sem que produza, todavia, efeito em relação ao que o recusar" (art. 51).

[1370] Importante, contudo, citar uma exceção em que o STF entendeu haver legitimação concorrente: Súmula nº 714, STF: "É concorrente a legitimidade do ofendido, mediante queixa, e do Ministério Público, condicionada à representação do ofendido, para a ação penal por crime contra a honra de servidor público em razão do exercício de suas funções". "Emprega-se a expressão "conexão" para designar o liame objetivo ou subjetivo entre duas ou mais infrações penais. Tal ocorre quando um crime é cometido para assegurar a execução, ocultação, impunidade ou vantagem de outro crime" (BARROS, Flávio Augusto Monteiro de. *Direito penal*: parte geral. São Paulo: Saraiva, 2004. v. 1. p. 215).

O crime é denominado de complexo quando há em suas elementares a reunião de condutas distintas que a lei considera como uma só, como se dá no crime de roubo, em que o tipo agrega os crimes de furto e lesão corporal ou ameaça.

Parte da doutrina distingue os crimes complexos em: a) *sentido lato* (amplo): quando um crime, em todas ou algumas das hipóteses contempladas na norma incriminadora, contém em si outro delito menos grave, necessariamente; não se condiciona à presença de dois ou mais delitos; basta um a que se acrescentam elementos típicos que, isoladamente, configuram indiferente penal; neste caso, o delito de maior gravidade absorve o de menor intensidade penal; b) *sentido estrito*: é formado da reunião de dois ou mais tipos penais; o legislador apanha a definição legal de crimes e as reúne, formando uma terceira unidade delituosa (subsidiariedade implícita).

A ação penal, nessa espécie de crime, será de ação pública se um dos crimes for de ação pública, como preceitua o art. 101:

A ação penal no crime complexo
Art. 101. Quando a lei considera como elemento ou circunstâncias do tipo legal fatos que, por si mesmos, constituem crimes, cabe ação pública em relação àquele, desde que, em relação a qualquer destes, se deva proceder por iniciativa do Ministério Público.

Essa discussão tinha profunda relevância para o tipo complexo de estupro que, como regra, se procedia mediante queixa-crime e, atualmente, se tornou crime de ação pública incondicionada. À época, entendeu o STF, havendo violência real, ou seja, lesão corporal, a ação penal seria, com fulcro no art. 101, pública incondicionada:

Súmula nº 608: No crime de estupro, praticado mediante violência real, a ação penal é pública incondicionada.

O art. 225 do Código Penal, com redação dada pela Lei nº 13.718/18, acabou com a utilidade da súmula, restando, no entanto, os casos anteriores, haja vista que a nova lei é prejudicial.

A discussão e divergência doutrinária só existem para casos anteriores, em que a regra era a ação penal pública condicionada à representação, e, excepcionando a regra geral do *caput*, o parágrafo único do art. 225 estabelece que, se a vítima for menor de dezoito anos ou qualquer pessoa vulnerável, a ação penal será pública incondicionada, ou seja, o Ministério Público pode e deve agir de ofício.

A expressão "vulnerável" abarca, além dos menores de idade (já referidos expressamente no dispositivo), deficientes e enfermos mentais sem o necessário discernimento para a prática de atos sexuais, além daqueles sem possibilidade de oferecer resistência por qualquer outra causa, referidos no art. 217-A do CP.

Note-se que diante da nova legislação não mais subsiste, pelo menos no tocante aos fatos ocorridos em sua vigência, ação penal privada para crimes sexuais (exceto aquela subsidiária à pública).

A Súmula nº 608 do STF, aprovada em 1984, porém até agora ainda não cancelada expressamente, teria sentido de ser interpretada para os casos anteriores que gerassem lesão corporal leve e grave, sendo a vítima mulher.

Isso porque, tratando-se de crime complexo, a lesão corporal contra a mulher, por força do art. 41 da Lei Maria da Penha (Lei nº 11.340/06), entendimento, inclusive sumulado pelo STJ (Súmula nº 542),[1371] sempre seria de ação pública incondicionada, afastando, pois, a incidência do art. 88 da Lei nº 9.099/95.

3 Discricionariedade da ação penal pública

O Ministério Público está efetivamente pautado pela obrigatoriedade da ação penal?

É, pois, evidente que diante da mudança de política criminal cada vez mais pautada pela eficiência em detrimento da clássica dialética processual com considerável custo de tempo e recursos, a política de acordo e não persecução passou a ser um caminho possível, viável e necessário em diversos países do mundo.[1372]

Ao regulamentar o art. 98, I, da Constituição Federal, a Lei nº 9.099/95 previu a composição civil (art. 74), a transação penal (art. 76) e a suspensão condicional do processo (art. 89), como instrumentos de maior celeridade, informalidade e solução abreviada de casos considerados de pequeno e médio potencial ofensivo.

A jurisprudência do STF, aliás, é pacífica no sentido de que não cabe ao Poder Judiciário conceder os benefícios da Lei nº 9.099/95 à revelia do titular da ação penal. A esse respeito, a Súmula nº 696 do Supremo Tribunal Federal:

> "Reunidos os pressupostos legais permissivos da suspensão condicional do processo, mas se recusando o Promotor de Justiça a propô-la, o Juiz, divergindo, remeterá a questão ao Procurador-Geral, aplicando-se por analogia o art. 28 do Código de Processo Penal". Como a manifestação nos presentes autos provém do próprio Procurador-Geral da República, ainda que esta Colenda Turma dela divergisse, a negativa deveria prevalecer, porquanto a Constituição Federal conferiu a titularidade da ação penal ao Ministério Público, à qual intimamente ligada à possibilidade de propor a suspensão condicional do processo e a transação.[1373]

De outra parte, para crimes considerados de alto potencial ofensivo, a Lei nº 12.850/13 prevê o instituto da colaboração premiada no contexto de crimes perpetrados por organizações criminosas, com maior disciplina e segurança jurídica, emprestando ao instituto um caráter negocial que não existe nas primitivas fórmulas de delação premiada no direito brasileiro, a exemplo do que se vê das Leis nºs 8.072/90 e 9.807/99.

Recentemente, ainda que não seja objeto do presente estudo, o art. 11 da Resolução nº 183 deu nova redação ao art. 18 da Resolução nº 181, ambas do Conselho Nacional do Ministério Público, prevendo o acordo de não persecução penal e a adoção do princípio

---

[1371] No mesmo sentido: Tese de Repercussão Geral/STF: Os crimes de lesão corporal praticados contra a mulher no âmbito doméstico e familiar são de ação penal pública incondicionada [ARE 773765 RG/PR; repercussão geral no recurso extraordinário com agravo; Relator(a): Min. Gilmar Mendes; Julgamento: 03/04/2014; Órgão Julgador: Tribunal Pleno].

[1372] MORAES, Alexandre Rocha Almeida de; SMANIO, Gianpaolo Poggio, PEZZOTTI, Olavo Evangelista. A discricionariedade da ação penal pública. *Argumenta Journal Law*, Jacarezinho/PR, n. 30, p. 353-390, 2019. DOI: http://dx.doi.org/10.35356/argumenta.v0i30.

[1373] STF, Inq 3438, Relatora Ministra Rosa Weber, Primeira Turma, julgamento em 11.11.2014, *DJe* de 10.2.2015.

da oportunidade que, posteriormente, se tornou lei pelo Pacote Anticrime, dando nova redação ao art. 28-A do CPP.

Diante desse panorama, imperioso enfrentar alguns questionamentos: a) Como se portará o Ministério Público brasileiro ante esse novo modelo de Política Criminal?; b) Assegurada a possibilidade de acordo penal para crimes de pequeno e alto potencial ofensivo, seria razoável e equânime obstar tal política de não persecução ou acordo em matéria penal para crimes de médio potencial ofensivo praticados sem violência ou grave ameaça por agentes primários?; c) Se essa política, como vem paulatinamente sendo praticada em todo Ocidente, tornar-se inevitável, não deveria o Ministério Público, como ator que age em nome alheio, discutir quais seriam seus limites materiais para evitar a proteção jurídica deficiente de bens relevantes para a sociedade?[1374]

Por meio da leitura dos clássicos doutrinadores do Direito Processual Penal brasileiro, chega-se facilmente à conclusão de que a nossa tradição jurídica sempre guardou estrita fidelidade ao princípio da obrigatoriedade da ação penal pública.

Ilustrativa a exposição conduzida por Galdino Siqueira, no sentido de que o Ministério Público deve observar os caracteres da ação penal pública, notadamente o de se tratar de instrumento *necessário*, "consequência immediata e inevitável do crime". Pontuava o autor:

> o direito de punir com a acção respectiva pertence à sociedade que delega seu exercício somente aos funccionarios do Ministério Público. Dahi decorre que estes funccionarios não têm a faculdade de dispor da acção pública, quer antes de intental-a, quer depois de pô-la em movimento.[1375]

Nos mesmos moldes, sob as bases do princípio da obrigatoriedade, Bento de Faria considerava a ação penal como *consequência necessária* da conduta criminal.[1376]

Em sua conhecida essência, o aludido princípio impõe que, diante da notícia de fato criminoso e da reunião de elementos mínimos que confiram justa causa à ação penal, dessa o *dominus litis* não poderá dispor, fazendo-se imperiosa sua propositura.

Essa ausência de margem de discricionariedade em torno da propositura da ação penal sempre limitou, em maior ou menor grau, nos ordenamentos jurídicos que se formaram sob a influência da tradição romano-germânica, a concepção ou a expansão dos mecanismos de solução do processo penal pelo consenso das partes.[1377]

Em alguns sistemas particulares, o princípio da obrigatoriedade possui matriz constitucional, o que impede em absoluto que o legislador ordinário reconheça ao

---

[1374] MORAES, Alexandre Rocha Almeida de; SMANIO, Gianpaolo Poggio, PEZZOTTI, Olavo Evangelista. A discricionariedade da ação penal pública. *Argumenta Journal Law*, Jacarezinho/PR, n. 30, p. 353-390, 2019. DOI: http://dx.doi.org/10.35356/argumenta.v0i30.

[1375] SIQUEIRA, Galdino. *Curso de processo criminal*. 2. ed. São Paulo: Magalhães, 1937. p. 71.

[1376] FARIA, Bento de. *Código de Processo Penal*. 2. ed. atual. Rio de Janeiro: Record, 1960. v. I. p. 117.

[1377] MORAES, Alexandre Rocha Almeida de; SMANIO, Gianpaolo Poggio, PEZZOTTI, Olavo Evangelista. A discricionariedade da ação penal pública. *Argumenta Journal Law*, Jacarezinho/PR, n. 30, p. 353-390, 2019. DOI: http://dx.doi.org/10.35356/argumenta.v0i30.

titular da ação poderes de *nolle prosequi*, os quais, na prática, podem se materializar como moeda de troca com o imputado, em busca de um acordo processual.[1378]

Em outros sistemas, o princípio da obrigatoriedade não encontra amparo constitucional, apresentando-se como consectário de opções feitas pelo legislador ordinário ou, ainda, de construções doutrinárias. Nesse quadro esteve inserido o processo penal brasileiro. Nesse sentido, prevalece na doutrina nacional que o princípio da obrigatoriedade pode ser extraído não da Constituição Federal, mas de interpretação decorrente da leitura dos arts. 28, 42 e 576 do Código de Processo Penal Brasileiro.[1379]

Por isso, muito embora tradicionalmente filiado à obrigatoriedade da ação penal, o direito brasileiro não tem com ela um compromisso insuscetível de ruptura ou flexibilização.

De fato, a partir da Constituição Federal de 1988 até os dias atuais, houve considerável arrefecimento dos valores correlatos ao princípio ora tratado sem que, por ora, pudesse se cogitar vício de inconstitucionalidade material.

Historicamente, a concessão de poderes discricionários ao *dominus litis* esteve sempre conectada ao surgimento de ferramentas típicas do processo penal negocial.

Quando os juízes de paz assumiram parcialmente a titularidade da ação penal no direito inglês, o desenho do sistema processual vigente não parecia deixar margem à concepção de ferramentas de solução do processo pelo consenso. A Coroa havia tomado diversas medidas para, na maior proporção possível, assegurar a concreta punição de autores de crimes, especialmente ao tornar obrigatória a ação penal privada e ao censurar posturas lenientes de alguns dos *Justices of the Peace*.[1380]

De uma maneira geral, pode-se afirmar que, àquele tempo, o exercício de poderes discricionários pelo titular da ação penal era uma ideia ainda incipiente, pois não se admitiam disposições em torno da sentença em troca da colaboração do imputado. Também não havia barganha visando ao mero reconhecimento de culpa do investigado (*guilty plea*).[1381]

A colaboração premiada era, a propósito, a única hipótese em que os promotores poderiam lançar mão de decisão de *nolle prosequi*. Diferentemente do que ocorre nos tempos atuais, não se afigurava legítima a decisão de não persecução para melhor gestão dos recursos postos à disposição dos titulares da ação penal, que hoje podem eleger prioridades, deixando, por exemplo, de processar crimes menos graves para buscar eficiência superior no combate a delitos mais graves.[1382]

[1378] MORAES, Alexandre Rocha Almeida de; SMANIO, Gianpaolo Poggio, PEZZOTTI, Olavo Evangelista. A discricionariedade da ação penal pública. *Argumenta Journal Law*, Jacarezinho/PR, n. 30, p. 353-390, 2019. DOI: http://dx.doi.org/10.35356/argumenta.v0i30.

[1379] FERNANDES, Antônio Scarance. *Processo penal constitucional*. São Paulo: Revista dos Tribunais, 1999. p. 189.

[1380] PEZZOTTI, Olavo Evangelista. *Raízes histórico-comparadas do acordo de colaboração premiada no direito brasileiro: o papel das partes.* 2018. Dissertação (Mestrado em Direito Processual) – Faculdade de Direito, Universidade de São Paulo, São Paulo, 2018. p. 99.

[1381] MORAES, Alexandre Rocha Almeida de; SMANIO, Gianpaolo Poggio, PEZZOTTI, Olavo Evangelista. A discricionariedade da ação penal pública. *Argumenta Journal Law*, Jacarezinho/PR, n. 30, p. 353-390, 2019. DOI: http://dx.doi.org/10.35356/argumenta.v0i30.

[1382] MORAES, Alexandre Rocha Almeida de; SMANIO, Gianpaolo Poggio, PEZZOTTI, Olavo Evangelista. A discricionariedade da ação penal pública. *Argumenta Journal Law*, Jacarezinho/PR, n. 30, p. 353-390, 2019. DOI: http://dx.doi.org/10.35356/argumenta.v0i30.

Em um primeiro momento, poderes discricionários mais amplos foram incorporados espontaneamente por promotores norte-americanos no início do século XIX, em Massachusetts. Isso ocorreu porque determinados diplomas legais previam um sistema demasiadamente severo de sancionamento penal. A título de exemplo, as *liquor laws*, editadas para combater o comércio ilícito de álcool, privaram em absoluto os juízes da discricionariedade na dosimetria penal. A punição de delitos concretamente praticados, por isso, deixou de observar critérios de proporcionalidade, gerando distorções práticas.[1383]

Para corrigi-las, especialmente nos casos de concursos de crimes, promotores de justiça deixavam de propor a ação em relação à parcela dos delitos praticados, exigindo do imputado a declaração de *guilty plea* quanto aos crimes remanescentes.[1384] Espontaneamente, portanto, promotores norte-americanos incorporaram poderes discricionários inéditos, compondo mecanismos de consenso destacados da colaboração premiada.

A prática foi acolhida por decisões da Suprema Corte de Massachusetts. Em *Commonwealth v. Massachusetts* (1806), materializou-se a decisão judicial que Goldstein aponta como o primeiro precedente a reconhecer de maneira ampla os poderes de *nolle prosequi* atribuídos a todo e qualquer promotor estadunidense, em contexto dissociado da colaboração premiada.[1385]

No Brasil, as Ordenações Filipinas vigoraram até a promulgação do primeiro Código de Processo Criminal.[1386] Esse diploma legal aboliu o sistema inquisitivo e implantou um sistema híbrido em que o processo podia ser instaurado por provocação ou de ofício pelo magistrado: tratava-se do procedimento judicialiforme, que, logicamente, não foi recepcionado pela Constituição de 1988, embora estivesse previsto no Código de Processo Penal de 1941.[1387]

No que se refere à obrigatoriedade da ação penal, estava prevista expressamente nos arts. 37 e 74 do Código de Processo Criminal do Império. E as alterações sofridas com o advento da Lei nº 261, de 3.12.1841, e seu Regulamento nº 120, de 31.1.1842, confirmavam essa obrigatoriedade no art. 222 do regulamento.[1388]

Posteriormente, outras modificações ocorreram. A Lei nº 2.033, de 20.9.1871, regulamentada pelo Decreto nº 4.824/1871, criou o inquérito policial, o que possibilitou uma melhor separação da função da polícia judiciária da atividade jurisdicional dos magistrados e extinguiu a possibilidade de o juiz *ex officio* dar início à persecução

---

[1383] MORAES, Alexandre Rocha Almeida de; SMANIO, Gianpaolo Poggio, PEZZOTTI, Olavo Evangelista. A discricionariedade da ação penal pública. *Argumenta Journal Law*, Jacarezinho/PR, n. 30, p. 353-390, 2019. DOI: http://dx.doi.org/10.35356/argumenta.v0i30.

[1384] FISHER, George. *Plea Bargaining's Triumph*. Stanford: Stanford University Press, 2003. p. 13.

[1385] GOLDSTEIN, Abraham Samuel. *The Passive Judiciary*: prosecutorial discretion and the guilty plea. Baton Rouge: Louisiana State University Press, 1981. p. 12.

[1386] Lei de 29 de novembro de 1832.

[1387] "A ação penal, nas contravenções, será iniciada com o auto de prisão em flagrante ou por meio de portaria expedida pela autoridade judiciária ou policial".

[1388] "Art. 222. Nos casos em que ao Promotor incumbe denunciar, incumbe igualmente promover a acusação, e todos os termos do processo, nos quaes, bem como na concessão e arbitramento das fianças, deverá ser sempre ouvido".

penal. Com isso, observa-se que essa lei estabeleceu normas que fortaleciam o sistema acusatório, afastando-se do sistema misto.[1389]

Essa lei, aliás, expressamente disciplinava a obrigatoriedade da ação penal, na medida em que previa no art. 15, §5º, a possibilidade de os magistrados aplicarem multas aos promotores nos casos em que a denúncia não fosse oferecida tempestivamente.[1390]

Com o advento da primeira Constituição Republicana, em 1891, foi conferido aos Estados da Federação competência para legislar sobre matéria processual penal. Alguns deles preferiram manter a aplicação do Código de Processo Criminal da Primeira Instância de 1832, como o Estado de São Paulo.[1391]

No entanto, a maioria optou por promulgar seu próprio Código de Processo Penal e, nesse sentido, vale dizer que a maior parte estabelecia de forma expressa a obrigatoriedade do exercício da ação penal. Entre os Códigos estaduais que previam expressamente a obrigatoriedade, pode-se citar o do Distrito Federal,[1392] de Minas Gerais,[1393] do Rio Grande do Sul[1394] e da Bahia.[1395]

Justamente por tais heranças históricas, a doutrina sempre compreendeu que o monopólio da vingança pública fez com que o Estado passasse a ter o dever de punir no combate à criminalidade.[1396]

É importante observar, por outro lado, que a parte final do art. 129, I, da Constituição Federal, ao utilizar a expressão *na forma da lei*, deixa claro que a obrigatoriedade não decorre direta e expressamente de regra constitucional, cabendo à lei determinar os limites e as hipóteses para o exercício do direito de ação.[1397]

É possível, segundo Demercian e Torres, identificar pelo menos três grandes correntes de pensamento:

a) há quem defenda a adoção de um sistema baseado estritamente na obrigatoriedade;
b) em sentido diametralmente oposto, estão os idealizadores de uma suposta nova era no direito processual, preconizando a imperiosa necessidade de se adotar um método mais flexível e ágil para a solução dos litígios, que estaria baseado, precisamente, na adoção do princípio da oportunidade;

[1389] MORAES, Alexandre Rocha Almeida de; SMANIO, Gianpaolo Poggio, PEZZOTTI, Olavo Evangelista. A discricionariedade da ação penal pública. *Argumenta Journal Law*, Jacarezinho/PR, n. 30, p. 353-390, 2019. DOI: http://dx.doi.org/10.35356/argumenta.v0i30.

[1390] JARDIM, Afrânio Silva. *Ação penal pública:* princípio da obrigatoriedade. 4. ed. Rio de Janeiro: Forense, 2001. p. 93-94.

[1391] JARDIM, Afrânio Silva. *Ação penal pública:* princípio da obrigatoriedade. 4. ed. Rio de Janeiro: Forense, 2001. p. 95-99.

[1392] Arts. 3º e 22, do Decreto-Lei nº 16.751/1924.

[1393] Arts. 26 e 29, do Decreto nº 9.640/1930.

[1394] Art. 100, da Lei nº 24/1898.

[1395] Arts. 1.779 e 1.787, da Lei nº 1.121/1915.

[1396] MORAES, Alexandre Rocha Almeida de; SMANIO, Gianpaolo Poggio, PEZZOTTI, Olavo Evangelista. A discricionariedade da ação penal pública. *Argumenta Journal Law*, Jacarezinho/PR, n. 30, p. 353-390, 2019. DOI: http://dx.doi.org/10.35356/argumenta.v0i30.

[1397] DEMERCIAN, Pedro Henrique; TORRES, Tiago Caruso. A constitucionalidade do art. 385 do Código de Processo Penal. *Revista Jurídica da Escola Superior do Ministério Público de São Paulo*, v. 12 n. 2, 2017. Disponível em: http://www.esmp.sp.gov.br/revista_esmp/index.php/RJESMPSP/article/view/347. Acesso em: 15 out. 2020.

c) por fim, há quem defenda a coexistência e conciliação dos dois métodos anteriores. Não se pode negar que o cânone da obrigatoriedade é um dos suportes essenciais do chamado Estado de Direito, e tem por escopo colocar a Justiça Criminal a salvo de suspeitas e tentações de parcialidade e arbítrio.[1398]

Não obstante respeitáveis entendimentos em sentido distinto, em 3.10.1941, voltando a unificar os diplomas e normas processuais, entrou em vigor o Decreto-Lei nº 3.689, sendo certo que no Código de Processo Penal atual não há qualquer disposição expressa acerca da obrigatoriedade da ação penal.

A maioria maciça da doutrina e da jurisprudência, até pela cultura histórica de uma tradição *civil law*, reconhece e sustenta a vigência do princípio da obrigatoriedade, apontando o art. 24 do Código como fundamento, e reforçam esse entendimento destacando que o não oferecimento da denúncia pelo *parquet* é submetido ao controle judicial, conforme dispõe o art. 28 do mesmo diploma legal.

Defender a obrigatoriedade da ação penal pública se coaduna com o modelo de processo de inspiração clássica e iluminista. A pós-modernidade, no entanto, tem demandado, por critérios de eficiência e utilidade, novos parâmetros.

Prova disso é a incorporação de mecanismos típicos do sistema anglo-saxônico para conferir mais racionalidade ao sistema: súmulas vinculantes (EC nº 45/04), precedentes vinculantes (art. 927 do CPC), os institutos despenalizadores da Lei nº 9.099/95 e, mais recentemente, a colaboração premiada.

Em outras palavras, a regra do art. 24 não torna obrigatório o exercício da ação penal. Como bem salientado pelo próprio STF,

> o Ministério Público, sob pena de abuso no exercício da prerrogativa extraordinária de acusar, não pode ser constrangido, diante da insuficiência dos elementos probatórios existentes, a denunciar pessoa contra quem não haja qualquer prova segura e idônea de haver cometido determinada infração penal.[1399]

Em síntese, o sistema brasileiro tem encampado a consensualidade no Direito Penal, que pode redundar na redução das sanções ou, no extremo, na própria concessão do perdão. Essa consensualidade, em qualquer caso, sempre estará condicionada à apreciação judicial.[1400]

No mesmo sentido, não há que se falar em dever de agir, inexistindo obrigatoriedade no exercício da ação, quando ausentes as condições necessárias ao seu exercício. Exemplo disso é o incremento na própria dogmática penal de institutos como *risco permitido*, *lesividade material*, *adequação social*, entre outros, para se aferir se materialmente se justifica

---

[1398] DEMERCIAN, Pedro Henrique; TORRES, Tiago Caruso. A constitucionalidade do art. 385 do Código de Processo Penal. *Revista Jurídica da Escola Superior do Ministério Público de São Paulo*, v. 12 n. 2, 2017. Disponível em: http://www.esmp.sp.gov.br/revista_esmp/index.php/RJESMPSP/article/view/347. Acesso em: 15 out. 2020.

[1399] HC 71429, Relator(a): Min. Celso De Mello, Primeira Turma, J: 25/10/1994, DJ: 25-08-1995.

[1400] Nesse sentido, vide as Leis nº 8.072/1990, nº 9.807/1999, nº 9.080/1995, nº 8.137/1990, Lei nº 9.613/1998, nº 11.343/2006, nº 12.850/2013, além da MP nº 2.055/2000, convertida na Lei nº 10.149/2000, que alterou a Lei nº 8.884/1994 e dispôs sobre o acordo de leniência. Esse acordo, mantido pela Lei nº 12.529/2011, que revogou parcialmente a Lei nº 8.884/1994, produz reflexos no plano criminal, acarretando a extinção da punibilidade.

ou não processar ou condenar alguém que tenha praticado uma conduta formalmente prevista como proibida no texto legal.

Em outras palavras, o próprio fundamento do direito de punir, com a ideia de relativização do caráter absoluto das penas e adoção de teorias relativas pautadas pela prevenção, passou a orientar um novo modo de pensar a dogmática penal, como se infere nas escolas funcionalistas.[1401]

Ao que parece, não obstante a tradição e o pensamento histórico e majoritário da doutrina nacional, nem a Constituição Federal, nem o Código de Processo Penal adotaram a obrigatoriedade da ação penal, o que se concilia com a ideia de adoção de uma política de não persecução penal e, em sendo assim, será crucial no Ministério Público brasileiro a discussão dos limites para essa política para que a instituição, a pretexto de ser mais eficiente e célere, não viole o princípio da proporcionalidade sob a ótica da proteção jurídica insuficiente.[1402] Ademais, consolidada a ideia de uma discricionariedade regrada, crucial, para respeito da ideia de segurança jurídica, que se discutam, em termos de unidades institucionais, posturas institucionais minimamente uniformes, da mesma forma que se espera o mínimo de estabilidade em precedentes judiciais vinculantes.

4 Justiça penal negociada e utilitarismo penal

O Brasil sempre adotou, como modelo de Justiça Penal, o conflitivo, caracterizado pelo antagonismo entre acusador e defensor, sutilmente mitigado pela posição singular que ocupa o Ministério Público brasileiro, ao conferir ao seu representante independência funcional, facultando-lhe se posicionar em favor do réu, quando convicto de sua inocência ou da presença de algum benefício de que faça jus, sem mácula à natureza ou qualidade de sua atuação processual.[1403]

A justiça negociada está presente em todos os ramos do direito: justiça restaurativa, constelação familiar, justiça terapêutica, termo de ajustamento de conduta, acordo de leniência, autocomposição no âmbito da Administração Pública, transação penal, suspensão condicional do processo, acordo de não persecução penal, delação e colaboração premiadas etc.

Nos primeiros anos de vigência da Constituição, particularmente depois do advento da Lei nº 9.099/95, já era possível reconhecer três espécies dentro da chamada Justiça Consensual ou Consensuada: a Justiça Reparatória (com institutos incentivadores da reparação dos danos, como o arrependimento posterior, do art. 16 do CP, e a retratação como causa extintiva da punibilidade, do art. 107, VI, do CP), a Justiça Restaurativa (que prima pela mediação e já foi introduzida na seara da Justiça da Infância e Juventude

---

[1401] MORAES, Alexandre Rocha Almeida de; SMANIO, Gianpaolo Poggio, PEZZOTTI, Olavo Evangelista. A discricionariedade da ação penal pública. *Argumenta Journal Law*, Jacarezinho/PR, n. 30, p. 353-390, 2019. DOI: http://dx.doi.org/10.35356/argumenta.v0i30.

[1402] MORAES, Alexandre Rocha Almeida de; SMANIO, Gianpaolo Poggio, PEZZOTTI, Olavo Evangelista. A discricionariedade da ação penal pública. *Argumenta Journal Law*, Jacarezinho/PR, n. 30, p. 353-390, 2019. DOI: http://dx.doi.org/10.35356/argumenta.v0i30.

[1403] ESTEFAM, André. *Direito penal*: parte geral (arts. 1º a 120). 10. ed. São Paulo: Saraiva, 2021. p. 347.

em algumas Comarcas) e a Justiça Negociada (cujos institutos mais importantes são a transação penal e a suspensão condicional do processo – arts. 76 e 89 da Lei nº 9.009/95).[1404]

Como bem ressalta Sanches, há pelo menos três categorias ou modelos de respostas ao cometimento de um crime:

> a) dissuasório clássico: inspirado pela ideia de retribuição, consiste na simples imposição de pena, medida suficiente para retribuir o mal causado pela prática criminosa e para evitar o cometimento de novos delitos; b) ressocializador: tem a finalidade de reintegrar o delinquente à sociedade (prevenção especial positiva); c) consensuado: tem o propósito de trazer à Justiça criminal modelos de acordo e conciliação que visem à reparação de danos e à satisfação das expectativas sociais por justiça. Pode ser dividido em modelo pacificador ou restaurativo, voltado à solução do conflito entre o autor do crime e a vítima (reparação de danos) e modelo de justiça negociada (*plea bargaining*), em que o agente, admitindo a culpa, negocia com o órgão acusador detalhes como a quantidade de pena, a forma de cumprimento, a perda de bens e também a reparação de danos.[1405]

Vê-se, especialmente pela introdução do modelo de justiça consensual, que a resposta para o crime tem sofrido o influxo de novas ideias, voltadas para uma solução cada vez menos retributiva (meramente punitiva) e mais construtiva (reparadora).

Entre as diferentes políticas criminais que foram inseridas na América Latina e Europa continental (distinta da Grã-Bretanha) está o novo modelo de Direito Penal e Processo Penal de "segunda velocidade": flexibilização de garantias clássicas, conjugadas com um processo cada vez mais oral, célere, informal e orientado pelo modelo de negociação em sentido amplo, como alternativa menos custosa e socialmente mais eficiente, dada a agilidade na resposta à sociedade e aos próprios autores de crimes de pequeno e médio potenciais ofensivos.[1406]

Nesse contexto de uma política criminal mais célere e menos litúrgica, insere-se a resolução alternativa dos conflitos e a justiça penal negociada. Há de se reconhecer, como bem ressalta Vasconcellos, um

> [...] emblemático momento de tensão no campo jurídico-penal, ao passo que a caracterização ampla de um modelo de justiça criminal negocial – já recorrente em diversos ordenamentos internacionalmente e alegadamente inevitável no Brasil – expõe a dúvida entre a ocorrência do "fim do Estado de Direito" ou o desvelamento de um "novo princípio". Ou seja, o discurso doutrinário acerca da recepção de mecanismos negociais varia do extremo da caracterização de uma "revolução", ou "a nova panaceia do processo penal", até o desvelamento de uma decorrente "crise do processo penal continental" e de um "golpe mortal ao Estado de Direito liberal".[1407]

[1404] ESTEFAM, André. *Direito penal*: parte geral (arts. 1º a 120). 10. ed. São Paulo: Saraiva, 2021. p. 347.
[1405] CUNHA, Rogério Sanches. *Manual de direito penal*: parte geral. 8. ed. Salvador: JusPodivm, 2020. p. 484.
[1406] MORAES, Alexandre Rocha Almeida de; TURESSI, Flávio Eduardo. Imputabilidade penal e o acordo de não persecução penal: ensaio sobre a aplicação da justiça penal negociada para inimputáveis e semi-imputáveis. *In*: CUNHA, Rogério Sanches; BARROS, Francisco Dirceu de; SOUZA. Renee do Ó; CABRAL, Rodrigo Leite Ferreira (Coord.). *Acordos de não persecução penal e cível*. Salvador: JusPodivm, 2021.
[1407] VASCONCELLOS, Vinicius G. *Barganha e justiça criminal negocial*: análise das tendências de expansão dos espaços de consenso no processo penal brasileiro. 2. ed. Belo Horizonte: D'Plácido, 2019. p. 26.

Com efeito, essa tem sido a tendência na Europa continental e em países que, assim como o Brasil, nunca tiveram propriamente uma tradição em justiça penal negociada.

Soluções alternativas para o excesso de produção de leis e hipertrofia legislativa foram, por exemplo, propostas por Hassemer e Figueiredo Dias.

Hassemer propõe o *Direito de Intervenção*, com uma espécie de administrativização do Direito Penal ou adoção de um direito administrativo sancionador, mais flexível e sem o estigma criminal, com um descolamento das infrações bagatelares, contravenções e infrações que tutelem bens jurídicos transindividuais para a *seara administrativa*, sem pena privativa de liberdade:[1408]

> as infrações de índole difusa (ou coletiva) e causadores de perigo abstrato seriam tuteladas pela Administração Pública, por meio de um sistema jurídico de garantias materiais e processuais mais flexíveis, sem risco da privação de liberdade do infrator. Situado entre o Direito Penal e o direito administrativo, nasce o Direito de Intervenção.[1409]

Já Figueiredo Dias propõe uma *estrutura punitiva multifacetária*: a) a do Direito Penal primário ou de justiça, representada pelo Código Penal; b) a do Direito Penal secundário, composto pela legislação penal extravagante; c) a do chamado *Direito das Contra-Ordenadas* ou *Direito de Mera Ordenação Social*, que abarca condutas delitivas menos gravosas e passíveis de punição por meio de "coimas" (sanção exclusivamente patrimonial).[1410]

No caso do Brasil, adotou-se, como mencionado, a presunção legal de "menor potencial ofensivo" na Lei nº 9.099/95, iniciando-se um processo cultural de afirmação da discricionariedade regrada da ação penal pública.

Essa afirmação de uma discricionariedade regrada na forma de atuação do Ministério Público, assim como da solução negociada dos litígios penais, em nosso sentir, se deve a dois fatores: a) necessidade de racionalização do sistema de justiça, dada a hipertrofia legislativa dos últimos anos; b) busca de soluções menos custosas financeira e socialmente e mais eficientes sob e perspectiva do Estado e da sociedade.

No processo penal italiano, por imperativo constitucional,[1411] não se permite a renúncia absoluta ao procedimento, ao contrário do que ocorre nos modelos norte-americano (*plea bargaing*) e inglês (*guilty plea*), que permitem que o *guilty plea* do acusado seja somado à decisão de *nolle prosequi* do *dominus litis* em relação à parcela ou à totalidade da imputação, prolatando-se imediatamente a sentença condenatória. O direito italiano, em verdade, com os institutos do *giudizio abbreviato*, do *giudizio direttissimo* e do

---

[1408] HASSEMER, Winfried. *Três temas de direito penal*. Porto Alegre: Publicações Fundação Escola Superior do Ministério Público do Rio Grande do Sul, 1993.

[1409] CUNHA, Rogério Sanches. *Manual de direito penal*: parte geral. 8. ed. Salvador: JusPodivm, 2020. p. 40.

[1410] DIAS, Jorge de Figueiredo. Para uma dogmática do direito penal secundário: um contributo para a reforma do direito penal econômico e social português. *In*: PODVAL, Roberto (Org.). *Temas de direito penal econômico*. São Paulo: Revista dos Tribunais, 2000. No mesmo sentido: PASSOS, Sérgio. *Contra-Ordenações*: anotações ao regime geral. 3. ed. Lisboa: Almedina, 2009.

[1411] "Artigo 112. II. Il pubblico ministero há l'obbligo di esercitare l'azione penale".

patteggiamento, desenhou formas de rito abreviado, nos quais a confissão não implica renúncia total ao procedimento. Trata-se, pois, de simplificação procedimental.[1412]

Essa forma resolutiva e alternativa de conflitos também tem se verificado em matéria criminal a partir de concepções de justiça restaurativa, reparatória e consensual.

Aliás, de forma didática, lembra Estefam, que a Justiça Consensual ou Consensuada – atualmente – pode ser dividida em:

> a) Reparatória (que prima por conceder benefícios ao autor do fato como modo de incentivá-lo à reparação dos danos – como o arrependimento posterior do art. 16 do CP, a composição civil extintiva da punibilidade do art. 74 da Lei n. 9.099/95, a retratação como causa extintiva da punibilidade, nos casos previstos em lei – art. 107, VI, e arts. 143 e 342 do CP);
> b) Restaurativa, cuja característica é adotar a mediação penal, conforme se vê por iniciativa de alguns juízos da infância e juventude no âmbito de atos infracionais;
> c) Negociada, com a transação penal e a suspensão condicional do processo;
> d) Colaborativa, na qual o investigado ou réu adota uma postura ativa, colaborando efetivamente com a elucidação do crime.[1413]

A *justiça restaurativa*, chamada de via reparatória ou terceira via do Direito Penal, é baseada num procedimento de consenso envolvendo os personagens da infração penal (autor, vítima e, em alguns casos, a própria comunidade), e sustenta que, diante do crime, sua solução perpassa a restauração, ou seja, a reaproximação das partes envolvidas para que seja restabelecido o cenário anterior (de paz e higidez das relações sociais). Representa um rompimento com a tradicional "usurpação", pelo Estado, da relação vítima-infrator, possibilitando o surgimento de uma nova perspectiva que quebra a dualidade da função da pena, até então restrita à retribuição e prevenção, incluindo a restauração como nova possibilidade. Nesse modelo, a solução do conflito não é promovida diretamente pelo órgão de justiça criminal, mas por integrante de um órgão específico de mediação.

Já a *justiça reparatória* se faz por meio da conciliação promovida pelos órgãos integrantes do sistema criminal, como ocorre na transação penal, na suspensão condicional do processo (Lei nº 9.099/95) e nos termos de ajustamento de conduta para a reparação dos danos ambientais das infrações da Lei nº 9.605/98. A Lei nº 11.719/08 (que alterou o CPP) confirma essa tendência a partir do momento em que permite ao juiz, na sentença condenatória, fixar o valor mínimo indenizatório à vítima, como se infere do art. 387, IV, do CPP.

No gênero *justiça negociada*, proveniente sobretudo do direito americano, o agente e o órgão acusador acordam acerca das consequências da prática criminosa, o que, evidentemente, pressupõe a admissão de culpa. Trata-se do denominado *plea bargaining*, que pode consistir na negociação sobre a imputação (*charge bargaining*), sobre a pena e todas as consequências do delito, como o perdimento de bens e a reparação de danos (*sentence bargaining*), ou sobre ambas. Ainda não se identifica essa liberdade de acusação

---

[1412] MORAES, Alexandre Rocha Almeida de; SMANIO, Gianpaolo Poggio, PEZZOTTI, Olavo Evangelista. A discricionariedade da ação penal pública. *Argumenta Journal Law*, Jacarezinho/PR, n. 30, p. 353-390, 2019. p. 359. DOI: http://dx.doi.org/10.35356/argumenta.v0i30.

[1413] ESTEFAM, André. *Direito penal*: parte geral (arts. 1º a 120). 10. ed. São Paulo: Saraiva, 2021. p. 347.

no sistema jurídico brasileiro, em que o órgão do Ministério Público tem atuação vinculada ao conjunto probatório proveniente da investigação, ou seja, a imputação deve ser estritamente relativa ao crime demonstrado. Além disso, a pena é aplicada por decisão exclusiva do juiz, sem possibilidade de influência direta do órgão acusador.

No Brasil, como mencionado, a própria Constituição Federal de 1988 desenhou a discricionariedade regrada, por exemplo, em seu art. 98, I, permitindo que institutos como a transação penal, composição civil, além do instituto da suspensão condicional do processo passassem a figurar como hipóteses despenalizadoras na disciplina dada pela Lei nº 9.099/95.

Nesse sentido, como decorrência do enfraquecimento do princípio da obrigatoriedade da ação penal, emergiram mecanismos de solução consensual no processo penal pátrio, como o visto, por exemplo, na Lei nº 12.850/2013, com a disciplina da colaboração premiada,[1414] e na Lei nº 12.529/2011, que, ao tratar do acordo de leniência, em seu art. 87, *caput*, impede o oferecimento de denúncia em desfavor do agente leniente beneficiário do ajuste.

A recente Lei nº 13.964, de 24.12.2019, denominada Lei Anticrime, foi além, inserindo no Código de Processo Penal o art. 28-A, que prevê o denominado *acordo de não persecução penal*, esvaziando em larga medida a aplicabilidade e o alcance da suspensão condicional do processo, tradicional instituto despenalizador previsto no art. 89, *caput*, da Lei nº 9.099/95.

Trata-se de medida extrajudicial de natureza marcadamente negocial que, outrora prevista no art. 18 da Resolução nº 181, de 7.8.2017, do Conselho Nacional do Ministério Público (com a redação que lhe foi dada pela Resolução nº 183, de 24.1.2018), agora com nova e reformulada modelagem, indiscutivelmente flexibiliza a obrigatoriedade da ação penal pública, oportunizando ao Ministério Público, no exercício de suas atribuições constitucionais, que deixe de oferecer denúncia diante de delitos praticados sem o emprego de violência ou grave ameaça à pessoa, cuja pena mínima seja inferior a 4 (quatro) anos, sem qualquer limitação à pena máxima prevista em abstrato às infrações penais, desde que necessário e suficiente para reprovação e prevenção do crime.

O art. 28-A, §2º, do Código de Processo Penal, veda expressamente a aplicação do acordo quando: I – cabível a transação penal, nas hipóteses de infrações penais de menor potencial ofensivo, de competência dos Juizados Especiais Criminais, silenciando a respeito da sua aplicabilidade no âmbito das justiças especializadas Militar e Eleitoral; II – o investigado for reincidente ou se houver elementos probatórios que indiquem conduta habitual, reiterada ou profissional, salvo se insignificantes as infrações penais pretéritas; III – o agente tiver sido beneficiado nos 5 (cinco) anos anteriores ao cometimento da infração, em acordo de não persecução penal, transação penal ou suspensão condicional do processo, e IV – nos crimes praticados no âmbito de violência

---

[1414] O STF já reconheceu a constitucionalidade da colaboração (ou delação) premiada como meio de prova, o que fulmina qualquer tentativa de se doutrinar no sentido contrário. Já reconhecida pelo STF como constitucional (HC 99736/DF – Rel. Min. Ayres Britto, Julgamento 27/4/2010, Primeira Turma) e com natureza jurídica de negócio jurídico, funcionando como meio de obtenção de prova e, simultaneamente, como meio de defesa (STJ, HC nº 90.962, 6ª Turma: "O instituto da delação premiada consiste em ato do acusado que, admitindo a participação no delito, fornece às autoridades informações eficazes, capazes de contribuir para a resolução do crime").

doméstica ou familiar, ou praticados contra a mulher por razões da condição de sexo feminino, em favor do agressor.

O acordo de não persecução penal – ANPP não constitui direito subjetivo do investigado, assim pode ser proposto pelo Ministério Público conforme as peculiaridades do caso concreto, quando considerado necessário e suficiente para reprovar e prevenir infrações penais (art. 28-A do CPP, incluído pela Lei nº 13.964/2019).[1415]

Tais mecanismos vêm reafirmar a necessidade de compreensão das premissas da *análise econômica do direito* e do *utilitarismo em matéria penal*.

A análise econômica do direito constitui um movimento que prega a substituição do ideal de justiça pelo ideal "racional" da eficiência econômica. Seus precursores[1416] propõem a aplicação do instrumental da microeconomia clássica na formulação de políticas legislativas, na avaliação do custo do Direito e do seu impacto sobre os indivíduos, e, principalmente, na busca da exegese mais eficiente da lei, a fim de orientar sua aplicação dos precedentes judiciais. Mais do que uma retórica jurídica utilitarista, a análise econômica do direito almeja uma nova concepção sobre a natureza da norma, bem como de seu papel no meio social.

O objeto de estudo é o sistema de restrições e recompensas que interage com os indivíduos: interação entre um sistema de regras e a conduta dos indivíduos e quais os efeitos dessas regras nos indivíduos.

Nesse sentido, ressalta Silva Sánchez que

> Com as informações de que o sujeito dispõe, se uma das alternativas de comportamento se mostra menos vantajosa por força das circunstâncias, a probabilidade de que ele opte por ela diminui. Ou seja, um sujeito cometerá um fato delitivo se, e somente se, a sanção esperada for inferior às vantagens privadas esperadas com a realização do ato.[1417]
>
> Em alguma medida, caberia, pois, concluir que a acolhida, no repúdio ou, ao menos, o atuar como se os homens fôssemos utilitariamente racionais – ainda que não apenas isso – é uma condição prévia para a busca de um Direito Penal liberal.[1418]

No âmbito do Direito Penal, Foucault fez essa abordagem utilitarista, refletindo sobre o custo-benefício do crime: "um crime é cometido porque traz vantagens. Se à

[1415] Nesse sentido: AgRg no REsp 1948350/RS, Rel. Ministro Jesuíno Rissato (Desembargador Convocado do TJDFT), Quinta Turma, julgado em 09/11/2021, DJe 17/11/2021; AgRg no RHC 152756/SP, Rel. Ministro Reynaldo Soares da Fonseca, Quinta Turma, julgado em 14/09/2021, DJe 20/09/2021; AgRg no RE nos EDcl nos EDcl no AgRg no REsp 1816322/MG, Rel. Ministro Humberto Martins, Corte Especial, julgado em 13/04/2021, DJe 22/04/2021; AgRg no RHC 130587/SP, Rel. Ministro Felix Fischer, Quinta Turma, julgado em 17/11/2020, DJe 23/11/2020; RHC 154937/SP (decisão monocrática), Rel. Ministro Ribeiro Dantas, Quinta Turma, julgado em 16/11/2021, publicado em 19/11/2021; HC 701443/MS (decisão monocrática), Rel. Ministra Laurita Vaz, Sexta Turma, julgado em 03/11/2021, publicado em 05/11/2021.

[1416] Ver sobre esse tema: BECKER, Gary S. Crime and punishment: an economic approach. *Journal of Political Economy*, v. 76, p. 175-209, 1968; BURDETT, K.; LAGOS, R.; WRIGHT, R. *Crime, Inequality and Unemployment*. London School of Economics, University of Essex, and University of Pennsylvania, 1999. Mimeo; POSNER, Richard A. *Economic analysis of law*. 5. ed. [s.l.]: Aspen Law & Business, 1998.

[1417] SILVA SÁNCHEZ, Jesús-María. *Eficiência e direito penal*. Tradução Maurício Antonio Ribeiro Lopes. São Paulo: Manole, 2004. Coleção Estudos de Direito Penal. v. 11. p. 10-11.

[1418] SILVA SÁNCHEZ, Jesús-María. *Eficiência e direito penal*. Tradução Maurício Antonio Ribeiro Lopes. São Paulo: Manole, 2004. Coleção Estudos de Direito Penal. v. 11. p. 24.

ideia do crime fosse ligada a ideia de uma desvantagem um pouco maior, ele deixaria de ser desejável".[1419]

No mesmo sentido, lecionava Bentham que

> Segundo o princípio de utilidade, as penas legais são males, que devem recair acompanhados de formalidades jurídicas sobre indivíduos convencidos de terem feito algum ato prejudicial, proibido pela lei, e com o fim de se prevenirem semelhantes ações para o futuro.
> Entram nesta definição três circunstâncias, que não entravam na definição abstrata: o direito de punir – o fim da pena, – restringir o castigo o mais que for possível, de sorte que se não possa estender além do réu.[1420]

Para o autor, o mal produzido pela sanção penal seria uma despesa que faz o Estado com intenção de lucrar: esse lucro é prevenir novas infrações penais e, nessa operação, não há mais que somar o ganho e diminuir a perda: donde se segue que abater a despesa ou acrescentar a receita é tender igualmente para a utilidade geral.[1421]

Nesse sentido, Bentham sustenta que a medida das penas pressupõe a observância de algumas regras: a) é necessário que o mal da pena seja maior que o interesse que se pode tirar do crime; b) quando a ação é de natureza que oferece uma prova concludente de ser um costume inveterado, é necessário que a pena seja bem vigorosa para exercer não somente o proveito do delito individual, mas de todos os crimes do mesmo gênero que podemos supor terem sido cometidos pelo mesmo réu impunemente; c) a pena deve exceder o interesse que se tira do crime, a ponto de compensar o que lhe falta na razão de certeza e aproximação; d) quando concorrem dois ou mais delitos, o mais nocivo deve ficar sujeito a uma pena mais forte, para que o réu não tenha um motivo para não passar do menor; e) quanto maior é o crime, tanto se pode arriscar uma pena mais grave, em razão de se poder prevenir; f) não se deve impor a mesma pena a todos os réus pelo mesmo delito; é necessário reparar nas circunstâncias que influem na sensibilidade.[1422]

As mesmas premissas para o processo de criminalização, segundo Silva Sánchez, fundamentam a lógica de eficácia da norma penal: "O Direito Penal, para ser eficaz em sua pretensão de lograr a eficiência social, deve, definitivamente, configurar suas normas partindo do princípio de que os sujeitos destinatários destas leis vão realizar um cálculo de eficiência".[1423]

Ainda a partir das mesmas premissas que implicam verdadeira estratégia de jogo por parte dos participantes do processo (acusação e réu com seu defensor), essas premissas são avaliadas por ocasião da celebração de negócios jurídicos extraprocessuais (como a transação penal e o acordo de não persecução penal) e até mesmo do negócio jurídico "colaboração premiada", um dos mais eficientes mecanismos de obtenção de prova para as novas formas de criminalidade.

[1419] FOUCAULT, Michel. *Vigiar e punir*. 25. ed. Petrópolis: Vozes, 2002. p. 79.
[1420] BENTHAN, Jeremy. *Teoria das penas legais e tratado dos sofismas políticos*. Leme: Edijur, 2002. p. 20.
[1421] BENTHAN, Jeremy. *Teoria das penas legais e tratado dos sofismas políticos*. Leme: Edijur, 2002. p. 25.
[1422] BENTHAN, Jeremy. *Teoria das penas legais e tratado dos sofismas políticos*. Leme: Edijur, 2002. p. 27-32.
[1423] SILVA SÁNCHEZ, Jesús-María. *Eficiência e direito penal*. Tradução Maurício Antonio Ribeiro Lopes. São Paulo: Manole, 2004. Coleção Estudos de Direito Penal. v. 11. p. 25-26.

Como bem ressalta o penalista espanhol, "por razões óbvias, aliada à gravidade da pena, entra em jogo o fator de probabilidade de que a pena se faça efetiva, fator esse que depende da configuração do sistema policial, processual (e inclusive social), em que se concentra boa parte dos custos do combate ao delito", razão pela qual, segundo ele, "se as sanções não-pecuniárias implicam custos maiores que as pecuniárias, elas só devem ser aplicadas em caso de insuficiência preventiva das pecuniárias"[1424] e, nesse contexto, a pena privativa de liberdade de curta duração seria, provavelmente, uma das formas mais ineficientes de sanção.[1425]

Por fim, no que diz respeito à *justiça colaborativa*, a delação e a colaboração premiadas se inserem no âmbito da Justiça Colaborativa. Enquanto a delação premiada foi reintroduzida no Brasil com a Lei dos Crimes Hediondos, em 1990, a colaboração premiada somente foi adotada em 2013, com a Lei do Crime Organizado.

Há entre elas uma diferença fulcral: a *delação premiada* consiste na concessão de benefícios de caráter penal, analisados e aplicados pelo juiz após a verificação de determinados requisitos legais relacionados com a voluntária (ou espontânea) colaboração do agente com a Justiça Penal (seja apontando coautores ou partícipes, auxiliando na libertação da vítima com sua vida e integridade física preservadas, na recuperação do produto ou proveito do crime, entre outros); já a *colaboração premiada* se peculiariza por um acordo entre acusador e defensor, no qual esses discutem o nível de colaboração do agente com a Justiça Penal em troca de benefícios jurídicos negociados.[1426]

Nosso direito positivo cuida desse instituto em diversos diplomas, entre os quais podem ser citados: a) Lei dos Crimes Hediondos (Lei nº 8.072/90, art. 8º, parágrafo único); b) Lei dos Crimes contra a Ordem Tributária, Econômica e contra as Relações de Consumo (Lei nº 8.137/90, art. 16, parágrafo único); c) Lei do Crime Organizado (Lei nº 12.850/2013, art. 4º); d) CP, art. 159, inc. 4º (extorsão mediante sequestro), com redação dada pela Lei nº 9.296/96; e) Lei de Lavagem de Capitais (Lei nº 9.613/98, art. 1º, inc. 5º); f) Lei de Proteção a Vítimas e Testemunhas (Lei nº 9.807/99, arts. 13 e 14); g) Lei de Drogas (Lei nº 11.343/2006, art. 41).[1427]

Aí está, ao lado da ideia de racionalização do sistema de justiça por força da hipertrofia legislativa, outro grande argumento para resoluções alternativas de conflitos penais: a busca da eficiência e a análise de custo-benefício, seja por parte do Estado em dar uma resposta mais célere, seja por parte da sociedade em ver o dano reparado, seja por parte do criminoso pelas menores consequências dessa recente política criminal consensual com sua consequente colaboração com a investigação.

[1424] SILVA SÁNCHEZ, Jesús-María. *Eficiência e direito penal*. Tradução Maurício Antonio Ribeiro Lopes. São Paulo: Manole, 2004. Coleção Estudos de Direito Penal. v. 11. p. 37-39.

[1425] SILVA SÁNCHEZ, Jesús-María. *Eficiência e direito penal*. Tradução Maurício Antonio Ribeiro Lopes. São Paulo: Manole, 2004. Coleção Estudos de Direito Penal. v. 11. p. 46.

[1426] ESTEFAM, André. *Direito penal*: parte geral (arts. 1º a 120). 10. ed. São Paulo: Saraiva, 2021. p. 347.

[1427] ESTEFAM, André. *Direito penal*: parte geral (arts. 1º a 120). 10. ed. São Paulo: Saraiva, 2021. p. 347.

DA PUNIBILIDADE

1 Introdução

Com a prática do crime, o direito de punir do Estado, que era abstrato, torna-se concreto, surgindo a punibilidade, que é a possibilidade jurídica de o Estado impor a sanção.

Assim, a punibilidade não é requisito do crime, mas sua consequência, ou seja, quando se pratica o fato típico, ilícito e culpável, aquele comportamento descrito na lei em abstrato é concretizado com o comportamento da pessoa; depois de condenado, o Estado poderá exercer essa pretensão.

Nesse sentido, a pretensão punitiva do Estado nasce com o cometimento da infração penal, mas somente após a condenação definitiva é que o Estado irá exercer essa pretensão.

Existem dois momentos da punibilidade que iremos estudar, não obstante vários dos assuntos já terem sido abordados em capítulos específicos: *a pretensão punitiva*, ou seja, essa pretensão estatal de obter o título jurisdicional (o título executivo que é a sentença condenatória) e *a pretensão executória* (após trânsito em julgado, o Estado se valerá desse título efetivamente).

Quando falamos de extinção de punibilidade devemos nos atentar para esses dois momentos: a pretensão punitiva buscada por meio do devido processo legal, e a pretensão executória, que surge após o trânsito em julgado da sentença, obtendo, assim, o respectivo título executivo.

Há determinados fatores, no entanto, que são externos à prática do delito, concomitantes a ele ou posteriores, mas condicionam o surgimento da punibilidade; são as chamadas *condições objetivas de punibilidade*. Não se confundem com as causas extintivas da punibilidade, porque estas determinam o fim da pretensão punitiva estatal, ao passo que aquelas condicionam o seu nascimento.[1428]

Assim, em algumas situações, o Estado, por medida de Política Criminal, abre mão desse direito de punir e em outras situações essa pretensão acaba sendo fulminada,

---

[1428] ESTEFAM, André. *Direito penal*: parte geral (arts. 1º a 120). 10. ed. São Paulo: Saraiva, 2021. p. 584-585.

por exemplo, pelo instituto da prescrição, que será estudada, dada sua complexidade, em capítulo próprio.

A título ilustrativo, as *escusas absolutórias* são causas que fazem com que a um fato típico e antijurídico, não obstante a culpabilidade do sujeito, não se associe pena alguma por razões de utilidade pública; são também chamadas de causas de exclusão ou de isenção de pena, sendo certo que se situam na Parte Especial do CP (ex.: art. 181, CP).

De outra parte, há fatores externos à infração penal, simultâneos ou posteriores, que condicionam a punibilidade: são as *condições objetivas de punibilidade*, como se infere das hipóteses do art. 7º, II, e §3º, CP, assim como a sentença declaratória da falência nos crimes falimentares (art. 180 da Lei nº 11.101/05).[1429]

Outrossim, é possível que, não obstante pratique o sujeito uma infração penal, ocorra uma *causa extintiva da punibilidade*, impeditiva do jus *puniendi* do Estado. Estão arroladas no art. 107 do Código Penal, embora esse rol seja exemplificativo e genérico:

> Extinção da punibilidade
> Art. 107. Extingue-se a punibilidade:
> I – pela morte do agente;
> II – pela anistia, graça ou indulto;
> III – pela retroatividade de lei que não mais considera o fato como criminoso;
> IV – pela prescrição, decadência ou perempção;
> V – pela renúncia do direito de queixa ou pelo perdão aceito, nos crimes de ação privada;
> VI – pela retratação do agente, nos casos em que a lei a admite;
> VII – (Revogado pela Lei nº 11.106, de 2005)
> VIII – (Revogado pela Lei nº 11.106, de 2005)
> IX – pelo perdão judicial, nos casos previstos em lei.
> Art. 108. A extinção da punibilidade de crime que é pressuposto, elemento constitutivo ou circunstância agravante de outro não se estende a este. Nos crimes conexos, a extinção da punibilidade de um deles não impede, quanto aos outros, a agravação da pena resultante da conexão.

Esse rol, cujas circunstâncias serão estudadas separadamente, não é logicamente taxativo, eis que outras normas, seja na parte especial, seja na legislação extravagante, também podem dispor sobre o tema.

É o que faz, a título de exemplo, o art. 312, §3º, do Código Penal, anunciando que a reparação do dano (ou restituição da coisa) no peculato culposo atua como causa extintiva de punibilidade.

A Lei nº 13.254/16, que criou o Regime Especial de Regularização Cambial e Tributária (RERCT), estabelece diversas causas extintivas de punibilidade além daquelas elencadas no art. 107. Se, antes do trânsito em julgado da decisão criminal, o agente efetua a entrega da declaração dos recursos, bens e direitos sujeitos à regularização, paga integralmente o imposto devido e a multa, extingue-se a punibilidade dos seguintes crimes: a) art. 1º e incs. I, II e V do art. 2º da Lei nº 8.137/90;[1430] b) tipificados na Lei nº

[1429] Com redação alterada pela Lei nº 14.112/2020.
[1430] Súmula nº 560, STF: "A extinção de punibilidade, pelo pagamento do tributo devido, estende-se ao crime de contrabando ou descaminho, por força do art. 18, §2º, do decreto-lei 157/1967".

4.729/65; c) art. 337-A do Código Penal; d) arts. 297, 298, 299 e 304 do Código Penal, quando exaurida sua potencialidade lesiva com a prática dos crimes mencionados nas alíneas anteriores; e) *caput* e parágrafo único do art. 22 da Lei nº 7.492/86; f) art. 1º da Lei nº 9.613/98, quando o objeto do crime for bem, direito ou valor proveniente, direta ou indiretamente, dos crimes previstos nas alíneas anteriores.

Ademais, o cumprimento da suspensão condicional do processo também extingue a punibilidade (art. 89, §5º, da Lei nº 9.099/95), assim como do acordo de não persecução penal (art. 28-A, §13, do CPP).

Admite-se, inclusive, causa supralegal de extinção da punibilidade, citando-se como exemplo a Súmula nº 554 do STF, cuja interpretação *contrario sensu* conduz à inteligência de que o pagamento do cheque sem fundos antes do recebimento da denúncia é causa que extingue o direito de punir.

Aliás, o ressarcimento integral do dano no crime de estelionato, na sua forma fundamental (art. 171, *caput,* do CP), não ensejava a extinção da punibilidade, salvo nos casos de emissão de cheque sem fundos, em que a reparação ocorra antes do oferecimento da denúncia (art. 171, §2º, VI, do CP). Hoje, diante da mudança da lei que condicionou o crime à representação da vítima, o acordo civil poderá, eventualmente, significar uma espécie de renúncia tácita, obstando a continuidade da persecução penal.

Em regra, as causas extintivas de punibilidade só alcançam o direito de punir do Estado, subsistindo o crime em todos os seus requisitos e a sentença condenatória irrecorrível. É o que ocorre, por exemplo, com a prescrição da pretensão executória, em que subsiste a condenação irrecorrível.

Excepcionalmente, contudo, a causa resolutiva do direito de punir apaga o fato praticado pelo agente e rescinde a sentença condenatória irrecorrível: é o que se verifica com a *abolitio criminis* e a anistia. Assim, os efeitos operam *ex tunc* ou *ex nunc*; no primeiro caso, têm efeito retroativo; no segundo, efeito para o futuro; em caso de concurso de agentes, as causas extintivas de punibilidade estendem-se a todos os participantes.

No tocante ao disposto no art. 108 do CP, bem acentua Estefam que, nos crimes conexos, a extinção da punibilidade de um deles não impede, quanto aos outros, a agravação da pena resultante da conexão, sendo exemplos de aplicação da norma:

1) a extinção da punibilidade com relação ao crime de furto não se estende ao crime de receptação (note que poderá ser o furto pressuposto de uma futura receptação da coisa furtada);
2) a extinção da punibilidade com relação ao crime de sequestro não provoca a extinção da punibilidade com relação à extorsão mediante sequestro, se este foi o crime efetivamente praticado (note que a extorsão mediante sequestro é crime complexo, formado pela fusão de dois tipos penais: extorsão e sequestro, de modo que a extinção de qualquer um desses não provoca o mesmo efeito com relação ao todo);
3) a extinção da punibilidade com relação ao crime de dano, que qualifica o furto (CP, art. 155, S 4º, I) não se estende a este;
4) se um homicídio for praticado para assegurar a execução de outro crime (hipótese de conexão objetiva teleológica – CPP, art. 76, II), a extinção da punibilidade com relação a

este crime não impede o reconhecimento da qualificadora do homicídio relativa à conexão (CP, art. 121, S 2º, V).[1431]

As causas extintivas da punibilidade classificam-se em *gerais e especiais, comunicáveis e incomunicáveis, naturais e políticas*:

> *Gerais* são as que podem atingir *quaisquer infrações penais*, como a morte do agente, a *abolitio criminis* (ou lei supressiva de incriminação), o perdão constitucional (que contém algumas poucas exceções), a prescrição (também inaplicável somente a um pequeno grupo de infrações);
> *Especiais* são aquelas que somente atingem *uma categoria determinada de ilícitos penais*, como a retratação (que no Código Penal somente se aplica aos crimes de calúnia, difamação e falso testemunho ou falsa perícia) e o perdão judicial (previsto no Estatuto Penal somente para os delitos de homicídio culposo, lesão corporal culposa, entre outros);
> *Comunicáveis* são aquelas que *favorecem todos* os sujeitos ativos da infração penal – autores ou partícipes – como, por exemplo, a *abolitio criminis* ou a perempção;
> *Incomunicáveis* são as que somente *beneficiam um dos agentes*, aos quais a causa é diretamente vinculada: por exemplo, a morte do agente;
> *Causas naturais* as que *se originam de um fato natural*, como a prescrição, cujo fundamento principal é o decurso do tempo (somado à inércia do Estado) e a morte do agente;
> *Causas políticas*, as quais se baseiam em *questões de conveniência* ou *utilidade política*, como o perdão constitucional (anistia, graça, indulto e comutação).[1432]

2 Causas genéricas do Código Penal

2.1 Morte do agente

A morte do agente é a primeira causa extintiva da punibilidade, máxime porque a responsabilidade penal é personalíssima, sendo vedada a transferência ou a transcendência (art. 5º, XLV, Constituição Federal) para qualquer outra pessoa. Em suma, a Carta Magna prevê que nenhuma pena passará da pessoa do condenado, então, a extinção da punibilidade pela morte decorre dessa garantia constitucional de pessoalidade de intranscendência da pena, ressalvada pela obrigação de reparar o dano e a perda de bens (arts. 63 e 387, IV, do CPP), que pode atingir os herdeiros, nos limites da herança, ou seja, a morte do agente consubstancia-se em causa *personalíssima* de extinção da punibilidade, uma vez que não se comunica a eventuais coautores ou partícipes.

Ela será provada por meio da certidão de óbito (CPP, art. 62), não tendo validade a presunção legal do art. 7º do Código Civil, no que diz respeito à morte presumida.

Questão polêmica relevante diz respeito à certidão de óbito falsa que possa, logicamente, ter ensejado decisão extinguindo a punibilidade, nos termos do art. 62 do CPP. No caso de morte do acusado, o juiz, somente à vista da certidão de óbito e depois de ouvido o Ministério Público, declarará extinta a punibilidade, gerando eventualmente coisa julgada.

[1431] ESTEFAM, André. *Direito penal*: parte geral (arts. 1º a 120). 9. ed. São Paulo: Saraiva, 2020, p. 593.
[1432] ESTEFAM, André. *Direito penal*: parte geral (arts. 1º a 120). 10. ed. São Paulo: Saraiva, 2021. p. 587.

A posição doutrinária minoritária sustenta a impossibilidade, na esfera penal, de revisão criminal contra o réu em favor da sociedade, nos termos do art. 621 do CPP.

Prevalece, com bom senso, contudo, o entendimento amplamente majoritário do STF e do STJ, segundo o qual essa decisão configura mero despacho, sem caráter de sentença e, portanto, não fazendo coisa julgada.

Assim, seria perfeitamente possível a revisão e revogação do despacho porque foi lastreada em documento comprovadamente falso, em fato manifestamente inexistente, sendo assim, o processo retoma o seu curso se não tiver ocorrido outra causa extintiva de punibilidade. Em suma, o que extingue a punibilidade é morte real, e não propriamente a certidão de óbito.

2.2 Anistia, graça e indulto

A *anistia*, clemência soberana ou *indulgencia principis* representa o esquecimento jurídico de crimes pelo Estado. Não é uma abolição, é um esquecimento jurídico.

Em rigor, os três institutos – anistia, graça e indulto – contemplam situações de "clemência soberana" ou perdões constitucionais, sendo a graça e o indulto espécies de perdão presidencial.

Já a anistia, ou esse esquecimento jurídico de uma ou mais infrações penais, deve ser concedida em casos excepcionais, e aplica-se, em regra, a crimes políticos, militares ou eleitorais, não obstante ser possível a crimes comuns.

É uma lei de atribuição do Congresso Nacional (CF, art. 48, VIII), tem efeitos retroativos (*ex tunc*) e é irrevogável, apagando, portanto, o crime, extinguindo a punibilidade e demais consequências de natureza penal.

O STF já decidiu que anistia era para todos em tempos passados. Porém, tratando-se de violação de direitos humanos, o Ministério Público tem sustentado, seguindo referências internacionais, que os crimes praticados por agentes do Estado no período ditatorial não seriam abarcados pelo instituto da anistia, ou seja, a lei de anistia criada pelos próprios agentes do Estado no período ditatorial não deveria ter incluído os seus agentes criminosos.[1433]

A anistia pode ser própria ou imprópria (caso seja anterior ou posterior ao trânsito em julgado); geral ou plena (quando não exige qualquer requisito) ou parcial e restritiva (quando exige, por exemplo, a primariedade). Da mesma forma, poderá ser incondicionada (quando independe da prática de atos pelos beneficiados) ou condicionada (que admite recusa pelos beneficiados).

Com relação *aos efeitos da concessão de anistia*, é preciso lembrar que, em ocorrendo antes do trânsito em julgado (anistia própria), como é curial, impedirá todos os efeitos de uma condenação penal. Se posterior (anistia imprópria), extinguirá todos os efeitos penais da condenação, mantendo-se somente os extrapenais.

[1433] No HC nº que julga o caso do "Atentado Rio Centro", a tese do Ministério Público é a de que não haveria prescrição, embora a imprescritibilidade esteja prevista a partir de 1988. Nesse sentido, os crimes políticos de natureza de grupos armados seriam imprescritíveis. Já a tese defensiva é de que prescreve porque não havia na época nenhuma norma que dispõe a respeito da imprescritibilidade nesses casos e a lei não retroagirá, salvo para beneficiar o réu (STJ, Recurso Especial n. 1.798.903 – RJ, Rel. Min. Rogerio Schietti Cruz, j. 28/08/2019).

Lembre-se, por fim, de que a *anistia não pode ser recusada*, pois sua aplicação independe da vontade do beneficiário; trata-se de decisão política em que o Estado abre mão de seu direito de punir. *Caberá recusa*, todavia, quando se tratar de *anistia condicionada*, uma vez que, nesse caso, poderá o agente recusar-se a cumprir a condição imposta.[1434]

Normalmente, a anistia é concedida para crimes políticos, eleitorais ou militares. O exemplo mais marcante de anistia é para nós a alcunhada Lei de Anistia, Lei nº 6.683/1979. Foi uma lei chamada de "mão dupla", perdoando-se os dissidentes políticos do período de ditadura militar, assim como os militares que praticaram mortes, sequestros e torturas.

O questionamento de essa via dupla ser desbalanceada, já que os crimes civis foram atos de reação a uma ordem de exceção, a qual deflagrou, por sua vez, nova reação, desproporcional, somente se deu mais tarde. Assim é que, em 2008, a Ordem dos Advogados do Brasil (OAB) tentou excluir os torturadores da Lei de Anistia, intentando Ação de Descumprimento de Preceito Fundamental (ADPF nº 153) perante o Supremo Tribunal Federal (STF). A tese foi vencida por maioria de votos (7 x 2). A seguir, começaram a surgir movimentos que desembocaram em Comissões da Verdade, nacional e locais. Não há, todavia, consequências penais para isso, mesmo porque os fatos já estariam prescritos.[1435]

O Ministério Público Federal (MPF), sem ações coordenadas, começou, então, a denunciar militares por sequestro de pessoas desaparecidas durante o período ditatorial, já que seus corpos nunca foram encontrados. Isso, todavia, não tem recebido acolhida do Judiciário brasileiro.

Nesse quadro, em 2010, a Corte Interamericana de Direitos Humanos (CIDH) condenou o Brasil por abster-se de investigar torturas e mortes na Guerrilha do Araguaia, entre 1972 e 1975.[1436] Isso não tem, contudo, consequências sancionatórias penais diretas. A condenação da CIDH ao Estado brasileiro consistiu, entre outras medidas, na necessidade de criminalização do desaparecimento forçado de pessoas, de realização de ato público, assumindo-se a responsabilidade do Estado pelos fatos ocorridos na ditadura, necessidade de continuidade das investigações etc.[1437]

A título de comparação, veja-se que na Argentina, por exemplo, em 2005, a Corte Suprema do país decidiu serem inconstitucionais as leis de anistia daquele país relativas ao período da selvagem ditadura militar lá sofrida, que inclusive sequestrava bebês de dissidentes.

Graça e *indulto* são concedidos mediante decreto presidencial ou de pessoa com delegação do Presidente da República, como exemplo, Ministro da Justiça, Advogado-Geral da União ou Procurador-Geral da República, nos termos do art. 84, XII, e parágrafo único, da Constituição Federal.

A *graça* é individual, enquanto o *indulto* é coletivo.

Por exemplo, observe-se que o Decreto nº 8.380, de 24.12.2014, concedeu indulto, *e.g.*, a condenados à pena privativa de liberdade não superior a oito anos que tivessem já

[1434] ESTEFAM, André. *Direito penal*: parte geral (arts. 1º a 120). 10. ed. São Paulo: Saraiva, 2021. p. 591.
[1435] SOUZA, Luciano Anderson de. *Direito penal*: parte geral. 3. ed. São Paulo: Revista dos Tribunais, Thomson Reuters, 2022. v. 1. p. 673-674.
[1436] Caso *Gomes Lund e outros* ("Guerrilha do Araguaia") *v. Brasil*, sentença de 24.11.2010.
[1437] SOUZA, Luciano Anderson de. *Direito penal*: parte geral. 3. ed. São Paulo: Revista dos Tribunais, Thomson Reuters, 2022. v. 1. p. 673-674.

cumprido ao menos 1/3 da pena, e desde que não reincidentes. Ou, ainda, concedeu-se indulto a condenados que ficaram paraplégicos, tetraplégicos ou cegos durante o curso da execução da pena. Há inúmeras situações previstas no decreto, quer por razões humanitárias, como práticas, em face da alarmante carência de vagas prisionais no Brasil.

Além disso, a graça, em regra, deve ser solicitada, e o pedido é submetido à apreciação do Conselho Penitenciário (art. 189 da LEP); já o indulto é espontâneo e concedido de ofício, sem qualquer provocação.

A anistia e a graça, por expressa disposição constitucional, não se aplicam aos crimes hediondos e equiparados (art. 5º, XLIII, CF), pois, obviamente, implicaria uma proteção jurídica insuficiente.

O STF, ademais, ao entender que a graça é gênero e o indulto seria espécie, estendeu a vedação também para o instituto do indulto, interpretado como uma "graça coletiva".

A Lei nº 8.072/90, regulamentando a Carta Magna, disciplinou que os crimes hediondos são insuscetíveis de anistia, graça e indulto, o que motivou o enfrentamento da questão pelo STF e extensão da vedação, como mencionado. Posteriormente, a mesma vedação constou do art. 44, *caput*, da Lei nº 11.343/2006, afastando-se a possibilidade de indulto para os delitos de tráfico de drogas.

Cabe, ademais, mencionar que a graça e o indulto extinguem a execução da pena, porque só são concedidos àqueles que já possuem sentença transitada em julgado. No entanto, o indulto não extingue os efeitos da reincidência, ainda que seja total a espécie de perdão.

O indulto e a graça, como espécies de perdão presidencial, podem ser totais (extinguindo a punibilidade) ou parciais (quando reduzem a pena ou comutam a pena); assim como podem ser incondicionados (se independem da prática de qualquer ato pelos beneficiados) ou condicionados (que exigem a prática da aceitação, por exemplo, assim como ocorre na comutação condicional).

Importante destacar que, de acordo com o Plenário do Supremo Tribunal Federal, o indulto, quando relativo à pena privativa de liberdade, não deve alcançar a pena de multa que foi objeto de parcelamento assumido espontaneamente pelo sentenciado, o qual deverá ser obrigatoriamente cumprido, sob pena de descumprimento de decisão judicial.[1438]

Vale, por fim, consignar que a disciplina jurídica dos institutos da anistia e do indulto também se encontra nos arts. 187 a 193 da Lei de Execução Penal.

O quadro a seguir, de forma didática, resume as semelhanças e distinções dos institutos:

[1438] STF, EP 11 IndCom-AgR/DF, rel. Min. Roberto Barroso, j. 8-11-2017, noticiado no Informativo n. 884.

Graça	Indulto	Anistia
Refere-se a pessoas	Refere-se a pessoas	Refere-se a fatos
Por decreto (CF, art. 84, XII)	Por decreto (CF, art. 84, XII)	Por lei (CF, arts. 21, XVII, e 48, VIII)
Depende de provocação	Independe de provocação	-
Individual	Coletivo	Individual/coletivo
Não apaga efeitos	Não apaga efeitos[1439]	Apaga efeitos penais, mas os civis permanecem

2.3 *Abolitio criminis*

Ao estudarmos a sucessão de leis no tempo, já constamos que, nos termos do art. 2º do Código Penal, o crime é excluído se lei posterior deixa de considerar o fato como tal.

É retroativa a lei que não mais considera o fato como criminoso, e a conjugação do art. 2º e art. 107, II, do Código Penal representa, portanto, a descriminalização de crimes até então existentes. Justamente por isso que cessam todos os efeitos penais a partir dessa retroatividade benéfica.

Em 2005, por exemplo, em uma das reformas do Direito Penal Sexual brasileiro, o adultério deixou de ser crime. Continua sendo, como lembra Souza, um ilícito civil do Direito de Família, com consectários cíveis, mas deixou de ser ilícito penal. Isso significou que quem estava respondendo a processo criminal por crime de adultério teve reconhecida a extinção da punibilidade, arquivando-se o processo criminal respectivo.[1440]

É importante observar que na lei de armas teve uma espécie *abolitio* temporária. Prevista no art. 30 da Lei nº 10.826/03, permitiu a chamada atipicidade temporária (primeiro período de 2013 a 2015 que deu ensejo à Súmula nº 513, do STJ).

O STJ admite a retroatividade da *abolitio* temporária, mas o STF não, criando verdadeira controvérsia. Enquanto o STJ sustenta que não faria sentido não retroagir o fato mais benéfico para o réu, o STF entendeu que não haveria retroatividade porque se trata de lei temporária que possui ultra-atividade mesmo maléfica, como disciplina o art. 3º do Código Penal.

2.4 Prescrição, decadência e perempção

A *prescrição* é a perda da pretensão pelo decurso do prazo estabelecido para o seu exercício. O tema, dada sua complexidade e inúmeras regras previstas na legislação penal, será tratado em tópico específico a seguir.

Já a *decadência* é a perda do direito (potestativo) de representação ou oferecimento da queixa pelo decurso do prazo fixado na lei (art. 38, CPP).

[1439] Súmula nº 631, STJ: "O indulto extingue os efeitos primários da condenação (pretensão executória), mas não atinge os efeitos secundários, penais ou extrapenais".
[1440] SOUZA, Luciano Anderson de. *Direito penal*: parte geral. 3. ed. São Paulo: Revista dos Tribunais, Thomson Reuters, 2022. v. 1. p. 676.

Ela atinge o direito de agir, fulminando o *jus persequendi*, gerando a extinção da punibilidade pelo decurso do prazo, tanto na ação privada, quanto na ação pública condicionada, quando, respectivamente, queixa e representação não forem oferecidas no prazo decadencial que, em regra, é de 6 (seis) meses. Nos crimes contra a propriedade imaterial em que se procede mediante queixa, nos termos do art. 529, CPP, homologado o laudo, o querelante terá 30 (trinta) dias para propor ação penal privada.

Além da disciplina processual, este instituto também é tratado, como já mencionado, no art. 103 do CP, que afirma que o ofendido decai do direito de queixa ou de representação se não o exercer dentro do prazo de 6 meses, *contados a partir do dia em que veio a saber quem é o autor do crime*. Já no caso da ação penal privada subsidiária da pública, *do dia em que se esgotou o prazo para o oferecimento da denúncia*.

Por fim, a *perempção* é uma sanção jurídico-processual pela inércia do querelante na promoção da ação penal privada exclusiva, acarretando a perda do direito de prosseguir na ação penal, pelo mau uso da faculdade que o poder público lhe concedeu de agir, privativamente, na persecução de determinados crimes (art. 60, CPP). Diferentemente de outros institutos que regem a ação penal privada e extinguem a punibilidade, a perempção somente se verifica após o início da ação penal privada.

Considera-se perempta a ação penal em curso quando, conforme o art. 60 do Código de Processo Penal: a) o querelante deixar de promover o andamento do processo durante 30 dias seguidos; b) falecendo o querelante, ou sobrevindo sua incapacidade, não comparecer em juízo, para prosseguir no processo, dentro do prazo de 60 dias, qualquer das pessoas legalmente fixadas a quem couber fazê-lo; c) o querelante deixar de comparecer, sem motivo justificado, a qualquer ato do processo a que deva estar presente, ou deixar de formular o pedido de condenação nas alegações finais; d) sendo o querelante pessoa jurídica, se esta se extinguir sem deixar sucessor.

Registre-se que não se aplica perempção para a ação penal privada subsidiária da pública. No caso de inércia do querelante em tais hipóteses, o Ministério Público prosseguirá na ação. Finalmente, nos casos em que houver diversos querelantes, a perempção somente atinge o desidioso, mantendo-se a ação para os demais.

2.5 Renúncia do direito de queixa ou perdão aceito pelo ofendido

Nos crimes de ação penal privada, a renúncia ao direito de queixa, assim como o perdão aceito pelo ofendido, gera a extinção da punibilidade.

A *renúncia* é a abdicação do ofendido ou de seu representante legal do direito de promover a ação penal privada. Esse ato unilateral, que independe de aceitação, somente é possível antes do início da ação penal privada, ou seja, antes do oferecimento da queixa-crime. A renúncia é, portanto, unilateral, pré-processual e irretratável.

A renúncia em relação a um potencial querelado alcança os outros conforme disposto no art. 49, CPP. Isso porque a queixa em relação a um afeta todos, e o Ministério Público deve zelar pela indivisibilidade da ação penal privada (art. 48, CPP), requerendo, inclusive, a intimação do querelante para promover o aditamento da queixa, sob pena de renúncia, segundo entendimento majoritário da doutrina.

Informativo 813 do STF: 1ª Turma.

Não oferecida a queixa-crime contra todos os supostos autores ou partícipes da prática delituosa, há afronta ao princípio da indivisibilidade da ação penal, a implicar renúncia tácita ao direito de querela, cuja eficácia extintiva da punibilidade estende-se a todos quantos alegadamente hajam intervindo no cometimento da infração penal. Com base nesse entendimento, a Primeira Turma rejeitou queixa-crime oferecida em face de senador a quem fora imputada a prática dos delitos de calúnia e difamação. Na espécie, o parlamentar teria alegadamente imputado ao querelante, mediante ampla divulgação (internet), o cometimento de crimes e atos, tudo com a nítida e deliberada intenção de ferir a honra deste. A Turma ressaltou que as supostas difamação e calúnia teriam sido veiculadas por outros meios além do imputado ao querelado, e que a notícia supostamente vexatória fora reencaminhada por outras pessoas. Destacou que a responsabilização penal se daria por todas as pessoas que veicularam a notícia caluniadora e difamatória e que, portanto, fora violado o princípio da indivisibilidade da ação penal. Ademais, ainda que não houvesse ofensa ao referido postulado, o querelante não trouxera aos autos a cópia da página da rede social em que fora veiculada a notícia.[1441]

A renúncia pode ser expressa ou tácita. A primeira é a explícita vontade expressa nos autos; a segunda seria a prática de ato incompatível com a vontade de oferecer a queixa. A renúncia não abarca a indenização que se pode pleitear em face dos danos ocasionados pelo crime.

O art. 104, parágrafo único, assim dispõe:

> Art. 104. O direito de queixa não pode ser exercido quando renunciado expressa ou tacitamente.
> Parágrafo único – Importa renúncia tácita ao direito de queixa a prática de ato incompatível com a vontade de exercê-lo; não a implica, todavia, o fato de receber o ofendido a indenização do dano causado pelo crime.

O simples recebimento de indenização pelo crime não implica renúncia tácita, exceto se se tratar de infração de menor potencial ofensivo. Isso porque, na Lei nº 9.099/95, a composição civil (art. 74, parágrafo único) implicará a renúncia ao direito de queixa, assim como de representação nas ações públicas condicionadas.

Aliás, no que diz respeito ao direito de representação a ser exercido como condição de procedibilidade das ações penais públicas condicionadas, o legislador oportunizou à vítima em estado de dúvida o prazo decadencial de 6 (seis) meses, previsto no art. 38 do CPP, para, caso queira, apresentar representação.

E quando a vítima não apresenta representação, manifestando expressamente o desejo de renunciar ao direito de representar? Teria, então, que se aguardar o decurso do prazo decadencial, para fins de declarar a extinção da punibilidade do autor do fato, mesmo diante da expressa renúncia da vítima ao direito de representação, ou seria possível, por analogia, a imediata extinção da punibilidade, tal qual se dá com o direito de queixa?

[1441] Inq 3526/DF, rel. Min. Roberto Barroso, j. 2.2.2016.

Mirabete entende que se o ofendido declarar expressamente que não pretende representar, renunciando, assim, a esse direito, deverá o juiz declarar extinta a punibilidade pela renúncia.[1442]

Em suma, o fundamento desse argumento seria a analogia: *ubi eadem ratio, ibi eadem jus* (onde há a mesma razão, aplica-se o mesmo direito).

Já o *perdão* é o ato pelo qual, iniciada a ação penal privada, o ofendido ou seu representante legal desiste de seu prosseguimento. *Perdão do ofendido* é a desistência, expressa ou tácita, revelada após o oferecimento da queixa-crime, o que obsta o prosseguimento da ação penal, extinguindo a punibilidade do agente. O art. 105 do Código Penal estatui: "o perdão do ofendido, nos crimes em que somente se procede mediante queixa, obsta ao prosseguimento da ação".[1443]

Ele, logicamente, não se confunde com o perdão judicial, que será tratado a seguir.

O perdão do ofendido só é possível depois de iniciada a ação penal privada e não produz efeitos quando recusado pelo querelado, eis que ele é bilateral, processual e depende de aceitação.

O perdão poderá ser *expresso* e explicitado nos autos (art. 58, CPP), intimando-se, nesse caso, o querelado, dentro de três dias, para anuir e aceitar, sendo certo que o seu silêncio importará aceitação. Também poderá ser *tácito* – que resulta da prática de ato incompatível com a vontade de prosseguir na ação.

Quando há dois ou mais querelados (concurso de agentes), o perdão concedido a um deles se estende a todos, sem que produza, entretanto, efeito em relação ao que o recusa (CPP, art. 51, e CP, art. 106, I e III).

O limite para concessão do perdão, nos termos do art. 106, §2º, CP é o trânsito em julgado da sentença condenatória.

2.6 Retratação do agente

Retratar-se significa desdizer-se, retirar o que foi dito, confessar que errou.

Em regra, a retratação do agente não tem relevância jurídica, funcionando somente como circunstância judicial na aplicação da pena, mas excepcionalmente a legislação lhe dá força de causa extintiva de punibilidade (art. 107, VI).

Os crimes de calúnia e difamação, por expressa disposição do art. 143, CP, admitem a retratação:

> Art. 143. O querelado que, antes da sentença, se retrata cabalmente da calúnia ou da difamação, fica isento de pena.
> Parágrafo único. Nos casos em que o querelado tenha praticado a calúnia ou a difamação utilizando-se de meios de comunicação, a retratação dar-se-á, se assim desejar o ofendido, pelos mesmos meios em que se praticou a ofensa.

[1442] MIRABETE, Júlio Fabbrini. *Juizados especiais criminais*. 5. ed. São Paulo: Atlas, 2002. p. 81. No mesmo sentido, a título ilustrativo: TACRSP, RJDTACRIM 34/230.
[1443] SOUZA, Luciano Anderson de. *Direito penal*: parte geral. 3. ed. São Paulo: Revista dos Tribunais, Thomson Reuters, 2022. v. 1. p. 677.

Caso a calúnia ou a difamação sejam praticadas por qualquer meio de comunicação social (como transmissões de televisão, rádio ou pela internet), a retratação dar-se-á, a critério do ofendido, pelos mesmos meios em que se praticou a ofensa (art. 143, parágrafo único, do CP, com a redação da Lei nº 13.188/2015).

Já os crimes de falso testemunho ou falsa perícia admitem retratação até a prolação da sentença de primeiro grau (posição majoritária), nos termos do art. 342, §2º, CP, e, no caso do Tribunal do Júri, até o julgamento pelo Conselho de Sentença.[1444]

A posição majoritária diz que a retratação no falso testemunho alcança o corréu, porque o fato deixa de ser punível, sendo que a circunstância se comunicaria.

A retratação deve ser completa e comunica-se aos demais participantes do crime.

A representação será *irretratável* após o oferecimento da denúncia (art. 102 do Código Penal e art. 25 do Código de Processo Penal), o que equivale a dizer, obviamente, que ela se mostra retratável até esse momento. A representação está sujeita ao prazo decadencial de seis meses a contar do dia em que o ofendido tomou conhecimento de quem era o autor do crime, salvo disposição em contrário (art. 103 do Código Penal). Decorrido tal prazo, há a extinção de punibilidade.

Há divergências doutrinárias sobre a possibilidade da "retratação da retratação", isto é, hipótese em que, realizada a retratação, o ofendido, dentro do prazo decadencial de seis meses, resolve voltar atrás e permitir, novamente, o prosseguimento da ação. O posicionamento majoritário é o que admite a sua possibilidade.[1445]

2.7 Perdão judicial

Razões várias, entretanto, fazem surgir uma renúncia, uma abdicação do direito de punir do Estado. Extingue-se a punibilidade, em face de certas contingências ou motivos de conveniência ou oportunidade. Tais contingências ou motivos de conveniência ou oportunidade fazem desaparecer os próprios fundamentos da punibilidade, tornando, assim, impossível a concretização do *jus puniendi*. E quais esses fundamentos? A necessidade e a utilidade da punição.[1446]

Uma dessas hipóteses é justamente o perdão judicial.

Trata-se de instituto pelo qual o juiz, não obstante comprovada a prática da infração penal pelo sujeito culpado, deixa de aplicar a pena em face de justificadas circunstâncias.

Constitui causa extintiva da punibilidade de aplicação restrita (inc. IX), isto é, não é aplicável a todas as infrações penais, mas somente àquelas especialmente indicadas pelo legislador.

O perdão judicial é de aplicação extensiva, não se restringindo ao delito de que se trata. Por exemplo, se o sujeito pratica, em concurso formal, dois crimes culposos no trânsito, dando causa, num choque de veículos, à morte do próprio filho e lesões corporais num estranho, o benefício concedido em face do homicídio culposo estende-se à lesão

---

[1444] NUCCI, Guilherme de Souza. *Curso de direito penal*: parte geral. 4. ed. Rio de Janeiro: Forense, 2020. p. 868.
[1445] SOUZA, Luciano Anderson de. *Direito penal*: parte geral. 3. ed. São Paulo: Revista dos Tribunais, Thomson Reuters, 2022. v. 1. p. 660.
[1446] TOURINHO FILHO, Fernando. *Código de Processo Penal comentado*. 12. ed. São Paulo: Saraiva, 2009. t. I. p. 474.

corporal culposa. Historicamente esse exemplo justificava a concessão do perdão judicial, dada a expressa previsão no §5º do art. 121[1447] e §8º do art. 129, ambos do Código Penal.

Igual previsão não acompanhou as hipóteses de lesão e homicídio culposos na condução de veículo automotor, eis que, quando da sanção do CTB, o art. 300 que previa a causa extintiva da punibilidade foi vetado. De qualquer sorte, tal qual no exemplo acima aventado, hoje é amplamente majoritário o entendimento de que cabe perdão judicial no homicídio culposo e na lesão culposa de trânsito, aplicando-se, por analogia *in bonam partem*, o perdão judicial previsto para o homicídio culposo e para a lesão culposa do Código Penal.

O Superior Tribunal de Justiça entende que o perdão judicial não pode ser concedido ao agente de homicídio culposo na direção de veículo automotor (art. 302 do CTB) que, embora atingido moralmente de forma grave pelas consequências do acidente, não tinha vínculo afetivo com a vítima nem sofreu sequelas físicas gravíssimas e permanentes. Conquanto o perdão judicial possa ser aplicado nos casos em que o agente de homicídio culposo sofra sequelas físicas gravíssimas e permanentes, a doutrina, quando se volta para o sofrimento psicológico do agente, enxerga no §5º do art. 121 do CP a exigência de um laço prévio entre os envolvidos para reconhecer como "tão grave" a forma pela qual as consequências da infração atingiram o agente. A interpretação dada, na maior parte das vezes, é no sentido de que só sofre intensamente o réu que, de forma culposa, matou alguém conhecido e com quem mantinha laços afetivos. Nesse sentido:

> A solidarização com o choque psicológico do agente não pode conduzir a uma eventual banalização do instituto do perdão judicial, o que seria no mínimo temerário no atual cenário de violência no trânsito, que tanto se tenta combater. Como conclusão, conforme entendimento doutrinário, a desnecessidade da pena que esteia o perdão judicial deve, a partir da nova ótica penal e constitucional, referir-se à comunicação para a comunidade de que o intenso e perene sofrimento do infrator não justifica o reforço de vigência da norma por meio da sanção penal.[1448]

Outros exemplos expressos na legislação penal podem ser destacados como na injúria (art. 140, §1º); outras fraudes (art. 146); parto suposto (art. 242), subtração de incapazes (art. 249, §2º); aos réus colaboradores (art. 13 da Lei nº 9.807/99 e art. 4º, *caput*, da Lei nº 12.850/13). Por fim, pode-se afirmar que a principal consequência jurídica da aplicação do instituto consiste em, sem fazer desaparecer o crime praticado, extinguir a sua punibilidade, dispensando o respectivo autor da pena correspondente.

A sentença que conceder perdão judicial não será considerada para efeitos de reincidência, segundo a regra do art. 120 do CP,[1449] e a sentença concessiva tem natureza declaratória e não condenatória, conforme súmula clássica do STJ:

> Súmula nº 18: A sentença concessiva do perdão judicial é declaratória da extinção da punibilidade, não subsistindo qualquer efeito condenatório.

[1447] "§5º Na hipótese de homicídio culposo, o juiz poderá deixar de aplicar a pena, se as conseqüências da infração atingirem o próprio agente de forma tão grave que a sanção penal se torne desnecessária".
[1448] REsp 1.455.178-DF, Rel. Min. Rogerio Schietti Cruz, j. 5/6/2014.
[1449] "Art. 120. A sentença que conceder perdão judicial não será considerada para efeitos de reincidência".

Para fins de registro, as hipóteses dos incs. VII e VIII,[1450] revogadas pela Lei nº 11.106/05, tratavam da extinção da punibilidade em crimes contra os costumes, hoje corretamente denominados de crimes contra a dignidade sexual, em hipóteses bizarras do casamento da vítima com o estuprador, por exemplo, ou nos demais crimes sem violência ou grave ameaça, com o casamento da vítima com terceiro. Isso somente revela o machismo estruturante e a cultura patriarcal que sempre pautaram a sociedade brasileira e até há poucos anos ainda estavam explícitos na lei, como exemplo, nesses dispositivos.

O art. 108 do Código Penal, como mencionado, prescreve que a extinção da punibilidade de crime que é pressuposto, elemento constitutivo ou circunstância agravante de outro não se estende a este. Nos crimes conexos, a extinção da punibilidade de um deles não impede, quanto aos outros, a agravação da pena resultante da conexão.

O artigo em análise disciplina, pois, duas situações distintas: a) quando uma conduta criminosa for condição ou pressuposto para outro crime ou quando alguns dos elementos ou circunstâncias agravantes dele, em sendo delitos autônomos, sofrerem extinção da punibilidade, preservam-se todos esses (pressupostos, elementos ou circunstâncias) no delito que os agrega; b) nos crimes conexos, a agravação da pena pela conexão não será afetada se for extinta a punibilidade em face de um dos delitos.

Assim, a extinção da punibilidade com relação ao crime de dano (art. 163), que qualifica o furto (art. 155, §4º, I), não se estende a este, por exemplo. Ademais, o perdão judicial afigura-se condição subjetiva e pessoal, razão pela qual é incomunicável aos demais acusados.

3   Prescrição penal

3.1   Introdução: história e conceito

É a perda da pretensão punitiva ou executória do Estado pelo decurso do tempo sem o seu exercício; o decurso do tempo possui efeitos relevantes no ordenamento jurídico, operando nascimento, alteração, transmissão ou perda de direitos; no campo penal, o transcurso do tempo incide sobre a conveniência política de ser mantida a persecução criminal contra o autor de uma infração ou de ser executada a sanção em face de lapso temporal minuciosamente determinado pela norma; com a prescrição, o Estado limita o *jus puniendi* concreto e o *jus punitionis* a lapsos temporais, cujo decurso faz com que considere inoperante manter a situação criada pela violação da norma de proibição violada pelo sujeito.

Assim que for constatada a ocorrência da prescrição, a persecução penal deve ser encerrada, onde quer que se encontre (CPP, art. 61), sob pena de caracterizar-se constrangimento ilegal, passível de correção via *habeas corpus* (CPP, art. 648, VII).

O primeiro registro histórico de infração penal sujeita à prescrição deu-se na Roma Antiga, com a *lex Julia de adulteriis*, do ano de 18 a.C., posteriormente estendendo-se o

---

[1450] "VII – pelo casamento do agente com a vítima, nos crimes contra os costumes, definidos nos Capítulos I, II e III do Título VI da Parte Especial deste código; VIII – pelo casamento da vítima com terceiro, nos crimes referidos no inciso anterior, se cometidos sem violência real ou grave ameaça e desde que a ofendida não requeira o prosseguimento do inquérito policial ou da ação penal no prazo de sessenta dias a contar da celebração".

instituto aos demais delitos, com exceção do parricídio, apostasia e parto suposto. Não havia, então, prescrição da pretensão executória (ou "prescrição da condenação"), mas somente prescrição da pretensão punitiva (ou "prescrição da ação").[1451]

Cuidava-se, assim, de um sacrifício expiatório coletivo. Note-se que a origem da prescrição está calcada num ideário absolutamente machista, patriarcal e moralista, visto que o patrício romano era seu beneficiário. Posteriormente a essa previsão, outros prazos prescricionais foram sendo estabelecidos para outras situações no Direito Romano e em ordenamentos subsequentes na história, tanto dos povos germânicos como no período medieval, no qual inicialmente os prazos prescricionais eram baixos e, em reação a isso, durante o período do Antigo Regime, passaram a ser, exageradamente, elevados, dificultando o reconhecimento da prescrição. Como reação, por sua vez, ao Antigo Regime, a Revolução Francesa temperou isso, e ainda passou a reconhecer, pela primeira vez, a prescrição não apenas da ação penal como também da condenação.[1452]

Trata-se de instituto de direito material, cujo prazo, portanto, é contado segundo as regras do art. 10 do CP, e foi regulado pela primeira vez em nosso ordenamento jurídico no Código de Processo Criminal do Império de 1832, somente no que diz respeito à prescrição antes do trânsito em julgado. O Decreto nº 774, de 24.9.1890,[1453] e, posteriormente, o Código republicano de 1890 passaram a regular todas as modalidades.

Como bem destaca Estefam, os principais fundamentos da prescritibilidade ou adoção da prescrição, como regra, são: o decurso do tempo e a consequente ineficácia da pena; a inércia do Estado; e a correção do condenado inexistente, no caso de não ser punido e reincidir.[1454]

Depreende-se da Constituição Federal, pela leitura do art. 5º, XLII e XLIV, que a prescritibilidade é a regra geral, eis que foram disciplinadas duas exceções de imprescritibilidade: o crime de racismo (art. 5º, XLII, CF e Lei nº 7.716/89) e os crimes decorrentes de ações de grupos armados, civis ou militares, contra a ordem constitucional e Estado Democrático, definidos na Lei de Segurança Nacional (art. 5º, XLIV, CF e Lei nº 7.170/83).

Não obstante a Constituição ter tratado as exceções expressamente no art. 5º, defendemos ser possível a ampliação desse rol, inclusive, por lei, seja por não existir vedação constitucional, seja porque graves lesões a interesses caros da sociedade podem motivar, em determinado contexto social e em homenagem à ideia de proteção jurídica suficiente, a política criminal de imprescritibilidade, não obstante, o mais fácil seria uma

---

[1451] ESTEFAM, André. *Direito penal*: parte geral (arts. 1º a 120). 10. ed. São Paulo: Saraiva, 2021. p. 602.

[1452] SOUZA, Luciano Anderson de. *Direito penal*: parte geral. 3. ed. São Paulo: Revista dos Tribunais, Thomson Reuters, 2022. v. 1. p. 685.

[1453] "Art. 4º A pena prescreve, não tendo entrado em execução: I. Si o réo estiver ausente no estrangeiro, pelo lapso de 30, 20 ou 10 annos, applicando-se a prescripção tritennaria á condemnação por 20 ou mais annos, a vicennal, á de menos de 20 até seis, a decennal, á de menos de seis annos. II. Si o réo estiver dentro do territorio brazileiro, pelo lapso de 20, 10 ou cinco annos, applicando-se a vicennal á condemnação de seis ou mais annos, a decennal á de menos de seis até dous, a quinquennal á de menos de dous annos. Art. 5º A prescripção da condemnação começa a correr do dia em que passar em julgado a sentença, ou daquelle em que fôr interrompida, por qualquer modo, a execução já começada. Interrompe-se pela prisão do condemnado. Paragrapho unico. Si o condemnado em cumprimento de pena evadir-se, a prescripção começará a correr novamente do dia da evasão".

[1454] ESTEFAM, André. *Direito penal*: parte geral (arts. 1º a 120). 9. ed. São Paulo: Saraiva, 2021. p. 595.

simples definição de prazo longo para crimes que lesem determinados bens jurídicos, alterando-se o art. 109 do Código Penal.

Com relação ao racismo, a princípio interpretava-se que somente os crimes expressamente previstos na Lei nº 7.716/89 seriam imprescritíveis, excluindo-se, por exemplo, o crime de injúria racial ou injúria qualificada, previsto no art. 140, §3º, do CP.

Contudo, o STF ratificou a decisão emitida pelo STJ,[1455] que reconheceu não ser taxativo o rol dos crimes previstos na Lei nº 7.716/1989, reconhecendo a equiparação dos crimes de injúria racial e racismo e, por conseguinte, a imprescritibilidade e inafiançabilidade daqueles.

Finalmente, a decisão culminou em alteração legislativa, com a transformação da injúria racial em crime de racismo (ação pública incondicionada), além do aumento da pena da injúria racial quando praticada em evento esportivo, finalidade humorística (racismo recreativo) ou em redes sociais.

Com a sanção presidencial, a Lei nº 14.532/2023 alterou a Lei nº 7.716/1989, que define o crime de racismo, para equiparar a injúria racial ao racismo. A nova lei foi publicada em 11.1.2023 e, agora, a aplicação do regime jurídico previsto na Constituição ao crime de racismo (imprescritibilidade, inafiançabilidade e punido com reclusão) é estendida ao crime de injúria racial, indo ao encontro do entendimento do Supremo Tribunal Federal no julgamento do HC nº 154.248, julgado pelo STF em 28.10.2021.

O mesmo se diga quanto à interpretação progressiva ou evolutiva utilizada pelo STF para aduzir que o conceito de raça inclui orientação sexual para fins de criminalização da homofobia.[1456] Nesse sentido, a discriminação por orientação sexual passou também para o rol de crimes imprescritíveis.

De outra parte, tanto a Convenção de Imprescritibilidade de Crimes contra a Humanidade e de Guerra (Resolução nº 2.391/68), não ratificada no Brasil, quanto o Estatuto de Roma, tratado internacional, este inserido no ordenamento pelo Decreto Legislativo nº 11.2702, promulgado pelo Decreto nº 4.388/02, preveem a imprescritibilidade de crimes. O Estatuto de Roma, em seu art. 29, disciplina que os crimes de genocídio, crimes contra a humanidade, crimes de guerra e crimes de agressão seriam imprescritíveis.

Contudo, o Superior Tribunal de Justiça já decidiu, em sentido similar, que mesmo sendo subscritor de tratado internacional, a imprescritibilidade dependeria de lei específica nesse sentido.[1457]

[1455] STJ, AREsp nº 686.965/DF, 6ª Turma.

[1456] Ação Direta de Inconstitucionalidade por Omissão (ADO) nº 26 e no Mandado de Injunção nº 4.733, ações protocoladas pelo PPS e pela Associação Brasileiras de Gays, Lésbicas e Transgêneros (ABGLT). Com a sempre contemporânea lição de Hungria, vale a ressalva: "No estado atual da civilização jurídica, ninguém pode negar ao juiz a faculdade de afeiçoar a rigidez da lei ao progressivo espírito da sociedade, ou de imprimir ao texto legal a possível elasticidade, a fim de atenuar os contrastes que acaso surjam entre ele e a cambiante realidade. Já passou o tempo do rigoroso tecnicismo lógico, que abstraia a lei do seu contato com o mundo real e a consciência social. O juiz pode e deve interpretar a lei ao influxo de supervenientes princípios científicos e práticos, de modo a adaptá-la aos novos aspectos da vida social, pois já não se procura mens legis no pensamento do legislador, ao tempo mais ou menos remoto em foi elaborado a lei, mas no espírito evoluído da sociedade e no sentido jurídico imanente, que se transforma com o avanço da civilização. Não quer isso, porém, dizer que possa fazer tabula rasa da lei, julgando, não pelo que esta ordena, mas pelo que, na sua opinião, devia ordenar" (HOFFBAUER, Nélson Hungria. *Comentários ao Código Penal*. 3. ed. Rio de Janeiro: Forense, 1955. v. 1. t. 1. p. 74-77).

[1457] STJ, 3ª Seção, REsp nº 1.798.903/RJ, rel. Min. Reynaldo Soares da Fonseca, m.v., j. 25/09/2019.

No que diz respeito à *ação de grupos armados, civis ou militares, contra a ordem constitucional e o Estado Democrático de Direito*, esta última *disciplina constava da Lei de Segurança Nacional (Lei nº 7.170/1983)*, a qual, não obstante, foi revogada pela superveniência da Lei nº 14.197/2021. Esta última insculpiu os crimes contra o Estado Democrático de Direito, por meio da inserção do Título XII à parte Especial do Código Penal (arts. 359-1 a 359-T). Percebe-se que não são todos os crimes contra o Estado Democrático de Direito imprescritíveis, apenas aqueles praticados por grupos armados, civis ou militares.[1458]

Há inúmeras teorias justificadoras para a prescrição penal, como, entre outras, as do esquecimento, da emenda, das provas, da expiação moral e psicológica. Todas vão se harmonizar com uma visão preventiva quanto às finalidades da pena. Para um posicionamento retribucionista, isto é, das teorias absolutas quanto às consequências jurídicas do delito, como de Kant e Hegel, o abandono da punição não faria sentido, pois a punição é uma resposta moral ou jurídica, respectivamente, da prática da infração penal.

A diversidade de teorizações que procuram justificar o instituto da prescrição penal, ressalta acertadamente Souza, dando vazão a uma sinalização instintiva em prol de seu reconhecimento, indica que se cuida de uma decisão político-criminal, mais ou menos liberal, conforme os contornos da sociedade de que se trate. É isso que vai indicar tanto seu reconhecimento como a fixação dos prazos respectivos.[1459]

3.2 Espécies

A prescrição pode atingir tanto a pretensão punitiva, quanto a pretensão executória.

Na *prescrição da pretensão punitiva*, o decurso do tempo faz com que o Estado perca o direito de punir no tocante à pretensão de o Poder Judiciário julgar a lide e aplicar a sanção abstrata, ocorrendo, pois, antes de a sentença final transitar em julgado.

Ela se divide em: a) *prescrição da pretensão punitiva propriamente dita*, calculada pela pena máxima em abstrato, ou seja, a própria prescrição da ação; b) *prescrição calculada com a pena em concreto*, que, como se estudará, divide-se em *prescrição retroativa* (art. 110, §§1º e 2º) e *prescrição superveniente ou intercorrente* (art. 110, §1º).

Já na segunda espécie, denominada *prescrição da pretensão executória*, o decurso do tempo sem o seu exercício faz com que o Estado perca o direito de executar a sanção imposta na sentença condenatória, verificando-se, portanto, após o trânsito em julgado da sentença condenatória (art. 110, *caput*).

Sendo a prescrição uma causa extintiva da punibilidade em razão do decurso de tempo, forçosa a fixação de balizas cronológicas por parte da legislação.

O *prazo máximo* de prescrição no Brasil é de *20 anos* (art. 109, I, do Código Penal, se o máximo da pena é superior a 12 anos), lapso temporal harmonizado com o de outros países de nossa proximidade jurídica e cultural. Já o *prazo mínimo* no Brasil, de acordo com o Código Penal, é de *três anos*, consoante as regras do art. 109 citado, se o máximo da pena é inferior a um ano. Isso também se aplica para as contravenções penais, mas

---

[1458] SOUZA, Luciano Anderson de. *Direito penal*: parte geral. 3. ed. São Paulo: Revista dos Tribunais, Thomson Reuters, 2022. v. 1. p. 699-701.

[1459] SOUZA, Luciano Anderson de. *Direito penal*: parte geral. 3. ed. São Paulo: Revista dos Tribunais, Thomson Reuters, 2022. v. 1. p. 681-684.

atenção: caso a contravenção seja sancionada apenas com multa, o prazo prescricional é de *dois anos* (art. 114, I, do Código Penal). Excepcionalmente, também é de *dois anos* a prescrição do crime de porte de drogas para uso pessoal (art. 28 da Lei de Drogas, Lei nº 11.343/2006).

a) Prescrição da pretensão punitiva propriamente dita.

A partir da data em que se cometeu o delito, passa a correr o prazo para o Estado exercer a persecução criminal, ou seja, a investigação e apuração judicial da culpa.

Enquanto não transitar em julgado a sentença condenatória, o que existirá, da parte do Estado, é a pretensão, o interesse de punir os supostos autores.

Esse tipo de prescrição será calculado com base na pena máxima cominada à infração penal e pode ocorrer antes da ação, após seu início ou após a prolação da sentença de primeira instância.

A aferição do prazo prescricional ocorre, então, referenciado pelo *máximo* de pena *abstratamente* prevista, conforme o art. 109 do Código Penal:

a) em 20 anos, se o máximo da pena é superior a 12 anos;
b) em 16 anos, se o máximo da pena é superior a 8 anos e não excede a 12;
c) em 12 anos, se o máximo da pena é superior a 4 anos e não excede a 8;
d) em 8 anos, se o máximo da pena é superior a dois anos e não excede a quatro;
e) em 4 anos, se o máximo da pena é igual a um ano ou, sendo superior, não excede a dois;
f) em 3 anos, se o máximo da pena é inferior a um ano.

De se notar que o reconhecimento de *atenuantes* ou *agravantes* não impacta a contagem da prescrição, exceção feita apenas quando o réu for menor de 21 anos na data do fato ou maior de 70 por ocasião da sentença, hipóteses de atenuantes genéricas (art. 65, I) que levam à redução do prazo prescricional pela metade por força do disposto no art. 115 do Código Penal.

Pelo exposto, vê-se que a reincidência – agravante genérica – não interfere no prazo da prescrição da pretensão punitiva, consoante o que dispõe a Súmula nº 220 do STJ. A reincidência apenas aumenta em 1/3 o prazo da prescrição da pretensão executória.[1460]

Todas as causas de aumento e diminuição devem ser levadas em consideração para o cálculo e, havendo intervalos, utiliza-se a causa que mais aumente ou a causa que menos diminua para fins de cálculo do máximo possível em abstrato, confrontando-se com os prazos do art. 109 do CP.

Nas hipóteses de *concurso de delitos* – concurso formal, concurso material ou crime continuado –, as penas são consideradas isoladamente (art. 119 do Código Penal), ignorando-se os acréscimos (concurso formal e crime continuado) ou soma de penas (concurso material). Especificamente quanto ao crime continuado, ainda, o STF editou a Súmula nº 497: "quando se tratar de crime continuado, a prescrição regula-se pela pena imposta na sentença, não se computando o acréscimo decorrente da continuação".

[1460] SOUZA, Luciano Anderson de. *Direito penal*: parte geral. 3. ed. São Paulo: Revista dos Tribunais, Thomson Reuters, 2022. v. 1. p. 687.

Decorrido o prazo, extingue-se a possibilidade de impor a sanção penal aos acusados, independentemente da fase em que se encontrar a persecução: se não houve inquérito, não mais poderá existir; se houver inquérito, será arquivado; se existe processo, o réu será imediatamente absolvido, em razão de estar extinta a punibilidade; se houve sentença, mas dela se recorreu, o réu será absolvido; se a sentença transitou em julgado, mas não se iniciou a execução da pena, esta não mais será cumprida; e se já se cumpriu parte da pena, esta será extinta.

b) Prescrição da pretensão punitiva pela pena em concreto.

A prescrição pela pena em concreto, como mencionado, se divide em retroativa e superveniente, desde que ocorrido o trânsito em julgado para a acusação, improvido seu recurso, não seja o recurso conhecido ou que se trate de recurso que não tenha o potencial de alterar a pena fixada em primeira instância. Isso porque é vedado pela regra do art. 617 do CPP, proíbe que seja agravada a situação do réu, em recurso exclusivo da defesa, ou recurso da acusação que não possa afetar a pena fixada provisoriamente:

> Art. 617. O tribunal, câmara ou turma atenderá nas suas decisões ao disposto nos arts. 383, 386 e 387, no que for aplicável, não podendo, porém, ser agravada a pena, quando somente o réu houver apelado da sentença.

Essa assertiva foi, inclusive, sumulada pelo STF, que decidiu que a prescrição da ação penal se regula pela pena concretizada na sentença, quando não há recurso da acusação (Súmula nº 146, STF).

A prescrição *intercorrente ou superveniente* se verificará, portanto, com base na pena fixada na sentença condenatória, com as ressalvas já mencionadas, entre sentença de primeiro grau recorrível (improvido o recurso do MP ou recurso exclusivo da defesa) e acórdão.

Já a prescrição *retroativa* pode ocorrer entre sentença condenatória recorrível para a defesa e recebimento da denúncia ou queixa.

Consigne-se que o art. 110 prevê que a prescrição, depois de transitar em julgado a sentença condenatória, regula-se pela pena aplicada e verifica-se nos prazos fixados no artigo anterior, os quais se aumentam de um terço, *se o condenado é reincidente*:

> Prescrição depois de transitar em julgado sentença final condenatória
> Art. 110. A prescrição depois de transitar em julgado a sentença condenatória regula-se pela pena aplicada e verifica-se nos prazos fixados no artigo anterior, os quais se aumentam de um terço, se o condenado é reincidente.
> §1º A prescrição, depois da sentença condenatória com trânsito em julgado para a acusação ou depois de improvido seu recurso, regula-se pela pena aplicada, não podendo, em nenhuma hipótese, ter por termo inicial data anterior à da denúncia ou queixa. (Redação dada pela Lei nº 12.234, de 2010).
> §2º (Revogado pela Lei nº 12.234, de 2010).

Contudo, essa redação dada pela Lei nº 12.234/10 é mais prejudicial que a antiga, que permitia que a prescrição retroativa também fosse calculada entre a data do recebimento da denúncia à data dos fatos, o que gerava inúmeros casos de impunidade e ensejou a alteração legislativa. Tratando-se, contudo, de *novatio legis in pejus*, para os crimes praticados antes da entrada em vigor dessa lei (5.5.2010), dever-se-á também levar em conta a possibilidade de contagem do prazo antes do recebimento da denúncia.

Como recorda Estefam, surgiram três posições doutrinárias a respeito da interpretação da Lei nº 12.234/2010 e seus efeitos sobre a figura da prescrição retroativa, assim sintetizadas: a) a nova lei é inconstitucional e, portanto, em nada modificou o tratamento do tema, razão pela qual persiste em nosso ordenamento jurídico a figura da prescrição, pela pena em concreto, aplicável a todos os períodos prescricionais; b) a nova lei extingui somente a prescrição retroativa antes da denúncia ou queixa, motivo pelo qual subsiste a possibilidade de se reconhecer, aos fatos cometidos após a vigência da lei, a prescrição pela pena em concreto, nos períodos prescricionais posteriores ao recebimento da denúncia ou queixa; c) a lei extingue a prescrição retroativa, mantendo apenas a prescrição regulada com base na pena aplicada para o período posterior à condenação, isto é, a prescrição superveniente ou intercorrente.[1461]

Dessas orientações, o STF reconheceu como válida a segunda, ou seja, admitindo que ainda há no ordenamento jurídico brasileiro a prescrição retroativa (após o recebimento da denúncia ou queixa) e a superveniente ou intercorrente.

c) *Prescrição da pretensão executória (jus punitionis).*

Definida, na sentença com trânsito em julgado, a pena cabível ao réu, essa deverá ser executada pelos órgãos competentes.

A prescrição da pretensão executória é aquela que implica a perda da possibilidade de aplicação da sanção penal, em face do decurso do tempo. Ela deve ser regulada pela pena fixada na sentença condenatória ou acórdão. Nesse sentido dispõe a Súmula nº 604 do STF: "A prescrição pela pena em concreto é somente da pretensão executória da pena privativa de liberdade".

Contrariamente ao que ocorre quanto à prescrição da pretensão punitiva, a prescrição da pretensão executória alcança apenas a pena principal, subsistindo os demais efeitos da condenação.

Antes, a prescrição da pretensão executória era denominada prescrição da pena, eis que é calculada com base no parâmetro da pena imposta na decisão objeto da execução.

Nos termos do art. 110, *caput*, do CP e da Súmula nº 220 do STJ, a reincidência, reconhecida na sentença condenatória, aumenta o lapso prescricional em um terço.

Como se verá, ser réu menor de 21 anos ou maior de 70 da data da sentença reduzirá o lapso pela metade, nos termos do art. 115 do CP.

Registre-se que a idade estabelecida no Estatuto do Idoso não altera a idade para diminuição do prazo prescricional, como já decidiu o STF.[1462]

Caso o condenado se encontre foragido, ou, por qualquer outro motivo, não se possa cumprir o disposto na sentença, alcançado o prazo prescricional, não mais se poderá executar a pena. Mas a condenação persiste, inclusive para efeitos de reincidência.

[1461] ESTEFAM, André. *Direito penal*: parte geral (arts. 1º a 120). 10. ed. São Paulo: Saraiva, 2021. p. 623.
[1462] STF. HC 86.320, Rel. Min. Ricardo Lewandowski, j. 17-10-2006, 1ª T, DJ de 24-11-2006.

Aliás, nos termos do art. 113 do CP, no caso de interrupção do cumprimento da pena, com a fuga, por exemplo, ou revogação do livramento condicional, o parâmetro para a contagem do prazo prescricional será o restante da pena.

O Código Penal estipulou que o prazo da pretensão executória começa a fluir do trânsito em julgado para a acusação, criando, com isso, uma situação de absoluta e injustificável incongruência. Isso porque o prazo prescricional, que visa pressionar o Estado a exercer sua pretensão executória, ou seja, dar início ao cumprimento da pena, começa a fluir mesmo antes que o Estado tenha adquirido tal pretensão. Imagine-se o caso em que o réu foi condenado em primeiro grau e somente a defesa interpôs apelação, transitando em julgado para o Ministério Público; muito embora não seja possível dar início à execução da pena, já começou a fluir o prazo prescricional para que o Estado o faça.[1463]

Essa incongruência chamou atenção da Suprema Corte, que, em alguns julgados, entendeu que o art. 112, I, do CP, que determina a regra em apreço, deva ser interpretado em conformidade com a Constituição, de modo a se considerar que o termo inicial somente se inicia quando a pretensão executória do Estado puder ser exercida.[1464]

d) Prescrição antecipada ou virtual.

Em rigor, não se trata de espécie de prescrição, mas de construção doutrinária pautada na ideia de ausência de interesse de agir quando, diante da potencial pena mínima provável a ser fixada pelo juízo, vislumbra-se, virtualmente, em perspectiva, a ocorrência da prescrição da pretensão punitiva.

Na lição de Estefam, "dá-se quando se constata, antes de oferecer a denúncia, a grande probabilidade de ocorrer a prescrição retroativa. Trata-se de um raciocínio em perspectiva, de um prognóstico fundado em probabilidade (ou quase certeza)".[1465]

As Cortes Superiores, contudo, rechaçaram essa possibilidade. O STF, por exemplo, afirmou sua impossibilidade dada a absoluta falta de previsão legal.[1466]

No mesmo sentido, o Superior Tribunal de Justiça chegou a sumular o entendimento, segundo o qual é inadmissível a extinção da punibilidade pela prescrição da pretensão punitiva com fundamento em pena hipotética, independentemente da existência ou sorte do processo penal (Súmula nº 438, STJ).

Ademais, como bem ressalta Estefam, essa criação doutrinária se lastreia na prescrição retroativa, instituto inexistente em outros países, razão pela qual é, inclusive, objetivo de campanha do Conselho Nacional de Procuradores-Gerais de Justiça para emplacar o PL nº 1.383/03 da Câmara dos Deputados, que visa suspender a prescrição retroativa como modalidade de causa extintiva da punibilidade.[1467]

[1463] ESTEFAM, André. *Direito penal*: parte geral (arts. 1º a 120). 10. ed. São Paulo: Saraiva, 2021. p. 624-625.7

[1464] STF, RE 696.533/SC, rel. Min. Luiz Fux, rel. p/ o ac. Min. Roberto Barroso, 1ª T., j. 6-2-2018. A matéria, porém, é controvertida no STF, o qual fixará uma posição definitiva, por seu Plenário, no julgamento do ARE 848.107/DF, rel. Min. Dias Toffoli. O STJ possui entendimento em favor da aplicação literal do art. 112, I, que determina como termo inicial para a contagem da prescrição da pretensão executória o trânsito em julgado para a acusação.

[1465] ESTEFAM, André. *Direito penal*: parte geral (arts. 1º a 120). 9. ed. São Paulo: Saraiva, 2021. p. 619.

[1466] RHC nº 121.152/BA, Rel. Min. Ricardo Lewandowski, 2ª Turma, j. 11/03/2014.

[1467] ESTEFAM, André. *Direito penal*: parte geral (arts. 1º a 120). 9. ed. São Paulo: Saraiva, 2021. p. 620.

3.3 Prazos prescricionais

Ao apresentar, didaticamente, as diferentes espécies de prescrição, salientamos que na prescrição da pretensão punitiva, calcula-se o prazo prescricional levando em consideração a pena máxima que, em tese, poderia ser aplicada ao caso. Já na prescrição da pretensão punitiva (após o trânsito em julgado da sentença), utiliza-se a pena fixada em concreto, que se tornou definitiva.

Segundo o art. 109 do CP, ocorre prescrição em:

> Prescrição antes de transitar em julgado a sentença
> Art. 109. A prescrição, antes de transitar em julgado a sentença final, salvo o disposto no §1º do art. 110 deste Código, regula-se pelo máximo da pena privativa de liberdade cominada ao crime, verificando-se: (Redação dada pela Lei nº 12.234, de 2010)
> I – em vinte anos, se o máximo da pena é superior a doze;
> II – em dezesseis anos, se o máximo da pena é superior a oito anos e não excede a doze;
> III – em doze anos, se o máximo da pena é superior a quatro anos e não excede a oito;
> IV – em oito anos, se o máximo da pena é superior a dois anos e não excede a quatro;
> V – em quatro anos, se o máximo da pena é igual a um ano ou, sendo superior, não excede a dois;
> VI – em 3 (três) anos, se o máximo da pena é inferior a 1 (um) ano. (Redação dada pela Lei nº 12.234, de 2010)

Esses prazos, que devem ser acrescidos das causas de aumento e diminuição, como já mencionamos, também serão reduzidos conforme regra do art. 115:

> Art. 115. São reduzidos de metade os prazos de prescrição quando o criminoso era, ao tempo do crime, menor de 21 (vinte e um) anos, ou, na data da sentença, maior de 70 (setenta) anos.

A reincidência, como já destacado, somente incide na prescrição da pretensão executória, conforme entendimento sumulado pelo STJ.

Os prazos serão contados a partir da descrição fática feita na denúncia ou queixa e não propriamente da classificação jurídica dada ao fato (*narra mihi factum dabo tibi jus*). Do mesmo modo, ocorrendo *emendatio libelli* ou *mutatio libelli* (arts. 383 e 384, CPP), valerá a nova tipificação como parâmetro.

Consigne-se que, de acordo com o art. 12 do CP, havendo disciplina específica em legislação extravagante, ela deverá prevalecer pelo Princípio da Especialidade.

Assim se dá, por exemplo, com os crimes militares (arts. 124 a 126, CPM), em relação aos crimes falimentares, que possuem um termo inicial específico (art. 182 da Lei nº 11.101/05),[1468] assim como em relação ao crime de porte de drogas, cuja prescrição se dá em dois anos (art. 30 da Lei nº 11.343/06).

[1468] Súmula nº 147, STF: "A prescrição de crime falimentar começa a correr da data em que deveria estar encerrada a falência, ou do trânsito em julgado da sentença que a encerrar ou que julgar cumprida a concordata". Ademais, registre-se: Súmula nº 592, STF: Nos crimes falimentares, aplicam-se as causas interruptivas da prescrição, previstas no Código Penal.

Do mesmo modo, o prazo prescricional para os crimes previstos no art. 1º, I a IV, da Lei nº 8.137/90, inicia-se com a constituição definitiva do crédito tributário.[1469]

Havendo distintas espécies de penas, o art. 118 prevê que as mais leves prescrevem com as mais graves:

Art. 118. As penas mais leves prescrevem com as mais graves. (Redação dada pela Lei nº 7.209, de 11.7.1984)

E, de outra parte, tratando-se de concurso de crimes, o cálculo deverá ser feito isoladamente, nos termos do art. 119, desprezando-se o aumento no concurso formal próprio e no crime continuado:[1470]

Art. 119. No caso de concurso de crimes, a extinção da punibilidade incidirá sobre a pena de cada um, isoladamente. (Redação dada pela Lei nº 7.209, de 11.7.1984)

Definido qual o prazo prescricional para a hipótese prática, é preciso compreender quando se inicia a contagem do prazo, observando-se a regra do art. 10 do Código Penal.

Antes de transitar em julgado, segundo o art. 111, os termos iniciais serão:

Art. 111. A prescrição, antes de transitar em julgado a sentença final, começa a correr:
I – do dia em que o crime se consumou;
II – no caso de tentativa, do dia em que cessou a atividade criminosa;
III – nos crimes permanentes, do dia em que cessou a permanência;
IV – nos de bigamia e nos de falsificação ou alteração de assentamento do registro civil, da data em que o fato se tornou conhecido.
V – nos crimes contra a dignidade sexual de crianças e adolescentes, previstos neste Código ou em legislação especial, da data em que a vítima completar 18 (dezoito) anos, salvo se a esse tempo já houver sido proposta a ação penal. (Redação dada pela Lei nº 12.650, de 2012)

Como regra geral, a tipicidade plena, isto é, a consumação do crime será o termo inicial. Tratando-se de tentativa, será o último ano de execução.

Contudo, no caso dos crimes permanentes, de bigamia, de falsificação e assento de registro civil e de dignidade sexual de crianças e adolescentes, o próprio legislador contemplou termos iniciais específicos, valendo dizer que as recentes alterações do inc. V, por se constituírem hipóteses mais gravosas, não retroagem para os casos anteriores.

Estefam, inclusive, aventa uma hipótese curiosa: o termo inicial quando a vítima, menor de 18 anos, falece antes de completar a maioridade, propondo, nessa hipótese, a data do óbito com termo inicial.[1471]

[1469] Nesse sentido: STJ, EDcl no AgRg no AREsp 318790/SE, Rel. Ministro Rogerio Schietti Cruz, Sexta Turma, julgado em 04/05/2017, DJe 11/05/2017; RHC 61790/PR, Rel. Ministro Ribeiro Dantas, Quinta Turma, julgado em 13/12/2016, DJe 19/12/2016; AgRg no AREsp 765951/SP, Rel. Ministro Reynaldo Soares da Fonseca, Quinta Turma, julgado em 20/09/2016, DJe 26/09/2016; REsp 1611870/PE, Rel. Ministra Maria Thereza de Assis Moura, Sexta Turma, julgado em 06/09/2016, DJe 16/09/2016; RHC 37028/SP, Rel. Ministro Nefi Cordeiro, Sexta Turma, julgado em 09/08/2016, DJe 23/08/2016; AgRg nos EDcl no AREsp 479076/ES, Rel. Ministro Felix Fischer, Quinta Turma, julgado em 02/08/2016, DJe 12/08/2016. (Vide Informativo de Jurisprudência n. 253).

[1470] Súmula nº 497, STF: "Quando se tratar de crime continuado, a prescrição regula-se pela pena imposta na sentença, não se computando o acréscimo decorrente da continuação".

[1471] ESTEFAM, André. *Direito penal*: parte geral (arts. 1º a 120). 9. ed. São Paulo: Saraiva, 2020. p. 604.

Já o art. 112 disciplina que o termo inicial da prescrição após a sentença condenatória irrecorrível será:

> Art. 112. No caso do art. 110 deste Código, a prescrição começa a correr:
> I – do dia em que transita em julgado a sentença condenatória, para a acusação, ou a que revoga a suspensão condicional da pena ou o livramento condicional;
> II – do dia em que se interrompe a execução, salvo quando o tempo da interrupção deva computar-se na pena.

Há evidente incongruência em se fixar o trânsito em julgado para a acusação como termo inicial nessa modalidade de prescrição, eis que o prazo, em rigor, começa a fluir antes mesmo que o Estado tenha adquirido a pretensão punitiva. Diante disso, o STF modulou a regra, por interpretação conforme a Constituição, de modo a considerar o termo inicial quando o Estado puder exercer a pretensão executória.[1472]

Outrossim, qualquer que seja a causa de interrupção do cumprimento da sanção, terá início a fluência do prazo, calculado com base na regra do art. 113:

> Art. 113. No caso de evadir-se o condenado ou de revogar-se o livramento condicional, a prescrição é regulada pelo tempo que resta da pena [não se computa prisão provisória].

3.4 Causas suspensivas e interruptivas

De imediato é preciso distinguir: enquanto as causas suspensivas paralisam o prazo, que volta a correr de onde parou quando cessada a causa que motivou a suspensão do prazo; as causas interruptivas zeram o prazo, que começa a ser contado do início novamente.

O art. 116 trata das causas de *suspensão da prescrição*, ou seja, as hipóteses em que deixa de correr o prazo prescricional, embora não se despreze o tempo já decorrido:

> Art. 116. Antes de passar em julgado a sentença final, a prescrição não corre:
> I – enquanto não resolvida, em outro processo, questão de que dependa o reconhecimento da existência do crime; (Redação dada pela Lei nº 7.209, de 11.7.1984)
> II – enquanto o agente cumpre pena no exterior; (Redação dada pela Lei nº 13.964, de 2019)
> III – na pendência de embargos de declaração ou de recursos aos Tribunais Superiores, quando inadmissíveis; e (Incluído pela Lei nº 13.964, de 2019)
> IV – enquanto não cumprido ou não rescindido o acordo de não persecução penal. (Incluído pela Lei nº 13.964, de 2019)
> Parágrafo único – Depois de passada em julgado a sentença condenatória, a prescrição não corre durante o tempo em que o condenado está preso por outro motivo.

As duas hipóteses acrescidas pela Lei Anticrime, logicamente, não se aplicam aos fatos anteriores por se tratar de hipóteses que potencialmente prejudicam o direito de liberdade.

[1472] STF, RE nº 696.533/SC, rel. Min. Luiz Fux, 1ª Turma, j. 06/02/2018.

Não obstante o acordo de não persecução penal somente ter sido regulamentado pela mesma lei que deu a redação ao art. 28-A do CPP, acordos já vinham sendo celebrados pelo Ministério Público com base nas Resoluções nºs 181 e 183 do Conselho Nacional do Ministério Público, hipóteses em que não se pode aplicar a nova causa suspensiva.

Na nova hipótese do inc. III, por sua vez, a suspensão depende explicitamente da inadmissibilidade do recurso interposto, sendo certo que essa causa atinge as duas espécies de prescrição.

Ademais, há causas suspensivas na legislação extravagante, valendo ressaltar: art. 149, CPP; art. 366, CPP;[1473] art. 368, CPP; art. 89, §6º, da Lei nº 9.099/95, art. 53, §§3º e 5º, CF; art. 4º, §3º da Lei nº 12.850/13, art. 149, CPP.

Outra causa de suspensão da prescrição pela pena *in abstrato* foi introduzida com a Lei nº 9.964/2000, que instituiu o Programa de Recuperação Fiscal (Refis). Declara o art. 15 que é suspensa a pretensão punitiva do Estado, relativa aos crimes previstos nos arts. 1º e 2º da Lei nº 8.137/90 e no art. 95 da Lei nº 8.212/91, durante o período em que a pessoa jurídica relacionada com o agente dos aludidos crimes estiver incluída no Refis, desde que a inclusão no referido programa tenha ocorrido antes do recebimento da denúncia criminal.

Do mesmo modo, a Lei nº 10.684/2003, ao criar o Refis II, declarou, em seu art. 9º, que há suspensão da pretensão punitiva do Estado, referente aos crimes previstos nos arts. 1º e 2º da Lei nº 8.137/90 e nos arts. 168-A e 337-A do CP, durante o período em que a pessoa jurídica relacionada com o agente dos aludidos crimes estiver incluída no regime de parcelamento, não correndo a prescrição criminal durante o período de suspensão da pretensão punitiva. A Lei nº 12.382, de 25.2.2011, ao alterar a redação dos parágrafos do art. 83 da Lei nº 9.430/96, definiu que a pretensão punitiva do Estado será suspensa desde que o pedido de parcelamento seja formalizado antes do recebimento da denúncia (art. 6º).[1474]

Assim, o parcelamento integral dos débitos tributários decorrentes dos crimes previstos na Lei nº 8.137/90, em data posterior à sentença condenatória, mas antes do seu trânsito em julgado, suspende a pretensão punitiva estatal até o integral pagamento da dívida (art. 9º da Lei nº 10.684/03 e art. 68 da Lei nº 11.941/09).[1475]

Questão polêmica diz respeito à suspensão do prazo prescricional em hipótese de repercussão geral reconhecida pelo relator do recurso especial ou extraordinário. O CPC autoriza que o relator do recurso especial no STJ ou do recurso extraordinário no STF, uma vez reconhecida a repercussão geral no recurso sob sua apreciação, pode determinar a suspensão do processamento de todos os processos pendentes que versem sobre a questão em trâmite no território nacional (CPC, arts. 1.035, §5º e 1.037, II). Esse

---

[1473] Súmula nº 415, STJ: "O período de suspensão do prazo prescricional é regulado pelo máximo da pena cominada".
[1474] DOTTI, René Ariel. *Curso de direito penal*: parte geral. 6. ed. Rio de Janeiro: Forense, 2018. p. 950-951.
[1475] Nesse sentido: HC 370612/SP, Rel. Ministra Maria Thereza de Assis Moura, Sexta Turma, julgado em 07/03/2017, DJe 17/03/2017; HC 353827/PI, Rel. Ministro Reynaldo Soares da Fonseca, Quinta Turma, julgado em 16/08/2016, DJe 25/08/2016; AgRg no AREsp 217827/DF, Rel. Ministro Sebastião Reis Júnior, Sexta Turma, julgado em 10/03/2015, DJe 20/03/2015; RHC 29576/ES, Rel. Ministro Marco Aurélio Bellizze, Quinta Turma, julgado em 19/11/2013, DJe 26/02/2014; HC 103307/SP, Rel. Ministro Napoleão Nunes Maia Filho, Quinta Turma, julgado em 18/12/2008, DJe 02/03/2009.

mecanismo se aplica ao processo penal e, quando utilizado, paralisa todos os processos criminais que tratarem da questão jurídica identificada como de repercussão geral.

A suspensão, no entanto, não se aplica a investigações penais nem se estende a processos em que o réu se encontra preso.[1476]

O STF entendeu que deve ser aplicado aos casos de suspensão dos processos por força do reconhecimento da repercussão geral o regime jurídico das questões prejudiciais estipulado nos arts. 92 a 94 do CPP (e, por extensão, a norma do CP, art. 116, I).

Assim, com base no Código de Processo Penal, o juiz de primeiro grau poderá, a despeito da suspensão determinada pelo tribunal superior, ordenar a realização de provas consideradas urgentes.

Além disso, uma vez ordenada a suspensão do processo, suspende-se o curso da prescrição, por força do art. 116, I, do CP, ao qual a Suprema Corte deu "interpretação conforme a Constituição", lastreando sua decisão nos princípios da proporcionalidade, no sentido de proibição de infraproteção, e da unidade e concordância prática das normas constitucionais.[1477]

Vale destacar que, no caso concreto, a questão na qual se reconheceu a repercussão geral foi a tipicidade das condutas de estabelecer e explorar jogos de azar em face da Constituição da República de 1988 e respectiva recepção do *caput* do art. 50 do Decreto-Lei nº 3.688/201941 (Lei das Contravenções Penais).

Já as *causas interruptivas* encontram-se no rol taxativo do art. 117 e têm o condão de zerar e reiniciar o prazo prescricional:

> Art. 117. O curso da prescrição interrompe-se:
> I – pelo recebimento da denúncia ou da queixa (publicação ou entrega em cartório);
> II – pela pronúncia (não contempla impronúncia, desclassificação ou absolvição sumária);
> III – pela decisão confirmatória da pronúncia;
> IV – pela publicação da sentença ou acórdão condenatórios recorríveis (na segunda hipótese quando reformada a sentença absolutória); (Redação dada pela Lei nº 11.596, de 2007)
> V – pelo início ou continuação do cumprimento da pena;
> VI – pela reincidência.
> §1º Excetuados os casos dos incisos V e VI deste artigo, a interrupção da prescrição produz efeitos relativamente a todos os autores do crime. Nos crimes conexos, que sejam objeto do mesmo processo, estende-se aos demais a interrupção relativa a qualquer deles.
> §2º Interrompida a prescrição, salvo a hipótese do inciso V deste artigo, todo o prazo começa a correr, novamente, do dia da interrupção.

Como se verifica do texto legal, a prescrição da pretensão punitiva é contada em períodos, os quais resultam da conjugação dos termos iniciais com as causas interruptivas. Combinando-os, teremos os seguintes *períodos prescricionais* nos feitos de competência do *juízo singular*:

1º) da data da consumação (ou dos demais termos iniciais) até o recebimento da denúncia ou queixa;

[1476] STF, RE 966.177, Pleno, rel. Min. Luiz Fux, j. 7-6-2017.
[1477] STF, RE 966.177 RG-QO/RS, rel. Min. Luiz Fux, Tribunal Pleno, j. 7-6-2017.

2º) do recebimento da denúncia ou queixa até a primeira decisão condenatória no processo;

3º) da primeira decisão condenatória no processo até o trânsito em julgado. Num crime cuja prescrição se dá em quatro anos, consumado em 5.7.2009, eventual denúncia deverá ser recebida até 4.7.2013. Se, por exemplo, a inicial for recebida em 12.3.2011, eventual condenação terá como data-limite, sob pena de prescrição, o dia 11.3.2015, e assim por diante.

No procedimento do *Júri*, haverá os seguintes *períodos prescricionais*:

1º) da data da consumação (ou dos demais termos iniciais) até o recebimento da denúncia ou queixa;

2º) do recebimento da denúncia ou queixa até a pronúncia;

3º) da pronúncia até o acórdão que a confirmar (se houver recurso da pronúncia);

4º) do acórdão confirmatório da pronúncia até a primeira decisão condenatória no processo (ou, se não houve recurso da pronúncia, dela até a primeira condenação);

5º) da primeira decisão condenatória no processo até o trânsito em julgado.

A interrupção ocorre com a publicação do despacho de recebimento da exordial em cartório, ou seja, não se faz preciso sua veiculação na imprensa oficial. Com o advento da Lei nº 11.719/2008, passou-se a entender que o recebimento em foco é aquele previsto no art. 396 do Código de Processo Penal (CPP), isto é, o primeiro recebimento, anterior à citação do réu.[1478]

Caso haja rejeição da denúncia ou queixa, o seu recebimento poderá ocorrer em 2º grau de jurisdição, quando do provimento do recurso em sentido estrito (art. 581, I, do CPP), ou da apelação (art. 82, *caput*, da Lei nº 9.099/1995), eventualmente interpostos pela acusação. Nessas situações, o acórdão lido na data de sessão de julgamento interrompe a prescrição.[1479]

É o que se deflui, inclusive, da Súmula nº 709 do Supremo Tribunal Federal: "Salvo quando nula a decisão de primeiro grau, o acórdão que provê o recurso contra a rejeição da denúncia vale, desde logo, pelo recebimento dela".

A acusação recebida por juízo absolutamente incompetente não interrompe a prescrição, conforme entendimento pacífico doutrinário e jurisprudencial.[1480] No entanto, a incompetência *relativa* não obsta a interrupção, conforme já entendeu o Superior Tribunal de Justiça (STJ).[1481]

Anulado, por qualquer motivo, o recebimento da inicial, não prevalece essa causa interruptiva, salvo se houver acórdão que reforme a decisão.

[1478] STJ, RHC 27 571/SP relª Minª. Laurita Vaz, 5ª Turma, 13.11.2012, DJe 23.11.2012, STJ. HC 138.089/SC. rel. Min. Felix Fischer, 5ª Turma, J. 02.03.2010. Dje 22.03.2010.

[1479] STJ. AgRg no REsp 1492007/SP rel. Min. Joel Ilan Paciornick, 5ª Turma, 05.04.2018, Dje 18.04.2018.

[1480] STF, HC 104 907/PE, rel. min Celso de Mello, 2ª Turma, j. 10.05.2011, Dje 30.10.2014; STJ, AP 295/RR, rel. Min Jorge Mussi, Corte Especial, j. 17.12.2014.

[1481] STJ. RHC 40.514/MG, relª. Minª. Laurita Vaz, 5ª Turma, j. 08.05.2014, DJe 16.05.2014.

Com relação à segunda hipótese, prevalece no STF que haverá a interrupção da prescrição tanto na hipótese de acórdão confirmatório da condenação, quanto reformatório de uma sentença absolutória.[1482]

Após um período de divergências entre suas turmas, em 2020, o STF firmou entendimento segundo o qual o Código Penal não faz distinção entre acórdão *condenatório inicial* (caso de julgamento originário do Tribunal) ou simplesmente acórdão *confirmatório* de decisão (hipótese de julgamento originário de recurso) para estabelecer a interrupção da prescrição. Por isso, o acórdão que apenas confirma sentença condenatória também interrompe o prazo prescricional.[1483]

Da mesma forma, segundo o STJ, "recursos flagrantemente incabíveis não podem ser computados no prazo da prescrição da pretensão punitiva, sob penal de se premiar o réu com a impunidade, pois a procrastinação indefinida dos recursos contribui para a prescrição".[1484]

Para os crimes de competência do Tribunal do Júri, além das causas regulares, a pronúncia, nos termos da Súmula nº 191 do STJ e acórdão confirmatório, também interrompe a prescrição.

Nos termos do §1º do art. 117, a prescrição em relação a um dos agentes se estende aos demais. Trata-se da extensão subjetiva. Outrossim, a interrupção para um dos delitos se estende aos demais crimes: trata-se da extensão objetiva.

Vale consignar que a reincidência que interrompe o prazo prescricional da pretensão executória não é a mesma que aumenta em um terço: enquanto a causa de aumento foi reconhecida e declarada na sentença; a causa interruptiva é a reincidência futura, ou seja, a que se verifica quando, após o trânsito em julgado, essa pessoa vem a cometer novo crime.

Por fim, vale ressaltar que a Lei de Falências possui hipótese especial de interrupção da prescrição. Conforme o art. 182, parágrafo único, da Lei nº 11.101/2005, "a decretação da falência do devedor interrompe a prescrição cuja contagem tenha iniciado com a concessão da recuperação judicial ou com a homologação do plano de recuperação extrajudicial".

3.5 Penas pecuniárias, restritivas de direitos e medidas de segurança

Caso a infração penal somente contemple a pena pecuniária, o prazo será de dois anos. E, caso seja contemplada a multa cumulativa com pena privativa de liberdade, prescreverá com esta, nos termos do art. 114, inc. II, do já mencionado art. 118:

> Prescrição da multa
> Art. 114. A prescrição da pena de multa ocorrerá: (Redação dada pela Lei nº 9.268, de 1º.4.1996)
> I – em 2 (dois) anos, quando a multa for a única cominada ou aplicada; (Incluído pela Lei nº 9.268, de 1º.4.1996)

[1482] RE nº 1.182.718/RS, rel. Min. Alexandre de Moraes, 1ª Turma, j. 15/03/2019.
[1483] SOUZA, Luciano Anderson de. *Direito penal*: parte geral. 3. ed. São Paulo: Revista dos Tribunais, Thomson Reuters, 2022. v. 1. p. 695.
[1484] STJ, HC nº 479.222/SP, Rel. Jorge Mussi, 5ª Turma, j. 12/03/2019.

II – no mesmo prazo estabelecido para prescrição da pena privativa de liberdade, quando a multa for alternativa ou cumulativamente cominada ou cumulativamente aplicada. (Incluído pela Lei nº 9.268, de 1º.4.1996)

Diante da redação do art. 51 do Código Penal, que considera a multa dívida de valor *após o trânsito em julgado,* as causas suspensivas e interruptivas, assim como o prazo prescricional, terão regramento conforme as normas previstas no Código Tributário Nacional, como se dá com o art. 174.

Em relação às penas restritivas, de caráter substitutivo, a regra é a mesma, nos termos do art. 109, parágrafo único:

> Prescrição das penas restritivas de direito
> Parágrafo único – Aplicam-se às penas restritivas de direito os mesmos prazos previstos para as privativas de liberdade.

Já no que toca às medidas de segurança, a prescrição somente pode ser calculada, segundo a modalidade "pretensão punitiva", por não se tratar de pena fixada, ou seja, somente com base no máximo em abstrato cominado no preceito secundário da norma.

Aliás, a Suprema Corte, reiteradamente, já decidiu que a prescrição da medida de segurança deve ser calculada pelo máximo da pena cominada ao delito cometido pelo agente, ocorrendo o marco interruptivo do prazo pelo início do cumprimento daquela, sendo certo que deve perdurar enquanto não haja cessado a periculosidade do agente, limitada, contudo, ao período máximo de quarenta anos (atualmente quarenta anos, por força da modificação do art. 75 do CP).[1485]

Nesse caso, persistindo a periculosidade do agente, ainda que decorrido o prazo de trinta anos, deverá a internação subsistir. A medida, que deverá ser precedida por ação de interdição civil, deverá ser ajuizada pelo Ministério Público, com fundamento nos arts. 1.769 e seguintes do Código Civil e no art. 9º da Lei nº 10.216/2001.[1486]

[1485] Nesse sentido: STF; HC nº 107.157; RS; Segunda Turma; Rel. Min. Ayres Britto; Julg. 14/02/2012; *DJe* 18/06/2012; STF; HC nº 102.489; RS; Primeira Turma; Rel. Min. Luiz Fux; Julg. 22/11/2011; *DJe* 01/02/2012.

[1486] ESTEFAM, André. *Direito penal*: parte geral (arts. 1º a 120). 9. ed. São Paulo: Saraiva, 2021. p. 554.

REFERÊNCIAS

ALEXY, Robert. *El concepto y la validez del derecho*. 2. ed. Madri: Gedisa, [s.d.].

ALEXY, Robert. *Teoria dos direitos fundamentais*. Tradução de Virgílio Afonso da Silva. 2. ed. 4. tir. São Paulo: Malheiros, 2011.

ALMEIDA, Bruno Rotta (Org.). *Punição e controle social I*: reconstruções históricas do ideário punitivo brasileiro. Pelotas: Editora e Cópias Santa Cruz, 2014.

ANDRADE, Manuel da Costa. *Consentimento e acordo em direito penal*. Coimbra: Editora Coimbra, 1991.

ARENDT, Hannah. *Eichmann em Jerusalém*. Tradução de Jose Rubens Siqueira. São Paulo: Companhia das Letras, 1999.

ARISTÓTELES. Ética a *Nicômaco*. Tradução de Edson Bini. Bauru: Edipro, 2009.

AULER, Hugo. *Suspensão condicional da execução da pena*. Rio de Janeiro: Revista Forense, 1957.

BACIGALUPO, Enrique. *Direito penal*: parte geral. Tradução de André Estefam. Revisão de Edílson Mougenot Bonfim. São Paulo: Malheiros, 2005.

BANDEIRA DE MELLO, Celso Antônio. *Curso de direito administrativo*. 17. ed. São Paulo: Malheiros, 2004.

BANDEIRA DE MELLO, Celso Antônio. *O conteúdo jurídico do princípio da igualdade*. São Paulo: Malheiros, 2013.

BARATTA Alessandro. *Criminologia crítica e crítica do direito penal*. 3. ed. Rio de Janeiro: Renavan, 2002.

BARATTA, Alessandro. Integración-prevención: una nueva fundamentación de la pena dentro de la teoría sistémica. *Doctrina Penal*, Buenos Aires, ano 8, n. 29, 1985.

BARRETO, Tobias. Delitos por omissão. *In*: BARRETO, Tobias. *Estudos de direito* – II. Rio de Janeiro: Record, 1991.

BARRETO, Tobias. *Introdução ao estudo do direito*: política brasileira. São Paulo: Landy, 2001.

BARRETO, Tobias. *Obras completas*. Organização de Luíz Antônio Barreto. Rio de Janeiro: Record; Brasília: Instituto Nacional do Livro, Ministério da Cultura, 1991. v. 1.

BARROS, Flávio Augusto Monteiro de. *Direito penal*: parte geral. São Paulo: Saraiva, 2004.

BARROS, Francisco Dirceu; CINTRA, Antônio Fernando. *Direito penal*: interpretado pelo STF e STJ e comentado pela doutrina. 2. ed. Leme: J. H. Mizuno, 2016.

BARROSO, Luís Roberto. *Interpretação e aplicação da Constituição*. 6. ed. São Paulo: Saraiva, 2004.

BATISTA, Nilo. *Concurso de agentes*. 3. ed. Rio de Janeiro: Lumen Juris, 2005.

BATISTA, Nilo. *Introdução Crítica ao direito penal brasileiro*. Rio de Janeiro: Revan, 2004.

BATISTA, Nilo. *Novas tendências do direito penal*. Rio de Janeiro: Revan, 2004.

BATTAGLINI, Giulio. *Direito penal*. Tradução de Paulo José da Costa Júnior e Armida Bergamini Miotto. Edição de Saraiva. São Paulo: Editora da Universidade de São Paulo, 1973. v. 2.

BECCARIA, Cesare. *Dos delitos e das penas*. São Paulo: Martin Clarets, 2001.

BECHARA, Ana Elisa Liberatore Silva. *Bem jurídico-penal*. São Paulo: Quartier Latin, 2014.

BECHARA, Ana Elisa Liberatore. Silva. O rendimento da teoria do bem jurídico no direito penal atual. *Revista Liberdades*, São Paulo, v. 1, n. 1, maio/ago. 2009.

BECK, Ulrich. *Sociedade de risco*: rumo a uma outra modernidade. Tradução de Sebastião Nascimento. São Paulo: Ed. 34, 2010.

BECKER, Gary S. Crime and punishment: an economic approach. *Journal of Political Economy*, v. 76, 1968.

BELTRAMIN, Sara Maria. O jogo processual penal e a ausência de equilíbrio na aplicabilidade da teoria do garantismo penal integral. Âmbito Jurídico. Disponível em: https://ambitojuridico.com.br/cadernos/direito-penal/o-jogo-processual-penal-e-a-ausencia-de-equilibrio-na-aplicabilidade-da-teoria-do-garantismo-penal-integral/. Acesso em: 30 jul. 2020.

BENTHAN, Jeremy. *Teoria das penas legais e tratado dos sofismas políticos*. Leme: Edijur, 2002.

BERTONCINI, Mateus Eduardo Siqueira Nunes. *Princípios de direito administrativo brasileiro*. 1. ed. São Paulo: Malheiros, 2002.

BETTIOL, Guiseppe. *Direito penal*. Campinas: Red Livros, 2000.

BINDING, Karl. *Die Normen Und Ihre Ubertretung, Eine Untersuchung Uber Die Rechtmassige Handlung Und Die Arten Des Delikts*. 2. ed. Leipzig: Wilhelm Engelmann, 1890. v. II. 1.

BINDING, Karl. *La culpabilidade em derecho penal*. Montevideo: B de F; Júlio César Faria, 2009.

BITENCOURT, Cezar Roberto. *Falência da pena de prisão*: causas e alternativas. 4. ed. São Paulo: Saraiva, 2011.

BITENCOURT, Cezar Roberto. *Tratado de direito penal*: parte geral. 19. ed. São Paulo: Saraiva, 2013.

BITENCOURT, Cezar Roberto; BUSATO, Paulo César. *Comentários à Lei de Organização Criminosa*: Lei nº 12.850/2013. São Paulo: Saraiva, 2014.

BITENCOURT, Cezar Roberto; CONDE, Francisco Muñoz. *Teoria geral do delito*. São Paulo: Saraiva, 2000.

BLANCO CORDERO, Isidoro. *El delito de blanqueo de capitales*. 4. ed. Navarra: Arazandi, 2015.

BOBBIO, Norberto. *Teoria do ordenamento jurídico*. 6. ed. Brasília: Ed. UNB, 1999.

BOBBIO, Norberto; MATTEUCCI, Nicola; PASQUINO, Gianfranco. *Dicionário de política*. 6. ed. Brasília: UNB, 1994. v. I.

BONFIM, Edílson Mougenot. *Direito penal da sociedade*. São Paulo: Oliveira Mendes, Livraria Del Rey Editora, 1997.

BONFIM, Edilson Mougenot; CAPEZ, Fernando. *Direito penal*: parte geral. São Paulo: Saraiva, 2004.

BONFIM, São Paulo. Discurso de Abertura do I Congresso Mundial do Ministério Público. 2000. Disponível em: http://www.emougenotbonfim.com/portuguese/index.htm. Acesso em: 2 maio 2020.

BORJA JIMÉNEZ, Emiliano. *Algunos Planteamientos Dogmáticos en la Teoría Jurídica del delito en Alemania, Italia y España*. Disponível em: http://www.unifr.ch/derechopenal/articulos/pdf/02_Rosario.pdf. Acesso em: 21 jul. 2020.

BOSCHI, José Antonio Paganella. *Das penas e seus critérios de aplicação*. 6. ed. Porto Alegre: Livraria do Advogado, 2013.

BRANDÃO, Cláudio. *Curso de direito penal*: parte geral. Rio de Janeiro: Forense, 2010.

BRANDÃO, Cláudio. *Lições de história do direito canônico e história do direito em perspectiva*. Belo Horizonte: D'Plácido, 2017.

BRANDÃO, Cláudio. *Tipicidade penal*: dos elementos da dogmática ao giro conceitual entimemático. Coimbra: Almedina, 2012.

BRUNO, Aníbal. *Direito penal*: parte geral. 2. ed. Rio de Janeiro: Forense, 1959. v. 1. t. I.

BRUNO, Aníbal. *Direito penal*: parte geral. 3. ed. Rio de Janeiro: Forense, 1967. t. II.

BURDETT, K.; LAGOS, R.; WRIGHT, R. *Crime, Inequality and Unemployment*. London School of Economics, University of Essex, and University of Pennsylvania, 1999. Mimeo.

BUSATO, Paulo Ces; HUAPAYA, Sandro Montes. *Introdução ao direito penal*: fundamentos para um sistema penal democrático. 2. ed. Rio de Janeiro: Lumen Juris, 2007.

CAHALI, Yussef Said. *Dano moral e sua reparação civil*. 4. ed. São Paulo: RT, 2011.

CANCIO MELIÁ, Manuel. *Reflexiones sobre la "victimodogmatica" en la teoria del delito*. Doutrinas Essenciais de Direito Penal. São Paulo: RT, 2010. v. 2.

CANOTILHO, José Joaquim Gomes. *Constituição dirigente e vinculação do legislador*. 2. ed. Coimbra: Coimbra Editora, 2001.

CAPEZ, Fernando. *Curso de direito penal*: parte geral. 24. ed. São Paulo: Saraiva, 2020.

CAPEZ, Fernando. *Curso de processo penal*. 27. ed. São Paulo: Saraiva, 2020.

CARNELUTTI, Francesco. *As misérias do processo penal*. Campinas: Edicamp, 2002.

CARRARA, Francesco. *Programa do curso de direito criminal:* parte geral. Campinas: LZN, 2002. v. II.

CARVALHO, Hilário Veiga de; BRUNO, Antônio Miguel Leão; SEGRE, Marco. *Lições de medicina legal*. 3. ed. São Paulo: Saraiva, 1965.

CARVALHO, Márcio Augusto Friggi de. *Crimes multitudinários*: homicídio perpetrado por agentes em multidão. Curitiba: Juruá, 2016.

CERNUSCO CORNEJO, Juan José; DALMA, Gustavo Alfredo. *Principales enfoques del funcionalismo sistémico en la interpretación de la norma penal*. Disponível em: http://derechonatural.tripod.com/ponencias/cernuscodalma.htm. Acesso em: 21 jul. 2020.

CORSI, Giancarlo; ESPOSITO, Elena; BARALDI, Claudio. *Glosario sobre la Teoría Social de Niklas Luhmann*. Tradução de Miguel Romero Pérez e Carlos Villalobos. Coordenação de Javier Torres Nafarrete. Cidade do México: Universidad Iberoamericana, 1996.

COSTA FILHO, Luiz Manoel da. *SURSIS – Revista Forense*, v. 261, jan./mar. 1978.

COSTA JÚNIOR, Paulo José da. *Curso de direito penal*. 12. ed. São Paulo: Saraiva, 2010.

COSTA JÚNIOR, Paulo José da. *Do nexo causal*: aspecto objetivo do crime. São Paulo: Saraiva, 1964.

CRUZ, Pierpaolo Bottini. A cegueira deliberada no julgamento da Ação Penal 470. *Conjur*, 30 jul. 2013. Disponível em: https://www.conjur.com.br/2013-jul-30/direito-defesa-cegueira-deliberada-julgamento-acao-penal-470. Acesso em: 18 fev. 2020.

CUNHA, Rogério Sanches. *Manual de direito penal*: parte geral. 8. ed. Salvador: JusPodivm, 2020.

DAMIÁN BONASTRE, Gerardo. *Fundamento, esencia y funciones de la pena en el magisterio de Pío XII*. Disponível em: http://www.carlosparma.com.ar/Bonastre.htm. Acesso em: 22 jul. 2020.

DELMANTO, Celso *et al*. *Código Penal comentado*. 8. ed. São Paulo: Saraiva, 2010.

DEMERCIAN, Pedro Henrique; TORRES, Tiago Caruso. A constitucionalidade do art. 385 do Código de Processo Penal. *Revista Jurídica da Escola Superior do Ministério Público de São Paulo*, v. 12 n. 2, 2017. Disponível em: http://www.esmp.sp.gov.br/revista_esmp/index.php/RJESMPSP/article/view/347. Acesso em: 15 out. 2020.

DIAS, Jorge de Figueiredo. Autoria e participação no domínio da criminalidade organizada: alguns problemas. *In:* DIAS, Jorge de Figueiredo. *Questões fundamentais do direito penal revisitadas*. São Paulo: Revista dos Tribunais, 1999.

DIAS, Jorge de Figueiredo. *Temas básicos da doutrina penal*. Coimbra: Coimbra Editora, 2001.

DIAS, José de Aguiar. *Da responsabilidade civil*. 11. ed. Rio de Janeiro: Renovar, 2006.

DÍEZ RIPOLLÉS, José Luis. *A racionalidade das leis penais*: teoria e prática. São Paulo: Revista dos Tribunais, 2005.

DIP, Ricardo; MORAES JR., Volney Corrêa Leite de. *Crime e castigo*: reflexões politicamente incorretas. Campinas: Millennium, 2002.

DOTTI, René Ariel. *Curso de direito penal*: parte geral. 6. ed. Rio de Janeiro: Forense, 2018.

DOTTI, René Ariel. O "sursis" e o livramento condicional nos projetos de reforma do sistema. Conferência pronunciada em 8 de abril de 1983 no I Ciclo de Estudos de Direito e Processo Penal patrocinado pelo Instituto dos Advogados Brasileiros sob a Presidência do criminalista Laércio Pellegrino, São Paulo, Ministério Público de São Paulo, 1934. *Justitia*, v. 46, n. 124, p. 175-194, jan./mar. 1984.

DWORKIN, Ronald. *Levando os direitos a sério*. Tradução de Nelson Boeira. São Paulo: Martins Fontes, 2007.

DWORKIN, Ronald. *Uma questão de princípio*. Tradução de Luis Carlos Borges. São Paulo: Martins Fontes, 2000.

ENGISCH, Karl. *La causalidad como elemento de los tipos penales*. Tradução de Marcelo A. Sancinetti. Buenos Aires: Hammurabi, 2008.

ESPÍNOLA FILHO, Eduardo. *Código de Processo Penal brasileiro anotado*. Atualização de José Geraldo da Silva e Wilson Lavorenti. São Paulo: Bookseller, 2000. v. VIII.

ESTEFAM, André. *Direito penal*: Parte Geral (arts. 1º a 120). 10. ed. São Paulo: Saraiva, 2021.

FABRETTI, Humberto Barrionuevo. *Segurança pública*: fundamentos jurídicos para uma abordagem constitucional. São Paulo: Atlas, 2014.

FARIA, Antonio Bento de. *Código Penal brasileiro (comentado)*. Rio de Janeiro: Record, 1961. v. I.

FARIA, Antonio Bento de. *Código Penal brasileiro (comentado)*. Rio de Janeiro: Record, 1961. v. III.

FARIA, Bento de. *Código de Processo Penal*. 2. ed. Rio de Janeiro: Record, 1960.

FEIJOO SÁNCHEZ, Bernardo; CANCIO MELIÁ, Manuel; WOLFGANG, Frisch; JAKOBS, Günther. *Derecho de la culpabilidade y neurociencias*. Pamplona: Civitas/Thomson Reuters, 2012.

FELDENS, Luciano. *A Constituição penal:* a dupla face da proporcionalidade no controle de normas penais. 2. ed. Porto Alegre: Livraria do Advogado, 2012.

FERNANDES, Antônio Scarance. *Processo penal constitucional*. São Paulo: Revista dos Tribunais, 1999.

FERRACINI NETO, Ricardo; MORAES, Alexandre Rocha Almeida de. *Criminologia*. Salvador: JusPodivm, 2019.

FERRAJOLI, Luigi. *Direito e razão*: teoria do garantismo penal. Tradução de Ana Paula Zomer, Fauzi Hassan Choukr, Juarez Tavares e Luiz Flávio Gomes. São Paulo: Revista dos Tribunais, 2002.

FERRAZ JR., Tércio Sampaio. *Introdução ao estudo do direito*: técnica, decisão, dominação. 4. ed. São Paulo: Atlas, 2003.

FERRI, Enrico. *Princípios de direito criminal*. 2. ed. Campinas: Bookseller, 1999.

FISCHER, Douglas. Garantismo penal integral (e não o garantismo hiperbólico monocular) e o princípio da proporcionalidade: breves anotações de compreensão e aproximação dos seus ideais. *Revista de Doutrina da 4ª Região*, Porto Alegre, n. 28, mar. 2009. Disponível em: http://www.revistadoutrina.trf4.jus.br/artigos/edicao028/douglas_fischer.html. Acesso em: 30 jul. 2020.

FISHER, George. *Plea Bargaining's Triumph*. Stanford: Stanford University Press, 2003.

FOUCAULT, Michel. *Vigiar e punir*. 25. ed. Petrópolis: Vozes, 2002.

FRAGOSO, Heleno Cláudio. *Lições de direito penal*: parte geral. 15. ed. Rio de Janeiro: Forense, 1994.

FRANK, Reinhard. *Sobre la estructura del concepto de culpabilidad*. Buenos Aires: Editorial B de F, 2004.

FRISCH, Wolfgang. *La imputación objetiva del resultado: desarrollo, fundamentos y cuestiones abiertas*. Tradução de Ivó Coca Vila. Barcelona: Atelier, 2015.

GARCIA, Basileu. *Instituições de direito penal*. 4. ed. São Paulo: Max Limonad, 1976. v. I. t. I.

GIMÉNEZ ALCOVER, Pilar. *El Derecho en la Teoría de la Sociedad de Niklas Luhmann*. Barcelona: José Maria Basch Editor, 1993.

GOLDSTEIN, Abraham Samuel. *The Passive Judiciary*: prosecutorial discretion and the guilty plea. Baton Rouge: Louisiana State University Press, 1981.

GOMES, Luiz Flávio. *Direito penal*: parte geral: teoria constitucionalista do delito. São Paulo: Revista dos Tribunais, 2004. v. 3.

GOMES, Luiz Flávio. *O princípio da ofensividade no direito penal*. São Paulo: Revista dos Tribunais, 2002. Série As Ciências Criminais do Século XXI. v. 6.

GOMES, Luiz Flávio; CERVINI, Raúl. *Crime organizado*: enfoques criminológico, jurídico (Lei 9.034/95) e político-criminal. São Paulo: Revista dos Tribunais, 1995.

GOMES, Luiz Flávio; CERVINI, Raúl. *Crime organizado*: enfoques criminológico, jurídico e político-criminal. São Paulo: Revista dos Tribunais, 1997.

GOMES, Mariângela Gama de Magalhães. *O princípio da proporcionalidade no direito penal*. São Paulo: Revista dos Tribunais, 2003.

GONÇALVES, Luiz Carlos dos Santos. *Mandados expressos de criminalização e a proteção de direitos fundamentais na Constituição brasileira de 1988*. Belo Horizonte: Fórum, 2007.

GONZAGA, João Bernardino. *O direito penal indígena*: à época do descobrimento do Brasil. São Paulo: Max Limonad, 1970.

GRACIA MARTÍN, Luis. *Prolegómenos para la lucha por la modernización y expansión del derecho penal y para la crítica del discurso de resistencia*. Valencia: Tirant Lo Blanch, 2003.

GRACIA MARTÍN, Luis. Sobre la negación de la condición de persona como paradigma del 'Derecho penal del enemigo'. *Revista General de Derecho Penal*, Valência, n. 2, 2004.

GRECO FILHO, Vicente. *Manual de processo penal*. 9. ed. São Paulo: Saraiva, 2018.

GRECO, Alessandra Orcesi. *A autocolocação da vítima em risco*. São Paulo: RT, 2004.

GRECO, Luís. Introdução à dogmática funcionalista do delito. Em comemoração aos trinta anos de 'Política Criminal e Sistema Jurídico-Penal' de Roxin. *Revista Brasileira de Ciências Criminais (RBCC)*, n. 32, out./dez. 2000. Disponível em: http://www.mundojuridico.adv.br/documentos/artigos/texto076.doc. Acesso em: 20 jul. 2020.

GRECO, Luís. *Um panorama da teoria da imputação objetiva*. São Paulo: Revista dos Tribunais, 2013.

GRECO, Rogério. *Curso de direito penal:* parte geral. 22. ed. Rio de Janeiro: Impetus, 2020. v. 1.

HASSEMER, Winfried. ¿Puede haber delitos que no afecten a un bien jurídico penal? *In*: HEFENDEHL, Roland (Ed.). *La teoría del bien jurídico*: ¿fundamento de legitimación del derecho penal o juego de abalorios dogmático? Madrid: Marcial Pons, 2007.

HASSEMER, Winfried. *Direito penal*: fundamentos, estrutura, política. Porto Alegre: Fabris, 2008.

HASSEMER, Winfried. *Três temas de direito penal*. Porto Alegre: Publicações Fundação Escola Superior do Ministério Público do Rio Grande do Sul, 1993.

HASSEMER, Winfried; MUÑOZ CONDE, Francisco. *Introducción a la criminología y al derecho penal*. Valencia: Tirant Lo Blanch, 1989.

HASSMER, Winfried; LÜDERSSEN, Klaus; NAUCKE, Wolfgan. *Principales Problemas de la Prevención General*. Tradução de Gustavo Eduardo Aboso e Tea Löw. Buenos Aires: Julio César Faira Editor, 2004.

HEGEL, George Wilhelm Friedrich. *Princípios da filosofia do direito*. Tradução de Orlando Vitorino. São Paulo: Martins Fontes, 1997.

HIRECHE, Gamil Föppel El. *A função da pena na visão de Claus Roxin*. Rio de Janeiro: Forense, 2004.

HOFFBAUER, Nélson Hungria. *Comentários ao Código Penal*. 3. ed. Rio de Janeiro: Forense, 1955. v. 1. t. 1.

HOFFBAUER, Nélson Hungria. *Comentários ao Código Penal*. 3. ed. Rio de Janeiro. Forense, 1955. v. 1. t. 2.

HOFFBAUER, Nélson Hungria. *Comentários ao Código Penal*. Rio de Janeiro: Forense, 1955. v. 2.

HOFFBAUER, Nélson Hungria. *Comentários ao Código Penal*. Rio de Janeiro: Forense, 1955. v. 5.

JAKOBS, Günther. *¿Qué protege el derecho penal:* bienes jurídicos o la vigencia de la norma? Mendoza: Ediciones Jurídicas Cuyo, 2001.

JAKOBS, Günther. *A imputação objetiva no direito penal*. Tradução de André Luís Callegari. 4. ed. São Paulo: Revista dos Tribunais, 2013.

JAKOBS, Günther. *Ciência do Direito e Ciência do Direito Penal*. São Paulo: Manole, 2003. Coleção Estudos de Direito Penal. Tradução de Maurício Antonio Ribeiro Lopes. v. 1.

JAKOBS, Günther. *El concepto jurídico-penal de acción*. Conferência realizada em Madri. Tradução de Manuel Cancio Meliá. Madri: [s.n.], maio 1992.

JAKOBS, Günther. *La ciencia del derecho penal ante las exigencias del presente*. Tradução de Teresa Manso Porto. Bogotá: Universidad Externado de Colombia: Centro de Investigaciones de Derecho Penal Y Filosofía del Derecho, 2000.

JAKOBS, Günther. *Sobre la normatización de la dogmática jurídico-penal*. Tradução de Manuel Cancio Meliá e Bernardo Fijóo Sánchez. Bogotá: Universidad Externado de Colombia, Centro de Investigación em Filosofia y Derecho, 2004.

JAKOBS, Günther. *Sobre la teoría de la pena*. Bogotá: Cuardernos de Conferencias y artículos nº 16. Tradução de Manuel Cancio Meliá. Bogotá: Univesidad Externado de Colômbia, Centro de Investigaciones de Derecho Penal y Filosofia del Derecho, 1998.

JAKOBS, Günther. *Sociedad, norma, persona en una teoría de un Derecho penal funcional*. Tradução de Manuel Cancio Meliá e Bernardo Feijoó Sánchez. Bogotá: Univesidad Externado de Colômbia, Centro de Investigaciones de Derecho Penal y Filosofia del Derecho, 1998.

JAKOBS, Günther. *Sociedade, norma e pessoa*: teoria de um direito funcional. Tradução de Maurício Antonio Ribeiro Lopes São Paulo: Manole, 2003. Coleção Estudos de Direito Penal. v. 6.

JAKOBS, Günther. *Tratado de direito penal*: teoria do injusto penal e culpabilidade. Tradução de Gercélia Batista de Oliveira Mendes e Geraldo de Carvalho. Belo Horizonte: Del Rey, 2009.

JAKOBS, Günther; MELIÁ, Manuel Cancio. *¿Derecho penal del enemigo?* Madri: Civitas, 2003.

JAKOBS, Günther; MELIÁ, Manuel Cancio. *Direito penal do inimigo*: noções e críticas. Organização e Tradução de André Luís Callegari e Mereu José Giacomolli. Porto Alegre: Livraria do Advogado, 2005.

JARDIM, Afrânio Silva. *Ação penal pública*: princípio da obrigatoriedade. 4. ed. Rio de Janeiro: Forense, 2001.

JESCHECK, Hans-Heinrich; WEIGEND, Thomas. *Tratado de derecho penal*: parte general. Tradução de Miguel Olmedo Cardenete. Granada: Comares, 2002.

JESUS, Damásio Evangelista de. *Direito penal*. 37. ed. rev. e atual. por André Estefam. São Paulo: Saraiva, 2020. v. 1.

JIMÉNEZ DE ASÚA, Luis. Las escuelas penales. *El criminalista*, v. IV.

JIMÉNEZ DE ASÚA, Luis. *Princípios de derecho penal, la ley y el delito*. Buenos Aires: Abeledo-Perrot, 1962.

JIMÉNEZ DE ASÚA, Luis. *Tratado de Derecho Penal*. [s.l.]: [s.n.], 1950. t. II.

KAUFMANN, Armin. *Teoria da norma jurídica*. Rio de Janeiro: Editora Rio, 1976.

KOSMANN, Jônatas. *O caráter polifuncional da pena e os institutos despenalizadores*: em busca da Política criminal do legislador brasileiro. Orientador: Alexandre Rocha Almeida de Moraes. Monografia (Conclusão de Curso de Direito) – Faculdades Atibaia (FAAT), Atibaia, 2012.

LANDROVE DÍAZ, Gerardo. *La moderna victimologia*. Valência: Tirant Lo Blanch, 1998.

LARENZ, Karl. *Metodologia da ciência do direito*. 3. ed. Lisboa: Fundação Calouste Gulbenkian, 1997.

LASSALLE, Ferdinand. *A essência da Constituição*. 6. ed. Rio de Janeiro: Lumen Juris, 2001.

LEMOS JÚNIOR, Arthur Pinto de. *Crime organizado*: uma visão dogmática do concurso de pessoas. 1. ed. Porto Alegre: Verbo Jurídico, 2012.

LEVORIN, Marco Polo. *Princípio da legalidade na medida de segurança*: determinação do limite máximo de duração da internação. São Paulo: Juarez de Oliveira, 2003.

LÓPEZ BARJA DE QUIROGA, Jacobo. *El principio non bis in idem*. Madrid: Dykinson, 2004.

LORENZETTI, Ricardo Luis. *Fundamentos do direito privado*. Tradução de Vera Maria Jacob de Fradera. São Paulo: RT, 1998.

LUHMANN, Niklas. *Sistema jurídico y dogmática jurídica*. Madrid: Centro de Estudios Constitucionales, 1983.

LUHMANN, Niklas. *Sociologia do Direito I*. Rio de Janeiro: Biblioteca Tempo Universitário, 1983. v. 75.

LUISI, Luiz. *Os princípios constitucionais penais*. 2. ed. Porto Alegre: Sérgio Antonio Fabris Editor, 2003.

LYRA, Roberto. *Direito penal normativo*. 2. ed. Rio de Janeiro: José Konfino, 1977.

LYRA, Roberto. *Guia do ensino e do estudo de direito penal*. Rio de Janeiro: Revista Forense, 1956.

LYRA, Roberto. *Novas Escolas Penaes*. Rio de Janeiro: Est. Graph. Canton & Reile, 1936.

LYRA, Roberto. *Novíssimas escolas penais*. Rio de Janeiro: Borsoi, 1956.

MARANHÃO, Odon Ramos. *Curso básico de medicina legal*. São Paulo: Malheiros, 1996.

MARQUES NETO, Agostinho Ramalho. *Canotilho e a Constituição dirigente*. 2. ed. Rio de Janeiro: Renovar, 2005.

MARQUES, José Frederico. *Tratado de direito penal*. Campinas: Millennium, 1997. v. I.

MARQUES, José Frederico. *Tratado de direito penal*. Campinas: Millennium, 1997. v. II.

MASSON, Cleber. *Direito penal*: parte geral (arts. 1º a 120). 14. ed. São Paulo: Método, 2020. v. 1.

MAUTONE, Débora Cunha. A inexigibilidade de conduta diversa como causa supralegal de exclusão da culpabilidade. *Jus Navigandi*, Teresina, ano 19, n. 4019, 3 jul. 2014. ISSN 1518-4862. Disponível em: https://jus.com.br/artigos/29960. Acesso em: 16 set. 2020.

MAXIMILIANO, Carlos. *Hermenêutica e aplicação do direito*. 9. ed. Rio de Janeiro: Forense, 1979.

MAYER, Max Ernst. *Derecho penal*: parte general. Tradução de Sergio Politoff Lifschitz. Montevideo-Buenos Aires: B de F, 2007.

MAZZUOLI, Valério; MARINONI, Luiz Guilherme. *Controle de convencionalidade*. Brasília: Gazeta Jurídica, 2013.

MEDEIROS, Antonio André David. Vitimologia e vitimodogmática: considerações sobre a forma de retorno da vítima na dogmática penal. *In*: MORAES, Alexandre Rocha Almeida de *et al.* (Coord.). *Direito penal avançado*. Curitiba: Juruá, 2015.

MENDES, Gilmar Ferreira. Os direitos fundamentais e seus múltiplos significados na ordem constitucional. *Revista Jurídica Virtual*, Brasília, v. 2, n. 13, p. 2-10, jun. 1999.

MEZGER, Edmund. *Derecho penal, parte general*. Buenos Aires: Valleta Ediciones, 2004. t. I.

MEZGER, Edmund. *Tratado de derecho penal*. Buenos Aires: Hammurabi, 2010.

MILL, John Stuart. *A system of logic*: ratiocinative and inductive. [s.l.]: Routledge e Kegan Paul, 1974.

MIR PUIG, Santiago. *Derecho penal*: parte general. Montevideo-Buenos Aires: B de F, 2005.

MIRABETE, Júlio Fabbrini. *Juizados especiais criminais*. 5. ed. São Paulo: Atlas, 2002.

MIRABETE, Júlio Fabbrini. *Manual de direito penal*: parte geral. 23. ed. São Paulo: Atlas, 2006.

MIRANDA, Pontes de. *Manual do Código Civil brasileiro*. Coordenação de Paulo de Lacerda. Rio de Janeiro: Jacintho Ribeiro dos Santos, 1927.

MOARES, Alexandre Rocha Almeida de; NASSAR, Bruno Nazih Nehme. Autoria como um conceito aberto: teoria do domínio do fato, teoria da organização e o combate às novas formas de criminalidade no Brasil. *Revista Fronteiras Interdisciplinares do Direito*, v. 1, n. 1, 2019. Disponível em: https://revistas.pucsp.br/fid/article/view/41941#:~:text=(2019)%20%3E%20Moraes-,Autoria%20como%20um%20conceito%20aberto%3A%20teoria%20do%20dom%C3%ADnio%20do%20fato,formas%20de%20criminalidade%20no%20Brasil. Acesso em: 28 jul. 2020.

MORAES, Alexandre de; SMANIO, Gianpaolo Poggio. *Legislação penal especial*. 9. ed. São Paulo: Atlas, 2006.

MORAES, Alexandre Rocha Almeida de. *A individualização da pena e o novo sistema progressivo*. Lei Anticrime: comentários à Lei 13.964/2019. 1. ed. 1 reimpr. Belo Horizonte; São Paulo: D'Plácido, 2020.

MORAES, Alexandre Rocha Almeida de. A política criminal pós-88: o Ministério Público e a dualidade entre garantismos positivo e negativo. *In*: SABELLA, Walter Paulo; DAL POZZO, Antônio Araldo Ferraz; BURLE FILHO, José Emmanuel (Coord.). *Ministério Público*: vinte e cinco anos do novo perfil constitucional. São Paulo: Malheiros, 2013.

MORAES, Alexandre Rocha Almeida de. *Direito penal do inimigo*: a terceira velocidade do direito penal. Curitiba: Juruá, 2008.

MORAES, Alexandre Rocha Almeida de. *Direito penal racional*: propostas para a construção de uma teoria da legislação e para uma atuação criminal preventiva. Curitiba: Juruá, 2016.

MORAES, Alexandre Rocha Almeida de. O direito penal de emergência. *In*: MORAES, Alexandre Rocha Almeida de *et al.* (Coord.). *Direito penal avançado*: homenagem ao professor Dirceu de Mello. Curitiba: Juruá, 2015.

MORAES, Alexandre Rocha Almeida de; ALCÂNTARA, Guilherme Gonçalves. Minority Report e as 'novas leis' penais: limites para a prevenção da prevenção. Presidente Prudente. *Intertemas: Revista da Toledo*, v. 21, 2016.

MORAES, Alexandre Rocha Almeida de; FERRACINI NETO, Ricardo. *Criminologia*. Salvador: JusPodivm, 2019.

MORAES, Alexandre Rocha Almeida de; SMANIO, Gianpaolo Poggio, PEZZOTTI, Olavo Evangelista. A discricionariedade da ação penal pública. *Argumenta Journal Law*, Jacarezinho/PR, n. 30, p. 353-390, 2019. DOI: http://dx.doi.org/10.35356/argumenta.v0i30.

MORAES, Alexandre Rocha Almeida de; TURESSI, Flávio Eduardo. Imputabilidade penal e o acordo de não persecução penal: ensaio sobre a aplicação da justiça penal negociada para inimputáveis e semi-imputáveis. *Rev. Bras. de Direito Processual Penal*, Porto Alegre, v. 5, n. 3, p. 1609-1648, set./dez. 2021.

MORSELLI, Elio. A função da pena à luz da moderna criminologia. *Revista Brasileira de Ciências Criminais*, São Paulo, ano 5, v. 19, 1997.

MUÑOZ CONDE, Francisco. *De nuevo sobre el 'Derecho Penal del enemigo'*. Buenos Aires: Hammurabi, 2005.

MUÑOZ CONDE, Francisco; GARCÍA ARÁN, Mercedes. *Derecho penal*. Parte General. Valencia: Tirant Lo Branch, 1996.

MUÑOZ CONDE, Francisco. *Teoria geral do delito*. Tradução de Tavares, Juarez e Prado Luiz Regis. Porto Alegre: Sergio Antonio Fabris, 1988.

MÜSSIG, Berdn. *Desmaterialización del bien jurídico y de la política criminal*: sobre las perspectivas y los fundamentos de uma teoría del bien jurídico crítica hacia el sistema. Tradução de Manuel Cancio Meliá e Enrique Peñaranda Ramos. Bogotá: Universidad Externado de Colombia, Centro de Investigaciones de Derecho Penal y Filosofía del Derecho, 2001.

NOGUEIRA, Carlos Frederico Coelho. Efeitos da condenação, reabilitação e medidas de segurança. *In*: JESUS, Damásio Evangelista de (Coord.). *Curso sobre a Reforma Penal*. São Paulo: Saraiva; Procuradoria Geral de Justiça e Associação Paulista do Ministério Público do Estado de São Paulo, 1985.

NORONHA, Edgard Magalhães. *Direito penal*. 24. ed. Atualização de Adalberto José Q. T. de Camargo Aranha. São Paulo: Saraiva, 1986. v. 1.

NORONHA, Fernando. *Direito das obrigações*. 2. ed. São Paulo: Saraiva, 2007. v. 1.

NUCCI, Guilherme de Sousa. *Manual de processo penal e execução penal*. 11. ed. [s.l.]: [s.n.], [s.d.].

NUCCI, Guilherme de Souza. *Código de Processo Penal comentado*. 11. ed. São Paulo: RT, 2012.

NUCCI, Guilherme de Souza. *Código Penal comentado*. 18. ed. Rio de Janeiro: Forense, 2017.

NUCCI, Guilherme de Souza. *Curso de direito penal*: parte geral. 4. ed. Rio de Janeiro: Forense, 2020.

NUCCI, Guilherme de Souza. *Individualização da pena*. 5. ed. São Paulo: Revista dos Tribunais, 2012.

NUCCI, Guilherme de Souza. *Manual de direito penal*. 15. ed. Rio de Janeiro: Forense, 2019.

OLIVÉ, Juan Carlos; NUÑES PAZ, Miguel Ángel; OLIVEIRA, Willian Terra de; BRITO; Alexis Couto de. *Direito penal brasileiro*. Parte geral: princípios fundamentais e sistema. 2. ed. São Paulo: Saraiva, 2017.

OLIVEIRA, Patrícia Elias Cozzolino de. *A proteção constitucional e internacional do direito à liberdade de religião*. São Paulo: Verbatim, 2010.

OST, François. *O tempo do direito*. Tradução de Maria Fernanda de Oliveira. Lisboa: Instituto Piaget, 1999.

PACELLI, Eugênio. *Manual de direito penal*. 5. ed. São Paulo: Atlas, 2019.

PACHECO, Rafael. *Crime organizado*: medidas de controle e infiltração policial. Curitiba: Juruá, 2007.

PASCHOAL, Janaína Conceição. *Ingerência indevida*. Os crimes comissivos por omissão e o controle pela punição do não fazer. Porto Alegre: Editor Sergio Antonio Fabris, 2011.

PASSOS, Sérgio. *Contra-ordenações*: anotações ao regime geral. 3. ed. Lisboa: Almedina, 2009.

PEÑA LUZÓN, Diego-Manuel. *Iniciación a la teoria general del delito*. Manãgua: UCA, 1995.

PEÑARANDA RAMOS, Enrique; SUÁREZ GONZÁLEZ, Carlos; CANCIO MELIÁ, Manuel. *Un nuevo sistema del Derecho penal*: consideraciones sobre la teoría de la imputación de Günther Jakobs. Bogotá: Universidad Externado de Colombia, Centro de Investigaciones de Dereclho Penal y Filosofia del Derecho, 1999.

PEREIRA, Flávio Cardoso. *Breves apontamentos sobre o funcionalismo penal*. Disponível em: http://guaiba.ulbra.tche.br/direito/penal/artigos/FUNCIONALISMO.PENAL.ROXIN.doc. Acesso em: 24 jun. 2020.

PEZZOTTI, Olavo Evangelista. *Raízes histórico-comparadas do acordo de colaboração premiada no direito brasileiro*: o papel das partes. 2018. Dissertação (Mestrado em Direito Processual) – Faculdade de Direito, Universidade de São Paulo, São Paulo, 2018.

PIAGET, Jean. *O juízo moral na criança*. 3. ed. São Paulo: Summus, 1994.

PIERANGELI, José Henrique; ZAFFARONI, Eugenio Raul. *Manual de direito penal brasileiro*: parte geral. 11. ed. São Paulo: Revista dos Tribunais, [s.d.].

PIMENTEL, Manoel Pedro. Drama da pena de prisão. *Revista dos Tribunais*, São Paulo, v. 75, n. 613, p. 275-281, nov. 1986.

PIMENTEL, Silvia; PANDJIARJIAN, Valéria; BELLOQUE, Juliana. Legítima defesa da honra. Ilegítima impunidade de assassinos: Um estudo crítico da legislação e jurisprudência da América Latina. *In*: CORRÊA, Mariza; SOUZA, Érica Renata de (Org.). *Vida em família*: uma perspectiva comparativa sobre "crimes de honra". Campinas: UNICAMP, Pagu – Núcleo de Estudos de Gênero, 2006.

PINHO, Ruy Rebello. *História do direito penal brasileiro*: período colonial. São Paulo: Bushatsky, 1973.

PIOVESAN, Flávia. *Direitos humanos e o direito constitucional internacional*. 4. ed. São Paulo: Max Limonad, 2000.

PONTE, Antonio Carlos da. *Crimes eleitorais*. São Paulo: Saraiva, 2008.

PONTE, Antonio Carlos da. *Inimputabilidade e processo penal*. 3. ed. São Paulo: Saraiva, [s.d.].

POSNER, Richard A. *Economic analysis of law*. 5. ed. [s.l.]: Aspen Law & Business, 1998.

PRADO, Luiz Regis. *Bem jurídico-penal e Constituição*. 4. ed. São Paulo: Revista dos Tribunais, 2009.

PRADO, Luiz Regis. *Curso de direito penal brasileiro*. Rio de Janeiro: Forense, 2022. Volume único.

PRITTWITZ, Cornelius. O direito penal entre direito penal do risco e direito penal do inimigo: tendências atuais em direito penal e política criminal. *Revista Brasileira de Ciências Criminais*, São Paulo, v. 47, mar./abr. 2004.

QUEIROZ, Paulo de Souza. *Direito penal*: introdução crítica. São Paulo: Saraiva, 2001.

QUEIROZ, Paulo. *Direito penal*: parte geral. 13. ed. Salvador: JusPodivm, 2018. v. 1.

QUEIROZ, Paulo. *Efeitos civis da sentença penal*. Disponível em: https://www.pauloqueiroz.net/efeitos-civis-da-sentenca-penal/. Acesso em: 31 jul. 2020.

RADBRUCH, Gustav. Der *Handlungsbegriff in seiner Bedeutung für das Strafrechtssystem*. reed. Darmstadt: Wissenschaftliche Buchgesellschaft, 1967.

RAGUÉS I VALLÈS, Ramon. Mejor no saber: sobre la doctrina de la ignorância deliberada em derecho penal. *In*: *Tendencias actuales em la teoría del delito*. Barcelona: Universitat Pompeu Fabra, 2013.

REALE JÚNIOR, Miguel. *Instituições de direito penal*: parte geral. 4. ed. Rio de Janeiro: Forense, 2012.

REALE, Miguel. *Lições preliminares de direito*. 27. ed. São Paulo: Saraiva, 2013.

REISS, Michel Wencland. *Tribunal Penal Internacional*: construindo o direito internacional penal. Belo Horizonte: D'Plácido, 2017.

ROMERO, Sílvio. *Ensaio de filosofia do direito*. 2. ed. São Paulo: Landy, 2001.

ROXIN, Claus. *Autoria y domínio del hecho en derecho penal*. 7. ed. São Paulo: Marcial Pons, 2000.

ROXIN, Claus. *Derecho penal*. Parte general. Traducción de la 2ª edición alemana. Madrid: Thomsom Reuters, 2017. t. I.

ROXIN, Claus. *Funcionalismo e imputação objetiva no direito penal*. Tradução de Luís Greco. Rio de Janeiro: Renovar, 2002.

ROXIN, Claus. *La teoria del delito em la discusión actual*. Tradução de Manuel A. Abanto Vásquez. Lima: Grijley, 2016.

ROXIN, Claus. *Política criminal e sistema jurídico-penal*. 2. ed. Tradução de Luís Grecco. Rio de Janeiro: Renovar, 2002.

SALES, José Luís. *Da suspensão condicional da pena*. Rio de Janeiro: Forense, 1945.

SALES, Sheila Jorge Selim de. Anotações sobre o estudo da recklessness na doutrina penal italiana: por uma terceira forma de imputação subjetiva? *Revista Brasileira de Ciências Criminais*, v. 137, 2017.

SALVADOR NETTO, Alamiro Velludo. Reflexões dogmáticas sobre a teoria da tipicidade conglobante. *Revista Liberdades*, n. 1, maio/ago. 2009.

SANTANA, Selma Pereira de. *A culpa temerária*: contributo para uma construção no direito brasileiro. São Paulo: Revista dos Tribunais, 2005.

SANTANA, Selma Pereira de. A vitimodogmática: uma faceta da justiça restaurativa? *Revista IOB de Direito Penal e Processual Penal*, ano XI, n. 62, jun./jul. 2010.

SANTORO FILHO, Antonio Carlos. *Bases críticas do direito criminal*. Leme: Editora de Direito, 2000.

SANTOS, Juarez Cirino dos. *Direito penal*: parte geral. 3. ed. Curitiba: Conceito Editorial, 2007.

SARLET, Ingo Wolfgang. *A eficácia dos direitos fundamentais*. 2. ed. Porto Alegre: Livraria do Advogado, 2001.

SCALCON, Raquel Lima. Mandados constitucionais (implícitos) de criminalização? *UFRS*, Porto Alegre, 2009. Disponível em: http://www.lume.ufrgs.br/bitstream/handle/10183/31323/000779559.pdf? Acesso em: 17 mar. 2020.

SCHMIDT, Andrei Zenkner. Concurso aparente de normas penais. *Revista Brasileira de Ciências Criminais*, ano 9, n. 33, jan./mar. 2001.

SCHMITT, Ricardo Augusto. *Sentença penal condenatória*: teoria e prática. 13. ed. Salvador: JusPodivm, 2019.

SCHÜNEMANN, Bernd. Sobre la dogmática y la política criminal Del derecho penal del medio ambiente. *Cuadernos de Doctrina y Jurisprudencia Penal*, Buenos Aires, v. 5, n. 9, p. 627-628, 1999

SHECARIA, Sérgio Salomão; CORRÊA JR., Alceu. *Teoria da pena*. Finalidades, Direito positivo, jurisprudência e outros estudos de ciência criminal. São Paulo: Revista dos Tribunais, 2002.

SILVA SÁNCHES, Jesús-María. La consideracion del comportamiento de la victima en la teoria juridica del delito observaciones doctrinales y jurisprudenciales sobre la "victimo-dogmática". *Revista Brasileira de Ciências Criminais*, v. 34, abr. 2001.

SILVA SÁNCHEZ, Jesús-María. *A expansão do direito penal*: aspectos da política criminal nas sociedades pós-industriais. Tradução de Luiz Otavio de Oliveira Rocha. São Paulo: Revista dos Tribunais, 2002. Série As Ciências Criminais no Século XXI. v. 11.

SILVA SÁNCHEZ, Jesús-María. *Aproximación al derecho penal contemporâneo*. Barcelona: JM Bosch Editor S.A., 1992.

SILVA SÁNCHEZ, Jesús-María. *Eficiência e direito penal*. Tradução Maurício Antonio Ribeiro Lopes. São Paulo: Manole, 2004. Coleção Estudos de Direito Penal. v. 11.

SILVA, Pablo Rodrigo Alflen da. *Leis penais em branco e o direito penal do risco*: aspectos críticos e fundamentais. Rio de Janeiro: Lumen Juris, 2004.

SILVEIRA, Renato de Mello Jorge. *Direito penal empresarial:* a omissão do empresário como crime. 1. ed. Belo Horizonte: D' Plácido, 2016.

SILVEIRA, Renato de Mello Jorge; SALVADOR NETTO, Alamiro Velludo. Sarbanes-Oxley Act e os vícios do direito penal globalizado. *Revista Ultima Ratio*, Rio de Janeiro, v. 1, n. 0, 2006.

SIQUEIRA, Galdino. *Curso de processo criminal*. 2. ed. São Paulo: Magalhães, 1937.

SODRÉ DE ARAGÃO, Antonio Moniz. *As três escolas penais*: clássica, antropológica e crítica. 5. ed. Rio de Janeiro: Livraria Freitas Bastos S.A., 1952.

SOUZA, Leonardo Giardin de. Garantismo penal: o cavalo de Troia do sistema de justiça criminal brasileiro. *Revista do Ministério Público Militar*, Brasília, n. 28, p. 97-124, jul. 2018.

SOUZA, Luciano Anderson de. *Direito penal*: parte geral. 3. ed. São Paulo: Revista dos Tribunais, Thomson Reuters, 2022. v. 1.

STRECK, Lenio Luiz. *O princípio da proibição de proteção deficiente (untermassverbot) e o cabimento de mandado de segurança em matéria criminal*: superando o ideário liberal-individualista-clássico. Disponível em: http://www.leniostreck.com.br/site/wp-content/uploads/2011/10/1.pdf. Acesso em: 14 abr. 2020.

TAVARES, Juarez. *Fundamentos de teoria do delito*. 2. ed. São Paulo: Tirant lo Blanch, 2020.

TAVARES, Juarez. *Teoria do injusto penal*. Belo Horizonte: Del Rey, 2000.

TAVARES, Juarez. *Teorias do delito*: variações e tendências. São Paulo: RT, 1980.

TOLEDO, Francisco de Assis. *Princípios básicos de direito penal*. 5. ed. 17. tir. São Paulo: Saraiva, 2012.

TOURINHO FILHO, Fernando. *Código de Processo Penal comentado*. 12. ed. São Paulo: Saraiva, 2009. t. I.

TUCCI, Rogério Lauria. Aspectos processuais da Reforma penal de 1977. *Revista dos Tribunais*.

TURESSI, Flávio Eduardo. *Justiça penal negociada e criminalidade macroeconômica organizada*. Salvador: JusPodivm, 2019.

VASCONCELLOS, Vinicius G. *Barganha e justiça criminal negocial*: análise das tendências de expansão dos espaços de consenso no processo penal brasileiro. 2. ed. Belo Horizonte: D'Plácido, 2019.

VELÁSQUEZ, Fernando. El funcionalismo jakobsiano: una perspectiva latinoamericana. *Revista de Derecho Penal y Criminología*, Madri, n. 15, 2005.

VEYNE, Paul. *Como se escreve a história*. Tradução de Alda Baltar e Maria A. Kneipp. Brasília: EDUNB, 1982.

VON HIRSCH, Andrew; WOHLERS, Wolfgang. Teoría de bien jurídico y estructura del delito. Sobre los critérios de uma imputación justa. *In:* HEFENDEHL, Roland; VON HIRSCH, Andrew; WOHLERS, Wolfgang. *La teoría del bien jurídico*: ¿Fundamento de legitimación del Derecho penal o juego de abalorios dogmático? Madrid: Marcial Pons, 2016.

VON IHERING, Rudolf. *A luta pelo direito*. 21. ed. Rio de Janeiro: Forense, 2002.

VON LISZT, Franz. *Tratado de Direito Penal Allemão*. Tradução de José Hygino Duarte Pereira. [s.l.]: F. Briguet & C., 1899. t. I.

WELZEL, Hans. *Derecho penal alemán*. Tradução de Juan Bustos Ramírez e Sérgio Yáñez Pérez. Santiago de Chile: Editorial Jurídica de Chile, 1993.

WELZEL, Hans. *Direito penal*. Tradução de Afonso Celso Rezende. 1. ed. 2. tir. Campinas: Romana, 2004.

WELZEL, Hans. *El nuevo sistema del derecho penal*: una introducción a la doctrina de la acción finalista. Tradução de José Cerezo Mir. Buenos Aires: Julio César Faira, 2001.

WELZEL, Hans. *O novo sistema jurídico-penal*. 2. ed. Tradução de Luiz Regis Prado. São Paulo: Revista dos Tribunais, 2009.

ZAFFARONI, Eugenio Raúl. Elementos para uma leitura de Tobias Bareto. *In*: ARAÚJO JUNIOR, João Marcello (Org.). *Ciência e política criminal em honra de Heleno Fragoso*. Grupo Brasileiro da Associação Internacional de Direito Penal. Rio de Janeiro: Forense, 1992.

ZAFFARONI, Eugenio Raúl; BATISTA, Nilo; ALAGIA, Alejandro; SLOKAR, Alejandro. *Direito penal brasileiro*. 1. ed. Rio de Janeiro: Revan, 2017. v. 2. t. 2.

ZAFFARONI, Eugenio Raúl; PIERANGELI, José Henrique. *Manual de direito penal brasileiro*: parte geral. 11. ed. São Paulo: Revista dos Tribunais, 2015.

ZANELLA, Everton Luiz. *Infiltração de agentes e o combate ao crime organizado*: análise do mecanismo probatório sob os enfoques da eficiência e do garantismo. Curitiba: Juruá, 2016.

ZIEGLER, Jean. *Senhores do crime*: as novas máfias contra a democracia. Rio de Janeiro: Record, 2003.

Esta obra foi composta em fonte Palatino Linotype, corpo 10
e impressa em papel Pólen Bold 70g (miolo) e Supremo 250g (capa)
pela Gráfica Star7.